HOLT McDOUGAL

Historia universal

Stanley M. Burstein
Richard Shek

HISTORY

HOLT McDOUGAL

 HOUGHTON MIFFLIN HARCOURT

Autores

Dr. Stanley M. Burstein

Dr. Stanley M. Burstein is Professor Emeritus of Ancient History and former Chair of the Department of History at California State University, Los Angeles. Dr. Burstein received his B.A., M.A., and Ph.D. degrees from the University of California at Los Angeles. The author of more than 100 books, articles, and chapters on ancient history, Dr. Burstein co-authored *The Ancient World: Readings in Social and Cultural History* (Englewood Cliffs, 2002). His specialties include ancient Greek history, Greek and Roman Egypt, and Kush. Dr. Burstein has served as president of the Association of Ancient Historians and was a member of the Educational Testing Service Task Force for Development of the AP World History Course.

Dr. Richard Shek

Dr. Richard Shek is Professor of Humanities and Religious Studies at California State University, Sacramento. A native of China, Dr. Shek received his B.A. in Tokyo, Japan, and he received his M.A. and a Ph.D. in history from the University of California at Berkeley. His specialties are East Asian cultural and religious history. The author of numerous publications on Confucianism, Daoism, Buddhism, and popular religion in China and Japan, Dr. Shek co-edited *Heterodoxy in Late Imperial China: Essays in Inquiry* (University of California Press, 2004). Dr. Shek was inducted into the International Educators' Hall of Fame in 1999.

ISBN 978-0-547-48581-2

6 7 8 9 10 2266 20 19 18 17 16

4500636035   D E F G

Consultores del programa

Contributing Author

Kylene Beers
Senior Reading Researcher
School Development Program
Yale University
New Haven, Connecticut

A former middle school teacher, Dr. Beers has turned her commitment to helping struggling readers into the major focus of her research, writing, speaking, and teaching. She is the former editor of the National Council of Teachers of English literacy journal *Voices from the Middle* and has also served as NCTE president. Her published works include *When Kids Can't Read: What Teachers Can Do* (Heinemann, 2002).

General Editor

Frances Marie Gipson
Secondary Literacy
Los Angeles Unified School
    District
Los Angeles, California

In her current position, Frances Gipson guides reform work for secondary instruction and supports its implementation. She has designed curriculum at the district, state, and national levels. Her leadership of a coaching collaborative with UCLA's Subject Matter Projects evolved from her commitment to rigorous instruction and to meeting the needs of diverse learners.

Senior Literature and Writing Specialist

Carol Jago
English Department Chairperson
Santa Monica High School
Santa Monica, California

An English teacher at the middle and high school levels for 26 years, Carol Jago also directs the Reading and Literature Project at UCLA. She has been published in numerous professional journals and has authored several books, including *Cohesive Writing: Why Concept Is Not Enough* (Boynton/Cook, 2002). She became president of the National Council of Teachers of English (NCTE) in 2010.

Consultores

John Ferguson, M.T.S., J.D.
Senior Religion Consultant
Assistant Professor
Political Science/Criminal Justice
Howard Payne University
Brownwood, Texas

Rabbi Gary M. Bretton-Granatoor
Religion Consultant
Director of Interfaith Affairs
Anti-Defamation League
New York, New York

J. Frank Malaret
Senior Consultant
Dean, Downtown and West
    Sacramento Outreach Centers
Sacramento City College
Sacramento, California

Kimberly A. Plummer, M.A.
Senior Consultant
History-Social Science Educator/
    Advisor
Holt McDougal

Andrés Reséndez, Ph.D.
Senior Consultant
Assistant Professor
Department of History
University of California at Davis
Davis, California

Revisores

Academic Reviewers

Jonathan Beecher, Ph.D.
Department of History
University of California, Santa
  Cruz

Jerry H. Bentley, Ph.D.
Department of History
University of Hawaii

Elizabeth Brumfiel, Ph.D.
Department of Anthropology
Northwestern University
Evanston, Illinois

Eugene Cruz-Uribe, Ph.D.
Department of History
Northern Arizona University

Toyin Falola, Ph.D.
Department of History
University of Texas

Sandy Freitag, Ph.D.
Director, Monterey Bay History
  and Cultures Project
Division of Social Sciences
University of California, Santa
  Cruz

Yasuhide Kawashima, Ph.D.
Department of History
University of Texas at El Paso

Robert J. Meier, Ph.D.
Department of Anthropology
Indiana University

Marc Van De Mieroop, Ph.D.
Department of History
Columbia University
New York, New York

M. Gwyn Morgan, Ph.D.
Department of History
University of Texas

Robert Schoch, Ph.D.
CGS Division of Natural Science
Boston University

David Shoenbrun, Ph.D.
Department of History
Northwestern University
Evanston, Illinois

Educational Reviewers

Henry John Assetto
Twin Valley High School
Elverson, Pennsylvania

Julie Barker
Pittsford Middle School
Pittsford, New York

Michael Bloom
Ross School
Ross, California

Anthony Braxton
Herbert H. Cruickshank Middle
  School
Merced, California

Robert Crane
Taylorsville High School
Salt Lake City, Utah

Katherine A. DeForge
Marcellus High School
Marcellus, New York

Mary Demetrion
Patrick Henry Middle School
Los Angeles, California

Charlyn Earp
Mesa Verde Middle School
San Diego, California

Yolanda Espinoza
Walter Stiern Middle School
Bakersfield, California

Tina Nelson
Deer Park Middle School
Randallstown, Maryland

Don Polston
Lebanon Middle School
Lebanon, Indiana

Robert Valdez
Pioneer Middle School
Tustin, California

Contenido

UNIDAD 1 ## Los primeros seres humanos y las primeras sociedades

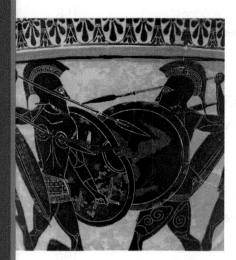

UNIDAD 10 El mundo moderno

Disponible @
hmhsocialstudies.com

- Leer como un historiador
- Manual de destrezas de geografía e interpretación de mapas
- Manual de economía
- Datos sobre el mundo

HISTORY® es uno de los más importantes canales de difusión de premiados programas sobre eventos especiales y reveladoras series televisivas de no ficción originales, que permiten al televidente familiarizarse con diversos temas históricos de una manera informativa, profunda y entretenida, a partir de diversas plataformas. HISTORY® es parte de A&E Television Networks (AETN), una empresa conjunta de Hearst Corporation, Disney/ABC Television Group y NBC Universal, una compañía de medios de comunicación internacional ganadora de numerosos premios de la que también forman parte, entre otros, A&E Network™, BIO™ y History International™.

La programación de **HISTORY** resulta muy atractiva para los educadores y los jóvenes que disfrutan de las historias que nuestros documentales presentan por medio de imágenes. Nuestro departamento de educación tiene una larga experiencia ofreciendo a los profesores y estudiantes materiales que complementan el currículo de estudio y permiten mostrar el pasado de una manera interesante y vital en la clase. Nuestros documentales cubren una amplia gama de temas de la historia de Estados Unidos y la historia universal, el gobierno, la economía, las ciencias naturales y aplicadas, las artes, la literatura y las humanidades, la salud y la educación, e incluso la cultura popular.

El sitio web de HISTORY, que se puede visitar en **www.history.com,** es la mejor fuente de información histórica en Internet para hallar contenido interesante e informativo, con videos de banda ancha, líneas cronológicas interactivas, mapas, juegos, podcasts y mucho más.

"Nuestro propósito es atraer, inspirar y promover el amor por el conocimiento..."

Desde su fundación en 1995, HISTORY ha demostrado su compromiso de ofrecer recursos de la más alta calidad para los educadores. Producimos materiales de multimedia para las escuelas desde kindergarten hasta grado doce, instituciones universitarias de dos y cuatro años, agencias del gobierno y otras organizaciones, usando la reconocida y premiada programación documental de A&E Television Networks. Nuestro propósito es atraer, inspirar y promover el amor por el conocimiento ofreciendo a los estudiantes diversos temas de una manera informativa y entretenida. Como parte de nuestros esfuerzos para lograr ese objetivo, nos hemos asociado con Houghton Mifflin Harcourt.

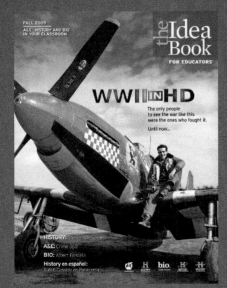

The Idea Book for Educators

Recursos para el salón de clases que permiten mostrar el pasado de una manera interesante y vital

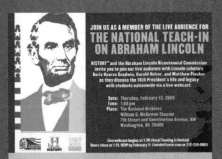

Transmisión de programas en vivo por Internet

HISTORY Día de llevar a un veterano a la escuela

Además de los excelentes videos informativos, **HISTORY** ofrece a los maestros, padres y estudiantes, una amplia variedad de materiales para usar en la clase y en las actividades escolares que realizan en casa. Por ejemplo:

▶ *The Idea Book for Educators* **(Libro de ideas para educadores)** es una revista semestral para maestros que tiene guías e información sobre los más recientes avances en la enseñanza de la historia, para mantener a los maestros al día en la pedagogía de la historia.

▶ **HISTORY Classroom (www.history.com/classroom)** es un sitio web interactivo que sirve de portal de Internet a los maestros de historia de todo el país. Allí se pueden encontrar videos sobre diversos temas, desde los acueductos romanos hasta el movimiento de los derechos civiles, que se relacionan con el currículo que se estudia en la clase.

▶ Los **boletines por correo electrónico de HISTORY** ofrecen noticias y materiales que complementan nuestros reconocidos programas y que se pueden usar en la clase. Tienen enlaces a guías para el maestro y videos sobre diversos temas, ofertas especiales y mucho más.

▶ Las **transmisiones en vivo por Internet** se realizan cada año con videos que se pueden ver desde las computadoras de cada escuela.

▶ **HISTORY Take a Veteran to School Day (Día de llevar a un veterano a la escuela)** Este programa permite que los jóvenes de las escuelas y las comunidades de todo el país se relacionen con veteranos y escuchen sus testimonios.

Además de **HOUGHTON MIFFLIN HARCOURT**, entre nuestros socios están la *Biblioteca del Congreso*, el *Instituto Smithsonian*, el *Día Nacional de la Historia*, el *Instituto de Historia de Estados Unidos Gilder Lehrman*, la *Organización de Historiadores Americanos* y otras muchas instituciones. Los videos de HISTORY también se usan en museos de los Estados Unidos y en más de 70 centros de historia de todo el mundo.

Conviértete en un lector activo

¿Alguna vez te imaginaste que lo primero que leerías en tu libro de estudios sociales sería una lectura sobre la lectura? En realidad, tiene más sentido de lo que crees. Probablemente, antes de entrar a jugar un partido de fútbol te aseguras de haber aprendido ciertas destrezas y estrategias. De la misma manera, debes aprender algunas destrezas y estrategias de lectura antes de leer un libro de estudios sociales. En otras palabras, debes asegurarte de que sabes lo necesario para sacar provecho de tu libro.

Consejo Nº 1
Usa las páginas de Lectura en estudios sociales

Aprovecha las dos páginas dedicadas a la lectura que están al comienzo de cada capítulo. En esas páginas se presentan los temas del capítulo, se explica una destreza o estrategia de lectura y se identifican las personas y palabras clave y el vocabulario académico.

Temas

¿Por qué son importantes los temas? Porque nos ayudan a organizar los datos y la información en la mente. Por ejemplo, cuando hablamos de béisbol, podemos mencionar distintos tipos de lanzamientos. Cuando hablamos de películas, podemos hacer comentarios sobre la animación.

A los historiadores les pasa lo mismo. Cuando analizan la historia o los estudios sociales, tienden a pensar en algunos temas típicos: economía, geografía, religión, política, sociedad y cultura, y ciencia y tecnología.

Destreza o estrategia de lectura

Los buenos lectores se valen de diversas destrezas y estrategias para asegurarse de que entienden lo que están leyendo. Estas lecciones te darán las herramientas que necesitas para leer y comprender los temas de estudios sociales.

Personas y palabras clave y vocabulario académico

Antes de leer el capítulo, repasa las palabras y piensa en ellas. ¿Ya las habías oído antes? ¿Qué es lo que ya sabes sobre las personas? Luego, presta atención a esas palabras y sus significados a medida que leas el capítulo.

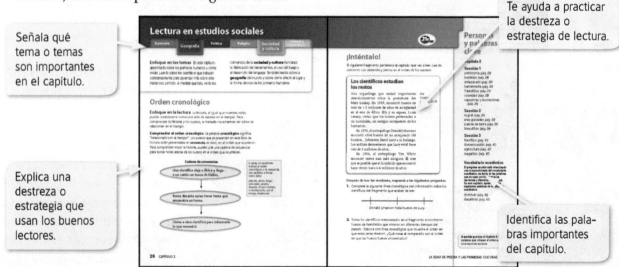

Señala qué tema o temas son importantes en el capítulo.

Explica una destreza o estrategia que usan los buenos lectores.

Te ayuda a practicar la destreza o estrategia de lectura.

Identifica las palabras importantes del capítulo.

Lee como un buen lector

Así se trate de tu libro de estudios sociales o cualquier otro libro, nunca mejorarás tu lectura a menos que dediques un tiempo a pensar cómo ser un buen lector.

Los buenos lectores hacen lo siguiente:

- Anticipan lo que van a leer antes de comenzar la lectura. Estudian las palabras de vocabulario, los títulos de las secciones, la información de los márgenes y los mapas o las tablas que deben estudiar.

- Dividen las hojas de su cuaderno en dos columnas. A una columna le ponen el título "Notas del capítulo" y a la otra, "Preguntas o comentarios".

- Toman notas en las dos columnas a medida que leen.

- Son **lectores activos**. En la siguiente lista de Lectura activa verás lo que eso significa.

- Usan las pistas que se ofrecen en el texto para entender cómo va desarrollándose el texto. Las mejores pistas son los conectores.

  Conectores de orden cronológico: *en primer lugar, en segundo lugar, en tercer lugar, antes, después, más tarde, luego, a continuación, previamente, finalmente*

  Conectores de causa y efecto: *a causa de, debido a, como resultado, el motivo de, por eso, en consecuencia*

  Conectores de comparación y contraste: *asimismo, también, además, así como, de la misma manera, por otro lado*

Lectura activa

Los lectores exitosos son **lectores activos.** Saben que depende de ellos entender de qué se trata un texto. Puedes seguir los siguientes pasos para convertirte en un lector activo y exitoso.

Haz predicciones de lo que pasará basándote en lo que ya ha pasado. Cuando tus predicciones no coincidan con lo que pasa en el texto, vuelve a leer las partes confusas.

Pregúntate sobre lo que está sucediendo a medida que lees. Pregúntate todo el tiempo por qué han sucedido las cosas, qué significan las cosas y a qué se deben ciertos sucesos.

Resume cada tanto lo que estás leyendo. ¡No intentes resumir todo el capítulo de una sola vez! Lee un poco y después resúmelo. Luego, sigue leyendo.

Conecta lo que sucede en la parte que estás leyendo con lo que ya has leído.

Aclara lo que entiendes. Detente de tanto en tanto para preguntarte si hay algo que te confunde. Quizás debas volver a leer para aclarar alguna idea o debas seguir leyendo para reunir más información y así poder entender.

Visualiza lo que sucede en el texto. Trata de ver en tu mente los sucesos o los lugares. Para eso, puedes trazar mapas, hacer tablas o tomar notas sobre lo que estás leyendo.

Consejo N° 3

Presta atención al vocabulario

No tiene gracia leer algo si no sabes el significado de las palabras, pero tampoco aprenderás palabras nuevas si sólo usas o lees las palabras que ya conoces. Sabemos que en este libro probablemente hemos usado palabras que no conoces. Pero cuando se trata de palabras muy difíciles, hemos seguido un patrón.

Personas y palabras clave

Al comienzo de cada sección encontrarás una lista de personas y palabras clave que necesitarás conocer. Presta atención a estas palabras cuando leas la sección.

Gran parte de la religión egipc...
en **la otra vida**, o la vida despué...
Los egipcios creían que la otra vi...

La otra vida

Osiris, dios del mundo subterráneo, esperaba para juzgar el alma de los muertos.

El dios Anubis porta el corazón de la persona de un lado de la balanza y la pluma de la verdad del otro. Si pasaban lo mismo, la persona podía entrar en el mundo subterráneo.

La religión y la vida egipcia

Los antiguos egipcios tenían fuertes creencias religiosas. Adorar a los dioses era parte de la vida diaria en Egipto. Muchas costumbres religiosas egipcias estaban relacionadas con lo que pasaba después de la muerte.

Los dioses de Egipto

Al igual que los mesopotámicos, los egipcios practicaban el politeísmo. Antes de la primera dinastía, cada aldea adoraba a sus propios dioses. Sin embargo, durante el Reino Antiguo, los dirigentes egipcios intentaron dar algún tipo de estructura a las creencias religiosas. Se esperaba que todos adoraran a los mismos dioses, aunque las maneras de adorarlos podían ser diferentes en cada región de Egipto.

Los egipcios construyeron templos para los dioses en todo el reino. Los templos recibían tributos tanto del gobierno como de los adoradores. Estos tributos hicieron que los templos fueran cada vez más influyentes.

Con el tiempo, ciertas ciudades se convirtieron en centros de adoración de ciertos dioses. En la ciudad de Menfis, por ejemplo, la gente oraba a Ptah, el creador del mundo.

Los egipcios tenían dioses para casi todo, como el sol, el cielo y la tierra. Muchos dioses eran una mezcla de humanos y animales. Por ejemplo, Anubis, el dios de los muertos, tenía cuerpo de humano pero cabeza de chacal. Algunos de los dioses más importantes eran

- Ra, o Amon-Ra, dios del sol
- Osiris, dios del mundo subterráneo
- Isis, diosa de la magia, y
- Horus, un dios celestial, dios de los faraones

El énfasis en la otra vida

Gran parte de la religión egipcia se concentraba en **la otra vida**, o la vida después de la muerte. Los egipcios creían que la otra vida era un lugar feliz. Las pinturas de las tumbas egipcias muestran la otra vida como un lugar ideal donde todas las personas son jóvenes y sanas.

La creencia egipcia en la otra vida provenía de su idea del *ka*, la fuerza vital de una persona. Cuando alguien moría, su *ka* abandonaba el cuerpo y se convertía en un espíritu. Sin

CAPÍTULO 4

Los relatos de los griots eran entretenidos e informativos. Trataban de sucesos importantes del pasado y de los logros de los antiguos ancestros. Por ejemplo, algunos relatos explicaban el surgimiento y la caída de los imperios de África Occidental. Otros describían las acciones de reyes y guerreros poderosos. Algunos griots daban realismo a sus relatos representando los sucesos del pasado como en una obra de teatro.

Además de relatos, los griots recitaban **proverbios**, o refranes breves que expresan ideas sabias o una verdad. Por medio de los proverbios, daban lecciones al pueblo. Por ejemplo, un proverbio de África Occidental contiene una advertencia: "No se llenan con palabras los cestos de la granja". Este proverbio recuerda a las personas que deben trabajar para obtener resultados, que no pueden hablar de lo que les gustaría hacer y nada más.

Para poder recitar sus historias y proverbios, los griots memorizaban cientos de nombres y sucesos. Mediante este **proceso** de memorización, los griots transmitieron la historia de África Occidental de generación en generación. Sin embargo, algunos griots confundían nombres

y sucesos en su cabeza. Cuando esto pasaba, los detalles de algunos hechos históricos se distorsionaban. Aun así, los relatos de los griots nos dicen muchas cosas sobre la vida en los imperios de África Occidental.

Los poemas épicos de África Occidental

Algunos poemas de los griots son poemas épicos, es decir, poemas largos sobre reinos y héroes. Muchos de estos poemas épicos están recopilados en el *Dausi* y el *Sundiata*.

El *Dausi* cuenta la historia de Ghana, pero intercala sucesos históricos con mitos y leyendas. Uno de los relatos trata de un dios con cuerpo de serpiente y siete cabezas llamado Bida. Este dios prometió que Ghana prosperaría si el pueblo sacrificaba todos los años a una joven en su honor. Un año, un poderoso guerrero mató a Bida. Mientras moría, el dios maldijo a Ghana. Los griots cuentan que esta maldición hizo caer al Imperio de Ghana.

El *Sundiata* cuenta la historia del gran gobernante de Malí. Según este relato épico, cuando Sundiata era niño, un conquistador se apoderó de Malí y mató al padre y a los 11 hermanos

hmhsocialstudies.com
ANIMATED HISTORY
Modern Griots

VOCABULARIO ACADÉMICO
proceso serie de pasos que se siguen para realizar una tarea

Tradiciones orales

Los narradores de África Occidental, llamados griots, tenían la responsabilidad de recordar y transmitir la historia de su pueblo. En esta foto, se muestra al público reunido para realizar danzas tradicionales y escuchar los relatos de un griot.

397

VOCABULARIO ACADÉMICO

proceso serie de pasos que se siguen para realizar una tarea

Vocabulario académico

Cuando usamos una palabra que es importante para todas las materias, no sólo para estudios sociales, la definimos en el margen, bajo el título Vocabulario académico. Te encontrarás con estas palabras académicas en otros libros de texto, así que aprende su significado mientras lees este libro.

Palabras importantes

A medida que leas este libro de texto de estudios sociales, podrás obtener mejores resultados si conoces o aprendes el significado de las palabras que figuran en las dos listas de esta página. La primera lista contiene palabras de vocabulario académico, las palabras que señalamos al final de la página anterior. Estas palabras son importantes para todas las materias, no sólo para estudios sociales. La segunda lista contiene palabras especiales de este tema específico de estudios sociales: la historia universal.

Vocabulario académico

acuerdo	decisión tomada conjuntamente por dos o más personas o grupos
adquirir	obtener
afectar	cambiar o influir en
aspecto	una parte de algo
autoridad	poder o influencia; derecho a gobernar
características	cualidades
clásico	referido a la cultura de las antiguas Grecia o Roma
competencia	concurso entre dos rivales
conflicto	enfrentamiento abierto entre dos grupos opuestos
consecuencias	efectos de un suceso o sucesos particulares
contratos	acuerdos legales de cumplimiento obligatorio
defender	mantener a salvo
desarrollo	creación; el proceso de crecer o mejorar
distribuir	dividir algo entre un grupo de personas
eficiente	productivo y que aprovecha los recursos
establecer	instituir o crear
estrategia	plan para luchar en una batalla o en una guerra
estructura	la manera en que se organiza o establece algo
funcionar	operar o actuar
ideales	ideas o metas según las cuales las personas tratan de vivir
influencia	poder, efecto
innovación	idea, método o dispositivo nuevo
lógico	razonado, bien elaborado
método	forma de hacer algo
motivo	razón para hacer algo
neutral	que no está comprometido con ningún bando
oposición	acto de oponerse o resistirse
papel	función; comportamiento asignado
política	regla, curso de acción
principal	más importante
principios	leyes, normas o creencias fundamentales
procedimiento	la manera en que se lleva a cabo una tarea

proceso	serie de pasos que hay que seguir para completar una tarea
propósito	razón por la que se hace algo
rebelarse	enfrentar a la autoridad
valores	ideas que las personas valoran y tratan de respetar
variar	ser diferente

Vocabulario de estudios sociales

a.C.	también a.e.c., se refiere a las fechas anteriores al nacimiento de Jesús de Nazaret
a.e.c.	significa "antes de la era cristiana" y se refiere a las fechas anteriores al nacimiento de Jesús de Nazaret
características físicas	características de la superficie terrestre, como las montañas y los ríos
civilización	las características culturales de una época o un lugar determinados
clima	el estado del tiempo de una región dada a lo largo de mucho tiempo
comercio	intercambio de bienes o servicios
costumbre	práctica repetida; tradición
cultura	los conocimientos, las creencias, las costumbres y los valores de un grupo de personas
d.C.	también e.c., se refiere a las fechas posteriores al nacimiento de Jesús
e.c.	significa "era cristiana" y se refiere a las fechas posteriores al nacimiento de Jesús
economía	sistema por el que las personas producen e intercambian bienes y servicios
era	período de tiempo
geografía	el estudio de las características físicas y culturales de la Tierra
política	gobierno
recursos	materiales y sustancias de la Tierra que las personas necesitan y valoran
región	una zona con una o más características que la diferencian de sus zonas vecinas
siglo	período de 100 años
sociedad	grupo de personas que comparten las mismas tradiciones

Cómo sacarle provecho a este libro

Con este libro te resultará fácil estudiar historia. Tómate unos minutos para familiarizarte con la estructura sencilla y las secciones especiales del libro. ¡Verás cómo este libro de texto hace que la historia cobre vida para ti!

Las unidades

Cada capítulo de este libro de texto pertenece a una unidad de estudio que trata sobre un período en particular. La introducción de cada unidad tiene una ilustración, generalmente de un joven de la época, y te da un panorama general de los fascinantes temas que estudiarás en la unidad.

Los capítulos

Cada capítulo incluye una introducción del capítulo con una línea cronológica de los sucesos importantes, una actividad de Destrezas de estudios sociales, páginas de Repaso del capítulo y una página de Práctica para el examen estandarizado.

Lectura en estudios sociales Estas lecciones de lectura, adecuadas para el nivel de cada capítulo, te enseñan destrezas y te dan la oportunidad de practicar para que obtengas mejores resultados al leer el libro de texto. En cada capítulo hay un recuadro de Enfoque en la lectura en el margen de la página, donde se explica la destreza de lectura del capítulo. Además, en la actividad de Repaso del capítulo hay preguntas para que te asegures de que entiendes la destreza de lectura.

Destrezas de estudios sociales Las lecciones de Destrezas de estudios sociales te dan la oportunidad de aprender y practicar una destreza que seguramente volverás a usar. Además, para saber si entendiste cada destreza, puedes responder a las preguntas correspondientes en la actividad de Repaso del capítulo.

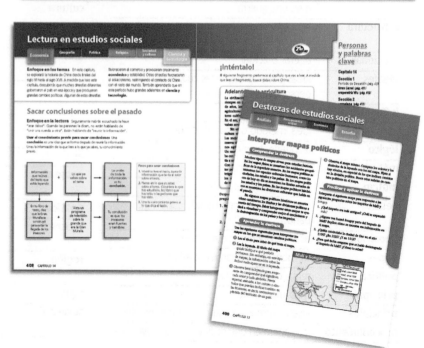

Las secciones

La página de introducción de cada sección incluye las Ideas principales, la idea clave general y las Personas y palabras clave. Además, están las siguientes secciones especiales:

El párrafo introductorio **Si estuvieras allí…** , al comienzo de cada sección, te presenta una situación a la que debes responder y te ubica en la época y en una situación relacionadas con los contenidos que estudiarás en la sección.

La sección **Conocer el contexto** relaciona los temas que se tratarán en esta sección con lo que has estudiado en la sección anterior.

Al organizar el **contenido en secciones breves**, la información de cada sección se da en pequeños trozos de texto para que no te resulte abrumadora.

Las sugerencias y organizadores gráficos en Internet incluidos en **Tomar notas** te ayudan a leer y tomar notas sobre las ideas importantes de la sección.

SECCIÓN **2**

El Reino Antiguo

Lo que aprenderás…

Ideas principales

1. En la antigua sociedad egipcia, los faraones gobernaban como si fueran dioses y se encontraban en lo más alto de la escala social.
2. La religión influenciaba la vida en Egipto.
3. Las pirámides egipcias eran tumbas construidas para los faraones.

La idea clave

El gobierno egipcio y la religión estaban muy relacionados durante el Reino Antiguo.

Personas y palabras clave
Reino Antiguo, *pág. 90*
Keops (o Khufu), *pág. 91*
nobles, *pág. 91*
la otra vida, *pág. 92*
momias, *pág. 93*
elite, *pág. 93*
pirámides, *pág. 94*
ingeniería, *pág. 94*

hmhsocialstudies.com
TOMAR NOTAS
Usa el organizador gráfico en Internet para tomar notas sobre el gobierno y la religión en el Reino Antiguo.

Si **ESTUVIERAS** allí…

Eres un pequeño agricultor del antiguo Egipto. Para ti, el faraón es un dios, un descendiente del dios del Sol, Ra. Dependes de su fuerza y su sabiduría. Durante una parte del año, estás ocupado cultivando tus campos. Pero en otros momentos del año, trabajas para el faraón. Ahora estás ayudando a construir una gran tumba donde será enterrado el faraón, junto a muchas de sus pertenencias, cuando muera.

¿Qué te parece trabajar para el faraón?

CONOCER EL CONTEXTO Al igual que en otras culturas antiguas, la sociedad egipcia se basaba en un estricto orden de clases sociales. Egipto era gobernado por un pequeño grupo de gente de la realeza, nobles y sacerdotes. Ellos dependían del resto de la población para la producción de alimentos, el trabajo y la mano de obra. Pocas personas cuestionaban esta organización social.

La antigua sociedad egipcia

Las primera y segunda dinastías gobernaron Egipto durante unos cuatro siglos. Alrededor del año 2700 a.C. la tercera dinastía asumió el poder. Con ella comenzó el **Reino Antiguo**, un período de la historia egipcia que duró aproximadamente desde el año 2700 a.C. hasta el año 2200 a.C.

El gobierno de los faraones

Durante el Reino Antiguo, los egipcios continuaron desarrollando su sistema político. Este sistema se basaba en la creencia de que el faraón era rey y dios a la vez.

Los antiguos egipcios creían que Egipto pertenecía a los dioses. Creían que el faraón había venido a la Tierra para gobernar Egipto en nombre del resto de los dioses. Por eso tenía poder absoluto sobre todas las tierras y personas en Egipto. Pero el estatus del faraón de ser un dios implicaba muchas responsabilidades. El pueblo culpaba al faraón si los cultivos no crecían bien o si surgía una epidemia. También le exigía que el comercio produjera ganancias y que no hubiera guerras.

Durante el Reino Antiguo, las obligaciones de los faraones aumentaron. Entonces los faraones contrataron funcionarios para que los ayudaran a cumplir con esas obligaciones. La mayoría de los funcionarios del gobierno pertenecían a la familia del faraón.

90

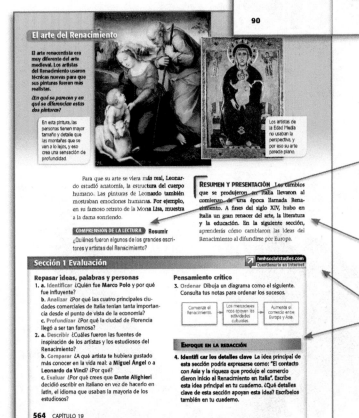

El arte del Renacimiento

El arte renacentista era muy diferente del arte medieval. Los artistas del Renacimiento usaron técnicas nuevas para que sus pinturas fueran más realistas.

¿En qué se parecen y en qué se diferencian estas dos pinturas?

En esta pintura, las personas tienen mayor tamaño y detalle que las montañas que se ven a lo lejos, y eso crea una sensación de profundidad.

Los artistas de la Edad Media no usaban la perspectiva, y por eso su arte parecía plano.

Para que su arte se viera más real, Leonardo estudió anatomía, la estructura del cuerpo humano. Las pinturas de Leonardo también mostraban emociones humanas. Por ejemplo, en su famoso retrato de la Mona Lisa, muestra a la dama sonriendo.

COMPRENSIÓN DE LA LECTURA Resumir
¿Quiénes fueron algunos de los grandes escritores y artistas del Renacimiento?

RESUMEN Y PRESENTACIÓN Los cambios que se produjeron en Italia llevaron al comienzo de una época llamada Renacimiento. A fines del siglo XIV, hubo en Italia un gran renacer del arte, la literatura y la educación. En la siguiente sección, aprenderás cómo cambiaron las ideas del Renacimiento al difundirse por Europa.

Sección 1 Evaluación

hmhsocialstudies.com
Cuestionario en Internet

Repasar ideas, palabras y personas
1. a. Identificar ¿Quién fue Marco Polo y por qué fue influyente?
   b. Analizar ¿Por qué las cuatro principales ciudades comerciales de Italia tenían tanta importancia desde el punto de vista de la economía?
   c. Profundizar ¿Por qué la ciudad de Florencia llegó a ser tan famosa?
2. a. Describir ¿Cuáles fueron las fuentes de inspiración de los artistas y los estudiosos del Renacimiento?
   b. Comparar ¿A qué artista te hubiera gustado más conocer en la vida real: a Miguel Ángel o a Leonardo da Vinci? ¿Por qué?
   c. Evaluar ¿Por qué crees que Dante Alighieri decidió escribir en italiano en vez de hacerlo en latín, el idioma que usaban la mayoría de los estudiosos?

Pensamiento crítico
3. Ordenar Dibuja un diagrama como el siguiente. Consulta tus notas para ordenar los sucesos.

Comenzó el Renacimiento.	Los mercaderes ricos apoyan las actividades culturales.	Aumenta el comercio entre Europa y Asia.

ENFOQUE EN LA REDACCIÓN

4. Identificar los detalles clave La idea principal de esta sección podría expresarse como: "El contacto con Asia y la riqueza que produjo el comercio dieron inicio al Renacimiento en Italia". Escribe esta idea principal en tu cuaderno. ¿Qué detalles clave de esta sección apoyan esta idea? Escríbelos también en tu cuaderno.

564 CAPÍTULO 19

Las preguntas de **Comprensión de la lectura**, al final de cada sección de contenido, te permiten comprobar si entendiste o no lo que acabas de estudiar.

El párrafo de **Resumen y presentación** conecta lo que acabas de estudiar en la lección con lo que estudiarás en la sección siguiente.

El recuadro de **Evaluación de la sección** te permite estar seguro de que entiendes las ideas principales de la sección. ¡Y además te damos evaluaciones para que practiques en línea!

Los primeros seres humanos y las primeras sociedades

La historia es el estudio del pasado y las personas que estudian la historia se llaman historiadores. Los historiadores intentan aprender cómo era la vida de las personas hace mucho tiempo en distintos lugares del mundo. Para entender a las personas y a los lugares del pasado, los historiadores estudian indicios o pistas y pruebas.

Algunos historiadores estudian a los primeros seres humanos, que cazaban animales, recolectaban plantas y aprendieron a fabricar herramientas de piedra. Finalmente, aprendieron a cultivar alimentos y a criar animales para consumirlos.

En los próximos dos capítulos, aprenderás sobre historia y sobre los primeros pueblos del mundo.

Investiga el arte

En esta escena, la joven María de Sautuola descubre pinturas rupestres prehistóricas en Altamira, España, en 1879. ¿Qué nos indican estas pinturas sobre la vida de los primeros pueblos?

Descubrir el pasado

Pregunta esencial ¿Por qué los investigadores académicos estudian los pueblos, los sucesos y las ideas del pasado?

Lo que aprenderás...

En este capítulo aprenderás cómo los historiadores y los geógrafos estudian el pasado para saber más sobre el presente.

La idea clave Los historiadores usan muchos tipos de pistas para entender cómo vivían las personas en el pasado.

La idea clave La geografía física y la geografía humana contribuyen al estudio de la historia.

ENFOQUE EN LA REDACCIÓN

Una descripción de un trabajo ¿Cuál es el trabajo de un historiador? ¿Y el de un arqueólogo y un geógrafo? En este capítulo aprenderás sobre el trabajo de las personas que estudian el pasado: los sucesos, las personas y los lugares. Luego, escribirás una descripción de un trabajo para incluir en una guía de orientación vocacional.

En esta fotografía se muestran guerreros de arcilla que se encontraron en China. Los hallazgos como estos nos enseñan mucho sobre la historia de los lugares de la antigüedad.

Lectura en estudios sociales

Enfoque en los temas Este capítulo sienta las bases para estudiar el resto del libro. Aquí aprenderás las definiciones de muchas palabras importantes. Aprenderás de qué manera el estudio de la historia te ayuda a comprender el pasado y el presente. También leerás sobre el estudio de la geografía y aprenderás cómo las características físicas del mundo influyeron sobre el momento y el lugar en el que comenzó la civilización. Finalmente, comenzarás a pensar sobre la forma en que la **sociedad** y la **cultura** y la **ciencia** y la **tecnología** interactuaron con el paso del tiempo.

Vocabulario especializado de historia

Enfoque en la lectura ¿Alguna vez haz hecho un plié en la barra o sacado de juego al mariscal de campo contrario? Es probable que no lo hayas hecho si nunca has estudiado ballet ni jugado al fútbol americano. De hecho, es posible que ni siquiera supieras el significado de esas palabras.

Vocabulario especializado Plié, barra, sacar de juego y mariscal de campo son **vocabulario especializado,** es decir, palabras que se usan en un solo campo. La historia tiene su propio vocabulario especializado. Las siguientes tablas enumeran algunas palabras que se usan con frecuencia en el estudio de la historia.

Palabras que identifican períodos de tiempo	
Década	período de diez años
Siglo	período de 100 años
Edad	largo período de tiempo marcado por una única característica cultural
Era	largo período de tiempo marcado por grandes sucesos, desarrollos o personajes
Antiguo/a	muy viejo o vieja o que existió hace mucho tiempo

Palabras que se usan con fechas	
circa	palabra que se usa para demostrar que los historiadores no están seguros de una fecha exacta; significa "aproximadamente"
a.C.	término que se usa para identificar fechas anteriores al nacimiento de Jesucristo, el fundador del cristianismo; significa "antes de Cristo". Como podrás ver en la siguiente línea cronológica, las fechas a.C. son cada vez menores a medida que pasa el tiempo, así que cuanto mayor sea el número, más antigua será la fecha.
d.C.	término que se usa para identificar fechas posteriores al nacimiento de Jesucristo; significa "después de Cristo". A diferencia de las fechas a.C., las fechas d.C. son cada vez mayores a medida que pasa el tiempo, así que cuanto mayor sea el número, más reciente será la fecha.
a.e.c.	otra manera de referirse a fechas a.C.; significa "antes de la era cristiana"
e.c.	otra manera de referirse a fechas d.C.; significa "era cristiana"

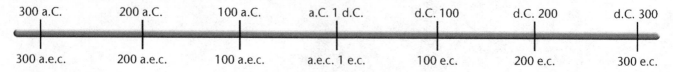

300 a.C.	200 a.C.	100 a.C.	a.C. 1 d.C.	d.C. 100	d.C. 200	d.C. 300
300 a.e.c.	200 a.e.c.	100 a.e.c.	a.e.c. 1 e.c.	100 e.c.	200 e.c.	300 e.c.

¡Inténtalo!

Cuando leas este libro de texto, encontrarás muchos ejemplos de palabras de vocabulario especializado que usan los historiadores. Muchas de esas palabras estarán resaltadas en el texto y estarán acompañadas por su definición como palabras clave. Es posible que otras no estén resaltadas, pero sí tendrán su definición. Verás algunos ejemplos en el siguiente fragmento. Aprender estas palabras a medida que las encuentres te ayudará a comprender lo que leerás más adelante en el libro. Te recomendamos llevar una lista de palabras importantes en tu cuaderno para tu propia referencia.

Aprender palabras a través del contexto

Para aprender historia, dependemos de diversas fuentes. Para obtener información sobre los primeros seres humanos, tenemos que recurrir a los restos fósiles. Un **fósil** es una parte o huella de un ser vivo ya muerto. Los huesos y las huellas que se conservan en las rocas son ejemplos de fósiles.

Del Capítulo 1, pág. 10

Cuando los seres humanos aprendieron a fabricar cosas, sin pensarlo crearon más fuentes de información para nosotros. Crearon lo que llamamos **artefactos**, objetos creados y usados por los humanos. Entre los artefactos se encuentran las monedas, las puntas de flechas, las herramientas, los juguetes y las piezas de cerámica.

Responde a las siguientes preguntas sobre el vocabulario especializado de historia.

1. ¿Qué es un fósil? ¿Qué es un artefacto? ¿Cómo lo sabes?

2. ¿Naciste en un año a.C. o en un año d.C.?

3. Ordena las siguientes fechas: 2000 d.C., 3100 a.C., 15 a.e.c., 476 d.C., 3 d.C., 1215 e.c.

4. Si ves que un suceso tuvo lugar *circa* 1000 d.C., ¿qué significaría?

Personas y palabras clave

Vocabulario académico

El progreso escolar está relacionado con el conocimiento del vocabulario académico, es decir, de las palabras que se usan con frecuencia en las tareas y discusiones en clase. En este capítulo, aprenderás las siguientes palabras de vocabulario académico:

A medida que lees el Capítulo 1, prepara una lista de vocabulario especializado y anota en tu cuaderno las palabras que aprendas.

Estudiar historia

Si ESTUVIERAS allí...

Eres estudiante y estás ayudando a algunos eruditos a descubrir los restos de una ciudad antigua. Un día encuentras un jarro lleno de trozos de arcilla sobre los que se han tallado extraños símbolos. Reconoces que esas marcas son letras ya que durante años has estudiado la lengua de los habitantes de esa ciudad. ¡Esta es tu oportunidad de aplicar tus destrezas!

¿Qué podrías aprender de esos escritos antiguos?

> **CONOCER EL CONTEXTO** El año pasado aprendiste sobre el pasado de nuestro país. Ahora vas a empezar a estudiar la historia del mundo, que comenzó muchos siglos antes que la historia de Estados Unidos. Comprobarás que hay muchas maneras de aprender la historia mundial.

El estudio del pasado

Los pueblos del mundo antiguo no construyeron rascacielos, ni inventaron el automóvil ni enviaron naves espaciales a Marte. Pero hicieron cosas importantes. Entre sus hazañas se encuentran la construcción de enormes templos, el invento de la escritura y el descubrimiento de los planetas. Cada paso que damos, ya sea en tecnología, ciencia, educación, literatura y en todos los demás campos, se basa en lo que hicieron las personas hace mucho tiempo. Somos quienes somos gracias a lo que esas personas hicieron en el pasado.

¿Qué es la historia?

La **historia** es el estudio del pasado. Una batalla que tuvo lugar hace 5,000 años y una elección que se realizó ayer son parte de la historia.

Los historiadores son las personas que estudian la historia. Su principal preocupación es la actividad humana en el pasado. Quieren saber cómo vivían las personas y por qué hacían las cosas que hacían. Se esfuerzan por conocer los problemas que enfrentaban y cómo los solucionaban.

Lo que aprenderás...

Ideas principales

1. La historia es el estudio del pasado.
2. Al estudiar la historia, podemos comprender mejor las acciones y las creencias de las personas.
3. Los historiadores usan indicios de distintas fuentes para conocer el pasado.

La idea clave

Los historiadores usan muchos tipos de pistas para entender cómo vivían las personas en el pasado.

Palabras clave

historia, *pág. 6*
cultura, *pág. 7*
arqueología, *pág. 7*
fósil, *pág. 10*
artefactos, *pág. 10*
fuente primaria, *pág. 10*
fuente secundaria, *pág. 10*

hmhsocialstudies.com
TOMAR NOTAS

Usa el organizador gráfico en Internet para tomar notas sobre las pistas que usan los historiadores para comprender el pasado.

A los historiadores les interesa la vida cotidiana de esas personas. ¿Cómo y dónde trabajaban, luchaban, comerciaban, cultivaban y rendían culto a sus dioses? ¿Qué hacían en su tiempo libre? ¿A qué jugaban? Es decir, los historiadores estudian el pasado de los pueblos para entender su **cultura:** el conocimiento, las creencias, las costumbres y los valores de un grupo de personas.

¿Qué es la arqueología?

Un área importante que aporta mucha información sobre el pasado es la **arqueología,** que es el estudio del pasado a través de los objetos que dejaron las personas tras desaparecer. Los arqueólogos, o las personas que practican la arqueología, exploran los lugares donde vivieron, trabajaron o lucharon alguna vez las personas. Entre los objetos que las personas dejaron en esos lugares pueden encontrarse joyas, platos o armas. Pueden ser desde utensilios de piedra hasta computadoras.

Los arqueólogos examinan los objetos que encuentran para aprender lo que pueden afirmar sobre el pasado. En muchos casos, los objetos que las personas han dejado son las únicas pistas que tenemos sobre su forma de vida.

COMPRENSIÓN DE LA LECTURA **Comparar**
¿En qué se parecen la historia y la arqueología?

SU IMPORTANCIA HOY

La tecnología moderna, incluyendo las computadoras y el uso de imágenes vía satélite, permite a los arqueólogos localizar con más facilidad y estudiar los objetos del pasado.

Estudiar el pasado
Los historiadores y los arqueólogos estudian los pueblos y los lugares del pasado. Por ejemplo, al estudiar los restos de un antiguo templo egipcio (derecha), pueden aprender sobre la vida de los antiguos egipcios (izquierda).

Entender mediante la historia

VOCABULARIO ACADÉMICO

valores ideas que las personas valoran y tratan de respetar

Las personas estudian historia por muchas razones. Entender el pasado nos ayuda a comprender el mundo actual. La historia también nos puede proporcionar una guía para tomar mejores decisiones en el futuro.

Conocerte a ti mismo

La historia puede enseñarte cosas sobre ti mismo. ¿Qué pasaría si no supieras nada de tu propio pasado? No sabrías qué materias te gustaban en la escuela ni qué deportes disfrutabas. No sabrías qué es lo que te hace sentir orgulloso ni qué errores no deberías volver a cometer. Sin tu propia historia personal, no tendrías identidad.

La historia tiene la misma importancia para los grupos que para los individuos. ¿Qué pasaría si los países no tuvieran datos de su pasado? Los pueblos no sabrían cómo surgieron sus gobiernos. No recordarían los grandes triunfos ni las grandes tragedias de sus naciones. La historia nos enseña sobre las experiencias que hemos tenido como pueblo. Determina nuestra identidad y nos enseña los **valores** que compartimos.

Conocer a los demás

Igual que hoy, el mundo del pasado tenía muchas culturas. La historia nos enseña sobre las culturas que eran distintas a la tuya. Aprendes sobre otros pueblos, dónde vivían y qué era importante para ellos. La historia te enseña las similitudes y las diferencias entre las distintas culturas.

También te ayuda a comprender por qué las personas piensan de una manera u otra. Aprendes sobre las luchas que han debido enfrentar los pueblos y cómo esas luchas han afectado la forma en que los pueblos se ven a sí mismos y a los demás. Por ejemplo, los indígenas

Entender el mundo

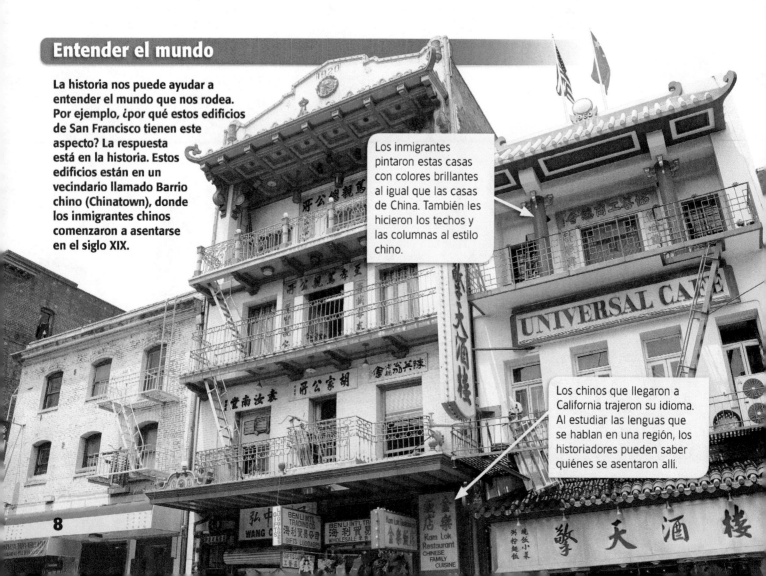

La historia nos puede ayudar a entender el mundo que nos rodea. Por ejemplo, ¿por qué estos edificios de San Francisco tienen este aspecto? La respuesta está en la historia. Estos edificios están en un vecindario llamado Barrio chino (Chinatown), donde los inmigrantes chinos comenzaron a asentarse en el siglo XIX.

Los inmigrantes pintaron estas casas con colores brillantes al igual que las casas de China. También les hicieron los techos y las columnas al estilo chino.

Los chinos que llegaron a California trajeron su idioma. Al estudiar las lenguas que se hablan en una región, los historiadores pueden saber quiénes se asentaron allí.

americanos, los colonos europeos, los africanos esclavizados y los inmigrantes asiáticos tuvieron papeles fundamentales en la historia de nuestro país. Pero los descendientes de cada grupo tienen distintas formas de relatar los aportes de sus antepasados.

Aprender esos relatos y otros similares que constituyen la historia puede ayudarte a ver los puntos de vista de otras personas. Puede enseñarte a respetar y a comprender las opiniones diferentes. Este conocimiento ayuda a desarrollar la tolerancia. La historia también puede ayudarte a relacionarte más fácilmente con personas de distintos contextos. Es decir, el conocimiento del pasado puede contribuir con la armonía social en el mundo actual.

Conocer tu mundo

La historia te puede ayudar a comprender mejor el lugar en el que vives. Eres parte de una cultura que interactúa con el mundo exterior. Incluso los sucesos que ocurren en otras partes del mundo afectan tu cultura. La historia te ayuda a entender de qué manera los sucesos pasados determinan los sucesos actuales. Por lo tanto, conocer el pasado te ayuda a comprender lo que está sucediendo ahora.

La historia se ocupa de todas las actividades humanas. Es el registro de los esfuerzos combinados de la humanidad. Así que mientras estudias historia, también podrás aprender más sobre matemáticas, ciencias, religión, política y muchos otros temas.

El estudio del pasado también te ayudará a desarrollar destrezas mentales. La historia te anima a hacer preguntas importantes. Te obliga a analizar los hechos que aprendes. Ese análisis te enseña a reconocer qué información es importante y cuál es suplementaria. Esta destreza te ayuda a encontrar los hechos principales al estudiar cualquier tema.

La historia también ayuda a desarrollar buenas destrezas para tomar decisiones. Un dicho famoso, repetido con frecuencia, nos advierte que aquéllos que olvidan su pasado están condenados a repetirlo. Esto significa que las personas que ignoran los resultados de las decisiones pasadas a menudo repiten los mismos errores una y otra vez.

LIBRO
Constructores de la historia

Una manera de estudiar historia es estudiar los "grandes nombres" del pasado, las personas cuyas vidas y acciones modificaron las épocas y los lugares en los que vivieron. En este fragmento de una recopilación de ensayos, la historiadora Barbara W. Tuchman explica por qué algunos historiadores centran su atención en esas personas.

"Ellos son los capitanes y los reyes, los santos y los fanáticos, los traidores, los pícaros y los villanos, los pioneros y los exploradores, los pensadores y los creadores, e incluso en ocasiones, los héroes. Son importantes, aunque no siempre dignos de admiración. . . ellos *importan*. Son los actores, no los objetos de las acciones, y por lo tanto, son mucho más interesantes**"**.

–Barbara W. Tuchman,
de *Practicing History: Selected Essays*

DESTREZA DE ANÁLISIS **ANALIZAR FUENTES PRIMARIAS**

¿Qué palabras usa la autora para lograr que la historia parezca interesante?

Tanto los individuos como los países se benefician con la sabiduría que la historia puede enseñar. Es posible que tu propia historia te haya enseñado que si estudias para un examen obtienes mejores calificaciones. De la misma manera, la historia mundial nos ha enseñado que si se brinda educación a los jóvenes, se convierten en personas más productivas cuando llegan a adultos.

Los historiadores han destacado el valor de la historia por siglos. Hace más de 2000 años, un gran historiador griego llamado Polibio escribió:

ENFOQUE EN LA LECTURA
¿Qué significa la palabra *siglo*?

"El objetivo de la historia no es el placer del lector en el momento de su examen [lectura], sino la modificación [mejora] del alma del lector, para salvarlo de tropezar con la misma piedra una y otra vez**"**.

–Polibio, de *Las Historias, Libro XXXVIII*

COMPRENSIÓN DE LA LECTURA **Resumir**
¿Cuáles son algunos de los beneficios de estudiar historia?

Esta arqueóloga está examinando piezas de cerámica antiguas en Líbano para aprender sobre el pasado.

Usar indicios

Para aprender historia, dependemos de diversas fuentes. Para obtener información sobre los primeros seres humanos, tenemos que recurrir a los restos fósiles. Un **fósil** es una parte o huella de un ser vivo ya muerto. Los huesos y las huellas que se conservan en las rocas son ejemplos de fósiles.

Cuando los seres humanos aprendieron a fabricar cosas, sin pensarlo crearon más fuentes de información para nosotros. Crearon lo que llamamos **artefactos**, objetos creados y usados por los humanos. Entre los artefactos se encuentran las monedas, las puntas de flechas, las herramientas, los juguetes y las piezas de cerámica. Los arqueólogos examinan los artefactos y los lugares donde fueron encontrados para aprender sobre el pasado.

Fuentes de información

Hace unos 5,000 años, las personas inventaron la escritura. Escribieron leyes, poemas, discursos, planes de batalla, cartas, contratos y muchas otras cosas. En estas fuentes escritas, los historiadores han encontrado innumerables indicios sobre la forma de vida de las personas.

Además, los pueblos han registrado sus mensajes de distintas maneras a lo largo de los siglos. Los historiadores han estudiado escrituras talladas en columnas de piedra, estampadas en tablillas de arcilla, garabateadas en caparazones de tortuga, escritas con máquinas de escribir y enviadas por computadora.

Las fuentes históricas son de dos tipos. Una **fuente primaria** es un relato de un hecho por parte de alguien que participó o presenció el hecho. Son fuentes primarias los tratados, las cartas, los diarios, las leyes, los documentos de los tribunales y las órdenes reales. Una grabación de audio o video de un suceso también es una fuente primaria.

Una **fuente secundaria** es la información recopilada por alguien que no participó ni presenció un hecho. Los libros de texto de historia, los artículos periodísticos y las enciclopedias son ejemplos de fuentes secundarias. El libro de texto que estás leyendo en este momento es una fuente secundaria. Los historiadores que lo escribieron no participaron de los sucesos que se describen. Lo que hicieron fue recopilar información sobre estos sucesos de distintas fuentes.

Los registros escritos, como esta escritura de una tumba de Egipto, son valiosas fuentes de información sobre el pasado.

A veces, los arqueólogos deben reconstruir artefactos cuidadosamente a partir de cientos de piezas rotas, como han hecho con esta estatua de un dios-murciélago azteca encontrado en México.

Fuentes de cambio

Los escritores de fuentes secundarias no siempre están de acuerdo sobre el pasado. Los historiadores llegan a distintas conclusiones a partir de las fuentes primarias que estudian. Por lo tanto, sus interpretaciones sobre los hechos del pasado pueden ser diferentes.

Por ejemplo, un escritor puede afirmar que un rey era un líder militar brillante y otro, que los ejércitos de ese rey sólo ganaron sus batallas porque tenían mejores armas. A veces, el hallazgo de nuevas pruebas conduce a nuevas conclusiones. A medida que los historiadores repasan y analizan la información, sus interpretaciones pueden cambiar… y muchas veces lo hacen.

COMPRENSIÓN DE LA LECTURA **Contrastar**
¿En qué se diferencian las fuentes primarias y las secundarias?

RESUMEN Y PRESENTACIÓN El estudio del pasado nos beneficia. Los estudiosos usan muchas pistas para poder entender los sucesos del pasado. En la siguiente sección, aprenderás cómo la geografía se relaciona con la historia.

Sección 1 Evaluación

hmhsocialstudies.com
Cuestionario en Internet

Repasar ideas, palabras y personas

1. **a. Identificar** ¿Qué es la **historia**?
   b. Explicar ¿Qué clase de cosas intentan descubrir los historiadores sobre los pueblos que vivieron en el pasado?
   c. Hacer predicciones ¿Qué tipos de pruebas estudiarán los historiadores del futuro para aprender sobre tu **cultura**?
2. **a. Describir** ¿Cómo contribuye al sentido de unidad de un grupo el conocimiento de su propia historia?
   b. Profundizar Explica el significado de la frase "Aquéllos que olvidan su pasado están condenados a repetirlo".
3. **a. Identificar** ¿Qué es una **fuente primaria**?
   b. Explicar ¿Cómo afectó la invención de la escritura las fuentes en las que se basan los historiadores?
   c. Profundizar ¿Se podría considerar a una fotografía una fuente primaria? ¿Por qué?

Pensamiento crítico

4. **Crear categorías** Basándote en tus notas, identifica cuatro clases de pistas para estudiar el pasado y menciona al menos dos ejemplos de cada clase.

pistas

ENFOQUE EN LA REDACCIÓN

5. **Comprender el trabajo de los historiadores** ¿Cuál es la diferencia entre un historiador y un arqueólogo? Toma notas sobre lo que estas personas hacen en su trabajo.

Estudiar geografía

Ideas principales

1. La geografía es el estudio de los lugares y sus habitantes.
2. Estudiar los lugares es importante tanto en la geografía física como en la geografía humana.
3. La geografía y la historia están estrechamente relacionadas.

La idea clave

La geografía física y la geografía humana contribuyen al estudio de la historia.

Palabras clave

geografía, *pág. 12*
accidentes geográficos, *pág. 12*
clima, *pág. 12*
medioambiente, *pág. 13*
región, *pág. 15*
recursos, *pág. 16*

hmhsocialstudies.com
TOMAR NOTAS

Usa el organizador gráfico en Internet para tomar notas sobre geografía física y geografía humana.

Si ESTUVIERAS allí...

Tus padres son historiadores que investigan una ciudad que desapareció hace mucho tiempo. Vas con ellos a una biblioteca para ayudarlos a buscar indicios sobre la ubicación y el destino de esa ciudad. Mientras hojeas un viejo libro polvoriento, encuentras un antiguo mapa entre dos páginas. En el mapa hay ríos, bosques, montañas y líneas rectas que parecen caminos. ¡Es un mapa que muestra el camino a la ciudad perdida!

¿Cómo puede ayudarte este mapa a encontrar la ciudad?

CONOCER EL CONTEXTO Has aprendido cómo los historiadores y arqueólogos nos ayudan a aprender sobre el pasado. Otros estudiosos, los geógrafos, también contribuyen con el estudio de la historia.

Estudiar los lugares y los habitantes

Cuando escuchas sobre un suceso en las noticias, es posible que lo primero que te preguntes sea "¿Dónde ocurrió?" y "¿Quién estaba allí?". Los historiadores se hacen las mismas preguntas sobre los hechos del pasado. Por eso necesitan estudiar geografía. La **geografía** es el estudio de las características físicas y culturales de la Tierra, como las montañas, los ríos, las personas, las ciudades y los países.

La geografía física

La geografía física es el estudio de las formaciones y las características de la Tierra. Las personas que se dedican a esta rama se llaman geógrafos físicos. Estudian los **accidentes geográficos**, es decir, las características naturales de la superficie terrestre. Las montañas, los valles, las llanuras y otros lugares similares son accidentes geográficos.

Los geógrafos físicos también estudian el **clima**, el patrón de las condiciones del tiempo de una zona específica durante un largo período de tiempo. El clima no es lo mismo que el tiempo. El tiempo son las condiciones en un determinado momento y lugar. Si dices que tu ciudad tiene inviernos fríos, estás hablando de clima. Si dices que hoy hace mucho frío y nieva, estás hablando del tiempo.

Geografía física

Estudio de las características y los procesos físicos de la Tierra, como las montañas, los ríos, los océanos, las lluvias y el clima, incluso esta sección de la costa de California

Geografía humana

Estudio de las personas de la Tierra, incluso su forma de vida, sus hogares y ciudades, sus creencias y sus viajes, como estos niños de Tazania, en África

Geografía

Estudio de las características físicas y culturales de la Tierra

El clima afecta muchas características de una región. Por ejemplo, afecta la vida de las plantas. Las selvas tropicales necesitan aire cálido y fuertes lluvias, mientras que un clima seco puede crear desiertos. El clima también afecta a los accidentes geográficos. Por ejemplo, el viento constante puede erosionar montañas hasta convertirlas en planicies.

Aunque el clima afecta a los accidentes geográficos, éstos también pueden afectar al clima. Por ejemplo, la Cordillera Costera del norte de California está formada por montañas paralelas a la costa del Pacífico. Cuando el aire choca contra estas montañas, se eleva y se enfría. Toda la humedad que traía el aire cae en forma de lluvia. Mientras tanto, en el lado opuesto de la cordillera, el Valle Central se mantiene seco. De esta manera, una cordillera crea dos climas muy diferentes.

Los accidentes geográficos y el clima son parte del medioambiente de un lugar. El **medioambiente** incluye a todos los seres vivos y los elementos inertes que afectan la vida de un área. Esto incluye el clima, el terreno, el agua, las plantas, el suelo, los animales y otras características del área.

La geografía humana

La otra rama de la geografía es la geografía humana: el estudio de las personas y los lugares donde viven. Los especialistas en geografía humana estudian muchos aspectos distintos sobre las personas y sus culturas. ¿Qué clase de trabajos tienen las personas? ¿Cómo obtienen sus alimentos? ¿Cómo son sus hogares? ¿Qué religiones practican?

La geografía humana también se ocupa de la forma en que el medioambiente afecta a las personas. Por ejemplo, ¿cómo se protegen de las inundaciones las personas que viven cerca de los ríos? ¿Cómo sobreviven las personas que viven en el desierto? ¿Los distintos medioambientes afectan el tamaño de las familias? ¿Viven más las personas en determinados medioambientes? ¿Por qué algunas enfermedades se propagan fácilmente en algunos medioambientes mientras que en otros no? Como podrás ver, los geógrafos humanos estudian muchos interrogantes interesantes sobre las personas y este planeta.

COMPRENSIÓN DE LA LECTURA **Resumir**

¿Cuáles son las dos ramas principales de la geografía?

Estudiar los lugares

VOCABULARIO ACADÉMICO

características
cualidades

Tanto los geógrafos físicos como los geógrafos humanos estudian los lugares. La ubicación es la descripción exacta de dónde se encuentra algo. Cada lugar de la Tierra tiene una ubicación específica.

No hay dos lugares en el mundo que sean exactamente iguales. Aun las pequeñas diferencias entre un lugar y otro pueden provocar grandes diferencias en el modo de vida de las personas. Por eso los geógrafos intentan entender los efectos que tienen los distintos lugares sobre las poblaciones humanas o grupos de personas.

Al comparar los distintos lugares, los geógrafos aprenden más sobre los factores que afectaron a cada uno. Por ejemplo, pueden estudiar por qué un pueblo creció en un lugar determinado mientras que otro pueblo cercano se hizo más pequeño.

Aprender de los mapas

Para estudiar los distintos lugares, los geógrafos usan mapas. Un mapa es un dibujo de un área. Algunos mapas muestran **características** físicas. Otros muestran ciudades y los límites de estados o países. La mayoría de los mapas tienen símbolos que representan distintas cosas. Por ejemplo, los puntos grandes generalmente representan ciudades. Las líneas azules muestran los cursos de los ríos. La mayoría de los mapas también incluyen una guía para indicar la dirección.

Los seres humanos han creado mapas desde hace más de 4,000 años. Los mapas ayudan en muchas actividades. Para la planificación de batallas, la búsqueda de nuevos territorios y el proyecto de nuevos parques en una ciudad se necesitan buenos mapas. Es posible que en tu primer día de clase hayas usado un mapa de tu escuela para encontrar tu salón de clases.

Estudiar mapas

Al estudiar y comparar mapas, podrás ver cómo están relacionadas las características físicas y humanas de un lugar.

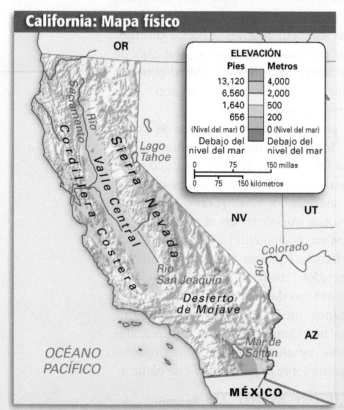

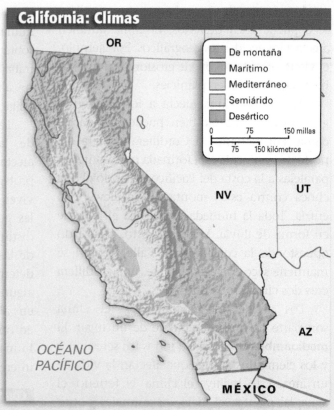

1 ¿Cuáles son algunas de las características físicas principales de California? ¿Dónde se encuentran las montañas más altas del estado?

2 ¿Qué climas se encuentran en California? ¿De qué manera están relacionadas las regiones climáticas con las características físicas de California?

Aprender sobre las regiones

Aprender sobre las distintas regiones es otra parte principal del estudio de la geografía. Una **región** es un área con una o varias características que la diferencian de las zonas que la rodean. Estas características pueden ser físicas, como los bosques o las praderas. También puede haber diferencias en el clima. Por ejemplo, una zona desértica es un tipo de región. Los límites de una región son generalmente barreras físicas, como las montañas y los ríos.

Las regiones también pueden estar definidas por las características humanas. Una zona con muchas ciudades es un tipo de región. Una zona que sólo tiene granjas constituye otro tipo. Algunas regiones están identificadas por la lengua que hablan las personas que habitan en ellas. Otras están identificadas por la religión que practican sus habitantes.

COMPRENSIÓN DE LA LECTURA **Crear categorías** ¿Cuáles son algunos de los tipos de características que pueden identificar a una región?

Fuente primaria

LIBRO
Lo que significa la geografía

Algunas personas piensan que la geografía es la habilidad de leer mapas o nombrar capitales de estados. Pero como explica el geógrafo Kenneth C. Davis, la geografía es mucho más que eso. La geografía se relaciona con casi todas las ramas del conocimiento humano.

❝La geografía no se limita a los mapas que nos muestran la ubicación de todos los países del mundo. En realidad, esos mapas no nos dan necesariamente mucha información. No; la geografía nos plantea fascinantes preguntas sobre quiénes somos y cómo llegamos a ser de esa manera y luego nos da pistas para encontrar las respuestas. Es imposible entender la historia, la política internacional, la economía mundial, las religiones, la filosofía o los 'patrones culturales' sin tener en cuenta a la geografía❞.

–Kenneth C. Davis, de *Don't Know Much About Geography*

DESTREZA DE ANÁLISIS **ANALIZAR FUENTES PRIMARIAS**
¿Por qué el autor cree que la geografía es importante?

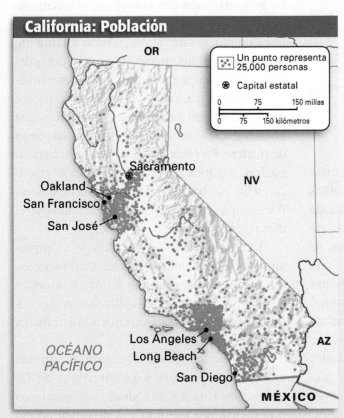

California: Población

3 ¿Dónde están los dos principales centros de población de California? ¿Qué tipo de clima se encuentra en esas áreas?

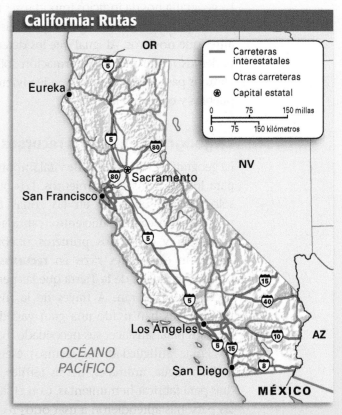

California: Rutas

4 ¿Qué relación tienen las rutas de California con sus características físicas? ¿Y con sus centros de población?

Una de las maneras en que puedes comprobar cómo la geografía ha influido en la historia es con el estudio de las ubicaciones de las ciudades. Algunos lugares tienen ventajas estratégicas sobre otros y, en consecuencia, las personas los eligieron para establecer ciudades allí. Por ejemplo, la ciudad de Río de Janeiro, Brasil, tiene fácil acceso al océano y un paisaje impresionante.

La geografía y la historia

La geografía nos da indicios importantes acerca de las personas y los lugares que existieron antes que nosotros. Al igual que los detectives, podemos reunir mucha información sobre las culturas pasadas si sabemos dónde vivieron los pueblos y cómo era la zona.

La geografía afecta los recursos

La geografía de un área era de vital importancia para los primeros asentamientos. Los pueblos sólo podían sobrevivir en las zonas donde podían conseguir suficiente cantidad de alimentos y agua. Los primeros pueblos se asentaron en lugares ricos en **recursos**, que son los materiales de la Tierra que las personas necesitan y valoran. A través de la historia, las personas han usado una gran variedad de recursos para satisfacer sus necesidades básicas.

En la antigüedad, los recursos esenciales incluían agua, animales, tierras fértiles y piedras para fabricar herramientas. Con el tiempo, las personas aprendieron a usar otros recursos, como el cobre, el oro y el hierro.

La geografía influye en las culturas

La geografía también influyó en el desarrollo de las primeras culturas. Los pueblos antiguos, por ejemplo, desarrollaron culturas totalmente diferentes por sus medioambientes. Los pueblos que vivían a orillas de los ríos aprendieron a hacer anzuelos y botes, mientras que los que se asentaron lejos de los ríos, no. Los que vivían cerca de algún bosque construían casas de madera. En otras zonas, debían usar barro o piedras. Algunos pueblos desarrollaron creencias religiosas basadas en la geografía de su área. Por ejemplo, los antiguos egipcios creían que el dios Hapi controlaba el río Nilo.

La geografía también tuvo un papel importante en el crecimiento de las civilizaciones. Las primeras sociedades se formaron a orillas de ríos. Las plantaciones cultivadas en las tierras fértiles a orillas de estos ríos alimentaban a grandes poblaciones.

Algunas características geográficas también servían para proteger a ciertas zonas de las invasiones. Una región rodeada por montañas o desiertos, por ejemplo, era de difícil acceso para los invasores.

positiva y negativa. Han plantado millones de árboles. Han creado nuevos lagos en el medio de desiertos. Pero también han creado desiertos donde alguna vez hubo bosques y han construido represas que inundaron antiguas ciudades. Esta interacción entre los seres humanos y sus medioambientes ha sido un factor muy importante en la historia. Y aún lo sigue siendo.

COMPRENSIÓN DE LA LECTURA **Describir**
¿De qué maneras la geografía ha influido en la historia de la humanidad?

RESUMEN Y PRESENTACIÓN Dentro de la geografía se encuentran la geografía física y la geografía humana. La geografía ha tenido una importante influencia sobre la historia. En el próximo capítulo, aprenderás cómo la geografía afectó a los primeros seres humanos.

La geografía influye en la historia

La geografía ha influido en la historia y ha afectado el crecimiento de las sociedades. Los pueblos que se encontraban en áreas con muchos recursos naturales pudieron usar sus recursos para enriquecerse. Podían construir ciudades majestuosas y ejércitos poderosos. Las características como los ríos también facilitaron el comercio. Muchas sociedades se enriquecieron comerciando bienes con otros pueblos.

Por otra parte, la geografía también ha causado problemas. Por ejemplo, las inundaciones han matado a millones de personas. La falta de lluvias ha provocado escasez de alimentos. Las tormentas han hecho naufragar barcos y con ellos, las esperanzas de los conquistadores. Por ejemplo, en el siglo XIII, un pueblo conocido como los mongoles intentó invadir Japón. Sin embargo, la mayoría de los barcos mongoles fueron destruidos por una terrible tormenta. La historia japonesa podría haber sido muy diferente sin esa tormenta.

La relación entre la geografía y los pueblos es mutua. Durante siglos, las personas han influido sobre sus medioambientes de forma

Sección 2 Evaluación

hmhsocialstudies.com
Cuestionario en Internet

Repasar ideas, palabras y personas

1. **a. Definir** ¿Qué es la **geografía**?
   b. Resumir ¿Cuáles son algunos de los temas que se incluyen en la geografía humana?
2. **a. Describir** Identifica una **región** cercana al lugar donde vives y explica qué es lo que la distingue como región.
   b. Hacer predicciones ¿Cómo podría ayudar un mapa de los **accidentes geográficos** de una ciudad a un funcionario que está planificando un nuevo parque para la ciudad?
3. **a. Recordar** ¿En qué lugares solían asentarse los primeros pueblos?
   b. Comparar y contrastar ¿Por qué un río puede ser, al mismo tiempo, un valioso recurso y un problema para una región?

Pensamiento crítico

4. **Comparar y contrastar** Usa tu tabla de notas para comparar y contrastar la geografía humana y la geografía física.

Similitudes

Geografía física		Geografía humana

ENFOQUE EN LA REDACCIÓN

5. **Comprender el trabajo de los geógrafos** En esta sección, has aprendido de qué manera los geógrafos contribuyen al estudio de la historia. ¿Cuál es la diferencia entre un geógrafo físico y un geógrafo humano?

Mapas del pasado

Los mapas son herramientas útiles para los historiadores. Cuando crean un mapa de cómo era un lugar en el pasado, los historiadores pueden aprender la ubicación de las cosas y el aspecto del lugar. Es decir, al estudiar la geografía de un lugar, también podemos aprender algo sobre su historia.

Este mapa muestra la antigua ciudad de Teotihuacán, ubicada en el centro de México. Teotihuacán alcanzó su máximo esplendor alrededor del año 500 d.C. Observa este mapa. ¿Qué puede indicarte sobre la historia de la ciudad?

Pirámide de la Luna

Teotihuacán: *circa* **500 d.C.**

N O E S

Pirámide de la Luna

Pirámide del Sol

Casas

Río San Juan

Calle de los Muertos

Ciudadela

Río San Lorenzo

0 .25 .50 millas

0 .25 .50 kilómetros

Tamaño e importancia Como se muestra en el mapa, Teotihuacán era una ciudad muy grande. Tenía muchos edificios y una población numerosa. A partir de estos datos, puedes deducir que la ciudad era importante, de la misma manera que hoy en día las ciudades grandes son importantes.

Religión Los enormes edificios que dominan el centro de la ciudad, como la Pirámide del Sol, son templos religiosos. Por lo tanto, puedes deducir que la religión era muy importante para los habitantes de Teotihuacán.

Pirámide del Sol

Ciudadela

Calle de los Muertos

Río San Juan

Tecnología En el mapa se muestra que el cauce de este río cambia de dirección en ángulos rectos, al igual que las calles de la ciudad. Los habitantes de Teotihuacán deben haber modificado dicho cauce. Eso te indica que tenían conocimientos avanzados de ingeniería y una tecnología avanzada.

DESTREZAS DE GEOGRAFÍA INTERPRETAR MAPAS

1. **Lugar** ¿De qué maneras indica el mapa que Teotihuacán era un lugar importante?
2. **Ubicación** ¿Qué conclusión puedes sacar sobre el hecho de que los grandes edificios religiosos estén ubicados en el centro de la ciudad?

19

Reconocer predisposiciones

Comprender la destreza

Todas las personas tienen convicciones o cosas en las que creen firmemente. Sin embargo, si nos formamos opiniones sobre las personas o los sucesos basándonos solamente en nuestras creencias, es posible que nos mostremos prejuiciosos. Las *predisposiciones* son ideas que nos formamos sobre alguien o algo basándonos únicamente en opiniones y no en hechos.

Hay muchos tipos de predisposiciones. A veces, las personas forman su opinión sobre otras por el grupo al cual pertenecen. Por ejemplo, algunas personas pueden creer que todos los adolescentes son egoístas o que todos los políticos son deshonestos. Estos son ejemplos de un tipo de predisposición llamado *estereotipo*. Las opiniones negativas sobre las personas por su raza, religión, edad, género o características similares se llaman *prejuicios*.

Siempre debemos estar prevenidos para evitar los prejuicios personales. Este tipo de opiniones pueden viciar nuestra manera de observar, juzgar y brindar información. La comunicación honesta y exacta requiere que las personas sean lo menos prejuiciosas posible.

Aprender la destreza

Algunas veces, cuando lees puedes encontrarte con predispociciones. Una manera de identificar una predisposición es buscar hechos que apoyen una afirmación. Si una creencia parece poco razonable cuando se la compara con los hechos, tiende a ser evidencia de predisposición.

Otra evidencia de predisposición es cuando una persona no quiere cuestionar su creencia a pesar de que los hechos la ponen en duda. A veces las personas se aferran a una idea a pesar de que la evidencia prueba que es errónea. Es por eso que una predisposición se define como una "idea fija" de algo. También indica una buena razón para no tener predisposiciones.

Nuestras predisposiciones no nos permiten considerar ideas nuevas y aprender nuevas cosas.

A medida que estudias la historia del mundo, vas a encontrar a muchas personas del pasado. Sus creencias, comportamientos y estilos de vida te parecerán diferentes o extraños. Es importante no tener prejuicios y mantener una mentalidad abierta. Admite que "diferente" no es lo mismo que "no tan bueno".

Entiende que los primeros seres humanos no tenían la tecnología o la acumulación de conocimientos pasados que tenemos hoy. No debes monospreciarlos simplemente porque eran menos avanzados o parecían "más simples" de lo que nosotros somos hoy. Recuerda que sus esfuerzos, aprendizajes y logros nos ayudaron a ser lo que nosotros somos hoy.

Las sugerencias siguientes pueden ayudarte a reconocer y reducir tus propias predisposiciones negativas. Tenlas en cuenta a medida que estudias la historia del mundo.

1. Cuando hablas de un tema, trata de pensar en tus propias creencias y experiencias que podrían afectar cómo te sientes acerca de ese tema.

2. Trata de no mezclar enunciados de hecho con enunciados de opinión. Separa e indica claramente lo que sabes que es verdad de lo que *piensas* que es verdad.

3. Evita usar palabras emotivas, positivas o negativas cuando comunicas información factual.

Practicar y aplicar la destreza

Los historiadores profesionales tratan de ser objetivos sobre la historia que estudian y comunican. Ser *objetivo* significa no estar influenciado por sentimientos u opiniones personales. Escribe un párrafo que explique por qué piensas que ser objetivo es importante para el estudio de la historia.

Repaso del capítulo

Resumen visual

Usa el siguiente resumen visual para repasar las ideas principales del capítulo.

Los historiadores estudian artefactos y otras fuentes para aprender sobre los pueblos y los lugares del pasado.

Los geógrafos usan mapas para estudiar la ubicación de los pueblos y los lugares.

Repasar vocabulario, palabras y personas

*Para cada una de las siguientes afirmaciones, escribe **V** si es verdadera o **F** si es falsa. Si es falsa, escribe la palabra correcta que la convertiría en una afirmación verdadera.*

1. La <u>historia</u> es el estudio del pasado que se basa en lo que dejaron las personas tras desaparecer.

2. El conocimiento, las creencias, las costumbres y los valores de un grupo de personas son parte de su <u>medioambiente</u>.

3. Una carta manuscrita de un soldado a su familia se considera una <u>fuente primaria</u>.

4. La <u>geografía</u> es el estudio del pasado, ya sea reciente o muy antiguo.

5. El estado en el que vives probablemente tiene muchos <u>accidentes geográficos</u> diferentes, como montañas, llanuras y valles.

6. El tiempo cambia de un día a otro, pero el <u>clima</u> de una región no cambia con tanta frecuencia.

7. Los <u>valores</u> son ideas que las personas valoran y tratan de respetar.

Comprensión y pensamiento crítico

SECCIÓN 1 *(Páginas 6–11)*

8. **a. Describir** ¿Qué es la historia? ¿Y la arqueología? ¿Cómo funcionan juntos los dos campos?

b. Inferir ¿Por qué un historiador actual podría estar en desacuerdo con las conclusiones de otro historiador que vivió hace cien años?

c. Evaluar ¿Qué fuentes crees que tienen más valor para los historiadores modernos: las primarias o las secundarias? ¿Por qué?

SECCIÓN 2 *(Páginas 12–17)*

9. **a. Identificar** ¿Cuáles son las dos ramas principales de la geografía y cómo contribuye cada una de ellas a nuestra comprensión de la historia?

b. Analizar Si tuvieras que dividir el estado donde vives en regiones, ¿qué características usarías para definir esas regiones? ¿Por qué?

c. Hacer predicciones ¿De qué manera podría afectar a la historia de una ciudad o región un período prolongado de intenso calor o frío?

Usar Internet

10. Actividad: Describir artefactos Los arqueólogos estudian el pasado basándose en lo que las personas han dejado tras desaparecer. Usa tu libro de texto de Internet para explorar los descubrimientos arqueológicos recientes. Elige un artefacto que te interese y escribe un breve artículo sobre él. Escribe tu artículo como si fuera a ser publicado en una revista escolar. Describe el artefacto en detalle: ¿Qué es? ¿Quién lo hizo? ¿Dónde lo encontraron? ¿Qué indicios les da este artefacto a los arqueólogos e historiadores sobre la sociedad o cultura que lo creó? Puedes hacer un diagrama como el siguiente para organizar tu información. Si es posible, incluye ilustraciones en tu artículo.

Artefacto	
¿Qué es?	
¿Quién lo hizo?	
¿Dónde lo encontraron?	
¿Qué nos indica?	

 hmhsocialstudies.com

Destrezas de estudios sociales

11. Reconocer predisposiciones Responde a las siguientes preguntas sobre opiniones personales y predisposiciones.

12. ¿Qué es una predisposición o prejuicio?

13. ¿Cuál es la diferencia entre una opinión personal y una predisposición?

14. ¿Por qué los historiadores tratan de evitar predisposiciones en sus escritos, y qué métodos podrían usar para evitarlas?

15. ¿Crees que un historiador es capaz de eliminar todo tipo de predisposiciones personales en su trabajo? ¿Por qué?

Destrezas de lectura

16. Comprender el lenguaje especializado de la historia Lee el siguiente fragmento. Varias palabras han sido reemplazadas por espacios en blanco. Completa los espacios con palabras de este capítulo.

> "Aunque la _____ se define como el estudio del pasado, es mucho más que eso. Es una clave para entender nuestra _____: las ideas, las lenguas, las religiones y otros rasgos que nos hacen ser quienes somos. En los _____ que dejaron los antiguos pueblos podemos ver reflejados nuestros propios bienes materiales: fuentes y platos, juguetes, joyas y objetos de trabajo. Estos objetos nos indican que la _____ humana no ha cambiado tanto".

Repasar los temas

17. Sociedad y cultura ¿De qué manera la descripción de una batalla escrita por un historiador revela información sobre su sociedad o cultura?

18. Ciencia y tecnología Si dentro de cientos de años los arqueólogos estudiaran las cosas que dejamos, ¿qué conclusiones podrían sacar sobre el papel de la tecnología en la sociedad estadounidense? Explica tu respuesta.

ENFOQUE EN LA REDACCIÓN

19. Escribir tu descripción de un trabajo Repasa tus notas sobre el trabajo de los historiadores, arqueólogos y geógrafos físicos y humanos. Elige una de estas profesiones y escribe una descripción. Comienza tu descripción explicando por qué el trabajo es importante. Luego, identifica las tareas y responsabilidades. Finalmente, di qué clase de personas se desempeñarían bien en este trabajo. Por ejemplo, un historiador podría disfrutar de la lectura y un arqueólogo de trabajar al aire libre. Cuando termines tu descripción, puedes agregarla a una guía de orientación vocacional de tu clase o de la escuela.

Práctica para el examen estandarizado

INSTRUCCIONES: Lee las preguntas y escribe la letra de la respuesta correcta.

El objeto con escritura antigua que se muestra en esta ilustración es una

A fuente primaria y un recurso.

B fuente primaria y un artefacto.

C fuente secundaria y un recurso.

D fuente secundaria y un fósil.

2 ¿Cuál de las siguientes opciones es el *mejor* motivo para estudiar historia?

A Podemos aprender las fechas de sucesos importantes.

B Podemos aprender datos interesantes sobre personas famosas.

C Podemos aprender sobre nosotros mismos y otras personas.

D Podemos escuchar relatos sobre cosas extrañas.

3 El estudio de las personas y los lugares donde viven se llama

A arqueología.

B ciencia ambiental.

C geografía humana.

D historia.

4 ¿Cuál de los siguientes temas sería de *menor* interés para un geógrafo físico?

A el clima de un lugar

B una cadena de montañas

C un sistema de ríos

D las carreteras de un país

5 El tipo de prueba con el que más se asocia el trabajo de los arqueólogos es

A un artefacto.

B una fuente primaria.

C una fuente secundaria.

D un accidente geográfico.

6 ¿Cuál de las siguientes oraciones describe *mejor* la relación entre las personas y los medioambientes naturales?

A Los medioambientes naturales no influyen en la forma de vida de las personas.

B Las personas no pueden modificar los medioambientes en los que viven.

C Los ambientes influyen en la forma de vida de las personas y las personas modifican los ambientes en los que viven.

D Las personas no viven en medioambientes naturales.

7 Cada uno de los siguientes elementos es una fuente primaria, *excepto*

A una fotografía.

B un diario.

C un tratado.

D una enciclopedia.

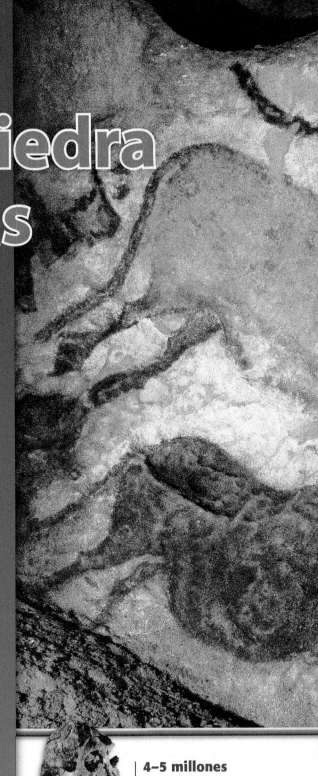

La Edad de Piedra y las primeras culturas

Pregunta esencial ¿Cómo cambiaron las formas de vida de los seres humanos al interactuar y adaptarse?

Lo que aprenderás...

En este capítulo, aprenderás sobre los primeros pueblos del mundo. Verás como aprendieron a hacer herramientas, cazar, recolectar alimentos y hasta hacer arte.

ENFOQUE EN LA REDACCIÓN

Un guión gráfico Los hombres prehistóricos no tenían alfabetos escritos. Sin embargo, sí tallaban y pintaban imágenes sobre las paredes de las cuevas. Inspirándote en ellas, crearás un guión gráfico con imágenes para contar la historia de los hombres prehistóricos. Recuerda que un guión gráfico cuenta una historia con dibujos sencillos y leyendas breves.

4–5 millones
Aparecen en África los primeros homínidos, llamados *australopithecus*.

HACE **5** MILLONES DE AÑOS

2.6 millones
Los homínidos hacen las primeras herramientas de piedra.

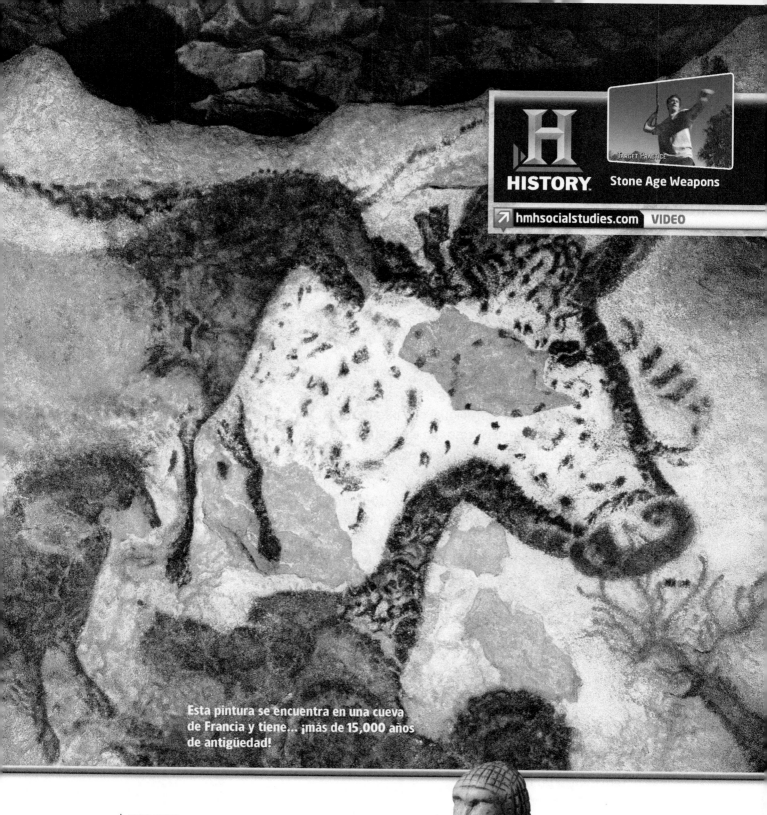

Esta pintura se encuentra en una cueva de Francia y tiene... ¡más de 15,000 años de antigüedad!

500,000
Para esta época, los homínidos ya viven en toda Europa.

11,000
Los humanos ocupan todos los continentes menos la Antártida.

8,500
Más de 5,000 personas viven en Çatal Hüyük, Turquía.

HACE **500,000** AÑOS

HACE **11,000** AÑOS

HACE **5,000** AÑOS

200,000
Aparecen en África los primeros seres humanos modernos.

10,000
Terminan las eras glaciales. El hombre comienza a desarrollar la agricultura.

Lectura en estudios sociales

Enfoque en los temas En este capítulo, aprenderás sobre los primeros humanos y cómo vivían. Leerás sobre los científicos que trabajan constantemente para aprender más sobre este misterioso período. A medida que leas, verás los comienzos de la **sociedad y cultura** humanas: la fabricación de herramientas, el uso del fuego y el desarrollo del lenguaje. También leerás sobre la **geografía** del mundo y sobre cómo afectó el lugar y la forma de vida de los primeros humanos.

Orden cronológico

Enfoque en la lectura La historia, al igual que nuestras vidas, puede considerarse como una serie de sucesos en el tiempo. Para comprender la historia y los sucesos, a menudo necesitamos ver cómo se relacionan en el tiempo.

Comprender el orden cronológico La palabra **cronológico** significa "relacionado con el tiempo". Los sucesos que se presentan en este libro de historia están presentados en **secuencia**, es decir, en el orden que ocurrieron. Para comprender mejor la historia, puedes usar una cadena de secuencias para tomar notas acerca de los sucesos en el orden que ocurrieron.

Cadena de secuencias

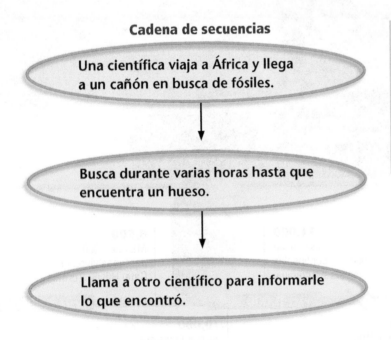

Una científica viaja a África y llega a un cañón en busca de fósiles.

Busca durante varias horas hasta que encuentra un hueso.

Llama a otro científico para informarle lo que encontró.

A veces, los escritores indican el orden cronológico o la secuencia con palabras o frases como éstas:

primero, antes, luego, más tarde, pronto, después, al poco tiempo, a continuación, con el tiempo, finalmente

¡Inténtalo!

El siguiente fragmento pertenece al capítulo que vas a leer. Lee las oraciones con atención y piensa en el orden de los sucesos.

Los científicos estudian los restos

Una arqueóloga que realizó importantes descubrimientos sobre la prehistoria fue Mary Leakey. En 1959, encontró huesos de más de 1.5 millones de años de antigüedad en el este de África. Ella y su esposo, Louis Leakey, creían que los huesos pertenecían a un homínido, un antiguo antepasado de los humanos...

En 1974, el antropólogo Donald Johanson encontró otros huesos de un antepasado del hombre... Johanson llamó Lucy a su hallazgo. Los análisis demostraron que Lucy vivió hace más de 3 millones de años...

En 1994, el antropólogo Tim White encontró restos aun más antiguos. Él cree que es posible que el homínido que encontró haya vivido hace 4.4 millones de años.

Del Capítulo 2, páginas 28–29

Después de leer las oraciones, responde a las siguientes preguntas.

1. Completa la siguiente línea cronológica con información sobre los científicos del fragmento que acabas de leer.

Donald Johanson halla huesos de Lucy.

2. Todos los científicos mencionados en el fragmento encontraron huesos de homínidos que vivieron en diferentes tiempos del pasado. Elabora otra línea cronológica que muestre el orden en que estos seres vivieron. ¿Qué notas al compararlo con el orden en que los huesos fueron encontrados?

Personas y palabras clave

Capítulo 2

Sección 1
prehistoria *(pág. 28)*
homínido *(pág. 28)*
antepasado *(pág. 28)*
herramienta *(pág. 30)*
Paleolítico *(pág. 31)*
sociedad *(pág. 33)*
cazadores y recolectores *(pág. 33)*

Sección 2
migrar *(pág. 36)*
eras glaciales *(pág. 36)*
puente de tierra *(pág. 36)*
Mesolítico *(pág. 38)*

Sección 3
Neolítico *(pág. 41)*
domesticación *(pág. 41)*
agricultura *(pág. 42)*
megalitos *(pág. 42)*

Vocabulario académico

El progreso escolar está relacionado con el conocimiento del vocabulario académico, es decir, de las palabras que se usan con frecuencia en las tareas y discusiones en clase. En este capítulo, aprenderás las siguientes palabras de vocabulario académico:

distribuir *(pág. 33)*
desarrollo *(pág. 42)*

A medida que lees el Capítulo 2, busca palabras que indiquen el orden en el que ocurrieron los sucesos.

Los primeros humanos

Lo que aprenderás...

Ideas principales

1. Los científicos estudian los restos de los primeros seres humanos para aprender acerca de la prehistoria.
2. Los homínidos y los primeros seres humanos aparecieron por primera vez en el este de África hace millones de años.
3. Las herramientas de la Edad de Piedra se hicieron más complejas con el tiempo.
4. Las sociedades de cazadores y recolectores desarrollaron un lenguaje, un arte y una religión.

La idea clave

Los humanos prehistóricos aprendieron a adaptarse a su entorno, a hacer herramientas sencillas, a usar el fuego y a usar el lenguaje.

Palabras clave

prehistoria, *pág. 28*
homínido, *pág. 28*
antepasado, *pág. 28*
herramienta, *pág. 30*
Paleolítico, *pág. 31*
sociedad, *pág. 33*
cazadores y recolectores, *pág. 33*

hmhsocialstudies.com
TOMAR NOTAS

Usa el organizador gráfico en Internet para tomar notas sobre los avances de los primeros humanos.

Si ESTUVIERAS allí...

Vives hace 200,000 años, en una época conocida como la Edad de Piedra. Un fabricante de herramientas quiere enseñarte su oficio. Observas cómo golpea dos rocas entre sí. Así se desprende una pequeña lámina de piedra. Intentas imitarlo, pero la roca se te rompe. Finalmente, aprendes a hacerlo correctamente. ¡Has hecho un afilado cuchillo de piedra!

¿Para qué usarías tu nueva destreza?

CONOCER EL CONTEXTO Durante millones de años, los primeros humanos aprendieron muchas cosas nuevas. Hacer herramientas de piedra fue una de las primeras y más valiosas destrezas que desarrollaron. Los científicos aprenden mucho sobre ellos a partir de las herramientas y demás objetos que hicieron.

Los científicos estudian los restos

A pesar de que los seres humanos han vivido en la Tierra durante más de un millón de años, la escritura se inventó hace sólo unos 5,000 años. Los historiadores llaman **prehistoria** al período anterior a la existencia de la escritura. Para estudiar la prehistoria, los historiadores se basan en el trabajo de los arqueólogos y los antropólogos.

Una arqueóloga que realizó importantes descubrimientos sobre la prehistoria fue Mary Leakey. En 1959, encontró huesos de más de 1.5 millones de años de antigüedad en el este de África. Ella y su esposo, Louis Leakey, creían que los huesos pertenecían a un primer **homínido**, un antiguo antepasado de los humanos. Un **antepasado** es un pariente que vivió hace muchos años.

De hecho, los huesos pertenecían a un *australopithecus*, uno de los primeros antepasados de los humanos. En 1974, el antropólogo Donald Johanson encontró otros huesos de un antepasado del hombre. Lo describió así:

"Muy a nuestro pesar comenzamos a volver al campamento... Miré por encima de mi hombro derecho. Vi un destello de luz sobre un hueso. Me agaché para verlo mejor... Por dondequiera que miráramos, veíamos más huesos que se asomaban a la superficie".

–Donald Johanson, de *Ancestors: In Search of Human Origins*

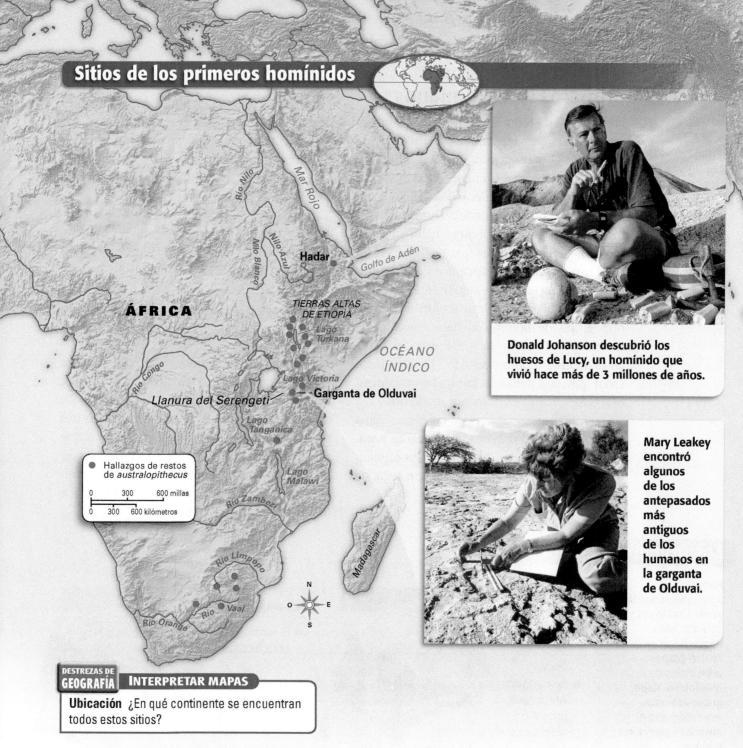

Sitios de los primeros homínidos

Hadar

ÁFRICA

Río Nilo

Mar Rojo

Nilo Azul

Nilo Blanco

Golfo de Adén

TIERRAS ALTAS DE ETIOPÍA

Lago Turkana

OCÉANO ÍNDICO

Río Congo

Lago Victoria

Llanura del Serengeti — **Garganta de Olduvai**

Lago Tanganica

Lago Malawi

● Hallazgos de restos de *australopithecus*

0   300   600 millas
0   300   600 kilómetros

Río Zambezi

Madagascar

Río Limpopo

N O E S

Río Vaal

Río Orange

Donald Johanson descubrió los huesos de Lucy, un homínido que vivió hace más de 3 millones de años.

Mary Leakey encontró algunos de los antepasados más antiguos de los humanos en la garganta de Olduvai.

DESTREZAS DE GEOGRAFÍA **INTERPRETAR MAPAS**

Ubicación ¿En qué continente se encuentran todos estos sitios?

Johanson llamó Lucy a su hallazgo. Los análisis demostraron que Lucy vivió hace más de 3 millones de años. A partir de los huesos, Johanson dedujo que Lucy era pequeña y había caminado sobre sus dos piernas. La capacidad de caminar en dos piernas fue un paso clave en el desarrollo humano.

En 1994, el antropólogo Tim White encontró restos aun más antiguos. Él cree que es posible que el homínido que encontró haya vivido hace 4.4 millones de años. Pero algunos científicos no están de acuerdo con el cálculo de tiempo de White. Los descubrimientos de huesos antiguos nos brindan información sobre los primeros seres humanos y sus antepasados, pero no todos los investigadores están de acuerdo en cuanto al significado de estos descubrimientos.

COMPRENSIÓN DE LA LECTURA **Hacer inferencias** ¿Qué pueden decirnos los huesos antiguos sobre nuestros antepasados?

Los homínidos y los primeros seres humanos

ENFOQUE EN LA LECTURA

Los años que aparecen en un texto pueden ayudarte a ordenar los hechos en tu cabeza.

Los grupos posteriores de homínidos aparecieron hace aproximadamente 3 millones de años. Con el transcurso del tiempo, se fueron pareciendo a los seres humanos modernos.

A comienzos de la década de 1960, Louis Leakey encontró los restos de un homínido que llamó *homo habilis* u "hombre hábil". Leakey y su hijo Richard creían que el *homo habilis* tenía una relación más cercana a los humanos modernos que Lucy y un cerebro más grande.

Los científicos creen que en África apareció otro grupo de homínidos hace aproximadamente 1.5 millones de años. Este grupo se llama *homo erectus* u "hombre erguido". Los científicos creen que estos humanos caminaban totalmente erguidos, como los humanos modernos.

También creen que el *homo erectus* sabía controlar el fuego provocado por causas naturales como los rayos para cocinar los alimentos. También les daba calor y los protegía de los animales.

Con el tiempo, los homínidos desarrollaron características de los humanos modernos. Los científicos no saben con certeza cuándo ni dónde vivieron los primeros humanos modernos. Muchos creen que aparecieron en África hace unos 200,000 años. Los llaman *homo sapiens*, es decir, "hombre sabio". Todas las personas de hoy pertenecen a este grupo.

COMPRENSIÓN DE LA LECTURA **Contrastar**

¿En qué se diferenciaban el *homo erectus* y el *homo habilis*?

Las herramientas de la Edad de Piedra

Los primeros humanos y sus antepasados vivieron durante un largo período llamado la Edad de Piedra. Para facilitar sus estudios, los arqueólogos dividen la Edad de Piedra en tres períodos, según los tipos de herramientas que se usaron en cada época. Para los arqueólogos, una **herramienta** es todo objeto que se lleva en la mano y que se ha modificado para ayudar a una persona a realizar una tarea.

Los primeros homínidos

Hace aproximadamente entre 5 millones y 200,000 años, aparecieron en África cuatro grupos principales de homínidos. Cada grupo era más avanzado que el anterior y podía usar mejores herramientas.

¿Qué homínido aprendió a controlar el fuego y a usar el hacha de mano?

Australopithecus

- El nombre significa "simio del sur".
- Apareció en África hace unos 4 ó 5 millones de años.
- Se mantenía erguido y caminaba sobre sus piernas.
- El tamaño del cerebro era aproximadamente un tercio del de los humanos modernos.

Homo habilis

- El nombre significa "hombre hábil".
- Apareció en África hace unos 2.4 millones de años.
- Usaba herramientas de piedra primitivas para cortar y raspar.
- El tamaño del cerebro era aproximadamente la mitad del de los humanos modernos.

Tipo de cuchilla primitiva de la Edad de Piedra

La primera parte de la Edad de Piedra se llama **Paleolítico** o Antigua Edad de Piedra. Duró hasta hace unos 10,000 años. Durante este período, los seres humanos usaban herramientas de piedras.

Las primeras herramientas

Los científicos han encontrado las herramientas más antiguas en Tanzania, un país del este de África. Estas piedras afiladas, aproximadamente del tamaño del puño de un adulto, tienen unos 2.6 millones de años de antigüedad. Cada roca se golpeaba contra otra para crear un borde dentado y afilado. Este proceso dejaba un lado sin afilar que podía usarse como mango.

Los científicos creen que estas primeras herramientas se usaban principalmente para procesar alimentos. El borde afilado podía usarse para cortar, picar y raspar raíces, huesos o carne. Estas herramientas se usaron durante unos 2 millones de años.

Las herramientas posteriores

Con el tiempo, los seres humanos aprendieron a hacer mejores herramientas. Por ejemplo, desarrollaron el hacha de mano. Solían hacer esta herramienta con un mineral llamado sílice. La sílice es fácil de tallar y las herramientas de este material pueden ser muy afiladas. Los seres humanos usaban hachas de mano para romper ramas, cavar y cortar pieles de animales.

También aprendieron a ponerles mangos de madera a las herramientas. Al ponerle mango a una punta de piedra, por ejemplo, inventaron la lanza. Como ésta podía lanzarse, los cazadores ya no tenían que acercarse tanto a los animales que querían cazar. Por lo tanto, pudieron cazar animales más grandes. Entre los animales que cazaban los humanos de la Edad de Piedra se encontraban los ciervos, los caballos, los bisontes y unos animales parecidos a los elefantes, llamados mamuts.

COMPRENSIÓN DE LA LECTURA **Resumir**

¿Cómo mejoraron las herramientas durante la Antigua Edad de Piedra?

Homo erectus

- El nombre significa "hombre erguido".
- Apareció en África hace aproximadamente entre 2 y 1.5 millones de años.
- Usaba herramientas de piedra primitivas, como el hacha de mano.
- Aprendió a controlar el fuego.
- Emigró de África a Asia y Europa.

Hacha de mano

Homo sapiens

- El nombre significa "hombre sabio".
- Apareció en África hace unos 200,000 años.
- Emigró a todas partes del mundo.
- Pertenece a la misma especie que los seres humanos modernos.
- Aprendió a hacer fuego y a usar una amplia variedad de herramientas.
- Desarrolló el lenguaje.

Cuchillo de sílice

Cazadores y recolectores

Los primeros humanos eran cazadores y recolectores. Cazaban animales y recolectaban plantas silvestres para sobrevivir. La vida de estos cazadores y recolectores era difícil y peligrosa. Aun así, aprendieron a hacer herramientas, a usar el fuego y hasta lograron desarrollar una forma de arte.

Caza
En su mayoría, los que cazaban eran los hombres. Trabajaban en equipo para matar animales grandes.

Arte
Los humanos pintaban manadas de animales sobre las paredes de las cuevas.

Recolección
La mayor parte de la recolección la hacían las mujeres. Recolectaban alimentos como plantas silvestres, semillas, frutas y nueces.

Fuego
Los humanos aprendieron a usar el fuego para cocinar sus alimentos.

Herramientas
Los primeros humanos aprendieron a hacer herramientas, como esta lanza para cazar.

DESTREZA DE ANÁLISIS **ANALIZAR RECURSOS VISUALES**
¿Qué herramientas están usando los humanos en esta ilustración?

Sociedades cazadoras y recolectoras

A medida que los primeros humanos desarrollaron herramientas y nuevas técnicas de caza, formaron sociedades. Una **sociedad** es una comunidad de personas que comparten la misma cultura. Estas sociedades desarrollaron culturas con sus propios idiomas, religiones y arte.

La sociedad

Los antropólogos creen que los primeros seres humanos vivían en pequeños grupos. Cuando había mal tiempo, es posible que buscaran refugio en alguna cueva cercana. Cuando el agua o los alimentos comenzaron a escasear, es posible que emigraran en grupo hacia otras zonas.

Los primeros humanos de la Edad de Piedra eran **cazadores y recolectores**, personas que cazan animales y recolectan plantas, semillas, frutas y nueces para sobrevivir. Los antropólogos creen que la mayoría de los cazadores de la Edad de Piedra eran hombres. Cazaban en grupos y a veces perseguían manadas enteras de animales hasta los bordes de acantilados. Este método era más productivo y seguro que cazar individualmente.

En las sociedades cazadoras y recolectoras, las mujeres probablemente se encargaban de recolectar plantas para comer. Es posible que se quedaran en los campamentos y cuidaran a los niños.

El lenguaje, el arte y la religión

El desarrollo más importante de la cultura de la Edad de Piedra fue el lenguaje. Los científicos tienen muchas teorías sobre por qué se desarrolló el lenguaje. Algunos creen que fue para facilitar la caza en grupos. Otros creen que fue un medio para que las personas pudieran relacionarse. Y otros creen que el lenguaje surgió como medio para resolver problemas como, por ejemplo, <u>distribuir</u> los alimentos.

El lenguaje no fue la única forma de expresión que desarrollaron los primeros humanos. También crearon arte. Tallaban figuras en piedra, marfil y hueso. Pintaban y tallaban imágenes de personas y animales sobre las paredes de las cuevas. Los científicos aún no saben con certeza por qué los humanos desarrollaron el arte. Quizás las pinturas en las cuevas se usaban para enseñarles a las personas cómo cazar o quizá tenían significados religiosos.

VOCABULARIO ACADÉMICO

distribuir dividir entre un grupo de personas

Las herramientas de piedra

¿Sabías que las herramientas de los humanos de la Edad de Piedra no eran tan primitivas como podríamos pensar? Hacían hojas de cuchillo y puntas de flecha (como la que se muestra en la foto) con un vidrio volcánico llamado obsidiana. Las hojas de obsidiana eran muy filosas. De hecho podían ser 100 veces más filosas y lisas que las hojas de acero que se usan en los hospitales modernos para hacer cirugías.

En la actualidad, algunos médicos están volviendo a usar estos materiales de la Edad de Piedra. Descubrieron que las hojas de obsidiana son más precisas que los bisturís modernos. Algunos médicos usan hojas de obsidiana para las cirugías faciales delicadas porque las herramientas de piedra dejan cicatrices de "mejor aspecto".

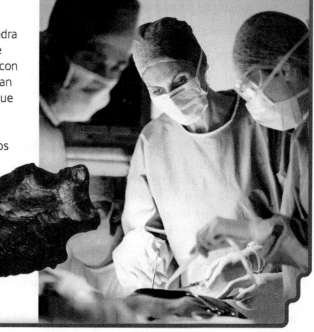

DESTREZA DE ANÁLISIS | **ANALIZAR INFORMACIÓN**

¿En qué crees que se diferencian las hojas de obsidiana modernas de las de la Edad de Piedra?

Los expertos saben poco acerca de las creencias religiosas de los primeros humanos. Los arqueólogos encontraron tumbas que contenían alimentos y objetos. Muchos científicos creen que estos hallazgos demuestran que las primeras religiones humanas se desarrollaron durante la Edad de Piedra.

COMPRENSIÓN DE LA LECTURA **Analizar** ¿Cuál fue una de las posibles razones del desarrollo del lenguaje?

RESUMEN Y PRESENTACIÓN Los científicos descubrieron y estudiaron los restos de los homínidos y los primeros humanos que vivieron en el este de África hace millones de años. Estos humanos de la Edad de Piedra eran cazadores y recolectores que usaron fuego y herramientas de piedra y desarrollaron el lenguaje. En la siguiente sección, aprenderás cómo los primeros humanos emigraron desde África y poblaron el mundo entero.

Sección 1 Evaluación

hmhsocialstudies.com
Cuestionario en Internet

Repasar ideas, palabras y personas

1. a. Identificar ¿Quién encontró los huesos de Lucy?
b. Explicar ¿Por qué los historiadores necesitan a los arqueólogos y a los antropólogos para estudiar la **prehistoria**?

2. a. Recordar ¿Cuál es el nombre científico de los humanos modernos?
b. Inferir ¿Cuál puede haber sido una de las ventajas de caminar completamente erguido?

3. a. Recordar ¿Qué tipos de **herramientas** usaban los humanos durante el **Paleolítico**?
b. Diseñar Diseña una herramienta de piedra y madera que podrías usar para hacer tus tareas. Describe tu herramienta en una o dos oraciones.

4. a. Definir ¿Qué es un **cazador y recolector**?
b. Ordenar En tu opinión, ¿cuál fue el cambio más importante que produjo el desarrollo del lenguaje?

Pensamiento crítico

5. Evaluar Repasa las notas en tu cuadro sobre los avances de los primeros seres humanos. Usa un organizador gráfico como el de la derecha para ordenar los tres avances que consideras los más importantes. Al lado de tu organizador, escribe una oración explicando por qué ordenaste los avances de esa manera.

1. → 2. → 3.

ENFOQUE EN LA REDACCIÓN

6. Enumerar los logros de la Edad de Piedra
Vuelve a leer esta sección y haz una lista de los logros importantes de la Edad de Piedra. ¿Cuáles de estos logros incluirás en tu guión gráfico? ¿Cómo los ilustrarás?

El Hombre de Hielo

La daga del Hombre de Hielo y la funda, o estuche, donde la llevaba

¿Qué hacía un viajero de la Edad de Piedra en las montañas más altas de Europa?

¿Cuándo vivió? Hace aproximadamente 5,300 años

¿Dónde vivió? El cuerpo congelado del Hombre de Hielo fue hallado en los nevados Alpes Ötztal de Italia en 1991. Los científicos lo apodaron Ötzi por este lugar.

¿Qué hizo? Esta pregunta fue motivo de debate desde que se encontró el cuerpo de Ötzi. Al parecer, estaba viajando. Al principio, los científicos creían que había muerto congelado durante una tormenta. Pero la punta de flecha que encontraron en su hombro sugiere que su muerte no habría sido tan pacífica. Después de su muerte, su cadáver quedó cubierto por glaciares y se conservó durante miles de años.

¿Por qué es importante? Ötzi es el ser humano momificado más antiguo que se haya encontrado en tan buenas condiciones. Su cuerpo, su ropa y sus herramientas estaban muy bien conservados, lo que brindó mucha información sobre la vida durante la Edad de Piedra. Sus ropas estaban hechas de tres tipos de pieles de animales cosidas unas con otras. Usaba zapatos de cuero acolchados con hierbas, una capa de hierba seca, un sombrero de piel y una especie de mochila. Llevaba un hacha con hoja de cobre, además de un arco y flechas.

Sacar conclusiones ¿Por qué crees que el Hombre de Hielo estaba en los Alpes?

Los científicos examinan el cuerpo del Hombre de Hielo en 1991, antes de que lo sacaran del glaciar.

Las primeras migraciones humanas

Si ESTUVIERAS allí...

Tu tribu de cazadores y recolectores ha vivido en este lugar desde tiempos inmemoriales. Pero ahora no hay suficientes animales para cazar. Cada vez que encuentras fresas y raíces, debes compartirlas con las personas de otras tribus. Tus líderes creen que es hora de buscar un nuevo hogar del otro lado de las montañas. Pero nadie ha viajado hasta allí antes y muchos tienen miedo.

¿Qué opinas acerca de buscar un nuevo hogar?

CONOCER EL CONTEXTO Desde sus orígenes en África del Este, los primeros humanos viajaron mucho. Con el tiempo, se establecieron en casi todos los continentes. Probablemente tenían muchos motivos para trasladarse. Uno fue los cambios climáticos.

El ser humano migra de África

Durante la Antigua Edad de Piedra, cambiaron los patrones climáticos de todo el mundo, lo que transformó la geografía de la Tierra. En reacción, el ser humano comenzó a **migrar**, o trasladarse, a nuevos lugares.

Las eras glaciales

La mayoría de los científicos creen que hace aproximadamente 1,600,000 años, muchas partes del mundo comenzaron a entrar en largos períodos de clima helado. Estos períodos de clima helado se llaman **eras glaciales**. Las eras glaciales terminaron hace unos 10,000 años.

Durante las eras glaciales, enormes capas de hielo cubrían gran parte de la superficie terrestre. Las capas estaban formadas por agua de los océanos y, por lo tanto, los niveles de agua en los océanos eran más bajos que en la actualidad. Muchas zonas que hoy en día se encuentran bajo agua eran tierras secas en aquella época. Ahora, por ejemplo, una estrecha masa de agua separa Asia de América del Norte. Pero los científicos creen que durante las eras glaciales, el nivel del océano bajó y dejó al descubierto un **puente de tierra**, que es una franja de tierra que conecta dos continentes. Esos puentes de tierra permitieron que los seres humanos de la Edad de Piedra migraran a todo el mundo.

Las primeras migraciones humanas

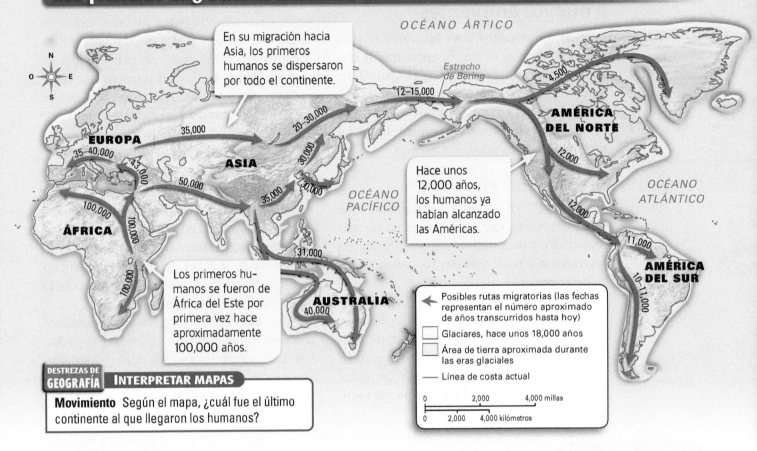

OCÉANO ÁRTICO

En su migración hacia Asia, los primeros humanos se dispersaron por todo el continente.

Estrecho de Bering

12–15,000

4,500

AMÉRICA DEL NORTE

EUROPA

35,000

20–30,000

35–40,000

43,000

ASIA

30,000

50,000

30,000

35,000

30,000

12,000

Hace unos 12,000 años, los humanos ya habían alcanzado las Américas.

OCÉANO PACÍFICO

OCÉANO ATLÁNTICO

100,000

100,000

ÁFRICA

12,000

100,000

31,000

Los primeros humanos se fueron de África del Este por primera vez hace aproximadamente 100,000 años.

AUSTRALIA

40,000

11,000

AMÉRICA DEL SUR

10–11,000

Posibles rutas migratorias (las fechas representan el número aproximado de años transcurridos hasta hoy)

Glaciares, hace unos 18,000 años

Área de tierra aproximada durante las eras glaciales

Línea de costa actual

| 0 | 2,000 | 4,000 millas |

| 0 | 2,000 | 4,000 kilómetros |

DESTREZAS DE GEOGRAFÍA **INTERPRETAR MAPAS**

Movimiento Según el mapa, ¿cuál fue el último continente al que llegaron los humanos?

El asentamiento en nuevas tierras

Los científicos coinciden en que la migración alrededor del mundo fue un proceso que duró cientos de miles de años. Los primeros homínidos, los antepasados de los humanos modernos, migraron de África a Asia hace nada menos que 2 millones de años. Desde allí, se trasladaron hacia el sureste de Asia y Europa.

Más tarde, los humanos también comenzaron a migrar hacia el resto del mundo y los primeros homínidos se extinguieron. Observa el mapa para ver las fechas y las rutas de las primeras migraciones humanas.

Los humanos comenzaron a migrar desde África del Este hacia el sur de África y el suroeste de Asia hace unos 100,000 años. Desde allí, viajaron hacia el este a través del sur de Asia. Es posible que en ese momento hayan migrado a Australia. Los científicos no saben con certeza cómo llegaron los primeros humanos a Australia. Aunque el nivel del mar era más bajo en ese entonces, siempre hubo un océano entre Asia y Australia.

Desde el suroeste de Asia, los humanos también migraron hacia el norte en dirección a Europa. Las características geográficas como las altas montañas y las bajas temperaturas retrasaron la migración hacia el norte de Asia. Pero con el tiempo, los humanos de Europa y el sur de Asia se trasladaron a esa región.

Desde el norte de Asia, los seres humanos llegaron a América del Norte. Los científicos no se ponen de acuerdo sobre cuándo ni cómo llegaron los primeros seres humanos a América del Norte. La mayoría de los expertos creen que los humanos deben haber cruzado por un puente de tierra entre Asia y América del Norte. A partir de allí, se trasladaron hacia el sur, siguiendo las manadas de animales, y se asentaron en América del Sur. Para el año 9000 a.C., los seres humanos ya vivían en todos los continentes, excepto en la Antártida.

COMPRENSIÓN DE LA LECTURA **Analizar**

¿Cómo influyeron las eras glaciales sobre la migración humana?

LA EDAD DE PIEDRA Y LAS PRIMERAS CULTURAS **37**

El ser humano se adapta a nuevos ambientes

Cuando los primeros seres humanos se trasladaron a nuevas tierras, se encontraron con ambientes muy distintos a los de África del Este. Muchos de esos lugares eran mucho más fríos y tenían animales y plantas que no conocían. Los primeros seres humanos tuvieron que aprender a adaptarse a estos nuevos ambientes.

La vestimenta y los refugios

Aunque el fuego ayudó a los humanos que vivían en zonas muy frías, necesitaban más protección. Para abrigarse, los seres humanos aprendieron a hacer vestimentas cosiendo pieles de animales.

Además de las vestimentas, necesitaban refugios para sobrevivir. Algunos se refugiaban en cuevas. Cuando se trasladaron a lugares donde no había cuevas, construyeron sus propios refugios. Entre los primeros refugios construidos por los humanos estaban los fosos, que eran agujeros en la tierra con techos de ramas y hojas.

Los primeros humanos también construyeron casas sobre la tierra. Algunos vivían en carpas hechas con pieles de animales. Otros construyeron estructuras más permanentes de madera, piedra, arcilla u otros materiales. Incluso llegaron a usar huesos de animales grandes como los mamuts para construir refugios.

Nuevas herramientas y tecnologías

Los seres humanos también se adaptaron a los nuevos ambientes con nuevos tipos de herramientas, que eran más pequeñas y complejas que las de la Antigua Edad de Piedra. Estas herramientas caracterizaron al **Mesolítico**, el período central de la Edad de Piedra. Este período comenzó hace más de 10,000 años y duró hasta hace unos 5,000 años en algunos lugares.

Durante el Mesolítico, los seres humanos descubrieron nuevos usos del hueso y la piedra. Los que vivían cerca del agua inventaron anzuelos y lanzas para pescar. Otros grupos inventaron el arco y la flecha.

Fuente primaria

PUNTOS DE VISTA
Opiniones sobre la migración a las Américas

Durante muchos años, los científicos estuvieron bastante seguros de que los primeros americanos habían llegado desde Asia, siguiendo grandes manadas de animales a través de un sendero sin hielo entre los glaciares.

" Sin duda era un lugar formidable [desafiante]... un valle entre paredes de hielo azotado por vientos helados, nevadas feroces y brumas que lo cubrían todo... y aun así los animales lo habrían atravesado y detrás de ellos habría llegado una gran cantidad de cazadores humanos **"**.

—Thomas Canby,
1979, citado en *Kingdoms of Gold, Kingdoms of Jade* de Brian M. Fagan

Los nuevos descubrimientos han cuestionado las creencias sobre los primeros americanos. Ahora, algunos científicos no están tan seguros de que los primeros americanos hayan llegado a través de un sendero sin hielo entre los glaciares.

" No hay motivo por el que los seres humanos no hayan podido llegar por la costa, bordeando [rodeando] los glaciares como lo hacen quienes practican kayak hoy en día **"**.

—James Dixon,
citado en *National Geographic,* diciembre de 2000

DESTREZA DE ANÁLISIS | **ANALIZAR FUENTES PRIMARIAS**

¿Por qué podría un científico cambiar de opinión sobre una creencia que mantuvo durante mucho tiempo?

Una casa de mamut

Los primeros seres humanos usaban lo que estuviera a su alcance para construir refugios. En Asia Central, donde había muy poca madera, algunos de los primeros habitantes hacían sus casas con huesos de mamut.

La estructura probablemente se cubría con pieles de animales para formar techos y paredes sólidas.

Los pesados huesos del mamut se usaban para hacer la estructura del refugio.

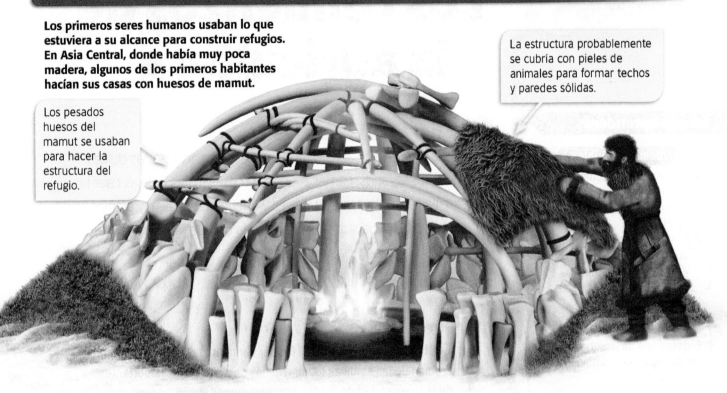

Además de herramientas, los humanos desarrollaron nuevas tecnologías para mejorar la calidad de vida. Por ejemplo, algunos ahuecaban troncos para hacer canoas. Usaban las canoas para viajar por ríos y lagos. También comenzaron a hacer vasijas de arcilla. En esa época también es posible que hayan aparecido las primeras mascotas. Los perros ofrecían protección y ayuda en la caza. Estos tipos de desarrollos, además de la vestimenta y los refugios, permitieron que los humanos se adaptaran a los nuevos ambientes.

COMPRENSIÓN DE LA LECTURA **Identificar las ideas principales** ¿Cuáles fueron dos de las maneras en que los seres humanos se adaptaron a nuevos ambientes?

RESUMEN Y PRESENTACIÓN Los primeros humanos se adaptaron a nuevos ambientes con nuevas vestimentas, refugios y herramientas. En la Sección 3, leerás sobre los humanos de la Edad de Piedra desarrollaron la agricultura.

Sección 2 Evaluación

hmhsocialstudies.com
Cuestionario en Internet

Repasar ideas, palabras y personas

1. **a. Definir** ¿Qué es un **puente de tierra**?
   b. Analizar ¿Por qué los primeros seres humanos tardaron tanto en llegar a América del Sur?
2. **a. Recordar** ¿Qué usaban los seres humanos del **Mesolítico** para hacer herramientas?
   b. Resumir ¿Qué tuvieron que aprender los seres humanos para hacer vestimentas y construir refugios?

Pensamiento crítico

3. **Ordenar** Dibuja el organizador gráfico. Usa tus notas y cadena de sucesos para mostrar el paso migratorio que siguieron los hombres primitivos.

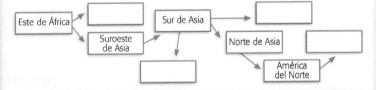

ENFOQUE EN LA REDACCIÓN

4. **Ilustrar** ¿Cómo ilustrarás las primeras migraciones en tu guión gráfico? Haz algunos bosquejos. ¿Cómo se relaciona esta información con tus ideas de la Sección 1?

LA EDAD DE PIEDRA Y LAS PRIMERAS CULTURAS **39**

Los comienzos de la agricultura

Ideas principales

1. Los primeros agricultores aprendieron a cultivar plantas y a criar animales en la Edad de Piedra.
2. La agricultura transformó las sociedades y la forma de vida de los seres humanos.

La idea clave

El desarrollo de la agricultura produjo grandes cambios en la sociedad humana.

Palabras clave

Neolítico, *pág. 41*
domesticación, *pág. 41*
agricultura, *pág. 42*
megalitos, *pág. 42*

hmhsocialstudies.com
TOMAR NOTAS

Usa el organizador gráfico en Internet para tomar notas sobre los diferentes cambios relacionados con el desarrollo de la agricultura.

Si ESTUVIERAS allí…

Como recolector, sabes dónde encontrar las frutas más dulces. Todos los veranos, comes muchas de esas frutas y dejas caer las semillas al suelo. Un día vuelves y encuentras que hay plantas nuevas por todos lados. Te das cuenta de que las plantas han crecido de las semillas que dejaste caer.

¿Cómo podría cambiar tu forma de vida este descubrimiento?

CONOCER EL CONTEXTO El descubrimiento de que las plantas crecían de las semillas fue uno de los adelantos más importantes de la Nueva Edad de Piedra. Otros adelantos similares produjeron grandes cambios en la forma de vida de los seres humanos.

Los primeros cultivos y domesticaciones

AMÉRICA DEL NORTE

OCÉANO ATLÁNTICO

Maíz

OCÉANO PACÍFICO

AMÉRICA DEL SUR

Papa

Origen de plantas cultivadas y animales domesticados

0   750   1,500 millas
0   750   1,500 kilómetros

Los primeros agricultores

Después del Mesolítico llegó un período que los científicos llaman **Neolítico**, el último período de la Edad de Piedra. Comenzó hace 10,000 años en el suroeste asiático. En otros lugares, este período comenzó mucho después y duró mucho más que en el suroeste asiático.

Durante el Neolítico, los seres humanos aprendieron a pulir las piedras para hacer herramientas como sierras y taladros. También aprendieron a hacer fuego. Antes, sólo podían usar el fuego que había sido provocado por causas naturales, como los rayos.

El Neolítico terminó en Egipto y el suroeste asiático hace aproximadamente 5,000 años, cuando los seres humanos comenzaron a fabricar herramientas de metal. Pero las herramientas no fueron el único cambio importante que ocurrió durante el Neolítico. De hecho, los cambios más importantes fueron los relativos a la forma en que los seres humanos producían los alimentos.

Las plantas

Después de que el calentamiento del clima puso fin a las eras glaciales, en algunos lugares comenzaron a crecer plantas nuevas. Por ejemplo, el trigo y la cebada silvestre comenzaron a diseminarse por todo el suroeste asiático. Con el tiempo, los seres humanos empezaron a depender de estas plantas silvestres para alimentarse y comenzaron a asentarse donde crecían estos cereales.

En poco tiempo aprendieron que podían sembrar semillas para producir sus propios cultivos. Los historiadores llaman revolución neolítica al cambio de la recolección a la producción de alimentos. La mayoría de los expertos creen que esta revolución o cambio ocurrió primero en las sociedades del suroeste asiático.

Con el tiempo, los seres humanos aprendieron a modificar las plantas para sacarles mayor provecho. Sólo plantaban los cereales más grandes o las frutas más dulces. El proceso por el cual se modifican las plantas o los animales para que sean más útiles para los humanos se llama **domesticación**.

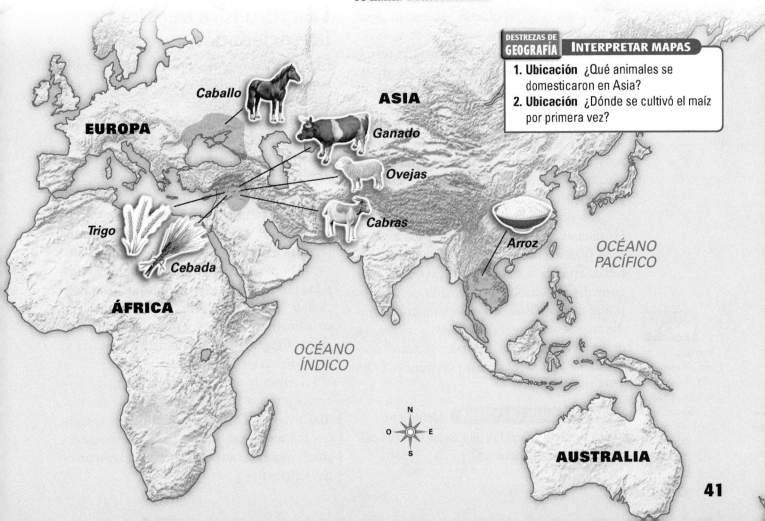

DESTREZAS DE GEOGRAFÍA **INTERPRETAR MAPAS**

1. **Ubicación** ¿Qué animales se domesticaron en Asia?
2. **Ubicación** ¿Dónde se cultivó el maíz por primera vez?

EUROPA

Caballo

ASIA

Ganado

Ovejas

Cabras

Arroz

OCÉANO PACÍFICO

Trigo

Cebada

ÁFRICA

OCÉANO ÍNDICO

N O E S

AUSTRALIA

Una antigua sociedad agrícola

La aldea de Çatal Hüyük, en lo que hoy es Turquía, es una de las aldeas agrícolas más antiguas que se conocen. Hace aproximadamente 8,000 años, vivían en la aldea entre 5,000 y 6,000 personas en más de 1,000 casas. Los aldeanos cultivaban, cazaban y pescaban, comerciaban con tierras lejanas y adoraban a sus dioses en altares especiales.

Mar Negro

TURQUÍA
Çatal
Hüyük•

Mar Mediterráneo

Los aldeanos usaban sencillos canales para llevar agua a sus campos.

El trigo, la cebada y las arvejas eran algunos de los principales cultivos que se producían en las afueras de la aldea.

VOCABULARIO ACADÉMICO

desarrollo
creación

El cultivo de las plantas produjo el <u>desarrollo</u> de la **agricultura**, o cultivo de la tierra. Por primera vez, los seres humanos pudieron producir sus propios alimentos. Este desarrollo cambió a la sociedad humana para siempre.

Los animales

Aprender a producir alimentos fue un logro muy importante de los primeros seres humanos. Pero aprender a usar animales para su propio beneficio fue casi igual de importante.

Los cazadores ya no tenían que seguir a las manadas salvajes. En cambio, los agricultores podían criar ovejas y cabras para obtener leche, comida y lana. Además, podían usar animales grandes, como el ganado, para transportar cargas o tirar de las herramientas grandes que se usaban en las tareas agrícolas. La domesticación de los animales mejoró enormemente la capacidad de supervivencia de los seres humanos.

SU IMPORTANCIA HOY

Stonehenge, un famoso megalito de Inglaterra, atrae a millones de curiosos turistas y estudiosos cada año.

COMPRENSIÓN DE LA LECTURA **Identificar causa y efecto** ¿Cuál fue uno de los efectos del desarrollo de la agricultura?

La agricultura transforma las sociedades

La revolución neolítica produjo enormes cambios. Con una supervivencia más asegurada, fue posible concentrarse en otras actividades aparte de la búsqueda de alimentos.

El cultivo y la domesticación permitieron que los seres humanos usaran fibras vegetales para hacer telas. La domesticación de los animales permitió usar la lana de cabras y ovejas y el cuero de caballos para hacer ropa.

También se construyeron asentamientos permanentes. Cuando se comenzaron a cultivar plantas y a criar animales, surgió la necesidad de quedarse en un mismo lugar. Así, cuando empezó a controlarse la producción de alimentos, la población fue creciendo. En algunos lugares, las comunidades agrícolas se convirtieron en pueblos.

A medida que las poblaciones crecían, comenzaron a reunirse para realizar ceremonias religiosas. Algunos construyeron megalitos. Los **megalitos** son piedras enormes usadas como monumentos o lugares para las reuniones religiosas.

En el interior de sus casas, los aldeanos hicieron los tazones, tazas, vasijas y espejos más antiguos que se conocen.

Las casas estaban hechas de madera cubierta de barro. Como no tenían puertas, las personas entraban por escaleras a través de aberturas en el techo.

Algunas casas estaban construidas como altares y tenían pequeñas estatuas de diosas y grandes esculturas de cabezas de toro.

DESTREZA DE ANÁLISIS **ANALIZAR RECURSOS VISUALES**

¿Cómo hacían los agricultores para llevar agua a sus campos?

Es probable que los primeros humanos creyeran en dioses y diosas relacionados con los cuatro elementos (aire, agua, fuego y tierra) o con los animales. Por ejemplo, un grupo europeo rendía culto al dios del trueno, mientras que otro grupo adoraba a los toros. Además, algunos estudiosos creen que los pueblos prehistóricos también rezaban a sus antepasados. Hoy en día, algunas sociedades todavía mantienen muchas de esas creencias.

COMPRENSIÓN DE LA LECTURA **Analizar información** ¿Cómo contribuyó la agricultura al crecimiento de los pueblos?

RESUMEN Y PRESENTACIÓN Los seres humanos de la Edad de Piedra se adaptaron a los nuevos ambientes mediante el cultivo de plantas y la domesticación de animales. Estos cambios llevaron al desarrollo de la religión y el crecimiento de los pueblos. En el siguiente capítulo, aprenderás más sobre los primeros pueblos.

Sección 3 Evaluación

hmhsocialstudies.com
Cuestionario en Internet

Repasar ideas, palabras y personas

1. a. Definir ¿Qué es la **domesticación** de una planta o un animal?

b. Hacer generalizaciones ¿Para qué usaban los primeros seres humanos a los animales domesticados?

2. a. Describir ¿Con qué se asociaba probablemente a los dioses y diosas en las religiones prehistóricas?

b. Explicar ¿Por qué la domesticación de las plantas y los animales llevó al desarrollo de los pueblos?

Pensamiento crítico

3. Identificar causa y efecto Copia el organizador gráfico de la derecha. Úsalo para mostrar una causa y tres efectos del desarrollo de la agricultura.

Causa

↓

Desarrollo de la agricultura

↓

Efectos

ENFOQUE EN LA REDACCIÓN

5. Los comienzos de la agricultura Ahora que has leído sobre el origen de la agricultura, estás listo para planificar tu guión gráfico. Vuelve a leer tus notas sobre las secciones anteriores e incluye el texto de ésta. Haz una lista de los sucesos e ideas que incluirás en tu guión gráfico. Luego, planifica cómo ordenarás estos puntos.

LA EDAD DE PIEDRA Y LAS PRIMERAS CULTURAS **43**

Destrezas de estudios sociales

Análisis | Pensamiento crítico | Economía | Estudio

Identificar los temas centrales

Comprender la destreza

Los *temas centrales* son los problemas o cuestiones principales que se relacionan con un suceso. Los temas relacionados con un suceso histórico pueden ser variados y complejos. Los temas centrales de la historia universal generalmente incluyen asuntos políticos, sociales, económicos, territoriales, morales o tecnológicos. La capacidad de identificar el tema central de un suceso te permite concentrarte en la información más importante para comprender dicho suceso.

Aprender la destreza

En este capítulo, aprendiste acerca de la prehistoria. Algunos de los sucesos sobre los que leíste quizá no parezcan muy importantes. A las personas de la era informática les cuesta apreciar los logros de las personas de la Edad de Piedra. Por ejemplo, ponerles mangos de madera a las herramientas de piedra puede parecernos algo sencillo. Pero para las personas de aquella época fue un adelanto que cambió sus vidas para siempre.

Este ejemplo señala algo que debemos recordar al buscar los temas centrales. Intenta no guiarte sólo por los valores y estándares de la vida moderna para decidir qué cosas del pasado fueron importantes. Piensa siempre en la época en la que vivieron esas personas y pregúntate qué podría haber sido importante para ellas.

Las siguientes sugerencias te ayudarán a identificar los temas centrales. Úsalas para comprender mejor los sucesos históricos.

1 Identifica el tema de la información. ¿De qué se trata la información?

2 Determina la fuente de la información. ¿Es una fuente primaria o una fuente secundaria?

3 Determina el propósito de lo que estás leyendo. ¿Por qué se brindó esa información?

4 Busca las afirmaciones más convincentes o categóricas en la información. Éstas suelen ser indicios de los temas o ideas que para el autor son los más centrales o importantes.

5 Piensa en los valores, preocupaciones, formas de vida y sucesos que habrían sido importantes para las personas de la época. Determina cómo la información podría relacionarse con esas cuestiones principales.

Practicar y aplicar la destreza

Aplica las sugerencias anteriores para identificar el tema central del siguiente fragmento. Luego responde a las preguntas.

"Lo que diferenció al Neolítico de los períodos anteriores fue la capacidad de los seres humanos de pulir y afilar las herramientas de piedra para darles forma. Esto les permitió hacer herramientas más especializadas. Además, hubo cambios aun más importantes. El desarrollo de la agricultura cambió la forma de vida básica de los seres humanos. Antes, los seres humanos habían sido nómadas que se trasladaban de un lugar a otro en busca de alimentos. Algunos seres humanos comenzaron a asentarse en aldeas permanentes. Aún es un misterio cómo se dieron cuenta exactamente de que las semillas podían sembrarse y cultivarse año tras año. Sin embargo, el cambio de la recolección a la producción de alimentos probablemente haya sido el cambio más importante de toda la historia".

1. ¿Cuál es el tema general de este fragmento?

2. ¿Qué cambios diferenciaron al Neolítico de los períodos anteriores?

3. Según el autor, ¿cuál es el tema central que hay que comprender sobre el Neolítico?

4. ¿Qué oraciones del fragmento te ayudan a determinar el tema central?

Repaso del capítulo

El impacto de la historia

▶ videos
Consulta el video para responder a la pregunta de enfoque:

¿Qué teorías hay acerca de cuán pronto empezaron las migraciones?

Resumen visual

Usa el siguiente resumen visual para repasar las ideas principales del capítulo.

DATOS BREVES

Los homínidos se desarrollaron en África y aprendieron a usar herramientas.

Los primeros humanos eran cazadores y recolectores.

Los humanos migraron a todo el mundo y se adaptaron a nuevos ambientes.

Con el tiempo, los seres humanos aprendieron a cultivar y a criar animales.

Repasar vocabulario, palabras y personas

Con cada uno de los siguientes grupos de palabras, escribe una oración que muestre la relación entre las palabras.

1. prehistoria
antepasado
homínido

2. domesticación
Neolítico
agricultura

3. Paleolítico
herramienta
cazadores y recolectores
desarrollar

4. puente de tierra
eras glaciales
migrar

5. sociedad
megalitos
Neolítico

Comprensión y pensamiento crítico

SECCIÓN 1 *(Páginas 28–34)*

6. a. Recordar ¿Qué significa *homo sapiens*? ¿Cuándo se cree que apareció el *homo sapiens* en África?

b. Sacar conclusiones Si fueras arqueólogo y encontraras collares y herramientas cortantes de piedra en la antigua tumba de una mujer, ¿qué conclusión podrías sacar?

c. Profundizar ¿Cómo fueron cambiando las herramientas de piedra? ¿Por qué crees que estos cambios fueron tan lentos?

SECCIÓN 2 *(Páginas 36–39)*

7. a. Describir ¿Qué destrezas nuevas desarrollaron los seres humanos para sobrevivir?

b. Analizar ¿Cómo afectaron los cambios climáticos globales a las migraciones?

c. Evaluar Hace aproximadamente 15,000 años, ¿dónde crees que la vida habrá sido más difícil: en el este de África o en el norte de Europa? ¿Por qué?

8. a. Definir ¿Qué fue la revolución neolítica?

b. Inferir ¿En qué cambió la domesticación de las plantas y animales a las primeras sociedades?

c. Hacer predicciones ¿Por qué crees que los seres humanos del Neolítico construían megalitos en lugar de algún otro tipo de monumento?

Repasar los temas

9. Geografía ¿Cuáles fueron tres de las formas en que el ambiente afectó a los seres humanos de la Edad de Piedra?

10. Sociedad y cultura ¿En qué cambió el desarrollo del lenguaje a la sociedad de cazadores y recolectores?

Usar Internet

11. Actividad: Hacer una representación teatral
Al comienzo del Paleolítico, la primera parte de la Edad de Piedra, los primeros humanos usaban piedras modificadas como herramientas. A medida que avanzó la Edad de Piedra, las plantas y los animales también se convirtieron en material para las herramientas. Usa tu libro de texto en Internet para investigar el desarrollo de las herramientas y el uso del fuego. Luego, haz una representación teatral sobre una sociedad humana primitiva que descubre el fuego, crea una nueva herramienta o desarrolla una nueva manera de realizar una tarea.

hmhsocialstudies.com

Destrezas de lectura

Comprender el orden cronológico *A continuación hay varias listas de sucesos. Ordena cronológicamente los sucesos de cada lista.*

12. Comienza el Mesolítico.

Comienza el Paleolítico.

Comienza el Neolítico.

13. Aparece el *homo sapiens*.

Aparece el *homo habilis*.

Aparece el *homo erectus*.

14. Los seres humanos hacen herramientas de piedra.

Los seres humanos hacen herramientas de metal.

Los seres humanos les colocan mangos de madera a las herramientas.

Destrezas de estudios sociales

Identificar los temas centrales *Lee el siguiente fragmento de una fuente primaria y responde a las siguientes preguntas.*

"Las almendras son un ejemplo impactante de semillas amargas que cambiaron con la domesticación. La mayoría de las almendras silvestres contienen un químico intensamente amargo llamado amigdalina, que, como mencionamos anteriormente, se descompone y forma el veneno conocido como cianuro. Un puñado de almendras silvestres puede matar a una persona lo suficientemente tonta como para ignorar la advertencia del sabor amargo. Como el primer paso de la domesticación inconsciente implica la recolección de semillas comestibles, ¿cómo es posible que la domesticación de las almendras silvestres llegara a ese primer paso?"

–Jared Diamond, de *Guns, Germs, and Steel*

15. ¿Cuál es el propósito principal de este fragmento?

16. ¿Cuál es el tema principal que el autor sugiere que tratará en el texto?

ENFOQUE EN LA REDACCIÓN

17. Crear tu guión gráfico Usa las notas que has tomado para planificar tu guión gráfico. ¿Qué imágenes incluirás en cada viñeta del guión gráfico? ¿Cuántas viñetas necesitarás para contar la historia de los seres humanos prehistóricos? ¿Cómo representarás visualmente tus ideas?

Luego de esbozar un esquema para tu guión gráfico, comienza a dibujarlo. Asegúrate de incluir todas las adaptaciones y desarrollos importantes de los seres humanos prehistóricos y no te preocupes si no dibujas muy bien. Si quieres, puedes dibujar tu guión gráfico con el estilo sencillo de las pinturas prehistóricas de las cuevas. En la última viñeta de tu guión gráfico, escribe un resumen detallado para concluir tu historia.

Práctica para el examen estandarizado

INSTRUCCIONES: *Lee las preguntas y escribe la letra de la respuesta correcta.*

1 Usa el mapa para responder a la siguiente pregunta.

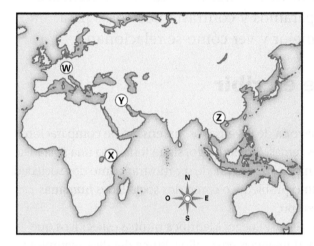

La región donde aparecieron los primeros humanos está marcada en el mapa con la letra

A W.

B X.

C Y.

D Z.

2 Los primeros humanos vivían

A cazando y recolectando sus alimentos.

B como pastores de ovejas y otros tipos de ganado.

C solos o en pareja.

D en aldeas agrícolas a la orilla de ríos y arroyos.

3 El desarrollo de la agricultura produjo todos estos cambios en la vida de los primeros humanos *excepto*

A los primeros refugios hechos por humanos.

B un abastecimiento más grande de alimentos.

C la construcción de asentamientos permanentes.

D la capacidad de hacer telas.

4 La región del mundo que probablemente haya sido ocupada en *último lugar* por los primeros humanos fue

A el norte de Asia.

B el sur de Asia.

C América del Norte.

D América del Sur.

5 Las sociedades de cazadores y recolectores del Paleolítico tenían todo lo siguiente, *excepto*

A fuego.

B arte.

C herramientas de hueso.

D creencias religiosas.

Conexión con lo aprendido anteriormente

6 Ya sabes que la historia es el estudio de las personas y los sucesos del pasado. Para aprender sobre la prehistoria, es probable que los historiadores estudien todas estas cosas *excepto*

A las tumbas.

B los huesos.

C los diarios.

D el arte.

7 El cráneo de un ser humano que vivió en el Neolítico es un(a)

A herramienta.

B artefacto.

C fósil.

D fuente secundaria.

Tarea

Escribe un ensayo en el que compares y contrastes dos sociedades humanas antiguas.

CONSEJO **Usar un organizador gráfico** Un diagrama de Venn puede ayudarte a ver en qué se parecen y se diferencian las dos sociedades.

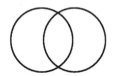

Comparar y contrastar sociedades

Comparar significa buscar similitudes entre dos o más cosas. Contrastar significa buscar diferencias. A menudo comparamos y contrastamos cosas para comprenderlas mejor y ver cómo se relacionan.

1. Antes de escribir

Empezar

A diferencia de la mayoría de los ensayos, un ensayo de comparación y contraste tiene dos temas. Sin embargo, sigue teniendo una sola idea clave o tesis. Por ejemplo, tu idea puede ser mostrar cómo dos sociedades enfrentaban un mismo problema o cómo dos sociedades humanas cambiaron con el tiempo.

Primero, elige dos temas. Luego, identifica puntos específicos que señalen similitudes y diferencias entre ellos. Busca detalles, ejemplos y datos históricos que respalden cada una de ellas.

Organizar tu información

Elige una de estas dos maneras para organizar tus puntos de comparación.

- Presenta todos los puntos sobre el primer tema y luego todos los puntos sobre el segundo tema: AAABBB, o estilo en bloque
- Alterna sucesivamente entre el primer tema y el segundo: ABABAB, o estilo punto por punto

2. Escribe

Este esquema te ayudará a usar tus notas para escribir un primer borrador.

Esquema del escritor

Introducción
- Identifica claramente tus dos temas.
- Brinda información sobre el contexto que los lectores necesitarán para comprender tus puntos de comparación entre las sociedades.
- Expresa la idea clave o el propósito principal que te llevan a comparar y contrastar estas dos sociedades.

Desarrollo
- Presenta tus puntos de comparación en estilo en bloque o estilo punto por punto.
- Compara y contrasta las dos sociedades de dos formas como mínimo.
- Usa ejemplos, detalles y datos históricos específicos para respaldar cada uno de tus puntos.

Conclusión
- Vuelve a expresar tu idea clave.
- Resume los puntos que demostraste en tu ensayo.
- Amplía tu idea clave, por ejemplo, relacionándola con tu propia vida, con otras sociedades o con sucesos históricos posteriores.

3. Evalúa y revisa

Evaluar

Usa las siguientes preguntas para descubrir cómo puedes mejorar tu ensayo.

Preguntas para evaluar un ensayo de comparación y contraste

- ¿Presentas tus dos temas en el primer párrafo?
- ¿Expresas tu idea principal o tesis al final de la introducción?
- ¿Presentas dos o más similitudes y dos o más diferencias entre las dos sociedades?

- ¿Usas el estilo en bloque o el estilo punto por punto en tu organización?
- ¿Respaldas tus puntos de comparación con suficientes ejemplos, detalles y datos históricos?
- ¿Tu conclusión vuelve a expresar tu idea clave y resume tus puntos principales?

CONSEJO **Ayuda con la puntuación**
Usa los signos de puntuación correctos antes y después de los conectores dentro de las oraciones. En general, va coma antes de *pero* y *entonces* y no va ningún signo de puntuación después. Cuando están en el medio de una oración, los conectores como *sin embargo, del mismo modo, además, por otra parte* y *en cambio* suelen llevar una coma antes y después.

Revisar

Cuando revises tu ensayo, quizá debas agregar algunos conectores de comparación y contraste. Esos conectores ayudarán a tus lectores a ver las conexiones entre las ideas.

Conectores de similitudes	Conectores de diferencias
también, otro, tanto esto como aquello, además, así como, al igual que, del mismo modo	sin embargo, pero, aunque, por otra parte, al contrario, en cambio, a diferencia de

4. Corrige y publica

Corregir

Antes de presentar tu ensayo, te conviene pulirlo corrigiendo los últimos errores que hayan quedado. Observa con atención si hay errores de gramática, ortografía, mayúsculas y puntuación. Para evitar un error común de ortografía, asegúrate de ponerle el acento a *más* cuando hagas comparaciones.

Publicar

Una buena manera de presentar tu ensayo es intercambiarlo con uno o más compañeros. Después de leer mutuamente sus ensayos, pueden compararlos y contrastarlos. ¿En qué se parecen? ¿En qué se diferencian? Si es posible, intercambia tu ensayo con el de un compañero cuya idea principal sea similar a la tuya.

● Practica y aplica

Usa los pasos y las estrategias de este taller para escribir tu ensayo de comparación y contraste.

Mesopotamia, Egipto y Kush

Capítulo 3 **Mesopotamia y la Media Luna de las tierras fértiles**

Capítulo 4 **El antiguo Egipto y Kush**

Lo que aprenderás...

Las primeras civilizaciones del mundo se desarrollaron en Asia y África una vez que las personas aprendieron a cultivar la tierra. Estas civilizaciones se iniciaron en valles de ríos, que eran lugares perfectos para producir distintos cultivos.

Con el desarrollo de la agricultura, las personas ya no tuvieron que viajar en busca de alimentos. En cambio, podían asentarse en un lugar. Finalmente, las personas construyeron los primeros pueblos y ciudades e inventaron el gobierno, la escritura y la rueda. También construyeron enormes edificios y templos y produjeron increíbles obras de arte.

En los próximos dos capítulos, aprenderás sobre las antiguas civilizaciones de Mesopotamia, Egipto y Kush.

Investiga el arte

En esta escena, el joven rey Tutankamón de Egipto está de pie con su esposa en la entrada de un templo. ¿De qué manera muestra esta escena algunas de las características de la civilización egipcia?

Mesopotamia y la Media Luna de las tierras fértiles

Pregunta esencial ¿De qué manera la geografía influyó en el desarrollo de las civilizaciones de Asia Occidental?

Lo que aprenderás...

En este capítulo aprenderás sobre las primeras civilizaciones de Mesopotamia y la Media Luna de las tierras fértiles.

ENFOQUE EN LA REDACCIÓN

Un cartel La mayoría de los estudiantes de la escuela primaria no han leído ni oído demasiado sobre la antigua Mesopotamia. A medida que leas este capítulo, podrás reunir información sobre esa región. Luego, podrás hacer un colorido cartel para comentar parte de lo que hayas aprendido con los niños más pequeños.

SUCESOS EN EL CAPÍTULO

SUCESOS EN EL MUNDO

círca **7000 a.C.**
Comienza el desarrollo de la agricultura en Mesopotamia.

7000 a.C.

círca **3100 a.C.**
Menes se convierte en el primer faraón de Egipto.

En esta fotografía se muestran los restos parcialmente reconstruidos de un antiguo templo en Mesopotamia.

circa 2350–2330 a.C.
Sargón de Acad conquista Mesopotamia y forma el primer imperio del mundo.

circa 1770 a.C.
Hammurabi de Babilonia redacta un código escrito de leyes.

circa 1000 a.C.
Los fenicios comercian por todo el Mediterráneo.

2750 a.C. | **2000 a.C.** | **1250 a.C.** | **500 a.C.**

circa 2300 a.C.
La civilización harapa surge en el valle del Indo.

circa 1500 a.C.
Se establece la dinastía Shang en China.

circa 965 a.C.
Salomón se convierte en rey de Israel.

Lectura en estudios sociales

Economía | Geografía | **Política** | Religión | Sociedad y cultura | Ciencia y tecnología

Enfoque en los temas En el capítulo tres, conocerás la región del suroeste de Asia llamada Mesopotamia, cuna de la primera civilización del mundo. Leerás qué fue lo que convirtió a esta región en un lugar propicio para el origen y el crecimiento de civilizaciones. Aprenderás sobre un pueblo, los sumerios, y sus grandes inventos **tecnológicos.** También leerás sobre otros pueblos que invadieron Mesopotamia y trajeron a la región sus propias reglas sobre el gobierno y la **política.**

Las ideas principales en los estudios sociales

Enfoque en la lectura ¿Alguna vez has armado una carpa? Si lo has hecho, sabes que un poste proporciona estructura y sostén para toda la carpa. Un párrafo tiene una estructura similar. Una idea (la **idea principal**) da apoyo y estructura a todo el párrafo.

Identificar las ideas principales La mayoría de los párrafos que se escriben sobre la historia incluyen una idea principal claramente enunciada en una oración. En otros casos, la idea principal se sugiere, no se enuncia. Igualmente, esa idea es la que da forma al contenido del párrafo y otorga significado a todos los hechos y detalles que contiene.

Identificar ideas principales
1. Lee el párrafo. Pregúntate: "¿de qué trata principalmente este párrafo o cuál es su tema?"
2. Enumera los hechos y detalles importantes que se relacionan con ese tema.
3. Pregúntate: "¿cuál parece ser el punto más importante que el autor destaca sobre el tema?" O bien, pregúntate: "si el autor pudiera decir sólo una cosa sobre este párrafo, ¿cuál sería?" **Ésa es la idea principal del párrafo.**

La disponibilidad de personas para trabajar en distintas tareas significaba que una sociedad podía obtener más logros. Los grandes proyectos, como construir edificios y cavar sistemas de irrigación, requerían trabajadores especializados, administradores y organización. Para eso, los mesopotámicos necesitaban estructura y reglas. Las leyes y el gobierno podían establecer esa estructura y esas reglas.

Tema: En el párrafo se habla de personas, tareas y estructura.

+

Hechos y detalles:

- Las personas que realizaban distintas tareas necesitaban una estructura.
- Las leyes y el gobierno proporcionaron esa estructura.

=

Idea principal: La disponibilidad de personas para hacer distintas tareas en una sociedad llevó a la creación de las leyes y el gobierno.

¡Inténtalo!

El siguiente fragmento pertenece al capítulo que vas a leer. Léelo y luego responde a las preguntas.

Adelantos técnicos

Uno de los desarrollos más importantes de los sumerios fue la rueda. Fueron los primeros en construir vehículos con ruedas, como las carretas y los carros. Con la rueda, los sumerios inventaron un instrumento que hace girar la arcilla mientras un artesano la moldea para fabricar vasijas. Este instrumento se llama torno del alfarero.

Del Capítulo 3, pág. 67

El arado fue otro invento importante de los sumerios. Los arados tirados por bueyes rompían el duro suelo arcilloso de Sumeria para prepararlo para la siembra. Esta técnica mejoró notablemente la producción agrícola. Los sumerios también inventaron un reloj que usaba la caída de agua para medir el tiempo.

Los adelantos de los sumerios mejoraron la vida cotidiana de muchas maneras. Construyeron alcantarillas debajo de las calles de las ciudades. Aprendieron a usar el bronce para fabricar herramientas y armas más resistentes. Incluso fabricaron maquillaje y joyas de vidrio.

Responde a las siguientes preguntas sobre cómo identificar las ideas principales.

1. Vuelve a leer el primer párrafo. ¿Cuál es la idea principal?

2. ¿Cuál es la idea principal del tercer párrafo? Vuelve a leer el segundo párrafo. ¿Hay alguna oración que exprese la idea principal del párrafo? ¿Cuál es la idea principal? Escribe una oración para expresarla.

3. ¿Cuál de las siguientes opciones expresa mejor la idea principal de todo el fragmento?
   a. La rueda fue un invento importante.
   b. Los sumerios inventaron muchos dispositivos útiles.

> **A medida que lees el Capítulo 3,** identifica las ideas principales de los párrafos que estás estudiando.

Personas y palabras clave

Vocabulario académico

El progreso escolar está relacionado con el conocimiento del vocabulario académico, es decir, de las palabras que se usan con frecuencia en las tareas y discusiones en clase. En este capítulo, aprenderás las siguientes palabras de vocabulario académico:

papel *(pág. 62)*
impacto *(pág. 63)*

Geografía de la Media Luna de las tierras fértiles

Lo que aprenderás...

Ideas principales

1. Los ríos del suroeste asiático fueron la base del crecimiento de la civilización.
2. Las nuevas técnicas agrícolas condujeron al crecimiento de las ciudades.

La idea clave

Las primeras civilizaciones del mundo se establecieron en los valles de los ríos Tigris y Éufrates.

Palabras clave

Media Luna de las tierras fértiles, *pág. 55*
cieno, *pág. 55*
irrigación, *pág. 56*
canales, *pág. 56*
excedente, *pág. 56*
división del trabajo, *pág. 56*

hmhsocialstudies.com
TOMAR NOTAS

Usa el organizador gráfico en Internet para tomar notas sobre las relaciones de causa y efecto entre cada valle de río y la civilización que se desarrolló en él.

Si ESTUVIERAS allí...

Eres un agricultor en el suroeste asiático hace unos 6,000 años. Vives cerca de un río de aguas lentas, con muchos lagos poco profundos y pantanos. El río hace que la tierra del valle sea rica y fértil, así que puedes cultivar trigo y dátiles. Pero en la primavera, las inundaciones desbordan los ríos y destruyen tus campos. En los veranos calurosos, a menudo sufres la falta de agua.

¿Cómo podrías controlar las aguas del río?

CONOCER EL CONTEXTO En varias partes del mundo, los grupos de cazadores y recolectores comenzaron a asentarse en zonas de cultivo. Domesticaron animales y cultivaron plantas. Con el tiempo, sus culturas se hicieron más complejas. La mayoría de las primeras civilizaciones se desarrollaron cerca de los ríos, donde las personas aprendieron a trabajar juntas para controlar las inundaciones.

Los ríos sostienen el crecimiento de la civilización

Los antiguos pueblos se asentaron en lugares buenos para los cultivos. En general, éstos crecían bien cerca de los ríos, donde el agua se obtenía fácilmente y el suelo era fértil por las inundaciones habituales. Una región del suroeste asiático era especialmente apta para la agricultura. Se encontraba entre dos ríos.

La tierra entre los ríos

Los ríos Tigris y Éufrates son las características físicas más importantes de la región que generalmente se conoce como Mesopotamia. En griego, Mesopotamia significa "entre ríos".

Como puedes ver en el mapa, la región llamada Mesopotamia se encuentra entre Asia Menor y el golfo Pérsico. La región es parte de un área más extensa llamada la **Media Luna de las tierras fértiles**, un extenso arco de tierras ricas o fértiles para cultivo. La Media Luna de las tierras fértiles se extiende desde el golfo Pérsico hasta el mar Mediterráneo.

En la antigüedad, Mesopotamia estaba compuesta por dos partes. El norte de Mesopotamia era una meseta que limitaba al norte y al este con montañas. El sur de Mesopotamia era una llanura plana. Los ríos Tigris y Éufrates descendían de las montañas hasta esta llanura baja.

El surgimiento de la civilización

Los primeros grupos de cazadores y recolectores se asentaron en Mesopotamia hace más de 12,000 años. Con el tiempo, aprendieron a cultivar la tierra para producir sus propios alimentos. Todos los años, las inundaciones de los ríos Tigris y Éufrates dejaban **cieno**, una mezcla de suelo fértil y piedras pequeñas, sobre la tierra. El cieno fértil hacía que la tierra fuera ideal para la agricultura.

Los primeros asentamientos agrícolas se formaron en Mesopotamia en el año 7000 a.C. Se cultivaba trigo, cebada y otros tipos de cereales. El ganado, las aves y los peces también eran otras fuentes de alimentación. La abundancia de alimentos generó el crecimiento de la población y así se formaron las aldeas. Esas aldeas primitivas finalmente se transformaron en la primera civilización del mundo.

COMPRENSIÓN DE LA LECTURA **Resumir** ¿Qué hizo posible el desarrollo de la civilización en Mesopotamia?

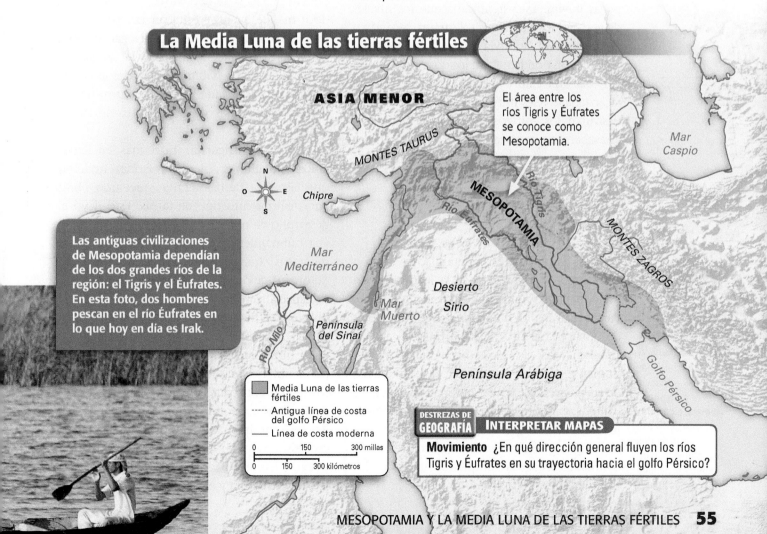

La Media Luna de las tierras fértiles

ASIA MENOR

El área entre los ríos Tigris y Éufrates se conoce como Mesopotamia.

MONTES TAURUS

Chipre

Mar Caspio

Río Tigris

Río Éufrates

MESOPOTAMIA

MONTES ZAGROS

Mar Mediterráneo

Desierto Sirio

Mar Muerto

Río Nilo

Península del Sinaí

Península Arábiga

Golfo Pérsico

Las antiguas civilizaciones de Mesopotamia dependían de los dos grandes ríos de la región: el Tigris y el Éufrates. En esta foto, dos hombres pescan en el río Éufrates en lo que hoy en día es Irak.

Media Luna de las tierras fértiles

Antigua línea de costa del golfo Pérsico

Línea de costa moderna

0   150   300 millas
0   150   300 kilómetros

DESTREZAS DE GEOGRAFÍA **INTERPRETAR MAPAS**

Movimiento ¿En qué dirección general fluyen los ríos Tigris y Éufrates en su trayectoria hacia el golfo Pérsico?

Irrigación y civilización

Los primeros agricultores enfrentaron el desafío de aprender a controlar el flujo de las corrientes de agua de los ríos hacia sus campos en las épocas lluviosas y en las estaciones secas.

1 Los primeros asentamientos de Mesopotamia se ubicaron cerca de los ríos. El agua no estaba controlada y las inundaciones eran un problema importante.

2 Más tarde, los pobladores construyeron canales para proteger sus casas de las inundaciones y desviar el agua hacia sus campos.

La agricultura y las ciudades

Aunque Mesopotamia tenía tierras fértiles, la agricultura no era sencilla allí. La región recibía pocas lluvias. Esto significaba que los niveles de agua en los ríos Tigris y Éufrates dependían de la cantidad de lluvia que caía en el este de Asia Menor, donde nacían los dos ríos. Cuando allí caía una gran cantidad de lluvia, el agua alcanzaba niveles muy altos. Las inundaciones destruían los cultivos, mataban al ganado y arrasaban con las viviendas. Cuando los niveles de agua eran demasiado bajos, los cultivos se secaban. Los agricultores sabían que debían controlar el flujo de los ríos.

Controlar el agua

Los habitantes de Mesopotamia resolvieron estos problemas a través de la **irrigación**, un método para suministrar agua a un terreno. Para irrigar sus tierras, cavaron grandes fosas de almacenamiento de agua. Luego cavaron **canales**, vías de agua hechas por el ser humano, que conectaban las fosas con una red de acequias. Las acequias llevaban el agua a los campos. Para protegerlos de las inundaciones, los agricultores elevaron las riberas de los ríos Tigris y Éufrates. Estas riberas elevadas contenían las aguas aunque los niveles de los ríos fueran muy altos.

Excedentes de alimentos

La irrigación aumentó la cantidad de alimentos que los agricultores podían producir. En realidad, podían producir un **excedente** de alimentos, es decir, más de lo que necesitaban. Los agricultores también usaban la irrigación para regar las zonas de pastoreo del ganado vacuno y las ovejas. En consecuencia, los habitantes de Mesopotamia comían una gran variedad de alimentos. Tenían grandes cantidades de pescado, carne, trigo, cebada y dátiles.

Como la irrigación hizo más eficientes a los agricultores, menos personas tuvieron que labrar la tierra. Algunas quedaron libres para realizar otro tipo de tareas. Esto llevó al desarrollo de nuevas ocupaciones. Por primera vez, hubo quienes se hicieron artesanos, líderes religiosos y trabajadores del gobierno. El sistema de organización mediante el cual las personas se especializan en tareas específicas se llama **división del trabajo**.

La disponibilidad de personas para trabajar en distintas tareas significaba que una sociedad podía obtener más logros. Los grandes proyectos, como construir edificios y cavar sistemas de irrigación, requerían trabajadores especializados, administradores y organización. Para eso, los mesopotámicos necesitaban estructura y reglas. Las leyes y el gobierno podían establecer esa estructura y esas reglas.

3 Con la irrigación, los pueblos de Mesopotamia pudieron producir más alimentos.

4 Los excedentes de alimentos permitieron que algunas personas abandonaran la agricultura y se concentraran en otras tareas, como la alfarería o la fabricación de herramientas.

La aparición de las ciudades

Con el tiempo, los asentamientos mesopotámicos crecieron en tamaño y complejidad. Poco a poco se convirtieron en ciudades entre los años 4000 y 3000 a.C.

A pesar del crecimiento de las ciudades, la sociedad de Mesopotamia todavía se basaba en la agricultura. La mayoría de las personas continuaron con las tareas agrícolas. Sin embargo, las ciudades se convirtieron en lugares importantes donde se comerciaban mercaderías. Las ciudades brindaban bases de poder a los líderes.

Eran los centros económicos, culturales, religiosos y políticos de la civilización.

COMPRENSIÓN DE LA LECTURA **Analizar** ¿Por qué los habitantes de Mesopotamia crearon sistemas de irrigación?

RESUMEN Y PRESENTACIÓN Las tierras ricas y fértiles de Mesopotamia fomentaban la agricultura, lo que llevó al desarrollo de las ciudades. En la Sección 2, aprenderás sobre algunos de los primeros constructores de ciudades.

> **↗ hmhsocialstudies.com**
> **ANIMATED HISTORY**
> Fertile Crescent, 2400–1600 BC

Sección 1 Evaluación

↗ hmhsocialstudies.com
Cuestionario en Internet

Repasar ideas, palabras y personas

1. **a. Identificar** ¿Dónde estaba Mesopotamia?
   b. Explicar ¿Por qué se dio ese nombre a la **Media Luna de las tierras fértiles**?
   c. Evaluar ¿Cuál fue el factor más importante que contribuyó a la fertilidad de las tierras agrícolas de Mesopotamia?
2. **a. Describir** ¿Por qué los agricultores debieron desarrollar un sistema para controlar su provisión de agua?
   b. Explicar ¿De qué maneras contribuyó la **división del trabajo** al crecimiento de la civilización mesopotámica?
   c. Profundizar ¿De qué manera la conducción de grandes proyectos podría preparar a las personas para conducir un gobierno?

Pensamiento crítico

3. **Identificar causa y efecto** Los agricultores que usaban los ríos para irrigación eran parte de una cadena de causa y efecto. Usa una gráfica como la siguiente para mostrar dicha cadena.

| Los niveles de agua de los ríos son demasiado bajos. | → | | → | | → | Los mesopotámicos tienen muchos alimentos. |

ENFOQUE EN LA REDACCIÓN

4. **Comprender la geografía** Haz una lista de las palabras que podrías usar para ayudar a los estudiantes más pequeños a imaginar la tierra y los ríos. Luego dibuja una ilustración o un mapa para incluir en tu carta.

Civilizaciones de los valles de ríos

Todas las primeras civilizaciones del mundo tenían algo en común: todas surgieron en valles de ríos, que eran sitios perfectos para la agricultura. Tres factores clave hacían que los valles de los ríos fueran lugares buenos para la agricultura. En primer lugar, los campos ubicados a orillas de los ríos eran llanos, lo que facilitaba la tarea de los agricultores. En segundo lugar, los suelos se nutrían de los depósitos y el cieno que dejaban las inundaciones, lo que los hacía muy fértiles. Por último, el río proporcionaba a los agricultores el agua necesaria para la irrigación.

Carreteras naturales La circulación a través de los ríos permitió a las antiguas civilizaciones intercambiar mercancías e ideas. Estas personas viajan por el Éufrates, uno de los dos ríos principales de la antigua Mesopotamia.

Mar Caspio

MESOPOTAMIA

Río Tigris

Río Éufrates

Ur

Mar Mediterráneo

ÁFRICA

Menfis

EGIPTO

Río Nilo

Mar Rojo

PENÍNSULA ARÁBIGA

De aldea a ciudad Con el desarrollo de la agricultura, la gente se asentó en aldeas agrícolas. Con el tiempo, algunas de estas aldeas crecieron hasta convertirse en enormes ciudades. Estas antiguas ruinas están cerca de Menfis, Egipto.

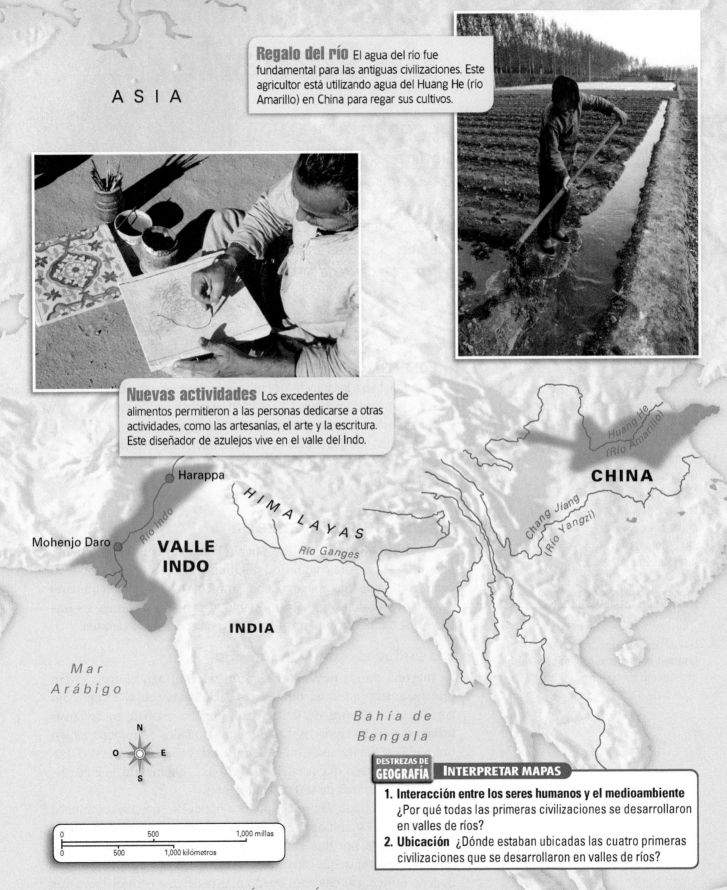

ASIA

Regalo del río El agua del río fue fundamental para las antiguas civilizaciones. Este agricultor está utilizando agua del Huang He (río Amarillo) en China para regar sus cultivos.

Nuevas actividades Los excedentes de alimentos permitieron a las personas dedicarse a otras actividades, como las artesanías, el arte y la escritura. Este diseñador de azulejos vive en el valle del Indo.

Harappa

H I M A L A Y A S

Río Indo

Mohenjo Daro

VALLE INDO

Río Ganges

INDIA

CHINA

Huang He (Río Amarillo)

Chang Jiang (Río Yangzi)

Mar Arábigo

Bahía de Bengala

N
O · E
S

0   500   1,000 millas
0   500   1,000 kilómetros

DESTREZAS DE GEOGRAFÍA | **INTERPRETAR MAPAS**

1. **Interacción entre los seres humanos y el medioambiente** ¿Por qué todas las primeras civilizaciones se desarrollaron en valles de ríos?

2. **Ubicación** ¿Dónde estaban ubicadas las cuatro primeras civilizaciones que se desarrollaron en valles de ríos?

OCÉANO ÍNDICO

El surgimiento de Sumeria

Lo que aprenderás...

Ideas principales

1. Los sumerios crearon la primera sociedad avanzada y compleja del mundo.
2. La religión desempeñó un papel importante en la sociedad sumeria.

La idea clave

Los sumerios desarrollaron la primera civilización de Mesopotamia.

Personas y palabras clave

rural, *pág. 60*
urbano, *pág. 60*
ciudad estado, *pág. 60*
Gilgamesh, *pág. 61*
Sargón, *pág. 61*
imperio, *pág. 61*
politeísmo, *pág. 62*
sacerdotes, *pág. 63*
jerarquía social, *pág. 63*

hmhsocialstudies.com
TOMAR NOTAS

Usa el organizador gráfico en Internet para tomar notas sobre la civilización sumeria.

Si ESTUVIERAS allí...

Eres un artesano que vive en una de las ciudades de Sumeria. Gruesas murallas rodean y protegen tu ciudad y eso te hace sentir a salvo de los ejércitos de otras ciudades estado. Pero tú y tus vecinos temen a otros seres: los diferentes dioses y espíritus que creen que están en todos lados. Pueden traer enfermedades o tormentas de arena o mala suerte.

¿Cómo podrías protegerte de los dioses y espíritus?

CONOCER EL CONTEXTO A medida que las civilizaciones se desarrollaban a lo largo de los ríos, sus sociedades y gobiernos se hicieron más avanzados. La religión se transformó en una característica principal de estas culturas antiguas. Los reyes aseguraban que gobernaban con la aprobación de los dioses y las personas comunes usaban amuletos y hacían rituales para evitar la mala suerte.

Una sociedad avanzada

En el sur de Mesopotamia, un pueblo conocido como los sumerios desarrolló la primera civilización del mundo. Nadie sabe de dónde ni cuándo vinieron. Sin embargo, en el año 3000 a.C., varios centenares de miles de sumerios se habían establecido en Mesopotamia, en una tierra que llamaron Sumeria. Allí crearon una sociedad avanzada.

Las ciudades estado de Sumeria

La mayoría de los habitantes de Sumeria eran agricultores. Vivían principalmente en áreas **rurales,** o relacionadas con el campo. Sin embargo, los centros de la sociedad sumeria estaban en las áreas **urbanas,** o en las ciudades. Las primeras ciudades de Sumeria tenían unos 10,000 habitantes. Con el tiempo, estas ciudades crecieron. Los historiadores creen que para el siglo XXI a.C., algunas de las ciudades sumerias tenían más de 100,000 habitantes.

Como resultado, la unidad política básica de Sumeria combinaba las dos partes. Esta unidad se llamó ciudad estado. Una **ciudad estado** estaba formada por una ciudad y los campos que la rodeaban. La cantidad de campos que cada ciudad estado controlaba dependía de su poderío militar. Las ciudades estado más poderosas controlaban áreas

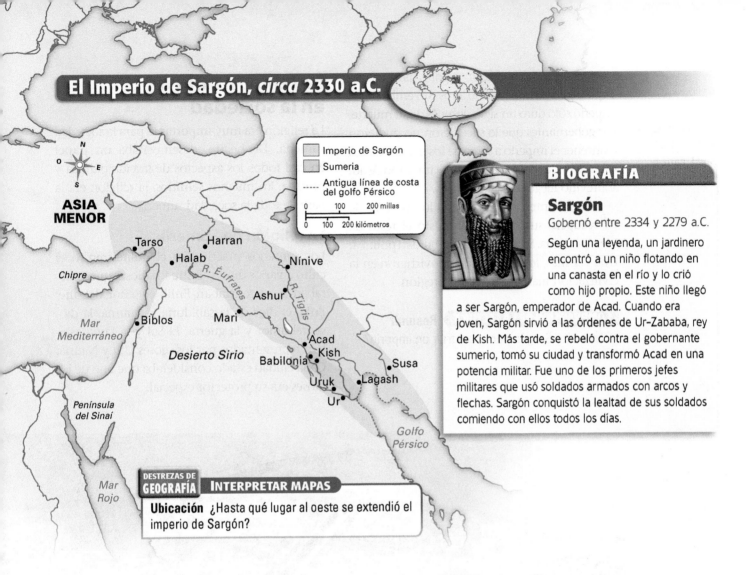

Imperio de Sargón
Sumeria
Antigua línea de costa del golfo Pérsico

0   100   200 millas
0   100   200 kilómetros

ASIA MENOR

Tarso
Harran
Halab
Nínive
Chipre
R. Éufrates
Ashur
R. Tigris
Mar Mediterráneo
Biblos
Mari
Acad
Kish
Desierto Sirio
Babilonia
Susa
Uruk
Lagash
Ur
Península del Sinaí
Golfo Pérsico
Mar Rojo

BIOGRAFÍA

Sargón

Gobernó entre 2334 y 2279 a.C.

Según una leyenda, un jardinero encontró a un niño flotando en una canasta en el río y lo crió como hijo propio. Este niño llegó a ser Sargón, emperador de Acad. Cuando era joven, Sargón sirvió a las órdenes de Ur-Zababa, rey de Kish. Más tarde, se rebeló contra el gobernante sumerio, tomó su ciudad y transformó Acad en una potencia militar. Fue uno de los primeros jefes militares que usó soldados armados con arcos y flechas. Sargón conquistó la lealtad de sus soldados comiendo con ellos todos los días.

DESTREZAS DE GEOGRAFÍA | **INTERPRETAR MAPAS**

Ubicación ¿Hasta qué lugar al oeste se extendió el imperio de Sargón?

más grandes. Las ciudades estado de Sumeria luchaban entre sí para ganar más territorios agrícolas. Como resultado de estos conflictos, las ciudades estado construyeron poderosos ejércitos. Los sumerios también construyeron murallas fuertes y gruesas alrededor de sus ciudades como protección.

Las ciudades estado individuales ganaron y perdieron poder a lo largo del tiempo. Para el año 3500 a.C., una ciudad estado llamada Kish se había vuelto bastante poderosa. En los 1,000 años siguientes, las ciudades estado de Uruk y Ur lucharon por el dominio. Uno de los reyes de Uruk, llamado **Gilgamesh**, se convirtió en una figura legendaria de la literatura sumeria.

El surgimiento del Imperio acadio

Con el tiempo, se desarrolló otra sociedad a lo largo de los ríos Tigris y Éufrates. Fue creada por los acadios. Ellos vivían al norte de Sumeria, pero no eran sumerios. Incluso hablaban un idioma distinto al de los sumerios. Sin embargo, a pesar de sus diferencias, los acadios y los sumerios vivieron en paz durante muchos años.

La paz fue interrumpida alrededor del año 2300 a.C., cuando **Sargón** intentó extender el territorio acadio. Construyó una nueva capital, Acad, sobre el río Éufrates, cerca de lo que hoy es la ciudad de Bagdad. Sargón fue el primer gobernante en tener un ejército permanente que usó para iniciar una serie de guerras contra los reinos vecinos.

Los soldados de Sargón derrotaron a todas las ciudades estado de Sumeria. También conquistaron el norte de Mesopotamia, logrando finalmente dominar toda la región. Con estas conquistas, Sargón estableció el primer **imperio** del mundo (zona que reúne varios territorios y pueblos bajo un mismo gobierno). El Imperio acadio se extendía desde el golfo Pérsico hasta el mar Mediterráneo.

hmhsocialstudies.com

ANIMATED HISTORY
Sumerian City-States, 2300 BC

Sargón fue emperador, o gobernante de su imperio, durante más de 50 años. Sin embargo, el imperio sólo duró un siglo después de su muerte. Los gobernantes que lo sucedieron no pudieron mantener el imperio a salvo de los invasores. Las tribus hostiles del este atacaron y tomaron Acad. Sobrevino luego un siglo de caos.

Finalmente, la ciudad estado sumeria de Ur recuperó su poder y conquistó el resto de Mesopotamia. Se restauró la estabilidad política. Una vez más, los sumerios se convirtieron en la civilización más poderosa de la región.

COMPRENSIÓN DE LA LECTURA **Resumir**
¿Cómo hizo Sargón para construir un imperio?

La religión influye en la sociedad

La religión era muy importante para la sociedad sumeria. De hecho, desempeñaba un **papel** en casi todos los aspectos de la vida pública y privada. En muchos sentidos, la religión era la base de toda la sociedad sumeria.

La religión de Sumeria

Los sumerios practicaban el **politeísmo,** o el culto a varios dioses. Entre los dioses que veneraban se encontraban Enlil, el señor del aire; Enki, el dios de la sabiduría, e Inanna, la diosa del amor y la guerra. El Sol y la Luna estaban representados por los dioses Utu y Nanna. Cada ciudad estado consideraba que uno de los dioses era su protector especial.

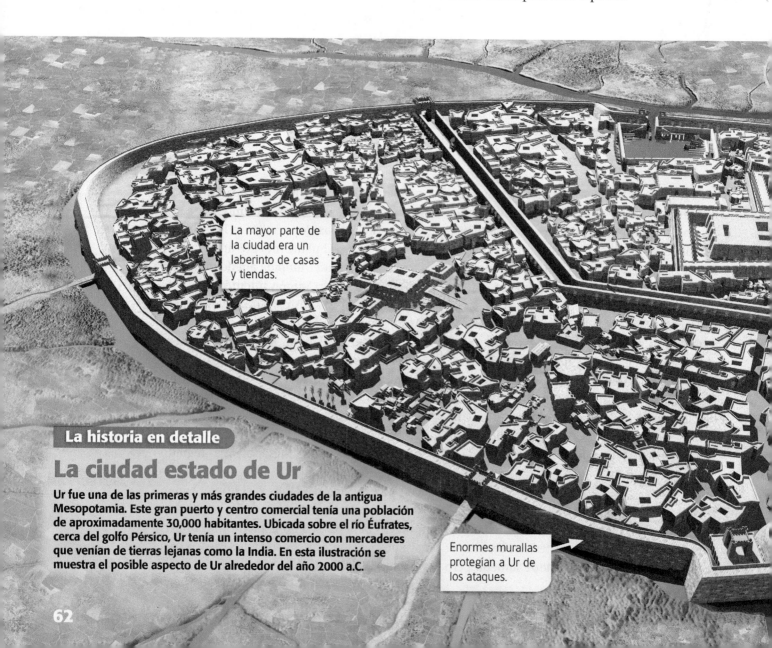

La mayor parte de la ciudad era un laberinto de casas y tiendas.

La historia en detalle

La ciudad estado de Ur

Ur fue una de las primeras y más grandes ciudades de la antigua Mesopotamia. Este gran puerto y centro comercial tenía una población de aproximadamente 30,000 habitantes. Ubicada sobre el río Éufrates, cerca del golfo Pérsico, Ur tenía un intenso comercio con mercaderes que venían de tierras lejanas como la India. En esta ilustración se muestra el posible aspecto de Ur alrededor del año 2000 a.C.

Enormes murallas protegían a Ur de los ataques.

Los sumerios creían que sus dioses tenían enormes poderes y que podían enviarles una buena cosecha o una inundación desastrosa. Creían que podían provocar enfermedades o dar buena salud y riquezas. Los sumerios creían que para tener éxito en cada área de la vida debían complacer a los dioses. Cada uno de los sumerios tenía el deber de servir y adorar a los dioses.

Los **sacerdotes**, personas que llevaban a cabo ceremonias religiosas, tenían una posición social muy importante en Sumeria. Las personas confiaban en su ayuda para obtener la aprobación de los dioses. Los sacerdotes interpretaban los deseos de los dioses y les presentaban ofrendas. Estas ofrendas se hacían en los templos, edificios especiales donde los sacerdotes celebraban sus ceremonias religiosas.

La jerarquía social de Sumeria

Debido a su prestigio, los sacerdotes sumerios ocupaban un nivel alto en la **jerarquía social**, la división de la sociedad en niveles o clases. De hecho, los sacerdotes estaban apenas por debajo de los reyes. Los reyes de Sumeria afirmaban que habían sido elegidos por los dioses para gobernar.

Debajo de los sacerdotes estaban los artesanos especializados, los mercaderes y los comerciantes. El comercio tenía un gran **impacto** en la sociedad de Sumeria. Los comerciantes viajaban a lugares lejanos e intercambiaban granos por oro, plata, cobre, madera y piedras preciosas.

Debajo de los comerciantes, los agricultores y los obreros formaban la gran clase trabajadora. Los esclavos estaban en el escalón más bajo del orden social.

VOCABULARIO ACADÉMICO

impacto efecto, resultado

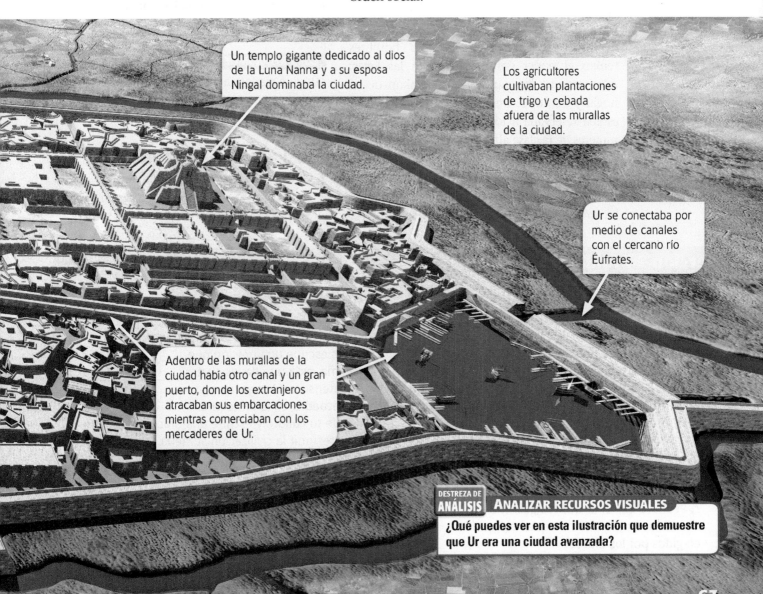

Un templo gigante dedicado al dios de la Luna Nanna y a su esposa Ningal dominaba la ciudad.

Los agricultores cultivaban plantaciones de trigo y cebada afuera de las murallas de la ciudad.

Ur se conectaba por medio de canales con el cercano río Éufrates.

Adentro de las murallas de la ciudad había otro canal y un gran puerto, donde los extranjeros atracaban sus embarcaciones mientras comerciaban con los mercaderes de Ur.

DESTREZA DE ANÁLISIS **ANALIZAR RECURSOS VISUALES**

¿Qué puedes ver en esta ilustración que demuestre que Ur era una ciudad avanzada?

63

La sociedad sumeria estaba dividida en distintos grupos. Este antiguo artefacto muestra a líderes sumerios celebrando una victoria militar mientras un músico toca su instrumento.

Los hombres y las mujeres de Sumeria

Los hombres y las mujeres de Sumeria tenían distintos papeles. En general, los hombres tenían el poder político y hacían las leyes, mientras que las mujeres se ocupaban de su hogar y sus hijos. Generalmente, la educación estaba reservada a los hombres, pero algunas mujeres de la clase alta también la recibían.

Algunas mujeres que habían recibido educación se desempeñaban como sacerdotisas en los templos de Sumeria. Algunas de ellas contribuyeron a la cultura sumeria. Una sacerdotisa,

Enheduanna, la hija de Sargón, escribió himnos en honor de la diosa Inanna. Es la primera escritora mujer conocida de la historia.

COMPRENSIÓN DE LA LECTURA **Analizar**
¿De qué manera afectó el comercio a la sociedad sumeria?

RESUMEN Y PRESENTACIÓN En esta sección, aprendiste sobre las ciudades estado de Sumeria, su religión y sociedad. En la Sección 3, aprenderás sobre los logros de los sumerios.

Sección 2 Evaluación

hmhsocialstudies.com
Cuestionario en Internet

Repasar ideas, palabras y personas

1. **a. Recordar** ¿Cuál era la unidad política básica de Sumeria?
   b. Explicar ¿Qué pasos dieron las **ciudades estado** para protegerse de sus rivales?
   c. Profundizar ¿Cómo crees que la creación de un **imperio** por parte de Sargón cambió la historia de Mesopotamia? Justifica tu respuesta.
2. **a. Identificar** ¿Qué es el **politeísmo**?
   b. Sacar conclusiones ¿Por qué crees que los **sacerdotes** tenían tanta influencia en la sociedad sumeria?
   c. Profundizar ¿Por qué los gobernantes se beneficiaban si afirmaban que habían sido elegidos por los dioses?

Pensamiento crítico

3. **Resumir** En la columna derecha de tu cuadro para tomar notas escribe una oración que resuma cada una de las cuatro características. Luego, agrega un recuadro en la parte inferior de tu cuadro y escribe una oración para resumir la civilización sumeria.

Características	Notas
Ciudades	
Gobierno	
Religión	
Sociedad	

Resumen:

ENFOQUE EN LA REDACCIÓN

4. **Reunir información sobre Sumeria** ¿Qué aspectos de la sociedad sumeria incluirás en tu carta? ¿Qué personas importantes, creencias religiosas o desarrollos sociales crees que los estudiantes deberían aprender?

Los logros de los sumerios

Si ESTUVIERAS allí...

Eres estudiante de una escuela para escribas en Sumeria. Es muy difícil aprender todos los símbolos para escribir. Tu maestro te asigna lecciones para que escribas en tu tablilla de arcilla, pero no puedes evitar cometer errores. Entonces tienes que alisar la superficie y probar nuevamente. A pesar de todo, si eres escriba puedes llegar a realizar trabajos importantes para el rey. Tu familia estaría muy orgullosa.

¿Por qué querrías ser escriba?

CONOCER EL CONTEXTO La sociedad sumeria era avanzada en lo que respecta a religión y organización del gobierno. Los sumerios fueron responsables de muchos otros logros, que se transmitieron a civilizaciones posteriores.

La invención de la escritura

Los sumerios produjeron uno de los avances culturales más grandes de la historia: inventaron la escritura **cuneiforme**, el primer sistema de escritura del mundo. Sin embargo, los sumerios no tenían lápices, ni plumas ni papel. En cambio, usaban herramientas filosas llamadas estilos para imprimir símbolos en forma de cuña en unas tablillas de arcilla.

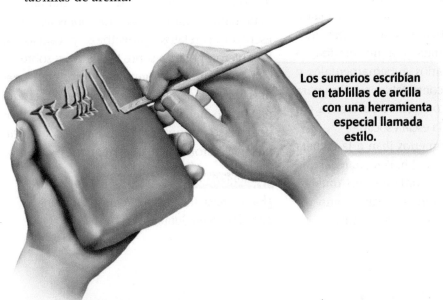

Los sumerios escribían en tablillas de arcilla con una herramienta especial llamada estilo.

Lo que aprenderás...

Ideas principales

1. Los sumerios inventaron el primer sistema de escritura del mundo.
2. Los adelantos e invenciones transformaron la vida de los sumerios.
3. En Sumeria surgieron varias formas de arte.

La idea clave

Los sumerios lograron muchos avances que contribuyeron al desarrollo de su sociedad.

Personas y palabras clave

cuneiforme, *pág. 65*
pictogramas, *pág. 66*
escriba, *pág. 66*
poemas épicos, *pág. 66*
arquitectura, *pág. 68*
zigurat, *pág. 68*

hmhsocialstudies.com
TOMAR NOTAS

Usa el organizador greafico en Internet para tomar notas sobre los logros y avances de la civilización sumeria.

La escritura sumeria se desarrolló a partir de antiguos símbolos llamados pictogramas. Los escritores usaron tablillas de arcilla para registrar las transacciones comerciales, como esta tablilla, que describe una cantidad de ovejas y cabras.

Desarrollo de la escritura

	3300 a.C.	2800 a.C.	2400 a.C.	1800 a.C.
Cielo				
Cereales				
Pez				
Pájaro				
Agua				

Las primeras formas de comunicación por escrito habían usado **pictogramas**, o símbolos ilustrados. Cada pictograma representaba un objeto, por ejemplo un árbol o un animal. Pero en la escritura cuneiforme, los símbolos también podían representar sílabas o partes elementales de palabras. Por lo tanto, los escritores sumerios podían combinar símbolos para expresar ideas más complejas como "alegría" o "poderoso".

Al principio, los sumerios usaron la escritura cuneiforme para llevar registros comerciales. Para registrar los artículos que las personas comerciaban se contrataba a un **escriba**, o escritor. Los funcionarios gubernamentales y los templos también contrataban escribas para llevar sus registros. Convertirse en escriba era un modo de subir en la escala social.

Los estudiantes sumerios iban a la escuela para aprender a leer y escribir. Pero, al igual que hoy en día, algunos estudiantes no querían estudiar. Un cuento sumerio relata cómo un padre animaba a su hijo a hacer su tarea:

" Ve a la escuela, párate frente a tu 'padre en la escuela', recita tu lección, abre tu bolsa de útiles, escribe tu tablilla . . . Una vez que hayas terminado tu tarea y contestado a tu encargado [maestro], vuelve a mí y no pasees por las calles ".

–Ensayo sumerio citado en *History begins at Sumer*, por Samuel Noah Kramer

Con el tiempo, los sumerios aplicaron sus destrezas de escritura en otras áreas. Escribieron obras sobre historia, derecho, gramática y matemáticas. También crearon obras literarias. Escribieron relatos, proverbios y canciones. Escribieron poemas sobre los dioses y sobre las victorias militares. Algunos de estos eran **poemas épicos**, poemas largos que narran las hazañas de un héroe. Más tarde, algunos de estos poemas se usaron para crear *La épica de Gilgamesh*, la historia de un legendario rey sumerio.

COMPRENSIÓN DE LA LECTURA > Generalizar
¿Para qué se usó inicialmente la escritura cuneiforme en Sumeria?

Adelantos e invenciones

La escritura no fue el único gran invento de los sumerios. Este pueblo primitivo logró muchos otros adelantos y descubrimientos.

Adelantos técnicos

Uno de los desarrollos más importantes de los sumerios fue la rueda. Fueron los primeros en construir vehículos con ruedas, como las carretas y los carros. Con la rueda, los sumerios inventaron un instrumento que hace girar la arcilla mientras un artesano la moldea para fabricar vasijas. Este instrumento se llama torno del alfarero.

El arado fue otro invento importante de los sumerios. Los arados tirados por bueyes rompían el duro suelo arcilloso de Sumeria para prepararlo para la siembra. Esta técnica mejoró notablemente la producción agrícola. Los sumerios también inventaron un reloj que usaba la caída de agua para medir el tiempo.

Los adelantos de los sumerios mejoraron la vida cotidiana de muchas maneras. Construyeron alcantarillas debajo de las calles de las ciudades. Aprendieron a usar el bronce para fabricar herramientas y armas más resistentes. Incluso fabricaron maquillaje y joyas de vidrio.

Matemáticas y ciencias

Otra de las áreas en la que se destacaron los sumerios fueron las matemáticas. En realidad, desarrollaron un sistema matemático basado en el número 60. Con este sistema, dividieron un círculo en 360 grados. La división del año en 12 meses (un factor de 60) fue otra idea de los sumerios. También calcularon las áreas de los rectángulos y los triángulos.

Los eruditos sumerios también estudiaron ciencias. Escribieron largas listas para registrar sus estudios del mundo natural. Estas tablillas incluían los nombres de miles de animales, plantas y minerales.

Los sumerios también lograron avances en medicina. Usaron ingredientes de animales, plantas y minerales para producir medicamentos curativos. Usaban en estos medicamentos leche, caparazones de tortugas, higos y sal. Los sumerios llegaron a catalogar sus conocimientos médicos, haciendo listas de tratamientos de acuerdo con los síntomas y las partes del cuerpo.

SU IMPORTANCIA HOY

Nosotros también usamos un sistema basado en el número 60 cuando decimos que hay 60 segundos en un minuto y 60 minutos en una hora.

COMPRENSIÓN DE LA LECTURA **Crear categorías** ¿Qué aspectos de la vida mejoraron gracias a los inventos sumerios?

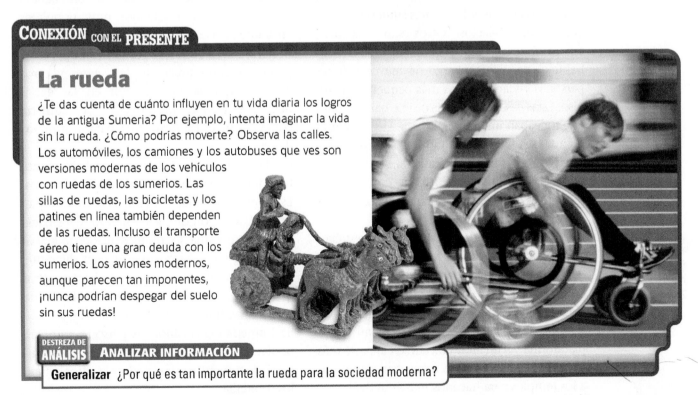

CONEXIÓN CON EL PRESENTE

La rueda

¿Te das cuenta de cuánto influyen en tu vida diaria los logros de la antigua Sumeria? Por ejemplo, intenta imaginar la vida sin la rueda. ¿Cómo podrías moverte? Observa las calles. Los automóviles, los camiones y los autobuses que ves son versiones modernas de los vehículos con ruedas de los sumerios. Las sillas de ruedas, las bicicletas y los patines en línea también dependen de las ruedas. Incluso el transporte aéreo tiene una gran deuda con los sumerios. Los aviones modernos, aunque parecen tan imponentes, ¡nunca podrían despegar del suelo sin sus ruedas!

DESTREZA DE ANÁLISIS **ANALIZAR INFORMACIÓN**

Generalizar ¿Por qué es tan importante la rueda para la sociedad moderna?

Los logros artísticos de los sumerios incluyen hermosas obras hechas en oro, madera y piedra.

Este instrumento musical de cuerdas se llama lira. Tiene la cabeza de una vaca y está hecho de plata adornada con conchas marinas y piedras.

Los sellos cilíndricos como éste se tallaban en piedras redondas y luego se hacían rodar sobre arcilla para que dejaran su marca.

El arte en Sumeria

Las destrezas de los sumerios en los campos del arte, la metalurgia y la **arquitectura** (la ciencia de la construcción) son muy conocidas. Las ruinas de sus grandes edificios y las excelentes obras de arte nos han brindado maravillosos ejemplos de la creatividad de los sumerios.

La arquitectura

La mayoría de los gobernantes sumerios vivían en grandes palacios. Otros sumerios ricos tenían viviendas de dos pisos con hasta doce habitaciones. Sin embargo, la mayoría de las personas vivían en casas más pequeñas, de un piso. Estas casas tenían seis o siete habitaciones que rodeaban un pequeño patio. Las viviendas grandes se encontraban junto a las pequeñas a lo largo de las estrechas calles sin pavimentar de la ciudad. Los elementos de construcción principales de estas casas eran ladrillos hechos de barro.

Los centros de las ciudades estaban dominados por sus templos, que eran los edificios más grandes e impresionantes de Sumeria. En cada ciudad, se levantaba un **zigurat**, una torre en forma de pirámide de un templo. Las escaleras externas llevaban a una plataforma y a un altar ubicado en la parte más alta. Algunos arquitectos agregaban columnas a los templos para hacerlos más atractivos.

Las artes

Los escultores sumerios produjeron muchas obras excelentes. Entre ellas, las estatuas de los dioses creadas para los templos. Los artistas sumerios también esculpieron pequeños objetos en marfil y maderas raras. La alfarería sumeria es más conocida por su cantidad que por su calidad. Los alfareros produjeron muchos artículos, pero pocos de ellos eran obras bellas.

Las joyas eran artículos muy populares en Sumeria. Los joyeros de la región hicieron muchos objetos hermosos con oro importado, plata y piedras preciosas. Los aretes y otros artículos que se encontraron en la región demuestran que los joyeros de Sumeria conocían métodos avanzados para unir piezas de oro.

Los sellos cilíndricos son probablemente las obras de arte más famosas de los sumerios. Estos pequeños objetos eran cilindros de piedra grabados con dibujos. Cuando se los hacía rodar sobre arcilla, los dibujos quedaban grabados. Cada sello dejaba una imagen diferente. En consecuencia, una persona podía demostrar que era propietario de un recipiente haciendo rodar un cilindro sobre la superficie de arcilla húmeda del mismo. Las personas también podían usar estos sellos cilíndricos para "firmar" documentos o para adornar otros artículos de arcilla.

hmhsocialstudies.com
ANIMATED HISTORY
Ziggurat

Los sumerios fueron el primer pueblo de Mesopotamia en construir grandes templos llamados zigurats.

Esta daga de oro fue encontrada en una tumba de la realeza. La cabeza de toro está hecha de oro y plata.

DESTREZA DE ANÁLISIS **ANALIZAR RECURSOS VISUALES**
¿Qué animal se muestra en dos de estas obras?

Algunos sellos mostraban escenas de batallas. Otros exhibían rituales religiosos. Algunos eran muy decorativos, con cientos de piedras preciosas cuidadosamente talladas. Se requerían grandes destrezas para hacerlos.

Los sumerios también apreciaban la música. Los reyes y los templos contrataban músicos para que tocaran en ocasiones especiales. Los músicos sumerios tocaban flautas de caña, tambores, panderetas e instrumentos de cuerdas llamados liras. Los niños aprendían canciones en la escuela. Las personas cantaban himnos a los dioses y a los reyes. La música y la danza servían de entretenimiento en los mercados y en los hogares.

COMPRENSIÓN DE LA LECTURA **Hacer inferencias** ¿Qué podrían aprender los historiadores de los sellos cilíndricos?

RESUMEN Y PRESENTACIÓN Los sumerios enriquecieron notablemente su sociedad. A continuación, aprenderás sobre los pueblos que vivieron después de ellos en Mesopotamia.

Sección 3 Evaluación

hmhsocialstudies.com
Cuestionario en Internet

Repasar ideas, palabras y personas

1. a. Identificar ¿Qué es **cuneiforme**?
b. Analizar ¿Por qué crees que la escritura es uno de los adelantos culturales más importantes de la historia?
c. Profundizar ¿Sobre qué líder actual escribirías un **poema épico** y por qué?
2. a. Recordar ¿Cuáles fueron dos usos de la rueda en la antigüedad?
b. Explicar ¿Por qué crees que la invención del arado fue tan importante para los sumerios?
3. a. Describir ¿Cuál era el material básico de construcción de los sumerios?
b. Hacer inferencias ¿Por qué crees que los sellos cilíndricos se convirtieron en obras de arte?

Pensamiento crítico

4. Identificar efectos En un cuadro como el de la derecha, identifica el efecto que tuvo cada uno de los avances o logros de los sumerios que incluíste en tu lista.

Avance/ Logro	Efecto

ENFOQUE EN LA REDACCIÓN

5. Evaluar la información
Repasa los logros de los sumerios que acabas de leer. Luego haz una lista sobre los logros sumerios para incluir en tu carta. ¿Podría esta lista reemplazar parte de la información que reuniste en la Sección 2?

La épica de de Gilgamesh

traducido de la versión de N. K. Sandars

Sobre la lectura *La épica de Gilgamesh es el relato épico más antiguo del mundo, registrado por primera vez (grabado en tablillas de piedra) aproximadamente en el año 2000 a.C. El verdadero Gilgamesh, gobernante de la ciudad de Uruk, había vivido unos 700 años antes. Con el correr del tiempo, los relatos sobre este rey legendario habían aumentado y cambiado. En este cuento, Gilgamesh y su amigo Enkidu tratan de asesinar al monstruo Humbaba, guardián de un bosque lejano. Además de su tremendo tamaño y terrible aspecto, Humbaba poseía siete esplendores, o poderes, uno de los cuales era el fuego. Gilgamesh esperaba reclamar estos poderes para él mismo.*

A MEDIDA QUE LEES Toma nota de las cualidades humanas y divinas de Gilgamesh.

Humbaba vino desde su sólida casa de cedro. Asintió con su cabeza y la sacudió, amenazando a Gilgamesh; y fijó su ojo sobre él, el ojo de la muerte. Entonces Gilgamesh llamó a Shamash y sus lágrimas corrían. "Oh, glorioso Shamash, he seguido el camino que indicaste, pero si ahora no me socorres ¿cómo podré escapar?". ❶ El glorioso Shamash oyó su plegaria e invocó al gran viento, al viento norte, al torbellino, a la tormenta y al viento helado, a la tempestad y al viento abrasador; vinieron como dragones, como un fuego abrasador, como una serpiente que congela al corazón, una inundación destructiva y el tridente del rayo. Los ocho vientos se levantaron contra Humbaba, castigaron sus ojos; él estaba atrapado, no podía avanzar ni retroceder. ❷ Gilgamesh gritó: "Por la vida de Ninsun mi madre y el divino Lugulbanda, mi padre... he traído mis débiles brazos y mis pequeñas armas a esta Tierra para luchar contra ti y ahora entraré a tu casa". ❸

Entonces derribó el primer cedro y ellos cortaron las ramas y las pusieron al pie de la montaña. Al primer golpe, Humbaba centelleó, pero ellos siguieron avanzando. Derribaron siete cedros y cortaron y ataron las ramas y las pusieron al pie de la montaña, y siete veces Humbaba descargó su furia sobre ellos. Cuando la séptima llamarada se apagó, llegaron a su guarida. Humbaba se golpeó el muslo con desdén. Se aproximó como un noble toro enlazado en la montaña, como un guerrero con los

---

LECTURA GUIADA

AYUDA DE VOCABULARIO

amenazando desafiando
socorres ayudas
tempestad tormenta
derribó cortó

❶ Shamash, el dios del Sol, apoya a Gilgamesh.

¿Qué emoción humana parece invadir a Gilgamesh aquí? ¿Cómo lo sabes?

❷ *¿Qué detiene repentinamente a Humbaba?*

❸ Gilgamesh trata de hablar y actuar con valentía, pero está aterrorizado por la mirada malvada de Humbaba.

codos atados entre sí. Sus ojos se llenaron de lágrimas y estaba pálido. "Gilgamesh, déjame hablar. Nunca conocí a mi madre, no, ni tuve a un padre que me criara. Nací en la montaña, ella me crió y Enlil me hizo guardián de este bosque. Déjame libre, Gilgamesh, y seré tu siervo y tú serás mi señor; te pertenecerán todos los árboles del bosque que cuidé en la montaña. Los cortaré y te construiré un palacio" … **4**

Enkidu dijo: "No le hagas caso, Gilgamesh: Humbaba debe morir. Mata primero a Humbaba y después a sus sirvientes". Pero Gilgamesh respondió: "Si lo tocamos, el fuego y la gloria de la luz se apagarán en confusión; la gloria y el encanto desaparecerán, sus rayos serán saciados". Enkidu dijo a Gilgamesh: "No será así, amigo mío. Si primero atrapas al pájaro, ¿adonde escaparán los pichones? Después podremos buscar la gloria y el encanto, cuando los pichones corran desesperados por el pasto".

Gilgamesh escuchó las palabras de su compañero, tomó el hacha con la mano, sacó la espada y golpeó a Humbaba en el cuello y su camarada Enkidu lo golpeó por segunda vez. Al tercer golpe, Humbaba cayó. Entonces hubo un instante de confusión, pues comprendieron que habían derribado al guardián del bosque …

Cuando vio la cabeza de Humbaba, Enlil les gritó: "¿Por qué hicieron esto? De ahora en adelante, que el fuego caiga sobre sus rostros, que coma el pan que ustedes comen y que beba donde ustedes beban". Entonces Enlil tomó el fuego y los siete esplendores que habían sido de Humbaba: le dio el primero al río, y le dio al león, a la piedra de la execración, a la montaña … **5**

Oh, Gilgamesh, rey y conquistador del espantoso fuego; toro salvaje que saquea la montaña, que cruza el mar, gloria a él.

LECTURA GUIADA

execración maldición
saquea toma por la fuerza

4 *¿Qué efecto creyó Humbaba que sus palabras tendrían sobre Gilgamesh?*

5 El enojado dios del aire Enlil maldice a los héroes por haber matado a Humbaba. Recupera los poderes del monstruo y se los entrega a otras criaturas y elementos de la naturaleza.

En tu opinión, ¿Gilgamesh es más o menos heroico por matar a Humbaba y hacer enojar a Enlil?

Los arqueólogos creen que esta estatua del siglo VIII a.C. representa a Gilgamesh.

CONECTAR LA LITERATURA CON LA HISTORIA

1. **Analizar** En la cultura sumeria, se creía que los poderes de los dioses eran enormes. Según este relato, ¿qué papeles desempeñan los dioses en las vidas de las personas?

2. **Hacer inferencias** La violencia era común en la sociedad sumeria. ¿Cómo sugiere el personaje de Gilgamesh que la sociedad sumeria podía ser violenta?

Pueblos posteriores de la Media Luna de las tierras fértiles

Lo que aprenderás...

Ideas principales

1. Los babilonios conquistaron Mesopotamia y desarrollaron un código de derecho.
2. Las invasiones posteriores transformaron la cultura de la región mesopotámica.
3. Los fenicios formaron una sociedad comercial en la región este del Mediterráneo.

La idea clave

Después de los sumerios, muchas culturas gobernaron partes de la Media Luna de las tierras fértiles.

Personas y palabras clave

monarca, *pág. 72*
Código de Hammurabi, *pág. 73*
carros de guerra, *pág. 74*
Nabucodonosor, *pág. 75*
alfabeto, *pág. 77*

hmhsocialstudies.com
TOMAR NOTAS

Usa el organizador gráfico en Internet para tomar notas sobre los imperios de la Media Luna de las tierras fértiles.

Si ESTUVIERAS allí...

Eres un noble en la antigua Babilonia, un consejero del gran rey Hammurabi. Una de tus obligaciones es recopilar todas las leyes del reino. Estas leyes serán grabadas en un alto bloque de piedra negra que se colocará en el templo. El rey pide tu opinión sobre los castigos para ciertos delitos. Por ejemplo, ¿deberían las personas comunes ser castigadas con más severidad que los nobles?

¿Qué le aconsejarías al rey?

CONOCER EL CONTEXTO Muchos pueblos invadieron Mesopotamia. Una serie de reyes conquistaron las tierras ubicadas entre los ríos. Cada nueva cultura heredó los logros anteriores de los sumerios. Algunas de las últimas invasiones de la región también introdujeron destrezas e ideas que todavía influyen en nuestra civilización, como el código escrito de leyes.

Los babilonios conquistan Mesopotamia

Aunque Ur alcanzó la gloria después de la muerte de Sargón, los reiterados ataques extranjeros agotaron su poderío. Para el año 2000 a.C., Ur estaba en ruinas. Al desaparecer el poder de esta ciudad, varias olas de invasores lucharon por el control de Mesopotamia.

El surgimiento de Babilonia

Babilonia era el lugar de donde provenía uno de esos grupos. Esa ciudad estaba ubicada en el río Éufrates, cerca de lo que hoy es Bagdad, en Irak. Babilonia había sido en una época un pueblo sumerio. Sin embargo, para el año 1800 a.C., tuvo un poderoso gobierno propio. En el año 1792 a.C., Hammurabi se convirtió en rey de Babilonia y más tarde se convirtió en el **monarca** (gobernante de un reino o imperio) más grande de la ciudad.

El código de Hammurabi

Hammurabi fue un brillante líder guerrero. Sus ejércitos lucharon en muchas batallas para expandir su poder. Finalmente, incluyó a toda Mesopotamia en su imperio, llamado el Imperio babilónico, por el nombre de su capital.

Sin embargo, las destrezas de Hammurabi no se limitaban al campo de batalla. Era también un hábil gobernante que podía gobernar un enorme imperio. Supervisó muchos proyectos de construcción e irrigación y mejoró el sistema de recaudación de impuestos de Babilonia para financiar esos proyectos. También generó prosperidad a través del aumento del comercio. Sin embargo, Hammurabi se hizo famoso por su código de leyes.

El **Código de Hammurabi** era una colección de 282 leyes que trataban sobre casi todos los aspectos de la vida diaria. Había leyes para todos los temas, desde el comercio, los préstamos y los robos hasta el matrimonio, los perjuicios y el asesinato. Contenía algunos conceptos que aún se reflejan en las leyes de hoy en día. Los crímenes específicos tenían castigos específicos. Sin embargo, había diferencias entre las clases sociales. Por ejemplo, causar daños a un hombre rico tenía un castigo mayor que causar daños a un hombre pobre.

El Código de Hammurabi no sólo era importante por todo lo que incluía, sino también porque se había escrito para que todos lo pudieran consultar. Las personas de todo el imperio podían leer exactamente qué era lo que estaba en contra de la ley.

Hammurabi gobernó durante 42 años. En su reinado, Babilonia se convirtió en la ciudad más importante de Mesopotamia. A pesar de ello, después de la muerte de Hammurabi, el poder de Babilonia entró en decadencia. Los reyes que lo sucedieron debieron enfrentar invasiones de los pueblos que Hammurabi había conquistado. Poco después, el Imperio babilónico llegó a su fin.

> **COMPRENSIÓN DE LA LECTURA** **Analizar**
> ¿Cuál fue el logro más importante de Hammurabi?

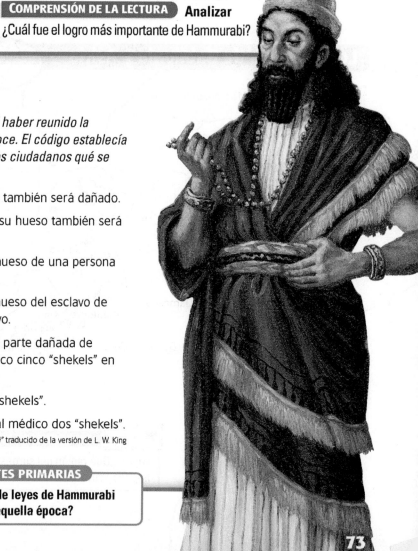

Fuente primaria

DATOS BREVES

DOCUMENTO HISTÓRICO
El Código de Hammurabi

Se atribuye al gobernante babilónico Hammurabi el haber reunido la colección escrita de leyes más antigua que se conoce. El código establecía reglas para el derecho penal y civil e informaba a los ciudadanos qué se esperaba de ellos.

196. Si una persona daña el ojo de otra, su ojo también será dañado.

197. Si una persona fractura un hueso de otra, su hueso también será fracturado.

198. Si una persona daña el ojo o fractura un hueso de una persona libre, deberá pagar una mina de oro.

199. Si una persona daña el ojo o fractura un hueso del esclavo de otra, deberá pagar la mitad del valor del esclavo.

221. Si un médico cura el hueso fracturado o la parte dañada de una persona, el paciente deberá pagar al médico cinco "shekels" en efectivo.

222. Si es un hombre libre, deberá pagar tres "shekels".

223. Si es un esclavo, su dueño deberá pagar al médico dos "shekels".

–Hammurabi, de *"El Código de Hammurabi"* traducido de la versión de L. W. King

DESTREZA DE ANÁLISIS **ANALIZAR FUENTES PRIMARIAS**

¿Cómo crees que el código de leyes de Hammurabi afectó a los ciudadanos de aquella época?

Las invasiones de Mesopotamia

Alrededor de la Media Luna de las tierras fértiles también se desarrollaron otras civilizaciones. Mientras sus ejércitos luchaban entre sí por las tierras fértiles, el control de la región pasaba de un imperio a otro.

Los hititas y los kasitas

ENFOQUE EN LA LECTURA

¿Cuál es el tema de este párrafo? ¿Aparece la idea principal en una sola oración?

Un pueblo conocido como los hititas construyó un poderoso reinado en Asia Menor, en lo que hoy es Turquía. En parte, su éxito se debió a dos ventajas militares que tenían con respecto a sus rivales. En primer lugar, los hititas fueron uno de los primeros pueblos en dominar la herrería. Esto significaba que podían hacer las armas más resistentes de la época. En segundo lugar, los hititas usaban con gran destreza los **carros de guerra**, unos carros de batalla con ruedas tirados por caballos. Estos carros les permitían a los soldados hititas moverse rápidamente en todo el campo de batalla y disparar flechas a sus enemigos. Gracias a estas ventajas, las fuerzas hititas capturaron Babilonia alrededor del año 1595 a.C.

Sin embargo, el dominio de los hititas no duró por mucho tiempo. Poco después de tomar Babilonia, el rey hitita fue asesinado. El caos se apoderó del reino. Los kasitas, un pueblo que vivía al norte de Babilonia, tomaron la ciudad y gobernaron por casi 400 años.

Los asirios

Más tarde, en el siglo XIII a.C., los asirios del norte de Mesopotamia ganaron el control de Babilonia por poco tiempo. Sin embargo, su imperio pronto cayó en manos de los invasores. Después de su derrota, los asirios tardaron aproximadamente 300 años en recuperar su poderío. Entonces, alrededor del año 900 a.C., comenzaron a conquistar toda la Media Luna de las tierras fértiles. Incluso llegaron a conquistar partes de Asia Menor y Egipto.

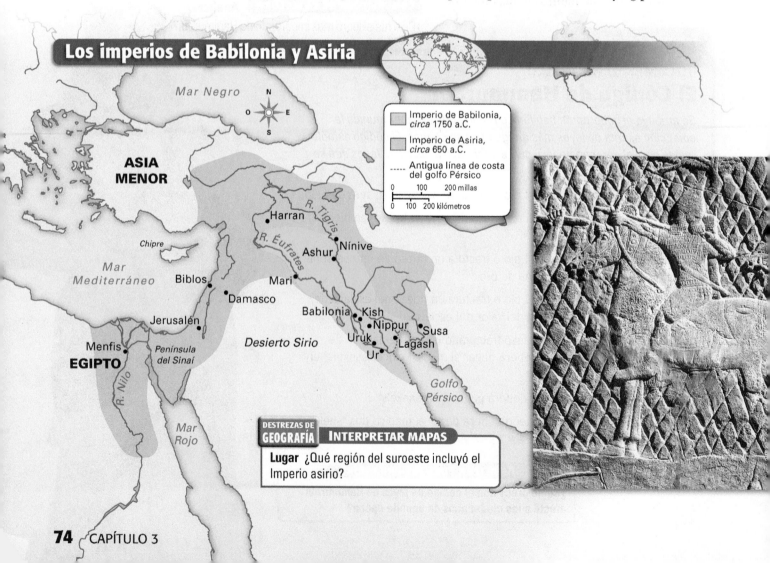

Los imperios de Babilonia y Asiria

Imperio de Babilonia, *circa* 1750 a.C.

Imperio de Asiria, *circa* 650 a.C.

----- Antigua línea de costa del golfo Pérsico

0   100   200 millas
0   100   200 kilómetros

Mar Negro

ASIA MENOR

Chipre

Mar Mediterráneo

Harran

R. Tigris

R. Éufrates

Ashur   Nínive

Biblos

Mari

Damasco

Babilonia   Kish

Jerusalén

Nippur

Desierto Sirio

Uruk   Susa

Lagash

Menfis

Península del Sinaí

EGIPTO

R. Nilo

Ur

Golfo Pérsico

Mar Rojo

DESTREZAS DE GEOGRAFÍA   **INTERPRETAR MAPAS**

Lugar ¿Qué región del suroeste incluyó el Imperio asirio?

La clave del éxito de los asirios era su poderoso ejército. Al igual que los hititas, los asirios usaban armas de hierro y carros de guerra. El ejército estaba muy bien organizado y cada soldado conocía su función.

Los asirios eran feroces en la batalla. Antes de atacar, generaban terror saqueando aldeas y quemando cosechas. Cualquiera que se animara a resistirse era asesinado.

Después de conquistar Mesopotamia, los asirios gobernaron desde Nínive. Exigieron impuestos altos a todo el imperio. Las áreas que se resistían a estas exigencias eran severamente castigadas.

Los reyes asirios gobernaban su extenso imperio por medio de líderes locales. Cada uno gobernaba un área pequeña, recaudaba los impuestos, hacía cumplir las leyes y reclutaba tropas para el ejército. Se construyeron carreteras para conectar los lugares más remotos del imperio. Se enviaban mensajeros a caballo para entregar órdenes a los funcionarios que vivían lejos.

Los caldeos

En el año 652 a.C. se desató una serie de guerras en el imperio asirio para decidir quién tenía que gobernar. Estas guerras debilitaron mucho al imperio. Al percibir esta debilidad, los caldeos, un grupo del desierto Sirio, condujeron a otros pueblos en un ataque contra los asirios. En el año 612 a.C., destruyeron Nínive y el Imperio asirio.

En su lugar, los caldeos establecieron un imperio propio. **Nabucodonosor**, el rey caldeo más conocido, reconstruyó Babilonia y la transformó en una hermosa ciudad. Según la leyenda, en su gran palacio estaban los famosos jardines colgantes. Diferentes árboles y flores crecían en sus terrazas y techos. Desde abajo, parecía que los jardines colgaban en el aire.

Los caldeos admiraban la cultura sumeria. Estudiaron su idioma y construyeron templos para los dioses sumerios.

Al mismo tiempo, Babilonia se transformó en un centro de la astronomía. Los caldeos hicieron mapas con las posiciones de las estrellas y registraron los sucesos económicos, políticos y climáticos. También crearon un calendario y resolvieron complejos problemas de geometría.

COMPRENSIÓN DE LA LECTURA **Ordenar** Haz una lista de los pueblos que gobernaron Mesopotamia en el orden correcto.

El ejército asirio
El ejército asirio era la fuerza de combate más poderosa que el mundo había visto hasta entonces. Era numeroso, estaba bien organizado y tenía armas de hierro, carros de guerra y gigantescas máquinas de guerra que se usaban para derrumbar las murallas de las ciudades.

¿Qué tipos de armas puedes ver en esta escultura?

Fenicia, *circa* 800 a.C.

OCÉANO ATLÁNTICO

ESPAÑA

Estrecho de Gibraltar

CORDILLERA DEL ATLAS

Los fenicios navegaban por todo el Mediterráneo, creando redes comerciales y fundando nuevas ciudades.

Los fenicios

En el extremo occidental de la Media Luna de las tierras fértiles, a lo largo del mar Mediterráneo, se hallaba una tierra conocida como Fenicia. No tenía un gran poderío militar y con frecuencia era gobernada por naciones extranjeras. Sin embargo, los fenicios crearon una próspera sociedad comercial.

La geografía de Fenicia

Hoy en día, la nación del Líbano ocupa la mayor parte de lo que solía ser Fenicia. Las montañas constituyen las fronteras en el norte y el este de la región. La frontera occidental es el mar Mediterráneo.

Fenicia tenía pocos recursos. Sin embargo, tenía cedros. Los cedros eran árboles muy apreciados por su madera, un artículo comercial muy valioso. Pero las rutas comerciales terrestres de Fenicia estaban bloqueadas por montañas y vecinos hostiles. Entonces, los fenicios debieron buscar una ruta comercial marítima.

La expansión del comercio

Los fenicios, motivados por el deseo de comerciar, se convirtieron en expertos marineros. Construyeron uno de los mejores puertos en la

ciudad de Tiros. Las flotas de los barcos comerciales fenicios navegaban a todos los puertos del mar Mediterráneo. Los comerciantes viajaban a Egipto, Grecia, Italia, Sicilia e Hispania (lo que hoy es España). Incluso cruzaron el estrecho de Gibraltar y llegaron hasta el océano Atlántico.

Los fenicios fundaron varias colonias nuevas a lo largo de sus rutas comerciales. Cartago, situada en la costa norte de África, era la más famosa. Más tarde se convirtió en una de las ciudades más poderosas del Mediterráneo.

Los fenicios se enriquecieron gracias a su comercio. Además de la madera, comerciaban platería, esculturas de marfil y esclavos. Cuando los artesanos inventaron el soplado del vidrio, es decir el arte de calentar y dar forma al vidrio, los hermosos artículos que fabricaban con esa técnica también se convirtieron en preciados productos comerciales. Además, los fenicios hacían tintura púrpura con un tipo de marisco. Luego, comerciaron telas teñidas con este color. La tela púrpura fenicia era muy apreciada por los ricos.

Sin embargo, el logro más importante de los fenicios no fue un artículo comercial. Para registrar sus actividades, los comerciantes

SU IMPORTANCIA **HOY**

Como durante muchos años se cortaron tantos cedros en los bosques del Líbano, hoy sólo quedan muy pocos de esos árboles.

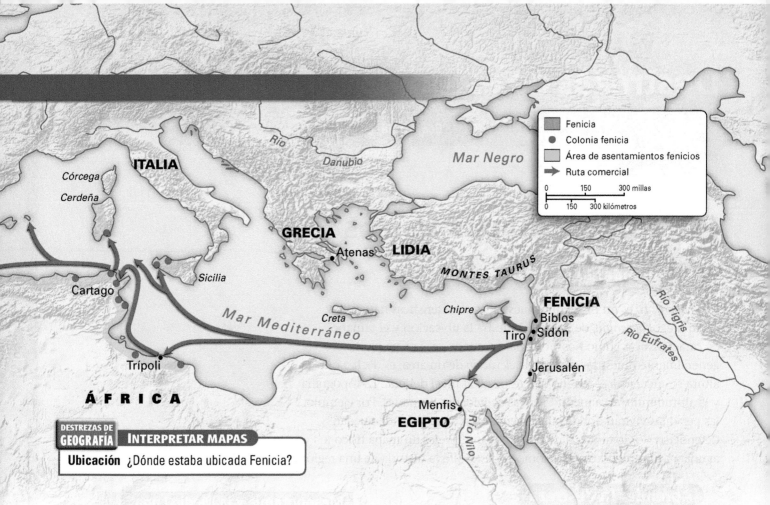

Fenicia
Colonia fenicia
Área de asentamientos fenicios
Ruta comercial

0   150   300 millas
0   150   300 kilómetros

ITALIA
Córcega
Cerdeña
Río Danubio
Mar Negro
GRECIA
Atenas
LIDIA
Cartago
Sicilia
MONTES TAURUS
Mar Mediterráneo
Creta
Chipre
FENICIA
Biblos
Tiro Sidón
Río Tigris
Río Eufrates
Trípoli
Jerusalén
ÁFRICA
Menfis
EGIPTO
Río Nilo

DESTREZAS DE GEOGRAFÍA INTERPRETAR MAPAS

Ubicación ¿Dónde estaba ubicada Fenicia?

fenicios desarrollaron uno de los primeros alfabetos del mundo. Un **alfabeto** es un conjunto de letras que pueden combinarse para formar palabras. Este invento facilitó mucho la escritura. Tuvo una importancia fundamental en el mundo antiguo y el mundo actual. De hecho, el alfabeto que se usa para los idiomas inglés y español está basado en el de los fenicios, con las modificaciones introducidas por las civilizaciones posteriores. Todas estas civilizaciones, incluso la nuestra, se beneficiaron con las innovaciones que nos dejaron los comerciantes fenicios.

COMPRENSIÓN DE LA LECTURA Identificar las ideas principales ¿Cuáles fueron los principales logros de los fenicios?

RESUMEN Y PRESENTACIÓN Después de los sumerios, en la Media Luna de las tierras fértiles gobernaron muchos pueblos distintos. Algunos hicieron importantes contribuciones que todavía se valoran hoy en día. En el siguiente capítulo, aprenderás sobre dos grandes civilizaciones que se desarrollaron a orillas del río Nilo.

Sección 4 Evaluación

hmhsocialstudies.com
Cuestionario en Internet

Repasar ideas, palabras y personas
1. **a. Identificar** ¿Dónde se encontraba Babilonia?
   b. Analizar ¿Qué revela el **Código de Hammurabi** sobre la sociedad de Babilonia?
2. **a. Describir** ¿Cuáles eran las dos ventajas que los soldados hititas tenían con respecto a sus oponentes?
   b. Ordenar ¿Qué imperio tratado en esta sección crees que contribuyó más a nuestra sociedad actual? ¿Por qué?
3. **a. Identificar** ¿Por cuál de sus artículos comerciales eran conocidos los fenicios? ¿Por qué más eran conocidos?
   b. Analizar ¿Cómo se enriqueció Fenicia?

Pensamiento crítico
4. **Crear categorías** Usa el diagrama donde tomaste notas con los nombres de los imperios. Enumera, al menos, un logro o avance de cada uno de los imperios que allí mencionaste.

Imperios de la Media Luna de las tierras fértiles

ENFOQUE EN LA REDACCIÓN
5. **Reunir información sobre los pueblos posteriores** Después de los sumerios, varios pueblos distintos contribuyeron a la civilización en la Media Luna de las tierras fértiles. ¿A cuáles mencionarías en tu cartel? ¿Qué dirías sobre ellos?

Destrezas de estudios sociales

Análisis   Pensamiento crítico   Economía   Estudio

Interpretar mapas físicos

Comprender la destreza

Un *mapa físico* es un mapa que muestra las características naturales y el paisaje, o *topografía*, de un área. Muestra la ubicación y el tamaño de características como ríos y cadenas montañosas. Los mapas físicos generalmente muestran también la *elevación* de un área, es decir a qué altura se encuentra el terreno con respecto al nivel del mar. La topografía y la altitud influyen a menudo en las actividades humanas. Por ejemplo, las personas vivirán donde puedan encontrar agua y donde puedan defenderse. Por lo tanto, la capacidad de interpretar un mapa físico te ayudará a comprender mejor cómo se desarrolló la historia de una región.

Aprender la destreza

Sigue los siguientes pasos para interpretar un mapa físico.

1 Lee el título del mapa, la escala de distancias y las referencias. Éstas te brindarán información básica sobre el contenido del mapa.

2 Observa los colores que se usaron para representar la elevación. Usa las referencias para conectar los colores del mapa con la elevación de los lugares específicos.

3 Observa las formas de las características, como la altura de una cadena de montañas, la distancia que recorre y la longitud de un río. Observa la relación que tiene una característica con las demás.

4 Usa la información del mapa para sacar conclusiones acerca del efecto de la topografía de la región sobre los asentamientos y las actividades económicas.

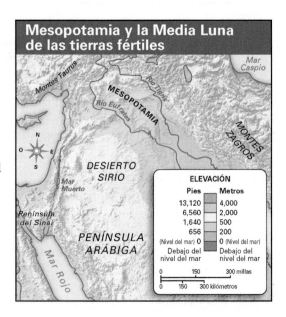

Mesopotamia y la Media Luna de las tierras fértiles

Practicar y aplicar la destreza

Usa las sugerencias para responder a estas preguntas sobre el mapa anterior.

1. ¿Cuál es la elevación de la mitad oeste de la península Arábiga?

2. Describe la topografía de Mesopotamia. ¿Por qué los asentamientos se produjeron allí antes que en otros lugares del mapa?

3. ¿Qué característica puede haber impedido las invasiones a Mesopotamia?

Repaso del capítulo

El impacto de la historia
▶ **videos**
Consulta el video para responder la pregunta de enfoque:

¿En qué se parecen y en qué se diferencian las leyes de Hammurabi y las leyes estadounidenses?

Resumen visual

Usa el siguiente resumen visual para repasar las ideas principales del capítulo.

DATOS BREVES

Los primeros mesopotámicos desarrollaron la irrigación para producir alimentos.

La producción de alimentos en Mesopotamia llevó al nacimiento de la primera civilización del mundo.

Entre los adelantos sumerios se encontraban los zigurats, la rueda y el primer sistema de escritura.

Los pueblos posteriores desarrollaron las primeras leyes escritas y los primeros imperios.

Repasar vocabulario, palabras y personas

En una hoja de papel, completa las siguientes oraciones con la palabra correcta.

1. Los agricultores de Mesopotamia construyeron _____ para irrigar sus campos.

2. Mientras los habitantes de las ciudades eran urbanos, los agricultores vivían en áreas _____.

3. El pueblo de Sumeria practicaba el _____, la adoración de muchos dioses.

4. En lugar de usar pictogramas, los sumerios desarrollaron un tipo de escritura llamado _____.

5. Los _____ arrastrados por caballos fueron una ventaja para los hititas durante las batallas.

6. El rey de Babilonia _____ es famoso por su código de leyes.

7. Otra palabra para efecto es _____.

8. La sociedad sumeria estaba organizada en _____ _____, que consistían en una ciudad y los terrenos que la rodeaban.

Comprensión y pensamiento crítico

SECCIÓN 1 *(Páginas 54–57)*

9. **a. Describir** ¿Dónde estaba ubicada Mesopotamia y qué significa su nombre?

b. Analizar ¿Cómo fue que los sistemas de irrigación de Mesopotamia posibilitaron el desarrollo de la civilización?

c. Profundizar ¿Crees que es necesaria una división del trabajo para que una civilización se desarrolle? ¿Por qué?

SECCIÓN 2 *(Páginas 60–64)*

10. **a. Identificar** ¿Quién creó el primer imperio del mundo y qué incluía?

b. Analizar ¿Cómo estaba organizada la antigua sociedad sumeria con respecto a la política? ¿Cómo afectaba esa organización a la sociedad?

c. Profundizar ¿Por qué los sumerios consideraban que era responsabilidad de todos mantener contentos a los dioses?

11. a. Identificar ¿Cómo se llamaba el sistema de escritura sumerio y por qué es tan importante?

b. Comparar y contrastar ¿De qué dos maneras se parecía la sociedad sumeria a nuestra sociedad actual? ¿De qué dos maneras se diferenciaba?

c. Evaluar Además de la escritura y la rueda ¿qué invención sumeria crees que es más importante? ¿Por qué?

SECCIÓN 4 *(Páginas 72–77)*

12. a. Describir ¿Cuáles fueron dos adelantos importantes de los fenicios?

b. Sacar conclusiones ¿Por qué crees que varios pueblos se unieron para luchar contra los asirios?

c. Evaluar ¿En qué función crees que Hammurabi era más eficiente: como gobernante o como líder militar? ¿Por qué?

Repasar los temas

13. Ciencia y tecnología ¿Cuál de los logros tecnológicos de los antiguos sumerios crees que ha tenido mayor influencia en la historia? ¿Por qué?

14. Política ¿Por qué crees que Hammurabi ha sido tan reconocido por su código legal?

Destrezas de lectura

Identificar las ideas principales *Para cada fragmento, elige la letra que corresponde a la oración de la idea principal.*

15. (A) Los sumerios creían que sus dioses tenían enormes poderes. (B) Los dioses podían enviarles una buena cosecha o una inundación desastrosa. (C) Podían provocar enfermedades o dar buena salud y riquezas.

16. (A) La rueda no fue el único gran invento de los sumerios. (B) Inventaron el primer sistema de escritura: el cuneiforme. (C) Sin embargo, los sumerios no tenían lápices, ni plumas ni papel. (D) En cambio, usaban cañas filosas para imprimir símbolos en forma de cuña en unas tablillas de arcilla.

Usar Internet

17. Actividad: Observar la escritura Los sumerios lograron uno de los adelantos culturales más grandes de la historia al inventar la escritura cuneiforme, que fue el primer sistema de escritura del mundo. En tu libro de texto en Internet, investiga la evolución del lenguaje y sus formas escritas. Observa uno de los métodos más modernos de escritura: los mensajes de texto. Luego escribe un párrafo explicando cómo y por qué se desarrolló la escritura y por qué era importante. Usa las abreviaturas, las palabras y los símbolos de los mensajes de texto.

Destrezas de estudios sociales

Usar mapas físicos *¿Podrías usar un mapa físico para responder a las siguientes preguntas? Para cada pregunta, contesta sí o no.*

18. ¿Hay montañas o colinas en una región determinada?

19. ¿Qué idiomas hablan las personas en esa región?

20. ¿Cuántas personas viven en la región?

21. ¿Qué tipos de características hidrográficas, como ríos o lagos, podrías encontrar allí?

ENFOQUE EN LA REDACCIÓN

22. Escribir tu carta Usa las notas que has tomado para crear un plan para tu carta. Puedes comenzar con un esquema que tenga dos o tres puntos principales. Por ejemplo, uno de los puntos principales podría tratar de la tierra de Mesopotamia. Otro podría tratar de los logros de los sumerios.

Después que tengas un buen plan en mente, comienza a escribir tu carta. A medida que escribas, piensa en el joven estudiante que va a leerla. ¿Qué palabras podrá entender? ¿Cómo lograrás capturar y mantener su interés? Si piensas que un mapa o un diagrama sería útil para el estudiante, crea uno y añádelo a tu carta.

Práctica para el examen estandarizado

INSTRUCCIONES: *Lee las preguntas y escribe la letra de la respuesta correcta.*

1 Usa el mapa para responder a la siguiente pregunta.

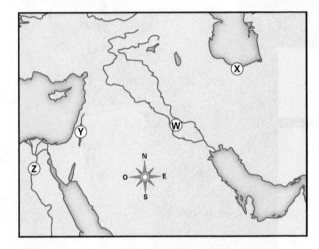

La región conocida como Mesopotamia está indicada en el mapa con la letra

A W.

B X.

C Y.

D Z.

2 Todas las siguientes civilizaciones antiguas se desarrollaron en Mesopotamia *excepto* los

A acadios.

B babilonios.

C egipcios.

D sumerios.

3 ¿Cuál de las siguientes opciones *no* es verdadera con respecto al primer sistema de escritura?

A El sistema fue desarrollado por los babilonios.

B El sistema se inició con el uso de dibujos para representar sílabas y objetos.

C El sistema se registraba sobre tablillas hechas de arcilla.

D El sistema se usó inicialmente para llevar registros comerciales.

4 En la sociedad sumeria, la clase o posición social de las personas dependía de su riqueza y de su

A aspecto.

B religión.

C ubicación.

D trabajo.

5 El Código de Hammurabi es importante en la historia mundial porque fue

A el primer sistema de escritura que podía usarse para registrar sucesos importantes.

B la primera lista escrita de leyes que controlaban la vida diaria y el comportamiento de las personas.

C el primer sistema de registros que permitió que los fenicios se convirtieran en grandes comerciantes.

D el primer conjunto de símbolos que permitió a los sumerios comunicarse con otros pueblos.

6 ¿Cuál fue la contribución más importante de los fenicios a nuestra civilización?

A la tintura púrpura

B su alfabeto

C la fundación de Cartago

D los barcos a vela

Conexión con lo aprendido anteriormente

7 En el capítulo anterior, aprendiste sobre la agricultura en Mesopotamia. ¿En qué periodo de la prehistoria se practicó la agricultura por primera vez?

A Megalítico

B Mesolítico

C Paleolítico

D Neolítico

El antiguo Egipto y Kush

Pregunta esencial ¿De qué manera el río Nilo contribuyó al éxito de la civilización de Egipto?

Lo que aprenderás...

En este capítulo, aprenderás sobre dos grandes civilizaciones que se desrrollaron a orillas del río Nilo: Egipto y Kush.

ENFOQUE EN LA REDACCIÓN

Un acertijo En este capítulo, leerás sobre las fascinantes civilizaciones del antiguo Egipto y Kush. En la antigüedad, la leyenda contaba que una esfinge, una criatura imaginaria como la que tiene una escultura en Egipto, pedía la respuesta a un acertijo. Aquéllos que no respondían correctamente el acertijo, morían. Después de leer este capítulo, deberás escribir dos acertijos. La respuesta a uno de tus acertijos deberá ser "Egipto". La respuesta al otro acertijo será "Kush".

SUCESOS EN EL CAPÍTULO

SUCESOS EN EL MUNDO

circa **4500 a.C.**
Se desarrollan comunidades agrícolas en Egipto.

4000 a.C.

Esta foto muestra un antiguo templo de Ramsés II, uno de los gobernantes más poderosos de Egipto.

circa 3100 a.C.
Menes une el Alto y el Bajo Egipto y establece la primera dinastía.

circa 2300 a.C.
El reino de Kush establece su capital en Kerma.

circa 1237 a.C.
Muere Ramsés el Grande.

circa 730–700 a.C.
Kush conquista Egipto y establece la vigésimo quinta dinastía.

circa 350 d.C.
Aksum destruye Meroë.

3000 a.C.   **2000 a.C.**   **1000 a.C.**   **400 d.C.**

circa 3500 a.C.
Los sumerios crean el primer sistema de escritura del mundo.

circa 1200 a.C.
Los olmecas forman la primera civilización urbana de las Américas.

circa 1027 a.C.
Comienza la dinastía Zhou en China.

circa 500 a.C.
Comienza a desarrollarse el budismo en la India.

330 d.C.
Constantinopla se transforma en la capital del Imperio romano.

EL ANTIGUO EGIPTO Y KUSH   **83**

Lectura en estudios sociales

Economía | Geografía | Política | Religión | Sociedad y cultura | Ciencia y tecnología

Enfoque en los temas A medida que leas este capítulo, aprenderás sobre los antiguos reinos de Egipto y de Kush. Verás que la **geografía** de las áreas contribuyó al desarrollo de estos reinos. También aprenderás cómo Egipto conquistó y gobernó Kush y luego, cómo Kush conquistó y gobernó Egipto. Aprenderás cómo se fortalecieron las **economías** de estos reinos, basadas en el comercio. Finalmente, aprenderás sobre la importancia de la **religión** en estas dos sociedades antiguas.

Causas y efectos en la historia

Enfoque en la lectura ¿Alguna vez has oído el dicho "Tenemos que comprender el pasado para no repetirlo"? Ésa es una de las razones por las que buscamos causas y efectos en la historia.

Identificar causas y efectos Una **causa** es algo que hace que otra cosa suceda. Un **efecto** es el resultado de algo que ha sucedido. La mayoría de los sucesos históricos tienen varias causas, así como también varios efectos. Entenderás mejor la historia si buscas las causas y los efectos de los sucesos.

1. *Como los egipcios habían conquistado y destruido la ciudad de Kerma, los reyes de Kush gobernaron desde la ciudad de Napata.* (pág. 109)

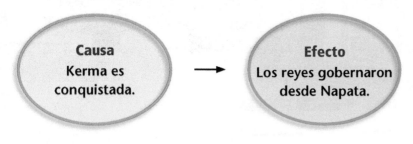

Causa
Kerma es conquistada.

→

Efecto
Los reyes gobernaron desde Napata.

A veces, los autores usan palabras que indican una causa o un efecto. Por ejemplo:

Causa: *razón, base, porque, causó, como*

Efecto: *por lo tanto, como resultado, por esa razón, así que*

2. *Piankhi luchó contra los egipcios porque creía que los dioses querían que él gobernara todo Egipto.* (pág. 110)

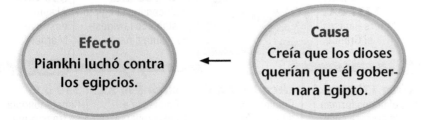

Efecto
Piankhi luchó contra los egipcios.

←

Causa
Creía que los dioses querían que él gobernara Egipto.

¡Inténtalo!

Los siguientes fragmentos pertenecen al capítulo que vas a leer. A medida que los leas, identifica qué frase u oración describe una causa y cuál describe un efecto.

Encontrar causas y efectos

1. "A mediados del siglo XI a.C., el Reino Nuevo de Egipto estaba llegando a su fin. A medida que el poder de los faraones de Egipto decaía, los líderes kushitas recuperaron el control de Kush. Kush volvió a ser independiente". (pág. 109)

2. "Una serie de faraones ineptos habían dejado a Egipto en condiciones de ser atacado". (pág.109)

3. "Las armas de hierro de los asirios eran mejores que las armas de bronce de los kushitas. Aunque los kushitas eran hábiles arqueros, no pudieron detener a los invasores". (pág. 111)

4. "Como era fácil conseguir mineral de hierro y madera para los hornos, la industria del hierro creció rápidamente". (pág. 111)

Después de leer las oraciones, responde a las siguientes preguntas.

1. En la selección 1, la frase "Kush volvió a ser independiente", ¿es la causa o el efecto de que los egipcios se fueran haciendo más débiles?

2. En la selección 2, ¿qué es lo que dejó a Egipto en condiciones de ser atacado? ¿Esa fue la causa o el efecto de que Egipto fuera atacado fácilmente?

3. En la selección 3, ¿quiénes usaban armas de hierro: los asirios o los kushitas? ¿Cuál fue el efecto de usar esas armas?

4. En la selección 4, ¿qué indica la palabra *como*: una causa o un efecto?

> **A medida que lees el Capítulo 4,** busca palabras que indiquen causas o efectos. Haz una tabla para anotar estas causas y efectos.

La geografía y el antiguo Egipto

Lo que aprenderás…

Ideas principales

1. A Egipto lo llamaban "el regalo del Nilo" porque el río Nilo permitía que hubiera vida en el desierto.
2. La civilización surgió porque los habitantes empezaron a cultivar las tierras a lo largo del Nilo.
3. Poderosos reyes unificaron todo Egipto.

La idea clave

El agua, los suelos fértiles y la protección que ofrecía el valle del Nilo permitieron que se desarrollara una gran civilización en Egipto alrededor del año 3200 a.C.

Personas y palabras clave

rápidos, *pág. 87*
delta, *pág. 87*
Menes, *pág. 89*
faraón, *pág. 89*
dinastía, *pág. 89*

hmhsocialstudies.com
TOMAR NOTAS

Usa el organizador gráfico en Internet para tomar notas sobre las características del río Nilo y sobre cómo afectaba a Egipto.

Si ESTUVIERAS allí…

Tu familia cultiva tierras en el valle del Nilo. Cada año, cuando el río se desborda y sus aguas traen tierra fértil, ayudas a tu padre a plantar cebada. Cuando no estás en el campo, hilas el lino que cultivaste. A veces, vas con tus amigos a cazar pájaros a los altos pastizales a la orilla del río.

¿Por qué te gusta vivir en el valle del Nilo?

CONOCER EL CONTEXTO La Mesopotamia no fue el único lugar donde se desarrolló una civilización avanzada a orillas de un gran río. El angosto valle del río Nilo, en Egipto, también producía tierras fértiles que llevaron a los pueblos a vivir allí. La cultura que se desarrolló en Egipto fue más estable y duradera que las de Mesopotamia.

El regalo del Nilo

La geografía tuvo un papel clave en el desarrollo de la civilización egipcia. El río Nilo dio vida a Egipto. El río era tan importante para los pueblos de esta región que un historiador griego llamado Herodoto llamó a Egipto "el regalo del Nilo".

Ubicación y características físicas

El Nilo es el río más largo del mundo. Nace en África central y fluye hacia el norte hasta el mar Mediterráneo, cubriendo una distancia de más de 4,000 millas. La civilización egipcia se desarrolló a lo largo de un tramo de 750 millas junto al Nilo, en el norte de África.

El antiguo Egipto comprendía dos regiones, una al sur y otra al norte. La región sur se llamaba Alto Egipto. Se llamaba así porque estaba ubicada río arriba con respecto a la corriente del Nilo. El Bajo Egipto, la región norte, estaba ubicado río abajo. El Nilo dividía el desierto del Alto Egipto. Allí, creaba un valle fluvial fértil de unas 13 millas de ancho. A ambos lados del Nilo se extendían cientos de millas de desierto desolado.

Como puedes ver en el mapa de la derecha, el Nilo corría a través de terrenos rocosos y montañosos al sur de Egipto. En varios lugares, estos terrenos hacían que se formaran **rápidos**, o fuertes corrientes. El primer rápido, a 720 millas al sur del Mediterráneo, marcaba la frontera sur del Alto Egipto. Más hacia al sur había otros cinco rápidos. Estos rápidos dificultaban mucho la navegación en esa parte del Nilo.

En el Bajo Egipto, el Nilo se ramificaba y se abría hasta llegar al mar Mediterráneo. Estas ramas formaban un **delta**, es decir, una zona de tierra de forma triangular creada a partir de los sedimentos que deposita un río. En la antigüedad, gran parte del delta del Nilo estaba cubierta por pantanos y ciénagas. Unos dos tercios de las tierras de cultivo fértiles de Egipto estaban ubicados en el delta del Nilo.

Los desbordamientos del Nilo

Como recibía tan pocas lluvias, la mayor parte de Egipto era desértica. Sin embargo, cada año, las lluvias que caían al sur de Egipto en las zonas montañosas de África Oriental hacían que el Nilo se desbordara. Los desbordamientos del Nilo eran más fáciles de predecir que los de los ríos Tigris y Éufrates en Mesopotamia. Casi todos los años, a mediados del verano el Nilo inundaba el Alto Egipto y en otoño el Bajo Egipto, y cubría las tierras cercanas con un rico cieno.

El cieno del Nilo hacía que el suelo fuera ideal para el cultivo. El cieno también daba a la tierra un color oscuro. Por eso los egipcios llamaban a su país "la tierra negra". Al desierto seco y sin vida que se extendía más allá del río lo llamaban "la tierra roja".

Todos los años, los egipcios aguardaban ansiosos el desbordamiento del Nilo. Para ellos, los desbordamientos del río eran un milagro de vida. Sin los desbordamientos, los pueblos nunca habrían podido asentarse en Egipto.

COMPRENSIÓN DE LA LECTURA **Resumir**
¿Por qué Egipto era conocido como el regalo del Nilo?

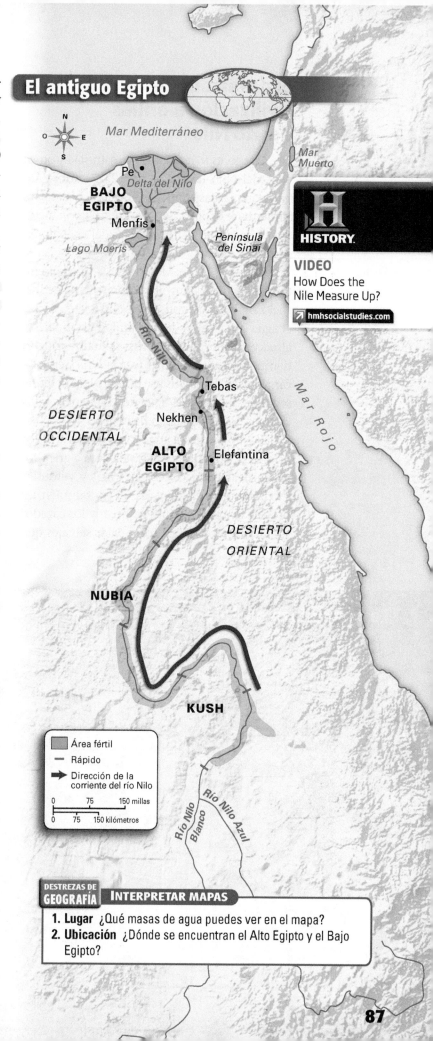

El antiguo Egipto

VIDEO
How Does the Nile Measure Up?

hmhsocialstudies.com

- Área fértil
- Rápido
- Dirección de la corriente del río Nilo

0 75 150 millas
0 75 150 kilómetros

DESTREZAS DE GEOGRAFÍA **INTERPRETAR MAPAS**

1. **Lugar** ¿Qué masas de agua puedes ver en el mapa?
2. **Ubicación** ¿Dónde se encuentran el Alto Egipto y el Bajo Egipto?

El desarrollo de la civilización a orillas del río Nilo

Los cazadores y recolectores se trasladaron al valle del Nilo hace más de 12,000 años. Allí hallaron plantas, animales salvajes y peces para alimentarse. Con el tiempo, aprendieron a cultivar y se establecieron a orillas del río Nilo en pequeñas aldeas.

Al igual que en Mesopotamia, los agricultores de Egipto desarrollaron un sistema de irrigación. Construyeron cuencas para recolectar el agua durante los desbordamientos anuales y almacenar este valioso recurso durante mucho tiempo. También construyeron una serie de canales que podían usarse durante los meses de sequía para dirigir el agua de las cuencas a los campos que necesitaban riego.

El Nilo brindaba abundante alimento a los primeros agricultores egipcios. Los agricultores cultivaban trigo, cebada, frutas y verduras, y criaban ganado y ovejas. El río también les proveía de muchos tipos de peces y los cazadores atrapaban a los gansos y patos salvajes que vivían en las orillas. Al igual que los mesopotámicos, los egipcios tenían una dieta variada.

Además de la provisión estable de alimentos, el valle del Nilo ofrecía otra valiosa ventaja: tenía barreras naturales que hacían que Egipto fuera difícil de invadir. El desierto al oeste era demasiado grande e inclemente como para cruzarlo. Al norte, el mar Mediterráneo mantenía alejados a muchos enemigos. El mar Rojo también brindaba protección contra los invasores. Los rápidos del Nilo hacían que fuera difícil ingresar navegando desde el sur.

Al estar protegidas de los invasores, las aldeas de Egipto crecieron. Los agricultores más ricos se convirtieron en los líderes de las aldeas y los líderes más fuertes obtuvieron el control de varias aldeas. Para el año 3200 a.C., las aldeas se habían unido y habían formado dos reinos. Uno se llamaba Bajo Egipto y el otro, Alto Egipto.

COMPRENSIÓN DE LA LECTURA **Resumir** ¿Qué cosas atrajeron a los primeros pobladores al valle del Nilo?

La agricultura en Egipto

Los agricultores del antiguo Egipto aprendieron a cultivar trigo y cebada. En esta pintura funeraria se muestra a un par de agricultores cosechando sus cultivos (izquierda). Los agricultores egipcios siguen aprovechando las tierras fértiles a lo largo del río Nilo para cultivar sus alimentos (arriba).

Los reyes unifican Egipto

El rey del Bajo Egipto gobernaba desde una ciudad llamada Pe. Usaba una corona roja como símbolo de su autoridad. Nekhen era la capital del Alto Egipto. En este reino, el rey usaba una corona blanca con forma de cono.

Alrededor del año 3100 a.C., un líder llamado **Menes** subió al poder en el Alto Egipto. Menes quería completar lo que había comenzado un rey anterior llamado Escorpión. Quería unificar el Alto y el Bajo Egipto.

Los ejércitos de Menes invadieron y tomaron control del Bajo Egipto. Entonces Menes unió los dos reinos. Se casó con una princesa del Bajo Egipto para fortalecer su control sobre el país unificado. Como gobernante de Egipto, Menes usaba tanto la corona blanca del Alto Egipto como la corona roja del Bajo Egipto. Era un símbolo de su poder sobre los dos reinos. Más tarde combinaría las dos coronas para crear una corona doble.

Los historiadores consideran a Menes el primer **faraón**, el título que usaban los gobernantes de Egipto. El título *faraón* significa "gran casa". En Egipto, Menes también fundó la primera dinastía. Una **dinastía** es una serie de gobernantes pertenecientes a una misma familia.

Menes construyó una nueva capital en el extremo sur del delta del Nilo. Luego esta ciudad se llamó Menfis. Durante siglos, Menfis fue el centro político y cultural de Egipto. Allí se encontraban muchos edificios del gobierno y la ciudad tenía una intensa actividad artística.

La primera dinastía duró unos 200 años. Los faraones que sucedieron a Menes también usaban la doble corona para simbolizar su poder sobre el Alto y el Bajo Egipto. Expandieron el territorio egipcio hacia el sur a lo largo del Nilo y hacia el suroeste asiático. Con el tiempo, sin embargo, surgieron rivales que desafiaron el poder de la primera dinastía. Estos rivales tomaron el poder y establecieron la segunda dinastía.

COMPRENSIÓN DE LA LECTURA **Hacer inferencias** ¿Por qué crees que Menes quería gobernar ambos reinos de Egipto?

RESUMEN Y PRESENTACIÓN La civilización del antiguo Egipto nació en el valle fértil y protegido del río Nilo. Allí se formaron dos reinos que más tarde fueron unificados bajo un solo gobernante. En la siguiente sección, aprenderás cómo Egipto creció y cambió bajo sucesivos gobernantes durante un período conocido como el Reino Antiguo.

Sección 1 Evaluación

hmhsocialstudies.com
Cuestionario en Internet

Repasar ideas, palabras y personas

1. **a. Recordar** ¿Cuáles eran las dos regiones que formaban el antiguo Egipto?
   b. Inferir ¿Por qué el delta del Nilo era un buen lugar para asentarse?
   c. Hacer predicciones ¿Cómo pueden haber favorecido y perjudicado a Egipto los **rápidos** del Nilo?
2. **a. Describir** ¿De qué se alimentaban los egipcios?
   b. Analizar ¿Qué papel cumplía el Nilo en el suministro de alimentos a los egipcios?
   c. Profundizar ¿En qué ayudó al antiguo Egipto el desierto a ambos lados del Nilo?
3. **a. Identificar** ¿Quién fue el primer **faraón** de Egipto?
   b. Sacar conclusiones ¿Por qué los faraones de la primera dinastía usaban una doble corona?

Pensamiento crítico

4. **Comparar y contrastar** Usa tus notas sobre el río Nilo para completar un diagrama de Venn como el siguiente. Anota allí las diferencias y las semejanzas entre el río Nilo de Egipto y los ríos Tigris y Éufrates en Mesopotamia.

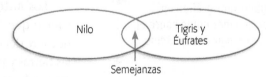

Nilo   Tigris y Éufrates

Semejanzas

ENFOQUE EN LA REDACCIÓN

5. **Pensar en la geografía y la historia antigua** En esta sección, leíste sobre la geografía y la historia antigua de Egipto. ¿Qué datos podrías incluir en tu acertijo sobre la geografía y los hechos históricos que sirvan de pistas para descubrir la respuesta?

El Reino Antiguo

Si ESTUVIERAS allí…

Eres un pequeño agricultor del antiguo Egipto. Para ti, el faraón es un dios, un descendiente del dios del Sol, Ra. Dependes de su fuerza y su sabiduría. Durante una parte del año, estás ocupado cultivando tus campos. Pero en otros momentos del año, trabajas para el faraón. Ahora estás ayudando a construir una gran tumba donde será enterrado el faraón, junto a muchas de sus pertenencias, cuando muera.

¿Qué te parece trabajar para el faraón?

CONOCER EL CONTEXTO Al igual que en otras culturas antiguas, la sociedad egipcia se basaba en un estricto orden de clases sociales. Egipto era gobernado por un pequeño grupo de gente de la realeza, nobles y sacerdotes. Ellos dependían del resto de la población para la producción de alimentos, el trabajo y la mano de obra. Pocas personas cuestionaban esta organización social.

La antigua sociedad egipcia

Las primera y segunda dinastías gobernaron Egipto durante unos cuatro siglos. Alrededor del año 2700 a.C. la tercera dinastía asumió el poder. Con ella comenzó el **Reino Antiguo**, un período de la historia egipcia que duró aproximadamente desde el año 2700 a.C. hasta el año 2200 a.C.

El gobierno de los faraones

Durante el Reino Antiguo, los egipcios continuaron desarrollando su sistema político. Este sistema se basaba en la creencia de que el faraón era rey y dios a la vez.

Los antiguos egipcios creían que Egipto pertenecía a los dioses. Creían que el faraón había venido a la Tierra para gobernar Egipto en nombre del resto de los dioses. Por eso tenía poder absoluto sobre todas las tierras y personas en Egipto. Pero el estatus del faraón de ser un dios implicaba muchas responsabilidades. El pueblo culpaba al faraón si los cultivos no crecían bien o si surgía una epidemia. También le exigía que el comercio produjera ganancias y que no hubiera guerras.

Durante el Reino Antiguo, las obligaciones de los faraones aumentaron. Entonces los faraones contrataron funcionarios para que los ayudaran a cumplir con esas obligaciones. La mayoría de los funcionarios del gobierno pertenecían a la familia del faraón.

El faraón más famoso del Reino Antiguo fue **Keops** (o Khufu), que gobernó en el siglo XXVI a.C. Las leyendas egipcias dicen que Keops era cruel, pero los registros históricos revelan que las personas que trabajaban para él estaban bien alimentadas. Keops es más conocido por los monumentos que le construyeron.

La estructura social

Hacia el año 2200 a.C., Egipto tenía una población de aproximadamente 2 millones de personas. En la cima de la sociedad egipcia estaba el faraón. Le seguía la clase alta, compuesta por sacerdotes e importantes dirigentes del gobierno. Muchos de estos sacerdotes y dirigentes eran **nobles**, que eran personas de familias ricas y poderosas.

Debajo de los nobles había una clase media, compuesta por los funcionarios menos importantes del gobierno, los escribas, los artesanos y los mercaderes. La clase baja de Egipto, que comprendía aproximadamente el 80 por ciento de la población, estaba formada en su mayoría por agricultores. Durante la época de inundaciones, cuando no podían trabajar en los campos, los agricultores trabajaban en los proyectos de construcción del faraón. Por debajo de los agricultores en la escala social estaban los sirvientes y los esclavos.

Egipto y sus vecinos

Aunque estaba bien protegido por su geografía, Egipto no estaba aislado. Durante siglos, había recibido la influencia de otras culturas. Por ejemplo, en el arte egipcio se encuentran diseños sumerios. La cerámica egipcia también refleja estilos de Nubia, una región al sur de Egipto.

Durante el Reino Antiguo, Egipto comenzó a comerciar con sus vecinos. Los comerciantes volvían de Nubia con oro, marfil, esclavos y piedras. También viajaban a Punt, una región a orillas del mar Rojo, para **adquirir** incienso y mirra. Estos dos artículos se usaban para hacer perfumes y medicinas. El comercio con Siria le proporcionaba madera a Egipto.

VOCABULARIO ACADÉMICO

adquirir obtener

COMPRENSIÓN DE LA LECTURA **Generalizar**
¿Cómo era la estructura social del Reino Antiguo?

La sociedad egipcia

El faraón
El faraón gobernaba Egipto como un dios.

Los nobles
Los funcionarios y sacerdotes colaboraban con la administración del gobierno y los templos.

Los escribas y los artesanos
Los escribas escribían y los artesanos producían bienes.

Los agricultores, los sirvientes y los esclavos
La mayoría de los egipcios eran agricultores. Por debajo de los agricultores en la escala social estaban los sirvientes y los esclavos.

DESTREZA DE ANÁLISIS **ANALIZAR RECURSOS VISUALES**
¿Qué grupo ayudaba a administrar el gobierno y los templos?

Osiris, dios del mundo subterráneo, esperaba para juzgar el alma de los muertos.

El dios Anubis ponía el corazón de la persona de un lado de la balanza y la pluma de la verdad del otro. Si pesaban lo mismo, la persona podía entrar en el mundo subterráneo.

La religión y la vida egipcia

Los antiguos egipcios tenían fuertes creencias religiosas. Adorar a los dioses era parte de la vida diaria en Egipto. Muchas costumbres religiosas egipcias estaban relacionadas con lo que pasaba después de la muerte.

Los dioses de Egipto

Al igual que los mesopotámicos, los egipcios practicaban el politeísmo. Antes de la primera dinastía, cada aldea adoraba a sus propios dioses. Sin embargo, durante el Reino Antiguo, los dirigentes egipcios intentaron dar algún tipo de estructura a las creencias religiosas. Se esperaba que todos adoraran a los mismos dioses, aunque las maneras de adorarlos podían ser diferentes en cada región de Egipto.

Los egipcios construyeron templos para los dioses en todo el reino. Los templos recibían tributos tanto del gobierno como de los adoradores. Estos tributos hicieron que los templos fueran cada vez más influyentes.

Con el tiempo, ciertas ciudades se convirtieron en centros de adoración de ciertos dioses. En la ciudad de Menfis, por ejemplo, la gente oraba a Ptah, el creador del mundo.

Los egipcios tenían dioses para casi todo, como el sol, el cielo y la tierra. Muchos dioses eran una mezcla de humanos y animales. Por ejemplo, Anubis, el dios de los muertos, tenía cuerpo de humano pero cabeza de chacal. Algunos de los dioses más importantes eran

- Ra, o Amon-Ra, dios del sol
- Osiris, dios del mundo subterráneo
- Isis, diosa de la magia, y
- Horus, un dios celestial, dios de los faraones

El énfasis en la otra vida

Gran parte de la religión egipcia se concentraba en **la otra vida**, o la vida después de la muerte. Los egipcios creían que la otra vida era un lugar feliz. Las pinturas de las tumbas egipcias muestran la otra vida como un lugar ideal donde todas las personas son jóvenes y sanas.

La creencia egipcia en la otra vida provenía de su idea del *ka*, la fuerza vital de una persona. Cuando alguien moría, su *ka* abandonaba el cuerpo y se convertía en un espíritu. Sin

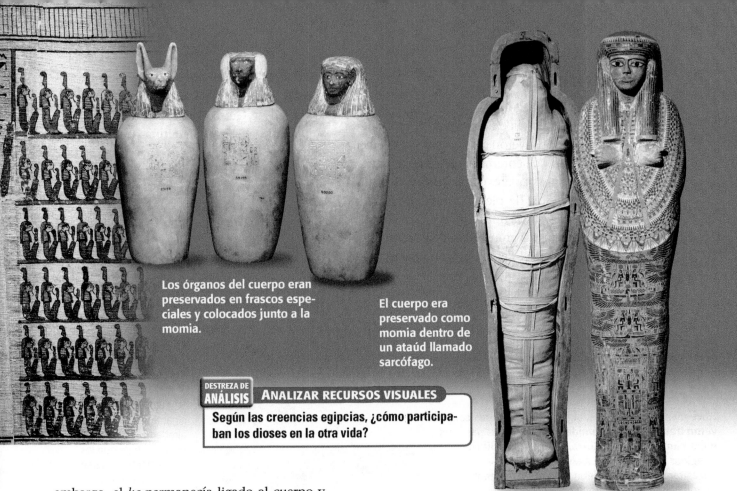

Los órganos del cuerpo eran preservados en frascos especiales y colocados junto a la momia.

El cuerpo era preservado como momia dentro de un ataúd llamado sarcófago.

DESTREZA DE ANÁLISIS **ANALIZAR RECURSOS VISUALES**

Según las creencias egipcias, ¿cómo participaban los dioses en la otra vida?

embargo, el *ka* permanecía ligado al cuerpo y no podía abandonar su tumba. Tenía las mismas necesidades que tenía la persona cuando vivía.

Para satisfacer las necesidades del *ka*, las personas llenaban las tumbas con objetos para la otra vida, como muebles, vestimentas, herramientas, joyas y armas. Los parientes de los muertos debían llevar comida y bebida a las tumbas de sus seres queridos para que el *ka* no tuviera hambre ni sed.

Prácticas funerarias

Las ideas que los egipcios tenían acerca de la otra vida influían sobre sus prácticas funerarias. Los egipcios creían que el cuerpo debía ser preparado para la otra vida antes de ser sepultado. Esto significaba que el cuerpo debía ser preservado. Si el cuerpo se descomponía, su espíritu no podía reconocerlo. Esto rompería el vínculo entre el cuerpo y el espíritu. Si eso sucedía, el *ka* no podría recibir la comida y la bebida que necesitaba para disfrutar de la otra vida.

Para que el *ka* no sufriera, los egipcios desarrollaron un **método** llamado embalsamamiento. El embalsamamiento permitía preservar los cuerpos durante muchísimos años en forma de **momias**, cadáveres especialmente tratados y envueltos en tela. Un cadáver no embalsamado se descompondría rápidamente.

El embalsamamiento era un proceso complejo que duraba varias semanas. Cuando terminaban, los embalsamadores envolvían el cuerpo en telas y vendas de lino. Luego, la momia se colocaba en un ataúd. Los parientes del muerto solían escribir hechizos mágicos dentro del ataúd para ayudar a la momia a recibir los alimentos y las bebidas.

Sólo la realeza y demás miembros de la **elite** egipcia, las personas ricas y poderosas, podían permitirse momificar a sus muertos. Las familias campesinas enterraban a sus muertos en tumbas poco profundas a orillas del desierto. La arena caliente y seca y la falta de humedad preservaban a los cuerpos naturalmente.

COMPRENSIÓN DE LA LECTURA **Analizar**
¿Cómo afectaron las creencias religiosas egipcias a sus prácticas funerarias?

VIDEO
Are Mummies
Beef Jerky?

hmhsocialstudies.com

VOCABULARIO ACADÉMICO

método forma de hacer algo

Las pirámides

ENFOQUE EN LA LECTURA

¿Qué grupo de palabras en este párrafo indica un efecto?

hmhsocialstudies.com

ANIMATED HISTORY

The Great Pyramid

Los egipcios creían que las tumbas, especialmente las de la realeza, eran muy importantes. Por ello, construyeron monumentos espectaculares en los que enterraban a sus gobernantes. Los más espectaculares eran las **pirámides**: tumbas gigantescas de piedra con cuatro paredes triangulares que se unen en un punto arriba.

Los egipcios empezaron a construir pirámides durante el Reino Antiguo. Durante este período, se construyeron algunas de las pirámides más grandes de la historia. Muchas de estas enormes pirámides siguen en pie. La más grande es la Gran Pirámide de Keops, cerca de la ciudad de Guiza. Tiene más de 13 acres de superficie y 481 pies de altura. Para construir esta pirámide sola, se necesitaron más de 2 millones de bloques de piedra caliza. Los historiadores todavía no están seguros de cómo hicieron los egipcios para construir las pirámides. Sin embargo, son un asombroso ejemplo de **ingeniería**, la aplicación del conocimiento científico para fines prácticos.

Con la sepultura en una pirámide se demostraba la importancia del faraón. El tamaño

La historia en detalle

La construcción de las pirámides

Hace más de 4,000 años, algunos trabajadores construyeron tres enormes pirámides como tumbas para sus gobernantes cerca de Guiza, en Egipto. Es difícil imaginar la cantidad de trabajadores que se necesitaron para completar esta obra. Decenas de miles de personas deben haber trabajado durante décadas para construir estas gigantescas estructuras. En esta ilustración, los hombres trabajan para construir la pirámide del faraón Kefrén.

Se apilaban rampas gigantes de gravilla alrededor de la pirámide para que los trabajadores pudieran llegar a la cima.

Se talló en piedra una estatua llamada esfinge para que vigilara la tumba de Kefrén.

Se cortaban enormes bloques de piedra caliza con herramientas de cobre y se llevaban en barco al lugar de la construcción.

94

simbolizaba la grandeza del faraón. La forma de la pirámide, apuntando hacia el cielo, simbolizaba el viaje del faraón hacia la otra vida. Los egipcios querían que las pirámides fueran espectaculares porque creían que el faraón, al ser su vínculo con los dioses, controlaba la otra vida de todas las personas. Lograr la felicidad para el espíritu del faraón era una manera de asegurar la felicidad en la otra vida para todos los egipcios.

COMPRENSIÓN DE LA LECTURA **Identificar los puntos de vista** ¿Por qué las pirámides eran tan importantes para los antiguos egipcios?

RESUMEN Y PRESENTACIÓN Durante el Reino Antiguo, se instauraron nuevos órdenes políticos y sociales en Egipto, y se construyeron muchas de las pirámides. En la Sección 3, aprenderás sobre la vida en los períodos posteriores: los Reinos Medio y Nuevo.

Los trabajadores, en grupos, arrastraban las piedras sobre trineos de madera hasta la pirámide.

DESTREZA DE ANÁLISIS **ANALIZAR RECURSOS VISUALES**
¿Cómo llevaban los trabajadores los bloques de piedra hasta las pirámides?

Sección 2 Evaluación

 hmhsocialstudies.com
Cuestionario en Internet

Repasar ideas, palabras y personas

1. **a. Recordar** ¿A qué se refiere el término **Reino Antiguo**?
   b. Analizar ¿Por qué nunca se cuestionaba la autoridad del faraón?
   c. Profundizar ¿Cómo beneficiaba el comercio a los egipcios?
2. **a. Describir** ¿Qué era la **otra vida** para los egipcios?
   b. Analizar ¿Por qué el embalsamamiento era importante para los egipcios?
3. **a. Identificar** ¿Qué es la **ingeniería**?
   b. Profundizar ¿Qué nos dice la construcción de las **pirámides** acerca de la sociedad egipcia?

Pensamiento crítico

4. **Generalizar** Usa tus notas para completar el organizador gráfico de la derecha con tres datos sobre la relación entre el gobierno y la religión en el Reino Antiguo.

Gobierno y religión
1.
2.
3.

ENFOQUE EN LA REDACCIÓN

5. **Anotar las características del Reino Antiguo**
   El Reino Antiguo desarrolló características especiales relacionadas con la religión y la estructura social. Elige cualquiera de esas características para incluir en tu acertijo.

Los Reinos Medio y Nuevo

Si ESTUVIERAS allí...

Eres un funcionario de Hatshepsut, la reina de Egipto. La admiras, pero algunas personas creen que una mujer no debería gobernar. Ella se hace llamar rey y se viste como un faraón; hasta usa una barba postiza... ¡eso fue idea tuya! Pero quieres ayudar más.

¿Qué podría hacer Hatshepsut para demostrar su autoridad?

> **CONOCER EL CONTEXTO** El poder de los faraones creció durante el Reino Antiguo. La sociedad estaba bien ordenada y se basaba en las grandes diferencias entre las clases sociales. Pero los gobernantes y las dinastías cambiaron, y Egipto cambió con ellos. Con el tiempo, estos cambios provocaron nuevas épocas en la historia egipcia, llamadas Reinos Medio y Nuevo.

El Reino Medio

Al final del Reino Antiguo, la riqueza y el poder de los faraones disminuyeron. Construir y mantener las pirámides costaba mucho dinero. Los faraones no podían recaudar los impuestos suficientes para poder afrontar sus gastos. Al mismo tiempo, los ambiciosos nobles aprovechaban sus puestos en el gobierno para quitarles poder a los faraones.

Con el tiempo, los nobles ganaron suficiente poder como para desafiar a los faraones. Para el año 2200 a.C., el Reino Antiguo había caído. Durante los 160 años siguientes, los nobles de cada región se disputaron el poder en Egipto. El reino no tenía un gobernante central. El caos dentro de Egipto interrumpió el comercio con otras regiones y provocó una disminución de la producción agrícola. La crisis económica y el hambre amenazaron a la población.

Finalmente, alrededor del año 2050 a.C., un poderoso faraón llamado Mentuhotep II derrotó a sus rivales y volvió a unificar a todo Egipto. El gobierno de Mentuhotep inauguró el **Reino Medio**, un período de orden y estabilidad que duró aproximadamente hasta el año 1750 a.C.

Sin embargo, hacia el final del Reino Medio, una vez más comenzó a reinar el desorden en Egipto. Los faraones no podían mantener la unidad del reino. También había otros problemas en Egipto. A mediados

del siglo XVIII a.C., los hicsos, un pueblo del suroeste asiático, invadieron Egipto. Con sus caballos, carrozas y armas avanzadas conquistaron el Bajo Egipto, donde gobernaron durante 200 años.

A los egipcios no les gustaba que los hicsos ocuparan sus tierras. Les indignaba tener que pagar impuestos a gobernantes extranjeros. Finalmente, los egipcios contraatacaron. A mediados del siglo XVI a.C., Ahmosis de Tebas expulsó a los hicsos de Egipto. Ya sin los hicsos, Ahmosis se declaró rey de todo Egipto.

COMPRENSIÓN DE LA LECTURA Resumir

¿Qué problemas provocaron la caída del Reino Medio?

El Reino Nuevo

La toma del poder por parte de Ahmosis marcó el comienzo de la decimoctava dinastía de Egipto. Pero lo más importante es que marcó el comienzo del **Reino Nuevo**, el período en el que Egipto alcanzó la cima de su poder y gloria. Durante el Reino Nuevo, que duró desde el año 1550 a.C. hasta el año 1050 a.C., la conquista y el comercio les dieron enorme riqueza a los faraones.

La construcción de un imperio

Después de la lucha contra los hicsos, los líderes de Egipto temían futuras invasiones. Para evitar que ocurrieran, decidieron tomar el control de todas las posibles rutas de invasión del reino. En el proceso, estos líderes convirtieron a Egipto en un imperio.

El primer objetivo de Egipto fue el país de los hicsos. Después de invadir esa región, el ejército siguió hacia el norte y conquistó Siria. Como puedes ver en el mapa de la página siguiente, Egipto había conquistado toda la costa oriental del Mediterráneo. También había derrotado al reino de Kush, al sur de Egipto. Para el siglo XV a.C., Egipto era la principal potencia militar de la región, con un imperio que se extendía desde el río Éufrates hasta el sur de Nubia.

Las conquistas militares enriquecieron a Egipto. Los reinos que conquistaba enviaban tesoros con regularidad a sus conquistadores egipcios. Por ejemplo, el reino de Kush en Nubia, enviaba tributos anuales de oro, pieles de leopardo y piedras preciosas a los faraones. Los reyes asirios, babilonios e hititas también enviaban costosos regalos a Egipto para mantener las buenas relaciones.

El crecimiento y sus efectos sobre el comercio

Las conquistas también posibilitaron a los comerciantes egipcios entrar en contacto con tierras más lejanas. El comercio de Egipto se expandió al igual que su imperio. Se crearon provechosas **rutas comerciales**, o itinerarios que seguían los comerciantes. Muchas de las tierras conquistadas por Egipto también tenían valiosos recursos para el comercio. La península del Sinaí, por ejemplo, tenía grandes cantidades de turquesa y cobre.

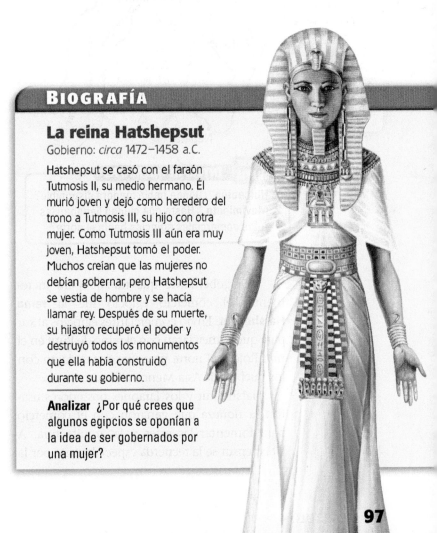

BIOGRAFÍA

La reina Hatshepsut
Gobierno: *circa* 1472–1458 a.C.

Hatshepsut se casó con el faraón Tutmosis II, su medio hermano. Él murió joven y dejó como heredero del trono a Tutmosis III, su hijo con otra mujer. Como Tutmosis III aún era muy joven, Hatshepsut tomó el poder. Muchos creían que las mujeres no debían gobernar, pero Hatshepsut se vestía de hombre y se hacía llamar rey. Después de su muerte, su hijastro recuperó el poder y destruyó todos los monumentos que ella había construido durante su gobierno.

Analizar ¿Por qué crees que algunos egipcios se oponían a la idea de ser gobernados por una mujer?

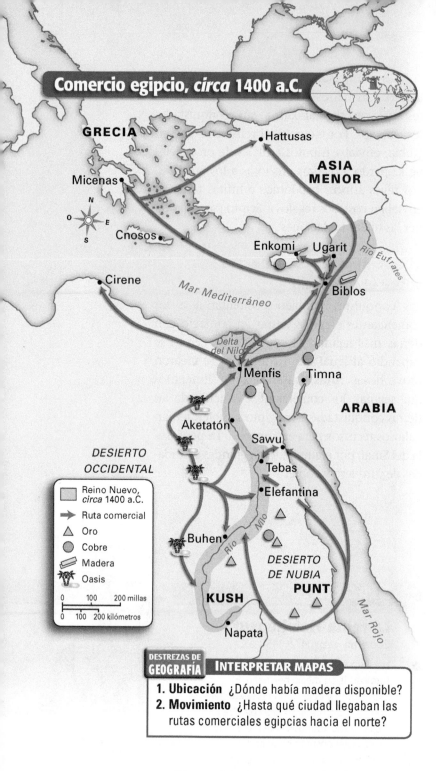

Comercio egipcio, *circa* 1400 a.C.

GRECIA

Hattusas

ASIA
MENOR

Micenas

Cnosos

Enkomi · Ugarit · Río Éufrates

Cirene

Mar Mediterráneo

Biblos

Delta
del Nilo

Menfis · Timna

ARABIA

DESIERTO
OCCIDENTAL

Aketatón

Sawu

Tebas

Elefantina

Buhen

Río Nilo

DESIERTO
DE NUBIA

KUSH

PUNT

Napata

Mar Rojo

Reino Nuevo,
circa 1400 a.C.

→ Ruta comercial

△ Oro

○ Cobre

▱ Madera

Oasis

0   100   200 millas
0   100   200 kilómetros

DESTREZAS DE GEOGRAFÍA **INTERPRETAR MAPAS**

1. **Ubicación** ¿Dónde había madera disponible?
2. **Movimiento** ¿Hasta qué ciudad llegaban las rutas comerciales egipcias hacia el norte?

Una gobernante que trabajó para incrementar el comercio egipcio fue la **reina Hatshepsut**. Envió comerciantes egipcios al sur para que comerciaran con el reino de Punt en el mar Rojo y al norte para que comerciaran con los pueblos de Asia Menor y Grecia.

Hatshepsut y los faraones posteriores usaron la riqueza que ganaron con el comercio para fomentar las artes y la arquitectura. A Hatshepsut se la recuerda especialmente por la

gran cantidad de impactantes monumentos y templos que se construyeron durante su reinado. El más conocido era un magnífico templo erigido para ella cerca de la ciudad de Tebas.

Las invasiones de Egipto

Pese a sus grandes victorias, el ejército egipcio tuvo varios rivales. En el siglo XIII a.C., el faraón Ramsés II, o **Ramsés el Grande**, tomó el poder. Ramsés, cuyo reino fue uno de los más largos de la historia egipcia, luchó contra los hititas, un pueblo de Asia Menor. Las dos potencias lucharon ferozmente durante años, pero ninguna pudo derrotar a la otra. Finalmente, Ramsés y el líder de los hititas firmaron un tratado de paz. Luego, los egipcios y los hititas se convirtieron en aliados.

Egipto también enfrentaba amenazas en otras partes de su imperio. Al oeste, un pueblo conocido como los tehenu invadió el delta del Nilo. Ramsés los expulsó y construyó una serie de fuertes para proteger la frontera occidental. Esto resultó ser una sabia decisión, porque los tehenu volvieron a invadir un siglo después. Al encontrarse con las defensas fortalecidas de Egipto, los tehenu fueron derrotados nuevamente.

Poco después de la muerte de Ramsés el Grande, unos invasores llamados los Pueblos del Mar llegaron navegando hasta el suroeste asiático. Se sabe muy poco acerca de estos pueblos. Los historiadores ni siquiera están seguros de quiénes eran. Lo único que sabemos es que eran fuertes guerreros que habían derrotado a los hititas y destruido ciudades del suroeste asiático. Sólo después de 50 años de lucha los egipcios pudieron vencerlos.

Egipto sobrevivió, pero su imperio en Asia se había derrumbado. Poco después de las invasiones de los hititas y de los Pueblos del Mar, el Reino Nuevo llegó a su fin. Egipto volvió a caer en un período de violencia y desorden, y nunca más recuperó su poder.

COMPRENSIÓN DE LA LECTURA **Identificar causa y efecto** ¿Cuál fue la causa del crecimiento del comercio en el Reino Nuevo?

El trabajo y la vida diaria

Aunque las dinastías egipcias fueron cambiando, la vida diaria de los egipcios no cambió demasiado. Pero a medida que creció la población, la sociedad se volvió cada vez más compleja. En una sociedad compleja, las personas deben realizar distintos trabajos.

Los escribas

Además de los sacerdotes y los funcionarios del gobierno, en Egipto nadie recibía más honores que los escribas. Los escribas trabajaban para el gobierno y los templos. Llevaban registros y cuentas del estado. También escribían y copiaban textos religiosos y literarios. Los escribas no pagaban impuestos, y muchos se volvían ricos.

Los artesanos, artistas y arquitectos

Por debajo de los escribas en la escala social estaban los artesanos, cuyas funciones requerían destrezas avanzadas. Entre los artesanos que trabajaban en Egipto había escultores, constructores, carpinteros, joyeros, herreros y curtidores. La mayoría de los artesanos de Egipto trabajaban para el gobierno o para los templos. Hacían estatuas, muebles, joyas, piezas de cerámica, calzado y otros objetos.

Los arquitectos y los artistas también eran admirados en Egipto. Los arquitectos diseñaron los templos y las tumbas de la realeza que hicieron famoso a Egipto. Los arquitectos más talentosos podían llegar a convertirse en altos funcionarios del gobierno. Los artistas, contratados a menudo por el gobierno o los templos, producían una gran variedad de obras. Los artistas solían trabajar en las tumbas faraónicas, donde realizaban detalladas pinturas.

Los soldados

Después del Reino Medio, Egipto creó un ejército profesional. El ejército brindaba la posibilidad de ascender en la escala social. Los soldados recibían tierras por sus servicios y también podían quedarse con los botines de guerra. Aquéllos que destacaban podían ser ascendidos a oficiales.

La vida diaria en Egipto

Los sirvientes trabajaban para los gobernantes y los nobles de Egipto y realizaban muchos trabajos, como preparar la comida.

La mayoría de los egipcios pasaban el día en los campos, arando y haciendo otras tareas de labranza en sus cultivos.

Este recipiente probablemente contenía perfume, un valioso producto comercial.

DESTREZA DE ANÁLISIS **ANALIZAR RECURSOS VISUALES**

¿A qué se dedicaban la mayoría de los egipcios?

Los agricultores y demás campesinos

Los agricultores y demás campesinos egipcios ocupaban casi la parte más baja de la escala social. Estos trabajadores constituían la amplia mayoría de la población de Egipto. Usaban azadas o arados de madera tirados por vacas para preparar la tierra antes de que el Nilo se desbordara. Cuando las aguas se retiraban, los agricultores plantaban las semillas. Los agricultores trabajaban juntos para recoger la cosecha.

Los agricultores debían entregar las cosechas al faraón como pago de impuestos. Todos los campesinos, incluidos los agricultores, debían cumplir deberes especiales. El faraón podía exigir en cualquier momento que las personas trabajaran en proyectos como la construcción de pirámides o la extracción de oro, o que participaran en batallas del ejército.

Los esclavos

Los pocos esclavos de la sociedad egipcia estaban por debajo de los agricultores en la escala social. Trabajaban en los campos, en proyectos de construcción o en casas privadas. Los esclavos tenían algunos derechos legales y en algunos casos podían ganarse la libertad.

La familia en Egipto

La mayoría de las familias egipcias vivían en su propio hogar. Se esperaba que los hombres se casaran jóvenes para empezar a tener hijos. La mayoría de las mujeres egipcias se dedicaban a sus hogares y familias. Sin embargo, algunas trabajaban fuera de sus casas. Algunas eran sacerdotisas y otras trabajaban como administradoras y artesanas. A diferencia de la mayoría de las mujeres de la antigüedad, las mujeres egipcias tenían ciertos derechos legales. Tenían derecho a la propiedad, a firmar **contratos** y a divorciarse de sus esposos.

Los niños jugaban con juguetes, y también jugaban a la pelota y cazaban. La mayoría de los niños y las niñas recibían educación. En la escuela aprendían ética, redacción, matemáticas y deportes. A los 14 años, la mayoría de los varones dejaban la escuela y empezaban a trabajar en el oficio de su padre.

COMPRENSIÓN DE LA LECTURA **Crear categorías** ¿Qué tipos de trabajo hacían las personas en el antiguo Egipto?

RESUMEN Y PRESENTACIÓN El poder y la riqueza de Egipto alcanzaron su punto más alto durante el Reino Nuevo. A medida que la sociedad se hizo más compleja, las personas de las diferentes clases sociales se ocuparon de distintos trabajos. En la siguiente sección, aprenderás sobre los logros egipcios.

Sección 3 Evaluación

hmhsocialstudies.com
Cuestionario en Internet

Repasar ideas, palabras y personas

1. a. Recordar ¿Qué fue el **Reino Medio**?
b. Analizar ¿Cómo logró Ahmosis convertirse en rey de todo Egipto?

2. a. Identificar ¿A qué grupo de invasores derrotó **Ramsés el Grande**?
b. Describir ¿Qué hizo la **reina Hatshepsut** como faraón de Egipto?
c. Hacer predicciones ¿Qué fuente de riqueza te parece más confiable: el comercio o los impuestos pagados por los pueblos conquistados? ¿Por qué?

3. a. Identificar ¿De qué trabajaban la mayoría de los habitantes del antiguo Egipto?
b. Analizar ¿Qué derechos tenían las mujeres egipcias?
c. Evaluar ¿Por qué crees que los escribas recibían tantos honores en la sociedad egipcia?

Pensamiento crítico

4. Crear categorías Usa tus notas para completar las pirámides de abajo con información sobre los factores políticos y militares que causaron el surgimiento y la caída de los reinos Medio y Nuevo.

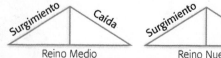

Surgimiento Caída
Reino Medio

Surgimiento Caída
Reino Nuevo

ENFOQUE EN LA REDACCIÓN

5. Desarrollar las ideas clave de los Reinos Medio y Nuevo Tu acertijo debe contener información sobre los últimos faraones y la vida diaria en Egipto. Decide qué ideas clave deberías incluir en tu acertijo y agrégalas a tu lista.

Ramsés el Grande

¿Cómo hizo un soberano para alcanzar una fama que duraría 3,000 años?

¿Cuándo vivió? A fines del siglo XIV y principios del XIII a.C.

¿Dónde vivió? Como faraón, Ramsés vivió en una ciudad que construyó en el delta del Nilo. El nombre de la ciudad, Pi-Ramesse, significa "la casa de Ramsés".

¿Qué hizo? Desde pequeño, Ramsés fue entrenado para gobernar y luchar. Lo nombraron capitán del ejército a los 10 años y comenzó a realizar campañas militares aun antes de convertirse en faraón. Durante su reinado, Ramsés expandió mucho su reino.

¿Por qué es tan importante? Muchas personas consideran a Ramsés como el último de los grandes faraones egipcios. Tuvo grandes logros, pero los faraones que lo sucedieron no pudieron mantenerlos. Fue un gran guerrero y un gran constructor, y es famoso por los enormes monumentos que construyó. Los templos de Karnak, Luxor y Abu Simbel, de 3,000 años de antigüedad, son símbolos del gran poder del faraón.

Sacar conclusiones ¿Por qué crees que Ramsés construyó monumentos por todo Egipto?

IDEAS CLAVE

- **Ramsés** tenía un poema en su honor en los muros de cinco templos, entre ellos el de Karnak. Un verso del poema alaba a Ramsés como gran guerrero y defensor de Egipto.

Misericordioso señor y rey de gran valentía, guardián de Egipto en la batalla, sé nuestro guardián;
procura que estemos a salvo de los hostiles hititas,
conserva nuestro aliento de vida,
líbranos de las luchas,
¡Oh, protégenos, Ramsés Miamun!
¡Oh, sálvanos, poderoso rey!

—Pen-ta-ur, citado en *The Victory of Ramses over the Khita*, en *The World's Story*, editado por Eva March Tappan

VIDEO
Let's Move a Mountain

hmhsocialstudies.com

En esta copia de una pintura antigua se muestra a Ramsés el Grande en su carro tirado por caballos luchando contra los hititas.

Los logros egipcios

Si ESTUVIERAS allí...

Eres un artista del antiguo Egipto. Un noble te ha contratado para decorar las paredes de la tumba de su familia. Te hallas dentro de la nueva tumba, examinando las lisas paredes que decorarás. No llega luz hasta esta cámara, pero tu sirviente sostiene un farol en lo alto. Conociste al noble brevemente, pero crees que es una persona que ama a su familia, a los dioses y a Egipto.

¿Qué incluirás en tu pintura?

CONOCER EL CONTEXTO Los egipcios tuvieron una historia rica y variada, pero la mayoría de las personas de hoy en día los recuerda por sus logros culturales, como su extraordinario sistema de escritura. Además, el arte egipcio, como las pinturas de las tumbas mencionadas antes, es admirado por millones de turistas en museos de todo el mundo.

La escritura egipcia

Si estuvieras leyendo un libro y vieras dibujos de una tela doblada, una pierna, una estrella, un pájaro y un hombre con una vara, ¿sabrías qué significa? Lo sabrías si fueras un antiguo egipcio. En los **jeroglíficos**, el sistema de escritura egipcio, esos cinco símbolos juntos significaban "enseñar". Los jeroglíficos egipcios fueron uno de los primeros sistemas de escritura del mundo.

La escritura en el antiguo Egipto

Los primeros ejemplos conocidos de escritura egipcia datan de alrededor del año 3300 a.C. Estas primeras escrituras egipcias estaban talladas en piedra u otros materiales duros. Más adelante, los egipcios aprendieron a hacer **papiro**, un material duradero hecho de juncos, similar al papel. Los egipcios hacían papiros prensando capas de juncos y machacándolas hasta formar hojas. Estas hojas eran resistentes y duraderas y fáciles de enrollar. Los escribas escribían sobre los papiros con pinceles y tinta.

La escritura egipcia

Los jeroglíficos egipcios usaban símbolos pictóricos para representar sonidos.

Sonido		Significado
	Imn	Amón
	Tut	Imagen
	Ankh	Viva

Traducción: "Viva imagen de Amón"

	Heka	Gobernante
	Iunu	Heliópolis
	Resy	Sur

Traducción: "Gobernante de Heliópolis del sur"

DESTREZA DE ANÁLISIS · ANALIZAR RECURSOS VISUALES

¿A qué se parece el símbolo de gobernante?

El sistema de escritura jeroglífica usaba más de 600 símbolos, la mayoría de los cuales eran dibujos de objetos. Cada símbolo representaba uno o más sonidos del idioma egipcio. Por ejemplo, el dibujo de una lechuza representaba el mismo sonido que nuestra letra *M*.

Los jeroglíficos podían escribirse tanto de forma horizontal como vertical. Podían escribirse de derecha a izquierda o de izquierda a derecha. Estas opciones hacían que los jeroglíficos fueran fáciles de escribir pero difíciles de leer. La única manera de saber de qué manera está escrito un texto es mirando los símbolos uno por uno.

La piedra Roseta

Los historiadores y arqueólogos conocen los jeroglíficos desde hace siglos, pero durante mucho tiempo no supieron cómo leerlos. No fue hasta 1799, cuando un soldado francés realizó un afortunado descubrimiento, que los historiadores tuvieron la clave que necesitaban para leer la antigua escritura egipcia.

Esa clave fue la **piedra Roseta**, una losa de piedra con inscripciones en jeroglíficos. Además de los jeroglíficos, la piedra Roseta tenía texto en griego y en una forma posterior de egipcio. Como el texto en los tres idiomas era el mismo, los eruditos que sabían griego pudieron descifrar lo que decían los jeroglíficos.

Los textos egipcios

Como los papiros no se descomponían gracias al clima seco de Egipto, muchos textos egipcios aún sobreviven. Los historiadores de hoy pueden leer registros gubernamentales e históricos, textos científicos y manuales médicos egipcios. También han sobrevivido obras literarias. Tenemos la posibilidad de leer cuentos, poemas y narraciones mitológicas. Algunos textos, como *El libro de los muertos*, hablan de la otra vida. Otros incluyen poemas de amor e historias de dioses y reyes.

COMPRENSIÓN DE LA LECTURA · Comparar

¿En qué se parece nuestro sistema de escritura a los jeroglíficos?

SU IMPORTANCIA HOY

A veces se llama "piedra Roseta" a un objeto que ayuda a resolver un misterio complicado.

Templos, tumbas y arte

Los egipcios son famosos por su arquitectura y su arte. Las paredes de los magníficos templos y de las tumbas de Egipto están recubiertas de impresionantes esculturas y pinturas.

Los grandes templos de los egipcios

Ya has leído sobre las estructuras más famosas de los egipcios: las pirámides. Pero los egipcios también construyeron enormes templos. Los que siguen en pie hoy son algunas de las construcciones más espectaculares de Egipto.

Los egipcios creían que los templos eran el hogar de los dioses. Las personas visitaban los templos para adorar a los dioses, hacerles ofrendas y pedirles favores.

Muchos templos egipcios compartían características similares. En el camino de entrada había filas de **esfinges**, criaturas imaginarias con cuerpo de león y cabeza de otro animal o de ser humano. La entrada en sí era un portal ancho y enorme. A cada lado de la puerta podía haber un **obelisco**, un pilar alto, de cuatro caras y acabado en punta.

Por dentro, los templos estaban lujosamente decorados, como se puede ver en la ilustración del templo de Karnak. El techo del templo estaba sostenido por enormes columnas. En muchos casos, estas columnas estaban cubiertas de pinturas y jeroglíficos, al igual que las paredes. A menudo también había estatuas de dioses y faraones a lo largo de las paredes. El santuario, la parte más sagrada del edificio, se hallaba al final del templo.

El templo de Karnak es sólo uno de los grandes templos de Egipto. Ramsés el Grande construyó otros en Abu Simbel y Luxor. En parte, el templo de Abu Simbel es tan imponente porque está esculpido en un risco de arenisca. En la entrada del templo, cuatro estatuas de 66 pies de altura muestran a Ramsés como faraón. Cerca, hay estatuas más pequeñas de su familia.

SU IMPORTANCIA HOY

El monumento a Washington en Washington, DC, tiene la forma de un obelisco.

El templo de Karnak

El templo de Karnak era el templo más grande de Egipto. Karnak, construido principalmente en honor a Ra, el dios del sol, fue uno de los centros religiosos más importantes de Egipto durante siglos. Con los años, los faraones fueron agregando construcciones a los muchos edificios del templo. En esta ilustración se muestra el aspecto que podría haber tenido el gran salón de Karnak durante un festival antiguo.

Las columnas y paredes interiores de Karnak estaban pintadas de brillantes colores.

DESTREZA DE ANÁLISIS **ANALIZAR RECURSOS VISUALES**

¿Qué características de la arquitectura egipcia puedes ver en esta ilustración?

El arte egipcio

Los antiguos egipcios eran verdaderos maestros del arte. Pintaban escenas vívidas y coloridas sobre lienzo, papiro, piezas de cerámica, yeso y madera. Las paredes de los templos y las tumbas estaban cubiertas de detalladas obras. El arte de los templos se creaba en honor a los dioses, mientras que la finalidad del arte funerario era que los muertos se sintieran mejor en la otra vida.

Los temas de las pinturas egipcias varían mucho. En algunas pinturas se muestran sucesos históricos importantes, como la coronación de reyes y la fundación de templos. En otras se ilustran los rituales religiosos más importantes. Y en otras pinturas se muestran escenas de la vida diaria, como la agricultura o la caza.

La pintura egipcia tiene un estilo particular. La cabeza y las piernas de las personas siempre se ven de costado, pero el torso y los hombros se muestran de frente. Además, las personas no son siempre del mismo tamaño. Las figuras importantes, como los faraones, aparecen enormes en comparación con otras personas. Por otra parte, los animales egipcios solían pintarse de manera realista.

La pintura no era el único arte en que los egipcios destacaban. Por ejemplo, también eran hábiles escultores en piedra. Muchas tumbas tenían estatuas enormes y esculturas con muchos detalles en las paredes.

Los egipcios también hacían hermosos objetos con oro y piedras preciosas. Hacían joyas tanto para las mujeres como para los hombres. Algunas de estas joyas eran collares, gargantillas y brazaletes. Los egipcios también usaban oro para hacer objetos funerarios para sus faraones.

Con los años, los cazadores de tesoros saquearon muchas de las tumbas de los faraones. Sin embargo, al menos una tumba no fue perturbada. En 1922, los arqueólogos hallaron la tumba del **rey Tutankamón**, también llamado rey Tut. La tumba estaba llena de tesoros, como joyas, túnicas, una máscara funeraria y estatuas de marfil. Los tesoros del rey Tutankamón nos han enseñado mucho acerca de las creencias y prácticas funerarias del antiguo Egipto.

COMPRENSIÓN DE LA LECTURA **Resumir** ¿Qué tipos de obras de arte había en las tumbas egipcias?

RESUMEN Y PRESENTACIÓN Los antiguos egipcios desarrollaron una de las culturas más conocidas de la antigüedad. A continuación, conocerás una cultura que se desarrolló a la sombra de Egipto: Kush.

Sección 4 Evaluación

hmhsocialstudies.com
Cuestionario en Internet

Repasar ideas, palabras y personas

1. **a. Identificar** ¿Qué son los **jeroglíficos**?
   b. Contrastar ¿En qué se diferencia la escritura jeroglífica de nuestra escritura actual? ¿Y de la escritura cuneiforme de los mesopotámicos?
   c. Evaluar ¿Por qué el hallazgo de la **piedra Roseta** fue tan importante para los eruditos?

2. **a. Describir** Menciona dos de las maneras en que los egipcios decoraban sus templos.
   b. Analizar ¿Por qué las tumbas estaban llenas de obras de arte, joyas y otros tesoros?
   c. Sacar conclusiones ¿Por qué crees que los faraones como Ramsés el Grande construyeron enormes templos?

Pensamiento crítico

3. **Resumir** Dibuja una tabla como la siguiente. En cada columna, escribe una oración que resuma los logros egipcios en ese campo.

Escritura	Arquitectura	Arte

ENFOQUE EN LA REDACCIÓN

4. **Entender lo que sabes acerca de Egipto** Repasa las notas que has tomado al final de cada sección. Piensa en las pistas que podrías incluir cuando escribas tu acertijo sobre Egipto.

El antiguo Kush

Si ESTUVIERAS allí...

Vives a orillas del río Nilo, donde fluye velozmente por los rápidos. Unos pocos años atrás, los ejércitos del poderoso reino de Egipto conquistaron tu país. Algunos egipcios se han mudado a tu pueblo. Traen consigo nuevas costumbres y muchas personas los imitan. Ahora tu hermana ha tenido un bebé, ¡y quiere ponerle un nombre egipcio! Esto disgusta a muchos miembros de tu familia.

¿Cómo te sientes con respecto a adoptar costumbres egipcias?

CONOCER EL CONTEXTO Egipto dominaba los territorios a orillas del Nilo, pero no era la única cultura antigua que se desarrolló a orillas de ese río. Otro reino, llamado Kush, surgió al sur de Egipto. Las historias de Egipto y Kush se vincularon estrechamente a través del comercio, las conquistas y las negociaciones políticas.

La geografía de la antigua Nubia

Al sur de Egipto, un grupo de personas se asentó en la región que hoy se llama Nubia. Estos africanos establecieron el primer gran reino en el interior de África. Conocemos a este reino por el nombre que los egipcios le dieron: Kush. La geografía de Nubia ejerció una gran influencia sobre el desarrollo de la civilización kushita, especialmente por la función que cumplía el río Nilo.

Las ruinas de las antiguas pirámides kushitas se encuentran detrás de las que fueron reconstruidas para que se vieran tal como eran originalmente.

Lo que aprenderás...

Ideas principales

1. La geografía de la antigua Nubia contribuyó al desarrollo de una civilización en ese lugar.
2. Kush y Egipto comerciaban entre ellos, pero también se enfrentaban en combate.
3. Kush se convertiría en una potencia comercial con una cultura única.
4. La decadencia de Kush se debió a factores internos y externos.

La idea clave

El reino de Kush, que surgió al sur de Egipto en un territorio llamado Nubia, desarrolló una civilización avanzada con una amplia red comercial.

Personas y palabras clave

Piankhi, *pág. 110*
red comercial, *pág. 111*
mercaderes, *pág. 111*
exportaciones, *pág. 111*
importaciones, *pág. 111*
reina Shanakhdakheto, *pág. 113*
rey Ezana, *pág. 113*

hmhsocialstudies.com
TOMAR NOTAS

Usa el organizador gráfico en Internet para tomar notas sobre el surgimiento y la caída de Kush.

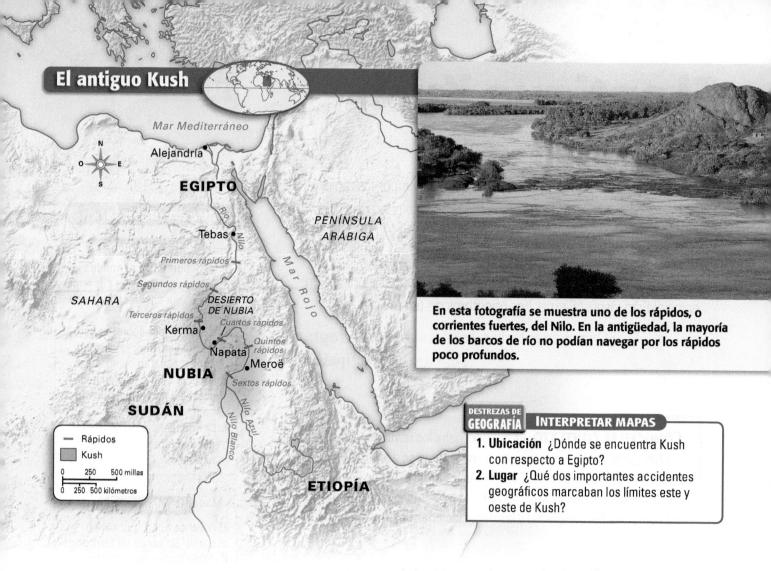

El antiguo Kush

Mar Mediterráneo

Alejandría

EGIPTO

PENÍNSULA
ARÁBIGA

Tebas

Primeros rápidos

Segundos rápidos

SAHARA

Terceros rápidos

DESIERTO
DE NUBIA

Cuartos rápidos

Kerma

Quintos
rápidos

Napata

Meroë

NUBIA

Sextos rápidos

SUDÁN

Río Nilo

Mar Rojo

Nilo Azul

Nilo Blanco

ETIOPÍA

— Rápidos
▢ Kush

0   250   500 millas
0 250 500 kilómetros

En esta fotografía se muestra uno de los rápidos, o corrientes fuertes, del Nilo. En la antigüedad, la mayoría de los barcos de río no podían navegar por los rápidos poco profundos.

DESTREZAS DE GEOGRAFÍA **INTERPRETAR MAPAS**

1. **Ubicación** ¿Dónde se encuentra Kush con respecto a Egipto?
2. **Lugar** ¿Qué dos importantes accidentes geográficos marcaban los límites este y oeste de Kush?

El territorio de Nubia

Hoy en día, gran parte de Nubia es un desierto, pero en la antigüedad la región era más fértil que ahora. Las lluvias hacían que el río Nilo se desbordara todos los años y depositara una capa rica de cieno en las tierras vecinas. El reino de Kush se desarrolló en esta área fértil.

En la antigua Nubia abundaban minerales como el oro, el cobre y la piedra. Estos recursos desempeñaron un papel muy importante en la historia de la región y contribuyeron a su riqueza.

La antigua civilización de Nubia

Como todas las civilizaciones antiguas, los habitantes de Nubia dependían de la agricultura para su alimentación. Afortunadamente para ellos, las inundaciones del Nilo permitían que los nubios tuvieran cultivos de verano y de invierno. Entre esos cultivos estaban el trigo, la cebada y otros cereales. Además de tierras de cultivo, en las márgenes del Nilo había praderas donde el ganado podía pastar. Como resultado, las aldeas agrícolas prosperaron a lo largo de todo el Nilo alrededor del año 3500 a.C.

Con el tiempo, algunos agricultores se hicieron más ricos que otros. Estos agricultores se convirtieron en los líderes de las aldeas. Hacia el año 2000 a.C., uno de estos líderes tomó el control de otras aldeas y se nombró rey de la región. Su nuevo reino se llamó Kush.

Los reyes de Kush gobernaban desde la capital, en Kerma. La ciudad estaba ubicada en la ribera del Nilo, al sur de los terceros rápidos. Como los rápidos del Nilo hacían difícil cruzar algunas partes del río, servían de barreras naturales contra los invasores. Durante muchos años los rápidos mantuvieron a Kush a salvo del reino egipcio que estaba en el norte y era más poderoso.

Con el tiempo, la sociedad kushita se volvió más compleja. Además de ser agricultores y pastores, algunos kushitas se hicieron sacerdotes o artesanos. En sus principios, Kush recibió influencia de las culturas del sur. Más tarde, Egipto pasó a desempeñar un papel más importante en la historia de Kush.

COMPRENSIÓN DE LA LECTURA **Identificar ideas principales** ¿De qué manera contribuyó la geografía al crecimiento de la civilización en Nubia?

Kush y Egipto

Kush y Egipto eran vecinos. Hubo épocas en que estos vecinos vivían en paz y contribuían a la prosperidad mutua. Por ejemplo, Kush se convirtió en el proveedor de esclavos y materias primas de Egipto. Los kushitas enviaban materiales tales como oro, cobre y piedra a Egipto. Los kushitas también enviaban a los egipcios ébano, un tipo de madera oscura y pesada, y marfil, un material blanco hecho de los colmillos de los elefantes.

Egipto conquista Kush

Las relaciones entre Kush y Egipto no siempre fueron pacíficas. A medida que Kush se enriquecía con el comercio, su ejército también se hizo más fuerte. Pronto, los gobernantes de Egipto temieron que Kush se hiciera todavía más poderoso y que atacara Egipto.

Para evitar la posibilidad de un ataque, el faraón Tutmosis I envió un ejército para invadir Kush cerca del año 1500 a.C. El ejército del faraón conquistó todo el territorio de Nubia que se encontraba al norte de los quintos rápidos. Como resultado, Kush se convirtió en parte de Egipto.

Tras la victoria de su ejército, el faraón destruyó Kerma, la capital kushita. Faraones posteriores, entre ellos Ramsés el Grande, construyeron enormes templos en lo que había sido territorio kushita.

Los efectos de la conquista

Kush siguió siendo territorio egipcio durante unos 450 años. En ese período, la influencia de Egipto sobre Kush aumentó enormemente. Muchos egipcios se mudaron a Kush. El egipcio se convirtió en la lengua de la región. Muchos kushitas usaban nombres egipcios y se vestían con ropas de estilo egipcio. También adoptaron las prácticas religiosas de los egipcios.

Un cambio en el poder

A mediados del siglo XI a.C., el Reino Nuevo de Egipto estaba llegando a su fin. A medida que el poder de los faraones de Egipto decaía, los líderes kushitas recuperaron el control de Kush. Kush volvió a ser independiente.

Se conoce muy poco sobre la historia de los kushitas desde la época en que recuperaron la independencia hasta 200 años después. No se hace mención a Kush en ningún registro histórico que describa esos siglos.

La conquista de Egipto

Alrededor del año 850 a.C., Kush había recuperado su poderío. Volvió a ser tan poderoso como lo había sido antes de que Egipto lo conquistara. Como los egipcios habían conquistado y destruido la ciudad de Kerma, los reyes de Kush gobernaron desde la ciudad de Napata. Construida por los egipcios, Napata estaba a orillas del Nilo, a unas 100 millas al sureste de Kerma.

A medida que Kush se fortalecía, Egipto se debilitaba cada vez más. Una serie de faraones ineptos habían dejado a Egipto en condiciones

BIOGRAFÍA

Piankhi
circa 751–716 a.C.

También conocido como Piye, Piankhi fue uno de los líderes militares más exitosos de Kush. Feroz guerrero en el campo de batalla, el rey también era profundamente religioso. Estaba convencido de que tenía el apoyo de los dioses y esto alimentaba su deseo de luchar contra Egipto. Su coraje inspiraba a sus tropas en el campo de batalla. Piankhi amaba a sus caballos y fue enterrado junto a ocho de ellos.

Sacar conclusiones ¿De qué manera afectó a Piankhi su convicción de que los dioses lo apoyaban en su guerra contra Egipto?

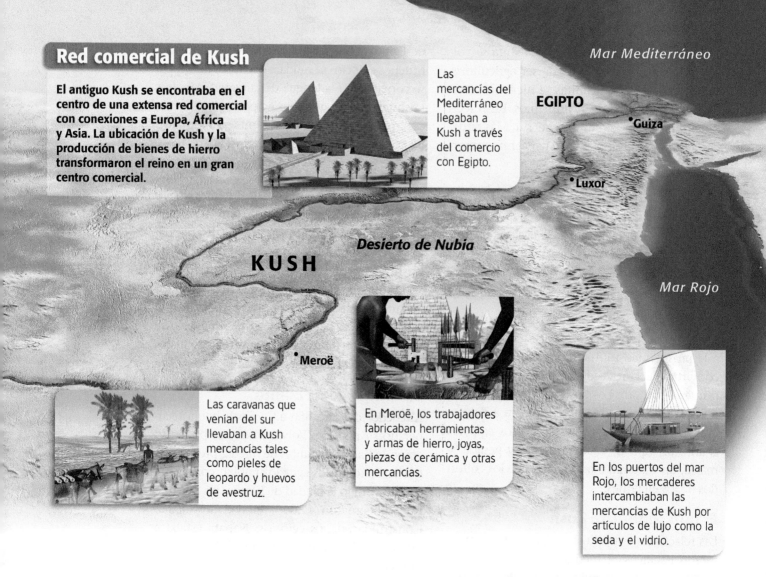

Red comercial de Kush

El antiguo Kush se encontraba en el centro de una extensa red comercial con conexiones a Europa, África y Asia. La ubicación de Kush y la producción de bienes de hierro transformaron el reino en un gran centro comercial.

Mar Mediterráneo

EGIPTO

Las mercancías del Mediterráneo llegaban a Kush a través del comercio con Egipto.

•Guiza

•Luxor

Desierto de Nubia

K U S H

Mar Rojo

•Meroë

Las caravanas que venían del sur llevaban a Kush mercancías tales como pieles de leopardo y huevos de avestruz.

En Meroë, los trabajadores fabricaban herramientas y armas de hierro, joyas, piezas de cerámica y otras mercancías.

En los puertos del mar Rojo, los mercaderes intercambiaban las mercancías de Kush por artículos de lujo como la seda y el vidrio.

de ser atacado. En el siglo VIII a.C., un rey kushita, Kashta, aprovechó la debilidad de Egipto y lo atacó. Aproximadamente para el año 751 a.C., Kashta había conquistado el Alto Egipto. Luego, estableció relaciones con el Bajo Egipto.

Cuando Kashta murió, su hijo **Piankhi** siguió atacando Egipto. Los ejércitos de Kush tomaron muchas ciudades, incluso la antigua capital de Egipto. Piankhi luchó contra los egipcios porque creía que los dioses querían que él gobernara todo Egipto. Para cuando murió, aproximadamente en 716 a.C., Piankhi había logrado su propósito. Su reino se extendía hacia el norte desde Napata hasta el delta del Nilo.

La dinastía kushita

Después de la muerte de Piankhi, su hermano Shabaka tomó el control del reino y se declaró

faraón. Así inauguró la vigésimo quinta dinastía, o dinastía kushita, en Egipto.

Shabaka y los gobernantes posteriores de su dinastía creían que eran los herederos de los grandes faraones del pasado egipcio. Trataron de restablecer las antiguas prácticas culturales egipcias y renovar las tradiciones olvidadas. Algunas de estas prácticas y tradiciones habían sido dejadas de lado durante el período de debilidad de Egipto. Por ejemplo, Shabaka fue sepultado en una pirámide. Hacía varios siglos que los egipcios habían dejado de construir pirámides para sus gobernantes.

Los gobernantes kushitas de Egipto construyeron nuevos templos dedicados a los dioses egipcios y restauraron los templos antiguos. También trabajaron para conservar las escrituras egipcias. En consecuencia, la cultura egipcia prosperó durante la vigésimo quinta dinastía.

El fin de la dominación kushita en Egipto

La dinastía kushita conservó su poder en Egipto durante unos 40 años. Sin embargo, en la década de 670 a.C., el poderoso ejército de los asirios de Mesopotamia invadió Egipto. Las armas de hierro de los asirios eran mejores que las armas de bronce de los kushitas. Aunque los kushitas eran hábiles arqueros, no pudieron detener a los invasores. Los kushitas fueron obligados a retroceder lentamente hacia el sur. En apenas 10 años, los asirios habían obligado a todas las fuerzas kushitas a salir de Egipto.

COMPRENSIÓN DE LA LECTURA **Analizar** ¿De qué manera beneficiaron a Kush los problemas internos de Egipto?

La civilización posterior de Kush

Después de perder el control sobre Egipto, el pueblo de Kush se dedicó a la agricultura y el comercio, con la esperanza de recuperar la riqueza de su país. En pocos siglos, Kush había vuelto a ser un reino rico y poderoso.

La industria del hierro en Kush

El centro económico de Kush durante este período era Meroë, la nueva capital del reino. Meroë estaba ubicada en la margen oriental del Nilo y eso ayudó a mejorar la economía de Kush. Cerca de la ciudad había grandes yacimientos de oro, así como también bosques de ébano y otros tipos de maderas. Y lo más importante era que en toda el área que rodeaba a Meroë había muchos yacimientos de mineral de hierro.

En este lugar, los kushitas desarrollaron la primera industria del hierro de África. Como era fácil conseguir mineral de hierro y madera para los hornos, la industria del hierro creció rápidamente.

La expansión del comercio

Con el tiempo, Meroë se convirtió en el centro de una extensa **red comercial**, un sistema de personas ubicadas en diferentes lugares que comerciaban con productos entre sí. Los kushitas enviaban artículos por el Nilo hacia Egipto. Desde allí, los **mercaderes**, o comerciantes egipcios y griegos los transportaban hacia los puertos del Mediterráneo y del mar Rojo y al sur de África. Es posible que estos bienes llegaran a la India y quizás a China en algún momento.

Las **exportaciones** (productos enviados a otras regiones para el intercambio comercial) de Kush incluían el oro, la cerámica, las herramientas de hierro, los esclavos y el marfil. Los mercaderes kushitas también exportaban pieles de leopardo, plumas de avestruz y elefantes. A cambio, los kushitas recibían **importaciones** (bienes que se introducen en un país procedentes de otros países o regiones) como joyas finas y productos lujosos desde Egipto, Asia y otras tierras de las costas del Mediterráneo.

La cultura kushita

Con el crecimiento del comercio kushita, los mercaderes entraron en contacto con otras culturas. Como resultado, los habitantes de Kush combinaron costumbres de otras culturas con su propia y única cultura kushita.

La influencia más evidente sobre la cultura kushita era la de Egipto. Muchos edificios de Meroë, especialmente los templos, se parecían a los de Egipto. Muchos habitantes de Kush adoraban a dioses egipcios y usaban vestimentas egipcias. Los gobernantes de Kush tenían el título de *faraón* y eran sepultados en pirámides.

Muchos elementos de la cultura kushita no habían sido tomados de otra cultura. Por ejemplo, las casas y la vida cotidiana de los kushitas eran únicas. Un geógrafo griego destacó algunas de estas diferencias.

"Las casas de las ciudades están hechas con láminas entretejidas de madera de palmera o con ladrillos… Cazan elefantes, leones y panteras. También hay serpientes… y hay muchas otras clases de animales salvajes".
—Strabo, de *Las Geografías*

Además de adorar a los dioses egipcios, los habitantes de Kush adoraban a sus propios dioses. También desarrollaron su propio lenguaje, el meroítico. Desafortunadamente, los historiadores todavía no han podido descifrar el meroítico.

SU IMPORTANCIA HOY

Hoy en día, aún quedan en pie más de 50 pirámides kushitas cerca de las ruinas de Meroë.

Los gobernantes de Kush

Al igual que los egipcios, los habitantes de Kush creían que sus gobernantes eran dioses. La cultura de Kush era similar a la de Egipto, pero también tenía diferencias importantes.

Al igual que los egipcios, los gobernantes de Kush hacían construir pirámides, pero eran mucho más pequeñas y su estilo era diferente.

Kush tuvo como gobernantes a unas cuantas reinas poderosas. Parece que las reinas fueron más importantes en Kush que en Egipto.

Se hacían bajorrelieves en piedra para conmemorar construcciones y sucesos importantes, al igual que en Egipto. El sistema de escritura de Kush era similar a los jeroglíficos egipcios, pero los expertos no han podido descifrar la mayor parte de ellos.

DESTREZA DE ANÁLISIS **ANALIZAR RECURSOS VISUALES**

¿Qué puedes ver en la ilustración que sea similar a la cultura egipcia?

Las mujeres en la sociedad kushita

Se esperaba que las mujeres de Kush participaran en la sociedad. Trabajaban en los campos, criaban a sus hijos, cocinaban y realizaban otras tareas del hogar.

Algunas mujeres kushitas ocuparon cargos de mucha **autoridad**. Algunas gobernaron conjuntamente con sus maridos o hijos, y otras gobernaron el imperio por su cuenta. Los historiadores creen que la primera mujer que gobernó Kush fue la **reina Shanakhdakheto**. Gobernó desde 170 a.C. hasta 150 a.C.

> **COMPRENSIÓN DE LA LECTURA** **Contrastar**
> ¿En qué se diferenciaba la cultura kushita de la egipcia?

La decadencia de Kush

Kush gradualmente fue perdiendo su poder. Una serie de problemas originados dentro del reino debilitaron su economía. Uno de los problemas fue que se permitió que el ganado pastara en exceso. Cuando las vacas se comían todo el pasto, el viento se llevaba la capa fértil del suelo y los agricultores producían menor cantidad de alimentos.

Además, los fabricantes de hierro agotaron los bosques cercanos a Meroë. Cuando la madera empezó a escasear, los hornos cerraron. Kush producía menor cantidad de armas y artículos para comerciar.

Otro factor que debilitó a Kush fue la disminución de su comercio. Los mercaderes extranjeros establecieron nuevas rutas comerciales que no pasaban por Kush. Una de esas rutas comerciales dejaba a Kush de lado y pasaba por Aksum, un reino a orillas del mar Rojo, en lo que hoy es Etiopía y Eritrea. En los primeros dos siglos d.C., Aksum se enriqueció con el comercio.

Para el siglo IV d.C., Kush había perdido gran parte de su riqueza y poderío militar. El rey de Aksum aprovechó la debilidad de su antiguo rival comercial. Alrededor del año 350 d.C., el ejército aksumita del **rey Ezana** destruyó Meroë y tomó Kush.

Hacia fines del siglo IV, los gobernantes de Aksum se convirtieron al cristianismo. Aproximadamente doscientos años después, los nubios también se convirtieron. Las últimas influencias de la civilización kushita habían desaparecido.

> **COMPRENSIÓN DE LA LECTURA** **Resumir** ¿Qué factores provocaron la decadencia de Kush?

RESUMEN Y PRESENTACIÓN Desde la capital, Meroë, el pueblo de Kush controlaba una poderosa red comercial. A continuación, aprenderás sobre un territorio que tal vez haya comerciado con Kush: la India.

VOCABULARIO ACADÉMICO
autoridad poder o influencia

SU IMPORTANCIA HOY

En Etiopía, que incluye el territorio que ocupaba Aksum, gran parte de la población sigue siendo cristiana.

Sección 5 Evaluación

Repasar ideas, palabras y personas

1. **a.** **Recordar** ¿A orillas de qué río se desarrolló Kush?
   b. **Evaluar** ¿Qué influencia tuvieron los recursos naturales de Nubia sobre los comienzos de la historia de Kush?
2. **a.** **Identificar** ¿Quién fue **Piankhi** y por qué fue importante para la historia de Kush?
   b. **Analizar** ¿Qué elementos de la cultura egipcia se hicieron populares en Kush?
   c. **Sacar conclusiones** ¿Por qué la vigésimo quinta dinastía es importante para la historia de Egipto y también de Kush?
3. **a.** **Describir** ¿Qué ventajas ofrecía la ubicación de Meroë a los kushitas?
   b. **Comparar** ¿En qué se parecían las culturas kushita y egipcia?
4. **a.** **Identificar** ¿Qué reino conquistó a Kush en el siglo IV d.C.?

b. **Evaluar** ¿Qué impacto tuvieron sobre Kush las nuevas rutas comerciales?

Pensamiento crítico

5. **Identificar causa y efecto** Dibuja una tabla como la siguiente. Usa tus notas para completarla con un efecto de cada causa.

Causa	Efecto
Tutmosis I invade Kush.	
Disminuye el poder de los faraones egipcios.	
Piankhi ataca Egipto.	

ENFOQUE EN LA REDACCIÓN

6. **Tomar notas sobre Kush** Repasa esta sección y toma notas sobre las personas, los lugares y los sucesos que servirían como pistas para tu acertijo sobre Kush.

Destrezas de estudios sociales

Análisis | Pensamiento crítico | Economía | Estudio

Evaluar fuentes primarias y secundarias

Comprender la destreza

Las *fuentes primarias* de la historia son elementos creados por personas que vivieron durante la época que describen; por ejemplo, cartas, diarios y fotografías. Las *fuentes secundarias* son relatos escritos con posterioridad por alguien que no estuvo presente. Están diseñados para enseñar o comentar un tema histórico. Este libro de texto es un ejemplo de fuente secundaria.

En conjunto, las fuentes primarias y secundarias pueden lograr una buena descripción de un período o suceso histórico. Sin embargo, deben usarse con cuidado para asegurarse de que la descripción que presenten sea precisa.

Aprender la destreza

Estas preguntas te ayudarán a determinar la exactitud de las fuentes primarias y secundarias.

1 **¿Qué es?** ¿Es un relato de primera mano o se basa en información dada por otros? Dicho de otro modo, ¿es una fuente primaria o secundaria?

2 **¿Quién lo escribió?** Si es una fuente primaria, ¿cuál era la conexión entre el autor y aquello sobre lo que escribió? Si es una fuente secundaria, ¿qué hace que el autor sea una autoridad en ese tema?

3 **¿Quién es la audiencia?** ¿La información estaba dirigida al público en general? ¿Estaba dirigida a un amigo o era sólo para el escritor? La audiencia puede influir sobre lo que el escritor tiene para decir.

4 **¿Cuál es el propósito?** Los autores de fuentes tanto primarias como secundarias pueden tener motivos para exagerar (o hasta mentir) para lograr sus propios objetivos. Busca indicios de emoción, opinión o prejuicios en la fuente. Éstos pueden afectar la exactitud del relato.

5 **¿Hay pruebas que respalden la fuente?** Busca otra información que respalde el relato de la fuente. Compara distintas fuentes siempre que sea posible.

Practicar y aplicar la destreza

A continuación leerás dos fragmentos acerca de los ejércitos del antiguo Egipto. Después de leerlos, usa las pautas para responder a las preguntas.

"Los faraones comenzaron… a dirigir grandes ejércitos en una tierra que hasta entonces sólo había tenido pequeñas fuerzas policiales y militares. Los egipcios extendieron rápidamente su influencia militar y comercial sobre una extensa región que incluía a las ricas provincias de Siria… y la cantidad de esclavos egipcios creció rápidamente".

–C. Warren Hollister, de *Roots of the Western Tradition*

"Te diré cómo está el soldado… cómo va a Siria y cómo marcha por las montañas. Lleva el pan y el agua sobre los hombros [como un burro]; el cuello se le dobla [como a un burro] y tiene las articulaciones de la columna inclinadas [torcidas]. Bebe agua apestosa… Cuando alcanza al enemigo, es atrapado como un pájaro y no tiene fuerza ni en las piernas ni en los brazos".

–de *Las alas del halcón: la vida y el pensamiento del antiguo Egipto*, de la versión de Joseph Kaster

1. ¿Cuál de las citas es una fuente primaria y cuál es una fuente secundaria?

2. ¿Hay indicios de opinión, emoción o prejuicios en la segunda cita? Explica por qué.

3. ¿Cuál de los fragmentos sobre este tema es más probable que tenga mayor exactitud? Explica tu respuesta.

Repaso del capítulo

El impacto de la historia
▶ video series
Consulta el video para responder la pregunta de enfoque:
¿Cuál fue el propósito original de construir pirámides?

Resumen visual

Usa el siguiente resumen visual para repasar las ideas principales del capítulo.

DATOS BREVES

Egipto
La civilización egipcia se desarrolló a lo largo del río Nilo. Allí, poderosos faraones gobernaron a una sociedad diversa entre cuyos logros figuran la construcción de impresionantes pirámides y el desarrollo de un sistema de escritura.

Kush
Kush se desarrolló más al sur, a orillas del río Nilo. Gobernados por sus propios reyes y reinas, los kushitas tuvieron una intensa interacción con los egipcios e incorporaron influencias egipcias a su propia cultura, también muy avanzada.

Repasar vocabulario, palabras y personas

En cada uno de los siguientes grupos de términos, encierra en un círculo la letra del término que no se relaciona con los otros. Luego, escribe una oración que explique la relación entre los otros dos términos.

1. **a.** rápidos
    b. delta
    c. dinastía

2. **a.** la otra vida
    b. momias
    c. ingeniería

3. **a.** jeroglíficos
    b. piedra Roseta
    c. obelisco

4. **a.** exportaciones
    b. importaciones
    c. papiro

Comprensión y pensamiento crítico

SECCIÓN 1 *(páginas 86–89)*

5. **a. Describir** Además de los cultivos, ¿qué alimentos brindaba el río Nilo?

   b. Analizar ¿Por qué Menes usaba una corona doble?

   c. Hacer predicciones ¿Qué crees que ocurría en los años en que el Nilo no se desbordaba?

SECCIÓN 2 *(páginas 90–95)*

6. **a. Identificar** ¿En qué tipo de estructura se sepultaba a los faraones?

   b. Analizar ¿Cuál era la relación entre las creencias acerca de la otra vida y los objetos que se colocaban en las tumbas?

   c. Profundizar ¿Por qué tanto los nobles como los plebeyos obedecían al faraón?

SECCIÓN 3 *(páginas 96–100)*

7. **a. Describir** ¿Qué factores contribuyeron a la riqueza de Egipto durante el Reino Nuevo?

b. Analizar ¿Cómo podía ascender de estatus social un joven egipcio?

c. Profundizar ¿Cuál fue la causa de la caída del Reino Nuevo?

SECCIÓN 4 *(páginas 102–106)*

8. a. Identificar ¿Qué es una esfinge?

b. Describir ¿Cómo se llamaba el sistema de escritura egipcio y en qué se diferencia de nuestro sistema de escritura?

c. Profundizar ¿Por qué es tan famoso el templo de Karnak?

SECCIÓN 5 *(páginas 107–113)*

9. a. Describir ¿Dónde se desarrolló la civilización kushita?

b. Sacar conclusiones ¿Por qué Egipto quería controlar a Kush?

c. Evaluar ¿Por qué la vigésimo quinta dinastía fue tan importante tanto para Kush como para Egipto?

Repasar los temas

10. Geografía ¿Crees que se podrían haber desarrollado sociedades como las de Egipto y Kush en otro lugar que no fuera el valle del río Nilo? ¿Por qué?

11. Religión ¿Cómo influyeron las creencias religiosas en las culturas egipcia y kushita?

12. Economía ¿Por qué la primera industria del hierro de África se desarrolló en Kush?

Usar Internet

13. Actividad: Crear arte Los egipcios desarrollaron una civilización extraordinariamente artística. Entre sus creaciones arquitectónicas se encuentran las innovadoras pirámides y los templos. Los artesanos crearon hermosas pinturas, esculturas y joyas. Usa tu libro de texto en Internet para investigar las características principales del arte y la arquitectura egipcios. Luego, imagina que eres un artesano egipcio. Crea una obra de arte para colocar dentro de la tumba de un faraón. Incluye jeroglíficos donde le cuentes al faraón sobre tu obra de arte.

🡕 **hmhsocialstudies.com**

Destrezas de lectura

Causas y efectos en la historia Lee el siguiente fragmento y responde a las preguntas.

> Gran parte de la religión egipcia se concentraba en la otra vida. Los egipcios creían que la otra vida era un lugar feliz. Su creencia en la otra vida provenía de su idea del *ka*, o la fuerza vital de una persona. Cuando alguien moría, su *ka* abandonaba el cuerpo y se convertía en un espíritu. Sin embargo, el *ka* permanecía ligado al cuerpo y no podía abandonar su tumba. El *ka* tenía las mismas necesidades que tenía la persona cuando vivía. Para satisfacer las necesidades del *ka*, las personas llenaban las tumbas con objetos para la otra vida.

14. ¿Cuál es la causa de la costumbre egipcia de poner objetos en las tumbas?

15. Según el fragmento, ¿cuál es un efecto de la creencia egipcia en el *ka*?

Destrezas de estudios sociales

16. Evaluar fuentes primarias y secundarias Escribe tres preguntas que quisieras hacer sobre una fuente primaria y tres preguntas que quisieras hacer sobre una fuente secundaria que tratara sobre la historia de Egipto y Kush.

ENFOQUE EN LA REDACCIÓN

17. Escribir acertijos Tienes toda la información necesaria para tus acertijos, pero tal vez necesites reducir tu lista de preguntas. Elige cinco detalles acerca de Egipto y cinco detalles acerca de Kush. Luego, escribe una oración acerca de cada detalle. Cada oración de tu acertijo debe terminar con "mí" o "conmigo". Por ejemplo, si estuvieras escribiendo sobre Estados Unidos, podrías decir "Canadá es el país que está al norte de mí". Después de escribir cinco oraciones para cada acertijo, termina cada uno con "¿Quién soy?".

Práctica para el examen estandarizado

INSTRUCCIONES: Lee las preguntas y escribe la letra de la respuesta correcta.

1

> Oh gran dios y soberano, regalo de Ra,
>   dios del sol.
> Oh gran protector de Egipto y su pueblo.
> Grandioso, que nos salvaste de los horribles
>   tehenu.
> Tú, que expulsaste a los hititas.
> Tú, que fortaleciste nuestra frontera occidental
>   para protegernos por siempre de nuestros
>   enemigos.
> Te bendecimos, oh grandioso.
> Te adoramos y honramos, oh gran faraón.

¿Un tributo como éste podría haber sido escrito en honor a qué gobernante egipcio?

A a Keops

B a Ramsés el Grande

C al rey Tutankamón

D a la reina Hatshepsut

2 El Nilo contribuyó al desarrollo de la civilización en Egipto de todas estas maneras *a excepción* de

A brindando una fuente de agua y alimentos.

B permitiendo el desarrollo de la agricultura.

C enriqueciendo el suelo de sus márgenes.

D protegiéndolo de invasiones desde el oeste.

3 El suelo más fértil de Egipto estaba ubicado en

A el delta del Nilo.

B el desierto.

C los rápidos.

D el extremo sur.

4 ¿Cuál de las siguientes oraciones acerca de la relación entre Egipto y Kush *NO* es verdadera?

A Egipto gobernó Kush durante muchos siglos.

B Kush fue un importante socio comercial de Egipto.

C Egipto envió las primeras personas que colonizaron Kush.

D Kush gobernó Egipto durante un período de tiempo.

5 ¿Cómo influyó Egipto sobre Kush?

A Egipto le enseñó a Kush a criar ganado.

B Egipto ayudó a Kush a desarrollar su sistema de irrigación.

C Egipto le enseñó a Kush a fabricar productos de hierro.

D Kush aprendió de Egipto a hacer pirámides.

Conexión con lo aprendido anteriormente

6 En este capítulo aprendiste acerca de los jeroglíficos, uno de los primeros sistemas de escritura del mundo. En el Capítulo 3 leíste acerca de otro antiguo sistema de escritura llamado

A sumerio.

B Hammurabi.

C zigurat.

D cuneiforme.

7 En el Capítulo 3 leíste acerca de Sargón I, el primero en unir Mesopotamia bajo un solo gobierno. ¿Los logros de qué soberano egipcio son más similares a los de Sargón?

A del rey Ezana

B de Keops

C de Menes

D de Hatshepsut

Tarea

Escribe una descripción de un lugar (una ciudad, aldea, edificio o monumento) de la antigua Mesopotamia, el antiguo Egipto o Kush.

CONSEJO **Organizar detalles**

Organiza los detalles que reúnas de una de las siguientes maneras.

- **Orden espacial** Ordena los detalles de acuerdo a su ubicación. Puedes describir las cosas de derecha a izquierda, de arriba a abajo o de lejos a cerca.
- **Orden cronológico** Ordena los detalles en el orden en que ocurrieron o en el orden en que los has experimentado.
- **Orden de importancia** Ordena los detalles del más importante al menos importante o viceversa.

Descripción de un lugar histórico

Si una imagen vale más que mil palabras, entonces mil palabras podrían hacer una buena descripción. Los escritores recurren a la descripción cuando quieren explicar cómo es un lugar: lo que podrías ver si estuvieras allí, o lo que podrías oír, oler o tocar.

1. Antes de escribir

Elegir un tema y una idea principal

Piensa en las civilizaciones antiguas de Mesopotamia, Egipto y Kush. ¿Cuál te parece más interesante? ¿Qué aldeas, ciudades o edificios parecen interesantes? Elige un lugar y usa este libro de texto, Internet o fuentes de tu biblioteca para averiguar más datos sobre él.

También deberás decidir cuál será tu punto de vista sobre el tema elegido. Por ejemplo, ¿era un lugar aterrador, excitante o conmovedor?

Elegir los detalles

Cuando estés haciendo tu investigación, busca detalles que puedan mostrar a tus lectores cómo habría sido estar realmente en ese lugar.

- **Detalles sensoriales** ¿Qué color o colores asocias con tu tema? ¿Qué forma o formas puedes ver? ¿Qué sonidos oirías si estuvieras allí? ¿Qué podrías tocar (paredes ásperas, pasto seco, una piedra lisa y pulida, etc.)?
- **Detalles objetivos** ¿Qué tan grande era ese lugar? ¿Dónde estaba ubicado? ¿Cuándo existió? Si había personas allí, ¿qué hacían?

Una vez que hayas elegido los detalles que usarás en tu descripción, piensa en tu punto de vista sobre ese lugar. Si era excitante, elige detalles que te ayuden a transmitir esa idea.

2. Escribe

El siguiente esquema te ayudará a escribir un primer borrador a partir de tus notas.

Esquema del escritor

Introducción	Desarrollo	Conclusión
- Identifica tu tema y tu punto de vista sobre el mismo. - Da a tus lectores toda la información sobre el contexto que puedan necesitar.	- Describe tu tema, usando detalles sensoriales y objetivos. - Sigue un orden coherente y lógico.	- Resume brevemente los detalles más importantes del lugar. - Revela tu punto de vista sobre el lugar.

3. Evalúa y revisa

Evaluar

Usa las siguientes preguntas para descubrir cómo puedes mejorar tu trabajo.

Preguntas para evaluar la descripción de un lugar

- ¿Captas inmediatamente el interés del lector?
- ¿Usas detalles sensoriales y objetivos que, en conjunto, logran crear una imagen vívida de tu tema?
- ¿Expresas con claridad tu punto de vista o idea más importante?

- ¿Está la información organizada con claridad?
- ¿Finalizas la descripción resumiendo los detalles más importantes?

CONSEJO **Mostrar la ubicación** Cuando describas la apariencia física de algo, debes asegurarte de usar palabras y frases precisas para explicar dónde está ubicada una característica determinada. Algunas palabras y frases útiles para explicar la ubicación de algo son *debajo, junto a, abajo, arriba, sobre, al lado de, a la derecha* y *a la izquierda*.

Revisar

Con frecuencia ayudamos a que otras personas comprendan o se imaginen algo haciendo comparaciones. A veces comparamos dos cosas que son realmente muy parecidas. Por ejemplo, "La ciudad creció como lo hizo San Diego. Se extendió alrededor de un puerto protegido". Otras veces, comparamos dos cosas que no son similares. Estas comparaciones se llaman figuras retóricas y pueden ayudar a tus lectores a ver algo de una manera interesante.

- Las comparaciones comparan dos cosas distintas usando palabras como *como* o *tan*. **EJEMPLO:** *El centro de la ciudad formaba una curva alrededor del puerto como una luna creciente.*
- Las metáforas comparan dos cosas distintas diciendo que una es la otra. **EJEMPLO:** *La ciudad era la reina de la región.*

Cuando evalúes y revises tu descripción, busca la forma de describir tu objeto con más claridad al compararlo con otra cosa.

4. Corrige y publica

- Asegúrate de usar correctamente las comas cuando enumeres detalles. **EJEMPLO:** *El templo tenía 67 pies de alto, 35 pies de ancho y 40 pies de profundidad.*
- Comenta tu trabajo con estudiantes que hayan escrito sobre un lugar similar. ¿Qué detalles comparten sus descripciones? ¿En qué se diferencian?
- Busca o crea una ilustración del lugar que has descrito. Pide a uno de tus compañeros o a un familiar que lea la descripción y la compare con la ilustración.

● Practica y aplica

Usa los pasos y las estrategias de este taller para escribir tu descripción de un lugar en la antigua Mesopotamia, Egipto o Kush.

Las civilizaciones de la India y China

Dos de las primeras civilizaciones de la antigüedad surgieron en la India y en China. En estos dos lugares, los valles de los ríos brindaron el escenario para el desarrollo de las civilizaciones. Los indios y los chinos construyeron grandes imperios y lograron muchos avances en las ciencias, las artes y el saber.

En estas civilizaciones también surgieron nuevas tradiciones espirituales. Dos de las principales religiones del mundo (el hinduismo y el budismo) nacieron en la India. En China, los eruditos Confucio y Laozi desarrollaron ideas que influyeron en el pensamiento y la sociedad de China durante más de 2,000 años.

En los próximos dos capítulos, aprenderás sobre las avanzadas civilizaciones y culturas de la India y China.

Investiga el arte

En esta ilustración, el emperador chino Shi Huangdi supervisa la construcción de una enorme muralla en el año 220 a.C. ¿Por qué crees que un pueblo construiría una barrera tan grande?

119

La antigua India

Pregunta esencial ¿Qué efecto ha tenido en el mundo actual la riqueza histórica y cultural de la India?

Lo que aprenderás...

En este capítulo estudiarás la antigua civilización de la India, cuna de dos de las principales religiones del mundo: el hinduismo y el budismo.

ENFOQUE EN LA REDACCIÓN

Un cartel ilustrado La antigua India era un lugar fascinante. Fue la cuna de maravillosas ciudades, fuertes imperios e importantes religiones. A medida que leas este capítulo, piensa cómo podrías ilustrar uno de los aspectos de la cultura india en un cartel. Cuando termines el capítulo, diseñarás el cartel, que incluirá leyendas que expliquen los dibujos que hiciste.

círca **2300 a.C.**
Se desarrolla la civilización harapa.

SUCESOS EN EL CAPÍTULO

2300 a.C.

SUCESOS EN EL MUNDO

2200 a.C.
El Reino Antiguo de Egipto llega a su fin.

En esta foto, una multitud de hindúes se reúne para bañarse en el río sagrado Ganges.

siglo XVI a.C.
Los arios comienzan a migrar hacia la India.

circa 1250 a.C.
El hinduismo comienza a desarrollarse en la India.

circa 563 a.C.
Nace el príncipe Siddhartha Gautama, también llamado Buda, en el norte de la India.

circa 320 d.C.
Chandragupta funda el Imperio gupta.

1500 a.C. **1000 a.C.** **500 a.C.** **a.C. 1 d.C.** **500 d.C.**

circa 1500 a.C.
Se establece en China la dinastía Shang.

334 a.C.
Alejandro Magno comienza sus conquistas.

391 d.C. Se prohíben todas las religiones no cristianas en el Imperio romano.

Enfoque en los temas Este capítulo resume y describe el desarrollo de la India. Leerás sobre la primera civilización de la India: la civilización harappa, que estaba tan adelantada que las personas tenían baños en sus casas y un sistema de escritura. También aprenderás sobre la **sociedad** y la **cultura** que controlaba con quiénes podían hablar o casarse los indios. Finalmente, leerás sobre las **religiones** y los imperios que unieron a la India y sobre el arte y la literatura que crearon los indios.

Inferencias sobre la historia

Enfoque en la lectura ¿Cuál es la diferencia entre una buena suposición y una mala suposición? Una buena suposición es una suposición *informada*. Dicho de otro modo, es una suposición basada sobre cierto conocimiento o información. Eso es una **inferencia:** una suposición informada.

Inferir sobre lo que leíste Inferir es similar a sacar conclusiones. Para inferir se sigue casi el mismo proceso: combinas la información de lo que leíste con lo que ya sabes y realizas una suposición informada sobre lo que significa. Una vez que hayas hecho varias inferencias, es posible que puedas sacar una conclusión que las conecte entre sí.

Pasos para inferir
1. Haz una pregunta.
2. Anota la información de "Dentro del texto".
3. Anota la información de "Fuera del texto".
4. Usa ambos grupos de información para hacer una suposición informada o una inferencia.

Pregunta ¿Por qué los sacerdotes arios tenían reglas para hacer sacrificios?

Dentro del texto	Fuera del texto
Los textos sagrados indican cómo hacer los sacrificios.	Otras religiones tienen tareas que sólo los sacerdotes pueden realizar.
Los sacerdotes sacrificaban animales en el fuego.	Muchas sociedades antiguas creían que los sacrificios ayudaban a mantener contentos a los dioses.
Los sacrificios eran ofrendas para los dioses.	

Inferencia Los arios creían que si se hacía un sacrificio de modo incorrecto, los dioses podían enojarse.

¡Inténtalo!

El siguiente fragmento pertenece al capítulo que vas a leer. Léelo y luego responde a las preguntas.

Los logros de los harappa

La civilización harappa era muy avanzada. Muchas casas tenían baños internos. Hacían excelentes piezas de cerámica, joyas, objetos de marfil y prendas de algodón. Usaban herramientas de alta calidad y desarrollaron un sistema de pesos y medidas.

Del Capítulo 5, pág. 128

También desarrollaron el primer sistema de escritura de la India, pero los expertos aún no pueden leerlo, por lo que sabemos muy poco acerca de la sociedad harappa. Los historiadores creen que los harappa tenían reyes y gobiernos centrales fuertes pero no están seguros al respecto. Tal como sucedía en Egipto, es posible que el pueblo venerara al rey como a un dios.

Los harappa llegaron a su fin a principios del siglo XVIII a.C., pero nadie sabe bien por qué.

Responde a las siguientes preguntas para hacer inferencias sobre la sociedad harappa.

1. ¿Crees que el idioma de la civilización harappa estaba íntimamente relacionado con los idiomas que se hablan en la India en la actualidad? Ten en cuenta la información dentro del texto y lo que aprendiste fuera del texto para hacer una inferencia sobre el idioma de la civilización harappa.

2. ¿Qué acabas de aprender sobre los logros de los harappa? Piensa en otras civilizaciones que hayas estudiado que hayan tenido logros similares. ¿Qué permitió a esas civilizaciones alcanzar esos logros? ¿Qué puedes inferir acerca de la antigua sociedad harappa?

A medida que lees el Capítulo 5, usa la información que encuentres en el texto para hacer inferencias sobre la sociedad india.

Personas y palabras clave

Vocabulario académico

El progreso escolar está relacionado con el conocimiento del vocabulario académico, es decir, de las palabras que se usan con frecuencia en las tareas y discusiones en clase. En este capítulo, aprenderás las siguientes palabras de vocabulario académico:

La geografía y la antigua India

Si ESTUVIERAS allí...

Tu pueblo está formado por pastores nómadas que viven en el sur de Asia en el año 1200 a.C. aproximadamente. Vives en el valle de un río que tiene abundante agua y pasto para tu ganado. Además de cuidar el ganado, pasas tiempo con los ancianos de la aldea que te enseñan canciones y poemas. Ellos dicen que estas palabras contienen la historia de tu pueblo. Algún día, será tu deber enseñárselas a tus propios hijos.

¿Por qué es importante transmitir estas palabras?

CONOCER EL CONTEXTO Al igual que Mesopotamia y Egipto, la India fue cuna de una de las primeras civilizaciones del mundo. Al igual que otras civilizaciones antiguas, la civilización india se desarrolló en el valle de un río. Pero la sociedad que acabó por desarrollarse en la India fue muy distinta de las que se desarrollaron en otros lugares.

La geografía de la India

Observa el mapa de Asia en el atlas de este libro. ¿Ves la gran masa de tierra que parece un triángulo que sobresale del centro de la parte sur del continente? Eso es la India. Allí se desarrolló una de las primeras civilizaciones del mundo.

Accidentes geográficos y ríos

La India es enorme. De hecho, es tan grande que muchos geógrafos la consideran un subcontinente. Un **subcontinente** es una gran masa de tierra menor que un continente. Los subcontinentes suelen estar separados del resto del continente por características físicas. Por ejemplo, si observas el mapa de la próxima página podrás ver que la India está separada del resto de Asia por cadenas montañosas.

Entre las cordilleras del norte de la India se encuentra el Himalaya, la cordillera más alta del mundo. Al oeste está el Hindu Kush. Aunque estas cordilleras dificultan el acceso a la India, a lo largo de la historia los invasores han hallado algunos senderos para atravesarlas.

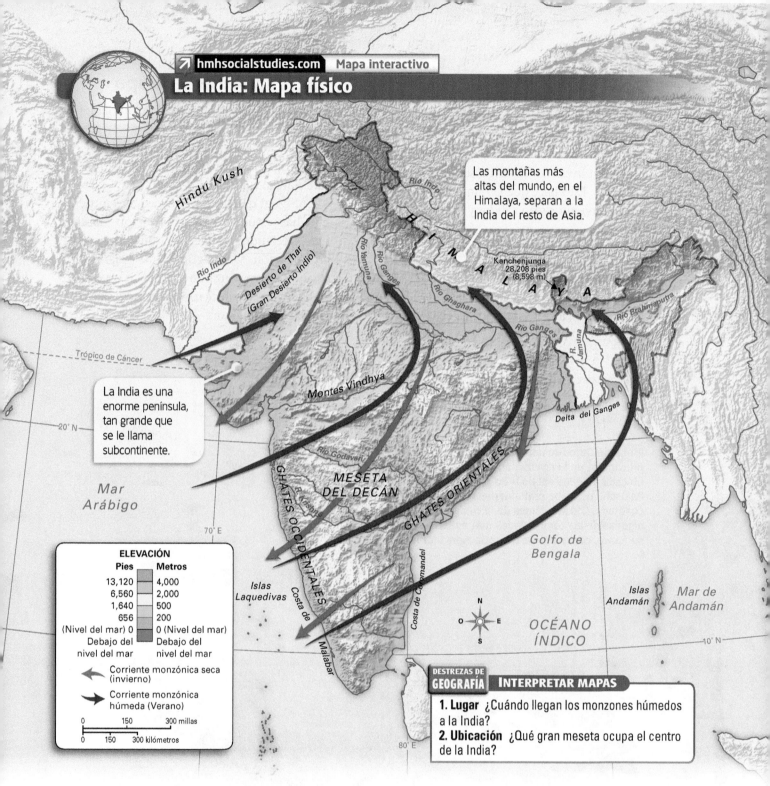

La India: Mapa físico

hmhsocialstudies.com **Mapa interactivo**

Hindu Kush

Río Indo

Río Indo

Desierto de Thar (Gran Desierto Indio)

HIMALAYA

Las montañas más altas del mundo, en el Himalaya, separan a la India del resto de Asia.

Kanchenjunga
28,208 pies
(8,598 m)

Río Yamuna

Río Ganges

Río Ghaghara

Río Ganges

Río Brahmaputra

R. Jamuna

Delta del Ganges

Trópico de Cáncer

La India es una enorme península, tan grande que se le llama subcontinente.

20° N

Montes Vindhya

Río Godavari

Mar Arábigo

R. Krishna

MESETA DEL DECÁN

GHATES OCCIDENTALES

GHATES ORIENTALES

70° E

Golfo de Bengala

ELEVACIÓN

Pies	Metros
13,120	4,000
6,560	2,000
1,640	500
656	200
(Nivel del mar) 0	0 (Nivel del mar)
Debajo del nivel del mar	Debajo del nivel del mar

Corriente monzónica seca (invierno)

Corriente monzónica húmeda (Verano)

0   150   300 millas

0   150   300 kilómetros

Islas Laquedivas

Costa de Malabar

Costa de Coromandel

Islas Andamán

Mar de Andamán

OCÉANO ÍNDICO

N O E S

10° N

80° E

DESTREZAS DE GEOGRAFÍA **INTERPRETAR MAPAS**

1. Lugar ¿Cuándo llegan los monzones húmedos a la India?

2. Ubicación ¿Qué gran meseta ocupa el centro de la India?

Al oeste del Himalaya hay un amplio desierto. Gran parte del resto de la India está cubierta por llanuras fértiles y accidentadas mesetas.

Desde el Himalaya descienden varios ríos importantes. La primera civilización de la India estaba ubicada en el valle de uno de ellos: el Indo. El río Indo se encuentra en lo que hoy es Pakistán, al oeste de la India. Cuando la abundante nieve del Himalaya se derretía, el Indo se desbordaba. Al igual que en Mesopotamia y Egipto, la inundación dejaba una capa de cieno fértil. El cieno generaba una tierra de cultivo ideal para los primeros habitantes de la región.

El clima

La mayor parte de la India tiene un clima cálido y húmedo. Este clima está determinado en gran parte por los **monzones** de la India, vientos estacionales cíclicos que causan estaciones húmedas y secas.

En verano, los monzones llegan a la India desde el océano Índico y traen abundantes lluvias que pueden provocar terribles inundaciones. En algunas partes de la India caen hasta 100 ó 200 pulgadas de lluvia durante esta época. En invierno, el viento sopla desde las montañas. Esto hace que la humedad se vaya y que los inviernos sean cálidos y secos.

COMPRENSIÓN DE LA LECTURA **Sacar conclusiones** ¿Cómo crees que los monzones afectaron a los asentamientos de la India?

La civilización harappa

Los historiadores llaman civilización harappa a la civilización que se desarrolló en el valle del río Indo. También se encontraron muchos asentamientos de Harappa a orillas del río Sárasuati, al sureste del río Indo.

Al igual que las otras sociedades antiguas que has estudiado, la civilización harappa fue creciendo a medida que mejoraron la irrigación y la agricultura. Cuando los agricultores comenzaron a producir excedentes de alimentos, aparecieron los primeros pueblos y ciudades en la India.

La historia en detalle

La vida en Mohenjo Daro

Mohenjo Daro fue una de las dos ciudades principales de la civilización harappa. La ciudad, ubicada a orillas del río Indo en lo que hoy es Pakistán, ocupaba probablemente una milla cuadrada. Los habitantes de la ciudad disfrutaban algunas de las comodidades más avanzadas de su época, como instalaciones de agua interiores.

Los mercaderes de Harappa usaban un conjunto estandarizado de pesas para medir bienes como piedras preciosas.

Las primeras ciudades de la India

La civilización harappa recibió ese nombre por la ciudad moderna de Harappa, Pakistán. Cerca de esta ciudad se hallaron las primeras ruinas de esta civilización. Después de estudiar estas ruinas, los arqueólogos creen que la civilización prosperó entre los años 2300 y 1700 a.C.

Las mayores fuentes de información que tenemos sobre la civilización harappa son las ruinas de dos grandes ciudades: Harappa y Mohenjo Daro. Estas dos ciudades se encontraban sobre el río Indo a más de 300 millas de distancia pero eran sorprendentemente similares.

Tanto Harappa como Mohenjo Daro estaban bien diseñadas. Cada una se encontraba cerca de una elevada fortaleza. Desde allí, los guardias podían vigilar las calles de ladrillo de la ciudad, que se cruzaban en ángulos rectos y tenían almacenes, talleres, mercados y casas. Además, las dos ciudades tenían muchos pozos públicos.

Junto a la ciudad se alzaba una enorme ciudadela, o fortaleza, para resguardarla de invasiones.

Las casas de Mohenjo Daro tenían techos planos. Muchas tenían escaleras que permitían que las personas subieran al techo desde la calle.

Las calles de la ciudad estaban pavimentadas y bien drenadas. Se cruzaban en ángulos rectos, formando una cuadrícula.

La civilización harappa

HIMALAYA
Harappa
Mohenjo Daro
Río Indo
Río Sarasuati
Desierto de Thar
Mar Arábigo

N O E S

Civilización harappa
• Asentamiento

0   100   200 millas
0   100   200 kilómeters

DESTREZA DE ANÁLISIS ANALIZAR RECURSOS VISUALES

¿Qué sugiere en esta ilustración que Mohenjo Daro era una ciudad bien diseñada?

Los logros de los harappa

La civilización harappa era muy avanzada. Muchas casas tenían baños internos. Hacían excelentes piezas de cerámica, joyas, objetos de marfil y prendas de algodón. Usaban herramientas de alta calidad y desarrollaron un sistema de pesos y medidas.

También desarrollaron el primer sistema de escritura de la India, pero los expertos aún no pueden leerlo, por lo que sabemos muy poco acerca de la sociedad harappa. Los historiadores creen que los harappa tenían reyes y gobiernos centrales fuertes, pero no están seguros al respecto. Tal como sucedía en Egipto, es posible que el pueblo venerara al rey como a un dios.

Los harappa llegaron a su fin a principios del siglo XVIII a.C., pero nadie sabe bien por qué. Quizá los invasores destruyeron las ciudades o los desastres naturales, como las inundaciones o los terremotos, provocaron la caída de la civilización.

COMPRENSIÓN DE LA LECTURA **Analizar**

¿Por qué sabemos tan poco sobre la civilización harappa?

El arte de los harappa

Al igual que otros pueblos antiguos, los harappa hacían pequeños sellos (como el que aparece aquí) que se usaban para imprimir ilustraciones en los productos. También usaban vasijas de arcilla como la de la derecha, como urnas funerarias.

La migración aria

Poco después de que la civilización harappa llegara a su fin, un nuevo grupo llegó al valle del Indo: los arios. Provenían de la zona del mar Caspio en Asia Central. Con el tiempo, los arios se convirtieron en el grupo dominante de la India.

Llegada y dispersión

Los arios llegaron a la India después del año 2000 a.C. Los historiadores y arqueólogos creen que los arios cruzaron las montañas del noroeste. A través de los siglos, se dispersaron hacia el este y el sur hasta llegar al centro de la India. Desde allí, avanzaron hacia el este, hasta el valle del río Ganges.

Gran parte de lo que sabemos acerca de la sociedad aria proviene de escritos religiosos conocidos como los vedas. Estas recopilaciones de poemas, himnos, mitos y rituales fueron escritas por sacerdotes arios. Aprenderás más sobre los vedas más adelante en el capítulo.

El gobierno y la sociedad

Como eran nómadas, los arios se llevaban su ganado cuando se trasladaban. Pero con el tiempo, se asentaron en aldeas y comenzaron a cultivar. A diferencia de los harappa, los arios no construyeron grandes ciudades.

El sistema político ario también se diferenciaba del sistema de los harappa. Los arios vivían en pequeñas comunidades, basadas principalmente en los lazos familiares. No existía una única autoridad gobernadora: cada grupo tenía su propio líder, que solía ser un hábil guerrero.

Las aldeas arias eran gobernadas por rajás. Un rajá era un líder que dirigía una aldea y sus tierras circundantes. Los aldeanos cultivaban algunas de estas tierras para el rajá y usaban otras secciones como tierras de pastoreo para sus propias vacas, caballos, ovejas y cabras.

Aunque muchos rajás eran parientes entre sí, no siempre se llevaban bien. A menudo unían sus fuerzas para luchar contra un enemigo en común. Sin embargo, otras veces luchaban entre sí. De hecho, los grupos arios luchaban entre sí con tanta frecuencia como contra otros pueblos.

El idioma

Los primeros arios que se asentaron en la región no sabían leer ni escribir. Por este motivo, debían memorizar los poemas e himnos que eran importantes en su cultura, como los vedas. Si las personas se olvidaban los poemas e himnos, éstos se perderían para siempre.

El idioma de estos poemas e himnos arios era el **sánscrito**, el idioma más importante de la antigua India. Al principio, el sánscrito era sólo un idioma hablado. Sin embargo, con el tiempo la gente halló una manera de escribirlo para poder llevar registros. Estos registros en sánscrito son una fuente importante de información sobre la sociedad aria. El sánscrito ya no se habla en la actualidad, pero es la raíz de muchos idiomas actuales del sur de Asia.

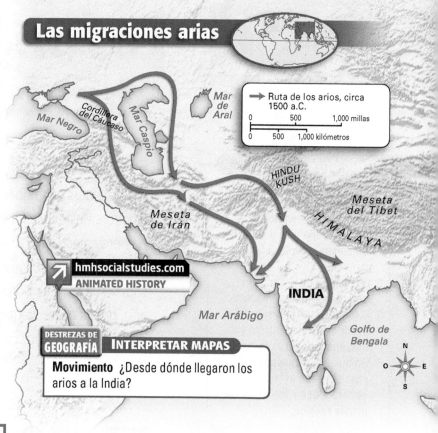

Las migraciones arias

Ruta de los arios, circa 1500 a.C.

0   500   1,000 millas
0   500   1,000 kilómetros

Cordillera del Cáucaso
Mar Negro
Mar Caspio
Mar de Aral
HINDU KUSH
Meseta del Tíbet
Meseta de Irán
HIMALAYA
INDIA
Mar Arábigo
Golfo de Bengala
N O E S

hmhsocialstudies.com
ANIMATED HISTORY

DESTREZAS DE GEOGRAFÍA | **INTERPRETAR MAPAS**

Movimiento ¿Desde dónde llegaron los arios a la India?

COMPRENSIÓN DE LA LECTURA) **Identificar**
¿Qué fuente brinda gran parte de la información que tenemos sobre los arios?

RESUMEN Y PRESENTACIÓN Las primeras civilizaciones de la India se centraron en el valle del Indo. En este valle fértil vivieron primero los harappa y después los arios. En la próxima sección, aprenderás sobre una nueva religión que se desarrolló en el valle del Indo después de que los arios se asentaran allí: el hinduismo.

SU IMPORTANCIA HOY
El hindi, el idioma más hablado de la India, proviene del sánscrito.

Sección 1 Evaluación

hmhsocialstudies.com
Cuestionario en Internet

Repasar ideas, palabras y personas

1. **a. Definir** ¿Qué son los **monzones**?
   b. Contrastar ¿En qué se diferencia el norte de la India del resto de la región?
   c. Profundizar ¿Por qué se llama a la India **subcontinente**?
2. **a. Recordar** ¿Dónde se desarrolló la civilización harappa?
   b. Analizar ¿Cuál es uno de los motivos por el que los expertos no comprenden totalmente algunos aspectos importantes de la sociedad harappa?
3. **a. Identificar** ¿Quiénes eran los arios?
   b. Contrastar ¿En qué se diferenciaba la sociedad aria de la sociedad harappa?

Pensamiento crítico

4. **Sacar conclusiones**
   Usa tus notas para sacar conclusiones sobre la influencia de la geografía sobre la antigua civilización india. Registra tus conclusiones en un diagrama como éste.

Geografía de India → Sociedad harappa
→ Sociedad aria

ENFOQUE EN LA REDACCIÓN

5. **Ilustrar la geografía y las primeras civilizaciones** En esta sección se describieron dos temas posibles para tu cartel: la geografía y las primeras civilizaciones. ¿Cuál te interesa más? Anota algunas ideas para hacer un cartel sobre el tema que elijas.

Los orígenes del hinduismo

Lo que aprenderás...

Ideas principales

1. Bajo el dominio ario, la sociedad india se dividió en clases sociales bien definidas.
2. La religión de los arios se conoce como brahmanismo.
3. El hinduismo se desarrolló a partir del brahmanismo y la influencia de otras culturas.
4. Un número de grupos reaccionaron al hinduismo separándose y formando su propia religión.

La idea clave

El hinduismo, la religión principal de la India en la actualidad, se desarrolló a partir de antiguas creencias y prácticas indias.

Palabras clave

sistema de castas, *pág. 131*
hinduismo, *pág. 133*
reencarnación, *pág. 133*
karma, *pág. 134*
jainismo, *pág. 135*
no violencia, *pág. 135*
sijismo, *pág. 135*

hmhsocialstudies.com
TOMAR NOTAS

Usa el organizador gráfico en Internet para tomar notas acerca del hinduismo. Presta especial atención a los orígenes de la religión, sus enseñanzas y otras religiones que se desprendieron de ella.

Si ESTUVIERAS allí...

Tus parientes son hábiles tejedores que hacen hermosas telas de algodón. Perteneces a la clase de la sociedad aria compuesta por comerciantes, agricultores y artesanos. Con frecuencia, el rajá de tu pueblo lleva a los guerreros a luchar. Admiras su valentía, pero sabes que nunca podrías ser uno de ellos. Para ser un guerrero ario, debes nacer dentro de esa clase noble. Pero tú debes cumplir con tu propio deber.

¿Qué te parece la idea de seguir siendo un tejedor?

CONOCER EL CONTEXTO Cuando los arios se trasladaron a la India, desarrollaron un estricto sistema de clases sociales. A medida que la influencia aria se expandió por la India, también lo hizo su sistema de clases. En poco tiempo, este sistema de clases se convirtió en una parte clave de la sociedad india.

La sociedad india se divide

A medida que la sociedad aria se volvió más compleja, se dividió en grupos. En su mayoría, estos grupos estaban organizados según la ocupación de las personas. Se desarrollaron estrictas reglas en relación a la interacción entre las personas de los distintos grupos. Con el tiempo, estas reglas se volvieron más estrictas y pasaron a ser fundamentales en la sociedad india.

Las *varnas*

Según los vedas, había cuatro *varnas*, o divisiones sociales principales, en la sociedad aria. Estas *varnas* eran:

- los brahmanes, o sacerdotes,
- los kshatriyas, o gobernantes y guerreros,
- los vaisyas, o agricultores, artesanos y comerciantes y
- los sudras, u obreros y no arios.

Los brahmanes estaban en la posición superior de la sociedad porque eran los encargados de los rituales para los dioses. Esto les daba una gran influencia sobre las demás *varnas*.

El sistema de castas

A medida que las reglas de interacción entre las *varnas* se volvieron más estrictas, el orden social ario se volvió más complejo. Con el tiempo, las cuatro *varnas* de la sociedad aria se subdividieron en muchas castas o grupos. Este **sistema de castas** dividía la sociedad india en grupos basados en el origen, el nivel económico o la profesión. En un momento llegó a haber unas 3,000 castas diferentes en la India.

La casta a la que pertenecía una persona determinaba su lugar en la sociedad. Sin embargo, este ordenamiento no era permanente. Con el tiempo, las castas individuales ganaban o perdían su posición en la sociedad cuando los miembros de las castas adquirían mayor riqueza o poder. Sólo en raras ocasiones, las personas podían cambiar de casta.

Tanto los hombres como las mujeres pertenecían a las castas. A principios del período ario, las mujeres tenían casi los mismos derechos que los hombres. Podían, por ejemplo, ser dueños de propiedades y recibir educación. Con el tiempo, sin embargo, se aprobaron leyes para limitar esos derechos.

Hacia el fin del período ario, un segmento de la sociedad india original no pertenecía a ninguna casta. Este grupo se llamó los intocables. Los intocables podían tener solo ciertos puestos de trabajo, que a menudo consistían en tareas desagradables.

Las reglas de las castas

Para mantener las diferencias de clases, los arios desarrollaron sutras, o guías, que detallaban todas las reglas del sistema de castas. Por ejemplo, ninguna persona podía casarse con otra que perteneciera a una clase social diferente. Incluso estaba prohibido que una persona de determinada clase social comiera con personas de otra clase. Las personas que rompían las reglas de las castas podían ser desterradas de sus hogares y de sus castas, lo cual las convertía en intocables. Debido a estas reglas, las personas pasaban casi todo el tiempo con los de su misma clase.

COMPRENSIÓN DE LA LECTURA **Hacer inferencias** ¿Cómo se convertía una persona en miembro de una casta?

Las *varnas* **DATOS BREVES**

Los brahmanes
Los brahmanes eran los sacerdotes de la India y eran considerados la *varna* más elevada.

Los kshatriyas
Los kshatriyas eran gobernantes y guerreros.

Los vaisyas
Los vaisyas eran agricultores, artesanos y comerciantes.

Los sudras
Los sudras eran obreros y sirvientes.

DESTREZA DE ANÁLISIS **ANALIZAR RECURSOS VISUALES**
¿Por qué crees que los sacerdotes estaban en la cima de la sociedad india?

Los dioses y creencias hindúes

Los hindúes creen en muchos dioses, pero creen que todos ellos son aspectos de un único espíritu universal llamado Brahmán. Existen tres aspectos de Brahmán especialmente importantes para el hinduismo: Brahma, Shiva y Vishnú.

Las principales creencias del hinduismo

DATOS BREVES

- Un espíritu universal llamado Brahmán creó el universo y todo lo que hay en él. Todo lo que existe es sólo una parte de Brahmán.

- Todas las personas tienen un alma o *atman* que finalmente se unirá a Brahmán.

- Las almas de las personas se reencarnan muchas veces antes de que puedan unirse a Brahmán.

- El karma de una persona determina su próxima reencarnación.

El dios Brahma representa el aspecto creador de Brahmán. Sus cuatro caras simbolizan los cuatro vedas.

El brahmanismo

La religión había sido una parte importante de la vida de los arios aún antes de que se trasladaran a la India. Con el tiempo, la religión se hizo aún más significativa en la India. Debido a que los sacerdotes arios eran llamados brahmanes, su religión suele llamarse brahmanismo.

Los vedas

La religión aria se basaba en los vedas. Existen cuatro vedas y cada uno contiene himnos y poemas sagrados. El más antiguo de los vedas, el *Rigveda*, probablemente fue escrito antes del siglo XI a.C. Contiene himnos de alabanza a muchos dioses. Este fragmento, por ejemplo, es el principio de un himno de alabanza a Indra, dios del cielo y de la guerra.

"Aquél que es primero y posee sabiduría desde que nació; el dios que procuró proteger a los dioses con su fuerza; aquél ante cuya fuerza tiemblan los dos mundos por la grandeza de su virilidad [poder]: él, oh pueblo, es Indra".

–del *Rigveda*, en *Lecturas sobre el mundo, Volumen I*, editado por Paul Brians, et al.

Los textos védicos posteriores

Con el correr de los siglos, los brahmanes arios escribieron sus pensamientos sobre los vedas. A su vez, estos pensamientos fueron compilados en colecciones llamadas textos védicos.

Una colección de textos védicos describe los rituales religiosos arios. Por ejemplo, describe cómo deben realizarse los sacrificios. Los sacerdotes sacrificaban animales, alimentos o bebidas en el fuego. Los arios creían que el fuego llevaba esas ofrendas a los dioses.

Otra colección de textos védicos describe rituales secretos que sólo ciertas personas podían realizar. Estos rituales eran tan secretos que debían realizarse en el bosque, lejos de otras personas.

La última colección de textos védicos son los Upanishad, la mayoría de los cuales ya estaban escritos para el siglo VII a.C. Estos textos son reflexiones sobre los vedas realizadas por estudiantes y maestros religiosos.

COMPRENSIÓN DE LA LECTURA Identificar las ideas principales ¿Qué son los textos védicos?

Shiva, el aspecto destructor de Brahmán, se suele representar con cuatro brazos y tres ojos. Aquí se muestra danzando sobre el lomo de un demonio que ha derrotado.

Vishnú es el aspecto conservador de Brahmán. En sus cuatro brazos lleva una concha marina, una maza y un disco, símbolos de su poder y grandeza.

Surge el hinduismo

Los vedas, los Upanishad y los demás textos védicos fueron la base de la religión india durante siglos. Sin embargo, con el tiempo, las ideas de estos textos sagrados comenzaron a mezclarse con las ideas de otras culturas. Por ejemplo, los pueblos de Persia y de otros reinos de Asia Central llevaron sus propias ideas a la India. Con el tiempo, esta mezcla de ideas generó una religión llamada **hinduismo**, la religión principal de la India en la actualidad.

Las creencias hindúes

Los hindúes creen en muchos dioses. Entre ellos se encuentran los tres dioses principales: Brahma, el creador; Shiva, el destructor y Vishnú, el conservador. Al mismo tiempo los hindúes creen que cada dios es parte de un único espíritu universal llamado Brahmán. Creen que Brahmán es el creador y preservador del mundo. Los dioses como Brahma, Shiva y Vishnú representan distintos aspectos de Brahmán. De hecho, los hindúes creen que todo lo que existe en el mundo es parte de Brahmán.

La vida y el renacimiento

Según las enseñanzas hindúes, todos tenemos un alma, o *atman*, en nuestro interior. El alma contiene la personalidad de la persona, las cualidades que la hacen ser como es. Los hindúes creen que el objetivo final de las personas debe ser reunir sus almas con Brahmán, el espíritu universal.

Los hindúes creen que sus almas finalmente se unirán a Brahmán porque el mundo en el que vivimos es una ilusión. Brahmán es la única realidad. Los Upanishad enseñaban que las personas deben intentar ver a través de esa ilusión del mundo. Como no es fácil ver a través de ilusiones, esto puede llevar varias vidas. Por eso los hindúes creen que las almas nacen y renacen muchas veces, cada vez en un cuerpo nuevo. Este proceso de renacimiento se llama **reencarnación**.

El hinduismo y el sistema de castas

Según la tradicional visión hindú de la reencarnación, las personas que mueren renacen con una nueva forma física. La forma depende de su

SU IMPORTANCIA
HOY

En la actualidad, más de 800 millones de personas practican el hinduismo en la India.

karma, los efectos que las buenas o malas acciones producen en el alma de una persona. Las malas acciones que comete una persona durante su vida generarán un mal karma. Las personas con mal karma nacerán en una casta o forma de vida inferior.

Por el contrario, las buenas acciones generan un buen karma. Las personas con un buen karma nacen en una casta superior en su nueva vida. Con el tiempo, el buen karma lleva a la salvación o a la liberación de las preocupaciones de la vida y del ciclo de renacimiento. Esta salvación se llama *moksha*.

El hinduismo enseñaba que el deber de cada persona era aceptar su lugar en el mundo sin quejarse. Esto se llama obedecer el *dharma*, o conjunto de deberes espirituales de cada uno. Como enseñaba a las personas a aceptar su lugar en la vida, el hinduismo ayudó a preservar el sistema de castas en la India.

COMPRENSIÓN DE LA LECTURA **Resumir**
¿Qué era lo que determinaba cómo renacería una persona?

Distintos grupos reaccionan frente al hinduismo

Aunque la mayoría del pueblo indio practicaba el hinduismo, no todos estaban de acuerdo con sus creencias. Algunas personas y grupos insatisfechos buscaron nuevas ideas religiosas. Dos de esos grupos fueron los jainistas, seguidores de una religión llamada jainismo, y los sijes, que seguían el sijismo.

El jainismo

El **jainismo** se basaba en las enseñanzas de un hombre llamado Mahavira, que había nacido alrededor del año 599 a.C.

CONEXIÓN CON EL PRESENTE

La no violencia

En los tiempos modernos, la no violencia ha sido una herramienta poderosa para la protesta social. Mohandas Gandhi lideró una larga lucha no violenta contra el dominio británico en la India. Este movimiento ayudó a que la India lograra la independencia en 1947. Aproximadamente 10 años después, Martin Luther King Jr. adoptó los métodos no violentos de Gandhi en su lucha para obtener derechos civiles para los afroamericanos. Luego, en la década de 1960, César Chávez organizó una campaña de no violencia para protestar contra el maltrato a los trabajadores agrícolas de California. Estos tres líderes demostraron que se pueden lograr cambios sociales sin usar la violencia. Como explicó Chávez una vez: "La no violencia no es falta de acción. No es para los tímidos ni para los débiles. Es mucho trabajo. Es la paciencia para ganar".

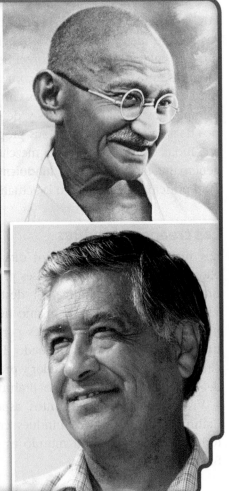

Mohandas Gandhi (arriba), Martin Luther King Jr. (izquierda) y César Chávez (derecha)

DESTREZA DE ANÁLISIS **ANALIZAR INFORMACIÓN**

¿Cómo demostraron estos tres líderes que la no violencia es una herramienta poderosa para lograr el cambio social?

y fue criado como hindú. Siendo ya un adulto, Mahavira pensaba que el hinduismo ponía demasiado énfasis en los rituales. En vez de rituales, sus enseñanzas enfatizaban cuatro principios: no dañar ninguna vida, decir la verdad, no robar y no tener propiedades.

Para no dañar a nadie ni a nada, los jainistas practican la **no violencia** o el rechazo de las acciones violentas. En sánscrito, no violencia se dice *ahimsa*. Muchos hindúes también practican el *ahimsa*.

La importancia que dan los jainistas a la no violencia proviene de su creencia en que todo está vivo y forma parte del ciclo del renacimiento. Los jainistas procuran no dañar ni matar a ninguna criatura, sea un humano, un animal, un insecto o incluso una planta. No creen en los sacrificios de animales, como los que realizaban los antiguos brahmanes. Como no quieren dañar a ninguna criatura viva, los jainistas son vegetarianos. No comen ningún alimento de origen animal.

Sijismo

Fundada siglos más tarde que el jainismo, el **sijismo** tiene sus raíces en las enseñanzas de Gurú Nanak, quien vivió en el siglo XIV d.C. La palabra gurú en su nombre significa en sánscrito "maestro". Al igual que Mahavira, Nanak recibió una crianza hindú, pero se sentía insatisfecho con las enseñanzas de la religión. Fue así que comenzó a viajar y entró en contacto con muchas otras religiones, incluyendo el islam. Sus enseñanzas combinaban el hinduismo con las ideas del islam y otras religiones. Con el tiempo, otros nueve gurús explicaron y ampliaron esas enseñanzas.

El sijismo es monoteísta. Los sijes creen en un solo Dios que no tiene forma física pero puede ser detectado en la creación. El objetivo final de los sijes es reunirse con Dios después de la muerte. Para lograr este objetivo, hay que meditar hasta lograr la iluminación espiritual. Como creen que lograr la iluminación puede llevar varias vidas, los sijes también creen en la reencarnación. El sijismo enseña que la gente debe vivir ciñéndose a la verdad y tratando a todas las personas por igual, sin distinción de sexo, clase social o cualquier otro factor.

Los sijes rezan varias veces al día. Se espera que su vestido tenga los siguientes cinco elementos como signos de su religión: el pelo largo, un pequeño peine, una pulsera de acero, una espada y una ropa interior especial. Además, todos los hombres y muchas mujeres sijes llevan turbantes.

COMPRENSIÓN DE LA LECTURA **Identificar las ideas principales** ¿Cuáles son las dos religiones que se separaron del hinduismo?

> **RESUMEN Y PRESENTACIÓN** Has aprendido sobre tres religiones que se desarrollaron en la India: el hinduismo, el jainismo y el sijismo. En la Sección 3, aprenderás sobre otra religión que nació allí: el budismo.

Sección 2 Evaluación

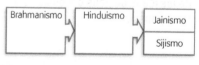
hmhsocialstudies.com
Cuestionario en Internet

Repasar ideas, palabras y personas

1. **a. Identificar** ¿Qué es el **sistema de castas**?
   b. Explicar ¿Por qué se desarrollaron estrictas reglas de castas?
2. **a. Identificar** ¿Qué incluye el *Rigveda*?
   b. Analizar ¿Qué papel tenía el sacrificio en la sociedad aria?
3. **a. Definir** ¿Qué es el **karma**?
   b. Ordenar ¿Cómo se convirtió el brahmanismo en el **hinduismo**?
   c. Profundizar ¿De qué manera el hinduismo refuerza la voluntad de sus seguidores de permanecer en sus castas?
4. **a. Recordar** ¿Cuáles son las cuatro enseñanzas principales del **jainismo**?
   b. Sacar conclusiones ¿De qué manera crees que los viajes de Gurú Nanak influyeron en el desarrollo del **sijismo**?

Pensamiento crítico

5. **Analizar las causas** Haz un organizador gráfico como el siguiente. Usa tus notas para explicar por qué el brahamanismo cambió gradualmente hasta convertirse en el hinduismo y de qué manera surgieron el jainismo y el sijismo del hinduismo.

Brahmanismo	Hinduismo	Jainismo
		Sijismo

ENFOQUE EN LA REDACCIÓN

6. **Ilustrar el hinduismo** Ahora tienes un nuevo tema posible para tu cartel. ¿Cómo podrías explicar una religión compleja como el hinduismo?

Los orígenes del budismo

Lo que aprenderás...

Ideas principales

1. Siddhartha Gautama buscó la sabiduría de distintas maneras.
2. Las enseñanzas del budismo están relacionadas con la búsqueda de la paz.
3. El budismo se extendió más allá de las fronteras de la India, donde se originó.

La idea clave

El budismo nació en la India y se convirtió en una de las principales religiones.

Personas y palabras clave

ayuno, *pág. 137*
meditación, *pág. 137*
Buda, *pág. 137*
budismo, *pág. 138*
nirvana, *pág. 138*
misioneros, *pág. 140*

hmhsocialstudies.com
TOMAR NOTAS

Usa el organizador gráfico en Internet para tomar notas acerca de las ideas básicas del budismo y su expansión.

Si ESTUVIERAS allí...

Eres un comerciante que viaja por el norte de la India alrededor del año 520 a.C. Al pasar por un pueblo, ves una multitud sentada en silencio a la sombra de un enorme árbol. Un hombre que está sentado al pie del árbol comienza a hablar acerca de cómo se debe vivir. Sus palabras son totalmente diferentes a aquellas que has oído de los sacerdotes hindúes.

¿Te quedarás a escuchar? ¿Por qué?

CONOCER EL CONTEXTO Los jainistas no fueron los únicos que se separaron del hinduismo. En el siglo VI a.C., un joven príncipe indio atrajo a muchas personas con sus enseñanzas sobre cómo se debería vivir.

Siddhartha y la búsqueda de la sabiduría

A fines del siglo VI a.C., un joven inquieto, insatisfecho con las enseñanzas del hinduismo, comenzó a plantearse sus propias preguntas acerca de la vida y las cuestiones religiosas. Con el tiempo, encontró respuestas. Estas respuestas atrajeron a muchos seguidores y las ideas del joven se convirtieron en las bases de una nueva e importante religión de la India.

En busca de respuestas

Este joven inquieto era Siddhartha Gautama. Siddhartha, que nació aproximadamente en el año 563 a.C. en el norte de la India, cerca del Himalaya, era un príncipe que creció rodeado de comodidades. Era kshatriya de nacimiento, miembro de la clase guerrera, y nunca tuvo que preocuparse por los problemas que enfrentaban muchas personas de su época. Sin embargo, Siddhartha no estaba satisfecho. Sentía que faltaba algo en su vida.

Siddhartha miró a su alrededor y vio cuánto debían trabajar las otras personas y cuánto sufrían. Veía cómo lloraban por los seres queridos que habían perdido y se preguntaba por qué había tanto dolor en el mundo. En consecuencia, comenzó a hacerse preguntas sobre el significado de la vida del ser humano.

La gran partida

En esta pintura, el príncipe Siddhartha abandona su palacio en busca del verdadero significado de la vida, hecho que fue conocido como "la gran partida". Los *ganas*, ayudantes especiales, sostienen los cascos de sus caballos para que no despierten a nadie.

Antes de que Siddhartha cumpliera 30 años, abandonó su hogar y su familia en busca de respuestas. Durante su viaje, recorrió muchas regiones de la India. Conversó con sacerdotes y personas reconocidas por su sabiduría pero aun así nadie podía dar respuestas convincentes a sus preguntas.

Buda encuentra la iluminación

Siddhartha no se dio por vencido. Por el contrario, estaba aún más decidido a encontrar las respuestas que buscaba. Durante varios años, siguió viajando en busca de respuestas.

Siddhartha quería liberar su mente de las preocupaciones cotidianas. Durante un tiempo, ni siquiera se bañaba. Empezó a hacer **ayuno,** es decir, dejó de comer y también dedicaba gran parte de su tiempo a la **meditación,** reflexión durante la cual una persona se concentra en ideas espirituales.

Según la leyenda, Siddhartha recorrió la India durante seis años. Finalmente, llegó a un lugar cerca del pueblo de Gaya, junto al río Ganges. Allí, se sentó debajo de un árbol a meditar. Después de siete semanas de profunda meditación, de pronto encontró las respuestas que buscaba. Se dio cuenta de que el sufrimiento humano proviene:

- del deseo de poseer las cosas que no se tienen,
- del deseo de conservar las cosas que se quieren y ya se tienen y
- del deseo de deshacerse de las cosas que ya no se quieren pero se tienen.

Siddhartha meditó durante siete semanas más debajo del árbol, al que sus seguidores más tarde llamaron el árbol de la sabiduría. Luego, describió sus nuevas ideas a cinco de sus antiguos compañeros. Sus seguidores llamaron a esta charla el primer sermón.

Siddhartha Gautama tenía alrededor de 35 años cuando encontró la iluminación debajo del árbol. Desde ese momento lo llamaron el **Buda** o "el iluminado". Buda pasó el resto de su vida viajando por el norte de la India y enseñando sus ideas.

SU IMPORTANCIA HOY

Los budistas de todo el mundo aún viajan a la India para visitar el árbol de la sabiduría y honrar a Buda.

COMPRENSIÓN DE LA LECTURA **Resumir** ¿Cuál fue la conclusión a la que llegó Buda sobre la causa del sufrimiento?

Las enseñanzas del budismo

En sus viajes, Buda atrajo a muchos seguidores, especialmente entre los mercaderes y artesanos de la India. Incluso enseñó sus ideas a algunos reyes. Estos seguidores fueron los primeros creyentes del **budismo,** la religión basada en las enseñanzas de Buda.

Buda fue educado en la religión hindú y muchas de sus enseñanzas reflejaban ideas hindúes. Al igual que los hindúes, creía que las personas deben actuar éticamente y tratar bien a los demás. En uno de sus sermones, dijo:

> " Que el hombre supere el odio a través del amor. Que supere la codicia a través de la generosidad, la mentira a través de la verdad. Esto se llama progreso en la disciplina [capacitación] de los Benditos ".
>
> –Buda, citado en *La historia de las naciones: India*

Las Cuatro Nobles Verdades

La base de las enseñanzas de Buda eran cuatro principios que se conocen como las Cuatro Nobles Verdades:

1. El sufrimiento y la infelicidad son parte de la vida humana. Nadie puede escapar a la tristeza.

2. El sufrimiento surge de nuestro deseo de placer y cosas materiales. Las personas provocan su propio sufrimiento porque desean cosas que no pueden tener.

3. Las personas pueden dominar el deseo y la ignorancia y alcanzar el **nirvana,** un estado de paz perfecta. Cuando se alcanza el nirvana, el alma se libera de todo sufrimiento y de la necesidad de seguir reencarnando.

4. Las personas pueden dominar la ignorancia y el deseo siguiendo un sendero óctuple que lleva a la sabiduría, la iluminación y la salvación.

El cuadro de la página siguiente muestra el sendero óctuple. Buda creía que este sendero era un término medio entre los deseos humanos y la negación de todo placer. Creía que las personas deben dominar su deseo por las cosas materiales. Sin embargo, deben ser razonables y no privarse de alimentos ni provocarse dolores innecesarios.

Esta estatua gigante de Buda se encuentra al sur del pueblo de Gaya en Bodh Gaya, India, el lugar donde los budistas creen que Siddhartha alcanzó la iluminación.

1 **El pensamiento correcto**
Creer en el sufrimiento como la naturaleza de la existencia y en las Cuatro Nobles Verdades.

2 **La intención correcta**
Inclinarse hacia la bondad y la amabilidad.

3 **El lenguaje correcto**
Evitar las mentiras y los chismes.

4 **La acción correcta**
No robar ni dañar al prójimo.

5 **El medio de vida correcto**
Rechazar cualquier trabajo que dañe al prójimo.

6 **El esfuerzo correcto**
Evitar el mal y hacer el bien.

7 **La atención correcta**
Controlar los sentimientos y los pensamientos.

8 **La concentración correcta**
Practicar una meditación adecuada.

El cuestionamiento de las ideas hindúes

Algunas de las enseñanzas de Buda cuestionaban las ideas hindúes tradicionales. Por ejemplo, Buda rechazaba muchas de las ideas de los vedas, como el sacrificio de los animales, y les decía a las personas que no era necesario que siguieran esos textos.

Buda desafió la autoridad de los sacerdotes hindúes, los brahmanes, ya que creía que ni ellos ni sus rituales eran necesarios para alcanzar la iluminación. Por el contrario, enseñó que era responsabilidad de cada individuo trabajar para lograr su propia salvación. Los sacerdotes no podían ayudarlos. Sin embargo, Buda no rechazó la enseñanza hindú sobre la reencarnación. Enseñó que las personas que no lograban alcanzar el nirvana deberían renacer una y otra vez hasta que lo lograran.

Buda se oponía al sistema de castas. No creía que las personas debían estar confinadas a un determinado lugar en la sociedad. Decía que cualquiera que siguiera el sendero óctuple correctamente alcanzaría el nirvana. No importaba a qué varna o casta habían pertenecido en su vida, siempre y cuando vivieran como debían.

La oposición de Buda al sistema de castas le permitió ganar el apoyo de las masas. A muchos pastores, agricultores, artesanos e intocables de la India les gustaba oír que su nivel social no sería un impedimento para alcanzar la iluminación. A diferencia del hinduismo, el budismo les hacía sentir que tenían el poder necesario para cambiar sus vidas.

Buda también atrajo a seguidores de las clases más altas. Muchos indios ricos y poderosos recibieron con agrado sus ideas acerca de evitar las conductas extremas y al mismo tiempo buscar la salvación. Cuando Buda murió, alrededor del año 483 a.C., su influencia ya se estaba expandiendo rápidamente por toda la India.

COMPRENSIÓN DE LA LECTURA **Comparar**
¿En qué concordaban las enseñanzas de Buda con el hinduismo?

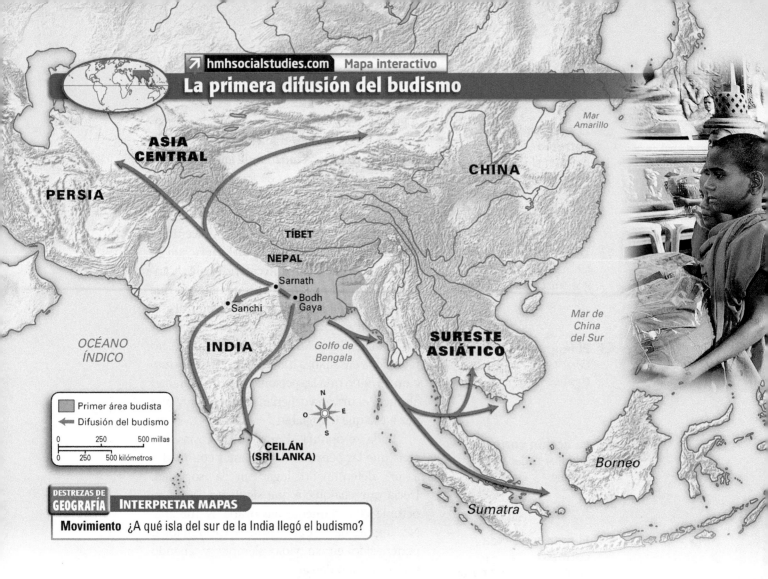

La primera difusión del budismo

ASIA CENTRAL

PERSIA

CHINA

Mar Amarillo

TÍBET

NEPAL

Sarnath

• Bodh Gaya

• Sanchi

INDIA

Golfo de Bengala

SURESTE ASIÁTICO

Mar de China del Sur

OCÉANO ÍNDICO

Primer área budista

Difusión del budismo

0   250   500 millas

0   250   500 kilómetros

CEILÁN (SRI LANKA)

Borneo

N O E S

Sumatra

DESTREZAS DE GEOGRAFÍA **INTERPRETAR MAPAS**

Movimiento ¿A qué isla del sur de la India llegó el budismo?

El budismo se difunde

El budismo continuó atrayendo seguidores después de la muerte de Buda. Después de difundirse por toda la India, esta religión comenzó a llegar también a otras regiones.

El budismo se difunde por la India

Según la tradición budista, 500 de los seguidores de Buda se reunieron poco después de su muerte. Querían asegurarse de que las enseñanzas de Buda fueran recordadas correctamente.

En los años que siguieron a esta reunión, los seguidores de Buda difundieron sus enseñanzas por toda la India. Las ideas se difundieron con rapidez, porque las enseñanzas budistas eran populares y fáciles de comprender. Antes de que se cumplieran 200 años de la muerte de Buda, sus enseñanzas se habían difundido por casi toda la India.

El budismo se difunde más allá de la India

La difusión del budismo aumentó después de que uno de los reyes más poderosos de la India, Asoka, se convirtiera al budismo en el siglo III a.C. Una vez que se convirtió a esta religión, construyó templos y escuelas budistas en toda la India. Pero lo más importante es que se esforzó por difundir el budismo más allá de las fronteras indias. Aprenderás más sobre Asoka y sus logros en la próxima sección.

Asoka envió **misioneros** budistas (personas que trabajan para difundir sus creencias religiosas) a otros reinos de Asia. Uno de estos grupos de misioneros navegó hasta la isla de Sri Lanka alrededor del año 251 a.C. Otros siguieron las rutas comerciales hacia el este hasta la actual Myanmar y otras partes del sureste asiático. Otros misioneros también viajaron hacia el norte, hasta las regiones cercanas al Himalaya.

Jóvenes estudiantes budistas llevan regalos en Sri Lanka, uno de los tantos lugares fuera de la India donde se difundió el budismo.

Los misioneros también llevaron el budismo a las tierras al oeste de la India. Fundaron comunidades budistas en Asia Central y Persia y llegaron a enseñar el budismo en lugares tan remotos como Siria y Egipto.

El budismo siguió creciendo con el correr de los siglos. Finalmente, llegó por la Ruta de la Seda hasta China, Corea y Japón. Con su trabajo, los misioneros enseñaron el budismo a millones de personas.

El budismo se divide

Sin embargo, a medida que el budismo se difundió por Asia, comenzó a cambiar. No todos los budistas podían ponerse de acuerdo en relación a sus creencias y prácticas. Con el tiempo, los desacuerdos entre los budistas provocaron una separación dentro de la religión. Se crearon dos ramas principales del budismo: Theravada y Mahayana.

Los miembros de la rama Theravada intentaban seguir las enseñanzas de Buda exactamente como él las había transmitido. Sin embargo, los budistas Mahayana creían que otras personas podían interpretar las enseñanzas de Buda para ayudar a las personas a alcanzar el nirvana. Ambas ramas tienen millones de creyentes en la actualidad, pero la rama Mahayana es mucho más grande.

COMPRENSIÓN DE LA LECTURA **Ordenar**
¿Cómo se difundió el budismo desde la India hacia otras partes de Asia?

RESUMEN Y PRESENTACIÓN El budismo, una de las principales religiones de la India, se volvió más popular cuando los soberanos de los grandes imperios de la India adoptaron la religión. Aprenderás más sobre esos imperios en la próxima sección.

Sección 3 Evaluación

hmhsocialstudies.com
Cuestionario en Internet

Repasar ideas, palabras y personas

1. **a. Identificar** ¿Quién fue **Buda** y qué significa su nombre?
   b. Resumir ¿Cómo hizo Siddhartha Gautama para liberar su mente y aclarar sus pensamientos en su búsqueda de sabiduría?
2. **a. Identificar** ¿Qué es el **nirvana**?
   b. Contrastar ¿En qué se diferencian las enseñanzas budistas de las enseñanzas hindúes?
   c. Profundizar ¿Por qué los budistas creen que seguir el sendero óctuple lleva a una vida mejor?
3. **a. Describir** ¿En qué regiones se difundió el **budismo**?
   b. Resumir ¿Qué papel tuvieron los **misioneros** en la difusión del budismo?

Pensamiento crítico

4. **Identificar las ideas principales** Dibuja un diagrama como el de la derecha. Úsalo junto con tus notas para identificar y describir las Cuatro Noble verdades. Escribe una oración explicando por qué estas verdades son de la mayor importancia para el budismo.

1.	2.
3.	4.

ENFOQUE EN LA REDACCIÓN

5. **Considerar las religiones indias** Repasa lo que acabas de leer y revisa las notas que tomaste anteriormente sobre el hinduismo. Quizá quieras basar tu cartel en las dos religiones principales de la antigua India. Piensa cómo podrías diseñar un cartel sobre este tema.

Los imperios de la India

Si ESTUVIERAS allí...

Eres un mercader que viaja por la India alrededor del año 240 a.C. Viajas de pueblo en pueblo en tu burro y llevas rollos de coloridas telas. En pleno verano, agradeces que haya banianos a lo largo del camino porque te resguardan del sol ardiente. Te detienes en pozos para refrescarte y beber agua y en albergues para descansar en tu viaje. Sabes que todo esto es obra de tu rey: Asoka.

¿Qué opinión tienes sobre tu rey?

CONOCER EL CONTEXTO Durante los siglos que siguieron a la invasión aria, la India estuvo dividida en pequeños estados. Cada estado tenía su propio gobernante y no había gobierno central. Luego, en el siglo IV a.C., un conquistador extranjero, Alejandro Magno, conquistó parte del noroeste de la India. Sus ejércitos se retiraron al poco tiempo, pero su influencia siguió afectando a la sociedad india. Poco después, inspirado en el ejemplo de Alejandro, un líder poderoso unió a la India por primera vez.

El Imperio mauryano unifica la India

En la década de 320 a.C., un líder militar llamado **Chandragupta Maurya** tomó el control de todo el norte de la India. Así, fundó el Imperio mauryano. El gobierno mauryano duró aproximadamente 150 años.

El Imperio mauryano

Chandragupta Maurya administró su imperio con la ayuda de un complejo gobierno, que incluía una red de espías y un enorme ejército de aproximadamente 600,000 soldados. El ejército también tenía miles de elefantes y carros de guerra. Los agricultores pagaban un alto impuesto al gobierno a cambio de la protección que les ofrecía el ejército.

En el año 301 a.C., Chandragupta decidió convertirse en monje jainista. Para ello, debió renunciar al trono, que entregó a su hijo, quien siguió extendiendo el imperio. Al poco tiempo, los Maurya controlaban todo el norte y gran parte del centro de la India.

Asoka

Alrededor del año 270 a.C., **Asoka**, el nieto de Chandragupta, se convirtió en rey. Asoka fue un soberano poderoso, el más poderoso de todos los emperadores mauryanos. Extendió el gobierno mauryano a casi toda la India. Al conquistar otros reinos, Asoka fortaleció y enriqueció su propio imperio.

Durante muchos años, Asoka observó cómo sus ejércitos luchaban en sangrientas batallas contra otros pueblos. Sin embargo, pocos años después de haberse convertido en soberano, Asoka se convirtió al budismo y juró que no llevaría a cabo más guerras de conquista.

Después de convertirse al budismo, Asoka tuvo el tiempo y los recursos necesarios para mejorar la calidad de vida de la población. Mandó a cavar pozos y a construir caminos en todo el imperio. En estos caminos, se plantaron árboles que daban sombra y se construyeron albergues para los viajeros cansados. Asoka también fomentó la difusión del budismo en la India y el resto de Asia. Como leíste en la sección anterior, envió misioneros a regiones de toda Asia.

Asoka murió en el año 233 a.C. y el imperio pronto comenzó a debilitarse. Sus hijos lucharon entre sí por el poder y el imperio se vio amenazado por invasores. En el año 184 a.C., el último rey mauryano fue asesinado por uno de sus propios generales. La India volvió a dividirse en estados más pequeños.

ENFOQUE EN LA LECTURA
¿Qué puedes inferir acerca de las creencias religiosas de los hijos de Asoka?

COMPRENSIÓN DE LA LECTURA **Identificar las ideas principales** ¿Cómo lograron los mauryanos obtener el control de la mayor parte de India?

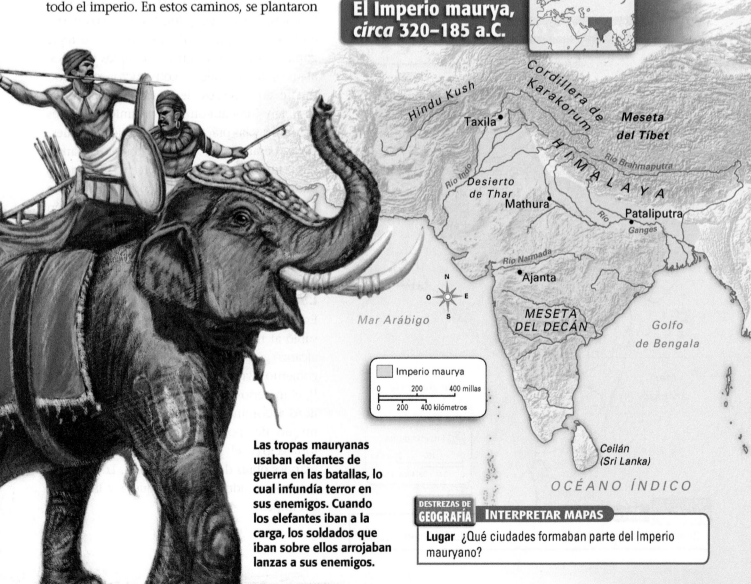

El Imperio maurya, *circa* 320–185 a.C.

Hindu Kush
Cordillera de Karakorum
Meseta del Tíbet
Taxila
Río Brahmaputra
HIMALAYA
Río Indo
Desierto de Thar
Mathura
Pataliputra
Río Ganges
Río Narmada
Ajanta
Mar Arábigo
MESETA DEL DECÁN
Golfo de Bengala

Imperio maurya
0   200   400 millas
0   200   400 kilómetros

Ceilán (Sri Lanka)
OCÉANO ÍNDICO

Las tropas mauryanas usaban elefantes de guerra en las batallas, lo cual infundía terror en sus enemigos. Cuando los elefantes iban a la carga, los soldados que iban sobre ellos arrojaban lanzas a sus enemigos.

DESTREZAS DE GEOGRAFÍA | **INTERPRETAR MAPAS**
Lugar ¿Qué ciudades formaban parte del Imperio mauryano?

Los gobernantes gupta promueven el hinduismo

Después de la caída del Imperio mauryano, la India continuó dividida durante aproximadamente 500 años. Durante ese tiempo, el budismo siguió prosperando y difundiéndose en la India, mientras que el hinduismo perdió popularidad.

Un nuevo imperio hindú

VOCABULARIO ACADÉMICO

establecer
instituir o crear

Sin embargo, con el tiempo se **estableció** una nueva dinastía en la India: la dinastía Gupta, que llegó al poder en la India en el año 320 d.C. aproximadamente. Bajo el gobierno gupta, la India volvió a estar unida y una vez más se convirtió en una tierra próspera.

El primer emperador gupta fue Chandragupta I. Si bien sus nombres eran similares, no tenía ninguna relación con Chandragupta Maurya. Desde su base en el norte de la India, los ejércitos de Chandragupta invadieron y conquistaron las tierras vecinas. Con el tiempo, tomaron el control de gran parte del norte de la India.

Chandra Gupta fue seguido como emperador por su hijo, Samudra Gupta, un líder militar brillante que continuó las guerras de conquista que había comenzado su padre, librando batallas contra varios pueblos vecinos. A través de estas guerras, Samudra Gupta añadió más territorios a su imperio. Al momento de su muerte, ya había tomado el control de casi todo el valle del río Ganges.

La civilización india prosperó bajo el gobierno de los Gupta. Los gobernantes eran hindúes, por lo que el hinduismo se convirtió en la religión principal de la India. Los reyes gupta construyeron muchos templos hindúes, algunos de los cuales se convirtieron posteriormente en modelos de la arquitectura india. También fomentaron el renacimiento de las escrituras y las prácticas de adoración hindúes.

A pesar de ser hindúes, los gobernantes gupta también apoyaban las creencias religiosas budistas y jainistas. Fomentaron el arte budista y construyeron templos budistas. También establecieron una universidad en Nalanda, que se convirtió en uno de los mejores centros de estudios budistas de Asia.

La sociedad gupta

En el año 375, el emperador **Chandragupta II** subió al trono en la India. La sociedad gupta alcanzó su máximo esplendor durante su gobierno. Bajo la soberanía de Chandragupta II, el imperio siguió creciendo y con el tiempo llegó a dominar todo el norte de la India. Al mismo tiempo, la economía del imperio se fortaleció y el pueblo prosperó. Se hicieron grandes obras de arte y literatura. Los pueblos extranjeros admiraban la riqueza y la belleza del imperio.

El Imperio gupta, *circa* 400

Hindu Kush · Cordillera de Karakorum · Taxila · Meseta del Tíbet · Río Brahmaputra · HIMALAYA · Río Indo · Desierto de Thar · Mathura · Río Ganges · Pataliputra · Río Narmada · Ajanta · MESETA DEL DECÁN · Mar Arábigo · Golfo de Bengala

Imperio gupta

0   200   300 millas
0   200   300 kilómetros

DESTREZAS DE GEOGRAFÍA   INTERPRETAR MAPAS

Región ¿Qué región de la India no formaba parte del Imperio gupta?

El arte gupta
En esta pintura gupta de una escena palaciega se muestran algunas de las diferentes castas de la India. Los gobernantes gupta apoyaban el hinduismo y el sistema de castas.

Los reyes gupta creían que el orden social del sistema de castas hindú fortalecería su soberanía. También creían que mantendría la estabilidad del imperio. Es por eso que los Gupta consideraban que el sistema de castas era una parte importante de la sociedad india.

El gobierno gupta se mantuvo fuerte en la India hasta fines del siglo V, cuando los hunos, un pueblo de Asia Central, invadieron la India desde el noroeste. Sus feroces ataques debilitaron el poder y la riqueza del Imperio gupta. Cuando los ejércitos hunos se adentraron más en la India, los Gupta perdieron las esperanzas. Para mediados del siglo VI,

el gobierno gupta había llegado a su fin y la India se había vuelto a dividir en pequeños reinos.

COMPRENSIÓN DE LA LECTURA Resumir
¿Cuál era la postura de la dinastía Gupta en cuanto a la religión?

RESUMEN Y PRESENTACIÓN Los Maurya y los Gupta unificaron gran parte de la India con sus imperios. A continuación, aprenderás acerca de sus logros.

Sección 4 Evaluación

hmhsocialstudies.com
Cuestionario en Internet

Repasar ideas, palabras y personas

1. **a. Identificar** ¿Quién fundó el Imperio mauryano?
   b. Resumir ¿Qué pasó después de que **Asoka** se convirtiera al budismo?
   c. Profundizar ¿Por qué crees que muchas personas consideran a Asoka el más grande de todos los gobernantes mauryanos?
2. **a. Recordar** ¿A qué religión pertenecían la mayoría de los gobernantes gupta?
   b. Comparar y contrastar ¿En qué se parecían y en qué se diferenciaban los soberanos **Chandragupta Maurya** y Chandragupta I?

Pensamiento crítico

3. **Crear categorías** Haz una tabla como la de la derecha. Complétala con información sobre los gobernantes de la India.

Gobernante	Dinastía	Logros

ENFOQUE EN LA REDACCIÓN

4. **Comparar los imperios de la India** Otro tema para tu cartel podría ser una comparación de los imperios mauryano y gupta. Haz una tabla en tu cuaderno que muestre esta comparación.

Asoka

¿Cómo puede una decisión cambiar por completo la vida de un hombre?

¿Cuándo vivió? antes del año 230 a.C.

¿Dónde vivió? El imperio de Asoka abarcaba gran parte del norte y centro de la India.

¿Qué hizo? Después de luchar muchas guerras sangrientas para extender su imperio, Asoka renunció a la violencia y se convirtió al budismo.

SUCESOS CLAVE

● *circa* 270 a.C. Asoka se convierte en emperador mauryano.

● *circa* 261 a.C. El imperio de Asoka alcanza su mayor dimensión.

● *circa* 261 a.C. Asoka se convierte al budismo.

● *circa* 251 a.C. Asoka comienza a enviar misioneros budistas a otras partes de Asia.

¿Por qué es importante? Asoka es uno de los gobernantes más respetados de la historia india y una de las figuras más importantes de la historia del budismo. Como budista devoto, Asoka fomentó la difusión de las enseñanzas de Buda. Además de enviar misioneros por toda Asia, construyó enormes columnas talladas con las enseñanzas budistas en toda la India. En gran medida, el budismo se convirtió en una de las principales religiones de Asia gracias a los esfuerzos de Asoka.

Generalizar ¿En qué cambió la vida de Asoka después de convertirse al budismo?

Este santuario budista, ubicado en Sanchi, India, fue construido por Asoka.

Los logros de los indios

Si ESTUVIERAS allí...

Viajas por el oeste de la India en el siglo IV. Visitas una cueva donde se construyó un templo, esculpido en el precipicio de una montaña. El interior de la cueva es fresco y silencioso. A tu alrededor se elevan enormes columnas. No te sientes solo, porque las paredes y los techos están cubiertos de pinturas. Estas pinturas representan vívidas escenas y figuras. En el centro hay una gran estatua de rasgos calmos y pacíficos.

¿Cómo te hace sentir esta cueva?

CONOCER EL CONTEXTO Los imperios mauryano y gupta unieron políticamente a gran parte de la India. Durante estos imperios, los artistas, escritores, eruditos y científicos indios realizaron grandes avances. Algunas de sus obras aún se siguen analizando y admirando en la actualidad.

El arte religioso

Los indios de los períodos mauryano y gupta crearon grandes obras de arte, muchas de ellas religiosas. Muchas de sus pinturas y esculturas representaban enseñanzas hindúes o budistas. En toda la India se construyeron magníficos templos (tanto hindúes como budistas) que hoy en día siguen siendo unas de las construcciones más hermosas del mundo.

Los templos

Los primeros templos hindúes eran pequeñas estructuras de piedra. Tenían techos chatos y sólo una o dos salas. Sin embargo, durante el período gupta la arquitectura de los templos se volvió más compleja. Los templos gupta tenían enormes torres en la cima y en el interior estaban cubiertos de grabados del dios que era adorado allí.

Los templos budistas del período gupta también son impactantes. Algunos budistas esculpían templos enteros en las laderas de las montañas. El más famoso de estos templos está en Ajanta. Sus constructores llenaron las cuevas de hermosos murales y esculturas.

Lo que aprenderás...

Ideas principales

1. Los artistas de India crearon maravillosas obras de arte religioso.
2. La literatura en sánscrito prosperó durante el período gupta.
3. Los indios lograron avances científicos en la metalurgia, la medicina y otras ciencias.

La idea clave

El pueblo de la antigua India realizó grandes contribuciones a las artes y las ciencias.

Palabras clave

metalurgia, *pág. 150*
aleación, *pág. 150*
números indoarábigos, *pág. 150*
inoculación, *pág. 150*
astronomía, *pág. 151*

hmhsocialstudies.com
TOMAR NOTAS

Usa el organizador gráfico en Internet para tomar notas acerca de los logros de la antigua India.

La arquitectura de los templos

Este templo hindú está cubierto de decoraciones y grabados increíblemente detallados. Muchas esculturas individuales son imágenes de importantes dioses hindúes, como la estatua de Vishnú, arriba.

Otro tipo de templo budista era el stupa. Los stupas tenían techos con forma de cúpula y albergaban objetos sagrados de la vida de Buda. Muchos de estos templos estaban cubiertos de detalladas esculturas.

Las pinturas y las esculturas

Durante el período gupta también se crearon grandes obras de arte, tanto pinturas como estatuas. La pintura era una profesión muy respetada y en la India había muchos artistas talentosos. Sin embargo, no conocemos los nombres de muchos de los artistas de este período. En cambio, conocemos los nombres de muchos miembros ricos y poderosos de la sociedad gupta que pagaban a los artistas para que crearan obras de gran belleza e importancia.

La mayoría de las pinturas indias del período gupta son claras y coloridas. Algunas muestran a agraciados indios con hermosas joyas y elegantes ropas. Estas pinturas nos dan una idea sobre cómo era la vida cotidiana y ceremonial de los indios.

Los artistas de las dos religiones principales de la India, el hinduismo y el budismo, se inspiraban en sus creencias para crear sus obras. Es por ello que muchas de las mejores pinturas de la antigua India se encuentran en los templos. Los pintores hindúes pintaban cientos de dioses en las paredes y las entradas de los templos. Los budistas cubrían las paredes y los techos de los templos con escenas de la vida de Buda.

Los escultores indios también crearon grandes obras. Muchas de sus estatuas fueron creadas para los templos budistas que se construían en cuevas. Además de las columnas esculpidas con diseños intrincados para los templos, los escultores hacían estatuas de reyes y de Buda. Algunas de estas estatuas se encuentran sobre las entradas de las cuevas. Los templos hindúes también tenían impactantes estatuas de sus dioses. Incluso las paredes de algunos templos, como el de la foto anterior, estaban totalmente cubiertas de bajorrelieves e imágenes.

COMPRENSIÓN DE LA LECTURA **Resumir** ¿Cómo influyó la religión en el arte de la antigua India?

La literatura en sánscrito

Como leíste anteriormente, el sánscrito era el idioma principal de los antiguos arios. Durante los períodos mauryano y gupta, se escribieron muchas obras literarias en sánscrito. Más tarde, estas obras fueron traducidas a muchos otros idiomas.

Las épicas religiosas

Los textos en sánscrito más importantes son dos épicas religiosas: el *Mahabharata* y el *Ramayana*. El *Mahabharata*, que sigue siendo popular en la India, es una de las obras literarias más largas del mundo. Es una historia sobre la lucha entre dos familias por obtener el control de un reino e incluye muchos fragmentos largos sobre las creencias hindúes. El más famoso se llama *Bhagavad Gita*.

El *Ramayana*, que según la tradición hindú fue escrito antes que el *Mahabharata*, cuenta sobre un príncipe llamado Rama. En realidad, el príncipe era el dios Vishnú en forma humana. Se había transformado en humano para liberar al mundo de los demonios. También debía rescatar a su esposa, una princesa llamada Sita. Durante siglos, los personajes del *Ramayana* fueron considerados modelos de conducta para los indios. Por ejemplo, Rama es considerado el gobernante ideal y su relación con Sita, el matrimonio ideal.

Otras obras

Los escritores del período gupta también escribieron obras de teatro, poemas y otras formas literarias. Uno de los escritores más famosos de esta época fue Kalidasa. Sus obras eran tan brillantes que Chandragupta II lo contrató para que escribiera obras de teatro para la corte real.

Antes del año 500, los escritores indios también produjeron un libro de cuentos llamado *Panchatantra*. Los cuentos de esta colección se escribieron para enseñar lecciones. En ellos se alaban a las personas inteligentes y que piensan con rapidez. Cada cuento termina con un mensaje acerca de hacerse amigos, perder objetos materiales, luchar una guerra o alguna otra idea. Por ejemplo, el siguiente mensaje advierte a los oyentes que piensen antes de actuar.

> *El sabio debe pensar no sólo en el medio, sino también en el remedio. Muchas grullas fueron muertas por un ichneumón á presencia de otra estúpida grulla.*
>
> –del *Panchatantra*, traducido de la versión de D. José Alemany Bolufer

Con el tiempo, las traducciones de esta colección se difundieron por todo el mundo y llegaron a hacerse conocidas en lugares tan remotos como Europa.

COMPRENSIÓN DE LA LECTURA **Crear categorías** ¿Qué formas literarias escribieron los escritores de la antigua India?

En esta ilustración del *Ramayana*, el rey mono envía al general mono Hanuman a buscar a Sita. Hanuman ayudó a Rama a vencer a los demonios y a recuperar a Sita. Muchos indios lo consideran un modelo de devoción y lealtad.

Las ciencias indias

La medicina
En esta pintura moderna, el cirujano indio Susruta realiza una cirugía a un paciente. Los antiguos indios tenían conocimientos de medicina muy avanzados.

La metalurgia
Los indios eran expertos en el trabajo con metales. En esta moneda de oro aparece el emperador Chandragupta II.

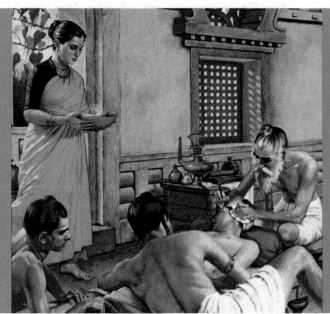

Avances científicos

Los logros indios no se limitaron al arte, la arquitectura y la literatura. Los eruditos indios también realizaron importantes avances en la metalurgia, las matemáticas y las ciencias.

La metalurgia

Los antiguos indios fueron pioneros de la **metalurgia**, la ciencia de trabajar los metales. Su conocimiento les permitió crear herramientas y armas de alta calidad. Los indios también conocían **procesos** para mezclar los metales y crear **aleaciones**, mezclas de dos o más metales. A veces, las aleaciones son más fuertes o más fáciles para trabajar que los metales puros.

Los metalúrgicos hacían sus productos más fuertes con hierro. El hierro indio era muy duro y puro. Estas características hacían que el hierro fuera un valioso objeto comercial.

Durante la dinastía Gupta, los metalúrgicos construyeron el famoso Pilar de hierro cerca de Delhi. A diferencia del hierro común, que se oxida con facilidad, este pilar es muy resistente al óxido. La elevada columna continúa atrayendo a multitudes de visitantes. Los expertos aún estudian esta columna para aprender los secretos indios.

VOCABULARIO ACADÉMICO

proceso serie de pasos que hay que seguir para completar una tarea

SU IMPORTANCIA HOY

En la actualidad aún se inocula a las personas contra muchas enfermedades.

Las matemáticas y otras ciencias

Los eruditos gupta también realizaron adelantos en las matemáticas y las ciencias. De hecho, estaban entre los matemáticos más adelantados de su época. Desarrollaron muchos elementos de nuestro sistema matemático moderno. Los números que usamos hoy en día se llaman **números indoarábigos** porque fueron creados por matemáticos de la India y llevados a Europa por los árabes. Los indios también fueron los primeros en crear el cero. Aunque pueda parecer una pequeñez, las matemáticas modernas no serían posibles sin el cero.

Los antiguos indios también estaban muy adelantados en medicina. Ya en el siglo II d.C., los médicos escribían sus conocimientos en libros de texto. Una de las destrezas que describen en estos libros es la fabricación de medicamentos a partir de plantas y minerales.

Además de curar a las personas con medicamentos, los médicos indios sabían cómo protegerlas contra las enfermedades. Los indios practicaban la **inoculación**, un método que consiste en inyectar una pequeña dosis de un virus a una persona para ayudarla a crear defensas contra una enfermedad. Al luchar contra esta pequeña dosis, el cuerpo aprende a protegerse.

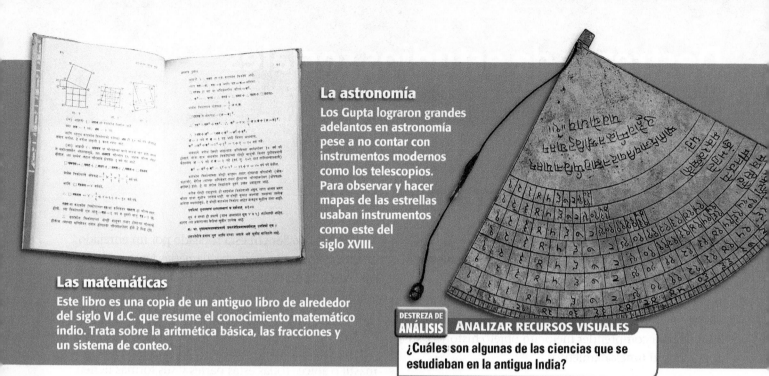

Las matemáticas

Este libro es una copia de un antiguo libro de alrededor del siglo VI d.C. que resume el conocimiento matemático indio. Trata sobre la aritmética básica, las fracciones y un sistema de conteo.

La astronomía

Los Gupta lograron grandes adelantos en astronomía pese a no contar con instrumentos modernos como los telescopios. Para observar y hacer mapas de las estrellas usaban instrumentos como este del siglo XVIII.

DESTREZA DE ANÁLISIS **ANALIZAR RECURSOS VISUALES**

¿Cuáles son algunas de las ciencias que se estudiaban en la antigua India?

Los médicos indios podían realizar cirugías a las personas heridas. Los cirujanos reparaban huesos rotos, trataban heridas, extirpaban amígdalas infectadas, reconstruían narices quebradas ¡y hasta volvían a unir lóbulos cortados! Si no hallaban ninguna otra cura para una enfermedad, los médicos hacían hechizos mágicos para ayudar a las personas a recuperarse.

El interés indio en la **astronomía**, el estudio de las estrellas y los planetas, también se remonta a la antigüedad. Los astrónomos indios conocían siete de los nueve planetas de nuestro sistema solar. Sabían que el sol era una estrella y que los planetas giraban a su alrededor. También sabían que la tierra era una esfera y que rotaba sobre su eje. Además, podían predecir eclipses de sol y de luna.

COMPRENSIÓN DE LA LECTURA **Identificar las ideas principales** ¿Cuáles fueron dos de los logros matemáticos de los indios?

RESUMEN Y PRESENTACIÓN A partir de un grupo de ciudades a orillas del río Indo, la India creció hasta convertirse en un importante imperio cuyo pueblo realizó grandes logros. En el próximo capítulo, leerás acerca de otra civilización que experimentó un crecimiento similar: la civilización china.

Sección 5 Evaluación

hmhsocialstudies.com
Cuestionario en Internet

Repasar ideas, palabras y personas

1. a. Describir ¿Qué apariencia tenían los templos hindúes del período gupta?
b. Analizar ¿Cómo puedes saber que los artistas indios eran respetados?
c. Evaluar ¿Por qué crees que los templos hindúes y budistas contenían grandes obras de arte?
2. a. Identificar ¿Qué es el *Bhagavad Gita*?
b. Explicar ¿Por qué se escribieron los cuentos del *Panchatantra*?
c. Profundizar ¿Por qué crees que en la actualidad las personas aún se interesan por las antiguas épicas en sánscrito?
3. a. Definir ¿Qué es la **metalurgia**?
b. Explicar ¿Por qué llamamos **números indoarábigos** a los números que usamos hoy?

Pensamiento crítico

4. Crear categorías Haz una tabla como la siguiente. Identifica los logros científicos que pertenecen a cada categoría.

Metalurgia	Matemáticas	Medicina	Astronomía

ENFOQUE EN LA REDACCIÓN

5. Resaltar los logros indios Haz una lista de los logros indios que podrías incluir en un cartel. Ahora relee tus notas sobre el capítulo. ¿Qué tema elegirás para tu cartel?

Destrezas de estudios sociales

Análisis | Pensamiento crítico | Economía | **Estudio**

Interpretar diagramas

Comprender la destreza

Los *diagramas* son dibujos que ilustran o explican objetos o ideas. Los diferentes tipos de diagramas tienen diferentes objetivos. Saber interpretar diagramas te ayudará a comprender mejor un objeto histórico, su función y su funcionamiento.

Aprender la destreza

Sigue los siguientes pasos para interpretar un diagrama:

1 Lee el título del diagrama para determinar lo que representa. Si hay una leyenda, léela para comprender los símbolos y los colores del diagrama.

2 La mayoría de los diagramas tienen rótulos que identifican las partes del objeto o explican la relación entre ellas. Observa estas partes y lee los rótulos con atención.

3 Si hay más datos o explicaciones escritas que acompañen al diagrama, compáralos con el dibujo a medida que leas.

El siguiente es un diagrama del Gran Stupa de Sanchi, en la India, donde se cree que están los restos de Buda. Al igual que la mayoría de los stupas, tenía forma de cúpula.

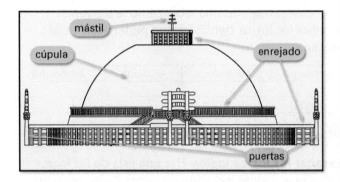

El stupa de Sanchi está rodeado por un enrejado de piedra con cuatro puertas llamadas *torenas*. Aproximadamente en la mitad de la torre hay un segundo enrejado junto a una pasarela. Los fieles caminan por esta pasarela en sentido de las agujas del reloj para honrar a Buda. En la parte superior del stupa hay un cubo llamado *harmika*. Del *harmika* se eleva un mástil o ápice. Todas estas partes y sus formas tienen significados religiosos para los budistas.

Practicar y aplicar la destreza

Aquí hay otro diagrama del stupa de Sanchi. Interpreta los dos diagramas de esta página para responder a las siguientes preguntas.

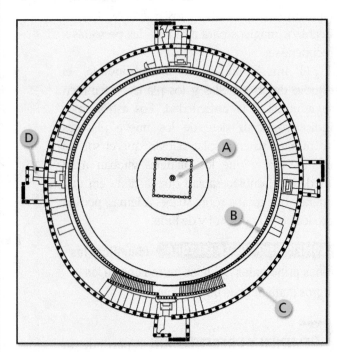

1. ¿Qué letra de este diagrama corresponde a las *torenas*?

2. ¿Qué parte del stupa corresponde a la letra A?

3. ¿Qué letra corresponde a la pasarela y el enrejado?

Repaso del capítulo

El impacto de la historia

▶ videos
Consulta el video para responder a la pregunta de enfoque:
¿Quién fue el Buda histórico y qué son las Cuatro Nobles Verdades?

Resumen visual

Usa el siguiente resumen visual para repasar las ideas principales del capítulo.

DATOS BREVES

La civilización harappa nació en el valle del río Indo.

Tanto el hinduismo como el budismo se desarrollaron en la India.

Los indios lograron grandes adelantos en el arte, la literatura, las ciencias y otras áreas.

Repasar vocabulario, palabras y personas

Completa los espacios en blanco con una palabra o un nombre del capítulo.

1. Los/Las _____ son vientos que traen abundantes lluvias.

2. Un/Una _____ es una división de las personas en grupos basada en el origen, el nivel económico o la profesión.

3. Los hindúes creen en el/la _____, la creencia de que renacerán muchas veces después de la muerte.

4. _____ fundó el Imperio mauryano.

5. La reflexión durante la cual una persona se concentra en ideas espirituales se llama _____.

6. Las personas que trabajan para difundir sus creencias religiosas se llaman _____.

7. Las personas que practican el/la _____ sólo usan métodos pacíficos para lograr cambios.

8. _____ se convirtió al budismo cuando era gobernante del Imperio mauryano.

9. La mezcla de metales se llama _____.

Comprensión y pensamiento crítico

SECCIÓN 1 *(Páginas 124–129)*

10. **a. Describir** ¿Cuál era la causa de los desbordamientos del río Indo y cuál era el resultado de esos desbordamientos?

   b. Contrastar ¿En qué se diferenciaba la cultura aria de la cultura harappa?

   c. Profundizar ¿Por qué la cultura harappa es considerada una civilización?

SECCIÓN 2 *(Páginas 130–135)*

11. **a. Identificar** ¿Quiénes eran los brahmanes y qué papel tenían en la sociedad aria?

   b. Analizar ¿Cómo creen los hindúes que el karma afecta a la reencarnación?

   c. Profundizar El hinduismo ha sido considerado tanto una religión politeísta (que adora a muchos dioses) como una religión monoteísta (que adora a un solo dios). ¿Por qué crees que ha pasado esto?

SECCIÓN 3 *(Páginas 136–141)*

12. a. Describir Según Buda, ¿cuál era la causa del sufrimiento humano?

b. Analizar ¿Cómo creció y cambió el budismo después de la muerte de Buda?

c. Profundizar ¿Por qué las enseñanzas de Buda acerca del nirvana atraían a muchas personas de las castas inferiores?

SECCIÓN 4 *(Páginas 142–145)*

13. a. Identificar ¿Cuál fue el mayor logro de Chandragupta Maurya?

b. Comparar y contrastar Menciona una de las similitudes entre los Maurya y los Gupta y una diferencia.

c. Hacer predicciones ¿En qué podría haber cambiado la historia de la India si Asoka no se hubiera convertido al budismo?

SECCIÓN 5 *(Páginas 147–151)*

14. a. Describir ¿Qué tipos de arte religioso crearon los antiguos indios?

b. Inferir ¿Por qué crees que el *Mahabharata* contiene discusiones religiosas?

c. Evaluar ¿Cuál de los logros de los antiguos indios te parece más impactante? ¿Por qué?

Repasar los temas

15. Religión ¿Cuál es una de las enseñanzas que comparten el budismo y el hinduismo? ¿Cuál es una de las ideas que no comparten?

16. Sociedad y cultura ¿Cómo afectó el sistema de castas la vida de la mayoría de las personas de la India?

Usar Internet

17. Actividad: Hacer un folleto En este capítulo, aprendiste sobre las diversas características geográficas de la India y las formas en que la geografía influyó en su historia. Usa tu libro de texto en Internet para investigar la geografía y las civilizaciones de la India. Toma notas a medida que avances. Por último, usa la plantilla de folleto interactiva para presentar lo que investigaste.

hmhsocialstudies.com

Destrezas de lectura

18. Hacer inferencias Sobre la base de lo que aprendiste acerca del período gupta, ¿qué inferencia puedes hacer acerca de la tolerancia religiosa en la antigua India? Haz un recuadro como el siguiente para organizar mejor tus ideas.

Pregunta:	
Dentro del texto:	Fuera del texto:
Inferencia:	

Destrezas de estudios sociales

19. Comprender diagramas Vuelve a observar el diagrama del templo budista en la actividad de destrezas al final de este capítulo. Usa ese diagrama como guía y dibuja un diagrama sencillo de tu casa o de tu escuela. Asegúrate de incluir rótulos de las características importantes. A continuación tienes un ejemplo.

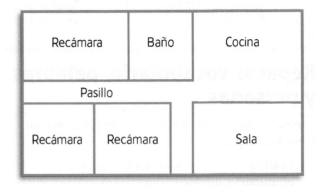

20. Diseñar tu cartel Ahora que has elegido un tema para tu cartel, es hora de hacerlo. En una hoja de papel grande o una cartulina, escribe un título que identifique el tema de tu cartel. Luego, haz dibujos, mapas o diagramas que ilustren el tema que elegiste.

Junto a cada ilustración escribe una breve leyenda. Cada leyenda debe tener dos oraciones. La primera debe describir lo que se muestra en la ilustración, el mapa o el diagrama. La segunda debe explicar por qué la ilustración es importante para el estudio de la historia india.

Práctica para el examen estandarizado

INSTRUCCIONES: *Lee las preguntas y escribe la letra de la respuesta correcta.*

1 Usa el siguiente mapa para responder a la pregunta.

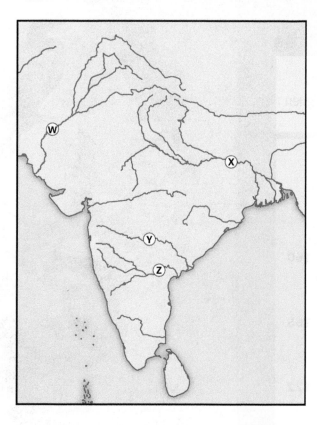

La civilización del subcontinente indio creció a orillas del río marcado en el mapa con la letra

A W.

B X.

C Y.

D Z.

2 ¿Las personas de qué *varna* de la antigua India tenían una vida más difícil?

A los brahmanes

B los kshatriyas

C los sudras

D los vaisyas

3 ¿Cuál es el objetivo *principal* de las personas que siguen el budismo tal como lo enseñó Buda?

A la riqueza

B el renacimiento

C el trabajo misionero

D alcanzar el nirvana

4 El emperador mauryano Asoka es conocido por todas las siguientes opciones *excepto* por

A extender el imperio por gran parte de la India.

B difundir el hinduismo.

C trabajar para mejorar la calidad de vida de la población.

D practicar la no violencia.

5 Las contribuciones de la antigua India a la civilización mundial incluyeron

A el desarrollo del primer calendario del mundo.

B la creación de lo que hoy se llama álgebra.

C la invención del arado y la rueda.

D la introducción del cero al sistema numérico.

Conexión con lo aprendido anteriormente

6 En este capítulo aprendiste acerca de dos grandes épicas, el *Mahabharata* y el *Ramayana*. ¿Cuál de las siguientes opciones también es uno de los poemas épicos que estudiaste?

A el Código de Hammurabi

B el *Libro de los muertos*

C *Gilgamesh*

D los Textos de las pirámides

7 Como ya aprendiste en este curso, los antiguos egipcios realizaban complejos rituales religiosos. ¿Cuál de estas religiones indias también realizaba muchos rituales y entre ellos sacrificios?

A el budismo

B el brahmanismo

C el jainismo

D el mauryanismo

La antigua China

Pregunta esencial La gente, los sucesos y las ideas que dieron forma a la antigua China, ¿de qué forma siguen influenciando el mundo?

Lo que aprenderás...

En este capítulo, estudiarás acerca de la geografía, la historia y la cultura de la antigua China, una cultura que aún hoy en día sigue influenciando el mundo.

ENFOQUE EN LA EXPRESIÓN ORAL

Una presentación oral En este capítulo, leerás sobre los fascinantes primeros años de China. Elige una persona o suceso de esa historia. Luego podrás contar a tus compañeros por qué esa persona o suceso fue importante para la historia de China.

circa **siglo XVI a.C.**
Se establece en China la dinastía Shang.

SUCESOS EN EL CAPÍTULO

1600 a.C.

SUCESOS EN EL MUNDO

circa **1480 a.C.**
La reina Hatshepsut gobierna Egipto.

China fue uno de los primeros centros de civilización. Los ríos desempeñaron papeles clave en la historia y en el desarrollo de la sociedad china.

siglo XII a.C.
Comienza la dinastía Zhou.

551 a.C.
Nace Confucio en China.

221 a.C.
Shi Huangdi unifica China bajo la dinastía Qin.

206 a.C.
La dinastía Han comienza a gobernar China.

| 1200 a.C. | 800 a.C. | 400 a.C. | a.C. 1 d.C. |

circa 965 a.C.
Salomón se convierte en rey de los israelitas.

circa 500 a.C.
El budismo comienza a surgir en la India.

circa 100 a.C.
La Ruta de la Seda conecta por tierra China con el suroeste asiático.

LA ANTIGUA CHINA **157**

Lectura en estudios sociales

Economía | Geografía | Política | Religión | Sociedad y cultura | Ciencia y tecnología

Enfoque en los temas Este capítulo describirá el desarrollo temprano de China: cómo se inició la civilización china y cómo fue tomando forma bajo las primeras dinastías. Verás de qué manera estas dinastías controlaron el gobierno y la **política.** También verás cómo los chinos, bajo la influencia del filósofo Confucio, establecieron tradiciones como la importancia de la familia. Los chinos también impulsaron las artes y el conocimiento, ayudando a formar la **sociedad y cultura** que perduraron por siglos en China.

Resumir textos históricos

Enfoque en la lectura Cuando lees un libro de historia, ¿cómo puedes estar seguro de que entiendes todo? Una manera de saberlo es repetir en un resumen lo que has leído.

Escribir un resumen Un **resumen** es una repetición abreviada de las ideas más importantes de un texto. El siguiente ejemplo muestra los tres pasos que se usan para escribir un resumen. Primero, identifica los detalles importantes. Luego, escribe un breve resumen de cada párrafo. Finalmente, combina estos párrafos en un corto resumen de todo el texto.

La primera dinastía de la que se tienen indicios claros es la dinastía Shang, que estaba firmemente establecida para el siglo XVI a.C. Los shang, que tenían un mayor poderío en el valle del Huang He (río Amarillo), dominaban una amplia región del norte de China. Los gobernantes shang trasladaron su capital varias veces, probablemente para evitar inundaciones o ataques de sus enemigos.

El rey era el centro de la vida política y religiosa de la dinastía Shang. Los nobles actuaban como consejeros del rey y lo ayudaban a gobernar. Otros funcionarios de menor importancia también eran nobles. Cumplían funciones gubernamentales y religiosas específicas.

Resumen del párrafo 1
La primera dinastía de China, la dinastía Shang, tomó el poder del norte de China en el siglo XVI a.C.

Resumen del párrafo 2
El rey y los nobles se ocupaban de la política y la religión en la dinastía Shang.

Resumen combinado
La dinastía Shang, que dominó el norte de China en el siglo XVI a.C., era gobernada por un rey y por los nobles.

¡Inténtalo!

El siguiente fragmento pertenece al capítulo que vas a leer. A medida que lo leas, piensa qué incluirías en un resumen

Los primeros asentamientos

Los arqueólogos han encontrado restos de las primeras aldeas chinas. Uno de estos sitios, ubicado cerca del Huang He (río Amarillo), tenía más de 40 casas. Muchas de las casas estaban parcialmente bajo tierra y pueden haber tenido techos de paja. El sitio también incluía corrales de animales, fosas de almacenamiento y un cementerio.

Del Capítulo 6, pág. 162

Algunas de las aldeas a orillas del Huang He (río Amarillo) crecieron y se convirtieron en grandes poblaciones rodeadas por murallas que las defendían de inundaciones y de los vecinos hostiles. En este tipo de poblaciones, los chinos dejaron muchos artefactos, como puntas de flechas, anzuelos, herramientas y piezas de cerámica. En algunas aldeas se encontraron incluso trozos de telas.

Después de leer el fragmento, responde a las siguientes preguntas.

1. Lee los siguientes resúmenes y decide cuál es el mejor. Explica tu respuesta.

a) Los arqueólogos han encontrado cosas interesantes sobre los primeros asentamientos en China. Por ejemplo, han descubierto que los chinos tenían casas con techos de paja, corrales para sus animales e incluso cementerios. Además, han descubierto que las poblaciones más grandes estaban rodeadas por murallas para su defensa. Por último, han encontrado herramientas como puntas de flechas y anzuelos.

b) Los arqueólogos han encontrado restos de las primeras aldeas chinas, algunas de las cuales se convirtieron en grandes poblaciones amuralladas. Los artefactos encontrados allí nos ayudan a comprender la cultura china.

2. ¿Qué debería incluirse en un buen resumen?

Personas y palabras clave

Vocabulario académico

El progreso escolar está relacionado con el conocimiento del vocabulario académico, es decir, de las palabras que se usan con frecuencia en las tareas y discusiones en clase. En este capítulo, aprenderás las siguientes palabras de vocabulario académico:

variar *(pág. 161)*
estructura *(pág. 168)*
innovación *(pág. 182)*
procedimiento *(pág. 187)*

A medida que lees el Capítulo 6, piensa cómo resumirías el material que estás leyendo.

La geografía y la antigua China

Lo que aprenderás…

Ideas principales

1. La geografía física de China hizo posible la agricultura pero dificultó los viajes y las comunicaciones.
2. En China, la civilización comenzó a la orilla de los ríos Huang He (río Amarillo) y Chang Jiang (río Yangzi).
3. Las primeras dinastías de China contribuyeron al crecimiento de la sociedad y obtuvieron muchos otros logros.

La idea clave

La civilización china comenzó con la dinastía Shang a orillas del Huang He (río Amarillo).

Palabras clave

jade, *pág. 163*
oráculo, *pág. 164*

hmhsocialstudies.com
TOMAR NOTAS

Usa el organizador gráfico en Internet para tomar notas acerca de la geografía de China y sus primeras civilizaciones.

Si ESTUVIERAS allí…

Vives al lado de un ancho río de China, alrededor del año 1400 a.C. Tu abuelo es agricultor. Te cuenta maravillosos relatos sobre un antiguo rey. Hace mucho tiempo, este héroe legendario logró controlar las furiosas inundaciones del río. Incluso creó nuevos ríos. Sin él, nadie hubiera podido cultivar ni vivir en esta tierra fértil.

¿Por qué esta leyenda es importante para tu familia?

CONOCER EL CONTEXTO Al igual que otras civilizaciones de ríos, el pueblo chino tuvo que aprender a controlar las inundaciones y a irrigar sus campos. Las características geográficas de China dividían al país en regiones bien diferenciadas.

La geografía física de China

La geografía desempeñó un papel fundamental en el desarrollo de la civilización china. China tiene una gran variedad de diferentes características geográficas. Algunas de ellas separaron a distintos grupos de personas dentro de China, mientras que otras separaron a China del resto del mundo.

Un territorio extenso y variado

China abarca un territorio de casi 4 millones de millas cuadradas, aproximadamente la misma extensión que Estados Unidos. Una de las barreras físicas que separa a China de sus vecinos es un áspero desierto, el Gobi. Este desierto ocupa gran parte del norte de China. Al este del desierto de Gobi hay llanuras bajas. Estas llanuras, que ocupan la mayor parte de China Oriental, forman una de las regiones agrícolas más grandes del mundo. El océano Pacífico es el límite oriental del país.

A más de 2,000 millas hacia el oeste, las escarpadas montañas forman su frontera occidental. En el suroeste, la meseta del Tíbet tiene varios picos montañosos que miden más de 26,000 pies. Desde la meseta, se extienden cadenas montañosas más bajas hacia el este. La más importante de estas cadenas es la Qinling Shandi, que separa a China en dos regiones: la región del norte y la del sur.

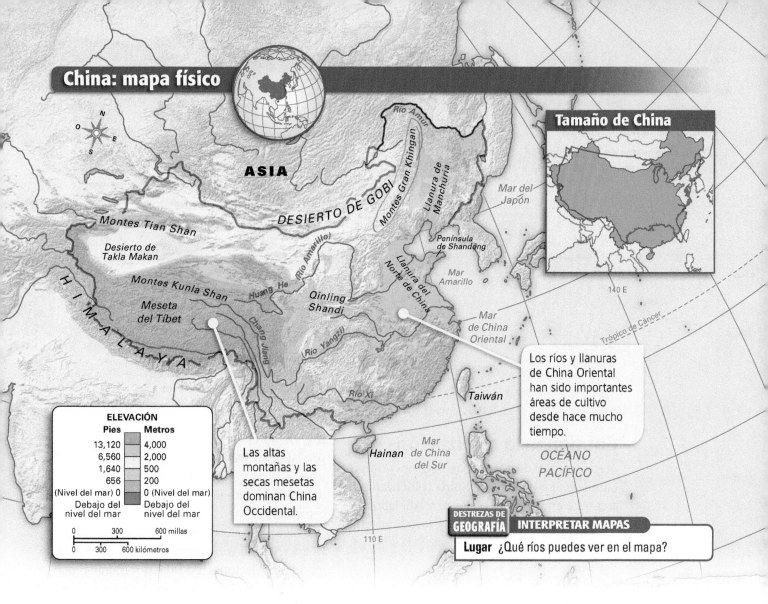

China: mapa físico

ASIA

Río Amur

Montes Gran Khingan

Llanura de Manchuria

DESIERTO DE GOBI

Montes Tian Shan

Desierto de Takla Makan

Montes Kunla Shan

Huang He (Río Amarillo)

Qinling Shandi

Meseta del Tíbet

H-I-M-A-L-A-Y-A

Chang Jiang

(Río Yangzi)

Río Xi

Península de Shandong

Llanura del Norte de China

Mar del Japón

Mar Amarillo

Mar de China Oriental

Taiwán

Hainan

Mar de China del Sur

OCÉANO PACÍFICO

Tamaño de China

140 E

Trópico de Cáncer

110 E

Las altas montañas y las secas mesetas dominan China Occidental.

Los ríos y llanuras de China Oriental han sido importantes áreas de cultivo desde hace mucho tiempo.

ELEVACIÓN

Pies	Metros
13,120	4,000
6,560	2,000
1,640	500
656	200
(Nivel del mar) 0	0 (Nivel del mar)
Debajo del nivel del mar	Debajo del nivel del mar

0 300 600 millas

0 300 600 kilómetros

DESTREZAS DE GEOGRAFÍA **INTERPRETAR MAPAS**

Lugar ¿Qué ríos puedes ver en el mapa?

Los patrones de los estados del tiempo y las temperaturas **varían** ampliamente en toda China. En el noreste, el clima es frío y seco. Las temperaturas invernales son muy inferiores a los 0°F. Los ríos permanecen congelados durante más de la mitad del año. En el noroeste, los desiertos son muy secos. Pero en las llanuras orientales de China caen intensas lluvias. El sureste tropical es la región más húmeda. Los vientos monzones pueden traer hasta 250 pulgadas de lluvia por año. ¡Esa cantidad de agua alcanzaría para llenar una casa de dos pisos!

Los ríos de China

Dos grandes ríos fluyen de oeste a este de China. El Huang He o río Amarillo se extiende unas 3,000 millas a través del norte de China. Este río se desborda con frecuencia y las inundaciones dejan capas de cieno en los campos vecinos. Como estas inundaciones pueden ser muy destructivas, a veces se conoce como "el dolor de China". A lo largo de los años, millones de personas han muerto en las inundaciones del Huang He.

En el sur, el Chang Jiang o río Yangzi atraviesa la región central de China. Fluye desde las montañas del Tíbet hacia el océano Pacífico. El Chang Jiang es el río más largo de Asia.

En la antigua China, los dos ríos ayudaron a que las personas de la región oriental del país se vincularan con las de la región occidental. Al mismo tiempo, las montañas ubicadas entre ambos ríos limitaban el contacto.

COMPRENSIÓN DE LA LECTURA **Resumir** ¿Qué características geográficas limitaban los viajes en China?

VOCABULARIO ACADÉMICO

variar ser diferente

Geografía y estilos de vida

China es un país enorme con muchos tipos de ambientes diferentes.

¿Cómo se muestra en estas fotos la variedad de la geografía de China?

1 En el norte de China, el Huang He o río Amarillo ha sido desde hace mucho tiempo el centro de la civilización. El cieno que contiene le da un aspecto amarillento.

Comienza la civilización

Al igual que los demás pueblos antiguos que has estudiado, los pueblos de China comenzaron a asentarse en las orillas de los ríos. Allí labraron la tierra, construyeron aldeas y formaron una civilización.

El desarrollo de la agricultura

En China, la agricultura comenzó a orillas de los ríos Huang He y Chang Jiang. Las inundaciones de estos ríos depositaban cieno fértil. Estos depósitos de cieno hicieron que la tierra fuera ideal para los cultivos agrícolas.

Ya en el año 7000 a.C., los agricultores cultivaban arroz en el valle central del Chang Jiang. En el norte, a orillas del Huang He, la tierra era mejor para el cultivo de cereales como el mijo y el trigo.

Junto con la práctica de la agricultura, los primeros chinos tenían otras maneras de lograr una alimentación más variada. Pescaban y cazaban con arcos y flechas. También domesticaron animales como cerdos y ovejas. Al haber más fuentes de alimentos, la población creció.

Los primeros asentamientos

Los arqueólogos han encontrado restos de las primeras aldeas chinas. Uno de estos sitios, ubicado cerca del Huang He (río Amarillo), tenía más de 40 casas. Muchas de las casas estaban parcialmente bajo tierra y pueden haber tenido techos de paja. El sitio también incluía corrales de animales, fosas de almacenamiento y un cementerio.

Algunas de las aldeas a orillas del Huang He (río Amarillo) crecieron y se convirtieron en grandes poblaciones rodeadas por murallas que las defendían de inundaciones y de los vecinos hostiles. En este tipo de poblaciones, los chinos dejaron muchos artefactos, como puntas de flechas, anzuelos, herramientas y piezas de cerámica. En algunas aldeas se encontraron incluso trozos de telas.

En el sur y en el noreste de China se desarrollaron culturas separadas. Entre ellas se encontraban los pueblos Sanxingdui y Hongshan. Sin embargo, es muy poco lo que se sabe de ellos. Cuando las culturas más importantes que se desarrollaron a orillas de los ríos Huang He y Chang Jiang crecieron, absorbieron a esas otras culturas.

Al transcurrir el tiempo, la cultura china se hizo más avanzada. Después del año 3000 a.C., las personas usaban tornos de alfarero para hacer más tipos de piezas de cerámica. Estas personas también aprendieron a cavar pozos de agua (aljibes). A medida que las poblaciones crecían, las aldeas abarcaban áreas más grandes tanto en el norte como en el sureste de China.

2 El sur de China recibe más lluvias que el norte y los agricultores pueden cultivar varias cosechas de arroz al año.

3 Las altas montañas y amplios desiertos del oeste de China dificultan los viajes y aíslan a las poblaciones del este de China.

Los sitios de antiguos cementerios han proporcionado información sobre la cultura de este período. Al igual que los egipcios, los antiguos chinos llenaban sus tumbas con objetos. Algunas tumbas incluían recipientes de alimentos, lo que sugiere que creían en la otra vida. Algunas contenían muchos más artículos que otras. Estas diferencias demuestran que se había desarrollado un orden social. Con frecuencia, las tumbas de las personas ricas contenían hermosas joyas y otros objetos hechos de **jade**, una piedra preciosa de gran dureza.

COMPRENSIÓN DE LA LECTURA ▶ **Generalizar**
¿Cuáles eran algunas de las características de los primeros asentamientos de China?

Las primeras dinastías chinas

Las sociedades establecidas a orillas del Huang He crecieron y se hicieron más complejas. Finalmente, formaron la primera civilización china.

La dinastía Xia

Según las viejas leyendas, una serie de reyes gobernaron la China antigua. Alrededor del año 2200 a.C. se dice que uno de ellos, Yu el Grande, fundó la dinastía Xia.

Los escritores contaron relatos sobre terribles inundaciones durante la vida de Yu. Según estas versiones, Yu hizo cavar canales para que el agua se drenara hacia el océano. Esta tarea le demandó más de 10 años y se dice que creó las principales vías fluviales del norte de China.

Los arqueólogos aún no han encontrado pruebas de que las leyendas sobre los xia sean ciertas. Sin embargo, estas historias sobre los gobernantes xia fueron importantes para los antiguos chinos ya que hablaban de reyes que ayudaban a las personas a resolver sus problemas trabajando en conjunto. Además, estas historias explicaban la geografía que tanto impacto tenía sobre la vida de las personas.

La dinastía Shang

La primera dinastía de la que se tienen indicios claros es la dinastía Shang, que estaba firmemente establecida para el siglo XVI a.C. Los shang, que tenían un mayor poderío en el valle del Huang He (río Amarillo), dominaban una amplia región del norte de China. Los gobernantes shang trasladaron su capital varias veces, probablemente para evitar inundaciones o ataques de sus enemigos.

El rey era el centro de la vida política y religiosa de la dinastía Shang. Los nobles actuaban como consejeros del rey y lo ayudaban a gobernar. Otros funcionarios de menor importancia también eran nobles. Cumplían funciones gubernamentales y religiosas específicas.

Bajo la dinastía Shang, el orden social se hizo más organizado. La familia real y los nobles se encontraban en la cumbre. Los nobles poseían muchas tierras y dejaban su riqueza y poder a sus hijos. Los líderes guerreros de las regiones alejadas del imperio también pertenecían a la clase alta de la sociedad. La mayoría de las personas de las clases dirigentes de los shang vivían en grandes casas en las ciudades.

Los artesanos se asentaron fuera de las murallas de la ciudad. Vivían en grupos formados de acuerdo a su trabajo. Algunos artesanos fabricaban armas. Otros hacían piezas de cerámica, herramientas o vestimentas. Los artesanos ocupaban un nivel de importancia intermedio en la sociedad shang.

Los agricultores estaban por debajo de los artesanos en el orden social. Trabajaban largas jornadas pero tenían poco dinero. Debían destinar gran parte de lo que ganaban para los impuestos. Los esclavos, que ocupaban el nivel más bajo de la sociedad, fueron una fuente importante de mano de obra durante el período shang.

Los shang lograron muchos avances, incluso el primer sistema de escritura de China. Este sistema usaba más de 2,000 símbolos para expresar palabras o ideas. Aunque el sistema ha sufrido cambios a lo largo de los años, los símbolos chinos que se usan actualmente se basan en aquéllos del período shang.

Se ha encontrado escritura shang en miles de huesos de ganado y caparazones de tortugas. Los sacerdotes tallaban preguntas sobre el futuro en los huesos o caparazones, que al calentarse, se agrietaban. Los sacerdotes creían que podían "leer" esas grietas para predecir el futuro. Esos huesos eran llamados huesos del oráculo porque un **oráculo** es una predicción.

Además de la escritura, los shang también tuvieron otros logros. Los artesanos fabricaban hermosos recipientes de bronce para cocinar y

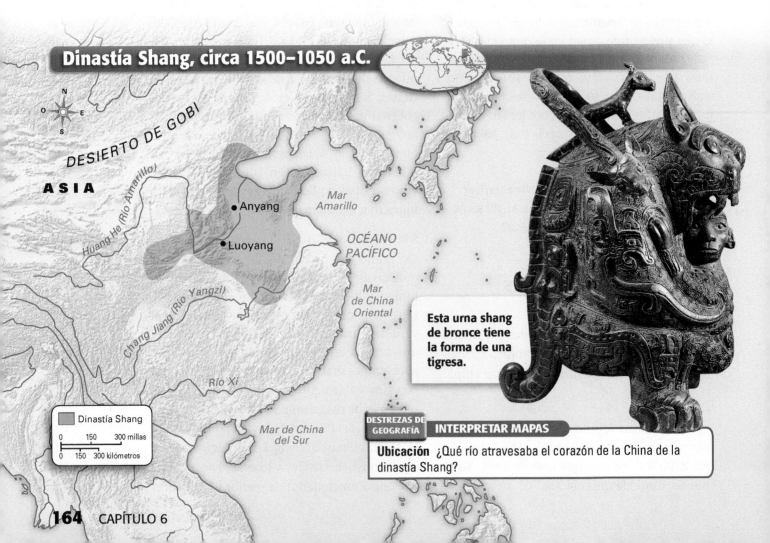

Dinastía Shang, circa 1500–1050 a.C.

DESIERTO DE GOBI

ASIA

Huang He (Río Amarillo)

• Anyang

• Luoyang

Mar Amarillo

OCÉANO PACÍFICO

Chang Jiang (Río Yangzi)

Mar de China Oriental

Río Xi

Mar de China del Sur

Dinastía Shang

0   150   300 millas

0   150   300 kilómetros

Esta urna shang de bronce tiene la forma de una tigresa.

DESTREZAS DE GEOGRAFÍA | **INTERPRETAR MAPAS**

Ubicación ¿Qué río atravesaba el corazón de la China de la dinastía Shang?

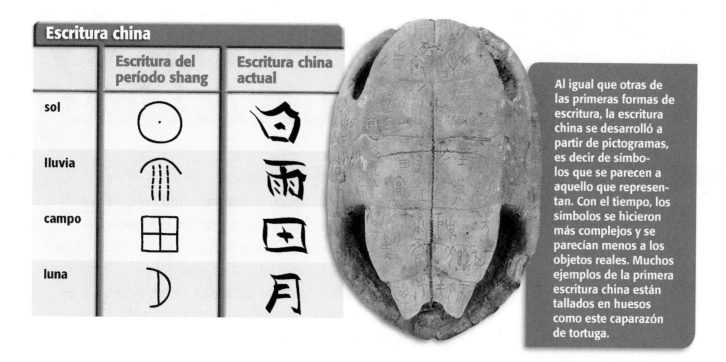

Escritura china

	Escritura del período shang	Escritura china actual
sol		
lluvia		
campo		
luna		

Al igual que otras de las primeras formas de escritura, la escritura china se desarrolló a partir de pictogramas, es decir de símbolos que se parecen a aquello que representan. Con el tiempo, los símbolos se hicieron más complejos y se parecían menos a los objetos reales. Muchos ejemplos de la primera escritura china están tallados en huesos como este caparazón de tortuga.

para usar en las ceremonias religiosas. También hacían hachas, cuchillos y ornamentos de jade. El ejército construyó carros de guerra y fabricó arcos poderosos y armaduras de bronce. Los astrólogos shang también hicieron un aporte importante: crearon un calendario basado en los ciclos de la luna.

COMPRENSIÓN DE LA LECTURA Contrastar
¿Cuál es una diferencia histórica fundamental entre las dinastías Xia y Shang?

RESUMEN Y PRESENTACIÓN China es un extenso territorio con una gran diversidad geográfica. La antigua civilización china se desarrolló en los valles fértiles de los ríos Huang He y Chang Jiang. Allí, la civilización avanzó bajo el gobierno shang. Las personas desarrollaron un orden social y un sistema de escritura y alcanzaron otros logros. En la siguiente sección, aprenderás sobre las nuevas ideas que surgieron en China durante el dominio de la dinastía Zhou.

Sección 1 Evaluación

hmhsocialstudies.com
Cuestionario en Internet

Repasar ideas, palabras y personas

1. a. Identificar Menciona los dos ríos principales de China.
   b. Analizar ¿Cómo afectó la geografía de China a su desarrollo?
2. a. Identificar ¿En el valle de qué río comenzó la civilización de China?
   b. Explicar ¿Por qué los valles de los ríos de China eran ideales para la agricultura?
   c. Profundizar ¿Qué revelan los artefactos chinos sobre la antigua civilización china?
3. a. Describir ¿Cómo conocen los historiadores la dinastía Xia?
   b. Sacar conclusiones ¿Qué nos dice el uso de los huesos del **oráculo** acerca de los primeros chinos?

Pensamiento crítico

4. Comparar y contrastar
   Copia este diagrama. Úsalo, junto con tus notas, para comparar y contrastar las dinastías Xia y Shang.

Dinastía Xia · Dinastía Shang · Similitudes

ENFOQUE EN LA EXPRESIÓN ORAL

5. Pensar en sucesos Repasa la sección y anota los sucesos importantes de los primeros tiempos de China. Piensa acerca de lo que hace que un suceso sea más importante que otro. Escribe tus ideas en tu cuaderno.

La dinastía Zhou y las nuevas ideas

Lo que aprenderás...

Ideas principales

1. La dinastía Zhou extendió el imperio chino, pero luego entró en decadencia.
2. Confucio propuso ideas para organizar la sociedad china.
3. El taoísmo y el legalismo también tuvieron seguidores.

La idea clave

La dinastía Zhou trajo estabilidad política y nuevas maneras de encarar los problemas políticos y sociales en la antigua China.

Personas y palabras clave

señores feudales, *pág. 167*
campesinos, *pág. 167*
Confucio, *pág. 169*
ética, *pág. 169*
confucianismo, *pág. 169*
taoísmo, *pág. 170*
Laozi, *pág. 170*
legalismo, *pág. 170*

hmhsocialstudies.com
TOMAR NOTAS

Usa el organizador gráfico en Internet para tomar notas acerca de los cambios que ocurrieron durante la dinastía Zhou.

Si ESTUVIERAS allí...

Eres un estudiante del famoso maestro Confucio. Al igual que muchos chinos antiguos, Confucio piensa que la sociedad ha cambiado... y no para mejor. También cree en los valores antiguos y en un orden social estricto. Intenta enseñarte a ti y a tus compañeros cómo comportarse como caballeros. Debes respetar a las personas que son tus superiores dentro de la sociedad. Debes ser un buen ejemplo para los demás.

¿De qué manera afectarán tu vida estas enseñanzas?

CONOCER EL CONTEXTO Las personas de la dinastía Shang lograron muchos avances, entre ellos los hermosos trabajos en metal, un sistema de escritura y un calendario. La dinastía siguiente, la Zhou, estableció otras tradiciones chinas. Algunas de estas tradiciones eran la importancia de la familia y el orden social. Los pensadores de épocas posteriores admiraron los valores del período zhou.

La dinastía Zhou

En el siglo XII a.C., los líderes de un pueblo que se conoció como los zhou gobernaban un reino de China. Se unieron con tribus vecinas y atacaron y derrocaron a la dinastía Shang. La dinastía Zhou perduró más que cualquier otra dinastía de la historia china.

Línea cronológica

La dinastía Zhou

siglo XII a.C.
Comienza la dinastía Zhou.

551 a.C.
Nace Confucio.

| 1200 a.C. | 800 a.C. | 400 a.C. |

771 a.C.
Llegan invasores a la capital zhou.

481 a.C.
La guerra civil se expande por toda China durante el período de los Estados en Guerra.

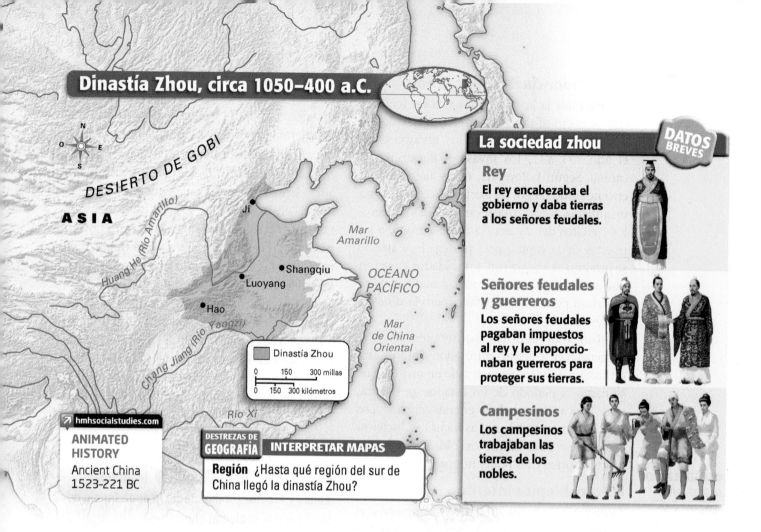

Dinastía Zhou, circa 1050–400 a.C.

DESIERTO DE GOBI

ASIA

Huang He (Río Amarillo)

Chang Jiang (Río Yangzi)

Ji

Shangqiu
Luoyang
Hao

Río Xi

Mar Amarillo

OCÉANO PACÍFICO

Mar de China Oriental

Dinastía Zhou

0   150   300 millas
0   150   300 kilómetros

hmhsocialstudies.com

ANIMATED HISTORY
Ancient China 1523–221 BC

DESTREZAS DE GEOGRAFÍA | **INTERPRETAR MAPAS**

Región ¿Hasta qué región del sur de China llegó la dinastía Zhou?

La sociedad zhou — DATOS BREVES

Rey
El rey encabezaba el gobierno y daba tierras a los señores feudales.

Señores feudales y guerreros
Los señores feudales pagaban impuestos al rey y le proporcionaban guerreros para proteger sus tierras.

Campesinos
Los campesinos trabajaban las tierras de los nobles.

El sistema político de la dinastía Zhou

Los reyes zhou afirmaban que poseían el mandato divino. Según esta idea, los dioses le daban el poder al rey o líder y nadie gobernaba sin su permiso. Si se comprobaba que un rey era malo, los dioses apoyarían a otro líder

Los zhou provenían de una región situada al oeste del reino Shang. Los primeros gobernantes zhou usaron el mandato divino para justificar su rebelión contra los shang. Más tarde, los gobernantes zhou extendieron su territorio hacia el noroeste y el este. Luego, los soldados zhou se desplazaron hacia el sur, expandiendo finalmente su dominio hasta el río Chang Jiang.

Los zhou establecieron un nuevo orden político. Otorgaban tierras a terceros a cambio de lealtad, apoyo militar y otros servicios. El rey zhou ocupaba el nivel jerárquico más alto. Otorgaba parcelas de tierra a los **señores feudales**, o personas de alto nivel social. Los señores feudales pagaban impuestos y

proporcionaban soldados al rey cuando los necesitaba. Los **campesinos**, o agricultores dueños de pequeñas granjas, estaban en el nivel más bajo del orden social. Cada familia campesina recibía una pequeña parcela de tierra y debía cultivar otras tierras para el noble. El sistema se describió en el *Libro de canciones:*

> "En todo lugar bajo el extenso Cielo
> no hay tierra que no sea del rey.
> Dentro de los límites de esas tierras
> no hay nadie que no sea sirviente del rey".
> –del Libro de canciones de la dinastía Zhous

El sistema de la dinastía Zhou trajo orden a China. El gobierno, a través de los señores feudales, ayudó a los zhou a controlar las áreas lejanas y contribuyó a asegurar la lealtad al rey. Sin embargo, al pasar el tiempo, el orden político se quebró. Los señores feudales legaban el poder a sus hijos, que eran menos leales al rey. Los gobernantes locales ganaron más poder y comenzaron a rechazar la autoridad de los reyes zhou.

La decadencia del poder zhou

Al disminuir la lealtad de los señores feudales con respecto al rey zhou, muchos de ellos se rehusaron a pelear contra los invasores. En el año 771 a.C., los invasores llegaron a la capital. Según la leyenda, el rey había estado encendiendo fuegos de alerta para entretener a un amigo. Cada vez que se encendían los fuegos, los ejércitos del rey acudían rápidamente a las puertas de la capital para protegerlo. Cuando se produjo el ataque real, los soldados creyeron que se trataba de otra broma y nadie acudió. Los zhou perdieron la batalla, pero la dinastía sobrevivió.

Tras esta derrota, los señores feudales comenzaron a pelear entre ellos. Para el año 481 a.C., China había ingresado en una era que se llamó el período de los Estados en Guerra, una época de muchas guerras civiles. Los ejércitos se agrandaron. Las luchas se hicieron brutales y crueles ya que los soldados luchaban por territorios y no por el honor.

Los problemas internos

La decadencia de los zhou tuvo lugar junto con cambios importantes en la **estructura** familiar de los chinos. Durante muchos siglos, la familia había sido la base de la vida en China. Grandes familias de varias generaciones formaban poderosos grupos. Cuando estas familias se dividieron, perdieron su poder. Los parientes cercanos se transformaron en rivales.

Los lazos de lealtad llegaron a debilitarse aún dentro de familias pequeñas, especialmente entre las clases sociales más elevadas. Los hijos conspiraban unos contra otros por sus herencias. Los padres ricos a veces trataban de mantener la paz dividiendo sus tierras entre sus hijos. Pero esto sólo originó nuevos problemas. Cada hijo podía construir su riqueza y luego desafiar a sus hermanos. Algunos hijos llegaron a matar a sus propios padres. Durante el período de los Estados en Guerra, China no tenía un gobierno fuerte para impedir las luchas por el poder dentro de las familias de la clase gobernante. La sociedad china entró en un período de desorden.

COMPRENSIÓN DE LA LECTURA **Identificar causa y efecto** ¿Cómo afectó la decadencia de los zhou a la sociedad china?

El período de los Estados en Guerra

Durante el período de los Estados en Guerra, miles de ejércitos luchaban entre sí para conquistar territorios. Los ejércitos usaban nuevas armas y técnicas de batalla en estas guerras civiles que duraron más de 200 años.

Las armas de hierro hicieron que la guerra fuera más peligrosa y sangrienta.

Los caballos eran montados por los guerreros, en lugar de ser usados sólo para tirar de los carros.

DESTREZA DE ANÁLISIS **ANALIZAR RECURSOS VISUALES**
¿Qué ventaja les daba a los guerreros el montar a caballo?

Confucio y la sociedad

A fines del período zhou, los pensadores propusieron ideas para restaurar el orden en China. Uno de ellos, **Confucio**, se convirtió en el maestro más influyente de la historia china. Confucio es una forma occidental del título chino de "Maestro Kong" o "Kongfuzi".

Confucio sentía que China estaba plagada de personas rudas y deshonestas. Disgustado por el desorden y la falta de decencia de las personas, Confucio dijo que los chinos necesitaban recuperar la **ética** o los valores morales. Las ideas de Confucio se conocen como **confucianismo.**

Confucio quería que China volviera a adoptar las ideas y prácticas de una época en que las personas conocían los roles que les correspondían en la sociedad. Las siguientes son las pautas básicas que Confucio pensó que restaurarían el orden familiar y la armonía social:

- Los padres deben demostrar valores morales altos para inspirar a sus familias.
- Los niños deben respetar y obedecer a sus padres.
- Todos los miembros de la familia deben ser leales entre sí.

Las ideas de Confucio sobre el gobierno eran similares a sus ideas sobre la familia:

- Ha sido el liderazgo moral, y no las leyes, lo que trajo orden a China.
- Un rey debe gobernar de manera ejemplar, sirviendo de inspiración de buen comportamiento para todos sus súbditos.
- Las clases más bajas aprenderían siguiendo el ejemplo de sus superiores. Confucio expresó esa idea cuando dijo a los reyes:

"Dirijan al pueblo mediante políticas de gobierno y pongan orden aplicándole castigos y las personas serán evasivas y no tendrán vergüenza. Diríjanlo por medio de la virtud… y tendrán sentido de la vergüenza y, lo que es más importante, tendrán normas de conducta".

—Confucio, de Analectas

BIOGRAFÍA

Confucio
551–479 a.C.

Confucio, cuyo título chino es Kongfuzi, se crió en extrema pobreza. Confucio fue un estudiante aplicado durante su adolescencia. Poco se sabe sobre cómo recibió su educación formal, pero dominaba muchas materias, entre ellas música, matemáticas, poesía e historia. Se desempeñó en cargos secundarios del gobierno y luego se convirtió en maestro. Nunca llegó a saber que sus enseñanzas transformarían la vida y el pensamiento de los chinos.

Hacer inferencias ¿De qué manera piensas que los cargos que Confucio ocupó en el gobierno lo ayudaron a dar forma a sus enseñanzas?

HISTORY.
VIDEO
Confucius: Words of Wisdom

hmhsocialstudies.com

A medida que Confucio viajaba por muchas regiones diferentes, fue ganando una reputación de maestro respetado. Sus ideas se difundieron a través de sus estudiantes y luego fueron recopiladas en un libro llamado *Analectas*.

Como el confucianismo se concentra en la moral, la familia, la sociedad y el gobierno, es frecuente que se lo considere una filosofía o manera de pensar. Pero es mucho más que eso. El confucianismo es una enseñanza excepcional de carácter filosófi co y religioso. Ha sido una fuerza conductora para el comportamiento humano y la comprensión religiosa en China.

Confucio creía que cuando las personas se comportaban bien y actuaban de acuerdo con la moral, sólo estaban cumpliendo con lo que el cielo esperaba de ellos. A lo largo de los siglos, las ideas de Confucio sobre la virtud, la bondad y el conocimiento se convirtieron en las creencias dominantes de China.

COMPRENSIÓN DE LA LECTURA **Identificar los puntos de vista** ¿Qué creía Confucio sobre el buen comportamiento?

DOCUMENTO HISTÓRICO
Analectas

Los seguidores de Confucio reunieron los dichos de su maestro en una obra llamada Lun Yü en chino y Analectas en español. La palabra analectas significa "escritos que han sido recopilados".

❝Yu, ¿tengo que enseñarte qué es el conocimiento? Cuando sepas algo, di que lo sabes; cuando no sepas algo, admite que no lo sabes. Eso es conocimiento❞.

❝¿Hay alguna palabra única que pueda servir como principio para... la vida? Posiblemente, esa palabra sea reciprocidad [justicia]. No hagas a otros lo que no querrías que otros te hicieran a ti❞.

❝No iluminaré a ninguna persona que no esté ansiosa por aprender, ni animaré a ninguna que no esté ansiosa por expresar sus ideas con palabras❞.

–Confucio, de *Analectas*

DESTREZA DE ANÁLISIS **ANALIZAR FUENTES PRIMARIAS**

¿Cuáles son algunas de las cualidades que Confucio valoraba?

Taoísmo y legalismo

Además del confucianismo, otras creencias influyeron en China durante el período zhou. Dos de ellas, en particular, atrajeron a muchos seguidores.

El taoísmo

El taoísmo tomó su nombre de la palabra Tao, que significa "el camino". El **taoísmo** puso énfasis en que se debe vivir en armonía con el Tao, la fuerza que guía toda la realidad. Según las enseñanzas taoístas, el Tao fue el origen del universo y de todas las cosas en él. En cierto modo, el taoísmo se desarrolló como una reacción contra el confucianismo. Los taoístas no estaban de acuerdo con la idea de que la armonía social se puede conseguir por medio de líderes activos e involucrados en su tarea. Ellos querían que el gobierno no interviniera en las vidas de las personas.

Los taoístas creían que las personas debían evitar interferir con la naturaleza y con el prójimo. Debían ser como el agua y

Ideas principales del confucianismo
DATOS BREVES

- Las personas debían ser respetuosas y leales con los miembros de su familia.

- Los líderes debían ser buenos y gobernar mediante el ejemplo.

- El aprendizaje es un proceso eterno.

- El cielo espera que las personas se comporten bien y actúen éticamente.

simplemente dejar fluir las cosas de manera natural. Para los taoístas, el gobernante ideal era un hombre sabio que estuviera en armonía con el Tao. Él gobernaría con tanta facilidad que su pueblo ni siquiera se enteraría de que estaba siendo gobernado.

Los taoístas enseñaban que el universo es un equilibrio de opuestos: femenino y masculino, luz y oscuridad, bajo y alto. En cada caso, las fuerzas opuestas debían estar en armonía.

Mientras el confucianismo concentraba la atención de sus seguidores en el mundo humano, los taoístas le prestaban más atención al mundo natural. Los taoístas consideraban a los humanos simplemente como una parte de la naturaleza, no mejores que cualquier otra cosa. Con el tiempo, el Tao, representado por la naturaleza, se convirtió en algo tan importante para los taoístas que comenzaron a venerarlo.

Laozi fue el maestro taoísta más famoso. Enseñaba que las personas no debían tratar de obtener riquezas ni tampoco debían buscar el poder. Se atribuye a Laozi la redacción del texto básico del taoísmo *El camino y su poder*. Los escritores posteriores crearon muchas leyendas sobre los logros de Laozi.

El legalismo

El **legalismo**, la creencia de que las personas son malas por naturaleza y deben ser controladas, contrastaba tanto con el confucianismo como con el taoísmo. A diferencia de las otras dos creencias, el legalismo era una filosofía política sin preocupaciones religiosas. Se ocupaba solamente del gobierno y del control social. Los seguidores del legalismo no estaban de acuerdo con las enseñanzas moralistas de Confucio. Los legalistas también rechazaban al taoísmo pues este no ponía énfasis en el respeto por la autoridad.

Los legalistas sentían que la sociedad necesitaba leyes estrictas para mantener a las personas en línea y que los castigos debían ser proporcionales a los crímenes. Por ejemplo, creían que los ciudadanos debían ser responsables por la conducta de los demás. Los parientes y los vecinos de una persona culpable de algún delito también debían ser castigados. De esta manera, todos obedecerían las leyes.

La unidad y la eficiencia también eran importantes para los legalistas. Querían que los gobernantes de China fueran funcionarios designados y no los nobles. Los legalistas querían que el imperio se siguiera expandiendo. Por ello, urgían al estado a estar constantemente preparado para la guerra.

El confucianismo, el taoísmo y el legalismo competían para lograr más seguidores. Las tres creencias se hicieron populares, pero los legalistas fueron los primeros en poner en práctica sus ideas en toda China.

COMPRENSIÓN DE LA LECTURA **Contrastar** ¿En qué se diferencian el taoísmo y el legalismo con respecto a sus teorías sobre el gobierno?

BIOGRAFÍA

Laozi
circa siglo VI o V a.C.

Los expertos han encontrado poca información confiable sobre la vida de Laozi. Algunos creen que su libro sobre el taoísmo fue, en realidad, la obra de varios autores diferentes. La mayoría de las fuentes de información antiguas sobre Laozi son mitos. Por ejemplo, una leyenda afirma que cuando Laozi nació, ya era un hombre anciano. En chino, *Laozi* puede significar "viejo bebé". A lo largo de los años, muchos taoístas han adorado a Laozi como a un ser sobrenatural.

Hacer inferencias ¿Qué piensas que quería decir que Laozi nació "viejo"?

RESUMEN Y PRESENTACIÓN Cuando la dinastía Zhou se derrumbó, se produjo un caos político y social. Como respuesta, surgieron las nuevas enseñanzas del confucianismo, el taoísmo y el legalismo. En la siguiente sección, aprenderás cómo la dinastía Qin aplicó las enseñanzas del legalismo.

Sección 2 Evaluación

hmhsocialstudies.com
Cuestionario en Internet

Repasar ideas, palabras y personas

1. **a. Identificar** ¿Qué es el mandato divino?
   b. Explicar Describe el orden político usado por los reyes zhou para gobernar territorios lejanos.
   c. Profundizar ¿Qué sucedió cuando los nobles comenzaron a rechazar la autoridad del rey zhou?

2. **a. Identificar** ¿Quién era **Confucio**?
   b. Analizar ¿Por qué muchas de las enseñanzas de Confucio se enfocan en la familia?

3. **a. Identificar** ¿Quién fue el maestro taoísta más famoso?
   b. Resumir ¿Cuáles eran las ideas principales del **taoísmo**?
   c. Profundizar ¿Cuáles podrían ser algunas de las desventajas del **legalismo**?

Pensamiento crítico

4. **Identificar las ideas principales** Dibuja una tabla como ésta. Úsala, junto con tus notas, para anotar dos de las ideas principales del confucianismo, del taoísmo y del legalismo.

Confucianismo	
Taoísmo	
Legalismo	

ENFOQUE EN LA EXPRESIÓN ORAL

5. **Investigar la importancia de las personalidades históricas** Muchas personas importantes de la historia son gobernantes o conquistadores. Sin embargo, las personas que piensan y enseñan también han desempeñado papeles importantes en la historia. ¿De qué manera los pensadores y los maestros dieron forma a la historia de China? Escribe algunas ideas en tu cuaderno.

La dinastía Qin

Si ESTUVIERAS allí...

Eres un estudioso que vive en China alrededor del año 210 a.C. Tienes una gran biblioteca de literatura, poesía y filosofía chinas. El nuevo emperador es un gobernante severo que no valora el conocimiento. Ha dicho que debes quemar todos los libros que no estén de acuerdo con sus ideas. La idea te horroriza. Pero si no obedeces, el castigo podría ser severo.

¿Obedecerías la orden de quemar tus libros? ¿Por qué?

> **CONOCER EL CONTEXTO** Las distintas dinastías tenían ideas muy diferentes sobre las maneras de gobernar. Cuando el período zhou entró en decadencia, la puesta en práctica de nuevas ideas provocó grandes cambios.

El gobierno fuerte del emperador qin

El período de los Estados en Guerra marcó una época en China en la que varios estados lucharon entre sí por el poder. Un estado, el Qin, reunió un poderoso ejército que derrotó a los ejércitos de los estados rivales. Finalmente, la dinastía Qin unificó al país bajo un solo gobierno.

Shi Huangdi sube al trono

En el año 221 a.C., el rey qin Ying Zheng logró unificar China. Se nombró a sí mismo **Shi Huangdi,** que significa "primer emperador". Shi Huangdi aplicó las creencias políticas legalistas. Creó un gobierno fuerte con leyes estrictas y castigos severos.

Lo que aprenderás...

Ideas principales

1. El primer emperador qin creó un gobierno fuerte pero estricto.
2. Las políticas y los logros qin unificaron a China.

La idea clave

La dinastía Qin unificó a China con un fuerte gobierno y un sistema de estandarización.

Personas y palabras clave

Shi Huangdi, *pág. 172*
Gran Muralla, *pág. 175*

hmhsocialstudies.com
TOMAR NOTAS

Usa el organizador gráfico en Internet para tomar notas acerca de los logros y las políticas de Shi Huangdi. Examina también su influencia sobre la vida en China.

Línea cronológica

La dinastía Qin

circa **213 a.C.**
Shi Huangdi ordena la quema de libros.

circa **206 a.C.**
La dinastía Qin colapsa.

225 a.C. | **215 a.C.** | **205 a.C.**

221 a.C.
El emperador Shi Huangdi unifica China y da comienzo a la dinastía Qin.

210 a.C.
Shi Huangdi muere.

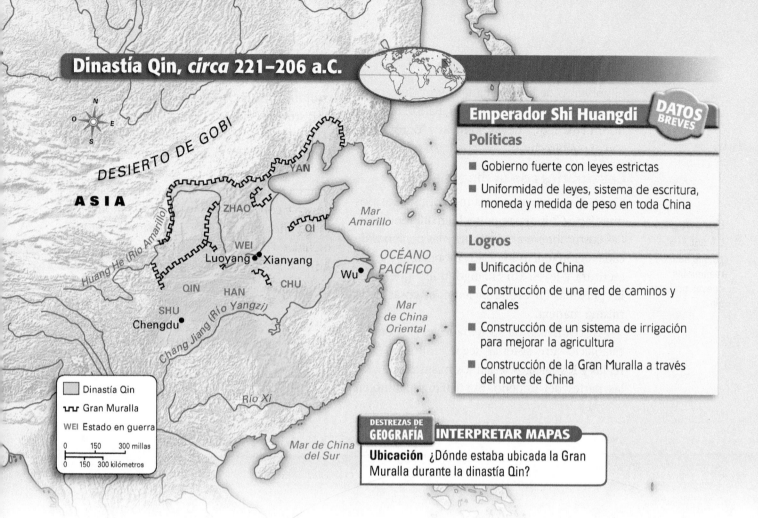

Dinastía Qin, *circa* 221–206 a.C.

Emperador Shi Huangdi DATOS BREVES

Políticas

- Gobierno fuerte con leyes estrictas
- Uniformidad de leyes, sistema de escritura, moneda y medida de peso en toda China

Logros

- Unificación de China
- Construcción de una red de caminos y canales
- Construcción de un sistema de irrigación para mejorar la agricultura
- Construcción de la Gran Muralla a través del norte de China

DESTREZAS DE GEOGRAFÍA   INTERPRETAR MAPAS

Ubicación ¿Dónde estaba ubicada la Gran Muralla durante la dinastía Qin?

Leyenda del mapa:
- Dinastía Qin
- Gran Muralla
- WEI Estado en guerra
- 0   150   300 millas
- 0   150   300 kilómetros

Shi Huangdi exigía que todos siguieran sus políticas. Ordenó quemar todos los escritos que no estuvieran de acuerdo con el legalismo. Los únicos libros que se salvaron, aparte de los del legalismo, trataban sobre la agricultura, la medicina y la predicción del futuro. Muchos eruditos se opusieron a la quema de libros. La respuesta del emperador a esta oposición fue enterrar vivos a 460 eruditos.

Shi Huangdi también usó sus ejércitos para expandir el imperio. Primero, ocuparon las tierras que rodeaban a los dos ríos principales de China. Luego, sus soldados se dirigieron al norte y avanzaron casi hasta el desierto de Gobi. Hacia el sur, invadieron más territorios y avanzaron hasta el río Xi.

Shi Huangdi se aseguró de que no hubiera futuras sublevaciones en sus nuevos territorios. Cuando sus soldados conquistaban una ciudad, les ordenaba que destruyeran sus murallas y tomaran todas las armas.

China bajo la dinastía Qin

Shi Huangdi cambió el antiguo sistema político de China. Reclamó todo el poder para sí mismo y no lo compartió con los señores feudales. Incluso les quitó tierras y obligó a miles de nobles a mudarse con sus familias a la capital, para poder vigilarlos. También obligó a miles de plebeyos a trabajar en proyectos de construcción del gobierno. Durante años, los trabajadores afrontaron privaciones, peligros y, a menudo, la muerte.

Para controlar China, Shi Huangdi la dividió en distritos, cada uno con su propio gobernador. Los distritos fueron subdivididos en condados gobernados por funcionarios designados. Esta organización le permitió al emperador establecer su sistema impositivo. También ayudó a los qin a imponer una estricta cadena de mando.

COMPRENSIÓN DE LA LECTURA   Resumir

¿Cómo fortaleció el gobierno Shi Huangdi?

Una China unificada

El gobierno de la dinastía Qin introdujo otros cambios importantes en China. Bajo el imperio de Shi Huangdi, nuevas políticas y logros unieron al pueblo chino.

Las políticas de la dinastía Qin

ENFOQUE EN LA LECTURA

¿Cómo podrías resumir las nuevas políticas qin?

Como has leído antes, las montañas y los ríos dividían a China en regiones bien diferenciadas. Las costumbres eran distintas y las personas de cada región tenían su propia moneda, estilos de escritura y leyes. Shi Huangdi quiso que todas las personas en China hicieran las cosas de la misma manera.

Al comienzo de su reinado, el emperador estableció un sistema legal uniforme. Las reglas y los castigos serían los mismos en todas las partes del imperio. Shi Huangdi también estandarizó el lenguaje escrito. Se exigió que todas las personas escribieran usando el mismo conjunto de signos. De esa manera, las personas de distintas regiones podrían comunicarse entre sí por escrito. Esto les dio una noción de cultura compartida y una identidad común.

Luego, el emperador estableció un nuevo sistema monetario. Las monedas estandarizadas de oro y cobre se convirtieron en la moneda de toda China. También se unificaron los pesos y medidas. Hasta el ancho de los ejes de todos los carros debía ser igual. Con todos estos cambios y el sistema de escritura unificado, el comercio entre las distintas regiones se simplificó muchísimo. El gobierno qin hizo cumplir estrictamente estos nuevos patrones. Cualquier ciudadano que desobedeciera las leyes debía enfrentar castigos severos.

Los guardianes de la tumba de Shi Huangdi

En 1974, los arqueólogos encontraron la tumba del emperador Shi Huangdi cerca de Xi'an e hicieron un sorprendente descubrimiento. Enterrado cerca del emperador había un ejército de más de 6,000 soldados de tamaño natural de terracota o arcilla. Fueron diseñados y fabricados para acompañar a Shi Huangdi en la otra vida. En otras cámaras cercanas a la tumba, se encontraron otras 1,400 figuras de arcilla de la caballería y carros de guerra.

MONGOLIA

Huang He (Río Amarillo)

Xi'an • Tumba de Shi Huangdi

CHINA

Chang Jiang (Río Yangtzi)

Los logros de la dinastía Qin

También ayudaron a unificar el país los nuevos y enormes proyectos de construcción. Bajo el gobierno de Shi Huangdi, los chinos construyeron una red de caminos que conectó a la capital con todas las partes del imperio. Estos caminos facilitaron los viajes de todas las personas. Todos los caminos tenían el mismo ancho: 50 pasos. Este diseño permitió al ejército desplazarse rápida y fácilmente para contener las sublevaciones en áreas lejanas.

También se mejoró el sistema hidráulico de China. Los trabajadores construyeron canales para conectar los ríos del país. Al igual que los nuevos caminos, los canales mejoraron el transporte a través de todo el país. El uso de los nuevos canales y los ríos hizo que fuera más simple y rápido transportar mercaderías desde el norte hasta el sur. Además, los qin construyeron un sistema de irrigación para hacer que una mayor cantidad de tierras fueran aptas para la agricultura. Partes de ese sistema están todavía en uso.

Shi Huangdi también quería proteger al país de las invasiones. Los nómadas del norte eran feroces guerreros y constituían una verdadera amenaza para China. Con la esperanza de detener sus invasiones, el emperador construyó la **Gran Muralla**, una barrera que unía murallas anteriores en la frontera norte de China. La primera sección de la muralla había sido construida en el siglo VII a.C. para mantener a los grupos invasores fuera de China. Los qin unieron partes antiguas de la muralla formando una estructura extensa e ininterrumpida. La construcción de la muralla requirió años de trabajo de cientos de miles de trabajadores. Muchos murieron mientras construían la muralla.

SU IMPORTANCIA HOY

Actualmente, la Gran Muralla es una gran atracción turística muy importante.

HISTORY

VIDEO
The First Emperor of China

hmhsocialstudies.com

Cada soldado de terracota era diferente, con sus propios rasgos faciales, peinado y expresión singular. Aquí, un modelo hecho con computadora muestra el aspecto que podría haber tenido un soldado cuando fue creado.

La Gran Muralla ha sido modificada y reconstruida muchas veces desde que Shi Huangdi gobernó China.

Se formaron fuerzas rebeldes en todo el país. Cada una afirmaba que había recibido el mandato divino de reemplazar al emperador. Uno de estos grupos atacó la capital qin y el nuevo emperador se rindió. El palacio fue totalmente destruido por las llamas. Había desaparecido la autoridad qin. Sin un gobierno central, se desató la guerra civil en el país.

COMPRENSIÓN DE LA LECTURA **Recordar** ¿Qué proyectos de construcción enormes emprendió Shi Huangdi para unificar a China?

La caída de la dinastía Qin

Las políticas de Shi Huangdi unificaron China. Sin embargo, esas políticas también crearon resentimientos. Muchos plebeyos, eruditos y nobles odiaban sus métodos severos.

A pesar de ello, Shi Huangdi fue lo suficientemente poderoso como para mantener al país unido. Cuando murió en 210 a.C., China estaba unificada, pero esa situación no duró. En unos pocos años, el gobierno comenzó a derrumbarse.

RESUMEN Y PRESENTACIÓN Las políticas y logros del emperador qin Shi Huangdi unificaron a China, pero su severo mandato produjo resentimientos. Luego de su muerte, la dinastía se desintegró. En la siguiente sección, aprenderás sobre la dinastía Han, que llegó al poder luego de la caída de la dinastía Qin.

Sección 3 Evaluación

hmhsocialstudies.com
Cuestionario en Internet

Repasar ideas, palabras y personas

1. a. Identificar ¿Qué significa el título **Shi Huangdi**?
b. Explicar Luego de unificar China, ¿por qué Shi Huangdi dividió al país en distritos militares?
c. Calificar ¿Cuál de los siguientes actos crees que demostró mejor el poder de Shi Huangdi: la quema de libros, el haber obligado a los nobles a mudarse o el haber obligado a los plebeyos a trabajar en proyectos del gobierno? Explica tu respuesta.

2. a. Recordar ¿Por qué se construyó la **Gran Muralla**?
b. Resumir ¿Qué acciones emprendió Shi Huangdi para unificar China y estandarizar las cosas dentro del imperio?
c. Evaluar En tu opinión, ¿Shi Huangdi era un buen gobernante? Explica tu respuesta.

Pensamiento crítico

3. Evaluar Usa tus notas y un diagrama como el siguiente para ordenar del más al menos importante de los logros y políticas del emperador para unificar a China.

Más importante | | Menos importante
| 1. | 2. | 3. |

ENFOQUE EN LA EXPRESIÓN ORAL

4. Evaluar las contribuciones a la historia Cuando se evalúa la contribución de un personaje a la historia, es importante considerar tanto su aporte positivo como el negativo. ¿De qué manera fue importante Shi Huangdi? ¿Qué impacto negativo tuvo sobre China? Escribe tus ideas.

Emperador Shi Huangdi

Si fueras un gobernante poderoso, ¿cómo te protegerías?

¿Cuándo vivió? *circa* 259–210 a.C.

¿Dónde vivió? Shi Huangdi construyó una nueva ciudad capital en Xianyang, ahora llamada Xi'an, en el este de China.

¿Qué hizo? Shi Huangdi no confiaba en las personas. Hubo varios atentados contra su vida y el emperador vivía atemorizado por otros posibles ataques. Buscaba constantemente nuevas formas de protegerse y prolongar su vida. Para cuando Shi Huangdi murió, ni siquiera confiaba en sus propios consejeros. Incluso después de muerto, se hizo rodear por protectores: el famoso ejército de terracota.

¿Por qué es importante? Shi Huangdi fue uno de los más poderosos gobernantes de la historia china. Fue el primero en unificar toda China y es también recordado por sus programas de construcciones. Construyó caminos y canales en toda China y expandió lo que luego se convertiría en la Gran Muralla.

Sacar conclusiones ¿Por qué piensas que Shi Huangdi temía por su vida?

SUCESOS CLAVE

246 a.C. Shi Huangdi se convierte en emperador. Como todavía es joven, un funcionario de alto rango gobierna en su nombre.

238 a.C. Envía al funcionario al exilio, por sospechar que conspiraba en su contra, y gobierna solo.

227 a.C. Un intento de asesinato aumenta la paranoia del emperador.

221 a.C. Shi Huangdi unifica a toda China bajo su mandato.

VIDEO
Omens in
Ancient China

HISTORY.

hmhsocialstudies.com

En esta pintura se muestra a los sirvientes de Shi Huangdi quemando libros y atacando a los eruditos.

177

La dinastía Han

Si ESTUVIERAS allí...

Eres un joven estudiante chino perteneciente a una familia pobre. Tu familia ha trabajado intensamente para darte una buena educación y para que puedas obtener un trabajo en el gobierno y tener un gran futuro. Tus amigos se ríen de ti. Dicen que sólo los hijos de las familias ricas consiguen buenos trabajos. Piensan que es mejor unirse al ejército.

¿Tomarás el examen o te alistarás en el ejército? ¿Por qué?

CONOCER EL CONTEXTO Aunque era severo, el gobierno del primer emperador qin ayudó a unificar el norte de China. Con la construcción de la Gran Muralla, fortaleció las defensas de la frontera norte. Pero su sucesor no pudo mantenerse en el poder. Los qin dieron paso a una notable dinastía nueva que duraría 400 años.

El gobierno de la dinastía Han

Cuando la dinastía Qin se derrumbó en el año 207 a.C., varios grupos diferentes lucharon por el poder. Luego de varios años de guerras, un ejército conducido por Liu Bang se impuso sobre los demás. Liu Bang se convirtió en el primer emperador de la dinastía Han. Esta dinastía china duró más de 400 años.

El surgimiento de una nueva dinastía

Liu Bang, un campesino, pudo llegar a ser emperador debido en gran parte a la creencia china en el mandato divino. Fue la primera persona común en convertirse en emperador. Se ganó la lealtad y la confianza

---

Lo que aprenderás...

Ideas principales

1. El gobierno de la dinastía Han se basó en las ideas de Confucio.
2. La vida familiar se fortaleció y se vio apoyada en la China han.
3. Los han alcanzaron muchos logros en el arte, la literatura y el saber.

La idea clave

La dinastía Han creó una nueva forma de gobierno que valoraba la familia, las artes y el saber.

Palabras clave

reloj de sol, *pág. 182*
sismógrafo, *pág. 182*
acupuntura, *pág. 183*

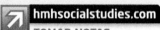
hmhsocialstudies.com
TOMAR NOTAS

Usa el organizador gráfico en Internet para tomar notas acerca del gobierno, la vida familiar y los logros durante el gobierno de los han.

Línea cronológica

La dinastía Han

206 a.C.
Comienza la dinastía Han.

220 d.C.
Caída de la dinastía Han.

| 200 a.C. | a.C. 1 d.C. | 200 d.C. |

140 a.C.
Wudi se convierte en emperador y trata de fortalecer el gobierno de China.

25 d.C.
Los han trasladan su capital hacia el este, a Luoyang.

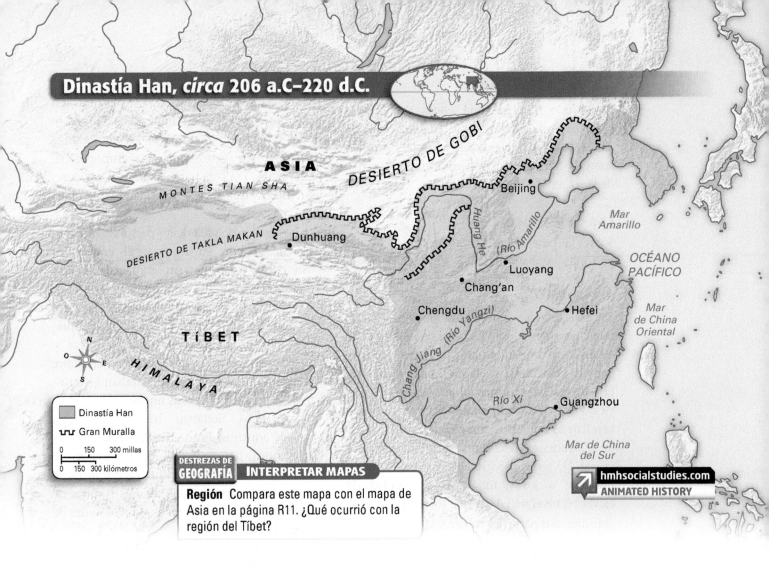

Dinastía Han, *circa* 206 a.C–220 d.C.

ASIA

MONTES TIAN SHA

DESIERTO DE GOBI

DESIERTO DE TAKLA MAKAN

Dunhuang

Beijing

Huang He (Río Amarillo)

Luoyang

Chang'an

Chengdu

Chang Jiang (Río Yangzi)

Hefei

TÍBET

HIMALAYA

Río Xi

Guangzhou

Mar Amarillo

OCÉANO PACÍFICO

Mar de China Oriental

Mar de China del Sur

Dinastía Han

Gran Muralla

0 150 300 millas

0 150 300 kilómetros

DESTREZAS DE GEOGRAFÍA   INTERPRETAR MAPAS

Región Compara este mapa con el mapa de Asia en la página R11. ¿Qué ocurrió con la región del Tíbet?

hmhsocialstudies.com
ANIMATED HISTORY

del pueblo. Además, era querido por los soldados y por los campesinos, lo que lo ayudó a mantener el control.

El gobierno de Liu Bang fue muy diferente del estricto legalismo de la dinastía Qin. Quería liberar a las personas de las duras políticas del gobierno. Redujo los impuestos a los agricultores y moderó los castigos. Otorgó grandes extensiones de tierra a los que lo apoyaban.

Además de establecer nuevas políticas, Liu Bang cambió la forma de trabajo del gobierno. Creó una estructura de gobierno a partir de las bases que iniciaron los qin. Además, confió en los funcionarios cultos para que lo ayudaran a gobernar.

Wudi crea un nuevo gobierno

En el año 140 a.C., el emperador Wudi subió al trono. Quería crear un gobierno central más fuerte. Para lograrlo, incautó tierra de los señores feudales, aumentó los impuestos y estableció el control del gobierno sobre la provisión de granos.

Bajo el gobierno de Wudi, el confucianismo se convirtió en la filosofía oficial del gobierno de China. Se esperaba que los funcionarios del gobierno practicaran el confucianismo. Wudi llegó a establecer una universidad para enseñar las ideas de Confucio.

Si una persona aprobaba un examen sobre las enseñanzas de Confucio, podía conseguir un buen cargo en el gobierno. Sin embargo, no cualquiera podía presentarse al examen. Los exámenes sólo estaban abiertos a aquellas personas que ya hubiesen sido recomendadas para servir en el gobierno. El resultado de esto fue que las familias ricas o influyentes continuaran controlando el gobierno.

COMPRENSIÓN DE LA LECTURA   **Analizar** ¿De qué manera el gobierno han se basaba en las ideas de Confucio?

La vida familiar

El período han fue una época de grandes cambios sociales en China. La estructura de clases se hizo más rígida. Las ideas de Confucio sobre la familia cobraron importancia dentro de la sociedad china.

Las clases sociales

Sobre la base del sistema de Confucio, las personas estaban divididas en cuatro clases. La clase alta estaba formada por el emperador, su corte y los eruditos que ocupaban cargos en el gobierno. La segunda clase, la más grande, estaba formada por los campesinos. Luego estaban los artesanos que producían artículos para la vida diaria y algunos bienes de lujo. Los mercaderes formaban la clase más baja, ya que no producían nada; sólo compraban y vendían lo que otros fabricaban. En el sistema de Confucio, el ejército no constituía una clase oficial. De todos modos, alistarse en el ejército brindaba a los hombres la posibilidad de elevar su nivel social, ya que los militares eran considerados parte del gobierno.

Este artefacto han es una lámpara de aceite sostenida por un sirviente.

La vida de ricos y pobres

Las clases sólo dividían a las personas en posiciones sociales; no indicaban riqueza ni poder. Por ejemplo, aunque los campesinos constituían la segunda clase en importancia, eran pobres. Por otra parte, algunos mercaderes eran ricos y poderosos a pesar de estar en la clase más baja.

Los estilos de vida de las personas variaban de acuerdo con su riqueza. El emperador y su corte vivían en un gran palacio. Los funcionarios menos importantes vivían en casas de varios niveles, construidas alrededor de patios centrales. Muchas de estas familias ricas eran propietarias de grandes fincas y empleaban a peones para trabajar la tierra. Algunas familias incluso contrataban ejércitos privados para defender sus fincas.

Los ricos llenaban sus hogares con costosos adornos. Entre ellos pinturas, piezas de cerámica, lámparas de bronce y figuras de jade. Las familias ricas contrataban músicos para su entretenimiento. Hasta las tumbas de los miembros de esas familias estaban llenas de objetos hermosos y caros.

Sin embargo, la mayoría de las personas de la dinastía Han no vivían como los ricos. En esa época, en China vivían casi 60 millones de personas y aproximadamente el 90 por ciento eran campesinos que vivían en el campo. Los campesinos trabajaban la tierra durante jornadas largas y agotadoras. Tanto en los campos de mijo del norte como en las plantaciones de arroz del sur, el trabajo era difícil. En invierno, también se obligaba a los campesinos a trabajar en los proyectos de construcción del gobierno. Los elevados impuestos y el clima desfavorable obligaron a muchos agricultores a vender sus tierras y a trabajar para ricos terratenientes. En los últimos años de la dinastía Han, sólo quedaban unos pocos agricultores independientes.

Los campesinos chinos llevaban una vida sencilla. Usaban vestimentas simples hechas de fibras de una planta nativa. Se alimentaban principalmente de granos cocidos, como la cebada. La mayoría de los campesinos vivían en pequeñas aldeas. Las paredes de sus pequeñas casas, construidas con estructuras de madera, eran de barro o tierra apisonada.

El restablecimiento de la familia

Como el confucianismo era la filosofía oficial del gobierno durante el reinado de Wudi, también se honraban las enseñanzas de Confucio sobre la familia. Desde que nacían, se enseñaba a los niños a respetar a sus mayores. Desobedecer a los padres era un crimen. Incluso los emperadores debían respetar a sus padres.

Confucio había enseñado que el padre era el jefe de la familia. Dentro de la familia, el padre tenía el poder absoluto. Los han enseñaban que las mujeres debían obedecer a su marido y que los niños debían obedecer a su padre.

Los dirigentes han creían que si una familia era sólida y obedecía al padre, también obedecería al emperador. Como los han ponían tanto énfasis en los fuertes lazos familiares y el respeto por los mayores, algunos hombres llegaron a obtener cargos en el gobierno por el respeto que demostraban hacia sus padres.

Se animaba a los niños a servir a sus padres. También se esperaba que honraran la muerte de sus padres con ceremonias y ofrendas. Todos los miembros de la familia debían cuidar las tumbas familiares.

En China, los padres valoraban más a los varones que a las mujeres. Esto se debía a que los hijos continuaban con la línea familiar y cuidaban a sus progenitores cuando eran ancianos. Por otra parte, las hijas pasaban a formar parte de la familia de sus esposos. Un proverbio chino dice que "criar hijas es como criar niños para otra familia". Sin embargo, algunas mujeres tenían poder. Ejercían influencia en las familias de sus hijos varones. Una viuda mayor incluso podía convertirse en la cabeza de la familia.

COMPRENSIÓN DE LA LECTURA Identificar **causa y efecto** ¿Por qué la familia fue tan importante durante la dinastía Han?

Durante la dinastía Han, los chinos lograron muchos avances en el arte y el conocimiento. Aquí se muestran algunos de ellos.

Ciencia

Este es un modelo de un antiguo sismógrafo chino. Cuando se producía un terremoto, una palanca interna hacía que una bola cayera desde la boca de un dragón hasta la boca de un sapo, indicando la dirección de donde provenía el terremoto.

Los logros de la dinastía Han

El período de gobierno de los han fue una época de grandes logros. Florecieron el arte y la literatura y los inventores crearon muchos dispositivos útiles.

El arte y la literatura

En este período, los chinos produjeron muchas obras de arte. Se hicieron expertos en la pintura de figuras: un estilo de pintura que incluye retratos de personas. Los retratos a menudo mostraban figuras religiosas y eruditos del confucianismo. Los artistas también pintaban escenas realistas que reflejaban la vida cotidiana. Sus creaciones cubrían las paredes de palacios y tumbas.

En literatura, la China han es conocida por su poesía. Los poetas desarrollaron nuevos estilos de versos, entre ellos el estilo *fu* que era el más popular. Los poetas *fu* combinaban la prosa y la poesía para crear extensas obras de literatura. Otro estilo, llamado *shi*, se caracterizaba por versos breves que podían ser cantados. Los gobernantes han contrataban a los poetas conocidos por la belleza de sus versos.

VOCABULARIO ACADÉMICO

innovación
idea, método o dispositivo nuevo

Los escritores han también produjeron importantes trabajos de historia. Un historiador llamado Sima Qian escribió una historia completa de todas las dinastías, hasta los primeros han. Su formato y estilo se convirtieron en el modelo para posteriores trabajos históricos.

Los inventos y los avances

Los chinos del período han inventaron un artículo que hoy usamos a diario: el papel. Lo fabricaban moliendo fibras vegetales, como la corteza de la morera y el cáñamo, hasta formar una pasta. Luego la dejaban secar en láminas. Los eruditos chinos hacían "libros" pegando varias piezas de papel para formar una hoja larga que después enrollaban.

Los han también lograron **innovaciones** en las ciencias. Entre ellas se encuentran el reloj de sol y el sismógrafo. Un **reloj de sol** utiliza la posición de las sombras que proyecta el sol para indicar la hora. El reloj de sol fue un reloj primitivo. Un **sismógrafo** es un aparato que mide la fuerza de un terremoto. Los emperadores han estaban muy interesados en conocer los movimientos de la Tierra. Creían

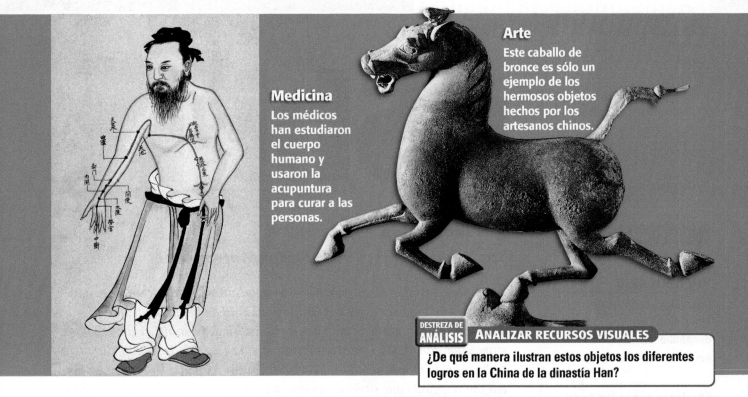

Medicina
Los médicos han estudiaron el cuerpo humano y usaron la acupuntura para curar a las personas.

Arte
Este caballo de bronce es sólo un ejemplo de los hermosos objetos hechos por los artesanos chinos.

DESTREZA DE ANÁLISIS **ANALIZAR RECURSOS VISUALES**
¿De qué manera ilustran estos objetos los diferentes logros en la China de la dinastía Han?

que los terremotos eran señales de futuros sucesos terribles.

Otra innovación han, la acupuntura, mejoró la medicina. La **acupuntura** es una práctica que consiste en insertar pequeñas agujas en la piel en puntos específicos para curar enfermedades o aliviar el dolor. Muchos inventos científicos y médicos de los han se usan actualmente.

COMPRENSIÓN DE LA LECTURA **Crear categorías** ¿Qué avances alcanzaron los chinos durante el período han?

RESUMEN Y PRESENTACIÓN Los gobernantes han abandonaron el legalismo y basaron su gobierno en el confucianismo. Esto reforzó los lazos familiares en la China de la dinastía Han. En la siguiente sección, aprenderás sobre los contactos de China más allá de sus fronteras.

Sección 4 Evaluación

hmhsocialstudies.com
Cuestionario en Internet

Repasar ideas, palabras y personas

1. **a. Identificar** ¿Las enseñanzas de qué pensador fueron la base del gobierno durante la dinastía Han?
   b. Resumir ¿Cómo creó el emperador Wudi un fuerte gobierno central?
   c. Evaluar ¿Crees que un sistema de exámenes es la mejor manera de garantizar que las personas sean elegidas con imparcialidad para trabajos en el gobierno? ¿Por qué?

2. **a. Describir** ¿Cuál era el rol del hijo en la familia?
   b. Contrastar ¿En qué se diferenciaban las condiciones de vida de los ricos de las de los campesinos durante la dinastía Han?

3. **Identificar** ¿Qué dispositivo inventaron los chinos para medir la fuerza de los terremotos?

Pensamiento crítico

4. **Analizar** Usa tus notas para completar el diagrama de la derecha sobre cómo el confucianismo influyó sobre el gobierno y la familia durante la dinastía Han.

Gobierno
confucianismo
Familia

ENFOQUE EN LA EXPRESIÓN ORAL

5. **Analizar el impacto en la historia** A veces, es un gobernante quien tiene el mayor impacto en la historia. Otras veces, las ideas que se desarrollan dentro de una sociedad son las que causan mayor impacto. ¿Qué tuvo mayor impacto sobre la China han? ¿Por qué?

El Shiji

por Sima Qian

Traducido de la versión de Burton Watson

Sobre la lectura *El* Shiji, *también llamado* Archivos del Gran Historiador, *es una historia que describe más de dos mil años de la cultura china. El autor, Sima Qian, tuvo el título de Gran Historiador durante el gobierno del emperador han Wudi. Pasó 18 años de su vida escribiendo el Shiji. Su intenso trabajo fue recompensado y su historia fue bien recibida. En realidad, el Shiji era tan respetado que sirvió de modelo para toda la historia oficial de China escrita posteriormente. En el siguiente fragmento se describe a un hombre llamado Bu Shi, que llamó la atención del emperador por su generosidad y obras de bien. Finalmente, el emperador lo invitó a vivir en el palacio imperial.*

A MEDIDA QUE LEES Pregúntate por qué Sima Qian incluyó a Bu Shi en su historia.

Bu Shi era un nativo de Henan, donde su familia se ganaba la vida mediante la agricultura y la cría de animales. ❶ Cuando sus padres murieron, Bu Shi dejó su hogar y cedió la casa, las tierras y toda la riqueza de su familia a su hermano menor, que ya era mayor. Como herencia, sólo tomó alrededor de cien de las ovejas que habían estado criando y las llevó a las montañas para pastorear. Después de aproximadamente diez años, las ovejas de Bu Shi habían aumentado a más de mil y ya había comprado su propia casa y sus propios campos. Mientras tanto, su hermano menor había fracasado totalmente en la administración de la granja, pero Bu Shi no titubeó en cederle una parte de su propia riqueza. Esto sucedió varias veces. Justo en esa época, los han enviaban a sus generales a atacar a los Xiongnu a intervalos frecuentes. ❷ Bu Shi viajó a la capital y envió una carta al trono, ofreciendo la mitad de su fortuna a los oficiales del distrito para ayudar a defender la frontera. El emperador despachó a un emisario para preguntar a Bu Shi si quería un cargo en el gobierno. ❸

"Desde que era un niño", contestó Bu Shi, "he sido un criador de animales. No he tenido experiencia en el gobierno y definitivamente no deseo ese tipo de cargo" ...

AYUDA DE VOCABULARIO

intervalos períodos de tiempo

despachó envió

emisario representante

❶ Henan es una región del este de China. Es una región agrícola productiva.

❷ Los Xiongnu eran una tribu de nómadas. Vivían en el norte y frecuentemente asaltaban a los pueblos cercanos a la frontera de China.

❸ *¿Por qué crees que el emperador invitó a Bu Shi a trabajar para el gobierno?*

"Si ése es el caso", dijo el emisario, "entonces ¿cuál es tu objetivo con esta oferta?"

Bu Shi contestó: "El Hijo del Cielo quiere castigar a los Xiongnu. ❹ En mi humilde opinión, todo hombre digno debería estar dispuesto a pelear hasta morir para defender las fronteras y toda persona con riquezas debería contribuir con los gastos. . ."

El emperador discutió el asunto con el canciller pero éste último dijo: "¡Sencillamente, la propuesta no concuerda con la naturaleza humana! ❺ Estas personas excéntricas no sirven para dirigir al pueblo, sino sólo para confundir las leyes. ¡Ruego a Su Majestad que no acepte su oferta!"

Por esta razón, el emperador demoró su respuesta a Bu Shi por un largo tiempo y finalmente, luego de varios años, rechazó la oferta, por lo que Bu Shi volvió a sus campos y pasturas . . .

Al año siguiente, varias personas pobres fueron transferidas a otras regiones . . . Entonces Bu Shi tomó dinero de su propiedad y entregó la suma de doscientos mil al gobernador de Henan para ayudar a las personas que emigraban hacia otras regiones . . . En esa época, las familias ricas intentaban afanosamente ocultar sus riquezas; sólo Bu Shi, a diferencia de los demás, había ofrecido su aporte para los gastos del gobierno. ❻ El emperador llegó a la conclusión de que Bu Shi era un hombre excepcionalmente valioso después de todo . . . Y debido a su conducta sencilla y recta y a su profunda lealtad, el emperador finalmente lo designó como el gran tutor de su hijo Liu Hong, el rey de Qi.

LECTURA GUIADA

AYUDA DE VOCABULARIO

objetivo meta
canciller alto funcionario
concuerda está de acuerdo con
excéntricas que actúan de manera extraña
pueblo habitantes
tutor maestro privado

❹ El pueblo chino creía que su emperador era el "Hijo del Cielo". Pensaban que recibía su poder de ancestros celestiales.

❺ "Este último" quiere decir la persona mencionada en último lugar. En este caso, este último es el canciller.

❻ *¿Qué actitud tiene Bu Shi con respecto a su riqueza? ¿En qué se diferencia de la actitud de las familias ricas?*

En esta pintura del siglo XVII, los funcionarios del gobierno entregan una carta.

CONECTAR LA LITERATURA CON LA HISTORIA

1. **Sacar conclusiones** Al igual que muchos historiadores chinos, Sima Qian quería usar la historia para dejar enseñanzas. ¿Qué lecciones podrían enseñarse con el cuento de Bu Shi?

2. **Analizar** El emperador Wudi basó su gobierno en las enseñanzas de Confucio. ¿Qué elementos del confucianismo puedes descubrir en este cuento?

Contactos con otras culturas durante la dinastía Han

Lo que aprenderás…

Ideas principales

1. La agricultura y la industria crecieron durante la dinastía Han.
2. Las rutas comerciales unieron a China con el Oriente Medio y Roma.
3. El budismo llegó a China desde la India y tuvo muchos seguidores.

La idea clave

Las rutas comerciales facilitaron el intercambio de nuevos productos e ideas entre China, Roma y otras tierras.

Palabras clave

seda, *pág. 187*
Ruta de la Seda, *pág. 187*
difusión, *pág. 189*

hmhsocialstudies.com
TOMAR NOTAS

Usa el organizador gráfico en Internet para tomar notas acerca de los productos chinos y las rutas comerciales y sobre la llegada del budismo a China.

Si **ESTUVIERAS** allí…

Eres un comerciante que viaja hacia China por la Ruta de la Seda. Este es tu primer viaje, pero has escuchado muchos relatos sobre el país. Sabes que el viaje será difícil, a través de montañas y desiertos y con un clima terrible. Aunque esperas obtener una buena ganancia con la seda, también sientes curiosidad por conocer China y su pueblo.

¿Qué esperas encontrar en China?

CONOCER EL CONTEXTO Durante la dinastía Han, la sociedad china volvió a concentrarse en las ideas de Confucio y se desarrollaron nuevos inventos. Además, el crecimiento del comercio permitió que otros países conocieran la rica cultura de China.

La agricultura y la industria

Durante la dinastía Han se produjeron muchos avances en la fabricación de objetos. Como resultado, aumentó la productividad y el imperio prosperó. Estos cambios prepararon el camino para que China hiciera contacto con pueblos de otras culturas.

Producción de la seda

Para el período han, los chinos ya se habían convertido en expertos herreros. Fabricaban espadas y armaduras de hierro que hicieron más poderoso a su ejército.

Los agricultores también se beneficiaron con los avances logrados en herrería. El arado de hierro y la carretilla, un carro con una sola rueda, incrementaron la producción de las granjas. Con una carretilla, un agricultor podía cargar sin ninguna ayuda más de 300 libras. Con el arado de hierro, podía arar más tierra y producir más alimentos.

Durante la dinastía Han, también aumentó la producción de otro artículo: la **seda**, un tejido suave, ligero y muy apreciado. Durante siglos, las mujeres chinas habían conocido los métodos complicados que se requerían para criar los gusanos de seda, devanar los hilos de seda de sus capullos y luego preparar esos hilos para teñirlos y tejerlos. Los chinos estaban decididos a mantener el **procedimiento** de fabricación de la seda en secreto. Si se revelaba este secreto, el castigo era la muerte.

Durante el período han, los tejedores usaban telares que funcionaban con pedales para tejer los hilos de seda y fabricar telas hermosas. La vestimenta de seda era muy cara.

> **COMPRENSIÓN DE LA LECTURA** **Identificar las ideas principales** ¿Cómo afectaron los avances tecnológicos a la agricultura y la producción de seda?

Las rutas comerciales

Los productos chinos, especialmente la seda y la porcelana, eran muy valorados por los pueblos de otras tierras. Durante el período han, el valor que tenían estos artículos para los habitantes de países extranjeros ayudaron a incrementar el comercio.

La expansión del comercio

El comercio se incrementó en gran parte porque los ejércitos han conquistaron tierras ubicadas en plena Asia Central. Los líderes locales les comentaron a los generales han que los pueblos ubicados más al oeste querían obtener seda. Al mismo tiempo, el emperador Wudi quería los caballos fuertes y robustos de Asia Central para su ejército. Los líderes de China vieron que podían obtener ganancias llevando la seda a Asia Central e intercambiando la tela por los caballos. Luego, los pueblos de Asia Central llevarían la seda al oeste para intercambiarla por los productos que querían.

La Ruta de la Seda

Los comerciantes usaban una serie de rutas terrestres para llevar los productos chinos a compradores de otros lugares. La ruta comercial más famosa fue conocida como la **Ruta de la Seda.** Esta red de rutas de 4,000 millas de longitud se extendía desde China hacia el oeste, atravesando desiertos y cadenas montañosas, a través de Medio Oriente, hasta llegar al mar Mediterráneo.

SU IMPORTANCIA HOY

China todavía produce aproximadamente el 50% de toda la seda del mundo.

VOCABULARIO ACADÉMICO
procedimiento la manera en que se lleva a cabo una tarea

PHOTOGRAPH © 2012 MUSEUM OF FINE ARTS, BOSTON

La técnica para fabricar la seda era un secreto bien guardado en la antigua China, ya que la seda era un producto comercial muy apreciado en las tierras lejanas. Los trabajadores hacían la seda a partir de los capullos de los gusanos de seda, al igual que hoy en día.

Los comerciantes chinos no recorrían toda la Ruta de la Seda. Al llegar a Asia Central, vendían sus artículos a los comerciantes locales que los transportarían el resto del camino.

Viajar por la Ruta de la Seda era difícil. Cientos de hombres y camellos cargados con valiosos artículos, ente ellos sedas y jade, formaban grupos y viajaban juntos para protegerse. Contrataban guardias armados para proteger a los comerciantes de los bandidos que robaban los cargamentos y el agua, una necesidad fundamental. El clima era otro de los peligros. Los comerciantes debían enfrentar ventiscas heladas, el calor del desierto y tormentas de arena cegadoras.

La Ruta de la Seda, que recibió su nombre por el artículo más famoso que se transportaba por ella, bien valía todos sus riesgos. La seda era tan famosa en Roma, por ejemplo, que China se enriqueció con ese intercambio comercial. Los comerciantes regresaban de Roma con plata, oro, piedras preciosas y caballos.

COMPRENSIÓN DE LA LECTURA **Resumir** ¿Por qué se expandió el comercio chino bajo el gobierno han?

El budismo llega a China

Cuando los chinos entraron en contacto con otras civilizaciones, intercambiaron ideas junto con los artículos de comercio. Entre estas ideas se encontraba una nueva religión. En el primer siglo después de Cristo, el budismo se extendió desde la India hasta China a través de la Ruta de la Seda y otras rutas comerciales.

La llegada de una nueva religión

Con el tiempo, el gobierno han perdió estabilidad. Las personas ignoraban las leyes y la violencia era un acontecimiento común. A medida que estallaban las rebeliones, millones de campesinos comenzaron a sufrir hambre. La vida se volvió violenta e incierta. Muchos chinos recurrían al taoísmo o al confucianismo para descubrir por qué debían sufrir tanto, pero no encontraron respuestas que los ayudaran.

El budismo parecía ofrecer más esperanzas que las creencias chinas tradicionales. Prometía el renacimiento y alivio a los sufrimientos. Esta promesa fue la razón principal por la que el pueblo chino adoptó el budismo.

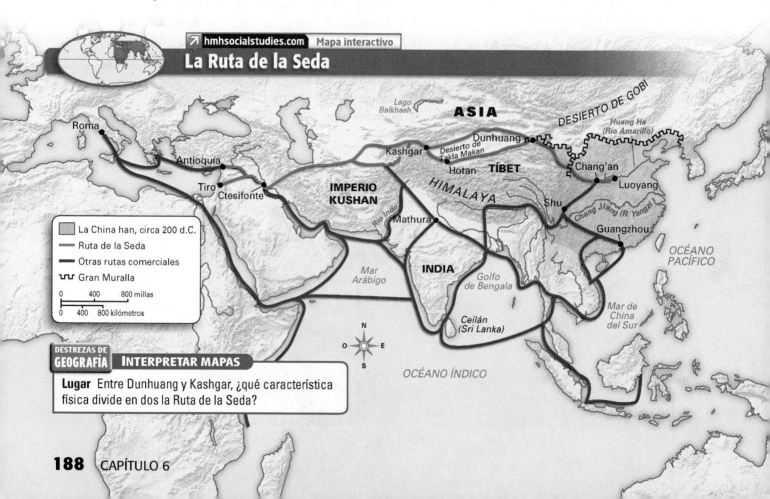

hmhsocialstudies.com **Mapa interactivo**

La Ruta de la Seda

La China han, circa 200 d.C.
Ruta de la Seda
Otras rutas comerciales
Gran Muralla

0   400   800 millas
0 400 800 kilómetros

DESTREZAS DE GEOGRAFÍA **INTERPRETAR MAPAS**

Lugar Entre Dunhuang y Kashgar, ¿qué característica física divide en dos la Ruta de la Seda?

El impacto en China

Al principio, a los budistas indios les resultó difícil explicar su religión a los chinos. Entonces usaron las ideas del taoísmo para describir las creencias budistas. Esto despertó la curiosidad de muchas personas sobre el budismo.

En poco tiempo el budismo se impuso en China, tanto entre los ricos como entre los pobres. Para el año 200 d.C., había altares budistas en el palacio del emperador.

La introducción del budismo en China es un ejemplo de **difusión,** el traspaso de ideas, artículos y tecnología de una cultura a otra. Los elementos de la cultura china cambiaron en respuesta a la nueva fe. Por ejemplo, los eruditos tradujeron textos budistas al idioma chino. Muchos chinos se convirtieron en monjes y monjas budistas. Los artistas esculpieron imponentes estatuas de Buda en las laderas de montañas.

COMPRENSIÓN DE LA LECTURA **Identificar las ideas principales** ¿Cómo conoció el pueblo chino al budismo?

RESUMEN Y PRESENTACIÓN Bajo la dinastía Han, el comercio trajo a China nuevos artículos e ideas, entre ellas el budismo. En el siguiente capítulo, leerás sobre la religión de otro pueblo: los judíos.

Esta gigantesca estatua de Buda es una de las más grandes del mundo. Fue esculpida en la ladera de una montaña y a sus pies se encuentra la unión de tres ríos.

Sección 5 Evaluación

hmhsocialstudies.com
Cuestionario en Internet

Repasar ideas, palabras y personas

1. **a. Describir** ¿De qué manera ayudaron las carretillas a los granjeros?
   b. Resumir ¿Cómo se fabricaba la **seda** en la antigua China?
   c. Profundizar ¿Por qué los chinos mantenían en secreto los métodos para fabricar la seda?
2. **a. Identificar** ¿Dónde comenzaba y dónde terminaba la **Ruta de la Seda**?
   b. Profundizar ¿Qué información usarías para fundamentar el argumento de que el comercio de la seda debió haber sido muy valioso?
3. **a. Identificar** ¿Qué es la **difusión**?
   b. Hacer generalizaciones ¿Qué creencias budistas atrajeron a millones de campesinos chinos?

Pensamiento crítico

4. **Crear categorías** Copia este diagrama. Úsalo, junto con tus notas, para mostrar los artículos e ideas que llegaron a China y los artículos que China enviaba a otros países a través de la Ruta de la Seda.

Artículos que entraban a China

Comercio a lo largo de la Ruta de la Seda

Artículos que salían de China

ENFOQUE EN LA EXPRESIÓN ORAL

5. **Evaluar la importancia de los sucesos** No todos los sucesos importantes de la historia son guerras o invasiones. ¿Qué sucesos pacíficos que aparecen en esta sección cambiaron la historia china? Anota algunas ideas.

La Ruta de la Seda

La Ruta de la Seda era una larga ruta comercial que se extendía a través del corazón de Asia. A lo largo de esta ruta, se desarrolló un activo comercio entre China y el suroeste asiático alrededor del año 100 a.C. Para el año 100 d.C., la Ruta de la Seda conectaba la China de la dinastía Han en Oriente con el Imperio romano en Occidente.

Los principales productos que se comerciaban a lo largo de la Ruta de la Seda eran artículos de lujo: artículos pequeños, livianos y muy caros. Entre ellos se encontraban la seda, las especias y el oro. Como eran pequeños y valiosos, los comerciantes podían transportarlos a través de largas distancias y aún venderlos con grandes ganancias. De esta manera, las personas de Oriente y Occidente podían comprar artículos de lujo que no podían conseguir en sus propios países.

GALIA

HISPANIA

EUROPA

Roma

IMPERIO ROMANO

Bizancio

Cartago

GRECIA

Asia Menor

Mar Negro

Mar de Aral

Mar Caspio

Merv

Mar Mediterráneo

Antiquía

Ecbatana

Ctesifonte

Babilonia

PERSIA

Alejandría

Petra

Persépolis

ÁFRICA

Adén

Mercancías de Occidente
Los comerciantes romanos, como este hombre, se enriquecieron con el comercio a través de la Ruta de la Seda. Los comerciantes de Occidente intercambiaban mercancías como las que ves aquí: lana, ámbar y oro.

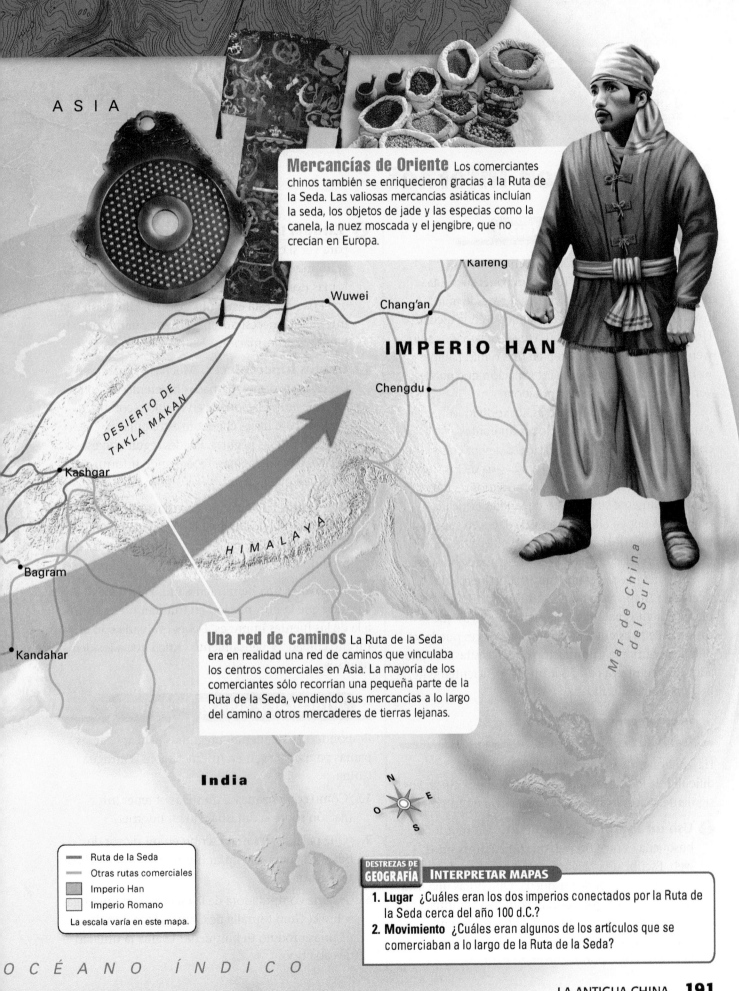

ASIA

Mercancías de Oriente Los comerciantes chinos también se enriquecieron gracias a la Ruta de la Seda. Las valiosas mercancías asiáticas incluían la seda, los objetos de jade y las especias como la canela, la nuez moscada y el jengibre, que no crecían en Europa.

Kaifeng

Wuwei

Chang'an

IMPERIO HAN

Chengdu

DESIERTO DE TAKLA MAKAN

Kashgar

HIMALAYA

Bagram

Mar de China del Sur

Kandahar

Una red de caminos La Ruta de la Seda era en realidad una red de caminos que vinculaba los centros comerciales en Asia. La mayoría de los comerciantes sólo recorrían una pequeña parte de la Ruta de la Seda, vendiendo sus mercancías a lo largo del camino a otros mercaderes de tierras lejanas.

India

N
O   E
S

Ruta de la Seda
Otras rutas comerciales
Imperio Han
Imperio Romano
La escala varía en este mapa.

DESTREZAS DE GEOGRAFÍA   INTERPRETAR MAPAS

1. **Lugar** ¿Cuáles eran los dos imperios conectados por la Ruta de la Seda cerca del año 100 d.C.?
2. **Movimiento** ¿Cuáles eran algunos de los artículos que se comerciaban a lo largo de la Ruta de la Seda?

OCÉANO ÍNDICO

Destrezas de estudios sociales

Investigar en Internet

Comprender la destreza

Internet es una enorme red de computadoras interconectadas entre sí. Te puedes conectar a esta red desde tu computadora personal o desde una computadora en la biblioteca pública o en la escuela. Una vez conectado, puedes ir a lugares llamados sitios web. Los sitios web consisten en una o más páginas web. Cada página contiene información que puedes ver en la pantalla de la computadora.

Los gobiernos, las empresas, los individuos y muchos tipos de organizaciones diferentes como universidades, organizaciones de noticias y bibliotecas tienen sitios web. La mayoría de los sitios web de bibliotecas permiten a los usuarios revisar electrónicamente su catálogo de tarjetas. Muchas bibliotecas tienen además bases de datos en sus sitios web. Una base de datos es una gran colección de información relacionada que está organizada por temas.

Internet puede ser una muy buena fuente de referencia. Te permite reunir información sobre prácticamente cualquier tema sin que tengas que moverte de tu asiento. Sin embargo, a veces puede ser difícil encontrar la información que necesitas. Por ello, adquirir la destreza para usar Internet eficientemente, incrementará su utilidad.

Aprender la destreza

Hay millones de sitios en Internet. Esto puede dificultar la localización de información específica. Los siguientes pasos te ayudarán a investigar en Internet.

1 Usa un motor de búsqueda. Un motor de búsqueda es un sitio web que busca otros sitios web. Escribe una palabra o frase relacionada con tu tema en el motor de búsqueda. Obtendrás una lista de páginas web que podrían contener información sobre el tema que te interesa. Si haces clic en cualquiera de las entradas de esta lista, aparecerá la página correspondiente en tu pantalla.

2 Estudia la página web. Lee la información para ver si es útil. Puedes imprimir la página con la impresora de la computadora o tomar notas. Si tomas notas, asegúrate de incluir la dirección URL de la página. Esta es su ubicación o "dirección" en Internet. La necesitarás para mencionarla como tu fuente de información.

3 Usa los hiperenlaces. Muchas páginas web tienen conexiones, llamadas hiperenlaces, con información relacionada en el sitio o con otros sitios web. Si haces clic sobre estos enlaces accederás a esas páginas. Puedes seguir con esos enlaces a otras páginas, recopilando información a medida que avanzas.

4 Regresa a tu lista de resultados. Si la información o los hiperenlaces de una página web no son útiles, regresa a la lista de páginas que produjo tu motor de búsqueda y repite el proceso.

Internet es una herramienta útil. Pero debes recordar que la información en Internet no es distinta a la de las fuentes impresas. Debes evaluarla con el mismo cuidado y pensamiento crítico que a los demás recursos.

Practicar y aplicar la destreza

Responde a las siguientes preguntas para aplicar las pautas para investigar en Internet sobre la antigua China

1. ¿Cómo comenzarías si quisieras obtener información sobre la dinastía Qin en Internet?

2. ¿Qué palabras podrías escribir en un motor de búsqueda para encontrar información sobre el confucianismo?

3. Usa una computadora de la escuela para investigar sobre la Gran Muralla de China. ¿Qué tipo de páginas produjo tu búsqueda? Evalúa la utilidad de cada tipo.

Repaso del capítulo

El impacto de la historia

▶ videos

Consulta el video para responder a la pregunta de enfoque:

¿Cómo resumirías la visión que el confucianismo tenía de la familia?

Resumen visual

Usa el siguiente resumen visual para repasar las ideas principales del capítulo.

DATOS BREVES

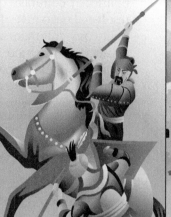

La civilización china comenzó a orillas del río Huang He (río Amarillo).

Durante la dinastía Zhou, los ejércitos pelearon por el poder y se difundieron las ideas de Confucio.

La dinastía Qin unificó China con un fuerte gobierno.

Durante la dinastía Han, China logró avances en el conocimiento y se difundió el budismo.

Repasar vocabulario, palabras y personas

Une cada oración que comienza con "Yo" con la persona u objeto que podría haberla dicho. No se usarán todas las opciones.

a. jade

b. innovación

c. señor feudal

d. oráculo

e. campesino

f. Confucio

g. taoísmo

h. Shi Huangdi

i. sismógrafo

j. carretilla

k. Gran Muralla

l. legalismo

1. "Yo destaqué la importancia de vivir en armonía con la naturaleza".

2. "Yo tomé un nombre que significa 'primer emperador'"

3. "Yo afirmé que las personas deben ser controladas con leyes estrictas".

4. "Yo soy una piedra preciosa hermosa de gran dureza con la que los chinos hicieron muchos objetos".

5. "Yo fui construida para evitar que los invasores atacaran a China".

6. "Yo puedo medir la fuerza de un terremoto".

7. "Yo soy una persona de alto nivel social".

8. "Yo soy una idea, método o dispositivo nuevo".

9. "Yo enfaticé la importancia de los valores morales y el respeto por la familia".

10. "Yo soy un agricultor que se dedica a arar una pequeña parcela de tierra".

Comprensión y pensamiento crítico

SECCIÓN 1 *(Páginas 160–165)*

11. a. Identificar ¿En qué región se desarrolló la dinastía Shang?

b. Analizar ¿Cómo contribuyó la geografía de China al aislamiento del país?

c. Evaluar Si tienes en cuenta las pruebas históricas, ¿crees que la dinastía Xia fue realmente la primera dinastía de China o que es sólo un mito? Explica tu respuesta.

12. a. Identificar ¿Qué filosofía china impulsaba las leyes estrictas y los castigos severos para mantener el orden?

b. Analizar ¿Cómo beneficiaría el confucianismo a los emperadores chinos?

c. Evaluar ¿Con qué gobierno te sentirías más feliz: con uno que se encontrara bajo la influencia del legalismo o del taoísmo? ¿En qué tipo de gobierno habría más orden? Explica tus respuestas.

SECCIÓN 3 *(Páginas 172–176)*

13. a. Describir ¿Cuáles fueron las razones principales de la caída de la dinastía Qin?

b. Inferir ¿Por qué los ejércitos de Shi Huangdi destruían las murallas de las ciudades y quitaban las armas a los pueblos que conquistaban?

c. Evaluar Shi Huangdi era un gobernante poderoso. ¿Su gobierno fue bueno o malo para China? ¿Por qué?

SECCIÓN 4 *(Páginas 178–183)*

14. a. Identificar ¿Quiénes pertenecían a la primera y segunda jerarquía social durante la dinastía Han?

b. Analizar ¿Cuál era el propósito del sistema de exámenes durante el gobierno de Wudi?

c. Profundizar ¿Qué inventos demuestran que los chinos estudiaban la naturaleza?

SECCIÓN 5 *(Páginas 186–189)*

15. a. Identificar ¿Qué factores contribuyeron al crecimiento del comercio durante la dinastía Han?

b. Sacar conclusiones ¿Quiénes piensas que usaban ropas de seda en China?

c. Hacer predicciones ¿Qué podría haber sucedido si los chinos les hubieran dicho a los visitantes extranjeros cómo fabricar la seda?

Repasar los temas

16. Política ¿Cuáles podrían ser las razones por las que los historiadores tienen distintas opiniones sobre el éxito de Shi Huangdi como gobernante?

17. Sociedad y cultura ¿Cómo afectó el confucianismo el rol de las personas en la familia, el gobierno y la sociedad?

Usar Internet

18. Actividad: Resolver problemas Confucio fue uno de los maestros con mayor influencia en la historia de China. Sus ideas propusieron maneras de restaurar el orden en la sociedad china. Usa el libro de texto en Internet para investigar sobre el confucianismo. Toma nota de los problemas políticos y culturales que el confucianismo trató de resolver. Luego investiga alguno de los problemas políticos y culturales actuales de Estados Unidos. El confucianismo, ¿podría resolver los problemas de Estados Unidos? Prepara un argumento persuasivo para defender tu respuesta.

hmhsocialstudies.com

Destrezas de lectura

19. Resumir Textos históricos En un capítulo, elige una subsección que se encuentre debajo de un título en azul. Escribe una oración que resuma la idea principal de cada párrafo de esa subsección. Continúa con las demás subsecciones con un título azul para crear así una guía de estudios.

Destrezas de estudios sociales

20. Realizar una investigación en Internet Busca un tema del capítulo sobre el que quisieras saber más. Usa Internet para explorar ese tema. Compara las fuentes que encuentres para determinar cuál parece ser la más completa y confiable. Escribe un párrafo breve sobre tus resultados.

ENFOQUE EN LA EXPRESIÓN ORAL

21. Hacer tu presentación oral Has elegido una persona o suceso y sabes por qué tu elección fue importante para la historia china. Ahora debes convencer a tus compañeros.

Primero, escribe una breve descripción de los logros de la persona o de lo que ocurrió durante el suceso. Luego resume las razones por las cuales tu personaje o suceso fue importante para la historia de China.

Cuando hagas tu presentación oral, usa un lenguaje expresivo para crear imágenes en la mente de tus oyentes. Además, usa un tono de voz claro pero vivaz.

Práctica para el examen estandarizado

INSTRUCCIONES: *Lee las preguntas y escribe la letra de la respuesta correcta.*

1

> El vínculo entre servir al padre y servir a la madre es el amor. El vínculo entre servir al padre y servir al emperador es la veneración (respeto). Es así que la madre inspira amor, mientras que el príncipe inspira veneración. Pero al padre le corresponden ambos sentimientos: amor y veneración... De manera similar, servir a los mayores con veneración prepara el camino para la obediencia cívica.

La observación y el consejo de este fragmento expresan con *mayor* exactitud las enseñanzas del

A budismo.

B confucianismo.

C taoísmo.

D legalismo.

2 ¿Qué característica de la geografía física de China *no* separaba a sus primeros pobladores del resto del mundo?

A el Gobi

B el Huang He

C el océano Pacífico

D la meseta del Tíbet

3 ¿Cómo hizo el emperador qin Shi Huangdi para unificar y controlar China en el siglo III a.C.?

A Creó distritos y condados que eran gobernados por funcionarios designados.

B Otorgó tierras a los nobles de China para que fueran leales a él.

C Disolvió el ejército para que no pudiera ser usado en su contra por sus enemigos.

D Estableció la Ruta de la Seda para obtener artículos de lugares remotos.

4 ¿Cuál de los siguientes sucesos en China es un ejemplo de difusión?

A el crecimiento de la industria y el comercio

B la construcción de la Gran Muralla

C la expansión del budismo desde la India

D el proceso de fabricación de la seda

5 ¿Los gobernantes de qué dinastía crearon un gobierno en base a las ideas de Confucio?

A la dinastía Shang

B la dinastía Zhou

C la dinastía Qin

D la dinastía Han

Conexión con lo aprendido anteriormente

6 En tus estudios sobre la antigua India, aprendiste sobre la creencia hindú del renacimiento. ¿Qué sistema de creencias que influenció a la antigua China también enfatizaba el renacimiento?

A el budismo

B el confucianismo

C el taoísmo

D el legalismo

7 ¿Qué característica compartía la civilización antigua de la Mesopotamia con la antigua civilización China?

A Ambas desarrollaron el papel.

B Ambas fueron influenciadas por el budismo.

C Ambas construyeron zigurats.

D Ambas se iniciaron en valles de ríos.

China y la gran muralla

Hoy en día, la Gran Muralla de China es un impresionante símbolo de poder del gigante asiático, de su genio y resistencia. No siempre fue así. Durante gran parte de su historia, el pueblo chino vio la Gran Muralla como un símbolo de crueldad y opresión. Y esta es solo una forma en la que la muralla se diferencia de lo que pensamos que sabemos. En contraste con las nociones populares, la muralla que atrae millones de turistas a Beijing no fue construida hace 2,000 años. Tampoco es una sola muralla, sino que está compuesta por remiendos hechos a murallas construidas durante muchos siglos. Y a pesar de su grandeza, no logró mantener a China a salvo de las invasiones.

Explora en Internet los hechos y ficciones acerca de la Gran Muralla. Encontrarás una gran cantidad de información, videos, fuentes primarias, actividades y mucho más en ⎘ **hmhsocialstudies.com**.

Tarea

Escribe un ensayo expositivo que explique uno de los siguientes temas:

- Por qué los arios desarrollaron el sistema de castas
- Por qué Confucio es considerado el maestro más influyente de la historia china

---

CONSEJO Organizar la información

Los ensayos que explican los porqués se deberían escribir de acuerdo a un orden lógico. Ten en cuenta que debes usar uno de los siguientes:

- **Orden cronológico**, el orden en que sucedieron las cosas
- **Orden de importancia**, el orden de la razón menos importante hasta la más importante o viceversa

---

Por qué ocurren las cosas

i Por qué las civilizaciones se desarrollan tan frecuentemente en los valles de ríos? ¿Por qué los primeros pueblos migraban a través de los continentes? Cuando te preguntas por qué ocurrieron las cosas, aprendes sobre las fuerzas que impulsan a la historia. Luego podrás compartir lo que has aprendido escribiendo un ensayo expositivo en el que explicarás por qué los sucesos se produjeron de esa manera.

1. Antes de escribir

Considerar tema y audiencia

Elige uno de los dos temas de la tarea y luego comienza a pensar sobre tu idea clave. Tu afirmación sobre la idea clave podría comenzar así:

- Los arios desarrollaron el sistema de castas para . . .
- Confucio es considerado el maestro más influyente de la historia china debido a que él . . .

Reunir y organizar la información

Necesitarás reunir información que responda a la pregunta *por qué*. Para comenzar, repasa la información en esta unidad de tu libro de texto. Puedes encontrar más información sobre el tema elegido en la biblioteca o en Internet.

No deberías interrumpir tu búsqueda de información hasta que tengas por lo menos dos o tres respuestas a la pregunta *por qué*. Estas respuestas serán los puntos que usarás para defender tu idea clave. Luego vuelve a revisar tu idea clave. Es posible que debas modificarla o ampliarla para que refleje la información que has reunido.

2. Escribe

Puedes usar este esquema para escribir tu primer borrador.

Esquema del escritor

Introducción	Desarrollo	Conclusión
<ul><li>Comienza con un hecho o una pregunta interesante.</li><li>Identifica tu idea clave.</li><li>Incluye cualquier información importante del contexto.</li></ul>	<ul><li>Incluye al menos un párrafo para cada punto que apoye tu idea clave.</li><li>Incluye hechos y detalles para explicar e ilustrar cada punto.</li><li>Usa el orden cronológico o el orden de importancia.</li></ul>	<ul><li>Resume tus puntos principales.</li><li>Reafirma tu idea clave con otras palabras.</li></ul>

A land of Walls Within Walls
(Una tierra de murallas dentro de murallas)

Mira el video y entérate de cómo se ajusta la Gran Muralla a la antigua tradición china de construcción de murallas.

The Great Wall of China
(La Gran Muralla de China)

Mira el video para conocer la historia y el significado de las magníficas y misteriosas murallas que serpentean a través del norte de China.

The Human Costs of Building
(El costo humano de la construcción)

Mira el video y entérate de las miserias que aguardaban a los hombres que construyeron la muralla.

Twentieth-Century China
(La China del siglo XX)

Mira el video para analizar el papel que la muralla ha desempeñado en la historia moderna de China.

3. Evalúa y revisa

Evaluar

Las explicaciones eficaces requieren el uso de un lenguaje claro y directo. Usa las siguientes preguntas para descubrir maneras de mejorar tu borrador.

Preguntas para evaluar un ensayo expositivo

- ¿Tu ensayo comienza con un hecho o una pregunta interesante?
- ¿En la introducción identificas tu idea clave?
- ¿Has desarrollado al menos un párrafo para explicar cada punto?
- ¿Está cada punto fundamentado con hechos y detalles?
- ¿Has organizado tus puntos en forma clara y lógica?
- ¿Explicaste las palabras poco comunes?
- ¿En la conclusión resumes tus puntos principales?
- ¿En la conclusión reafirmas tu idea clave con otras palabras?

Revisar

Vuelve a leer tu borrador. Observa si cada punto está conectado lógicamente con la idea principal y los otros puntos que estás planteando. Si fuera necesario, agrega transiciones (palabras y frases que demuestren que las ideas están relacionadas entre sí).

Para conectar los puntos y la información temporalmente, usa palabras como *después, antes, primero, luego, pronto, finalmente, con el tiempo, con el correr del tiempo* y *entonces.* Para indicar el orden de importancia, usa palabras y frases de transición como *primero, por último, principalmente, para empezar* y *lo que es más importante.*

4. Corrige y publica

Corregir

Si creas una lista numerada o con viñetas, asegúrate de usar las mayúsculas y los signos de puntuación correctamente.

- **Mayúsculas:** Siempre es aceptable usar mayúscula en la primera palabra de cada punto de la lista.
- **Puntuación:** (1) Si los puntos son oraciones, pon un punto al final de cada uno. (Consulta la lista en el consejo anterior.) (2) Si los puntos no son oraciones completas, generalmente no se usa punto final.

Publicar

Comenta tu explicación con los estudiantes de otra clase. Una vez que la hayan leído, pídeles que resuman tu explicación. ¿En qué medida han comprendido las conclusiones que quisiste exponer?

● Practica y aplica

Usa los pasos y las estrategias de este taller para escribir tu explicación.

CONSEJO **Usar listas** Para lograr que una explicación pueda seguirse fácilmente, busca información que pueda presentarse en una lista.

Formato de oración o párrafo Confucio proporcionó al pueblo chino pautas de comportamiento. Él sentía que los padres debían exhibir valores morales elevados y pensaba que era importante que las mujeres obedecieran a sus maridos. Los niños debían ser obedientes y respetuosos.

Formato de lista
Confucio proporcionó al pueblo chino pautas de comportamiento:

- Los padres debían exhibir valores morales elevados.
- Las mujeres debían obedecer a sus maridos.
- Los niños debían obedecer y respetar a sus padres.

Las bases de las ideas occidentales

Lo que aprenderás…

Las bases de la civilización occidental se remontan a más de 2,000 años, en la región este del Mediterráneo. Allí, los antiguos hebreos, sus descendientes y los antiguos griegos desarrollaron muchas de las ideas y tradiciones que han dado forma al mundo de hoy.

La religión judía, el judaísmo, se basa en la creencia en un solo dios y en ideas básicas acerca del bien y el mal. Los antiguos griegos crearon la primera democracia del mundo. Además, los griegos revolucionaron las ciencias y las matemáticas y crearon algunas de las obras artísticas y literarias más famosas del mundo.

En los próximos tres capítulos, aprenderás cómo los hebreos y los griegos ayudaron a dar forma al mundo en que vivimos hoy en día.

Investiga el arte

En esta ilustración, la hija de un rey griego le advierte a su padre que no confíe en un general que necesita ayuda en una guerra. ¿Qué se muestra en esta ilustración sobre la vida en la antigua Grecia?

Los hebreos y el judaísmo

En esta foto, cientos de personas rezan en el Muro de las Lamentaciones, el lugar más sagrado del judaísmo. Este muro fue construido alrededor del año 19 a.C.

Pregunta esencial ¿Cómo se defendieron y mantuvieron sus creencias los hebreos?

Lo que aprenderás...

En este capítulo, estudiarás la historia y la cultura del pueblo judío.

ENFOQUE EN LA REDACCIÓN

Un sitio web ¿Alguna vez has diseñado tu propio sitio web? Si nunca lo has hecho, esta es tu oportunidad. A medida que leas este capítulo, reunirás información sobre la historia, las creencias, los valores y la cultura de los judíos. Luego, escribirás una descripción de cómo presentarías esta misma información en un sitio web.

SUCESOS EN EL CAPÍTULO

circa **2000 a.C.**
Abraham abandona Mesopotamia.

2000 a.C.

SUCESOS EN EL MUNDO

circa **1750 a.C.**
Hammurabi dicta su código de leyes.

HISTORY™

Moses at Mount Sinai

hmhsocialstudies.com **VIDEO**

circa **siglo XI a.C.**
David se convierte
en rey de Israel.

586 a.C.
Los judíos son
esclavizados
en Babilonia.

70 d.C.
Los romanos
destruyen el
Segundo Templo
de Jerusalén.

1475 a.C. | **950 a.C.** | **425 a.C.** | **100 d.C.**

circa **1240–
1224 a.C.**
Ramsés el
Grande gobierna
Egipto.

circa **563
a.C.**
Nace Buda
en la India.

27 a.C.
Augusto se
convierte en el
primer emperador
romano.

Enfoque en los temas En este capítulo, leerás sobre el pueblo hebreo y sus descendientes, los israelitas y los judíos, y la religión denominada judaísmo. Aprenderás sobre las creencias judías, los textos como la Torá y los manuscritos del mar Muerto y sobre líderes como Abraham y Moisés.

A medida que leas, presta mucha atención al modo en que las creencias de ese pueblo afectaron su lugar y forma de vida. En el proceso, descubrirás que la vida de los primeros judíos giraba en torno a sus creencias y prácticas **religiosas.**

Hechos, opiniones y el pasado

Enfoque en la lectura ¿Por qué es importante saber la diferencia entre un hecho y una opinión? Distinguir los hechos de las opiniones sobre los sucesos históricos te ayuda a saber qué pasó realmente.

Identificar hechos y opiniones Algo es un **hecho** si hay una manera de comprobarlo o refutarlo. Por ejemplo, una investigación puede comprobar o refutar la siguiente oración: "Los antiguos judíos llevaban un registro de sus leyes". Pero ninguna investigación podría comprobar si la siguiente oración es verdadera, porque es sólo una **opinión**, o lo que una persona cree: "Todos deberían leer los registros de los antiguos judíos".

Sigue el siguiente proceso para decidir si una oración es un hecho o una opinión.

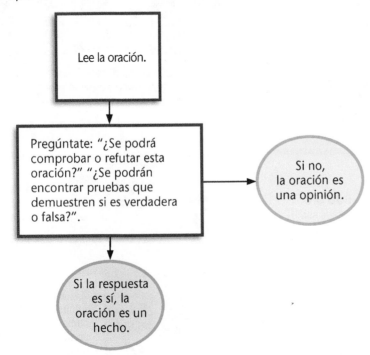

Lee la oración.

Pregúntate: "¿Se podrá comprobar o refutar esta oración?" "¿Se podrán encontrar pruebas que demuestren si es verdadera o falsa?".

Si no, la oración es una opinión.

Si la respuesta es sí, la oración es un hecho.

¡Inténtalo!

El siguiente fragmento cuenta sobre unos niños que, hace años, encontraron lo que más adelante se llamarían los manuscritos del mar Muerto. Todas las oraciones de este fragmento expresan hechos. ¿Por qué son hechos y no opiniones?

Los manuscritos revelan creencias del pasado

Hasta 1947, nadie sabía de la existencia de los manuscritos del mar Muerto. Ese año, unos niños que buscaban una cabra perdida cerca del mar Muerto encontraron una pequeña cueva. Uno de los niños entró a explorar y encontró varias vasijas antiguas con unos manuscritos cubiertos de moho dentro de ellas.

Del Capítulo 7, págs. 212–213

Los expertos se entusiasmaron mucho por el hallazgo. Ansiosos por encontrar más manuscritos, comenzaron a buscar por el desierto. En las décadas siguientes, se encontraron varios grupos de manuscritos más.

Cuidadosos estudios revelaron que la mayoría de los manuscritos del mar Muerto se habían escrito entre el año 100 a.C. y el 50 d.C. Los manuscritos contenían oraciones, comentarios, cartas y fragmentos de la Biblia hebrea. Con estos escritos los historiadores aprenden sobre la vida de muchos judíos de esa época.

Decide si las siguientes oraciones son hechos u opiniones y explica por qué.

1. Unos niños descubrieron los manuscritos del mar Muerto en 1947.

2. El descubrimiento de los manuscritos es uno de los descubrimientos más importantes de la historia.

3. Todos los líderes religiosos deberían estudiar los manuscritos del mar Muerto.

4. Los manuscritos del mar Muerto se escribieron entre el año 100 a.C. y el 50 d.C.

Personas y palabras clave

Vocabulario académico

El progreso escolar está relacionado con el conocimiento del vocabulario académico, es decir, de las palabras que se usan con frecuencia en las tareas y discusiones en clase. En este capítulo, aprenderás la siguiente palabra de vocabulario académico:

A medida que lees el Capítulo 7, busca pistas que te ayuden a decidir qué oraciones son hechos.

Los primeros hebreos

Lo que aprenderás...

Ideas principales

1. Abraham guió a los hebreos a Canaán y a una nueva religión, y Moisés guió a los israelitas en su salida de Egipto.
2. Reyes poderosos unieron a los israelitas para combatir a los invasores.
3. Los israelitas fueron conquistados y gobernados por invasores después de que su reino se dividió.
4. Algunas mujeres de la sociedad israelita hicieron grandes contribuciones a la historia de su pueblo.

La idea clave

Los descendientes de los hebreos, los Israelitas, que originariamente eran nómadas del desierto, establecieron un gran reino.

Personas y palabras clave

judaísmo, *pág. 202*
Abraham, *pág. 202*
Moisés, *pág. 203*
Éxodo, *pág. 203*
los Diez Mandamientos, *pág. 204*
David, *pág. 205*
Salomón, *pág. 205*
diáspora, *pág. 206*

hmhsocialstudies.com
TOMAR NOTAS

Usa el organizador gráfico en Internet para tomar notas acerca de las etapas de la historia de los hebreos, y luego la de los judíos, desde sus comienzos en Canaán hasta el dominio romano.

Si ESTUVIERAS allí...

Perteneces a una familia de pastores que cuidan grandes rebaños de ovejas. Tu abuelo es el líder de la tribu. Un día, les dice que toda la familia se mudará a un nuevo país donde hay más agua y comida para los rebaños. El viaje será largo y difícil.

¿Qué te parece la idea de trasladarte a una tierra lejana?

CONOCER EL CONTEXTO Al igual que la familia descrita anteriormente, los primeros hebreos se trasladaron a nuevas tierras en épocas antiguas. Según la tradición judía, su historia comenzó cuando Dios le dijo a uno de los primeros líderes hebreos que se encaminara hacia el oeste en busca de una nueva tierra.

Abraham y Moisés dirigen a su pueblo

Entre 2000 y 1500 a.C., un nuevo pueblo surgió en el suroeste asiático. Eran los hebreos, antepasados de los israelitas y los judíos. Los primeros hebreos eran simples pastores, pero desarrollaron una cultura que tuvo gran influencia sobre las civilizaciones posteriores. La mayor parte de lo que se sabe sobre la historia de los primeros hebreos proviene del trabajo de los arqueólogos y de las escrituras de los escribas judíos. Estas escrituras describen la antigua historia de los antepasados de los judíos y las leyes del judaísmo, que es la religión de los hebreos. Con el tiempo, estas escrituras se convirtieron en la Biblia hebrea. La Biblia hebrea es en gran parte el mismo Viejo Testamento de la Biblia cristiana.

Los comienzos en Canaán y Egipto

Según la Biblia hebrea, los orígenes de los hebreos se remontan a un hombre llamado **Abraham**. La Biblia hebrea dice que un día Dios le ordenó a Abraham que dejara su hogar en Mesopotamia y comenzara un largo viaje con su familia hacia el oeste. Dios le prometió a Abraham que lo guiaría hacia una nueva tierra y que convertiría a sus hijos en una nación poderosa.

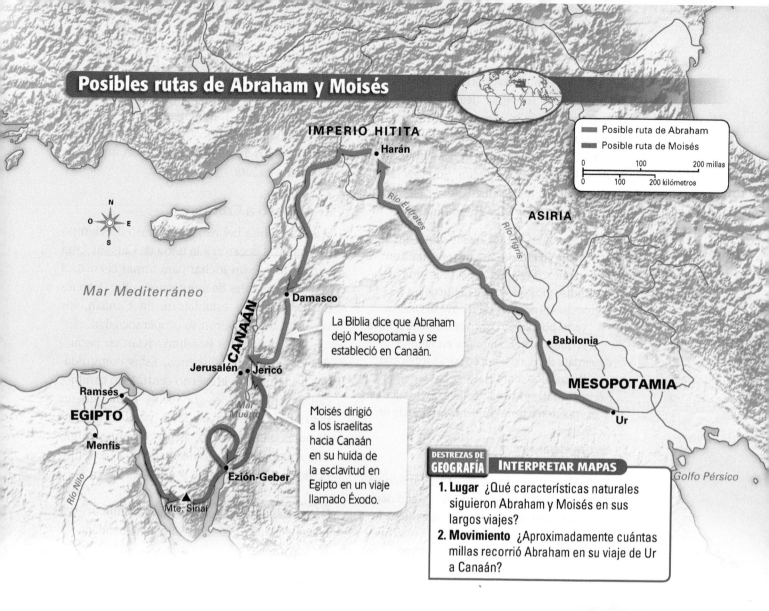

Posibles rutas de Abraham y Moisés

IMPERIO HITITA

Harán

ASIRIA

Río Éufrates

Río Tigris

Mar Mediterráneo

Damasco

CANAÁN

La Biblia dice que Abraham dejó Mesopotamia y se estableció en Canaán.

Babilonia

Jerusalén • Jericó

MESOPOTAMIA

Mar Muerto

Ramsés

EGIPTO

Menfis

Moisés dirigió a los israelitas hacia Canaán en su huida de la esclavitud en Egipto en un viaje llamado Éxodo.

Ezión-Geber

Ur

Río Nilo

Golfo Pérsico

Mte. Sinaí

Posible ruta de Abraham
Posible ruta de Moisés

0   100   200 millas
0   100   200 kilómetros

DESTREZAS DE GEOGRAFÍA | **INTERPRETAR MAPAS**

1. **Lugar** ¿Qué características naturales siguieron Abraham y Moisés en sus largos viajes?
2. **Movimiento** ¿Aproximadamente cuántas millas recorrió Abraham en su viaje de Ur a Canaán?

Abraham abandonó Mesopotamia y se estableció en Canaán, a orillas del mar Mediterráneo. Sus descendientes, los israelitas, vivieron allí durante muchos años. Sin embargo, más tarde algunos se trasladaron a Egipto, quizá debido a la hambruna en Canaán.

Los israelitas vivían bien en Egipto y su población creció. Este crecimiento preocupó al gobernante de Egipto, el faraón. Temía que los israelitas se volvieran poderosos. Para evitarlo, el faraón los convirtió en esclavos.

El Éxodo

Según la Biblia hebrea, un líder llamado **Moisés** surgió entre los israelitas de Egipto. En el siglo XIII a.C., Dios ordenó a Moisés que sacara a los israelitas de Egipto. Moisés se presentó ante el faraón y exigió la libertad de los israelitas. El faraón se negó. Poco después, una serie de terribles plagas, o desastres, azotaron a Egipto.

Las plagas asustaron tanto al faraón que accedió a liberar a los israelitas. Moisés, feliz al oír las noticias de su liberación, condujo a su pueblo fuera de Egipto en un viaje llamado el **Éxodo.** Para los israelitas, la liberación de la esclavitud demostró que Dios los estaba protegiendo y cuidando. Creían que habían sido liberados porque Dios los amaba.

El Éxodo es un suceso importante de la historia israelita, pero otros pueblos también reconocen su importancia. A lo largo de la historia, por ejemplo, los pueblos esclavizados han encontrado esperanza en esta historia. Antes de la Guerra de Secesión, los esclavos estadounidenses cantaban canciones sobre Moisés para mantener vivas sus esperanzas de libertad.

Durante muchos años después de su liberación, los israelitas deambularon por el desierto, intentando regresar a Canaán, hasta que llegaron al monte llamado Sinaí. Según la Biblia hebrea, en ese monte Dios le entregó a Moisés dos tablillas de piedra. En estas tablillas estaba escrito un código de leyes morales conocido como los **Diez Mandamientos:**

"Yo soy Jehová tu Dios, que te saqué de la tierra de Egipto, de casa de servidumbre [conjunto de criados que sirve en una casa].
No tendrás dioses ajenos delante de mí. (...)
No tomarás el nombre de Jehová tu Dios en vano; porque no dará por inocente Jehová al que tomare su nombre en vano.
Acuérdate del día de reposo para santificarlo [hacer algo santo]. (...)
Honra a tu padre y a tu madre, para que tus días se alarguen en la tierra que Jehová tu Dios te da.
No matarás.
No cometerás adulterio.
No hurtarás [robarás].
No hablarás contra tu prójimo falso testimonio.
No codiciarás la casa de tu prójimo, no codiciarás [desearás riquezas u otras cosas] la mujer de tu prójimo, ni su siervo, ni su criada, ni su buey, ni su asno, ni cosa alguna de tu prójimo. "

—Éxodo 20:2–17

Como puedes ver, al aceptar los Diez Mandamientos, los israelitas aceptaron rendir culto solo a Dios. También aceptaron valorar la vida humana, el autocontrol y la justicia. Con el tiempo, los mandamientos dieron forma a la sociedad israelita.

El regreso a Canaán

Según la Biblia hebrea, con el paso del tiempo los israelitas llegaron a la tierra de Canaán. Una vez allí, debieron luchar para tomar el control de esa tierra antes de asentarse en ella. Después de conquistar y establecerse en Canaán, los israelitas construyeron su propia sociedad.

En Canaán, los israelitas vivían en pequeñas comunidades dispersas. Estas comunidades no tenían un gobierno central. En cambio, cada comunidad elegía jueces como líderes para hacer cumplir las leyes y solucionar las disputas. Sin embargo, al poco tiempo surgió una amenaza que hizo necesario un nuevo tipo de liderazgo.

COMPRENSIÓN DE LA LECTURA **Identificar causa y efecto** ¿Por qué Abraham abandonó Mesopotamia?

Línea cronológica

La historia de los antiguos hebreos y israelitas

circa **2000 a.C.**
Abraham abandona Mesopotamia y se traslada a Canaán.

siglo XIII a.C.
Moisés dirige a los israelitas en el Éxodo para liberarlos de la esclavitud en Egipto.

2100 a.C.   1300 a.C.   1200 a.C.

Los reyes unen a los israelitas

La nueva amenaza a la que se enfrentaban los israelitas eran los filisteos, que vivían a orillas del Mediterráneo. A mediados del siglo XI a.C., los filisteos invadieron las tierras de los israelitas.

Los israelitas, temerosos de estos poderosos invasores, se unieron bajo un solo gobernante que pudiera guiarlos en la batalla. Ese gobernante fue un hombre llamado Saúl, quien se convirtió en el primer rey de Israel. Saúl tuvo cierto éxito como comandante militar, pero no era un rey fuerte. Nunca consiguió el respaldo absoluto de los líderes tribales y religiosos, que a menudo cuestionaban sus decisiones.

El rey David

Después de la muerte de Saúl, subió al trono un antiguo paria. Este rey se llamaba **David,** que en su juventud, había sido pastor. La Biblia hebrea relata cómo David mató al gigante filisteo Goliat, lo que atrajo la atención del rey. David fue admirado por su destreza militar y como poeta; y muchos de los Salmos se le atribuyen.

Durante muchos años, David vivió en el desierto, reuniendo el apoyo del pueblo. Cuando Saúl murió, David aprovechó este apoyo para convertirse en rey.

A diferencia de Saúl, David era muy querido por los israelitas. Tenía el respaldo total de los líderes de las tribus de Israel. David derrotó a los filisteos y luchó y ganó guerras contra muchos otros pueblos de Canaán. David estableció la capital de Israel en Jerusalén.

El rey Salomón

Alrededor de 965 a.C., **Salomón,** el hijo de David, se convirtió en rey. Al igual que su padre, Salomón fue un rey poderoso. Expandió el reino y se alió con reinos vecinos, como Egipto y Fenicia. El comercio con estos aliados enriqueció mucho a Israel. Con estas riquezas, Salomón construyó un gran Templo en homenaje a Dios en Jerusalén. Este Templo se convirtió en el centro de la vida religiosa del pueblo israelita y en un símbolo de su fe.

COMPRENSIÓN DE LA LECTURA **Identificar las ideas principales** ¿Por qué los israelitas se unieron bajo un rey?

ENFOQUE EN LA LECTURA
¿Las oraciones de este párrafo son hechos u opiniones? ¿Cómo lo sabes?

circa 1000 a.C.
David se convierte en rey de Israel.

circa 930 a.C.
Muere Salomón. Su reino se divide en los reinos de Judá e Israel.

| 1100 a.C. | 1000 a.C. | 900 a.C. | 800 a.C. |

mediados del siglo XI a.C.
Saúl se convierte en el primer rey de Israel.

circa 965 a.C.
Salomón, el hijo de David, se convierte en rey de Israel y construye un gran templo en Jerusalén.

DESTREZA DE ANÁLISIS **LEER LÍNEAS CRONOLÓGICAS**

¿Aproximadamente cuántos años después de que Abraham se estableciera en Canaán se convirtió Saúl en el primer rey de Israel?

Los invasores conquistan y gobiernan

Después de la muerte de Salomón, alrededor del año 930 a.C., se desataron rebeliones por el trono. En menos de un año, los conflictos dividieron a Israel en dos reinos, llamados Israel y Judá. Los habitantes de Judá fueron conocidos como los judíos.

Los dos nuevos reinos duraron varios siglos. Pero finalmente ambos fueron conquistados. Israel fue conquistado por los asirios alrededor del año 722 a.C. El reino se disolvió porque la mayoría del pueblo se dispersó. Judá sobrevivió un poco más, pero al poco tiempo cayó ante los caldeos.

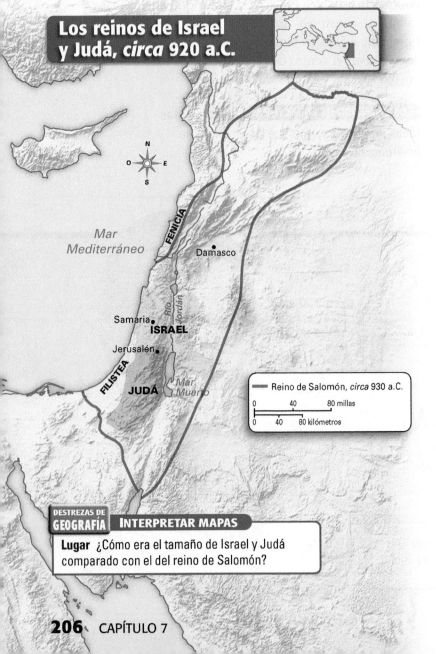

Los reinos de Israel y Judá, *circa* 920 a.C.

Mar Mediterráneo

FENICIA

Damasco

Río Jordán

Samaria • ISRAEL

Jerusalén •

FILISTEA

JUDÁ

Mar Muerto

— Reino de Salomón, *circa* 930 a.C.

0   40   80 millas
0   40   80 kilómetros

DESTREZAS DE GEOGRAFÍA **INTERPRETAR MAPAS**

Lugar ¿Cómo era el tamaño de Israel y Judá comparado con el del reino de Salomón?

La dispersión de los judíos

Los caldeos tomaron Jerusalén y destruyeron el templo de Salomón en 586 a.C. Llevaron a miles de judíos a su capital, Babilonia, para trabajar como esclavos. Los judíos llamaron a este período de esclavitud el cautiverio en Babilonia. Duró unos 50 años.

En la década de 530 a.C., un pueblo conocido como los persas conquistó a los caldeos y permitió que los judíos regresaran a Jerusalén. A pesar de esta oportunidad, muchos judíos nunca regresaron a Jerusalén. En cambio, algunos se trasladaron a otras partes del Imperio persa. Los expertos llaman **diáspora** a la dispersión de los judíos fuera de Israel y Judá.

El resto de los judíos regresaron a Jerusalén. Allí, reconstruyeron el templo de Salomón, conocido como el Segundo Templo. Los judíos continuaron siendo súbditos de los persas hasta la década de 330 a.C., cuando los persas fueron conquistados por invasores.

Independencia y conquista

Los macabeos, una familia judía, cansados del dominio extranjero, lideraron con éxito una rebelión en la década de 160 a.C. Durante aproximadamente 100 años, los judíos volvieron a gobernar su propio reino. Sin embargo, su independencia no duraría mucho. En 63 a.C., los judíos volvieron a ser conquistados, esta vez por los romanos.

Aunque los líderes judíos ampliaron el Segundo Templo durante el dominio romano, la vida era difícil. El pueblo era oprimido con impuestos muy altos. Los romanos eran amos brutales que no tenían ningún respeto por la religión y forma de vida de los judíos.

Algunos soberanos intentaron obligar a los judíos a adorar al emperador romano. Incluso designaron a los sumos sacerdotes, líderes del templo. Esto fue más de lo que los judíos podían tolerar. Comenzaron a instar a su pueblo para que se rebelara contra los romanos.

COMPRENSIÓN DE LA LECTURA **Resumir**
¿Cómo afectó el dominio romano a la sociedad judía?

Las mujeres en la sociedad israelita

Los hombres dominaban la sociedad y el gobierno israelitas, como sucedía en la mayoría de las sociedades en la antigüedad. Las mujeres y los hombres tenían roles diferentes. Los hombres tomaban la mayoría de las decisiones, y era el padre quien elegía el marido para su hija. Sin embargo, no podía obligar a su hija a casarse. El mayor de los hijos varones heredaba las propiedades familiares y debía hacerse cargo de los niños y de las mujeres solteras.

Sin embargo, algunas mujeres israelitas y judías hicieron grandes contribuciones a la sociedad. La Biblia hebrea habla de ellas. Algunas fueron líderes políticas y militares, como la reina Ester y la juez Débora. Según la Biblia hebrea estas mujeres salvaron a su pueblo de sus enemigos. Otras mujeres, como Miriam, la hermana de Moisés, fueron líderes espirituales.

Algunas mujeres de la Biblia hebrea se consideraban ejemplos de cómo debían comportarse las mujeres israelitas y judías. Por ejemplo, Ruth, que dejó a su pueblo para cuidar de su suegra, era considerada un modelo de devoción por la familia. La historia de Ruth se contaba como un ejemplo de la manera en que una persona debe tratar a sus familiares.

COMPRENSIÓN DE LA LECTURA Generalizar
¿Cómo era la vida para la mayoría de las mujeres israelitas?

Ruth y Naomi

La historia de Ruth y Naomi proviene del Libro de Ruth, uno de los libros de la Biblia hebrea. Según este relato, Ruth no era israelita, pero su esposo sí. Después de la muerte de su esposo, Ruth y su suegra, Naomi, volvieron a establecerse en Israel. Inspirada por la fe en Dios de Naomi, Ruth se unió a la familia de Naomi y adoptó sus creencias. Dedicó su vida a cuidar de Naomi.

Inferir ¿Qué lecciones podrían enseñarse con la historia de Ruth y Naomi?

RESUMEN Y PRESENTACIÓN La historia de los judíos y sus antepasados comenzó hace unos 3,500 a 4,000 años. Las instrucciones que los judíos creen que Dios dio a los primeros hebreos e israelitas dieron forma a su religión: el judaísmo. En la próxima sección, aprenderás sobre las principales enseñanzas del judaísmo.

Sección 1 Evaluación

Repasar ideas, palabras y personas

1. a. **Identificar** ¿Quién fue **Abraham**?
   b. **Evaluar** ¿Por qué el **Éxodo** es un suceso importante de la historia judía?
2. **Resumir** ¿Cómo fortalecieron **David** y **Salomón** al reino de Israel?
3. **Describir** ¿Qué ocurrió durante el cautiverio en Babilonia?
4. a. **Describir** ¿Quién tenía más derechos en la sociedad israelita: el hombre o la mujer?
   b. **Inferir** ¿Qué ejemplo dieron Ruth y Naomi a los demás israelitas?

Pensamiento crítico

5. **Evaluar** Repasa tus notas sobre el capítulo. En un cuadro como el siguiente, anota las contribuciones de las cuatro personas más importantes.

Figura clave	Contribución

ENFOQUE EN LA REDACCIÓN

6. **Tomar notas acerca de la historia de los primeros judíos** Haz una lista de sucesos y personas que hayan tenido papeles clave en la historia de los primeros judíos. Agrupa tus datos en secciones especiales para tu página web.

Creencias y textos judíos

Lo que aprenderás...

Ideas principales

1. La fe en Dios, la educación, la justicia y la obediencia son las bases de la sociedad judía.
2. Las creencias judías quedaron registradas en la Torá, en la Biblia hebrea y en los Comentarios.
3. Los manuscritos del mar Muerto revelan varias creencias judías antiguas.
4. Las ideas del judaísmo han influenciado culturas posteriores.

La idea clave

Las ideas centrales y leyes del judaísmo se encuentran en textos sagrados como la Torá.

Palabras clave

monoteísmo, *pág. 208*
Torá, *pág. 210*
sinagoga, *pág. 210*
profetas, *pág. 211*
Talmud, *pág. 212*
manuscritos del mar Muerto, *pág. 212*

hmhsocialstudies.com
TOMAR NOTAS

Usa el organizador gráfico en Internet para tomar notas acerca de las creencias y los textos judíos.

Si ESTUVIERAS allí...

Vives en un pequeño pueblo en el antiguo Israel. Hay personas de este pueblo que tratan muy mal a los forasteros. Pero a ti te han enseñado a ser justo y amable con todos, incluso con ellos. Un día, le dices a uno de tus vecinos que debería ser más amable con los forasteros. Este te pregunta por qué crees eso.

¿Cómo explicarías lo que crees sobre la amabilidad?

CONOCER EL CONTEXTO La idea de que las personas deben ser justas y amables con todos los miembros de la comunidad es una importante enseñanza judía. A veces, sus enseñanzas separan a los judíos del resto de la sociedad. Pero al mismo tiempo, las creencias que comparten unen a todos los judíos como comunidad religiosa.

Las creencias de los judíos son la base de su sociedad

La religión es la base de toda la sociedad judía. Es más: gran parte de la cultura judía se basa directamente en las creencias judías. Los conceptos centrales del judaísmo son la creencia en Dios, en la educación, en la justicia y en la rectitud, y la observancia de las leyes religiosas y morales.

La creencia en un solo Dios

Ante todo, los judíos creen en un solo Dios. El nombre hebreo de Dios es YHWH, nombre que los judíos nunca pronuncian, ya que lo consideran muy sagrado. La creencia en un solo Dios se llama **monoteísmo**. Muchas personas creen que el judaísmo fue la primera religión monoteísta del mundo. Lo cierto es que es la religión monoteísta más antigua que aún se practica en todo el mundo.

En el mundo antiguo, donde la mayoría de los pueblos adoraban a muchos dioses, el culto de los judíos solamente a Dios los distinguía de los demás. Este culto también dio forma a la sociedad judía, que creía que Dios había guiado su historia a través de su relación con Abraham, Moisés y otros líderes.

Moisés y el becerro de oro

Según la Biblia hebrea, cuando Moisés regresó del monte Sinaí, encontró a los israelitas adorando a la estatua de un becerro de oro. Se habían cansado de esperar a Moisés y querían adorar a un dios que pudieran ver. Moisés se enfureció cuando vio que estaban adorando a una estatua en vez de a Dios. En esta pintura italiana del siglo XVII, los israelitas están destruyendo el becerro de oro.

¿Cómo están destruyendo los israelitas el becerro de oro?

La educación

Otro elemento central del judaísmo es la educación y el estudio. Enseñar a los niños las bases del judaísmo siempre ha sido importante en la sociedad judía. En las antiguas comunidades judías, los niños más grandes (pero no las niñas) estudiaban con maestros profesionales para aprender su religión. Hasta el día de hoy, la educación y el estudio son una parte esencial de la vida judía.

La justicia y la rectitud

Las ideas de justicia y rectitud también son centrales en la religión judía. Para los judíos, la justicia significa ser amables y justos con el prójimo. Todos merecen justicia, hasta los forasteros y los delincuentes. Los judíos deben ayudar a aquellos que lo necesitan, como los pobres, los enfermos y los huérfanos. También deben ser justos en los negocios.

La rectitud tiene que ver con hacer lo correcto. Los judíos deben comportarse correctamente, incluso si los que los rodean no lo hacen. Para los judíos, la conducta honrada es más importante que los rituales o ceremonias.

La observancia de la ley religiosa y moral

El cumplimiento de la ley está íntimamente relacionado con las ideas de justicia y rectitud. Las leyes morales y religiosas han guiado a la sociedad judía a través de la historia y continúan haciéndolo hoy en día. Los judíos creen que Dios les dio estas leyes para que las cumplieran.

Las leyes judías más importantes son los Diez Mandamientos. Estos mandamientos, sin embargo, son sólo una parte de la ley judía. Los judíos creen que Moisés llevó registro de un sistema completo de leyes que Dios había fijado para que ellos obedecieran. Este sistema es la ley mosaica, llamadas así por Moisés.

Al igual que los Diez Mandamientos, la ley mosaica es una guía sobre muchos aspectos de la vida cotidiana de los judíos. Por ejemplo, esta ley establece cómo se debe rezar y celebrar los días santos. La ley prohíbe que los judíos trabajen durante los días santos o el sabbat, el séptimo día de la semana. El sabbat es un día de descanso porque, según la tradición judía, Dios creó el mundo en seis días y el séptimo día descansó. El sabbat judío comienza al anochecer del viernes y termina al caer la noche del sábado, el séptimo día de la semana.

La ley mosaica incluye leyes que establecen qué pueden comer los judíos y cómo deben preparar la comida. Por ejemplo, los judíos no pueden comer carne de cerdo ni mariscos, alimentos que son considerados impuros. Otras leyes dicen que los animales deben matarse de determinada manera y que su carne debe prepararse de modo que sea comida aceptable para los judíos. Hoy en día, los alimentos que son preparados de ese modo se llaman *kosher*, es decir, aptos.

En la actualidad, muchas comunidades judías aún siguen estrictamente las leyes mosaicas. Estos judíos se llaman ortodoxos. Otros judíos eligen no seguir muchas de las antiguas leyes. Se llaman judíos reformistas. Un tercer grupo, los judíos conservadores, está en una posición intermedia. Estos son los tres grupos de judíos más grandes hoy en día.

COMPRENSIÓN DE LA LECTURA) **Generalizar**
¿Cuáles son las creencias más importantes del judaísmo?

Los textos enumeran las creencias judías

Las leyes y los **principios** del judaísmo se describen en varios textos sagrados, o escrituras. Entre los textos principales se encuentran la Torá, la Biblia hebrea y los Comentarios.

La Torá

Los antiguos judíos registraron la mayoría de sus leyes en cinco libros. En conjunto, estos libros se llaman la **Torá,** el texto más sagrado del judaísmo. Además de las leyes, la Torá incluye la historia de los judíos hasta la muerte de Moisés.

La lectura de la Torá es parte fundamental de los servicios religiosos judíos en la actualidad. En casi todas las **sinagogas,** o lugares de culto judío, hay por lo menos una Torá. Por respeto, los lectores no tocan la Torá. Usan punteros especiales para marcar por dónde van en el texto.

Los textos hebreos

La Torá

Esta niña está leyendo en voz alta un fragmento de la Torá con un puntero especial llamado *yad*. La Torá es la más sagrada de las escrituras hebreas. Los judíos creen que Dios le reveló su contenido a Moisés. La Torá tiene un papel central en muchas ceremonias judías, como esta.

La Biblia hebrea

La Torá es la primera de las tres partes de un conjunto de escrituras conocido como la Biblia hebrea, o Tanaj. La segunda parte contiene ocho libros que describen los mensajes de los profetas judíos. Los **profetas** son personas que se cree reciben mensajes de Dios para transmitírselos a los demás.

La última parte de la Biblia hebrea comprende 11 libros de poemas, canciones, relatos, lecciones e historia. Por ejemplo, el Libro de Daniel cuenta la historia de un profeta llamado Daniel, que vivió durante el cautiverio en Babilonia. Según el libro, Daniel hizo enojar al rey que mantenía a los judíos como esclavos. Como castigo, el rey arrojó a Daniel a los leones. La historia cuenta que, gracias a la fe que Daniel tenía en Dios, los leones no lo mataron, por lo que fue liberado. Los judíos cuentan esta historia para mostrar el poder de la fe.

En la última parte de la Biblia hebrea también se encuentran los Proverbios, breves expresiones de la sabiduría judía. Muchos de estos dichos se atribuyen a los líderes israelitas, sobre todo al rey Salomón. Por ejemplo, se dice que Salomón expresó: "Elige tener un buen nombre antes que grandes riquezas". En otras palabras, es mejor ser considerado una buena persona que ser rico y no ser respetado.

La tercera parte de la Biblia hebrea también incluye el Libro de los Salmos. Los salmos son poemas o cánticos de alabanza a Dios, muchos de los cuales se atribuyen al rey David. Uno de los más famosos es el Salmo 23. Algunos de sus versos se leen hoy con frecuencia en momentos de dificultad:

> "Jehová es mi pastor; nada me faltará.
> En lugares de delicados [finos, suaves]
>   pastos me hará descansar;
> Junto a aguas de reposo me pastoreará.
> Confortará mi alma;
> Me guiará por sendas [caminos] de justicia por
>   amor de su nombre."
>
> —Salmos 23:1–3

La Biblia hebrea
Estas páginas hermosamente decoradas pertenecen a una Biblia hebrea. La Biblia hebrea, a veces llamada Tanaj, incluye la Torá y otras escrituras antiguas.

Los Comentarios
El Talmud es una recopilación de comentarios y opiniones sobre la Torá y la Biblia hebrea. El Talmud es una rica fuente de información para comentar y debatir. Los rabinos y los estudiosos religiosos, como estos jóvenes, estudian el Talmud para aprender la historia y las leyes judías.

DESTREZA DE ANÁLISIS **ANALIZAR RECURSOS VISUALES**
¿En qué se diferencia visualmente la Torá de la Biblia hebrea y los Comentarios?

Los manuscritos del mar Muerto

Los manuscritos del mar Muerto se encontraron en esta cueva, y en otras cuevas similares, cerca de Qumrán. El clima cálido y seco del desierto conservó extraordinariamente los manuscritos de 2,000 años de antigüedad.

¿Por qué es probable que los historiadores hayan tenido dificultades para leer los manuscritos del mar Muerto?

Los Comentarios

Desde hace siglos, los expertos han estudiado la Torá y las leyes judías. Como algunas leyes son difíciles de comprender, los expertos escriben comentarios para explicarlas.

Muchos comentarios como estos se encuentran en el **Talmud,** un conjunto de comentarios y lecciones para la vida diaria. Los textos del Talmud se escribieron entre los años 200 y 600 d.C. Muchos judíos los consideran segundos en importancia para el judaísmo, después de la Biblia hebrea.

COMPRENSIÓN DE LA LECTURA **Analizar**
¿Qué textos son considerados sagrados por los judíos?

Los manuscritos revelan creencias del pasado

Además de la Torá, la Biblia hebrea y los Comentarios, hay muchos otros documentos que explican las antiguas creencias judías. Entre los más importantes se encuentran los **manuscritos del mar Muerto,** escritos redactados por judíos que vivieron hace unos 2,000 años.

Hasta 1947, nadie sabía de la existencia de los manuscritos del mar Muerto. Ese año, unos niños que buscaban una cabra perdida cerca del mar Muerto encontraron una pequeña cueva. Uno de los niños entró a explorar y encontró varias vasijas antiguas con unos manuscritos cubiertos de moho dentro de ellas.

Los expertos se entusiasmaron mucho por el hallazgo. Ansiosos por encontrar más manuscritos, comenzaron a buscar por el desierto. En las décadas siguientes, se encontraron varios grupos de manuscritos más.

Cuidadosos estudios revelaron que la mayoría de los manuscritos del mar Muerto se habían escrito entre el año 100 a.C. y el 50 d.C. Los manuscritos contenían oraciones, comentarios, cartas y fragmentos de la Biblia hebrea. Con estos escritos los historiadores aprenden sobre la vida de muchos judíos de esa época.

COMPRENSIÓN DE LA LECTURA **Identificar las ideas principales** ¿Qué contenían los manuscritos del mar Muerto?

El judaísmo y las culturas posteriores

Durante siglos, las ideas del judaísmo han influido mucho en otras culturas, especialmente las de Europa y América. Los historiadores llaman a las culturas europeas y americanas el mundo occidental para diferenciarlas de las culturas asiáticas al este de Europa.

Como los judíos vivieron en muchas partes del mundo occidental, varios pueblos de diferentes culturas aprendieron las ideas judías. Además, estas ideas ayudaron a dar forma a la religión más difundida de la sociedad occidental actual: el cristianismo. Jesús, cuyas enseñanzas son la base del cristianismo, era judío, y muchas de sus enseñanzas reflejan ideas judías. Estas ideas fueron puestas en práctica en la civilización occidental tanto por judíos como por cristianos. El judaísmo también influyó en el desarrollo de otra religión de mucha difusión: el Islam. El primer pueblo que adoptó el Islam creía que, al igual que los judíos, también eran descendientes de Abraham.

¿Cómo se reflejan las ideas judías en nuestra sociedad? Muchos aún consideran los Diez Mandamientos una guía sobre cómo se debe vivir. Por ejemplo, las personas no deben mentir ni engañar y deben honrar a sus padres, familias y vecinos. Aunque estas ideas no eran exclusivas del judaísmo, fue a través de los judíos que pasaron a la cultura occidental.

No todas las ideas adoptadas de las enseñanzas judías surgen de los Diez Mandamientos. Otras también se ven reflejadas en la vida de las personas hoy en día. Por ejemplo, muchas personas no trabajan los fines de semana para honrar el sabbat. Además, algunos donan dinero o bienes a organizaciones de caridad para ayudar a los pobres y los necesitados. Este concepto de caridad se basa en gran parte en las enseñanzas judías.

COMPRENSIÓN DE LA LECTURA **Resumir** ¿De qué manera influyeron las ideas judías en las leyes modernas?

RESUMEN Y PRESENTACIÓN El judaísmo se basa en la fe y la obediencia a Dios, tal como se establece en la Torá y otros textos sagrados. En la próxima sección, aprenderás cómo la religión ayudó a unir a los judíos incluso cuando fueron expulsados de Jerusalén.

Sección 2 Evaluación

hmhsocialstudies.com
Cuestionario en Internet

Repasar ideas, palabras y personas

1. **a.** **Definir** ¿Qué es el **monoteísmo**?
   b. **Explicar** ¿Cuál es la visión judía sobre la justicia y la rectitud?
2. **a.** **Identificar** ¿Cuáles son los principales textos sagrados del judaísmo?
   b. **Predecir** ¿Por qué crees que los Comentarios son tan importantes para muchos judíos?
3. **Recordar** ¿Por qué los historiadores estudian los manuscritos del mar Muerto?
4. **Hacer generalizaciones** ¿Cómo se reflejan las enseñanzas judías en la sociedad occidental actual?

Pensamiento crítico

5. **Identificar las ideas principales** Usa la información de tus notas para identificar las cuatro creencias básicas del judaísmo y explícalas en un diagrama como el de la derecha.

Creencias judías

ENFOQUE EN LA REDACCIÓN

6. **Pensar en las enseñanzas y los valores básicos** Mientras que la información de la Sección 1 era principalmente histórica, esta sección tiene distintos tipos de temas. A medida que tomes nota de esta información, piensa en las relaciones que ves entre la información y los puntos que anotaste de la Sección 1.

El judaísmo a través de los siglos

Si ESTUVIERAS allí...

Tu patria ha sido invadida por soldados extranjeros que te obligan a obedecer sus leyes. Algunas personas te alientan para que te rebeles y luches por la libertad. Pero los conquistadores pertenecen a un enorme y poderoso imperio. Si tu pueblo se rebela, tendrá pocas posibilidades de triunfar.

¿Te unirías a la rebelión? ¿Por qué?

CONOCER EL CONTEXTO Alrededor del año 60 d.C., muchos judíos de Jerusalén debieron decidir si se unirían a una rebelión contra sus conquistadores extranjeros. Desde hacía poco más de un siglo, Jerusalén estaba dominada por Roma. Los romanos tenían un fuerte ejército, pero su falta de respeto por las tradiciones judías enfurecía a muchos judíos.

Rebelión, derrota y migración

Las enseñanzas del judaísmo ayudaron a unir a los antiguos judíos. Después de que los romanos conquistaron Israel, muchos sucesos amenazaron con deshacer la sociedad judía.

Una de esas amenazas era el dominio extranjero. A comienzos del siglo I d.C., muchos judíos de Jerusalén ya se habían cansado del dominio extranjero. Estos judíos creían que si podían recuperar su independencia, podrían volver a formar el reino de Israel.

La rebelión contra Roma

El grupo de judíos más rebeldes eran los **zelotes.** Este grupo creía que los judíos sólo debían responder a Dios. En consecuencia, se negaron a obedecer a los funcionarios romanos. Los zelotes instaron a sus compatriotas judíos a rebelarse contra los romanos. Las tensiones entre judíos y romanos aumentaron. Finalmente, en 66 d.C., los judíos se rebelaron y, liderados por los zelotes, lucharon ferozmente.

Finalmente, la rebelión de los judíos contra los romanos fracasó. Duró cuatro años y causó daños terribles. Cuando terminaron los enfrentamientos, Jerusalén había quedado en ruinas. La guerra había destruido edificios y acabado con muchas vidas. Lo más devastador para los judíos fue que los romanos quemaron el Segundo Templo durante los últimos enfrentamientos, en 70 d.C.:

"Cuando subieron las llamas, los judíos profirieron un gran clamor [grito], tan desgarrador como su aflicción [sufrimiento], y corrieron todos para evitarlo; y ya no intentaban salvar sus vidas ni controlaban sus fuerzas, porque el templo sagrado estaba cayendo".

–Flavio Josefo, *Las guerras de los judíos*

Después de la destrucción del Templo, la mayoría de los judíos se sintieron desalentados y se rindieron. Pero algunos se negaron a abandonar su lucha. Ese pequeño grupo de aproximadamente 1,000 zelotes se encerró en un fuerte en la montaña llamado Masada.

Decididos a acabar con la rebelión, los romanos enviaron 15,000 soldados a capturar a esos zelotes. Sin embargo, no era fácil llegar a Masada. Los romanos debieron construir una enorme rampa de tierra y piedras para llegar al fuerte. Durante dos años, los zelotes se negaron a rendirse, mientras la rampa seguía creciendo. Finalmente, cuando los romanos lograron atravesar los muros de Masada, los zelotes se suicidaron. Se negaron a convertirse en esclavos de los romanos.

SU IMPORTANCIA HOY

El muro occidental del Segundo Templo sobrevivió al fuego y sigue en pie hoy en día. Miles de judíos visitan el muro cada año.

La historia en detalle

La destrucción del Segundo Templo

Muchos judíos, frustrados por el siglo de dominio romano, tomaron las armas y se rebelaron. Liderados por los zelotes, lucharon ferozmente durante cuatro años. Pero el experimentado ejército romano aplastó la rebelión. Los romanos incluso destruyeron el lugar más sagrado de los judíos: el Segundo Templo de Jerusalén.

Después de rodear a Jerusalén y dañar sus muros exteriores, los soldados romanos llegaron al patio interno del Segundo Templo.

Los soldados romanos tomaron los objetos valiosos del templo y le prendieron fuego.

Los judíos lucharon y defendieron su templo sagrado de los soldados romanos, pero finalmente fueron derrotados.

DESTREZAS DE ANÁLISIS ANALIZAR RECURSOS VISUALES

¿Qué efecto crees que tuvo la destrucción del Templo sobre los judíos?

Los resultados de la rebelión

Con la captura de Masada en 73 d.C., la rebelión judía llegó a su fin. Como castigo por la rebelión judía, los romanos mataron a la mayor parte de la población de Jerusalén. Muchos de los judíos que sobrevivieron fueron llevados a Roma como esclavos. Los romanos disolvieron la estructura de poder judía y tomaron el control de la ciudad.

Además de los que fueron esclavizados, miles de judíos se fueron de Jerusalén después de la destrucción del Segundo Templo. Con el Templo destruido, ya no querían vivir en Jerusalén. Muchos se trasladaron a comunidades judías en otras partes del Imperio romano. Uno de los lugares más elegidos era Alejandría en Egipto, que tenía una numerosa comunidad judía. La población de estas comunidades judías creció después de que los romanos destruyeron Jerusalén.

Una segunda rebelión

Sin embargo, algunos judíos decidieron no irse de Jerusalén cuando los romanos la conquistaron. Unos 60 años después de la captura de Masada, estos judíos, que no estaban conformes con el dominio romano, comenzaron otra rebelión. Sin embargo, el ejército romano volvió a derrotarlos. Después de esa rebelión, en la década de 130, los romanos desterraron a todos los judíos de la ciudad de Jerusalén. Los funcionarios romanos decretaron que cualquier judío que fuera encontrado en la ciudad o sus alrededores sería ejecutado. Por esta razón, aumentó la migración judía en toda la región mediterránea.

Migración y discriminación

Para los judíos que no vivían en Jerusalén, la naturaleza del judaísmo cambió. Como los judíos ya no tenían un solo templo donde rendir culto, las sinagogas locales se volvieron más importantes. Al mismo tiempo, los **rabinos,** o maestros religiosos, tuvieron un papel cada vez más importante como guías de la vida religiosa de los judíos. Los rabinos eran los responsables de interpretar la Torá y de transmitir las enseñanzas.

Este cambio se debe en gran medida a la labor de Yohanan ben Zaccai, un rabino que fundó una escuela en Yavne, cerca de Jerusalén.

SU IMPORTANCIA HOY

En la actualidad, Estados Unidos tiene más población judía que cualquier otro país del mundo.

Los sefardíes descienden de los judíos que emigraron a España y Portugal durante la diáspora, o dispersión, de los judíos. Este rabino sefardí está trabajando sobre parte de un rollo de la Torá.

OCÉANO ATLÁNTICO

PORTUGAL

ESPAÑA

ÁFRICA

En esta escuela, enseñó judaísmo y formó rabinos. Influidos por Yohanan, las ideas de estos rabinos moldearon la forma en que se practicó el judaísmo durante los siglos siguientes. Muchos rabinos también se convirtieron en líderes de las comunidades judías.

A lo largo de muchos siglos, los judíos se trasladaron de la región mediterránea a otras partes del mundo. En muchos casos, estos traslados no fueron voluntarios. Los judíos fueron obligados a trasladarse por otros grupos religiosos que los discriminaban o que los trataban injustamente. Esta discriminación obligó a muchos judíos a dejar sus ciudades y buscar nuevos lugares donde vivir. Como resultado, algunos judíos se establecieron en Asia, Rusia y, mucho tiempo después, en Estados Unidos.

COMPRENSIÓN DE LA LECTURA Identificar causa y efecto ¿Por qué los romanos expulsaron a los judíos de Jerusalén?

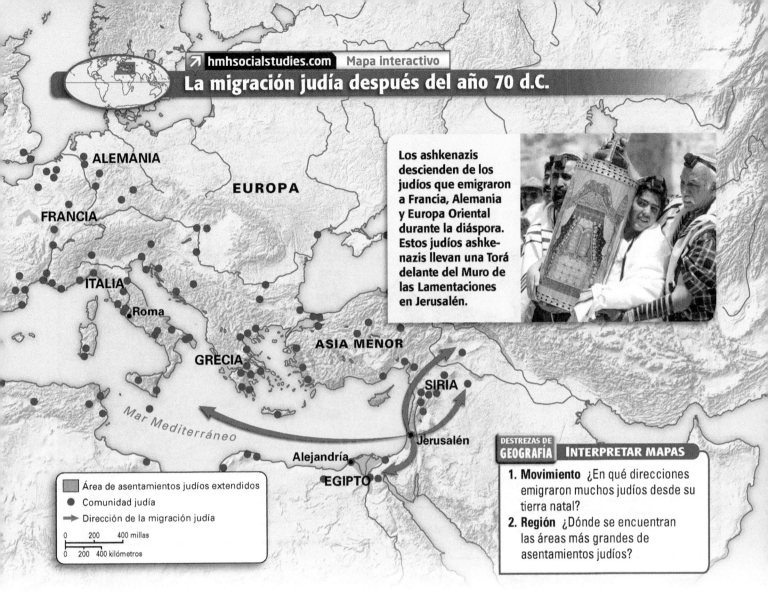

La migración judía después del año 70 d.C.

ALEMANIA

EUROPA

FRANCIA

ITALIA

Roma

GRECIA

ASIA MENOR

SIRIA

Mar Mediterráneo

Jerusalén

Alejandría

EGIPTO

Los ashkenazis descienden de los judíos que emigraron a Francia, Alemania y Europa Oriental durante la diáspora. Estos judíos ashkenazis llevan una Torá delante del Muro de las Lamentaciones en Jerusalén.

■ Área de asentamientos judíos extendidos
● Comunidad judía
→ Dirección de la migración judía

0   200   400 millas
0   200   400 kilómetros

DESTREZAS DE GEOGRAFÍA | **INTERPRETAR MAPAS**

1. **Movimiento** ¿En qué direcciones emigraron muchos judíos desde su tierra natal?
2. **Región** ¿Dónde se encuentran las áreas más grandes de asentamientos judíos?

Dos tradiciones culturales

Como leíste anteriormente, la dispersión de los judíos por todo el mundo se llama diáspora. Esta comenzó con el cautiverio en Babilonia, en el siglo VI a.C. A partir de ese momento, se desarrollaron comunidades judías en todo el mundo.

Los judíos de todo el mundo compartían las creencias básicas del judaísmo. Por ejemplo, todos los judíos seguían creyendo en Dios e intentaban obedecer la ley que Dios les había transmitido mediante los textos sagrados. Pero las comunidades de distintas partes del mundo tenían costumbres diferentes. En consecuencia, cada comunidad judía comenzó a desarrollar su propio idioma, sus rituales y su cultura. Estas diferencias llevaron a la creación de las dos principales tradiciones culturales, que aún existen hoy en día.

Los judíos en Europa Oriental

Una de las dos tradiciones, la ashkenazi, está formada por los descendientes de los judíos que emigraron a Francia, Alemania y Europa Oriental durante la diáspora. En su mayoría, estos judíos se establecieron en comunidades aisladas de sus vecinos no judíos. Por esa razón, desarrollaron costumbres distintas de las de los habitantes de la región. Por ejemplo, desarrollaron su propia lengua: el yiddish. El yiddish es parecido al alemán pero se escribe con el alfabeto hebreo.

Los judíos en España y Portugal

Otra tradición cultural judía se desarrolló durante la diáspora en lo que hoy es España y Portugal, en Europa Occidental. Allí, los descendientes de los judíos se llaman sefardíes. Ellos también tienen una lengua propia: el ladino. Es una mezcla de español, hebreo

↗ hmhsocialstudies.com
ANIMATED HISTORY
Jewish Diaspora, AD 70–500

SU IMPORTANCIA HOY

Algunas palabras del yiddish se han incorporado al idioma inglés. Por ejemplo, *schlep* significa "transportar".

La comida de la Pascua judía

La Pascua judía celebra el Éxodo, uno de los sucesos más importantes de la historia judía. Para honrar este suceso del pasado, los judíos comparten una comida especial llamada séder. Cada alimento del séder simboliza una parte del Éxodo. Por ejemplo, las hierbas amargas representan los amargos años de esclavitud de los israelitas en Egipto. Antes de comer, todos leen oraciones de un libro llamado Haggadah, que cuenta la historia del Éxodo y recuerda a todos los presentes la historia judía. En la fotografía pequeña se ve un séder en una copia del Haggadah del siglo XIV.

DESTREZA DE ANÁLISIS **ANALIZAR INFORMACIÓN**

¿Cómo refleja el séder de la Pascua judía la importancia del Éxodo en la historia judía?

---

y árabe. A diferencia de los ashkenazis, los sefardíes se mezclaron con sus vecinos que no eran judíos, por lo que las prácticas religiosas y culturales de los sefardíes tomaron elementos de otras culturas. Los sefardíes, conocidos por sus escritos y su filosofía, dieron origen a una edad de oro de la cultura judía en los siglos XI y XII d.C. Durante esta época, por ejemplo, los poetas judíos escribieron hermosas obras en hebreo y otros idiomas. Los estudiosos judíos también realizaron grandes adelantos en matemáticas, astronomía, medicina y filosofía.

COMPRENSIÓN DE LA LECTURA **Resumir**

¿Cuáles eran las dos principales tradiciones culturales judías?

Tradiciones y días sagrados

La cultura judía es una de las más antiguas del mundo. Como sus raíces son tan antiguas, muchos judíos sienten una fuerte conexión con el pasado. También creen que comprender su historia los ayudará a seguir mejor las enseñanzas judías. Sus tradiciones y días sagrados los ayudan a comprender y celebrar su historia.

Hanukkah

Una de las tradiciones judías se celebra en Hanukkah, en el mes de diciembre. Se conmemora la reinauguración del Segundo Templo durante la rebelión de los macabeos.

Los macabeos querían celebrar que sus gobernantes no judíos les habían permitido practicar su religión, lo cual fue una gran victoria para ellos. Sin embargo, según la leyenda, los macabeos no contaban con suficiente aceite de lámpara para realizar la ceremonia de reinauguración. Milagrosamente, el aceite que tenían (que alcanzaba para un solo día) alcanzó para ocho días completos.

Hoy, los judíos celebran este hecho encendiendo velas en un candelabro especial llamado menorá. Sus ocho brazos representan los ochos días durante los cuales el aceite permaneció encendido. Muchos judíos también intercambian regalos durante cada una de las ocho noches.

La Pascua judía

La Pascua judía, que para los judíos es más importante que Hanukkah, se celebra en marzo o abril. La **Pascua judía** es el momento en el que los judíos recuerdan el Éxodo, el viaje de los israelitas desde Egipto después de su liberación de la esclavitud.

Según la tradición judía, los israelitas se fueron de Egipto tan rápido que los panaderos no tuvieron tiempo de dejar levar su pan. Por esa razón, durante la Pascua judía los judíos sólo comen matzo, un pan chato y sin levadura. También celebran este día sagrado con ceremonias y una comida ritual llamada séder. Durante el séder, los comensales recuerdan los hechos del Éxodo y reflexionan sobre ellos.

Los Supremos Días Santos

Las ceremonias y los rituales también están presentes en los **Supremos Días Santos,** los dos días más sagrados para los judíos. Se celebran cada año, en septiembre u octubre. En los primeros dos días de la festividad, conocidos como Rosh Hashanah, se celebra el Año Nuevo según el calendario judío.

En Yom Kippur, que es poco después, los judíos le piden a Dios que perdone sus pecados. Para los judíos, Yom Kippur es el día más sagrado del año. Como es tan sagrado, los judíos no comen ni beben nada durante todo el día. Muchas de las ceremonias que realizan durante Yom Kippur se remontan a la época del Segundo Templo. Estas ceremonias ayudan a muchos judíos a sentirse más conectados con su largo pasado y con la época de Abraham y Moisés.

COMPRENSIÓN DE LA LECTURA Identificar las ideas principales ¿Cómo se llaman los dos días sagrados judíos más importantes?

RESUMEN Y PRESENTACIÓN La cultura judía es una de las más antiguas del mundo. En el transcurso de su larga historia, la religión y las costumbres de los judíos los han ayudado a mantener un sentido de identidad y comunidad. Esto ha ayudado al pueblo judío a soportar muchas dificultades. En el próximo capítulo, conocerás a otro pueblo que realizó importantes contribuciones a la cultura occidental: los griegos.

Sección 3 Evaluación

hmhsocialstudies.com
Cuestionario en Internet

Repasar ideas, palabras y personas

1. **a. Recordar** ¿Quién ganó la batalla en Masada?
   b. Evaluar ¿Cómo afectó a la historia judía la derrota ante los romanos?
2. **a. Identificar** ¿Qué lengua se desarrolló en las comunidades judías de Europa Oriental?
   b. Contrastar ¿En qué se diferenciaban las comunidades ashkenazis de las comunidades sefardíes?
3. **Identificar** ¿Qué suceso se celebra durante la **Pascua judía?**

Pensamiento crítico

4. **Evaluar** Repasa tus notas. Luego usa un organizador gráfico como el de la derecha para describir la creencia o costumbre que crees puede haber sido la que más contribuyó al fortalecimiento de la sociedad judía.

> Creencia o costumbre que más contribuyó al fortalecimiento de la sociedad judía

ENFOQUE EN LA REDACCIÓN

5. **Organizar tu información** Agrega notas sobre lo que acabas de leer a las notas que ya tienes. Ahora que tienes toda la información, organízala en categorías, que serán ventanas, enlaces y otras secciones especiales de tu página web.

Destrezas de estudios sociales

Identificar efectos a corto y largo plazo

Comprender la destreza

Muchos sucesos del pasado son resultado de otros sucesos que ocurrieron antes. Cuando algo sucede como consecuencia de cosas que ocurrieron antes, decimos que es un efecto de esas cosas.

Algunos sucesos ocurren poco después de las cosas que los causan. Estos son efectos a corto plazo. Los efectos a largo plazo pueden ocurrir décadas o hasta siglos después de los sucesos que los causaron. Reconocer las relaciones de causa y efecto te ayudará a comprender mejor las conexiones entre los sucesos históricos.

Aprender la destreza

Como aprendiste en el Capítulo 5, algunas palabras sirven como "pistas" para revelar conexiones de causa y efecto entre sucesos. Sin embargo, a menudo estas palabras no están presentes. Por lo tanto, siempre debes buscar qué ocurrió como consecuencia de una acción o suceso.

Los efectos a corto plazo suelen ser bastante fáciles de identificar. Por lo general, están íntimamente relacionados con el suceso que los causó. Aquí tienes un ejemplo:

"Después de la muerte de Salomón, alrededor del año 930 a.C., se desataron rebeliones por el trono".

A partir de la información dada, queda claro que un efecto a corto plazo de la muerte de Salomón fue la agitación política.

Ahora lee este otro fragmento:

"Algunos israelitas… se trasladaron a Egipto… Los israelitas vivían bien en Egipto y su población creció. Este crecimiento preocupó al gobernante de Egipto, el faraón. Temía que los israelitas se volvieran poderosos. Para evitarlo, el faraón los convirtió en esclavos".

Lee detenidamente la información del fragmento. No hay ninguna palabra que sirva de pista. Sin embargo, demuestra que un efecto del traslado de los israelitas a Egipto fue el crecimiento de su población. Una población tarda en crecer, por lo que éste fue un efecto a largo plazo del traslado de los israelitas.

Sin embargo, reconocer los efectos a largo plazo no siempre es fácil, porque suelen ocurrir mucho después del suceso que los causó. Por lo tanto, es posible que los efectos a largo plazo de esos sucesos no sean considerados en el momento. Por eso, cuando estudias un suceso, siempre debes preguntarte por qué pudo haber sucedido.

Por ejemplo, muchas de nuestras leyes modernas derivan de los Diez Mandamientos de los antiguos israelitas. La religión es una importante fuerza que provoca muchos sucesos históricos. Otras fuerzas son la economía, la ciencia y tecnología, la geografía y el encuentro de pueblos con distintas culturas. Pregúntate si una de estas fuerzas forma parte del suceso que estás estudiando. Si es así, es posible que el suceso tenga efectos a largo plazo.

Practicar y aplicar la destreza

Repasa la información del Capítulo 7 y responde a las siguientes preguntas.

1. ¿Cuáles fueron los efectos a corto plazo del gobierno del rey Salomón sobre los israelitas? ¿Cuál fue el beneficio a largo plazo de su reinado?

2. ¿Cuál fue el efecto a corto plazo de la destrucción del Templo de Jerusalén en 70 d.C.? ¿Qué efecto tuvo ese suceso sobre el mundo actual?

Repaso del capítulo

El impacto de la historia

▶ **videos**
Consulta el video para responder a la pregunta de enfoque:

¿Qué es la diáspora judía y cómo ha afectado a los judíos de todo el mundo?

Resumen visual

Usa el siguiente resumen visual para repasar las ideas principales del capítulo.

Los primeros hebreos se asentaron en Canaán.

En Canaán, los israelitas formaron el reino de Israel y construyeron un gran templo en homenaje a Dios.

Los romanos destruyeron el Segundo Templo de Jerusalén y expulsaron a los judíos.

La religión y las tradiciones judías han unido a los judíos a lo largo de los siglos.

Repasar vocabulario, palabras y personas

Con cada uno de los siguientes pares de palabras, escribe una oración que muestre la relación entre las dos palabras.

1. Abraham
   judaísmo

2. Moisés
   Éxodo

3. David
   Salomón

4. Torá
   Talmud

5. Pascua judía
   Supremos Días Santos

6. Moisés
   los Diez Mandamientos

7. Pascua judía
   Éxodo

8. monoteísmo
   judaísmo

9. sinagogas
   rabinos

10. principios
    Torá

Comprensión y pensamiento crítico

SECCIÓN 1 *(Páginas 202–207)*

11. a. **Describir** ¿De qué manera influyeron Abraham y Moisés en la historia de los hebreos e israelitas?

   b. **Comparar y contrastar** ¿Qué tuvieron en común Saúl, David y Salomón? ¿En qué se diferenciaron?

   c. **Evaluar** Entre Ester, Débora, Miriam y Ruth, ¿quién crees que brindó el mejor ejemplo de cómo tratar a la familia? Explica tu respuesta.

SECCIÓN 2 *(Páginas 208–213)*

12. a. **Identificar** ¿Cuáles son las creencias básicas del judaísmo?

   b. **Analizar** ¿Cuál es la contribución al judaísmo de los distintos textos sagrados judíos?

   c. **Profundizar** ¿Cómo se respetan las ideas judías en la sociedad occidental moderna?

13. a. Describir ¿Qué ocurrió como consecuencia de las tensiones entre romanos y judíos?

b. Analizar ¿Cuál fue la causa de la creación de las dos principales tradiciones culturales judías?

c. Predecir En el futuro, ¿qué papel crees que tendrán los días sagrados y demás tradiciones en el judaísmo? Explica tu respuesta.

Destrezas de lectura

Identificar hechos y opiniones *Identifica si cada una de las siguientes afirmaciones es un hecho o una opinión.*

14. Gran parte de lo que sabemos sobre la historia judía proviene del trabajo de los arqueólogos.

15. Los arqueólogos deberían pasar más tiempo estudiando la historia judía.

16. El Éxodo es uno de los hechos más fascinantes de la historia mundial.

17. Hasta 1947, los expertos no sabían de la existencia de los manuscritos del mar Muerto.

18. Hanukkah es un día sagrado judío que se celebra en diciembre.

Destrezas de estudios sociales

19. Identificar efectos a corto y largo plazo *Identifica los efectos a corto y a largo plazo de cada uno de los siguientes sucesos.*

	Efectos a corto plazo	Efectos a largo plazo
el Éxodo		
el cautiverio en Babilonia		
la expulsión de los judíos de Jerusalén		

Usar Internet

20. Actividad: Interpretar mapas Las migraciones y los conflictos fueron factores clave que influyeron en la historia y cultura judías. El Éxodo, el cautiverio en Babilonia y las rebeliones contra Roma obligaron al pueblo israelita y luego a sus descendientes, los judíos, a adaptar su cultura y asentarse en regiones fuera de Israel. Usa el libro de texto en Internet para hacer un mapa con notas que muestre el lugar donde nació el judaísmo y las migraciones de los judíos a otras partes del mundo. En tu mapa debes incluir un cuadro de referencias, así como también rótulos que identifiquen los sucesos y expliquen su impacto sobre el pueblo judío.

hmhsocialstudies.com

Repasar los temas

21. Religión ¿Cómo influyó el monoteísmo en la historia de los judíos?

22. Religión ¿Estás de acuerdo o no con esta afirmación: "La historia del judaísmo también es la historia del pueblo hebreo y el judío"? ¿Por qué?

23. Religión ¿Cómo afecta la ley mosaica a la vida cotidiana de los judíos?

ENFOQUE EN LA REDACCIÓN

24. Diseñar tu sitio web Revisa tus notas y la manera en que las has organizado. ¿Has incluido todos los datos y detalles importantes? ¿Podrán las personas encontrar la información con facilidad?

¿Qué aparecerá en los menús o enlaces y en el resto de la página? ¿Qué imágenes incluirás? Dibuja un diagrama o borrador de tu página. Asegúrate de rotular las partes de tu página.

La mayor parte de la información del libro está presentada cronológicamente, por año o época. ¿Cómo presentaste tú la información?

Práctica para el examen estandarizado

INSTRUCCIONES: *Lee las preguntas y escribe la letra de la respuesta correcta.*

1 Usa el mapa para responder a la siguiente pregunta.

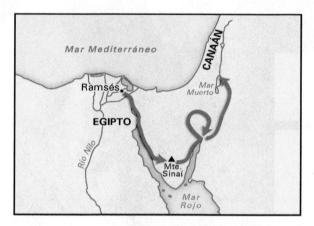

En el mapa anterior se muestra

A el cautiverio de Babilonia.

B el Éxodo.

C la migración de Abraham hacia Canaán.

D la captura de Jerusalén por parte de los romanos.

2 Los judíos creen que Dios entregó los Diez Mandamientos

A a Moisés.

B a Abraham.

C al rey David.

D al rey Salomón.

3 Probablemente, los antiguos judíos fueron el primer pueblo que

A realizó ceremonias religiosas.

B tuvo un código de leyes.

C practicó el monoteísmo.

D tuvo creencias religiosas.

4 Las enseñanzas y leyes básicas que guían al pueblo judío se encuentran en

A el Talmud.

B la Torá.

C el Libro de los muertos.

D los manuscritos del mar Muerto.

5 ¿Qué pueblo fue el *mayor* responsable de la migración de los judíos desde Jerusalén hacia otras partes de la región mediterránea?

A los israelitas

B los filisteos

C los egipcios

D los romanos

Conexión con lo aprendido anteriormente

6 Moisés transmitió un conjunto de leyes que el pueblo israelita debía cumplir. ¿Qué otro líder de la antigüedad es famoso por haber dictado leyes?

A Gilgamesh

B Tutankamón

C Asoka

D Hammurabi

7 Las enseñanzas judías establecían que las personas debían honrar y respetar a sus padres. Esta idea estaba también muy difundida en China. En sus escritos, ¿qué otra persona dijo que debía respetarse a los padres?

A Chandragupta Maurya

B Shi Huangdi

C Confucio

D Abraham

CAPÍTULO **8** 2000–500 a.C.

La antigua Grecia

Pregunta esencial ¿Qué factores dieron forma al gobierno de Grecia?

Lo que aprenderás...

En este capítulo, estudiarás Grecia, cuna de una de las grandes civilizaciones de la antigüedad.

ENFOQUE EN LA REDACCIÓN

Un mito Como la mayoría de la personas, los griegos disfrutaban con los buenos cuentos. Pero también se tomaban los cuentos en serio. Usaban cuentos llamados mitos para explicar todo: desde la creación del mundo hasta los detalles de la vida cotidiana. Leer este capítulo te dará ideas que puedes usar para crear tu propio mito.

circa 2000 a.C.
La civilización minoica prospera en Creta.

SUCESOS EN EL CAPÍTULO

2000 a.C.

SUCESOS EN EL MUNDO

circa 2000 a.C.
Se construye la parte principal de Stonehenge en Inglaterra.

Esta fotografía representa las ruinas del templo de Delfos, uno de los lugares más sagrados de la antigua Grecia.

circa 1200 a.C.
Los griegos y los troyanos luchan en la Guerra de Troya.

circa 750 a.C.
Los griegos comienzan a construir ciudades estado.

circa 500 a.C.
Atenas se convierte en la primera democracia del mundo.

1700 a.C.   1400 a.C.   1100 a.C.   800 a.C.   500 a.C.

circa 1200 a.C.
La civilización olmeca se desarrolla en las Américas.

circa 900 a.C.
Los fenicios dominan el comercio en el Mediterráneo.

753 a.C.
Según la leyenda, se funda Roma.

Lectura en estudios sociales

Economía | Geografía | Política | Religión | Sociedad y cultura | Ciencia y tecnología

Enfoque en los temas En este capítulo, leerás sobre las civilizaciones de la antigua Grecia. Cuando leas sobre los minoicos y los micénicos, o sobre los espartanos y los atenienses, verás que el lugar donde vivían afectaba su forma de vida.

También leerás sobre cómo cambió con los años el gobierno de estos pueblos antiguos. Cuando termines este capítulo, habrás aprendido mucho sobre la **geografía** y la **política** de los antiguos griegos.

Orígenes griegos de las palabras

Enfoque en la lectura Algunas veces, cuando lees una palabra poco común, puedes imaginarte lo que significa por las palabras que la rodean. Otras veces, quizás tengas que consultar un diccionario.

Pero a veces, si sabes lo que significa la raíz de la palabra, puedes deducir su significado. En la siguiente tabla se muestran varias palabras en español que tienen raíces griegas.

En este capítulo encontrarás...	que significa...	y viene de la raíz griega
1. geografía, *pág. 228*	el estudio de la superficie de la Tierra	*geo-,* que significa "Tierra" *-grafía,* que significa "escribir sobre"
2. acrópolis, *pág. 232*	fortaleza de una ciudad griega en una colina elevada	*acro-,* que significa "cima" *polis,* que significa "ciudad"
3. democracia, *pág. 236*	forma de gobierno en la que el pueblo tiene el poder	*demo-,* que significa "pueblo" *-cracia,* que significa "poder"
4. tirano, *pág. 237*	gobernante [en tiempos modernos, un gobernante cruel]	*tyrannos,* que significa "amo"
5. oligarquía, *pág. 237*	gobierno de unas pocas personas	*oligo-,* que significa "pocos" *-arquía,* que significa "gobierno"
6. mitología, *pág. 243*	conjunto de cuentos sobre dioses y héroes	*mythos,* que significa "cuentos sobre dioses o héroes" *-logía,* que significa "estudio de"

¡Inténtalo!

Estudia las siguientes palabras. Usa la tabla de la página de al lado para hallar la raíz o raíces griegas de cada una de ellas. ¿Cómo se relacionan las raíces de las palabras con su definición?

Palabra	Definición
1. geología	ciencia que estudia la composición de la Tierra
2. policía	personas que mantienen el orden en una ciudad
3. tiranosaurio	uno de los dinosaurios más grandes y feroces
4. arquitecto	persona encargada de diseñar edificios
5. acrofobia	miedo a las alturas
6. monarquía	gobierno de una sola persona
7. política	arte o ciencia de gobernar una ciudad, un estado o una nación
8. demógrafo	científico que estudia el crecimiento de las poblaciones

Piensa.

1. ¿De qué manera el estudio de los orígenes griegos te ayuda a comprender el español?

2. Usa la tabla de raíces de la página anterior para responder a esta pregunta. ¿De dónde crees que obtiene su poder un demagogo: del apoyo del pueblo o de una constitución escrita? Justifica tu respuesta.

3. ¿Conoces palabras en otros idiomas que te ayuden a comprender el español?

Personas y palabras clave

Vocabulario académico

El progreso escolar está relacionado con el conocimiento del vocabulario académico, es decir, de las palabras que se usan con frecuencia en las tareas y discusiones en clase. En este capítulo, aprenderás la siguiente palabra de vocabulario académico:

influir *(pág. 230)*

A medida que lees el Capítulo 8, presta especial atención a las palabras resaltadas. Muchas de esas palabras son griegas o provienen de raíces griegas. Consulta la tabla de la página anterior para comprender mejor lo que significan estas palabras.

La geografía y los primeros griegos

Lo que aprenderás...

Ideas principales

1. La geografía influyó en la formación de las primeras civilizaciones griegas.
2. En las civilizaciones minoica y micénica se desarrollaron culturas comerciales.
3. Los griegos crearon ciudades estado para obtener protección y seguridad.

La idea clave

La geografía de Grecia y su cercanía al mar tuvieron una gran influencia en el desarrollo del comercio y en el crecimiento de las ciudades estado.

Palabras clave

polis, *pág. 232*
clásica, *pág. 232*
acrópolis, *pág. 232*

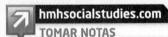

hmhsocialstudies.com

TOMAR NOTAS

Usa el organizador gráfico en Internet para tomar notas acerca de la manera en que la geografía de Grecia afectó el desarrollo de las ciudades comerciales y las ciudades estado.

Si ESTUVIERAS allí...

Vives en la pedregosa costa de un mar azul intenso. Del otro lado del mar ves docenas de islas y cabos de tierra que se adentran en el mar. Detrás de tu aldea se alzan montañas escarpadas. Es difícil atravesar las montañas para visitar otras aldeas o pueblos. Cerca de tu casa, en la costa, hay una caleta protegida en donde se puede anclar un bote.

¿Qué podrías hacer para ganarte la vida aquí?

CONOCER EL CONTEXTO El párrafo que acabas de leer podría describir muchas partes de Grecia, una península en el sur de Europa. Las cadenas montañosas de Grecia llegan hasta la costa en muchos lugares, dificultando los viajes y la agricultura. Aunque no parece un lugar en el que sea fácil vivir, Grecia fue la cuna de algunas de las civilizaciones más importantes del mundo antiguo.

Grecia es una tierra de montañas escarpadas, costas pedregosas y hermosas islas. Los árboles que ves son olivos. Los primeros griegos cultivaban olivos para obtener aceitunas y aceite.

La geografía influye en la civilización griega

Los griegos vivían en tierras pedregosas y montañosas rodeadas de agua. La parte continental de Grecia es una península, un área de tierra rodeada de agua por tres lados. Pero la península griega es muy irregular. Es una península grande formada por una serie de penínsulas más pequeñas. La tierra y el mar se entrelazan como tu mano y tus dedos en un tazón de agua. Además, hay muchas islas. Si observas el mapa de Grecia, verás que su costa es muy irregular.

Imagina esas penínsulas e islas dominadas por montañas que llegan casi hasta el mar. Sólo unos pocos valles y llanuras costeras ofrecen tierra plana para cultivar y establecer aldeas. Ahora tienes una imagen de Grecia, la tierra donde se desarrolló una de las civilizaciones más importantes del mundo.

Montañas y asentamientos

Como las montañas cubren gran parte de Grecia, hay pocas áreas planas para el cultivo. Las personas se establecieron en las áreas planas a lo largo de la costa y en los valles de los ríos. Vivían en aldeas y pueblos separados por montañas y mares.

Atravesar las montañas y los mares era difícil, por lo que las comunidades estaban aisladas entre sí. Como resultado, cada una tenía su propio gobierno y forma de vida. Aunque hablaban el mismo idioma, las comunidades griegas se consideraban países distintos.

Mares y barcos

Como viajar por tierra atravesando las montañas era tan difícil, los primeros griegos miraron hacia el mar. Al sur estaba el enorme mar Mediterráneo, al oeste el mar Jónico y al este el mar Egeo. No es sorprendente que los

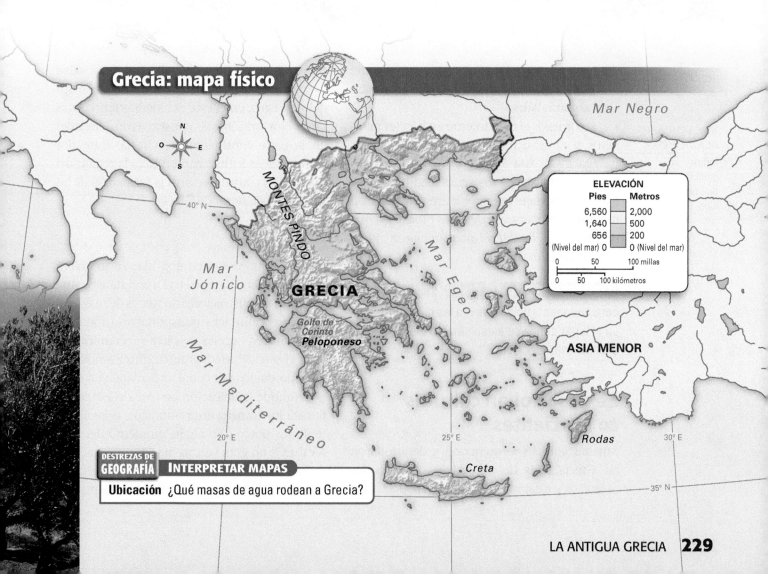

Grecia: mapa físico

Mar Negro

MONTES PINDO

Mar Jónico

GRECIA

Golfo de Corinto
Peloponeso

Mar Egeo

Mar Mediterráneo

ASIA MENOR

Rodas

Creta

40° N

20° E

25° E

30° E

35° N

ELEVACIÓN

Pies	Metros
6,560	2,000
1,640	500
656	200
(Nivel del mar) 0	0 (Nivel del mar)

0   50   100 millas
0   50   100 kilómetros

DESTREZAS DE GEOGRAFÍA **INTERPRETAR MAPAS**

Ubicación ¿Qué masas de agua rodean a Grecia?

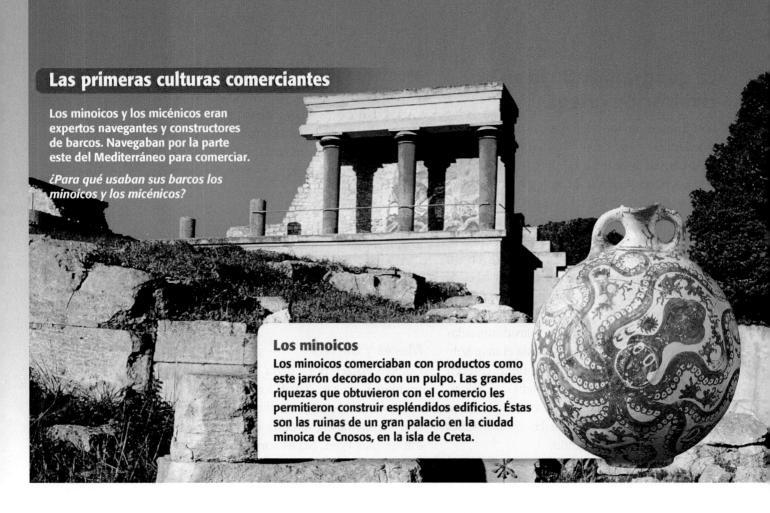

Las primeras culturas comerciantes

Los minoicos y los micénicos eran expertos navegantes y constructores de barcos. Navegaban por la parte este del Mediterráneo para comerciar.

¿Para qué usaban sus barcos los minoicos y los micénicos?

Los minoicos

Los minoicos comerciaban con productos como este jarrón decorado con un pulpo. Las grandes riquezas que obtuvieron con el comercio les permitieron construir espléndidos edificios. Éstas son las ruinas de un gran palacio en la ciudad minoica de Cnosos, en la isla de Creta.

VOCABULARIO ACADÉMICO

influir
cambiar o tener un efecto sobre algo

primeros griegos usaran el mar como fuente de alimento y como medio para comerciar con otras comunidades.

Los griegos se convirtieron en hábiles marineros y constructores de barcos. Sus barcos navegaban a Asia Menor (actual Turquía), a Egipto y a las islas de los mares Mediterráneo y Egeo. En sus viajes por estos mares encontraron fuentes de alimentos y de otros productos que necesitaban. También intercambiaron ideas con otras culturas.

COMPRENSIÓN DE LA LECTURA ▸ **Sacar conclusiones** ¿Cómo influían las montañas en el lugar donde se establecieron los asentamientos griegos?

Se desarrollan culturas comerciantes

Muchas culturas se asentaron y desarrollaron en Grecia. Dos de las primeras fueron los minoicos y los micénicos. Para el 2000 a.C., los minoicos ya habían desarrollado una sociedad avanzada en la isla de Creta. Creta está al sur del mar Egeo, en el este del Mediterráneo. Más tarde, los micénicos construyeron ciudades en la parte continental de Grecia. Estas dos civilizaciones **influyeron** en toda la región del mar Egeo y contribuyeron a la formación de las culturas posteriores de Grecia.

Los minoicos

Debido a que vivían en una isla, los minoicos pasaban mucho tiempo en el mar. Estaban entre los mejores constructores de barcos de su época. Los barcos minoicos transportaban productos como madera, aceite de oliva y cerámica por todo el este del Mediterráneo. Intercambiaban estos productos por cobre, oro, plata y joyas.

Aunque la ubicación de Creta era excelente para los comerciantes minoicos, la geografía tenía sus riesgos. En algún momento del siglo XVII a.C., un gran volcán hizo erupción al norte de Creta. Esta erupción creó una ola gigante que inundó gran parte de la isla. Además, la

Las civilizaciones minoica y micénica

Micenas

Creta
Cnosos

Civilización minoica, *circa* 2000–1400 a.C.

Civilización micénica, *circa* 1250 a.C.

Los micénicos

Después de que la civilización minoica entrara en decadencia, los micénicos se convirtieron en los principales comerciantes del este del Mediterráneo. Esta hermosa máscara de oro se encontró en una tumba en Micenas.

erupción lanzó enormes nubes de ceniza que arruinaron las cosechas y sepultaron ciudades. Es posible que esta erupción llevara a su fin a la civilización minoica.

Los micénicos

Aunque los minoicos vivieron en lo que hoy es Grecia e influyeron en la sociedad griega, los historiadores no piensan en ellos como griegos. Esto se debe a que los minoicos no hablaban griego. Los primeros en hablar ese idioma y, en consecuencia, los primeros en ser considerados griegos, fueron los micénicos.

Mientras los minoicos navegaban por el Mediterráneo, los micénicos construían fortalezas por toda la parte continental de Grecia. La fortaleza más grande y poderosa fue Micenas, que dio su nombre a los micénicos.

A mediados del siglo XV a.C., la sociedad minoica había entrado en decadencia. Esto facilitó a los micénicos tomar Creta y convertirse en los principales comerciantes del este del Mediterráneo. Establecieron colonias en el norte de Grecia y en Italia, desde donde enviaban productos hacia los mercados ubicados a orillas del mar Mediterráneo y el mar Negro.

Los micénicos no pensaban que el comercio debía realizarse de forma pacífica. A menudo atacaban otros reinos. Algunos historiadores creen que los micénicos atacaron la ciudad de Troya, con lo que posiblemente iniciaron la legendaria Guerra de Troya, presente en muchas obras literarias.

La sociedad micénica comenzó a desmoronarse en el siglo XIII a.C., cuando un grupo de invasores europeos llegó a Grecia. Al mismo tiempo, varios terremotos destruyeron muchas ciudades. Al derrumbarse la civilización micénica, Grecia entró en un período de guerras y desorden conocido como la Edad Oscura.

COMPRENSIÓN DE LA LECTURA **Identificar las ideas principales** ¿A qué regiones viajaron los comerciantes minoicos y micénicos?

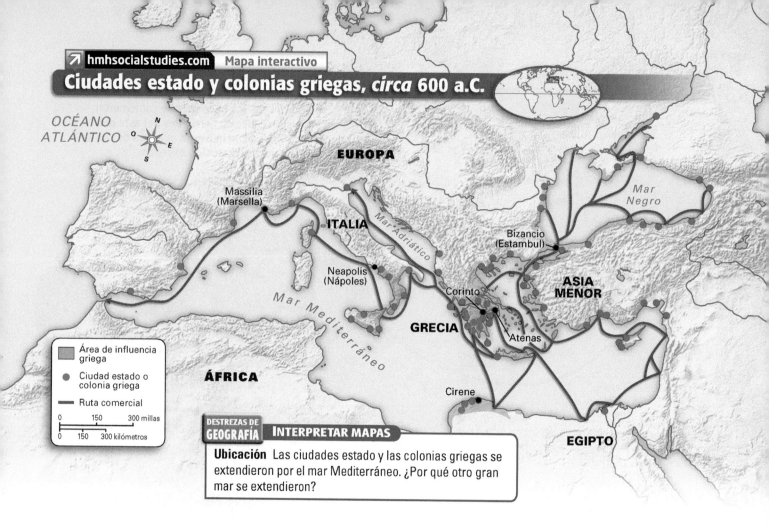

Ciudades estado y colonias griegas, *circa* 600 a.C.

OCÉANO ATLÁNTICO

EUROPA

Massilia (Marsella)

ITALIA

Mar Adriático

Mar Negro

Bizancio (Estambul)

Neapolis (Nápoles)

Corinto

ASIA MENOR

Mar Mediterráneo

GRECIA

Atenas

ÁFRICA

Cirene

EGIPTO

Área de influencia griega

Ciudad estado o colonia griega

Ruta comercial

0   150   300 millas

0   150   300 kilómetros

DESTREZAS DE GEOGRAFÍA **INTERPRETAR MAPAS**

Ubicación Las ciudades estado y las colonias griegas se extendieron por el mar Mediterráneo. ¿Por qué otro gran mar se extendieron?

Los griegos crean las ciudades estado

Los griegos de la Edad Oscura no dejaron registros escritos. Todo lo que sabemos sobre ese período viene de los hallazgos arqueológicos.

Aproximadamente 300 años después de que la civilización micénica se derrumbara, los griegos comenzaron a unirse en pequeños grupos en busca de protección y estabilidad. Con el tiempo, estos grupos establecieron ciudades estado independientes. La palabra griega para designar una ciudad estado es **polis.** La creación de ciudades estado marca el comienzo de lo que se conoce como la época clásica de Grecia. Una época **clásica** es una época marcada por grandes logros.

ENFOQUE EN LA LECTURA

¿Qué pistas te dan las raíces griegas sobre el significado de *acrópolis*?

La vida en una ciudad estado

Por lo general, una ciudad griega se construía alrededor de una poderosa fortaleza. Esta fortaleza a menudo se construía en la cima de una colina elevada llamada **acrópolis.** La ciudad que se extendía alrededor de la acrópolis estaba

rodeada por murallas para mayor protección.

No todos los habitantes de la ciudad estado vivían dentro de los muros de la ciudad. Los agricultores, por ejemplo, generalmente vivían cerca de sus campos, fuera de la muralla. Sin embargo, en tiempos de guerra, las mujeres, los niños y los ancianos se refugiaban dentro de la muralla para protegerse. Así permanecían seguros mientras los hombres de la polis formaban un ejército para luchar contra sus enemigos.

La vida en la ciudad a menudo giraba en torno al mercado, o ágora en griego. Los agricultores llevaban sus cosechas al mercado para intercambiarlas por productos fabricados por los artesanos de la ciudad. Como era un gran espacio abierto, el mercado también servía como lugar de reunión. Allí se organizaban asambleas políticas y religiosas. También solía haber tiendas.

La ciudad estado se convirtió en la base de la civilización griega. Además de ofrecer seguridad al pueblo, la ciudad daba una identidad a sus habitantes. Las personas se consideraban residentes de una ciudad, no griegos. Como la ciudad estado era tan importante en sus vidas, los griegos esperaban que sus habitantes participaran en los asuntos de la ciudad, especialmente en la economía y el gobierno.

Las ciudades estado y la colonización

Finalmente, la vida en Grecia se volvió más ordenada. Las personas ya no temían que asaltaran sus ciudades. Como resultado, tenían tiempo para pensar en otras cosas aparte del modo de defenderse. Algunos comenzaron a soñar con hacerse ricos mediante el comercio. Otros sentían curiosidad por las tierras vecinas a orillas del mar Mediterráneo. A algunos también les preocupaba cómo manejar la creciente población de Grecia. Por distintas razones, todas estas personas llegaron a la misma conclusión: los griegos debían establecer colonias.

Poco después, grupos que provenían de ciudades estado de toda Grecia comenzaron a establecer colonias en tierras lejanas. Una vez fundadas, las colonias griegas se independizaban. En otras palabras, cada colonia se convertía en una nueva polis. De hecho, algunas ciudades que comenzaron siendo colonias empezaron a crear sus propias colonias. Con el tiempo, las colonias griegas se expandieron por todo el mar Mediterráneo y el mar Negro. Muchas ciudades grandes de hoy en día que están a orillas del Mediterráneo comenzaron siendo colonias griegas. Entre ellas están Estambul en Turquía, Marsella en Francia y Nápoles en Italia.

Los patrones de comercio

Aunque las colonias eran independientes, a menudo comerciaban con las ciudades estado de Grecia. Las colonias enviaban metales como el cobre y el hierro a la parte continental de Grecia. A cambio, las ciudades estado griegas les enviaban vino, aceite de oliva y otros productos.

El comercio enriqueció a las ciudades estado. Debido a su ubicación, algunas ciudades estado se convirtieron en grandes centros de comercio.

En 550 a.C., los griegos ya se habían convertido en los principales comerciantes de la región del mar Egeo. Los barcos griegos navegaban a Egipto y a las ciudades que rodeaban el mar Negro.

ANIMATED HISTORY
Greek Trade, 500 BC

COMPRENSIÓN DE LA LECTURA **Analizar** ¿Por qué desarrollaron ciudades estado los griegos?

RESUMEN Y PRESENTACIÓN En esta sección aprendiste sobre la creación de las ciudades estado y sobre cómo afectaron la sociedad griega. En la siguiente sección, estudiarás cómo cambió el gobierno de una ciudad estado a medida que las personas comenzaron a interesarse en la forma de gobierno.

Sección 1 Evaluación
hmhsocialstudies.com
Cuestionario en Internet

Repasar ideas, palabras y personas

1. **a. Identificar** ¿Qué tipos de accidentes geográficos hay en Grecia?
   b. Interpretar ¿Cómo contribuyó el mar a dar forma a la primera sociedad griega?
   c. Hacer predicciones ¿En qué sentido la dificultad de viajar a través de las montañas pudo beneficiar a los griegos?
2. **a. Recordar** ¿Cuál fue la primera civilización importante que se desarrolló en Grecia?
   b. Comparar ¿En qué se parecían los minoicos y los micénicos?
3. **a. Definir** ¿Qué es una **polis**?
   b. Profundizar ¿Por qué crees que los griegos construían sus ciudades alrededor de una **acrópolis** elevada?

Pensamiento crítico

4. **Resumir** Usando tus notas, escribe una oración descriptiva sobre la geografía de Grecia y otra sobre las ciudades estado. Luego escribe una oración que resuma la influencia de la geografía en las ciudades estado.

   | Geografía | → | Ciudades estado | → | Resumen |

ENFOQUE EN LA REDACCIÓN

5. **Pensar en los accidentes geográficos como personajes** ¿Has pensado alguna vez que las características físicas pueden tener personalidad? Por ejemplo, puedes describir un viento fuerte y borrascoso como un viento enojado. Piensa en las características físicas de Grecia que estudiaste en esta sección. ¿Qué tipo de personalidades podrían tener? Escribe tus ideas en tu cuaderno.

¡Desastre Natural!

La naturaleza es una fuerza poderosa. A lo largo de la historia, grandes desastres naturales han afectado las civilizaciones. Un desastre natural fue tan devastador que es posible que contribuyera a la destrucción de toda la civilización minoica.

En el siglo XVII a.C., un volcán hizo erupción en la isla griega de Tera. La colosal explosión fue una de las más grandes de la historia. Fue tan poderosa que pudo verse y oírse a cientos de millas de distancia. Un momento de furia de la naturaleza hizo que la historia del mundo del Mediterráneo cambiara para siempre.

MAR NEGRO

• Troya

A N A T O L I A

Micenas
•

PELOPONESO

Cnosos
•
CRETA

Durante siglos, los minoicos prosperaron en la isla de Creta. Los minoicos eran importantes comerciantes marítimos que a menudo navegaban a la isla de Tera, a sólo 70 millas de distancia.

La erupción de Tera produjo en el mar Mediterráneo olas que se movían a gran velocidad, llamadas tsunamis. Hoy en día, los científicos estiman que esas olas podían haberse desplazado a 200 millas por hora.

M A R   M E D I T E R R Á N E O

N
O   E
S

L I B I A

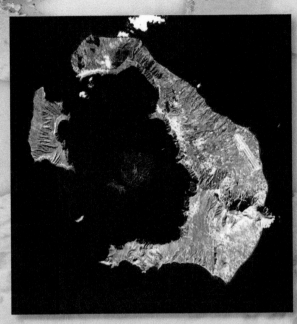

La antigua isla de Tera se conoce hoy en día como Santorini. El gran hueco en el lado oeste de la isla y el agua que hay en el medio son pruebas de la explosión que ocurrió hace más de 3,500 años.

Alepo •

CHIPRE

La explosión produjo una enorme nube de cenizas que cubrió cultivos, ciudades y personas. Durante años, las cenizas siguieron atenuando la luz del sol, lo que dificultaba el crecimiento de los cultivos.

DESTREZAS DE GEOGRAFÍA | **INTERPRETAR MAPAS**

1. **Ubicación** ¿En qué dirección se desplazó la nube de cenizas después de la erupción en la isla?
2. **Interacción entre los seres humanos y el medio-ambiente** ¿Cómo pudieron influir los efectos de la nube de cenizas en la civilización minoica?

E G I P T O

Jericó •

Tres etapas de un
desastre

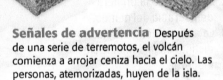

Etapa 1

Señales de advertencia Después de una serie de terremotos, el volcán comienza a arrojar ceniza hacia el cielo. Las personas, atemorizadas, huyen de la isla.

Etapa 2

Explosión Vuelan cenizas y rocas y caen por las laderas del volcán, destruyendo todo a su paso. A causa de las fuertes explosiones, se comienzan a formar grietas en la roca de la isla.

Etapa 3

Desmoronamiento El volcán se desmorona y cae al mar, creando olas gigantes. Las fuertes olas golpean Creta e inundan las áreas costeras.

El gobierno en Atenas

Lo que aprenderás...

Ideas principales

1. Aristócratas y tiranos gobernaron la antigua Atenas.
2. Atenas creó la primera democracia del mundo.
3. La antigua democracia era distinta de la democracia moderna.

La idea clave

Los habitantes de Atenas probaron muchas formas de gobierno antes de crear la democracia.

Personas y palabras clave

democracia, *pág. 236*
aristócratas, *pág. 237*
oligarquía, *pág. 237*
ciudadanos, *pág. 237*
tirano, *pág. 237*
Pericles, *pág. 240*

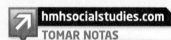
hmhsocialstudies.com
TOMAR NOTAS

Usa el organizador gráfico en Internet para tomar notas acerca de las distintas formas de gobierno que probaron los habitantes de Atenas.

Si **ESTUVIERAS** allí...

Durante muchos años, tu ciudad ha sido gobernada por un pequeño grupo de hombres ricos. En general, han sido buenos gobernantes. Han construido edificios nuevos y protegido a la ciudad de los enemigos. Pero ahora un nuevo gobernante quiere que se permita a todos los hombres libres participar en el gobierno. No importará si son ricos o pobres. Sin embargo, a algunas personas les preocupa dar poder a las personas comunes.

¿Qué piensas sobre este nuevo gobierno?

CONOCER EL CONTEXTO Cambiar la forma de gobierno de una ciudad era algo común en Grecia. Muchas ciudades probaron varias formas de gobierno antes de que los habitantes estuvieran satisfechos. Para ver cómo ocurrieron estos cambios, podemos examinar el caso de una ciudad cuyo gobierno cambió muchas veces: Atenas.

El gobierno de los aristócratas y los tiranos

Grecia es la cuna de la **democracia**, un tipo de gobierno en el que el pueblo se gobierna a sí mismo. La palabra democracia proviene de las palabras griegas que significan "gobierno del pueblo". Pero las ciudades estado griegas no comenzaron siendo democracias, y no todas se hicieron democráticas.

El gobierno en Atenas DATOS BREVES

Oligarquía

En un principio, Atenas fue gobernada por un grupo reducido de aristócratas poderosos. Este tipo de gobierno se conoce como oligarquía. Oligarquía significa "gobierno de unos pocos".

El gobierno de unos pocos

Incluso Atenas, la ciudad donde nació la democracia, comenzó con un tipo de gobierno diferente. Al principio, la ciudad estado de Atenas estaba gobernada por reyes. Luego, un grupo de propietarios de tierras ricos, o **aristócratas**, asumió el poder. Un gobierno en el que sólo unas pocas personas tienen el poder se conoce como **oligarquía**.

Los aristócratas dominaban la sociedad ateniense. Como eran los hombres más ricos de la ciudad, administraban su economía. También cumplían la función de generales y jueces. Las personas comunes tenían poca participación en el gobierno.

En el siglo VII a.C., un grupo de rebeldes intentó derrocar a los aristócratas, pero no tuvieron éxito. Posiblemente a causa de este intento, un hombre llamado Draco creó un nuevo grupo de leyes para Atenas. Estas leyes eran muy severas. Por ejemplo, las leyes de Draco castigaban con la muerte delitos menores, como pasar el tiempo en lugares públicos sin ningún propósito.

Los habitantes de Atenas pensaban que las leyes de Draco eran demasiado estrictas. En la década de 590 a.C., un hombre llamado Solón creó una serie de leyes que eran mucho menos severas y concedían más derechos a quienes no eran aristócratas. Según las leyes de Solón, todos los hombres libres que vivían en Atenas eran **ciudadanos**, personas que tenían el derecho de participar en el gobierno. Pero sus esfuerzos no fueron suficientes para los atenienses. Estaban preparados para poner fin al gobierno de la aristocracia.

La aparición de los tiranos

Los atenienses querían un nuevo gobierno, ya que no estaban satisfechos con el gobierno de los aristócratas. En el año 546 a.C., un noble llamado Pisístrato derrocó a la oligarquía. Se convirtió en el gobernante de Atenas. Pisístrato era considerado un **tirano**, un gobernante que mantenía el poder mediante el uso de la fuerza.

Hoy en día, la palabra *tirano* se refiere a un gobernante severo, pero en la antigua Grecia tenía un significado diferente. Los tiranos atenienses por lo general eran buenos gobernantes. Se mantenían en el poder porque tenían ejércitos poderosos y el apoyo del pueblo.

Pisístrato trajo paz y prosperidad a la ciudad. Puso en práctica nuevas políticas con el fin de unificar la ciudad. Creó nuevos festivales y construyó templos y monumentos. Durante su gobierno, se hicieron muchas mejoras en Atenas.

Después de la muerte de Pisístrato, su hijo asumió el cargo como tirano. Sin embargo, muchos aristócratas estaban descontentos porque habían perdido su poder. Algunos de estos aristócratas convencieron a una ciudad estado rival para que atacara Atenas. Como resultado de esta invasión, los tiranos perdieron el poder y, durante un breve período, los aristócratas volvieron a gobernar en Atenas.

COMPRENSIÓN DE LA LECTURA **Identificar la idea principal** ¿Qué era un tirano en la antigua Grecia?

ENFOQUE EN LA LECTURA
¿Qué pistas te dan las raíces griegas sobre el significado de *oligarquía*?

SU IMPORTANCIA HOY

Hoy en día, se llama "draconianas" (por Draco) a las leyes o reglas muy severas.

Tiranía
Pisístrato derrocó a la oligarquía en 546 a.C. y Atenas se convirtió en una tiranía. Tiranía significa "gobierno de un tirano", un gobernante fuerte que tiene poder.

Democracia
Hacia el año 500 a.C., Atenas se convirtió en una democracia. Democracia significa "gobierno del pueblo". Por primera vez en la historia, un gobierno se basaba en los votos de los ciudadanos libres.

La democracia en acción

La antigua Atenas fue la cuna de la democracia, el sistema de gobierno en el que el pueblo se gobierna a sí mismo. La democracia puede haber sido el mayor logro de la antigua Atenas. Con el tiempo, se convirtió en el principal legado de los griegos al mundo.

Sólo los ciudadanos libres varones de Atenas eran miembros de la asamblea con derecho al voto. Las mujeres, los esclavos y los extranjeros no podían participar.

En la democracia ateniense, el pueblo debatía al aire libre; estos debates eran muy movidos.

Por lo general, la votación se realizaba alzando la mano, pero a veces los miembros de la asamblea escribían sus votos en trozos de cerámica. Luego, los funcionarios recolectaban estos trozos y contaban los votos.

La democracia nace en Atenas

Hacia el año 500 a.C., un nuevo gobernante llamado Clístenes asumió el poder en Atenas. Aunque formaba parte de una de las familias más poderosas de Atenas, Clístenes no quería que los aristócratas gobernaran. Pensaba que ya tenían demasiada influencia. Clístenes solicitó el apoyo del pueblo, y esto le permitió derrocar a la aristocracia de una vez por todas. En su lugar, estableció una forma de gobierno completamente distinta.

Durante el gobierno de Clístenes, Atenas desarrolló la primera democracia del mundo. Por esta razón, a veces se le conoce como el padre de la democracia.

La democracia de Clístenes

En el gobierno de Clístenes, todos los ciudadanos de Atenas tenían derecho a participar en la asamblea, o reunión de ciudadanos, donde se creaban las leyes de la ciudad. La asamblea se celebraba al aire libre, en la ladera de una colina, para que todos pudieran asistir. Durante las reuniones, las personas pronunciaban discursos sobre cuestiones políticas ante la multitud. Todos los ciudadanos tenían el derecho de expresar su opinión. De hecho, los atenienses alentaban a las personas a hablar. Les encantaba escuchar discursos y debates. Cuando se terminaban los discursos, la asamblea votaba. Por lo general, la votación se hacía alzando la mano, pero a veces los atenienses usaban el voto secreto.

La asamblea ateniense se reunía en una colina llamada Pnyx. A veces se reunían más de 6,000 hombres en la pequeña colina.

Los hombres hablaban ante la asamblea para defender o argumentar en contra de distintas cuestiones. Los oradores persuasivos a menudo convencían a los demás de que aprobaran las leyes que proponían.

Los hombres del público a menudo discutían con los oradores.

DESTREZA DE ANÁLISIS | **ANALIZAR RECURSOS VISUALES**

¿Cómo se votaba en la antigua Atenas?

La cantidad de personas que votaban en la asamblea cambiaba de un día a otro. Sin embargo, para las decisiones importantes se requería el voto de aproximadamente 6,000 personas. Pero no siempre era fácil reunir esa cantidad de personas en un lugar.

Según un escritor griego, el gobierno enviaba esclavos al mercado para conseguir más ciudadanos si era necesario. En una de sus obras de teatro, los esclavos caminaban por el mercado sosteniendo una larga cuerda entre ellos. La cuerda estaba teñida de rojo y manchaba la ropa de quien la tocaba. Todo ciudadano con manchas rojas en su ropa debía asistir a la asamblea o pagar una multa considerable.

Como la asamblea era tan concurrida, a veces era difícil tomar decisiones. En consecuencia, los atenienses elegían ciudadanos para actuar como funcionarios de la ciudad y prestar servicios en un pequeño consejo. Estos funcionarios decidían qué leyes se debían debatir en la asamblea. Esto ayudó al gobierno a funcionar de manera más eficiente.

Los cambios en la democracia ateniense

Con el tiempo, los ciudadanos adquirieron más poder. Por ejemplo, participaban en jurados para resolver casos judiciales. Los jurados estaban formados por entre 200 y 6,000 personas, aunque los más comunes tenían aproximadamente 500 personas. La mayoría de los jurados tenían un número impar de miembros para evitar los empates.

SU IMPORTANCIA HOY

Al igual que los antiguos griegos, nosotros usamos jurados para resolver casos judiciales. Pero los jurados modernos sólo tienen 12 miembros.

DISCURSO
El Discurso fúnebre de Pericles

En el año 430 a.C., Pericles se dirigió a los habitantes de Atenas en el funeral de unos soldados que habían muerto en combate. En su discurso, Pericles intentó consolar a los atenienses, recordándoles la grandeza de su gobierno.

Pericles alaba a los atenienses por crear una democracia.

"Nuestra forma de gobierno no compite con las instituciones de otros. No copiamos a nuestros vecinos, sino que más bien somos un ejemplo para ellos. Es verdad que se nos llama democracia, porque la administración está en manos de muchos y no de unos pocos... No existe exclusividad [esnobismo] en nuestra vida pública y... no desconfiamos unos de otros..."

–Pericles, citado en *Historia de la Guerra del Peloponeso* de Tucídides

El gobierno ateniense estaba abierto a todos los hombres libres, no solo a unos pocos.

DESTREZA DE ANÁLISIS | **ANALIZAR FUENTES PRIMARIAS**

¿Qué crees qué pensaba Pericles del gobierno ateniense en comparación con los gobiernos de otras ciudades?

Atenas siguió siendo una democracia durante aproximadamente 170 años. Alcanzó su máximo esplendor bajo el gobierno de un brillante líder electo llamado **Pericles.** Pericles estuvo a cargo del gobierno desde aproximadamente 460 a.C. hasta su muerte en 429 a.C.

Pericles alentó a los atenienses a estar orgullosos de su ciudad. Creía que participar en el gobierno era tan importante como defender a Atenas en la guerra. Para animar a las personas a participar en el gobierno, Pericles comenzó a pagar a quienes prestaban servicios en cargos públicos o en los jurados. También animó a los habitantes de Atenas a llevar la democracia a otras partes de Grecia.

El fin de la democracia en Atenas

Finalmente, la gran era de la democracia ateniense llegó a su fin. A mediados de la década de 330 a.C., Atenas fue conquistada por los macedonios del norte de Grecia. Tras la conquista, Atenas cayó bajo una fuerte influencia macedonia.

Atenas conservó su gobierno democrático incluso después de la conquista de los macedonios. Pero era una democracia con poderes muy limitados. El rey macedonio gobernaba su país como un dictador, un gobernante con todo el poder. Nadie podía tomar decisiones sin su consentimiento.

En Atenas, la asamblea siguió reuniéndose para crear leyes, pero procuraban no ofender al rey. Los atenienses no se atrevían a introducir cambios drásticos en sus leyes sin el consentimiento del rey. No estaban contentos con esta situación, pero temían al poderoso ejército del rey. Poco después, los atenienses perdieron incluso esta limitada democracia. En la década de 320 a.C., un nuevo rey asumió el poder de Grecia y la democracia ateniense terminó para siempre.

COMPRENSIÓN DE LA LECTURA **Resumir**

¿Cómo participaban los ciudadanos en el gobierno de Atenas?

La democracia antigua es distinta de la democracia moderna

Al igual que la antigua Atenas, Estados Unidos tiene un gobierno democrático en el que el pueblo tiene el poder. Pero la democracia moderna es muy distinta de la democracia de los antiguos atenienses.

La democracia directa

Todos los ciudadanos de Atenas podían participar directamente en el gobierno. Esta forma de gobierno se conoce como democracia directa. Se llama así porque la decisión de cada persona afecta directamente el resultado de una votación. En Atenas, los ciudadanos se reunían para debatir diferentes cuestiones y votar sobre ellas. El voto de cada persona contaba, y se decidía por mayoría.

Estados Unidos es demasiado grande para que la democracia directa funcione para todo el país. Por ejemplo, sería imposible reunir a todos los ciudadanos en un lugar para debatir. En lugar de eso, los fundadores de Estados Unidos establecieron otro tipo de democracia.

La democracia representativa

La democracia que crearon los fundadores de Estados Unidos es una democracia representativa, o república. En este sistema, los ciudadanos eligen funcionarios para que los representen en el gobierno. Luego, los funcionarios elegidos se reúnen para crear las leyes del país y hacerlas cumplir. Por ejemplo, los estadounidenses eligen senadores y representantes para el Congreso, la institución que hace las leyes del país. Los estadounidenses no votan por cada ley que aprueba el Congreso, sino que confían en los representantes que eligieron para que voten en su nombre.

COMPRENSIÓN DE LA LECTURA **Contrastar** ¿En qué se diferencian la democracia directa y la democracia representativa?

La democracia ayer y hoy

DATOS BREVES

En la democracia directa ateniense...	En la democracia representativa estadounidense...
■ Todos los ciudadanos se reunían para debatir en grupo y votar directamente sobre cada tema.	■ Los ciudadanos eligen representantes para que debatan y voten sobre los distintos temas en su lugar.
■ No había división de poderes. Los ciudadanos creaban las leyes, las hacían cumplir y actuaban como jueces.	■ Hay división de poderes. Los ciudadanos eligen a ciertas personas para que creen las leyes, a otras para que las hagan cumplir y a otras para que sean jueces.
■ Sólo los ciudadanos varones libres podían votar. Las mujeres y los esclavos no podían votar.	■ Los hombres y las mujeres que son ciudadanos tienen derecho a votar.

RESUMEN Y PRESENTACIÓN En esta sección, aprendiste sobre el desarrollo y la decadencia de la democracia en Atenas. También aprendiste cómo la democracia ateniense influyó en el gobierno de Estados Unidos. En la siguiente sección, aprenderás sobre las creencias y la cultura de los antiguos griegos y sobre la influencia que tienen en nuestra cultura y literatura hoy en día.

Sección 2 Evaluación

hmhsocialstudies.com
Cuestionario en Internet

Repasar ideas, palabras y personas

1. **a. Definir** ¿Qué son los **aristócratas**?
   b. Contrastar ¿En qué se diferenciaban la **oligarquía** y la **tiranía**?
2. **a. Describir** Describe la **democracia** que creó Clístenes.
   b. Analizar ¿Cómo cambió **Pericles** la democracia ateniense?
3. **a. Identificar** ¿Qué tipo de democracia tenía Atenas?
   b. Desarrollar ¿En qué situaciones funcionará mejor una democracia representativa que una democracia directa?

Pensamiento crítico

4. **Identificar las ideas principales** Dibuja una tabla como la de la derecha. Usando tus notas, identifica quién tenía el poder en cada tipo de gobierno.

Luego, escribe una oración que explique el rol de las personas comunes en cada forma de gobierno.

Oligarquía	Tiranía	Democracia

ENFOQUE EN LA REDACCIÓN

5. **Conectar personalidades y gobiernos** Piensa en las personalidades que asignaste a las características naturales en la Sección 1. ¿Qué pasaría si personas con estas personalidades trabajaran para crear un gobierno? ¿Qué clase de gobierno crearían? ¿Gobernarían como tiranos o construirían una democracia? Escribe tus ideas en tu cuaderno.

La mitología y la literatura griegas

Lo que aprenderás...

Ideas principales

1. Los griegos crearon mitos para explicar el mundo.
2. Algunos de los mejores poemas y relatos del mundo pertenecen a la literatura de la antigua Grecia.
3. La literatura griega y su influencia se ven reflejadas en el mundo de hoy.

La idea clave

Los antiguos griegos crearon grandes mitos y obras de literatura que influyen en nuestra forma de hablar y escribir hoy en día.

Personas y palabras clave

mitología, *pág. 243*
Homero, *pág. 246*
Safo, *pág. 247*
Esopo, *pág. 247*
fábulas, *pág. 247*

hmhsocialstudies.com
TOMAR NOTAS

Usa el organizador gráfico en Internet para anotar las características de los mitos y la literatura de Grecia.

Si ESTUVIERAS allí...

Como agricultor en la antigua Grecia, tu modo de vida depende de los fenómenos de la naturaleza. Tus cultivos necesitan sol y lluvia, aunque los truenos y los relámpagos te asustan. Cuando miras al cielo por la noche, te preguntas por las luces brillantes que ves. Sabes que en ciertos momentos del año, el clima se vuelve frío y gris y las plantas mueren. Luego, unos meses después, las plantas verdes vuelven a crecer.

¿Cómo explicarías estos fenómenos naturales?

CONOCER EL CONTEXTO Los griegos vivieron mucho antes del desarrollo de la ciencia moderna. Para ellos, los fenómenos naturales como las tormentas eléctricas y el cambio de estaciones eran un misterio. Hoy en día podemos explicar la causa de estos fenómenos. Pero para los griegos parecían obra de dioses poderosos.

Hefesto

Hestia

Deméter

Poseidón

Dionisio

Los mitos explican el mundo

Los antiguos griegos creían en muchos dioses. Estos dioses eran el centro de su **mitología**, un conjunto de relatos sobre dioses y héroes que tratan de explicar cómo funciona el mundo. Cada relato, o mito, explicaba fenómenos naturales o sucesos históricos.

Los dioses griegos

Hoy en día, las personas tienen explicaciones científicas para fenómenos como los truenos, los terremotos y las erupciones volcánicas. Los antiguos griegos no las tenían. Ellos creían que sus dioses causaban estos fenómenos y creaban mitos para explicar las acciones de los dioses.

Algunos de los dioses griegos más importantes aparecen en la ilustración de abajo:

- Zeus, rey de los dioses
- Hera, reina de los dioses
- Poseidón, dios del mar
- Hades, dios del mundo subterráneo
- Deméter, diosa de la agricultura
- Hestia, diosa del hogar
- Atenea, diosa de la sabiduría
- Apolo, dios del sol
- Artemisa, diosa de la luna
- Ares, dios de la guerra
- Afrodita, diosa del amor
- Hefesto, dios de la metalurgia
- Dionisio, dios de la celebración
- Hermes, el dios mensajero

Los dioses del Olimpo

HISTORY

VIDEO
The Panathenaia

hmhsocialstudies.com

Zeus

Hermes

Hera

Atenea

Ares

Apolo

Afrodita

Artemisa

Hades

DESTREZA DE ANÁLISIS **ANALIZAR RECURSOS VISUALES**

¿Qué ves que indica que los dioses del Olimpo tienen poderes sobrehumanos?

Los dioses y la mitología

Los griegos veían la obra de los dioses en todo lo que los rodeaba. Por ejemplo, los griegos vivían en una región donde eran comunes las erupciones volcánicas. Para explicar estas erupciones, contaban relatos sobre el dios Hefesto, que vivía bajo tierra. Según los griegos, el fuego y la lava que salían de los volcanes provenían de los enormes fuegos de la forja del dios. En esta forja fabricaba armas y armaduras para otros dioses.

Sin embargo, los griegos no pensaban que los dioses ocupaban todo su tiempo provocando desastres. También creían que causaban fenómenos habituales. Por ejemplo, creían que la diosa de la agricultura, Deméter, era la responsable de que hubiera estaciones. Según el mito griego, Deméter tenía una hija a la que raptó otro dios. La diosa, desesperada, le rogó que liberara a su hija y, finalmente, él aceptó dejarla regresar con su madre durante seis meses al año. Durante el inverno, Deméter está separada de su hija y la extraña. Su tristeza no permite que crezcan las plantas. Cuando su hija regresa, la diosa está feliz y el verano llega a Grecia. Para los griegos, esta historia explicaba la llegada del invierno cada año.

Para tener contentos a los dioses, los griegos construyeron grandes templos en su honor por toda Grecia. Sin embargo, a cambio de eso esperaban que los dioses los ayudaran cuando lo necesitaban. Por ejemplo, cuando necesitaban consejo, muchos griegos viajaban a Delfos, una ciudad en el centro de Grecia. Allí hablaban con el oráculo, una sacerdotisa de Apolo a quien, según ellos, el dios le daba las respuestas. El oráculo de Delfos era tan respetado que los gobernantes griegos a veces le pedían consejo sobre cómo gobernar sus ciudades.

Teseo, el héroe
Según la leyenda, Atenas debía enviar 14 personas a Creta cada año para que las devorara el Minotauro, un terrible monstruo. Pero Teseo, un héroe ateniense, viajó a Creta y mató al Minotauro, liberando al pueblo de Atenas de esta carga.

¡Que comiencen los juegos!

Una forma que tenían los antiguos griegos de honrar a sus dioses era celebrar competencias deportivas como la que se muestra en el jarrón. Las más importantes se llevaban a cabo cada cuatro años en Olimpia, una ciudad en el sur de Grecia. Este acontecimiento se celebraba en honor a Zeus, y era conocido como los Juegos Olímpicos. Los atletas competían en carreras, carreras de carros tirados por caballos, boxeo, lucha y lanzamientos. Sólo los hombres podían competir. Los griegos celebraron estos juegos cada cuatro años durante más de 1,000 años, hasta la década de 320 d.C.

En tiempos modernos, se han vuelto a celebrar los Juegos Olímpicos. Los primeros Juegos Olímpicos modernos tuvieron lugar en Atenas en 1896. Desde entonces, atletas de muchas naciones se han reunido en ciudades de todo el mundo para competir. Hoy en día, los Juegos Olímpicos incluyen 28 deportes y en ellos participan tanto hombres como mujeres. Todavía son cada cuatro años. En 2004 los Juegos Olímpicos regresaron a su lugar de nacimiento, Grecia.

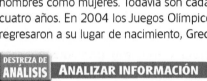

DESTREZA DE ANÁLISIS **ANALIZAR INFORMACIÓN**

¿En qué se parecen los Juegos Olímpicos modernos y los antiguos? ¿En qué se diferencian?

Los héroes y la mitología

No todos los mitos griegos eran sobre dioses. Muchos contaban las aventuras de grandes héroes. Algunos de estos héroes eran personas reales, otros no. A los griegos les encantaba contar relatos sobre héroes que tenían habilidades especiales y se enfrentaban a monstruos terribles. Los habitantes de cada ciudad tenían su héroe favorito, que por lo general había nacido allí.

Por ejemplo, los habitantes de Atenas contaban relatos sobre el héroe Teseo. Según la leyenda, viajó a Creta y mató al Minotauro, un terrible monstruo mitad humano y mitad toro. Las personas del norte de Grecia narraban mitos sobre Jasón, que navegó por los mares en busca de un gran tesoro y luchó contra distintos enemigos durante sus viajes.

Quizás el más famoso de todos los héroes griegos fue un hombre llamado Hércules. Los mitos cuentan que Hércules luchó contra muchos monstruos y llevó a cabo hazañas casi imposibles. Por ejemplo, mató a la hidra, una enorme serpiente con nueve cabezas y colmillos venenosos. Cada vez que Hércules cortaba una de las cabezas del monstruo, crecían otras dos en su lugar. Al final, Hércules tuvo que quemar el cuello de la hidra cada vez que cortaba una cabeza para impedir que creciera una nueva. Las personas de toda Grecia disfrutaban con las historias de Hércules y sus grandes hazañas.

COMPRENSIÓN DE LA LECTURA **Identificar las ideas principales** ¿Cómo usaban los mitos los griegos para explicar el mundo que los rodeaba?

La literatura de la antigua Grecia

Como a los griegos les encantaban los mitos y los relatos, no es sorprendente que hayan creado grandes obras de literatura. Los primeros escritores griegos crearon largos poemas épicos, poemas románticos y algunas de las historias más famosas del mundo.

Homero y la poesía épica

Entre los primeros escritos griegos se encuentran dos grandes poemas épicos: *La Ilíada* y *La Odisea*, de un poeta llamado **Homero**. Como la mayoría de los relatos épicos, ambos poemas describen las hazañas de grandes héroes. Los héroes de los poemas de Homero lucharon en la Guerra de Troya. En esta guerra, los griegos micénicos lucharon contra los troyanos, los habitantes de la ciudad de Troya.

La Ilíada narra los últimos años de la Guerra de Troya. Se enfoca en las hazañas de los griegos, especialmente en Aquiles, el más importante de los guerreros griegos. Describe en detalle las batallas entre los griegos y sus enemigos troyanos.

La Odisea narra los desafíos a los que se enfrentó el héroe griego Odiseo en su viaje de regreso a casa después de la guerra. Durante 10 años desde el final de la guerra, Odiseo intentó llegar a su hogar, pero muchos obstáculos se interpusieron en su camino. Tuvo que enfrentarse con monstruos terribles, poderosos magos y hasta dioses furiosos.

Tanto *La Ilíada* como *La Odisea* son grandes relatos de aventuras. Pero para los griegos, los poemas de Homero eran mucho más que un simple entretenimiento. Eran una parte importante del antiguo sistema educativo griego. Las personas memorizaban largos pasajes de los poemas como parte de sus lecciones. Admiraban los poemas de Homero y a los héroes que se describían en ellos como símbolos de la gran historia de Grecia.

Los poemas de Homero influyeron en los escritores posteriores. Ellos copiaron su estilo de escritura y tomaron prestados algunos de sus relatos e ideas. Los poemas de Homero son considerados algunas de las obras literarias más importantes que jamás se hayan escrito.

BIOGRAFÍA

Homero
Siglos IX–VIII a.C.

Los historiadores no saben nada sobre Homero, el poeta más importante del mundo antiguo. Algunos ni siquiera creen que haya existido. Sin embargo, los antiguos griegos sí lo creían y siete ciudades afirmaban ser su lugar de nacimiento. Según una antigua leyenda, Homero era ciego y recitaba *La Ilíada* y *La Odisea* en voz alta. Pasó mucho tiempo antes de que sus poemas se pusieron por escrito.

Hacer predicciones ¿Por qué los expertos podrían dudar de la existencia de Homero?

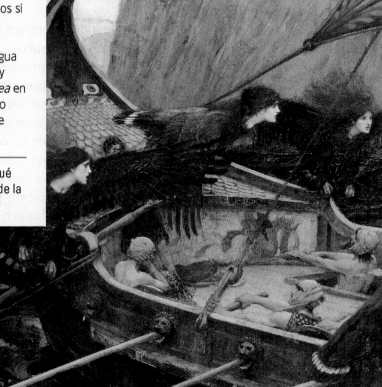

En *La Odisea* de Homero, sirenas que eran mitad mujer y mitad pájaro cantaban dulces canciones que hacían que los marineros olvidaran todo y se estrellaran con sus barcos. Para no caer ante las sirenas, Odiseo tapó con cera los oídos de su tripulación y se ató al mástil del barco.

La poesía lírica

Otros poetas escribían poemas a los que se les solía agregar música. Durante una presentación, el poeta tocaba un instrumento de cuerdas llamado lira mientras leía un poema. Estos poetas se conocían como poetas líricos por este instrumento, la lira. Hoy en día, las letras de las canciones se llaman "lyrics" en inglés por estos antiguos poetas griegos.

La mayoría de los poetas de Grecia eran hombres, pero quien alcanzó mayor fama en la poesía lírica fue una mujer llamada **Safo.** Sus poemas eran hermosos y emotivos. La mayoría hablaba del amor y las relaciones con sus amistades y su familia.

Las fábulas

Otros griegos narraban historias para enseñar valores importantes a las personas. **Esopo,** por ejemplo, es famoso por sus fábulas. Las **fábulas** son relatos breves que presentan una enseñanza a los lectores u ofrecen algún consejo sobre la vida.

En la mayoría de las fábulas de Esopo, los personajes principales son animales que hablan y actúan como seres humanos. Uno de los relatos más famosos de Esopo es el de las hormigas y la cigarra:

"Un bello día de invierno, las hormigas estaban secando los granos que habían recolectado durante el verano. Una cigarra muerta de hambre pasó por allí y les suplicó que le dieran un poco de comida. Las hormigas le preguntaron: '¿Por qué no recolectaste comida durante el verano?'. Ella respondió: 'No tenía tiempo. Pasaba los días cantando'. Entonces ellas dijeron burlonas: 'Si fuiste tan tonta como para cantar todo el verano, baila hasta la cama sin comer nada durante el invierno'".

–Esopo, de "Las hormigas y la cigarra"

La enseñanza de esta fábula es que las personas no deben malgastar su tiempo en lugar de trabajar. Según Esopo, quienes lo hagan lo lamentarán.

Otra conocida fábula de Esopo, "La liebre y la tortuga", enseña que es mejor trabajar lentamente y con cuidado que apresurarse y cometer errores. En "Pedro y el lobo" advierte a los lectores de que no hay que gastar bromas a los demás. Como aún leemos estas fábulas, es posible que las conozcas.

COMPRENSIÓN DE LA LECTURA **Resumir** ¿Por qué narraban fábulas los griegos?

illiad *(handwritten)*

La literatura griega vive

Las obras de los antiguos escritores griegos como Homero, Safo y Esopo todavía persisten y son populares hoy en día. De hecho, la literatura griega ha influido en el lenguaje, la literatura y el arte modernos. ¿Sabías que algunas de las palabras que usas y algunos de los relatos que escuchas provienen de la antigua Grecia?

El lenguaje

Es probable que el ejemplo más obvio de la influencia de los griegos sea en el lenguaje, tanto en inglés como en español. Muchas palabras y expresiones del español provienen de la mitología griega. Por ejemplo, decimos que un viaje largo es una "odisea", por Odiseo, el héroe errante del poema de Homero. Algo muy grande y poderoso es algo "titánico". Esta palabra proviene de los Titanes, un grupo de dioses grandes y poderosos de la mitología griega.

Hoy en día, muchos lugares de todo el mundo tienen nombres de personajes de los mitos griegos. Por ejemplo, Atenas se llama así por Atenea, la diosa de la sabiduría. La cordillera del Atlas en África se llama así por un gigante de la mitología griega que sostenía el cielo. El nombre del mar Egeo proviene de Egeo, un legendario rey griego. Europa misma fue bautizada así por un personaje de un mito griego, la princesa Europa. Incluso los lugares del espacio llevan nombres mitológicos. Por ejemplo Ío, la luna de Júpiter, tiene el nombre de la hija de una diosa.

La literatura y el arte

Los mitos griegos han inspirado a los artistas durante siglos. Grandes pintores y escultores han usado a los dioses y héroes como personajes en sus obras. Los escritores han vuelto a narrar relatos antiguos, a veces ambientados en los tiempos modernos. Los cineastas también han tomado prestadas historias de mitos antiguos. Hércules, por ejemplo, ha aparecido en numerosas películas, desde antiguas películas clásicas hasta una película de dibujos animados de Walt Disney.

Las referencias mitológicas también son comunes en la cultura popular actual. Muchos equipos deportivos tienen nombres de poderosos personajes mitológicos, como los Titans (Titanes) o los Trojans (troyanos). Las empresas

La influencia griega en el lenguaje

En la literatura y la mitología griegas…	Hoy en día…
■ Aquiles era un gran guerrero que murió cuando le clavaron una flecha en el talón.	■ El "talón de Aquiles" es el punto débil de una persona.
■ Hércules era el hombre más fuerte de la Tierra, que llevó a cabo 12 hazañas casi imposibles.	■ Cuando una persona tiene que realizar una tarea muy difícil, se dice que es una tarea "hercúlea".
■ Un zorro quería comer unas uvas pero no llegaba a la rama en donde estaban. Entonces dijo: "No importa, probablemente estén verdes".	■ En inglés, si alguien finge que no quiere una cosa cuando descubre que no puede tenerla, se dice que, según él, "las uvas están verdes" (*to have "sour grapes"*).
■ El dios Dionisio le concedió un deseo al rey Midas, que deseó que todo lo que tocara se convirtiera en oro.	■ Cuando una persona se enriquece con facilidad se dice que "tiene el toque de Midas".
■ Tántalo fue castigado por ofender a los dioses. Debía permanecer de pie con el agua hasta el mentón y estaba sediento, pero si intentaba beber el agua, ésta se apartaba.	■ En inglés, se dice que algo es "*tantalizing*" si lo quieres pero está fuera de tu alcance.

Leticia Anne (handwritten)

Los nombres griegos en la actualidad

La influencia de los relatos y la cultura griegos aún puede verse en los nombres. Los astrónomos llamaron Ío a una de las lunas de Júpiter por una mujer de la mitología griega. Los equipos deportivos también usan nombres griegos. La mascota de esta universidad está vestida como un guerrero troyano.

con frecuencia usan imágenes o símbolos de la mitología en sus anuncios. Aunque las personas ya no creen en los dioses griegos, las ideas mitológicas todavía pueden verse a nuestro alrededor.

COMPRENSIÓN DE LA LECTURA **Identificar las ideas principales** ¿Cómo influyeron los mitos griegos en el lenguaje y el arte posteriores?

RESUMEN Y PRESENTACIÓN Los mitos, los relatos y los poemas de la antigua Grecia han influido en cómo hablan, leen y escriben las personas hoy en día. Al igual que la democracia, estos mitos, relatos y poemas son parte del legado de la antigua Grecia al mundo. En el próximo capítulo aprenderás más sobre la vida y la cultura en la antigua Grecia.

Sección 3 Evaluación

hmhsocialstudies.com
Cuestionario en Internet

Repasar ideas, palabras y personas

1. **a. Definir** ¿Qué es la **mitología**?
   b. Resumir ¿Por qué los antiguos griegos creaban mitos?
2. **a. Identificar** ¿Cuáles son las obras más famosas de **Homero**?
   b. Contrastar ¿En qué se diferencian las **fábulas** de los mitos?
3. **a. Recordar** ¿En qué áreas de nuestra cultura influyeron los mitos griegos?
   b. Analizar ¿Por qué crees que hoy en día son populares las referencias mitológicas entre los equipos deportivos y las empresas?
   c. Evaluar ¿Por qué crees que la literatura griega ha sido tan influyente a lo largo de la historia?

Pensamiento crítico

4. **Analizar** Usando tus notas y un diagrama como éste, explica la influencia de los mitos y la literatura en el mundo de hoy.

Mitos	Literatura

Influencia

ENFOQUE EN LA REDACCIÓN

5. **Organizar las ideas** Observa tus notas de las secciones anteriores. Piensa en las personalidades que asignaste a las características físicas y a los gobernantes. Ahora imagina que son dioses los que tienen esas personalidades. ¿Qué relatos se podrían narrar sobre estos dioses? Anota algunas ideas.

La poesía épica
de Homero

de *La Ilíada*

traducido de la versión de Robert Fitzgerald

Sobre la lectura La Ilíada *describe una parte de la guerra que lucharon los griegos contra la ciudad de Troya durante 10 años. Al comenzar el poema, el héroe griego Aquiles ha abandonado la batalla en espera de la ayuda de los dioses. Sin embargo, al enterarse de que su mejor amigo, Patroclo, ha muerto, vuelve a la acción. En este pasaje, el furioso Aquiles atraviesa corriendo la llanura que lo lleva a Troya y a Héctor, el guerrero troyano que mató a su amigo.*

A MEDIDA QUE LEES Busca las palabras y acciones que te indican que Aquiles es un héroe.

Luego, magnífico, corrió hacia la ciudad con decisión y brío, como el caballo de una carrera de carros que muestra su mejor galope a su velocidad máxima en la llanura. **❶**
El veloz Aquiles mantuvo el paso.
El viejo Príamo fue el primero en ver sus destellos en la llanura, brillante como la estrella que aparece en otoño, cuyos rayos, sin nube que los oculte, destacan entre una multitud de estrellas al atardecer: la que llaman el perro de Orión, la más brillante... **❷**
La armadura de bronce resplandecía pura y brillante en su carrera. El anciano gritó. **❸** Con las dos manos alzadas se golpeó la cabeza, luego gritó, gimió, suplicó a su amado hijo. Impasible, Héctor permaneció en las puertas, resuelto a luchar contra Aquiles.

Tendiéndole las manos,

el viejo Príamo imploró con estas palabras:
"¡No, Héctor!
No intentes luchar contra este hombre o pronto conocerás el terrible golpe de la perdición..."

LECTURA GUIADA

AYUDA DE VOCABULARIO

brío fuerza
resuelto decidido
imploró suplicó

❶ *¿Con qué se compara a Aquiles?*

❷ Príamo, el padre de Héctor, sabe que los dioses han protegido y fortalecido a Aquiles.

❸ El dios del trabajo en metal hizo la armadura de Aquiles.

¿Por qué el hecho de ver esta armadura asustaba a Príamo?

En la pintura de este jarrón se muestran guerreros luchando en la Guerra de Troya.

de *La Odisea*

Sobre la lectura *La Odisea se desarrolla después de que termina la Guerra de Troya. Describe las aventuras de otro héroe, Odiseo, que regresa a su hogar en el reino de Ítaca. Su viaje está lleno de obstáculos, incluyendo los dos monstruos marinos que aparecen en este pasaje. Es probable que la idea de estos monstruos naciera de un estrecho real en el mar Mediterráneo, en el que un acantilado abrupto se elevaba a un lado y remolinos peligrosos giraban al otro.*

A MEDIDA QUE LEES Intenta visualizar las acciones en tu mente.

Y todo este tiempo,
con tribulaciones, llorando, avanzando
contra la corriente, remamos hacia el estrecho:
Escila a babor y a estribor Caribdis, espantoso
garguero de la marea de agua salada. ❶ ¡Por los
cielos! Cuando vomitó, el mar parecía un caldero
hirviendo sobre un fuego intenso, cuando la mezcla
súbitamente bulle y se eleva.
        El burbujeo
que lanzó se elevó hacia las alturas y cayó como
lluvia. Pero cuando tragó el agua del mar,
vimos el embudo de la vorágine, escuchamos
a las rocas bramar a nuestro alrededor y a la oscura
arena rugir en las profundidades. ❷ Mis hombres
palidecían en la penumbra, nuestros ojos estaban fijos
en esa enorme boca por temor a ser devorados.
        Luego Escila dio su golpe,
arrastrando a seis de mis hombres. Miré a popa,
vi el barco y a los remeros y vi sus brazos y piernas,
colgando en lo alto. Escuché voces angustiadas,
que me llamaban por última vez… ❸ Seguimos
remando.
Las rocas quedaron atrás. Caribdis también
y Escila cayó a popa.

CONECTAR LA LITERATURA CON LA HISTORIA

1. **Comparar** Muchos mitos griegos eran sobre héroes que tenían habilidades especiales. ¿Qué habilidades o rasgos heroicos comparten Aquiles, Héctor y Odiseo?

2. **Analizar** Los griegos usaban mitos para explicar el mundo natural. ¿Cómo ilustra esto el pasaje de *La Odisea*?

Analizar costos y beneficios

Comprender la destreza

Todo lo que haces tiene sus costos y sus beneficios. Los *beneficios* son lo que obtienes de algo. Los *costos* son lo que das para obtener beneficios. Por ejemplo, si compras un videojuego, los beneficios de tu acción son el juego mismo y el placer de jugarlo. El costo más obvio es lo que pagas por el juego. Sin embargo, también hay costos que no implican dinero. Uno de estos costos es el tiempo que dedicas al juego. Es un costo porque renuncias a otra cosa, como hacer tu tarea o ver un programa de televisión, cuando eliges jugar al juego.

La habilidad de analizar costos y beneficios es una valiosa destreza para la vida, así como una herramienta útil para el estudio de la historia. Comparar los beneficios de una acción con sus costos puede ayudarte a decidir si llevarla a cabo o no.

Aprender la destreza

Analizar los costos y beneficios de sucesos históricos te ayudará a comprenderlos y evaluarlos mejor. Usa las siguientes sugerencias para hacer un análisis de costo-beneficio de una acción o decisión en la historia.

1. En primer lugar, determina qué se intentaba lograr con la acción o la decisión. Este paso es necesario para determinar cuáles de sus efectos eran beneficios y cuáles eran costos.

2. Luego, busca los resultados positivos o exitosos de la acción o la decisión. Éstos son sus beneficios.

3. Considera los efectos negativos o sin éxito de la acción o la decisión. Piensa también en qué cosas positivas podrían haber sucedido si eso *no* hubiera ocurrido. Todas estas cosas son sus costos.

4. Puede ser útil hacer una tabla de los costos y beneficios. Si comparas la lista de beneficios con la lista de costos puedes comprender mejor la acción o la decisión y evaluarla.

Por ejemplo, en el Capítulo 8 aprendiste que, a causa de la geografía de Grecia, los primeros griegos se establecieron cerca del mar. Un análisis de costo-beneficio de su dependencia del mar podría reflejarse en una tabla como la siguiente.

Beneficios	Costos
Obtenían alimentos del mar.	Le hubieran prestado más atención a la agricultura.
No dependían del suelo poco fértil de Grecia para obtener alimentos.	Dependían del comercio con otros pueblos para obtener ciertos alimentos y cubrir otras necesidades.
Se convirtieron en grandes navegantes y constructores de barcos.	
Se convirtieron en grandes comerciantes y se enriquecieron con el comercio.	
Establecieron colonias en toda la región.	

Basándonos en esta tabla, se puede llegar a la conclusión de que la elección de los griegos en cuanto al lugar de asentamiento fue acertada.

Practicar y aplicar la destreza

En el año 546 a.C., un noble llamado Pisístrato derrocó a la oligarquía y gobernó Atenas como tirano. Usa la información del capítulo y las sugerencias anteriores para hacer un análisis de costo-beneficio de esta acción. Luego, escribe un párrafo que explique si fue una buena acción o no para los habitantes de Atenas.

Repaso del capítulo

El impacto de la historia

▶ **videos**

Consulta el video para responder a la pregunta de enfoque:

¿En qué se diferencia la antigua democracia griega de la democracia estadounidense de hoy en día?

Resumen visual

Usa el siguiente resumen visual para repasar las ideas principales del capítulo.

DATOS BREVES

Los primeros griegos desarrollaron culturas comerciales y ciudades estado independientes.

Atenas tuvo la primera democracia directa del mundo.

Los relatos de la literatura y la mitología griegas han influido en el lenguaje y la cultura actuales.

Repasar vocabulario, palabras y personas

Ordena las letras de los siguientes grupos de letras para hallar un término que se corresponda con la definición dada.

1. **olpsi:** una ciudad estado griega
2. **sdciadauno:** personas que tienen el derecho de participar en el gobierno
3. **ntarío:** persona que gobierna sola, por lo general mediante la fuerza militar
4. **comdeiacra:** gobierno del pueblo
5. **sbuláfa:** historias que presentan enseñanzas
6. **atsrarciótsa:** propietarios de tierras ricos
7. **qoiglaaríu:** gobierno de unas pocas personas
8. **sicláca:** época de grandes logros

Comprensión y pensamiento crítico

SECCIÓN 1 *(Páginas 228–233)*

9. **a. Describir** ¿Cómo afectó la geografía al desarrollo de las ciudades estado griegas?

   b. Comparar y contrastar ¿Qué tenían en común los minoicos y los micénicos? ¿En qué se diferenciaban las dos civilizaciones?

   c. Profundizar ¿Cómo afectó el concepto de la polis al crecimiento de las colonias griegas?

SECCIÓN 2 *(Páginas 236–241)*

10. **a. Identificar** ¿Qué papeles desempeñaron Draco, Solón y Pisístrato en la historia del gobierno griego?

    b. Contrastar Los griegos probaron muchas formas de gobierno antes de crear la democracia. ¿En qué se diferenciaban estas formas de gobierno?

    c. Evaluar Indica si estás de acuerdo o en desacuerdo con la siguiente afirmación: "La democracia representativa funciona mejor que la democracia directa en los países grandes". Defiende tu respuesta.

11. a. Recordar ¿Cuáles eran algunos de los principales dioses de la mitología griega? ¿Cuáles eran algunos de los principales héroes?

b. Analizar ¿Cuáles son algunos de los temas que aparecen en la antigua literatura griega, en obras como *La Ilíada y La Odisea*?

c. Hacer predicciones ¿Crees que el lenguaje y la literatura de la antigua Grecia cumplirán alguna función en la civilización occidental en el futuro? ¿Por qué?

Destrezas de lectura

Comprender el origen de las palabras *Observa la lista de palabras griegas y sus significados. Luego, responde a las preguntas.*

archos (gobernante)	*monos* (uno)
bios (vida)	*oligos* (pocos)
geo (tierra)	*pente* (cinco)
micros (pequeño)	*treis* (tres)

12. ¿Cuál de las siguientes palabras significa el gobierno de una sola persona?

a. oligarquía   **c.** pentarquía

b. monarquía   **d.** triarquía

13. ¿Cuál de las siguientes palabras significa el estudio de la vida?

a. biología   **c.** arqueología

b. geología   **d.** pentalogía

14. Algo *microscópico*, ¿es muy pequeño o muy grande?

Usar Internet

15. Actividad: Comparar los gobiernos griegos
El gobierno griego tuvo muchas formas: la tiranía, la oligarquía, la democracia directa y la monarquía. Usa el libro de texto en Internet para investigar el gobierno griego, y luego haz un modelo tridimensional, un dibujo o un diagrama que ilustre cómo podría haber sido la vida de una persona en cada tipo de gobierno. Incluye información sobre el tipo de gobierno que representas.

Destrezas de estudios sociales

16. Analizar costos y beneficios Durante el gobierno de Clístenes, Atenas desarrolló la primera democracia del mundo. Crea una tabla para comparar los costos y los beneficios de este suceso. Luego, escribe una oración que explique si fue bueno o no para el pueblo de Atenas.

Gobierno de Clístenes

Costos	Beneficios

Repasar los temas

17. Geografía ¿En qué crees que habría sido diferente la sociedad griega si Grecia fuera un país sin salida al mar?

18. Geografía ¿Cómo ayudó y perjudicó la geografía de Creta al desarrollo de la civilización minoica?

19. Política ¿Por qué la ciudadanía era tan importante en Atenas?

ENFOQUE EN LA REDACCIÓN

20. Escribir un mito En primer lugar, decide si tu personaje principal será un dios o un humano que interactúa con los dioses. Piensa en las situaciones y decisiones a las que se enfrentará tu personaje y en cómo las resolverá.

Ha llegado el momento de que escribas tu propio mito. Escribe un párrafo de siete u ocho oraciones sobre tu personaje. Si quieres, puedes incluir monstruos terribles o héroes con grandes poderes. No olvides que un mito debe explicar algo sobre el mundo.

Práctica para el examen estandarizado

INSTRUCCIONES: *Lee las preguntas y escribe la letra de la respuesta correcta.*

1

> … la multitud de cascos y escudos brillantes surgía de los barcos, con corazas [armaduras] metálicas y lanzas de madera de fresno. Los destellos refl ejados apuntaban al cielo. La llanura brillaba en todas las direcciones con el resplandor del bronce y temblaba con los pasos de los hombres. Entre ellos estaba el príncipe Aquiles, armado. Se oían rechinar sus dientes. Sus ojos centelleaban como lenguas de fuego, porque un dolor insoportable le atenazaba el corazón. Lleno de furia contra los troyanos, se abrochó la armadura que Hefesto había forjado.

El contenido de este fragmento sugiere que fue escrito por

A Homero.

B Zeus.

C Apolo.

D Clístenes.

2 **¿Qué tipo de literatura de la antigua Grecia es *más* probable que describa las hazañas de un gran héroe?**

A fábula

B poema épico

C poema lírico

D discurso

3 **¿Cuál fue la principal causa de la independencia de las ciudades estado en la antigua Grecia?**

A la ubicación de los griegos sobre el mar

B la amenaza de vecinos guerreros en el norte

C la geografía de las penínsulas montañosas

D la expansión de la cultura minoica

4 **Atenas fue gobernada por una persona durante la forma de gobierno conocida como**

A democracia directa.

B democracia representativa.

C oligarquía.

D tiranía.

5 **La asamblea de ciudadanos en la antigua Atenas era un ejemplo de**

A juicio por jurado.

B gobierno de aristócratas.

C democracia directa.

D democracia representativa.

Conexión con lo aprendido anteriormente

6 **Hace poco aprendiste sobre la historia y las creencias hebreas. Las antiguas civilizaciones hebrea y griega compartían las siguientes características, *excepto***

A las grandes obras escritas.

B los gobiernos democráticos.

C líderes políticos fuertes.

D su influencia en civilizaciones posteriores.

7 **Sabes que los primeros pueblos de la India estaban controlados por pequeños grupos de sacerdotes. Al igual que el antiguo gobierno griego, este primer gobierno indio era un ejemplo de**

A oligarquía.

B tiranía.

C monarquía.

D democracia.

ANCIENT GREECE
(LA ANTIGUA GRECIA)

La Acrópolis de Atenas simboliza la ciudad y representa el legado arquitectónico y artístico de la antigua Grecia. *Acrópolis* significa "la ciudad más alta" en griego, y hay muchos sitios de este tipo en Grecia. Históricamente, una acrópolis proporcionaba refugio y defensa contra los enemigos de la ciudad. La Acrópolis de Atenas, el más conocido de los templos, contenía monumentos y obras de arte dedicados a los dioses griegos. La evidencia arqueológica indica que la Acrópolis era un lugar importante para los habitantes de épocas muy anteriores. Sin embargo, las estructuras que vemos hoy en el sitio fueron concebidas en gran medida por Pericles, un estadista que gobernó durante la Edad de Oro de Atenas en el siglo 5 a.C.

Explora la Acrópolis de la antigua Grecia y entérate del legado de la civilización griega. Encontrarás una gran cantidad de información, videos, fuentes primarias, actividades y mucho más en **hmhsocialstudies.com**.

The Parthenon (El Partenón)

Mira el video para ver el aspecto que podría haber tenido el Partenón, uno de los más importantes templos de la Acrópolis, después de haber sido completado.

The Persian Wars (Las Guerras Persas)

Mira el video y entérate de cómo se convirtió Atenas en la principal ciudad estado griega al concluir las Guerras Persas.

The Goddess Athena (La diosa Atenea)

Mira el video y entérate de cómo Atenea se convirtió en la protectora de Atenas, según la mitología griega.

Legacy of Greece (El legado de Grecia)

Mira el video para analizar *The School of Athens (La Escuela de Atenas)*, un cuadro de Rafael el pintor renacentista italiano, que rinde tributo al legado que nos dejó la antigua Grecia en la filosofía y la ciencia.

El mundo griego

Pregunta esencial ¿Qué avances de los griegos tienen influencia hasta el día de hoy en el mundo?

Lo que aprenderás...

En este capítulo, aprenderás que los antiguos griegos eran feroces guerreros y grandes constructores que dejaron un rico legado de arte y pensamiento.

ENFOQUE EN LA REDACCIÓN

Un poema Los antiguos poetas griegos a menudo escribían poemas alabando a los grandes líderes, los comandantes militares victoriosos, los atletas destacados y otras personas famosas. A medida que leas este capítulo, aprenderás sobre los logros de los reyes, generales, escritores, pensadores y científicos griegos y persas. A medida que leas, elegirás a la persona que más admires y escribirás un poema de cinco líneas alabando a esa persona.

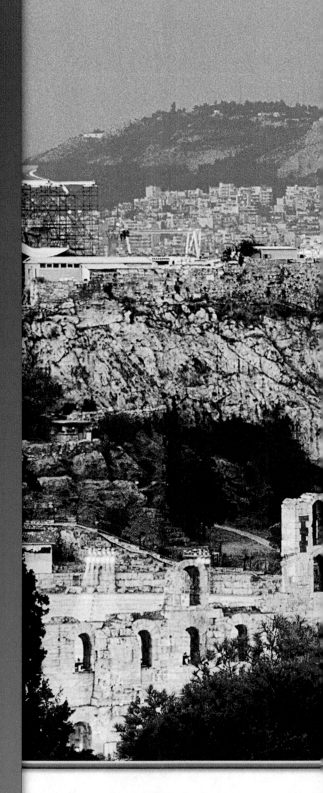

SUCESOS EN EL CAPÍTULO

circa **550 a.C.**
Ciro el Grande funda el Imperio persa.

550 a.C.

SUCESOS EN EL MUNDO

circa **551 a.C.**
Nace Confucio en China.

Las ruinas que aparecen en esta fotografía son del Partenón, un hermoso templo construido para celebrar una victoria griega en la guerra.

HISTORY.

Peter on the Parthenon

hmhsocialstudies.com **VIDEO**

431 a.C.
Comienza la Guerra del Peloponeso.

334–323 a.C.
Alejandro Magno construye su imperio.

30 a.C.
Roma conquista Egipto y pone fin a la era helenística.

| 450 a.C. | 350 a.C. | 250 a.C. | 150 a.C. | 50 a.C. |

343 a.C.
El último gobernante de Egipto es derrocado.

circa **325 a.C.**
Se funda el Imperio mauryano en la India.

circa **160 a.C.**
Los macabeos recuperan la independencia judía.

Lectura en estudios sociales

Economía | Geografía | Política | Religión | Sociedad y cultura | Ciencia y tecnología

Enfoque en los temas En este capítulo, aprenderás sobre el intento de Persia de conquistar Grecia. También leerás sobre dos grandes ciudades griegas, Esparta y Atenas, y sobre cómo trabajaron juntas para defender a Grecia de este invasor. Final-mente, descubrirás que, aunque otro invasor conquistó Grecia, la influencia griega continuó expandiéndose. Sin duda alguna, deberás comprender la **política** de esa época para comprender el mundo griego y su **sociedad y cultura**.

Comparar y contrastar hechos históricos

Enfoque en la lectura Comparar y contrastar es una buena forma de aprender. Esa es una de las razones por las que los historiadores usan comparaciones y contrastes para explicar los personajes y los sucesos de la historia.

Comprender las comparaciones y los contrastes Comparar es buscar parecidos o similitudes. **Contrastar** es buscar diferencias. A veces, los escritores señalan las similitudes y las diferencias. Otras, deberás buscarlas por tu cuenta. Puedes usar un diagrama como el siguiente para anotar las similitudes y las diferencias a medida que lees.

Ciudades griegas

Atenas

Diferencias
- Gobierno democrático
- Énfasis en muchos temas de educación
- Conocida como cuna de artistas, escritores y filósofos

Similitudes
- Idioma y religión griegos
- Más derechos para los hombres que para las mujeres

Esparta

Diferencias
- Gobernada por reyes y funcionarios
- Énfasis sólo en educación física
- Conocida por su ejército poderoso y disciplinado

Pistas para comparar y contrastar

Los escritores a veces señalan las comparaciones o los contrastes con palabras o frases como las siguientes:

Comparación: *igualmente, como, de la misma manera, también, al igual que*

Contraste: *sin embargo, a diferencia de, pero, en tanto, aunque, en contraste con*

¡Inténtalo!

El siguiente fragmento pertenece al capítulo que vas a leer. A medida que leas, busca palabras que te den pistas sobre similitudes y diferencias.

Los niños y los hombres de Atenas

Desde pequeños, los niños atenienses de familias ricas trabajaban para mejorar su cuerpo y su mente. Al igual que los niños espartanos, los atenienses debían aprender a correr, saltar y luchar. Pero este entrenamiento no era tan severo ni tan largo como el de Esparta.

A diferencia de los hombres espartanos, los hombres atenienses no debían dedicar toda su vida al ejército. Todos se alistaban en el ejército, pero sólo por dos años. Ayudaban a defender a la ciudad entre los 18 y 20 años. Los hombres mayores sólo debían servir en el ejército en tiempos de guerra.

Después de leer el fragmento, responde a las siguientes preguntas.

1. ¿Qué compara o contrasta la expresión *al igual que* (línea 3 del fragmento)?

2. ¿Qué niños tenían un entrenamiento más severo: los atenienses o los espartanos? ¿Qué palabra que indica comparación o contraste te ayudó a responder a esta pregunta?

3. ¿Qué otras palabras de comparación o contraste has encontrado en este fragmento? ¿Cómo te ayudan estas palabras o frases a comprender el fragmento?

4. Las similitudes y diferencias del fragmento, ¿están ordenadas alternando los temas una y otra vez (ABAB) o primero un tema y luego el otro (AABB)?

Vocabulario académico

El progreso escolar está relacionado con el conocimiento del vocabulario académico, es decir, de las palabras que se usan con frecuencia en las tareas y discusiones en clase. En este capítulo, aprenderás las siguientes palabras de vocabulario académico:

estrategia (*pág. 262*)

A medida que lees el Capítulo 9, piensa acerca de la organización de las ideas. Busca palabras que indiquen comparación y contraste.

Grecia y Persia

Lo que aprenderás...

Ideas principales

1. Persia se convirtió en un imperio bajo el reinado de Ciro el Grande.
2. El Imperio persa se fortaleció bajo el reinado de Darío I.
3. Los persas lucharon contra Grecia dos veces en las Guerras Persas.

La idea clave

Con el tiempo, los persas llegaron a gobernar un gran imperio, lo que finalmente los llevó a entrar en conflicto con los griegos.

Personas y palabras clave

Ciro el Grande, *pág. 261*
caballería, *pág. 262*
Darío I, *pág. 262*
Guerras Persas, *pág. 263*
Jerjes I, *pág. 264*

hmhsocialstudies.com
TOMAR NOTAS

Usa el organizador gráfico en Internet para tomar notas acerca de Persia y sus conflictos con los griegos.

Si ESTUVIERAS allí...

Eres un gran líder militar y el gobernante de un gran imperio. Controlas todo en las naciones que has conquistado. Uno de tus consejeros insiste en que obligues a los pueblos conquistados a abandonar sus costumbres. Él cree que las personas deberían adoptar tu forma de vida. Pero otra consejera no está de acuerdo. Ella dice que les permitas seguir con sus costumbres para ganar así su lealtad.

¿Qué consejo seguirías? ¿Por qué?

CONOCER EL CONTEXTO Entre los gobernantes que debieron tomar decisiones como la que se describe en el fragmento anterior se encuentran los gobernantes del Imperio persa. El imperio, creado en el año 550 a.C., creció rápidamente. Aproximadamente en 30 años, los persas habían conquistado muchos pueblos y los gobernantes persas tuvieron que decidir cómo tratarlos.

Persia se convierte en un imperio

Mientras los atenienses estaban dando los primeros pasos para la creación de una democracia, una nueva potencia estaba surgiendo en el este. Esta potencia, el Imperio persa, en el futuro atacaría a Grecia. Pero en los comienzos de su historia, los persas eran un pueblo nómada desorganizado. Se necesitaron las destrezas de líderes como Ciro el Grande y Darío I para cambiar esa situación. Bajo el gobierno de estos líderes, los persas crearon un gran imperio, uno de los más poderosos del mundo antiguo.

Ciro el Grande

Al comienzo de su historia, los persas solían luchar contra otros pueblos del suroeste asiático. A veces, perdían. De hecho, perdieron una batalla contra un pueblo llamado los medos y fueron gobernados por ellos durante 150 años. Sin embargo, en el año 550 a.C., Ciro II condujo una rebelión persa contra los medos. Y esa rebelión tuvo éxito. Ciro ganó la independencia para Persia y conquistó a los medos. Su victoria marcó el comienzo del Imperio persa.

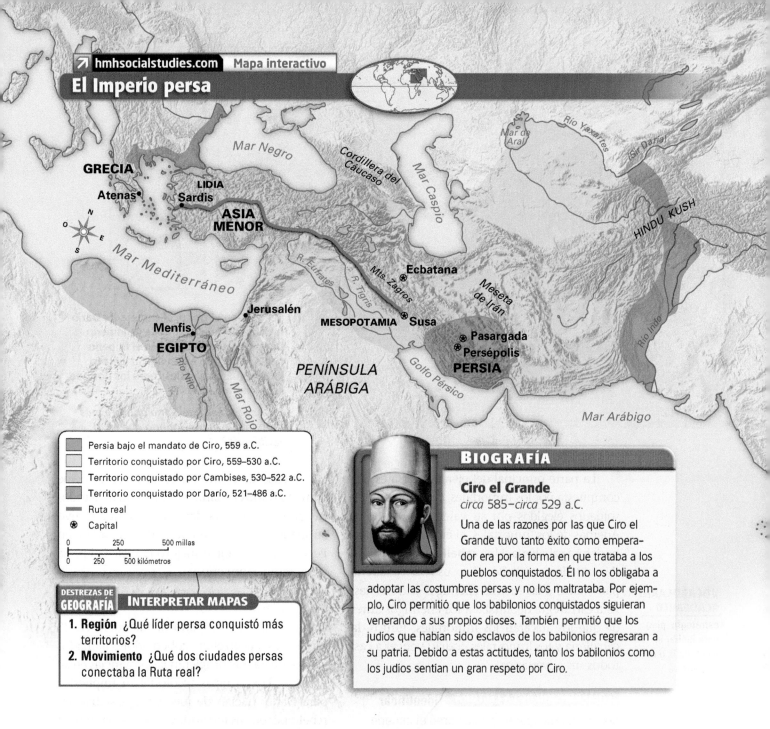

El Imperio persa

GRECIA

Atenas

LIDIA
Sardis

ASIA MENOR

Mar Negro

Cordillera del Cáucaso

Mar Caspio

Mar de Aral

Río Yaxartes (Sir Daria)

HINDU KUSH

Mar Mediterráneo

R. Éufrates

R. Tigris

Mts. Zagros

Ecbatana

Meseta de Irán

Río Indo

Jerusalén

MESOPOTAMIA

⊛ Susa

Menfis

EGIPTO

Río Nilo

Mar Rojo

PENÍNSULA ARÁBIGA

Golfo Pérsico

⊛ Pasargada
⊛ Persépolis
PERSIA

Mar Arábigo

Leyenda

▨	Persia bajo el mandato de Ciro, 559 a.C.
▢	Territorio conquistado por Ciro, 559–530 a.C.
▢	Territorio conquistado por Cambises, 530–522 a.C.
▨	Territorio conquistado por Darío, 521–486 a.C.
—	Ruta real
⊛	Capital

0 250 500 millas
0 250 500 kilómetros

DESTREZAS DE GEOGRAFÍA **INTERPRETAR MAPAS**

1. **Región** ¿Qué líder persa conquistó más territorios?
2. **Movimiento** ¿Qué dos ciudades persas conectaba la Ruta real?

BIOGRAFÍA

Ciro el Grande
circa 585–*circa* 529 a.C.

Una de las razones por las que Ciro el Grande tuvo tanto éxito como emperador era por la forma en que trataba a los pueblos conquistados. Él no los obligaba a adoptar las costumbres persas y no los maltrataba. Por ejemplo, Ciro permitió que los babilonios conquistados siguieran venerando a sus propios dioses. También permitió que los judíos que habían sido esclavos de los babilonios regresaran a su patria. Debido a estas actitudes, tanto los babilonios como los judíos sentían un gran respeto por Ciro.

Como puedes ver en el mapa, durante su mandato, Ciro conquistó gran parte del suroeste asiático, incluso casi todo el territorio de Asia Menor. Dentro de esta región se encontraban varias ciudades griegas que Ciro tomó bajo su poder. Después se dirigió hacia el sur para conquistar Mesopotamia.

Ciro también conquistó territorios hacia el este. Condujo a su ejército internándose en Asia Central, hasta el río Yaxartes, que en la actualidad se llama Sir Daria. Cuando murió en el año 529 a.C. aproximadamente, Ciro había gobernado el imperio más grande que se había conocido hasta el momento.

Ciro permitió que los pueblos que conquistaba mantuvieran sus propias costumbres. Esperaba que de esa manera los pueblos se rebelaran menos. Y tenía razón. Pocos pueblos se rebelaron contra Ciro y su imperio se mantuvo fuerte. Debido a sus grandes éxitos, los historiadores lo llaman **Ciro el Grande**.

El ejército persa

El éxito de Ciro en sus conquistas se debió a la fortaleza de su ejército. Y esa fortaleza se debía a que estaba bien organizado y era leal.

Persia bajo el gobierno de Darío

Sentado en el trono, el emperador Darío recibe a un funcionario de su imperio. Darío restauró el orden en el Imperio persa y luego lo extendió. Su ejército incluía guardias reales como los dos que se muestran aquí.

¿Por qué crees que Darío aparece más grande que el funcionario que está recibiendo?

La parte principal del ejército persa estaba compuesta por los Inmortales, que eran 10,000 soldados elegidos por su valentía y destreza. Además de los Inmortales, el ejército tenía una poderosa caballería. Una **caballería** es un grupo de soldados a caballo. Ciro usó su caballería para atacar a las fuerzas enemigas con flechas. Esta **estrategia** debilitaba a los enemigos antes de que los atacaran los Inmortales. Juntos, la caballería y los Inmortales podían vencer a casi todos sus adversarios.

COMPRENSIÓN DE LA LECTURA **Identificar las ideas principales** ¿Quién creó el Imperio persa?

VOCABULARIO ACADÉMICO

estrategia plan para luchar en una batalla o en una guerra

El Imperio persa se fortalece

Cambises, el hijo de Ciro, continuó extendiendo el Imperio persa después de la muerte de su padre. Por ejemplo, conquistó Egipto y lo agregó al imperio. Sin embargo, poco después estalló una rebelión en Persia. Durante esta rebelión, Cambises murió. Su muerte dejó a Persia sin un líder evidente.

Al cabo de cuatro años, un joven príncipe llamado **Darío I** reclamó el trono y mató a todos sus rivales por el poder. Una vez que estuvo afirmado, trabajó para restaurar el orden en Persia. Darío también mejoró la sociedad persa y expandió el imperio.

La organización política

Darío organizó el imperio dividiéndolo en 20 provincias. Luego eligió gobernadores llamados sátrapas para que dirigieran las provincias en su nombre. Los sátrapas recolectaban impuestos para Darío, hacían de jueces y aplastaban las rebeliones en sus territorios. Los sátrapas tenían un gran poderío dentro de sus provincias, pero Darío seguía siendo el verdadero gobernante del imperio. Para asegurarse de que los sátrapas fueran leales a Darío, sus funcionarios visitaban todas las provincias. Darío se llamaba a sí mismo "rey de los reyes" para recordarles a los demás gobernantes lo poderoso que era.

La sociedad persa

Después de que Darío restauró el orden en el imperio, introdujo muchas mejoras en la sociedad persa. Por ejemplo, construyó muchas carreteras. Darío hizo construir estas carreteras para conectar las distintas regiones del imperio. Los mensajeros las usaban para viajar rápidamente por toda Persia. Una de ellas, llamada la Ruta real, tenía más de 1,700 millas de largo. Incluso los enemigos de Persia admiraban esas carreteras y el sistema persa de mensajeros. Por ejemplo, un historiador griego escribió:

"Ningún mortal viaja tan rápido como estos mensajeros persas … no habrá nada que impida que estos hombres recorran a la mayor velocidad posible las distancias que deben cubrir: ni la nieve, ni la lluvia, ni el calor, ni la oscuridad de la noche".

–Herodoto, de *La historia de las Guerras Persas*

Darío también construyó una nueva capital para el imperio. Se llamaba Persépolis. Darío quería que su capital reflejara la gloria de su imperio, así que la llenó de hermosas obras de arte. Por ejemplo, 3,000 bajorrelieves como el que aparece en la página anterior adornaban las murallas de la ciudad. Las estatuas ubicadas en toda la ciudad brillaban por el oro, la plata y las joyas preciosas.

Durante el gobierno de Darío, también surgió una nueva religión en el Imperio persa. Esta religión, que se llamó zoroastrismo, enseñaba que había dos fuerzas que luchaban por conseguir el control del universo. Una era la fuerza del bien y la otra, la fuerza del mal. Sus sacerdotes alentaban al pueblo a ayudar a la fuerza del bien en su lucha. Esta religión fue muy popular en Persia durante muchos siglos.

La expansión persa

Al igual que Ciro, Darío quería que el Imperio persa creciera. Hacia el este, conquistó todo el valle del Indo. También intentó extender el imperio en dirección oeste hacia Europa. Sin embargo, antes de que Darío pudiera penetrar demasiado en Europa, tuvo que enfrentarse con una rebelión en el imperio.

COMPRENSIÓN DE LA LECTURA) **Resumir**

¿Cómo cambió Darío I la organización política de Persia?

Los persas luchan contra Grecia

En el año 499 a.C. varias ciudades griegas de Asia Menor se rebelaron contra el dominio persa. Para ayudar a los griegos, algunas ciudades estado de Grecia continental enviaron soldados para unirse a la lucha contra los persas.

Los persas aplastaron la rebelión, pero Darío aún seguía furioso con los griegos. Aunque las ciudades que se habían rebelado estaban en Asia, Darío estaba enojado porque los griegos las habían ayudado. Y juró vengarse de ellos.

La batalla de Maratón

Nueve años después de la rebelión de las ciudades griegas, Darío invadió Grecia. Él y su ejército navegaron hacia las llanuras de Maratón, cerca de Atenas. Esta invasión fue el comienzo de una serie de guerras entre Persia y Grecia que los historiadores llamaron las **Guerras Persas**.

El ejército ateniense tenía solamente unos 11,000 soldados, mientras que los persas tenían unos 15,000. Sin embargo, los griegos ganaron la batalla porque tenían mejores armas y líderes inteligentes.

Las Guerras Persas

Esta vasija griega muestra a un soldado persa (a la izquierda) y a un soldado griego peleando a muerte. Durante las Guerras Persas, los griegos defendieron ferozmente su tierra natal contra las invasiones masivas de los persas.

¿Con qué tipos de armas están luchando los dos soldados?

Las Guerras Persas

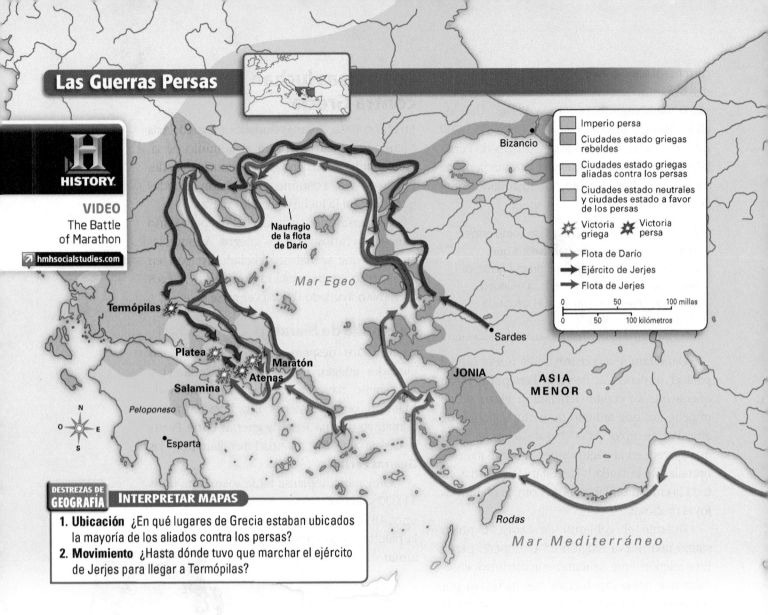

DESTREZAS DE GEOGRAFÍA | **INTERPRETAR MAPAS**

1. **Ubicación** ¿En qué lugares de Grecia estaban ubicados la mayoría de los aliados contra los persas?
2. **Movimiento** ¿Hasta dónde tuvo que marchar el ejército de Jerjes para llegar a Termópilas?

SU IMPORTANCIA HOY

Hoy en día, los atletas recrean la carrera de los mensajeros griegos realizando carreras de 26 millas llamadas maratones.

Según la leyenda, un mensajero corrió desde Maratón hasta Atenas (una distancia de apenas un poco más de 26 millas) para llevar la noticia de la gran victoria. Luego de exclamar "¡Regocíjense! ¡Hemos triunfado!", el exhausto corredor cayó al suelo y murió.

La segunda invasión de Grecia

Diez años después de la batalla de Maratón, **Jerjes I,** el hijo de Darío, intentó conquistar Grecia nuevamente. En el año 480 a.C. el ejército persa partió hacia Grecia. Esta vez lo hicieron junto a la armada persa.

Los griegos se prepararon para defender su patria. Esta vez Esparta, una poderosa ciudad estado del sur de Grecia, se unió a Atenas. Los espartanos tenían el ejército más poderoso de Grecia, así que marcharon a enfrentarse contra el ejército persa. Mientras tanto, los atenienses enviaron a su poderosa armada a atacar a la armada persa.

Para demorar al ejército persa, los espartanos enviaron unos 1,400 soldados a Termópilas, un estrecho paso en la montaña. Los persas debían cruzar este paso para atacar las ciudades griegas. Durante tres días, la pequeña fuerza griega demoró al ejército persa. Entonces, los persas le pidieron a un soldado griego traidor que los condujera por otro paso. Así fue que una gran fuerza persa atacó a los espartanos por la espalda. Rodeados, los valientes espartanos y sus aliados lucharon hasta morir. Después de ganar la batalla, los persas entraron a Atenas, atacando e incendiando la ciudad.

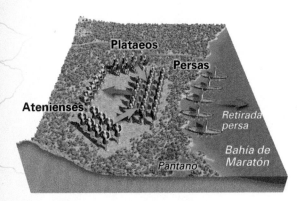

Maratón

En Maratón, los griegos derrotaron a las tropas persas, más numerosas, atrayéndolas hasta el centro de las tropas griegas. Entonces, los atenienses rodearon a los persas y los derrotaron.

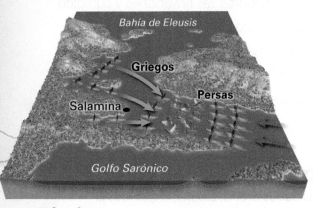

Salamina

En Salamina, los griegos destruyeron la flota persa atacándola en un angosto estrecho en el que los barcos persas no podían maniobrar bien.

Aunque los persas ganaron la batalla en el paso, los griegos rápidamente recuperaron la iniciativa. Unos días después de que Atenas fuera incendiada, los atenienses derrotaron a la armada persa gracias a un inteligente plan. Condujeron a la armada persa, más numerosa que la griega, hasta los angostos estrechos de Salamina. Los persas tenían tantos barcos que no pudieron maniobrar bien en los estrechos. En consecuencia, los barcos atenienses, que eran más pequeños, hundieron fácilmente a muchos barcos persas. Los barcos que no fueron destruidos volvieron pronto a su puerto de origen.

Poco después de la batalla de Salamina, un ejército de soldados de toda Grecia derrotó a los persas en Platea. Esta batalla puso fin a las Guerras Persas. Derrotados, los persas abandonaron Grecia.

Para los persas, esta derrota fue humillante, pero no un golpe mortal. Su imperio siguió siendo poderoso durante más de un siglo después de la guerra. Para los griegos, en cambio, la victoria sobre los persas fue un gran triunfo: habían salvado a su patria.

⌝ hmhsocialstudies.com
ANIMATED HISTORY
The Persian Wars, 490–479 BC

COMPRENSIÓN DE LA LECTURA ▷ **Analizar**

¿Por qué Darío y Jerjes quisieron conquistar Grecia?

RESUMEN Y PRESENTACIÓN Atenas y Esparta lucharon juntas contra Persia. Sin embargo, esta amistad no duró mucho tiempo. En la próxima sección, aprenderás qué sucedió cuando se convirtieron en enemigas.

Sección 1 Evaluación

⌝ hmhsocialstudies.com
Cuestionario en Internet

Repasar ideas, palabras y personas

1. **a. Describir** Describe el imperio de **Ciro el Grande**.
   b. Hacer generalizaciones ¿Por qué los pueblos conquistados por Ciro el Grande casi nunca se rebelaban?
2. **a. Identificar** ¿Cómo hizo **Darío I** para cambiar la organización política de Persia?
   b. Hacer generalizaciones ¿Cómo ayudaron las carreteras de Persia a mejorar la organización del imperio?
3. **a. Explicar** ¿Por qué Persia quería invadir a Grecia?
   b. Predecir ¿Cómo podrían haber terminado las **Guerras Persas** si los espartanos no hubieran demorado a los persas en Termópilas?

Pensamiento crítico

4. **Crear categorías** Repasa tus notas sobre los principales sucesos. En la primera columna de una tabla como la siguiente, enumera las batallas que hayas identificado. En las demás columnas, identifica quiénes lucharon, quiénes vencieron y qué pasó como resultado de cada batalla.

Batalla	Ejércitos	Vencedor	Resultado

ENFOQUE EN LA REDACCIÓN

5. **Tomar notas sobre los líderes persas** Dibuja una tabla con tres columnas. En la primera, escribe los nombres de cada uno de los líderes mencionados en esta sección. En la segunda, anota los logros militares de cada persona. Y en la tercera, anota cualquier otro logro.

Esparta y Atenas

Lo que aprenderás...

Ideas principales

1. Los espartanos crearon una sociedad militar para brindar seguridad y protección.
2. Los atenienses admiraban la mente y las artes, además de las habilidades físicas.
3. Esparta y Atenas luchaban para establecer quién debía tener poder e influencia en Grecia.

La idea clave

Las dos ciudades estado más poderosas de Grecia, Esparta y Atenas, tenían culturas muy diferentes y se transformaron en feroces enemigos en el siglo V a.C.

Palabras clave

alianza, *pág. 270*
Guerra del Peloponeso, *pág. 271*

hmhsocialstudies.com
TOMAR NOTAS

Usa el organizador gráfico en Internet para tomar notas acerca de Atenas y Esparta.

Si ESTUVIERAS allí...

Tu padre, un comerciante ambulante, ha decidido que es hora de asentarse. Ofrece a la familia la opción de elegir entre dos ciudades. En una de ellas, todos quieren ser atléticos, rudos y fuertes. Allí todos saben cómo soportar las privaciones y cumplen órdenes a la perfección. La otra ciudad es diferente. En ella, una persona es admirada si piensa con profundidad y habla persuasivamente, si sabe mucho sobre astronomía o historia o si sabe cantar e interpretar música hermosa.

¿Qué ciudad elegirías? ¿Por qué?

CONOCER EL CONTEXTO Esparta y Atenas eran dos de las ciudades estado más grandes de Grecia. Esparta, al igual que la primera de las ciudades que se mencionan en el fragmento anterior, tenía una cultura que valoraba la resistencia física y la voluntad militar. La cultura ateniense valoraba más la mente. Sin embargo, ambas ciudades estado tenían poderío militar y jugaron papeles importantes en la defensa de la antigua Grecia.

Esparta crea una sociedad militar

La sociedad espartana estaba dominada por los militares. Según la tradición espartana, su sistema social había sido creado entre los años 900 y 600 a.C. por un hombre llamado Licurgo, después de una rebelión de los esclavos. Para evitar que ese tipo de rebeliones se repitiera, les dio un papel más importante a los militares en la sociedad. Los espartanos creían que el poder militar era la manera de brindar seguridad y protección a su ciudad. La vida cotidiana en Esparta reflejaba esta creencia.

Los niños y los hombres de Esparta

La vida cotidiana en Esparta estaba dominada por el ejército. Incluso la vida de los niños reflejaba ese dominio. Cuando un niño nacía, los funcionarios del gobierno iban a verlo. Si no era sano, se lo llevaban a las afueras de la ciudad y lo abandonaban para que muriera. Desde pequeños, los niños sanos recibían un entrenamiento para convertirse en soldados.

Como parte de su entrenamiento, los jóvenes corrían, saltaban, nadaban y practicaban lanzamiento de jabalina para incrementar su fuerza. También aprendían a soportar las penurias que deberían enfrentar como soldados. Por ejemplo, los jóvenes no recibían calzado ni ropa de abrigo, ni siquiera en invierno. Tampoco recibían muchos alimentos. Se les permitía robar comida si podían, pero si los atrapaban haciéndolo, eran azotados. Hubo un joven que prefirió morir antes que admitir su delito.

> "Un joven, después de robar un zorro y esconderlo debajo de sus ropas, dejó que el animal abriera sus entrañas [órganos] con sus garras y dientes y prefirió morir antes que admitir su robo".
>
> –Plutarco, de *La vida de Licurgo*

Para este joven, y para la mayoría de los soldados espartanos, el coraje y la fuerza eran más importantes que la propia vida.

Los soldados de entre 20 y 30 años vivían en cuarteles del ejército y sólo en ocasiones visitaban a sus familias. Los hombres espartanos permanecían en el ejército hasta los 60 años.

Los espartanos creían que las cualidades más importantes de los buenos soldados eran la autodisciplina y la obediencia. Para reforzar la autodisciplina, exigían que los soldados vivieran sin comodidades. Por ejemplo, los espartanos no tenían lujos como muebles tapizados ni comidas costosas. Ellos creían que esas comodidades debilitaban a las personas. Incluso los enemigos de los espartanos admiraban su disciplina y obediencia.

Las niñas y las mujeres de Esparta

Como los hombres espartanos solían estar lejos participando en las guerras, las mujeres de Esparta tenían más derechos que las demás mujeres griegas. Algunas mujeres eran propietarias de tierras en Esparta y administraban sus hogares cuando sus maridos estaban ausentes. A diferencia de las mujeres de otras ciudades griegas, las mujeres espartanas no pasaban el tiempo hilando o tejiendo telas. Creían que esas tareas les correspondían a los esclavos y que no eran adecuadas para las mujeres y las madres de soldados.

La vida en Esparta DATOS BREVES

Los espartanos valoraban la disciplina, la obediencia y el coraje por sobre todas las cosas. Los hombres espartanos aprendían estos valores a temprana edad, cuando eran entrenados para ser soldados. También se esperaba que las mujeres espartanas fueran fuertes, atléticas y disciplinadas.

La vida de un soldado espartano

Entre los 7 y 12 años: Entrenamiento en valores. Los niños dejaban su casa y recibían educación básica.

Entre los 12 y 18 años: Entrenamiento físico. Los jóvenes desarrollaban destrezas físicas a través del ejercicio.

Entre los 18 y 20 años: Entrenamiento militar. Los jóvenes aprendían a luchar como parte del ejército.

Entre los 20 y los 30 años: Servicio militar. Los soldados formaban el cuerpo principal del ejército espartano.

A los 30 años: Ciudadanía plena. Los soldados podían participar de la asamblea y volver a sus casas.

PUNTOS DE VISTA
Puntos de vista sobre la educación

Platón, un ateniense, pensaba que la educación de los niños debía integrar el entrenamiento de la mente y el cuerpo. Quería que los estudiantes estuvieran preparados para todos los aspectos de la vida cuando llegaran a adultos.

❝¿Y cuál será su educación? ¿Somos capaces de encontrar una división mejor que la tradicional? Y esta tiene dos divisiones: gimnasia para el cuerpo y música para el alma❞.

—Platón
de La república

Licurgo, un legislador espartano, pensaba que la educación para los niños debía enseñarles a luchar. El historiador Plutarco describió cómo se manejaba la educación en Esparta bajo el gobierno de Licurgo.

❝Ellos les enseñaban a leer y escribir, pero sólo lo suficiente para que pudieran manejarse; su principal preocupación era hacerlos buenos súbditos y enseñarles a soportar el dolor y a vencer en las batallas❞.

—Plutarco
de La vida de Licurgo

DESTREZA DE ANÁLISIS | **ANALIZAR PUNTOS DE VISTA**

¿De qué manera los puntos de vista de Platón y Licurgo reflejan los ideales de Atenas y Esparta?

Las mujeres espartanas también recibían entrenamiento físico. Al igual que los hombres, aprendían a correr, saltar, luchar y lanzar la jabalina. Los espartanos creían que así las mujeres concebirían niños sanos.

El gobierno

Esparta era gobernada oficialmente por dos reyes, que dirigían el ejército conjuntamente. Pero en realidad los funcionarios electos tenían más poder que los reyes. Estos funcionarios controlaban las actividades cotidianas de Esparta. También manejaban las negociaciones entre Esparta y otras ciudades estado.

El gobierno de Esparta estaba organizado para controlar a los ilotas, o esclavos, de la ciudad. Estos esclavos trabajaban todos los campos de cultivo de la ciudad y hacían muchos otros trabajos. Sus vidas eran miserables y no podían abandonar su tierra. Aunque había muchos más esclavos que los ciudadanos espartanos, no se rebelaban por temor al ejército.

ENFOQUE EN LA LECTURA

¿De qué manera te pueden ayudar las expresiones **"al igual que"** y **"a diferencia de"** a comparar y contrastar Atenas y Esparta?

COMPRENSIÓN DE LA LECTURA **Analizar** ¿Cuál era el elemento más importante de la sociedad espartana?

Los atenienses admiran la mente

El rival principal de Esparta en Grecia era Atenas. Al igual que Esparta, Atenas había liderado en las Guerras Persas y tenía un ejército poderoso. Pero la vida en Atenas era muy diferente a la vida en Esparta. Además del entrenamiento físico, los atenienses valoraban la educación, la claridad de pensamiento y las artes.

Los niños y los hombres de Atenas

Desde pequeños, los niños atenienses de familias ricas trabajaban para mejorar su cuerpo y su mente. <u>Al igual que</u> los niños espartanos, los atenienses debían aprender a correr, saltar y luchar. Pero este entrenamiento no era tan severo ni tan largo como el de Esparta.

<u>A diferencia de</u> los hombres espartanos, los hombres atenienses no debían dedicar toda su vida al ejército. Todos los hombres de Atenas se alistaban en el ejército, pero sólo por dos años. Ayudaban a defender a la ciudad entre los 18 y 20 años. Los hombres mayores sólo debían servir en el ejército en tiempos de guerra.

Además de su entrenamiento físico, los estudiantes atenienses, a diferencia de los espartanos, también aprendían otras destrezas. Aprendían a leer, escribir y contar, a cantar y a tocar instrumentos musicales. Los niños también aprendían sobre historia y leyendas griegas. Por ejemplo, estudiaban *La Ilíada, La Odisea* y otras obras de la literatura griega.

Los niños de las familias muy ricas solían continuar su educación con tutores privados que les enseñaban filosofía, geometría, astronomía y otras materias. También les enseñaban cómo ser buenos oradores públicos. Este entrenamiento los preparaba para su participación en la asamblea ateniense.

Sin embargo, eran muy pocos los niños que tenían la oportunidad de recibir toda esta educación. En general, los niños de las familias pobres no recibían prácticamente ninguna educación, aunque la mayoría sabía leer y escribir un poco. La mayoría de estos niños se convertían en agricultores y producían alimentos para los ciudadanos más ricos. Algunos iban a trabajar con artesanos para aprender otros oficios.

Las niñas y las mujeres en Atenas

Mientras que muchos niños atenienses recibían buena educación, las niñas no corrían la misma suerte. De hecho, las niñas no recibían prácticamente ninguna educación. Los hombres atenienses consideraban que las niñas no necesitaban aprender. Algunas niñas aprendían a leer y escribir en sus hogares, con tutores privados. Sin embargo, la mayoría de las niñas sólo aprendían tareas domésticas, como tejer y coser.

A pesar de la reputación que tenía Atenas en cuanto a la libertad y la democracia, las mujeres atenienses tenían menos derechos que las mujeres de muchas otras ciudades estado. Las atenienses no podían:

- prestar servicios en el gobierno de la ciudad, incluyendo la asamblea y los jurados,
- salir de sus casas, excepto en ocasiones especiales,
- comprar cosas ni tener propiedades, ni
- desobedecer a sus maridos ni a sus padres.

De hecho, las mujeres de Atenas no tenían casi ningún derecho.

COMPRENSIÓN DE LA LECTURA **Identificar causa y efecto** ¿Por qué las niñas de Atenas recibían poca educación?

La vida en Atenas DATOS BREVES

Los atenienses valoraban la educación y las artes y creían que las personas instruidas se convertían en mejores ciudadanos.

- Los niños de las familias ricas aprendían a leer, a hablar en público e incluso a pensar correctamente.

- Algunos niños debían memorizar largos fragmentos de obras de teatro o poemas. Algunos debían aprender de memoria tanto *La Ilíada* como *La Odisea*.

- Sin embargo, eran muy pocas las niñas que recibían educación.

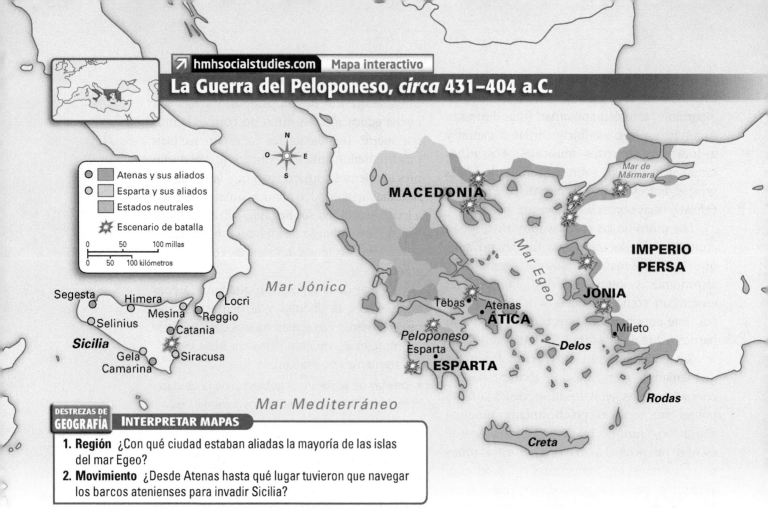

La Guerra del Peloponeso, *circa* 431–404 a.C.

Leyenda:
- Atenas y sus aliados
- Esparta y sus aliados
- Estados neutrales
- ✦ Escenario de batalla

0   50   100 millas
0   50   100 kilómetros

MACEDONIA

Mar de Mármara

IMPERIO PERSA

Mar Jónico

Mar Egeo

JONIA

Segesta
Himera
Locri
Mesina
Reggio
Selinius
Catania
Sicilia
Siracusa
Gela
Camarina

Tebas
Atenas
ÁTICA
Peloponeso
Esparta
ESPARTA

Mileto
Delos

Rodas

Mar Mediterráneo

Creta

DESTREZAS DE GEOGRAFÍA | INTERPRETAR MAPAS

1. **Región** ¿Con qué ciudad estaban aliadas la mayoría de las islas del mar Egeo?
2. **Movimiento** ¿Desde Atenas hasta qué lugar tuvieron que navegar los barcos atenienses para invadir Sicilia?

Esparta y Atenas luchan

Como aprendiste anteriormente, Esparta y Atenas se unieron para ganar las Guerras Persas. Los espartanos luchaban en la mayoría de las batallas terrestres y los atenienses luchaban en el mar. Después de la guerra, la poderosa flota ateniense siguió protegiendo a Grecia de la armada persa. En consecuencia, Atenas tuvo una gran influencia sobre la mayor parte de Grecia.

El poderío ateniense

Después de que terminaron las Guerras Persas en el año 480 a.C., muchas ciudades estado formaron una **alianza**, o acuerdo de colaboración. Querían castigar a los persas por haber atacado a Grecia. También acordaron defenderse mutuamente y proteger el comercio en el mar Egeo. Para pagar esta defensa, cada ciudad estado aportaba dinero a la alianza. Como ese dinero se guardaba en la isla de Delos, los historiadores llaman a la alianza la Liga de Delos.

Como su armada protegía a las islas, Atenas era el miembro más fuerte de la liga. En consecuencia, los atenienses comenzaron a tratar a los demás miembros de la liga como a sus súbditos. Se negaban a permitir que los miembros abandonaran la liga y obligaban a más ciudades a unirse a ella. Los atenienses incluso usaron el dinero de la liga para pagar la construcción de edificios en Atenas. Sin siquiera luchar, los atenienses convirtieron a la Liga de Delos en el Imperio ateniense.

La Guerra del Peloponeso

La Liga de Delos no era la única alianza de Grecia. Después de las Guerras Persas, muchas ciudades del sur de Grecia, incluso Esparta, también se unieron. Esta alianza fue llamada la Liga del Peloponeso, por el nombre de la península donde estaban situadas esas ciudades.

El crecimiento del poderío ateniense preocupaba a muchas ciudades de la Liga del Peloponeso. Finalmente, para detener a Atenas, Esparta le declaró la guerra.

Esta declaración de guerra dio comienzo a la **Guerra del Peloponeso**, una guerra entre Atenas y Esparta que amenazó con dividir a Grecia. En el año 431 a.C., el ejército espartano marchó en dirección norte hacia Atenas. Los militares rodearon la ciudad, esperando que los atenienses salieran a luchar. Pero los atenienses permanecieron en la ciudad, a la espera de que los espartanos se fueran. En cambio, los espartanos comenzaron a quemar los cultivos de los campos que rodeaban a Atenas. Confiaban en que Atenas se quedara sin alimentos y se viera obligada a rendirse.

Pero a los espartanos les esperaba una sorpresa. La armada ateniense escoltó a barcos mercantes hasta Atenas, que llevaron abundantes alimentos a la ciudad. Además, la armada también atacó a los aliados de Esparta, lo que obligó a los espartanos a enviar tropas para defender otras ciudades griegas. Sin embargo, al mismo tiempo se desencadenó una enfermedad en Atenas, que mató a miles de personas. Durante 10 años, ninguno de los dos bandos pudo obtener una ventaja sobre el otro. Finalmente, acordaron una tregua. Atenas conservó su imperio y los espartanos volvieron a su ciudad.

Unos años más tarde, en 415 a.C., Atenas intentó nuevamente expandir su imperio. Envió su ejército y su armada a conquistar la isla de Sicilia. Este esfuerzo tuvo un efecto negativo. Los sicilianos aliados de Esparta derrotaron a todo el ejército ateniense, que fue tomado prisionero. Y lo peor fue que los sicilianos también destruyeron la mayor parte de la armada ateniense.

Aprovechando la debilidad de Atenas, Esparta la atacó y volvió a comenzar la guerra. A pesar de que los atenienses lucharon valientemente, los espartanos los vencieron y cortaron totalmente el suministro de alimentos a Atenas. En el año 404 a.C., el pueblo de Atenas, hambriento y rodeado, se rindió. La Guerra del Peloponeso había terminado y Esparta tenía el control.

Las luchas entre las ciudades estado

Con la derrota de Atenas, Esparta se convirtió en la ciudad estado más poderosa de Grecia. Durante 30 años aproximadamente, los espar-tanos controlaron casi toda Grecia, hasta que otras ciudades estado comenzaron a sentir celos de su poderío. Este recelo general dio lugar a un período de guerras. El control de Grecia pasó de una ciudad estado a otra. Las luchas continuaron por muchos años, lo que debilitó a Grecia y la dejó expuesta a los ataques extranjeros.

COMPRENSIÓN DE LA LECTURA **Identificar causa y efecto** ¿Qué sucedió después de la Guerra del Peloponeso?

RESUMEN Y PRESENTACIÓN En esta sección, leíste sobre los conflictos entre las ciudades estado por el control de Grecia. En la próxima sección, aprenderás qué sucedió cuando una potencia extranjera conquistó toda Grecia.

Sección 2 Evaluación

hmhsocialstudies.com
Cuestionario en Internet

Repasar ideas, palabras y personas

1. **a. Recordar** ¿Cuánto tiempo permanecían los hombres espartanos en el ejército?
   b. Resumir ¿Cómo afectaba el ejército la vida en Esparta?
2. **a. Identificar** ¿Qué destrezas aprendían los niños de las familias ricas de Atenas en la escuela?
   b. Profundizar ¿Cómo podría haber influido el gobierno de Atenas en el crecimiento de su sistema educativo?
3. **a. Identificar** ¿Qué ciudad estado ganó la Guerra del Peloponeso?
   b. Explicar ¿Por qué muchas ciudades estado formaron una **alianza** contra Atenas?

Pensamiento crítico

4. **Comparar y contrastar** Repasa tus notas sobre Atenas y Esparta y busca similitudes y diferencias entre las dos ciudades estado. Organiza la información en un organizador gráfico como este.

ENFOQUE EN LA REDACCIÓN

5. **Analizar los logros griegos** Piensa en las características que podrían admirarse en Esparta y Atenas. Anota algunas de esas características en tu cuaderno. ¿Cómo se relacionan con los líderes persas que anotaste anteriormente?

Alejandro Magno

Si ESTUVIERAS allí…

Eres un soldado del ejército más poderoso del mundo. En sólo ocho años, tú y tus compañeros han conquistado un enorme imperio. Ahora tu general quiere seguir avanzando hacia tierras desconocidas en busca de mayores glorias. Pero estás a miles de millas de tu hogar y no has visto a tu familia en muchos años.

¿Estás de acuerdo en seguir luchando? ¿Por qué?

CONOCER EL CONTEXTO El ejército más poderoso del mundo en el siglo IV a.C. era el de Macedonia, un reino ubicado justo al norte de Grecia. Los griegos habían dejado de lado a los macedonios desde hacía mucho tiempo por considerarlos poco importantes. Consideraban bárbaros a los macedonios porque vivían en pequeñas aldeas y hablaban una versión extraña del griego. Pero los griegos subestimaron a los macedonios, bárbaros o no.

Macedonia conquista Grecia

En el año 359 a.C., **Filipo II** se convirtió en rey de Macedonia. Filipo pasó el primer año de su reinado luchando contra los invasores que querían conquistar su reino. Una vez que derrotó a los invasores, se dispuso a emprender sus propias invasiones.

El objetivo principal de Filipo era Grecia. Los líderes de Atenas, que sabían que serían atacados por el poderoso ejército de Filipo, llamaron a todos los griegos a unirse. Pero pocos pueblos respondieron. El resultado fue que los ejércitos de

Atenas y su principal aliada, Tebas, fueron fácilmente derrotados por los macedonios. Al ser testigos de esta derrota, el resto de los griegos estuvieron de acuerdo en aceptar a Filipo como su líder.

El poder militar de Filipo

Filipo derrotó a los griegos porque era un líder militar brillante. Tomó muchas de las estrategias que usaban los ejércitos griegos en las batallas y las perfeccionó. Por ejemplo, los soldados de Filipo luchaban, al igual que los griegos, como una **falange,** que era un grupo de guerreros que se mantenían unidos en formación compacta y cuadrada. Cada soldado sostenía una lanza que apuntaba hacia afuera para rechazar a los enemigos. Cuando mataban a los soldados de las primeras líneas, otros avanzaban desde atrás para ocupar sus lugares.

Filipo mejoró esta idea de los griegos. Equipó a sus soldados con lanzas que eran mucho más largas que las de sus oponentes. Esto permitió que su ejército atacara primero en cualquier batalla. Filipo también enviaba caballería y arqueros para apoyar a las falanges en las batallas.

Después de conquistar Grecia, Filipo dirigió su atención a Persia. Planeaba marchar hacia el este y conquistar el Imperio persa, pero nunca lo logró. Fue asesinado en el año 336 a.C. mientras celebraba la boda de su hija. Cuando Filipo murió, su trono (y sus planes) pasaron a su hijo, Alejandro.

COMPRENSIÓN DE LA LECTURA **Resumir**
¿Cómo logró Filipo II conquistar Grecia?

Alejandro construye un imperio

Cuando Filipo murió, los habitantes de la ciudad griega de Tebas se rebelaron. Creían que los macedonios no tendrían un líder lo suficientemente fuerte como para mantener unido al reino. Pero se equivocaban.

El control de los griegos

Aunque Alejandro, el hijo de Filipo, tenía sólo 20 años, era un líder tan fuerte como su padre. Decidió ir inmediatamente al sur para terminar con la rebelión en Tebas.

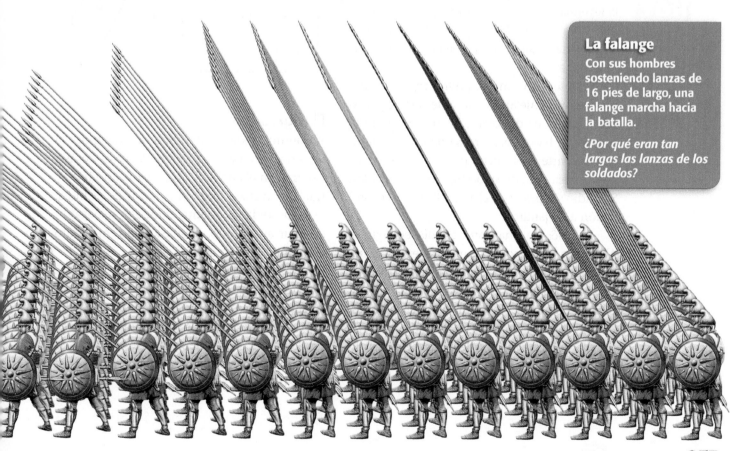

La falange
Con sus hombres sosteniendo lanzas de 16 pies de largo, una falange marcha hacia la batalla.

¿Por qué eran tan largas las lanzas de los soldados?

En un año, Alejandro había destruido a Tebas y esclavizado a su pueblo. Y la usó como ejemplo para que las demás ciudades griegas supieran lo que les pasaría si se rebelaban en su contra. Entonces, confiado en que los griegos no volverían a rebelarse, se dispuso a construir un imperio.

Los esfuerzos de Alejandro por construir un imperio lo convirtieron en uno de los grandes conquistadores de la historia. Estos esfuerzos le valieron el nombre de **Alejandro Magno**.

La construcción de un nuevo imperio

Al igual que su padre, Alejandro era un comandante brillante. En el año 334 a.C., atacó a los persas, cuyo ejército era mucho más grande que el suyo. Pero las tropas de Alejandro estaban bien entrenadas y preparadas para la batalla y derrotaron una y otra vez a los persas.

Según la leyenda, Alejandro visitó un pueblo llamado Gordia en Asia Menor cuando estaba luchando contra los persas. Allí escuchó una antigua fábula sobre un nudo que había atado un antiguo rey. La fábula decía que aquel que desatara el nudo gobernaría toda Asia. Según la leyenda, Alejandro sacó su espada y cortó el nudo por la mitad. Interpretando esto como una buena señal, él y su ejército continuaron su marcha.

Si observas el mapa, podrás seguir la ruta que recorrió Alejandro durante sus conquistas. Después de derrotar a los persas cerca del pueblo de Isso, Alejandro se dirigió a Egipto, que era parte del Imperio persa. El gobernador persa había oído de su destreza en las batallas. Se rindió sin pelear en el año 332 a.C. y coronó faraón a Alejandro.

Después de una corta estadía en Egipto, Alejandro se puso nuevamente en marcha. Cerca del pueblo de Gaugamela, derrotó al ejército persa por última vez. Después de la batalla, el rey persa huyó. El rey murió poco después, asesinado por uno de los nobles de su corte. Con la muerte del rey, Alejandro se convirtió en gobernante de lo que había sido el Imperio persa.

SU IMPORTANCIA HOY

Todavía usamos la frase "cortar el nudo gordiano" para decir que un problema difícil se resuelve fácilmente.

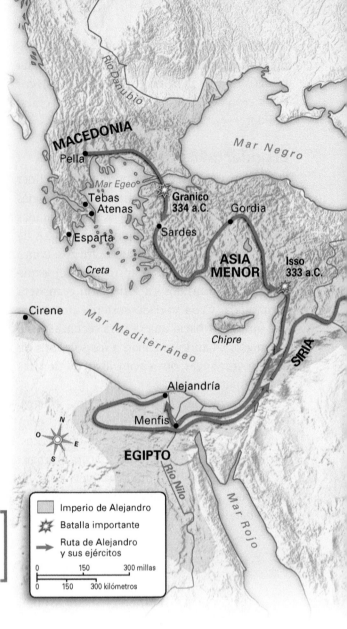

El regreso a casa

Alejandro, todavía decidido a construir su imperio, condujo a su ejército a través de Asia Central. En el año 327 a.C., cruzó el río Indo y trató de avanzar hasta el corazón de la India. Pero sus soldados, ya muy cansados, se negaron a seguir avanzando. Desilusionado, Alejandro emprendió un largo regreso a casa.

Alejandro dejó la India en el año 325 a.C., pero nunca logró llegar a Grecia. En 323 a.C., en su camino de regreso, visitó la ciudad de Babilonia y se enfermó. Murió pocos días después a los 33 años. Después de su muerte, el cuerpo de Alejandro fue llevado a Egipto y enterrado en un ataúd de oro.

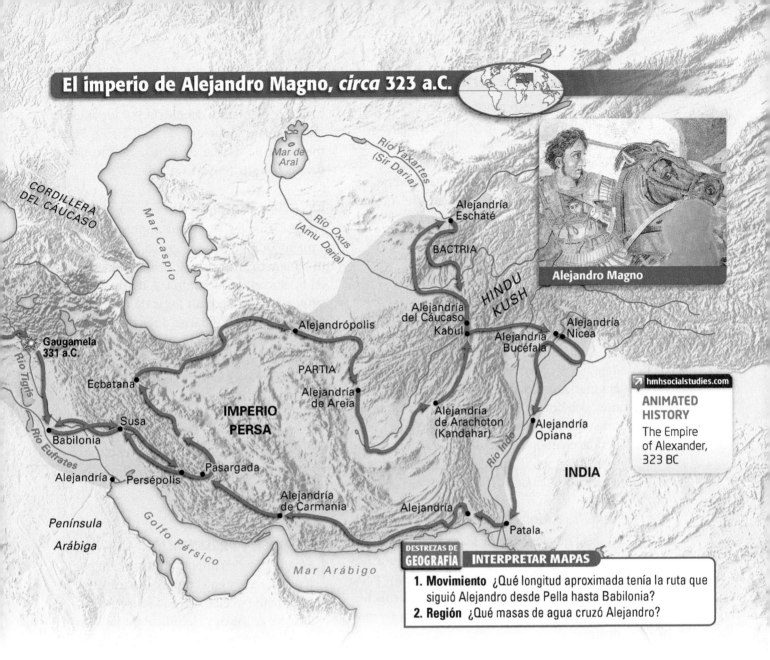

El imperio de Alejandro Magno, *circa* 323 a.C.

Mar de Aral

Río Yaxartes
(Sir Daria)

Río Oxus
(Amu Daria)

CORDILLERA
DEL CÁUCASO

Mar Caspio

Alejandría
Eschaté

BACTRIA

HINDU
KUSH

Alejandro Magno

Alejandría
del Cáucaso

Kabul

Alejandría
Nicea

Alejandría
Bucéfala

Gaugamela
331 a.C.

Alejandrópolis

Ecbatana

PARTIA

Río Tigris

Susa

Alejandría
de Areia

Alejandría
de Arachoton
(Kandahar)

Alejandría
Opiana

hmhsocialstudies.com

**ANIMATED
HISTORY**
The Empire
of Alexander,
323 BC

Río Éufrates

Babilonia

IMPERIO
PERSA

Alejandría

Persépolis

Pasargada

Río Indo

INDIA

Península
Arábiga

Golfo Pérsico

Alejandría
de Carmania

Alejandría

Patala

Mar Arábigo

**DESTREZAS DE
GEOGRAFÍA** **INTERPRETAR MAPAS**

1. **Movimiento** ¿Qué longitud aproximada tenía la ruta que
siguió Alejandro desde Pella hasta Babilonia?
2. **Región** ¿Qué masas de agua cruzó Alejandro?

La difusión de la cultura griega

El imperio de Alejandro era el más grande que
el mundo había visto. Como era un admirador
de la cultura griega, Alejandro se esforzó para
expandir la influencia griega a través de su
imperio fundando ciudades en las tierras que
conquistaba.

Alejandro usó a las ciudades de Grecia
como modelo para sus nuevas ciudades. A
muchas de ellas las llamó Alejandría, por su
propio nombre. Construyó templos y teatros
como los de Grecia. Luego, animó a los colonos griegos a instalarse en las nuevas ciudades.
Estos colonos hablaban griego, que se convirtió
en un idioma común en todo el imperio. Con
el tiempo, el arte, la literatura y las ciencias griegas se expandieron en los territorios vecinos.

Sin embargo, y aunque apoyaba la expansión de la cultura griega, Alejandro motivaba a
los pueblos conquistados a mantener sus propias costumbres y tradiciones. Esto dio como
resultado una nueva mezcla de culturas en el
imperio de Alejandro. Esta mezcla combinaba
las ideas griegas con elementos de las culturas
persa, egipcia, siria y demás. Como esta nueva
cultura no era totalmente griega, o helénica, los
historiadores la llamaron **helenística** o similar a
la griega. No era puramente griega, pero tenía
una marcada influencia de las ideas griegas.

COMPRENSIÓN DE LA LECTURA **Ordenar** ¿Qué
pasos siguió Alejandro para crear su imperio?

Los reinos helenísticos

Cuando Alejandro murió, no dejó un heredero evidente para que se haga cargo de su reino y nadie sabía quién estaba al mando. Sin una dirección clara, los generales de Alejandro lucharon por el poder. Finalmente, tres poderosos generales se dividieron el imperio entre ellos. Uno se convirtió en rey de Macedonia y Grecia, otro gobernó Siria y el tercero se hizo cargo de Egipto.

La Macedonia helenística

Como era de esperar, el reino de Macedonia y Grecia era el más griego de los tres. Sin embargo, también era el que tenía el gobierno más débil. Los reyes de Macedonia tuvieron que aplastar muchas rebeliones de los griegos. Ya muy debilitada por esas rebeliones, Macedonia no se podía defender. Los ejércitos de Roma, una creciente potencia de la península Itálica, marcharon sobre Macedonia y la conquistaron a mediados del siglo II a.C.

La Siria helenística

Al igual que los reyes de Macedonia, los gobernantes de Siria debieron enfrentar muchos desafíos. Su reino, que incluía la mayor parte del antiguo Imperio persa, albergaba a muchos pueblos diferentes con costumbres muy distintas.

Descontentos con el gobierno helenístico, muchos de estos pueblos se rebelaron contra sus líderes. El reino, debilitado por los años de luchas, se fue desintegrando lentamente. Finalmente, en la década de 60 a.C., los romanos invadieron y conquistaron Siria.

El Egipto helenístico

Los gobernantes de Egipto impulsaron el crecimiento de la cultura griega. Construyeron la biblioteca más grande del mundo antiguo en la ciudad de Alejandría. Allí también construyeron el Museo, un lugar de reunión para eruditos y artistas. Gracias a sus esfuerzos, Alejandría se convirtió en un gran centro de cultura y conocimiento. Finalmente, el reino egipcio duró más que los otros reinos helenísticos. Sin embargo, en el año 30 a.C. también fue conquistado por Roma.

COMPRENSIÓN DE LA LECTURA Analizar
¿Por qué el imperio de Alejandro se dividió en tres reinos?

RESUMEN Y PRESENTACIÓN Alejandro Magno provocó importantes cambios políticos en Grecia y en el mundo helenístico. En la siguiente sección, aprenderás sobre los avances artísticos y científicos que afectaron la vida de los pueblos de esas regiones.

Sección 3 Evaluación

hmhsocialstudies.com
Cuestionario en Internet

Repasar ideas, palabras y personas

1. **Identificar** ¿Qué rey conquistó Grecia en el siglo IV a.C.?

2. **a. Describir** ¿Qué territorios conquistó **Alejandro Magno**?
   b. Interpretar ¿Por qué Alejandro destruyó Tebas?
   c. Profundizar ¿Por qué crees que Alejandro le dio su nombre a tantas ciudades?

3. **a. Recordar** ¿En qué tres reinos se dividió el imperio de Alejandro después de su muerte?
   b. Explicar ¿Por qué estos reinos se llamaban **helenísticos**?

Pensamiento crítico

4. **Generalizar** Repasa tus notas sobre Alejandro. Luego, escribe una oración que explique por qué es un personaje histórico importante.

Construcción de un imperio → Por qué Alejandro fue importante ← Difusión de la cultura

ENFOQUE EN LA REDACCIÓN

5. **Evaluar a Alejandro** Agrega a Alejandro Magno a la tabla que creaste anteriormente. Recuerda que aunque Alejandro era militar, no todos sus logros fueron en las batallas.

Los logros de los griegos

Si ESTUVIERAS allí...

En Atenas, todo el mundo ha estado hablando sobre un filósofo y maestro llamado Sócrates, por lo que decides ir a verlo personalmente. Lo encuentras sentado debajo de un árbol, rodeado de sus discípulos. Le dices: "Enséñame sobre la vida". Pero en lugar de responderte, te pregunta: "¿Qué es la vida?". Te esfuerzas por contestarle. Te hace otra pregunta y otra más. Si es un maestro tan grande, ¿no debería tener todas las respuestas? Por el contrario, todo lo que parece tener son preguntas.

¿Qué piensas de Sócrates?

CONOCER EL CONTEXTO Sócrates fue sólo uno de los muchos filósofos brillantes que vivieron en Atenas en el siglo V a.C. La ciudad también albergaba a algunos de los artistas y escritores más grandes del mundo. De hecho, tanto hombres como mujeres lograron grandes avances en las artes y las ciencias en toda Grecia. Sus obras inspiraron a las personas durante siglos.

Las artes

Entre los logros más importantes de los antiguos griegos se encuentran los logros que alcanzaron en las artes. Estas artes incluyen la escultura, la pintura, la arquitectura y la escritura.

Las estatuas y las pinturas

Los antiguos griegos eran artistas distinguidos. Sus pinturas y esculturas han despertado admiración durante cientos de años. Hoy en día aún se exhiben ejemplos de estas obras en museos de todo el mundo.

Lo que aprenderás...

Ideas principales

1. Los griegos hicieron grandes contribuciones a las artes.
2. Las enseñanzas de Sócrates, Platón y Aristóteles son la base de la filosofía moderna.
3. En cuanto a la ciencia, los griegos hicieron descubrimientos fundamentales en matemáticas, medicina e ingeniería.

La idea clave

Los antiguos griegos hicieron contribuciones perdurables a las artes, la filosofía y las ciencias.

Personas y palabras clave

Sócrates, *pág. 281*
Platón, *pág. 281*
Aristóteles, *pág. 281*
razón, *pág. 281*
Euclides, *pág. 282*
Hipócrates, *pág. 282*

hmhsocialstudies.com
TOMAR NOTAS

Usa el organizador gráfico en Internet para tomar notas acerca de los logros de los griegos en las artes, la filosofía y la ciencia.

Las esculturas griegas son admiradas por su realismo, su aspecto natural y sus detalles.

Las estatuas griegas son tan admiradas porque los escultores que las crearon trataron de que su aspecto fuera perfecto. Querían que sus estatuas mostraran lo hermosas que podían ser las personas. Para mejorar su arte, estos escultores estudiaron cuidadosamente el cuerpo humano, especialmente el aspecto que tenía cuando estaba en movimiento. Luego, usaban lo que habían aprendido para esculpir estatuas de piedra y de mármol. Es por eso que muchas esculturas griegas parecen que fueran a cobrar vida en cualquier momento.

La pintura griega también es admirada por su realismo y sus detalles. Por ejemplo, los artistas griegos pintaban escenas detalladas en jarrones, vasijas y otros recipientes. Con frecuencia, en estos recipientes se muestran escenas de mitos o competencias atléticas. Muchas de las escenas se crearon usando sólo dos colores: negro y rojo. A veces los artistas usaban esmalte negro para pintar escenas en jarrones rojos. Otros artistas cubrían los jarrones con esmalte y luego los raspaban para dejar que se viera el fondo rojo.

La arquitectura griega

Si fueras a Grecia hoy, verías las ruinas de muchos edificios antiguos. Las antiguas columnas todavía sostienen partes de techos rotos y los antiguos bajorrelieves adornan muros caídos. Estos restos nos dan una idea de la belleza de los antiguos edificios griegos.

El Partenón

El Partenón era un hermoso templo dedicado a la diosa Atenea, a quien el pueblo de Atenas consideraba su protectora. El templo, que se levantaba en la acrópolis ateniense, fue construido por Pericles y aún hoy es uno de los edificios más famosos del mundo.

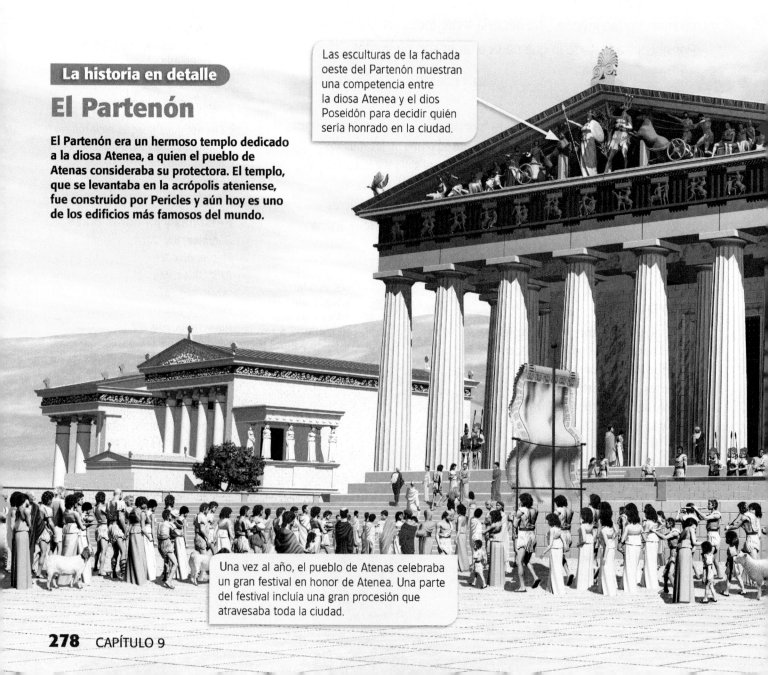

Las esculturas de la fachada oeste del Partenón muestran una competencia entre la diosa Atenea y el dios Poseidón para decidir quién sería honrado en la ciudad.

Una vez al año, el pueblo de Atenas celebraba un gran festival en honor de Atenea. Una parte del festival incluía una gran procesión que atravesaba toda la ciudad.

Los griegos diseñaban sus edificios con mucho cuidado, especialmente sus templos. Los templos estaban rodeados de hileras de altas columnas, lo que les daba un aspecto majestuoso e inspirador. Los diseñadores griegos fueron muy cuidadosos cuando calcularon estas columnas. Sabían que las columnas alineadas en una larga hilera parecen curvarse en el medio. Para evitar esta ilusión óptica, hicieron sus columnas un poco más anchas en el medio. En consecuencia, las columnas griegas parecen perfectamente derechas.

Los antiguos diseñadores griegos tomaban esas precauciones porque querían que sus edificios reflejaran la grandeza de sus ciudades.

El más impresionante de todos los edificios griegos era el Partenón en Atenas, que se ilustra abajo. Este templo en honor de la diosa Atenea fue construido en el siglo V a.C. en la acrópolis ateniense. Fue diseñado para que fuera magnífico no sólo por fuera, sino también por dentro. Como puedes ver, el interior estaba adornado con bajorrelieves y columnas.

Las nuevas formas literarias

La escultura, la pintura y la arquitectura no eran las únicas expresiones del arte griego. Los griegos también eran excelentes escritores. De hecho, los autores griegos crearon muchas formas literarias nuevas, entre ellas las obras de teatro y los textos históricos.

En el interior del Partenón había una magnífica estatua de Atenea hecha por el escultor Fidias, a quien muchos consideran el escultor más grande de toda Grecia.

Las 46 columnas del Partenón se llaman columnas dóricas. Este tipo de columnas sencillas no tienen ninguna decoración en la parte superior.

DESTREZA DE ANÁLISIS ANALIZAR RECURSOS VISUALES
¿Por qué crees que las personas llevan animales y bienes al templo?

Los griegos crearon obras de teatro como parte de sus ceremonias religiosas. Los actores y cantantes representaban escenas en honor de los dioses y los héroes. Estas obras se convirtieron en una forma popular de entretenimiento, especialmente en Atenas.

En el siglo V a.C., los escritores atenienses crearon muchas de las obras de teatro más importantes del mundo antiguo. Algunos escritores produjeron tragedias, que describían las dificultades que enfrentaban los héroes griegos. Entre los mejores escritores de tragedias se encontraban Esquilo y Sófocles. Por ejemplo, Sófocles escribió sobre un héroe griego que mató a su propio padre por error. Otros dramaturgos griegos se especializaron en comedias, en las que se reían de las personas y las ideas. Un famoso escritor de comedias era Aristófanes, que usaba sus comedias para exponer sus opiniones sobre la guerra, los tribunales y las personas famosas.

Los griegos también fueron uno de los primeros pueblos en escribir sobre historia. Estaban interesados en las lecciones que se podían aprender de ella. Uno de los historiadores griegos más grandes fue Tucídides, que escribió una historia de la Guerra del Peloponeso basada, en parte, en sus experiencias como soldado ateniense. A pesar de ser ateniense, Tucídides trataba de ser **neutral** en sus obras. Estudió la guerra e intentó deducir cuál había sido su causa. Tenía la esperanza de que los griegos aprendieran de sus errores y evitaran guerras similares en el futuro. Muchos historiadores posteriores tomaron su obra como modelo.

COMPRENSIÓN DE LA LECTURA **Resumir**
¿Cuáles eran algunas expresiones de arte de la antigua Grecia?

La filosofía

Los antiguos griegos adoraban a dioses y diosas cuyas acciones explicaban muchos de los misterios del mundo. Sin embargo, alrededor del año 500 a.C., algunas personas habían comenzado a pensar en otras explicaciones. Estas personas se conocen como filósofos. Creían en el poder de la mente humana para pensar, explicar y comprender la vida.

Fuente primaria

LIBRO
La muerte de Sócrates

En el año 399 a.C., Sócrates fue arrestado y acusado de corromper a los jóvenes de Atenas y de no respetar las tradiciones religiosas. Fue sentenciado a muerte: debía beber veneno. Sócrates pasó sus últimas horas rodeado de sus discípulos. Uno de ellos, Platón, más tarde detalló el suceso.

Sócrates no protesta contra la sentencia, sino que bebe voluntariamente el veneno.

Los discípulos y amigos que han visitado a Sócrates, entre ellos el narrador, están mucho más nerviosos que él.

"Entonces, llevando la copa a sus labios, bebió el veneno rápida y alegremente. Y hasta ese momento, la mayoría de nosotros habíamos logrado controlar nuestra tristeza; pero ahora que lo veíamos beber ... mis propias lágrimas afloraban rápidamente, de manera que cubrí mi rostro y lloré ... Sólo Sócrates mantenía la calma: ¿Qué es este lamento extraño?, dijo ... Me han dicho que un hombre debe morir en paz. Hagan silencio entonces y tengan paciencia**"**.

—Platón, de *Fedón*

DESTREZA DE ANÁLISIS **ANALIZAR FUENTES PRIMARIAS**
¿Cómo les pide Sócrates a sus discípulos que actúen cuando bebe el veneno?

Socrates

Entre los más grandes de estos pensadores se encontraba un hombre llamado **Sócrates**, que creía que las personas nunca debían abandonar la búsqueda del conocimiento.

Además de maestro, Sócrates era pensador. Hoy en día llamamos método socrático a su forma de enseñanza. Él enseñaba haciendo preguntas, que se referían a las cualidades humanas como el amor o el coraje. Sócrates solía preguntar: "¿Qué es el coraje?". Cuando las personas respondían, él ponía a prueba sus respuestas con más preguntas.

Sócrates quería que las personas pensaran y cuestionaran sus propias convicciones. Pero provocó el enojo e incluso el temor de algunas personas, que lo acusaron de poner en duda la autoridad de los dioses. Por estas razones, fue arrestado y condenado a muerte. Sus amigos y sus discípulos vieron cómo aceptaba su muerte con calma. Tomó la copa con el veneno que le dieron, lo bebió y murió.

Platón

Platón era discípulo de Sócrates y, al igual que él, era maestro además de filósofo. Platón creó una escuela, la Academia, a la que los estudiantes, los filósofos y los científicos podían asistir para debatir ideas.

Aunque Platón pasaba gran parte de su tiempo dirigiendo la Academia, también escribió muchas obras. La más famosa se llamó *La república*. Esta obra describe el concepto que tenía Platón sobre una sociedad ideal. Esa sociedad estaría basada en la justicia y la equidad para todos. Para garantizar esa equidad, Platón decía que la sociedad debía ser gobernada por filósofos. Pensaba que sólo ellos podían entender qué era lo mejor para todos.

Aristóteles

Es posible que **Aristóteles**, discípulo de Platón, haya sido el pensador griego más importante. Él sostenía que las personas deberían vivir sus vidas con moderación o equilibrio. Por ejemplo, las personas no deberían ser avaras,

BIOGRAFÍA

Euclides
circa 300 a.C.

Euclides es considerado uno de los matemáticos más grandes del mundo. Vivió y enseñó en Alejandría, Egipto, un gran centro del conocimiento. Euclides escribió sobre la relación entre las matemáticas y otros campos, entre ellos la astronomía y la música. Pero es más conocido por sus conocimientos de geometría. De hecho, sus obras tuvieron tanta influencia que la rama de la geometría que estudiamos en la escuela (el estudio de las figuras planas y las líneas) se llama geometría euclidiana.

Sacar conclusiones ¿Por qué crees que una rama de la geometría obtiene su nombre de Euclides?

---

pero tampoco deberían desprenderse de todos sus bienes. En cambio, deberían encontrar un equilibrio entre estos dos extremos.

Aristóteles creía que la moderación estaba basada en la **razón**, es decir, el pensamiento claro y ordenado. Creía que las personas debían usar la razón para gobernar sus vidas. En otras palabras, las personas debían pensar acerca de sus acciones y de cómo esas acciones afectarían a los demás.

Aristóteles también logró grandes avances en el campo de la lógica, que es el proceso de inferir. Sostenía que se podían usar hechos conocidos para deducir otros nuevos. Por ejemplo, si sabes que Sócrates vivía en Atenas y que Atenas está en Grecia, se puede deducir que Sócrates vivía en Grecia. Las ideas de Aristóteles sobre lógica inspiraron a muchos científicos griegos posteriores.

COMPRENSIÓN DE LA LECTURA **Generalizar**
¿Qué querían descubrir los antiguos filósofos griegos como Sócrates, Platón y Aristóteles?

La ciencia

Los trabajos de Aristóteles inspiraron a muchos científicos griegos, que comenzaron a observar más atentamente al mundo para ver cómo funcionaba.

Matemáticas

Algunos griegos pasaron su vida estudiando matemáticas. Uno de ellos fue **Euclides**, que estaba interesado en la geometría, el estudio de las líneas, los ángulos y las figuras. De hecho, muchas de las reglas geométricas que aprendemos en la escuela hoy en día provienen directamente de los trabajos escritos por Euclides.

Entre los demás matemáticos griegos se encuentra un geógrafo que usó las matemáticas para calcular con exactitud el tamaño de la Tierra. Años después, en los siglos IV y V d.C., una mujer llamada Hipatia enseñó matemáticas y astronomía.

Medicina e ingeniería

No todos los científicos griegos estudiaron los números. Algunos estudiaron otras áreas de la ciencia, como la medicina y la ingeniería.

Los médicos griegos estudiaron el cuerpo humano para comprender cómo funcionaba. En su afán por curar enfermedades y mantener sanas a las personas, los médicos griegos hicieron muchos descubrimientos.

El médico griego más importante fue **Hipócrates**. Quería descubrir cuáles eran las causas de las enfermedades para poder tratarlas mejor. Sin embargo, en la actualidad Hipócrates es más conocido por sus ideas sobre el comportamiento correcto de los médicos.

Los ingenieros griegos también hicieron grandes descubrimientos. En la actualidad, todavía usamos algunos de los dispositivos que inventaron los griegos. Por ejemplo, los agricultores de muchos países todavía usan propulsores de hélices hidráulicas para llevar agua a sus campos. Este dispositivo, que eleva el agua desde un nivel bajo a uno más alto, fue inventado por un científico griego llamado Arquímedes, en el siglo III a.C. Los inventores griegos también podían ser divertidos y no dedicarse a asuntos serios. Por ejemplo, un inventor creó juguetes mecánicos como pájaros, títeres y máquinas accionadas por monedas.

COMPRENSIÓN DE LA LECTURA **Resumir**
¿Qué avances hicieron los científicos griegos en medicina?

RESUMEN Y PRESENTACIÓN A través de su arte, filosofía y ciencia, los griegos han tenido una notable influencia en la civilización occidental. En el próximo capítulo, aprenderás sobre otro pueblo que ha ayudado a dar forma al mundo occidental: los romanos.

Sección 4 Evaluación

Repasar ideas, palabras y personas

1. a. Identificar ¿Qué dos tipos de obras de teatro inventaron los griegos?

b. Explicar ¿Por qué las columnas griegas son más anchas en el medio?

c. Profundizar ¿De qué manera el estudio del cuerpo humano ayudó a los artistas griegos a hacer más reales sus esculturas?

2. Describir ¿Cómo enseñaba **Sócrates**? ¿Cómo se llama este método de enseñanza?

3. a. Identificar ¿En qué áreas consiguieron **Hipócrates** y **Euclides** sus mayores logros?

b. Inferir ¿Por qué algunas personas llaman a Grecia "la cuna del mundo occidental"?

Pensamiento crítico

4. Resumir Agrega un recuadro debajo de tu diagrama de notas. Úsalo para resumir las contribuciones de los griegos a las artes, la filosofía y la ciencia.

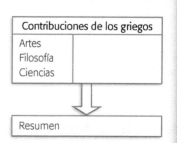

Contribuciones de los griegos	
Artes Filosofía Ciencias	

Resumen

ENFOQUE EN LA REDACCIÓN

5. Tomar notas acerca de artistas y pensadores Agrega a los artistas y pensadores de esta sección a la tabla que creaste anteriormente. Como estas personas no eran líderes militares, todas tus notas deberán ir en la tercera columna de tu tabla.

Filósofos griegos: Sócrates, Platón y Aristóteles

¿Cómo sería el mundo si nadie creyera en la importancia del conocimiento y la verdad?

¿Cuándo vivieron? en los siglos IV y V a.C.

¿Dónde vivieron? en Atenas

¿Qué hicieron? Pensaron. Sócrates, Platón y Aristóteles pensaron sobre el mundo y buscaron el conocimiento, la sabiduría y la verdad. Crearon el método socrático de enseñanza, el primer libro de ciencias políticas y un método de razonamiento científico.

¿Por qué son importantes? En la mayor parte del mundo antiguo, los fuertes guerreros se llevaban toda la gloria. Pero en Atenas, se honraba a los grandes pensadores y a los hombres sabios. Las personas los escuchaban y seguían sus consejos. Aún hoy, las personas admiran las ideas de Sócrates, Platón y Aristóteles. Sus enseñanzas son la base de la filosofía y la ciencia modernas.

Inferir ¿Crees que estos filósofos habrían sido tan influyentes si hubieran vivido en otra ciudad? ¿Por qué?

En esta ilustración se muestra cómo imaginó un artista que sería el aspecto de Platón (izquierda), Aristóteles (centro) y Sócrates (derecha).

SUCESOS CLAVE

¿Cómo influyeron en la historia Sócrates, Platón y Aristóteles?

- **Sócrates** enseñó a Platón.

- **Platón** enseñó a Aristóteles.

- **Aristóteles** enseñó a Alejandro Magno, que ayudó a difundir las ideas griegas en gran parte del mundo.

HISTORY.

VIDEO
The Death of a Philosopher

⤢ hmhsocialstudies.com

Interpretar tablas y diagramas

Comprender la destreza

Los diagramas presentan la información visualmente para que sea más fácil comprenderla. Los diferentes tipos de diagramas tienen diferentes objetivos. Los *diagramas de organización* pueden mostrar relaciones entre las partes de algo. Los *diagramas de flujo* ilustran los pasos de un proceso o las relaciones de causa y efecto. Los *diagramas de clasificación* agrupan información de modo que se pueda comparar fácilmente. Las *tablas* son un tipo de diagrama de clasificación que organiza la información en filas y columnas para facilitar la comparación. Saber interpretar tablas te ayudará a analizar la información y a entender las relaciones.

Aprender la destreza

Usa estos pasos básicos para interpretar un diagrama:

1 Identifica el tipo de diagrama y lee el título para comprender su objetivo y su tema.

2 Observa las partes del diagrama. Lee los encabezados de las filas y las columnas para determinar las categorías de información. Observa los demás rótulos que acompañen a la información del diagrama. Observa si hay líneas que conecten las distintas partes.

3 Estudia los detalles del diagrama. Busca relaciones en la información que presenta. En los diagramas de clasificación, analiza y compara todo el contenido de las filas y las columnas. En los diagramas de flujo y de organización, lee todos los rótulos y demás información. Sigue las flechas o las líneas de dirección.

Gobierno de Esparta, *circa* 450 a.C.

Éforos
- Cinco ciudadanos varones adultos
- Electos por mandatos de un año
- Presidían la Asamblea y el Consejo
- Se encargaban de los asuntos cotidianos de Esparta

Reyes
- Dos gobernantes hereditarios
- Comandaban los ejércitos
- Actuaban como sumos sacerdotes
- Actuaban como jueces en causes menores

Asamblea
- Todos los ciudadanos varones de 30 años o mayores
- Aprobaba o rechazaba las propuestas hechas por el Consejo
- No podía proponer acciones por sí misma
- Elegía a los éforos

Consejo de ancianos
- 28 ciudadanos varones mayores de 60 años
- Electos de por vida por los ciudadanos
- Proponían acciones a la Asamblea
- Actuaban como jueces en causas importantes

Practicar y aplicar la destreza

Aplica las estrategias que se describen para interpretar el diagrama anterior y responde a las siguientes preguntas.

1. ¿Qué tipo de diagrama es este y cuál es su objetivo?

2. ¿De qué formas estaban conectados los éforos y la Asamblea?

3. ¿En qué se diferenciaban los papeles de la Asamblea y del Consejo de ancianos?

4. ¿Qué cargo del gobierno espartano no tenía relación directa con la Asamblea?

Repaso del capítulo

El impacto de la historia

▶ videos

Consulta el video para responder a la pregunta de enfoque:

¿De qué manera influyeron las teorías griegas en la civilización estadounidense?

Resumen visual

Usa el siguiente resumen visual para repasar las ideas principales del capítulo.

DATOS BREVES

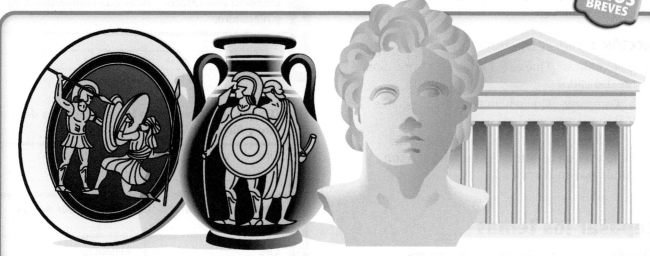

Esparta y Atenas lucharon juntas para derrotar a Persia en las Guerras Persas.

La cultura espartana se centraba en el aspecto militar, mientras que la cultura ateniense ponía énfasis en el gobierno y las artes.

Alejandro Magno construyó un enorme imperio y difundió la cultura griega.

Los antiguos griegos hicieron aportes perdurables a la arquitectura, la filosofía, las ciencias y muchos otros campos.

Repasar vocabulario, palabras y personas

Elige una de las dos palabras para completar correctamente las siguientes oraciones.

1. Un gobernante llamado _____ creó el Imperio persa. **(Ciro el Grande/Jerjes I)**

2. Una _____ era un grupo de soldados que formaba un cuadrado para luchar. **(caballería/falange)**

3. _____ construyó el imperio más grande que el mundo había visto. **(Alejandro Magno/Aristóteles)**

4. En la(s) Guerra(s) _____ se enfrentaron dos ciudades estado que lucharon entre sí. **(Persas/del Peloponeso)**

5. El filósofo _____ enseñaba a las personas haciéndoles preguntas. **(Darío/Sócrates)**

6. El erudito médico más grande de la antigua Grecia fue _____. **(Filipo II/Hipócrates)**

7. Aristóteles enseñaba la importancia de la _____ en sus escritos. **(razón/alianza)**

8. _____ era un gran matemático. **(Platón/Euclides)**

Comprensión y pensamiento crítico

SECCIÓN 1 *(Páginas 260–265)*

9. **a. Identificar** ¿Quiénes fueron Ciro el Grande, Darío I y Jerjes I?

b. Analizar ¿Cómo usaron los griegos la estrategia para derrotar a una fuerza militar más numerosa?

c. Profundizar ¿Cuáles fueron algunos de los factores que contribuyeron al éxito del Imperio persa?

SECCIÓN 2 *(Páginas 266–271)*

10. **a. Describir** ¿Cómo era la vida para las mujeres espartanas? ¿Y para las mujeres atenienses?

b. Comparar y contrastar ¿En qué se diferenciaba la educación de los niños espartanos de la educación de los niños atenienses? ¿Qué tenían en común las educaciones de ambos grupos?

c. Evaluar ¿Estás o no de acuerdo con la siguiente afirmación: "Los atenienses provocaron la Guerra del Peloponeso"? Justifica tu respuesta.

SECCIÓN 3 *(Páginas 272–276)*

11. a. Describir ¿De qué manera mejoró la falange Filipo II?

b. Analizar ¿Cómo cambiaron las culturas que Alejandro conquistó después de su muerte?

c. Hacer predicciones ¿Cómo podría haber cambiado la historia si Alejandro no hubiera muerto tan joven?

SECCIÓN 4 *(Páginas 277–282)*

12. a. Identificar ¿Qué es el Partenón? ¿A qué diosa fue dedicado?

b. Comparar ¿Qué tenían en común Sócrates, Platón y Aristóteles?

c. Evaluar ¿Por qué crees que los logros de los griegos en las artes y las ciencias aún son admirados en la actualidad?

Repasar los temas

13. Política ¿Por qué los persas y los griegos reaccionaron de manera diferente al final de las Guerras Persas?

14. Política ¿Cómo se relacionaban el gobierno y el ejército en Esparta?

15. Sociedad y cultura ¿En qué se diferenciaban los papeles de las mujeres de Atenas de los de las mujeres de Esparta?

Usar Internet

16. Actividad: Escribir un diálogo Mientras que los gobernantes como Alejandro y Ciro luchaban para ganar territorios, los pensadores como Sócrates pueden haber cuestionado sus métodos. Usa tu libro de texto en Internet para escribir un diálogo entre Sócrates y un discípulo sobre si era correcto invadir otro país. Sócrates debe hacer por lo menos 10 preguntas a su discípulo.

🔼 hmhsocialstudies.com

Destrezas de estudios sociales

17. Comprender tablas y diagramas Crea un diagrama en tu cuaderno que identifique los logros clave de los griegos en arquitectura, arte, escritura, filosofía y ciencia. Completa el diagrama con detalles de este capítulo.

Destrezas de lectura

18. Comparar y contrastar Completa el siguiente diagrama para comparar y contrastar dos líderes poderosos que estudiaste en este capítulo: Ciro el Grande y Alejandro Magno.

Comparar

Enumera dos características que compartían Ciro y Alejandro.
a. _____
b. _____

Contrastar

¿En qué se diferenciaban los antecedentes de Ciro y Alejandro?	
Ciro	Alejandro
c. _____	d. _____

¿Qué sucedió con sus imperios después de sus muertes?	
Ciro	Alejandro
e. _____	f. _____

ENFOQUE EN LA REDACCIÓN

19. Escribir un poema Vuelve a leer tus notas sobre este capítulo. Pregúntate cuáles de los logros que anotaste son los más importantes. ¿Admiras a las personas por sus ideas, su voluntad, su liderazgo o su inteligencia?

Elige a una persona que admires por sus logros. Repasa el capítulo y busca más detalles sobre los logros de esa persona. Luego escribe un poema alabando al personaje que hayas elegido. Tu poema debe tener cinco líneas. La primera debe identificar al protagonista del poema. Las siguientes tres deben mencionar sus logros y la última debe resumir los motivos por los que es respetado.

Práctica para el examen estandarizado

INSTRUCCIONES: Lee las preguntas y escribe la letra de la respuesta correcta.

1

> La libertad que disfrutamos en nuestro gobierno se extiende también a nuestra vida cotidiana ... Además, brindamos muchísimas maneras para que la mente se refresque de los negocios. Celebramos juegos y sacrificios durante todo el año ... Mientras nuestros rivales, desde que nacen, buscan alcanzar la hombría por medio de una penosa disciplina ... nosotros vivimos exactamente como nos place y sin embargo estamos tan dispuestos como ellos a enfrentar todos los peligros verdaderos.

El contenido de este fragmento sugiere que la persona que lo escribió probablemente vivía en

A Atenas.

B Alejandría.

C Esparta.

D Troya.

2 Los principales rivales de los atenienses eran de

A Esparta.

B Roma.

C Macedonia.

D Alejandría.

3 ¿Quiénes eran los principales enemigos de los griegos en el siglo V a.C.?

A los romanos

B los persas

C los egipcios

D los macedonios

4 Todos los siguientes fueron filósofos griegos *excepto*

A Aristóteles.

B Platón.

C Sócrates.

D Zoroastro.

5 La cultura helenística se desarrolló como resultado de las actividades de

A Darío I.

B Filipo II.

C Ciro el Grande.

D Alejandro Magno.

Conexión con lo aprendido anteriormente

6 Ciro el Grande y Alejandro Magno construyeron enormes imperios. ¿Qué otro líder que has estudiado en este curso también creó un imperio?

A Moisés

B Shi Huangdi

C Confucio

D Hatshepsut

7 En este capítulo has leído sobre muchos filósofos y pensadores importantes. ¿Cuál de las siguientes personas que has estudiado *no* era un filósofo o pensador?

A Sócrates

B Ramsés el Grande

C Confucio

D Siddhartha Gautama

Tarea
Reúne información y escribe un informe sobre un tema relacionado con los hebreos o los antiguos griegos.

CONSEJO **Limitar un tema**
Amplio: Esparta
Menos amplio: Las mujeres y las niñas de Esparta
Pregunta específica: ¿Cómo era la vida para las mujeres y las niñas en Esparta?

Un informe de estudios sociales

El objetivo de un informe de estudios sociales es compartir información. En general, esta información es el resultado de una investigación. Comienzas tu investigación haciendo preguntas sobre un tema.

1. Antes de escribir

Elegir un tema

Podrías hacer muchas preguntas sobre la unidad que acabas de estudiar.

> • ¿Por qué Ruth fue una persona importante en la historia de la religión judía?
>
> • ¿Cuál era el papel de la mitología en la vida de los antiguos griegos?
>
> • ¿Cuáles fueron los logros más importantes de Alejandro Magno?

Anota algunos temas que te hayan interesado. Luego, haz una lista de preguntas sobre uno o más de esos temas. Asegúrate de que tus preguntas sean limitadas y específicas. Elige la que te parezca más interesante.

Buscar información histórica

Usa por lo menos tres fuentes además de tu libro de texto para buscar información sobre tu tema. Entre las fuentes apropiadas se encuentran:

- libros, mapas, revistas, periódicos
- programas de televisión, películas, videos
- sitios de Internet, CD-ROM, DVD

Lleva un registro de tus fuentes de información y anótalas en un cuaderno o en tarjetas. Asigna un número a cada fuente como se indica a continuación.

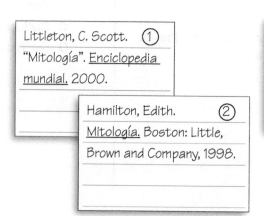

Littleton, C. Scott. ①
"Mitología". <u>Enciclopedia mundial.</u> 2000.

Hamilton, Edith. ②
<u>Mitología.</u> Boston: Little, Brown and Company, 1998.

Lindemans, Micha F. ③
"Mitología griega: Perséfone". <u>Enciclopedia mítica.</u> 27 de abril de 2004. http://www.pantheon.org.

Tomar notas

Toma notas acerca de los hechos y detalles importantes que encuentres en tus fuentes. La redacción histórica debe ser exacta. Registra cuidadosamente todos los nombres, fechas y cualquier otra información que encuentres en las fuentes. Copia las citas directas textualmente y encierra las palabras entre comillas. Junto a cada anotación, incluye el número de la fuente correspondiente y el número de página.

Expresar la idea clave de tu informe

Puedes convertir fácilmente tu pregunta original en la idea clave de tu informe. Si cambias tu pregunta un poco a medida que investigas, escríbela nuevamente antes de convertirla en una afirmación. La idea clave de un informe casi siempre se incluye en el primer párrafo.

Organizar tus ideas y la información

Ordena tus notas por temas y subtemas. Colócalas en un orden lógico que tenga sentido para tus lectores. Generalmente se usa uno de los siguientes métodos para organizar la información:

- colocar los sucesos y los detalles en el orden en que ocurrieron
- agrupar las causas con sus efectos
- agrupar la información por categoría, generalmente según el orden de importancia, del menos importante al más importante

El siguiente es un esquema parcial para un informe sobre mitología griega.

Idea clave: Los antiguos griegos relataban mitos para explicar el mundo.
I. El objetivo de la mitología en la antigua Grecia
   A. Preguntas de los griegos sobre el mundo que los rodeaba
   B. Uso de los mitos por parte de los griegos como respuestas a sus preguntas
II. Mitos sobre sucesos cotidianos en la vida de los griegos
   A. El mito de Hestia, diosa del hogar
   B. El mito de Hefesto, dios de las artesanías y del fuego
III. Mitos sobre el mundo natural de los griegos
   A. El mito de Apolo, dios del Sol
   B. El mito de Perséfone, diosa de las estaciones

CONSEJO **Oración o pregunta** La oración de tu idea clave puede ser una afirmación del punto que quieres demostrar en tu trabajo.

> Los antiguos griegos usaban la mitología para explicar la naturaleza.

También puede ser una pregunta, similar a la pregunta original de tu investigación.

> ¿Cómo usaron los antiguos griegos la mitología para explicar sus vidas?

CONSEJO **Aprovechar al máximo tu esquema** Si escribes cada uno de tus temas y subtemas como una oración completa, puedes usar esas oraciones para crear tu primer borrador.

2. Escribe

Es conveniente que escribas un primer borrador relativamente rápido, pero también te ayudará si lo organizas a medida que lo haces. Usa el siguiente esquema como guía.

Esquema del escritor

Introducción	Desarrollo	Conclusión
■ Comienza con una cita o un detalle histórico interesante. ■ Expresa la idea clave de tu informe. ■ Incluye cualquier información sobre el contexto histórico que tus lectores necesiten para comprender tu idea clave.	■ Presenta tu información dividida en por lo menos tres ideas principales. ■ Escribe al menos un párrafo para cada una de estas ideas principales. ■ Incluye hechos, detalles o ejemplos para fundamentar cada párrafo.	■ Vuelve a expresar tu idea clave con otras palabras. ■ Termina con un comentario general sobre el tema o explica cómo la información histórica de tu informe se relaciona con los sucesos históricos posteriores.

Estudiar un modelo

Aquí tienes un modelo de un informe de estudios sociales. Analízalo para ver cómo un estudiante elaboró un trabajo sobre estudios sociales. El primer párrafo y el párrafo final se reproducen completos. Los párrafos del cuerpo principal del texto están resumidos.

PÁRRAFO INTRODUCTORIO

Capta la atención

Oración de idea clave

Los antiguos griegos se enfrentaron con muchos misterios en sus vidas. ¿Cómo y por qué las personas se enamoraban? ¿Qué provocaba la caída de la lluvia y el crecimiento de los cultivos? ¿Qué son los planetas y las estrellas y de dónde vinieron? Los griegos respondieron estas preguntas a través de los mitos que relataban sobre sus héroes, dioses y diosas. Usaron la mitología para explicar todas las cosas, desde los sucesos cotidianos hasta las fuerzas de la naturaleza y la creación del universo.

Párrafos de desarrollo

El primer párrafo del desarrollo comienza con una afirmación sobre cómo los griegos usaban los mitos para explicar sus vidas cotidianas. Luego se dan dos ejemplos de ese tipo de mitos. El estudiante resume los mitos sobre Afrodita, la diosa del amor, y Hefesto, el dios de las artesanías y el fuego.

En el párrafo siguiente, el estudiante demuestra cómo los griegos usaban los mitos para explicar el mundo natural. El ejemplo sobre ese tipo de relato es el mito de Perséfone y su relación con las estaciones.

El último párrafo del desarrollo contiene el último punto del estudiante, que se refiere a la creación de los mitos. Los dos ejemplos que se dan para estos mitos son relatos sobre Helios, dios del Sol, y Artemisa, diosa de la Luna.

PÁRRAFO FINAL

Las dos primeras oraciones vuelven a expresar la tesis

Las tres últimas oraciones hacen un comentario general sobre el tema: los mitos griegos.

Los griegos tenían una enorme cantidad de mitos. Los necesitaban para explicar todas las cosas que hacían y que veían. Además de explicar estas cosas, los mitos también daban a los griegos una sensación de poder. Al ofrecer oraciones y sacrificios a los dioses, creían que podían modificar el mundo que los rodeaba. Todas las personas desean tener cierto control sobre sus vidas y los griegos lograban esa sensación de control a través de su mitología.

Observa que cada párrafo está organizado de la misma manera que todo el trabajo. Cada párrafo expresa una idea principal e incluye información que apoya esa idea. Una gran diferencia es que no todos los párrafos necesitan una conclusión. Sólo el párrafo final debe terminar con una afirmación en forma de conclusión.

3. Evalúa y revisa

Es importante que evalúes tu primer borrador antes de comenzar a revisarlo. Sigue los siguientes pasos para evaluar y revisar tu borrador.

Evaluar y revisar un informe

1. ¿La introducción atrae el interés de los lectores y expresa la idea clave de tu informe?
2. ¿El texto principal de tu informe tiene por lo menos tres párrafos que desarrollen tu idea clave? ¿La idea principal de cada párrafo está claramente expresada?
3. ¿Has incluido suficiente información para fundamentar cada una de tus ideas principales? ¿Son exactos todos los hechos, detalles y ejemplos? ¿Están todos ellos claramente relacionados con las ideas principales que fundamentan?
4. ¿El informe está claramente organizado? ¿Se usa un orden cronológico, un orden de importancia o causa y efecto?
5. ¿En la conclusión vuelves a expresar la idea clave de tu informe? ¿Terminas con un comentario general sobre tu tema?
6. ¿Has incluido por lo menos tres fuentes en tu bibliografía? ¿Has incluido todas las fuentes que has usado y ninguna que no hayas usado?

4. Corrige y publica

Corregir

Para corregir tu informe antes de comentarlo, verifica lo siguiente:
- la ortografía y el uso de mayúsculas de todos los nombres propios de personas, lugares, cosas y sucesos específicos
- los signos de puntuación que encierren las citas directas
- la puntuación y el uso de mayúsculas en tu bibliografía

Publicar

Elige una o más de estas ideas para comentar tu informe.
- Crea un mapa que acompañe a tu informe. Usa un color específico para resaltar los lugares y las rutas que sean importantes en tu informe.
- Archiva un ejemplar de tu informe en la biblioteca de la escuela para que sirva de referencia para otros estudiantes. Incluye ilustraciones con el informe.
- Si tu escuela tiene un sitio de Internet, puedes publicar tu informe. Fíjate si puedes hacer enlaces con otras fuentes sobre tu tema.

CONSEJO Bibliografía

- Subraya los títulos de todos los libros, programas de televisión y sitios web.
- Usa comillas para encerrar los títulos de artículos y cuentos.

Practica y aplica

Usa los pasos y las estrategias que se describen en este taller para investigar y escribir un informe.

El mundo romano

Capítulo 10 La República romana
Capítulo 11 Roma y el cristianismo

Roma dejó de ser un pequeño pueblo de Italia para convertirse en el centro de uno de los imperios más grandes del mundo. Los romanos, al igual que los griegos, a quienes admiraban, ejercieron una larga influencia sobre la historia universal.

El legado de Roma fue muy importante. Los romanos realizaron grandes adelantos en ingeniería y arquitectura y desarrollaron sistemas de leyes escritas y sistemas de gobierno muy avanzados. Durante el siglo I d.C., apareció una nueva religión llamada cristianismo, que se extendió por todo el imperio.

En los próximos dos capítulos, aprenderás cómo surgió Roma, cómo apareció y se extendió el cristianismo, y cómo finalmente se dividió y cayó uno de los grandes imperios del mundo.

Investiga el arte

En esta escena, un tutor romano enseña a leer a dos jóvenes estudiantes. ¿Qué te sugiere esta escena sobre la vida en la antigua Roma?

La República romana

Pregunta esencial ¿Cómo se convirtió Roma en la potencia dominante de la región mediterránea?

Lo que aprenderás...

En este capítulo, estudiarás acerca de la historia de la República romana y cómo pasó de ser una pequeña ciudad a convertirse en una de las civilizaciones más poderosas del mundo antiguo.

Enfoque en la expresión oral

Una leyenda Los antiguos romanos crearon muchas leyendas sobre sus orígenes. En estas leyendas relataban historias de héroes y reyes que realizaron grandes hazañas para construir y gobernar su ciudad. A medida que leas este capítulo, busca personas o sucesos sobre los que se podrían escribir leyendas. Cuando termines de estudiar este capítulo, crearás y presentarás una leyenda sobre una de las personas o sucesos que hayas estudiado.

SUCESOS EN EL CAPÍTULO

753 a.C.
Según la leyenda, se funda Roma.

800 a.C.

SUCESOS EN EL MUNDO

círca **700 a.C.**
Los asirios conquistan Israel.

HISTORY

The Roman Republic
is Born

hmhsocialstudies.com **VIDEO**

El foro romano, cuyas ruinas se muestran en la foto, era un lugar público de encuentro ubicado en el centro de Roma.

circa
600 a.C.
Los etruscos conquistan Roma.

509 a.C.
Se funda la República romana.

264–146 a.C.
Roma y Cartago luchan en las Guerras Púnicas.

27 a.C.
Augusto se convierte en el primer emperador de Roma.

600 a.C. | **400 a.C.** | **200 a.C.** | **a.C. 1 d.C.**

490 a.C.
Los persas invaden Grecia.

334–323 a.C.
Alejandro Magno construye su imperio.

circa **221–206 a.C.**
La dinastía Qin gobierna en China.

291

Lectura en estudios sociales

Economía   Geografía   Política   Religión   Sociedad y cultura   Ciencia y tecnología

Enfoque en los temas En este capítulo, leerás sobre la República romana y sobre cómo la ubicación y la **geografía** de Roma contribuyeron para que se convirtiera en una de las principales potencias de la antigüedad. También leerás sobre la **política** de la ciudad y descubrirás cómo su gobierno tripartito afectaba a toda la sociedad. Finalmente, leerás sobre las guerras que luchó la República romana a medida que ampliaba sus fronteras. Verás cómo este crecimiento generó problemas difíciles de resolver.

La elaboración de esquemas y la historia

Enfoque en la lectura ¿Cómo puedes comprender todos los datos e ideas de un capítulo? Una manera de hacerlo es tomar notas en forma de esquema.

Elaborar el esquema de un capítulo Aquí tienes un ejemplo de un esquema parcial de la Sección 1 de este capítulo. Compara el esquema con la información de las páginas 294 a 297. Observa cómo la autora del esquema usó los títulos del capítulo para identificar las ideas principales y secundarias.

La autora eligió el primer título del capítulo (página 294) como la primera idea principal. La identificó con el número romano I.

> **Sección 1: La geografía y el surgimiento de Roma**
> **I.** La geografía de Italia
>   **A.** Características físicas: muchos tipos de características
>   **1.** Cordilleras
>   **2.** Colinas
>   **3.** Ríos
>   **B.** Clima: veranos cálidos, inviernos templados
> **II.** Los legendarios orígenes de Roma
>   **A.** Eneas
>   **1.** Héroe troyano
>   **2.** Navegó hasta Italia y se convirtió en líder.
>   **B.** Rómulo y Remo
>   **1.** Hermanos gemelos
>   **2.** Fundaron la ciudad de Roma.
>   **a.** Rómulo mató a Remo.
>   **b.** El nombre de la ciudad proviene de Rómulo.
>   **C.** Primeros reyes de Roma

La autora consideró dos subtítulos para escribir debajo del título principal para las páginas 294–295, y los agregó como A y B.

La autora identificó dos datos secundarios de II.A (el título de la página 296). Los marcó con los números 1 y 2.

La autora decidió que era importante agregar algunos datos en el punto B.2. Por eso agregó a y b.

Elaborar un esquema sobre algunos párrafos Cuando tengas que hacer un esquema de unos pocos párrafos, puedes usar el mismo tipo de esquema. Simplemente busca la idea principal de cada párrafo e identifica cada una con un número romano. Puedes marcar las ideas secundarias de cada párrafo con una A, una B, etc. Puedes usar números arábigos para identificar los hechos y detalles específicos.

¡Inténtalo!

Lee el siguiente fragmento de este capítulo y luego completa los espacios en blanco del esquema según corresponda.

El territorio se expande

El territorio romano se expandió principalmente debido a las amenazas externas. Alrededor del año 387 a.C., un pueblo conocido como los galos atacó Roma y se apoderó de la ciudad. Los romanos debieron entregar una enorme cantidad de oro a los galos para que abandonaran la ciudad.

Del Capítulo 10, páginas 308–309

Inspiradas por la victoria gala, muchas ciudades vecinas a Roma también decidieron atacarla. Con cierta dificultad, los romanos lograron repeler estos ataques. A medida que derrotaban a sus atacantes, los romanos fueron conquistando sus tierras. Como puedes ver en el mapa, los romanos controlaron rápidamente toda la península Itálica, con excepción del extremo norte de Italia.

Una de las razones del éxito romano era la organización de su ejército. Los soldados se organizaban en legiones ... Esta organización permitía al ejército una gran flexibilidad.

Completa este esquema basándote en el fragmento que acabas de leer.

I. El territorio romano se expandió debido a las amenazas externas.

   A. Los galos atacaron Roma en 387 a.C.
     1. Se apoderaron de la ciudad.
     2. _____

   B. La victoria de los galos inspiró a otros pueblos a atacar Roma.
     1. _____
     2. Los romanos conquistaban las tierras de los enemigos que derrotaban.
     3. _____

II. _____

   A. Los soldados se organizaban en legiones.
   B. _____

Personas y palabras clave

Capítulo 10

Sección 1
Eneas *(pág. 296)*
Rómulo y Remo *(pág. 297)*
república *(pág. 298)*
dictadores *(pág. 298)*
Cincinato *(pág. 298)*
plebeyos *(pág. 299)*
patricios *(pág. 299)*

Sección 2
magistrados *(pág. 303)*
cónsules *(pág. 303)*
Senado romano *(pág. 303)*
vetar *(pág. 304)*
latín *(pág. 304)*
equilibrio de poderes *(pág. 305)*
foro *(pág. 305)*

Sección 3
legiones *(pág. 309)*
Guerras Púnicas *(pág. 309)*
Aníbal *(pág. 310)*
Cayo Mario *(pág. 312)*
Lucio Cornelio Sila *(pág. 313)*
Espartaco *(pág. 313)*

Vocabulario académico

El progreso escolar está relacionado con el conocimiento del vocabulario académico, es decir, de las palabras que se usan con frecuencia en las tareas y discusiones en clase. En este capítulo, aprenderás las siguientes palabras de vocabulario académico:

principal *(pág. 303)*
propósito *(pág. 312)*

A medida que lees el Capítulo 10, identifica las ideas principales que usarías para elaborar un esquema de este capítulo.

La geografía y el surgimiento de Roma

Lo que aprenderás...

Ideas principales

1. Aunque la geografía de Italia dificultaba los viajes por tierra, ayudó a los romanos a prosperar.
2. Los antiguos historiadores estaban muy interesados en la legendaria historia de Roma.
3. Aunque Roma fue una monarquía anteriormente, los romanos crearon una república.

La idea clave

La ubicación y el gobierno de Roma contribuyeron a que se convirtiera en una de las principales potencias del mundo antiguo.

Personas y palabras clave

Eneas, *pág. 296*
Rómulo y Remo, *pág. 297*
república, *pág. 298*
dictadores, *pág. 298*
Cincinato, *pág. 298*
plebeyos, *pág. 299*
patricios, *pág. 299*

hmhsocialstudies.com
TOMAR NOTAS

Usa el organizador gráfico en Internet para tomar notas acerca de la geografía de Italia y el surgimiento de Roma.

Si ESTUVIERAS allí...

Eres gobernante de un pueblo que busca un lugar donde construir una nueva ciudad. Después de hablar con tus consejeros, has limitado tus opciones a dos lugares posibles. Ambos tienen abundante agua y suelos fértiles para cultivar, pero el resto de sus características son muy diferentes. Uno se encuentra en la cima de un alto monte rocoso junto a un río poco profundo. El otro se encuentra en un amplio campo abierto ubicado a orillas del mar.

¿Qué lugar elegirías para tu ciudad? ¿Por qué?

CONOCER EL CONTEXTO Roma dejó de ser un pequeño pueblo ubicado a orillas del río Tíber para convertirse en una grandiosa potencia. La geografía de Roma, su ubicación central y su buen clima fueron factores clave para su éxito y desarrollo. El surgimiento de la ciudad como potencia militar comenzó cuando los romanos entraron en guerra y conquistaron a las tribus italianas vecinas.

La geografía de Italia

Roma finalmente se convirtió en el centro de una de las civilizaciones más importantes de la antigüedad. De hecho, los romanos conquistaron muchos de los territorios que estudiaste en este libro, como Grecia, Egipto y Asia Menor.

Italia, donde se fundó Roma, es una península del sur de Europa. Si observas el mapa, podrás ver que Italia parece una bota de tacón que se adentra en el mar Mediterráneo.

Características físicas

Vuelve a observar el mapa y busca las dos cordilleras principales de Italia. Al norte están los Alpes, las montañas más altas de Europa. La otra cordillera, los Apeninos, se extiende a lo largo de la península Itálica. Estos accidentes geográficos dificultaban el cruce de un lado de la península al otro a los pueblos de la antigüedad. Además, algunas montañas de Italia, como el monte Vesubio, son volcánicas. Sus erupciones podían devastar a los pueblos romanos.

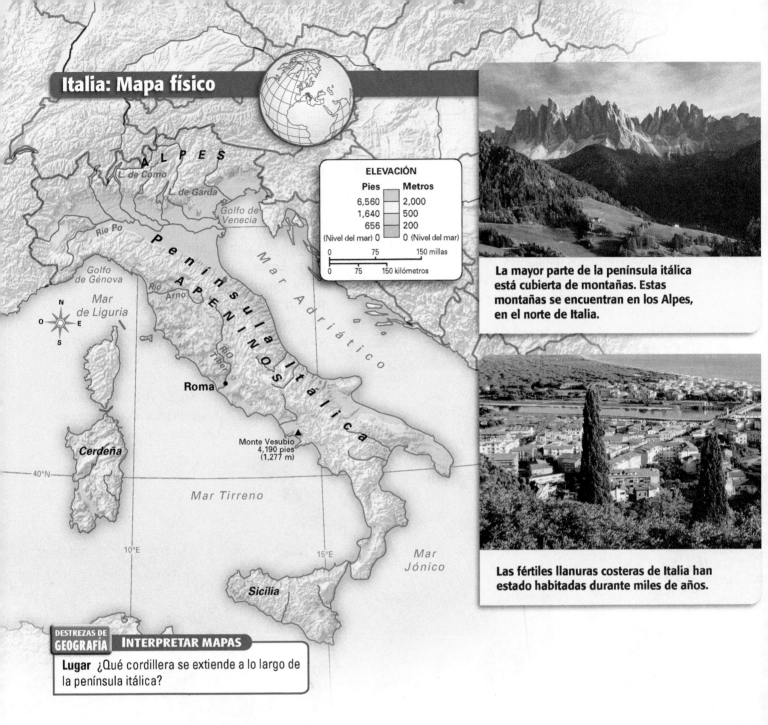

Italia: Mapa físico

ELEVACIÓN

Pies	Metros
6,560	2,000
1,640	500
656	200
(Nivel del mar) 0	0 (Nivel del mar)

0   75   150 millas
0   75   150 kilómetros

A L P E S
L. de Como
L. de Garda
Golfo de Venecia
Río Po
Golfo de Génova
Mar de Liguria
Río Arno
Península Itálica
APENINOS
Mar Adriático
Río Tíber
Roma
Monte Vesubio
4,190 pies
(1,277 m)
Cerdeña
40°N
Mar Tirreno
10°E
15°E
Mar Jónico
Sicilia

N O E S

La mayor parte de la península itálica está cubierta de montañas. Estas montañas se encuentran en los Alpes, en el norte de Italia.

Las fértiles llanuras costeras de Italia han estado habitadas durante miles de años.

DESTREZAS DE GEOGRAFÍA   **INTERPRETAR MAPAS**

Lugar ¿Qué cordillera se extiende a lo largo de la península itálica?

Pocas partes de Italia son llanas. La mayor parte de la tierra que no es montañosa está cubierta de colinas. A lo largo de la historia, los pueblos construyeron ciudades sobre estas colinas para defenderse. En consecuencia, muchas de las antiguas ciudades de Italia, como Roma, se encontraban sobre colinas. Roma fue construida sobre siete colinas.

Desde las montañas de Italia fluyen varios ríos. Como estos ríos eran fuentes de agua dulce, los pueblos también construyeron sus ciudades cerca de ellos. Por ejemplo, Roma se encuentra a orillas del río Tíber.

El clima

La mayor parte de Italia, incluso la zona que rodea a Roma, tiene veranos cálidos y secos e inviernos templados y lluviosos. Este clima es similar al del sur de California. El clima templado de Italia permite el cultivo de una amplia variedad de plantas. Los cereales, los cítricos, las uvas y las aceitunas crecen bien en esta región. La abundancia de alimentos fue un factor clave para el rápido crecimiento de Roma.

hmhsocialstudies.com

ANIMATED HISTORY
Seven Hills of Rome

COMPRENSIÓN DE LA LECTURA **Sacar conclusiones** ¿Cómo afectó a los orígenes de Roma su ubicación geográfica?

Los legendarios orígenes de Roma

Los comienzos de Roma son un misterio. No existen registros escritos y tenemos pocas pruebas sobre los primeros años de la ciudad. Sólo se han encontrado ruinas antiguas que sugieren que ya existían asentamientos en la zona de Roma en el año 800 a.C. Sin embargo, se sabe muy poco sobre la forma de vida de los primeros habitantes.

¿Te sorprendería saber que los antiguos romanos sentían tanta curiosidad por sus orígenes como nosotros? Los líderes de Roma querían que su ciudad tuviera un pasado glorioso que enorgulleciera al pueblo romano. Intentando imaginar ese glorioso pasado, contaron leyendas, o relatos, acerca de los grandes héroes y reyes que construyeron la ciudad.

Eneas

Los romanos creían que su historia había comenzado con el mítico héroe troyano llamado **Eneas**. Cuando los griegos destruyeron Troya durante la Guerra de Troya, Eneas escapó con sus seguidores. Después de un viaje largo y peligroso, llegó a Italia. La historia de su viaje se relata en *La Eneida*, un poema épico escrito por un poeta llamado Virgilio alrededor del año 20 a.C.

Según el relato, cuando Eneas llegó a Italia, se encontró con varios grupos de

La legendaria fundación de Roma · DATOS BREVES

Los historiadores romanos creían que la historia de su ciudad había comenzado con figuras legendarias como Eneas, Rómulo y Remo.

Eneas

Según *La Eneida*, Eneas se llevó los restos de su padre de la ciudad de Troya que estaba en llamas y comenzó a buscar un nuevo hogar para los troyanos. Después de viajar por el Mediterráneo, Eneas se asentó finalmente en Italia.

personas que ya vivían allí. Formó una alianza con uno de estos grupos, un pueblo llamado los latinos. Juntos, lucharon contra los demás pueblos de Italia. Después de derrotar a estos adversarios, Eneas se casó con la hija del rey latino. Eneas, su hijo y sus descendientes se convirtieron en importantes gobernantes de Italia.

Rómulo y Remo

Entre los descendientes de Eneas estaban los fundadores de Roma. Según las leyendas romanas, estos fundadores fueron dos hermanos gemelos llamados **Rómulo** y **Remo**. Según el relato, estos niños tuvieron una vida muy interesante. Cuando eran bebés, los colocaron en una canasta y los arrojaron al río Tíber. Sin embargo, no se ahogaron porque una loba los rescató. La loba cuidó de los niños durante muchos años. Finalmente, un pastor los encontró y los adoptó.

Cuando crecieron, Rómulo y Remo decidieron construir una ciudad para marcar el lugar donde la loba los había rescatado. Mientras planeaban la ciudad, Remo se burló de una de las ideas de su hermano. En un ataque de ira, Rómulo mató a Remo. Luego, construyó la ciudad y la llamó Roma en honor a su propio nombre.

Los primeros reyes de Roma

Según los antiguos historiadores, Rómulo subió al trono en el año 753 a.C. y se convirtió en el primer rey de Roma. Los historiadores modernos creen que Roma podría haber sido fundada entre los 50 años anteriores o posteriores a esa fecha.

Los registros romanos enumeran siete reyes que gobernaron la ciudad. No todos fueron romanos. Los últimos tres reyes de Roma eran etruscos, miembros de un pueblo que vivía al norte de Roma. Los etruscos, que habían recibido la influencia de las colonias griegas en Italia, vivían en Italia antes de la fundación de Roma.

Los reyes etruscos hicieron grandes contribuciones a la sociedad romana. Construyeron enormes templos y las primeras alcantarillas de Roma. Muchos historiadores creen que los romanos aprendieron el alfabeto y los números de los etruscos.

Se decía que el último rey romano había sido un hombre cruel que mandó a matar a muchas personas, incluso a sus propios consejeros. Finalmente, un grupo de nobles se rebeló contra él. Según la tradición, este rey fue derrocado en 509 a.C. Los nobles, que ya no querían reyes, crearon un nuevo gobierno.

COMPRENSIÓN DE LA LECTURA **Sacar conclusiones** ¿Por qué los primeros romanos quisieron acabar con la monarquía?

Rómulo y Remo

Los romanos creían que los gemelos Rómulo y Remo eran descendientes de Eneas. Según la leyenda romana, Rómulo y Remo fueron rescatados y criados por una loba. Más tarde, Rómulo mató a Remo y construyó la ciudad de Roma.

La primera república

El gobierno que los romanos crearon en 509 a.C. era una república. En una **república,** los ciudadanos eligen a los líderes que los gobiernan. Cada año, los romanos elegían a los funcionarios que gobernaban la ciudad. Estos funcionarios tenían muchos poderes, pero sólo duraban un año en sus cargos. Se suponía que este sistema evitaba que una persona obtuviera demasiado poder en el gobierno.

Pero Roma no era una democracia. La mayoría de los funcionarios electos de la ciudad pertenecían a un pequeño grupo de hombres ricos y poderosos. Estos romanos ricos y poderosos tenían todo el poder y el resto de las personas casi no tenían ni voz ni voto sobre cómo gobernar la república.

Desafíos externos

Poco después de que los romanos crearan la república, se encontraron con que estaban en guerra. Durante unos 50 años, los romanos estuvieron en guerra con otros pueblos de la región y ganaron la mayoría de estas guerras. Pero perdieron varias batallas y las guerras se cobraron muchas vidas y dañaron muchas propiedades.

Durante las guerras especialmente difíciles, los romanos elegían **dictadores,** o gobernantes que tenían poder casi absoluto, para que gobernaran la ciudad. Para que no pudieran abusar de su poder, los dictadores sólo podían estar en el poder durante seis meses. Cuando ese período llegaba a su fin, el dictador renunciaba a su poder.

Uno de los dictadores famosos de Roma fue **Cincinato**, que llegó al poder en 458 a.C. A pesar de que era agricultor, los romanos lo eligieron para que defendiera la ciudad contra un poderoso enemigo que había derrotado a un gran ejército romano.

Cincinato derrotó rápidamente a los enemigos de la ciudad. Inmediatamente, renunció a su cargo de dictador y regresó a su granja, mucho antes de que finalizaran sus seis meses de mandato.

La victoria de Cincinato no puso fin a los problemas de Roma. Roma siguió luchando contra sus vecinos durante muchos años.

Italia, 500 a.C.

Romanos
Etruscos
Griegos
Cartagineses

0   30   60 millas
0   30   60 kilómetros

Mar de Liguria

Mar Adriático

Roma

Mar Tirreno

Mar Mediterráneo

Mar Jónico

Cartago

DESTREZAS DE GEOGRAFÍA   INTERPRETAR MAPAS

Ubicación ¿Qué grupo vivía, en su mayoría, al norte de Roma?

BIOGRAFÍA

Cincinato
circa 519 a.C.–?

Cincinato es el dictador más famoso de la antigua República romana. Como no quería mantenerse en el poder, los romanos consideraban a Cincinato un líder ideal. Admiraban sus capacidades y su lealtad a la república. Los primeros ciudadanos de Estados Unidos admiraban las mismas cualidades en sus líderes. Incluso algunos llamaron a George Washington el "Cincinato estadounidense" cuando se negó a postularse como presidente para un tercer mandato. Los habitantes del estado de Ohio también rindieron honor a Cincinato al llamar Cincinnati a una de sus principales ciudades.

Desafíos dentro de Roma

Los ejércitos enemigos no eran el único desafío que enfrentaba Roma. Dentro de la ciudad, la sociedad romana se dividía en dos grupos. Muchos de los **plebeyos,** o la gente común de Roma, pedían cambios en el gobierno. Querían tener mayor participación en el gobierno de la ciudad.

Roma era gobernada por poderosos nobles llamados **patricios**. Sólo los patricios podían ser elegidos como funcionarios, por lo que tenían todo el poder político.

Los plebeyos eran los agricultores, artesanos, comerciantes y demás trabajadores. Algunos de estos plebeyos, especialmente los comerciantes, eran tan ricos como los patricios. Aunque los plebeyos superaban en número a los patricios, no podían formar parte del gobierno.

En 494 a.C., los plebeyos formaron un consejo y eligieron a sus propios funcionarios. Esto atemorizó a muchos patricios, que temían que Roma se derrumbara si los dos grupos no podían colaborar entre sí. Los patricios decidieron que era hora de cambiar el gobierno.

COMPRENSIÓN DE LA LECTURA **Contrastar**
¿En qué se diferenciaban los patricios de los plebeyos?

La sociedad romana DATOS BREVES

Patricios	Plebeyos
■ Ciudadanos ricos y poderosos	■ Gente común
■ Nobles	■ Agricultores, artesanos, comerciantes y demás trabajadores
■ Pequeña minoría de la población	■ Mayoría de la población
■ Solían controlar todos los aspectos del gobierno.	■ Obtuvieron el derecho de participar en el gobierno.
■ Después de 218 a.C., no se les permitió participar en el comercio.	■ Eran los únicos romanos que podían ser comerciantes, por lo que muchos de ellos se enriquecieron.

RESUMEN Y PRESENTACIÓN En esta sección, leíste acerca de la ubicación y la fundación de Roma, sus primeros reyes y la creación del gobierno republicano de la ciudad. En la próxima sección, aprenderás más sobre ese gobierno, sus fortalezas y puntos débiles, su funcionamiento y los cambios que sufrió con el tiempo.

Sección 1 Evaluación

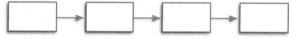
hmhsocialstudies.com
Cuestionario en Internet

Repasar ideas, palabras y personas

1. a. Describir ¿Dónde se encuentra Italia?
b. Explicar ¿Cómo influyeron las montañas sobre la vida en Italia?
c. Hacer predicciones ¿Cómo crees que la ubicación de Roma sobre el Mediterráneo afectó su historia cuando comenzó a convertirse en una potencia mundial?
2. a. Identificar ¿Qué hermanos supuestamente fundaron la ciudad de Roma?
b. Resumir ¿Qué papel tuvo **Eneas** en la fundación de Roma?
3. a. Describir ¿Qué tipo de gobierno crearon los romanos en 509 a.C.?
b. Contrastar ¿En qué se diferenciaban los **patricios** de los **plebeyos**?

Pensamiento crítico

4. Ordenar A medida que repases tus notas, separa las leyendas de los sucesos históricos sobre la fundación y el crecimiento de Roma. Luego usa un diagrama como el siguiente para identificar los hechos legendarios clave.

☐ → ☐ → ☐ → ☐

ENFOQUE EN LA EXPRESIÓN ORAL

5. Reunir ideas sobre el contexto En esta sección, leíste acerca de las varias leyendas que los romanos contaban sobre su propia historia. Vuelve a repasar el texto para sacar algunas ideas sobre lo que podrías incluir en tu leyenda. Escribe algunas ideas en tu cuaderno.

LECTURA GUIADA

de La Eneida

de Virgilio

traducido de la versión de Robert Fitzgerald

Sobre la lectura *Virgilio escribió* La Eneida *para registrar la gloriosa historia de la fundación de Roma y celebrar su presente. El protagonista del poema es Eneas, sobreviviente de la Guerra de Troya e hijo de la diosa Venus. Luego de vagar durante siete años, Eneas llega finalmente al sur de Italia, llamada entonces Ausonia. En este fragmento, Ilioneo, amigo de Eneas, lleva a un grupo a visitar un asentamiento latino cercano.*

A MEDIDA QUE LEES Intenta identificar los objetivos y deseos de cada grupo.

LECTURA GUIADA

AYUDA DE VOCABULARIO

serenamente con tranquilidad

errar perder

se han adentrado han penetrado

amarraron anclaron

imposición obligación

vendavales vientos fuertes

❶ Tanto "teucros" como "hijos de Dárdano" son formas de referirse a los troyanos.

❷ Ilioneo dice que los troyanos no están perdidos. Una baliza es una señal que los marineros usan para orientarse.

¿Cómo se dirige Ilioneo al rey? ¿Por qué crees que le habla así?

Latino
llamó a los teucros ante él,
y una vez allí les dijo serenamente:
          "Díganme, hijos de Dárdano,
pues como ven conocemos su ciudad y su país,
y según hemos oído, andan vagando hacia el
oeste, ¿qué es lo que buscan? ❶ ¿Qué motivo o
qué necesidad los llevó tan lejos hasta nuestra
costa de Ausonia por el oscuro mar azul? Ya
sea por errar la ruta, o bien arrastrados por las
tempestades, como tan a menudo soportan los
marineros en alta mar, se han adentrado en
las orillas del río y amarraron allí sus barcos.
No eviten nuestra hospitalidad. Sepan que los
latinos, que pertenecen a la raza de Saturno,
somos justos; no por ley ni imposición, sino
por voluntad propia y siguiendo el ejemplo de
nuestro antiguo dios … "
Latino permaneció en silencio y, a su vez,
continuó Ilioneo:
          "Su Majestad,
noble descendiente de Fauno, ni el mar agitado
ni los vendavales nos trajeron a sus costas,
ni las estrellas ni las balizas ocultas por la neblina
nos desviaron del camino. ❷

Eneas en una pintura italiana del siglo XVIII

Hemos llegado a esta ciudad deliberadamente
y con el consentimiento general, expulsados
del reino más grande que un día el Sol contempló
en su camino desde el Olimpo. ❸ El origen de nuestra raza es Jove,
en su paternidad los hijos de Dárdano,
regocijados, y la progenie suprema de Jove
que incluye a nuestro propio rey, el troyano Eneas,
que nos ha traído hasta tus umbrales... ❹
Después de tantos años en los vastos mares, buscamos
un pequeño asentamiento para los dioses del hogar
y una costa tranquila que no hará mal a nadie,
y agua y aire libre para todos...
Vinimos a buscar sus tierras. De aquí procede Dárdano,
aquí nos manda de nuevo Apolo y nos guía mediante solemnes oráculos
al Tíber tirreno... ❺ Aquí
Eneas te entrega estos presentes modestos
de sus mejores tiempos, restos salvados de las llamas de Troya..."
                    Latino escuchó
las palabras de Ilioneo, con su rostro distante,
inmóvil, y la mirada siempre atenta,
pero sin apartar los ojos del suelo.
Y ni la púrpura bordada
ni los cetros de Príamo distrajeron al rey
sino sus pensamientos sobre la boda de su hija,
mientras daba vueltas en lo más profundo de su mente
la antigua profecía de Fauno.
              "Éste es el hombre",
pensó, "que viene de un país extranjero
para convertirse en mi yerno, que anunciaba el destino
y que reinará este lugar con la misma autoridad.
Éste es el hombre cuyos descendientes serán de inigualable valor
y se convertirán en dueños del mundo entero". ❻

LECTURA GUIADA

AYUDA DE VOCABULARIO

progenie descendientes
umbrales puertas
oráculos personas que dan consejos
distante apartado
inmóvil sin moverse

❸ Ilioneo explica que los troyanos han venido a Italia "deliberadamente", es decir, a propósito y con ayuda de los dioses.

❹ Se creía que tanto Eneas como Dárdano, fundador de Troya, descendían de Jove, rey de los dioses.

❺ Los romanos creían que Dárdano, fundador de Troya, había nacido en Italia.

¿Qué le pide Ilioneo al rey para los troyanos?

❻ Virgilio incluyó esta visión del gran futuro de Roma para destacar la grandeza de la ciudad ante sus lectores.

CONECTAR LA LITERATURA CON LA HISTORIA

1. **Analizar** Los líderes de Roma querían que su ciudad tuviera un glorioso pasado que enorgulleciera al pueblo romano. ¿Qué detalles de este fragmento harían sentir a los lectores romanos orgullosos de su pasado?

2. **Sacar conclusiones** Cuando Eneas llegó a Italia, formó una alianza con los latinos. Piensa cómo Virgilio retrata a los latinos en este fragmento. ¿Qué palabras o frases usarías para describirlos? ¿Por qué ese pueblo podría ser un buen aliado?

El gobierno y la sociedad

Lo que aprenderás...

Ideas principales

1. El gobierno romano estaba compuesto de tres partes que trabajaban en conjunto para gobernar la ciudad.
2. Las leyes escritas contribuyeron a mantener el orden en Roma.
3. El foro romano fue el núcleo de la sociedad romana.

La idea clave

Las leyes escritas y el gobierno tripartito de Roma ayudaron a crear una sociedad estable.

Palabras clave

magistrados, *pág. 303*
cónsules, *pág. 303*
Senado romano, *pág. 303*
vetar, *pág. 304*
latín, *pág. 304*
equilibrio de poderes, *pág. 305*
foro, *pág. 305*

hmhsocialstudies.com
TOMAR NOTAS

Usa el organizador gráfico en Internet para tomar notas acerca de la manera en que el gobierno, las leyes escritas y el foro contribuyeron al desarrollo de la sociedad romana.

Si ESTUVIERAS allí...

Acaban de elegirte funcionario del gobierno de Roma. Tu deber es representar a los plebeyos, la gente común. Tu mandato durará sólo un año, pero tienes un poder muy importante: puedes evitar que se aprueben ciertas leyes. Ahora, los líderes de la ciudad proponen una ley que perjudicará a los plebeyos. Si no permites que se apruebe, perjudicarás tu futuro en la política. Pero si lo permites, la ley perjudicará a quienes supuestamente debes proteger.

¿Permitirás que se sancione la nueva ley? ¿Por qué?

CONOCER EL CONTEXTO A menudo, el gobierno de Roma era un sistema de equilibrios. Al igual que el político del fragmento anterior, los líderes debían negociar y correr el riesgo de hacer enojar a otros funcionarios para mantener al pueblo contento. Para evitar que alguien tuviera demasiado poder, el gobierno romano dividía el poder entre muchos funcionarios diferentes.

El gobierno de Roma

Cuando los plebeyos se quejaron sobre el gobierno de Roma en el siglo V a.C., los líderes de la ciudad reconocieron que debían hacer algo. Si el pueblo seguía descontento, se rebelaría y derrocaría al gobierno.

Para calmar a los plebeyos enojados, los patricios hicieron algunos cambios en el gobierno de Roma. Por ejemplo, crearon nuevos puestos que sólo podían ocupar los plebeyos. Las personas que ocupaban estos puestos protegían los intereses y derechos de los plebeyos. Poco a poco, las diferencias entre patricios y plebeyos comenzaron a desaparecer, pero eso llevó mucho tiempo.

Como consecuencia de los cambios que hicieron los patricios, Roma estableció un gobierno tripartito o un gobierno de tres partes. Cada parte tenía sus propias responsabilidades y deberes. Para cumplir con sus deberes, cada parte del gobierno tenía sus propios poderes, derechos y privilegios.

Los magistrados

La primera parte del gobierno de Roma estaba formada por dirigentes electos llamados **magistrados**. Los dos magistrados más poderosos de Roma se llamaban **cónsules**. Los cónsules eran elegidos cada año para gobernar la ciudad y dirigir el ejército. Había dos cónsules para que el poder no se concentrara en una sola persona.

Por debajo de los cónsules había otros magistrados. Roma tenía muchos tipos de magistrados diferentes. Cada uno cumplía un mandato de un año y tenía sus propios deberes y poderes. Algunos eran jueces. Otros manejaban las finanzas de Roma u organizaban juegos y festivales.

El Senado

La segunda parte del gobierno de Roma era el Senado. El **Senado romano** era un grupo de ciudadanos ricos y poderosos que aconsejaba a los líderes de la ciudad. Originariamente, había sido creado para asesorar a los reyes de Roma. Cuando la monarquía desapareció, el Senado siguió reuniéndose para aconsejar a los cónsules.

A diferencia de los magistrados, los senadores (miembros del Senado) permanecían en su cargo de por vida. Cuando se creó la república, el Senado ya tenía 300 miembros. Al principio, la mayoría de los senadores eran patricios, pero con el tiempo muchos plebeyos ricos se convirtieron también en senadores. Como los magistrados se convertían en senadores después de completar sus mandatos, la mayoría no quería hacer enojar al Senado y poner en riesgo sus futuros cargos.

Con el tiempo, el Senado fue adquiriendo cada vez más poder. Tenía más influencia que los magistrados y se hizo cargo de las finanzas de la ciudad. Para el año 200 a.C., el Senado ya tenía una enorme influencia sobre el gobierno de Roma.

Las asambleas y los tribunos

La tercera parte del gobierno romano, la parte que protegía a la gente común, se dividía en dos ramas. La primera rama estaba formada por las asambleas. Tanto los patricios como los plebeyos participaban en estas asambleas. Su tarea **principal** era elegir a los magistrados que gobernaban la ciudad de Roma.

ENFOQUE EN LA LECTURA

Si tuvieras que hacer el esquema de la información de esta página, ¿qué títulos usarías?

VOCABULARIO ACADÉMICO

principal más importante

El gobierno de la República romana
DATOS BREVES

Magistrados	Senado	Asambleas y tribunos
■ Los cónsules dirigían el gobierno y el ejército y eran los jueces de los tribunales.	■ Aconsejaban a los cónsules.	■ Representaban a la gente común, aprobaban o rechazaban leyes, declaraban la guerra y elegían a los magistrados.
■ Permanecían en el cargo durante un año.	■ Permanecían en el cargo de por vida.	■ Los ciudadanos romanos podían participar en las asambleas durante toda su vida adulta, los tribunos permanecían en el cargo durante un año.
■ Tenían poder sobre todos los ciudadanos, incluso sobre los demás funcionarios.	■ Tomaron el control de los asuntos financieros.	■ Podían vetar las decisiones de los cónsules y demás magistrados.

Hagan como los romanos

El gobierno de la República romana era una de sus mayores fortalezas. Cuando los fundadores de Estados Unidos se sentaron a planear nuestro gobierno, tomaron muchos elementos del sistema romano. Al igual que los romanos, nosotros elegimos a nuestros líderes. Nuestro gobierno también tiene tres ramas: el presidente, el Congreso y el sistema judicial federal. Los poderes de estas ramas están establecidos en nuestra Constitución, al igual que lo estaban los poderes de los funcionarios romanos. Nuestro gobierno también tiene un sistema de equilibrio de poderes para evitar que cualquiera de las ramas adquiera demasiado poder. Por ejemplo, el Congreso puede negarse a darle dinero al presidente para financiar proyectos. Al igual que los romanos, los estadounidenses tienen el deber cívico de participar en el gobierno para ayudar a fortalecerlo.

DESTREZA DE ANÁLISIS **ANALIZAR INFORMACIÓN**

¿Por qué crees que los fundadores de Estados Unidos tomaron ideas del gobierno romano?

SU IMPORTANCIA HOY

Al igual que los tribunos, el presidente de Estados Unidos tiene el poder de vetar las acciones de otros funcionarios del gobierno.

La segunda rama estaba compuesta por un grupo de dirigentes electos llamados tribunos. Los tribunos, que eran elegidos por los plebeyos, tenían la capacidad de **vetar** o prohibir, las acciones de otros dirigentes. "Veto" significa "yo prohíbo" en **latín**, el idioma de los antiguos romanos. Este poder de vetar hacía que los tribunos tuvieran mucho poder en el gobierno romano. Para que no abusaran de su poder, los tribunos permanecían en su cargo durante sólo un año.

El deber cívico

El gobierno de Roma no habría funcionado sin la participación del pueblo. El pueblo participaba en el gobierno porque sentía que era su deber cívico o su deber para con la ciudad. Ese deber cívico implicaba hacer todo lo posible para que la ciudad prosperara. Por ejemplo, se esperaba que el pueblo asistiera a las asambleas y votara en las elecciones. Votar en Roma era un proceso complicado y no todos tenían permiso para hacerlo. Sin embargo, se esperaba que aquellos que podían lo hicieran en todas las elecciones.

Los ciudadanos ricos y poderosos también sentían que era su deber asumir cargos públicos para ayudar a gobernar la ciudad. A cambio de su tiempo y dedicación, estos ciudadanos tenían el respeto y la admiración de los demás romanos.

El equilibrio de poderes

Además de limitar el período de los mandatos, los romanos pusieron otras restricciones al poder de sus líderes. Para ello, les otorgaron a los dirigentes del gobierno la capacidad de restringir los poderes de los demás dirigentes. Por ejemplo, un cónsul podía bloquear las acciones de otro cónsul. Las leyes propuestas por el Senado debían ser aprobadas por los magistrados y ratificadas por las asambleas. Este método para equilibrar la distribución del poder se llama **equilibrio de poderes**. El equilibrio de poderes evita que alguna de las partes del gobierno adquiera más poder o influencia que las demás.

El equilibrio de poderes hacía que el gobierno romano fuera muy complicado. A veces surgían disputas cuando los dirigentes tenían distintas ideas u opiniones. Sin embargo, cuando los dirigentes colaboraban entre ellos, el gobierno romano funcionaba de manera sólida y eficiente, tal como comentó un historiador romano:

" Al unísono [juntos] son la solución a todas las emergencias y es imposible hallar una constitución mejor construida. Porque siempre que se les presenta algún peligro externo y los obliga a agruparse en consejo [pensamiento] y en acción, el poder de su estado es tan grande que ninguna necesidad es ignorada ".

–Polibio, de *La constitución de la república romana*

COMPRENSIÓN DE LA LECTURA **Identificar las ideas principales** ¿Cuáles eran las tres partes del gobierno romano?

Las leyes escritas mantienen el orden

Los dirigentes de Roma eran los responsables de hacer las leyes de la ciudad y asegurarse de que la gente las cumpliera. Al principio, estas leyes no estaban escritas. Los únicos que conocían todas las leyes eran los patricios que las habían creado.

Muchos no estaban conformes con esta situación. No querían ser castigados por violar leyes que ni siquiera sabían que existían. Por eso comenzaron a pedir que las leyes romanas se elaboraran por escrito y que fueran accesibles para todos.

El primer código de leyes escritas de Roma se hizo en 450 a.C. sobre 12 tablas, o tablillas, de bronce. Estas tablas se expusieron en el **foro,** el lugar público de reuniones en Roma. Debido a la forma en la que fue expuesto, el código se

llamó la Ley de las Doce Tablas.

Con el tiempo, los líderes romanos aprobaron muchas leyes nuevas. Sin embargo, a lo largo de su historia, los romanos consideraron la Ley de las Doce Tablas como un símbolo del derecho romano y de sus derechos como ciudadanos romanos.

COMPRENSIÓN DE LA LECTURA **Inferir** ¿Por qué muchos querían un código de leyes escritas?

Fuente primaria

DOCUMENTO HISTÓRICO
La Ley de las Doce Tablas

La Ley de las Doce Tablas regía muchos aspectos de la vida romana. Algunas de estas leyes se escribían para proteger los derechos de todos los romanos. Otras sólo protegían a los patricios. Las siguientes leyes te darán una idea de los tipos de leyes que contenían las tablas.

Si un romano no se presentaba ante un dirigente del gobierno cuando lo llamaban o no pagaba sus deudas, podía ser arrestado.

Las mujeres, incluso las adultas, eran consideradas como niños desde el punto de vista legal.

Ningún ciudadano de Roma podía ser ejecutado sin juicio previo.

[de la Tabla I] Si alguien llama a un hombre para que se presente ante el magistrado, éste debe acudir. Si no lo hace, que aquél que lo llamó pida a quienes estén allí que sirvan de testigos y lo lleven por la fuerza.

[de la Tabla III] Si alguien ha confesado una deuda o ha sido condenado a pagarla, tendrá treinta días para hacerlo. Pasado este plazo, se lo podrá confiscar por la fuerza... a menos que pague la suma fijada.

[de la Tabla V] Las mujeres deben permanecer bajo tutela aún después de cumplida la mayoría de edad.

[de la Tabla IX] Está prohibido condenar a muerte a cualquier hombre, sea quien fuere, sin juzgarlo primero.

–Ley de las Doce Tablas, traducido de la versión de *The Library of Original Sources*, editada por Oliver J. Thatcher

DESTREZA DE ANÁLISIS **ANALIZAR FUENTES PRIMARIAS**

¿En qué se parecen y en qué se diferencian estas leyes de nuestras leyes actuales?

El foro romano

El foro era el centro de la antigua Roma. Todos los templos y los edificios del gobierno más importantes de la ciudad se encontraban allí. Los romanos se reunían allí para hablar de las cuestiones del día. La palabra *foro* significa "lugar público".

El foro romano

El foro romano, el lugar donde se guardaba la Ley de las Doce Tablas, era el centro de la ciudad de Roma. Era el lugar donde se encontraban los edificios del gobierno y los templos más importantes. Sin embargo, el gobierno y la religión eran sólo una parte de la importancia del foro. También era un lugar de reunión popular para los ciudadanos romanos. La gente se encontraba allí para hacer compras, conversar y chismear.

HISTORY.

The Glory of Rome's Forum

hmhsocialstudies.com

El templo de Júpiter se hallaba en la cima del monte Capitolino, desde donde se veía todo el foro.

Los registros importantes del gobierno se guardaban en el Tabulario.

Los ciudadanos romanos solían usar togas, prendas de vestir sueltas que se ataban alrededor del cuerpo. Las togas eran el símbolo de la ciudadanía romana.

Los dirigentes públicos solían dirigirse al pueblo desde esta plataforma.

DESTREZA DE ANÁLISIS | **ANALIZAR RECURSOS VISUALES**

¿Qué puedes ver en esta ilustración que te indique que el foro era un lugar importante?

El foro se encontraba en el centro de Roma, entre dos grandes montes. De un lado estaba el monte Palatino, donde vivían las personas más ricas de Roma. Del otro lado del foro estaba el monte Capitolino, donde se encontraban los templos más grandiosos de Roma. Debido a esta ubicación, a menudo los líderes de la ciudad estaban en el foro o en sus alrededores, con la gente común. Estos líderes usaban el foro como lugar de oratoria, donde daban discursos ante la multitud.

Pero el foro también tenía atracciones para las personas que no estaban interesadas en los discursos. En la plaza se alineaban varias tiendas al aire libre y en ocasiones se llevaban a cabo allí las luchas de gladiadores. Las ceremonias públicas también solían celebrarse en el foro. En consecuencia, el foro generalmente estaba repleto de gente.

COMPRENSIÓN DE LA LECTURA **Hacer generalizaciones** ¿Por qué el foro era el centro de la sociedad romana?

RESUMEN Y PRESENTACIÓN En esta sección, leíste sobre la estructura básica del gobierno romano. En la próxima sección, verás cómo cambió ese gobierno a medida que creció el territorio romano y se expandió su influencia.

El Senado se reunía aquí en la curia, o Cámara de Senadores.

Sección 2 Evaluación

hmhsocialstudies.com
Cuestionario en Internet

Repasar ideas, palabras y personas

1. **a. Identificar** ¿Quiénes eran los **cónsules**?
   b. Explicar ¿Por qué los romanos crearon un sistema de **equilibrio de poderes**?
   c. Profundizar ¿Cómo crees que el **Senado romano** logró adquirir más poder?
2. **a. Recordar** ¿Cómo se llamó el primer código de leyes escritas de Roma?
   b. Sacar conclusiones ¿Por qué los romanos querían que sus leyes figuraran por escrito?
3. **a. Describir** ¿Qué tipos de actividades se realizaban en el **foro** romano?

Pensamiento crítico

4. **Analizar** Repasa tus notas sobre el gobierno romano. Usa este diagrama para anotar la información sobre los principales poderes de cada parte del gobierno romano.

ENFOQUE EN LA EXPRESIÓN ORAL

5. **Elegir un tema** Acabas de leer sobre el gobierno y las leyes de Roma. ¿Podrían algunas de estas cuestiones ser un buen tema para tu leyenda? Anota algunas ideas en tu cuaderno.

La república tardía

Si ESTUVIERAS allí...

Eres un agricultor de Italia durante la República romana. Estás orgulloso de ser ciudadano romano, pero es una época difícil. Los terratenientes ricos están comprando tierras de cultivo y muchos agricultores como tú perdieron sus trabajos. Algunos se mudarán a la ciudad, pero te han dicho que allí tampoco hay mucho trabajo. También te enteraste de que un famoso general está reuniendo un ejército para luchar en Asia. Eso parece un lugar muy lejano, pero la paga sería muy buena.

¿Qué podría convencerte de unirte al ejército?

Lo que aprenderás...

Ideas principales

1. El último período de la república vio crecer el territorio y el comercio.
2. Roma se expandió más allá de las fronteras de Italia por medio de las guerras.
3. La república sufrió varias crisis en sus últimos años.

La idea clave

El último período de la República romana estuvo marcado por las guerras de expansión y las crisis políticas.

Personas y palabras clave

legiones, *pág. 309*
Guerras Púnicas, *pág. 309*
Aníbal, *pág. 310*
Cayo Mario, *pág. 312*
Lucio Cornelio Sila, *pág. 313*
Espartaco, *pág. 313*

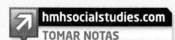

hmhsocialstudies.com
TOMAR NOTAS

Usa el organizador gráfico en Internet para tomar notas acerca de cómo se expandió Roma y sobre cómo las crisis afectaron los últimos años de la República.

CONOCER EL CONTEXTO El ejército romano tuvo un papel esencial en la expansión de la república. Los soldados romanos estaban bien entrenados y derrotaron a muchos de los enemigos de la ciudad. A medida que lo hacían, los romanos fueron conquistando nuevas tierras. Cuando el ejército conquistaba estas nuevas tierras, llegaban los comerciantes en busca de nuevos productos y mercados que pudieran enriquecerlos.

El territorio y el comercio se expanden

Después del año 400 a.C. aproximadamente, tanto la geografía como la economía de la República romana crecieron con rapidez. En 200 años, el ejército romano había conquistado casi toda Italia. Mientras tanto, los comerciantes romanos habían comenzado a enviar y recibir cargamentos a través de todo el Mediterráneo en busca de nuevos productos y riquezas.

El territorio se expande

El territorio romano se expandió principalmente debido a las amenazas externas. Alrededor del año 387 a.C., un pueblo conocido como los galos atacó Roma y se apoderó de la ciudad. Los romanos debieron entregar una enorme cantidad de oro a los galos para que abandonaran la ciudad.

Inspiradas por la victoria gala, muchas ciudades vecinas a Roma también decidieron atacarla. Con cierta dificultad, los romanos lograron repeler estos ataques. A medida que derrotaban a sus atacantes, los romanos fueron conquistando sus tierras. Como puedes ver en el mapa, los romanos controlaron rápidamente toda la península Itálica, con excepción del extremo norte de Italia.

Una de las razones del éxito romano era la organización de su ejército. Los soldados se organizaban en **legiones**, o grupos de hasta 6,000 soldados. Cada legión se dividía en centurias o grupos de 100 soldados. Esta organización permitía al ejército una gran flexibilidad. Podía luchar como un grupo grande o como varios grupos pequeños. Esta flexibilidad permitió a los romanos derrotar a la mayoría de sus enemigos.

La agricultura y el comercio

Antes de que Roma conquistara Italia, la mayoría de los romanos eran agricultores. A medida que la república creció, muchos dejaron sus granjas y se mudaron a Roma. En lugar de estas pequeñas granjas, los romanos ricos construyeron grandes granjas en el campo. A estas granjas las trabajaban los esclavos que cultivaban uno o dos tipos de cultivos. Por lo general, los dueños de las granjas no vivían en ellas, sino que se quedaban en Roma o alguna otra ciudad y dejaban que otros manejaran las granjas por ellos.

El comercio romano también creció con la república. Los agricultores de Roma no podían producir alimentos suficientes para la creciente población de la ciudad, por lo que los mercaderes traían alimentos de otras partes del Mediterráneo. Estos mercaderes también traían artículos de metal y esclavos a Roma. Para pagar por estos productos, los romanos crearon monedas de cobre, plata y otros metales. Las monedas romanas comenzaron a aparecer en los mercados de todo el Mediterráneo.

> **COMPRENSIÓN DE LA LECTURA** **Identificar causa y efecto** ¿Por qué los romanos conquistaron a sus vecinos?

Roma se expande más allá de Italia

A medida que el poder de Roma crecía, otros países comenzaron a ver a los romanos como una amenaza para su propio poder y les declararon la guerra. Finalmente, los romanos derrotaron a sus oponentes y Roma expandió su territorio por todo el Mediterráneo.

La República romana, 509–270 a.C.

Territorio romano en 509 a.C.
Territorio romano en 270 a.C.

0   75   150 millas
0   75   150 kilómetros

Mar de Liguria
Mar Adriático
Roma
Mar Tirreno
Mar Mediterráneo
Mar Jónico
Cartago

DESTREZAS DE GEOGRAFÍA **INTERPRETAR MAPAS**

Ubicación ¿Qué mares limitaban con los territorios romanos en 270 a.C.?

Las Guerras Púnicas

Las guerras más violentas que luchó Roma fueron las **Guerras Púnicas**, una sucesión de guerras contra Cartago, una ciudad del norte de África. La palabra *púnico* significa "fenicio" en latín. Como ya aprendiste en este libro, los fenicios eran una antigua civilización que había construido la ciudad de Cartago.

Roma y Cartago lucharon tres guerras entre los años 264 y 146 a.C. Las guerras comenzaron cuando Cartago envió sus ejércitos a Sicilia, una isla ubicada al suroeste de Italia. En respuesta, los romanos también enviaron un ejército a la isla. Al poco tiempo, se desató la guerra. Después de casi 20 años de lucha, los romanos obligaron a sus enemigos a abandonar la isla y asumieron el control de Sicilia.

En 218 a.C., Cartago intentó atacar la ciudad de Roma. Un ejército comandado por el brillante general **Aníbal** se dirigió hacia Roma. Si bien los romanos estuvieron a punto de caer ante él, Aníbal nunca pudo tomar la ciudad. Mientras tanto, los romanos enviaron un ejército a atacar Cartago. Aníbal volvió de prisa para defender su ciudad, pero sus tropas fueron derrotadas en Zama, en la batalla que se ilustra a continuación.

En la década de 140 a.C., muchos senadores comenzaron a alarmarse porque Cartago estaba recuperando el poder. Convencieron a los cónsules de Roma de declarar la guerra a Cartago y los romanos volvieron a enviar un ejército a África y destruyeron dicha ciudad. Después de esta victoria, los romanos quemaron la ciudad, mataron a la mayoría de sus habitantes y vendieron al resto como esclavos. También se apoderaron del norte de África.

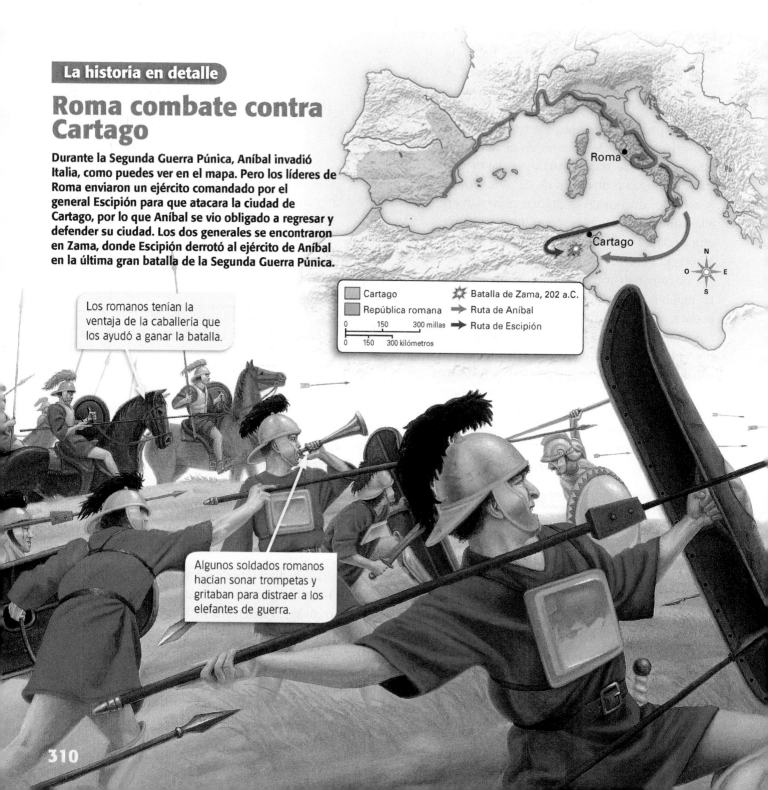

La historia en detalle

Roma combate contra Cartago

Durante la Segunda Guerra Púnica, Aníbal invadió Italia, como puedes ver en el mapa. Pero los líderes de Roma enviaron un ejército comandado por el general Escipión para que atacara la ciudad de Cartago, por lo que Aníbal se vio obligado a regresar y defender su ciudad. Los dos generales se encontraron en Zama, donde Escipión derrotó al ejército de Aníbal en la última gran batalla de la Segunda Guerra Púnica.

Roma

Cartago

N O E S

Cartago
República romana
0 150 300 millas
0 150 300 kilómetros
Batalla de Zama, 202 a.C.
Ruta de Aníbal
Ruta de Escipión

Los romanos tenían la ventaja de la caballería que los ayudó a ganar la batalla.

Algunos soldados romanos hacían sonar trompetas y gritaban para distraer a los elefantes de guerra.

La expansión posterior

Durante las Guerras Púnicas, Roma conquistó Sicilia, Córcega, España y el norte de África. En consecuencia, Roma pasó a controlar la mayor parte de la región del Mediterráneo occidental.

En los años siguientes, las legiones romanas también marcharon hacia el norte y el este. En la década de 120, Roma conquistó el sur de Galia. Para ese entonces, Roma también había conquistado Grecia y partes de Asia.

A pesar de que los romanos conquistaron Grecia, esta conquista fue una experiencia que provocó muchos cambios. Lo normal sería que el vencedor cambiara al país conquistado. Por el contrario, fueron los romanos quienes adoptaron ideas de los griegos sobre literatura, arte, filosofía, religión y educación.

COMPRENSIÓN DE LA LECTURA **Resumir**
¿Cómo lograron los romanos expandir su territorio?

Carthage: Defeat at Zama

hmhsocialstudies.com

BIOGRAFÍA

Aníbal
247–183 a.C.

Muchos historiadores consideran a Aníbal como uno de los generales más grandes de la antigüedad. Desde muy joven, ya odiaba a Roma. En 218 a.C., inició la Segunda Guerra Púnica al atacar a uno de los aliados de Roma en España. Después de la guerra, se convirtió en el líder de Cartago, pero más tarde los romanos lo obligaron a abandonar la ciudad. Fue a Asia y se unió a un rey que luchaba allí contra los romanos. El rey fue derrotado y Aníbal se suicidó para no convertirse en prisionero de los romanos.

Las fuerzas de Aníbal contaban con unos 80 elefantes de guerra.

Los romanos dejaban espacios vacíos entre sus soldados para que los elefantes causaran menos daños.

DESTREZA DE ANÁLISIS **ANALIZAR RECURSOS VISUALES**

¿Cómo hacían los romanos para luchar contra los elefantes de guerra de Aníbal?

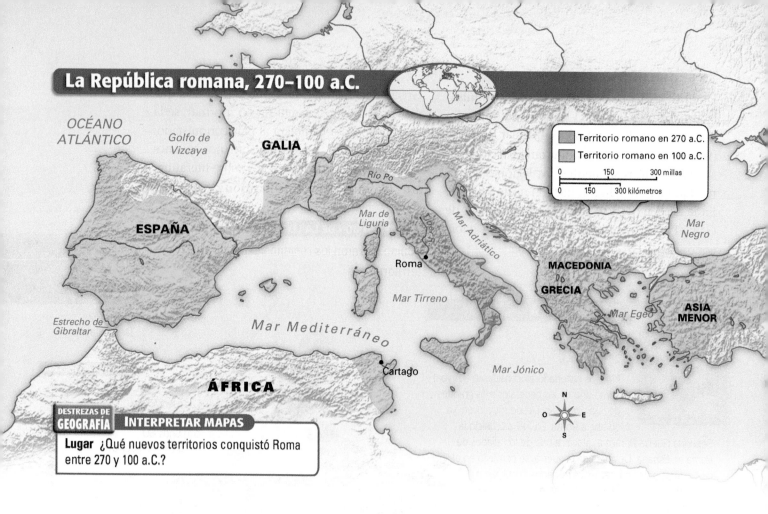

OCÉANO ATLÁNTICO

Golfo de Vizcaya

GALIA

ESPAÑA

Río Po

Mar de Liguria

Mar Adriático

Roma

MACEDONIA

GRECIA

Mar Negro

ASIA MENOR

Mar Tirreno

Estrecho de Gibraltar

Mar Mediterráneo

Mar Egeo

Cartago

Mar Jónico

ÁFRICA

Territorio romano en 270 a.C.
Territorio romano en 100 a.C.

0 150 300 millas
0 150 300 kilómetros

DESTREZAS DE GEOGRAFÍA · INTERPRETAR MAPAS

Lugar ¿Qué nuevos territorios conquistó Roma entre 270 y 100 a.C.?

Las crisis sacuden a la república

A medida que el territorio romano se expandía, surgieron problemas en la república. Los ciudadanos ricos se enriquecían cada vez más y muchos líderes temían que estallara la violencia entre ricos y pobres.

Tiberio y Cayo Graco

Entre los primeros líderes que intentaron solucionar los problemas de Roma se encuentran dos hermanos llamados Tiberio y Cayo Graco. Ambos eran tribunos.

Tiberio, que asumió su cargo en 133 a.C., quería crear granjas para los romanos pobres. El **propósito** de estas granjas era mantener contentos a los ciudadanos pobres y evitar rebeliones. Tiberio quería crear estas granjas en tierras públicas que los ciudadanos ricos habían tomando ilegalmente. El pueblo apoyaba esta idea, pero los ciudadanos ricos se oponían. Los conflictos generados por esta idea provocaron disturbios en la ciudad, durante los cuales Tiberio fue asesinado.

VOCABULARIO ACADÉMICO

propósito razón por la que se hace algo

Pocos años después, Cayo también intentó crear nuevas granjas. Comenzó a vender alimentos a bajo precio a los ciudadanos pobres de Roma. Al igual que su hermano, Cayo hizo enojar a muchos romanos poderosos y fue asesinado por sus ideas.

Las violentas muertes de los hermanos Graco provocaron un cambio en la política romana. A partir de ese momento, las personas comenzaron a considerar la violencia como arma política. A menudo atacaban a los líderes con quienes no estaban de acuerdo.

Mario y Sila

A fines del siglo II a.C., otro cambio social estuvo a punto de poner fin a la república. En 107 a.C., el ejército romano necesitaba más tropas con urgencia. En consecuencia, un cónsul llamado **Cayo Mario** alentó a los pobres a unirse al ejército. Anteriormente, sólo los propietarios de tierras podían alistarse en el ejército. Como consecuencia de este cambio, miles de ciudadanos pobres y desempleados se unieron al ejército romano.

Como Mario era un buen general, sus tropas eran más fieles a él que a Roma. El apoyo del ejército le dio a Mario un gran poder político. Siguiendo su ejemplo, otros políticos ambiciosos también buscaron el apoyo de sus ejércitos.

Uno de estos políticos, **Lucio Cornelio Sila**, se convirtió en cónsul en el año 88 a.C. Sila pronto entró en conflicto con Mario y esto desató una guerra civil en Roma. Una guerra civil es una guerra entre los ciudadanos de un mismo país. Finalmente, Sila derrotó a Mario. Más tarde se proclamó dictador y usó su poder para castigar a sus enemigos.

Espartaco

Poco después de la muerte de Sila, surgió otra crisis que desafió a los líderes de Roma. Miles de esclavos liderados por **Espartaco**, un ex gladiador, se rebelaron y exigieron su libertad.

Espartaco y sus seguidores derrotaron a un ejército que habían enviado para detenerlos y se apoderaron de gran parte del sur de Italia. Sin embargo, Espartaco finalmente fue asesinado en la batalla. Sin su liderazgo, la rebelión se desintegró. Victoriosos, los romanos ejecutaron a 6,000 esclavos rebeldes como ejemplo para quienes pensaran en rebelarse. La rebelión había terminado, pero no así los problemas de la república.

BIOGRAFÍA

Lucio Cornelio Sila
138–78 a.C.

Aunque terminaron convirtiéndose en enemigos, Sila aprendió mucho sobre asuntos militares de Cayo Mario. Sila había sido asistente de Mario antes de convertirse en cónsul. Cambió el gobierno de Roma para siempre cuando se convirtió en dictador, pero en realidad tenía muchas ideas tradicionales. Por ejemplo, creía que el Senado debía ser el principal grupo dirigente de Roma e incrementó el poder de este durante su mandato.

Analizar información ¿Crees que Sila fue un líder romano tradicional? ¿Por qué?

COMPRENSIÓN DE LA LECTURA **Hacer predicciones** ¿De qué forma crees que influyeron Mario y Sila sobre los líderes posteriores?

RESUMEN Y PRESENTACIÓN Has leído sobre las crisis que surgieron durante la República romana tardía. Finalmente, estas crisis provocaron cambios en la sociedad, como verás en el próximo capítulo.

Sección 3 Evaluación

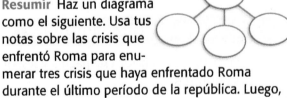
hmhsocialstudies.com
Cuestionario en Internet

Repasar ideas, palabras y personas

1. a. Definir ¿Qué eran las **legiones** romanas?
b. Explicar ¿Por qué los romanos decidieron conquistar toda Italia?
c. Profundizar ¿En qué contribuyó la expansión del territorio al incremento del comercio romano?
2. a. Recordar ¿Quiénes lucharon en las **Guerras Púnicas**?
b. Resumir ¿Qué desató el comienzo de las Guerras Púnicas?
c. Profundizar ¿Por qué crees que los romanos tomaron muchas ideas de la cultura griega?
3. a. Identificar ¿Quién era **Espartaco**?
b. Explicar ¿Cómo modificaron la política romana los asesinatos de los hermanos Graco?

Pensamiento crítico

4. Resumir Haz un diagrama como el siguiente. Usa tus notas sobre las crisis que enfrentó Roma para enumerar tres crisis que haya enfrentado Roma durante el último período de la república. Luego, enumera dos sucesos de cada crisis.

Crisis

ENFOQUE EN LA EXPRESIÓN ORAL

5. Elegir personajes En esta sección, aprendiste acerca de muchas figuras importantes de la historia romana. Elige a una de ellas como tema para tu leyenda. Ahora repasa tus notas. ¿Cómo lograrás que el tema de tu leyenda resulte interesante para tus oyentes?

Destrezas de estudios sociales

Análisis | Pensamiento crítico | Economía | Estudio

Interpretar mapas culturales

Comprender la destreza

Un mapa cultural es un tipo especial de mapa político. Como sabes, los mapas físicos muestran características naturales, como montañas y ríos. Los mapas políticos muestran las características humanas de una región, como fronteras, ciudades y carreteras. Las características humanas que se muestran en un mapa cultural son culturales, como los idiomas que se hablan o las religiones que se practican en una región. Los historiadores suelen usar mapas culturales en su trabajo. Por lo tanto, poder interpretarlos es muy importante para comprender la historia.

Aprender la destreza

Sigue estas pautas para interpretar un mapa cultural.

1 Usa la información básica del mapa. Lee el título para identificar el tema. Observa los rótulos, las referencias y la escala. Presta mucha atención a los símbolos especiales de las características culturales. Asegúrate de comprender qué representan estos símbolos.

2 Analiza el mapa como una unidad. Observa la ubicación de las características y símbolos culturales. Pregúntate cómo se relacionan con el resto del mapa.

3 Conecta la información del mapa con cualquier información escrita sobre el tema que encuentres en el texto.

Los idiomas de Italia, siglo V a.C.

Latín
Umbriano
Griego
Etrusco
Otras lenguas

0   50   100 millas
0   50   100 kilómetros

Practicar y aplicar la destreza

Aplica estas pautas al mapa de esta página y responde a las siguientes preguntas:

1. ¿Qué hace que este mapa sea un mapa cultural?

2. ¿Cuál era el idioma más hablado en la península Itálica? ¿Qué otro idioma se hablaba mucho?

3. ¿Dónde se hablaba griego? ¿Por qué las personas de esa región hablaban griego?

4. ¿Qué idioma hablaban los romanos?

Repaso del capítulo

El impacto de la historia

▶ videos

Consulta el video para responder a la pregunta de enfoque:

¿Cuáles serían algunas semejanzas entre la República romana y la democracia estadounidense?

Resumen visual

Usa el siguiente resumen visual para repasar las ideas principales del capítulo.

DATOS BREVES

Los romanos crearon muchas leyendas sobre la gloriosa historia de su ciudad.

Los primeros romanos establecieron un tipo de gobierno llamado república.

La República romana conquistó territorios en Italia y alrededor del Mediterráneo.

Repasar vocabulario, palabras y personas

Une cada definición numerada con la letra de la palabra de vocabulario correspondiente.

a. república

b. plebeyos

c. Espartaco

d. legiones

e. Eneas

f. cónsules

g. foro

h. dictador

i. vetar

j. Senado romano

k. patricios

l. principal

1. lugar público de reuniones en Roma
2. grupos de aproximadamente 6,000 soldados
3. legendario troyano fundador de Roma
4. más importante
5. gobierno en el que el pueblo elige a sus líderes
6. consejo que asesoraba a los líderes de Roma
7. líder con poder absoluto por seis meses
8. gente común de Roma
9. los dos dirigentes más poderosos de Roma
10. líder de una rebelión de esclavos
11. prohibir
12. romanos nobles y poderosos

Comprensión y pensamiento crítico

SECCIÓN 1 *(Páginas 294–299)*

13. **a.** **Describir** ¿Cuáles son dos de las leyendas que describen la fundación de Roma? ¿Qué conexión tienen las dos leyendas?

b. **Comparar y contrastar** ¿Qué papeles tenían los plebeyos y los patricios en el antiguo gobierno romano? ¿En qué otras cosas se diferenciaban los dos grupos?

c. **Hacer predicciones** ¿Cómo crees que la geografía de Italia y la ubicación de Roma afectarían la expansión de la influencia romana?

SECCIÓN 2 *(Páginas 302–307)*

14. a. Describir ¿Cuáles eran las tres partes del gobierno romano?

b. Analizar ¿De qué manera el equilibrio de poderes protege los derechos del pueblo? ¿De qué manera los protegen las leyes escritas?

c. Profundizar ¿Cuáles son algunos de los lugares de la sociedad moderna que desempeñan un papel similar al del foro romano?

SECCIÓN 3 *(Páginas 308–313)*

15. a. Identificar ¿Qué dificultades causaron a Roma Aníbal, Lucio Cornelio Sila y Espartaco?

b. Analizar ¿Cómo cambiaron la sociedad, la economía y las ocupaciones romanas durante la república tardía?

c. Evaluar Algunos historiadores dicen que Roma y Cartago estaban destinadas a luchar entre sí. ¿Por qué crees que dicen eso?

Repasar los temas

16. Política ¿Por qué los magistrados romanos sólo permanecían en su cargo durante un año?

17. Geografía ¿Cómo crees que la ubicación de Roma ayudó a los romanos a conquistar toda la región mediterránea?

Usar Internet

18. Actividad: Explicar la sociedad romana Un factor clave en la caída de la República romana fue que el pueblo romano la abandonó. El ejército, que antes había sido el protector de Roma, se volvió contra el pueblo romano. El Senado abandonó los debates y negociaciones y recurrió a la violencia política. Usa el libro de texto en Internet para investigar sobre la caída de la República romana y crea una exposición para un museo de historia de tu zona. Asegúrate de que tu exposición contenga información sobre las figuras clave del gobierno y el ejército romanos. Usa palabras e ilustraciones para explicar las estructuras sociales, religiosas y políticas que convirtieron a Roma en un imperio y las causas de su caída final.

hmhsocialstudies.com

Destrezas de lectura

19. Crear esquemas Vuelve a leer el texto de "Las crisis sacuden a la república", en la última sección de este capítulo. Prepara un esquema que ayude a aclarar las personas, los sucesos y las ideas de este fragmento. Antes de preparar tu esquema, decide cuáles serán los títulos principales. Luego, elige los detalles que aparecerán debajo de cada título. Recuerda que la mayoría de los esquemas siguen este formato básico:

> I. Idea principal
>   A. Idea secundaria
>   B. Idea secundaria
>   1. Detalle
>   2. Detalle
> II. Idea principal
>   A. Idea secundaria

Destrezas de estudios sociales

Interpretar mapas culturales *Mira el mapa cultural de la página 314. Luego responde a las siguientes preguntas.*

20. ¿Cuál era el idioma principal que se hablaba en Italia durante el siglo V a. C.?

21. En tu opinión, ¿qué idioma hablaba el menor número de personas? ¿Por qué opinas eso?

ENFOQUE EN LA EXPRESIÓN ORAL

22. Presentar tu leyenda Ahora que has elegido el tema para tu leyenda, es hora de escribirla y presentarla. Cuando escribas tu leyenda, incluye detalles interesantes que estimulen la imaginación de tus oyentes. Cuando hayas terminado de escribirla, compártela con el resto de la clase. Intenta hacer que tu leyenda suene interesante cuando la presentes. Recuerda cambiar el tono y volumen de tu voz para transmitir distintos sentimientos.

Práctica para el examen estandarizado

INSTRUCCIONES: *Lee las preguntas y escribe la letra de la respuesta correcta.*

1 Usa el mapa para responder a la siguiente pregunta.

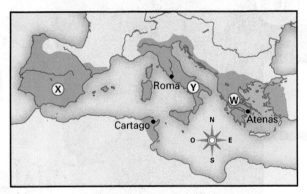

¿Cuál de las siguientes secuencias de letras muestra el orden en que Roma expandió su control sobre la región mediterránea?

A Y–W–X

B X–W–Y

C Y–X–W

D W–X–Y

2 ¿Cuál fue la razón *menos* importante del crecimiento del poder y la influencia de Roma en la región mediterránea?

A la religión

B el comercio

C la organización militar

D las guerras y las conquistas

3 Según la leyenda romana, la ciudad de Roma fue fundada por

A pueblos latinos que migraron a Italia desde el antiguo Egipto.

B dos hombres llamados Rómulo y Remo que fueron criados por una loba.

C los dioses griegos, que buscaban un nuevo hogar.

D un guerrero griego llamado Aquiles que había huido de la destrucción de Troya.

4 Los nobles romanos se llamaban

A patricios.

B plebeyos.

C tribunos.

D magistrados.

5 ¿Cuál de las siguientes características *no* se aplicaba al gobierno romano?

A el sistema de equilibrio de poderes

B el sentido de deber cívico

C el código de leyes escritas

D la igualdad de todas las personas

Conexión con lo aprendido anteriormente

6 Anteriormente en este curso aprendiste sobre otros pueblos antiguos que, al igual que los romanos, fundaron sus civilizaciones a orillas de ríos. Estos pueblos incluyen a todos los siguientes *excepto* a

A los chinos.

B los egipcios.

C los sumerios.

D los hebreos.

7 ¿*La Eneida* de Virgilio es similar a qué otra obra de la literatura antigua sobre la que has aprendido durante este curso?

A el *Shiji*

B el *Libro de los muertos*

C *La Odisea*

D el *Bhagavad Gita*

Roma y el cristianismo

Pregunta esencial ¿A qué se debió la caída del Imperio romano, y cuál es su legado?

Lo que aprenderás...

En este capítulo, estudiarás cómo se convirtió Roma en un imperio, cómo reaccionó al cristianismo, cómo finalmente cayó y de qué manera los elementos de la cultura romana han perdurado por siglos.

ENFOQUE EN LA REDACCIÓN

Tarjetas de notas para un guión Imagina que eres asistente de investigación de un estudio cinematográfico que planea hacer una película sobre el Imperio romano. Tu trabajo consiste en hacer averiguaciones sobre las personas, los lugares y los sucesos importantes del Imperio romano y pasar esta información a un equipo de escritores que crearán un guión cinematográfico. A medida que leas este capítulo, busca descripciones de las personas, los lugares y los sucesos del mundo romano desde la década de 70 a.C. hasta la caída del Imperio romano de oriente.

44 a.C.
Julio César es asesinado.

SUCESOS EN EL CAPÍTULO

27 a.C.
Augusto se convierte en el primer emperador de Roma.

25 a.C.

SUCESOS EN EL MUNDO

En esta fotografía se muestra el Coliseo, el impactante ejemplo de arquitectura de la antigua Roma que sigue inspirando el diseño de estadios en todo el mundo.

HISTORY.
The Rise of Roman Cities

hmhsocialstudies.com VIDEO

circa 30 d.C.
Jesús es crucificado.

circa 65 d.C.
Se introduce el budismo en China.

250 d.C.
Comienza la Edad Clásica maya en México.

312 d.C.
El emperador Constantino pone fin a la persecución a los cristianos.

476 d.C.
El último emperador romano de Occidente es derrocado.

570 d.C.
Mahoma nace en La Meca.

1453 d.C.
Termina el Imperio bizantino.

a.C. 1 d.C.   250   500   1450

Lectura en estudios sociales

Economía

Geografía

Política

Religión

Sociedad y cultura

Ciencia y tecnología

Enfoque en los temas En este capítulo se describe el desarrollo de Roma cuando dejó de ser una república y se convirtió en un fuerte y vasto imperio. Primero, aprenderás sobre la expansión **geográfica** del imperio. Leerás sobre líderes poderosos, como Julio César, Marco Antonio y Augusto. Finalmente, aprenderás cómo vivían y trabajaban las personas en el Imperio romano. Leerás sobre las numerosas contribuciones que hicieron a la literatura, el idioma, el derecho, y la **ciencia** y la **tecnología**.

Investigación en Internet

Enfoque en la lectura La búsqueda de información en Internet (WWW) puede ser muy sencilla. Sólo debes escribir una o dos palabras en un motor de búsqueda e instantáneamente encontrarás docenas (o cientos) de sitios con muchísima información.

Evaluar los sitios de Internet Sin embargo, buscar información en todos esos sitios puede resultar una tarea abrumadora. Además, no todos los sitios web tienen información buena o exacta. ¿Cómo puedes saber cuáles son los sitios que realmente quieres? Debes evaluar, o juzgar, los sitios. Puedes usar un formulario como el siguiente para evaluar un sitio web.

Evaluar recursos de Internet

Nombre del sitio: _____ Tema del sitio: _____
URL: _____ Fecha de acceso: _____

Recorre el sitio y luego responde a las siguientes preguntas.

I. Evaluar al autor del sitio

   A. ¿Quién es el autor? ¿Qué conocimientos o títulos acredita?
   B. ¿Existe alguna manera de ponerse en contacto con el autor?

II. Evaluar el contenido del sitio

   A. ¿El tema del sitio está relacionado con el tema que estás estudiando?
   B. ¿Hay suficiente información en este sitio que te sirva de ayuda?
   C. ¿Hay demasiada información para que puedas leerla o comprenderla?
   D. ¿Incluye fotografías o ilustraciones que te ayuden a comprender la información?
   E. ¿En el sitio se considera más de un punto de vista sobre el tema?
   F. ¿Se expresan más las opiniones del autor que los hechos?
   G. ¿El sitio proporciona referencias de la información que incluye, incluidas citas?
   H. ¿Tiene enlaces a otros sitios que posean información valiosa?

III. Evaluar el diseño y la calidad generales

   A. ¿Es sencillo navegar por el sitio o encontrar información?
   B. ¿Cuándo se actualizó el sitio por última vez?

IV. Mi impresión general

   A. Creo que este sitio tiene buena información que servirá para mi investigación. _____
   B. Creo que este sitio es demasiado complicado, es demasiado sencillo o tiene información que no puedo verificar. _____

¡Inténtalo!

La siguiente información es un ejemplo de una evaluación hecha por un estudiante de un sitio de Internet ficticio sobre Julio César. Repasa las respuestas del estudiante a las preguntas de la página anterior y luego responde a las preguntas que aparecen al final de esta página.

Evaluación de sitios de Internet

I. Evaluar al autor
A. El nombre de la autora es Cleo Patra. Ha leído muchos libros sobre Julio César.

B. No se incluye información para comunicarse con la autora.

II. Evaluar el contenido del sitio
A. Sí. Es sobre Julio César.

B. Parece haber una gran cantidad información sobre Julio César.

C. No. Parece fácil de entender.

D. Hay fotografías, pero casi todas son de películas. No hay mapas ni imágenes históricas.

E. No.

F. Sí, todo el tiempo la autora se refiere a lo mucho que ama a Julio César.

G. No puedo encontrar referencias.

H. Hay dos enlaces, pero ninguno está activo.

III. Evaluar el diseño y la calidad generales
A. No. Lleva mucho tiempo encontrar cualquier información específica. Además, la disposición de los elementos de la página es confusa.

B. La última actualización se hizo en julio de 1998.

Estudia la evaluación y luego responde a las siguientes preguntas.

1. ¿Qué sabes sobre la autora de este sitio? Según la información de la evaluación, ¿crees que está cualificada para escribir sobre Julio César?

2. ¿El contenido del sitio parece valioso y confiable? ¿Por qué?

3. El sitio no se ha actualizado por muchos años, pero es posible que eso no sea un problema importante ya que se refiere a Julio César. ¿Por qué? ¿En qué casos podrían ser más importantes las actualizaciones recientes?

4. En general, ¿dirías que este sitio podría ser útil? ¿Por qué?

Personas y palabras clave

Vocabulario académico

El progreso escolar está relacionado con el conocimiento del vocabulario académico, es decir, de las palabras que se usan con frecuencia en las tareas y discusiones en clase. En este capítulo, aprenderás las siguientes palabras de vocabulario académico:

A medida que lees el Capítulo 11, piensa sobre qué temas sería interesante investigar en Internet. Si haces alguna investigación en Internet, recuerda evaluar el sitio y su contenido.

De república a imperio

Lo que aprenderás...

Ideas principales

1. Los conflictos en la República romana le dieron a Julio César la oportunidad de aumentar su poder.
2. Cuando Augusto se convirtió en el primer emperador de Roma, puso fin a la república.
3. El Imperio romano se extendió hasta controlar todo el mundo mediterráneo.
4. Los romanos tuvieron grandes logros en ciencia, ingeniería, arquitectura, arte, literatura y derecho.

La idea clave

Después de su transición de república a imperio, Roma creció política y económicamente, y desarrolló una cultura que ejerció influencia sobre civilizaciones posteriores.

Personas y palabras clave

Cicerón, *pág. 322*
Julio César, *pág. 323*
Pompeyo, *pág. 323*
Marco Antonio, *pág. 324*
Augusto, *pág. 324*
Pax Romana, *pág. 326*
acueducto, *pág. 327*
lenguas romances, *pág. 328*
derecho civil, *pág. 328*

hmhsocialstudies.com
TOMAR NOTAS

Usa el organizador gráfico en Internet para tomar notas acerca de la transición de Roma de república a imperio y sobre los logros de este imperio.

Si ESTUVIERAS allí...

Eres amigo de un famoso senador romano. Tu amigo está preocupado por el poder cada vez mayor que tienen los militares en el gobierno de Roma. Algunos otros senadores quieren tomar medidas violentas para impedir que los generales tomen el poder como dictadores. Tu amigo te pide consejo: ¿Se justifica el uso de la violencia para salvar a la República romana?

¿Qué consejo le darías a tu amigo?

CONOCER EL CONTEXTO Para el siglo I a.C., el gobierno de la República romana ya tenía problemas. Los políticos buscaban maneras de resolverlos. Los filósofos también ofrecían sus ideas. Sin embargo, finalmente la república no pudo sobrevivir a los grandes cambios que se estaban produciendo en Roma.

Conflictos en la república

En la década de 70 a.C., Roma era un lugar peligroso. Los políticos y los generales iban a la guerra para obtener más poder incluso cuando el orden político se estaba desmoronando en Roma. Había disturbios organizados por los políticos para restablecer el poder de los tribunos. Y cada vez más personas de toda la república llegaban a la ciudad, aumentando así la confusión.

Se exigen cambios

Algunos romanos intentaron detener el caos en el gobierno de Roma. Uno de ellos fue **Cicerón,** un talentoso filósofo y orador, o persona que habla en público. En sus discursos, Cicerón pedía a los romanos de clase alta que trabajaran juntos para transformar Roma en un lugar mejor. Decía que una de las maneras de lograrlo era limitando el poder de los generales. Cicerón quería que los romanos brindaran más apoyo al Senado y que se restableciera el equilibrio de poderes en el gobierno.

Pero el gobierno no cambió. Muchos romanos no estaban de acuerdo con Cicerón. Otros estaban demasiado ocupados. Mientras tanto, varios generales estaban trabajando para tomar el gobierno. El más poderoso de ellos era **Julio César.**

El ascenso de César al poder

César fue un gran general. Los romanos lo admiraban por su valentía y las destrezas que demostraba en las batallas. Sus soldados lo respetaban porque él los trataba bien. Entre los años 58 y 50 a.C., César conquistó casi toda Galia, una región que comprendía lo que hoy es el país de Francia. Escribió una descripción muy detallada de esta conquista. En esta descripción de una batalla, observa cómo se llama a sí mismo "César":

> "César, habiendo dividido sus fuerzas… y habiendo construido precipitadamente [rápidamente] algunos puentes, ingresa a su país con tres divisiones, quema sus casas y aldeas y se apodera de una gran cantidad de ganado y de hombres".
>
> —Julio César, de *La Guerra de las Galias*

Los éxitos militares de César lo convirtieron en una figura fundamental de la política romana. Además de ser un líder fuerte, César era un orador excelente. Consiguió muchos aliados gracias a los discursos que pronunció en el foro.

César también tenía amigos poderosos. Antes de ir a Galia, celebró una alianza con dos de los hombres más influyentes de Roma, **Pompeyo** y Craso. Los tres juntos gobernaron Roma.

César es desafiado

Esta alianza duró unos 10 años. Pero después de sus conquistas en Galia, César era tan popular que incluso sus amigos estaban celosos de él. En el año 50 a.C., los aliados de Pompeyo en el Senado ordenaron a César que renunciara al mando de sus ejércitos. Querían que Pompeyo controlara Roma solo.

César se negó. En cambio, emprendió el regreso a Roma con su ejército para enfrentar a sus opositores. Cuando sus hombres cruzaron el río Rubicón, el límite entre Galia e Italia, César supo que ya no había vuelta atrás. La guerra era inminente, porque el derecho romano decía

SU IMPORTANCIA HOY

Hoy en día se usa la frase "cruzar el Rubicón" cuando alguien hace algo que no puede enmendarse.

Julio César conquistó Galia y la incorporó al imperio. En esta pintura de fines del siglo XIX, se muestra el momento en que un jefe galo arroja sus armas a los pies de César en señal de rendición.

que ningún general podía entrar a Italia con su ejército.

Pompeyo y sus aliados huyeron de Italia. Pensaron que no tenían las tropas suficientes para vencer a César. Pero César y su ejército persiguieron a las fuerzas de Pompeyo durante un año. Finalmente, derrotaron a Pompeyo en Grecia en el año 48 a.C. Pompeyo fue asesinado por orden de un rey egipcio.

Cuando César regresó a Roma en el año 45 a.C., se convirtió en dictador de por vida. Aunque César trabajó para mejorar la sociedad romana, muchas personas no estaban de acuerdo con la forma en que había llegado al poder. También les preocupaba que César quisiera convertirse en rey de Roma.

Los senadores estaban particularmente enojados con César. Él había reducido sus poderes y el cada vez mayor poder de César los atemorizaba. El 15 de marzo, una fecha llamada los idus de marzo, del año 44 a.C., un grupo de senadores atacó a César en el Senado y lo mató a puñaladas.

COMPRENSIÓN DE LA LECTURA ▶ **Ordenar**
¿Cómo llegó César al poder en Roma?

El final de la república

Después del asesinato de César, dos nuevos líderes pasaron a encargarse de la política romana. Uno de ellos era el antiguo asistente de César, **Marco Antonio**. El otro era el hijo adoptivo de César, Octaviano, que más tarde recibió el nombre de **Augusto**.

Antonio y Octaviano

Una de las prioridades de Antonio y Octaviano fue castigar a las personas que habían asesinado a César. Los asesinos creían que se convertirían en héroes. Por el contrario, tuvieron que huir para salvar sus vidas. En Roma, el asesinato de César causó indignación. Muchas personas lo querían y por eso se desataron disturbios después de su muerte. Para terminar con el caos que siguió al asesinato de César, el Senado tuvo que actuar con rapidez para restablecer el orden.

En el funeral de César, Antonio pronunció un famoso discurso que puso aún a más romanos en contra de los asesinos. Poco después, él y Octaviano organizaron un ejército para vengar la muerte de César.

Su ejército alcanzó a los asesinos cerca de Filipos, norte de Grecia. En 42 a.C., Antonio y Octaviano derrotaron rotundamente a sus adversarios. Tras la batalla, los asesinos de César que aún estaban vivos se suicidaron.

Octaviano se convierte en emperador

Después de la batalla de Filipos, Octaviano regresó a Italia. Antonio se dirigió hacia el este a luchar contra los enemigos de Roma. En el año 40 a.C., Antonio se casó con la hermana de Octaviano, Octavia. Sin embargo, ocho años después se divorció de ella para casarse con Cleopatra, la reina de Egipto. Octaviano consideró el divorcio como un insulto a su hermana y a él mismo.

El comportamiento de Antonio provocó una guerra civil en Roma. En el año 31 a.C., Octaviano envió una flota para atacar a Antonio. Antonio salió a enfrentarla y las dos fuerzas navales se encontraron justo al oeste de Grecia, en la batalla de Accio. La flota de Antonio fue derrotada, pero él huyó a Egipto para reunirse con Cleopatra. Allí, ambos se suicidaron para evitar que Octaviano los capturara.

Octaviano se convirtió entonces en el único gobernante de Roma. En pocos años obtuvo un poder casi ilimitado. Tomó el título de *princeps,* o primer ciudadano.

En el año 27 a.C., Octaviano anunció que delegaba su poder al Senado pero, en realidad, conservó todo su poder. El Senado le dio un nuevo nombre: Augusto, que significa "el venerado". Los historiadores modernos consideran que este nombramiento marcó el final de la República romana y el comienzo del Imperio romano.

COMPRENSIÓN DE LA LECTURA ▶ **Resumir**
¿Cómo se transformó la República romana en imperio?

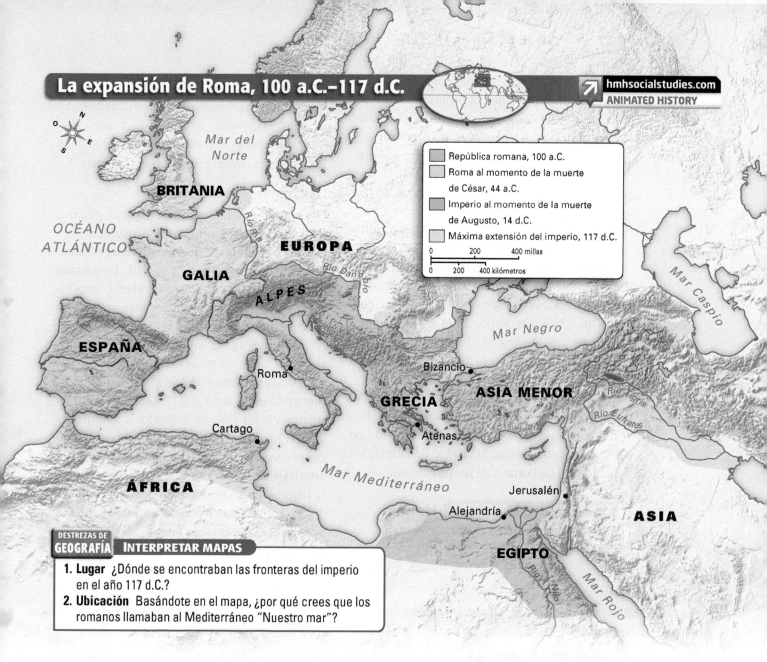

La expansión de Roma, 100 a.C.–117 d.C.

Mar del Norte

OCÉANO ATLÁNTICO

BRITANIA

GALIA

EUROPA

Río Rin

Río Danubio

ALPES

ESPAÑA

Roma

Cartago

GRECIA

Atenas

Bizancio

Mar Negro

ASIA MENOR

Mar Caspio

Río Tigris

Río Éufrates

Mar Mediterráneo

ÁFRICA

Jerusalén

Alejandría

ASIA

EGIPTO

Río Nilo

Mar Rojo

	República romana, 100 a.C.
	Roma al momento de la muerte de César, 44 a.C.
	Imperio al momento de la muerte de Augusto, 14 d.C.
	Máxima extensión del imperio, 117 d.C.

0   200   400 millas
0   200   400 kilómetros

DESTREZAS DE GEOGRAFÍA   **INTERPRETAR MAPAS**

1. **Lugar** ¿Dónde se encontraban las fronteras del imperio en el año 117 d.C.?
2. **Ubicación** Basándote en el mapa, ¿por qué crees que los romanos llamaban al Mediterráneo "Nuestro mar"?

El imperio de Roma se expande

Cuando Roma se transformó en imperio, ya controlaba la mayor parte del mundo mediterráneo. Augusto y los emperadores que lo sucedieron siguieron expandiendo el imperio. Algunos emperadores conquistaron territorios para controlar a los vecinos hostiles. Otros líderes romanos querían controlar el oro, las tierras de cultivo y otros recursos.

A principios del siglo II d.C., los romanos habían conquistado Galia y gran parte del centro de Europa. Durante el gobierno del emperador Claudio, los romanos conquistaron la mayor parte de la isla de Britania. Roma también controlaba Asia Menor, Mesopotamia y la costa oriental del Mediterráneo. Toda la costa norte de África también pertenecía a Roma.

Las conquistas romanas fomentaron el comercio. Los habitantes de Roma necesitaban materias primas que no había en Italia. Sin embargo, muchos de los materiales se podían encontrar en las provincias de Roma, que eran las zonas distantes que controlaban los romanos. Los comerciantes traían metales, tejidos y alimentos de las provincias a la ciudad. También traían artículos más exóticos, como especias y seda de Asia, y animales de África. A cambio, los romanos enviaban a las provincias artículos hechos por artesanos. Estos artículos incluían joyas, vidrio y vestimentas.

Para pagar los productos, los romanos usaban la moneda, o dinero. Cambiaban monedas de oro y plata por los productos que deseaban. Estas monedas les permitieron comerciar con los pueblos, aunque no tuvieran los productos que sus socios comerciales deseaban. Casi todos aceptaban las monedas romanas, lo que fomentó el comercio aún más.

Los primeros 200 años del Imperio romano fueron tiempos de paz y prosperidad generalizadas. Gracias a un gobierno estable y un ejército bien comandado, Roma se enriqueció en condiciones de seguridad. No hubo guerras ni rebeliones importantes en el imperio. Este período de paz se llama **Pax Romana,** o paz romana. Duró aproximadamente hasta la década de 180 d.C.

Durante la Pax Romana, la población del imperio creció. El comercio aumentó y muchos romanos se enriquecieron. Como resultado de estos cambios, mejoró la calidad de vida de los habitantes de Roma y de sus provincias.

COMPRENSIÓN DE LA LECTURA **Identificar causa y efecto** ¿Cómo afectó la expansión territorial romana al comercio?

Los logros de Roma

Los romanos consiguieron logros duraderos en ciencias, ingeniería, arquitectura y arte. Además, la tradición literaria de Roma y su sistema legal todavía tienen influencia hoy en día.

La ciencia y la ingeniería

Los romanos adoptaron un criterio práctico para sus estudios sobre ciencia e ingeniería. Los científicos romanos querían obtener resultados para beneficiar a su sociedad. Estudiaban las estrellas para crear un calendario. Estudiaban las plantas y los animales para aprender a obtener mejores cosechas y carne.

Para mejorar la salud, los médicos romanos estudiaban las obras de los griegos. Uno de los grandes médicos del imperio era Galeno, que vivió en el siglo II d.C. Galeno era un cirujano griego que se dedicaba a estudiar el cuerpo humano. Galeno describió las válvulas del corazón y señaló las diferencias entre las arterias y las venas. Durante siglos, los médicos se basaron en las enseñanzas de Galeno.

El uso práctico que los romanos dieron a la ciencia también puede observarse en su ingeniería. Los romanos fueron grandes

El arco romano

Los romanos fueron los primeros en hacer un uso amplio del arco. En la fotografía de la derecha se muestra un acueducto romano sostenido por cientos de arcos. Abajo puedes ver una ilustración donde se muestra cómo los ingenieros romanos construían arcos altos y resistentes.

¿Cómo hacían los romanos para sostener los arcos durante su construcción?

hmhsocialstudies.com

ANIMATED HISTORY
Roman Aqueducts

constructores. Desarrollaron nuevos materiales para que sus estructuras fueran duraderas. Por ejemplo, los romanos hacían cemento mezclando un mineral llamado cal con roca volcánica y cenizas. El material resultante era muy duro e impermeable cuando se secaba.

Sin embargo, los diseños que adoptaron los romanos para sus estructuras fueron más importantes que los materiales que usaban. Construían sus caminos en capas. Cada capa estaba hecha de un material diferente. Esta construcción en capas permitía que los caminos duraran mucho tiempo. Muchos caminos romanos no se han desgastado incluso después de siglos de tránsito.

Los romanos también construyeron estructuras duraderas mediante arcos. Por su forma redondeada, un arco puede soportar mucho más peso que otras formas. Esta resistencia ha permitido que muchos puentes romanos construidos con arcos perduren hasta hoy.

Los romanos también usaron arcos en sus acueductos. Un **acueducto** es un canal elevado que se utiliza para transportar agua de las montañas a las ciudades. Como atravesaban valles profundos, los acueductos romanos debían ser resistentes. Muchos de ellos todavía están en pie.

Los constructores romanos también aprendieron a combinar arcos para crear bóvedas. Una bóveda es un conjunto de arcos que sostienen el tejado de un edificio. Los romanos usaron bóvedas para crear espacios grandes y abiertos dentro de sus edificios.

La arquitectura y el arte

A los romanos no sólo les interesaba lo práctico. También admiraban la belleza. Esta admiración puede apreciarse en los novedosos diseños arquitectónicos y artísticos que crearon.

La arquitectura romana también copiaba algunos antiguos diseños griegos. Por ejemplo, los romanos usaban columnas en los edificios públicos para darles un aspecto imponente. También copiaron a los griegos al cubrir muchos de sus edificios con mármol.

Las técnicas de ingeniería de los romanos les permitieron lograr nuevos adelantos arquitectónicos. Por ejemplo, la bóveda les permitió

Los logros romanos

Gobierno

- Importancia de las leyes escritas
- Trato igualitario para todos los ciudadanos
- Derechos y deberes de los ciudadanos

Ingeniería

- Caminos excelentes y duraderos
- Puentes resistentes
- Acueductos para transportar agua
- Diseños de edificios que inspiraron a sociedades posteriores

Arquitectura

- Construcciones grandes y sólidas
- Columnas y espacios abiertos

Arte

- Estatuas realistas
- Retratos naturalistas

Filosofía

- Interés por mejorar la vida de las personas
- Filosofía estoica que enfatizaba los deberes cívicos de las personas

construir estructuras enormes, mucho más grandes que las que pudieran construir los griegos. Una de esas estructuras fue el Coliseo, en Roma: un edificio enorme donde se llevaban a cabo las peleas de gladiadores. Muchas otras estructuras romanas tienen cúpulas en la parte superior.

Los artistas romanos eran conocidos por sus hermosos mosaicos, pinturas y estatuas. Los mosaicos y las pinturas se usaban para adornar los edificios romanos. La mayoría de las pinturas romanas eran frescos. Un fresco es un tipo de pintura que se hace sobre yeso. Muchos artistas romanos tenían una habilidad particular para pintar retratos o pinturas de personas. Los escultores romanos también eran muy talentosos. Estudiaron las obras que habían hecho los griegos y trataron de recrear aquella genialidad en sus propias estatuas.

Lengua y literatura

Además de ser un sitio rico en arte y arquitectura, Roma fue el lugar donde vivieron muchos de los autores más importantes del mundo antiguo. Uno de ellos era Virgilio, que escribió una gran obra épica acerca de la fundación de Roma, *La Eneida*. Otro fue Ovidio, que escribió poemas sobre la mitología romana. Además, los romanos crearon relatos, discursos

HISTORY.

The Glory of the Colosseum

hmhsocialstudies.com

ENFOQUE EN LA LECTURA

¿Qué palabras clave usarías para buscar información en Internet sobre alguno de los temas de este párrafo?

y obras de teatro que se siguen estudiando y disfrutando hoy en día.

Virgilio, Ovidio y otros poetas escribieron en latín, la lengua del gobierno y del derecho. Los habitantes de todo el mundo romano escribían, hacían negocios y llevaban registros en latín. En la mitad oriental del imperio, el griego era igual de importante.

Posteriormente, el latín se transformó en muchas lenguas diferentes, llamadas **lenguas romances.** Entre ellas se incluyen el italiano, el francés, el español, el portugués y el rumano.

El latín también influyó en otras lenguas. Muchas lenguas que no son romances, como el inglés, tienen palabras latinas. Palabras como *et cetera, circus* (circo) y *veto* (vetar), usadas en inglés, eran originalmente términos latinos. Las palabras latinas también son comunes en el vocabulario científico y en los lemas.

El derecho

Es posible que la mayor influencia de Roma haya sido el derecho. El derecho romano se aplicó en gran parte de Europa. Aun después de la caída del imperio, las leyes romanas siguieron existiendo en los reinos posteriores.

Con el tiempo, el derecho romano inspiró un sistema llamado derecho civil. El **derecho civil** es un sistema jurídico basado en un código de leyes escritas, como el creado por los romanos.

La mayoría de los países de Europa tienen hoy en día tradiciones en derecho civil. En los siglos XVI y XVII, los colonizadores europeos llevaron el derecho civil a todo el mundo. Como resultado, en muchos países de África, Asia y las Américas los sistemas legales tienen gran influencia del derecho romano.

COMPRENSIÓN DE LA LECTURA **Identificar la idea principal** ¿De qué manera la literatura y la lengua romanas influyeron en las sociedades posteriores?

RESUMEN Y PRESENTACIÓN Augusto convirtió la República romana en un imperio. Este imperio se expandió durante sus primeros 200 años y los romanos hicieron muchas contribuciones perdurables al mundo. En la siguiente sección, aprenderás sobre un desarrollo influyente que cambió la vida en Roma: el cristianismo.

Sección 1 Evaluación

hmhsocialstudies.com
Cuestionario en Internet

Repasar ideas, palabras y personas

1. a. Recordar ¿A quiénes quería otorgar poder **Cicerón**?
b. Inferir ¿Por qué muchos senadores creían que **Julio César** era una amenaza?
c. Evaluar ¿Qué papel cumplieron los militares en la llegada de César al poder?

2. a. Identificar ¿Quiénes se hicieron cargo de Roma después de la muerte de César?
b. Resumir ¿Cómo hizo Octaviano para quitarle poder a **Marco Antonio**?
c. Evaluar ¿Por qué es importante que Octaviano no tomara el título de dictador?

3. a. Identificar ¿Qué zonas del mundo conquistaron los romanos?
b. Profundizar ¿Por qué creció el comercio durante la **Pax Romana**?

4. a. Recordar ¿Qué tipo de derecho se basa en el código legal romano?
b. Sacar conclusiones El latín ya no se habla. ¿Por qué crees que se sigue estudiando?

Pensamiento crítico

5. Analizar Repasa tus notas sobre los logros de Roma. En cada uno de los campos del cuadro siguiente, anota un logro romano y describe su influencia en el mundo de hoy.

Ingeniería	
Lengua	
Leyes	
Literatura	

ENFOQUE EN LA REDACCIÓN

6. Tomar notas para un guión En tu cuaderno, elabora una tabla con tres columnas tituladas "Personajes", "Escenario" y "Argumento". En cada columna, escribe comentarios sobre las personas y los sucesos de esta sección que crees que serían buen material para una película.

Augusto

¿Qué harías si fueras muy poderoso?

¿Cuándo vivió? 63 a.C.–14 d.C.

¿Dónde vivió? En Roma

¿Qué hizo? Como líder de Roma, Augusto hizo muchas mejoras en la ciudad. Creó un departamento de bomberos y una fuerza policial para proteger a los habitantes de la ciudad. Construyó nuevos acueductos y reparó los antiguos para aumentar la provisión de agua en Roma. Augusto también trabajó para mejorar y extender la red de caminos de Roma.

¿Por qué es importante? Como primer emperador de Roma, Augusto es una de las figuras más importantes de la historia romana. Casi sin la ayuda de nadie, cambió para siempre la naturaleza del gobierno romano. Pero Augusto también es conocido por los grandes monumentos que hizo construir en toda Roma. Construyó un nuevo foro que tenía estatuas, monumentos y un gran templo dedicado al dios Marte. Al escribir sobre su vida, Augusto manifestó: "Encontré una Roma construida con ladrillos y la dejé como una ciudad de mármol".

Identificar los puntos de vista ¿Por qué crees que muchos romanos admiraban profundamente a Augusto?

Augusto hizo construir muchos edificios imponentes en Roma.

SUCESOS CLAVE

45 a.C. Julio César adopta a Octaviano como hijo y heredero.

44 a.C. Octaviano se muda a Roma cuando César muere.

42 a.C. Octaviano y Antonio derrotan a Bruto.

31 a.C. Octaviano derrota a Antonio.

27 a.C. Octaviano toma el nombre de Augusto y se convierte en emperador de Roma.

Los caminos de los romanos

Los romanos son famosos por sus caminos. Construyeron una red de caminos tan grande y tan bien hecha que aún hoy hay partes que permanecen en buen estado, casi 2,000 años más tarde. Los caminos ayudaron a los romanos a gobernar su imperio. Los ejércitos, los viajeros, los mensajeros y los mercaderes los usaban para trasladarse. Llegaban a todos los rincones del imperio formando una red tan vasta que hoy en día las personas aún dicen que "todos los caminos conducen a Roma".

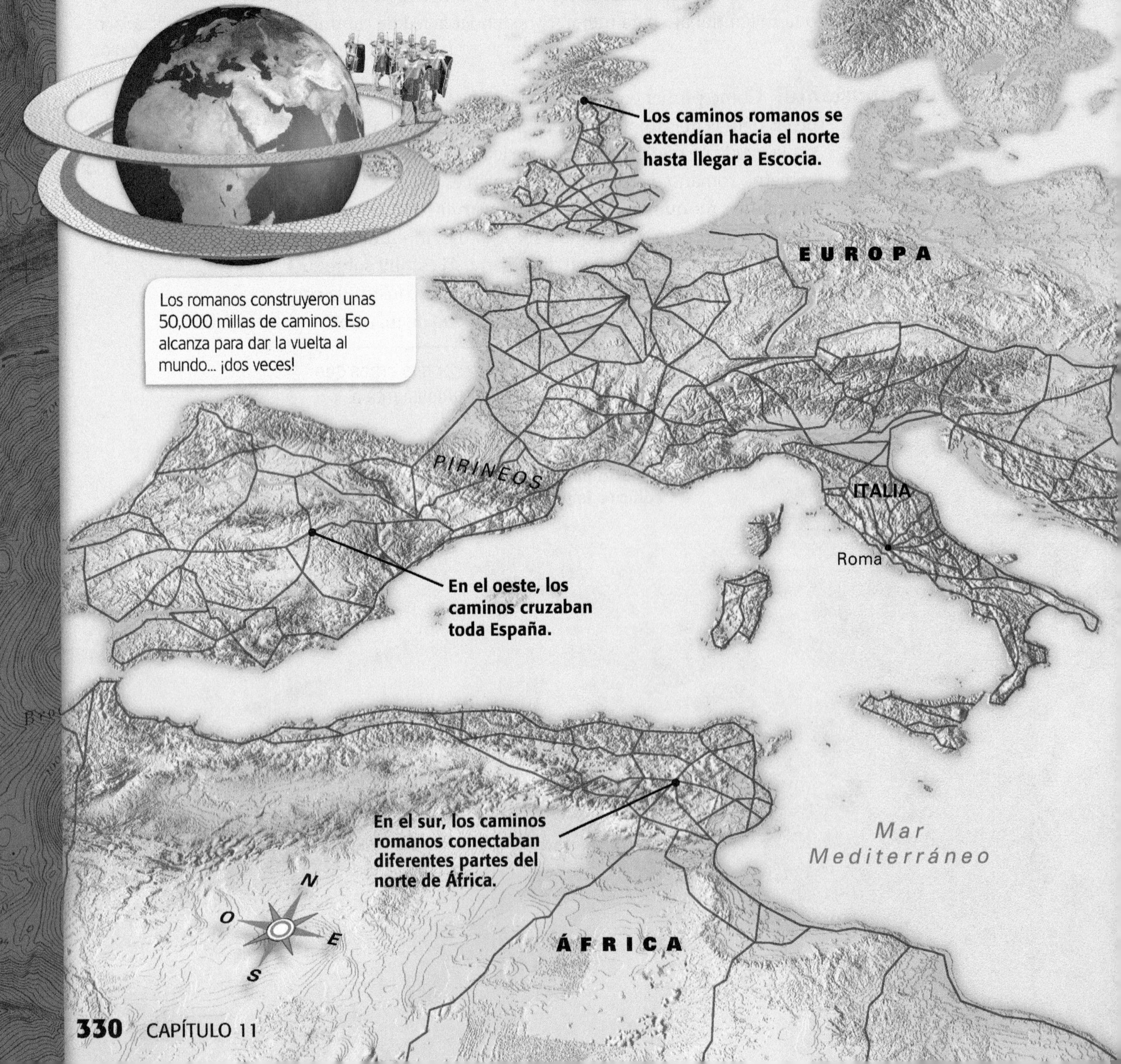

Los caminos romanos se extendían hacia el norte hasta llegar a Escocia.

Los romanos construyeron unas 50,000 millas de caminos. Eso alcanza para dar la vuelta al mundo... ¡dos veces!

EUROPA

PIRINEOS

ITALIA

Roma

En el oeste, los caminos cruzaban toda España.

En el sur, los caminos romanos conectaban diferentes partes del norte de África.

Mar Mediterráneo

N
O   E
S

ÁFRICA

Pavimento de piedras

Zanja de drenaje

Piedras del cordón

Arena, arcilla y grava

Piedra partida

Concreto de grava

Los caminos romanos se construyeron para que perduraran. Se hicieron con capas de arena, concreto, rocas y piedras. Las zanjas de drenaje permitían que el agua se escurriera, para que no dañara el camino.

Los caminos fueron construidos por y para los militares. El principal propósito de los caminos era permitir que los ejércitos romanos viajaran rápidamente por todo el imperio.

H HISTORY

VIDEO

Ancient Rome: Mobile Society

↗ hmhsocialstudies.com

En el este, los caminos romanos se extendían dentro del suroeste de Asia.

Los romanos construían altos pilares junto a los caminos para marcar las distancias. Al igual que las modernas señales de las autopistas, las marcas indicaban a los viajeros la distancia hasta la próxima ciudad.

DESTREZAS DE
GEOGRAFÍA **INTERPRETAR MAPAS**

1. **Movimiento** ¿Por qué los romanos construyeron sus caminos?
2. **Ubicación** ¿Cómo demuestra el mapa que "todos los caminos conducen a Roma"?

331

El Imperio romano y la religión

Si ESTUVIERAS allí...

Eres un soldado romano destinado a una de las provincias del imperio. Estás orgulloso de haber ayudado a traer la cultura romana a este lugar alejado de la ciudad de Roma. Pero un grupo de personas del lugar se niegan a participar de los rituales y las celebraciones romanas oficiales, ya que dicen que van en contra de sus creencias. Por lo demás, parecen personas pacíficas. Sin embargo, algunos soldados creen que este grupo es peligroso.

¿Qué harás con respecto a este grupo?

Tolerancia religiosa y conflictos

Los romanos eran un pueblo muy religioso. Realizaban muchos festivales en honor de sus dioses. Sin embargo, no intentaban imponer sus creencias a los demás.

Libertad de culto

Cuando los romanos conquistaban a otros pueblos, por lo general les permitían mantener sus costumbres y creencias religiosas. A veces, hasta los romanos que vivían en las cercanías adoptaban esas creencias. Con el tiempo, los romanos construyeron templos a esos dioses adoptados y se les rindió culto en todo el imperio.

Por ejemplo, muchos romanos adoraban a los dioses griegos del Olimpo. Cuando los romanos conquistaron Grecia, aprendieron acerca de la mitología griega. En poco tiempo, los dioses griegos se

---

Lo que aprenderás...

Ideas principales

1. Los romanos por lo general practicaban la tolerancia religiosa, pero tuvieron conflictos con los judíos.
2. Surgió una nueva religión a partir del judaísmo: el cristianismo.
3. Muchas personas consideraban que Jesús de Nazaret era el Mesías.
4. El cristianismo adquirió cada vez mayor popularidad y con el tiempo se convirtió en la religión oficial del Imperio romano.

La idea clave

Los habitantes del Imperio romano practicaban muchas religiones antes de que el cristianismo, basado en las enseñanzas de Jesús de Nazaret, se difundiera y se convirtiera en la religión oficial de Roma.

Personas y palabras clave

cristianismo, *pág. 334*
Jesús de Nazaret, *pág. 334*
Mesías, *pág. 334*
crucifixión, *pág. 336*
Resurrección, *pág. 336*
apóstoles, *pág. 337*
Pablo de Tarso, *pág. 337*
Constantino, *pág. 338*

hmhsocialstudies.com
TOMAR NOTAS

Usa el organizador gráfico en Internet para tomar notas acerca de las prácticas religiosas en Roma, las enseñanzas de Jesús y los comienzos del cristianismo.

convirtieron también en los principales dioses romanos, aunque les dieron distintos nombres. Del mismo modo, muchos romanos también adoptaron dioses y creencias de los egipcios, los galos y los persas.

En sus vidas religiosas, los romanos eran muy prácticos. No sabían con certeza qué dioses existían en realidad. Para no ofender a ningún dios, les rezaban a una gran cantidad de dioses y diosas.

El único caso en el que los romanos prohibían una religión era cuando los líderes de Roma la consideraban un problema político. En estos casos, los funcionarios del gobierno tomaban medidas para evitar problemas. A veces restringían el lugar y el momento de reunión de los miembros de una religión. El judaísmo fue una religión que algunos líderes romanos llegaron a considerar un problema político.

Los conflictos con los judíos

A diferencia de los romanos, los judíos no adoraban a muchos dioses. Ellos creían que su Dios era el único dios. Algunos romanos creían que los judíos insultaban a los dioses de Roma al no rendirles culto.

Aun así, los romanos no intentaron prohibir el judaísmo en el imperio. Al principio, les permitieron a los judíos conservar y practicar su religión. Los judíos, sin embargo, crearon un conflicto político cuando se rebelaron contra el dominio romano. Judea, el territorio donde vivían la mayoría de los judíos, había sido conquistada por Roma en el año 63 a.C. Desde entonces, a muchos judíos les molestaba el dominio romano. No querían obedecer a extranjeros. En consecuencia, los judíos se rebelaron contra los romanos entre los años 66 y 70 d.C. También hubo otras rebeliones, pero todas las veces los judíos fueron derrotados.

Los romanos construyeron muchos templos en honor de sus dioses. Los templos construidos para rendir culto a todos los dioses se llamaban panteones. El más famoso es el Panteón de Roma, construido en la década de 20 a.C. Aun hoy en día, los visitantes quedan maravillados por su enorme cúpula.

El general romano Tito tomó Jerusalén en el año 70 d.C. Para celebrar esta victoria, los romanos construyeron este arco, que muestra a soldados romanos llevándose una menorá robada del Segundo Templo sagrado de Jerusalén.

A comienzos del siglo II, los romanos se habían vuelto más hostiles hacia los judíos. Éstos, que eran maltratados y obligados a pagar altos impuestos, comenzaron a resentirse cada vez más. Las cosas empeoraron cuando el emperador Adriano prohibió algunas prácticas religiosas de los judíos. Con esa prohibición, Adriano esperaba que el pueblo judío pusiera punto final a su deseo de independencia y terminara por renunciar al judaísmo.

Por el contrario, las medidas de Adriano irritaron aun más a los judíos. Y volvieron a rebelarse. Esta vez, Adriano decidió acabar con las rebeliones de una vez por todas.

El ejército romano aplastó la rebelión judía, destruyó Jerusalén en el año 135 y obligó a los judíos a abandonar la ciudad. Después, los romanos construyeron una nueva ciudad sobre las ruinas de Jerusalén y llevaron habitantes de otras partes del imperio para que se asentaran allí. A los judíos se les prohibió entrar en esta nueva ciudad más de una vez por año. Al ser expulsados de su antigua ciudad, muchos judíos se instalaron en otras partes del mundo romano.

COMPRENSIÓN DE LA LECTURA **Sacar conclusiones** ¿Por qué los romanos creían que el judaísmo era una amenaza?

Una nueva religión

A principios del siglo I d.C., surgió en Judea lo que se convertiría en una nueva religión. Esta religión, que se llamaba **cristianismo,** se basaba en la vida y las enseñanzas de **Jesús de Nazaret.** El cristianismo tenía sus raíces en las tradiciones y las ideas del judaísmo, pero se desarrolló como una creencia separada.

Cuando nació Jesús, hacia fines del primer siglo a.C., había varios grupos de judíos en Judea. El grupo más grande cumplía estrictamente con las prácticas judías. Los miembros de este grupo observaban especialmente las leyes de Moisés, sobre el que leíste en el Capítulo 7. Los judíos creían que Moisés les dio un conjunto de leyes para que las cumplieran.

Como resultado de su estricta obediencia a estas leyes, los judíos llevaban vidas muy estructuradas. Por ejemplo, realizaban rituales a diario y evitaban comer ciertos alimentos.

Muchos de estos judíos cumplían estrictamente con las leyes porque los profetas judíos habían dicho que un nuevo líder surgiría de ellos. Muchos creían que, si obedecían rigurosamente las reglas, era más probable que el líder apareciera.

Según las profecías, el nuevo líder de los judíos sería un descendiente del rey David. Cuando llegara, restablecería la grandeza del antiguo reino del rey David, Israel. Los profetas llamaban a ese líder el **Mesías,** que significa "ungido por Dios" en hebreo. En otras palabras, los judíos creían que Dios elegiría al Mesías que los guiaría.

Cuando los romanos se apoderaron de Judea en el año 63 a.C., muchos judíos creyeron que el Mesías llegaría pronto. Los profetas judíos iban por toda Judea anunciando la venida del Mesías. Muchos judíos esperaban ansiosamente su llegada.

COMPRENSIÓN DE LA LECTURA **Resumir** ¿Por qué los judíos esperaban la llegada del Mesías?

Jesús de Nazaret

Jesús de Nazaret, el hombre que para los cristianos fue el Mesías judío, vivió a comienzos del siglo I d.C. A pesar de que Jesús fue una de las figuras más influyentes de la historia universal, sabemos relativamente poco sobre su vida. La mayor parte de lo que sabemos sobre Jesús se encuentra en la Biblia, el libro sagrado del cristianismo.

La Biblia cristiana está formada por dos partes. La primera parte, el Antiguo Testamento, es en su mayor parte igual a la Biblia hebrea. Cuenta la historia y las ideas del pueblo hebreo y el judío. La segunda parte, el Nuevo Testamento, es sagrada para los cristianos. El Nuevo Testamento relata la vida y las enseñanzas de Jesús, y los comienzos del cristianismo. El Nuevo Testamento también contiene cartas escritas por algunos seguidores de Jesús.

El nacimiento de Jesús

Según la Biblia, Jesús nació en un pueblo llamado Belén. En nuestro calendario, su nacimiento marca el cambio de a.C. a d.C. La madre de Jesús, María, estaba casada con un carpintero llamado José. Pero los cristianos creen que el padre de Jesús era Dios, y no José.

Cuando era joven, Jesús vivió en el pueblo de Nazaret y probablemente José le enseñó el oficio de carpintero. Al igual que muchos jóvenes judíos de su época, también estudió las leyes y las enseñanzas del judaísmo. Cuando tenía unos 30 años, Jesús comenzó a viajar y a transmitir enseñanzas religiosas. Los relatos de sus enseñanzas y acciones constituyen el comienzo del Nuevo Testamento de la Biblia. Según la Biblia, Jesús provocaba conmoción en todos los lugares donde iba.

CONEXIÓN CON EL PRESENTE

Las celebraciones cristianas

Durante siglos, los cristianos han honrado los sucesos clave de la vida de Jesús. Algunos de estos sucesos dieron lugar a las celebraciones que los cristianos llevan a cabo hoy en día.

La festividad más sagrada para los cristianos es la Pascua, que se celebra cada primavera. La Pascua es la celebración de la Resurrección, el momento en que Jesús volvió a la vida de entre los muertos. Los cristianos suelen celebrar la Pascua yendo a servicios religiosos en sus iglesias. Muchos también la celebran pintando huevos, porque los huevos se consideran un símbolo de nueva vida.

Otra celebración cristiana importante es la Navidad. En ella se celebra el nacimiento de Jesús todos los 25 de diciembre. A pesar de que no se sabe el verdadero día en que nació Jesús, los cristianos celebran la Navidad en diciembre desde el siglo III. Hoy en día, se celebra asistiendo a servicios religiosos en las iglesias e intercambiando regalos. Algunas personas, como se muestra en la foto, representan escenas del nacimiento de Jesús.

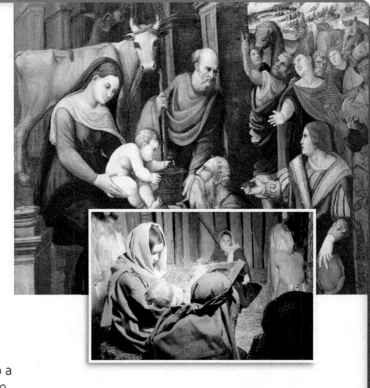

DESTREZA DE ANÁLISIS **ANALIZAR INFORMACIÓN**

¿Por qué crees que las personas celebran los sucesos de la vida de Jesús?

La crucifixión y la Resurrección

Como maestro, Jesús atrajo a muchos seguidores. Viajó por el interior de Judea y ejerció una gran influencia sobre muchos de los que escucharon su mensaje. Pero al mismo tiempo, sus enseñanzas desafiaban la autoridad de los líderes políticos y religiosos. Según la Biblia, los líderes romanos arrestaron a Jesús mientras se encontraba en Jerusalén alrededor del año 30 d.C.

Poco después de su arresto, Jesús fue ejecutado mediante la **crucifixión**, un tipo de ejecución en la que se clavaba a una persona en una cruz. En efecto, la palabra crucifixión deriva de la palabra en latín que significa "cruz". Después de su muerte, los seguidores de Jesús lo sepultaron.

Según las creencias cristianas, Jesús se levantó de entre los muertos tres días después de haber sido crucificado. La creencia cristiana de que Jesús volvió a la vida de entre los muertos se conoce como **Resurrección.** Después de la Resurrección, varios de los discípulos, o seguidores, de Jesús afirmaron haberlo visto nuevamente.

Los primeros cristianos creían que la Resurrección era un signo de que Jesús era el Mesías y el Hijo de Dios. Algunos comenzaron a llamarlo Jesucristo, por la palabra griega que significa Mesías: *Christos*. De esta palabra derivaron posteriormente las palabras *cristiano y cristianismo*.

SU IMPORTANCIA HOY

Debido a que Jesús fue crucificado, la cruz es un importante símbolo del cristianismo hoy en día.

Las enseñanzas de Jesús

Jesús había viajado de aldea en aldea difundiendo su mensaje entre los judíos. Gran parte del mensaje de Jesús se basaba en tradiciones judías anteriores. Por ejemplo, Jesús hacía énfasis en dos reglas que también se enseñaban en la Torá: amar a Dios y amar al prójimo.

Jesús esperaba que sus seguidores amaran a todas las personas, no sólo a los amigos o familiares. También les decía que fueran generosos con los pobres y los enfermos, y que debían amar incluso a sus enemigos. Jesús decía que la manera en que las personas trataban al prójimo mostraba cuánto amaban a Dios.

Otro tema importante en las enseñanzas de Jesús era la salvación, que es el rescate de las personas del pecado. Jesús enseñó que las personas que estuvieran a salvo del pecado entrarían en el reino de Dios cuando murieran. Muchas de sus enseñanzas hablaban de cómo las personas podían alcanzar ese reino. Jesús advertía que las personas que amaban el dinero o los bienes materiales más de lo que amaban a Dios no alcanzarían la salvación.

Durante los muchos siglos que transcurrieron después de la muerte de Jesús, las personas han interpretado sus enseñanzas de distintas maneras. Como resultado, se han formado muchas confesiones diferentes de cristianos. Una confesión es un grupo de personas que sostienen las mismas creencias religiosas. Sin embargo, a pesar de sus diferencias, los cristianos

La Última Cena

1. Bartolomé
2. Santiago, el menor
3. Andrés
4. Judas
5. Pedro
6. Juan
7. Jesús
8. Tomás
9. Santiago, el mayor
10. Felipe
11. Mateo
12. Tadeo
13. Simón

En esta famosa pintura del artista italiano Leonardo Da Vinci se muestra la Última Cena: la última comida que compartieron Jesús y sus apóstoles antes de que Jesús fuera arrestado.

CARTA
La epístola de Pablo a los romanos

A fines de la década de 50 d.C., Pablo viajó a Corinto, una ciudad de Grecia. Mientras estaba allí, escribió una epístola a los ciudadanos de Roma. En esta carta les dijo a los romanos que planeaba ir a su ciudad a difundir el mensaje de Dios y que mientras tanto debían aprender a convivir en paz.

❝Amen con sinceridad; aborrezcan el mal y aférrense al bien; ámense unos con otros con amor fraternal; supérense unos a otros en la demostración de honor. Con solicitud incansable y fervor [entusiasmo] de espíritu, sirvan al Señor. Alégrense en la esperanza; sean pacientes en el sufrimiento y perseverantes en la oración. Contribuyan con las necesidades de los santos y ofrezcan hospitalidad a los extraños.

Bendigan a los que los persiguen; bendigan y no los maldigan nunca. Alégrense con los que están alegres y lloren con los que lloran. Vivan en armonía unos con otros; no sean altaneros, pónganse a la altura de los más humildes; no presuman de sabios. No devuelvan a nadie mal por mal; procuren hacer el bien delante de todos los hombres. Si es posible, y en cuanto dependa de ustedes, intenten vivir en paz con todos❞.

—Romanos 12:9–18

DESTREZA DE ANÁLISIS | **ANALIZAR FUENTES PRIMARIAS**

¿De qué manera expresaba la carta de Pablo las enseñanzas de Jesús?

---

de todo el mundo comparten algunas creencias básicas sobre Jesús y su importancia.

La difusión de las enseñanzas de Jesús

Los **apóstoles** eran 12 discípulos que Jesús eligió para que recibieran enseñanzas especiales. Después de la Resurrección, los apóstoles viajaron por muchos lugares para hablar sobre Jesús y sus enseñanzas. Algunos de los discípulos de Jesús escribieron relatos sobre su vida y sus enseñanzas. Estos relatos se llaman Evangelios. El Nuevo Testamento de la Biblia contiene cuatro evangelios, que fueron escritos por cuatro hombres conocidos como Mateo, Marcos, Lucas y Juan. Los historiadores y los estudiosos religiosos dependen de los Evangelios para tener información sobre la vida de Jesús.

Es probable que la figura más importante en la difusión del cristianismo después de la muerte de Jesús haya sido **Pablo de Tarso**. Pablo viajó por todo el mundo romano para difundir las enseñanzas cristianas. En sus cartas, escribió acerca de la Resurrección y de la salvación. Además, Pablo dijo a los cristianos que no era necesario obedecer todas las leyes y los rituales

judíos. Estas ideas contribuyeron a que la Iglesia cristiana se separara del judaísmo.

COMPRENSIÓN DE LA LECTURA **Resumir**

Según los cristianos, ¿qué sucedió después de la muerte de Jesús?

La expansión del cristianismo

Los primeros cristianos difundieron las enseñanzas de Jesús solamente entre los judíos. Pero Pablo y otros cristianos también iniciaron a los no judíos en el cristianismo. Por eso, el cristianismo comenzó a difundirse con rapidez. Cien años después de la muerte de Jesús, ya había miles de cristianos en el Imperio romano.

Sin embargo, los cristianos que intentaban difundir sus creencias tenían que hacer frente a los cuestionamientos de los funcionarios locales. Algunos de estos funcionarios arrestaban y mataban a los cristianos que se negaban a adorar a los dioses de Roma. Algunos emperadores romanos temían que los cristianos causaran disturbios y prohibieron el cristianismo. Así se inició un período de persecución contra los cristianos. La persecución es el castigo que se le impone a un grupo debido a sus creencias.

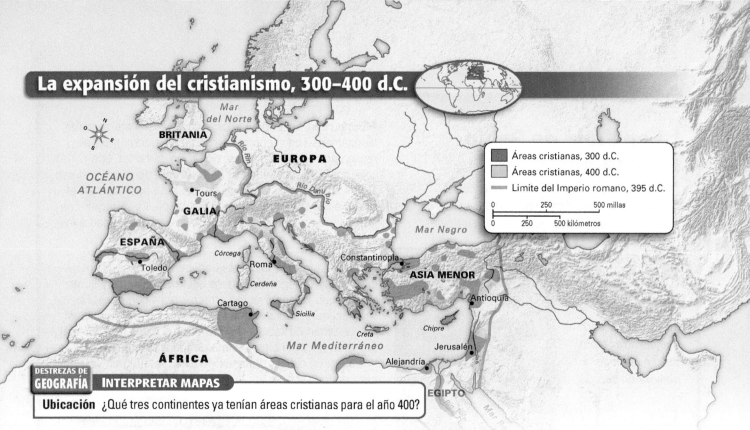

La expansión del cristianismo, 300–400 d.C.

Áreas cristianas, 300 d.C.
Áreas cristianas, 400 d.C.
Límite del Imperio romano, 395 d.C.

0   250   500 millas
0   250   500 kilómetros

Mar del Norte
BRITANIA
EUROPA
OCÉANO ATLÁNTICO
Río Rin
Tours
GALIA
Río Danubio
ESPAÑA
Toledo
Córcega
Roma
Cerdeña
Cartago
Sicilia
Mar Negro
Constantinopla
ASIA MENOR
Antioquía
Chipre
Creta
Jerusalén
Mar Mediterráneo
ÁFRICA
Alejandría
EGIPTO
Mar Rojo
Río Nilo

DESTREZAS DE GEOGRAFÍA | INTERPRETAR MAPAS

Ubicación ¿Qué tres continentes ya tenían áreas cristianas para el año 400?

Los cristianos empezaron a reunirse en secreto, pero siguieron difundiendo su fe. A comienzos del siglo IV, el emperador **Constantino** se convirtió al cristianismo y eliminó su prohibición. Posteriormente, otro emperador hizo del cristianismo la religión oficial de Roma.

COMPRENSIÓN DE LA LECTURA **Identificar causa y efecto** ¿De qué manera ayudaron las ideas de Pablo a difundir el cristianismo?

RESUMEN Y PRESENTACIÓN Si bien solían ser tolerantes, las autoridades romanas persiguieron a los judíos y a los cristianos del imperio. Sin embargo, tanto el judaísmo como el cristianismo sobrevivieron. Es más: el cristianismo llegó a ser la religión oficial del imperio. A continuación, leerás sobre la caída de Roma.

Sección 2 Evaluación

hmhsocialstudies.com
Cuestionario en Internet

Repasar ideas, palabras y personas

1. a. Recordar ¿Por qué los líderes romanos prohibieron algunas religiones?

b. Explicar ¿Cuál fue una religión que los líderes romanos consideraban un problema? ¿Por qué?

2. a. Describir ¿Qué tradiciones practicaban los judíos de Judea?

b. Explicar Describe las creencias judías sobre el **Mesías**.

3. a. Identificar ¿De dónde proviene la mayor cantidad de información **sobre Jesús de Nazaret**?

b. Analizar ¿De qué manera las enseñanzas de **Pablo de Tarso** cambiaron la relación entre el cristianismo y el judaísmo?

4. a. Resumir ¿Qué desafíos enfrentaron los primeros cristianos al querer practicar y difundir su religión?

b. Profundizar ¿Cómo influyó **Constantino** en el cristianismo?

Pensamiento crítico

5. Resumir Usa tus notas y una tabla como la siguiente para identificar las principales enseñanzas del cristianismo. Luego, describe su expansión y cómo cambió con el tiempo la política de Roma hacia esa religión.

Enseñanzas cristianas → Expansión → Cambios en las políticas de Roma

ENFOQUE EN LA REDACCIÓN

6. Agregar detalles Toma algunas notas y agrega detalles a tus columnas sobre cómo habrá sido la vida para judíos y cristianos durante este período.

La caída del imperio

Si ESTUVIERAS allí...

Eres un ex soldado romano que se ha asentado en tierras de Galia. En los últimos meses, grupos de extranjeros han estado asaltando los pueblos locales e incendiando granjas. El comandante del puesto local del ejército es un viejo amigo tuyo, pero dice que tiene pocos soldados leales. Muchas tropas han sido llamadas desde Roma. No sabes cuándo llegará el próximo ataque.

¿Cómo defenderás tus tierras?

> **CONOCER EL CONTEXTO** Aunque el Imperio romano seguía siendo extenso y poderoso, enfrentaba graves amenazas tanto externas como internas. Más allá de las fronteras del imperio, muchos grupos de distintos pueblos estaban en movimiento. Amenazaban la paz de las provincias hasta que finalmente atacaron el centro del imperio.

Problemas en el imperio

En su momento de máximo esplendor, el Imperio romano incluía todo el territorio a orillas del mar Mediterráneo. A principios del siglo II d.C., el imperio se extendía desde Britania hasta Egipto en el sur y desde el océano Atlántico hasta el desierto de Siria.

Pero el imperio no mantuvo esas dimensiones durante mucho tiempo. A fines del siglo III, los emperadores habían renunciado a parte de las tierras que el ejército romano había conquistado. Estos emperadores temían que el imperio se hubiera tornado demasiado extenso para defenderlo y gobernarlo de forma eficiente. Como pudieron comprobar los gobernantes posteriores, estos emperadores tenían razón.

Amenazas externas e internas

Aunque los emperadores renunciaban a algunos territorios, aparecían nuevas amenazas para el imperio. Las tribus de los feroces guerreros germánicos atacaron las fronteras del norte de Roma. Al mismo tiempo, los ejércitos persas invadían en el este. Los romanos se defendieron durante 200 años, pero a un costo muy elevado.

SECCIÓN 3

Lo que aprenderás...

Ideas principales

1. Debido a los muchos problemas que amenazaban al Imperio romano, un emperador lo dividió en dos.
2. La decadencia de Roma se produjo debido a las invasiones bárbaras y a problemas políticos y económicos.
3. Los habitantes del Imperio de oriente crearon una nueva sociedad y tradiciones religiosas muy diferentes de las que existían en occidente

La idea clave

Los problemas internos y externos provocaron la división del Imperio romano en un Imperio de occidente, que colapsó, y un Imperio de oriente, que prosperó durante cientos de años.

Personas y palabras clave

Diocleciano, *pág. 340*
Atila, *pág. 341*
corrupción, *pág. 342*
Justiniano, *pág. 342*
Teodora, *pág. 343*
Imperio bizantino, *pág. 343*

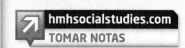
hmhsocialstudies.com
TOMAR NOTAS

Usa el organizador gráfico en Internet para tomar notas acerca del Imperio Romano de occidente y el Imperio romano de oriente.

Los romanos también tenían problemas internos. Los ataques contra Roma provocaban nerviosismo en los habitantes de las zonas fronterizas. Con el tiempo, estos habitantes abandonaron sus tierras. Para aumentar la producción de alimentos, los romanos invitaron a agricultores germánicos a cultivar en tierras romanas. Estos generalmente provenían de las mismas tribus que amenazaban las fronteras de Roma. Con el tiempo, algunas comunidades germánicas enteras se habían mudado a territorios del imperio. Elegían a sus propios líderes y prácticamente ignoraban a los emperadores, lo que ocasionaba problemas a los romanos.

También había otros problemas internos que amenazaban a Roma. Las enfermedades mataron a muchísimas personas. Además, el gobierno se vio obligado a aumentar los impuestos para pagar la defensa del imperio. Desesperados, los romanos buscaban un emperador fuerte. Y encontraron a Diocleciano.

La división del imperio

Diocleciano llegó a ser emperador a fines del siglo III. Convencido de que el imperio era demasiado grande para ser gobernado por una sola persona, Diocleciano gobernó la parte este y nombró a un coemperador para que gobernara la parte oeste.

Poco después de que Diocleciano dejara el poder, el emperador Constantino reunificó el imperio durante un breve período de tiempo. También trasladó la capital del imperio al este, a lo que hoy es Turquía. Allí construyó una grandiosa capital nueva. La llamó Constantinopla, que significa "la ciudad de Constantino". Aunque el imperio aún se llamaba Imperio romano, Roma ya no era la sede real del poder. El poder se había trasladado al este.

COMPRENSIÓN DE LA LECTURA **Identificar causa y efecto** ¿Por qué Diocleciano dividió el Imperio romano?

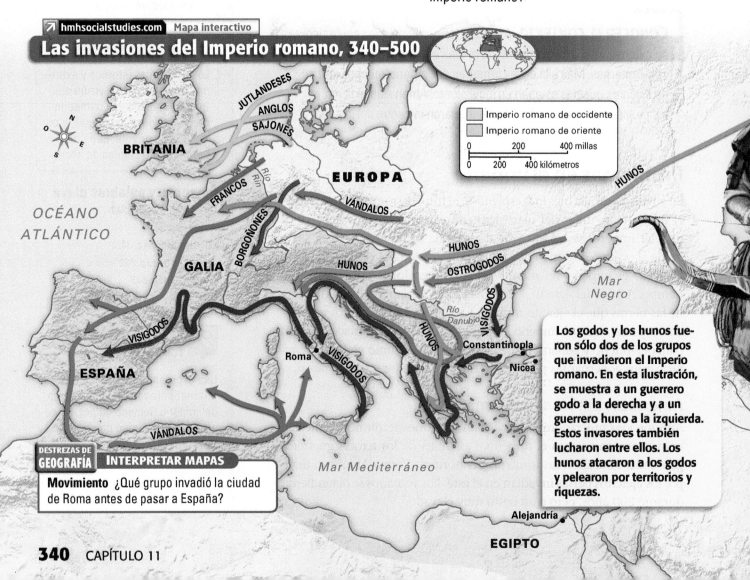

Las invasiones del Imperio romano, 340–500

↗ hmhsocialstudies.com **Mapa interactivo**

Imperio romano de occidente
Imperio romano de oriente

0   200   400 millas
0   200   400 kilómetros

JUTLANDESES
ANGLOS
SAJONES
BRITANIA
EUROPA
OCÉANO ATLÁNTICO
FRANCOS
Río Rin
VÁNDALOS
BORGOÑONES
GALIA
HUNOS
HUNOS
OSTROGODOS
HUNOS
Mar Negro
Río Danubio
VISIGODOS
VISIGODOS
ESPAÑA
VISIGODOS
Roma
VISIGODOS
HUNOS
Constantinopla
Nicea
VÁNDALOS
Mar Mediterráneo
Alejandría
EGIPTO

Los godos y los hunos fueron sólo dos de los grupos que invadieron el Imperio romano. En esta ilustración, se muestra a un guerrero godo a la derecha y a un guerrero huno a la izquierda. Estos invasores también lucharon entre ellos. Los hunos atacaron a los godos y pelearon por territorios y riquezas.

DESTREZAS DE GEOGRAFÍA   **INTERPRETAR MAPAS**

Movimiento ¿Qué grupo invadió la ciudad de Roma antes de pasar a España?

La decadencia de Roma

Como leíste anteriormente, las tribus extranjeras se habían asentado a lo largo de la frontera norte del Imperio romano en el siglo III. Un siglo después, estas bandas de luchadores comenzaron con los ataques hasta llegar hasta el centro del imperio.

Las primeras invasiones

El origen de estos ataques era un grupo de pueblos llamados los hunos, violentos guerreros provenientes de Asia Central. Primero, los hunos invadieron el sureste de Europa, y desde allí atacaron a los reinos vecinos. Entre las víctimas de los hunos había varios grupos de pueblos llamados godos, compuestos por los visigodos y los ostrogodos. Al no poder derrotar a los hunos, los godos huyeron a territorio romano.

Los líderes de Roma temían que los godos destruyeran la tierra y las propiedades romanas. Entonces lucharon para mantener a los godos fuera de sus territorios. En el este, los ejércitos romanos triunfaron y obligaron a los godos a trasladarse al oeste. Sin embargo, el resultado fue que los ejércitos del oeste cayeron derrotados por los godos. Después de su victoria, grandes cantidades de godos se trasladaron al Imperio romano.

Los romanos lucharon desesperadamente para evitar que los godos se acercaran a Roma. Incluso les pagaron para que no los atacaran. Sin embargo, en el año 408 los romanos dejaron de pagar. Los visigodos entraron en Roma y saquearon, o destruyeron, la ciudad en el año 410. Esto dejó sin consuelo a los romanos. Ningún pueblo había atacado su ciudad en casi 800 años. Muchos romanos comenzaron a temer por el futuro de su imperio.

La caída del Imperio de occidente

La victoria de los godos inspiró a otros grupos de guerreros extranjeros que invadieron la parte occidental del imperio. Los vándalos, los anglos, los sajones, los jutlandeses y los francos lanzaron ataques. Mientras tanto, los hunos, bajo el mando de un temible líder llamado **Atila,** incursionaron en el territorio romano de oriente.

Roma necesitaba líderes fuertes para sobrevivir a estos ataques, pero los emperadores eran débiles. Los líderes militares fueron quitándoles poder a los emperadores y para la década de 450, ya eran ellos los gobernantes de Roma.

Los conflictos entre estos líderes militares les dieron una oportunidad a los invasores. En 476, uno de los generales extranjeros derrocó al último emperador en Roma y se proclamó rey de Italia. Muchos historiadores consideran que este suceso marcó el fin del Imperio romano de occidente.

Los factores de la caída de Roma

La decadencia de Roma se debió a varias causas. Una fue el gran tamaño del imperio. La comunicación entre las distintas partes se hacía difícil, sobre todo en tiempo de conflictos. El mundo romano simplemente era demasiado grande para ser gobernado con eficacia.

SU IMPORTANCIA HOY

Hoy en día seguimos usando la palabra *vándalo* para describir a alguien que destruye la propiedad.

BIOGRAFÍA

Justiniano y Teodora
483–565, *circa* 500–548

Justiniano I fue el emperador del Imperio bizantino entre los años 527 y 565 d.C. Como emperador, Justiniano reconquistó partes del caído Imperio de occidente y simplificó las leyes romanas. También ordenó la construcción de muchos edificios públicos e iglesias de gran belleza, como la iglesia de Santa Sofía.

Se casó con Teodora alrededor del año 522 d.C. Juntos, trabajaron para restablecer el poder, la belleza y la fortaleza de un extenso imperio. Mientras Justiniano se dedicaba a las campañas militares, Teodora ayudó a crear leyes para favorecer a las mujeres y a los niños, y para terminar con la corrupción en el gobierno.

Evaluar ¿Cuál de los logros de Justiniano y Teodora te parece más impresionante? ¿Por qué?

Las crisis políticas también contribuyeron a la decadencia. En el siglo V, la **corrupción**, es decir, la decadencia de los valores de las personas, se había generalizado en el gobierno romano. Los funcionarios corruptos usaban amenazas y sobornos para lograr sus objetivos, e ignoraban con frecuencia las necesidades de los ciudadanos de Roma. En consecuencia, el gobierno de Roma ya no era **eficiente**.

Muchos ciudadanos ricos huyeron a sus fincas en el campo y crearon sus propios ejércitos para protegerse. Sin embargo, algunos usaron estos ejércitos para derrocar a emperadores y tomar el poder. Para los que se quedaron en las ciudades, la vida fue cada vez más difícil. La población de Roma disminuyó y algunas escuelas se cerraron. Los impuestos y los precios subieron mucho, lo que empobreció a más romanos. A fines del siglo V, Roma era otra ciudad y el imperio se desmoronaba lentamente con ella.

> **VOCABULARIO ACADÉMICO**
>
> **eficiente**
> productivo y que aprovecha los recursos

COMPRENSIÓN DE LA LECTURA **Analizar información** ¿Por qué Roma cayó ante sus invasores en el siglo V?

Un nuevo imperio en oriente

Pese a la caída de Roma, el Imperio de oriente creció en riqueza y poder. Sus habitantes crearon una nueva sociedad, distinta de la sociedad de occidente.

Justiniano

Los emperadores de oriente soñaban con recuperar Roma. Para **Justiniano,** un emperador que gobernó entre 527 y 565, la reunificación del antiguo Imperio romano era una pasión. Sus ejércitos conquistaron Italia y muchos territorios alrededor del Mediterráneo.

Las otras pasiones de Justiniano eran el derecho y la iglesia. Ordenó a sus funcionarios que eliminaran todas las leyes obsoletas o que estuvieran en contra del cristianismo. Luego, organizó todas las leyes en un nuevo sistema legal llamado el Código de Justiniano. Al simplificar el derecho romano, este código contribuyó a garantizar un tratamiento justo para todos.

A pesar de sus éxitos, Justiniano tenía muchos enemigos. En 532, un levantamiento

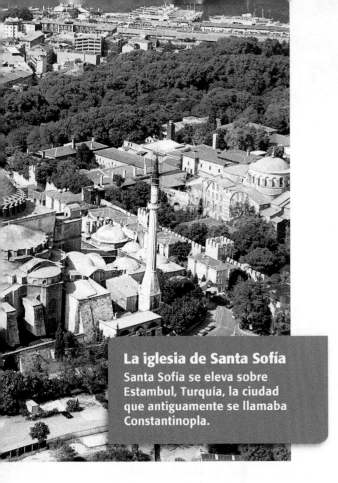

La iglesia de Santa Sofía
Santa Sofía se eleva sobre Estambul, Turquía, la ciudad que antiguamente se llamaba Constantinopla.

obras de arte y en las magníficas iglesias bizantinas. Con el tiempo, los habitantes de oriente y occidente llegaron a interpretar y practicar el cristianismo de manera diferente. Finalmente, estas diferencias llevaron a una división dentro de la Iglesia cristiana. En el siglo XI los cristianos de oriente formaron la Iglesia ortodoxa. En consecuencia, Europa Oriental y Europa Occidental quedaron divididas por la religión.

SU IMPORTANCIA HOY

Hoy en día, la fe ortodoxa sigue siendo la religión principal en Rusia, Grecia y otras regiones de Europa Oriental.

COMPRENSIÓN DE LA LECTURA **Sacar conclusiones** ¿Por qué Justiniano reorganizó el derecho romano?

RESUMEN Y PRESENTACIÓN Tras la caída de Roma, el poder romano se trasladó a oriente. La Iglesia ortodoxa se convirtió en una fuerza importante en el Imperio bizantino. A continuación, conocerás a los miembros de otro grupo religioso: los musulmanes.

intentó expulsarlo de Constantinopla. Sin embargo, su inteligente y poderosa esposa **Teodora** lo convenció de permanecer en la ciudad y luchar. Siguiendo su consejo, Justiniano puso fin a los disturbios y gobernó con eficacia hasta el final de su reinado.

Después de la muerte de Justiniano, el Imperio de oriente comenzó a declinar. Los invasores conquistaron todas las tierras que Justiniano había recuperado. El imperio siguió reduciéndose de tamaño a lo largo de varios siglos más. En 1453, los turcos otomanos tomaron Constantinopla, con lo cual el Imperio romano de oriente llegó a su fin.

La sociedad bizantina

La sociedad del Imperio de oriente era claramente distinta de la sociedad de occidente. En oriente se afianzaron las influencias no romanas. Las personas hablaban griego en lugar de latín. A la sociedad que surgió en el Imperio romano de oriente, los historiadores la llaman **Imperio bizantino**, por Bizancio, la ciudad griega que reemplazó a Constantinopla.

La importancia del cristianismo en el Imperio de oriente se refleja en las hermosas

Sección 3 Evaluación

 hmhsocialstudies.com
Cuestionario en Internet

Repasar ideas, palabras y personas

1. **a. Recordar** ¿A dónde trasladó Constantino la capital de Roma?
   b. Explicar ¿Qué efecto tuvo sobre el imperio el temor de los agricultores romanos a los ataques?
2. **a. Identificar** ¿Quién fue **Atila**?
   b. Analizar ¿Por qué los godos se trasladaron al Imperio romano?
3. **a. Resumir** ¿Cuáles fueron dos de los mayores logros de **Justiniano**?
   b. Contrastar Nombra dos aspectos en los que el **Imperio bizantino** se diferenciaba del Imperio romano de occidente.

Pensamiento crítico

4. **Sacar conclusiones** Dibuja una red de palabras como la siguiente. En cada uno de los círculos exteriores, escribe un factor que haya contribuido a la caída del Imperio romano de occidente. Si lo necesitas, puedes hacer más círculos.

   Caída del Imperio romano de occidente

ENFOQUE EN LA REDACCIÓN

5. **Agregar los detalles finales** Agrega a tu lista los sucesos, las personas y los lugares clave de esta sección. Cuando hayas completado la lista, repásala para hacerte una idea de lo que incluirás en tu guión.

Destrezas de estudios sociales

Interpretar líneas cronológicas

Comprender la destreza

Una línea cronológica es un resumen visual de los sucesos importantes que ocurrieron durante un período de la historia. Presenta los sucesos en el orden en el que acontecieron. También muestra cuánto tiempo pasó entre un suceso y otro suceso determinado. De esta manera, las líneas cronológicas permiten dar un vistazo sobre qué sucedió y cuándo. Puedes ver con mayor claridad las relaciones entre los distintos sucesos y recordar fechas importantes cuando están presentadas en una línea cronológica.

Aprender la destreza

Algunas veces las líneas cronológicas cubren enormes períodos de tiempo, incluso hasta muchos siglos. Otras líneas cronológicas, como la de esta página, abarcan períodos de tiempo mucho más cortos.

Las líneas cronológicas pueden trazarse en forma vertical u horizontal. Esta línea cronológica es vertical. Sus fechas se leen desde arriba hacia abajo. Las líneas cronológicas horizontales se leen de izquierda a derecha.

Sigue los siguientes pasos para interpretar una línea cronológica.

1 Lee el título de la línea cronológica. Observa la cantidad de años que abarca y los intervalos de tiempo en que está dividida.

2 Estudia el orden de los sucesos en la línea cronológica. Observa el tiempo que hay entre un suceso y otro.

3 Identifica las relaciones. Pregúntate cómo se relaciona un suceso con los demás de la línea cronológica. Busca relaciones entre causa y efecto y desarrollos a largo plazo.

Practicar y aplicar la destreza

Interpreta la línea cronológica para responder a las siguientes preguntas.

1. ¿Cuál es el tema de esta línea cronológica? ¿Qué años abarca?

2. ¿Cuánto tiempo gobernaron Octaviano y Antonio después de dividir Roma?

3. ¿Cuánto tiempo después de dividir el imperio Antonio se alió con Cleopatra?

4. ¿Qué hizo Octaviano para poner fin a su alianza con Antonio y convertirse en emperador? ¿Cuándo lo hizo? ¿Cuánto tiempo le llevó?

AUGUSTO SE CONVIERTE EN EMPERADOR

50 a.C.

45 a.C. César se convierte en dictador.

44 a.C. César es asesinado.

43 a.C. Octaviano y Antonio deciden gobernar Roma juntos.

42 a.C. Octaviano y Antonio dividen Roma y gobiernan por separado.

40 a.C.

37 a.C. Antonio se convierte en aliado de Cleopatra, reina de Egipto.

31 a.C. Octaviano derrota a Antonio y Cleopatra en una batalla naval cerca de Grecia.

30 a.C. Octaviano conquista Egipto. Antonio y Cleopatra se suicidan para evitar ser capturados.

30 a.C.

27 a.C. Octaviano se convierte en emperador y recibe el nombre de Augusto.

23 a.C. Augusto se convierte en emperador de por vida.

Repaso del capítulo

El impacto de la historia
▶ **videos**
Consulta el video para responder a la pregunta de enfoque:
¿De qué dos modos los logros de Roma han influido en la cultura estadounidense?

Resumen visual

Usa el siguiente resumen visual para repasar las ideas principales del capítulo.

DATOS BREVES

En el Coliseo de Roma, una maravilla arquitectónica, se realizaban distintos espectáculos públicos.

En el Nuevo Testamento de la Biblia se relata la historia de Jesús de Nazaret y sus discípulos.

La enorme iglesia de Santa Sofia, construida durante el reinado de Justiniano, era el centro espiritual del Imperio bizantino.

Repasar vocabulario, palabras y personas

1. El orador y filósofo que instó a los romanos a que trabajaran juntos fue
  a. Constantino.   **c.** Augusto.
  b. César.   **d.** Cicerón.

2. El latín se convirtió en
  a. Bizancio.   **c.** la sátira.
  b. las lenguas romances.   **d.** el letón.

3. Otra palabra para decir ungido por Dios es
  a. discípulo.   **c.** Mesías.
  b. Judea.   **d.** apóstol.

4. El Imperio romano de oriente también se llama
  a. Imperio perdido.   **c.** Imperio de Constantinopla.
  b. Imperio bizantino.   **d.** Imperio otomano.

5. El período de paz que reinó durante 200 años en Roma fue la
  a. Resurrección.   **c.** crucifixión.
  b. Pax Romana.   **d.** Reinado de Teodora.

Comprensión y pensamiento crítico

SECCIÓN 1 *(páginas 322–328)*

6. a. Describir ¿Qué acción recomendaba Cicerón? ¿En qué se diferenciaban los objetivos de Julio César, Pompeyo y Craso de los de Cicerón?

b. Analizar ¿Cuáles fueron los sucesos más importantes en la vida de Julio César? ¿Cuál fue el suceso en la vida de Julio César que se puede llamar momento decisivo? Justifica tu respuesta.

c. Profundizar ¿Cómo afectaron a la historia del Imperio romano las relaciones personales entre Marco Antonio y Octaviano y entre Marco Antonio y Cleopatra?

SECCIÓN 2 *(páginas 332–338)*

7. a. Describir ¿En qué se diferenciaba la actitud de los romanos con respecto a la religión de la actitud de los judíos?

b. Comparar ¿Qué fueron la crucifixión y la Resurrección? Para los primeros cristianos, ¿qué demostraba la Resurrección?

c. Evaluar ¿Por qué Pablo de Tarso es considerado una de las personas más importantes de la historia del cristianismo?

SECCIÓN 3 *(páginas 339–343)*

8. a. Identificar ¿Quiénes eran los hunos? ¿Quiénes eran los godos? ¿Quiénes eran los visigodos?

b. Comparar y contrastar ¿Qué tenían en común Diocleciano y Constantino? ¿En qué se diferenciaron sus acciones?

c. Profundizar ¿Quiénes fueron Justiniano y Teodora, y cuáles fueron sus logros?

Repasar los temas

9. Geografía ¿De qué manera la geografía del Imperio romano afectó la expansión del cristianismo?

10. Ciencia y tecnología ¿Cuál crees que fue el logro científico o tecnológico más importante de los romanos? ¿Por qué?

Usar Internet

11. Actividad Usa el libro de texto en Internet para hacer una investigación acerca del derecho romano, especialmente el Código Justiniano. Luego, haz una tabla para resumir la influencia que tiene el Código de Justiniano sobre temas de la actualidad, como los derechos y las responsabilidades de los individuos.

Destrezas de lectura

12. Investigación en Internet Imagina que estás evaluando un sitio web sobre la antigua arquitectura romana. ¿Qué elementos importantes buscarías para decidir si el sitio es útil y confiable? Escribe tres preguntas que usarías para evaluar el valor del sitio.

Destrezas de estudios sociales

13. Interpretar líneas cronológicas Observa la línea cronológica de la página 344. Luego, con la información de la primera sección de este capítulo, agrega una entrada sobre Cicerón a la línea cronológica. Asegúrate de ubicarla en el lugar correcto.

ENFOQUE EN LA REDACCIÓN

14. Crear tus tarjetas de notas Ahora que has tomado notas sobre las personas, los lugares y los sucesos de Roma durante este período, estás listo para preparar tus tarjetas de notas. Elige los detalles más interesantes de tu tabla para presentarlos en tus tarjetas. En cada tarjeta escribe una o dos oraciones que describan una persona, un lugar o un suceso que debería incluirse en este guión cinematográfico. Luego, escribe otra oración que indique por qué crees que debería incluirse a esa persona, ese lugar o ese suceso. Prepara seis tarjetas que podrías entregarle a un guionista para que escriba el guión.

Práctica para el examen estandarizado

INSTRUCCIONES: Lee las preguntas y escribe la letra de la respuesta correcta. Usa la siguiente línea cronológica para responder a la pregunta 1.

1

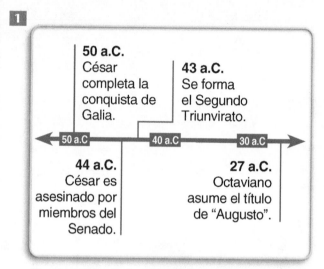

50 a.C.
César completa la conquista de Galia.

43 a.C.
Se forma el Segundo Triunvirato.

50 a.C   40 a.C   30 a.C

44 a.C.
César es asesinado por miembros del Senado.

27 a.C.
Octaviano asume el título de "Augusto".

La mayoría de los historiadores afirman que el final de la República romana y el comienzo del Imperio romano tienen lugar en el año

A 50 a.C.

B 44 a.C.

C 43 a.C.

D 27 a.C.

2 **¿Qué líder romano tomó el poder del Senado y se convirtió en el dictador de toda la República romana?**

A Julio César

B Adriano

C Bruto

D Marco Antonio

3 **Entre las contribuciones de Roma al mundo se encuentran todas las siguientes *excepto***

A las técnicas usadas para construir puentes y otras estructuras resistentes.

B la construcción de pirámides.

C el concepto de derecho civil.

D el uso del latín, que llevó al desarrollo de las lenguas romances.

4 **¿Qué persona tuvo la mayor responsabilidad en la difusión de la fe cristiana inmediatamente después de la muerte de Jesús?**

A Octaviano

B Diocleciano

C Pablo de Tarso

D Teodora de Constantinopla

5 **En el año 410 d.C. la ciudad de Roma fue destruida por primera vez en 800 años por el ejército de un pueblo extranjero llamado los**

A vándalos.

B visigodos.

C hunos.

D francos.

Conexión con lo aprendido anteriormente

6 **Constantino unificó todo el Imperio romano e introdujo una nueva religión en el gobierno romano. ¿Qué líder que estudiaste en un capítulo anterior es conocido por logros similares?**

A Asoka

B Hammurabi

C Alejandro

D Piankhi

7 **Anteriormente en este curso, aprendiste que los persas amenazaron a la civilización griega durante mucho tiempo. Todos los siguientes pueblos hicieron lo mismo con Roma, *excepto* los**

A bizantinos.

B godos.

C vándalos.

D hunos.

ROME: ENGINEERING AN EMPIRE
(ROMA: LA INGENIERÍA DE UN IMPERIO)

El Imperio romano fue uno de los imperios más grandes y poderosos de la antigüedad. Contó con un ejército fuerte y eso le permitió expandirse hasta dominar toda la región mediterránea, incluida gran parte de Europa occidental y el norte de África. Claves para esta expansión fueron las innovaciones de ingeniería y construcción realizadas por los ingenieros romanos. A medida que el imperio creció y prosperó, los ingenieros romanos lograron grandes avances en la planificación de ciudades, en el diseño de carreteras y puentes, en los sistemas de agua y aguas residuales, y en muchas otras áreas.

Explora en Internet algunos de los increíbles monumentos y logros de ingeniería del Imperio romano. Encontrarás una gran cantidad de información, videos, fuentes primarias, actividades y mucho más en hmhsocialstudies.com .

The Glory of the Colosseum
(El Coliseo en toda su gloria)

Mira el video para visitar el interior del Coliseo, el lugar donde los romanos se divertían principalmente y uno de los edificios más famosos de su imperio.

Caesar Builds an Empire
(César construye un imperio)

Mira el video y entérate de por qué Julio César construyó un puente sobre el río Rin para demostrar el poderío de Roma.

La expansión del Imperio romano

Estudia el mapa para analizar cómo se extendió uno de los mayores imperios del mundo antiguo.

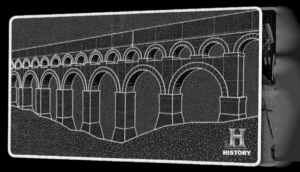

Arches, Angles, Innovations
(Arcos, ángulos, innovaciones)

Mira el video para aprender acerca de los avances de la ingeniería romana y la construcción de acueductos.

Problema histórico y su solución

Tarea

Escribe sobre un problema que los romanos hayan enfrentado y sobre cuál fue su solución o cuál crees que habría sido una solución mejor.

La historia cuenta cómo los individuos han resuelto problemas políticos, económicos y sociales. Aprender a escribir un ensayo eficaz de problema y solución te resultará útil en la escuela y en muchas otras situaciones.

1. Antes de escribir

Identificar un problema

Piensa en un problema que hayan enfrentado los romanos. Analízalo en detalle. ¿Cuál fue su causa? ¿Cuáles fueron sus efectos? Aquí tienes un ejemplo.

Problema: Los galos invadieron Roma.

Solución A: Pagar a los galos una enorme suma para que abandonaran Roma. [provocó que otras ciudades atacaran a Roma con la esperanza de obtener sumas similares]

Solución B: Atacar a otras ciudades. [provocó que otras ciudades dejaran de atacar a Roma; permitió que Roma ganara poder y riqueza]

Encontrar una solución y pruebas

Compara la solución que dieron los romanos al problema con una solución que no hayan intentado. Elige escribir sobre la solución de los romanos o sobre tu propia solución. Tu explicación debe responder a estas preguntas.

- ¿De qué manera la solución trata la causa del problema?
- ¿De qué manera la solución arregla los efectos del problema?

Usa pruebas históricas para respaldar lo que dices sobre el problema:

- datos, ejemplos o citas
- comparaciones con problemas similares que tus lectores conozcan

2. Escribe

Este esquema puede ayudarte a explicar el problema y su solución con claridad.

Esquema del escritor

Introducción	Desarrollo	Conclusión
■ Explica al lector qué problema enfrentaban los romanos. ■ Explica las causas y los efectos del problema. ■ Expresa tu propósito al presentar este problema y su solución.	■ Explica la solución. ■ Relaciona la solución directamente con el problema. ■ Brinda detalles y pruebas históricas que respalden la solución y muestren cómo ésta resuelve el problema.	■ Resume el problema y la solución. ■ Analiza si la solución resuelve bien el problema.

3. Evalúa y revisa

Evaluar

Ahora debes evaluar tu borrador para ver cómo puedes mejorar tu ensayo. Intenta usar las siguientes preguntas para decidir qué debes revisar.

Preguntas para evaluar un problema histórico y su solución

- ¿En la introducción expresas el problema con claridad y lo describes en su totalidad?
- ¿En la introducción brindas las causas y los efectos del problema?
- ¿Explicas con claridad cómo se relaciona la solución con el problema?

- ¿Brindas pruebas históricas que respalden la solución y muestren cómo ésta resuelve el problema?
- En la conclusión, ¿resumes el problema y la solución?

CONSEJO **Conectores de problema y solución.** No es suficiente indicar simplemente cuál es el problema y cuál es la solución. También debes mostrar cómo se relacionan. Aquí tienes una lista de frases que te ayudarán a hacerlo.

como resultado	por lo tanto
en consecuencia	esto produjo
sin embargo	de este modo

Revisar

Revisa tu borrador para verificar que lo que dices sea claro y convincente. Quizás necesites

- agregar datos históricos, ejemplos, citas y otras pruebas para darles a los lectores toda la información que necesitan para comprender el problema y la solución;
- reorganizar los párrafos para presentar la información en un orden claro y lógico;
- agregar palabras como *de este modo, por lo tanto* y *en consecuencia* para mostrar cómo las causas se relacionan con los efectos y cómo la solución resuelve el problema.

4. Corrige y publica

Corregir

Para mejorar tu ensayo antes de presentarlo, comprueba lo siguiente:
- la ortografía de todos los nombres, lugares y demás datos históricos, sobre todo las palabras en latín, porque pueden ser difíciles;
- la puntuación antes y después de los conectores como *por lo tanto, de este modo* y *además* que usas para conectar las causas con los efectos y las soluciones con los problemas.

Publicar

Elige una o más de estas ideas para presentar tu ensayo.
- Haz un cartel que los líderes romanos podrían colgar para anunciar cómo resolverán el problema.
- Haz un debate entre equipos de compañeros de clase que hayan elegido problemas similares pero soluciones distintas. Pide al resto de la clase que vote por la solución que considere mejor.

Practica y aplica

Usa los pasos y las estrategias de este taller para escribir un ensayo de problema y solución.

CONSEJO **Ver tu ensayo como lo ven los demás.** Para ti, tu ensayo tiene sentido. Para los demás, quizá no. Siempre que puedas, pídele a otra persona que lea tu ensayo. Los demás pueden ver fallas y errores que tú nunca verás. Escucha con atención las preguntas y sugerencias. Haz todo lo posible por ver el punto de vista de la otra persona antes de defender lo que escribiste.

Civilizaciones de África y del mundo islámico

Capítulo 12 El mundo islámico
Capítulo 13 Primeras civilizaciones de África

En el siglo VII, un hombre llamado Mahoma introdujo la religión del Islam en los pueblos del suroeste de Asia. Cien años después, el Islam se había difundido por toda la región, desde el norte de África hasta partes de Europa. Posteriormente, el Islam llegó hasta África Occidental, tierra de ricos reinos comerciales, llenos de actividad.

En los dos capítulos siguientes, aprenderás sobre el surgimiento y la difusión del Islam y sobre los reinos de África Occidental hasta donde llegó esta religión.

Investiga el arte

En esta escena, un joven viajero musulmán llamado Leo Africanus visita a un funcionario del Imperio songay, en el oeste de África. ¿Qué sugiere esta escena acerca del papel del Islam en Songay?

El mundo islámico

Pregunta esencial ¿Cómo lograron los líderes musulmanes propagar el Islam y crear un imperio?

Lo que aprenderás...

En este capítulo, estudiarás acerca de la religión llamada Islam.

ENFOQUE EN LA REDACCIÓN

Un sitio web para niños Diseña un sitio web para contarles a los niños la vida del profeta Mahoma, la religión del Islam, y la historia y la cultura del pueblo musulmán. Diseñarás cinco páginas: una página principal y cuatro enlaces: ¿Quién fue Mahoma?, ¿Qué es el Islam?, Los imperios islámicos y Logros culturales islámicos. A medida que leas, piensa qué información resultará más interesante para tus lectores.

SUCESOS EN EL CAPÍTULO

círca 550
Las rutas comerciales cruzan Arabia.

círca 570
Mahoma nace en La Meca.

550

600

SUCESOS EN EL MUNDO

618
Comienza la dinastía Tang en China.

En esta foto, se muestra a miles de personas que están orando en La Meca, el lugar donde nació el Islam. La Meca es el lugar más sagrado del mundo islámico.

HISTORY. The Taj Mahal

↗ hmhsocialstudies.com **VIDEO**

622
Mahoma se va de La Meca.

632
Mahoma muere.

762
Bagdad pasa a ser la capital del Imperio islámico.

1453
Los otomanos toman Constantinopla.

1501
Los safávidas conquistan Persia.

1631
Shah Jahan empieza a construir el Taj Mahal.

650

700

1500

1650

657
Un matemático indio introduce el concepto de cero.

s. VIII
Comienzan los ataques vikingos en el norte de Europa.

1215
Los nobles ingleses obligan al rey Juan a aceptar la Carta Magna.

1521
Cortés conquista el Imperio azteca.

1588
Inglaterra vence a la Armada española.

Lectura en estudios sociales

Economía   Geografía   Política   Religión   Sociedad y cultura   Ciencia y tecnología

Enfoque en los temas En este capítulo, aprenderás sobre los orígenes y la difusión **geográfica** de una de las grandes **religiones** del mundo, el Islam. Leerás sobre su fundador, Mahoma, y sobre cómo unió gran parte de Arabia bajo el gobierno musulmán.

También aprenderás sobre las grandes conquistas y los poderosos gobernantes musulmanes. Por último, conocerás los destacados logros de científicos, artistas y estudiosos islámicos.

Hacer preguntas

Enfoque en la lectura Hacerte preguntas es una buena manera de saber si comprendes lo que estás leyendo. Siempre debes preguntarte quiénes son las personas más importantes, cuándo y dónde vivieron, y qué hicieron.

Preguntas analíticas Las preguntas también pueden ayudarte a entender lo que ocurrió en el pasado. Preguntarte cómo y por qué pasaron las cosas te ayudará a comprender mejor los sucesos históricos.

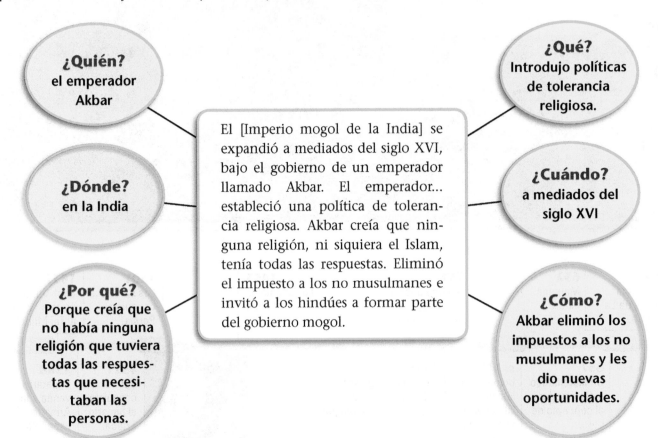

¿Quién?
el emperador Akbar

¿Dónde?
en la India

¿Por qué?
Porque creía que no había ninguna religión que tuviera todas las respuestas que necesitaban las personas.

El [Imperio mogol de la India] se expandió a mediados del siglo XVI, bajo el gobierno de un emperador llamado Akbar. El emperador... estableció una política de tolerancia religiosa. Akbar creía que ninguna religión, ni siquiera el Islam, tenía todas las respuestas. Eliminó el impuesto a los no musulmanes e invitó a los hindúes a formar parte del gobierno mogol.

¿Qué?
Introdujo políticas de tolerancia religiosa.

¿Cuándo?
a mediados del siglo XVI

¿Cómo?
Akbar eliminó los impuestos a los no musulmanes y les dio nuevas oportunidades.

¡Inténtalo!

Lee el siguiente fragmento y luego responde a las preguntas.

Geografía

A mediados del siglo XII, un geógrafo musulmán llamado al-Idrisi reunió información recopilada por viajeros árabes. Estaba escribiendo un libro de geografía y quería que fuera muy preciso. Cuando al-Idrisi quería saber dónde quedaba una montaña, un río o una costa, mandaba geógrafos cualificados para que determinasen su ubicación exacta. Con la información que le llevaban los geógrafos, al-Idrisi hizo algunos descubrimientos importantes. Por ejemplo, demostró que el océano Índico no estaba totalmente rodeado de tierra, como muchas personas creían.

Responde a las siguientes preguntas basándote en el fragmento que acabas de leer.

1. ¿De quién trata el fragmento?

2. ¿Por qué se hizo conocido?

3. ¿Cuándo vivió?

4. ¿Por qué hizo lo que hizo?

5. ¿Cómo hacía para cumplir su tarea?

6. ¿Por qué conocer esta información puede ayudarte a comprender el pasado?

> A medida que lees el Capítulo 12, haz preguntas que te ayuden a comprender lo que lees.

Personas y palabras clave

Vocabulario académico

El progreso escolar está relacionado con el conocimiento del vocabulario académico, es decir, de las palabras que se usan con frecuencia en las tareas y discusiones en clase. En este capítulo, aprenderás las siguientes palabras de vocabulario académico:

influencia (pág. 356)
desarrollo (pág. 364)

Las raíces del Islam

Si ESTUVIERAS allí...

Vives en una ciudad de Arabia, en una gran familia de comerciantes. Tu familia se ha enriquecido vendiendo los productos que traen los comerciantes que cruzan el desierto. Tu casa es más grande que la mayoría de las otras casas de la ciudad y tienes sirvientes. Aunque muchos habitantes de la ciudad son pobres, esa diferencia siempre te ha parecido normal. Escuchaste que algunas personas están diciendo que los ricos deberían dar dinero a los pobres.

¿Cómo reaccionaría tu familia ante esta idea?

CONOCER EL CONTEXTO Durante miles de años, los comerciantes han cruzado los desiertos de Arabia para llevar productos al mercado. Las temperaturas altísimas y la falta de agua dificultaban los viajes. Pero Arabia no sólo se convirtió en un próspero centro comercial: también resultó ser el lugar donde nació una nueva religión que desafió las ideas antiguas.

La vida en una tierra desértica

La península Arábiga, o Arabia, está ubicada en el extremo suroeste de Asia. Está cerca de la intersección de África, Europa y Asia. Durante miles de años, la ubicación de Arabia, sus características físicas y su clima han afectado la vida en la región.

Características físicas y clima

Arabia está en una región donde el aire es caluroso y seco. Con un sol fuertísimo y sin nubes, la temperatura en el interior llega todos los días a 100° F en verano. Este clima ha creado una franja desértica en Arabia y el norte de África. Las dunas, o colinas de arena modeladas por el viento, pueden alcanzar los 800 pies de altura y extenderse cientos de millas.

En los desiertos de Arabia hay muy poca agua, y se encuentra principalmente en los oasis que están diseminados por el desierto. Un **oasis** es una zona húmeda y fértil en el desierto. Los oasis han sido desde hace mucho tiempo paradas clave a lo largo de las rutas comerciales de Arabia.

Dos modos de vida

Para vivir en el difícil medioambiente desértico de Arabia, las personas desarrollaron dos modos principales de vida. Los nómadas vivían en tiendas y criaban ovejas, cabras y camellos. De estos animales obtenían

---

Lo que aprenderás...

Ideas principales

1. En su mayor parte, Arabia es una tierra desértica donde se desarrollaron dos modos de vida, la nómada y la sedentaria.
2. En el siglo VII, Mahoma fundó una nueva religión, llamada Islam, que se extendió por toda Arabia.

La idea clave

En el duro clima desértico de Arabia, Mahoma, un comerciante de La Meca, introdujo una de las principales religiones del mundo, llamada Islam.

Palabras clave

oasis, *pág. 354*
caravana, *pág. 355*
Mahoma, *pág. 356*
Islam, *pág. 356*
musulmán, *pág. 356*
Corán, *pág. 356*
peregrinación, *pág. 356*
mezquita, *pág. 357*

hmhsocialstudies.com
TOMAR NOTAS

Usa el organizador gráfico en Internet para tomar notas acerca de los lugares, las personas y los sucesos clave de los orígenes del Islam.

leche, carne, lana y cuero. Los camellos también llevaban pesadas cargas. Los nómadas cruzaban el desierto con sus rebaños para conseguir alimento y agua para sus animales.

Entre los nómadas, el agua y las tierras de pastoreo pertenecían a las tribus. Ser miembro de una tribu, un grupo de personas emparentadas entre sí, ofrecía protección contra los peligros del desierto.

Mientras los nómadas viajaban por el desierto, otros árabes llevaban un modo de vida sedentario, o establecido en un lugar. Estas personas levantaban sus casas en los oasis donde se podía cultivar. Estos asentamientos, en especial los que estaban a lo largo de las rutas comerciales, se convirtieron en pueblos. Los mercaderes y los artesanos que vivían allí trabajaban con mercaderes de las caravanas. Una **caravana** es un grupo de comerciantes que viajan juntos.

Los pueblos se convirtieron en centros de comercio. Muchos tenían un mercado o bazar. Allí, los nómadas intercambiaban productos de animales y hierbas del desierto por alimentos y ropa. Los comerciantes vendían especias, oro, cuero y otros artículos que llegaban en las caravanas.

COMPRENSIÓN DE LA LECTURA Crear categorías ¿Qué dos modos de vida eran comunes en Arabia?

↗ hmhsocialstudies.com
ANIMATED HISTORY
Trade Routes, AD 570

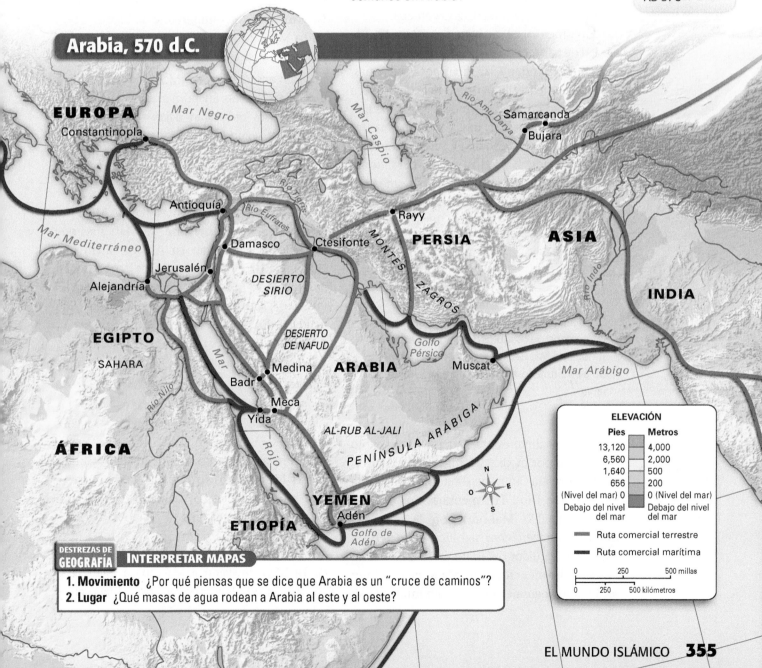

Arabia, 570 d.C.

EUROPA
Constantinopla
Mar Negro
Mar Caspio
Río Amu Darya
Samarcanda
Bujara
Antioquía
Río Tigris
Río Éufrates
Rayy
Ctesifonte
PERSIA
ASIA
MONTES ZAGROS
Mar Mediterráneo
Damasco
Jerusalén
Alejandría
DESIERTO SIRIO
Río Indo
INDIA
EGIPTO
SAHARA
DESIERTO DE NAFUD
Golfo Pérsico
ARABIA
Muscat
Mar Arábigo
Río Nilo
Mar Rojo
Medina
Badr
Meca
Yida
AL-RUB AL-JALI
PENÍNSULA ARÁBIGA
ÁFRICA
YEMEN
Adén
ETIOPÍA
Golfo de Adén

ELEVACIÓN

Pies	Metros
13,120	4,000
6,560	2,000
1,640	500
656	200
(Nivel del mar) 0	0 (Nivel del mar)
Debajo del nivel del mar	Debajo del nivel del mar

Ruta comercial terrestre
Ruta comercial marítima

0   250   500 millas
0   250   500 kilómetros

DESTREZAS DE GEOGRAFÍA **INTERPRETAR MAPAS**

1. **Movimiento** ¿Por qué piensas que se dice que Arabia es un "cruce de caminos"?
2. **Lugar** ¿Qué masas de agua rodean a Arabia al este y al oeste?

Una nueva religión

En los primeros tiempos, los árabes adoraban a muchos dioses. Sin embargo, eso cambió cuando un hombre llamado **Mahoma** llevó una religión nueva a Arabia. Los historiadores saben poco sobre Mahoma. Lo que saben de él proviene de escritos religiosos.

Mahoma, profeta del Islam

ENFOQUE EN LA LECTURA
Escribe una pregunta que podrías usar para analizar el texto de este párrafo. Luego, respóndela.

Mahoma nació en una familia importante de la ciudad de La Meca, alrededor del año 570. Durante su infancia hizo viajes con las caravanas de su tío. Cuando creció, Mahoma se hizo cargo de un negocio de caravanas que pertenecía a una mujer rica llamada Khadijah. A los 25 años, Mahoma se casó con ella.

El comercio de caravanas enriqueció a la ciudad de La Meca. Sin embargo, la mayor parte de la riqueza pertenecía a unas pocas personas. Tradicionalmente, las personas ricas de La Meca habían ayudado a los pobres. Pero a medida que Mahoma crecía, muchos comerciantes ricos empezaron a ignorar a los necesitados.

Preocupado por estos cambios, Mahoma solía irse a las colinas para orar y meditar. Cierto día, cuando tenía alrededor de 40 años, Mahoma fue a meditar a una cueva. Según los escritos religiosos, se le apareció un ángel que le dijo: "¡Recita! ¡Recita!". Mahoma preguntó qué debía recitar. El ángel respondió:

> " ¡Recita en el nombre de tu Señor, que creó al ser humano de coágulos de sangre! ¡Recita! Tu Señor es el Más Generoso, Aquél que por medio de la escritura enseñó al hombre lo que éste no sabía ".
>
> —De *El Corán*, versión de N. J. Dawood

VOCABULARIO ACADÉMICO
influencia
poder, efecto

Los musulmanes creen que Dios le habló a Mahoma por medio del ángel y lo convirtió en un profeta, una persona que transmite mensajes de Dios. Los mensajes que supuestamente recibió Mahoma son la base del **Islam**. En árabe, *Islam* significa "someterse a Dios". Un seguidor del Islam es un **musulmán**. Los musulmanes creen que Mahoma continuó recibiendo mensajes de Dios durante toda su vida. Los mensajes se recopilaron en el **Corán**, el libro sagrado del Islam.

Las enseñanzas de Mahoma

En 613, Mahoma empezó a hablar sobre sus mensajes. Enseñaba que había un solo Dios, llamado Alá, que en árabe significa "el Dios". El Islam es una religión monoteísta, es decir, basada en la creencia en un solo Dios, como el judaísmo y el cristianismo. Aunque las personas de estas tres religiones creen en un solo Dios, sus creencias sobre Dios no son iguales.

Las enseñanzas de Mahoma eran nuevas para los árabes, que en su mayoría practicaban el politeísmo. Tenían muchos santuarios, o lugares especiales donde adoraban a sus dioses. Un santuario muy importante, la Kaaba, estaba en La Meca. Muchos iban allí todos los años en **peregrinación**, un viaje a un lugar sagrado.

Las enseñanzas de Mahoma molestaban a muchos árabes. En primer lugar, no les gustaba que les ordenaran dejar de adorar a sus dioses. En segundo lugar, la nueva religión de Mahoma parecía ser una amenaza para quienes ganaban dinero con las peregrinaciones anuales a la Kaaba.

A los ricos comerciantes de La Meca les desagradaba otra enseñanza de Mahoma: que todos los que creyeran en Alá formarían una comunidad donde los ricos y los pobres serían iguales. A los ricos comerciantes tampoco les gustaba la idea de Mahoma de dar dinero para ayudar a los pobres. Los comerciantes querían quedarse con todo su dinero para seguir siendo más poderosos que los pobres.

El Islam se expande por Arabia

Al principio, Mahoma no tenía muchos seguidores. Lentamente, cada vez más personas empezaron a escuchar su mensaje. A medida que el Islam ganaba **influencia** sobre las personas, los gobernantes de La Meca se empezaron a preocupar. Amenazaron a Mahoma y hasta planearon matarlo.

Un grupo de personas que vivían al norte de La Meca invitaron a Mahoma a establecerse en su ciudad. Entonces, en 622, Mahoma y

Línea cronológica

Los comienzos del Islam

575 — **600** — **625** — **650**

circa 570
Nace Mahoma.

circa 610
Según las creencias islámicas, un ángel se le aparece a Mahoma y le pide que difunda la palabra de Dios.

613
Mahoma comienza a difundir su mensaje.

622
Mahoma y sus seguidores abandonan La Meca y van hacia Medina, en la hégira. Este suceso marca el comienzo del calendario islámico.

632
Mahoma muere. El Islam comienza a expandirse por el suroeste de Asia y el norte de África.

DESTREZA DE ANÁLISIS **LEER LÍNEAS CRONOLÓGICAS**

¿Durante cuántos años difundió Mahoma su mensaje antes de morir?

muchos de sus seguidores se fueron a Medina. *Medina* significa "la ciudad del profeta" en árabe. La salida de Mahoma de La Meca se llama hégira, o viaje.

En Medina, Mahoma se convirtió en líder espiritual y político. Su casa fue la primera **mezquita,** o edificio musulmán para la oración.

A medida que la comunidad musulmana de Medina crecía, otras tribus árabes empezaron a aceptar el Islam. Sin embargo, el conflicto con los habitantes de La Meca aumentó. En 630, después de años de luchas, los habitantes de La Meca cedieron. Aceptaron el Islam como religión.

En poco tiempo, la mayoría de las tribus de Arabia aceptaron a Mahoma como líder espiritual y político, y se convirtieron en musulmanes. Mahoma murió en 632, pero la religión que enseñó pronto se expandiría muy lejos de Arabia.

COMPRENSIÓN DE LA LECTURA **Resumir**
¿Cómo se expandió el Islam por Arabia?

RESUMEN Y PRESENTACIÓN La geografía de Arabia estimuló el comercio y contribuyó al desarrollo de los modos de vida nómada y sedentario. A comienzos del siglo VII, Mahoma introdujo una nueva

religión en Arabia. Muchos árabes se convirtieron en musulmanes. En la siguiente sección, aprenderás más sobre las principales enseñanzas y creencias islámicas.

hmhsocialstudies.com

ANIMATED HISTORY
Muslim Army: Spread of Islam, AD 661

Sección 1 Evaluación

hmhsocialstudies.com
Cuestionario en Internet

Repasar ideas, palabras y personas

1. **a. Definir** ¿Qué es un **oasis**?
   b. Hacer generalizaciones ¿Por qué las ciudades solían desarrollarse cerca de los oasis?
   c. Hacer predicciones ¿Para quiénes crees que habrá sido más fácil la vida en Arabia en sus comienzos: para los nómadas o para los habitantes de los pueblos? Explica tu respuesta.
2. **a. Identificar** ¿Cuál es una creencia islámica clave sobre Dios?
   b. Explicar Según las creencias islámicas, ¿cómo recibió **Mahoma** las ideas que dieron origen al **Islam**?
   c. Evaluar ¿Por qué el tiempo que Mahoma pasó en Medina fue importante para el desarrollo del Islam?

Pensamiento crítico

3. **Ordenar** Dibuja una línea cronológica como la siguiente. Usa tus notas sobre Mahoma para identificar las fechas clave de su vida.

<───┼────┼────┼────┼───>

ENFOQUE EN LA REDACCIÓN

4. **Escribir sobre Mahoma** Repasa tus notas para responder a la pregunta "¿Quién fue Mahoma?". Puede ser útil pensar en tres etapas de la vida de Mahoma: "Los comienzos de su vida", "Mahoma se transforma en profeta" y "Las enseñanzas de Mahoma".

Creencias y prácticas islámicas

Lo que aprenderás...

Ideas principales

1. El Corán guía las vidas de los musulmanes.
2. La Sunna les enseña a los musulmanes los deberes importantes que se espera que cumplan.
3. La ley islámica se basa en el Corán y en la Sunna.

La idea clave

Los textos sagrados llamados Corán y Sunna son la guía para la religión, la vida cotidiana y las leyes de los musulmanes.

Palabras clave

yihad, *pág. 359*
Sunna, *pág. 359*
los cinco pilares del Islam, *pág. 360*

hmhsocialstudies.com
TOMAR NOTAS

Usa el organizador gráfico en Internet para tomar notas acerca de las principales creencias y prácticas del Islam.

Si ESTUVIERAS allí...

Tu familia tiene un hotel en La Meca. Por lo general hay poca actividad, pero esta semana el hotel está lleno. Han llegado viajeros desde todas partes del mundo para visitar tu ciudad. Una mañana, al salir del hotel, te ves envuelto en una multitud de visitantes. Hablan muchos idiomas diferentes, pero todos usan las mismas vestimentas de color blanco. Se dirigen a la mezquita.

¿Qué puede ser lo que atrae a tanta gente a tu ciudad?

CONOCER EL CONTEXTO Una de las creencias islámicas básicas es que toda persona que pueda viajar a La Meca debe hacerlo por lo menos una vez en su vida. Se pueden encontrar más enseñanzas islámicas en los libros sagrados del Islam: el Corán y la Sunna.

El Corán

Durante la vida de Mahoma, sus seguidores memorizaban sus mensajes, sus palabras y buenas acciones. Después de la muerte de Mahoma, reunieron sus enseñanzas y las transcribieron en un libro llamado Corán. Los musulmanes creen que el Corán es la palabra exacta de Dios, tal como le fue transmitida a Mahoma.

Creencias

La enseñanza central del Corán es que hay un solo Dios, Alá, y que Mahoma es su profeta. El Corán dice que se deben obedecer los mandamientos de Alá. Los musulmanes aprendieron estos mandamientos a través de Mahoma.

El Islam enseña que el mundo tiene un comienzo definido y que un día terminará. Mahoma dijo que en el último día Dios juzgará a todas las personas. A quienes hayan obedecido sus mandamientos se les concederá la vida en el paraíso. Según el Corán, el paraíso es un hermoso jardín lleno de deliciosos manjares y bebidas. Pero quienes no hayan obedecido a Dios, sufrirán.

Normas de conducta

Al igual que en los libros sagrados de otras religiones, en el Corán se describen las prácticas de culto, las normas de buena conducta y las reglas sociales. El Corán es una guía para la vida cotidiana de los musulmanes. Por ejemplo, en el Corán se describe cómo prepararse para la oración. Los musulmanes deben lavarse antes de orar para presentarse purificados ante Alá. En el Corán también se les dice a los musulmanes qué cosas no deben comer ni beber. No se les permite comer cerdo ni beber alcohol.

Además de establecer normas para la conducta individual, en el Corán se describen las relaciones entre las personas. Muchas de estas ideas produjeron cambios en la sociedad árabe. Por ejemplo, antes de Mahoma, muchos árabes tenían esclavos. Aunque los musulmanes no terminaron con la esclavitud, en el Corán se los alienta a liberar a los esclavos. Además, las mujeres árabes tenían muy pocos derechos. En el Corán se describen los derechos de las mujeres, entre ellos, el derecho a la propiedad, a ganar dinero y a la educación. Sin embargo, la mayoría de las mujeres musulmanas todavía tienen menos derechos que los hombres.

Otro concepto importante del Corán está relacionado con la **yihad,** que significa "esforzarse o luchar". La yihad se refiere a la lucha interior de las personas que tratan de obedecer a Dios y comportarse de acuerdo con las reglas islámicas. También puede significar la lucha para defender a la comunidad musulmana o, históricamente, para convertir personas al Islam. Esta palabra también se ha traducido como "guerra santa".

COMPRENSIÓN DE LA LECTURA ▶ **Analizar**
¿Por qué el Corán es importante para los musulmanes?

La Sunna

El Corán no es la única fuente de las enseñanzas islámicas. Los musulmanes también estudian el hadit, el registro escrito de las palabras y las acciones de Mahoma. Este texto es la base de la Sunna. La **Sunna** se refiere al estilo de vida de Mahoma, que es un modelo de los deberes y el estilo de vida que se esperan de los musulmanes. La Sunna sirve de guía para el comportamiento de los musulmanes.

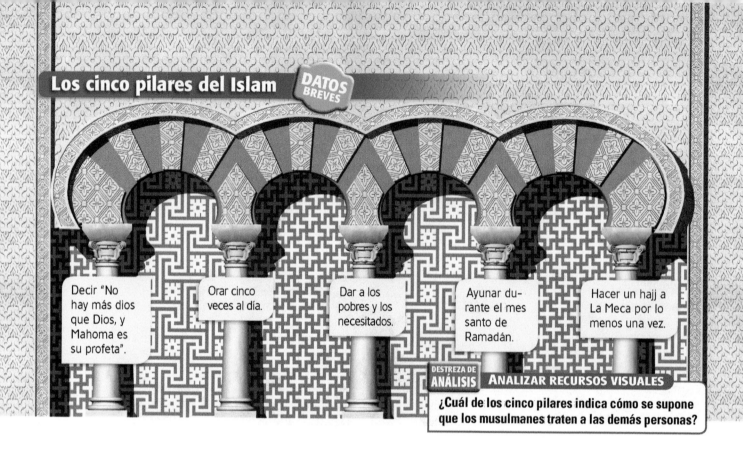

Los cinco pilares del Islam DATOS BREVES

Decir "No hay más dios que Dios, y Mahoma es su profeta".

Orar cinco veces al día.

Dar a los pobres y los necesitados.

Ayunar durante el mes santo de Ramadán.

Hacer un hajj a La Meca por lo menos una vez.

DESTREZA DE ANÁLISIS ANALIZAR RECURSOS VISUALES

¿Cuál de los cinco pilares indica cómo se supone que los musulmanes traten a las demás personas?

Los cinco pilares del Islam

Los deberes principales de los musulmanes reciben el nombre de **los cinco pilares del Islam,** cinco prácticas religiosas que los musulmanes tienen que observar. El primer pilar es una declaración de fe. Al menos una vez en la vida, los musulmanes deben declarar su fe diciendo: "No hay más dios que Dios, y Mahoma es su profeta". Los musulmanes lo dicen cuando aceptan el Islam y también en sus oraciones diarias.

El segundo pilar del Islam es la oración diaria. Los musulmanes tienen que orar cinco veces por día: antes del amanecer, al mediodía, al final de la tarde, inmediatamente después de la puesta del sol y antes de irse a dormir. En cada uno de esos momentos, desde una mezquita se emite un llamado que invita a los musulmanes a reunirse para orar. Los musulmanes tratan de orar juntos en una mezquita. Creen que la oración es una prueba de que se ha aceptado a Alá.

El tercer pilar del Islam es una donación anual para obras de caridad. Los musulmanes deben dar parte de su riqueza a un funcionario religioso. El dinero se usa para ayudar a los pobres, para construir mezquitas o para pagar

deudas. Para el Islam es importante ayudar al prójimo y preocuparse por los demás.

El cuarto pilar es el ayuno (estar sin comer ni beber). Durante el mes santo de Ramadán, los musulmanes ayunan diariamente. El Corán dice que Alá comenzó a hacer revelaciones a Mahoma en ese mes. Durante el Ramadán, la mayoría de los musulmanes no comen ni beben nada desde el amanecer hasta el anochecer. Para los musulmanes, el ayuno es una manera de demostrar que Dios es más importante que el propio cuerpo. Además, el ayuno recuerda a los musulmanes que en el mundo hay personas que no tienen suficientes alimentos.

El quinto pilar del Islam es el hajj, una peregrinación a La Meca. Todos los musulmanes tienen que viajar a La Meca por lo menos una vez en la vida, si pueden hacerlo. La Kaaba, en La Meca, es el lugar más sagrado del Islam.

La Sunna y la vida cotidiana

Además de los cinco pilares, la Sunna también contiene otros ejemplos de las acciones y enseñanzas de Mahoma, que son la base de las reglas que indican cómo tratar a los demás. Según el ejemplo de Mahoma, se debe tratar a los invitados con generosidad.

Además de describir las relaciones personales, en la Sunna se ofrecen pautas para las relaciones en los negocios y en el gobierno. Por ejemplo, una regla de la Sunna dice que deber dinero está mal. Otra regla indica que hay que obedecer a los líderes.

COMPRENSIÓN DE LA LECTURA Generalizar
¿Qué aprenden los musulmanes mediante la Sunna?

La ley islámica

El Corán y la Sunna son guías importantes que indican qué estilo de vida deben llevar los musulmanes. También son la base de la ley islámica, o Sharia. La Sharia es un sistema basado en fuentes islámicas y en la razón humana que juzga si las acciones de los individuos o de las comunidades son correctas o incorrectas. Estas acciones se clasifican en una escala que va desde obligatorias a aceptadas, desaprobadas y prohibidas. La ley islámica no hace distinción entre las creencias religiosas y la vida cotidiana, por eso el Islam influye en todos los aspectos de la vida de los musulmanes.

La Sharia establece recompensas por el buen comportamiento y castigos por cometer delitos. También describe los límites de la autoridad. Fue la base del derecho en los países islámicos hasta

DATOS BREVES

Fuentes de las creencias islámicas

Corán	Sunna	Sharia
Libro sagrado que contiene los mensajes que Mahoma dijo haber recibido de Dios	Ejemplos de Mahoma sobre los deberes y el estilo de vida que se esperan de los musulmanes	Ley islámica, basada en interpretaciones del Corán y la Sunna

la época moderna. Hoy en día, la mayoría de los países islámicos combinan la ley islámica con otros sistemas jurídicos para gobernar a sus pueblos.

La ley islámica no está escrita en un libro, sino que es un conjunto de opiniones y escritos que han cambiado a lo largo de los siglos. En las diferentes regiones musulmanas se hacen diferentes interpretaciones de la ley islámica.

COMPRENSIÓN DE LA LECTURA Identificar las ideas principales ¿Cuál es el propósito de la ley islámica?

RESUMEN Y PRESENTACIÓN El Corán, la Sunna y la Sharia enseñan a los musulmanes cómo vivir. En el capítulo siguiente, aprenderás más sobre la cultura musulmana y la expansión del Islam desde Arabia hacia otras tierras.

Sección 2 Evaluación

hmhsocialstudies.com
Cuestionario en Internet

Repasar ideas, palabras y personas

1. a. Recordar ¿Cuál es la enseñanza principal del Corán?
   b. Explicar ¿De qué manera guía el Corán a los musulmanes en la vida diaria?
2. a. Recordar ¿Cuáles son los cinco pilares del Islam?
   b. Hacer generalizaciones ¿Por qué los musulmanes ayunan durante el Ramadán?
3. a. Identificar ¿Cómo se llama la ley islámica?
   b. Inferir ¿En qué se diferencia la ley islámica de la ley en Estados Unidos?
   c. Profundizar ¿Cuál es una posible razón por la cual las opiniones y los escritos sobre la ley islámica han cambiado a lo largo de los siglos?

Pensamiento crítico

4. Crear categorías Dibuja una tabla como la de la derecha. Úsala para enumerar tres enseñanzas del Corán y tres enseñanzas de la Sunna.

Corán	Sunna

ENFOQUE EN LA REDACCIÓN

5. Describir el Islam Responde a las siguientes preguntas para escribir un párrafo en el que describas el Islam. ¿Cuál es la enseñanza central del Corán? ¿Cuáles son los cinco pilares del Islam? ¿Qué función cumple la Sunna?

Los imperios islámicos

Si ESTUVIERAS allí...

Eres un agricultor y vives en una aldea costera de la India. Desde hace siglos, tu pueblo cultiva algodón y hace con sus fibras telas delicadas. Un día, llega al puerto un barco con comerciantes musulmanes de tierras remotas. Traen mercancías interesantes que no habías visto nunca. También traen nuevas ideas.

¿Qué ideas podrías aprender de los comerciantes?

> **CONOCER EL CONTEXTO** Ya sabes que, durante muchos años, los comerciantes pasaron por Arabia para llegar a los mercados lejanos. En el camino, recogían nuevas mercancías e ideas, y luego las compartían con las personas que conocían. Entre las nuevas ideas que los comerciantes difundieron, estaban las ideas islámicas.

Los ejércitos musulmanes conquistan muchas tierras

Después de la muerte de Mahoma, sus seguidores eligieron rápidamente a **Abu Bakr,** uno de los primeros convertidos por Mahoma, como el próximo líder del Islam. Abu Bakr fue el primer **califa,** título que los musulmanes le dan al líder supremo del Islam. En árabe, la palabra califa significa "sucesor". Como sucesores de Mahoma, los califas tenían que seguir el ejemplo del profeta. Es decir, tenían que gobernar de acuerdo con el Corán. Sin embargo, a diferencia de Mahoma, los primeros califas no fueron líderes religiosos.

Los comienzos de un imperio

Abu Bakr libró una sucesión de batallas para unificar Arabia. Al momento de su muerte, en 634, ya había convertido a Arabia en un estado musulmán unificado. Como Arabia estaba unificada, los líderes musulmanes empezaron a fijarse en otras regiones. Sus ejércitos, fortalecidos por las batallas en Arabia, obtuvieron triunfos aplastantes. Vencieron a los imperios bizantino y persa, que estaban debilitados tras años de combate.

Cuando conquistaban un territorio, los musulmanes fijaban ciertas reglas para los grupos no musulmanes del lugar. Por ejemplo, algunos grupos no musulmanes no podían construir nuevos lugares de culto ni vestirse como musulmanes. Solo los cristianos y judíos podían seguir practicando su religión. Aunque no se los obligaba a convertirse al Islam, eran ciudadanos de segunda clase.

Lo que aprenderás...

Ideas principales

1. Los ejércitos musulmanes conquistaron muchas tierras, donde el Islam se fue difundiendo lentamente.
2. El comercio contribuyó a que el Islam se difundiera por nuevas regiones.
3. Tres imperios musulmanes gobernaron grandes zonas de Asia y África y partes de Europa desde el siglo XV hasta el siglo XIX.

La idea clave

Tras los comienzos de la difusión del Islam, se formaron tres grandes imperios islámicos: el otomano, el safávida y el mogol.

Personas y palabras clave

Abu Bakr, *pág. 362*
califa, *pág. 362*
jenízaros, *pág. 364*
Mahomet II, *pág. 364*
Solimán I, *pág. 364*
chiitas, *pág. 365*
sunitas, *pág. 365*
tolerancia, *pág. 366*

hmhsocialstudies.com
TOMAR NOTAS

Usa el organizador gráfico en Internet para tomar notas acerca de la difusión del Islam y los tres imperios islámicos que se crearon tras la muerte de Mahoma.

El crecimiento del imperio

Muchos de los primeros califas provenían de la familia de los omeya (o umayyad). Los omeya trasladaron la capital a Damasco, en la región de Siria conquistada por los musulmanes, y siguieron expandiendo el imperio. Se apoderaron de regiones de Asia central y del norte de la India. Los omeya también dominaron el comercio al este del Mediterráneo y conquistaron parte del norte de África.

Los bereberes, un pueblo originario del norte de África, al principio se resistieron a ser gobernados por los musulmanes. Sin embargo, tras años de luchas, muchos bereberes se convirtieron al Islam.

En 711, un ejército formado por árabes y bereberes invadió España y la conquistó en poco tiempo. Luego, el ejército siguió avanzando hasta lo que hoy es Francia, pero las tropas cristianas lo detuvieron cerca de la ciudad de Tours. A pesar de esta derrota, los musulmanes llamados moros siguieron dominando algunas regiones de España durante los 700 años siguientes.

Una nueva dinastía islámica, los abasíes, llegó al poder en 749. Los abasíes reorganizaron el gobierno para dominar más fácilmente un territorio tan grande.

COMPRENSIÓN DE LA LECTURA Analizar ¿Qué papel desempeñaron los ejércitos en la difusión del Islam?

El comercio contribuye a la difusión del Islam

El Islam se difundía poco a poco en las regiones que conquistaban los musulmanes. El comercio también ayudaba a difundirlo. Junto con sus mercancías, los comerciantes árabes llevaron las creencias islámicas a la India, África y el sureste de Asia. Aunque los reinos indios conservaron el hinduismo, en las ciudades comerciales de las costas pronto surgieron grandes comunidades musulmanas. En África, a menudo había costumbres africanas y musulmanas. Muchos líderes africanos se convirtieron al Islam. Entre 1200 y 1600, los comerciantes musulmanes expandieron el Islam hacia el este, hasta lo que hoy es Malasia e Indonesia.

El comercio también llevó nuevos productos a las tierras musulmanas. Por ejemplo, los árabes aprendieron de los chinos a hacer papel y a usar pólvora. Desde la India, China y el sureste de Asia llegaron nuevos cultivos, como el algodón, el arroz y las naranjas.

Muchos comerciantes musulmanes también viajaban a los pueblos comerciales de África. Querían productos africanos como marfil, clavo de olor y esclavos. A cambio, ofrecían delicadas piezas de cerámica blanca llamada porcelana, proveniente de China, telas de la India y hierro del suroeste de Asia y Europa. Los comerciantes árabes se enriquecieron con el comercio entre diferentes regiones.

ANIMATED HISTORY
Muslim World, AD 1200

SU IMPORTANCIA HOY

Hoy en día, Indonesia tiene la mayor población musulmana del mundo.

La ciudad de Córdoba

A principios del siglo X, Córdoba, España, era una de las ciudades más ricas de Europa y un centro del saber islámico. Todavía se pueden ver magníficos ejemplos de arquitectura islámica en la ciudad.

Una combinación de culturas

A medida que el Islam se expandía por medio del comercio y las guerras, los árabes entraban en contacto con personas de diferentes creencias y estilos de vida. En general, los musulmanes prohibían o controlaban las actividades religiosas de los pueblos que conquistaban. Los musulmanes no prohibían en sus tierras todas las demás religiones. Los cristianos y los judíos sobre todo conservaban muchos de sus derechos porque compartían algunas creencias con los musulmanes. Sin embargo, tenían que pagar un impuesto especial. Además, tenían prohibido convertir a nuevos creyentes a su religión.

Muchos pueblos que conquistaban los árabes se convertían al Islam. Estos pueblos a menudo adoptaban otros aspectos de la cultura árabe, incluido el idioma árabe. Los árabes también adoptaban algunas costumbres de los pueblos conquistados. Debido a esta combinación de culturas, el Islam pasó de ser una religión principalmente árabe a ser una religión formada por muchas culturas. Pero el idioma árabe y la religión común a todas las regiones ayudaron a unificar a los diferentes grupos del mundo islámico.

El crecimiento de las ciudades

Las ciudades del mundo musulmán, cada vez más pobladas, reflejaban esta mezcla de culturas. El comercio había reunido a las personas y había generado riqueza, que contribuyó al gran **desarrollo** cultural de las ciudades musulmanas.

Bagdad, en lo que hoy es Irak, se convirtió en la capital del Imperio islámico en 762. Gracias al comercio y la agricultura, Bagdad era una de las ciudades más ricas del mundo. Los califas de Bagdad apoyaban las ciencias y las artes. La ciudad era un centro de la cultura y el saber.

Córdoba, en España, fue otro lugar donde se plasmaron los progresos de la civilización musulmana. Para principios del siglo X, Córdoba era la ciudad más grande y avanzada de Europa.

COMPRENSIÓN DE LA LECTURA **Identificar la idea principal** ¿Cómo influyó el comercio en la difusión del Islam?

VOCABULARIO ACADÉMICO

desarrollo
el proceso de crecer o mejorar

Tres imperios musulmanes

La gran era de la expansión árabe musulmana duró hasta el siglo XII. Después, tres grupos musulmanes no árabes construyeron imperios grandes y poderosos que gobernaron grandes zonas de Asia y África y partes de Europa.

El Imperio otomano

A mediados del siglo XIII, los guerreros turcos musulmanes llamados otomanos empezaron a tomar tierras del Imperio bizantino cristiano. Llegaron a dominar desde el este de Europa hasta el norte de África y Arabia.

La clave de la expansión del imperio fue el ejército otomano. Los otomanos entrenaban a niños cristianos de los pueblos conquistados para convertirlos en soldados. Estos soldados esclavos, llamados **jenízaros**, se convertían al Islam y llegaban a ser luchadores despiadados. Los otomanos también contaban con la ayuda de nuevas armas de fuego.

En 1453, los otomanos, dirigidos por **Mahomet II**, usaron unos cañones gigantescos para conquistar Constantinopla. Al capturar la ciudad, Mahomet venció al Imperio bizantino. Se hizo conocido como "el Conquistador". Mahomet nombró a Constantinopla, ciudad que los otomanos llamaban Estambul, la nueva capital del imperio. Además, convirtió la gran iglesia bizantina, Santa Sofía, en una mezquita.

Un sultán, o gobernante otomano, posterior continuó con las conquistas de Mahomet. Expandió el imperio hacia el este por el resto de Anatolia, también llamada Asia Menor. Con sus ejércitos, también conquistó Siria y Egipto. Las ciudades sagradas de La Meca y Medina también aceptaron el gobierno otomano.

El Imperio otomano alcanzó su máximo esplendor bajo el gobierno de **Solimán I**, "el Magnífico". Durante su mandato, desde 1520 hasta 1566, los otomanos tomaron el control de la región oriental del Mediterráneo y siguieron expandiéndose por Europa, por regiones que siguieron dominando hasta principios del siglo XIX.

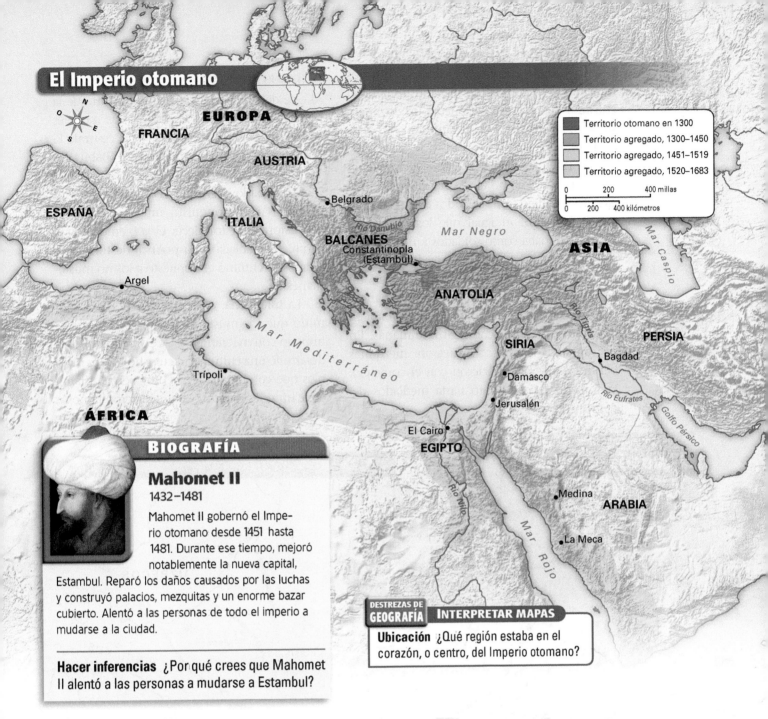

El Imperio otomano

EUROPA

FRANCIA

AUSTRIA

ESPAÑA

ITALIA

Belgrado

BALCANES
Constantinopla
(Estambul)

Mar Negro

ASIA

ANATOLIA

Mar Caspio

Argel

SIRIA

PERSIA

Damasco

Bagdad

Mar Mediterráneo

Río Tigris

Trípoli

Jerusalén

Río Eufrates

Golfo Pérsico

ÁFRICA

El Cairo

EGIPTO

Río Nilo

Medina

ARABIA

Mar Rojo

La Meca

Territorio otomano en 1300
Territorio agregado, 1300–1450
Territorio agregado, 1451–1519
Territorio agregado, 1520–1683

0   200   400 millas
0   200   400 kilómetros

BIOGRAFÍA

Mahomet II
1432–1481

Mahomet II gobernó el Imperio otomano desde 1451 hasta 1481. Durante ese tiempo, mejoró notablemente la nueva capital, Estambul. Reparó los daños causados por las luchas y construyó palacios, mezquitas y un enorme bazar cubierto. Alentó a las personas de todo el imperio a mudarse a la ciudad.

Hacer inferencias ¿Por qué crees que Mahomet II alentó a las personas a mudarse a Estambul?

DESTREZAS DE GEOGRAFÍA **INTERPRETAR MAPAS**

Ubicación ¿Qué región estaba en el corazón, o centro, del Imperio otomano?

El Imperio safávida

Mientras el Imperio otomano alcanzaba su máximo esplendor, un grupo de musulmanes persas llamados safávidas ganaban poder en el este, en la región que hoy ocupa Irán. Poco después, los safávidas entraron en conflicto con los otomanos y otros musulmanes.

El conflicto surgió a partir de un antiguo desacuerdo que existía entre los musulmanes acerca de quién debía ser califa. A mediados del siglo VII, el Islam se había dividido en dos ramas. Estas ramas eran los chiitas y los sunitas. Los **chiitas** eran musulmanes que creían que solamente los descendientes de Mahoma debían ser califas. Los **sunitas** creían que los califas no necesitaban ser descendientes de Mahoma. Los otomanos eran sunitas y los líderes safávidas eran chiitas.

El Imperio safávida se formó en 1501, cuando el líder safávida Ismael conquistó Persia. Ismael tomó el antiguo título persa de shah, o rey.

Ismael impuso el chiismo, la doctrina de los chiitas, como la religión oficial del imperio. Pero quería seguir difundiendo el chiismo.

SU IMPORTANCIA
HOY

Hoy en día, la mayoría de los musulmanes pertenecen a la rama sunita del Islam.

Ismael intentó conquistar otros territorios musulmanes y convertir a más musulmanes al chiismo. Luchó contra el pueblo uzbeco, pero sufrió una derrota aplastante ante los otomanos en 1514.

En 1588, Abbas, el más grande de los líderes safávidas, se convirtió en el shah. Fortaleció el ejército y equipó a sus soldados con modernas armas de fuego. Al igual que los otomanos, Abbas entrenaba como soldados a niños esclavos extranjeros. Bajo el mandato de Abbas, los safávidas vencieron a los uzbecos y recuperaron las tierras que les habían quitado los otomanos.

Los safávidas combinaron las tradiciones culturales persas con las musulmanas. En su capital, Isfahan, construyeron mezquitas hermosas y se enriquecieron con el comercio. El Imperio safávida duró hasta mediados del siglo XVIII.

El Imperio mogol

Al este del Imperio safávida, en el norte de la India, estaba el Imperio mogol. Los mogoles eran musulmanes turcos de Asia central. El Imperio mogol fue fundado por Babur en 1526.

A mediados del siglo XVI, un emperador llamado Akbar conquistó muchos territorios y se esforzó por fortalecer el gobierno mogol. También estableció una política de tolerancia religiosa y eliminó el impuesto a los no musulmanes.

La **tolerancia**, o aceptación, de Akbar permitió que los musulmanes y los hindúes del imperio convivieran en paz. Con el tiempo, se desarrolló una cultura característica de los mogoles que combinaba elementos persas, islámicos e hindúes. Los mogoles se hicieron famosos por sus obras de arquitectura, especialmente

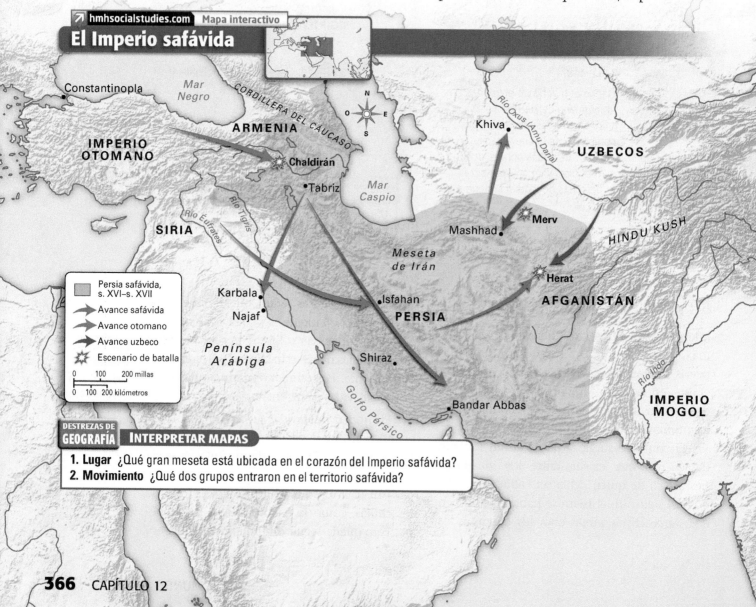

El Imperio safávida

hmhsocialstudies.com Mapa interactivo

Persia safávida, s. XVI–s. XVII
Avance safávida
Avance otomano
Avance uzbeco
Escenario de batalla

0   100   200 millas
0   100   200 kilómetros

DESTREZAS DE GEOGRAFÍA **INTERPRETAR MAPAS**

1. Lugar ¿Qué gran meseta está ubicada en el corazón del Imperio safávida?
2. Movimiento ¿Qué dos grupos entraron en el territorio safávida?

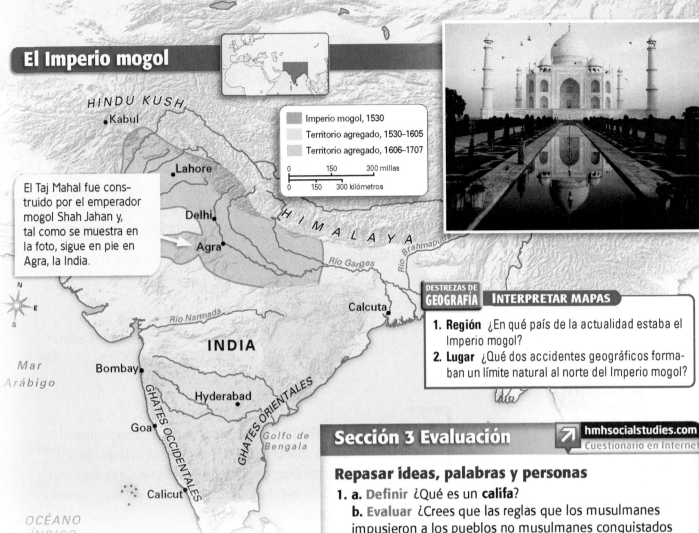

El Imperio mogol

Kabul

HINDU KUSH

Lahore

Delhi

Agra

HIMALAYA

Río Brahmaputra

Río Ganges

Calcuta

Río Narmada

INDIA

Mar
Arábigo

Bombay

Hyderabad

Goa

GHATES OCCIDENTALES

GHATES ORIENTALES

Golfo de
Bengala

Calicut

OCÉANO
ÍNDICO

Imperio mogol, 1530
Territorio agregado, 1530–1605
Territorio agregado, 1606–1707

0   150   300 millas
0   150   300 kilómetros

El Taj Mahal fue cons-
truido por el emperador
mogol Shah Jahan y,
tal como se muestra en
la foto, sigue en pie en
Agra, la India.

DESTREZAS DE GEOGRAFÍA **INTERPRETAR MAPAS**

1. **Región** ¿En qué país de la actualidad estaba el Imperio mogol?
2. **Lugar** ¿Qué dos accidentes geográficos forma-ban un límite natural al norte del Imperio mogol?

por el Taj Mahal, una tumba construida en el siglo XVII por el emperador Shah Jahan.

A fines del siglo XVII, un emperador puso fin a las políticas de tolerancia religiosa que había establecido Akbar. Destruyó muchos tem-plos hindúes y estallaron violentas revueltas. El Imperio mogol no tardó en derrumbarse.

COMPRENSIÓN DE LA LECTURA **Analizar**
¿Cómo adquirían territorios para su imperio los otomanos?

RESUMEN Y PRESENTACIÓN El Islam se difundió más allá de Arabia mediante las guerras y el comercio. Los otomanos, los safávidas y los mogoles formaron grandes imperios y continuaron con la difusión del Islam. En la sección 4, aprenderás sobre los logros culturales del mundo islámico.

Sección 3 Evaluación

hmhsocialstudies.com
Cuestionario en Internet

Repasar ideas, palabras y personas

1. **a. Definir** ¿Qué es un **califa**?
   b. Evaluar ¿Crees que las reglas que los musulmanes impusieron a los pueblos no musulmanes conquistados eran justas? ¿Por qué?
2. **a. Identificar** Menciona tres lugares hacia donde se difundió el Islam a través del comercio.
   b. Explicar ¿Cómo ayudó el comercio a difundir el Islam?
3. **a. Recordar** ¿Quiénes eran los **jenízaros**?
   b. Contrastar ¿En qué se diferenciaban las creencias de los chiitas y los sunitas acerca de los califas?

Pensamiento crítico

4. **Comparar y contrastar** Dibuja una tabla como la siguien-te. Usa tus notas para comparar y contrastar las carac-terísticas de los imperios otomano, safávida y mogol.

	Otomanos	Safávidas	Mogoles
Líderes			
Ubicación			
Política religiosa			

ENFOQUE EN LA REDACCIÓN

5. **Escribir sobre los imperios islámicos** Repasa esta sec-ción y escribe un párrafo sobre los tres poderosos impe-rios islámicos que comenzaron a formarse en el siglo XIII.

Logros culturales

Lo que aprenderás...

Ideas principales

1. Los estudiosos musulmanes hicieron aportes duraderos a la ciencia y la filosofía.
2. Entre los logros musulmanes en la literatura y el arte se encuentran hermosas poesías, cuentos memorables y una arquitectura espléndida.

La idea clave

Los estudiosos y artistas musulmanes hicieron importantes aportes a la ciencia, el arte y la literatura.

Personas y palabras clave

Ibn Battuta, *pág. 369*
sufismo, *pág. 369*
Omar Kayam, *pág. 371*
mecenas, *pág. 371*
minarete, *pág. 371*
caligrafía, *pág. 371*

hmhsocialstudies.com
TOMAR NOTAS

Usa el organizador gráfico en Internet para tomar notas acerca de los logros y adelantos de los musulmanes en diferentes áreas del conocimiento.

Si ESTUVIERAS allí...

Eres sirviente en la corte de un gobernante musulmán poderoso. En la corte, llevas una vida cómoda, aunque sin lujos. El gobernante está por mandar a tu amo a explorar tierras desconocidas y reinos remotos. Es un viaje peligroso, que lo obligará a cruzar mares y desiertos. Sólo puede llevar unos pocos sirvientes. No te ha ordenado que lo acompañes, pero te ha dado la posibilidad de elegir.

¿Te unirás a la expedición de tu amo o te quedarás en casa? ¿Por qué?

CONOCER EL CONTEXTO Los exploradores musulmanes viajaban por todas partes para conocer nuevos lugares. Usaban lo que aprendían para trazar mapas. Sus aportes a la geografía fueron apenas uno de los tantos adelantos que los estudiosos musulmanes hicieron en las ciencias y el saber.

La ciencia y la filosofía

Los imperios del mundo islámico contribuyeron a los logros de la cultura islámica. Los estudiosos musulmanes hicieron grandes adelantos en astronomía, geografía, matemáticas y ciencias. Los estudiosos de Bagdad y Córdoba tradujeron al árabe muchos escritos antiguos sobre estos temas. Como tenían un idioma común, los estudiosos de

Los logros islámicos

Astronomía

Los científicos musulmanes usaban astrolabios como el de la foto para determinar su propia ubicación y orientación, e incluso para saber la hora. Aunque los griegos inventaron el astrolabio, los estudiosos musulmanes lo mejoraron mucho.

todo el mundo islámico podían compartir sus descubrimientos.

Astronomía

Muchas ciudades musulmanas tenían observatorios donde se podía estudiar el sol, la luna y las estrellas. El estudio de la astronomía ayudó a los científicos a entender mejor el tiempo y a hacer mejores relojes. Los científicos musulmanes también mejoraron el astrolabio, un instrumento que habían inventado los griegos para trazar mapas de las estrellas. Los estudiosos árabes usaban el astrolabio para determinar su propia ubicación en la Tierra.

Geografía

El estudio de la astronomía también ayudó a los musulmanes a explorar el mundo. A medida que aprendían a usar las estrellas para calcular la hora y la ubicación, los comerciantes y los exploradores empezaron a emprender largos viajes. El explorador **Ibn Battuta** viajó a África, la India, China y España en la década de 1320. Para ayudar a los viajeros, los geógrafos musulmanes hicieron mapas más precisos que los anteriores y mejoraron los métodos para calcular las distancias.

Matemáticas

Los estudiosos musulmanes también hicieron adelantos en las matemáticas. En el siglo IX, combinaron el sistema numérico indio, que incluía el uso del cero, con la ciencia de las matemáticas de los griegos. Un matemático musulmán usó estas ideas para escribir dos libros importantes. En uno sentaron las bases del álgebra moderna y en el otro se explicaba el nuevo sistema numérico. Cuando sus obras llegaron a Europa, los nuevos números recibieron el nombre de números "arábigos".

Medicina

Probablemente los mayores adelantos de los musulmanes pertenecen a la medicina. Combinaron la medicina griega e india con sus propios descubrimientos. Los médicos musulmanes fundaron la primera escuela de farmacia, donde se enseñaba cómo preparar medicamentos. Un médico de Bagdad descubrió cómo tratar la viruela. Otro médico, conocido en Occidente con el nombre de Avicena, escribió una enciclopedia médica. Esta enciclopedia se usó en toda Europa hasta el siglo XVII y es uno de los libros más famosos de la historia de la medicina.

Filosofía

Muchos médicos y científicos musulmanes estudiaron también la antigua filosofía griega del pensamiento racional. Otros se dedicaron a asuntos espirituales y crearon un movimiento llamado **sufismo**. Los que practican el sufismo se llaman sufíes. Los sufíes creen que las personas pueden encontrar el amor de Dios si establecen una relación personal con Él. El sufismo ha atraído a muchos seguidores al Islam.

COMPRENSIÓN DE LA LECTURA **Sacar conclusiones** ¿Cuál fue la influencia de los musulmanes en los campos de la ciencia y la medicina?

Matemáticas

Los matemáticos musulmanes combinaron ideas de Grecia y de la India con ideas propias y aumentaron extraordinariamente el conocimiento de las matemáticas. El hecho de que hoy en día llamemos "números arábigos" a nuestros números es una muestra de ese aporte.

$$2x+4$$

Medicina

Los médicos musulmanes hacían medicamentos con plantas y los usaban para tratar el dolor y las enfermedades. Estos médicos desarrollaron mejores formas de prevenir, diagnosticar y tratar muchas enfermedades.

La Mezquita Azul

La Mezquita Azul de Estambul se construyó a principios del siglo XVII a petición de un sultán otomano. Cuando se construyó, muchas personas se enojaron porque pensaban que, al ponerle seis minaretes, en vez de cuatro como al resto de las mezquitas, habían querido hacerla tan formidable como la mezquita de La Meca.

Las cúpulas son una característica habitual de la arquitectura islámica. Unas columnas gigantescas sostienen el centro de esta cúpula y hay más de 250 ventanas por donde entra luz en la mezquita.

La mezquita recibe su nombre por las hermosas baldosas azules de Iznik.

Las torres altas llamadas minaretes son una característica común en muchas mezquitas.

La parte más sagrada de una mezquita es el mihrab, un nicho que apunta a La Meca. Este hombre reza de frente al mihrab.

DESTREZA DE ANÁLISIS | **ANALIZAR RECURSOS VISUALES**

¿Por qué crees que la decoración de la Mezquita Azul es tan elaborada?

La literatura y el arte

La literatura, especialmente la poesía, era popular en el mundo musulmán. Gran parte de la poesía tenía influencias del sufismo. Los poetas sufíes solían escribir sobre su lealtad a Dios. Uno de los más famosos fue **Omar Kayam**.

A los musulmanes también les gustaba leer cuentos. Una colección de cuentos famosa es *Las mil y una noches*. Incluye cuentos sobre personajes legendarios como Simbad, Aladino y Alí Babá.

La arquitectura fue una de las formas más importantes del arte musulmán. Los gobernantes ricos se convertían en grandes **mecenas,** o patrocinadores, de la arquitectura. Con sus riquezas, hacían construir mezquitas muy ornamentadas para honrar a Dios e inspirar a los fieles religiosos. La parte principal de las mezquitas es una sala enorme, donde las personas rezan. Muchas también tienen una gran cúpula y un **minarete,** o una torre estrecha desde la que se llama a la oración a los musulmanes.

Los arquitectos musulmanes también construyeron palacios, mercados y bibliotecas. Muchas de estas construcciones tenían cúpulas y arcos muy elaborados, ladrillos de colores y baldosas decoradas.

Pero puedes notar que en la mayor parte del arte musulmán no aparecen animales ni personas. Los musulmanes creen que sólo Dios puede crear seres humanos y animales o sus imágenes. Por lo tanto, el arte musulmán está en cambio lleno de diseños complejos. Los artistas musulmanes también se dedicaron a la **caligrafía,** o escritura decorativa. Convertían fragmentos del Corán en obras de arte que usaban para decorar mezquitas y otros edificios.

En el arte y la literatura de los musulmanes se combinaron las influencias islámicas con las tradiciones regionales de los distintos lugares conquistados por los musulmanes. Gracias a esta combinación del Islam con las culturas de Asia, África y Europa, la literatura y el arte tienen un estilo y una personalidad únicos.

COMPRENSIÓN DE LA LECTURA **Generalizar**
¿Qué dos elementos arquitectónicos tienen la mayoría de las mezquitas?

RESUMEN Y PRESENTACIÓN La cultura islámica hizo grandes logros en las ciencias, la filosofía, la literatura, la arquitectura y el arte. En el siguiente capítulo, aprenderás acerca de una región que recibió mucha influencia de las ideas musulmanas: África Occidental.

Sección 4 Evaluación

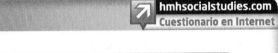
hmhsocialstudies.com
Cuestionario en Internet

Repasar ideas, palabras y personas

1. a. Identificar ¿Quién viajó a la India, África, China y España y contribuyó al estudio de la geografía?
b. Explicar ¿Cómo preservaron los estudiosos musulmanes el saber del mundo antiguo?
c. Ordenar ¿Cuál crees que fue el logro científico musulmán más importante? ¿Por qué?
2. a. Describir ¿Qué función tienen los **minaretes**?
b. Explicar ¿Qué hacían los artistas musulmanes para crear obras de arte sin representar personas ni animales?

Pensamiento crítico

3. Analizar Completa con tus notas una tabla como la de la derecha. Escribe un logro o adelanto importante de los musulmanes para cada categoría de la primera columna.

Categoría	Logro o adelanto
Astronomía	
Geografía	
Matemáticas	
Medicina	
Filosofía	

ENFOQUE EN LA REDACCIÓN

4. Describir los logros de los musulmanes Repasa las respuestas que escribiste en el organizador gráfico de arriba y la información bajo "La literatura y el arte" en esta página. Luego, organiza lo que has aprendido en un párrafo que describa los logros culturales del mundo musulmán.

Destrezas de estudios sociales

Análisis | Pensamiento crítico | Economía | Estudio

Comprender el contexto histórico

Comprender la destreza

El *contexto* es el conjunto de circunstancias en las que algo sucede. El *contexto histórico* comprende los valores, las creencias, las condiciones y las prácticas del pasado. En algunas épocas, algunos de estos aspectos eran bastante distintos de como son ahora. Para comprender bien una afirmación o un suceso histórico, debes tener en cuenta su contexto. No está bien juzgar lo que dijeron o hicieron los personajes históricos considerando sólo los valores de hoy en día. Para ser justo, también debes considerar el contexto histórico de esa afirmación o ese suceso.

Aprender la destreza

Para comprender mejor lo que dijo o escribió un personaje histórico, determina el contexto de la afirmación usando las siguientes pautas.

❶ Identifica a la persona que habla o escribe, la fecha, y el tema y la idea principal de la afirmación.

❷ Determina la actitud y el punto de vista de la persona que habla o escribe acerca del tema.

❸ Repasa lo que sabes sobre las creencias, las condiciones de vida y las prácticas comunes de la época con relación al tema. Si es necesario, investiga más sobre la época.

❹ Decide cómo esa afirmación refleja los valores, las actitudes y las prácticas de las personas que vivían en esa época. Luego, determina cómo refleja los valores, las actitudes y las prácticas de hoy en día.

Si sigues estas pautas, comprenderás mejor un enfrentamiento que hubo entre los ejércitos musulmán y europeo en 1191. El siguiente relato del enfrentamiento fue escrito por Baha ad-Din, consejero del líder musulmán Saladino. Baha ad-Din presenció la batalla.

"[El rey de] los francos [así llamaban los musulmanes a todos los europeos]... ordenó que se presentaran ante él... todos los prisioneros musulmanes. Eran más de tres mil y todos estaban atados con sogas. Entonces, los francos se abalanzaron sobre todos ellos al mismo tiempo y los masacraron con sus espadas y sus lanzas a sangre fría".

—Baha ad-Din, de "La Cruzada de Ricardo I" (*The Crusade of Richard I*, en inglés), de John Gillingham

Según los criterios modernos, este suceso parece monstruoso. Pero en aquella época, las masacres como esta eran muy comunes. Además, la descripción corresponde al punto de vista de uno de los bandos. Este contexto debe tenerse en cuenta al emitir un juicio sobre el suceso.

Practicar y aplicar la destreza

Baha ad-Din también describió la batalla misma. Lee el siguiente fragmento. Luego, responde a las preguntas.

"El centro de las filas musulmanas fue abatido; los tambores y las banderas cayeron al suelo... Aunque hubo casi 7,000... muertos ese día, Dios les dio a los musulmanes la victoria sobre sus enemigos. Él [Saladino] se mantuvo firme hasta que... los musulmanes ya no podían más, y sólo entonces aceptó la tregua que le pidió el enemigo".

—Baha ad-Din, de "Los historiadores árabes de las Cruzadas" (*Arab Historians of the Crusades*, en inglés), versión de E. J. Costello

1. ¿Qué pasó con el ejército de Saladino? ¿Por qué piensas que el escritor dice que la batalla fue una victoria de los musulmanes?

2. Para la historia, esta batalla fue una victoria de los europeos. Además, este relato forma parte de un texto más largo que se escribió en alabanza a Saladino. Estos datos adicionales sobre el contexto, ¿afectan tu interpretación y tu respuesta a la primera pregunta? Explica cómo, o por qué no.

Repaso del capítulo

Resumen visual

Usa el siguiente resumen visual para repasar las ideas principales del capítulo.

DATOS BREVES

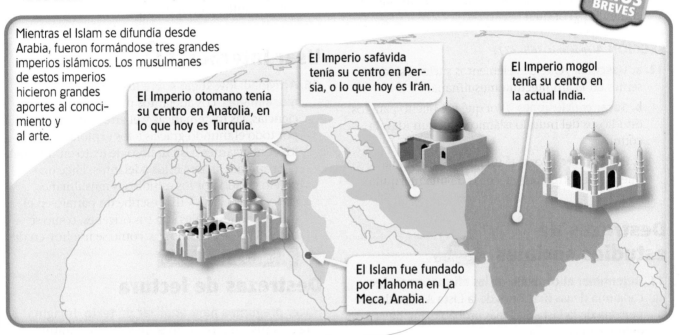

Mientras el Islam se difundía desde Arabia, fueron formándose tres grandes imperios islámicos. Los musulmanes de estos imperios hicieron grandes aportes al conocimiento y al arte.

El Imperio otomano tenía su centro en Anatolia, en lo que hoy es Turquía.

El Imperio safávida tenía su centro en Persia, o lo que hoy es Irán.

El Imperio mogol tenía su centro en la actual India.

El Islam fue fundado por Mahoma en La Meca, Arabia.

Repasar vocabulario, palabras y personas

Para cada una de las siguientes oraciones, escribe V si es verdadera y F si es falsa. Si la oración es falsa, escribe la palabra correcta para que la oración sea verdadera.

1. Los musulmanes se reúnen a orar en una **yihad**.

2. Los comerciantes solían viajar en **caravanas** para llevar sus productos a los mercados.

3. Un **Islam** es una persona que se somete a Dios y sigue las enseñanzas de Mahoma.

4. Según las creencias islámicas, los mensajes que Dios le dio a Mahoma durante su vida constituyen la **Sunna**.

5. Un **califa** es un viaje a un lugar sagrado.

6. Un **minarete** es una torre desde la que se llama a los musulmanes a rezar.

7. Los **jenízaros** se convertían al Islam y se transformaban en guerreros despiadados del ejército otomano.

8. Los **sunitas** creían que sólo un descendiente de Mahoma podía ser el máximo líder del Islam.

Comprensión y pensamiento crítico

SECCIÓN 1 *(páginas 354–357)*

9. **a. Recordar** ¿Qué dos modos de vida se desarrollaron en el clima desértico de Arabia?

b. Analizar ¿Por qué fue difícil para Mahoma lograr que los habitantes de La Meca aceptaran sus enseñanzas?

c. Evaluar ¿Cuáles son algunas de las ventajas posibles de una vida nómada? ¿Y de una vida sedentaria?

SECCIÓN 2 *(páginas 358–361)*

10. **a. Definir** ¿Qué es el hajj?

b. Contrastar Tanto el Corán como la Sunna guían la conducta de los musulmanes. Además de ocuparse de temas diferentes, ¿en qué se diferencian los dos libros?

c. Hacer predicciones De los cinco pilares del Islam, ¿cuál crees que es el más difícil de cumplir? ¿Por qué?

SECCIÓN 3 *(páginas 362–367)*

11. a. Identificar ¿Quién fue Abu Bakr y por qué es importante para la historia del Islam?

b. Analizar ¿Por qué los safávidas entraron en conflicto con los otomanos?

c. Evaluar En tu opinión, ¿qué fue más importante para la difusión del Islam: las conquistas o el comercio? ¿Por qué?

SECCIÓN 4 *(páginas 368–371)*

12. a. Describir ¿Qué dos elementos suelen estar presentes en la arquitectura musulmana?

b. Sacar conclusiones ¿Por qué fue bueno para los estudiosos del mundo islámico tener un idioma común?

c. Profundizar ¿Por qué un gobernante podía querer convertirse en mecenas de una mezquita?

Destrezas de estudios sociales

13. Determinar el contexto de las afirmaciones Lee cada una de las oraciones de la Lista A. Decide qué persona de la Lista B es más probable que haya escrito cada oración.

Lista A

1. "He conquistado Constantinopla".
2. "Quiero construir un nuevo palacio, el más hermoso que se haya construido en la India".
3. "Quiero conquistar más tierras musulmanas y convertir a sus habitantes al chiismo".
4. "Espero que mi enciclopedia médica ayude a otros a aplicar lo que aprendí sobre el tratamiento de las enfermedades".
5. "He decidido aceptar la invitación de mudarme al norte, a Medina".
6. "Es un gran honor para mí que me elijan primer califa".

Lista B

a. Mahoma
b. Mahomet II
c. Avicena
d. Ismael
e. Abu Bakr
f. un emperador mogol

Repasar los temas

14. Geografía ¿Cómo influyó la geografía del desierto árabe en la vida de los nómadas?

15. Religión Decide si estás de acuerdo o en desacuerdo con esta afirmación: "Los líderes musulmanes eran tolerantes con los pueblos que conquistaban". Justifica tu respuesta.

Usar Internet

16. Actividad: Investigar sobre los logros musulmanes Los adelantos musulmanes en las ciencias, las matemáticas y el arte se difundieron por todo el mundo gracias a los exploradores y los comerciantes. Usa tu libro de texto en Internet para aprender sobre estos adelantos. Elige un objeto creado por los estudiosos musulmanes en los siglos VII u VIII y escribe un párrafo en el que expliques cuáles son sus orígenes, cómo se difundió a otras culturas y cómo se usa hoy en día.

hmhsocialstudies.com

Destrezas de lectura

Hacer preguntas para analizar un texto Imagina que eres historiador, acabas de leer este capítulo y quieres aprender más sobre el mundo islámico. Para cada uno de los siguientes temas, escribe una pregunta a la que podrías intentar responder en tu investigación. Por ejemplo, para el tema de la ley islámica, podrías preguntar: "¿Qué países musulmanes tienen hoy en día un sistema legal que se rige por la Sharia?"

17. el crecimiento del Imperio otomano
18. los logros de los musulmanes en matemáticas
19. la cultura y el saber en Bagdad

ENFOQUE EN LA REDACCIÓN

20. Crear un sitio web Vuelve a leer tus notas sobre este capítulo. Luego, diseña una página principal y cuatro enlaces con los títulos "¿Quién fue Mahoma?", "¿Qué es el Islam?", "Los imperios islámicos" y "Logros culturales islámicos". Escribe cuatro o cinco oraciones para cada enlace de tu sitio web. Puedes diseñar las páginas en línea o en una hoja grande de papel.

Recuerda que tus lectores son niños, por eso tendrás que usar un lenguaje simple. Para mantener el interés de tus lectores en el tema, usa palabras vívidas y colores brillantes.

INSTRUCCIONES: Lee las preguntas y escribe la letra de la respuesta correcta.

> "El oficio de imán fue establecido para reemplazar al Profeta en la defensa de la fe y del gobierno del mundo. . . Un grupo dice que deriva de la razón, porque la naturaleza de los hombres razonables es someterse a un líder que los protegerá de lastimarse mutuamente y resolverá las discusiones y las disputas. . . Otro grupo dice que la obligación deriva de la ley sagrada y no de la razón, porque el Imán se ocupa de cuestiones de la ley sagrada. . ."
>
> —Abu al-Hasan al-Mawardi (972–1058)

1 De la lectura del fragmento puede llegarse a la conclusión de que los imanes en los comienzos del Islam

A eran líderes religiosos.

B eran líderes del gobierno.

C eran tanto líderes religiosos como del gobierno.

D no eran líderes ni religiosos ni del gobierno.

2 ¿Cuál de las siguientes responsabilidades de los musulmanes no es uno de los cinco pilares del Islam?

A la yihad

B la oración frecuente

C el hajj

D la ayuda a los pobres

3 Las enseñanzas de Mahoma se encuentran principalmente en el Corán y en

A los Comentarios.

B la Sunna.

C las Analectas.

D la Torá.

4 ¿Qué región del mundo recibió la menor influencia de las conquistas y el comercio de los musulmanes entre los siglos VII y XVII d.C.?

A el norte de África

B América del Sur

C el suroeste asiático

D el sureste asiático

5 Se atribuye a los estudiosos musulmanes el desarrollo de

A la geometría.

B el álgebra.

C el cálculo.

D la física.

Conexión con lo aprendido anteriormente

6 Los musulmanes creen que Mahoma reveló al mundo las enseñanzas de Alá. ¿Cuál de los siguientes líderes sobre los que aprendiste anteriormente no reveló enseñanzas religiosas a su pueblo?

A Moisés

B Hammurabi

C Buda

D Jesús

7 Has aprendido que los arquitectos musulmanes se hicieron famosos por las cúpulas. ¿Qué cultura que estudiaste anteriormente también construyó muchas cúpulas?

A la china

B la egipcia

C la griega

D la romana

Primeras civilizaciones de África

> **Pregunta esencial** ¿Qué factores contribuyeron a la formación de las primeras civilizaciones de África?

Lo que aprenderás...

En este capítulo, aprenderás sobre los grandes imperios de África Occidental, que se enriquecieron con el comercio.

ENFOQUE EN LA REDACCIÓN

Una entrada de un diario Muchas personas sienten que si llevan el registro de su vida en un diario pueden comprender mejor sus propias experiencias. Escribir una entrada de un diario desde el punto de vista de otra persona puede ayudarte a comprender cómo es la vida de esa persona. En este capítulo, leerás sobre el territorio, los habitantes y la cultura de África en sus comienzos. Luego, imaginarás un personaje y escribirás una entrada de un diario desde su punto de vista.

SUCESOS EN EL CAPÍTULO

circa 500 a.C. Los habitantes de África Occidental empiezan a usar el hierro y a realizar esculturas en arcilla.

500 a.C.

SUCESOS EN EL MUNDO

circa 480 a.C. Grecia derrota a Persia en las Guerras Persas.

Esta foto muestra mujeres frente a una mezquita en la ciudad de Djenneé, en lo que hoy es Malí.

***circa* 200 d.C.**
Se empiezan a usar camellos en el norte de África, lo que facilita el comercio a través del Sahara.

1060–1069
El imperio de Ghana alcanza su máximo esplendor.

1324
Mansa Musa parte en hajj a La Meca desde Malí.

1580-1589
Invasores marroquíes emprenden la conquista de Songay.

500 d.c.

1300

1600

1281
Los mongoles intentan conquistar Japón, pero fracasan.

1337
Empieza en Francia la Guerra de los Cien Años.

1521
Los exploradores españoles conquistan el Imperio azteca.

PRIMERAS CIVILIZACIONES DE ÁFRICA   **377**

Lectura en estudios sociales

Economía Geografía Política Religión Sociedad y cultura Ciencia y tecnología

Enfoque en los temas En este capítulo, leerás sobre África Occidental, su **geografía** física y sus primeras culturas. Verás que África Occidental es una región con muchos recursos y características diversas. Uno de los accidentes geográficos, el río Níger, ha sido especialmente importante para la historia de la región debido a que proporcionaba agua, alimentos y un medio de transporte a las personas. Además, en la región hay yacimientos de sal y de hierro. Estos recursos fueron la base de una **tecnología** que permitió la creación de herramientas y armas resistentes.

Organización de datos e información

Enfoque en la lectura ¿Cómo se ordenan los libros en la biblioteca? ¿Cómo se ordenan los comestibles en una tienda? Una organización clara nos ayuda a encontrar el producto que necesitamos, además de ayudarnos a encontrar datos e información.

Comprender los patrones estructurales Los escritores usan patrones estructurales para organizar la información en oraciones o en párrafos. ¿Qué es un patrón estructural? Es simplemente una manera de organizar la información. Si aprendes a reconocer estos patrones, te resultará más fácil leer y comprender los textos de estudios sociales.

Patrones de organización		
Patrón	**Pistas**	**Organizador gráfico**
Causa y efecto: muestra cómo una cosa produce otra.	como resultado, en consecuencia, porque, por lo tanto, esto llevó a	Causa → Efecto, Efecto, Efecto
Orden cronológico: muestra la secuencia de sucesos o acciones.	después, antes, primero, luego, entonces, al poco tiempo, finalmente	Primero → Luego → Luego → Finalmente
Enumeración: presenta la información en categorías tales como tamaño, ubicación o importancia.	también, lo más importante, por ejemplo, en realidad, de hecho	Categoría • Dato • Dato • Dato • Dato

Para mejorar tu comprensión usando la estructura del texto, sigue los siguientes pasos:

1. Busca la idea principal del fragmento que estás leyendo.

2. Luego, busca pistas que indiquen un patrón determinado.

3. Busca otras ideas importantes y piensa cómo se relacionan las ideas. ¿Hay algún patrón lógico?

4. Usa un organizador gráfico para hacer un mapa de las relaciones entre los datos y los detalles.

¡Inténtalo!

Los siguientes fragmentos pertenecen al capítulo que vas a leer. A medida que lees cada grupo de oraciones, pregúntate qué patrón estructural usó el escritor para organizar la información.

Reconocer patrones estructurales

A. "A medida que mejoraba la producción de los pueblos de África Occidental, las aldeas tenían más de lo necesario para vivir. Los habitantes de África Occidental empezaron a comerciar los productos de la región con compradores que vivían a miles de millas de distancia". (pág. 383)

B. "Cuando Sundiata era un muchacho, un cruel gobernante conquistó Malí. Pero cuando se hizo mayor, Sundiata reunió un ejército y logró la independencia de su país. Luego, conquistó reinos vecinos, como Ghana, en la década de 1230… Después de conquistar Ghana, Sundiata se quedó con el comercio de la sal y el oro. También se ocupó de mejorar la agricultura en Malí". (pág. 390)

C. "El área que rodea al río Níger está formada por cuatro regiones… La banda norte es la parte sur del Sahara… La banda siguiente es el Sahel, una franja de tierra donde las precipitaciones son escasas y que separa el desierto de otras zonas más húmedas… Más al sur está la sabana, o pradera abierta… La cuarta banda, cercana al ecuador, recibe muchas lluvias". (pág. 382)

Después de leer los fragmentos, responde a las siguientes preguntas:

1. ¿Qué patrón estructural usó el autor para organizar la información en el fragmento A? ¿Cómo lo sabes?

2. ¿Qué patrón estructural usó el autor para organizar la información en el fragmento B? ¿Cómo lo sabes?

3. ¿Qué patrón estructural usó el autor para organizar la información en el fragmento C? ¿Cómo lo sabes?

Vocabulario académico

El progreso escolar está relacionado con el conocimiento del vocabulario académico, es decir, de las palabras que se usan con frecuencia en las tareas y discusiones en clase. En este capítulo, aprenderás las siguientes palabras de vocabulario académico:

proceso *(pág. 397)*

A medida que lees el Capítulo 13, piensa en la organización de las ideas. Busca los conectores y pregúntate por qué el autor ha organizado el texto de esa manera.

La geografía y los comienzos de África

Si ESTUVIERAS allí…

Vives en una aldea cerca de la gran curva del río Níger, en África, aproximadamente en el año 800 d.C. El río está lleno de vida: hay pájaros, peces y cocodrilos. Usas el agua para regar los cultivos y para criar ganado. Los comerciantes usan el río para transportar madera, oro y otros productos de la selva.

¿Por qué éste es un buen lugar para vivir?

CONOCER EL CONTEXTO El continente de África es tan grande que incluye muchas variedades de suelos, desde desiertos áridos hasta espesas selvas tropicales. Cada región tiene un clima diferente y provee de recursos diferentes a los habitantes que viven allí. En África Occidental, los ríos proporcionan agua para producir cultivos en las zonas más secas. La tierra también es una rica fuente de minerales, en especial oro y hierro. Estos dos recursos naturales tuvieron un papel muy importante en el desarrollo de las culturas de África Occidental.

Los accidentes geográficos, el clima y los recursos naturales

África es el segundo continente más grande del mundo. Un inmenso desierto, el Sahara, se extiende sobre la mayor parte de África del Norte. En el borde noroeste del Sahara está la cordillera del Atlas. En el otro extremo del continente, la cordillera de Drakensberg forma el borde sureste. En el este de África, las montañas se extienden a lo largo de grandes fisuras. Estas **fisuras** son valles largos y profundos formados por los movimientos de la corteza terrestre. Desde todas estas montañas, el terreno desciende bruscamente hasta formar mesetas y extensas llanuras bajas. Las llanuras del **África subsahariana**, la parte de África que queda al sur del desierto del Sahara, están atravesadas por grandes ríos. Entre estos ríos están el Congo, el Zambezi y el Níger.

Las regiones de África Occidental

Al ser una fuente de agua y alimentos y un medio de transporte, el río Níger permitió que muchos pueblos se establecieran en África Occidental. En la sección intermedia del Níger hay una región baja de lagos y pantanos. Esta región brinda alimento y refugio a una gran cantidad de animales. También abundan los peces.

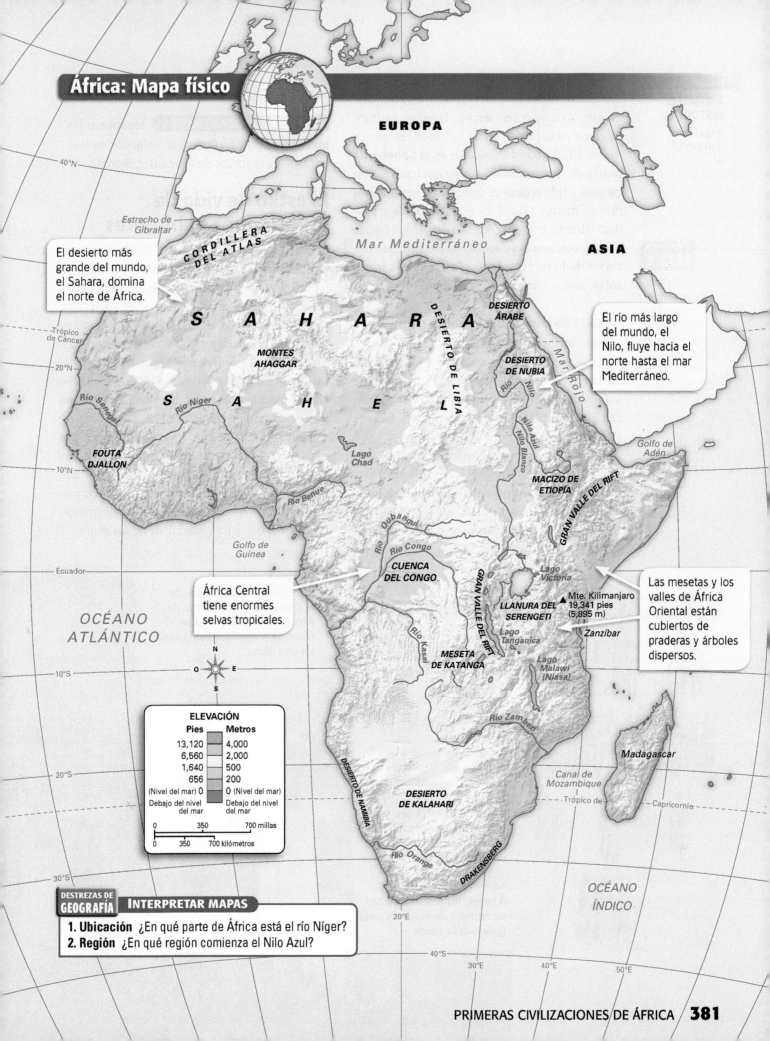

África: Mapa físico

EUROPA

Mar Mediterráneo

ASIA

Estrecho de Gibraltar

CORDILLERA DEL ATLAS

El desierto más grande del mundo, el Sahara, domina el norte de África.

S A H A R A

DESIERTO DE LIBIA

DESIERTO ÁRABE

DESIERTO DE NUBIA

El río más largo del mundo, el Nilo, fluye hacia el norte hasta el mar Mediterráneo.

Trópico de Cáncer

MONTES AHAGGAR

Río Senegal

Río Níger

S A H E L

Río Nilo

Mar Rojo

Nilo Azul

Nilo Blanco

Golfo de Adén

FOUTA DJALLON

Lago Chad

MACIZO DE ETIOPÍA

GRAN VALLE DEL RIFT

Río Benue

Oubangui

Río Congo

CUENCA DEL CONGO

Las mesetas y los valles de África Oriental están cubiertos de praderas y árboles dispersos.

Ecuador

Golfo de Guinea

África Central tiene enormes selvas tropicales.

Lago Victoria

Río Kasai

GRAN VALLE DEL RIFT

LLANURA DEL SERENGETI

▲ Mte. Kilimanjaro 19,341 pies (5,895 m)

Zanzíbar

OCÉANO ATLÁNTICO

MESETA DE KATANGA

Lago Tanganica

Lago Malawi (Niasa)

N
O · E
S

Madagascar

ELEVACIÓN

Pies	Metros
13,120	4,000
6,560	2,000
1,640	500
656	200
(Nivel del mar) 0	0 (Nivel del mar)
Debajo del nivel del mar	Debajo del nivel del mar

DESIERTO DE NAMIBIA

Río Zambeze

Canal de Mozambique

Trópico de

Capricornio

0   350   700 millas
0   350   700 kilómetros

DESIERTO DE KALAHARI

DRAKENSBERG

Río Orange

OCÉANO ÍNDICO

30°S

20°E

DESTREZAS DE GEOGRAFÍA **INTERPRETAR MAPAS**

1. Ubicación ¿En qué parte de África está el río Níger?

2. Región ¿En qué región comienza el Nilo Azul?

30°E   40°E   50°E

40°S

El área que rodea al río Níger está formada por cuatro regiones. Esas regiones se extienden de este a oeste como anchas bandas. La banda norte es la parte sur del Sahara. Casi nunca llueve allí. La banda siguiente es el **Sahel**, una franja de tierra donde las precipitaciones son escasas y que separa el desierto de otras zonas más húmedas. Más al sur está la **sabana**, o pradera abierta con árboles dispersos. La cuarta banda, cercana al ecuador, recibe muchas lluvias. Esta banda está formada por **selvas tropicales**, zonas húmedas con muchos árboles.

SU IMPORTANCIA HOY

Debido a actividades como la tala de árboles y la agricultura, las selvas tropicales de África están desapareciendo.

Recursos de África Occidental

El terreno de África Occidental es uno de los muchos recursos de la región. Por su variedad de climas, es posible producir muchos cultivos. Algunos cultivos tradicionales de África Occidental eran los dátiles, las nueces de cola y los cereales.

Otros recursos eran los minerales. El oro, que provenía de las selvas, era muy preciado. También era muy preciada la sal, que provenía del Sahara. La sal evitaba que los alimentos se echaran a perder y las personas necesitaban agregar sal a su dieta para sobrevivir al caluroso clima africano.

COMPRENSIÓN DE LA LECTURA **Identificar las ideas principales** ¿Cuáles son algunos de los principales recursos de África Occidental?

El estilo de vida de los primeros habitantes

Una familia típica de África Occidental era la **familia extensa**, que generalmente incluía a los padres, los hijos y los parientes cercanos en el mismo hogar. En esta sociedad, se esperaba lealtad a la familia. En algunas zonas, las personas también formaban parte de grupos por edades. En estos grupos, los hombres nacidos dentro del mismo período de dos o tres años desarrollaban lazos especiales. A veces, las mujeres también formaban grupos por edades.

La lealtad a la familia y a los grupos por edades permitía que los habitantes de una aldea trabajaran juntos. Los hombres cazaban, trabajaban la tierra y criaban ganado. Las mujeres cosechaban, recogían leña, molían granos, transportaban agua y cuidaban de los niños.

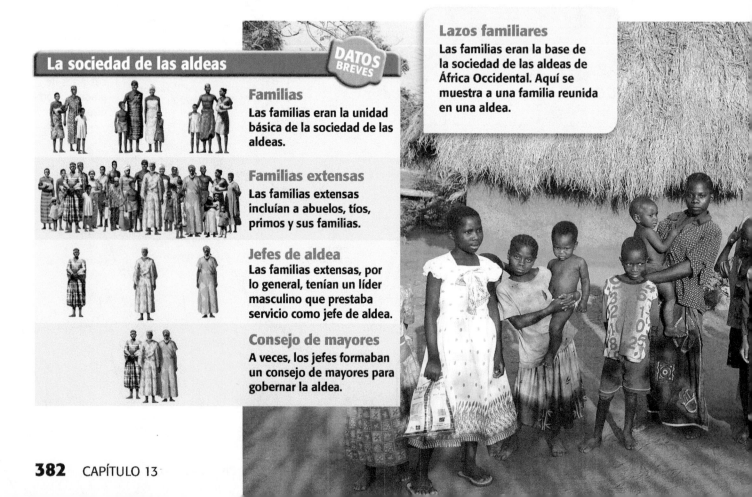

La sociedad de las aldeas

DATOS BREVES

Familias
Las familias eran la unidad básica de la sociedad de las aldeas.

Familias extensas
Las familias extensas incluían a abuelos, tíos, primos y sus familias.

Jefes de aldea
Las familias extensas, por lo general, tenían un líder masculino que prestaba servicio como jefe de aldea.

Consejo de mayores
A veces, los jefes formaban un consejo de mayores para gobernar la aldea.

Lazos familiares
Las familias eran la base de la sociedad de las aldeas de África Occidental. Aquí se muestra a una familia reunida en una aldea.

La religión era otra característica funda-mental de la vida de la aldea. Muchos africa-nos occidentales creían que los espíritus de sus antepasados se quedaban cerca. Para honrar-los, las familias establecían lugares sagrados en donde erigían estatuas talladas especialmente. También les ofrecían comida a sus ancestros. Otra creencia común en África Occidental era el **animismo**, o la creencia de que las masas de agua, los animales, los árboles y otros objetos de la naturaleza tienen espíritu.

Con el paso del tiempo, los pueblos de Áfri-ca Occidental desarrollaron culturas avanzadas. Los cambios tecnológicos contribuyeron al desarrollo de las primeras comunidades. Alre-dedor del año 500 a.C., los habitantes de África Occidental descubrieron que si calentaban cier-tos tipos de roca obtenían un metal duro. Era el hierro. Como era más sólido que otros metales, el hierro era bueno para fabricar herramientas y armas. Las herramientas de hierro permitían a los agricultores preparar el suelo con mayor rapidez y cultivar alimentos con mayor facili-dad que con las herramientas anteriores.

A medida que mejoraba la producción de los pueblos de África Occidental, las aldeas tenían más de lo necesario para vivir. Los habitantes de África Occidental empezaron a comerciar los productos de la región con compradores que vivían a miles de millas de distancia.

Las minas de oro y de sal de África Occi-dental se convirtieron en una gran fuente de riqueza. Los comerciantes atravesaban el Sahara en camellos. Llevaban oro, sal, tejidos, esclavos y otros productos al norte de África y al mundo islámico.

COMPRENSIÓN DE LA LECTURA **Analizar** ¿De qué manera la religión de África Occidental reflejaba la importancia de la familia?

RESUMEN Y PRESENTACIÓN La geografía física influyó en la cultura y el comercio de África Occidental. Cuando los habitantes de África Occidental desarrollaron la tecnolo-gía del hierro, sus comunidades crecieron. El comercio, en especial el del oro y la sal, se expandió. A continuación, leerás sobre un imperio de África Occidental que se basó en este comercio: Ghana.

Sección 1 Evaluación

hmhsocialstudies.com
Cuestionario en Internet

Repasar ideas, palabras y personas

1. **a. Recordar** ¿Dónde se encuentran las **fisuras** en África?
   b. Explicar ¿Qué relación existía entre dos de los valio-sos recursos minerales de África Occidental y la geografía física del lugar?
2. **a. Identificar** ¿A qué dos grupos podía deber lealtad un habitante de las primeras civilizaciones de África Occidental?
   b. Analizar ¿Qué cambios produjo el uso del hierro en la agricultura?

Pensamiento crítico

3. **Sacar conclusiones** Haz un diagrama como el de la derecha. Basándote en tus notas, escribe una oración en el círculo central del diagrama para expli-car cómo influyó la geografía de África en la vida de los habitantes del lugar.

Geografía | Estilos de vida

ENFOQUE EN LA REDACCIÓN

4. **Repasar notas sobre los primeros tiempos de África Occidental** Repasa tus notas sobre la geografía y los primeros pueblos de África Occidental. Piensa en lo que veía tu personaje cada día. ¿Qué desafíos presentaba el medioambiente? ¿Qué papel tenían la familia, la religión y la tecnología en el estilo de vida de tu personaje?

Atravesar el Sahara

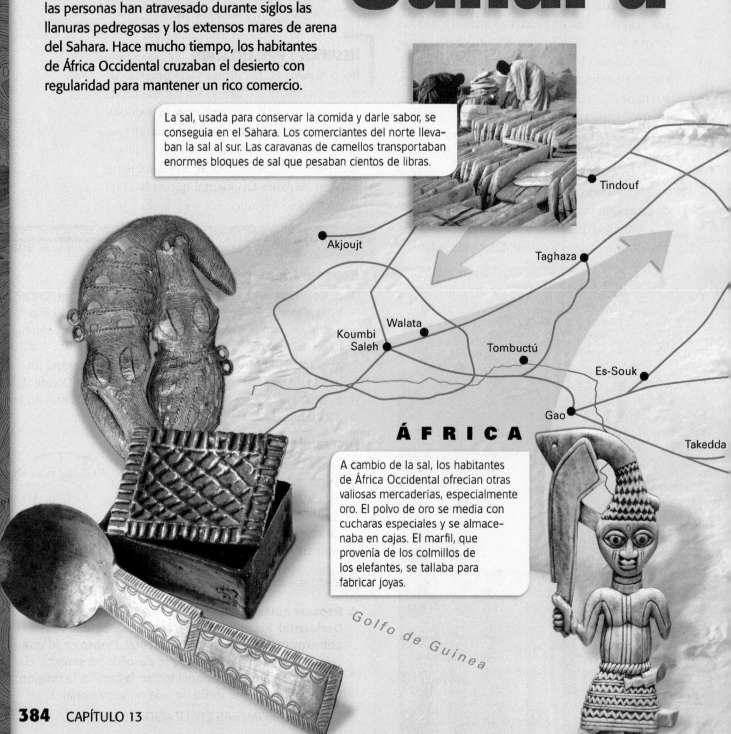

Atravesar el Sahara nunca ha sido fácil. El Sahara, que tiene una superficie mayor que todo el continente de Australia, es uno de los lugares más calurosos, secos y áridos de la Tierra. Sin embargo, las personas han atravesado durante siglos las llanuras pedregosas y los extensos mares de arena del Sahara. Hace mucho tiempo, los habitantes de África Occidental cruzaban el desierto con regularidad para mantener un rico comercio.

La sal, usada para conservar la comida y darle sabor, se conseguía en el Sahara. Los comerciantes del norte llevaban la sal al sur. Las caravanas de camellos transportaban enormes bloques de sal que pesaban cientos de libras.

Tindouf

Akjoujt

Taghaza

Walata

Koumbi Saleh

Tombuctú

Es-Souk

Gao

Takedda

ÁFRICA

A cambio de la sal, los habitantes de África Occidental ofrecían otras valiosas mercaderías, especialmente oro. El polvo de oro se medía con cucharas especiales y se almacenaba en cajas. El marfil, que provenía de los colmillos de los elefantes, se tallaba para fabricar joyas.

Golfo de Guinea

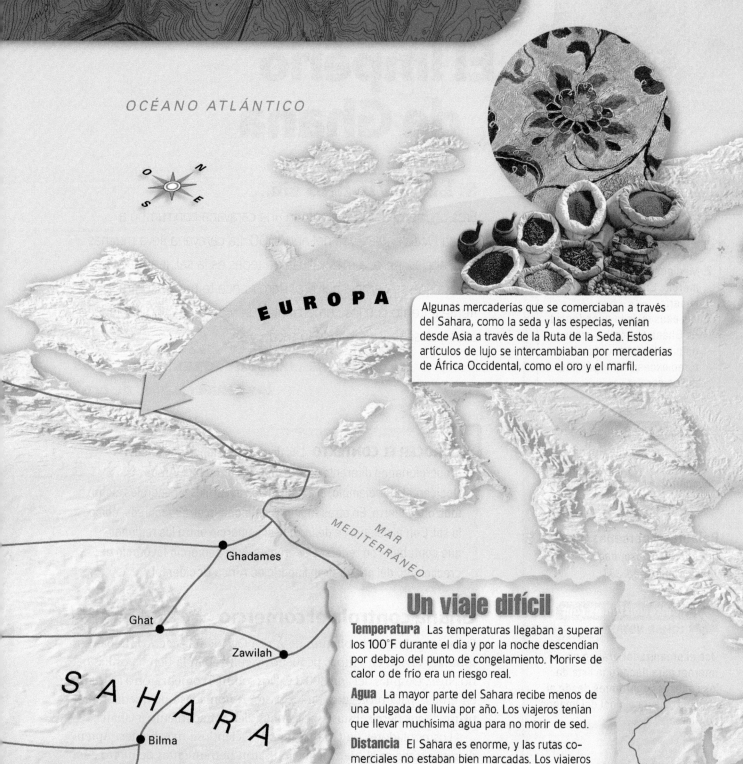

OCÉANO ATLÁNTICO

EUROPA

MAR MEDITERRÁNEO

Ghadames

Ghat

Zawilah

S A H A R A

Bilma

Daima

Ruta comercial
● Asentamiento
En este mapa la escala varía.

MAR ROJO

Algunas mercaderías que se comerciaban a través del Sahara, como la seda y las especias, venían desde Asia a través de la Ruta de la Seda. Estos artículos de lujo se intercambiaban por mercaderías de África Occidental, como el oro y el marfil.

Un viaje difícil

Temperatura Las temperaturas llegaban a superar los 100°F durante el día y por la noche descendían por debajo del punto de congelamiento. Morirse de calor o de frío era un riesgo real.

Agua La mayor parte del Sahara recibe menos de una pulgada de lluvia por año. Los viajeros tenían que llevar muchísima agua para no morir de sed.

Distancia El Sahara es enorme, y las rutas comerciales no estaban bien marcadas. Los viajeros podían perderse fácilmente.

Bandidos Las valiosas mercaderías eran un objetivo tentador para los bandidos. Los mercaderes viajaban en caravanas para protegerse.

DESTREZAS DE GEOGRAFÍA | INTERPRETAR MAPAS

1. **Movimiento** ¿Cuáles eran algunas de las mercaderías que se comerciaban a través del Sahara?
2. **Interacción entre los seres humanos y el medioambiente** ¿Por qué la sal era una mercadería valiosa?

El Imperio de Ghana

Lo que aprenderás...

Ideas principales

1. Ghana controlaba el comercio y se volvió próspera.
2. Mediante el control del comercio, Ghana construyó un imperio.
3. Las causas de la decadencia de Ghana fueron los ataques de pueblos invasores, el pastoreo excesivo y la pérdida del comercio.

La idea clave

Los gobernantes de Ghana construyeron un imperio gracias al control del comercio de la sal y el oro.

Palabras y personas clave

trueque silencioso, *pág. 386*
Tunka Manin, *pág. 388*

hmhsocialstudies.com
TOMAR NOTAS

Usa el organizador gráfico en Internet para hacer una lista de los sucesos importantes desde el comienzo hasta el final del Imperio de Ghana.

Si ESTUVIERAS allí...

Eres un mercader que viene en una caravana con rumbo a África Occidental cerca del año 1000. La caravana lleva muchas mercancías, pero la más valiosa de todas es la sal. ¡La sal es tan valiosa que se cambia por oro! Pero nunca te has encontrado frente a frente con los comerciantes de oro. Te gustaría hablar con ellos y descubrir de dónde lo sacan.

¿Por qué piensas que son tan misteriosos los comerciantes de oro?

CONOCER EL CONTEXTO Las diversas regiones de África proporcionaban diferentes recursos a las personas. África Occidental, por ejemplo, era rica en tierras fértiles y minerales, sobre todo oro y hierro. En otras regiones abundaban otros recursos, como la sal. Con el tiempo, se desarrolló el comercio entre las regiones que contaban con recursos diferentes. Este comercio favoreció el crecimiento del primer gran imperio de África Occidental.

Ghana controla el comercio

Entre los primeros habitantes de África Occidental se encontraban los soninké. Vivían en grupos pequeños y cultivaban la tierra a orillas del río Níger. Después del año 300 d.C., los soninké comenzaron a asociarse en grupos para protegerse de los pastores nómadas que querían apropiarse de sus tierras. Estas asociaciones dieron nacimiento a Ghana.

Los pobladores de Ghana fueron haciéndose más fuertes. Aprendieron a trabajar el hierro y luego usaron herramientas de hierro para labrar la tierra. También criaban ganado para obtener carne y leche. Como estos pastores y agricultores producían alimentos en abundancia, la población de Ghana aumentó y surgieron pueblos y aldeas.

Ghana se encontraba entre el extenso desierto del Sahara al norte y los bosques espesos que se extendían hacia el sur. Esta ubicación le permitía comerciar con los dos recursos más importantes de la región: el oro y la sal. El intercambio de oro y sal a veces se hacía mediante un proceso específico llamado trueque silencioso. El **trueque silencioso** es un proceso mediante el que las personas intercambian bienes sin entrar en

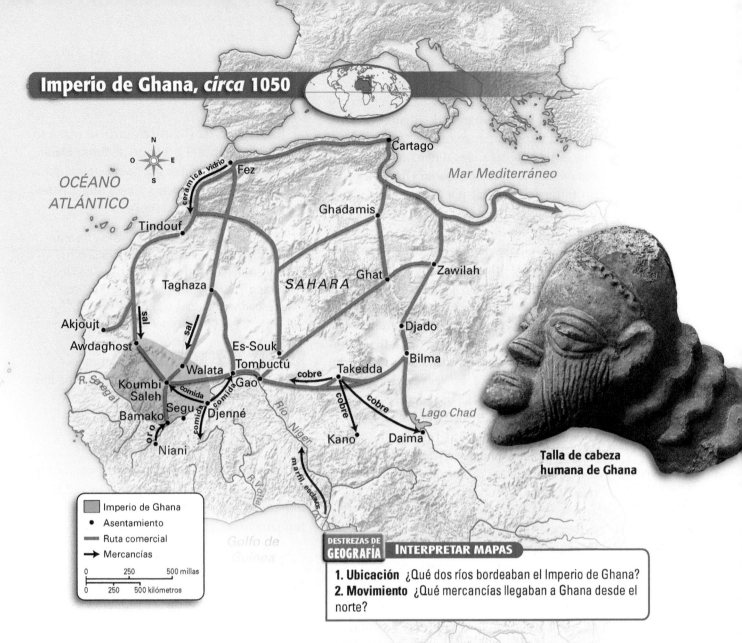

Imperio de Ghana, *circa* 1050

OCÉANO ATLÁNTICO

Mar Mediterráneo

Cartago

Fez
cerámica, vidrio

Ghadamis

Tindouf

SAHARA

Ghat
Zawilah

Taghaza

Akjoujt
sal

Awdaghost
sal

Es-Souk

Djado

Bilma

Walata

Tombuctú

Takedda
cobre

Koumbi Saleh
comida

comida
Gao

R. Senegal

Segu
comida

Djenné

Río Niger

cobre

cobre

Kano

Daima

Lago Chad

Bamako
oro

Niani

marfil, esclavos

R. Volta

Golfo de Guinea

Talla de cabeza humana de Ghana

Imperio de Ghana
● Asentamiento
— Ruta comercial
→ Mercancías

0   250   500 millas
0   250   500 kilómetros

DESTREZAS DE GEOGRAFÍA | **INTERPRETAR MAPAS**

1. **Ubicación** ¿Qué dos ríos bordeaban el Imperio de Ghana?
2. **Movimiento** ¿Qué mercancías llegaban a Ghana desde el norte?

contacto directo. En Ghana, los comerciantes dejaban bloques de sal en la ribera de un río. A cambio, los mineros de oro dejaban la cantidad de oro que les parecía adecuada. Este método garantizaba que los intercambios comerciales fueran pacíficos. Además, mantenía en secreto la ubicación de las minas de oro.

A medida que el intercambio de oro y sal aumentaba, los gobernantes de Ghana se hacían más poderosos. Crearon ejércitos equipados con armas de hierro que eran superiores a las armas de los pueblos vecinos. Con el tiempo, los gobernantes de Ghana les quitaron el control del comercio a los mercaderes del norte de África. Luego, se agregaron más mercancías a la variedad de productos que se comerciaban. Del norte, llegaba trigo. Del sur, se traían ovejas, vacas y miel. También se

intercambiaban otros productos locales, como cueros y telas. En poco tiempo, esta intensa actividad comercial hizo que Ghana se volviera realmente muy próspera.

COMPRENSIÓN DE LA LECTURA **Generalizar**
¿Cómo favoreció el comercio al crecimiento de Ghana?

Ghana construye un imperio

Para el año 800, Ghana ya ejercía un firme control sobre las rutas comerciales de África Occidental. Casi todo el comercio entre el norte y el sur de África pasaba por Ghana. El ejército de Ghana mantenía la seguridad en las rutas comerciales. Junto al aumento del comercio, también aumentó la riqueza de Ghana.

Los impuestos y el oro

Al ver que tantos mercaderes iban y venían por sus tierras, los gobernantes de Ghana buscaron maneras de beneficiarse con esas transacciones. Una forma de recaudar dinero fue obligar a cada mercader que entraba en Ghana a pagar un impuesto especial por las mercancías que traía. Después, tenía que pagar otro impuesto por las mercancías que se llevaba. Los habitantes de Ghana también tenían que pagar sus impuestos. Además, Ghana obligaba a las pequeñas tribus vecinas a pagar tributos.

Las minas de oro de Ghana producían más ingresos aún para el tesoro real. Parte de este oro se lo llevaban los mercaderes a tierras tan lejanas como Inglaterra, pero no todo el oro de Ghana se vendía: los reyes se quedaban con cantidades inmensas del metal precioso.

Los gobernantes prohibieron al resto de Ghana tener pepitas de oro. Las personas comunes sólo podían tener polvo de oro, que usaban como dinero. Así se garantizaba que el rey fuera más rico que sus súbditos.

La expansión del imperio

Parte de la riqueza de Ghana se destinaba a mantener su poderoso ejército. Con este ejército, los reyes de Ghana conquistaron muchas regiones vecinas. Para mantener el orden en su gran imperio, permitieron a los reyes conquistados conservar gran parte de su poder. Estos gobernantes locales actuaban como gobernadores en sus propios territorios y sólo respondían ante el rey.

El Imperio de Ghana alcanzó su máximo esplendor durante el gobierno de **Tunka Manin**. Este rey tenía una corte espléndida, donde exhibía las riquezas del imperio. Un escritor español destacó el esplendor de la corte.

> "El rey lleva adornos… en el cuello y los antebrazos, y se pone una corona decorada con oro y envuelta en un turbante de algodón fino. Detrás del rey hay diez pajes [sirvientes], con sus espadas y escudos adornados con oro".
> –al-Bakri, de *Libro de los reinos y de los caminos*

COMPRENSIÓN DE LA LECTURA **Resumir**

¿Cómo controlaban el comercio los gobernantes de Ghana?

La decadencia de Ghana

A mediados del siglo XI, Ghana era rica y poderosa, pero para principios del siglo XIII, el imperio ya se había desmoronado. Tres factores fundamentales contribuyeron a su fin.

La invasión

El primer factor que debilitó a Ghana fue una invasión. Un grupo de musulmanes del norte de África, llamados almorávides, atacaron Ghana en la década de 1060. Después de 14 años de lucha, los almorávides derrotaron al pueblo de Ghana. Los almorávides no dominaron Ghana mucho tiempo, pero debilitaron el imperio. Cerraron muchas de las rutas comerciales y establecieron nuevos lazos comerciales con líderes musulmanes. Sin su comercio, Ghana no podía sostener el imperio.

El pastoreo excesivo

El segundo factor que contribuyó a la decadencia de Ghana también tuvo relación con los almorávides. Los invasores trajeron manadas de animales con ellos. Estos animales se comieron el pasto de muchas praderas y dejaron el suelo expuesto a los vientos cálidos del desierto. Estos vientos arrastraron la tierra y dejaron

ENFOQUE EN LA LECTURA

¿Qué tipo de patrón estructural se usa en la sección titulada "La decadencia de Ghana"? ¿Cómo lo sabes?

BIOGRAFÍA

Tunka Manin

Reinó cerca de 1068.

Todo lo que sabemos sobre Tunka Manin proviene de los escritos de un geógrafo musulmán que escribió sobre Ghana. Gracias a sus escritos, sabemos que Tunka Manin era sobrino del rey anterior, un hombre llamado Basi. En Ghana, los reinados y la propiedad no se transmitían de padres a hijos, sino de tíos a sobrinos. Sólo el hijo de la hermana del rey podía heredar el trono. Cuando fue rey, Tunka Manin se rodeó de gala y muchos lujos.

Contrastar ¿En qué se diferenciaba la transmisión de la herencia en Ghana de otras sociedades que has estudiado?

El pastoreo excesivo

Si en un mismo lugar pastan demasiados animales, esto puede provocar problemas, como la pérdida de tierras de cultivo que hubo en África Occidental.

1 Los animales deben pastar en zonas con mucho pasto.

2 Si hay demasiados animales pastando, sin embargo, el pasto desaparece y el terreno queda expuesto al viento.

3 El viento arrastra la tierra y convierte una pradera en un desierto.

---

el suelo inutilizable para la agricultura y el pastoreo. Muchos agricultores tuvieron que salir a buscarse un nuevo hogar.

Rebelión interna

Un tercer factor también contribuyó a producir la decadencia del Imperio de Ghana. Alrededor de 1200, los habitantes de un país que Ghana había conquistado se rebelaron. En unos años, los rebeldes dominaron todo el Imperio de Ghana.

Cuando ya estaban en el poder, sin embargo, los rebeldes se dieron cuenta de que no podían mantener el orden. Debilitada como estaba, Ghana sufrió el ataque de uno de sus vecinos y fue derrotada. El imperio se desmoronó.

COMPRENSIÓN DE LA LECTURA **Identificar causa y efecto** ¿Por qué cayó Ghana en el siglo XI d.C.?

RESUMEN Y PRESENTACIÓN El Imperio de Ghana, ubicado en África Occidental, se volvió rico y poderoso gracias al control de las rutas comerciales y a la producción de oro. El imperio duró desde aproximadamente el año 800 hasta el año 1200. En la siguiente sección, aprenderás sobre dos imperios que surgieron después de Ghana: Malí y Songay.

Sección 2 Evaluación

hmhsocialstudies.com
Cuestionario en Internet

Repasar ideas, palabras y personas

1. a. Identificar ¿Cuáles eran los dos recursos principales que se comerciaban en Ghana?
b. Explicar ¿Cómo funcionaba el sistema de **trueque silencioso**?

2. a. Identificar ¿Quién fue **Tunka Manin**?
b. Generalizar ¿Qué hacían los reyes de Ghana con el dinero que obtenían de los impuestos y de la producción de oro?
c. Profundizar ¿Por qué no querían los gobernantes de Ghana que todo el mundo tuviera oro?

3. a. Recordar ¿Qué grupo invadió a Ghana a fines del siglo XI?
b. Analizar ¿Cómo influyó el pastoreo excesivo en la caída de Ghana?

Pensamiento crítico

4. Crear categorías Repasa los sucesos que escribiste en tus notas. Decide cuáles contribuyeron al surgimiento de Ghana y cuáles produjeron su caída. Organiza los sucesos en un diagrama como el de la derecha.

Imperio de Ghana

Surgimiento   Caída

ENFOQUE EN LA REDACCIÓN

5. Repasar notas sobre Ghana Repasa esta sección y tus notas sobre el surgimiento y la caída del imperio comercial de Ghana. Concéntrate en cómo la historia de Ghana puede haber afectado la vida de tu personaje.

PRIMERAS CIVILIZACIONES DE ÁFRICA **389**

Los imperios posteriores

Lo que aprenderás...

Ideas principales

1. El Imperio de Malí alcanzó su máximo esplendor durante el reinado de Mansa Musa, pero cayó en manos de invasores en el siglo XV.
2. Los songay construyeron un nuevo imperio islámico en África Occidental conquistando muchos territorios que antes pertenecían a Malí.
3. El Gran Zimbabwe fue un estado poderoso que surgió en el sur de África.

La idea clave

Entre los años 1000 y 1500 surgieron tres grandes reinos en África: Malí, Songay y el Gran Zimbabwe.

Personas clave

Sundiata, *pág. 390*
Mansa Musa, *pág. 391*
Sonni Alí, *pág. 392*
Askia el Grande, *pág. 393*

hmhsocialstudies.com
TOMAR NOTAS

Usa el organizador gráfico en Internet para tomar notas sobre la vida en las culturas que surgieron en África Occidental (Malí y Songay) y la que surgió en el sur de África (el Gran Zimbabwe).

Si ESTUVIERAS allí...

Eres un sirviente del gran Mansa Musa, gobernante de Malí. Te han elegido para ser uno de los sirvientes que lo acompañarán en una peregrinación a La Meca. El rey te ha dado ropas nuevas de fina seda para el viaje. Llevará con él mucho oro. Es la primera vez que sales de tu hogar. Pero ahora conocerás la gran ciudad de El Cairo, en Egipto, y muchos otros lugares.

¿Tienes ganas de emprender este viaje?

CONOCER EL CONTEXTO Mansa Musa fue uno de los más grandes gobernantes de África, y su imperio, Malí, fue uno de los más extensos en la historia de África. Malí surgió de las ruinas de Ghana: recuperó las rutas comerciales de África Occidental y se convirtió en un estado poderoso.

Malí

Al igual que Ghana, Malí estaba ubicada en las orillas del alto Níger. El suelo fértil de esa región favoreció el crecimiento de Malí. Además, la ubicación de Malí sobre el Níger permitía a sus habitantes tener el control del comercio del río. Como resultado, el imperio se hizo rico y poderoso. Según la leyenda, el ascenso de Malí al poder comenzó con un gobernante llamado **Sundiata**.

Sundiata convierte a Malí en un imperio

Cuando Sundiata era un muchacho, un cruel gobernante conquistó Malí. Pero cuando se hizo mayor, Sundiata reunió un ejército y logró la independencia de su país. Luego, conquistó reinos vecinos, como Ghana, en la década de 1230.

Después de conquistar Ghana, Sundiata se quedó con el comercio de la sal y el oro. También se ocupó de mejorar la agricultura en Malí. Hizo despejar nuevas áreas rurales para producir frijoles, cebolla, arroz y otros cultivos. Sundiata incluso introdujo un nuevo cultivo: el algodón. Con las fibras de algodón se hacían prendas cómodas para el clima cálido. También vendían algodón a otros pueblos.

Para mantener el orden en su próspero reino, Sundiata les quitó todo el poder a los líderes locales. Cada uno de estos líderes tenía el título de *mansa* y Sundiata adoptó ese título para sí. Los *mansas* tenían

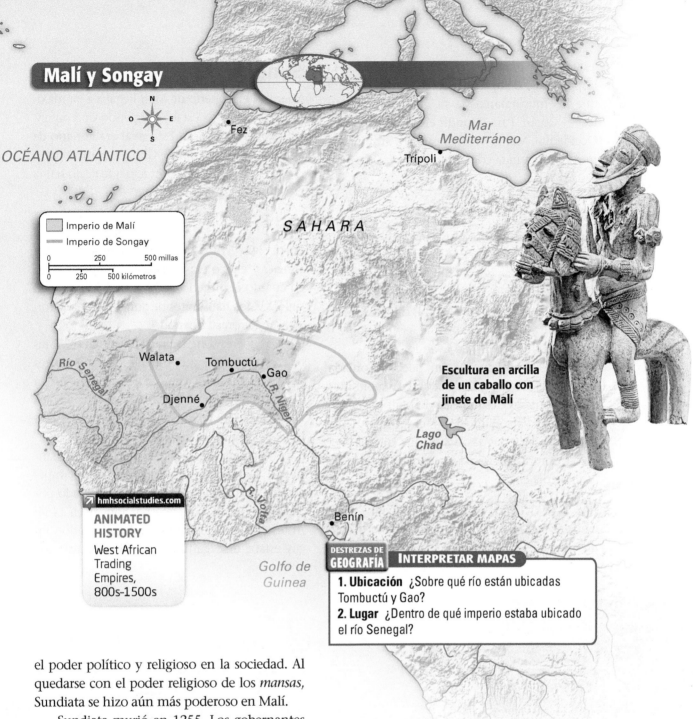

Malí y Songay

OCÉANO ATLÁNTICO

Fez

Mar Mediterráneo

Trípoli

SAHARA

Imperio de Malí
Imperio de Songay

| 0 | 250 | 500 millas |
| 0 | 250 | 500 kilómetros |

Walata

Río Senegal

Tombuctú

Gao

Djenné

R. Níger

R. Volta

Benín

Golfo de Guinea

Lago Chad

Escultura en arcilla de un caballo con jinete de Malí

↗ hmhsocialstudies.com

ANIMATED HISTORY

West African Trading Empires, 800s-1500s

DESTREZAS DE GEOGRAFÍA | **INTERPRETAR MAPAS**

1. Ubicación ¿Sobre qué río están ubicadas Tombuctú y Gao?

2. Lugar ¿Dentro de qué imperio estaba ubicado el río Senegal?

el poder político y religioso en la sociedad. Al quedarse con el poder religioso de los *mansas*, Sundiata se hizo aún más poderoso en Malí.

Sundiata murió en 1255. Los gobernantes posteriores de Malí adoptaron el título de *mansa*. A diferencia de Sundiata, la mayoría de esos gobernantes fueron musulmanes.

Mansa Musa

El gobernante más famoso de Malí fue un musulmán llamado **Mansa Musa**. Bajo su hábil liderazgo, Malí alcanzó su punto máximo de riqueza, poder y fama en el siglo XIV. Gracias a la influencia de Mansa Musa, el Islam se extendió por gran parte de África Occidental y sumó gran cantidad de fieles.

Mansa Musa reinó en Malí unos 25 años, de 1312 a 1337. En ese tiempo, Malí incorporó muchas ciudades comerciales importantes a su imperio, como Tombuctú.

La religión era muy importante para Mansa Musa. En 1324 partió de Malí en peregrinación a La Meca. En su viaje, Mansa Musa presentó el Imperio de Malí al mundo islámico y difundió la fama de Malí por todas partes.

Mansa Musa también apoyaba la educación. Mandó a muchos estudiosos a educarse a Marruecos. Estos estudiosos luego establecieron

PRIMERAS CIVILIZACIONES DE ÁFRICA **391**

escuelas en Malí. Mansa Musa insistió en la importancia de aprender a leer en árabe para que los musulmanes de su imperio pudieran leer el Corán. Para difundir el Islam por África Occidental, Mansa Musa contrató a arquitectos musulmanes para construir mezquitas en todo el imperio.

La caída de Malí

Cuando murió Mansa Musa, subió al trono su hijo Maghan. Maghan fue un gobernante débil. Cuando los invasores del sureste atacaron Malí, no supo detenerlos. Los invasores incendiaron las grandes escuelas y mezquitas de Tombuctú. Malí nunca se recuperó de este terrible golpe y siguió debilitándose y decayendo.

En 1431, los tuareg, un pueblo nómada del Sahara, tomaron Tombuctú. Los habitantes de las fronteras del Imperio de Malí se fueron separando. Para el año 1500, el imperio había perdido casi todas las zonas que alguna vez había dominado. Sólo una pequeña parte de Malí seguía en pie.

COMPRENSIÓN DE LA LECTURA **Ordenar** ¿Qué medidas tomó Sundiata para convertir a Malí en un imperio?

Songay

Mientras el Imperio de Malí llegaba a su máximo esplendor, ya estaba surgiendo una potencia rival en la región. Este rival era el reino de Songay. Desde su capital, Gao, los songay participaban en el mismo comercio que tanto había enriquecido a Ghana y Malí.

La construcción de un imperio

En el siglo XIV, Mansa Musa conquistó a los songay y anexó esas tierras a su imperio. Pero en cuanto el Imperio de Malí se debilitó, en el siglo XV, los habitantes de Songay se rebelaron y recuperaron su libertad.

Los líderes songay eran musulmanes. También eran musulmanes muchos de los bereberes del norte de África que comerciaban en África Occidental. Como compartían su religión, los bereberes estaban dispuestos a comerciar con los songay, que se enriquecieron.

Al obtener más riquezas, los songay expandieron su territorio y construyeron un imperio. El crecimiento de Songay fue liderado por **Sonni Alí**, que llegó a gobernar Songay en 1464. Antes de que Alí llegara al poder, el estado songay estaba desorganizado y mal administrado.

Los habitantes de Songay dependían del río Níger para muchas cosas. El Níger era una vía navegable importante, proporcionaba tierras fértiles y agua para la agricultura.

Durante su gobierno, Sonni Alí trabajó para unificar, fortalecer y expandir su imperio. Muchos de los territorios que Sonni Alí incorporó a Songay habían sido parte de Malí.

Durante su reinado, Sonni Alí alentó a todos los habitantes de su imperio a trabajar juntos. Para establecer la armonía entre las religiones, practicó tanto la religión musulmana como las religiones locales. Como resultado, logró estabilidad para Songay.

Askia el Grande

Sonni Alí murió en 1492. Lo sucedió en el trono su hijo, Sonni Baru, que no era musulmán. Los habitantes de Songay temían perder las relaciones comerciales con otros territorios musulmanes si Sonni Baru no apoyaba el Islam. Entonces se rebelaron contra el rey.

El líder de la rebelión fue un general llamado Mohamed Turé. Después de derrocar a Sonni Baru, Mohamed Turé adoptó el título de *askia*, que es un alto rango militar. Finalmente, se hizo famoso como **Askia el Grande**.

Askia apoyó la educación y el saber. Durante su gobierno, la ciudad de Tombuctú floreció y logró atraer a miles de personas a sus universidades, escuelas, bibliotecas y mezquitas. La ciudad era especialmente famosa por la Universidad de Sankore, a la que llegaban personas del norte de África y de otros lugares para estudiar matemáticas, ciencias, medicina, gramática y derecho. Djenné fue otra ciudad que se convirtió en un centro de aprendizaje.

La mayoría de los mercaderes de Songay eran musulmanes y, a medida que ganaban poder en el imperio, también ganaba influencia el Islam. Askia, que era un musulmán devoto, fomentó el crecimiento de la influencia islámica. Muchas de las leyes que dictó se parecían a las leyes de otras naciones musulmanas.

Para mantener el orden, Askia dividió Songay en cinco provincias. Se deshizo de los líderes locales y nombró nuevos gobernadores que eran fieles a él. Askia también creó un ejército profesional y departamentos especiales para supervisar ciertas tareas.

Songay cae ante Marruecos

Uno de los rivales de Songay en el norte, Marruecos, quería obtener el control de las minas de sal de Songay. El ejército marroquí partió rumbo al corazón de Songay en 1591. Los soldados marroquíes llevaban armas avanzadas, como el terrible arcabuz. El arcabuz era la forma primitiva de una pistola.

Las espadas, las lanzas, y los arcos y flechas de los guerreros de Songay no podían dar batalla a las pistolas y los cañones marroquíes. Los invasores destruyeron Tombuctú y Gao.

Los cambios en la distribución del comercio terminaron de arruinar a Songay. El comercio por tierra disminuyó a medida que las ciudades portuarias de la costa atlántica cobraban importancia. Tanto los africanos que vivían al sur de Songay como los mercaderes europeos preferían comerciar en los puertos del Atlántico en lugar de tener que comerciar con mercaderes musulmanes. Poco a poco, el período de los grandes imperios de África Occidental llegó a su fin.

COMPRENSIÓN DE LA LECTURA Evaluar

¿Cuál piensas que fue el logro más importante de Askia?

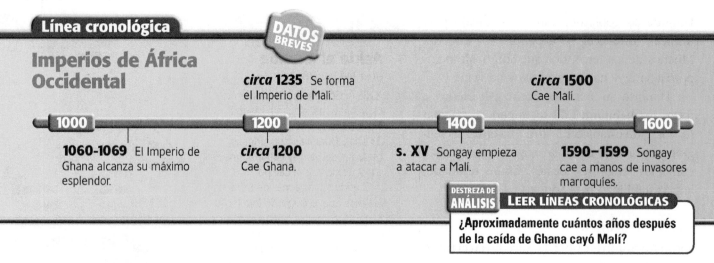

Imperios de África Occidental

DATOS BREVES

circa **1235** Se forma el Imperio de Malí.

circa **1500** Cae Malí.

1000   **1200**   **1400**   **1600**

1060-1069 El Imperio de Ghana alcanza su máximo esplendor.

circa **1200** Cae Ghana.

s. XV Songay empieza a atacar a Malí.

1590-1599 Songay cae a manos de invasores marroquíes.

DESTREZA DE **ANÁLISIS** | **LEER LÍNEAS CRONOLÓGICAS**

¿Aproximadamente cuántos años después de la caída de Ghana cayó Malí?

Gran Zimbabwe

También surgieron reinos fuertes en otras partes de África. El Gran Zimbabwe, por ejemplo, fue un reino poderoso del sur de África. El Gran Zimbabwe fue fundado a fines del siglo XI como un pequeño centro comercial y ganadero. En el siglo XII se intensificó la explotación del oro en la región. La agricultura se desarrolló y la población del reino aumentó. Con el tiempo, el Gran Zimbabwe se convirtió en el centro de una gran red comercial.

El comercio generó riquezas y poder para los gobernantes del Gran Zimbabwe. Construyeron una enorme fortaleza con muros de piedra para proteger su capital. En el siglo XV, el comercio del oro disminuyó. Despojado de su principal fuente de riqueza, el Gran Zimbabwe se debilitó. Para el siglo XVI, ya había dejado de ser un centro político y comercial.

SU IMPORTANCIA HOY

La fortaleza de piedra sigue siendo un importante monumento cultural en lo que hoy es la nación de Zimbabwe.

COMPRENSIÓN DE LA LECTURA | **Comparar**
¿En qué se parecía el Gran Zimbabwe a los imperios de África Occidental?

RESUMEN Y PRESENTACIÓN Sundiata y Mansa Musa contribuyeron a que Malí se convirtiera en un gran imperio famoso por su riqueza y sus centros del saber. Del mismo modo, Songay prosperó durante los gobiernos de líderes como Askia el Grande. En la siguiente sección, leerás más sobre las principales culturas de África Occidental.

Sección 3 Evaluación

hmhsocialstudies.com
Cuestionario en Internet

Repasar ideas, palabras y personas

1. **a. Identificar** ¿Quién fue **Sundiata**?
   b. Explicar ¿Qué gran río fue importante para los habitantes de Malí? ¿Por qué?
   c. Profundizar ¿Qué efectos tuvo el gobierno de **Mansa Musa** sobre Malí y África Occidental?
2. **a. Identificar** ¿Quién lideró la expansión de Songay en el siglo XV?
   b. Explicar ¿Cómo afectó a Tombuctú el apoyo de **Askia el Grande** a la educación?
3. **a. Recordar** ¿Qué hizo que los soberanos de Gran Zimbabwe se volvieran ricos y poderosos?
   b. Analizar ¿Cuál fue la causa de la decadencia del Gran Zimbabwe?

Pensamiento crítico

4. **Identificar las ideas principales** Usa tus notas para enumerar tres logros importantes de Sundiata y Askia.

Sundiata	Askia

ENFOQUE EN LA REDACCIÓN

5. **Comparar y contrastar** Repasa esta sección y tus notas sobre las culturas africanas. Piensa en cómo puede haber afectado a tu personaje la cultura en la cual vivió. ¿Qué diferencias había entre las culturas? ¿En qué se parecían? ¿Qué efectos tuvieron determinados líderes sobre el desarrollo de los territorios que gobernaron?

Mansa Musa

¿Por qué se convirtieron en un suceso histórico importante los viajes de un solo hombre?

¿Cuándo vivió? a fines del siglo XIII y principios del siglo XIV

¿Dónde vivió? en Malí

¿Qué hizo? Mansa Musa, el gobernante de Malí, fue uno de los reyes musulmanes de África Occidental. Se convirtió en una figura importante de la historia africana y mundial sobre todo por una peregrinación que hizo a la ciudad de La Meca.

¿Por qué es importante? El espectacular viaje de Mansa Musa captó la atención del mundo musulmán y Europa. Por primera vez, las personas de otros países se fijaron en África Occidental. En sus viajes, Mansa Musa regaló montones de oro. Sus gastos despertaron la curiosidad de todo el mundo por saber dónde estaba la fuente de semejante riqueza. 200 años después, llegarían los exploradores europeos a las costas del oeste de África.

Identificar puntos de vista ¿Cómo piensas que cambió Mansa Musa la opinión de las personas sobre África Occidental?

THE GRANGER COLLECTION, NEW YORK

En este mapa español del siglo XIV se muestra a Mansa Musa sentado en su trono.

DATOS CLAVE

Según cronistas de la época, unas 60,000 personas acompañaron a Mansa Musa en su viaje a La Meca. De esas personas,

- **12,000** eran sirvientes que atendían al rey.

- **500** eran sirvientes que atendían a su esposa.

- **14,000** más eran esclavos que vestían telas finas, como la seda.

- **500** llevaban bastones decorados con muchísimo oro. Los historiadores calculan que el oro que regaló Mansa Musa en su viaje valdría hoy en día más de $100 millones.

La tradición histórica y artística

Si ESTUVIERAS allí...

Eres el más joven y pequeño de tu familia. Las personas a menudo se burlan de ti porque no tienes mucha fuerza. Por la noche, después del trabajo, las personas de tu ciudad se reúnen a escuchar los relatos de los narradores. Una de tus narraciones preferidas es la del héroe Sundiata. De niño, Sundiata era pequeño y débil, pero al crecer se convirtió en un gran guerrero y héroe.

¿Cómo te hace sentir la historia de Sundiata?

CONOCER EL CONTEXTO Aunque los imperios comerciales de África Occidental nacían y morían, muchas tradiciones siguieron existiendo a través de los siglos. En cada pueblo y ciudad, los narradores se encargaron de transmitir las historias, las leyendas y los refranes de sus habitantes. Estas narraciones eran el corazón de las artes y las tradiciones culturales de África Occidental.

La preservación de la historia

La escritura nunca fue muy común en África Occidental. De hecho, ninguna de las grandes civilizaciones antiguas de África Occidental desarrolló una lengua escrita. El árabe era la única lengua escrita que usaban. Sin embargo, la falta de una lengua escrita no significa que los habitantes de África Occidental no conocían su historia. Ellos transmitían información mediante historias orales. Una **historia oral** es un registro hablado de hechos ocurridos en el pasado. La tarea de recordar y narrar la historia de África Occidental se dejaba en manos de los narradores de relatos.

Los griots

Los narradores de relatos de África Occidental se llamaban **griots.** Eran muy respetados en sus comunidades porque los habitantes de África Occidental sentían mucho interés por las hazañas de sus antepasados. Los griots ayudaban a mantener viva la historia para todas las generaciones futuras.

Los relatos de los griots eran entretenidos e informativos. Trataban de sucesos importantes del pasado y de los logros de los antiguos ancestros. Por ejemplo, algunos relatos explicaban el surgimiento y la caída de los imperios de África Occidental. Otros describían las acciones de reyes y guerreros poderosos. Algunos griots daban realismo a sus relatos representando los sucesos del pasado como en una obra de teatro.

Además de relatos, los griots recitaban **proverbios**, o refranes breves que expresan ideas sabias o una verdad. Por medio de los proverbios, daban lecciones al pueblo. Por ejemplo, un proverbio de África Occidental contiene una advertencia: "No se llenan con palabras los cestos de la granja". Este proverbio recuerda a las personas que deben trabajar para obtener resultados, que no pueden hablar de lo que les gustaría hacer y nada más.

Para poder recitar sus historias y proverbios, los griots memorizaban cientos de nombres y sucesos. Mediante este <u>proceso</u> de memorización, los griots transmitieron la historia de África Occidental de generación en generación. Sin embargo, algunos griots confundían nombres y sucesos en su cabeza. Cuando esto pasaba, los detalles de algunos hechos históricos se distorsionaban. Aun así, los relatos de los griots nos dicen muchas cosas sobre la vida en los imperios de África Occidental.

Los poemas épicos de África Occidental

Algunos poemas de los griots son poemas épicos, es decir, poemas largos sobre reinos y héroes. Muchos de estos poemas épicos están recopilados en el *Dausi* y el *Sundiata*.

El *Dausi* cuenta la historia de Ghana, pero intercala sucesos históricos con mitos y leyendas. Uno de los relatos trata de un dios con cuerpo de serpiente y siete cabezas llamado Bida. Este dios prometió que Ghana prosperaría si el pueblo sacrificaba todos los años a una joven en su honor. Un año, un poderoso guerrero mató a Bida. Mientras moría, el dios maldijo a Ghana. Los griots cuentan que esta maldición hizo caer al Imperio de Ghana.

El *Sundiata* cuenta la historia del gran gobernante de Malí. Según este relato épico, cuando Sundiata era niño, un conquistador se apoderó de Malí y mató al padre y a los 11 hermanos

VOCABULARIO ACADÉMICO

proceso serie de pasos que se siguen para realizar una tarea

Tradiciones orales
Los narradores de África Occidental, llamados griots, tenían la responsabilidad de recordar y transmitir la historia de su pueblo. En esta foto, se muestra al público reunido para realizar danzas tradicionales y escuchar los relatos de un griot.

Música de Malí a Memphis

¿Sabías que la música que escuchas hoy tal vez nació con los griots? Entre el siglo XVII y el siglo XIX, se trajeron como esclavos a Norteamérica a muchos habitantes de África Occidental. En Norteamérica, estos esclavos siguieron cantando igual que en África. También siguieron tocando sus instrumentos tradicionales, como el *kora* que toca el músico senegalés Soriba Kouyaté (derecha), que es hijo de un griot. Con el tiempo, esta música se convirtió en un estilo llamado *blues*, la música que popularizaron algunos artistas como B. B. King (izquierda). A su vez, el *blues* influyó en otros estilos musicales, como el *jazz* y el *rock*. Así que la próxima vez que escuches un *blues* de Memphis o un buen *jazz*, ¡piensa en sus antiguas raíces africanas!

DESTREZA DE ANÁLISIS **ANALIZAR INFORMACIÓN**

¿Cómo influyó la música de África Occidental en la música estadounidense actual?

de Sundiata. Sin embargo, no mató a Sundiata porque el pequeño estaba enfermo y no parecía representar una amenaza. Pero cuando Sundiata creció, llegó a ser un guerrero extraordinario. Finalmente, derrocó al conquistador y se convirtió en rey.

Los registros escritos de los visitantes

Además de las historias orales sobre África Occidental, hubo visitantes que escribieron sobre la región. Es más: mucho de lo que sabemos sobre los primeros tiempos de África Occidental proviene de los escritos de viajeros y estudiosos de tierras musulmanas, como España y Arabia.

Ibn Battuta fue el visitante musulmán más famoso que haya escrito sobre África Occidental. Recorrió la región entre 1353 y 1354. En el relato de este viaje, Ibn Battuta describe con lujo de detalles la vida política y cultural de África Occidental.

COMPRENSIÓN DE LA LECTURA **Sacar conclusiones** ¿Por qué eran importantes las tradiciones orales en África Occidental?

El arte, la música y la danza

Al igual que la mayoría de los pueblos, los habitantes de África Occidental valoraban las artes. Se expresaban creativamente mediante la escultura, la fabricación de máscaras, la confección de telas, la música y la danza.

Escultura

De todas las formas de arte visual, la escultura de África Occidental es quizás la más conocida. Los habitantes de África Occidental hacían elaboradas estatuas y esculturas en madera, latón, arcilla, marfil, piedra y otros materiales.

La mayoría de las estatuas de África Occidental representan personas, a menudo los antepasados del escultor. En general, esas estatuas se hacían para los rituales religiosos, para pedir la bendición de los antepasados. Los escultores creaban otras estatuas como ofrendas para los dioses. Estas esculturas se guardaban en lugares sagrados. Nunca nadie tenía que verlas.

Como las estatuas se usaban en rituales religiosos, muchos artistas africanos eran muy respetados. Las personas creían que los artistas estaban bendecidos por los dioses.

Mucho después de la caída de Ghana, Malí y Songay, el arte de África Occidental sigue despertando admiración. Los museos de todo el mundo exhiben obras de arte africano. Además, las esculturas africanas inspiraron a algunos artistas europeos del siglo XX, como Henri Matisse y Pablo Picasso.

Máscaras y ropa

Además de estatuas, los artistas de África Occidental tallaban máscaras elaboradas. Estas máscaras eran de madera y representaban caras de animales como hienas, leones, monos y antílopes. Los artistas a menudo pintaban las máscaras después de tallarlas. Las personas las usaban durante los rituales, mientras danzaban alrededor de las hogueras. El reflejo del fuego sobre las máscaras les daba un aspecto feroz y real.

Muchas sociedades africanas también eran conocidas por sus productos textiles. El más famoso es la kente. La **kente** es una tela muy colorida, tejida a mano. Para hacerla, primero se tejían unas tiras angostas que luego se unían cosiéndolas. Los reyes y las reinas de África Occidental vestían prendas de kente para las ocasiones especiales.

Música y danza

Para muchas sociedades de África Occidental, la música y la danza eran igual de importantes que las artes visuales. El canto, los tambores y la danza eran un buen entretenimiento, pero también ayudaban a esos pueblos a celebrar su historia y a distinguir las ocasiones especiales. Por ejemplo, cada vez que un gobernante entraba en una sala, se tocaba música.

La danza ha sido siempre fundamental para las sociedades africanas. Muchas culturas de África Occidental tenían danzas especiales para celebrar sucesos o ceremonias específicas. Por ejemplo, seguramente hacían una danza en las bodas y otra en los funerales. En algunas regiones de África Occidental, todavía se siguen haciendo danzas parecidas a las que se bailaban hace cientos de años.

COMPRENSIÓN DE LA LECTURA **Resumir** Escribe un resumen sobre cómo se han conservado las tradiciones en África Occidental.

RESUMEN Y PRESENTACIÓN Las sociedades de África Occidental no tuvieron lenguas escritas, pero conservaron su historia y su cultura mediante las narraciones y el arte. A continuación, leerás acerca de otro lugar donde las tradiciones son importantes: China.

Sección 4 Evaluación

hmhsocialstudies.com
Cuestionario en Internet

Repasar ideas, palabras y personas

1. **a. Definir** ¿Qué es la **historia oral**?
   b. Hacer generalizaciones ¿Por qué eran importantes en la sociedad de África Occidental los **griots** y sus historias?
   c. Evaluar ¿Por qué la historia oral podría dar información diferente de un relato escrito acerca del mismo suceso?

2. **a. Identificar** ¿Qué dos artes visuales fueron populares en África Occidental?
   b. Inferir ¿Por qué crees que no se permitía que las personas vieran las esculturas que se ofrendaban a los dioses?
   c. Profundizar ¿Qué papel cumplían la música y la danza en la sociedad de África Occidental?

Pensamiento crítico

3. **Resumir** Usa tus notas y una tabla como la de la derecha para resumir la importancia de cada tradición de África Occidental.

Tradición	Importancia
Narración de relatos	
Poemas épicos	
Escultura	

ENFOQUE EN LA REDACCIÓN

4. **Repasar las tradiciones de África Occidental** Repasa esta sección y tus notas sobre la historia oral y escrita de África Occidental y el arte, la música y la danza de la región. Piensa en cómo pueden haber influido sobre tu personaje los griots, los visitantes de tierras remotas o las artes.

Destrezas de estudios sociales

Análisis | Pensamiento crítico | Economía | Estudio

Interpretar mapas políticos

Comprender la destreza

Muchos tipos de mapas sirven para estudiar historia. En los *mapas físicos* se muestran los accidentes geográficos de la superficie terrestre. En los *mapas políticos* se muestran los espacios culturales humanos, como las ciudades, los estados y los países. En los mapas políticos de hoy en día se muestran los límites actuales de los estados y los países. En los mapas políticos históricos se muestran las divisiones culturales que había en el pasado.

En algunos mapas políticos históricos se muestra cómo cambiaron los límites y las divisiones políticas a través del tiempo. Saber interpretar estos mapas te ayudará a visualizar y comprender mejor el crecimiento y la desintegración de los países y los imperios.

Aprender la destreza

Usa las siguientes sugerencias para interpretar los mapas en los que se muestran cambios políticos.

1 Lee el título para saber de qué trata el mapa.

2 Lee la leyenda. El título del mapa quizás indique a qué período pertenece. Sin embargo, en este tipo de mapas, la información sobre las fechas suele aparecer en la leyenda.

3 Observa bien la leyenda para asegurarte de comprender qué significan cada color y cada símbolo. Presta especial atención a los colores o símbolos que puedan indicar cambios en las fronteras, es decir, crecimiento o pérdida del territorio de un país.

4 Observa el mapa mismo. Compara los colores y los símbolos de la leyenda con los del mapa. Fíjate si hay rótulos, en especial de los que indican cambios en la división política. Busca otras señales de cambios políticos en el mapa.

Practicar y aplicar la destreza

Interpreta el siguiente mapa para responder a las siguientes preguntas sobre los imperios de Malí y Songay.

1. ¿Qué imperio era más antiguo? ¿Cuál se expandió más?

2. ¿Alguna vez formó Songay parte del Imperio de Malí? Explica cómo se muestra esa información en el mapa.

3. ¿Quién controlaba probablemente la ciudad de Gao en el año 1100? ¿En 1325? ¿Y en 1515?

4. ¿Para qué fecha aseguras que se había desintegrado el Imperio de Malí? ¿Cómo lo sabes?

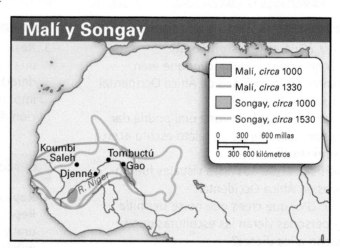

Malí y Songay

Malí, *circa* 1000
Malí, *circa* 1330
Songay, *circa* 1000
Songay, *circa* 1530

0   300   600 millas
0   300 600 kilómetros

Koumbi Saleh
Tombuctú
Djenné
Gao
R. Níger

Repaso del capítulo

El impacto de la historia

▶ videos
Consulta el video para responder a la pregunta de enfoque:

¿De qué manera el comercio de la sal influyó en el auge de Tombuctú?

Resumen visual

Usa el siguiente resumen visual para repasar las ideas principales del capítulo.

DATOS BREVES

El Imperio de Ghana se desarrolló en África Occidental y controlaba el comercio de la sal y el oro.

Los reyes de Malí construyeron un imperio y difundieron el Islam por África Occidental.

El Imperio songay siguió difundiendo el Islam.

La historia de África Occidental se ha conservado gracias a las narraciones orales, los registros de los visitantes, el arte, la música y la danza.

Repasar vocabulario, palabras y personas

Elige la letra de la respuesta que complete correctamente las siguientes oraciones.

1. La región ubicada cerca del ecuador que tiene muchos árboles y recibe muchas lluvias se llama

a. región tropical.

b. selva tropical.

c. sabana.

d. bosque.

2. La creencia de que los objetos de la naturaleza tienen espíritu se llama

a. animismo.

b. vegetarianismo.

c. animalismo.

d. naturalismo.

3. Entre el Sahara y la sabana está

a. la selva tropical.

b. el delta interior.

c. el Zambezi.

d. el Sahel.

4. El poder de Malí comenzó a crecer bajo un gobernante llamado

a. Tunka Manin.

b. Sonni Alí.

c. Ibn Battuta.

d. Sundiata.

5. Un registro hablado del pasado es

a. un soninké.

b. una historia oral.

c. un Gao.

d. un proverbio de grupos por edades.

6. Un narrador de África Occidental es

a. un almorávide.

b. un griot.

c. un arcabuz.

d. una fisura.

7. El líder musulmán de Malí que apoyó la educación, difundió el Islam y realizó una famosa peregrinación a la Meca fue

a. Sonni Baru.

b. Askia el Grande.

c. Mansa Musa.

d. Mohamed Turé.

8. Una tela de colores brillantes que se teje en muchas sociedades africanas es

a. una kente.

b. una mansa.

c. un Tombuctú.

d. un tuareg.

Comprensión y pensamiento crítico

SECCIÓN 1 *(Páginas 380–383)*

9. a. Identificar ¿A orillas de qué río se desarrollaron las primeras grandes civilizaciones de África Occidental?

b. Sacar conclusiones Hoy en día la sal no es para nada tan valiosa como el oro. ¿Por qué piensas que la sal era tan importante en África Occidental?

c. Hacer predicciones ¿Cómo habrá beneficiado a los habitantes de África Occidental la vida en familias extensas?

SECCIÓN 2 *(Páginas 386–389)*

10. a. Identificar ¿Qué dos mercancías importantes enriquecieron a Ghana? ¿De dónde provenía cada una?

b. Inferir ¿Por qué los mercaderes de Ghana no querían que los demás comerciantes supieran de dónde sacaban el oro?

c. Evaluar ¿Quiénes piensas que tuvieron más responsabilidad en la caída de Ghana: los habitantes de Ghana o los extranjeros? ¿Por qué?

SECCIÓN 3 *(Páginas 390–394)*

11. a. Describir ¿Cómo influyó el Islam en la sociedad de Malí?

b. Comparar y contrastar ¿En qué se parecían Sundiata y Mansa Musa? ¿En qué se diferenciaban?

c. Evaluar ¿Qué grupo crees que tuvo un papel más importante en la sociedad de Songay: los guerreros o los mercaderes?

SECCIÓN 4 *(Páginas 396–399)*

12. a. Recordar ¿Qué tipos de información transmitían los griots a sus oyentes?

b. Analizar ¿Por qué los escritos de los visitantes de África Occidental son tan importantes para nuestra comprensión de la región?

c. Evaluar ¿Cuál de las distintas artes de África Occidental crees que es la más importante? ¿Por qué?

Repasar los temas

13. Geografía ¿En cuál o cuáles de las cuatro regiones de África Occidental se encontraban sus dos recursos principales?

14. Tecnología ¿Cómo afectó a la vida de África Occidental el desarrollo de la tecnología del hierro?

Destrezas de lectura

15. Organizar datos e información *Lee el siguiente párrafo. ¿Qué forma de organización se usó en él? ¿Cómo lo sabes?*

> Para poder recitar sus historias y proverbios, los griots memorizaban cientos de nombres y sucesos. Mediante este proceso de memorización, los griots transmitieron la historia de África Occidental de generación en generación. Sin embargo, algunos griots confundían nombres y sucesos en su cabeza. Cuando esto pasaba, los detalles de algunos hechos históricos se distorsionaban. Aun así, los relatos de los griots nos dicen muchas cosas sobre la vida en los imperios de África Occidental. *(pág. 397)*

Usar Internet

16. Actividad: Redactar un proverbio ¿Al que madruga Dios lo ayuda? Si te levantas temprano para ver si es cierto, estarás olvidando que en realidad éste es un proverbio que significa "El que hace las cosas primero siempre tiene su recompensa". Los griots crearon muchos proverbios que expresaban ideas sabias o verdades. Mediante tu libro de texto en Internet, usa los recursos de Internet para redactar tres proverbios que podrían haber dicho los griots en la época de los grandes imperios de África Occidental. Asegúrate de redactar tus proverbios desde el punto de vista de una persona que vivió en África Occidental en aquellos siglos.

hmhsocialstudies.com

Destrezas de estudios sociales

Interpretar mapas *Observa el mapa de la página 400. Luego, responde a la siguiente pregunta.*

17. ¿Qué imperio se extendió más hacia el este?

ENFOQUE EN LA REDACCIÓN

18. Escribir tu entrada de un diario Repasa tus notas y elige un personaje imaginario. Por ejemplo, podrías elegir a un líder de una caravana de bereberes, a alguien que comercia con una aldea vecina o a un griot. Luego, ubica a esa persona en un lugar. Por último, escribe 5 ó 6 oraciones que serán la entrada de tu diario. Incluye detalles sobre lo que el personaje ve, siente y hace en un día típico.

Práctica para el examen estandarizado

INSTRUCCIONES: *Lee las preguntas y escribe la letra de la respuesta correcta.*

> Su ubicación favorecía el comercio de caravanas, pero no le permitía defenderse de los invasores tuareg del Sahara. Estos inquietos nómadas se la pasaban azotando las puertas de Tombuctú y a menudo lograban cruzarlas, con resultados desastrosos para sus habitantes. Esta ciudad nunca fue bastante segura como para ser el centro de un gran estado.
>
> —Basil Davidson, de *A History of West Africa*

1 En esta cita, el autor explica por qué Tombuctú

A era un buen lugar para establecer universidades.

B no era un buen lugar para establecer una capital.

C era un lugar bien ubicado para el comercio.

D no era un buen lugar para establecer el centro del estado tuareg.

2 En la segunda oración del fragmento, ¿qué significa la frase *azotando las puertas de Tombuctú*?

A dando latigazos a las puertas de Tombuctú

B golpeando la puerta para entrar en la ciudad

C intentando entrar y conquistar la ciudad

D haciendo ruido para fastidiar a los habitantes

3 La región africana de praderas abiertas y árboles dispersos se llama

A griot.

B Sahara.

C sabana.

D Sahel.

4 ¿Cómo se definían los grupos sociales en las culturas tradicionales de África Occidental?

A por familia y grupos por edades

B por religión y familia

C por grupos por edades, familia y religión

D sólo por familia extensa

5 Los dos gobernantes que más difundieron el Islam en África Occidental fueron

A Sonni Alí y Mansa Musa.

B Sundiata y Sonni Alí.

C Ibn Battuta y Tunka Manin.

D Mansa Musa y Askia el Grande.

Conexión con lo aprendido anteriormente

6 Anteriormente, aprendiste sobre las civilizaciones que se desarrollaron a orillas de los ríos Tigris y Éufrates, en lo que hoy es Irak, y a orillas del Huang He en la antigua China. ¿Estos desarrollos pueden compararse a los cambios que ocurrieron a orillas de qué río de África Occidental?

A el Níger

B el Congo

C el Nilo

D el Zambezi

7 Al igual que Ghana, ¿qué reino de África Oriental sobre el que aprendiste anteriormente se enriqueció gracias al comercio pero finalmente colapsó debido a factores como el pastoreo excesivo y las invasiones?

A Sumeria

B Kush

C Babilonia

D Mohenjo Daro

Tarea

Escribe un resumen de una sección de cualquier capítulo que hayas leído en la Unidad 6, "Civilizaciones de África y del mundo islámico".

Resumen de una lección de historia

Después de leer algo, ¿te cuesta recordar de qué se trataba? A muchas personas, sí. Escribir un resumen reformulando con pocas palabras las ideas principales y los detalles de lo que has leído te ayudará a recordarlo.

1. Antes de escribir

Leer para comprender
Lo primero que tienes que hacer es leer la sección por lo menos dos veces.
- **Léela** de corrido la primera vez para ver de qué se trata.
- **Reléela** todas las veces que necesites para asegurarte de entender el tema principal de toda la sección.

Identificar la idea principal
Luego, identifica la idea principal de cada párrafo o de cada título del capítulo. Repasa los datos, ejemplos, citas y demás información que presentan. Pregúntate: *¿Cuál es la idea principal que apoyan o a la que se refieren?* Formula esta idea con tus propias palabras.

Tomar nota de los detalles
Anota la información que apoya mejor o más directamente cada idea principal. A menudo, se dan muchos detalles y ejemplos para apoyar una sola idea. Elige sólo los más importantes y los que den el mayor apoyo.

2. Escribe
Al escribir tu resumen, consulta el siguiente esquema para no salirte del plan.

CONSEJO **¿Qué tan largo es un resumen?** Puedes usar estas sugerencias para planear cuánto vas a escribir en un resumen. Si vas a resumir
- sólo unos pocos párrafos, tu resumen debe ser aproximadamente un tercio del original.
- textos más largos, como un artículo o un capítulo de un libro de texto, escribe una oración por cada párrafo o título del original.

Esquema del escritor

Introducción
- Escribe el número y el título de la sección.
- Formula el tema principal de la sección.
- Anota el primer título principal de la sección y empieza tu resumen identificando la idea principal y la información que la apoya.

Desarrollo
- Por cada título de la sección, presenta la idea principal, junto con los detalles más importantes que la apoyan.
- Usa palabras y frases que muestren la relación entre las ideas.
- Usa tus propias palabras todo lo que puedas y limita la cantidad y la extensión de las citas.

Conclusión
- Reformula la idea principal de la sección.
- Haz un comentario sobre los mapas, las tablas, otros recursos visuales u otras características que hayan sido especialmente importantes o útiles.

3. Evalúa y revisa

Ahora tienes que evaluar tu resumen para asegurarte de que es completo y preciso. Las siguientes preguntas pueden ayudarte a decidir qué cambiar.

Preguntas para evaluar un resumen

- ¿Identificas en la introducción el número y el título de la sección y el tema principal?
- ¿Identificas la idea principal de la sección?
- ¿Incluyes detalles para apoyar cada título o párrafo de la sección?
- ¿Conectas tus ideas e información con palabras que demuestran cómo se relacionan?

- ¿Has escrito el resumen con tus propias palabras y has limitado la cantidad y la extensión de las citas?
- En la conclusión, ¿formulas el significado profundo, o la idea principal, de la sección?

CONSEJO Identificar las ideas principales en un capítulo de historia Los títulos que aparecen en negritas en los libros de texto suelen indicar qué tema se desarrollará. La primera y la última oración de los párrafos de la sección también pueden servir de guía breve sobre lo que se dice sobre ese tema.

4. Corrige y publica

Corregir

Asegúrate de poner todas las citas entre comillas y de colocar todos los signos de puntuación donde corresponde, antes o después de las comillas que cierran la cita.

- Las **comas** y los **puntos** van **fuera** de las comillas.
- El **punto y coma** y los **dos puntos** van **fuera** de las comillas.
- Los **signos de pregunta** y los **signos de exclamación** van **dentro** de las comillas **si son parte de la cita,** y van **fuera** de las comillas **si no son parte de la cita.**

CONSEJO Usar recursos históricos especiales No olvides mirar los mapas, las tablas, las líneas cronológicas, las ilustraciones y los documentos históricos, e incluso observa las preguntas y las tareas. Todos a menudo contienen ideas e información importantes.

Publicar

Reúnete en grupo con estudiantes que hayan escrito resúmenes de otras secciones de tu mismo capítulo. Revisen uno el resumen del otro. Asegúrense de que los resúmenes incluyen todas las ideas principales y los detalles más importantes de cada sección.

Reúnan todos los resúmenes y preparen una guía de estudios del capítulo para el grupo. Si pueden, hagan copias para todos los integrantes del grupo. También pueden hacer copias de más para intercambiar guías de estudio con los grupos que trabajaron con otros capítulos.

● Practica y aplica

Usa los pasos y las estrategias de este taller para escribir un resumen de una sección de un capítulo de esta unidad.

Imperios de Asia y de las Américas

Lo que aprenderás…

Las civilizaciones asiáticas de China y Japón fueron grandes centros de aprendizaje y de cultura. En China, una serie de dinastías gobernaron un gran imperio unificado. En esa época, se produjeron muchos adelantos en China, como por ejemplo el papel moneda y la pólvora.

Al este, en Japón, tuvo lugar una edad de oro del arte y la literatura durante el período Heian. Más tarde, surgió en el país un gobierno de generales llamados shogunes y de guerreros conocidos como samuráis.

Al otro lado del mundo se empezaban a construir ciudades e imperios en las Américas. La religión y un interés por la astronomía guiaban la vida de aquellos pobladores.

En los próximos tres capítulos, aprenderás sobre la historia y la cultura de los pueblos de China, de Japón y de las Américas en sus principios.

Investiga el arte

En esta escena se ve a una joven japonesa escribiendo su diario. ¿Qué sugiere sobre la sociedad japonesa esta escena?

China

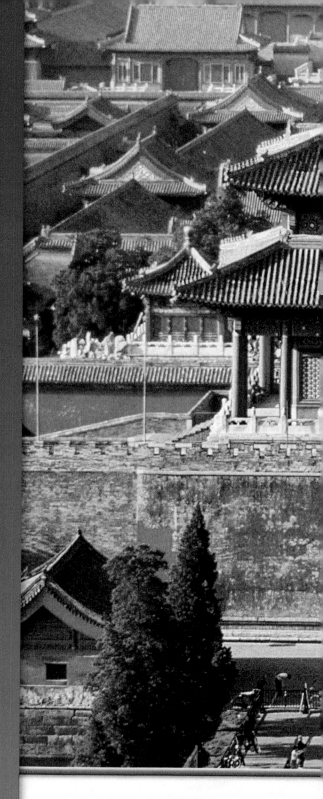

Pregunta esencial ¿De qué manera cambió China después de la caída de la dinastía Han?

Lo que aprenderás...

En este capítulo, estudiarás acerca de la historia china desde la caída de la dinastía Han en el siglo VI hasta el XVII.

ENFOQUE EN LA REDACCIÓN

Artículo periodístico En este capítulo, leerás sobre un gran período de la historia de China y aprenderás sobre muchos logros importantes que hubo en este período. Luego, escribirás un artículo periodístico sobre ellos. El objetivo del artículo será explicar el legado de China para el mundo.

SUCESOS EN EL CAPÍTULO

589
La dinastía Sui reunifica a China.

600

SUCESOS EN EL MUNDO

613
Mahoma comienza a enseñar las creencias básicas del Islam.

La magnífica Ciudad Prohibida, que aparece en la foto, se construyó en el siglo XV y sirvió de palacio real. Hoy en día, es un museo.

730-769
Li Bo y Du Fu escriben algunos de los más grandes poemas de la historia china.

1279
Los mongoles fundan la dinastía Yuan en China.

1644
Termina la dinastía Ming.

800 **1000** **1200** **1400** **1600**

794
La corte japonesa se establece en Heian.

1060-1069
El imperio de Ghana alcanza su máximo esplendor.

1347
La Peste Negra azota a Europa.

Economía	Geografía	Política	Religión	Sociedad y cultura	Ciencia y tecnología

Enfoque en los temas   En este capítulo, se explorará la historia de China desde finales del siglo VI hasta el siglo XVII. A medida que lees este capítulo, descubrirás que muchas dinastías diferentes gobernaron el país en esa época y que produjeron grandes cambios políticos. Algunas de estas dinastías favorecieron el comercio y provocaron crecimiento **económico** y estabilidad. Otras dinastías favorecieron el aislacionismo, restringiendo el contacto de China con el resto del mundo. También aprenderás que en este período hubo grandes adelantos en **ciencia y tecnología.**

Sacar conclusiones sobre el pasado

Enfoque en la lectura   Seguramente habrás escuchado la frase "atar cabos". Cuando las personas la dicen, no están hablando de "unir una cuerda a otra". Están hablando de "reunir la información".

Usar el conocimiento previo para sacar conclusiones   Una **conclusión** es una idea que se forma después de reunir la información. Unes la información de lo que lees a lo que ya sabes, tu conocimiento previo.

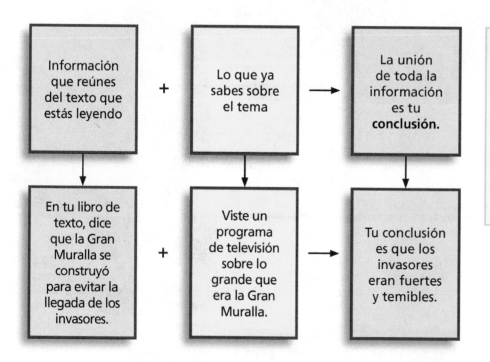

Pasos para sacar conclusiones

1. Mientras lees el texto, busca la información que te da el autor sobre el tema.

2. Piensa en lo que ya sabes sobre el tema. Considera lo que has estudiado, los libros que has leído o las películas que has visto.

3. Une tu conocimiento previo a lo que dice el texto.

¡Inténtalo!

El siguiente fragmento pertenece al capítulo que vas a leer. A medida que lees el fragmento, busca datos sobre China.

Adelantos en la agricultura

Del Capítulo 14, pág. 414

La civilización china se había basado desde siempre en la agricultura. A lo largo de miles de años, los chinos se habían convertido en agricultores expertos. En el norte, los agricultores cultivaban trigo, cebada y otros granos. En el sur, que era más cálido y húmedo, cultivaban arroz.

Sin embargo, bajo la dinastía Song, la agricultura en China alcanzó nuevos horizontes. Las mejoras se debieron en gran parte a las nuevas técnicas de irrigación. Por ejemplo, algunos agricultores hicieron pozos subterráneos. Un nuevo mecanismo de irrigación, una bomba con la forma del lomo de un dragón, permitía a una sola persona hacer el trabajo de varias. Con esta bomba liviana y portátil, un agricultor podía sacar agua y volcarla en un canal de irrigación. Basándose en estas nuevas técnicas, los agricultores crearon sistemas elaborados de irrigación.

Después de leer el fragmento, responde a las siguientes preguntas, sacando conclusiones sobre lo que has leído.

1. Recuerda lo que has aprendido sobre los sistemas de irrigación en otras culturas. ¿Cómo piensas que era la irrigación en China antes de la dinastía Song?

2. ¿Qué efecto piensas que tuvo en la sociedad china este adelanto en la irrigación? ¿Por qué?

3. Basándote en el fragmento, ¿qué condiciones piensas que necesita el arroz para crecer? ¿Cómo son en comparación con las condiciones que necesita el trigo?

4. ¿Qué es más probable que se haya cultivado cerca de la Gran Muralla: trigo o arroz? ¿Por qué?

Personas y palabras clave

Capítulo 14

Sección 1
Período de Desunión *(pág. 410)*
Gran Canal *(pág. 411)*
emperatriz Wu *(pág. 412)*

Sección 2
porcelana *(pág. 417)*
xilografía *(pág. 418)*
pólvora *(pág. 418)*
brújula *(pág. 418)*

Sección 3
burocracia *(pág. 422)*
administración pública *(pág. 422)*
funcionario erudito *(pág. 422)*

Sección 4
Genghis Khan *(p. 424)*
Kublai Khan *(pág. 425)*
Zheng He *(pág. 427)*
aislacionismo *(pág. 430)*

Vocabulario académico

El progreso escolar está relacionado con el conocimiento del vocabulario académico, es decir, de las palabras que se usan con frecuencia en las tareas y discusiones en clase. En este capítulo, aprenderás las siguientes palabras de vocabulario académico:

funcionar *(pág. 421)*
incentivo *(pág. 422)*
consecuencias *(pág. 430)*

A medida que lees el Capítulo 14, piensa en lo que ya sabes sobre China y saca conclusiones para completar la información que te ofrece el texto.

La reunificación de China

Si ESTUVIERAS allí...

Eres un campesino de China en el año 264. Tu abuelo suele hablar sobre una época en que toda China estaba unida, pero tú sólo has conocido las luchas entre los gobernantes. Un hombre que pasa por tu pueblo cuenta que hay aun más conflictos en otras zonas.

¿Por qué querrías que China tuviera sólo un gobernante?

CONOCER EL CONTEXTO La mayor parte de la historia de China se divide en dinastías. Las primeras dinastías gobernaron China durante siglos, pero tras la caída de la dinastía Han en 220, China cayó en desorden.

El Período de Desunión

Tras la caída de la dinastía Han, China se dividió en varios reinos que competían entre sí y estaban gobernados por líderes militares. Los historiadores suelen llamar **Período de Desunión** a esta época de desorden en la historia de China tras la caída de la dinastía Han. Esta época se extendió desde 220 hasta 589.

Aunque durante el Período de Desunión las guerras fueron frecuentes, al mismo tiempo sucedieron hechos pacíficos. Durante este período, se establecieron en el norte de China tribus nómadas. Parte del pueblo chino adoptó la cultura de los nómadas, y los invasores, a su vez, adoptaron algunas costumbres chinas. Por ejemplo, un ex gobernante nómada le ordenó a su pueblo adoptar nombres chinos, hablar en chino y vestirse como los chinos. Así, la cultura de los invasores y la tradición china se mezclaron.

En el sur de China, ocurrió una fusión cultural similar. Muchos chinos del norte que no querían ser gobernados por los invasores nómadas huyeron al sur de China. Allí, la cultura china del norte se mezcló con las culturas de más al sur.

Como resultado de esta mezcla, la cultura china cambió. Surgieron nuevas formas de arte y música. Nuevas comidas y vestimentas adquirieron popularidad. La nueva cultura se extendió por una zona geográfica más amplia que nunca, y más personas se hicieron chinas.

COMPRENSIÓN DE LA LECTURA **Identificar las ideas principales**
¿Cómo cambió la cultura china durante el Período de Desunión?

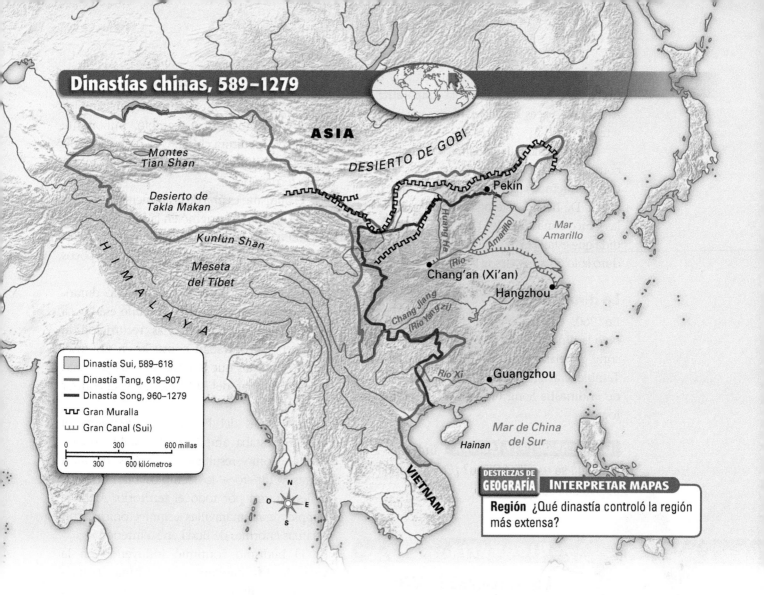

ASIA

Montes
Tian Shan

DESIERTO DE GOBI

Desierto de
Takla Makan

Pekin

Kunlun Shan

Huang He

Mar
Amarillo

Meseta
del Tíbet

Río
Amarillo

H I M A L A Y A

Chang'an (Xi'an)

Hangzhou

Chang Jiang
(Río Yangzi)

Río Xi

Guangzhou

Dinastía Sui, 589–618
Dinastía Tang, 618–907
Dinastía Song, 960–1279
Gran Muralla
Gran Canal (Sui)

Mar de China
del Sur

Hainan

0   300   600 millas
0   300   600 kilómetros

N
O   E
S

VIETNAM

DESTREZAS DE GEOGRAFÍA **INTERPRETAR MAPAS**

Región ¿Qué dinastía controló la región más extensa?

Dinastías Sui, Tang y Song

Finalmente, después de siglos de confusión política y cambios culturales, China se reunificó. Durante unos 700 años, China permaneció unificada bajo una serie de poderosas dinastías.

La dinastía Sui

El hombre que logró terminar con el Período de Desunión fue un gobernante del norte llamado Yang Jiang. En 589, conquistó el sur, unificó China y creó la dinastía Sui.

La dinastía Sui no duró mucho: sólo desde 589 hasta 618. Sin embargo, durante esa época, sus líderes restablecieron el orden en China y comenzaron a construir el **Gran Canal**, un canal que conecta el norte y el sur de China.

La dinastía Tang

En 618, surgió en China una nueva dinastía cuando un ex funcionario sui derrocó al antiguo gobierno. La dinastía Tang gobernó durante 300 años aproximadamente. Como puedes ver en el mapa, bajo la dinastía Tang, China llegó a dominar gran parte del este de Asia, así como gran parte de Asia central.

Los historiadores consideran a la dinastía Tang la edad de oro de la civilización china. Uno de sus gobernantes más destacados fue Taizong, que conquistó muchos territorios, reformó el ejército y creó códigos de derecho. Otro gobernante tang destacado fue Xuanzong. Durante su gobierno, floreció la cultura y surgieron muchos de los grandes poetas de China.

La dinastía Tang tuvo también a la única mujer que gobernó China: la **emperatriz Wu**. Aunque a veces era despiadada, era brillante y talentosa.

Tras la caída de la dinastía Tang, China comenzó otro breve período de caos y desorden, con reinos separados que competían por el poder. De hecho, este período se conoce como las Cinco Dinastías y los Diez Reinos por lo dividida que estaba China. Sin embargo, el desorden duró sólo 53 años, desde 907 hasta 960.

La dinastía Song

En 960, China volvió a unificarse, esta vez bajo la dinastía Song. Al igual que los tang, los song gobernaron unos 300 años, hasta 1279. También, al igual que con los tang, la época de la dinastía Song fue una época de grandes logros.

COMPRENSIÓN DE LA LECTURA **Ordenar**

¿Cuándo se reunificó China? ¿En qué período no estuvo unificada China?

BIOGRAFÍA

La emperatriz Wu
625–705

Casada con un emperador enfermizo, la emperatriz Wu prácticamente se convirtió en la gobernante de China en 655. Después de la muerte de su esposo, Wu decidió que sus hijos no eran dignos para gobernar. Conservó el poder para sí y gobernó con mano de hierro. Los que amenazaban su poder se arriesgaban a morir. A diferencia de muchos gobernantes anteriores, Wu elegía a sus consejeros por sus capacidades más que por su nivel social. Aunque no era querida, Wu fue respetada por generar estabilidad y prosperidad para China.

Sacar conclusiones ¿Por qué crees que el pueblo chino nunca quiso mucho a la emperatriz Wu?

La era del budismo

Mientras en China se experimentaban cambios en el gobierno, otro cambio importante ocurría en la cultura china. Una nueva religión se estaba difundiendo rápidamente por el vasto territorio.

El budismo es una de las principales religiones del mundo. Se originó en la India alrededor de 500 a.C. y llegó a China durante la dinastía Han. Pero durante un tiempo hubo pocos budistas en China.

La situación del budismo cambió durante el Período de Desunión. Durante esa época turbulenta, muchas personas recurrieron al budismo. Encontraban consuelo en las enseñanzas budistas que afirman que las personas pueden escapar del sufrimiento y encontrar la paz.

Para fines del Período de Desunión, el budismo estaba ampliamente establecido en China. Como resultado, los ricos donaron tierras y dinero a los templos budistas, que se levantaron por todo el territorio. Algunos templos eran maravillas arquitectónicas, con estatuas enormes de Buda en su interior.

El budismo continuó influyendo en la vida de los habitantes de China después de la reunificación del país. De hecho, siguió creciendo y difundiéndose durante las dinastías Sui y Tang. Los misioneros budistas chinos, personas que viajan para difundir su religión, llevaron el budismo a Japón, a Corea y a otras tierras de Asia.

El budismo ejerció su influencia en varios aspectos de la cultura china, como el arte, la literatura y la arquitectura. De hecho, el budismo llegó a ser tan importante en China que el período desde aproximadamente 400 hasta 845 se puede llamar la era del budismo.

La edad de oro del budismo llegó a su fin cuando un emperador tang lanzó una campaña contra la religión. Este emperador quemó muchos textos budistas, se apropió de tierras pertenecientes a templos budistas, destruyó muchos templos y transformó otros en escuelas.

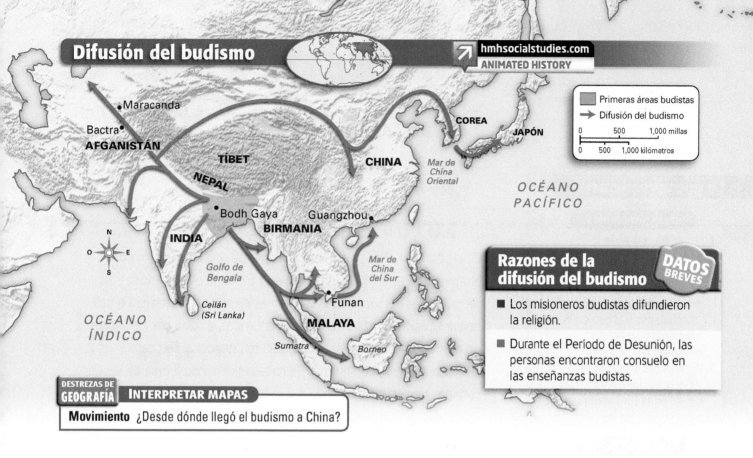

Difusión del budismo

hmhsocialstudies.com
ANIMATED HISTORY

Maracanda

Bactra
AFGANISTÁN

TÍBET

NEPAL

COREA

JAPÓN

CHINA

Mar de China Oriental

OCÉANO PACÍFICO

Bodh Gaya

Guangzhou

BIRMANIA

INDIA

Golfo de Bengala

Mar de China del Sur

Ceilán (Sri Lanka)

Funan

OCÉANO ÍNDICO

MALAYA

Sumatra

Borneo

Primeras áreas budistas

Difusión del budismo

0   500   1,000 millas

0   500   1,000 kilómetros

Razones de la difusión del budismo  DATOS BREVES

- Los misioneros budistas difundieron la religión.

- Durante el Período de Desunión, las personas encontraron consuelo en las enseñanzas budistas.

DESTREZAS DE GEOGRAFÍA   **INTERPRETAR MAPAS**

Movimiento ¿Desde dónde llegó el budismo a China?

Las acciones del emperador debilitaron la influencia del budismo en China, pero no lo destruyeron por completo. El budismo siguió siendo una parte fundamental de la cultura china durante siglos. Al igual que al comienzo del período tang, el budismo continuó inspirando el arte y la literatura de China. Sin embargo, aunque influyó en la cultura, el budismo cambió porque las personas empezaron a combinar elementos del budismo con elementos de otras filosofías, en especial el confucianismo y el taoísmo, y se creó una nueva forma de pensar.

COMPRENSIÓN DE LA LECTURA   **Identificar causa y efecto** ¿Por qué el budismo se difundió más fácilmente durante el Período de Desunión?

RESUMEN Y PRESENTACIÓN Tras el desorden que siguió a la caída de la dinastía Han, surgieron nuevas dinastías que restablecieron el orden en China. En la siguiente sección, leerás sobre sus numerosos adelantos.

Sección 1 Evaluación

hmhsocialstudies.com
Cuestionario en Internet

Repasar ideas, palabras y personas

1. **a. Definir** ¿Qué fue el **Período de Desunión**?
   b. Explicar ¿Cómo cambió la cultura china durante el Período de Desunión?
2. **a. Identificar** ¿Quién fue la **emperatriz Wu?** ¿Qué hizo?
   b. Evaluar ¿Cómo piensas que afectó a la gente común la reunificación de China?
3. **a. Identificar** ¿Cuándo fue la era del budismo en China?
   b. Explicar ¿Por qué recurrieron al budismo las personas durante el Período de Desunión?
   c. Profundizar ¿Qué influencia tuvo el budismo en la cultura china?

Pensamiento crítico

4. **Ordenar** Dibuja una línea cronológica como la siguiente. Basándote en tus notas sobre los sucesos importantes, ubica los sucesos principales y sus fechas sobre la línea cronológica.

200   1300

ENFOQUE EN LA REDACCIÓN

5. **Panorama general** En esta sección, obtuviste un panorama general sobre tres dinastías importantes y las contribuciones del budismo. Anota las ideas o contribuciones que incluirías en tu artículo.

Los logros de las dinastías Tang y Song

Lo que aprenderás...

Ideas principales

1. Los adelantos en la agricultura tuvieron como resultado un aumento en las actividades comerciales y el crecimiento de la población.
2. Las ciudades y el comercio crecieron durante las dinastías Tang y Song.
3. Durante las dinastías Tang y Song, se desarrollaron las bellas artes y los inventos.

La idea clave

Las dinastías Tang y Song fueron períodos de logros económicos, culturales y tecnológicos.

Palabras clave

porcelana, *pág. 417*
xilografía, *pág. 418*
pólvora, *pág. 418*
brújula, *pág. 418*

hmhsocialstudies.com
TOMAR NOTAS

Usa el organizador gráfico en Internet para tomar notas acerca de los logros de las dinastías Tang y Song.

Si ESTUVIERAS allí...

Es el año 1270. Eres un rico comerciante de una ciudad china de alrededor de un millón de habitantes. La ciudad estimula todos tus sentidos. Ves personas con vestimentas coloridas que pasean entre bellos edificios. Entras en tiendas concurridas, atraído por los lujosos objetos. Todo el mundo habla: se discuten negocios, se cuentan chismes, se hacen bromas. Percibes el delicioso aroma de la comida que están preparando en un restaurante al final de la calle.

¿Qué te parece tu ciudad?

CONOCER EL CONTEXTO Las dinastías Tang y Song fueron períodos de gran prosperidad y progreso. Los cambios en la agricultura establecieron las bases para otros adelantos en la civilización china.

Adelantos en la agricultura

La civilización china se había basado desde siempre en la agricultura. A lo largo de miles de años, los chinos se habían convertido en agricultores expertos. En el norte, los agricultores cultivaban trigo, cebada y otros granos. En el sur, que era más cálido y húmedo, cultivaban arroz.

Sin embargo, bajo la dinastía Song, la agricultura en China alcanzó nuevos horizontes. Las mejoras se debieron en gran parte a las nuevas técnicas de irrigación. Por ejemplo, algunos agricultores hicieron pozos subterráneos. Un nuevo dispositivo de irrigación, una bomba con la forma del lomo de un dragón, permitía a una sola persona hacer el trabajo de varias. Con esta bomba liviana y portátil, un agricultor podía sacar agua y volcarla en un canal de irrigación. Con estas técnicas nuevas, los agricultores crearon sistemas elaborados de irrigación.

Bajo la dinastía Song, aumentó la cantidad de tierras cultivadas. Las tierras a orillas del Chang Jiang, que antes habían sido silvestres, ahora se cultivaban. Las granjas también mejoraron su productividad gracias al descubrimiento de un nuevo tipo de arroz que maduraba rápidamente y que permitía recoger dos o hasta tres cosechas en el mismo tiempo que antes llevaba lograr una sola.

Los agricultores chinos también aprendieron a cultivar de manera eficiente otros cultivos, como el algodón. Los trabajadores procesaban la fibra de algodón para fabricar ropa y otros productos. También aumentó la producción de té, que se cultivaba en China desde hacía siglos.

Con los excedentes de la agricultura, se pagaban impuestos al gobierno. Los mercaderes también compraban y vendían granos comestibles. Por lo tanto, había abundancia de alimentos no sólo en el campo, sino también en las ciudades. Al contar con más alimentos, la población china creció rápidamente. Durante la dinastía Tang, la población era de unos 60 millones, mientras que durante la dinastía Song, los agricultores chinos proveían de alimentos a un país de unos 100 millones de habitantes. En esa época, China era el país más grande del mundo.

COMPRENSIÓN DE LA LECTURA **Identificar causa y efecto** ¿Qué efecto tuvieron sobre el crecimiento de la población los adelantos en la agricultura?

SU IMPORTANCIA HOY

China sigue siendo el país más poblado del mundo. Hoy viven allí más de 1.3 mil millones de personas.

El cultivo del arroz

El arroz ha sido desde hace mucho tiempo un cultivo fundamental en el sur de China, donde el clima cálido y húmedo es perfecto para cultivarlo.

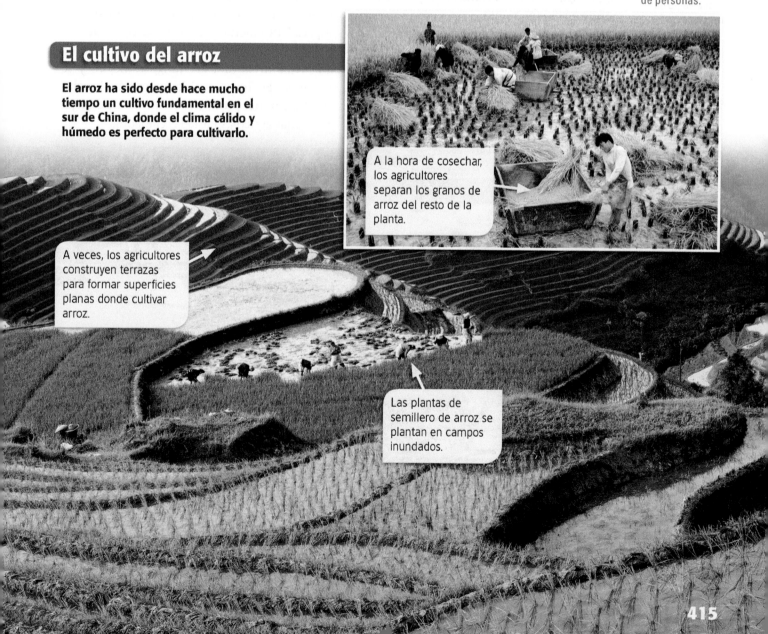

A la hora de cosechar, los agricultores separan los granos de arroz del resto de la planta.

A veces, los agricultores construyen terrazas para formar superficies planas donde cultivar arroz.

Las plantas de semillero de arroz se plantan en campos inundados.

415

Las ciudades y el comercio

Durante las dinastías Tang y Song, gran parte de los alimentos que se cultivaban en los campos de China llegaban a las ciudades y los pueblos, que eran cada vez más grandes. Las ciudades chinas eran lugares llenos de gente y de actividad. La presencia de comerciantes, funcionarios públicos, médicos, artesanos, personas del mundo del espectáculo, líderes religiosos y artistas también hacía de las ciudades lugares animados.

ENFOQUE EN LA LECTURA

¿Qué conclusión puedes sacar sobre la relación entre el Gran Canal y el crecimiento de las ciudades?

La vida en las ciudades

La capital de China y la ciudad más grande de la dinastía Tang era Chang'an, un enorme centro de comercio con mucha actividad. Con una población de más de un millón de habitantes, era sin lugar a dudas la ciudad más poblada del mundo en ese momento.

Al igual que en otras ciudades comerciales, en Chang'an había una mezcla de muchas culturas: china, coreana, persa, árabe y europea. La ciudad también era conocida como centro religioso y filosófico: no sólo había budistas y taoístas, sino también cristianos de Asia.

Durante la dinastía Song, las ciudades siguieron creciendo. Varias ciudades, entre ellas la capital song, Kaifeng, llegaron a tener alrededor de un millón de habitantes. Otras doce ciudades tenían alrededor de medio millón de habitantes.

El comercio en China y en el exterior

El comercio creció al mismo tiempo que las ciudades chinas. La actividad comercial, combinada con la base agrícola del país, hizo a China más rica que nunca.

Gran parte del comercio se desarrollaba dentro de China. Los comerciantes usaban los ríos del país para transportar mercaderías en barcos y barcazas.

Por el Gran Canal, una serie de vías navegables que conectaban ciudades importantes, circulaban grandes cantidades de mercaderías, en especial productos agrícolas. La construcción del canal se había iniciado durante la dinastía Sui. Durante la dinastía Tang, se mejoró y se extendió. El Gran Canal les permitió a los chinos transportar productos y cultivos desde lejanas zonas agrícolas hasta las ciudades.

El Gran Canal

Pekín

Huang He (Río Amarillo)

Mar Amarillo

Zhenjiang

Chang'an

Chang Jiang (Río Yangtsé)

Hangzhou

Mar de China Oriental

⊔⊔ Gran Canal (sui)

Los chinos también comerciaban con otras tierras y pueblos. Durante la dinastía Tang, la mayor parte del comercio exterior se realizaba por rutas terrestres que llevaban hacia el oeste, a la India, y hacia el suroeste asiático, aunque los comerciantes chinos también iban a Corea y Japón, al este. China exportaba, entre otros productos, té, arroz, especias y jade. Sin embargo, hubo un producto de exportación que tuvo especial importancia: la seda. La seda llegó a ser tan valiosa que los chinos intentaron mantener en secreto el método de su fabricación. A cambio de sus exportaciones los chinos importaban distintas clases de alimentos y plantas, lana, cristal, oro y plata.

Durante la dinastía Song, cobró importancia el comercio marítimo, o por mar. China abrió sus puertos del Pacífico a los comerciantes extranjeros. Las rutas comerciales marítimas conectaron a China con muchos otros países. En esta época, los chinos también crearon otro valioso producto: un tipo de cerámica bella y delicada conocida como **porcelana**.

El Gran Canal de China (a la izquierda) es la vía navegable artificial más larga del mundo. Fue construido principalmente para transportar arroz y otros alimentos desde el sur para alimentar a las ciudades y los ejércitos del norte de China. Grandes cantidades de barcazas como la que se muestra en la foto navegan por el Gran Canal, que sigue siendo una vía de transporte importante en China.

Todo este comercio creó una economía fuerte. Como resultado, durante la dinastía Song, los comerciantes se convirtieron en importantes miembros de la sociedad china. También como resultado del crecimiento del comercio y de la riqueza, los song inventaron el primer sistema de papel moneda del mundo en el siglo X.

COMPRENSIÓN DE LA LECTURA **Resumir**
¿Hasta dónde se extendían las rutas comerciales chinas?

Las artes y los inventos

Mientras China crecía económicamente, también aumentaba su riqueza cultural. China logró enormes adelantos en literatura, artes y ciencias.

Artistas y poetas

Los artistas y escritores de la dinastía Tang estuvieron entre los más grandes de China. Wu Daozi pintó murales que celebraban el budismo y la naturaleza. Li Bo y Du Fu escribieron poemas que todavía se disfrutan por su belleza. En este poema, Li Bo expresa la nostalgia que siente en medio de la noche:

> " Un rayo de luna brillante
> hay delante de mi cama.
> Tanto brilla que parece
> como si fuera escarcha.
> Levanto la cabeza
> y miro la luna brillar.
> Bajo la cabeza
> y sueño que estoy en mi hogar. "
> —"Pensamientos de una noche silenciosa", de Li Bo

En la dinastía Song, período destacado también por la literatura, surgió Li Qingzhao, quizás la más importante poetisa de China. Dijo una vez que el objeto de su poesía era capturar pequeños momentos en el tiempo.

Los artistas de las dinastías Tang y Song crearon objetos exquisitos en arcilla. Las figuras tang de caballos expresan claramente la fuerza de los animales. Los artistas song hicieron objetos de porcelana con un brillo verde pálido llamado celadón.

SU IMPORTANCIA
HOY

La porcelana adquirió tanta popularidad en Occidente, que en inglés se conoce con el nombre de *chinaware* o *china* (loza china).

El papel

El papel, inventado durante la dinastía Han alrededor de 105, fue uno de los más grandes inventos de los chinos. Les permitió llevar registros de manera fácil y económica, y les dio la posibilidad de imprimir.

La porcelana

La porcelana se fabricó por primera vez durante la dinastía Tang, pero se perfeccionó muchos siglos después. Los artistas chinos fueron famosos por las obras que hicieron con este frágil material.

La xilografía

Los chinos inventaron la imprenta durante la dinastía Tang, siglos antes de que se conociera en Europa. Con la imprenta, se podían copiar dibujos o texto con mayor rapidez que a mano.

La pólvora

La pólvora, que se inventó a finales de la dinastía Tang o a principios de la dinastía Song, se usaba para fuegos artificiales y señales. En general, los chinos no la usaban como arma.

Los tipos móviles

Los inventores de la dinastía Song crearon los tipos móviles, que permitieron imprimir con mayor rapidez. Las letras talladas se podían reagrupar y volver a usar para imprimir distintos mensajes.

La brújula magnética

La brújula se inventó poco después de la dinastía Han, y tuvo muchas mejoras durante el período tang. La nueva brújula permitió a los navegantes y los comerciantes recorrer grandes distancias.

El papel moneda

El primer papel moneda del mundo fue inventado por la dinastía Song. Como era más liviano y más fácil de manipular que las monedas, el papel moneda ayudó a los chinos a administrar su creciente riqueza.

Inventos importantes

Durante las dinastías Tang y Song aparecieron algunos de los inventos más sorprendentes e importantes de la historia de la humanidad. Algunos de estos inventos tuvieron influencia en sucesos de todo el mundo.

Según la leyenda, el papel fue inventado por un hombre llamado Cai Lun en el año 105 durante la dinastía Han. Más tarde, en el período tang, apareció otro invento basado en el de Cai Lun: la **xilografía**, una forma de impresión en la que una página completa se talla en una plancha de madera. La persona que se encarga de la impresión cubre de tinta la plancha y presiona sobre ella un papel para crear la página impresa. El primer libro impreso que se conoce en el mundo se imprimió de esta manera en China en 868.

Otro invento de la dinastía Tang fue la pólvora. La **pólvora** es una mezcla de polvos utilizada en armas de fuego y explosivos. En un principio, se usó sólo en fuegos artificiales, pero más adelante sirvió para fabricar pequeñas bombas y cohetes. Finalmente, la pólvora se usó para fabricar explosivos, armas de fuego y cañones. La pólvora cambió por completo la manera de pelear en las guerras, y por eso alteró el curso de la historia de la humanidad.

Uno de los logros más útiles de la China de los tang fue el perfeccionamiento de la **brújula** magnética. Este instrumento, que utiliza el campo magnético de la Tierra para indicar la dirección, revolucionó los viajes. La brújula permitió hallar la dirección con más exactitud que nunca. El perfeccionamiento de la brújula tuvo consecuencias de amplio alcance: los exploradores de todo el mundo usaron la brújula para recorrer largas distancias. También las tripulaciones de barcos mercantes y barcos de guerra comenzaron a confiar en la brújula. Por lo tanto, la brújula ha sido un elemento clave en algunos de los viajes por mar más importantes de la historia.

Durante la dinastía Song, también hubo muchos inventos importantes. Bajo los song, los chinos inventaron los tipos móviles. Los tipos móviles son conjuntos de letras o caracteres que se usan para imprimir libros. A diferencia de

La ruta del papel

El billete de un dólar que tienes en el bolsillo podrá ser nuevecito, pero el papel moneda existe desde hace mucho tiempo. El papel moneda se imprimió por primera vez en China en el siglo X d.C. y se usó durante unos 700 años, hasta la dinastía Ming, cuando se imprimió el billete de la derecha. Sin embargo, se imprimió tanto dinero que perdió valor. Durante siglos, los chinos no volvieron a usar el papel moneda, que se adoptó en Europa y finalmente se popularizó. Hoy en día, la mayoría de los países imprimen papel moneda.

DESTREZA DE ANÁLISIS **ANALIZAR INFORMACIÓN**

¿Cuáles son algunas ventajas del papel moneda?

---

las planchas que se usan en xilografía, los tipos móviles se pueden reagrupar y volver a usar para crear nuevas líneas de texto y distintas páginas.

La dinastía Song también introdujo el concepto del papel moneda. Las personas estaban acostumbradas a comprar productos y servicios con voluminosas monedas de metales como bronce, oro y plata. El papel moneda era mucho más liviano y fácil de usar. A medida que en China crecía el comercio y muchas personas se enriquecían, el papel moneda cobró mayor popularidad.

COMPRENSIÓN DE LA LECTURA **Identificar las ideas principales** Menciona algunos inventos importantes de las dinastías Tang y Song.

RESUMEN Y PRESENTACIÓN Las dinastías Tang y Song fueron períodos de grandes adelantos. Muchos artistas y escritores importantes vivieron durante esos períodos. Los inventos de esas épocas también tuvieron enormes consecuencias en la historia mundial. En la siguiente sección, aprenderás sobre el gobierno de la dinastía Song.

Sección 2 Evaluación

hmhsocialstudies.com
Cuestionario en Internet

Repasar ideas, palabras y personas

1. **a. Recordar** ¿Qué adelantos en la agricultura hubo durante la dinastía Song?
   b. Explicar ¿Qué efectos tuvieron sobre la población china los adelantos en la agricultura?
2. **a. Describir** ¿Cómo eran las ciudades capitales de la China de los tang y los song?
   b. Sacar conclusiones ¿Cómo influyó la geografía de China en su comercio?
3. **a. Identificar** ¿Quién fue Li Bo?
   b. Sacar conclusiones ¿Qué relación pudo haber entre la invención del papel moneda y la **xilografía**?
   c. Ordenar ¿Cuál crees que fue el invento tang o song más importante? Justifica tu respuesta.

Pensamiento crítico

4. **Crear categorías** Copia la tabla de la derecha. Úsala para organizar tus notas sobre las dinastías Tang y Song en categorías.

	Dinastía Tang	Dinastía Song
Agricultura		
Ciudades		
Comercio		
Arte		
Inventos		

ENFOQUE EN LA REDACCIÓN

5. **Identificar logros** Acabas de leer sobre los logros de las dinastías Tang y Song. Haz una lista de los logros que incluirías en tu artículo.

El confucianismo y el gobierno

Si **ESTUVIERAS** allí...

Eres estudiante en China en 1184. Es de noche, pero no puedes dormir. Mañana tienes un examen. Sabes que será el examen más importante de tu vida. Te has preparado, no durante días, semanas ni meses... sino durante *años*. Mientras das vueltas en la cama, piensas en que el resultado de este examen determinará el resto de tu vida.

¿Por qué será tan importante un solo examen?

CONOCER EL CONTEXTO La dinastía Song gobernó China desde 960 hasta 1279. El período fue una época de mejoras en la agricultura, de ciudades en crecimiento, de expansión del comercio y de desarrollo de las artes y los inventos. También fue un momento de cambios decisivos en el gobierno de China.

Confucianismo

El confucianismo, la filosofía dominante en China, se basa en las enseñanzas de Confucio. Este filósofo chino vivió más de 1,500 años antes de la dinastía Song. Sus ideas, sin embargo, tuvieron una enorme influencia en el sistema de gobierno de los song.

Las ideas de Confucio

Las enseñanzas de Confucio se basaban en la ética, o el comportamiento apropiado, de los individuos y los gobiernos. Confucio decía que las personas debían vivir siguiendo dos principios básicos: *ren*, o preocupación por los demás, y *li*, o comportamiento adecuado. Confucio sostenía que la sociedad iba a **funcionar** mejor si todos seguían los principios *ren* y *li*.

Confucio creía que cada persona tenía un papel apropiado que desempeñar en la sociedad. El orden se podía mantener cuando las personas sabían qué lugar les correspondía y se comportaban de manera apropiada. Por ejemplo, Confucio decía que los jóvenes debían obedecer a sus mayores y que los súbditos debían obedecer a sus gobernantes.

La influencia del confucianismo

Después de la muerte de Confucio, sus seguidores difundieron sus ideas, pero no todo el mundo las aceptó. De hecho, la dinastía Qin suprimió oficialmente las ideas y enseñanzas confucianas. Pero para la época de la dinastía Han, el confucianismo había ganado terreno otra vez y se convirtió en la filosofía oficial del Estado.

Durante el Período de Desunión que siguió a la dinastía Han, el budismo ocupó el lugar del confucianismo como la tradición más importante de China. Como recuerdas, muchas personas en China recurrieron al budismo en busca de consuelo durante esa época turbulenta. Al hacerlo, se alejaron de las ideas y actitudes confucianas.

Más adelante, durante la dinastía Sui y el comienzo de la dinastía Tang, el budismo tuvo mucha influencia. A diferencia del confucianismo, que insistía en el comportamiento ético, el budismo predicaba una actitud más espiritual que prometía poner fin al sufrimiento. A medida que el budismo cobraba popularidad en China, el confucianismo perdía parte de su influencia.

PHOTOGRAPH © 2012 MUSEUM OF FINE ARTS, BOSTON

Además de la ética, el confucianismo destacaba la importancia de la educación. En esta pintura del período song, aparecen eruditos confucianos de una época anterior clasificando textos confucianos clásicos durante el Período de Desunión.

Los exámenes de administración pública

En esta pintura del siglo XVII, se muestran empleados públicos que están escribiendo para el emperador de China. Los exámenes eran difíciles para asegurar que los funcionarios de gobierno fueran elegidos por su capacidad, no por su riqueza ni por influencia familiar.

Exámenes difíciles

- Los estudiantes tenían que memorizar textos confucianos enteros.

- Para pasar los exámenes más difíciles, ¡los estudiantes se preparaban durante más de 20 años!

- Algunos exámenes duraban hasta 72 horas, y los estudiantes tenían que tomarlos encerrados en habitaciones separadas.

- Algunos estudiantes deshonestos hacían trampa copiando textos de Confucio en su ropa, sobornando a los examinadores o pagando a otras personas para que se presentaran por ellos al examen.

- Para evitar las trampas, los salones de examen muchas veces se cerraban con llave y se vigilaban.

El neoconfucianismo

A finales de la dinastía Tang, muchos historiadores y eruditos chinos volvieron a interesarse en las enseñanzas de Confucio. El interés fue despertado por sus deseos de mejorar el gobierno y la sociedad de China.

Durante y después de la dinastía Song, se desarrolló una nueva filosofía conocida como neoconfucianismo. El término *neo* significa "nuevo". Como se basaba en el confucianismo, el neoconfucianismo se parecía a la antigua filosofía: enseñaba a comportarse adecuadamente. Sin embargo, también ponía énfasis en cuestiones espirituales. Por ejemplo, los eruditos neoconfucianos debatían sobre temas como por qué los seres humanos hacían cosas malas aunque fueran buenos por naturaleza.

El neoconfucianismo ejerció mucha más influencia bajo el gobierno de los song. Tiempo después, llegó a ser todavía más influyente. De hecho, las ideas del neoconfucianismo se convirtieron en la doctrina oficial del gobierno después de la dinastía Song.

VOCABULARIO ACADÉMICO

incentivo algo que hace que las personas sigan una determinada línea de acción

COMPRENSIÓN DE LA LECTURA **Contrastar**
¿En qué se diferenció el neoconfucianismo del confucianismo?

Funcionarios eruditos

La dinastía Song tomó otra medida importante que afectó a China durante siglos. Se introdujeron mejoras en el sistema mediante el cual las personas iban a trabajar para el gobierno. Estos trabajadores formaban una enorme **burocracia**, o cuerpo de empleados no electos del gobierno. Pasaban a formar parte de la burocracia al aprobar una serie de exámenes de administración pública. La **administración pública** es el servicio como empleado del gobierno.

Para ser empleado público, había que aprobar una serie de exámenes escritos. Los exámenes ponían a prueba cuánto sabía el estudiante sobre el confucianismo y las ideas relacionadas.

Como las pruebas eran sumamente difíciles, los estudiantes dedicaban años enteros a prepararse. Muy pocos de los que se presentaban al examen obtenían una calificación alta para ser nombrados en puestos de gobierno. Sin embargo, los candidatos a los exámenes de la administración pública tenían un fuerte <u>incentivo</u> para estudiar tanto. El éxito en las pruebas significaba vivir la vida de un **funcionario erudito**, un miembro culto del gobierno.

Funcionarios eruditos

Los funcionarios eruditos adquirieron prominencia durante la dinastía Song y siguieron siendo importantes para China durante siglos. Estos funcionarios eruditos, por ejemplo, vivieron durante la dinastía Qing, que gobernó desde mediados del siglo XVII hasta comienzos del siglo XX. Algunas de sus responsabilidades características podían ser administrar las oficinas de gobierno; mantener los caminos, los sistemas de irrigación y otras obras públicas; actualizar y mantener los registros oficiales o recaudar impuestos.

Los funcionarios eruditos eran miembros destacados de la sociedad. Realizaban muchas tareas importantes en el gobierno y todos los admiraban por sus conocimientos y su ética. Sus beneficios incluían un gran respeto y penas reducidas si violaban la ley. Además, muchos se enriquecían con los regalos que recibían de las personas a quienes ayudaban.

El sistema de exámenes para entrar en la administración pública garantizaba que sólo las personas talentosas e inteligentes pudieran convertirse en funcionarios eruditos. El sistema de administración pública fue un factor fundamental para la estabilidad del gobierno de la dinastía Song.

COMPRENSIÓN DE LA LECTURA **Analizar** ¿Qué cambios introdujo la dinastía Song en el gobierno de China?

RESUMEN Y PRESENTACIÓN Durante el período song, las ideas confucianas ayudaron a formar el gobierno de China. En la siguiente sección, leerás sobre las dos dinastías que siguieron a la Song: la Yuan y la Ming.

Sección 3 Evaluación

hmhsocialstudies.com
Cuestionario en Internet

Repasar ideas, palabras y personas

1. **a. Identificar** ¿Qué dos principios pensaban los confucionistas que debían seguir las personas?
   b. Explicar ¿Qué fue el neoconfucianismo?
   c. Profundizar ¿Por qué piensas que el neoconfucianismo atrajo a tantas personas?

2. **a. Definir** ¿Qué era un **funcionario erudito**?
   b. Explicar ¿Por qué alguien querría ser funcionario erudito?
   c. Evaluar ¿Piensas que los exámenes de la **administración pública** eran una buena manera de elegir funcionarios de gobierno? ¿Por qué?

Pensamiento crítico

3. **Ordenar** Repasa tus notas para ver de qué manera el confucianismo llevó a la formación del neoconfucianismo y cómo el neoconfucianismo llevó a la formación de una burocracia de gobierno. Usa un organizador gráfico como el siguiente.

Confucianismo → Neoconfucianismo → Burocracia de gobierno

ENFOQUE EN LA REDACCIÓN

4. **Reunir ideas sobre el confucianismo y el gobierno** En esta sección, leíste sobre el confucianismo y las nuevas ideas sobre el gobierno. De lo que aprendiste, ¿qué podrías agregar en tu lista de logros?

Las dinastías Yuan y Ming

Lo que aprenderás...

Ideas principales

1. China formaba parte del imperio mongol. Los mongoles gobernaron China como parte de la dinastía Yuan.
2. Durante la dinastía Ming, hubo una época de estabilidad y prosperidad.
3. Bajo la dinastía Ming, China experimentó grandes cambios en su gobierno y en las relaciones con otros países.

La idea clave

Durante la dinastía Yuan, los chinos fueron gobernados por extranjeros, pero derrocaron al gobierno mongol y durante la dinastía Ming prosperaron.

Personas y palabras clave

Genghis Khan, *pág. 424*
Kublai Khan, *pág. 425*
Zheng He, *pág. 427*
aislacionismo, *pág. 430*

hmhsocialstudies.com
TOMAR NOTAS

Usa el organizador gráfico en Internet para tomar notas acerca de las dinastías Yuan y Ming.

Si ESTUVIERAS allí...

Eres un agricultor del norte de China en 1212. Mientras arrancas malezas de un campo de trigo, oyes un sonido parecido a un trueno. Miras hacia el lugar de donde proviene el sonido y ves en el horizonte cientos... no, *miles*, de jinetes armados que cabalgan directamente hacia ti. Te quedas paralizado del terror. Piensas una sola cosa: se acercan los temibles mongoles.

¿Qué puedes hacer para salvarte?

CONOCER EL CONTEXTO A lo largo de su historia, el norte de China había sido atacado una y otra vez por pueblos nómadas. Durante la dinastía Song, estos ataques se hicieron más frecuentes y amenazadores.

El Imperio mongol

Entre los pueblos nómadas que atacaban a los chinos estaban los mongoles. Durante siglos, los mongoles habían vivido en tribus separadas en las extensas llanuras del norte de China. Luego, en 1206, un líder poderoso, o khan, los unificó. Su nombre era Temüjin, pero al convertirse en líder adquirió el nuevo título de "Gobernante universal", o **Genghis Khan**.

La conquista mongola

Genghis Khan organizó a los mongoles, formó un poderoso ejército y los dirigió en sangrientas expediciones de conquista. La brutalidad de los ataques mongoles aterrorizaba a gran parte de Asia y Europa Oriental. Genghis Khan y su ejército mataron a todos los hombres, las mujeres y los niños de innumerables ciudades y pueblos. En 20 años, llegó a gobernar gran parte de Asia.

Entonces, Genghis Khan dirigió su atención hacia China. Primero, condujo a sus ejércitos al norte de China en 1211. Se abrieron paso hacia el sur, arrasando con ciudades enteras y arruinando tierras de labranza. Para 1227, cuando murió Genghis Khan, todo el norte de China ya estaba bajo el control de los mongoles.

Imperio mongol, 1294

RUSIA

EUROPA

ASIA

MONGOLIA

CHINA

INDIA

MTS. URALES

R. Volga

Río Danubio

Cordillera del Cáucaso

Mar Negro

Mar Caspio

Mar de Aral

Karakorum

DESIERTO DE GOBI

Pekín

Huáng He (Río Amarillo)

Montes Tian Shan

Mar Mediterráneo

Río Tigris

Río Éufrates

PERSIA

HIMALAYA

Meseta del Tíbet

Chang Jiang (Río Yangtsé)

Hangzhou

Mar de China Oriental

EGIPTO

Península Arábiga

Golfo Pérsico

Río Indo

Mar Arábigo

Taiwán

Mar Rojo

Imperio mongol
Gran Muralla

0   400   800 millas
0   400   800 kilómetros

N O E S

DESTREZAS DE GEOGRAFÍA **INTERPRETAR MAPAS**

Región ¿Hasta dónde se extendía hacia el oeste el Imperio mongol?

HISTORY

VIDEO
Genghis Khan: Terror and Conquest
↗ hmhsocialstudies.com

Sin embargo, las conquistas de los mongoles no terminaron con la muerte de Genhis Khan. Sus hijos y nietos continuaron atacando toda Asia y Europa Oriental. La destrucción que los mongoles dejaban a su paso era terrible, según relata un cronista ruso:

"En las tierras de Riazán, estaba la ciudad de Riazán, pero su riqueza y gloria se extinguieron, y en la ciudad no queda nada para ver excepto humo, cenizas y tierra infértil".

–de "Relato de la destrucción de Riazán", *Epopeyas, crónicas y relatos de la Rusia medieval,* editado por Serge Zenkovsky

En 1260, el nieto de Genghis Khan, **Kublai Khan**, se convirtió en soberano del Imperio mongol. Completó la conquista de China y en 1279 se declaró emperador de China. Así comenzó la dinastía Yuan, un período también conocido como Supremacía Mongol. Por primera vez en su larga historia, todo el territorio de China estaba bajo un gobierno extranjero.

Guerrero mongol

La vida en la China de los yuan

Kublai Khan y los gobernantes mongoles que lideraba pertenecían a un grupo étnico diferente de los chinos. Hablaban otro idioma, adoraban a dioses diferentes, vestían ropas diferentes y tenían costumbres diferentes. A los chinos les molestaba ser gobernados por aquellos extranjeros, a quienes consideraban toscos e incivilizados.

Sin embargo, Kublai Khan no obligó a los chinos a aceptar el estilo de vida de los mongoles. Es más: algunos mongoles llegaron a adoptar aspectos de la cultura china, como el confucianismo. De todos modos, se aseguraron de mantener a los chinos bajo control. Por ejemplo, prohibieron a los eruditos confucianos adquirir demasiado poder dentro del gobierno. Los mongoles también cobraron altos impuestos a los chinos.

Gran parte del dinero que obtenían de los impuestos se utilizó para realizar grandes proyectos de obras públicas. Estos proyectos requerían el trabajo de muchos chinos. Los yuan extendieron el Gran Canal y construyeron nuevos caminos y palacios. Los trabajadores también mejoraron los caminos que formaban parte del sistema chino de correos. Además, los emperadores yuan construyeron una nueva capital, Dadu, cerca de lo que hoy es Pekín.

Se enviaron soldados mongoles por todo el territorio de China para mantener la paz y vigilar de cerca a los chinos. La presencia de los soldados hizo que las rutas comerciales terrestres fueran seguras para los comerciantes. El comercio marítimo entre China, la India y el sureste de Asia también continuó. Los emperadores mongoles además acogieron a los comerciantes extranjeros en los puertos chinos. Algunos de estos comerciantes recibieron privilegios especiales.

Parte de lo que sabemos de cómo era la vida durante la dinastía Yuan proviene de uno de esos comerciantes, un mercader italiano llamado Marco Polo, que viajó por China entre 1271 y 1295. Los mongoles lo respetaban mucho: la corte de Kublai Khan incluso se puso a su servicio. Cuando Polo volvió a Europa, escribió sobre sus viajes. Sus descripciones de China fascinaron a muchos europeos y su libro despertó gran interés por China en Europa.

El final de la dinastía Yuan

A pesar de tener un extenso imperio, los mongoles no estaban satisfechos con su territorio y decidieron invadir Japón. Una flota mongola navegó hasta Japón en 1274 y 1281. Sin embargo, las campañas fueron desastrosas. Las violentas tormentas y los feroces defensores destruyeron la mayor parte de las fuerzas mongolas.

El fracaso de las campañas contra Japón debilitó al ejército mongol. Los enormes y costosos proyectos de obras públicas ya habían debilitado a la economía. Estas debilidades, más el resentimiento de los chinos, motivaron la rebelión en China.

En el siglo XIV, muchos grupos chinos se rebelaron contra la dinastía Yuan. En 1368, un ex-monje llamado Zhu Yuanzhang se puso al frente de un ejército rebelde y logró la victoria final sobre los mongoles. China volvió a ser gobernada por los chinos.

COMPRENSIÓN DE LA LECTURA **Identificar las ideas principales** ¿Cómo llegaron los mongoles a gobernar China?

Fuente primaria

LIBRO
Una ciudad china

En este fragmento, Marco Polo describe su visita a Hangzhou, una ciudad del sureste de China.

" Dentro de la ciudad hay un lago... y alrededor se han erigido [construido] bellos palacios y mansiones de una estructura de lo más rica y exquisita [refinada] que se pueda imaginar... En medio del lago hay dos islas, y en cada una se levanta un bello y amplio edificio, amueblado con un estilo propio de un emperador. Y cuando algún ciudadano deseaba ofrecer un banquete de bodas o cualquier otra celebración, lo hacía en uno de esos palacios. Y allí todo estaba disponible: platos, fuentes y bandejas de plata, servilletas, manteles y todo lo necesario. El rey proveía estos lujos para gratificación [disfrute] de su pueblo, y el lugar estaba abierto a todo el que quisiera hacer un festejo **"**.

–de *Descripción del mundo*, Marco Polo

DESTREZA DE ANÁLISIS **ANALIZAR FUENTES PRIMARIAS**

A partir de esta descripción, ¿qué impresión de Hangzhou crees que habrán tenido los europeos?

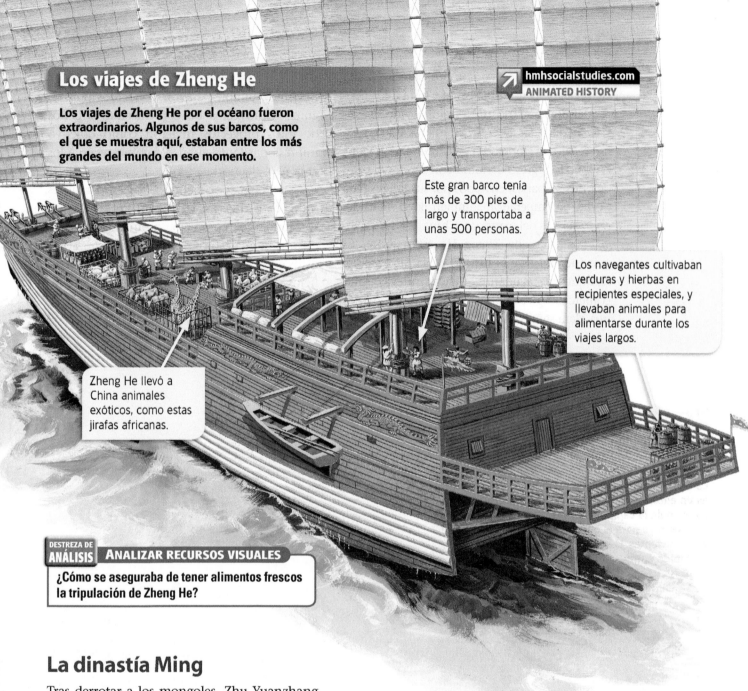

Los viajes de Zheng He

Los viajes de Zheng He por el océano fueron extraordinarios. Algunos de sus barcos, como el que se muestra aquí, estaban entre los más grandes del mundo en ese momento.

Este gran barco tenía más de 300 pies de largo y transportaba a unas 500 personas.

Los navegantes cultivaban verduras y hierbas en recipientes especiales, y llevaban animales para alimentarse durante los viajes largos.

Zheng He llevó a China animales exóticos, como estas jirafas africanas.

DESTREZA DE ANÁLISIS **ANALIZAR RECURSOS VISUALES**

¿Cómo se aseguraba de tener alimentos frescos la tripulación de Zheng He?

La dinastía Ming

Tras derrotar a los mongoles, Zhu Yuanzhang se convirtió en emperador de China. La dinastía Ming que fundó gobernó China desde 1368 hasta 1644, casi 300 años. La China de los ming resultó uno de los períodos más estables y prósperos de la historia china. Los ming extendieron la fama de China por el mundo y patrocinaron increíbles proyectos de construcción por todo el territorio de China.

Grandes viajes por mar

Durante la dinastía Ming, los chinos mejoraron sus barcos y su habilidad para navegar. El mejor navegante de este período fue **Zheng He**. Entre 1405 y 1433, estuvo al frente de siete grandes viajes alrededor de Asia. Las flotas de Zheng He eran enormes: una de ellas tenía más de 60 barcos y 25,000 tripulantes. Algunos de los barcos también eran gigantes, quizás de más de 300 pies de largo: ¡eran más largos que un campo de fútbol americano!

En el transcurso de sus viajes, Zheng He navegó con su flota por el océano Índico. Hacia el oeste, llegó hasta el golfo Pérsico, y hacia el este alcanzó la costa de África. En todas las tierras adonde llegaba con sus barcos, Zheng He regalaba bellos objetos de China a los líderes del lugar. Se mostraba orgulloso de su país y les pedía a los líderes extranjeros que enviaran regalos al emperador de China. De un viaje, Zheng He regresó a China con representantes de unos 30 países, enviados por sus líderes para honrar al emperador. También llevó mercaderías y relatos del exterior a China.

Los viajes de Zheng He están entre los más increíbles de la historia de la navegación. Aunque no ayudaron a crear nuevas rutas comerciales ni a explorar nuevas tierras, fueron una clara señal del poderío de China.

Grandes proyectos de construcción

Los ming también fueron conocidos por sus grandes proyectos de construcción. Muchos de estos proyectos tuvieron como objetivo impresionar tanto al pueblo chino como a los enemigos del norte.

En Pekín, por ejemplo, los emperadores ming construyeron la Ciudad Prohibida, un sorprendente complejo arquitectónico de cientos de majestuosas residencias, templos y otros edificios de gobierno. Dentro de los edificios, había aproximadamente 9,000 habitaciones. La ciudad se llamó "Prohibida" porque las personas comunes no podían ni siquiera entrar en el complejo. Durante siglos, esta ciudad dentro de una ciudad fue el símbolo de la gloria de China.

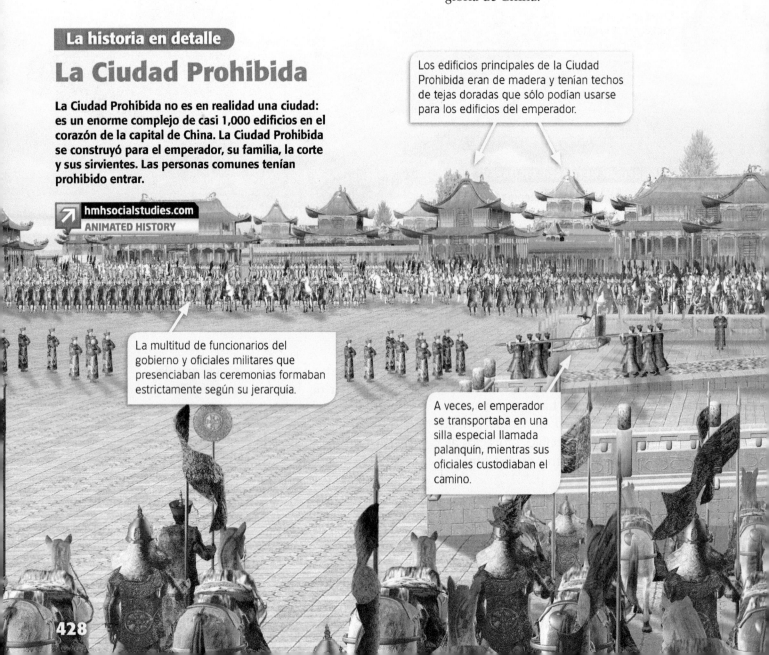

La historia en detalle

La Ciudad Prohibida

La Ciudad Prohibida no es en realidad una ciudad: es un enorme complejo de casi 1,000 edificios en el corazón de la capital de China. La Ciudad Prohibida se construyó para el emperador, su familia, la corte y sus sirvientes. Las personas comunes tenían prohibido entrar.

hmhsocialstudies.com
ANIMATED HISTORY

Los edificios principales de la Ciudad Prohibida eran de madera y tenían techos de tejas doradas que sólo podían usarse para los edificios del emperador.

La multitud de funcionarios del gobierno y oficiales militares que presenciaban las ceremonias formaban estrictamente según su jerarquía.

A veces, el emperador se transportaba en una silla especial llamada palanquín, mientras sus oficiales custodiaban el camino.

Los gobernantes ming también dirigieron la restauración de la famosa Gran Muralla china. Gran cantidad de soldados y campesinos reconstruyeron partes de paredes derrumbadas, conectaron murallas existentes y construyeron otras nuevas. El resultado fue una hazaña de construcción sin igual en la historia. La muralla medía más de 2,000 millas de largo: ¡como desde San Diego hasta Nueva York! Tenía aproximadamente 25 pies de altura y 12 pies de ancho en la parte superior. Con la protección de la muralla, y de los soldados que la custodiaban, el pueblo chino se sentía a salvo de las invasiones de las tribus del norte.

COMPRENSIÓN DE LA LECTURA **Generalizar**
¿Cómo fortaleció a China la dinastía Ming?

China bajo la dinastía Ming

Durante la dinastía Ming, la sociedad china comenzó a cambiar, en gran parte por la obra de gobierno de los emperadores ming. Una vez expulsados los mongoles, los emperadores ming se dedicaron a eliminar toda influencia extranjera de la sociedad china. Como resultado, el gobierno y las relaciones de China con otros países cambiaron enormemente.

hmhsocialstudies.com
ANIMATED HISTORY
The Great Wall of China

El Salón de la Suprema Armonía es el edificio más grande de la Ciudad Prohibida. Allí se celebraban importantes días festivos, como el cumpleaños del emperador y el Año Nuevo.

DESTREZA DE ANÁLISIS **ANALIZAR RECURSOS VISUALES**
¿Por qué demostraba la Ciudad Prohibida el poderío y la importancia del emperador?

Gobierno

Cuando los ming tomaron el control de China, adoptaron muchos programas de gobierno que habían creado los tang y los song. Sin embargo, los emperadores ming fueron mucho más poderosos que los tang y los song. Suprimieron los cargos de algunos funcionarios influyentes y se reservaron más autoridad para gobernar. Estos emperadores protegían su poderío con uñas y dientes, y castigaban a cualquiera que desafiara su autoridad.

A pesar de su poderío personal, sin embargo, los ming no disolvieron el sistema de administración pública. Como el emperador supervisaba personalmente todo el gobierno, necesitaba funcionarios que le organizaran las tareas.

Los ming también impusieron exámenes para designar censores. Estos funcionarios recorrían toda China para investigar el comportamiento de los líderes locales y juzgar la calidad de las escuelas y otras instituciones. Hacía muchos años que había censores en China pero, bajo los emperadores ming, su poder e influencia aumentaron.

VOCABULARIO ACADÉMICO

consecuencias efectos de un suceso o sucesos particulares

Las relaciones con otros países

En la década de 1430, un nuevo emperador ming le ordenó a Zheng He regresar a China y desmantelar su flota. Al mismo tiempo, prohibió el comercio exterior. China entró en un período de aislacionismo. El **aislacionismo** es la política de evitar el contacto con otros.

Al final, el aislacionismo tuvo importantes <u>consecuencias</u> para China. En 1644, la dinastía Ming fue derrocada. Para finales del siglo XIX, el mundo occidental había hecho enormes progresos tecnológicos. Los occidentales pudieron entonces ejercer influencia en los asuntos de China. En parte debido a su aislamiento y a la falta de progreso, China estaba demasiado débil para detenerlos.

COMPRENSIÓN DE LA LECTURA **Identificar causa y efecto** ¿Qué consecuencias tuvo el aislacionismo para China?

RESUMEN Y PRESENTACIÓN Bajo las dinastías Yuan y Ming, la sociedad china cambió. Con el tiempo, los ming iniciaron una política de aislacionismo. En el capítulo siguiente, leerás sobre Japón, otro país que estuvo aislado durante algunas épocas.

Sección 4 Evaluación

hmhsocialstudies.com
Cuestionario en Internet

Repasar ideas, palabras y personas

1. **a. Identificar** ¿Quién fue **Genghis Khan**?
   b. Explicar ¿Cómo obtuvieron los mongoles el control de China?
   c. Evaluar Da tu opinión sobre la siguiente oración: "Los mongoles nunca debieron haber intentado invadir a Japón".
2. **a. Identificar** ¿Quién fue **Zheng He** y qué hizo?
   b. Analizar ¿Qué impresión de la Ciudad Prohibida crees que tenían los residentes de Pekín?
   c. Desarrollar ¿En qué habrá ayudado tanto como perjudicado a China la Gran Muralla?
3. **a. Definir** ¿Qué es el **aislacionismo**?
   b. Explicar ¿En qué cambiaron a China los ming?
   c. Desarrollar ¿Qué ventajas y desventajas puede tener una política aislacionista?

Pensamiento crítico

4. **Comparar y contrastar** Dibuja un diagrama como el siguiente. Usa tus notas para mostrar las semejanzas y diferencias entre las dinastías Yuan y Ming.

Sólo la dinastía Yuan — ambas — Sólo la dinastía Ming

ENFOQUE EN LA REDACCIÓN

5. **Identificar los logros de las últimas dinastías** Haz una lista de los logros de las dinastías Yuan y Ming. Luego, repasa tus anotaciones y ordena los logros o inventos según su importancia. ¿Cuáles piensas que fueron los tres más importantes?

Kublai Khan

¿Cómo se asentó y gobernó un extenso imperio un nómada mongol?

¿Cuándo vivió? 1215–1294

¿Dónde vivió? Kublai era de Mongolia, pero pasó gran parte de su vida en China. Su capital, Dadu, estaba cerca de lo que hoy es la ciudad de Pekín.

¿Qué hizo? Kublai Khan completó la conquista de China que había comenzado Genghis Khan. Gobernó China como emperador de la dinastía Yuan.

¿Por qué es importante?

Los territorios que gobernó Kublai Khan formaban uno de los imperios más extensos de la historia mundial. Se extendía desde el océano Pacífico hasta Europa Oriental. Como soberano de China, Kublai Khan dio la bienvenida a visitantes extranjeros, como el mercader italiano Marco Polo y el historiador árabe Ibn Battuta. Los relatos de estos dos viajeros ayudaron a despertar en los occidentales el interés en China y sus productos.

Generalizar ¿Cómo ayudaron a cambiar la opinión de las personas sobre China las acciones de Kublai Khan?

DATOS CLAVE

- Unificó a toda China bajo su gobierno.
- Estableció un período de paz, durante el cual la población china creció.
- Extendió el Gran Canal para poder transportar alimentos desde el Huang He (río Amarillo) hasta su capital, cerca de lo que hoy es la ciudad de Pekín.
- Con mejores caminos, unió a China con la India y con Persia.
- Aumentó el contacto con Occidente.

En esta pintura del siglo XIII, se muestra a Kublai Khan cazando a caballo.

Comprender la suerte, los errores y los descuidos

Definir la destreza

La historia no es otra cosa que lo que las personas pensaron e hicieron en el pasado. Y las personas del pasado eran tan humanas como las de hoy en día. Al igual que nosotros, a veces olvidaban cosas o las pasaban por alto. Cometían errores en sus decisiones o juicios. Sucedían cosas inesperadas que no podían controlar. En ocasiones, estos descuidos, errores o simplemente la suerte modificaron la historia.

Aprender la destreza

En la historia de China hay varios ejemplos del papel que desempeñan la suerte, los errores y los descuidos.

1 **Suerte:** Los antiguos alquimistas chinos estaban buscando una poción para darle vida eterna al emperador. Aunque no hallaron el secreto para alcanzar la vida eterna, descubrieron que al mezclar ciertos ingredientes se producía una explosión. De suerte, habían descubierto la pólvora.

2 **Descuidos:** Cuando los mongoles estaban a punto de atacar Europa Occidental, su khan murió. Como los mongoles se habían concentrado tanto en su poderío militar, no habían diseñado un plan para la continuación de su gobierno. Según sus leyes, debían volver en persona a su tierra para elegir un nuevo khan. En consecuencia, los mongoles nunca atacaron Europa Occidental. En cambio, concentraron su atención en China.

3 **Error:** A principios del siglo XII, un nuevo imperio estaba adquiriendo poder cerca de la China de la dinastía Song. Entre los song y el nuevo imperio se encontraba un antiguo enemigo de China. El emperador song decidió aliarse con el nuevo imperio contra su antiguo enemigo. Esta decisión resultó desastrosa. Los chinos derrotaron a su antiguo enemigo, pero China quedó expuesta al nuevo y poderoso imperio. Pronto, la alianza se disolvió y el nuevo imperio atacó a los song y les quitó un tercio de su territorio.

Practicar la destreza

Como leíste en este capítulo, China tenía una próspera industria de la seda. ¿Pero qué habría ocurrido si la suerte, el error o los descuidos hubieran intervenido en el comercio de la seda? Determina si cada uno de los sucesos ficticios que aparecen a continuación habría sido consecuencia de la suerte, un error o un descuido y describe de qué manera podría haber afectado a la historia de China si realmente hubiera ocurrido.

1. Los chinos enseñaban a los visitantes cómo se fabricaba la seda.

2. Los chinos consideraban que la seda que producían era tan valiosa que no querían exportar ni siquiera parte de su producción.

3. Los chinos no descubrieron el método para fabricar seda.

Repaso del capítulo

El impacto de la historia

▶ **videos**
Consulta el video para responder a la pregunta de enfoque:

En tu opinión, ¿qué consecuencias tiene vivir en una sociedad aislada?

Resumen visual

Usa el siguiente resumen visual para repasar las ideas principales del capítulo.

DATOS BREVES

Durante las dinastías Sui y Tang, China fue reunificada y se difundió el budismo.

Bajo las dinastías Tang y Song, crecieron la agricultura y el comercio.

El pensamiento confuciano influyó en el gobierno y la educación de China.

Las poderosas dinastías Yuan y Ming fortalecieron a China y expandieron el comercio, pero luego China quedó aislada.

Repasar vocabulario, palabras y personas

Une las palabras o nombres con la definición o descripción correspondiente.

a. Kublai Khan

b. tipos móviles

c. funcionario erudito

d. emperatriz Wu

e. burocracia

f. Zheng He

g. brújula

h. porcelana

i. Genghis Khan

j. aislacionismo

k. incentivo

l. pólvora

1. miembro de la dinastía Tang que gobernó de manera despiadada pero efectiva

2. conjunto de letras o caracteres que pueden moverse para crear líneas o textos diferentes

3. líder que unió a los mongoles y comenzó la invasión de China

4. cuerpo de empleados no electos del gobierno

5. cerámica bella y delicada

6. un invento que indica la dirección

7. política de evitar el contacto con otros países

8. fundador de la dinastía Yuan

9. mezcla de polvos utilizada en explosivos

10. comandó enormes flotas de barcos

11. miembro culto del gobierno

12. algo que hace que las personas sigan una determinada línea de acción

Comprensión y pensamiento crítico

SECCIÓN 1 *(Páginas 410–413)*

13. a. Identificar ¿Qué período comenzó en China tras la caída de la dinastía Han? ¿Qué dinastía puso fin a este período?

b. Analizar ¿Por qué se considera a la dinastía Tang la edad de oro de la civilización china?

c. Predecir ¿En qué habría sido diferente la cultura china durante las dinastías Tang y Song si el budismo no hubiera sido introducido en China?

SECCIÓN 2 *(Páginas 414–419)*

14. a. Describir ¿En qué contribuyeron a la cultura china Wu Daozi, Li Bo, Du Fu y Li Qingzhao?

b. Analizar ¿Qué llevó al crecimiento de las ciudades de China? ¿Cómo eran las ciudades chinas durante las dinastías Tang y Son?

c. Evaluar ¿Qué invento chino ha sido más importante para la historia mundial: la brújula o la pólvora? ¿Por qué?

SECCIÓN 3 *(Páginas 420–423)*

15. a. Definir ¿Qué es el confucianismo? ¿Cómo cambió durante y después de la dinastía Song?

b. Inferir ¿Por qué piensas que se creó el sistema de exámenes para la administración pública?

c. Profundizar ¿Por qué eran tan difíciles los exámenes para entrar en la administración pública de China?

SECCIÓN 4 *(Páginas 424–430)*

16. a. Describir ¿Cómo crearon los mongoles su enorme imperio? ¿Qué regiones incluía?

b. Sacar conclusiones ¿De qué manera ayudaron Marco Polo y Zheng He a cambiar las opiniones sobre China?

c. Profundizar ¿Por qué piensas que los emperadores ming emplearon tanto tiempo y dinero para reconstruir y agrandar la Gran Muralla?

Usar Internet

17. Actividad: Crear un mural En los períodos Tang y Song, hubo muchos adelantos en la agricultura, la tecnología y el comercio. Las nuevas técnicas de irrigación, los tipos móviles y la pólvora, se cuentan entre estas. En el libro de texto en Internet, aprenderás más sobre esos adelantos. Imagina que un funcionario de la ciudad te contrata para crear un mural que represente las grandes creaciones de las dinastías Tang y Song. Haz un mural en el que muestres la mayor cantidad posible de adelantos.

Repasar los temas

18. Ciencia y tecnología ¿Cómo alteraron el curso de la historia los inventos chinos?

19. Economía ¿Qué cambios produjo en China la poderosa economía agrícola y comercial de las dinastías Tang y Song?

Destrezas de lectura

20. Sacar conclusiones sobre el pasado Lee las siguientes oraciones sobre los ming. Decide si las oraciones aportan suficientes pruebas para justificar las siguientes conclusiones.

> Los ming gobernaron China desde 1368 hasta 1644.
>
> Zhu Yuanzhang fue un emperador ming.
>
> Los ming reconstruyeron la Gran Muralla.

a. La Gran Muralla está en China.

b. Zhu Yuanzhang fue un buen emperador.

c. Zhu Yuanzhang gobernó en algún momento entre 1368 y 1644.

d. Zhu Yuanzhang reconstruyó la Gran Muralla.

Destrezas de estudios sociales

La suerte, los errores y los descuidos en la historia En este capítulo, leíste que los gobernantes mongoles de China decidieron invadir Japón. Lee atentamente las siguientes dos oraciones extraídas del texto. Luego decide si cada una es un ejemplo de descuido, error o suerte.

21. Violentas tormentas destruyeron la mayor parte de las fuerzas mongolas.

22. A pesar de tener un extenso imperio, los mongoles no estaban satisfechos con su territorio y decidieron invadir Japón.

ENFOQUE EN LA REDACCIÓN

23. Escribir un artículo periodístico Ahora que has identificado tres logros o inventos sobre los que quieres escribir, comienza tu artículo. Empieza con una oración que exprese la idea principal. Escribe dos o tres oraciones sobre cada logro o invento que hayas elegido. En estas oraciones, debes describir el logro o el invento y explicar por qué fue tan importante. Termina el artículo con una o dos oraciones que resuman la importancia de China para el mundo.

Práctica para el examen estandarizado

INSTRUCCIONES: *Lee las preguntas y escribe la letra de la respuesta correcta.*

1

Este objeto demuestra la habilidad de los chinos con

A la xilografía.

B la pólvora.

C las fibras de algodón.

D la porcelana.

2 **¿Qué dinastía puso fin al comercio y otras relaciones entre China y los pueblos lejanos?**

A la Ming

B la Yuan

C la Song

D la Sui

3 **¿Cuál de las siguientes opciones *no* fue una de las formas en que el confucianismo ejerció su influencia en China?**

A el énfasis en la familia y en los valores familiares

B la expansión de la manufactura y el comercio

C el énfasis en el servicio a la sociedad

D funcionarios públicos cultos

4 **¿Cuál fue una de las principales causas de la difusión del budismo en China y en otras partes de Asia?**

A las enseñanzas de Kublai Khan

B los escritos de Confucio

C los viajes de los misioneros budistas

D el apoyo de la emperatriz Wu

5 **¿Cuál de las siguientes opciones *no* floreció tanto en la dinastía Tang como en la Song?**

A el arte y la cultura

B los viajes de exploración por mar

C la ciencia y la tecnología

D el comercio

Conexión con lo aprendido anteriormente

6 **Ya has aprendido sobre las obras del emperador Shi Huangdi. Él mandó a iniciar la construcción de una estructura que luego mejoraron los gobernantes ming. ¿Cuál era esa estructura?**

A la Gran Muralla

B la Gran Tumba

C la Ciudad Prohibida

D el Templo de Buda

7 **Ya has aprendido que los antiguos egipcios aumentaron la producción de alimentos haciendo canales de irrigación para regar sus campos. ¿Bajo qué dinastía desarrollaron los chinos nuevas técnicas de irrigación para aumentar la producción de alimentos?**

A la Han

B la Ming

C la Song

D la Sui

Japón

Pregunta esencial ¿De qué manera combinaron los japoneses las costumbres de otros pueblos y las tradiciones nativas hasta formar una cultura tan singular?

Lo que aprenderás...

En este capítulo estudiarás la geografía y la historia del Japón antiguo.

ENFOQUE EN LA REDACCIÓN

Un folleto turístico Te han contratado para escribir un folleto turístico titulado "La rica historia de Japón". En tu folleto, describirás las atracciones turísticas de Japón que demuestran el fascinante pasado de ese país. A medida que leas este capítulo, piensa cómo alentarías a las personas a visitar Japón.

SUCESOS EN EL CAPÍTULO

circa **550**
El budismo llega a Japón desde China.

550

SUCESOS EN EL MUNDO

632–661
Los ejércitos árabes conquistan el suroeste asiático.

En esta fotografía aparece el monte Fuji, un volcán cubierto de nieve que desde hace mucho tiempo ha sido símbolo del Japón.

HISTORY

Rise of the Samurai Class

hmhsocialstudies.com **VIDEO**

círca 1000
La dama Murasaki Shikibu escribe *El relato de Genji.*

1192
El primer shogun gobierna Japón.

1603–1868
Los shogunes Tokugawa gobiernan Japón.

825

1100

1375

1650

768–814
Carlomagno gobierna gran parte de Europa occidental.

1279
Los mongoles toman el control de China.

1588
Inglaterra vence a la Armada española.

Lectura en estudios sociales

Economía   Geografía   Política   Religión   Sociedad y cultura   Ciencia y tecnología

Enfoque en los temas A medida que leas este capítulo, entrarás en el mundo de Japón en sus comienzos. Aprenderás sobre los primeros pueblos japoneses y su religión, el sintoísmo, y verás cómo los pueblos de Corea y China empezaron a tener influencia sobre el desarrollo de la cultura japonesa. A medida que leas sobre la historia de Japón, aprenderás sobre los sistemas **políticos** que los japoneses adoptaron para gobernar su nación y sobre sus actitudes hacia la **sociedad** y la **cultura**. Finalmente, aprenderás sobre los elementos sociales de la cultura medieval japonesa que todavía siguen afectando la vida en Japón.

Las ideas principales y su apoyo

Enfoque en la lectura Ya sabes que una mesa se cae al piso si le quitas las patas. De la misma manera, una idea principal se cae de lleno si no tiene detalles que la apoyen.

Comprender cómo apoya sus ideas un escritor Un escritor puede apoyar las ideas principales con distintos tipos de detalles. Estos detalles pueden ser hechos, estadísticas, relatos de testigos presenciales, anécdotas, ejemplos, definiciones o comentarios de expertos en la materia.

Observa los tipos de detalles que usa el autor para apoyar la idea principal del siguiente fragmento.

Después de la invasión de los mongoles, el shogun tuvo que enfrentar otros problemas. El emperador, cansado de no tener voz ni voto en el gobierno, empezó a combatir contra el shogun por el dominio del país. Al mismo tiempo, los daimyos, los nobles que poseían gran parte del territorio de Japón, también empezaron a luchar para liberarse del control del shogun. En medio de estas luchas por el poder, estallaron pequeñas guerras por todo Japón.

Para el siglo XV, los shogunes habían perdido la mayor parte de su autoridad. El emperador seguía sin tener el poder, y los daimyos gobernaban gran parte de Japón. Cada daimyo controlaba su propio territorio. Dentro de ese territorio, dictaba las leyes y recaudaba impuestos. No había ninguna autoridad central poderosa que impusiera orden en Japón.

La **idea principal** se escribe primero.

Este es un **ejemplo** de la clase de desafíos a los que se enfrentaban los shogunes.

La **definición** de daimyos ayuda a relacionar este ejemplo con la idea principal.

Este **hecho** apoya la idea principal de que los shogunes enfrentaban problemas.

Este otro **ejemplo** ayuda a apoyar la idea principal del fragmento.

¡Inténtalo!

El siguiente fragmento pertenece al capítulo que vas a leer. A medida que lees el fragmento, busca la idea principal del escritor y los detalles que la apoyan.

Los samuráis

La palabra *samurái* viene de la palabra del japonés que significa "servir". Todos los samuráis, desde el soldado más débil hasta el guerrero más fuerte, tenían la obligación de servir a su señor. Como todos los señores de Japón tenían la obligación de servir a su emperador, todos los samuráis le debían lealtad al emperador.

Mantener un ejército de samuráis costaba mucho dinero. Sólo unos pocos señores podían comprar armaduras y armas para sus guerreros. Como consecuencia, los señores pagaban a los samuráis con tierras o con alimentos.

Del Capítulo 15, pág. 455

Después de leer el fragmento, responde a las siguientes preguntas.

1. ¿Qué oración expresa mejor la idea principal del fragmento?
   a. Los samuráis, cuyo nombre viene de la palabra japonesa que significa "servir", debían servir a sus señores.
   b. Los samuráis recibían tierras y alimentos a cambio de sus servicios.
   c. Pocos señores podían comprar armaduras y armas para sus guerreros.

2. ¿Cuál de las siguientes opciones no es un detalle que apoye la idea principal del fragmento?
   a. Mantener un ejército de samuráis era costoso.
   b. Todos los samuráis debían servir a su señor.
   c. En esta época, había más de 10,000 samuráis en Japón.

3. ¿Cuál de los siguientes métodos para apoyar una idea principal usa el autor en este fragmento?
   a. estadísticas
   b. relato de un testigo presencial
   c. hechos

A medida que lees el Capítulo 15, identifica los tipos de detalles que usa el autor para apoyar las ideas principales.

La geografía y el Japón antiguo

Lo que aprenderás…

Ideas principales

1. La geografía influyó mucho en la vida en Japón.
2. La primera sociedad japonesa estaba organizada en clanes, que pasaron a ser gobernados por un emperador.
3. Japón aprendió de China y Corea acerca de la lengua, la sociedad y el gobierno.

La idea clave

Las primeras sociedades de Japón estaban aisladas de China y Corea, pero también bajo su influencia.

Personas y palabras clave

clanes, *pág. 442*
sintoísmo, *pág. 442*
príncipe Shotoku, *pág. 444*
regente, *pág. 444*

hmhsocialstudies.com
TOMAR NOTAS

Usa el organizador gráfico en Internet para tomar notas acerca de cómo influyeron la geografía, los primeros pueblos y los países vecinos sobre el estilo de vida, el gobierno y la religión de Japón.

Si ESTUVIERAS allí…

Vives en una pequeña aldea agrícola, en una de las islas de Japón. Estás muy contento con tu vida. Estás cerca del mar y tienes mucha comida. Cuentas con una familia grande y extensa que te protege y te cuida. Tu abuela dice que la vida en tu aldea no ha cambiado en cientos de años, y eso es bueno. Pero te has enterado de que están por llegar a tu aldea unas personas del otro lado del mar. Traerán nuevas ideas y nuevas formas de hacer las cosas.

¿Qué te parecen estos cambios?

CONOCER EL CONTEXTO Japón es un gran grupo de islas ubicado al este del territorio continental de Asia. La vida en Japón siempre ha sido afectada por muchos factores. La geografía y la ubicación de las islas determinaron el estilo de vida de sus habitantes y, como acabas de leer, los visitantes de otras tierras también ejercieron influencia sobre la sociedad japonesa.

La geografía influye en la vida en Japón

Las islas que forman Japón son en realidad las cimas de montañas y volcanes submarinos que sobresalen del océano. Como puedes ver en el mapa, estas montañas ocupan casi todo el territorio de Japón. Sólo un 20 por ciento del terreno es plano. Como es difícil vivir y trabajar la tierra en las laderas de las montañas, la mayoría de los japoneses han vivido siempre en esas zonas planas, las llanuras costeras.

Además de las montañas y la falta de territorio llano, la cercanía del mar también influyó en la vida de los japoneses. Sus hogares nunca quedaban lejos del mar. Por supuesto, recurrían al mar para obtener alimentos. Aprendieron a preparar todo tipo de pescados y mariscos, desde anguilas hasta tiburones, pulpos e incluso algas. En consecuencia, los peces y los mariscos han sido un elemento fundamental en la dieta del pueblo japonés desde hace miles de años.

La ubicación de las islas también afectó de otra manera a los japoneses. Como vivían en islas, estaban separados de los demás pueblos

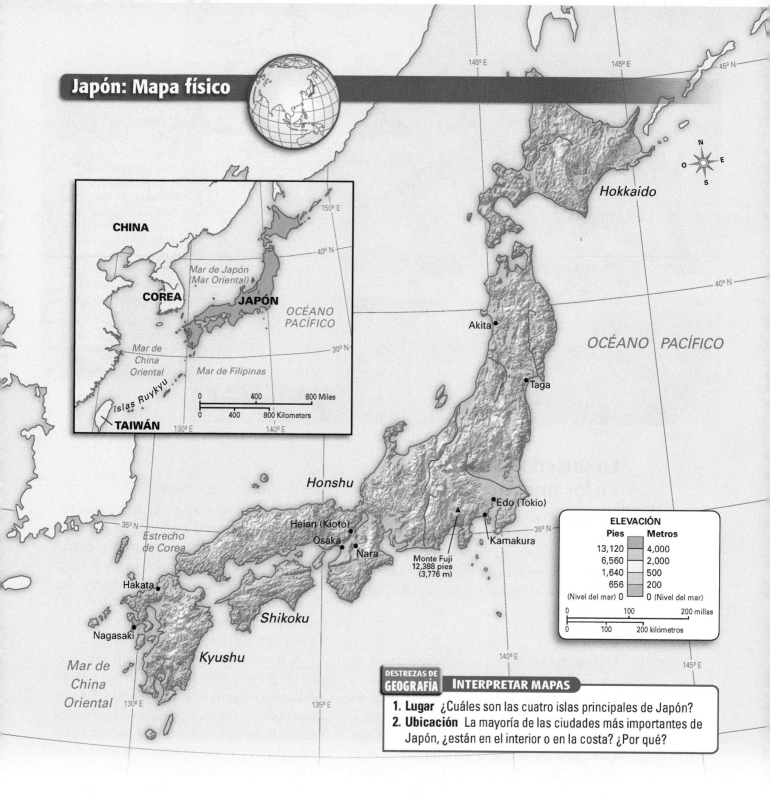

Japón: Mapa físico

CHINA

Mar de Japón
(Mar Oriental)

COREA

JAPÓN

OCÉANO
PACÍFICO

Mar de
China
Oriental

Mar de Filipinas

Islas Ruykyu

TAIWÁN

0   400   800 Miles
0   400   800 Kilometers

Hokkaido

Akita

OCÉANO PACÍFICO

Taga

Honshu

Edo (Tokio)

Heian (Kioto)

Osaka

Kamakura

Nara

Monte Fuji
12,388 pies
(3,776 m)

Hakata

Shikoku

Nagasaki

Kyushu

Mar de
China
Oriental

Estrecho
de Corea

ELEVACIÓN

Pies	Metros
13,120	4,000
6,560	2,000
1,640	500
656	200
(Nivel del mar) 0	0 (Nivel del mar)

0   100   200 millas
0   100   200 kilómetros

DESTREZAS DE GEOGRAFÍA **INTERPRETAR MAPAS**

1. **Lugar** ¿Cuáles son las cuatro islas principales de Japón?
2. **Ubicación** La mayoría de las ciudades más importantes de Japón, ¿están en el interior o en la costa? ¿Por qué?

de Asia. Esta separación permitió a los japoneses desarrollar una cultura propia. Por ejemplo, crearon una religión y una **estructura** social muy distintas de las que había en otras partes de Asia. Esta separación siempre ha sido una parte importante de la sociedad japonesa.

Sin embargo, Japón no está completamente aislado. Observa el recuadro del mapa de esta página y busca a Corea y a China. Como ves, ninguno de estos dos países está muy lejos de las islas japonesas. Corea está a apenas 100 millas de Japón. China está a unas 400 millas. Al estar tan cerca, las culturas de Corea y China, que eran más antiguas, influyeron sobre la nueva cultura de Japón.

COMPRENSIÓN DE LA LECTURA **Resumir**
¿Cómo es la geografía de Japón?

VOCABULARIO ACADÉMICO

estructura la manera en que se ordena o se organiza algo

Un santuario sintoísta

Para entrar en un santuario sintoísta, estas personas se reúnen junto a un portón llamado torii. El torii marca el límite de un santuario o cualquier otro lugar sintoísta sagrado. Con el tiempo, los toriis se convirtieron en un símbolo del sintoísmo, la antigua religión de Japón.

¿Qué elementos de la naturaleza ves en este cuadro?

La sociedad japonesa en los primeros tiempos

Sin duda, Corea y China tuvieron un papel muy importante en la formación de la sociedad japonesa, pero no desde el principio. En los primeros tiempos, había en Japón dos culturas distintas que no tenían ningún contacto con el resto de Asia.

Los ainu

Una de las culturas que se desarrollaron en Japón fue la de los ainu. Los historiadores no saben con certeza cuándo ni cómo llegaron los ainu a Japón. Algunos piensan que llegaron desde lo que hoy es Siberia, al este de Rusia. Cualquiera sea su origen, los ainu hablaban un idioma distinto de todos los que se hablaban en Asia oriental. Además, tenían un aspecto diferente de los demás habitantes de Japón.

Con el tiempo, los ainu empezaron a luchar contra otros pueblos por el dominio de las tierras. Como la mayoría de las veces perdieron, también perdieron territorios. Al final, les quedó una sola isla, Hokkaido. Con el paso del tiempo, la cultura ainu casi desapareció. Muchas personas dejaron de hablar en ainu y adoptaron nuevas costumbres.

SU IMPORTANCIA HOY

Hoy quedan unos pocos ainu en Japón y casi todos viven en Hokkaido.

Los primeros japoneses

Las personas que vivían al sur de los ainu terminaron por formar el pueblo japonés. Vivían principalmente en pequeñas aldeas agrícolas. El gobierno de esas aldeas estaba a cargo de poderosos **clanes**, o familias extensas. Los demás aldeanos, inclusive los agricultores y los trabajadores, tenían que obedecer y respetar a los miembros de estos clanes.

Al frente de cada clan había un jefe. Además del poder político, los jefes tenían responsabilidades religiosas. Los japoneses creían que los jefes de sus clanes descendían de unos espíritus de la naturaleza llamados *kamis*. Los jefes de los clanes dirigían los rituales que se hacían en honor a sus antepasados, los *kamis*.

Con el tiempo, estos rituales pasaron a ser parte esencial de la religión tradicional de Japón, el **sintoísmo**. Según las enseñanzas sintoístas, todo lo que existe en la naturaleza (el Sol, la Luna, los árboles, las cascadas y los animales) tiene *kami*. Los sintoístas creen que algunos *kamis* ayudan a las personas a vivir y las protegen del mal. Construyen santuarios en honor a los *kamis* y hacen ceremonias para pedirles su bendición.

Los primeros emperadores

Los clanes del Japón antiguo no eran todos iguales. Algunos eran más grandes y poderosos que otros. En determinado momento, algunos clanes poderosos formaron ejércitos y salieron a conquistar a sus vecinos.

Uno de los clanes que adquirió poder de esta manera vivía en la región de Yamato, al oeste de la isla más grande de Japón, Honshu. Además de tener un gran poderío militar, los gobernantes de Yamato aseguraban tener una gloriosa historia familiar. Creían que descendían de la *kami* más poderosa de todas: la diosa del Sol.

Para el siglo VI, los gobernantes Yamato habían extendido su dominio a gran parte de Honshu. Aunque no dominaban todo el país, los líderes del clan Yamato empezaron a proclamarse emperadores de todo Japón.

COMPRENSIÓN DE LA LECTURA ▶ **Ordenar**
¿Cómo llegaron al poder los emperadores en Japón?

Japón aprende de China y Corea

La sociedad japonesa en sus comienzos recibió muy poca influencia de las culturas de Asia continental. Cada tanto, funcionarios de China, Corea y otras partes de Asia iban de visita a Japón. Sin embargo, en la mayoría de los casos, estas visitas no tenían un gran impacto en el modo de vida de los japoneses.

Pero para mediados del siglo VI, algunos líderes japoneses pensaban que Japón podía aprender mucho de otras culturas. En especial, querían aprender más sobre las culturas de China y Corea.

Para aprender lo que les interesaba saber, los gobernantes de Japón decidieron mandar representantes a China y Corea para reunir información sobre sus culturas. Además, invitaron a habitantes de China y Corea a mudarse a Japón. Los emperadores tenían la esperanza de que estas personas enseñaran a los japoneses nuevas maneras de trabajar y de pensar.

La influencia de China y Corea   DATOS BREVES

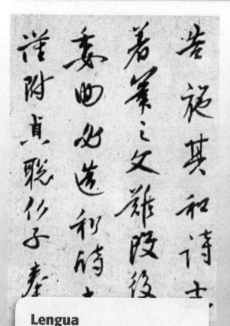

Lengua
Los primeros escritos japoneses se hicieron con letras chinas.

Filosofía
Las ideas del filósofo chino Confucio contribuyeron a formar la cultura y la vida familiar de Japón.

THE GRANGER COLLECTION, NEW YORK

Religión
El budismo llegó a Japón desde Corea.

Cambios en la lengua

Una de las primeras cosas que los japoneses aprendieron de China y Corea fue la lengua. Los japoneses antiguos no tenían una lengua escrita. Por eso, muchos aprendieron a escribir en chino. Sin embargo, siguieron hablando en japonés, que es un idioma muy distinto del chino. Pasaron unos 200 años hasta que las personas idearon una forma escrita del japonés. Usaron los caracteres chinos para representar los sonidos que se usaban en japonés.

A medida que aumentaba el contacto entre Japón y China, algunos japoneses, en especial las personas ricas y cultas, empezaron a escribir en chino. Los escritores japoneses escribían sus poemas y relatos en chino. Una de las primeras narraciones de Japón, que se escribió en el siglo VIII, está en chino. Durante muchos años, el chino fue incluso el idioma oficial del gobierno japonés.

Cambios en la religión y la filosofía

Una de las personas más influyentes en introducir las ideas chinas en Japón fue el **príncipe Shotoku**. Entre los años 593 y 621, Shotoku fue regente de su tía, la emperatriz. Un **regente** es una persona que gobierna un país en lugar de alguien que no puede hacerlo solo.

El príncipe Shotoku admiró la cultura china durante toda su vida. Cuando fue regente, aprovechó la posibilidad de adoptar más ideas de China en Japón. Mandó estudiosos a China a aprender todo lo que pudieran sobre la sociedad de ese país.

Las ideas que trajeron estos estudiosos provocaron cambios en la sociedad japonesa. Por ejemplo, enseñaron a los japoneses el confucianismo. Entre otras cosas, el

BIOGRAFÍA

Príncipe Shotoku
573–621

El príncipe Shotoku fue uno de los más grandes líderes de Japón. Ayudó a gobernar Japón cuando tenía sólo 20 años. Ha sido admirado durante muchos siglos. Existen leyendas sobre su sabiduría. Según una biografía antigua, Shotoku aprendió a hablar apenas nació y nunca tomó una decisión equivocada.

El Japón del príncipe Shotoku

Durante el gobierno del príncipe Shotoku, el budismo se difundió por todo Japón. Shotoku hizo construir templos budistas bellísimos, como el templo de Nara, Japón, que se muestra en la foto. La difusión del budismo cambió muchos aspectos de la cultura japonesa durante el mandato del príncipe Shotoku.

Templo de Horyuji, en Nara, Japón

confucianismo explicaba cómo tenían que comportarse las familias. Confucio enseñaba que los padres tenían que gobernar a su familia. Creía que las esposas debían obedecer a sus maridos, los hijos debían obedecer a sus padres y los hermanos menores debían obedecer a los hermanos mayores. Las familias de China vivían de acuerdo con estas reglas. A medida que las ideas de Confucio se difundieron en Japón, los japoneses también empezaron a vivir según estas ideas.

Sin embargo, más importantes que estos cambios sociales fueron los grandes cambios religiosos que Shotoku hizo en Japón. Era budista y quería difundir el budismo por todo el país. El budismo no era nuevo en Japón. Unos 50 años antes, unos visitantes coreanos ya habían llevado esa religión a Japón. Pero no era muy popular. Casi todos preferían seguir con su religión tradicional: el sintoísmo.

Shotoku se esforzó por convencer a los japoneses de volcarse al budismo. Construyó un templo budista magnífico que hoy sigue en pie. También escribió comentarios sobre las enseñanzas budistas. En gran medida gracias al esfuerzo de Shotoku, el budismo se hizo muy popular, sobre todo entre los nobles japoneses.

Estatua del Buda en Horyuji

Cambios en el gobierno

Shotoku también quería cambiar el gobierno de Japón para que se pareciera más al de China. Sobre todo, quería que los emperadores de Japón tuvieran más poder, como los de China.

Temerosos de perder poder a manos del emperador, los líderes de muchos clanes se opusieron a los planes de gobierno de Shotoku. Como resultado, los emperadores de Japón obtuvieron muy poco poder.

COMPRENSIÓN DE LA LECTURA **Crear categorías** ¿Qué aspectos de la sociedad china llevó Shotoku a Japón?

RESUMEN Y PRESENTACIÓN En esta sección, aprendiste cómo creció y se desarrolló el Japón antiguo. A continuación, verás cómo los emperadores de Japón animaron a los nobles a crear grandes obras de arte y literatura.

Sección 1 Evaluación

hmhsocialstudies.com
Cuestionario en Internet

Repasar ideas, palabras y personas

1. **a. Recordar** ¿Qué tipos de accidentes geográficos ocupan la mayor parte de Japón?
   b. Explicar ¿Por qué la ubicación de Japón lo aislaba de China y Corea y al mismo tiempo lo unía a esos países?
2. **a. Definir** ¿Qué es el **sintoísmo**?
   b. Ordenar ¿Cómo ampliaron su poderío los gobernantes yamato?
3. **a. Explicar** ¿Cómo ayudó el **príncipe Shotoku** a difundir el budismo en Japón?
   b. Calificar ¿Cuál crees que fue la idea más importante que los japoneses tomaron de China y Corea? ¿Por qué?

Pensamiento crítico

4. **Crear categorías** Dibuja un diagrama como el de la derecha. Usando tus notas sobre la cultura japonesa, anota en el círculo las ideas que se desarrollaron dentro de Japón, y en la flecha, anota las ideas que los japoneses tomaron de otros pueblos.

ENFOQUE EN LA REDACCIÓN

5. **Tomar notas acerca del Japón antiguo** Piensa en la sección que acabas de leer. ¿Qué detalles de esta sección podrían atraer a los turistas? Anota algunas ideas en tu cuaderno. Piensa en incluirlas en una sección de tu folleto turístico titulada "Curiosidades".

El arte y la cultura de Heian

Si ESTUVIERAS allí...

Eres un noble al servicio de la emperatriz de Japón y vives en la capital. Un día, mientras caminan por el jardín, ella te da un libro pequeño con las páginas en blanco. Cuando le preguntas por qué te lo dio, te dice que es un diario donde puedes escribir. Te cuenta que los nobles, ya sean varones o mujeres, llevan un diario en el que anotan sus experiencias.

¿Qué escribirás en tu nuevo diario?

CONOCER EL CONTEXTO En 794, el emperador y la emperatriz de Japón se mudaron a Heian, una ciudad que hoy en día se llama Kioto. Muchos nobles, como el del fragmento que acabas de leer, acompañaron a sus gobernantes a la nueva ciudad. Como estos nobles adoraban el arte y la belleza, trataron de embellecer su nuevo hogar.

Los nobles japoneses crean obras de arte excelentes

Los nobles que acompañaron al emperador de Japón a Heian trataban de ganarse su simpatía viviendo cerca de él. En Heian, estos nobles se convirtieron en una **corte** imperial, o grupo de nobles que viven cerca de un gobernante y le sirven de consejeros.

Los nobles que formaban parte de la corte tenían poco que ver con la gente común de Heian. Vivían separados de los ciudadanos más pobres y casi nunca salían de la ciudad. Gozaban una vida de comodidad y privilegios. Es más, llevaban una vida de tanta comodidad y tan separada del resto de Japón, que muchos de los mismos nobles decían que "vivían en las nubes".

Los nobles de esta corte adoraban la belleza y la elegancia. Por eso, muchos nobles fueron grandes defensores de las artes. Como resultado, la corte de Heian se convirtió en un gran centro de la cultura y el saber. Tanto es así que el período entre 794 y 1185 fue una edad de oro para las artes en Japón.

Heian (Kioto)

ENTRADA DE UN DIARIO
El libro de la almohada

Sei Shonagon, autora de El libro de la almohada, *fue asistente de la emperatriz de Japón entre 991 y 1000. El libro de la almohada era su diario, donde escribía poemas, reflexionaba sobre la naturaleza y describía sucesos de la vida cotidiana. Aquí cuenta cómo conoció a la emperatriz.*

"Cuando entré por primera vez en la corte de Su Majestad, sentí una timidez indescriptible y, en efecto, estaba todo el tiempo a punto de llorar. La primera noche que entré en servicio, no había más que un biombo de tres pies delante de la emperatriz, que estaba sentada, y tan nerviosa estaba yo, que, cuando ella me pasaba una ilustración o un libro para que lo viera, casi no podía ni estirar la mano para tomarlo. Mientras ella hablaba de lo que quería que yo viera (me contaba qué era o quién lo había hecho), yo no dejaba de pensar si mi cabello estaría bien peinado".

−de *El libro de la almohada,* Sei Shonagon

Una actriz representa a Sei Shonagon en el siglo XIX.

DESTREZA DE ANÁLISIS | **ANALIZAR FUENTES PRIMARIAS**

¿Qué sintió Sei Shonagon cuando conoció a la emperatriz?

La moda

El gusto de los nobles por la belleza empezaba por su aspecto personal. Tenían unos vestuarios magníficos, con ropas de seda y joyas de oro. Los nobles adoraban los atuendos elaborados. Por ejemplo, las mujeres usaban vestidos largos hechos con 12 capas de seda de colores, especialmente cortados y plegados para que se vieran varias capas a la vez.

Para completar su atuendo, la nobleza a menudo llevaba unos delicados abanicos decorativos. Estos abanicos tenían pinturas de flores, árboles y aves. Muchas mujeres de la nobleza también agregaban flores y largos cordones de seda a sus abanicos.

La literatura

Además de preocuparse por su aspecto personal, los nobles japoneses se preocupaban mucho por cómo hablaban y escribían. La escritura era una actividad muy popular entre los nobles, sobre todo entre las mujeres. Muchas mujeres escribían diarios sobre sus experiencias en la corte.

En sus diarios, estas mujeres elegían las palabras con cuidado para embellecer la redacción.

A diferencia de los hombres, que solían escribir en chino, las mujeres de la nobleza escribían en japonés. Como resultado, muchas de las grandes obras de la literatura japonesa antigua fueron escritas por mujeres.

Una de las más grandes escritoras de la historia japonesa antigua fue la **dama Murasaki Shikibu**. Alrededor del año 1000, escribió *El relato de Genji*. Para muchos historiadores, este libro es la primera novela propiamente dicha del mundo. Para muchos lectores, también es una de las mejores novelas.

El relato de Genji es la historia de un príncipe llamado Genji, que pasa mucho tiempo buscando el amor. En su búsqueda, conoce mujeres de distintas clases sociales.

Para muchos, *El relato de Genji* es una de las mejores novelas de Japón. Sus personajes son muy pintorescos y realistas. Además, el estilo de la dama Murasaki es claro y simple pero elegante al mismo tiempo. La autora describe la vida de la corte en Japón con lujo de detalles.

La mayor parte de las obras japonesas antiguas en prosa fueron escritas por mujeres, pero tanto las mujeres como los hombres escribieron poesía. Los nobles adoraban leer y escribir poemas. Algunos nobles organizaban reuniones donde se turnaban para escribir y leer sus poemas en voz alta.

Por lo general, los poemas de aquella época tenían sólo cinco versos. Respetaban una estructura específica, que fijaba la cantidad de sílabas que podía incluir cada verso. En la mayoría de estos poemas se trataban temas de amor o naturaleza, pero en algunos se describían sucesos de la vida cotidiana. El siguiente es un ejemplo de un poema sobre la naturaleza, en el que se describe el fin del invierno:

"Las brisas de la primavera
empiezan a borrar
las ondas del agua…
Hoy sin duda derretirán
la capa de hielo que cubre a la laguna".

–del *Gosenshu*, Kino Tomonori

Las artes visuales

Además de la literatura, los nobles japoneses también adoraban las artes visuales. Las formas de arte más difundidas del período eran la pintura, la caligrafía y la arquitectura.

A los nobles de Heian les gustaban los cuadros de colores fuertes y llamativos. También les gustaban las pinturas que representaban relatos. De hecho, muchas de las pinturas más famosas del período ilustran escenas de la literatura, como *El relato de Genji*. En otros cuadros, se representan escenas de la naturaleza o de la vida en la corte. Muchos artistas pintaban sobre puertas y muebles en lugar de pintar sobre papel.

Otra forma de arte admirada en Heian era la caligrafía, o escritura decorativa. Los calígrafos pasaban horas copiando poemas minuciosamente. Querían que los poemas se vieran tan hermosos como se oían.

Las artes en Heian

Heian fue durante muchos siglos la capital de Japón. Los ricos nobles que vivían allí eran grandes defensores de las artes. Gracias a su apoyo, en Heian florecieron la literatura, la pintura, la caligrafía y otras formas de arte.

El relato de Genji era un tema frecuente en la pintura japonesa. En esta ilustración de una escena de la novela, el hijo de Genji está leyendo una carta cuando se acerca su esposa.

La arquitectura

Los nobles de Heian se esforzaron por embellecer su ciudad. Como sentían gran admiración por la arquitectura china, tomaron la capital de China, Chang'an, como modelo para Heian. Copiaron los estilos arquitectónicos chinos, sobre todo para los numerosos templos. Estos estilos presentaban construcciones con estructuras de madera que se curvaban levemente hacia arriba en las puntas. Muchas veces, estas estructuras se dejaban sin pintar para que parecieran más naturales. Los techos de paja también acentuaban el aire de naturaleza.

Para las demás construcciones, preferían los diseños simples y espaciosos. La mayoría de las construcciones eran de madera, con techo de tejas y grandes espacios abiertos por dentro. Para aumentar su belleza, las rodeaban con jardines y fuentes elegantes. Este tipo de jardines siguen siendo habituales en Japón.

Las artes interpretativas

Las artes interpretativas también eran populares en Japón durante el período heian. El teatro japonés posterior se originó en esta época. A menudo, las personas se reunían para presenciar las actuaciones de los músicos, juglares o acróbatas. Estos espectáculos eran enérgicos y divertidos. Las obras preferidas eran aquéllas en que los actores imitaban con mucha habilidad a otras personas.

En los siglos posteriores, estos tipos de espectáculos se convirtieron en una forma de teatro más seria, llamada teatro noh. Las obras de teatro noh nacieron en el siglo XIV y combinan música, partes habladas y danza. Estas obras suelen tratarse de héroes o personajes históricos de Japón.

SU IMPORTANCIA HOY

El teatro noh sigue siendo popular en Japón hoy en día.

COMPRENSIÓN DE LA LECTURA **Crear categorías** ¿Qué formas de arte fueron populares en el período heian?

El Buda era un tema común para los escultores del período heian.

La escritura japonesa podría ser una forma de arte en sí misma. Este álbum con forma de abanico está cubierto de texto y dibujos.

DESTREZA DE ANÁLISIS **ANALIZAR RECURSOS VISUALES**

¿Cómo se refleja en el arte de este período la cultura de Heian?

Muchos jardines zen como el de la foto tienen grava rastrillada, para imitar el agua, y rocas dispuestas como montañas.

Una nueva forma de budismo era muy popular entre las personas comunes de Japón. Se llamaba budismo de la tierra pura y no exigía rituales especiales. En su lugar, los budistas de la tierra pura recitaban el nombre de Buda una y otra vez para alcanzar un estado de iluminación.

En el siglo XII, llegó de China el **zen,** una nueva forma popular de budismo. Los budistas zen creían que ni la fe ni el buen comportamiento llevaban a la sabiduría. En cambio, para alcanzar la sabiduría, había que practicar la autodisciplina y la meditación, o reflexión silenciosa. Estas ideas atrajeron a muchos japoneses, en especial a los guerreros. A medida que los guerreros ganaban influencia en Japón, también ganaba influencia el budismo zen.

El budismo experimenta cambios

La religión pasó a ser, en cierto modo, una forma de arte en Heian. La religión de los nobles reflejaba su gusto por los rituales elaborados. La mayoría de los habitantes comunes de Japón, aunque eran igual de religiosos, no tenían ni el tiempo ni el dinero para estas ceremonias. Como resultado, surgieron distintas formas de budismo en Japón.

COMPRENSIÓN DE LA LECTURA **Identificar las ideas principales** ¿Qué cambios experimentó el budismo en Japón?

RESUMEN Y PRESENTACIÓN En Heian, los emperadores de Japón tenían a su cargo una corte elegante. En la siguiente sección, descubrirás qué pasó cuando los emperadores y la corte perdieron poder y prestigio.

Sección 2 Evaluación

hmhsocialstudies.com
Cuestionario en Internet

Repasar ideas, palabras y personas

1. **a. Recordar** ¿A dónde se mudó la **corte** de Japón a fines del siglo VIII?
   b. Hacer generalizaciones ¿Por qué el período entre los siglos IX y XII se considera la edad de oro de la literatura y el arte de Japón?
   c. Evaluar ¿Piensas que las mujeres de Heian tenían más derechos y libertades que las mujeres de otras sociedades? ¿Por qué?
2. **a. Identificar** ¿Qué nueva forma de budismo se desarrolló en Japón?
   b. Comparar y contrastar ¿En qué se diferenciaban la religión de los nobles japoneses y la religión de las personas comunes?
   c. Profundizar ¿Por qué crees que el budismo de la tierra pura era popular entre las personas comunes?

Pensamiento crítico

3. **Crear categorías** Dibuja un abanico japonés como el de la derecha. Consulta tus notas sobre las artes para anotar dos aportes de los japoneses a cada una de las categorías del abanico.

Moda
Artes visuales
Literatura
Arquitectura
Artes interpretativas

ENFOQUE EN LA REDACCIÓN

4. **Escribir sobre las artes de Japón** Los nobles de Japón dejaron un bellísimo legado artístico que los visitantes de hoy en día todavía pueden disfrutar. Elige dos formas de arte de esta sección y toma notas para tu folleto. ¿Con qué tipo de imágenes podrías ilustrar tu texto?

La dama Murasaki Shikibu

¿Cómo describirías a las personas que observas todos los días?

¿Cuándo vivió? alrededor del siglo XI

¿Dónde vivió? en Heian

¿Qué hizo? La dama Murasaki era una noble que servía a la emperatriz Akiko. Mientras estuvo al servicio de la emperatriz, escribió en sus diarios observaciones muy vívidas acerca de la vida en la corte. Además, escribió la novela *El relato de Genji*.

¿Por qué es importante? *El relato de Genji* es una de las novelas más antiguas del mundo y, para algunos, una de las mejores. Además de entretener a los lectores desde hace cientos de años, *El relato de Genji* describe la vida cotidiana, las costumbres y las actitudes de los nobles japoneses de aquella época.

Sacar conclusiones ¿Por qué la dama Murasaki estaba capacitada para hacer comentarios sobre la vida de las clases altas de Japón?

IDEAS CLAVE

Observaciones de la dama Murasaki Shikibu

- " La dama Dainagon es muy pequeña y refinada… Tiene el cabello tres pulgadas más largo que su estatura ".

- " La dama Senji también es una persona pequeña y altiva… Nos hace sentir insignificantes con su porte tan noble ".

- " La dama Koshosho es noble y encantadora. Es como un sauce llorón en flor. Tiene un estilo muy elegante y todos envidiamos sus modales ".

    –del Diario de Murasaki Shikibu, *Antología de la literatura japonesa*, Donald Keene

Esta pintura del siglo XVII es una ilustración de la vida en la corte según *El relato de Genji*.

de
El relato de Genji

de la dama Murasaki Shikibu

traducido al español de la versión de Edward G. Seidensticker

Sobre la lectura *La dama Murasaki Shikibu escribió* El relato de Genji *en el momento de mayor esplendor de la edad de oro japonesa. En esta novela de mil páginas se cuentan la vida y las aventuras, en especial las aventuras amorosas, de un noble conocido como "el radiante Genji". Aunque Genji es el hijo preferido del emperador, su madre no es más que una plebeya y, por lo tanto, él no puede heredar el trono. En su lugar, el trono pasa primero a su medio hermano Suzaku y luego a su propio hijo. Aquí, el hijo y el medio hermano de Genji, Suzaku, visitan la mansión de Genji en Rokujo, un distrito de Heian.*

A MEDIDA QUE LEES Busca detalles que describen la vida de los nobles japoneses.

El emperador hizo una visita oficial a Rokujo a fines del décimo mes. **❶** Como era la mejor época del año y todo indicaba que sería una ocasión formidable, el emperador de la dinastía Suzaku aceptó la invitación de su hermano, el emperador, para acompañarlo. Era un acontecimiento extraordinario y el principal tema de conversación de la corte. Los preparativos, que llevaron la absoluta dedicación de todos los habitantes de Rokujo, fueron prodigiosos por su complejidad y por la atención a cada pequeño detalle.

La comitiva real, que llegó bien entrada la mañana, fue en primer lugar a los campos ecuestres, donde los guardias del palacio ya estaban congregados para la inspección montada, con sus uniformes de gala que solían reservarse para el festival del lirio. Había franjas de brocado que recorrían las galerías, los puentes arqueados y los toldos que cubrían los espacios abiertos cuando, en las primeras horas de la tarde, la comitiva pasó al ala sureste del palacio. Los cormoranes reales se habían mezclado con los de Rokujo en el lago del este, donde había abundantes peces pequeños para pescar. Genji no quería quedar como un anfitrión quisquilloso o fastidioso, pero tampoco quería que ni un solo instante de la visita real fuera aburrido. **❷** Las hojas otoñales lucían espléndidas, sobre todo en el jardín suroeste de Akikonomu. Allí se habían quitado los muros y se habían abierto las puertas, y ni siquiera la bruma otoñal se atrevía a obstruir la vista real. Genji indicó a sus invitados asientos más elevados que el suyo. El emperador dijo que semejante gesto de inferioridad era innecesario y volvió a pensar que sería una gran satisfacción honrar a Genji por ser su padre.

Los tenientes de la guardia del palacio marcharon desde el este y se arrodillaron a la izquierda y a la derecha de los escalones frente a los asientos reales. Uno ofreció la pesca de la laguna y el otro ofreció dos piezas atrapadas por los halcones reales en las colinas del norte. To no Chujo recibió la orden real de preparar y servir estas exquisiteces. ❸ Otro ágape igual de apetitoso se había preparado para los príncipes y los cortesanos más ilustres. Al caer la tarde, los músicos de la corte ocuparon sus lugares… El concierto fue plácido y discreto, y los pajes de la corte bailaron para los invitados reales. Como siempre, todos recordaron aquella excursión al palacio suzaku de tantos años atrás. Uno de los hijos de To no Chujo, un niño de unos diez años, bailó "Su Majestad el Monarca" con mucha gracia. El emperador se quitó una de sus túnicas y se la puso al niño sobre los hombros, y el propio To no Chujo bajó al jardín a dar las debidas gracias…

Una pintura de la dama Murasaki Shikibu, escritora de El relato de Genji

Con la brisa del atardecer, se habían esparcido hojas de distintos tonos que formaron en el suelo un brocado tan rico y delicado como el de las galerías. Los bailarines eran niños de las mejores familias, elegantes con sus diademas y los tradicionales colores rosado y azul grisáceo, más el carmesí y el azul lavanda que asomaban en las mangas. Bailaron poco tiempo y se retiraron bajo los árboles otoñales, y los invitados lamentaron la cercanía de la puesta del Sol. Al concierto formal, breve y sencillo, siguió la música improvisada que venía de los salones superiores, con instrumentos traídos de la colección del palacio. Cuando la música cobró un tono más alegre, trajeron un koto para cada uno de los emperadores y otro para Genji. ❹ …Era motivo de alegría para todos que las dos casas fueran tan unidas.

LECTURA GUIADA

AYUDA DE VOCABULARIO

piezas aves cazadas
ágape comida
discreto simple; modesto
diademas coronas pequeñas

❸ To no Chujo es el mejor amigo de Genji. En el período heian, la preparación de comidas se consideraba un arte y los cocineros recibían muchos honores por su destreza.

❹ Un koto es un instrumento de cuerdas, también llamado arpa japonesa.

CONECTAR LA LITERATURA CON LA HISTORIA

1. **Resumir** Los nobles de la corte de Heian adoraban la belleza y la elegancia. Por eso, muchos nobles fueron grandes defensores de las artes. Según este fragmento, ¿qué formas de arte específicas les gustaban a los nobles japoneses?

2. **Generalizar** Los nobles disfrutaban su vida de comodidad y privilegios. ¿Qué detalles sugieren que los nobles japoneses llevaban una vida de lujos?

3. **Evaluar** Después de leer este fragmento, ¿qué piensas en general sobre la vida en la corte japonesa?

El crecimiento de una sociedad militar

Lo que aprenderás...

Ideas principales

1. Los samuráis y los shogunes tomaron el control de Japón cuando los emperadores perdieron influencia.
2. Los guerreros samuráis llevaban una vida honorable.
3. El orden se vino abajo cuando el poder de los shogunes fue desafiado por invasores y rebeliones.
4. Líderes poderosos tomaron el control y reunificaron Japón.

La idea clave

En Japón, se desarrolló una sociedad militar dirigida por generales llamados shogunes.

Personas y palabras clave

daimyos, *pág. 454*
samuráis, *pág. 454*
gobernante decorativo, *pág. 455*
shogun, *pág. 455*
Bushido, *pág. 456*

TOMAR NOTAS

Usa el organizador gráfico en Internet para tomar notas acerca del crecimiento de una sociedad militar en Japón.

Si **ESTUVIERAS** allí...

Eres un guerrero japonés y estás orgulloso de tus destrezas para la guerra. Durante muchos años, has sido honrado por la mayor parte de la sociedad, pero ahora te enfrentas a un terrible dilema. Cuando te hiciste guerrero, juraste proteger tanto a tu señor como a tu emperador y pelear para los dos. Ahora tu señor ha entrado en guerra contra el emperador y ambos bandos te han pedido colaboración.

¿Cómo decidirás en qué bando luchar?

CONOCER EL CONTEXTO Después del año 1100, las guerras entre los señores y los emperadores japoneses eran frecuentes. Como estaban aislados de la sociedad en Heian, los emperadores habían perdido todo contacto con el resto de Japón. Como resultado, el orden desapareció en toda la extensión de las islas.

Los samuráis y los shogunes toman el control de Japón

Para fines del siglo XII, Heian era el gran centro del arte y la literatura de Japón. Sin embargo, en el resto de Japón, la vida era muy distinta. Poderosos nobles peleaban unos contra otros por el dominio de las tierras. Los rebeldes peleaban contra los funcionarios del imperio. Durante estas luchas se destruyeron tierras y los campesinos no podían cultivar alimentos. Algunas personas pobres se convirtieron en bandidos o ladrones. Mientras tanto, los gobernantes de Japón estaban tan concentrados en la vida de la corte que no se daban cuenta de todos los problemas que estaban surgiendo en el país.

El surgimiento de los samuráis

Como el emperador estaba distraído con la vida de la corte, los **daimyos**, los grandes propietarios de tierras de Japón, decidieron que necesitaban proteger sus tierras. Contrataron **samuráis**, o guerreros profesionales, para que los protegieran a ellos y a sus propiedades. Los samuráis usaban armaduras livianas y peleaban con espadas y con arcos y flechas. La mayoría de los samuráis provenían de familias nobles y heredaban el puesto de sus padres.

La palabra *samurái* viene de la palabra del japonés que significa "servir". Todos los samuráis, desde el soldado más débil hasta el guerrero más fuerte, tenían la obligación de servir a su señor. Como todos los señores de Japón tenían la obligación de servir a su emperador, todos los samuráis le debían lealtad al emperador.

Mantener un ejército de samuráis costaba mucho dinero. Sólo unos pocos señores podían comprar armaduras y armas para sus guerreros. Como consecuencia, los señores pagaban a los samuráis con tierras o con alimentos.

Sólo los samuráis más poderosos recibían tierras a cambio de sus servicios. La mayoría de estos poderosos samuráis no vivían en las tierras que recibían pero sí obtenían ganancias de ellas. Todos los años, los campesinos agricultores que trabajaban esas tierras entregaban dinero o alimentos a los samuráis. Los samuráis que no recibían tierras obtenían alimentos (casi siempre arroz) como pago.

Los shogunes gobiernan Japón

Muchos de los nobles que no vivían en Heian estaban disconformes con el gobierno de Japón. Se sentían frustrados y querían cambiar a los gobernantes. Finalmente, unos pocos clanes nobles muy poderosos intentaron quedarse con el poder.

Dos de estos poderosos clanes se enfrentaron en una guerra en la década de 1150. Pelearon durante casi 30 años. Fue una lucha terrible, que arruinó tierras y propiedades y destruyó a familias enteras.

Al final, ganó el clan Minamoto. Gracias a su poderoso ejército y a que el emperador seguía ocupado en Heian, el líder del clan Minamoto se convirtió en el hombre más poderoso de Japón y decidió tomar el gobierno del país.

Sin embargo, no quería deshacerse del emperador. Dejó al emperador como un **gobernante decorativo**, una persona que aparentemente gobierna aunque el poder real lo tenga otra persona. Como era samurái, el líder del clan Minamoto debía lealtad al emperador, pero decidió gobernar en lugar del emperador.

En 1192, adoptó el título de **shogun**, un general que gobernaba Japón en nombre del emperador. Cuando murió, su título y su poder pasaron a uno de sus hijos. Durante aproximadamente los 700 años que siguieron, Japón fue gobernado por shogunes.

COMPRENSIÓN DE LA LECTURA Ordenar
¿Cómo llegaron al poder los shogunes en Japón?

La sociedad de los samuráis

DATOS BREVES

Emperador
El emperador era un gobernante decorativo del poderoso shogun.

Shogun
El shogun era un poderoso líder militar que gobernaba en nombre del emperador.

Los daimyos y los samuráis
Los daimyos eran señores poderosos que solían dirigir ejércitos de samuráis. Los guerreros samuráis servían al shogun y su daimyo.

Los campesinos
La mayoría de los japoneses eran campesinos pobres que no tenían ningún poder.

hmhsocialstudies.com
ANIMATED HISTORY

DESTREZA DE ANÁLISIS **ANALIZAR RECURSOS VISUALES**

¿Quién era la persona más poderosa de la sociedad japonesa de los samuráis?

Los samuráis llevan una vida honorable

ENFOQUE EN LA LECTURA

A medida que leas esta sección, presta atención a los hechos y ejemplos que sirven de apoyo a la idea principal.

Bajo el mando de los shogunes, que eran gobernantes militares, los guerreros samuráis cobraron más importancia en la sociedad japonesa. Como resultado, los samuráis obtuvieron muchos privilegios sociales. Las personas comunes tenían que tratarlos con respeto. Si alguien le faltaba el respeto a un samurái, podía ser condenado a muerte.

Al mismo tiempo, la tradición les imponía ciertas restricciones a los samuráis. Por ejemplo, no podían asistir a ciertos tipos de espectáculos, como al teatro, porque se pensaba que era poca cosa para ellos. Tampoco podían intercambiar bienes ni comerciar.

El Bushido

Sobre todo, los samuráis tenían que cumplir un estricto código de reglas que les enseñaba a comportarse. Este código de reglas de los samuráis se llamaba **Bushido**. Esta palabra significa "el modo de ser del guerrero". Tanto los hombres como las mujeres de familias samuráis tenían que cumplir las reglas del Bushido.

El Bushido establecía que los samuráis debían ser guerreros valientes y honorables. Tanto los hombres como las mujeres de las familias samuráis aprendían a pelear, aunque solamente los hombres iban a la guerra. Las mujeres aprendían a pelear para proteger sus hogares de los ladrones.

Los samuráis japoneses

Los samuráis eran guerreros audaces y muy bien entrenados. Tenían un estricto código de comportamiento llamado Bushido, o "modo de ser del guerrero".

¿Cómo estaban equipados los samuráis para defenderse?

Los samuráis usaban una armadura y cascos especiales. Muchos llevaban dos espadas.

Los samuráis a menudo recibían el llamado a luchar, como en la escena de arriba. Los samuráis debían obedecer con honor y lealtad en la batalla. El samurái que se muestra en la escena de la derecha está escribiendo un poema en el tronco de un cerezo. Escribir poemas ayudaba a los samuráis a entrenarse para concentrarse.

Los samuráis tenían que llevar una vida simple y disciplinada. Creían que la autodisciplina los hacía mejores guerreros. Para mejorar su disciplina, muchos samuráis participaban en rituales pacíficos que exigían gran concentración. Algunos hacían arreglos florales detallados o cultivaban árboles bonsái. Otros realizaban ceremonias de té elaboradas. Muchos samuráis también se volcaron al budismo zen, que enfatizaba la autodisciplina y la meditación.

Más que ninguna otra cosa, el Bushido exigía que los samuráis fueran leales a su señor. Cada samurái tenía que obedecer las órdenes de su amo sin dudarlo, aunque dañaran al samurái o a su familia. Un samurái describió sus obligaciones así:

> "Si uno tuviera que definir con una palabra el significado de ser samurái, diría que se basa en entregarse en cuerpo y alma al amo por completo".
>
> –de *Hagakure,* Yamamoto Tsunetomo

Obedecer al señor era importante para el honor de un samurái. El honor era lo más importante en su vida. Si un samurái hacía algo y perdía su honor, era común que se suicidara en lugar de seguir viviendo con vergüenza. Esa vergüenza podía producirse por desobedecer una orden, perder una pelea o dejar de proteger a su señor.

El Bushido y el Japón de hoy

Aunque nació como un código para los guerreros, el Bushido tuvo mucha influencia en la sociedad japonesa. Incluso hoy en día, muchos japoneses se sienten relacionados con los samuráis. Por ejemplo, la dedicación y la disciplina de los samuráis todavía son cualidades muy apreciadas en Japón. Los <u>valores</u> como la lealtad y el honor, que son las ideas centrales del código samurái, siguen siendo muy importantes en el Japón de hoy.

VOCABULARIO ACADÉMICO

valores ideas que las personas aprecian y tratan de respetar

COMPRENSIÓN DE LA LECTURA **Identificar las ideas principales** ¿Qué costumbres tenían los samuráis?

CONEXIÓN CON EL PRESENTE

Los samuráis de hoy

Aunque la clase de los samuráis desapareció de Japón a fines del siglo XIX, las imágenes y los valores samuráis han sobrevivido. En muchos carteles, publicidades, películas y videojuegos aparecen samuráis temibles, que enfrentan a sus enemigos con sus espadas filosas y sus habilidades mortíferas. Muchas personas practican las mismas artes marciales que practicaban los samuráis, como la lucha con espadas. Además, la lealtad que sentían los samuráis por sus señores sigue siendo una parte fundamental de la sociedad japonesa. Muchos japoneses sienten esa misma lealtad hacia otros grupos, como su familia, su empresa o su equipo favorito. Los valores samuráis como el trabajo arduo, el honor y el espíritu de sacrificio también se han arraigado profundamente en la sociedad japonesa.

HISTORY.

VIDEO
Samurai in the Modern World

hmhsocialstudies.com

DESTREZA DE ANÁLISIS **ANALIZAR INFORMACIÓN**

¿Cómo han sobrevivido los valores de los samuráis japoneses hasta hoy en día?

Invasiones mongolas a Japón

Mar de Japón
(Mar Oriental)

JAPÓN

COREA

Mar Amarillo

Honshu

Heian (Kioto)

Nara

Estrecho
de
Corea

**CHINA
MONGOLA**

Hakata

Hirado

Shikoku

Kyushu

Mar de
China
Oriental

OCÉANO
PACÍFICO

N
O   E
S

→ Ataque mongol, 1274
→ Ataque mongol, 1281

0   100   200 millas

0   100   200 kilómetros

DESTREZAS DE GEOGRAFÍA   **INTERPRETAR MAPAS**

Lugar ¿Qué lugar de Japón intentaron invadir los mongoles?

Desaparece el orden

Durante aproximadamente un siglo, los shogunes mantuvieron el orden en Japón. Con el apoyo de los samuráis, los shogunes lograron frenar las amenazas a su autoridad. Al final, sin embargo, surgieron amenazas más serias que pusieron fin a ese orden.

Invasiones extranjeras

Una de las peores amenazas sobre los shogunes fue la invasión de los mongoles desde China. El emperador de China, Kublai Khan, envió un ejército a conquistar las islas en 1274. Frente a la invasión, los shogunes mandaron tropas a combatir contra los mongoles. Además, los nobles de Japón, que estaban enfrentados, pusieron fin a sus diferencias para combatir al enemigo. Los guerreros japoneses tuvieron la ayuda de una gran tormenta. Esta tormenta hundió muchos barcos mongoles y obligó a los mongoles a huir.

En 1281, los mongoles volvieron a invadir. Esta vez, enviaron dos ejércitos enormes y amenazaron con aplastar a los guerreros japoneses. Durante semanas, ambos bandos se enfrentaron en un combate mortal.

Una vez más, sin embargo, el clima ayudó a los japoneses. Una enorme tormenta azotó las costas de Japón y hundió la mayor parte de la flota mongola. Muchos soldados mongoles se ahogaron, y muchos otros se volvieron a China. Agradecidos, los japoneses le pusieron a esta tormenta salvadora el nombre de kamikaze, o "viento divino". Creían que los dioses habían enviado la tormenta para salvar a Japón.

Pero muchos nobles quedaron disconformes con la guerra. Decían que el shogun no había valorado como merecían todo lo que habían hecho en la batalla. A muchos empezó a molestarles que el shogun tuviera poder sobre ellos.

La rebelión interna

Después de la invasión de los mongoles, el shogun tuvo que enfrentar otros problemas. El emperador, cansado de no tener voz ni voto en el gobierno, empezó a combatir contra el shogun por el dominio del país. Al mismo tiempo, los daimyos, los nobles que poseían gran parte del territorio de Japón, también empezaron a luchar para liberarse del control del shogun. En medio de estas luchas por el poder, estallaron pequeñas guerras por todo Japón.

Para el siglo XV, los shogunes habían perdido la mayor parte de su autoridad. El emperador seguía teniendo muy poco poder y los daimyos gobernaban gran parte de Japón. Cada daimyo controlaba su propio territorio. Dentro de ese territorio, dictaba las leyes y recaudaba impuestos. No había ninguna autoridad central poderosa que impusiera orden en Japón.

COMPRENSIÓN DE LA LECTURA   **Resumir**

¿Qué amenazas enfrentó la autoridad de los shogunes?

Líderes poderosos toman el control

Pronto llegaron al poder nuevos líderes. Empezaron como gobernantes locales, pero querían más poder. En el siglo XVI, cada uno de ellos luchó para unificar todo Japón y tenerlo bajo su propio mando.

La unificación

El primero de esos líderes fue Oda Nobunaga. Oda les dio a sus soldados armas de fuego que habían llevado a Japón los comerciantes portugueses. Fue la primera vez que se usaban armas de fuego en Japón. Con estas nuevas armas, Oda venció fácilmente a sus adversarios.

Tras la muerte de Oda, otros líderes continuaron su lucha por unificar Japón. Para 1600, uno de ellos, Tokugawa Ieyasu, ya había conquistado a todos sus enemigos. En 1603, el emperador de Japón nombró shogun a Tokugawa. Desde la capital de su territorio, Edo, en lo que hoy es Tokio, Tokugawa gobernaba todo Japón.

Su llegada al poder dio inicio al shogunato Tokugawa, o sucesión de gobiernos de shogunes de la familia Tokugawa. Al principio de este período, que se prolongó hasta 1868, los japoneses comerciaron con otros países y permitieron a los misioneros cristianos establecerse en Japón.

El aislamiento

No todos los shogunes que sucedieron a Tokugawa querían seguir en contacto con el resto del mundo. Algunos temían que Japón empezara a parecerse demasiado a Europa y que los shogunes perdieran su poder. Para evitar semejante situación, en la década de 1630, el shogun gobernante aisló a Japón del resto del mundo.

Los gobernantes de Japón también prohibieron las armas de fuego. Temían que los campesinos se armaran y vencieran a sus ejércitos de samuráis. Esta combinación de aislamiento y falta de tecnología ayudó a prolongar el período samurái de Japón hasta el siglo XIX, mucho más de lo que debería haber durado.

COMPRENSIÓN DE LA LECTURA **Sacar conclusiones** ¿En qué cambió Japón durante el shogunato Tokugawa?

RESUMEN Y PRESENTACIÓN Para el siglo XII, el poder creciente de los shogunes, los daimyos y los samuráis había convertido a Japón en una sociedad militar. En el siguiente capítulo, leerás sobre las sociedades que se desarrollaron al otro lado del mundo, en las Américas.

Sección 3 Evaluación

hmhsocialstudies.com
Cuestionario en Internet

Repasar ideas, palabras y personas

1. **a. Recordar** ¿Cuál era la relación entre los **samuráis** y los **daimyos**?
   b. Profundizar ¿Por qué crees que el primer **shogun** quería mantener al emperador como un **gobernante decorativo**?
2. **a. Definir** ¿Qué era el **Bushido**?
   b. Explicar ¿Por qué los samuráis tenían pasatiempos como hacer arreglos florales?
3. **a. Identificar** ¿Quiénes invadieron Japón en las décadas de 1270 y 1280?
   b. Resumir ¿De qué manera ayudaron los daimyos a debilitar a los shogunes?
4. **Identificar** ¿Qué líderes poderosos se esforzaron por unificar Japón a fines del siglo XVI?

Pensamiento crítico

5. **Analizar** Dibuja una red de palabras. En el centro, escribe una oración sobre los samuráis. Consulta tus notas sobre la vida en una sociedad militar y escribe una de las funciones, obligaciones o privilegios de los samuráis en cada uno de los círculos de alrededor.

ENFOQUE EN LA REDACCIÓN

6. **Describir a los samuráis** En un museo de historia japonesa, se hará una exposición especial sobre los guerreros samuráis. Agrega notas sobre los samuráis para convencer a los turistas de visitar la exposición. Explica quiénes fueron, qué hacían y cómo vivían.

Destrezas de estudios sociales

Resolver problemas

Comprender la destreza

Resolver problemas es un proceso que sirve para buscar soluciones adecuadas a situaciones complicadas. Incluye hacer preguntas, identificar y evaluar información, comparar y contrastar datos y dar opiniones. Sirve para estudiar historia porque te ayuda a comprender mejor los problemas que una persona o un grupo tuvieron en el pasado y cómo hicieron para tratarlos.

La capacidad para comprender y evaluar cómo las personas resolvieron sus problemas en el pasado también puede servir para resolver problemas similares hoy en día. Esta destreza puede aplicarse a muchos otros tipos de dificultades, además de las relacionadas con la historia. Es un método que sirve para estudiar detenidamente casi cualquier situación.

Aprender la destreza

Usar los siguientes pasos te ayudará a comprender y resolver mejor los problemas.

1 Identifica el problema. Hazte preguntas y haz preguntas a otros. Este primer paso te permite asegurarte de que sabes exactamente cuál es la situación. Además, te ayuda a comprender por qué es un problema.

2 Reúne información. Haz más preguntas y lleva a cabo una investigación para averiguar más sobre el problema. Por ejemplo: ¿cuál es la historia del problema? ¿Qué lo causó? ¿Qué cosas lo empeoran?

3 Enumera las opciones. Basándote en la información que has reunido, identifica las posibles opciones para resolver el problema. Es más fácil llegar a una solución adecuada si tienes varias opciones.

4 Evalúa las opciones. Analiza cada opción que estés considerando. Piensa qué ventajas tiene como solución. Luego, piensa en sus posibles desventajas. Hacer una lista de ventajas y desventajas para cada solución posible puede ayudarte a comparar tus opciones.

5 Elige y aplica una solución. Después de comparar las ventajas y desventajas de cada solución posible, elige la que te parezca mejor y aplícala.

6 Evalúa la solución. Después de poner a prueba la solución, evalúa qué tan eficaz es para resolver el problema. Con este paso, sabrás si la solución es adecuada o si debes probar otras opciones. Además, te ayudará a saber qué hacer en el futuro si llegas a tener el mismo problema otra vez.

Practicar y aplicar la destreza

Vuelve a leer el párrafo "Si estuvieras allí..." de la Sección 3. Imagina que eres el guerrero que tiene el problema. Puedes aplicar los pasos para resolver problemas para decidir qué hacer. Repasa la información de la sección acerca de los samuráis y todo ese período de la historia de Japón. Luego, responde a las siguientes preguntas como si fueras el guerrero samurái.

1. ¿Qué problema específico tienes? ¿Por qué es un problema?

2. ¿Qué sucesos produjeron tu problema? ¿Qué circunstancias y condiciones lo empeoraron?

3. ¿Qué opciones se te ocurren para resolver tu problema? Enumera las ventajas y desventajas de cada una.

4. ¿Cuál de esas opciones parece la mejor solución para tu problema? Explica por qué. ¿Cómo sabrás si es la solución adecuada?

Repaso del capítulo

El impacto de la historia

▶ **videos**
Consulta el video para
responder a la pregunta de enfoque:
*¿Cómo terminó la era de los
samuráis y cómo se deja sentir
la tradición samurái en el Japón
actual?*

Resumen visual

*Usa el siguiente resumen visual para repasar
las ideas principales del capítulo.*

DATOS BREVES

La cultura del antiguo Japón recibió
la influencia de China y Corea.

Durante el período heian, el arte
y la cultura de Japón tuvieron una
edad de oro.

Después del período heian, los
japoneses desarrollaron una
sociedad militar.

Repasar vocabulario, palabras y personas

*Ordena las letras de los siguientes grupos de letras para
hallar un término que se corresponda con la definición dada.*

1. eetrgne: persona que gobierna en lugar de otra

2. misaaru: guerrero japonés

3. aeclsn: grandes familias extensas

4. elarovs: ideas que las personas aprecian

5. ectro: grupo de nobles que rodean a un
gobernante

6. nguosh: un gran general japonés que gobernaba
en nombre del emperador

7. enz: una forma japonesa de budismo

8. issomítno: religión que nació en Japón y se basaba
en la naturaleza

9. sodmiya: señores japoneses que entregaban tierras
a los samuráis

10. kosouth: príncipe que llevó a Japón muchas ideas
chinas

11. arctusrteu: la manera en que se ordena algo

Comprensión y pensamiento crítico

SECCIÓN 1 *(Páginas 438–443)*

12. a. Identificar ¿Quién fue el príncipe Shotoku
y qué hizo?

b. Comparar y contrastar ¿Por qué Japón estaba
aislado de China y Corea? ¿Cómo influían, no
obstante, China y Corea sobre Japón?

c. Hacer predicciones ¿Qué efecto tenía la
geografía física de Japón sobre el desarrollo del
gobierno japonés y de su sociedad?

SECCIÓN 2 *(Páginas 444–448)*

13. a. Recordar ¿Por qué Murasaki Shikibu es una
figura central en la historia de la cultura japonesa?

b. Analizar ¿Por qué el período que va del siglo IX
al siglo XII fue una edad de oro para las artes en
Japón?

c. Evaluar ¿Te gustaría haber integrado la corte
imperial de Heian? ¿Por qué?

14. a. Definir ¿Qué fue el shogunato Tokugawa?

b. Analizar ¿Por qué se convirtió Japón en una sociedad militar? ¿Qué grupos formaban esa sociedad?

c. Profundizar ¿Cómo era la vida cotidiana de los samuráis?

Repasar los temas

15. Política ¿Qué cambios intentó introducir el príncipe Shotoku en el sistema político de Japón?

16. Ciencia y tecnología ¿Qué nuevo adelanto tecnológico prohibieron los gobernantes de Japón a partir de la década de 1630? ¿Por qué?

17. Sociedad y cultura ¿Qué efecto tuvo el Bushido en la cultura japonesa de hoy?

Destrezas de lectura

Las ideas principales y su apoyo *El siguiente fragmento pertenece a este libro de texto. Lee el fragmento y luego responde a las preguntas.*

> "Una de las personas más influyentes en introducir las ideas chinas en Japón fue el príncipe Shotoku. Entre los años 593 y 621, Shotoku fue regente de su tía, la emperatriz. Un regente es una persona que gobierna un país en lugar de alguien que no puede hacerlo solo. El príncipe Shotoku admiró la cultura china durante toda su vida. Cuando fue regente, aprovechó la posibilidad de adoptar más ideas de China en Japón. Mandó estudiosos a China a aprender todo lo que pudieran sobre la sociedad de ese país".

18. Explica con tus propias palabras la idea principal de este fragmento.

19. ¿Qué otro método podría haber usado el autor para que su explicación fuera más informativa e interesante? ¿Qué habría aportado este método al significado del fragmento?

20. ¿Qué definición da el autor en el fragmento? ¿De qué manera sirve esa definición para apoyar la idea principal?

Usar Internet

21. Actividad: Dibujar una historieta La estructura del gobierno de Japón sufrió una influencia militar muy fuerte. Con el tiempo, los guerreros y los generales de Japón ganaron poder a medida que los emperadores lo perdían. Usa tu libro de texto en Internet para investigar y crear una historieta al estilo de los dibujos animados japoneses sobre las personas que tenían el poder. Entre los personajes, debes incluir un shogun, un daimyo, un samurái y un emperador.

🔼 **hmhsocialstudies.com**

Destrezas de estudios sociales

22. Resolver problemas Imagina que eres un guerrero samurái y que te han llamado a pelear contra la invasión mongola. Estás apostado en una pequeña aldea que queda justo en el camino que tomará el ejército mongol. Algunos habitantes de la aldea quieren quedarse y pelear contra los mongoles, pero tú sabes que si lo intentan terminarán muertos. Los líderes del pueblo quieren conocer tu opinión sobre qué deberían hacer. Anota una o dos ideas que propondrías para salvar a los habitantes de la aldea. Para cada idea, anota las consecuencias que podría tener tu propuesta.

ENFOQUE EN LA REDACCIÓN

23. Crear tu folleto turístico Repasa las notas que tomaste en este capítulo y crea un folleto turístico en el que describas las atracciones históricas de Japón. Escribe un texto breve: recuerda que debes captar la atención de tus lectores con unas pocas palabras. Para captar mejor su atención, haz dibujos o busca fotos para ilustrar tu folleto turístico.

Práctica para el examen estandarizado

INSTRUCCIONES: *Lee las preguntas y escribe la letra de la respuesta correcta.*

1

> Me crié en una provincia lejana, que queda más lejos que el punto más lejano del Camino Oriental. Me da vergüenza pensar que los habitantes de la Ciudad Real piensen que soy una muchacha sin cultura.
>
> De alguna manera, me enteré de que en el mundo existen cosas como las novelas románticas y quise leerlas. Cuando no había nada que hacer, de día o de noche, mi hermana mayor o mi madrastra me contaban algún que otro cuento y oí varios capítulos sobre el radiante príncipe Genji.

A partir del contenido del fragmento, se puede llegar a la conclusión de que la persona que lo escribió era

A un guerrero samurái.

B una mujer noble de Heian.

C una agricultora del norte de Japón.

D un daimyo.

2 ¿Qué elemento que influyó en la historia japonesa es *principalmente* responsable por la importancia que tienen la lealtad, el honor y la disciplina en la sociedad japonesa de hoy?

A el código de los samuráis

B las enseñanzas del sintoísmo

C las reformas del príncipe Shotoku

D la difusión del budismo chino

3 La mayoría de las grandes obras de la literatura japonesa antigua fueron escritas por

A estudiosos budistas.

B guerreros samuráis.

C sacerdotes sintoístas.

D mujeres de la nobleza.

4 La influencia de China y Corea en la historia, la cultura y el desarrollo de Japón dejó todos los siguientes legados, *excepto*

A el primer sistema de escritura de Japón.

B la alimentación tradicional de los japoneses.

C las primeras reglas de conducta familiar.

D la práctica del budismo.

5 La función principal de los samuráis en la sociedad japonesa era

A escribir poesía.

B administrar las tierras de cultivo.

C defender a los señores.

D conquistar China.

Conexión con lo aprendido anteriormente

6 La antigua sociedad japonesa durante el dominio de los clanes no formaba un único país unificado sino muchos estados pequeños. Este tipo de gobierno se parecía *más*

A al de las primeras ciudades-estado de la antigua Grecia.

B al del Imperio romano durante la Pax Romana.

C al del Reino Antiguo del antiguo Egipto.

D al del Reino Nuevo del antiguo Egipto.

7 ¿Al igual que qué ciudad-estado de la antigua Grecia que estudiaste antes daban los nobles de Heian gran importancia a las artes y el saber?

A Esparta

B Atenas

C Macedonia

D Troya

Japan and the Samurai Warrior
(El Japón y los samuráis)

Durante más de mil años la clase de los samuráis, una élite de guerreros, constituyó una fuerza poderosa en la sociedad japonesa. El modo de vida de los señores y los samuráis era, en muchos aspectos, como el de los señores y los caballeros medievales europeos. Los importantes jefes militares entre los samuráis, gobernaban grandes territorios y dependían de las destrezas de combate de sus feroces guerreros para dar batalla a sus enemigos. Pero los samuráis eran mucho más que soldados. Se esperaba que también tuvieran afinidad por la belleza y la cultura, y muchos de ellos eran artistas expertos. También se adherían por encima de todo, incluso de la propia vida, a códigos estrictos de honor personal.

Investiga el mundo fascinante de los samuráis en Internet. Encontrarás una gran cantidad de información, videos, actividades y mucho más en **hmhsocialstudies.com**.

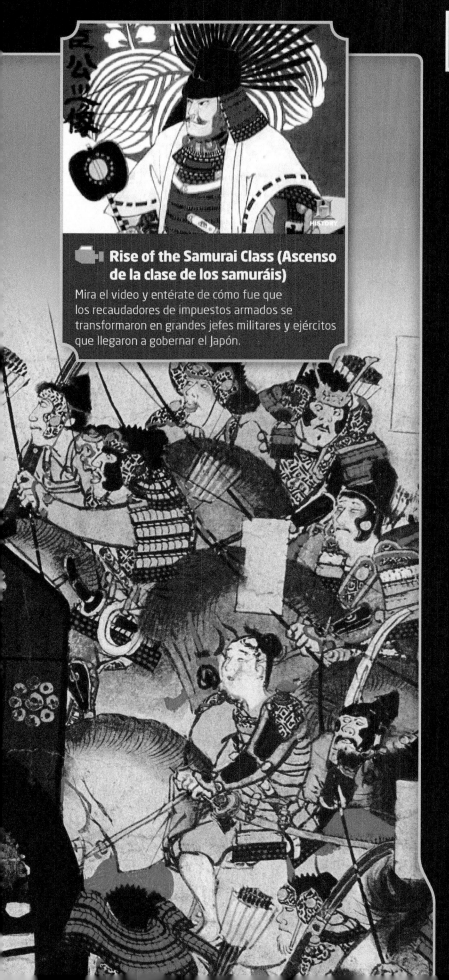

Rise of the Samurai Class (Ascenso de la clase de los samuráis)

Mira el video y entérate de cómo fue que los recaudadores de impuestos armados se transformaron en grandes jefes militares y ejércitos que llegaron a gobernar el Japón.

A New Way of Life in Japan (Nueva forma de vida en Japón)

Mira el video y entérate de cómo se afianzaron la paz y el aislamiento en Japón cambiando el papel que desempeñaban los samurái en la sociedad.

> "No tengo ojos
> Hago la Chispa del Relámpago mis Ojos.
> No tengo oídos; Hago la sensibilidad mis Oídos.
> No tengo extremidades;
> Hago la Presteza mis Extremidades.
> No tengo leyes;
> Hago mi Defensa propia mis Leyes."

Código de conducta en la vida de los samuráis

Lee el documento para conocer el código estricto e incluso lírico del samurái.

Death of the Samurai Class (Fin de la clase de los samuráis)

Mira el video y entérate de cómo al terminar el aislamiento del Japón ante el resto del mundo, comenzó a desaparecer la clase de los samuráis.

Las Américas en sus principios

Pregunta esencial ¿Cuál fue la causa del desarrollo de sociedades complejas en las Américas?

? Lo que aprenderás...

En este capítulo, estudiarás acerca del crecimiento y desarrollo de las civilizaciones maya, azteca e inca en el continente americano.

ENFOQUE EN LA REDACCIÓN

Una descripción de un trabajo Trabajas para un periódico europeo y te diriges a las Américas con un grupo de exploradores. Tu periódico quiere que escribas un artículo para compartir con los lectores europeos lo que has visto en tu viaje. A medida que lees este capítulo, decide sobre qué escribirás: el territorio, los pueblos o los sucesos que ocurrieron tras la llegada de los exploradores.

circa **200 d.C.**
Los mayas empiezan a construir grandes ciudades en las Américas.

circa **900**
Termina la Era Clásica maya.

SUCESOS EN EL CAPÍTULO

500 a.C.

SUCESOS EN EL MUNDO

circa **500 a.C.**
En Atenas se desarrolla la primera democracia del mundo.

Las ruinas de la ciudad inca Machu Picchu, que aparecen en la foto, se hallan en lo alto de la cordillera de los Andes.

circa 1325
Los aztecas establecen su capital en Tenochtitlan.

circa 1440
Pachacuti comienza a expandir el Imperio inca.

1519
Cortés llega a México.

1537
Pizarro conquista el Imperio inca.

1350

1450

1550

1337
Comienza la Guerra de los Cien Años entre Francia e Inglaterra.

1433
El emperador de China termina las exploraciones marítimas de Asia y África.

1453
Los otomanos conquistan Constantinopla.

1517
Martín Lutero anuncia sus Noventa y cinco tesis.

465

Lectura en estudios sociales

| Economía | Geografía | Política | Religión | Sociedad y cultura | Ciencia y tecnología |

Enfoque en los temas En este capítulo, leerás sobre las civilizaciones que se desarrollaron en las Américas: en Mesoamérica, que está en la parte sur de América del Norte, y en los Andes, que están en América del Sur. A medida que leas sobre los mayas, de Mesoamérica, sobre los aztecas, del centro de México, y sobre los incas, de América del Sur, verás cómo la **geografía** de esas regiones influyó en su modo de vida. También aprenderás que estas civilizaciones antiguas hicieron avances interesantes en las **ciencias**.

Analizar información histórica

Enfoque en la lectura Los libros de historia están llenos de información. A medida que leas, en cada página encontrarás nombres, fechas, lugares, palabras y descripciones. Como hay tanta información, lo mejor es dejar de lado el material del libro que no es importante ni verdadero.

Identificar información relevante e información esencial La información de los libros de historia tiene que ser relevante, o estar relacionada con el tema que estás estudiando. También tiene que ser esencial, o necesaria, para entender ese tema. Todo lo que no sea relevante ni esencial te distrae del material importante que estás estudiando.

El siguiente fragmento está tomado de una enciclopedia, pero se le ha agregado información irrelevante o no esencial para que aprendas a identificarla.

Los mayas

Quiénes fueron Los mayas fueron unos indígenas americanos que desarrollaron una civilización magnífica en Mesoamérica, que es la parte sur de América del Norte. Construyeron sus ciudades más grandes entre los años 250 y 900 d.C. Hoy en día, muchas personas viajan a América Central para ver las ruinas mayas.

Comunicaciones Los mayas desarrollaron un sistema de escritura avanzado que usaba muchos símbolos. Nuestro sistema tiene 26 letras. Ellos registraban información en grandes monumentos de piedra. Algunas de las primeras civilizaciones hacían dibujos en las paredes de las cuevas. Los mayas también hacían libros con un papel que extraían de la corteza de las higueras. Las higueras necesitan mucha luz.

Algunas partes de este texto y del que se encuentra en la página siguiente fueron tomadas y traducidas al español del World Book Online Reference Center *del año 2004.*

La primera oración del párrafo contiene la idea principal. Todo lo que no respalde esta idea no es esencial.

En este párrafo se explica cómo eran las comunicaciones entre los mayas. Cualquier otro tema es irrelevante.

La última oración no respalda la idea principal, así que no es esencial.

Las necesidades de las higueras no tienen nada que ver con las comunicaciones de los mayas. Esta oración es irrelevante.

¡Inténtalo!

En el siguiente fragmento hay algunas oraciones que no son importantes, necesarias ni relevantes. Lee el fragmento e identifica esas oraciones.

El modo de vida de los mayas

Religión Los mayas creían en muchos dioses y diosas. En un único manuscrito maya se mencionan más de 160 dioses y diosas. Algunos de los dioses que adoraban eran el dios del maíz, el dios de la lluvia, el dios del Sol y la diosa de la Luna. Los antiguos griegos también adoraban a muchos dioses y diosas.

Familia y estructura social Familias enteras de mayas, incluyendo padres, hijos y abuelos, vivían juntas. En muchas casas de hoy no cabrían tantas personas juntas. Cada integrante de la familia tenía tareas que cumplir. Los hombres y los niños, por ejemplo, trabajaban en el campo. Hoy en día, muy pocas personas se dedican a la agricultura. Las mujeres y las niñas más grandes cosían ropas y preparaban la comida para el resto de la familia. Ahora, la mayoría de las personas se compran la ropa.

Después de leer el fragmento, responde a las siguientes preguntas.

1. ¿Qué oración del primer párrafo es irrelevante para el tema en cuestión? ¿Cómo lo sabes?

2. ¿Cuáles son las tres oraciones del segundo párrafo que no son esenciales para aprender cosas sobre los mayas? ¿Esas oraciones corresponden a este fragmento?

Personas y palabras clave

Capítulo 16

Sección 1
maíz *(pág. 468)*
Pacal *(pág. 469)*
observatorios *(pág. 472)*

Sección 2
carreteras elevadas *(pág. 474)*
conquistadores *(pág. 478)*
Hernán Cortés *(pág. 478)*
Moctezuma II *(pág. 478)*

Sección 3
Pachacuti *(pág. 479)*
quechua *(pág. 480)*
mampostería *(pág. 481)*
Atahualpa *(pág. 482)*
Francisco Pizarro *(pág. 482)*

Vocabulario académico

El progreso escolar está relacionado con el conocimiento del vocabulario académico, es decir, de las palabras que se usan con frecuencia en las tareas y discusiones en clase. En este capítulo, aprenderás las siguientes palabras de vocabulario académico:

aspecto *(pág. 471)*
rebelarse *(pág. 473)*
motivo *(pág. 478)*
distribuir *(pág. 480)*

A medida que lees el **Capítulo 16**, determina cuál es la información relevante de cada sección.

Los mayas

Lo que aprenderás...

Ideas principales

1. La geografía afectó la vida de los primeros mayas de Mesoamérica.
2. Durante la Era Clásica, los mayas construyeron grandes ciudades conectadas por el comercio.
3. La estructura social, la religión y los logros científicos y artísticos influyeron en la cultura maya.
4. La decadencia de la civilización maya comenzó en el siglo X, por razones todavía desconocidas.

La idea clave

Los mayas desarrollaron una civilización avanzada que prosperó en Mesoamérica desde aproximadamente el año 250 hasta el siglo X.

Personas y palabras clave

maíz, *pág. 468*
Pacal, *pág. 469*
observatorios, *pág. 472*

hmhsocialstudies.com
TOMAR NOTAS

Usa el organizador gráfico en Internet para tomar notas acerca de distintos aspectos de la civilización maya.

Si ESTUVIERAS allí...

Eres un agricultor maya y cultivas maíz en las afueras de una ciudad. Muchas veces vas a la ciudad para participar en ceremonias religiosas. Observas al rey y sus sacerdotes, parados en lo alto de una inmensa pirámide. Llevan capas con plumas de colores brillantes y adornos de oro que relucen a la luz del sol. Mucho más abajo, miles de adoradores como tú se reúnen en la plaza para rendir culto a los dioses.

¿Qué te hacen sentir estas ceremonias?

CONOCER EL CONTEXTO La religión era muy importante para los mayas, uno de los primeros pueblos de las Américas. Los mayas creían que los dioses controlaban todo lo que ocurría en el mundo que los rodeaba.

La geografía y los primeros mayas

La región conocida como Mesoamérica se extiende desde la región central de México hacia el sur, hasta la parte norte de América Central. Fue en esta región donde un pueblo llamado maya desarrolló una civilización extraordinaria.

Alrededor del año 1000 a.C., los mayas comenzaron a establecerse en las tierras bajas de lo que hoy es el norte de Guatemala. La mayor parte de este territorio estaba cubierto por espesas selvas tropicales, pero los pobladores talaron algunas zonas para poder cultivar. Sembraban una variedad de cultivos, como frijoles, calabacines, aguacates y **maíz** o elote. La selva también ofrecía recursos valiosos. Los animales de la selva, como venados, conejos y monos, servían de alimento. Además, los árboles y otras plantas eran buenos materiales de construcción. Por ejemplo, algunos mayas construían sus casas con postes de madera, enredaderas y barro.

Los primeros mayas vivían en aldeas pequeñas y aisladas. Con el tiempo, sin embargo, estas aldeas empezaron a comerciar entre sí y con otros grupos de Mesoamérica. A medida que el comercio aumentaba, las aldeas crecían. Alrededor del año 200 d.C., los mayas ya habían empezado a construir grandes ciudades en Mesoamérica.

COMPRENSIÓN DE LA LECTURA **Identificar las ideas principales**
¿Cómo aprovechaban los primeros mayas su ambiente físico?

La Era Clásica

La civilización maya alcanzó su momento cumbre entre los años 250 y 900 d.C. Este período de la historia maya se conoce como la Era Clásica. Durante este período, el territorio de los mayas se expandió y llegó a tener más de 40 ciudades grandes.

En realidad, las ciudades mayas eran ciudades estado. Cada una tenía su propio gobierno y su propio rey. No había un gobernante único que unificara todas esas ciudades bajo un mismo imperio. Sin embargo, el comercio ayudó a mantener la unidad de la civilización maya. Las personas intercambiaban bienes por productos que no se conseguían en su región.

Por ejemplo, los mayas de las tierras bajas exportaban productos de la selva, algodón y semillas de cacao, de donde se obtiene el chocolate. A cambio recibían obsidiana (una roca volcánica parecida al vidrio), jade y coloridas plumas de aves.

A través del comercio, los mayas obtenían materiales para la construcción. En las ciudades mayas había magníficos edificios, como palacios decorados con esculturas y pinturas. Los mayas también construían pirámides de piedra con templos en la parte superior. Algunos templos estaban construidos en honor de los reyes locales. Por ejemplo, en la ciudad de Palenque, el rey **Pacal** construyó un templo para dejar registro de sus logros.

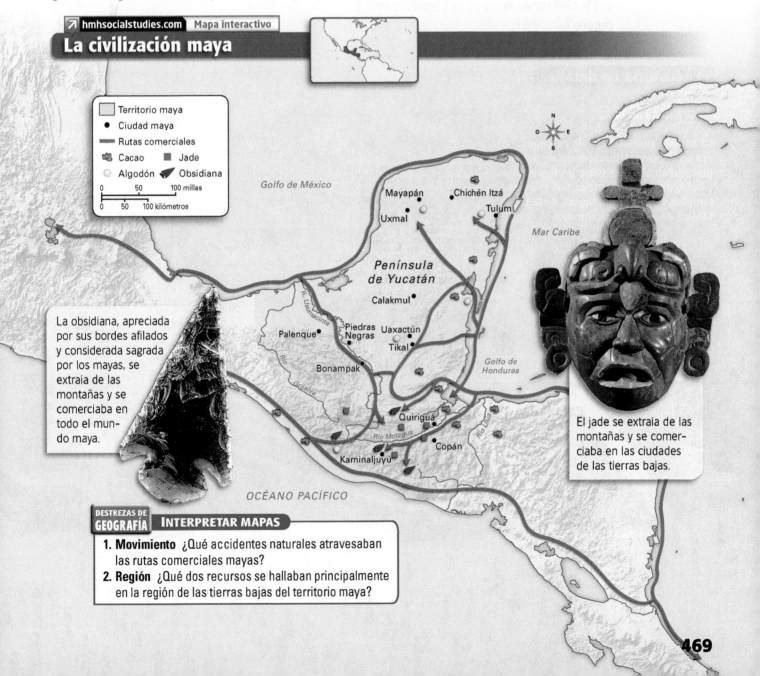

hmhsocialstudies.com — Mapa interactivo

La civilización maya

Territorio maya
● Ciudad maya
▬ Rutas comerciales
🐚 Cacao   ■ Jade
○ Algodón ◤ Obsidiana

0   50   100 millas
0   50   100 kilómetros

Golfo de México

Mayapán
Chichén Itzá
Uxmal
Tulum

Mar Caribe

Península de Yucatán

Calakmul

R. Usumacinta

Palenque
Piedras Negras
Uaxactún
Tikal

Río Grijalva

Bonampak

Golfo de Honduras

Quiriguá
Río Motagua
Río Ulúa
Copán

Kaminaljuyú

OCÉANO PACÍFICO

La obsidiana, apreciada por sus bordes afilados y considerada sagrada por los mayas, se extraía de las montañas y se comerciaba en todo el mundo maya.

El jade se extraía de las montañas y se comerciaba en las ciudades de las tierras bajas.

DESTREZAS DE GEOGRAFÍA — INTERPRETAR MAPAS

1. **Movimiento** ¿Qué accidentes naturales atravesaban las rutas comerciales mayas?
2. **Región** ¿Qué dos recursos se hallaban principalmente en la región de las tierras bajas del territorio maya?

Además de templos y palacios, los mayas construyeron canales y empedraron las grandes plazas centrales donde se reunía el pueblo. Los agricultores hicieron muros de piedra en las laderas de las colinas para transformarlas en terrazas planas y así poder cultivar en ellas. Casi todas las ciudades mayas también tenían un estadio de piedra donde se jugaba un tipo especial de juego de pelota. Los jugadores debían pasar una pesada pelota de caucho duro a través de aros de piedra ubicados en lo más alto de las paredes del estadio. Sólo podían usar la cabeza, los hombros o las caderas. Los ganadores de estos juegos recibían joyas y ropas.

COMPRENSIÓN DE LA LECTURA **Analizar** ¿Por qué la civilización maya no se considera un imperio?

La cultura maya

Dos fuerzas afectaban profundamente la vida cotidiana de las personas en la sociedad maya. Una era la estructura social y la otra, la religión.

La estructura social

El rey ocupaba la posición más alta de la sociedad maya. Como se creía que estaba emparentado con los dioses, el rey tenía autoridad religiosa además de política. Los sacerdotes, los mercaderes y los guerreros nobles también formaban parte de la clase alta. Junto con el rey, acumulaban todo el poder en la sociedad maya.

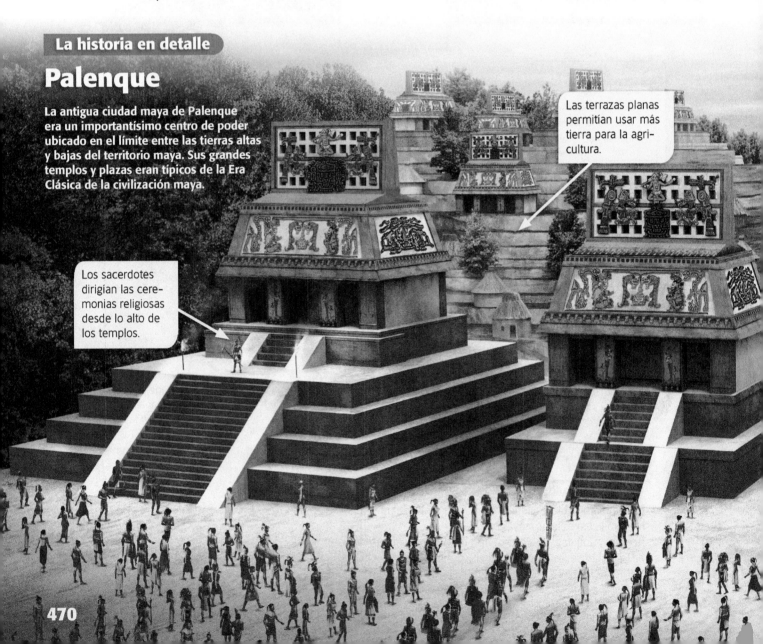

La historia en detalle

Palenque

La antigua ciudad maya de Palenque era un importantísimo centro de poder ubicado en el límite entre las tierras altas y bajas del territorio maya. Sus grandes templos y plazas eran típicos de la Era Clásica de la civilización maya.

Las terrazas planas permitían usar más tierra para la agricultura.

Los sacerdotes dirigían las ceremonias religiosas desde lo alto de los templos.

Sin embargo, la mayoría de los mayas pertenecían a la clase baja. Este grupo estaba formado por familias de agricultores que vivían en las afueras de las ciudades. Las mujeres cuidaban a sus hijos, cocinaban, hilaban y tejían en telares. Los hombres trabajaban la tierra, cazaban y fabricaban utensilios.

Los mayas de la clase baja debían "pagarles" a los gobernantes dándoles una parte de sus cosechas y bienes como tela y sal. También tenían que ayudar a construir templos y otros edificios públicos. Si su ciudad entraba en guerra, los hombres debían prestar servicio en el ejército, y si resultaban capturados en batalla, generalmente eran convertidos en esclavos. Los esclavos se encargaban de transportar mercancías por las rutas comerciales o trabajaban para los mayas de las clases altas como sirvientes o como agricultores.

Religión

Los mayas rendían culto a muchos dioses, entre ellos un Creador, un dios del Sol, una diosa de la Luna y un dios del maíz. Creían que cada dios controlaba un **aspecto** diferente de la vida cotidiana.

Según las creencias mayas, los dioses podían ayudarlos o hacerles daño, así que siempre trataban de complacerlos para conseguir su ayuda. Pensaban que sus dioses necesitaban sangre para evitar catástrofes o el fin del mundo. Todos ofrecían su sangre a los dioses perforándose la lengua o la piel. En ocasiones especiales, los mayas también ofrecían sacrificios humanos. Por lo general, usaban a los prisioneros capturados en batalla, cuyos corazones eran ofrecidos a esculturas talladas en piedra que representaban a los dioses.

VOCABULARIO ACADÉMICO

aspecto una parte de algo

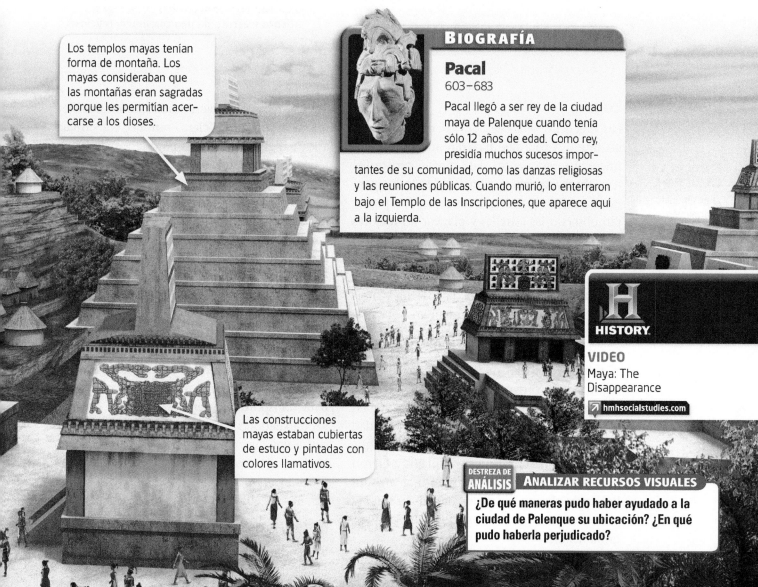

Los templos mayas tenían forma de montaña. Los mayas consideraban que las montañas eran sagradas porque les permitían acercarse a los dioses.

BIOGRAFÍA

Pacal
603–683

Pacal llegó a ser rey de la ciudad maya de Palenque cuando tenía sólo 12 años de edad. Como rey, presidía muchos sucesos importantes de su comunidad, como las danzas religiosas y las reuniones públicas. Cuando murió, lo enterraron bajo el Templo de las Inscripciones, que aparece aquí a la izquierda.

Las construcciones mayas estaban cubiertas de estuco y pintadas con colores llamativos.

HISTORY.

VIDEO
Maya: The Disappearance

↗ hmhsocialstudies.com

DESTREZA DE ANÁLISIS **ANALIZAR RECURSOS VISUALES**
¿De qué maneras pudo haber ayudado a la ciudad de Palenque su ubicación? ¿En qué pudo haberla perjudicado?

La astronomía y la escritura mayas

28 de octubre de 709 d.C.

Ella está sangrando.

Señora Xoc

Señor de Yaxchilán

En esta foto (izquierda) se ve el observatorio que está en la ciudad maya de Chichén Itzá. El tallado en piedra (arriba) es un registro artístico y escrito de una ceremonia religiosa.

Logros

ENFOQUE EN LA LECTURA
¿Hay alguna información irrelevante en este párrafo?

Las creencias religiosas de los mayas fueron un impulso para que hicieran adelantos científicos impresionantes. Los mayas construyeron **observatorios**, o edificios diseñados para estudiar el cielo, para que sus sacerdotes pudieran observar las estrellas y planear las mejores fechas para las celebraciones religiosas. Con los conocimientos astronómicos que lograron, los mayas desarrollaron dos calendarios. Uno, de 365 días, guiaba la siembra, la cosecha y otras actividades agrícolas. Este calendario era más preciso que el que se usaba en Europa en esa época. Además, los mayas tenían un calendario distinto, de 260 días, que usaban para llevar un registro de las ceremonias religiosas.

Una razón por la cual los mayas podían medir el tiempo con precisión era su habilidad matemática. Crearon un sistema numérico que les permitía hacer cálculos complejos y fueron unos de los primeros pueblos en usar un símbolo para el cero. Los mayas usaban su sistema numérico para registrar las fechas importantes de su historia.

Los mayas también desarrollaron un sistema de escritura. En cierto sentido, era similar a los jeroglíficos egipcios porque los símbolos representaban tanto objetos como sonidos. Los mayas tallaban series de símbolos en grandes tablillas de piedra para registrar su historia y los logros de sus reyes. También escribían en cuadernos de papel hechos con corteza de árbol y transmitían oralmente cuentos y poemas.

Los mayas también crearon asombrosas obras artísticas y arquitectónicas. Las joyas hechas por los mayas, de jade y oro, eran excepcionales. Además, sus enormes templos con forma de pirámide estaban construidos con gran maestría. Los mayas no tenían herramientas de metal para hacer cortes ni vehículos con ruedas para transportar materiales. En lugar de ello, los trabajadores cortaban los bloques de piedra caliza con herramientas de obsidiana. Luego, hacían rodar los bloques gigantes sobre troncos y los levantaban con sogas. Los mayas solían decorar sus edificios con pinturas.

COMPRENSIÓN DE LA LECTURA **Crear categorías** ¿Qué grupos formaban las distintas clases de la sociedad maya?

Decadencia de la civilización maya

La civilización maya comenzó a decaer en el siglo X d.C. Los mayas dejaron de construir templos y otras estructuras. Abandonaron las ciudades y volvieron al campo. ¿A qué se debió este desenlace? Los historiadores no están seguros, pero piensan que probablemente fue por una combinación de factores.

Uno de los factores puede haber sido las exigencias impuestas al pueblo. Los reyes mayas obligaban a sus súbditos a cultivar la tierra para ellos o a trabajar en proyectos de construcción. Quizás el pueblo ya no quería trabajar para los reyes. Posiblemente hayan decidido **rebelarse** contra las exigencias de los reyes y abandonar las ciudades.

También es posible que la gran cantidad de guerras entre las ciudades haya provocado la decadencia. Las ciudades mayas siempre habían luchado por el poder. Pero si las batallas se generalizaron o llegaron a ser demasiado destructivas, pueden haber provocado demasiadas muertes y la interrupción del comercio. Los habitantes podrían haber huido de las ciudades en busca de seguridad.

Otra teoría relacionada sostiene que quizás los mayas no pudieron producir la cantidad suficiente de alimentos para toda la población. Sembrar el mismo tipo de cultivos año tras año puede haber debilitado el suelo. Además, a medida que crecía la población, es posible que haya aumentado la demanda de alimento. Esta demanda podría haber provocado una competencia feroz entre las ciudades por la posesión de nuevas tierras de cultivo. Pero con las guerras resultantes se habrían destruido más cultivos, se habría arruinado más tierra fértil y se habría agravado aun más la escasez de alimentos.

El cambio del clima también pudo haber sido un factor. Los científicos saben que Mesoamérica sufrió sequías durante el período en que los mayas abandonaron sus ciudades. Las sequías habrían dificultado la producción de alimentos suficientes para los habitantes de las ciudades.

Sean cuales fueren las razones, la decadencia de la civilización maya fue un proceso gradual. Los mayas se diseminaron después del siglo X, pero no desaparecieron por completo.

De hecho, la civilización maya volvió a surgir más tarde en la península de Yucatán. Pero para la época en que los conquistadores españoles llegaron a las Américas, en el siglo XVI, el poder maya se había desvanecido.

COMPRENSIÓN DE LA LECTURA **Resumir** ¿Qué factores pueden haber causado la caída de la civilización maya?

RESUMEN Y PRESENTACIÓN Los mayas crearon una civilización que alcanzó su máximo esplendor aproximadamente entre 250 y 900 pero que luego decayó por razones aún desconocidas. En la Sección 2, aprenderás sobre otro pueblo de Mesoamérica: los aztecas.

VOCABULARIO ACADÉMICO

rebelarse enfrentar a la autoridad

Sección 1 Evaluación

hmhsocialstudies.com
Cuestionario en Internet

Repasar ideas, palabras y personas

1. **a. Recordar** ¿Qué recursos obtenían de la selva los mayas?
   b. Profundizar ¿Cómo crees que las aldeas mayas se transformaron en grandes ciudades?
2. **a. Describir** ¿Cuáles eran las características de las ciudades mayas?
   b. Inferir ¿Cómo fortaleció el comercio a la civilización maya?
3. **a. Identificar** ¿Quiénes pertenecían a la clase alta de la sociedad maya?
   b. Explicar ¿Cómo intentaban los mayas complacer a sus dioses?
   c. Ordenar ¿Cuál crees que fue el logro cultural más impresionante de los mayas? ¿Por qué?
4. **a. Describir** ¿Qué pasó con los mayas después del año 900?
   b. Evaluar ¿Qué factor considerarías clave en la decadencia de la civilización maya? Explica.

Pensamiento crítico

5. **Evaluar** Dibuja un diagrama como el de la derecha. Usa tus notas para ordenar los logros de los mayas. Anota el más importante arriba.

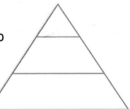

ENFOQUE EN LA REDACCIÓN

6. **Reunir información sobre los mayas** Es probable que una parte de tu artículo esté dedicada a los mayas. Usa el mapa y las ilustraciones de esta sección para decidir sobre qué lugares escribirás. ¿Cómo describirías el territorio y las ciudades mayas? ¿Qué agregarías sobre la historia y la cultura de los mayas?

Los aztecas

Lo que aprenderás...

Ideas principales

1. Los aztecas construyeron un imperio rico y poderoso en la región central de México.
2. La estructura social, la religión y las guerras dieron forma a la vida del imperio.
3. Hernán Cortés conquistó el Imperio azteca en 1521.

La idea clave

El fuerte Imperio azteca, fundado en la región central de México en 1325, duró hasta la conquista española, en 1521.

Personas y palabras clave

carreteras elevadas, *pág. 474*
conquistadores, *pág. 478*
Hernán Cortés, *pág. 478*
Moctezuma II, *pág. 478*

hmhsocialstudies.com
TOMAR NOTAS

Usa el organizador gráfico en Internet para tomar notas acerca de la fundación del Imperio azteca, la vida en el momento de máximo esplendor de este imperio, y su caída.

Si ESTUVIERAS allí...

Vives en un pueblo del sureste de México que está gobernado por el poderoso Imperio azteca. Todos los años, tu pueblo debe enviar muchos cestos de maíz al emperador. También tienen que buscar oro para él. Un día, unos desconocidos, pálidos y con barbas, llegan por el mar. Quieren derrocar al emperador y te piden que los ayudes.

¿Deberías ayudar a los desconocidos? ¿Por qué?

CONOCER EL CONTEXTO Los aztecas gobernaron un gran imperio en Mesoamérica. Cada ciudad que conquistaban tenía que hacer grandes aportes a la economía azteca. Este sistema ayudó a crear un estado muy poderoso, pero que no inspiraba lealtad.

Los aztecas construyen un imperio

Los primeros aztecas eran agricultores que emigraron desde el norte hacia el centro de México. Como las mejores tierras de labranza ya estaban ocupadas, se establecieron en una isla pantanosa en medio del lago Texcoco. Allí, en 1325, comenzaron a construir su capital y a conquistar los pueblos vecinos.

La guerra fue un factor clave en el ascenso de los aztecas al poder. Eran temibles guerreros y exigían el pago de tributos a los pueblos conquistados. El algodón, el oro y los alimentos que recibían en abundancia como pago fueron vitales para su economía. Los aztecas también controlaban una inmensa red de comercio. Los mercaderes transportaban bienes por todo el imperio. Muchos de estos mercaderes trabajaban como espías para los gobernantes y les informaban sobre lo que ocurría en sus tierras.

La guerra, los tributos y el comercio enriquecieron y fortalecieron al Imperio azteca. Para comienzos del siglo XV, los aztecas gobernaban el estado más poderoso de Mesoamérica. En ningún otro lugar se podía contemplar la grandeza del imperio como en su capital, Tenochtitlan.

Para construir esta asombrosa ciudad en una isla, los aztecas tuvieron que superar muchos obstáculos geográficos. Uno de los problemas era la dificultad para entrar y salir de la ciudad. Para solucionarlo, los aztecas construyeron tres amplias **carreteras elevadas,** carreteras construidas sobre agua o terreno pantanoso, que conectaban la isla con la costa del lago. También construyeron canales que recorrían la ciudad

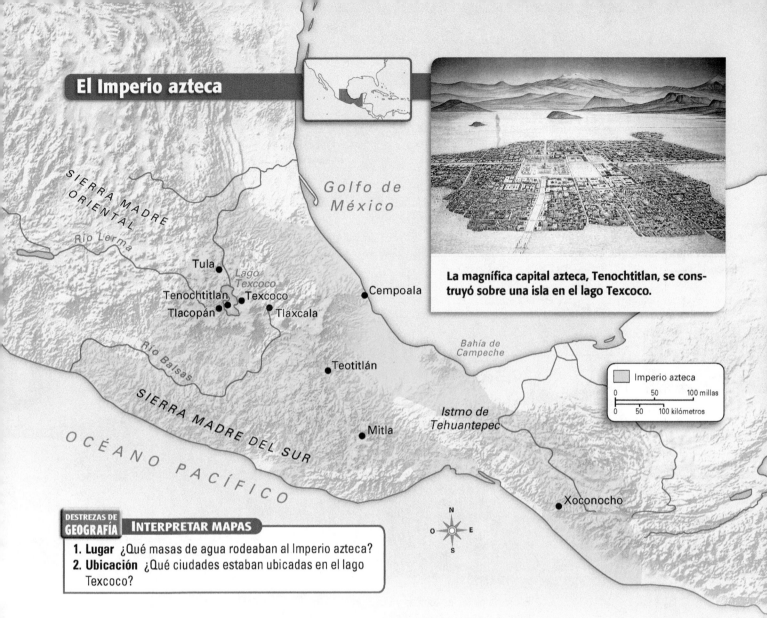

El Imperio azteca

SIERRA MADRE ORIENTAL

Río Lerma

Golfo de México

Tula

Lago Texcoco

Tenochtitlan • Texcoco
Tlacopán • • Tláxcala

Cempoala

Río Balsas

SIERRA MADRE DEL SUR

Teotitlán

Bahía de Campeche

Istmo de Tehuantepec

OCÉANO PACÍFICO

Mitla

Xoconocho

Imperio azteca

0   50   100 millas
0   50   100 kilómetros

N O E S

La magnífica capital azteca, Tenochtitlan, se construyó sobre una isla en el lago Texcoco.

DESTREZAS DE GEOGRAFÍA **INTERPRETAR MAPAS**

1. **Lugar** ¿Qué masas de agua rodeaban al Imperio azteca?
2. **Ubicación** ¿Qué ciudades estaban ubicadas en el lago Texcoco?

en un diseño entrecruzado. Las carreteras elevadas y los canales facilitaban mucho los viajes y el comercio.

La ubicación de Tenochtitlan en una isla también limitaba la cantidad de tierra de labranza disponible. Para resolver este problema, los aztecas crearon unos jardines flotantes llamados *chinampas*. Apilaban tierra sobre grandes plataformas, que amarraban a los árboles que crecían en el agua.

Los aztecas hicieron de Tenochtitlan una ciudad verdaderamente magnífica. En su momento de máximo esplendor tenía una población de unos 200,000 habitantes y había enormes templos, un mercado concurrido y un magnífico palacio.

COMPRENSIÓN DE LA LECTURA **Identificar las ideas principales** ¿Cómo ascendieron al poder los aztecas?

La vida en el imperio

El modo de vida de los aztecas era tan único como su ciudad capital. Tenían una estructura social compleja, una religión exigente y una rica cultura.

La sociedad azteca

El emperador azteca, como el rey maya, era la persona más importante de la sociedad. Desde su gran palacio, se encargaba de administrar la ley, el comercio, los tributos y las guerras. Un grupo de nobles de su confianza eran recaudadores de impuestos, jueces o tenían otros cargos en el gobierno. Los puestos de los nobles se transmitían de padres a hijos y los jóvenes nobles asistían a la escuela para aprender sus responsabilidades.

hmhsocialstudies.com

ANIMATED HISTORY
Chinampas

SU IMPORTANCIA HOY

La capital de México, Ciudad de México, está donde antes se encontraba Tenochtitlan.

La historia en detalle

Tenochtitlan

Los aztecas convirtieron una isla pantanosa y deshabitada en una de las ciudades más grandes y espléndidas del mundo. Los primeros europeos en visitar Tenochtitlan quedaron deslumbrados. En esa época, la capital azteca era cinco veces más grande que Londres.

El Templo Mayor estaba en el centro de la ciudad. En la cima del templo había dos santuarios: uno azul dedicado al dios de la lluvia y uno rojo dedicado al dios del Sol.

HISTORY

VIDEO
Aztecs: Culture of Art and Death

hmhsocialstudies.com

El oro, la plata, las túnicas y las piedras preciosas eran algunos de los numerosos artículos que se vendían en el mercado.

Una red de canales conectaba las diferentes partes de la ciudad.

Los agricultores aztecas cultivaban sobre "jardines flotantes" llamados *chinampas*.

DESTREZA DE ANÁLISIS **ANALIZAR RECURSOS VISUALES**

¿Cuál es el edificio más importante de esta imagen? ¿Cómo lo sabes?

Las artes aztecas: joyas ceremoniales

Los artistas aztecas eran muy hábiles. Creaban objetos detallados y de colores brillantes. Esta serpiente de dos cabezas probablemente se usaba en las ceremonias religiosas. El hombre que aparece a la derecha la lleva en el pecho.

¿Qué características del arte azteca puedes ver en estas imágenes?

Por debajo del emperador y sus nobles estaba la clase que formaban los guerreros y los sacerdotes. Los guerreros eran muy respetados y tenían muchos privilegios, pero los sacerdotes tenían más influencia. Dirigían las ceremonias religiosas, transmitían la historia y, como llevaban los calendarios, decidían cuándo se sembraba y se cosechaba.

En el siguiente nivel de la sociedad azteca estaban los mercaderes y los artesanos. Debajo de ellos, en la clase baja, estaban los agricultores y los trabajadores, que constituían la mayor parte de la población. Muchos no eran propietarios de las tierras que trabajaban y pagaban tantos tributos tan altos que a menudo les resultaba difícil sobrevivir. Sólo los esclavos, en la clase más baja de la sociedad, tenían una vida más difícil.

La religión y las guerras

Al igual que los mayas, los aztecas adoraban a muchos dioses y creían que éstos controlaban tanto la naturaleza como las actividades humanas. Para complacer a los dioses, a menudo los aztecas hacían sacrificios humanos. La mayoría de las víctimas eran prisioneros de guerra o esclavos. En las ceremonias rituales, los sacerdotes abrían el pecho de las víctimas para "alimentar" a los dioses con corazones y sangre humana. Los aztecas sacrificaban hasta 10,000 personas por año. Para conseguir suficientes víctimas, los guerreros aztecas se enfrentaban frecuentemente en luchas con los pueblos vecinos.

Los logros culturales

Aunque eran muy aficionados a las guerras, los aztecas también apreciaban el arte y la belleza. Los arquitectos y los escultores creaban hermosas pirámides y estatuas de piedra. Los artesanos fabricaban joyas y máscaras con oro, gemas y plumas brillantes. Las mujeres bordaban estampados llamativos en las telas que tejían.

Los aztecas también valoraban el conocimiento. Estudiaron astronomía y desarrollaron un calendario bastante parecido al de los mayas. Se enorgullecían de su historia y llevaban detallados registros escritos. También tenían una importante tradición oral. Los relatos sobre los antepasados y los dioses pasaban de una generación a otra. A los aztecas también les gustaban los grandes discursos y los acertijos como éste:

"¿Qué cosa y cosa [es] una jícara [vasija] azul sembrada de maíces tostados? Seguro que alguien adivinará: es el cielo.

¿Qué cosa y cosa [es] un cerro como loma y mana por dentro? La nariz".

–de *Códice florentino*, Bernardino de Sahagún

Saber las respuestas de los acertijos era prueba de que se había prestado atención en la escuela.

COMPRENSIÓN DE LA LECTURA **Identificar causa y efecto** ¿Cómo influían las prácticas religiosas en las guerras de los aztecas?

Cortés conquista a los aztecas

A fines del siglo XV, los españoles llegaron a las Américas en busca de aventura y riquezas y para convertir a las personas al catolicismo. Un grupo de **conquistadores,** o exploradores españoles, llegaron a México en 1519. Dirigidos por **Hernán Cortés**, los _motivos_ de su expedición eran buscar oro, apropiarse de nuevas tierras y convertir a los pueblos indígenas.

El emperador azteca, **Moctezuma II,** dio una bienvenida cautelosa a los desconocidos. Creyó que Cortés era el dios Quetzalcóatl, que según la creencia azteca se había ido de México mucho tiempo atrás. La leyenda decía que el dios había prometido volver en 1519.

Moctezuma dio a los españoles oro y otros regalos, pero Cortés quería más. Entonces tomó prisionero al emperador. Esto enfureció a los aztecas, que atacaron a los españoles. Lograron expulsar a los conquistadores, pero Moctezuma murió en la lucha.

En menos de un año, Cortés y sus hombres regresaron. Esta vez contaban con la ayuda de otros indígenas de la región, que estaban disconformes con el gobierno exigente de los aztecas. Además, los españoles tenían mejores armas, como armaduras, cañones y espadas. Y también tenían grandes caballos, animales que los aztecas nunca habían visto y les causaban terror. Sin saberlo, los españoles también habían traído a las Américas enfermedades mortales como la viruela. Estas enfermedades debilitaron o mataron a miles de indígenas. En 1521, los aztecas se rindieron. El Imperio azteca, que había sido tan poderoso, rápidamente llegó a su fin.

COMPRENSIÓN DE LA LECTURA **Resumir** ¿Qué factores ayudaron a los españoles a derrotar a los aztecas?

RESUMEN Y PRESENTACIÓN El Imperio azteca, fortalecido por las guerras y los tributos, fue derrotado por los españoles en 1521. En la siguiente sección, aprenderás sobre otro imperio de las Américas, el de los incas.

VOCABULARIO ACADÉMICO

motivo razón para hacer algo

Sección 2 Evaluación

hmhsocialstudies.com
Cuestionario en Internet

Repasar ideas, palabras y personas

1. a. Recordar ¿Dónde y cuándo se desarrolló la civilización azteca?
b. Explicar ¿Cómo se adaptaron los aztecas de Tenochtitlan a vivir en una isla?
c. Profundizar ¿Por qué la ubicación de Tenochtitlan habrá sido tanto un beneficio como un obstáculo para los aztecas?

2. a. Recordar ¿Con qué alimentaban los aztecas a sus dioses?
b. Calificar Piensa en los papeles sociales del emperador, los guerreros, los sacerdotes y otras personas de la sociedad azteca. ¿Quién crees que tenía el papel más difícil? Explica.

3. a. Identificar ¿Quién fue **Moctezuma II**?
b. Hacer generalizaciones ¿Por qué los aliados ayudaron a **Cortés** a derrotar a los aztecas?
c. Hacer predicciones Los aztecas superaban ampliamente en número a los **conquistadores**. Si al principio los aztecas hubieran visto a Cortés como una amenaza y no como a un dios, ¿cómo podría haber cambiado la historia?

Pensamiento crítico

4. Evaluar Dibuja un diagrama como el siguiente. Usa tus notas para identificar tres factores que contribuyeron al poder de los aztecas. Anota primero el factor que consideres más importante y último el que consideres menos importante. Explica por qué los elegiste.

1.	2.	3.

ENFOQUE EN LA REDACCIÓN

5. Describir el Imperio azteca Seguramente describirás a Tenochtitlan en tu artículo. Toma notas sobre cómo describirías a Tenochtitlan. Asegúrate de incluir explicaciones de las carreteras elevadas, las _chinampas_ y otras características. ¿Qué actividades se realizaban en la ciudad? En tu artículo también deberías describir los sucesos que ocurrieron cuando los españoles descubrieron la capital azteca. Toma notas sobre la caída del Imperio azteca.

Los incas

Si ESTUVIERAS allí...

Vives en la cordillera de los Andes, donde crías llamas. Con su lana, tejes telas abrigadas. El año pasado, llegaron soldados del poderoso Imperio inca y tomaron el control de tu aldea. Ellos trajeron nuevos líderes, que dicen que todos ustedes tienen que aprender a hablar una nueva lengua y enviar gran parte de sus tejidos al gobernante inca. También prometen que el gobierno los ayudará si llegan tiempos difíciles.

¿Qué piensas sobre tu vida en el Imperio inca?

> **CONOCER EL CONTEXTO** Los incas construyeron su enorme imperio tomando el control de una aldea tras otra en América del Sur. Hacían muchos cambios en las aldeas que conquistaban, antes de que les tocara a ellos mismos ser conquistados por los españoles.

Los incas crean un imperio

Mientras los aztecas gobernaban en México, el Imperio inca surgió en América del Sur. En sus comienzos, los incas eran una pequeña tribu de los Andes. Su capital era Cuzco, en lo que hoy es Perú.

A mediados del siglo XV, un gobernante llamado **Pachacuti** empezó a expandir el territorio inca. Los líderes posteriores siguieron su ejemplo, y para comienzos del siglo XVI el Imperio inca era enorme. Se extendía desde lo que hoy es Ecuador hasta la región central de Chile y comprendía desiertos costeros, montañas nevadas, valles fértiles y bosques densos. Aproximadamente 12 millones de personas vivían en el imperio. Para gobernar con eficacia, los incas crearon un gobierno central fuerte.

Lo que aprenderás...

Ideas principales

1. Los incas crearon un imperio con un fuerte gobierno central en América del Sur.
2. La estructura social, la religión y los logros culturales de los incas afectaron la vida en el Imperio inca.
3. Francisco Pizarro conquistó a los incas y tomó el control de la región en 1537.

La idea clave

Los incas controlaban un enorme imperio en América del Sur, pero fueron conquistados por los españoles.

Personas y palabras clave

Pachacuti, *pág. 479*
quechua, *pág. 480*
mampostería, *pág. 481*
Atahualpa, *pág. 482*
Francisco Pizarro, *pág. 482*

hmhsocialstudies.com
TOMAR NOTAS

Usa el organizador gráfico en Internet para tomar notas acerca de la geografía, el gobierno, la sociedad, la religión, los logros y la conquista del Imperio inca.

Los incas vivían en una región de altiplanicies y montañas altas.

El gobierno central

Pachacuti no quería que los pueblos conquistados tuvieran demasiado poder. Implementó una política de expulsar a los líderes locales y reemplazarlos con funcionarios de su confianza. También obligaba a los hijos de los líderes conquistados a viajar a Cuzco para aprender sobre el gobierno y la religión de los incas. Cuando estos niños crecían, volvían a gobernar sus aldeas, donde enseñaban a los habitantes el estilo de vida de los incas.

Otra manera de unificar el imperio fue establecer un idioma oficial inca, el **quechua**. Aunque los habitantes hablaban varios idiomas, todas las actividades oficiales debían hacerse en quechua. Todavía hoy, muchas personas hablan quechua en Perú.

Una economía bien organizada

El gobierno inca controlaba estrictamente la economía y le indicaba a cada familia qué trabajo hacer. La mayoría de los incas debía dedicar su tiempo a trabajar para el gobierno y para sí mismos. Los agricultores se ocupaban de trabajar las tierras del gobierno además de las tierras propias. Los aldeanos producían telas y otros artículos para el ejército. Algunos incas prestaban servicio como soldados, trabajaban en las minas o construían caminos y puentes. De esta manera, los habitantes pagaban sus impuestos con trabajo y no con dinero. Este sistema de impuestos de trabajo se llamaba *mita*.

Otra característica de la economía inca era que no había comerciantes ni mercados. En su lugar, los funcionarios del gobierno **distribuían** los artículos que obtenían mediante la *mita*. Lo que sobraba se almacenaba en la capital para casos de emergencia. Si ocurría un desastre natural, o simplemente si las personas no tenían lo necesario, el gobierno las ayudaba con estos artículos.

VOCABULARIO ACADÉMICO

distribuir dividir algo entre un grupo de personas

COMPRENSIÓN DE LA LECTURA **Resumir**
¿Cómo controlaban los incas su imperio?

BIOGRAFÍA

Pachacuti
Murió en 1471.

Pachacuti llegó al trono de los incas aproximadamente en 1438. Durante su gobierno, el Imperio inca comenzó un período de gran expansión. Pachacuti, cuyo nombre significa "el que rehace el mundo", mandó a reconstruir la capital inca de Cuzco. También estableció una religión inca oficial.

Hacer inferencias ¿Por qué crees que Pachacuti quería que el imperio tuviera una religión oficial?

hmhsocialstudies.com | Mapa interactivo
El Imperio inca

Quito
Chan Chan
ANDES
AMÉRICA DEL SUR
Sausa
Machu Picchu
Cuzco
Lago Titicaca
Nasca
Chuquiapo
Arequipa
Lago Poopó
OCÉANO PACÍFICO
Catarpe
Tilcara
ANDES
Copiapó
Talca
Río Maule
OCÉANO ATLÁNTICO

Imperio inca
Caminos incas
Capital
0 150 300 millas
0 150 300 kilómetros
N O E S

DESTREZAS DE GEOGRAFÍA **INTERPRETAR MAPAS**

1. **Lugar** ¿Aproximadamente cuántas millas de largo medía el Imperio inca de norte a sur?
2. **Ubicación** ¿Por qué Cuzco era una mejor ubicación para la capital del Imperio inca que Quito?

La mayoría de los incas eran agricultores. En este dibujo de mediados del siglo XVI, los incas cosechan papas.

La vida en el Imperio inca

Como los gobernantes tenían un control muy estricto de la sociedad inca, las personas comunes tenían poca libertad personal. Al mismo tiempo, el gobierno protegía el bienestar general de todos los habitantes del imperio. Pero eso no significaba que todos recibieran el mismo trato.

Divisiones sociales

La sociedad inca tenía dos clases sociales principales. El emperador, los sacerdotes y los dirigentes del gobierno formaban la clase alta. Los miembros de esta clase vivían en casas de piedra en Cuzco y vestían las mejores ropas. No tenían que pagar el impuesto de trabajo y disfrutaban de muchos otros privilegios. Los gobernantes incas, por ejemplo, podían descansar en el lujo de Machu Picchu. Este lugar de retiro de la realeza estaba enclavado en lo alto de los Andes. Detrás de sus muros había palacios y jardines.

La clase baja de la sociedad inca estaba formada por los agricultores, los artesanos y los sirvientes. Sin embargo, no había esclavos, porque los incas no practicaban la esclavitud. La mayoría de los incas eran agricultores. En los valles más cálidos cultivaban maíz y cacahuates. En las montañas, donde el clima era más frío, construían terrazas en las laderas y cultivaban papas. En lo alto de los Andes criaban llamas, unos animales de América del Sur que pertenecen a la familia de los camellos, para obtener carne y lana.

Los incas de clase baja se vestían con ropas sencillas y llevaban una vida simple. Por ley, no podían poseer más bienes de los que necesitaban para sobrevivir. La mayor parte de lo que producían iba a la mita y a la clase alta.

Religión

La estructura social de los incas estaba en parte relacionada con la religión. Por ejemplo, los incas creían que sus gobernantes eran parientes del dios del Sol y que nunca morían realmente. Por esto, los sacerdotes llevaban momias de antiguos reyes a muchas ceremonias. Las personas ofrecían alimentos y regalos a esas momias de la realeza.

Las ceremonias incas a menudo incluían sacrificios. Sin embargo, a diferencia de los mayas y de los aztecas, los incas casi nunca realizaban sacrificios humanos. En cambio, sacrificaban llamas u ofrecían telas o alimentos.

Además de practicar la religión oficial, los incas que no vivían en Cuzco adoraban a otros dioses en lugares sagrados de la zona. Los incas creían que algunas cumbres, piedras y manantiales tenían poderes mágicos. Muchos incas realizaban sacrificios tanto en estos lugares como en el templo de Cuzco.

Logros

Los templos incas eran construcciones monumentales. Los incas eran expertos constructores, famosos por su excelente **mampostería,** u obras de piedra. Cortaban los bloques de piedra con tanta precisión que no necesitaban cemento para unirlos. Los incas también construyeron una red de caminos. Dos carreteras principales recorrían el imperio en toda su extensión y se conectaban con muchos otros caminos.

Los incas también produjeron obras de arte. Los artesanos hacían piezas de alfarería y joyas de oro y plata. Incluso crearon un campo de maíz de tamaño natural en oro y plata, en el cual cada mazorca, cada hoja y cada tallo fueron trabajados individualmente. Los tejedores incas también elaboraron algunos de los mejores productos textiles de las Américas.

SU IMPORTANCIA HOY

Las ruinas de Machu Picchu atraen a Perú a miles de turistas por año.

Las artes incaicas incluían hermosos productos textiles y objetos de oro y plata. Mientras que muchos objetos de oro y plata se han perdido, algunos productos textiles incaicos han sobrevivido cientos de años.

Esta llama está hecha con plata. Los artesanos incas hacían muchas ofrendas de plata a los dioses.

Los incas son famosos por sus productos textiles, que presentaban colores brillantes y estampados elaborados. Los artistas incas hacían telas con algodón y con la lana de las llamas.

DESTREZA DE ANÁLISIS | **ANALIZAR RECURSOS VISUALES**

¿Qué características del arte incaico puedes ver en estas imágenes?

Los artesanos incas también trabajaban el oro. Hicieron muchos objetos hermosos, como esta máscara.

Aunque estos objetos nos dicen mucho sobre los incas, no se había escrito nada sobre su imperio hasta la llegada de los españoles. De hecho, los incas no tenían un sistema de escritura. En cambio, llevaban registros con unas cuerdas anudadas llamadas *quipus*. Los nudos de las cuerdas representaban números. Los distintos colores representaban información sobre los cultivos, las tierras y otros temas importantes.

Los incas también transmitían su historia oralmente. Cantaban canciones y contaban cuentos sobre la vida cotidiana y las victorias militares. Los "memorizadores" oficiales se aprendían largos poemas sobre las leyendas y la historia de los incas. Finalmente, tras la llegada de los conquistadores, se escribieron registros en español y en quechua. Conocemos a los incas gracias a estos registros y a los relatos que sobreviven en las canciones, las danzas y las prácticas religiosas de las personas que hoy en día viven en la región.

COMPRENSIÓN DE LA LECTURA ▶ **Contrastar**
¿En qué se diferenciaba la vida cotidiana de los incas de clase alta y de clase baja?

Pizarro conquista a los incas

La llegada de los conquistadores no cambió solamente la manera en que los incas registraban la historia. A fines de la década de 1520, se desató una guerra civil en el Imperio inca tras la muerte del gobernante. Dos de los hijos del gobernante, **Atahualpa** y Huáscar, lucharon por el trono. Atahualpa ganó la guerra en 1532, pero las violentas luchas habían debilitado al ejército inca.

Cuando iba camino a ser coronado, Atahualpa se enteró de que un grupo de aproximadamente 180 soldados españoles había llegado al Imperio inca. Eran conquistadores liderados por **Francisco Pizarro**. Cuando Atahualpa fue a recibir al grupo, los españoles atacaron. Aunque eran muchos menos que los incas, los españoles tomaron por sorpresa a los incas, que no tenían armas. Rápidamente capturaron a Atahualpa y mataron a miles de soldados incas.

Para obtener su libertad, Atahualpa pidió a su pueblo que llenara una habitación con oro y plata para Pizarro. Los incas llevaron joyas, estatuas y otros objetos valiosos desde todos los rincones del imperio. Fundidos, los metales

preciosos pueden haber pesado 24 toneladas. Hoy en día tendrían un valor de muchos millones de dólares. A pesar de este pago enorme, los españoles mataron a Atahualpa. Sabían que si lo dejaban con vida, el gobernante inca podía llegar a alzar a su pueblo y derrotarlos.

Algunos incas lucharon contra los españoles tras la muerte del emperador. Sin embargo, en 1537 Pizarro derrotó al último de los incas. España obtuvo el control de todo el Imperio inca y gobernó la región durante los siguientes 300 años.

COMPRENSIÓN DE LA LECTURA Identificar causa y efecto ¿Qué sucesos llevaron a la caída del Imperio inca?

RESUMEN Y PRESENTACIÓN Los incas construyeron un imperio enorme con un poderoso gobierno central, pero no pudieron resistir la conquista española en 1537. En el próximo capítulo, leerás sobre Europa durante una época anterior, una época en que los españoles ni siquiera se habían enterado de la existencia de las Américas.

BIOGRAFÍA

Atahualpa
1502–1533

Atahualpa fue el último emperador inca. Era valiente y querido por el ejército inca, pero no gobernó mucho tiempo. En su primer encuentro con Pizarro, le ofrecieron un libro religioso para convencerlo de aceptar el cristianismo. Atahualpa acercó el libro a su oído para escucharlo. Como el libro no le hablaba, lo arrojó al suelo. Los españoles consideraron que esto era un insulto y una razón para atacar.

Identificar prejuicios ¿Qué crees que pensaban los españoles sobre las personas que no eran cristianas?

BIOGRAFÍA

Francisco Pizarro
1475–1541

Francisco Pizarro organizó expediciones para explorar la costa occidental de América del Sur. Sus primeros dos viajes casi no arrojaron resultados. Pero en el tercer viaje Pizarro se encontró con los incas. Con apenas unos 180 hombres conquistó el Imperio inca, que estaba debilitado por las enfermedades y la guerra civil. En 1535, Pizarro fundó Lima, la capital de lo que hoy es Perú.

Hacer predicciones Si Pizarro no hubiera encontrado el Imperio inca, ¿qué crees que podría haber pasado?

Sección 3 Evaluación

hmhsocialstudies.com
Cuestionario en Internet

Repasar ideas, palabras y personas

1. **a. Identificar** ¿Dónde estaba ubicado el Imperio inca? ¿Qué tipos de relieves incluía?
   b. Explicar ¿Cómo controlaban los incas su economía?
   c. Evaluar ¿Piensas que el sistema de la mita era una buena política de gobierno? ¿Por qué?
2. **a. Describir** ¿Qué clases sociales existían en la sociedad inca?
   b. Inferir ¿Cómo habrá ayudado el sistema de caminos de los incas a fortalecer su imperio?
3. **a. Recordar** ¿Cuándo obtuvieron los españoles el control total del territorio inca?
   b. Analizar ¿Por qué piensas que **Pizarro** pudo derrotar a las fuerzas incas, que eran mucho más numerosas?
   c. Profundizar ¿Qué efecto crees que tuvo sobre el reinado de **Atahualpa** la guerra civil entre él y su hermano? ¿En qué podría haber cambiado la historia si los españoles hubieran llegado unos años después?

Pensamiento crítico

4. **Analizar** Dibuja un diagrama como el siguiente. Usando tus notas, escribe en cada recuadro una oración sobre la influencia que tuvo ese tema sobre el tema de la derecha.

| Geografía | → | Gobierno | → | Sociedad | → | Logros |

ENFOQUE EN LA REDACCIÓN

5. **Agregar información sobre el Imperio inca** En tu artículo también podrías describir los territorios donde vivían los incas. ¿Cómo destacarías la diversidad de la geografía? ¿Qué lugares específicos describirías? Incluye algunos comentarios acerca de la relación entre las actividades de construcción de los incas con su ambiente físico. También puedes incluir información sobre lo que ocurrió cuando llegaron los españoles.

Los caminos incaicos

Los caminos incaicos eran algo más que simples caminos: eran maravillas de ingeniería. Los incas construyeron caminos en casi todos los terrenos imaginables: costas, desiertos, bosques, prados, llanuras y montañas. Con estos caminos, vencieron los obstáculos geográficos de su escarpado imperio.

Aunque los incas no tenían vehículos con ruedas, necesitaban caminos para el transporte, las comunicaciones y la administración de gobierno. Los caminos simbolizaban el poderío del gobierno inca.

El vasto imperio de los incas estaba conectado a través de una red de unas 15,000 millas de caminos, lo que alcanzaría para dar la vuelta al mundo.

AMÉRICA DEL SUR

Océano Pacífico

Quito

Cajamarca

Machu Picchu
Cuzco

CORDILLERA DE LOS ANDES

Paria

Chilecito

— Camino • Ciudad

| 0 | 500 | 1,000 millas |
| 0 | 500 | 1,000 kilómetros |

Muchos caminos medían apenas entre tres y seis pies de ancho, pero con eso bastaba para los caminantes y las llamas, que los incas utilizaban como animales de carga.

Los ingenieros incas construyeron puentes colgantes para cruzar los valles de la cordillera de los Andes. Los puentes colgantes podían extenderse más de 200 pies entre acantilados muy altos.

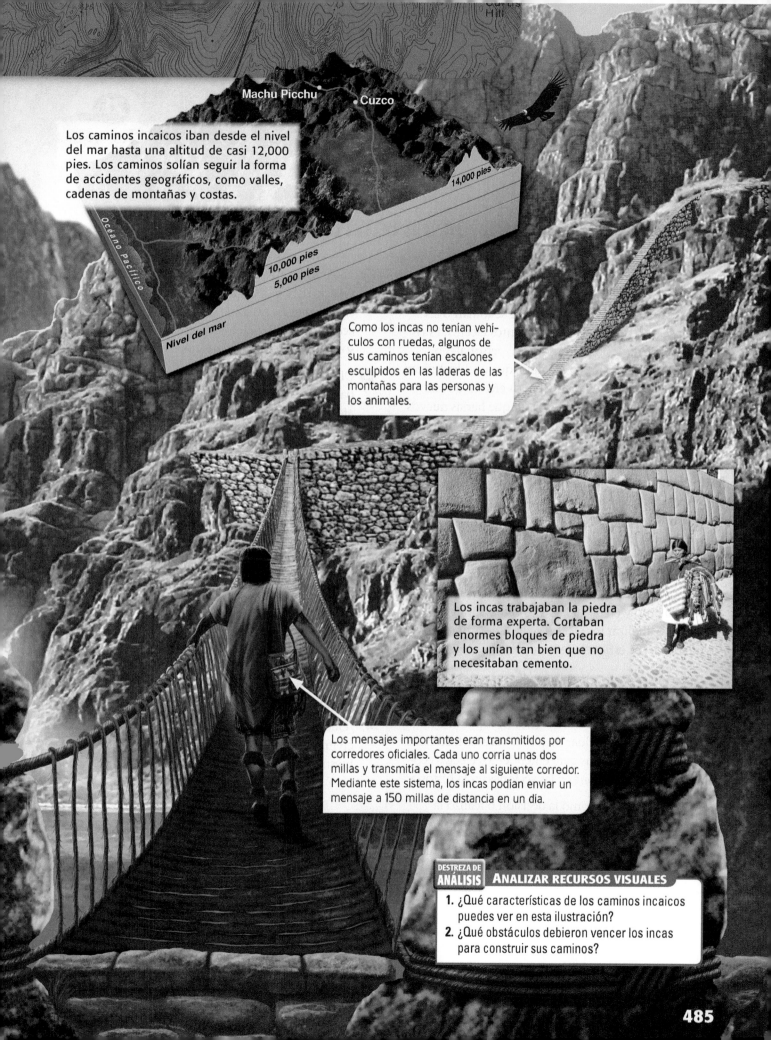

Machu Picchu • Cuzco

Los caminos incaicos iban desde el nivel del mar hasta una altitud de casi 12,000 pies. Los caminos solían seguir la forma de accidentes geográficos, como valles, cadenas de montañas y costas.

14,000 pies

Océano Pacífico

10,000 pies

5,000 pies

Nivel del mar

Como los incas no tenían vehículos con ruedas, algunos de sus caminos tenían escalones esculpidos en las laderas de las montañas para las personas y los animales.

Los incas trabajaban la piedra de forma experta. Cortaban enormes bloques de piedra y los unían tan bien que no necesitaban cemento.

Los mensajes importantes eran transmitidos por corredores oficiales. Cada uno corría unas dos millas y transmitía el mensaje al siguiente corredor. Mediante este sistema, los incas podían enviar un mensaje a 150 millas de distancia en un día.

DESTREZA DE ANÁLISIS **ANALIZAR RECURSOS VISUALES**

1. ¿Qué características de los caminos incaicos puedes ver en esta ilustración?
2. ¿Qué obstáculos debieron vencer los incas para construir sus caminos?

485

Analizar efectos económicos

Comprender la destreza

La mayoría de las decisiones que se toman o las acciones que se realizan tienen distintos efectos. Estos efectos pueden ser políticos, sociales, personales o económicos. Imagina, por ejemplo, que decides buscar un empleo de verano y piensa en los efectos de esta decisión. Un efecto social podría ser que harías nuevos amigos en el trabajo. Un efecto personal podría ser que tendrías menos tiempo para dedicar a otras actividades que te gustan. Un efecto económico sería que tendrías más dinero para gastar.

A lo largo de la historia, muchas decisiones han tenido efectos económicos, intencionales o no intencionales. Hasta una decisión tomada por razones políticas, sociales o ambientales puede tener efectos económicos. Como las circunstancias económicas muchas veces han sido un factor importante en el surgimiento y en la caída de las civilizaciones, aprender a analizar los efectos económicos puede ayudarte en tus estudios de historia.

Aprender la destreza

El análisis de los efectos económicos puede ayudarte a entender y evaluar mejor los sucesos históricos. Aplica estas sugerencias para entender los efectos económicos de las decisiones y las acciones en la historia.

❶ Determina quién tomó la decisión o realizó la acción y decide cuál era el objetivo.

❷ Considera si el objetivo era mejorar o cambiar las circunstancias económicas.

❸ A veces, un efecto económico no es el efecto principal de una decisión. Piensa en las posibles consecuencias no intencionales de la decisión o acción. Considera si los efectos sociales o políticos son también efectos económicos.

❹ Observa que a veces los efectos económicos pueden parecer positivos o negativos, según a quién afecten.

Practicar y aplicar la destreza

Repasa la información del capítulo sobre los mayas. Usa esa información para responder a las siguientes preguntas.

1. ¿Cuál fue un efecto económico de que los mayas de las tierras bajas exportaran productos de la selva y algodón? ¿Ese efecto era esperado o inesperado?

2. ¿Cuál podría haber sido un efecto económico positivo de que el rey maya hiciera que los mayas de la clase baja trabajaran y cultivaran la tierra para él? ¿Cuál podría haber sido un efecto negativo?

3. ¿Crees que el desarrollo del calendario maya tuvo efectos económicos? ¿Por qué?

4. ¿Qué efectos económicos tuvo la guerra sobre la civilización maya? ¿Esos efectos eran esperados o inesperados?

Repaso del capítulo

El impacto de la historia

▶ videos
Consulta el video para responder a la pregunta de enfoque:

¿Por qué los estudiosos de hoy consideran que la civilización maya fue muy avanzada?

Resumen visual

Usa el siguiente resumen visual para repasar las ideas principales del capítulo.

DATOS BREVES

Los aztecas
Los guerreros aztecas cumplieron un papel muy importante en la poderosa civilización azteca.

Los mayas
Las ciudades mayas eran conocidas por sus estructuras impresionantes, como las pirámides de varios pisos de alto.

Los incas
El enorme Imperio inca estaba comunicado por un complejo sistema de caminos y puentes de soga.

Repasar vocabulario, palabras y personas

Para cada una de las siguientes oraciones, escribe V si es verdadera y F si es falsa. Si la oración es falsa, reemplaza la palabra subrayada por la palabra correcta para que la oración sea verdadera.

1. Entre los principales cultivos de los mayas estaban el **maíz** y los frijoles.

2. Los **quechuas** vinieron a las Américas en busca de tierras y oro y para difundir el catolicismo.

3. Los aztecas confundieron a **Hernán Cortés** con el dios Quetzalcóatl.

4. Los sacerdotes mayas estudiaban el Sol, la Luna y las estrellas desde **observatorios** de piedra.

5. **Francisco Pizarro** dirigió una expedición de soldados españoles a México en 1519.

6. **Atahualpa** intentó comprar su libertad pidiendo a su pueblo que entregara muchas riquezas a los españoles.

7. El idioma oficial del Imperio inca era el **Pachacuti**.

8. Los aztecas construyeron caminos elevados llamados **mampostería** para cruzar desde Tenochtitlan al continente.

9. **Moctezuma II** era el líder inca en el momento de la conquista española.

10. Muchos habitantes de Mesoamérica murieron a manos de los **conquistadores**.

Comprensión y pensamiento crítico

SECCIÓN 1 *(Páginas 468–473)*

11. **a. Recordar** ¿Dónde vivían los mayas y cuándo fue su Era Clásica?

b. Analizar ¿Qué relación había entre la religión maya y la astronomía?

c. Profundizar ¿Por qué las ciudades mayas comerciaban entre sí? ¿Por qué peleaban?

SECCIÓN 2 *(Páginas 474–478)*

12. a. Describir ¿Cómo era Tenochtitlan? ¿Dónde estaba ubicada?

b. Inferir ¿Por qué piensas que los guerreros eran miembros tan respetados de la sociedad azteca?

c. Evaluar ¿Qué factor piensas que tuvo el papel más importante en la derrota de los aztecas? Justifica tu respuesta.

SECCIÓN 3 *(Páginas 479–483)*

13. a. Identificar Menciona dos líderes incas y explica los papeles que desempeñaron en la historia de su imperio.

b. Sacar conclusiones ¿Qué problemas geográficos y culturales superaron los incas para gobernar su imperio?

c. Hacer predicciones ¿Crees que la mayoría de los habitantes del Imperio inca aprobaban el sistema de la mita o estaban en contra? Explica tu respuesta.

Destrezas de estudios sociales

14. Analizar los efectos económicos Dividan la clase en grupos. Elige a un miembro de tu grupo para representar al líder de una ciudad maya. Los demás serán sus consejeros. En grupo, decidan algunas políticas para su ciudad. Por ejemplo: ¿harán la guerra o comerciarán? ¿Construirán un nuevo palacio o terrazas para cultivar? Una vez que hayan decidido las políticas para su ciudad, compartan sus ideas con los representantes de las otras ciudades. Entre toda la clase, comenten los efectos económicos de cada política elegida.

Usar Internet

15. Hacer diagramas En este capítulo, aprendiste sobre el surgimiento y la caída de la civilización maya y de los imperios azteca e inca. Lo que quizá no sepas es que el surgimiento y la caída de los imperios es una situación que se repite una y otra vez en la historia. Lee el libro de texto en Internet para seguir aprendiendo acerca del tema. Luego, haz un diagrama en el que muestres tanto los factores que causan el surgimiento de los imperios como los que causan su caída.

🔼 hmhsocialstudies.com

Destrezas de lectura

Analizar información histórica *En cada uno de los fragmentos numerados que aparecen a continuación, la primera oración expresa la idea principal. Una de las siguientes oraciones es irrelevante o no es esencial para entender la idea principal. Identifica en cada fragmento la oración irrelevante o no esencial.*

16. Las semillas de cacao tenían mucho valor para los mayas. Los árboles de cacao son de hoja perenne. Con las semillas se hacía el chocolate, que era la comida favorita de los gobernantes y los dioses. Los mayas también usaban las semillas de cacao como dinero.

17. Tenochtitlan estaba rodeada de agua, pero el agua no era potable. En consecuencia, los aztecas construyeron un acueducto, o canal, de piedra para llevar agua potable a la ciudad. En muchas partes del mundo, el acceso al agua potable sigue siendo un problema.

18. La mayoría de los niños incas no iban a la escuela. ¿Te gusta esa idea? Los niños incas aprendían destrezas observando a sus padres y ayudándolos.

Repasar los temas

19. Geografía ¿Qué papel desempeñó la geografía en las economías de los mayas y de los incas?

20. Ciencia y tecnología Los pueblos de Mesoamérica eran hábiles en ingeniería civil, es decir, en la construcción de edificios públicos. Da ejemplos de las civilizaciones maya, azteca e inca que apoyen esta idea.

ENFOQUE EN LA REDACCIÓN

17. Escribir tu artículo Tu artículo periodístico incluirá información sobre tu viaje por las Américas. Elige al menos un lugar de interés de la civilización maya, del Imperio azteca y del Imperio inca. Usa tus notas para escribir varias oraciones que describan dónde estaba cada lugar y cómo era en su momento de máximo esplendor. Trata de incluir detalles para que un lector europeo pueda imaginar cómo era la vida de los habitantes del lugar. También puedes explicar a tus lectores lo que les sucedió a estas civilizaciones cuando llegaron los españoles.

Práctica para el examen estandarizado

INSTRUCCIONES: Lee las preguntas y escribe la letra de la respuesta correcta. Consulta el mapa para responder a la pregunta 1.

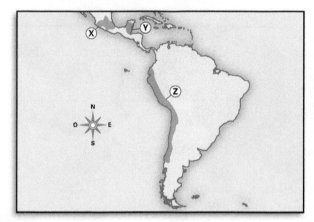

1 **En este mapa, los imperios azteca e inca se indican con**

A una X para los incas y una Y para los aztecas.

B una Y para los aztecas y una Z para los incas.

C una Y para los incas y una Z para los aztecas.

D una X para los aztecas y una Z para los incas.

2 **Las sociedades maya, azteca e inca se parecían en muchos aspectos. ¿Cuáles de las siguientes prácticas eran comunes a las tres civilizaciones?**

A producir obras de arte y llevar registros escritos

B dedicarse al comercio y exigir el pago de tributos

C ofrecer sacrificios a los dioses y construir templos de piedra

D practicar la esclavitud y adorar a muchos dioses

3 **La agricultura era importante para los mayas, los aztecas y los incas. ¿Cuál de las siguientes oraciones *no* es verdadera?**

A Los mayas cultivaban en *chinampas*.

B Los agricultores de las tres civilizaciones cultivaban maíz, pero sólo las incas criaban llamas.

C Es posible que los agricultores mayas no hayan podido producir alimentos suficientes para toda la población.

D Los sacerdotes mayas y aztecas decidían cuál era el mejor momento para sembrar y cosechar.

4 **Todos los siguientes factores ayudaron a los españoles a conquistar a los aztecas y a los incas, *excepto***

A las enfermedades europeas.

B un ejército más numeroso.

C la superioridad de las armas.

D los problemas que había dentro de los imperios.

5 **¿Qué oración describe *mejor* la estructura social de las civilizaciones maya, azteca e inca?**

A El gobernante tenía la posición más alta en la sociedad y los esclavos, la más baja.

B La estructura de clase de los aztecas era más simple que la de los mayas e incas.

C Las divisiones sociales eran muy importantes para los mayas y los aztecas, pero el poder y la riqueza estaban distribuidos equitativamente en el Imperio inca.

D Las clases sociales influían en la vida diaria, ya que la clase alta disfrutaba de privilegios especiales que eran posibles por el trabajo de la clase baja.

Conexión con lo aprendido anteriormente

6 **En este capítulo leíste que, durante su Era Clásica, la civilización maya estaba formada por ciudades estado independientes. ¿Qué otra civilización que has estudiado estaba organizada en ciudades estado?**

A la antigua Grecia

B la antigua Persia

C la China han

D el Imperio romano

7 **Tanto los mayas como los incas creían que sus gobernantes eran parientes de los dioses. ¿Qué pueblo antiguo creía lo mismo?**

A los judíos

B los indios

C los fenicios

D los egipcios

THE Maya

(Los Mayas)

Los mayas desarrollaron una de las civilizaciones más avanzadas de las Américas, pero su historia está envuelta en misterio. Alrededor del año 250 d.C., los mayas comenzaron a construir grandes ciudades al sur de México y América Central. Desarrollaron un sistema de escritura, practicaron la astronomía y construyeron magníficos palacios y pirámides con poco más que herramientas de piedra. Alrededor del año 900 d.C., sin embargo, los mayas abandonaron sus ciudades, dejando que sus monumentos fueran cubiertos de selva y, durante un tiempo, olvidados.

Explora en línea algunos de los sorprendentes monumentos y logros culturales de los antiguos mayas. Encontrarás una gran cantidad de información, videos, fuentes primarias y más en

hmhsocialstudies.com.

¡Hágase así! ¡Que se llene el vacío! ¡Que esta agua se retire y desocupe el espacio, que surja la tierra y que se afirme! Así dijeron. ¡Que aclare, que amanezca en el cielo y en la tierra! No habrá gloria ni grandeza en nuestra creación y formación hasta que exista la criatura humana, el hombre formado. Así dijeron.

El Popol Vuh
Lee el documento para saber cómo pensaban los mayas que había sido la creación del mundo.

Destroying the Maya's Past (Destrucción del pasado de los mayas)
Mira el video y entérate de cómo las acciones de un misionero español casi destruyeron el registro escrito del mundo maya.

Finding the City of Palenque (Hallazgo de la ciudad de Palenque)
Mira el video para enterarte de la gran ciudad maya de Palenque y el descubrimiento europeo del sitio en el siglo XVIII.

Pakal's Tomb (Tumba de Pakal)
Mira el video para enterarte de cómo fue que el descubrimiento de la tumba de un gran rey ayudó a los arqueólogos a reconstruir el pasado maya.

La persuasión y las cuestiones históricas

Tarea

Escribe un ensayo en el que des tu opinión sobre este tema o sobre otro tema histórico de tu elección: Es probable que todos los grandes imperios terminen de la misma manera que los imperios maya y azteca.

El estudio de la historia plantea preguntas, o cuestiones, que pueden tener diferentes respuestas según los argumentos de cada uno. La redacción persuasiva es eficaz cuando proporciona pruebas para defender un punto de vista.

1. Antes de escribir

Tomar una postura

¿Crees que todos los grandes imperios terminarán del mismo modo que los imperios maya y azteca o puede un imperio tener un destino diferente? Escribe una oración donde establezcas tu postura, u opinión, sobre este tema u otro tema.

Defender tu postura

Para convencer a tus lectores de que compartan tu postura, necesitarás razones y pruebas. Las **razones** indican *por qué* un escritor tiene determinado punto de vista. Las **pruebas** apoyan, o ayudan a probar, las razones. Las pruebas incluyen hechos, ejemplos y opiniones de expertos, como historiadores. Puedes encontrar estas pruebas en este libro de texto o en otros libros que recomiende tu maestro.

Organizar las razones y las pruebas

Trata de presentar tus razones y tus pruebas en orden de importancia para poder terminar tu ensayo con los puntos más convincentes. Usa palabras o frases de transición como *principalmente, por último* o *lo que es más importante* para subrayar ideas.

2. Escribe

Puedes usar este esquema para establecer tu postura de manera clara y presentar razones y pruebas convincentes.

CONSEJO Hecho *versus* opinión

Un hecho es una afirmación cuya verdad se puede demostrar. Los hechos incluyen

- las medidas
- las fechas
- las ubicaciones
- las definiciones

Una opinión es una afirmación que expresa una creencia personal. Las opiniones suelen incluir palabras que implican un juicio y expresiones como *mejor, debería* y *creo*.

Esquema del escritor

Introducción	Desarrollo	Conclusión
■ Presenta el tema mediante un hecho, una cita o una comparación sorprendente para atraer la atención del lector. ■ Identifica al menos dos posturas diferentes acerca de este tema. ■ Establece tu propia postura sobre el tema.	■ Presenta al menos dos razones que apoyen tu postura. ■ Apoya cada razón con pruebas (hechos, ejemplos, opiniones de expertos). ■ Ordena tus razones y pruebas por orden de importancia; coloca en último lugar tu razón más convincente.	■ Repite tu postura con otras palabras. ■ Resume las razones y las pruebas que apoyan tu postura. ■ Proyecta tu postura en la historia, usándola para predecir el curso de los sucesos actuales y futuros.

3. Evalúa y revisa

Evaluar

Usa estas preguntas para evaluar tu borrador y descubrir maneras de que tu ensayo sea más convincente.

Preguntas para evaluar un ensayo persuasivo

- ¿En la introducción incluyes una oración que exprese claramente tu postura sobre el tema?
- ¿Has dado al menos dos razones que apoyen tu postura?
- ¿Brindas pruebas convincentes para apoyar tus razones?

- ¿Tus razones y tus pruebas están organizadas según su importancia? ¿La más importante aparece al final?
- ¿En la conclusión vuelves a expresar tu postura con otras palabras y resumes tus razones y tus pruebas? ¿Aplicas tu opinión a la historia futura?

Revisar

Fortalece tu argumento con palabras con carga subjetiva. Las palabras con carga subjetiva tienen una fuerte connotación positiva o negativa.

- Positiva: líder
- Negativa: tirano, déspota
- Neutra: gobernante, emperador

Las palabras con carga subjetiva pueden apelar de manera poderosa a los sentimientos del lector y ayudarte a convencerlo de que comparta tu opinión.

CONSEJO Usar una computadora para controlar la ortografía en un ensayo de historia Siempre que puedas, usa un programa de corrección ortográfica para ayudarte a descubrir errores cometidos por descuido. Pero recuerda que estos programas no resuelven todos los problemas de ortografía.

- No encontrará errores que consistan en escribir bien otra palabra, por ejemplo *caza* en vez de *casa* o *tu* en vez de *tú*.
- Señalará los nombres propios, pero en muchos casos no propondrá la ortografía correcta.
- No es una herramienta segura para determinar el uso correcto de las mayúsculas.

4. Corrige y publica

Corregir

Ten en cuenta las siguientes pautas al releer tu ensayo.

- Siempre que agregues, borres o cambies algo, asegúrate de que tu corrección se adapte bien al resto del texto y no introduzca errores.
- Confirma que los nombres, fechas y otros datos sean correctos.

Publicar

Forma un equipo con un compañero que haya tomado tu misma postura. Combinen las pruebas de ambos para crear el argumento más fuerte que puedan. Desafíen a un debate a un equipo que haya tomado la postura contraria. Pidan opiniones al resto de la clase. ¿Qué argumento fue más convincente? ¿Cuáles fueron los puntos fuertes y débiles de cada postura?

● Practica y aplica

Usa los pasos y las estrategias de este taller para escribir una composición persuasiva.

Europa se renueva

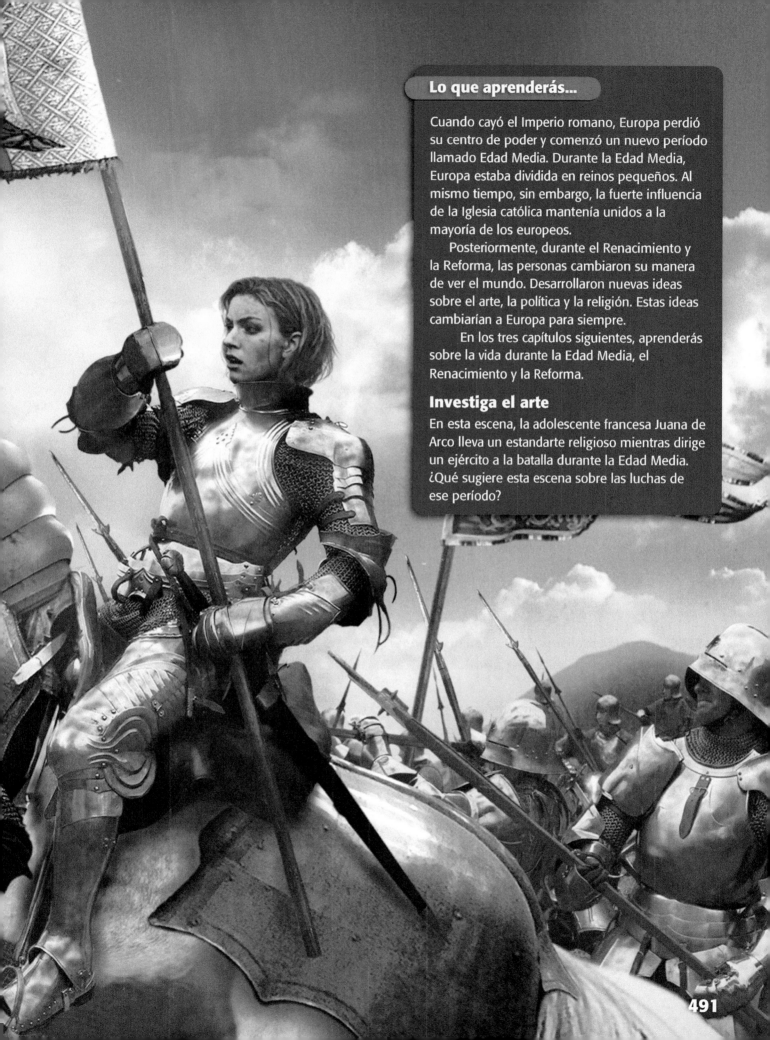

Lo que aprenderás...

Cuando cayó el Imperio romano, Europa perdió su centro de poder y comenzó un nuevo período llamado Edad Media. Durante la Edad Media, Europa estaba dividida en reinos pequeños. Al mismo tiempo, sin embargo, la fuerte influencia de la Iglesia católica mantenía unidos a la mayoría de los europeos.

Posteriormente, durante el Renacimiento y la Reforma, las personas cambiaron su manera de ver el mundo. Desarrollaron nuevas ideas sobre el arte, la política y la religión. Estas ideas cambiarían a Europa para siempre.

En los tres capítulos siguientes, aprenderás sobre la vida durante la Edad Media, el Renacimiento y la Reforma.

Investiga el arte

En esta escena, la adolescente francesa Juana de Arco lleva un estandarte religioso mientras dirige un ejército a la batalla durante la Edad Media. ¿Qué sugiere esta escena sobre las luchas de ese período?

Los principios de la Edad Media

Pregunta esencial ¿De qué manera cambió la vida en Europa después de la caída de Roma?

Lo que aprenderás...

En este capítulo, estudiarás acerca de los sistemas sociales y económicos que se dieron en Europa durante el período denominado Edad Media.

ENFOQUE EN LA REDACCIÓN

Aviso de empleo En el siglo X, los nobles necesitaban caballeros, o guerreros, para proteger su propiedad. A medida que lees este capítulo, imagina cómo sería estar en el lugar de esos nobles. Luego, redactarás un aviso de empleo para encontrar caballeros que te ayuden a defender tus tierras.

SUCESOS EN EL CAPÍTULO

circa **430**
San Patricio lleva el cristianismo a Irlanda.

400

SUCESOS EN EL MUNDO

476
Cae Roma.

En esta foto, aparece el castillo de Caernarfon, en Gales. Fue construido a fines del siglo XIII para demostrar el poderío del rey y para defenderse contra las invasiones.

s. VIII-IX
Los vikingos hacen ataques en Europa.

800
Carlomagno es coronado emperador de gran parte de Europa.

1066
Se introduce el feudalismo en las Islas Británicas.

600 — 800 — 1000 — 1200

613
Mahoma comienza a enseñar el Islam.

794
Heian se convierte en la capital de Japón.

s. XI
Los chinos inventan la pólvora.

1076
Ghana cae en manos de invasores musulmanes.

LOS PRINCIPIOS DE LA EDAD MEDIA   **493**

Lectura en estudios sociales

Economía | Geografía | Política | Religión | Sociedad y cultura | Ciencia y tecnología

Enfoque en los temas En este capítulo, leerás sobre Europa en los principios de la Edad Media. Aprenderás qué influencia tuvo la geografía en el crecimiento y el comercio, y cómo se difundió la **religión** cristiana por el norte de Europa en esta época. También aprenderás sobre los invasores que intentaron conquistar esas tierras y cómo se desarrolló el sistema feudal. A medida que leas, comprenderás por qué el sistema feudal determinó la forma de toda la **sociedad** y la **cultura** de los pueblos.

Evaluar fuentes

Enfoque en la lectura Como ya has aprendido, los historiadores estudian fuentes primarias y secundarias para aprender sobre el pasado. Al estudiar ambas clases de fuentes, pueden tener un panorama más completo de cómo era la vida.

Evaluar fuentes primarias y secundarias Sin embargo, no todas las fuentes son exactas o confiables. Debes tener cuidado al leer fuentes históricas. Las listas de control como las siguientes pueden ayudarte a decidir qué fuentes son confiables y vale la pena consultar en tu investigación.

Lista de control de fuentes primarias

✔ ¿Quién es el autor? ¿Parece confiable?

✔ ¿Presenció el autor el suceso que se describe en la fuente?

✔ ¿Cuánto tiempo pasó desde el suceso hasta que se escribió la fuente?

✔ ¿Puede verificarse la información en otras fuentes primarias o secundarias?

En el pasado, los historiadores no siempre tenían cuidado con lo que escribían en sus libros. Algunos incluían rumores, chismes o habladurías.

Cuanto más tiempo pasaba entre el suceso y el relato, mayores eran las probabilidades de incluir errores o distorsiones en la descripción.

No todos los que escriben sobre la historia son buenos historiadores. Trata de consultar fuentes de escritores calificados.

Los buenos historiadores siempre indican dónde obtuvieron la información. Si la información no está documentada, no siempre puedes confiar en que sea verdadera o exacta.

Lista de control de fuentes secundarias

✔ ¿Quién es el autor? ¿Qué referencias o qué preparación tiene como escritor?

✔ ¿Dónde consiguió el autor la información?

✔ ¿Está adecuadamente documentada la información de la fuente?

✔ ¿Son válidas las conclusiones que saca el autor de sus fuentes?

¡Inténtalo!

El siguiente fragmento de una fuente primaria pertenece al capítulo que vas a leer. A medida que lees el fragmento, pregúntate qué puedes aprender de esta fuente.

La regla benedictina

Para dormir, bastan un colchón, una manta, un cobertor y una almohada. Las camas deben ser inspeccionadas a menudo por el abad, como precaución contra las posesiones personales. El que tenga algo que el abad no le ha dado, tendrá que sufrir el castigo más severo; y para eliminar totalmente el vicio de las posesiones personales, todo lo necesario será provisto por el abad; a saber: un hábito, una túnica, calcetines, zapatos, un cinto, un cuchillo, una pluma, una aguja, un pañuelo y tablas de escribir, para que las necesidades no vuelvan a usarse como excusa.

Del Capítulo 17, página 502

Después de leer el fragmento, responde a las siguientes preguntas.

1. El fragmento que acabas de leer pertenece a un código de reglas que regía la vida de los monjes a principios del siglo VI. Si un historiador quisiera estudiar cómo vivían los monjes en esa época, ¿sería ésta una buena fuente para consultar? ¿Por qué?

2. ¿Qué otra fuente podría consultar un historiador para verificar la información de esta fuente?

3. ¿Serviría esta fuente para saber cómo viven los monjes hoy en día? ¿Por qué?

Personas y palabras clave

Vocabulario académico

El progreso escolar está relacionado con el conocimiento del vocabulario académico, es decir, de las palabras que se usan con frecuencia en las tareas y discusiones en clase. En este capítulo, aprenderás las siguientes palabras de vocabulario académico:

A medida que lees el Capítulo 17, observa las fuentes primarias del capítulo. ¿Por qué piensas que se eligieron estas fuentes?

La geografía de Europa

Lo que aprenderás...

Ideas principales

1. Las características físicas de Europa varían mucho de una región a otra.
2. La geografía ha influido en la vida en Europa, incluido en dónde y cómo viven sus habitantes.

La idea clave

Como en Europa hay muchos tipos de accidentes geográficos y climas, allí se han desarrollado distintos estilos de vida.

Palabras clave

Eurasia, *pág. 496*
topografía, *pág. 496*

hmhsocialstudies.com
TOMAR NOTAS

Usa el organizador gráfico en Internet para tomar notas acerca de la geografía de tres regiones de Europa.

Si ESTUVIERAS allí...

Tu pueblo está a orillas de un río. El río ha creado una llanura donde puedes sembrar tus cultivos. El río también brinda una salida al mar y una vía para comerciar con otros pueblos de tierra adentro. Te encanta tu pueblo y crees que es el lugar perfecto para vivir. Pero tu tío favorito, a quien todo el mundo respeta, dice que está muy preocupado. Tu pueblo está en un lugar muy peligroso.

¿Por qué crees que está preocupado tu tío?

CONOCER EL CONTEXTO Muchos pueblos de Europa se levantaban a orillas de los ríos. Pero los ríos eran apenas una de las características geográficas que influían en el lugar y el estilo de vida de la población europea. Todas las características de Europa (las formaciones del terreno, los cursos de agua y los climas) desempeñaron algún papel en la forma de vida de las personas.

Las características físicas de Europa

Europa es un continente pequeño, pero con mucha diversidad. Allí se pueden encontrar varios tipos de formaciones del terreno, masas de agua y climas.

Aunque decimos que Europa es un continente, en realidad forma parte de **Eurasia,** una gran masa continental que incluye a Europa y Asia. Según los geógrafos, los montes Urales marcan el límite entre los dos continentes.

Formaciones del terreno y cursos de agua

Observa el mapa de Europa. Como puedes ver, las diferentes partes de Europa tienen características muy distintas. En otras palabras, la topografía de Europa varía ampliamente de un lugar a otro. La **topografía** se refiere a la forma y elevación del terreno en una región.

Las cadenas montañosas ocupan gran parte del sur de Europa. Algunos picos de los Alpes alcanzan más de 15,000 pies de altura. Las montañas más altas tienen grandes campos de nieve y glaciares.

Europa: Mapa físico

OCÉANO
ÁRTICO

20°O   20°E   30°E   40°E 70°N

ASIA

Islandia

60°N

Mar de
Noruega

PENÍNSULA ESCANDINAVA

MONTES URALES

Río Severnaia Dvina

Río Kama

Río Ural

Golfo de Botnia

Islas
Británicas

Mar
del Norte

Mar Báltico

LLANURA EUROPEA

Río Don

Río Volga

50°N

PENINOS

OCÉANO
ATLÁNTICO

Canal de la Mancha

Río Sena

GRAN

Río Rin

Río Elba

Río Oder

Río Vistula

Río Dniéper

Río Dniéster

París

Monte Blanco
15,781 pies
(4,810 m)

Golfo de
Vizcaya

Río Danubio

CÁRPATOS

Mt. Elbrus
18,510 pies
(5,642 m)

Mar Caspio

A L P E S

Río Ródano

Río Po

CÁUCASO

PIRINEOS

Río Ebro

PENÍNSULA ITÁLICA

Mar Adriático

Mar Negro

PENÍNSULA
BALCÁNICA

ASIA

PENÍNSULA
IBÉRICA

40°N

Córcega

Cerdeña

Islas
Baleares

Mar
Tirreno

Mar Egeo

Estrecho de Gibraltar

Sicilia

Creta

Mar Mediterráneo

ELEVACIÓN

Pies	Metros
13,120	4,000
6,560	2,000
1,640	500
656	200
(Nivel del mar) 0	0 (Nivel del mar)
Debajo del nivel del mar	Debajo del nivel del mar

Casquete polar

0   250   500 millas

0   250   500 kilómetros

DESTREZAS DE GEOGRAFÍA   INTERPRETAR MAPAS

1. **Región** ¿Cuáles son las cuatro penínsulas que aparecen rotuladas en el mapa?
2. **Movimiento** ¿De qué manera pueden haber influido los Alpes en el movimiento de los pueblos?

Al norte de los Alpes, el terreno es mucho más llano que en el sur de Europa. Es más, casi todo el norte de Europa forma parte de la extensa gran llanura europea. Como ves en el mapa, esta llanura se extiende desde el océano Atlántico en el oeste hasta los montes Urales en el este. En el pasado, esta enorme extensión de tierra estaba cubierta por densos bosques. En los suelos ricos y fértiles de esta llanura crecían muchos tipos de árboles.

En la gran llanura europea también están la mayoría de los ríos más importantes de Europa. Muchos de estos ríos nacen en los deshielos de las montañas del sur y atraviesan la llanura en dirección norte hasta llegar al mar.

Si viajas todavía más al norte de la gran llanura europea, el terreno comienza a elevarse nuevamente. En el extremo norte de Europa hay muchas colinas escarpadas y montañas bajas.

Geografía y estilos de vida

La geografía de Europa ha influido en el desarrollo de diferentes estilos de vida. Por ejemplo, ha determinado qué cosechas han cultivado las personas y dónde se han desarrollado las ciudades.

③ Noruega

② Alemania

① Italia

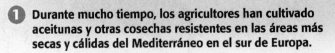

① Durante mucho tiempo, los agricultores han cultivado aceitunas y otras cosechas resistentes en las áreas más secas y cálidas del Mediterráneo en el sur de Europa.

Este tipo de colinas y montañas pueden verse en el norte de las Islas Británicas y en Escandinavia, la península más grande de Europa. Escandinavia es sólo una de las muchas penínsulas de Europa. Hay penínsulas más pequeñas que se extienden hacia el mar en muchas partes del continente. Estas penínsulas le dan a Europa una costa larga e irregular.

El clima y la vegetación

Al igual que los accidentes geográficos, el clima y la vegetación de Europa varían mucho de una región a otra. Por ejemplo, el sur de Europa es principalmente cálido y soleado. En consecuencia, crecen allí arbustos y árboles que no necesitan demasiada agua.

La mayor parte del noroeste de Europa, en cambio, tiene un clima templado, más fresco y húmedo. En el invierno, los vientos fríos del norte y del noreste pueden provocar temperaturas bajo cero.

Sin embargo, las temperaturas bajo cero son más frecuentes en Escandinavia. Esta región es muy fría durante todo el año. Nieva durante gran parte del año, y pocas plantas sobreviven a las frías temperaturas de la región.

COMPRENSIÓN DE LA LECTURA Resumir ¿En qué varían los accidentes geográficos y los climas en las distintas regiones de Europa?

La geografía influye en la vida

Al igual que en otros lugares del mundo, la geografía ha afectado la historia de Europa, porque determinó dónde y cómo vivían las personas.

El sur de Europa

En el sur de Europa, la mayoría de los habitantes vivían en las llanuras costeras o en los valles de los ríos donde el terreno era suficientemente llano para la labranza. Se dedicaban a cultivos como uvas o aceitunas, que podían sobrevivir a los veranos secos de la región. En las montañas, donde el terreno era empinado o rocoso, se criaban ovejas y cabras.

Como en el sur de Europa hay muchas penínsulas, los habitantes de la región viven cerca del mar. En consecuencia, muchos se dedicaron al comercio y a la navegación.

El norte de Europa

La mayoría de los habitantes del norte de Europa vivían más alejados del mar. De todos modos, tenían acceso al mar a través de los ríos del norte de Europa. Como los ríos facilitaban el transporte, muchos pueblos crecieron a sus orillas. Los ríos también brindaban protección. La ciudad de París, Francia, por ejemplo, se levantó sobre una isla de un río para dificultar el acceso a los atacantes.

2 A orillas de ríos como el Rin, en Alemania, se han desarrollado ciudades. Los ríos han sido rutas para el transporte de personas y mercaderías.

3 Muchos habitantes de la fría y nevosa Escandinavia se han establecido en las costas por depender del mar y de las tierras del otro lado del mar para obtener los recursos que necesitan.

En los campos que rodeaban a las ciudades, los agricultores sembraban todo tipo de cultivos. Estos campos eran excelentes tierras de labranza, pero el terreno llano era una ruta fácil para los invasores. Ninguna montaña bloqueaba el paso al norte de Europa y, en consecuencia, la región sufría frecuentes invasiones.

COMPRENSIÓN DE LA LECTURA **Contrastar** ¿Por qué la geografía determinaba el lugar donde vivían las personas en Europa?

RESUMEN Y PRESENTACIÓN Acabas de leer sobre el papel que desempeñó la geografía de Europa en su historia. Como Europa tiene tantos tipos de accidentes geográficos y climas, se desarrollaron allí distintos estilos de vida. Además, en el norte de Europa había pocas barreras naturales para evitar las invasiones. En la siguiente sección, aprenderás cómo cambió Europa cuando llegaron las invasiones.

Sección 1 Evaluación

hmhsocialstudies.com
Cuestionario en Internet

Repasar ideas, palabras y personas

1. a. Definir ¿Qué es la **topografía**?
   b. Comparar y contrastar ¿En qué se parecen o se diferencian el clima del sur de Europa y el clima del lugar donde vives?

2. a. Describir ¿Dónde viven la mayoría de los habitantes del sur de Europa?
   b. Sacar conclusiones ¿Dónde piensas que están las regiones agrícolas más importantes de Europa: en el norte o en el sur? ¿Por qué?
   c. Profundizar ¿Cómo piensas que influirá el clima de la región en el estilo de vida de los habitantes de Escandinavia?

Pensamiento crítico

3. Crear categorías Haz una tabla como la de la derecha. Úsala para anotar los accidentes geográficos, los climas y la vegetación del norte y del sur de Europa, y de Escandinavia.

	Accidentes geográficos	Climas	Vegetación
Norte de Europa			
Sur de Europa			
Escandinavia			

ENFOQUE EN LA REDACCIÓN

4. Pensar en la geografía Si fueras un noble del norte de Europa, ¿cómo sería tu vida? ¿Cómo influirían los accidentes geográficos y el clima en los habitantes de tu zona? ¿Por qué podrías necesitar la protección de los caballeros? Anota algunas ideas en tu cuaderno.

Europa después de la caída de Roma

Lo que aprenderás...

Ideas principales

1. El cristianismo se difundió hacia el norte de Europa por la obra de misioneros y monjes.
2. Los francos, liderados por Carlomagno, crearon un inmenso imperio cristiano y reunieron estudiosos de todas partes de Europa.
3. Los invasores amenazaron gran parte de Europa en los siglos VIII y IX.

La idea clave

A pesar de los esfuerzos de los cristianos para mantener el orden, Europa era un lugar peligroso después de la caída de Roma.

Personas y palabras clave

Edad Media, *pág. 500*
medieval, *pág. 500*
Patricio, *pág. 501*
monjes, *pág. 502*
monasterios, *pág. 502*
Benedicto, *pág. 502*
Carlomagno, *pág. 503*

hmhsocialstudies.com
TOMAR NOTAS

Usa el organizador gráfico en Internet para tomar notas acerca de cómo afectaron a Europa los sucesos y las personas de la Edad Media.

Si ESTUVIERAS allí...

Estás regresando a tu pueblo, en el norte de Europa, después de un arduo día de trabajo en el campo. Pero al llegar a la cima de una colina, te llega un olor a humo. Te alarmas y empiezas a correr. Cuando alcanzas a ver tu pueblo, tus temores se hacen realidad: ¡tu pueblo está en llamas! A la distancia, puedes ver las velas de unos barcos que se alejan por el río.

¿Qué piensas que le ha ocurrido a tu pueblo?

CONOCER EL CONTEXTO Después de la caída de Roma, Europa era un lugar peligroso. Sin el gobierno romano, Europa no contaba con una autoridad central que mantuviera el orden. Como resultado, abundaban forajidos y bandidos. Al mismo tiempo, nuevos grupos de personas se establecían en Europa. La violencia era frecuente. Las personas, atemorizadas, buscaban maneras de traer orden y tranquilidad a sus vidas.

El cristianismo se propaga hacia el norte de Europa

A medida que caía el Imperio romano, distintos grupos del norte y del este se trasladaban a las tierras que habían pertenecido a Roma. Una vez establecidos, estos grupos creaban sus propios estados. Los gobernantes de estos estados, que solían ser caudillos poderosos, empezaron a autonombrarse reyes. Estos reyes a menudo luchaban entre sí. Como resultado, para principios del siglo VI, Europa ya estaba dividida en muchos reinos pequeños.

La creación de estos reinos marcó el principio de la **Edad Media,** un período que abarca aproximadamente desde el año 500 hasta el 1500. Esta época se llama edad "media" porque está entre la antigüedad y los tiempos modernos. Otra manera de llamar a la Edad Media es período **medieval**, de las palabras latinas que significan "edad media".

A comienzos de la Edad Media, muchos de los reinos del norte de Europa no eran cristianos. El cristianismo sólo existía en donde había estado el Imperio romano, como Italia y España. Pero luego, el

La difusión del cristianismo

OCÉANO
ATLÁNTICO

Mar
del Norte

IRLANDA

Whitby

BRITANIA

Canterbury
Aquisgrán
Colonia
París
ALEMANIA
Tours
GALIA
(FRANCIA)
Lyon
Milán
Marsella

ESPAÑA
Toledo

ITALIA
Roma
Nápoles

Cesárea
Cartago
Siracusa

Corinto
Atenas

Constantinopla
Nicea
Efeso
ASIA
MENOR
Antioquía

Río Danubio

Mar Negro

Mar Caspio

Río Tigris
Río Éufrates

Damasco
Jerusalén
Alejandría

Cirene

Mar Mediterráneo

Menfis
EGIPTO
Río Nilo
Mar
Rojo

BIOGRAFÍA

Patricio
siglo V d.C.

Patricio fue un monje que ayudó a convertir a los irlandeses al cristianismo. Cuando era un adolescente, Patricio fue secuestrado en Britania y llevado a Irlanda, donde lo obligaron a trabajar como pastor de ovejas. Después de seis años, Patricio escapó. Pero luego volvió a Irlanda para difundir el cristianismo. Según la leyenda, se ganó el apoyo de los irlandeses después de llevarse todas las serpientes de Irlanda al mar. Tras su muerte, el pueblo de Irlanda lo declaró santo.

Mayoría cristiana hacia 325 d.C.
Mayoría cristiana hacia 600 d.C.
■ Centros de difusión del cristianismo

0   250   500 millas
0   250   500 kilómetros

DESTREZAS DE GEOGRAFÍA | **INTERPRETAR MAPAS**

Lugar ¿Hasta qué parte del norte ya se había difundido el cristianismo para 600 d.C.?

cristianismo se expandió lentamente hacia el norte. Esta difusión se debió en gran parte a los esfuerzos de dos grupos de cristianos: los misioneros y los monjes.

Los misioneros

Quizás la principal autoridad que ayudó a difundir el cristianismo en el norte de Europa fue el papa. Durante años, muchos papas enviaron misioneros a enseñar el cristianismo a los habitantes de los reinos del norte. Los misioneros son personas que intentan convertir a otras personas a una religión determinada. Algunos misioneros viajaban grandes distancias para difundir el cristianismo en nuevas tierras.

Uno de los primeros lugares adonde los papas enviaron misioneros fue Britania. Estos misioneros viajaron por toda la isla y, después de un tiempo, la mayoría de los habitantes se convirtieron al cristianismo. Desde Britania, otros misioneros llevaron el cristianismo a lo que hoy son Francia y Alemania.

Sin embargo, no todos los misioneros fueron enviados por el papa. Uno de los primeros misioneros que viajó al norte de Europa fue **Patricio**, que decidió por sí mismo difundir el cristianismo. A mediados del siglo V, Patricio viajó desde Britania hasta Irlanda para convertir a los habitantes de la región.

A diferencia de la mayoría de los misioneros, Patricio viajaba solo. Aunque encontró resistencia a sus enseñanzas, finalmente convirtió a muchos irlandeses al cristianismo.

Los monjes

Además de los misioneros que viajaban para difundir las enseñanzas cristianas, había otros hombres llamados monjes igual de entregados a su religión. Los **monjes** eran religiosos que vivían apartados de la sociedad en comunidades aisladas. En estas comunidades, los monjes se dedicaban a rezar, trabajar y meditar.

Durante la Edad Media, se construyeron por toda Europa **monasterios,** o comunidades de monjes. La vida en los monasterios estaba estrictamente organizada.

DOCUMENTO HISTÓRICO
La regla benedictina

La orden benedictina era el grupo más grande de monjes de Europa a principios de la Edad Media. La regla de San Benedicto era un conjunto estricto de normas que los monjes tenían que seguir. En el siguiente fragmento, San Benedicto describe qué tenía permitido poseer cada monje.

Los monjes tenían prohibido tener cualquier tipo de pertenencias.

Un abad es el director de un monasterio.

" Para dormir, bastan un colchón, una manta, un cobertor y una almohada. Las camas deben ser inspeccionadas a menudo por el abad, como precaución contra las posesiones personales. El que tenga algo que el abad no le ha dado, tendrá que sufrir el castigo más severo; y para eliminar totalmente el vicio de las posesiones personales, todo lo necesario será provisto por el abad; a saber: un hábito [una capucha], una túnica [camisa larga], calcetines, zapatos, un cinto, un cuchillo, una pluma, una aguja, un pañuelo y tablas de escribir, para que las necesidades no vuelvan a usarse como excusa **"**.

–de *La regla de San Benedicto*, versión del abad Parry

DESTREZA DE ANÁLISIS **ANALIZAR FUENTES PRIMARIAS**

¿Por qué piensas que los monjes benedictinos sólo podían tener unas pocas pertenencias básicas?

Los monjes tenían que seguir reglas creadas con la intención de ayudarlos a vivir como buenos cristianos. Estas normas organizaban los asuntos cotidianos del monasterio, como qué tenían que vestir los monjes y qué tenían que comer.

La mayoría de los monasterios europeos seguían un conjunto de reglas creadas a principios del siglo VI por un monje italiano llamado **Benedicto**. Su código se llamó regla benedictina, y quienes la seguían se llamaban monjes benedictinos. Pero no todos los monjes de Europa eran benedictinos. Cada grupo de monjes creaba sus propias reglas. Por ejemplo, los monjes de Irlanda eran muy diferentes de los monjes de Francia o Alemania.

A pesar de vivir apartados de la sociedad, los monjes ejercieron mucha influencia en Europa. Los monjes prestaban muchos servicios dentro y fuera de los monasterios. A veces los monasterios prestaban servicios básicos, como el cuidado de la salud, que no eran accesibles para muchos miembros de la comunidad. Los pobres y los necesitados que llegaban a un monasterio recibían ayuda de los monjes.

Además de ayudar a las personas de sus comunidades, los monjes

- dirigían escuelas y copiaban libros para los que no sabían leer y escribir,
- recopilaban y guardaban escritos antiguos de Grecia y Roma,
- prestaban servicios como escribas y asesores a los gobernantes locales.

Los monjes también ayudaron a difundir las enseñanzas cristianas en nuevos lugares. Muchos monasterios se construían en sitios remotos adonde los cristianos nunca habían llegado. Los monjes transmitían las enseñanzas del cristianismo a los habitantes de las comunidades vecinas.

COMPRENSIÓN DE LA LECTURA **Resumir**
¿Cómo ayudaron los misioneros y los monjes a difundir el cristianismo en nuevos lugares?

Los francos construyen un imperio

A medida que el cristianismo se difundía por el norte de Europa, también se producían cambios políticos. En la década de 480, los francos, un poderoso pueblo, conquistaron la Galia, la región que hoy llamamos Francia. Durante el gobierno de un soberano llamado Clodoveo, los francos se convirtieron al cristianismo y crearon uno de los reinos más fuertes de Europa.

Si bien los francos ya eran fuertes bajo el gobierno de Clodoveo, todavía no habían alcanzado su momento de mayor poder. Esto ocurriría recién a finales del siglo VIII, con la aparición de un líder llamado **Carlomagno**. Carlomagno fue un guerrero magnífico y un rey poderoso, y logró construir un imperio enorme para los francos.

Para construir este imperio, Carlomagno dedicó gran parte de su tiempo a la guerra. Dirigió a sus ejércitos en batallas contra muchos reinos vecinos y los conquistó. Para cuando Carlomagno alcanzó su objetivo, su imperio comprendía todo lo que hoy es Francia. También se extendía hasta lo que hoy son Alemania, Austria, Italia y el norte de España.

Carlomagno, un rey cristiano, había conquistado parte de lo que había sido el Imperio romano. Por eso, en el día de Navidad del año 800, el papa León III coronó a Carlomagno como emperador de los romanos. Este título simbolizó un retorno a la grandeza del Imperio romano.

Pero Carlomagno no dedicaba toda su energía a la guerra. Como era un gran admirador de la educación, construyó escuelas por toda Europa. También trajo estudiosos para dar clases en su capital, Aquisgrán, que hoy está en el oeste de Alemania. Entre estos estudiosos estaban algunos de los más importantes eruditos y profesores de religión de la Edad Media. Sus enseñanzas influyeron durante siglos en la vida religiosa y social de Europa.

COMPRENSIÓN DE LA LECTURA **Identificar las ideas principales** ¿Cuáles fueron los principales logros de Carlomagno?

Imperio de Carlomagno

- Reino Franco, 768 d.C.
- Territorios agregados por Carlomagno, 768-814 d.C.
- ⊛ Capital de Carlomagno

0   100   200 millas
0   100   200 kilómetros

Mar del Norte
Río Rin
Aquisgrán⊛
Reims
París
Orleans
GALIA
Lyon
Río Danubio
Milán
Mar Adriático
PIRINEOS
Córcega
Roma
Barcelona
Mar Mediterráneo

DESTREZAS DE GEOGRAFÍA **INTERPRETAR MAPAS**

Ubicación ¿En qué direcciones expandió su imperio Carlomagno?

Los invasores amenazan a Europa

Sin embargo, aún mientras Carlomagno construía su imperio, nuevas amenazas llegaron a Europa. Los invasores empezaron a atacar asentamientos de todo el continente. Hordas de soldados musulmanes entraron en el sur de Francia y el norte de Italia. Unos feroces guerreros llamados magiares arrasaron Europa desde el este, atacando ciudades y destruyendo campos. Desde Escandinavia, llegaron los invasores quizá más aterradores de todos: los vikingos.

Los vikingos atacaron Britania, Irlanda y otros lugares de Europa occidental. Saqueaban ciudades y monasterios, y tomaban prisioneros para venderlos como esclavos. Sus ataques eran rápidos y salvajes, y los europeos vivían con terror a los ataques de los vikingos.

Invasiones a Europa, 800-1000 d.C.

hmhsocialstudies.com **Mapa interactivo**

Asentamientos y rutas de invasión

- Vikingos
- Musulmanes
- Magiares

0   250   500 millas
0   250   500 kilómetros

ISLANDIA

OCÉANO ATLÁNTICO

IRLANDA

BRITANIA

ALEMANIA

EUROPA

FRANCIA

HUNGRÍA

ESPAÑA

ITALIA

Mar Negro

Constantinopla

TURQUÍA

Mar Caspio

ÁFRICA

Mar Mediterráneo

Los vikingos usaron sus versátiles barcos para invadir muchas zonas de Europa.

DESTREZAS DE GEOGRAFÍA **INTERPRETAR MAPAS**

Movimiento ¿Qué grupo invadió más regiones?

Como los vikingos podían navegar por los ríos con sus barcos, sus ataques no se limitaban a las zonas costeras: también llegaban a ciudades del interior y atacaron ciudades de la península Ibérica e Itálica.

COMPRENSIÓN DE LA LECTURA **Identificar las ideas principales** ¿Qué grupos invadieron Europa en los siglos VIII y IX?

RESUMEN Y PRESENTACIÓN Después de la caída de Roma, el norte de Europa se convirtió poco a poco al cristianismo. Sin embargo, Europa seguía siendo un lugar peligroso. Los invasores no dejaban de amenazarla. En la siguiente sección, aprenderás sobre las maneras en que las personas intentaban protegerse de los invasores.

Sección 2 Evaluación

hmhsocialstudies.com
Cuestionario en Internet

Repasar ideas, palabras y personas

1. **a. Describir** ¿Qué relación hay entre los **monjes** y los **misioneros**?
   b. Explicar ¿Por qué viajaban al norte de Europa los misioneros?
   c. Profundizar ¿Por qué piensas que los monjes seguían reglas tan estrictas?

2. **a. Recordar** ¿Por qué es famoso **Carlomagno**?
   b. Evaluar ¿Cuál piensas que fue el mayor logro de Carlomagno? ¿Por qué?

3. **a. Identificar** ¿Qué lugares de Europa atacaban los vikingos?
   b. Hacer generalizaciones ¿Por qué le temían tanto a los ataques de los vikingos los habitantes de Europa?

Pensamiento crítico

4. **Analizar** Consulta tus notas para determinar qué sucesos unieron a Europa y cuáles causaron divisiones o rupturas. Escribe tus respuestas en un diagrama como el siguiente.

Unidad

Rupturas

Enfoque en la redacción

5. **Considerar la vida en esa época** Ahora entiendes por qué podrías necesitar la protección de los caballeros. Repasa tu lista y agrega información. ¿Qué servicios podrían prestarte los caballeros que contrates?

Carlomagno

¿Qué harías si gobernaras gran parte de Europa?

¿Cuándo vivió? 742–814

¿Dónde vivió? Carlomagno, o Carlos el Grande, gobernó la mayor parte de lo que hoy es Francia y Alemania. Vivió principalmente en su capital, Aquisgrán, cerca de lo que hoy es la ciudad de Colonia, Alemania.

¿Qué hizo? Con sus guerras de conquista, Carlomagno unificó a muchas tribus de Europa central y occidental y formó un solo imperio.

¿Por qué es importante? Mientras Europa todavía se recuperaba de la caída de Roma, Carlomagno unió a los pueblos. Ayudó a los europeos a darse cuenta de que compartían lazos, como el cristianismo, que los unían. En otras palabras, ayudó a que todos se vieran como europeos y no como miembros de tribus separadas.

Sacar conclusiones ¿Qué consecuencias tuvo este cambio de visión en la sociedad europea posterior?

SUCESOS CLAVE

- **771** Carlomagno se convierte en rey de los francos.
- **773** Carlomagno se convierte en aliado del papa después de rescatarlo de los invasores.
- **794** Carlomagno establece su capital en Aquisgrán.
- **800** El papa León III nombra a Carlomagno emperador.

En esta pintura, Carlomagno es coronado por el papa en 800 d.C.

505

El feudalismo y la vida en los feudos

Lo que aprenderás...

Ideas principales

1. El feudalismo gobernaba las relaciones entre los caballeros y los nobles.
2. El feudalismo se propagó por gran parte de Europa.
3. El sistema de señorío dominó la economía de Europa.
4. Los pueblos y el comercio crecieron y ayudaron a poner fin al sistema feudal.

La idea clave

Las relaciones entre las personas en la Edad Media estaban gobernadas por una red compleja de deberes y obligaciones.

Personas y palabras clave

caballeros, *pág. 506*
vasallo, *pág. 507*
feudalismo, *pág. 507*
Guillermo el Conquistador, *pág. 508*
feudo, *pág. 509*
siervos, *pág. 509*
Leonor de Aquitania, *pág. 510*

hmhsocialstudies.com
TOMAR NOTAS

Usa el organizador gráfico en Internet para tomar notas acerca de las responsabilidades y las obligaciones que tenía la gente durante la Edad Media.

Si ESTUVIERAS allí...

Eres un campesino en la Edad Media y vives en las tierras de un noble. Aunque tú y tu familia trabajan arduamente durante muchas horas por día, gran parte de los alimentos que cultivas son para el noble y su familia. Tu casa es muy pequeña y tiene piso de tierra. Tus padres están cansados y debilitados, y deseas poder hacer algo para mejorar sus vidas.

¿Hay algo que puedas hacer para cambiar tu vida?

CONOCER EL CONTEXTO El trabajo arduo era una constante en la vida de los campesinos de la Edad Media. Trabajaban muchas horas y tenían que obedecer los deseos de los nobles. Sin embargo, no todos los nobles eran libres de vivir como querían. Debían jurar obediencia a otros nobles más poderosos, que a su vez tenían que obedecer los deseos del rey. La vida en la Edad Media era una gran red de deberes y obligaciones.

El feudalismo gobierna a caballeros y nobles

Cuando los vikingos, los magiares y los musulmanes comenzaron a atacar a Europa en el siglo IX, los reyes francos no podían defender su imperio. Sus ejércitos eran demasiado lentos para defenderse de los veloces ataques de sus enemigos. Como no podían contar con la protección de los reyes, los nobles tenían que defender sus propias tierras. En consecuencia, el poder de los nobles aumentó y el de los reyes disminuyó. Es más, algunos nobles llegaron a tener tanta autoridad como los mismos reyes. Aunque estos nobles seguían siendo leales al rey, gobernaban sus tierras como si fueran territorios independientes.

Los caballeros y las tierras

Para defender sus tierras, los nobles necesitaban soldados. Los mejores soldados eran los **caballeros,** guerreros que luchaban a caballo. Sin embargo, los caballeros necesitaban armas, armaduras y caballos. Equiparse era costoso, y pocas personas tenían dinero a principios de la Edad Media. Como resultado, en lugar de dinero, los nobles otorgaban feudos, o tierras, a los caballeros a cambio de un servicio militar. El noble que otorgaba tierras a un caballero mediante este sistema se llamaba **señor feudal.**

A cambio de las tierras, el caballero prometía proteger al noble en la batalla o en otros asuntos. El caballero que prometía proteger a un señor feudal a cambio de tierras se llamaba **vasallo.** El vasallo juraba ser siempre fiel a su señor feudal. Los historiadores llaman **feudalismo** a este sistema de promesas que gobernaba las relaciones entre los señores feudales y los vasallos.

Los deberes del señor feudal

Los lazos entre los señores feudales y los vasallos eran el alma del feudalismo. Los dos grupos tenían responsabilidades mutuas. Un señor feudal debía enviar ayuda si un enemigo atacaba a sus vasallos. Además, tenía que ser justo con sus vasallos: no podía engañarlos ni castigarlos sin motivo. Si un señor feudal no cumplía con sus obligaciones, sus vasallos podían romper todos los lazos con él.

Para defender sus tierras, muchos señores construían castillos. Un castillo es una construcción grande con paredes fuertes, fácil de defender de los ataques. Los primeros castillos no eran como esas estructuras monumentales que vemos en las películas o en los libros de cuentos. Esos castillos enormes se construyeron mucho después en la Edad Media. Los primeros castillos se hacían con madera, no con piedras. Sin embargo, estos castillos brindaban protección en épocas de guerra.

Los deberes del vasallo

Cuando un señor feudal iba a la guerra, llamaba a sus vasallos a pelear junto a él. Pero la lucha no era el único deber del vasallo. Por ejemplo, los vasallos tenían que dar dinero a sus señores en algunas ocasiones especiales, como cuando el hijo de un señor feudal era nombrado caballero o cuando se casaba la hija. Los vasallos también tenían que alimentar y hospedar al señor si los visitaba. Un vasallo que acumulaba suficientes tierras podía convertirse en señor feudal. Así, una

persona podía ser al mismo tiempo señor feudal y vasallo. Un caballero también podía aceptar feudos de dos señores diferentes y convertirse en vasallo de ambos. Las obligaciones feudales podían volverse confusas.

COMPRENSIÓN DE LA LECTURA **Ordenar** ¿Por qué surgió el feudalismo?

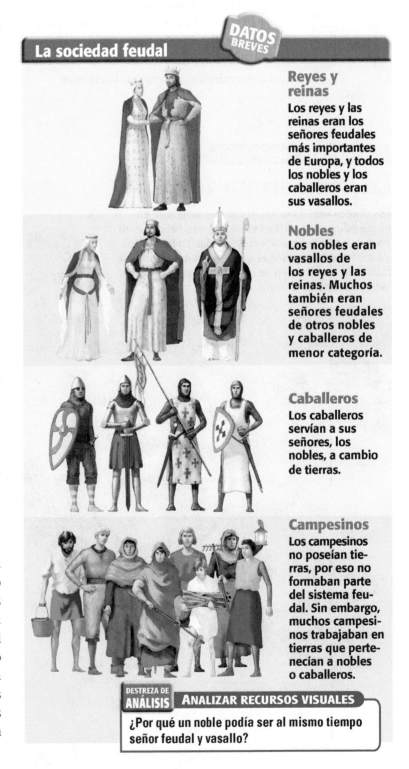

DATOS BREVES

La sociedad feudal

Reyes y reinas
Los reyes y las reinas eran los señores feudales más importantes de Europa, y todos los nobles y los caballeros eran sus vasallos.

Nobles
Los nobles eran vasallos de los reyes y las reinas. Muchos también eran señores feudales de otros nobles y caballeros de menor categoría.

Caballeros
Los caballeros servían a sus señores, los nobles, a cambio de tierras.

Campesinos
Los campesinos no poseían tierras, por eso no formaban parte del sistema feudal. Sin embargo, muchos campesinos trabajaban en tierras que pertenecían a nobles o caballeros.

DESTREZA DE ANÁLISIS **ANALIZAR RECURSOS VISUALES**
¿Por qué un noble podía ser al mismo tiempo señor feudal y vasallo?

Aunque muchos pueblos han tratado de invadir Inglaterra desde entonces, la invasión de Guillermo en 1066 fue la última vez que Inglaterra resultó conquistada.

Se propaga el feudalismo

El feudalismo fue creado por los francos. En poco tiempo, el sistema se extendió a otros reinos. En el siglo XI, los caballeros francos introdujeron el feudalismo en el norte de Italia, España y Alemania. Luego, el feudalismo se propagó a Europa oriental.

El feudalismo también llegó a Britania en el siglo XI. Allí lo introdujo un noble francés llamado Guillermo, duque de Normandía, una región del norte de Francia. En el año 1066, Guillermo decidió conquistar Inglaterra.

Guillermo y sus caballeros desembarcaron en Inglaterra y derrotaron al rey inglés en una batalla cerca de la población de Hastings. Tras ganar la batalla, Guillermo se declaró rey de Inglaterra. Se hizo conocido como **Guillermo el Conquistador**. Para recompensar a sus caballeros por el buen desempeño en la victoria, Guillermo les otorgó grandes extensiones de tierras de su nuevo país. Así comenzó el feudalismo en Inglaterra.

COMPRENSIÓN DE LA LECTURA > Ordenar

¿Cómo llegó el feudalismo a Inglaterra?

La historia en detalle

La vida en un feudo

Los feudos eran grandes fincas que surgieron en Europa durante la Edad Media. Muchos feudos eran en gran parte autosuficientes: producían la mayoría de los alimentos y bienes que sus habitantes necesitaban. En esta imagen se muestra cómo pudo haber sido un feudo en Britania.

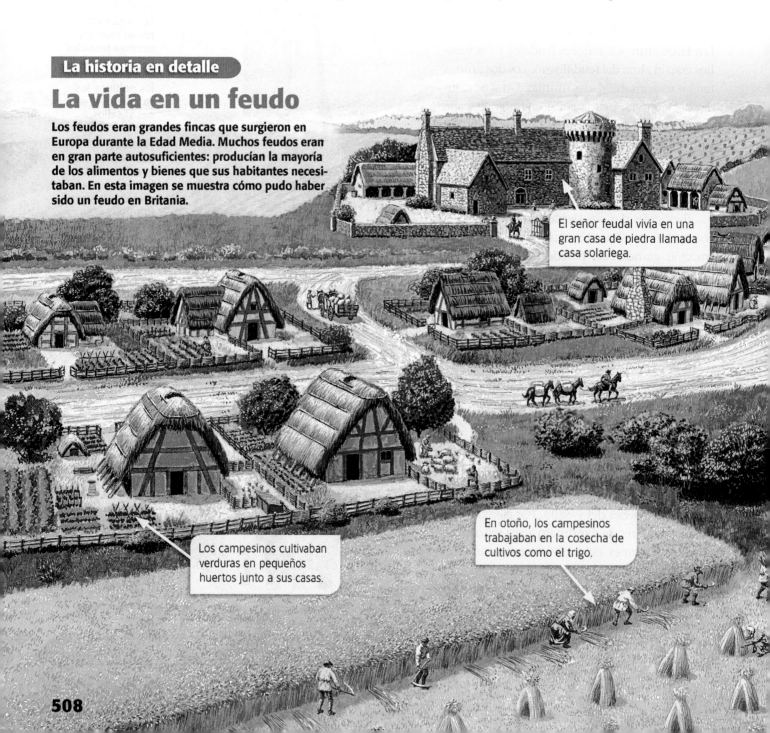

El señor feudal vivía en una gran casa de piedra llamada casa solariega.

Los campesinos cultivaban verduras en pequeños huertos junto a sus casas.

En otoño, los campesinos trabajaban en la cosecha de cultivos como el trigo.

El sistema de feudos

Cuando un caballero recibía un feudo de su señor, necesitaba cultivarlo. Pero los caballeros eran hombres de lucha que no tenían tiempo para trabajar en los campos. A su vez, los campesinos, o pequeños agricultores, necesitaban cultivar alimentos para poder vivir. Sin embargo, muy pocos campesinos poseían tierras.

Como resultado, se desarrolló un nuevo sistema económico. En este sistema, los caballeros permitían a los campesinos cultivar sus extensas fincas. A cambio, los campesinos tenían que dar a los caballeros alimentos u otro tipo de pago.

Un **feudo** era una gran finca perteneciente a un caballero o un señor feudal. Por lo general, cada feudo tenía una casa grande o un castillo, prados, campos y bosques. También tenía una aldea donde vivían los campesinos que trabajaban en el feudo.

Campesinos, siervos y otros trabajadores

La mayoría de los señores feudales medievales se reservaban entre un cuarto y un tercio de sus tierras para uso personal. El resto de la tierra se dividía entre los campesinos y los **siervos,** trabajadores que estaban atados al territorio en el que vivían.

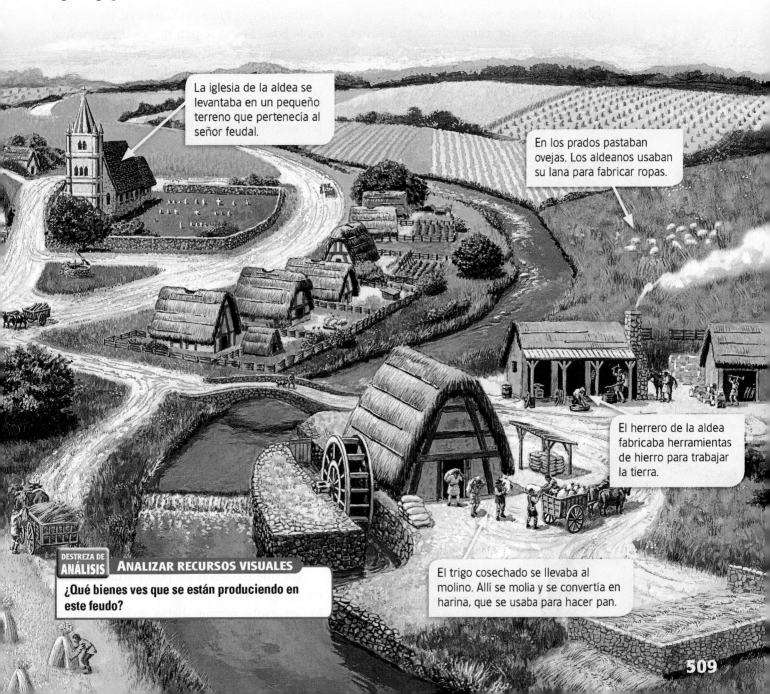

La iglesia de la aldea se levantaba en un pequeño terreno que pertenecía al señor feudal.

En los prados pastaban ovejas. Los aldeanos usaban su lana para fabricar ropas.

El herrero de la aldea fabricaba herramientas de hierro para trabajar la tierra.

El trigo cosechado se llevaba al molino. Allí se molía y se convertía en harina, que se usaba para hacer pan.

DESTREZA DE ANÁLISIS **ANALIZAR RECURSOS VISUALES**

¿Qué bienes ves que se están produciendo en este feudo?

Aunque no eran esclavos, los siervos tenían prohibido dejar sus tierras sin el permiso del señor feudal. Los siervos pasaban gran parte del tiempo trabajando en los campos del señor feudal. A cambio de su trabajo, recibían una pequeña porción de tierra para sus propios cultivos. También recibían del señor feudal protección contra los forajidos y los invasores.

La vida de los siervos y los campesinos no era fácil. Trabajar la tierra era una tarea ardua, y a menudo trabajaban en el campo hasta altas horas de la noche. Por lo general, los hombres se encargaban de trabajar la tierra y las mujeres confeccionaban ropas, cocinaban, cultivaban verduras y juntaban leña. Hasta los niños trabajaban, cuidando ovejas y gallinas.

Además de los campesinos y los siervos, en la mayoría de los feudos solía haber artesanos especializados. Estos trabajadores ofrecían sus productos y servicios a los campesinos a cambio de alimentos. Los señores feudales querían que las personas que vivían en el feudo produjeran todo lo que necesitaban, como los alimentos y la ropa.

VOCABULARIO ACADÉMICO

papel comportamiento asignado

Los señores de los feudos

El señor de un feudo controlaba todo lo que ocurría en sus tierras. Su palabra era la ley. El señor resolvía todas las disputas que surgían en el feudo y castigaba a los que se no se comportaban bien. También recaudaba impuestos de las personas que vivían en su feudo.

Como es de imaginar, los señores y las señoras feudales llevaban una mejor vida que otros habitantes del feudo. Tenían sirvientes y casas grandes, pero su vida no era fácil. Si sobrevivían a las enfermedades podían morir en la guerra.

Las mujeres en la Edad Media

Cualquiera que fuera su clase social, las mujeres en la Edad Media tenían menos derechos que los hombres. Por lo general, tenían que obedecer los deseos de su padre o su esposo. Sin embargo, las mujeres desempeñaron **papeles** importantes en la sociedad. Como has leído, las campesinas trabajaban para mantener a sus familias. Las mujeres de la nobleza también tenían obligaciones: administraban el hogar del feudo y supervisaban a los sirvientes. Las mujeres gobernaban los feudos cuando sus maridos se iban a la guerra. Algunas nobles, como la francesa **Leonor de Aquitania**, tenían mucho poder político. Otras que querían tener poder e influencia se sumaban a la institución más poderosa de todas: la Iglesia cristiana.

COMPRENSIÓN DE LA LECTURA **Contrastar** ¿En qué se diferenciaba la vida de los nobles de la vida de los campesinos?

Los pueblos y el comercio crecen

Durante la Edad Media, la mayoría de las personas vivían en los feudos o en pequeñas granjas, no en los pueblos. Por eso, casi todos los pueblos eran pequeños. Sin embargo, después del año 1000, la situación empezó a cambiar. Algunos pueblos se convirtieron en grandes ciudades. Al mismo tiempo, aparecieron nuevos pueblos.

¿Por qué crecieron los pueblos medievales? Para empezar, la población de Europa aumentó, en parte porque había más alimentos.

BIOGRAFÍA

Leonor de Aquitania
circa 1122–1204

Leonor de Aquitania fue una de las personas más poderosas de la Edad Media. Gobernaba Aquitania, región del suroeste de Francia, como vasallo del rey. En 1137, Leonor se convirtió en reina de Francia cuando se casó con el rey Luis VII. Tiempo después, se divorció de Luis y se convirtió en reina de Inglaterra al casarse con el rey Enrique II de Inglaterra. Incluso cuando era reina de Inglaterra, dedicaba gran parte de su tiempo a gobernar su propio territorio. Leonor tuvo muchos hijos, y dos de sus hijos varones llegaron a ser reyes de Inglaterra.

Sacar conclusiones ¿Por qué piensas que Leonor tuvo más poder que otras mujeres de la Edad Media?

La aparición de nuevas tecnologías permitió a los campesinos producir cosechas más abundantes que nunca. Entre estos adelantos estaba un arado más pesado. Con él, los agricultores podían hacer surcos más profundos en el suelo, y así las plantas crecían mejor. Otro invento novedoso, el arnés para caballos, permitió a los agricultores arar la tierra usando caballos. En épocas anteriores, se usaban bueyes, que eran fuertes pero lentos. Con los caballos, los agricultores podían ocuparse de campos más extensos, cultivar más alimentos y alimentar a más personas.

Los pueblos también crecieron porque aumentó el comercio. A medida que crecía la población de Europa, también crecía el comercio. Las rutas comerciales se expandieron por toda Europa. Los mercaderes también traían mercaderías de Asia y África para vender en los mercados europeos. La posibilidad de enriquecerse con el comercio hizo que muchas personas abandonaran sus granjas y se mudaran a las ciudades. Por eso, las ciudades crecieron todavía más.

Con el tiempo, el crecimiento del comercio provocó la decadencia del feudalismo. Los caballeros empezaron a pedir dinero por sus servicios en lugar de tierras. A su vez, los siervos y los campesinos abandonaban los feudos para ir a las ciudades, y el sistema feudal se fue debilitando poco a poco.

Mercado medieval
En la Edad Media, en algunos pueblos se organizaban grandes ferias comerciales cada año. En esta ilustración, un obispo bendice una feria comercial en Francia.

COMPRENSIÓN DE LA LECTURA **Identificar causa y efecto** ¿Por qué crecieron los pueblos y el comercio en la Edad Media?

RESUMEN Y PRESENTACIÓN En esta sección, aprendiste sobre el feudalismo europeo y las relaciones socioeconómicas que generó entre las personas. En la siguiente sección, compararás este sistema con otro que surgió del otro lado del mundo, en Japón.

Sección 3 Evaluación

Repasar ideas, palabras y personas

1. **a. Definir** ¿Qué era un **caballero**?
   b. Explicar ¿Por qué tenían que servir a los señores feudales los **vasallos**?
   c. Profundizar ¿Quién crees que se beneficiaba más con el **feudalismo**: los caballeros o los señores feudales? ¿Por qué?
2. **Explicar** ¿Cómo ayudó a expandir el feudalismo **Guillermo el Conquistador**?
3. **a. Describir** ¿Cómo era un típico **feudo**?
   b. Profundizar ¿Qué crees que opinaban del sistema feudal la mayoría de los **siervos**?
4. **a. Recordar** ¿Por qué creció la población europea en la Edad Media?
   b. Sacar conclusiones ¿Por qué crees que muchos campesinos abandonaron sus granjas y se mudaron a las ciudades?

Pensamiento crítico

5. **Analizar** Dibuja un diagrama de flujo como el siguiente. Repasa tus notas; luego, anota en cada cuadro los deberes y las obligaciones que tenía cada grupo hacia los demás.

Señores feudales → ← Caballeros → ← Siervos

ENFOQUE EN LA REDACCIÓN

6. **Escribir sobre los caballeros** Toma notas sobre los caballeros descritos en esta sección y sobre el efecto que tendrá lo que aprendiste en tu búsqueda de caballeros. ¿Qué clase de personas contratarás? ¿Cómo les pagarás? Escribe las respuestas en tu cuaderno.

Las sociedades feudales

Lo que aprenderás...

Ideas principales

1. Las sociedades feudales de Europa y de Japón tenían elementos en común.
2. Europa y Japón se diferenciaban en sus elementos culturales, como la religión y el arte.

La idea clave

Aunque los sistemas feudales de Europa y de Japón eran similares, sus culturas eran muy diferentes.

Palabras clave

caballería, *pág. 513*
haiku, *pág. 514*

TOMAR NOTAS

Usa el organizador gráfico en Internet para tomar notas acerca de los sistemas y las culturas feudales de Europa y Japón durante la Edad Media.

Si ESTUVIERAS allí...

Quieres ser escudero, un joven que se prepara para ser un caballero. Tu mejor amigo cree que eres un tonto. Dice que tendrás que jurar lealtad a tu señor feudal y luchar para él en las batallas. Tu hermana te dice que deberás seguir un estricto código de honor. Aun así, quieres ser caballero.

¿Por qué quieres ser caballero?

CONOCER EL CONTEXTO Los caballeros eran una parte importante de la sociedad feudal. Los que querían ser caballeros tenían que hacer un juramento de lealtad, luchar en batallas y cumplir con un código de honor. Pero los caballeros europeos no eran las únicas personas que tenían que vivir según estas reglas. Del otro lado del mundo, los samuráis japoneses vivían con obligaciones similares. De hecho, si observas estas dos sociedades, verás que entre ellas había muchas similitudes sorprendentes.

Las sociedades feudales tienen elementos en común

El feudalismo no era exclusivo de Europa. Como ya has leído, los japoneses crearon un sistema muy parecido del otro lado del mundo aproximadamente en la misma época. Pero, ¿cuánto se parecían las dos sociedades?

Señores y vasallos

En Europa, el sistema feudal estaba basado en la tierra. Los reyes y los señores otorgaban tierras a los caballeros. A cambio, los caballeros prometían servir a sus señores y luchar para ellos cuando fuera necesario. Muchos caballeros poseían grandes feudos. Los campesinos y los siervos trabajaban en los feudos y les pagaban a los señores feudales con alimentos.

En Japón, existía un sistema muy similar. Allí, el emperador otorgaba tierras a grandes señores que más tarde se llamaron daimyos. A su vez, estos señores empleaban a guerreros llamados samuráis. Al igual que los caballeros europeos, los samuráis prometían servir y defender a sus señores. A cambio, los samuráis recibían arroz y granos. Los señores obtenían los granos de los campesinos que cultivaban sus tierras. Los campesinos les pagaban a sus señores con granos.

Los samuráis y los caballeros

Aunque los samuráis japoneses y los caballeros europeos nunca se conocieron, tenían muchas cosas en común. Ambos fueron los guerreros selectos de su época y lugar.

DESTREZA DE ANÁLISIS **ANALIZAR RECURSOS VISUALES**

¿En qué se parecen los samuráis y los caballeros? ¿En qué se diferencian?

Los caballeros y los samuráis

La vida que llevaban los caballeros y los samuráis era muy similar en muchos aspectos. Ambos tenían que jurar lealtad a sus señores feudales. Estos señores esperaban que ellos lucharan bien y no mostraran miedo en la batalla. Esperaban también que sus caballeros o samuráis llevaran vidas de honor y disciplina.

Tanto los caballeros europeos como los samuráis japoneses tenían que cumplir con estrictos códigos de honor que gobernaban su comportamiento. Ya has aprendido sobre el Bushido, el código japonés de los samuráis. El código de comportamiento y honor de los caballeros europeos se llamaba **caballería**. Al igual que el Bushido, la caballería establecía que los caballeros debían ser valientes y leales, pero al mismo tiempo humildes y modestos. También exigía que fueran amables y generosos en el trato con las personas, en especial con las mujeres.

Por su lealtad y dedicación, los caballeros y los samuráis eran muy respetados por el resto de la sociedad. Esta admiración puede notarse a menudo en descripciones literarias de aquellos hombres, como en la siguiente descripción del caballero francés Roldán y de sus camaradas superados en número por sus enemigos:

> " La batalla es espantosa y está llena de dolor.
> Oliverio y Roldán pelean como buenos hombres,
> el Arzobispo, a más de mil golpea
> y los Doce Pares no se quedan atrás, ¡dan pelea!
> los franceses luchan codo a codo, como uno solo.
> Los paganos mueren de a cientos, de a miles:
> aquél que no huye, no escapa de la muerte,
> le guste o no, allí termina sus días ".
>
> –de *El cantar de Roldán*, versión de Frederick Goldin

Aunque Roldán y los demás estaban casi seguros de que morirían, siguieron peleando. Se convirtieron en héroes admirados por su coraje y valentía.

ENFOQUE EN LA LECTURA
¿Por qué crees que se incluye aquí una fuente primaria?

Los japoneses también admiraban a sus guerreros por su valentía. En un fragmento de un texto japonés, se muestra una admiración parecida hacia los guerreros que luchaban cuando llevaban todas las de perder:

VOCABULARIO ACADÉMICO
elementos partes

" Adonde Naozane galopaba, Sueshige lo seguía; adonde Sueshige galopaba, Naozane lo seguía. Ninguno quería ser menos que el otro, se turnaban para ir a la carga, montando sus caballos y luchando hasta que salían chispas… Naozane se quitó las flechas que habían atravesado su armadura, las arrojó a un lado, miró hacia la fortaleza con enojo y con voz penetrante gritó: 'Soy Naozane, el hombre que partió de Kamakura el invierno pasado, decidido a dar la vida por su señor Yoritomo… ¡Enfréntenme! ¡Enfréntenme!' "

–de *El cantar de Heike*, versión de Helen Craig McCullough

COMPRENSIÓN DE LA LECTURA Comparar

¿En qué se parecían los caballeros europeos y los samuráis japoneses?

Europa y Japón se diferencian

Aunque la sociedad europea y la japonesa eran iguales en algunos aspectos, en la mayoría diferían. Las dos culturas eran muy diferentes.

Quizá la diferencia principal entre los europeos y los japoneses medievales era la religión. Casi todos los europeos eran cristianos, mientras que los japoneses combinaban **elementos** del budismo, el sintoísmo y el confucianismo. Las religiones de Europa y de Japón enseñaban maneras muy diferentes de ver el mundo. Por lo tanto, los habitantes de esos lugares no se comportaban igual.

Las diferencias entre Europa y Japón también pueden verse en las expresiones artísticas populares de cada lugar. El arte europeo de la Edad Media se basaba principalmente en temas religiosos. Las pinturas representaban escenas de la Biblia y los escritores trataban de inspirar a las personas con relatos sobre grandes cristianos.

En Japón, en cambio, el arte expresaba principalmente temas de la naturaleza. Las pinturas de la naturaleza eran comunes, y los japoneses construían muchos jardines. Las construcciones se fundían con la naturaleza en vez de sobresalir. La literatura de Japón también celebraba la naturaleza. Por ejemplo, los poetas japoneses del siglo XVII creaban **haiku,** poemas breves de tres líneas y 17 sílabas en los que se describen escenas de la naturaleza.

El arte en Europa y Japón

Las artes medievales de Europa y Japón eran muy diferentes. El arte europeo a menudo ponía énfasis en la religión, mientras que el arte japonés solía poner énfasis en la naturaleza.

¿En qué se diferencian estas dos pinturas?

DATOS BREVES

La Europa feudal
- Cristianismo
- Temas religiosos en el arte y la literatura

- Gobierno feudal
- Realeza (reyes y reinas, emperador)
- Nobles (señores feudales, daimyos)
- Guerreros (caballeros, samuráis)
- Códigos de honor de los guerreros (caballería, Bushido)
- Los campesinos trabajaban la tierra.

El Japón feudal
- Budismo, sintoísmo, confucianismo
- Temas sobre la naturaleza en el arte y la literatura

El siguiente es un ejemplo de haiku:

Nada dice
en el canto de la cigarra
que su fin está cerca
—de Matsuo Bashō, *Haiku de las Cuatro Estaciones*,
traducción de Francisco F. Villalba

Aunque los sistemas feudales europeo y japonés parecían similares, las culturas que los sostenían eran diferentes. Aun así, es increíble que existan dos sistemas feudales tan similares en lugares tan alejados.

COMPRENSIÓN DE LA LECTURA **Contrastar** ¿En qué se diferenciaban las culturas feudales de Europa y Japón?

RESUMEN Y PRESENTACIÓN En esta sección, aprendiste a comparar el feudalismo de Europa y de Japón. Aunque tanto Europa como Japón tenían sociedades feudales, había muchas diferencias entre las dos. El feudalismo duró mucho más tiempo en Japón que en Europa: hasta el siglo XIX. En el capítulo siguiente, aprenderás cómo cambió la sociedad europea tras la desaparición del feudalismo en la segunda mitad de la Edad Media. Un cambio fundamental fue el crecimiento de la importancia de la religión.

Sección 4 Evaluación

hmhsocialstudies.com
Cuestionario en Internet

Repasar ideas, palabras y personas

1. a. Definir ¿Qué era la **caballería**?
b. Comparar ¿Qué tres características compartían los caballeros y los samuráis?
c. Desarrollar ¿Por qué crees que se desarrollaron sistemas feudales tanto en Europa como en Japón?

2. a. Identificar ¿Cuál era la religión de la mayoría de los habitantes de la Europa medieval? ¿Qué religiones tuvieron mayor influencia en los pueblos de Japón?
b. Contrastar ¿Qué diferencia había entre los temas de **haiku** y los de los poemas medievales europeos?
c. Evaluar En tu opinión, ¿había más similitudes o más diferencias entre la sociedad europea y la japonesa? Explica tu respuesta.

Pensamiento crítico

3. Comparar y contrastar Dibuja una tabla como la siguiente. Repasa tus notas y escribe dos similitudes y una diferencia clave entre los caballeros y los samuráis.

Similitudes	Diferencia
1.	1.
2.	

ENFOQUE EN LA REDACCIÓN

4. Describir la caballería Piensa en lo que acabas de aprender sobre la caballería. ¿Qué clase de reglas esperas que cumplan tus caballeros? ¿Cómo les explicarás a ellos estas reglas?

LOS PRINCIPIOS DE LA EDAD MEDIA **515**

Destrezas de estudios sociales

Análisis | Pensamiento crítico | Economía | Estudio

Interpretar diagramas

Comprender la destreza

Los *diagramas* son dibujos en los que se usan líneas y rótulos para explicar o ilustrar algo. Los diferentes tipos de diagramas tienen diferentes objetivos. Los *diagramas pictóricos* muestran un objeto de manera simple, casi como se vería en la realidad. Los *diagramas de corte transversal* muestran el "interior" de un objeto. Los *diagramas de componentes* muestran cómo está organizado un objeto separándolo en partes. Estos diagramas a veces se llaman *dibujos esquemáticos*. Saber interpretar diagramas te ayudará a comprender mejor un objeto histórico, su función y su funcionamiento.

Aprender la destreza

Sigue los siguientes pasos básicos para interpretar un diagrama:

1. Determina el tipo de diagrama.

2. Lee el título o la leyenda del diagrama para saber qué representa.

3. Busca rótulos y léelos detenidamente. La mayoría de los diagramas incluyen texto que identifica las partes del objeto o explica la relación entre las partes.

4. Si hay referencias, obsérvalas para identificar y comprender los símbolos y los colores que se usan en el diagrama.

5. Busca números o letras que puedan indicar una secuencia de pasos. También busca flechas que puedan indicar dirección o movimiento.

Un castillo primitivo

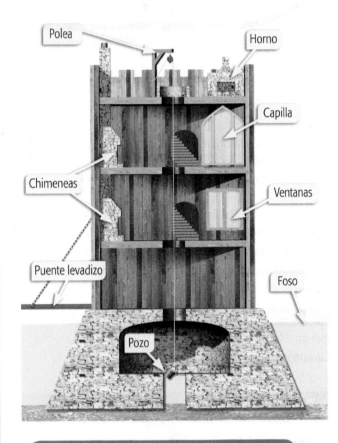

Polea — Horno — Capilla — Chimeneas — Ventanas — Puente levadizo — Foso — Pozo

Practicar y aplicar la destreza

Interpreta el diagrama de un castillo primitivo y responde a las siguientes preguntas.

1. ¿Qué tipo de diagrama es éste?

2. ¿Qué rótulos del diagrama sugieren cómo se calentaba el castillo?

3. ¿Qué función cumplía la polea?

4. ¿De qué materiales estaba hecho el castillo?

5. ¿Qué características del castillo lo hacían seguro contra los ataques?

Repaso del capítulo

El impacto de la historia
▶ videos
Consulta el video para responder a la pregunta de enfoque:
En tu opinión, ¿qué beneficios y consecuencias tenía vivir en una sociedad feudal?

Resumen visual

Usa el siguiente resumen visual para repasar las ideas principales del capítulo.

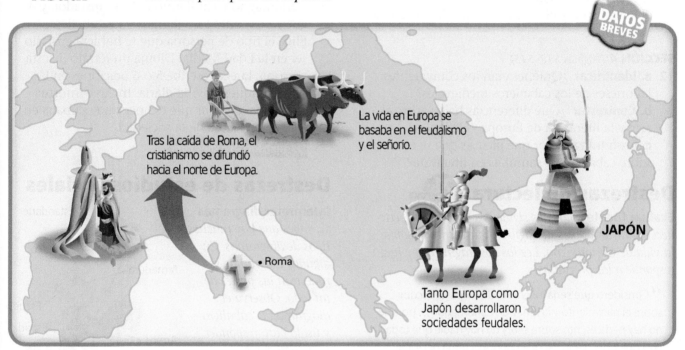

DATOS BREVES

Tras la caída de Roma, el cristianismo se difundió hacia el norte de Europa.

La vida en Europa se basaba en el feudalismo y el señorío.

• Roma

JAPÓN

Tanto Europa como Japón desarrollaron sociedades feudales.

Repasar vocabulario, palabras y personas

Escribe las palabras de cada definición y encierra en un círculo la letra marcada con un asterisco. Luego, escribe la palabra que forman esas letras.

1. * _ _ _ _ , religiosos que vivían en comunidades aisladas

2. _ * _ _ _ _ _ de Aquitania, una de las mujeres más poderosas de la Edad Media

3. _ _ _ * _ , una gran finca

4. _ _ _ _ _ _ _ _ _ * _ , código de comportamiento que debían seguir los caballeros

5. _ _ * _ _ _ _ , trabajadores agrícolas que estaban atados a la tierra que trabajaban

6. * _ _ _ _ _ _ , persona que recibía tierras a cambio de servicios militares

7. _ _ _ _ * _ _ _ _ _ _ , sistema político en el que se otorgan tierras a cambio de servicios militares

8. _ _ _ _ * _ _ _ _ _ _ _ , rey franco que creó un inmenso imperio

Comprensión y pensamiento crítico

SECCIÓN 1 *(Páginas 496–499)*

9. **a. Identificar** ¿Qué región de Europa tiene las mejores tierras de cultivo?

b. Analizar ¿Qué influencia han tenido los ríos y los mares en la vida en Europa?

c. Evaluar Basándote en su geografía, ¿en qué parte de Europa te gustaría vivir? ¿Por qué?

SECCIÓN 2 *(Páginas 500–504)*

10. **a. Identificar** ¿Qué dos grupos de personas se ocuparon en gran medida de difundir el cristianismo por el norte de Europa?

b. Comparar ¿En qué se parecía el imperio de los francos durante el reinado de Carlomagno al Imperio romano?

c. Profundizar ¿Cómo crees que ayudó la construcción de nuevos monasterios a difundir el cristianismo?

SECCIÓN 3 *(Páginas 506–511)*

11. a. Describir ¿Cómo era la vida de las mujeres en la Edad Media?

b. Analizar ¿Qué hacían los caballeros y los señores feudales para que sus feudos fueran autosuficientes?

c. Profundizar ¿Qué relación había entre el feudalismo y el sistema económico medieval de Europa?

SECCIÓN 4 *(Páginas 512–515)*

12. a. Identificar ¿Quiénes eran los equivalentes japoneses de los caballeros medievales?

b. Contrastar ¿Qué diferencias había entre el arte y la literatura de Europa y de Japón?

c. Profundizar ¿Por qué piensas que se escribía sobre caballeros y samuráis en literatura?

Destrezas de lectura

Evaluar fuentes *Los dos siguientes fragmentos pertenecen a historiadores del siglo IX que escribían sobre la vida de Carlomagno. Lee los dos fragmentos y luego responde a las preguntas.*

> "Considero que sería insensato de mi parte escribir sobre el nacimiento y la niñez de Carlomagno… porque no hay nada escrito sobre eso, y no hay nadie que todavía viva que pueda afirmar que conoce el tema personalmente. Por lo tanto, he decidido hacer a un lado lo que no se conoce con certeza…".
>
> –Eginardo, en *Two Lives of Charlemagne*, versión de Lewis Thorpe

> "Cuando yo era niño, él ya era muy viejo. Él me crió y solía contarme acerca de esos sucesos. Yo no era un buen estudiante, y a menudo me escapaba, pero al final él me obligaba a escucharlo".
>
> –Notker, en *Two Lives of Charlemagne*, versión de Lewis Thorpe

13. Estos fragmentos, ¿son fuentes primarias o secundarias?

14. ¿Qué historiador te parece más creíble?

Repasar los temas

15. Religión ¿Piensas que la religión ayudó a unificar o a dividir a los europeos en la Edad Media? ¿Por qué?

16. Sociedad y cultura ¿Qué piensas que tuvo más influencia en la sociedad medieval: la religión o el gobierno? ¿Por qué?

Usar Internet

17. Actividad: Investigar la vida diaria El feudalismo creó una red de relaciones y deberes entre la gente de la Europa medieval. En el libro de texto en Internet, investiga acerca de la vida de los monjes y los campesinos, de gobernantes como Carlomagno y Guillermo el Conquistador, y de guerreros como los vikingos y los caballeros. Elige el tipo de persona que te hubiera gustado ser en la Edad Media. Dibuja un retrato de esta persona. Luego, escribe 5 ó 6 oraciones en las que expliques su vida diaria. Incluye información sobre el lugar que esa persona ocupaba en el orden político de la sociedad.

hmhsocialstudies.com

Destrezas de estudios sociales

Interpretar diagramas *Ya sabes que hay muchos tipos de diagramas. En algunos diagramas se muestran las partes de un todo. Observa el diagrama del caballero y úsalo para responder a las siguientes preguntas.*

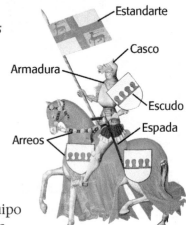

18. ¿Qué partes del equipo del caballero servían de protección? ¿Cuáles ayudaban a reconocerlo en una batalla?

19. ¿Qué usaba un caballero como arma?

20. ¿Por qué llevaría un caballero un estandarte?

ENFOQUE EN LA REDACCIÓN

21. Redactar un aviso de empleo "Se buscan caballeros valientes y leales". Consulta tus notas de este capítulo para redactar un aviso de empleo. Comienza el aviso explicando por qué necesitas caballeros que te ayuden. Luego, escribe una descripción del tipo de personas adecuadas para el trabajo y cómo deberían comportarse. Asegúrate de mencionar qué recibirán los caballeros a cambio de sus servicios.

Práctica para el examen estandarizado

INSTRUCCIONES: *Lee las preguntas y escribe la letra de la respuesta correcta.*

1

> **PERSONA A**
>
> **Obligaciones hacia la persona B**
> - Brindar protección
> - Otorgar tierras

> **PERSONA B**
>
> **Obligaciones hacia la persona A**
> - Ser leal
> - Prestar servicios militares

En este diagrama, la persona B es probablemente

A un señor feudal.

B un vasallo.

C un siervo.

D un campesino.

2 **Algo que siguió creciendo y difundiéndose por toda Europa después de la caída del Imperio romano fue**

A el cristianismo.

B la cultura romana.

C el Bushido.

D la forma republicana de gobierno.

3 **¿Por qué se habrá instalado con más firmeza el feudalismo en el norte de Europa que en el sur?**

A porque en el norte de Europa había menos barreras geográficas para detener las invasiones enemigas

B porque a los europeos del sur les interesaba más la pesca que los cultivos

C porque en las orillas de los ríos del norte de Europa crecieron más ciudades

D porque la mayoría de los habitantes del sur de Europa vivían a orillas de las extensas costas de la región

4 **¿Cuál de las siguientes descripciones *no* se aplica al feudalismo que se desarrolló en Europa?**

A poderío creciente de los reyes

B nobles poderosos

C papeles claramente definidos en la sociedad

D responsabilidades y obligaciones

5 **Una de las *diferencias* en el desarrollo de las sociedades de Europa y de Japón fue**

A la relación entre los señores feudales y los vasallos.

B las responsabilidades y obligaciones de cada sistema.

C la elección de los temas del arte y la literatura.

D el comportamiento de los caballeros y los samuráis.

Conexión con lo aprendido anteriormente

6 **Carlomagno fue un guerrero magnífico y un rey poderoso. ¿Los logros de qué personaje de la antigüedad tienen *menos* en común con los de Carlomagno?**

A los de Julio César

B los de Alejandro Magno

C los de Aristóteles

D los de Shi Huangdi

7 **Los siervos estaban atados a la tierra que trabajaban. El lugar que ocupaba un siervo en la sociedad europea medieval se parecía *más* al de**

A un brahmán de la antigua India.

B un campesino de la antigua China.

C un cristiano de la antigua Roma.

D un comerciante del antiguo Egipto.

La segunda mitad de la Edad Media

En la foto, se muestra el monasterio del monte St. Michel en Francia.

Pregunta esencial La religión, ¿cómo afectó la vida política y social de Europa durante la segunda mitad de la Edad Media?

Lo que aprenderás...

En este capítulo, estudiarás cómo era la vida en Europa durante la segunda mitad de la Edad Media. En aquellos años, el cristianismo tuvo mucha influencia.

ENFOQUE EN LA REDACCIÓN

Artículo histórico Un amigo tuyo es el director de una revista para niños. Quiere que escribas un artículo sobre las personas más importantes de Europa en la Edad Media. A medida que lees, reúne información para escribir este artículo.

SUCESOS EN EL CAPÍTULO

1066 Se introduce el feudalismo en Gran Bretaña

1000

SUCESOS EN EL MUNDO

1055 Los turcos selyúcidas se apoderan de Bagdad.

1096–1291
Los cruzados
combaten por
dominar Tierra
Santa.

1347–1351
La Peste Negra causa
la muerte de unas 25
millones de personas
en Europa.

1492
Los españoles
expulsan
a los judíos
de España.

1100 | 1200 | 1300 | 1400 | 1500

1192 El primer
shogun toma el
poder en Japón.

1405–1433
El almirante Zheng
He encabeza las
expediciones
marítimas de China
por Asia y África.

1492
Cristóbal Colón
desembarca en
las Américas.

Lectura en estudios sociales

Economía | Geografía | Política | Religión | Sociedad y cultura | Ciencia y tecnología

Enfoque en los temas En este capítulo, aprenderás sobre Europa durante la segunda mitad de la Edad Media, un período de cambios importantes y nuevos desarrollos. Verás que la **religión** cristiana ejercía una influencia primordial sobre la vida de las personas. También leerás sobre los conflictos entre los líderes religiosos y políticos y sobre la participación de estos conflictos en la formación de la **sociedad** y la **cultura**. Finalmente, aprenderás sobre los sucesos importantes que cambiaron a la sociedad medieval y abrieron camino al desarrollo de la vida moderna.

Los estereotipos y los prejuicios en la historia

Enfoque en la lectura Los historiadores modernos tratan de ser imparciales al escribir. No dejan que sus opiniones personales afecten lo que escriben. Los escritores de antes, en cambio, no siempre sentían la necesidad de ser imparciales. Sus escritos generalmente estaban influenciados por sus actitudes hacia otros pueblos, lugares e ideas.

Identificar estereotipos y prejuicios Dos de las formas en que las ideas del autor pueden influir sobre sus escritos son los estereotipos y los prejuicios. Un **estereotipo** es una generalización sobre todo un grupo de personas. Un **prejuicio** es la actitud de que un grupo es superior a otro. Los siguientes ejemplos pueden ayudarte a identificar los estereotipos y los prejuicios en lo que lees.

Los estereotipos sugieren que todos los miembros de un grupo actúan, piensan o sienten de la misma manera.

Con frecuencia, los estereotipos pueden herir u ofender a los miembros de un grupo.

Algunos estereotipos invitan al lector a pensar sobre un grupo de cierta manera.

Ejemplos de estereotipos

- Todos los cruzados fueron a Tierra Santa por razones nobles.
- Los papas y los reyes de la Edad Media eran gobernantes egoístas y codiciosos que sólo pensaban en sí mismos.
- Durante la Edad Media, el clero se ocupaba solamente de adquirir riquezas y descuidaba los valores espirituales.

Ejemplos de prejuicios

- La cultura inglesa es muy superior a otras culturas que se desarrollaron en Europa.
- Personalmente, me parece que los ingleses crearon la mejor forma de gobierno de toda la historia.
- Comparados con los ingleses, los franceses eran débiles y tenían una cultura atrasada.

Una afirmación prejuiciosa lógicamente favorece a una persona o a un grupo con respecto a otra u otro.

Los prejuicios se basan en las opiniones del autor, no en los hechos.

Los prejuicios suelen producirse cuando a un autor no le gusta un grupo determinado.

¡Inténtalo!

El siguiente fragmento fue escrito por un poeta y caballero francés llamado Rutebeuf. Rutebeuf, que vivió aproximadamente entre 1245 y 1285, explica los motivos por los que no quiere unirse a las Cruzadas. A medida que lees el fragmento, busca ejemplos de estereotipos y prejuicios del autor.

Habla un caballero

¿Debo abandonar a mi esposa y a mis hijos, dejar todos mis bienes y mi herencia, para ir a conquistar un territorio extranjero que no me dará nada a cambio? Puedo adorar a Dios en París igual que en Jerusalén… Esos señores y prelados [sacerdotes] ricos que se han apoderado de todas las riquezas del mundo son los que pueden tener necesidad de hacer una Cruzada. Pero yo vivo en paz con mis vecinos. Aún no me he aburrido de ellos y por eso no tengo ningún deseo de ir a buscar una guerra al otro lado del mundo. Si le gustan los actos heroicos, vaya y cúbrase de gloria; dígale al Sultán de mi parte que si tiene la intención de atacarme sabré muy bien cómo defenderme. Pero siempre y cuando no me moleste, no me preocuparé por él. Ustedes, todas las personas importantes o humildes que van en peregrinación a la Tierra Prometida, deberían volverse muy santos al llegar allí; entonces, ¿cómo puede ser que los que vuelven sean casi todos unos bandidos?

–Rutebeuf, en *The Medieval World,* de Freidrich Heer, versión de Janet Sondheimer

Repasa el organizador gráfico de la página anterior. Luego, responde a las siguientes preguntas sobre el fragmento que acabas de leer.

1. ¿El autor muestra prejuicios hacia algún grupo de la sociedad medieval?

2. ¿Cuál es la opinión del autor sobre los señores y los prelados ricos? ¿Crees que su opinión está justificada? ¿Por qué?

3. ¿Qué estereotipo sobre los cruzados incluye el autor en este fragmento?

4. ¿Cómo piensas que se sentiría un cruzado al leer este fragmento? ¿Por qué?

A medida que lees el Capítulo 18, observa cómo los autores de este libro han evitado usar estereotipos y expresar prejuicios sobre la sociedad y la cultura de Europa.

Personas y palabras clave

Capítulo 18

Sección 1
excomulgar *(pág. 525)*
papa Gregorio VII *(pág. 527)*
emperador Enrique IV *(pág. 527)*

Sección 2
Cruzadas *(pág. 528)*
Tierra Santa *(pág. 528)*
papa Urbano II *(pág. 528)*
rey Ricardo I *(pág. 530)*
Saladino *(pág. 530)*

Sección 3
clero *(pág. 533)*
orden religiosa *(pág. 536)*
Francisco de Asís *(pág. 536)*
frailes *(pág. 536)*
Tomás de Aquino *(pág. 537)*
ley natural *(pág. 538)*

Sección 4
Carta Magna *(pág. 540)*
Parlamento *(pág. 541)*
Guerra de los Cien Años *(pág. 542)*
Juana de Arco *(pág. 542)*
Peste Negra *(pág. 543)*

Sección 5
herejía *(pág. 546)*
Reconquista *(pág. 547)*
rey Fernando *(pág. 548)*
reina Isabel *(pág. 548)*
Inquisición española *(pág. 548)*

Vocabulario académico

El progreso escolar está relacionado con el conocimiento del vocabulario académico, es decir, de las palabras que se usan con frecuencia en las tareas y discusiones en clase. En este capítulo, aprenderás las siguientes palabras de vocabulario académico:

autoridad *(pág. 526)*
política *(pág. 548)*

Papas y reyes

Si ESTUVIERAS allí...

Tienes 13 años y eres el hijo menor del rey de Francia. Un día, tu padre anuncia que quiere hacer una alianza con una familia noble de mucho poder. Para sellar esa alianza, ha hecho arreglos para que tú te cases con una de las hijas de su nuevo aliado. Como tu padre quiere que seas feliz, te pregunta qué te parece la idea. Tú sabes que con esa alianza el reinado de tu padre será más seguro, pero también sabes que para eso tendrás que irte de tu casa y casarte con una desconocida.

¿Qué le contestarás a tu padre?

CONOCER EL CONTEXTO En la Edad Media, los reyes eran algunos de los hombres más poderosos de Europa. Muchos, como el rey que se describe en el párrafo anterior, siempre buscaban maneras de aumentar su poder. Pero, en su búsqueda de poder, tenían que enfrentarse con otros líderes poderosos, como los papas. Estos otros líderes tenían sus propios planes y objetivos.

Los papas y los reyes gobiernan Europa

En la primera mitad de la Edad Media, los grandes nobles y sus caballeros tenían la mayor parte del poder. Con el tiempo, sin embargo, ese poder comenzó a cambiar de dueños. Poco a poco, el poder pasó a manos de dos tipos de líderes: los papas y los reyes. Los papas tenían gran poder espiritual y los reyes tenían poder político. Juntos, los papas y los reyes controlaban la mayor parte de la sociedad europea.

El poder de los papas

En la Edad Media, el papa era la máxima autoridad de la Iglesia cristiana en Europa occidental. Como en la Edad Media casi todas las personas pertenecían a esta iglesia, el papa tenía mucho poder. Las personas creían que el papa era el representante de Dios en la Tierra. Todos escuchaban sus consejos sobre cómo vivir y rezar.

Como el papa era considerado el representante de Dios, tenía el deber de decidir qué enseñaría la iglesia. Cada tanto, los papas escribían una carta llamada bula para explicar una enseñanza religiosa o para presentar una política de la iglesia. El papa también decidía cuándo una persona estaba obrando en contra de la iglesia.

Si el papa creía que alguien estaba obrando en contra de la iglesia, tenía muchas maneras de castigarlo. Cuando la ofensa era grave, el papa o los obispos podían **excomulgar**, o expulsar de la iglesia, a quien cometía la ofensa. Este castigo era muy temido porque los cristianos creían que las personas que morían excomulgadas no iban al cielo.

Además de tener poder espiritual, muchos papas tuvieron mucho poder político. Después de la caída del Imperio romano, muchos habitantes de Italia aceptaron al papa como líder. En consecuencia, algunos papas empezaron a vivir como reyes. Se enriquecieron y construyeron palacios enormes. Al mismo tiempo, entraron en conflicto con los otros líderes políticos de Europa: los reyes.

El poder de los reyes

Como puedes ver en el siguiente mapa, en el año 1000, Europa estaba dividida en muchos estados pequeños. La mayoría de estos estados estaban gobernados por reyes, aunque algunos de esos reyes tenían poco poder verdadero. En algunos lugares, sin embargo, los reyes habían empezado a dominar con firmeza sus países. Observa el mapa y busca los territorios de Inglaterra, Francia y el Sacro Imperio romano. En aquella época, los reyes de esos tres países eran los más poderosos de Europa.

En Inglaterra y Francia, los reyes heredaban el trono de sus padres. A veces, los nobles se rebelaban contra un rey, pero los reyes solían restablecer el orden con bastante rapidez. Mantenían ese orden mediante alianzas y guerras.

SU IMPORTANCIA HOY

Actualmente, más de mil millones de personas de todo el mundo ven al papa como su líder espiritual.

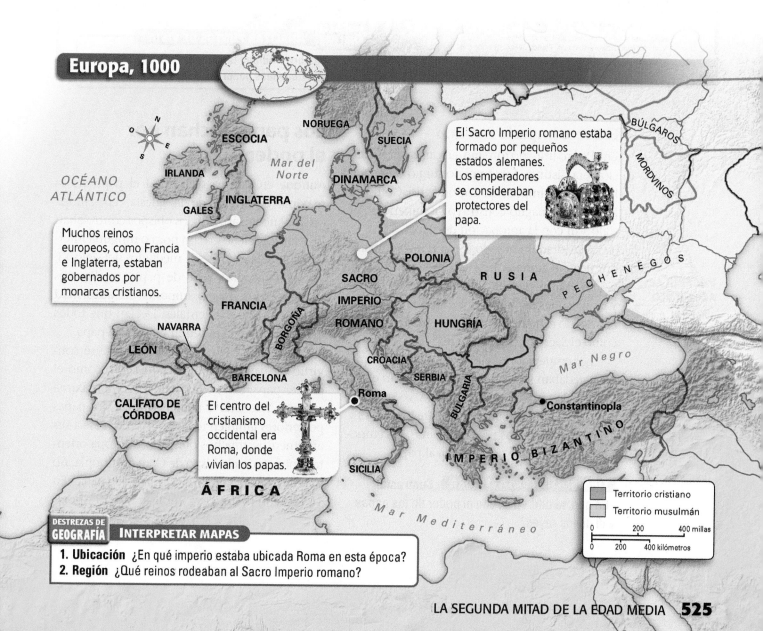

Europa, 1000

El Sacro Imperio romano estaba formado por pequeños estados alemanes. Los emperadores se consideraban protectores del papa.

Muchos reinos europeos, como Francia e Inglaterra, estaban gobernados por monarcas cristianos.

El centro del cristianismo occidental era Roma, donde vivían los papas.

NORUEGA
ESCOCIA
SUECIA
IRLANDA
Mar del Norte
DINAMARCA
OCÉANO ATLÁNTICO
INGLATERRA
GALES
POLONIA
BÚLGAROS
MORDVINOS
RUSIA
PECHENEGOS
SACRO
FRANCIA
BORGOÑA
IMPERIO
ROMANO
HUNGRÍA
NAVARRA
LEÓN
CROACIA
Mar Negro
BARCELONA
SERBIA
BULGARIA
Roma
Constantinopla
CALIFATO DE CÓRDOBA
SICILIA
IMPERIO BIZANTINO
ÁFRICA
Mar Mediterráneo

Territorio cristiano
Territorio musulmán

0   200   400 millas
0   200   400 kilómetros

DESTREZAS DE GEOGRAFÍA **INTERPRETAR MAPAS**

1. **Ubicación** ¿En qué imperio estaba ubicada Roma en esta época?
2. **Región** ¿Qué reinos rodeaban al Sacro Imperio romano?

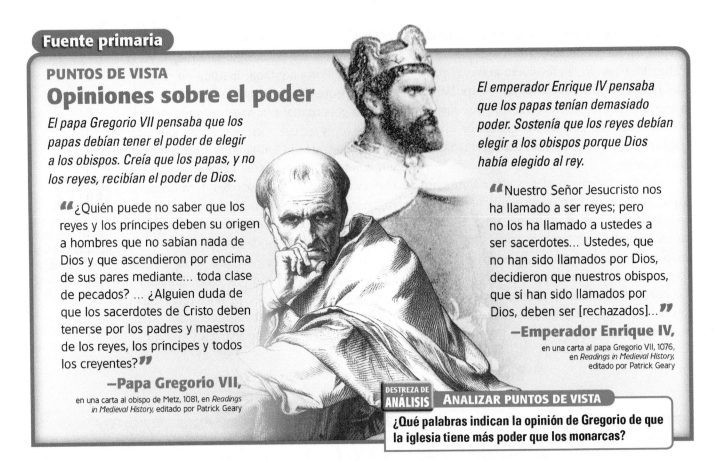

PUNTOS DE VISTA
Opiniones sobre el poder

El papa Gregorio VII pensaba que los papas debían tener el poder de elegir a los obispos. Creía que los papas, y no los reyes, recibían el poder de Dios.

" ¿Quién puede no saber que los reyes y los príncipes deben su origen a hombres que no sabían nada de Dios y que ascendieron por encima de sus pares mediante... toda clase de pecados? ... ¿Alguien duda de que los sacerdotes de Cristo deben tenerse por los padres y maestros de los reyes, los príncipes y todos los creyentes? "

—**Papa Gregorio VII,**
en una carta al obispo de Metz, 1081, en *Readings in Medieval History*, editado por Patrick Geary

El emperador Enrique IV pensaba que los papas tenían demasiado poder. Sostenía que los reyes debían elegir a los obispos porque Dios había elegido al rey.

" Nuestro Señor Jesucristo nos ha llamado a ser reyes; pero no los ha llamado a ustedes a ser sacerdotes... Ustedes, que no han sido llamados por Dios, decidieron que nuestros obispos, que sí han sido llamados por Dios, deben ser [rechazados]... "

—**Emperador Enrique IV,**
en una carta al papa Gregorio VII, 1076, en *Readings in Medieval History*, editado por Patrick Geary

DESTREZA DE ANÁLISIS **ANALIZAR PUNTOS DE VISTA**

¿Qué palabras indican la opinión de Gregorio de que la iglesia tiene más poder que los monarcas?

El Sacro Imperio romano

En el Sacro Imperio romano, en cambio, la situación era distinta. Este imperio surgió de lo que había sido el imperio de Carlomagno. Como ya leíste, Carlomagno construyó su imperio en el siglo VIII con la aprobación del papa.

A mediados del siglo X, un nuevo emperador llegó al trono con la aprobación del papa. Como el imperio estaba aprobado por el papa y las personas pensaban que estaba resurgiendo el Imperio romano, el imperio se hizo conocido como el Sacro Imperio romano.

Los emperadores del Sacro Imperio romano no heredaban la corona. En cambio, eran elegidos por los nobles del imperio. A veces, estas elecciones provocaban peleas entre los nobles y el emperador. En las peores disputas, los emperadores tenían que pedir ayuda al papa.

VOCABULARIO ACADÉMICO

autoridad poder, derecho a gobernar

COMPRENSIÓN DE LA LECTURA **Contrastar**

¿En qué se diferenciaban el poder de los papas y el de los reyes?

Los papas luchan por el poder

Aunque en Europa occidental el papa era la máxima autoridad de la iglesia, en Europa oriental no era así. Allí, los obispos controlaban los asuntos religiosos con poca o ninguna intervención del papa. Desde mediados del siglo XI, sin embargo, una serie de papas inteligentes y capaces intentaron imponer su **autoridad** sobre los obispos orientales. Decían que todos los religiosos debían rendir cuentas al papa.

Así pensaba el papa León IX, que se convirtió en papa en 1049. Según León, como el primer papa, San Pedro, había sido la máxima autoridad de toda la Iglesia cristiana, los papas posteriores también tenían que serlo. Pese a sus argumentos, muchos obispos de Europa oriental, sobre todo el obispo de Constantinopla, no querían reconocer la autoridad del papa. En 1054, León decidió excomulgar a ese obispo.

La decisión de León provocó un quiebre definitivo en la iglesia. Los cristianos que seguían al obispo de Constantinopla formaron la Iglesia ortodoxa. Los que defendían la autoridad de León IX pasaron a llamarse católicos romanos. Con el apoyo de estos fieles, el papa pasó a ser la máxima autoridad de la Iglesia católica romana y una de las figuras más poderosas de Europa occidental.

COMPRENSIÓN DE LA LECTURA Generalizar
¿Qué hizo León IX para aumentar la autoridad de los papas?

Los reyes y los papas se enfrentan

Como los papas hacían todo lo posible por aumentar su poder, a menudo entraban en conflicto con los reyes. Por ejemplo, los reyes pensaban que tenían derecho a elegir a los obispos de sus países. Los papas, en cambio, decían que sólo ellos mismos podían elegir a los dirigentes religiosos.

En 1073, asumió el cargo un nuevo papa en Roma. Se llamaba **papa Gregorio VII**. Los problemas empezaron cuando Gregorio rechazó a un obispo que había nombrado el **emperador Enrique IV** del Sacro Imperio romano. Furioso porque el Papa había desafiado su autoridad, Enrique IV convenció a los obispos de Alemania de que debían retirar al papa Gregorio de su cargo. En respuesta, el Papa excomulgó a Enrique y recurrió a los nobles del imperio para derrocar al emperador.

Desesperado por quedarse en el trono, Enrique fue a Italia a pedirle perdón al Papa. Pero Gregorio se negó a recibirlo. Durante tres días, Enrique esperó descalzo en la nieve en la puerta del castillo donde estaba el papa Gregorio. Finalmente, Gregorio aceptó las disculpas de Enrique y le permitió volver a pertenecer a la iglesia. Gregorio había demostrado que era más poderoso que el emperador, al menos por el momento.

La lucha por el derecho a elegir obispos siguió aún tras morir Enrique y Gregorio. En 1122, otro papa y otro emperador llegaron a un acuerdo. Decidieron que las autoridades de la iglesia elegirían a todos los obispos y abades. Pero aun así, tanto los obispos como los abades tenían que seguir obedeciendo al emperador.

El acuerdo no puso fin a todos los conflictos. Los reyes y los papas siguieron disputándose el poder durante toda la Edad Media y modificando con su conflicto la vida de todos los habitantes de Europa.

COMPRENSIÓN DE LA LECTURA Identificar causas y efectos ¿Cuál fue la causa de la lucha por el poder entre Gregorio VII y Enrique IV?

RESUMEN Y PRESENTACIÓN En esta sección, leíste sobre el poder de los papas y los reyes. En muchos casos, estos poderes provocaron conflictos entre los dos grupos. En la siguiente sección, sin embargo, leerás sobre papas y reyes unidos contra un enemigo en común.

Sección 1 Evaluación

hmhsocialstudies.com
Cuestionario en Internet

Repasar ideas, palabras y personas

1. **a. Describir** ¿Cuál era el papel del papa en la Iglesia católica romana?
   b. Sacar conclusiones ¿Qué beneficios obtuvieron los reyes como Carlomagno y los primeros emperadores del Sacro Imperio romano por cooperar con el papa?
2. **Explicar** ¿Por qué el papa León IX **excomulgó** al obispo de Constantinopla?
3. **a. Identificar** ¿Con quién se enfrentó el **papa Gregorio VII**?
   b. Profundizar ¿Por qué crees que el Papa hizo esperar tres días al **emperador Enrique IV** antes de perdonarlo?

Pensamiento crítico

4. **Comparar** Dibuja un diagrama como el de la derecha. Úsalo para comparar el poder de los papas con el poder de los reyes.

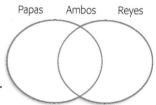
Papas   Ambos   Reyes

ENFOQUE EN LA REDACCIÓN

5. **Tomar notas sobre los papas y los reyes** ¿Sobre qué papas y reyes leíste en esta sección? ¿Por qué fueron importantes? Empieza a hacer una lista de personas importantes.

Las Cruzadas

Si ESTUVIERAS allí...

Perteneces a una familia noble que ha dado origen a muchos grandes caballeros. Un día, tu tío, la máxima autoridad de la familia, te avisa que el papa ha llamado a todos los guerreros a defender los sitios sagrados que se encuentran en una tierra remota. Tu tío está demasiado viejo para pelear, así que tú eres quien debe responder al llamado a la guerra que ha hecho el papa. El viaje será largo y peligroso. Sin embargo, conocerás lugares nuevos y tal vez lleves el nombre de tu familia a la gloria.

¿Te gustaría participar en esta guerra?

CONOCER EL CONTEXTO En la primera mitad de la Edad Media, muy pocos viajaban lejos de sus hogares. Las personas pasaban casi toda su vida en la misma aldea o granja. Con el tiempo, sin embargo, los europeos conocieron otros pueblos y lugares. Su relación con algunos de estos pueblos era pacífica. Con otros, en cambio, la relación no era pacífica. Estallaron guerras. Las más famosas de estas guerras fueron las Cruzadas.

Los cruzados invaden Tierra Santa

Las **Cruzadas** fueron una larga sucesión de guerras entre cristianos y musulmanes en el suroeste de Asia. Se produjeron para disputar el dominio de Palestina, una región ubicada en el suroeste de Asia. Los europeos llamaban a Palestina **Tierra Santa**, porque es la región en la que Jesús vivió, predicó y murió.

Las causas de las Cruzadas

Durante muchos años, Palestina había estado en manos de los musulmanes. En general, los musulmanes no molestaban a los cristianos que iban a la región. Sin embargo, a fines del siglo XI, un grupo de musulmanes turcos llegaron a la región y tomaron la ciudad de Jerusalén. Los peregrinos que regresaron a Europa dijeron que los turcos los habían atacado en Tierra Santa, que ya no era segura para los cristianos.

Poco después, los turcos empezaron a asaltar el Imperio bizantino. El emperador bizantino temía que atacaran Constantinopla y le pidió ayuda al **papa Urbano II** de la Iglesia católica romana. Aunque los bizantinos eran cristianos ortodoxos y no católicos, el Papa aceptó ayudarlos.

Campo de batalla de los cruzados

Durante las Cruzadas, la Tierra Santa fue escenario de muchas batallas sangrientas, como la que hubo cerca de la ciudad de Antioquía, que se muestra en esta pintura medieval. Los hombres de la derecha visten ropas que posiblemente usaron los cruzados.

¿Qué objetivo tenían los cruzados?

El llamado a las armas

El papa Urbano llamó a los cristianos de toda Europa a recuperar Tierra Santa de manos de los turcos musulmanes. Desafió a los reyes y nobles de Europa a dejar de pelear entre sí y unirse contra los turcos. En respuesta a su llamado, miles de personas se sumaron al ejército del Papa.

Cruzados de toda Europa fueron en masa a Francia con el fin de prepararse para el largo viaje. Cosieron cruces en sus atuendos para mostrar que peleaban en nombre de Dios. De hecho, la palabra *cruzado* viene de la expresión latina que significa "marcado con una cruz". Camino a la guerra, los cruzados lanzaban su grito de batalla: "¡Es la voluntad de Dios!".

¿Por qué querrían las personas dejar sus hogares e irse a pelear a tierras tan remotas? Algunos sólo querían salvar su alma o hacer lo que ellos creían que Dios mandaba. Pensaban que Dios estaría de su lado si combatían a sus enemigos, como dijo un abad francés:

"¡Qué gloria la de volver victorioso de semejante batalla! … si es bendito el que muere en el Señor, ¡cuánto más el que muere por el Señor!"

—San Bernardo de Claraval, de *Elogio de la nueva milicia templaria*

Otros cruzados sólo querían tierras y tesoros. Y otros buscaban algo que hacer. Los llamaba la aventura.

La Primera Cruzada

En 1096, unos 5,000 cruzados partieron de Europa hacia Tierra Santa. Algunos de los primeros en irse fueron campesinos, no soldados. En su camino hacia Tierra Santa, estos cruzados campesinos atacaron a judíos en Alemania. Los culpaban por la muerte de Jesús. Antes de llegar a Tierra Santa, las tropas turcas ya habían acabado con la mayoría de estos campesinos, que no tenían ni preparación ni equipos para pelear.

A los nobles y los caballeros les fue mejor. Cuando llegaron a Jerusalén, en 1099, se encontraron con un ejército musulmán desorganizado y muy mal preparado para la pelea. Después de pelear durante aproximadamente un mes, los cruzados tomaron Jerusalén.

Una vez que los europeos tomaron Jerusalén, formaron cuatro reinos pequeños en Tierra Santa. Los gobernantes de esos reinos establecieron un sistema de señores y vasallos como el que tenían en sus tierras. Además, comenzaron a comerciar con las personas que estaban en Europa.

COMPRENSIÓN DE LA LECTURA **Resumir**
¿Cuál fue el logro de la Primera Cruzada?

Las Cruzadas posteriores fracasan

Los reinos que establecieron los cristianos en Tierra Santa no duraron mucho. En menos de 50 años, los musulmanes habían empezado a recuperar las tierras que habían tomado los cristianos. En respuesta, los europeos lanzaron más Cruzadas.

La Segunda y la Tercera Cruzada

En 1147, los reyes de Francia y Alemania fueron a recuperar las tierras de manos de los musulmanes. Esta Segunda Cruzada fue un fracaso rotundo. La falta de planeamiento y las grandes pérdidas que sufrieron en su camino a Tierra Santa llevaron a los cristianos a la más absoluta derrota. Avergonzados, los cruzados volvieron a Europa en menos de un año.

La Tercera Cruzada empezó después de 1189, cuando los musulmanes recuperaron Jerusalén. Los gobernantes de Inglaterra, Francia y el Sacro Imperio romano enviaron sus ejércitos a Tierra Santa a pelear por Jerusalén, pero enseguida surgieron los problemas. El rey alemán murió y el rey de Francia abandonó la lucha. Sólo quedó en Tierra Santa el **rey Ricardo I** de Inglaterra.

BIOGRAFÍA

Ricardo I
1157–1199

Llamado "Corazón de León" por su coraje, Ricardo I era un diestro soldado y un gran general.

No consiguió tomar Jerusalén durante la Tercera Cruzada, pero se ganó el respeto de musulmanes y cristianos por igual. Después de su muerte, se convirtió en el héroe de innumerables cuentos y leyendas.

OCÉANO ATLÁNTICO

El principal adversario del rey Ricardo en la Tercera Cruzada fue **Saladino**, el jefe de las fuerzas musulmanas. Saladino era un líder brillante. Hasta los mismos cruzados lo respetaban por su generosidad con los enemigos abatidos. Los musulmanes, a su vez, admiraban a Ricardo I por su valor.

Durante meses, Ricardo I y Saladino lucharon y negociaron. Ricardo capturó algunos pueblos y consiguió proteger a los peregrinos cristianos. Al final, sin embargo, tuvo que regresar a su hogar con Jerusalén todavía en manos de los musulmanes.

La Cuarta Cruzada

En 1201, llegaron a Venecia algunos caballeros franceses dispuestos a navegar hacia Tierra Santa e iniciar la Cuarta Cruzada. Sin embargo, estos caballeros no tenían dinero para pagar su viaje. Los venecianos les ofrecieron dinero por conquistar Zara, una ciudad comercial rival. Los caballeros aceptaron la oferta. Más tarde, también atacaron Constantinopla y se llevaron muchos tesoros. ¡Los propios cristianos saquearon la ciudad que había sido amenazada por los musulmanes antes de las Cruzadas!

El final de las Cruzadas

Luego siguieron otras cruzadas, pero ninguna tuvo éxito. En 1291, los ejércitos musulmanes

Las principales Cruzadas, 1096-1204

↗ hmhsocialstudies.com Mapa interactivo

INGLATERRA
Dover
París
Vézelay
Ratisboná
Viena
SACRO IMPERIO ROMANO
Lyon
Clermont
Trieste
Venecia
Génova
Marsella
Zadar
Córcega
Roma
Cerdeña
Mar del Norte
Mar Mediterráneo
Sicilia
Creta
Mar Negro
Constantinopla
TURCOS SELYÚCIDAS
IMPERIO BIZANTINO
Edesa
Antioquía
Trípoli
TIERRA SANTA
Acre
Jerusalén

BIOGRAFÍA

Saladino
1137–1193

Saladino es a menudo mencionado entre los generales más importantes de la Edad Media. Este líder musulmán defendió con éxito Jerusalén contra el ataque de Ricardo I en la Tercera Cruzada. Los súbditos de Saladino lo consideraban un gobernante sabio. Los cruzados respetaban su manera, a veces bondadosa, de tratar a los enemigos caídos. Muchos cristianos lo veían como un modelo de caballerosidad.

Territorio cristiano occidental, 1095
Territorio cristiano oriental, 1095
Territorio islámico, 1095
Primera Cruzada, 1096–1099
Segunda Cruzada, 1147–1149
Tercera Cruzada, 1189–1192
Cuarta Cruzada, 1201–1204

0   100   200 millas
0   100   200 kilómetros

DESTREZAS DE GEOGRAFÍA **INTERPRETAR MAPAS**

1. **Lugar** ¿Desde qué países partieron las primeras tres Cruzadas?
2. **Movimiento** ¿Qué distancia había aproximadamente entre París y Jerusalén?

---

ya habían recuperado toda Tierra Santa y las Cruzadas habían llegado a su fin. ¿Por qué fracasaron las Cruzadas? Hubo muchas razones.

- Los cruzados tenían que viajar enormes distancias tan sólo para llegar a la guerra. Muchos morían en el camino.
- Los cruzados no estaban preparados para pelear en el clima desértico de Palestina.
- Los soldados cristianos eran menos numerosos que sus enemigos musulmanes, que ade-

más estaban mejor entrenados y organizados.
- Los líderes cristianos se peleaban entre sí y no eran buenos para planificar la guerra.

Por una razón o por otra, las Cruzadas terminaron como habían empezado muchos años atrás: con Tierra Santa en poder de los musulmanes.

COMPRENSIÓN DE LA LECTURA **Analizar** ¿En qué sentido fue la geografía un factor limitante para el éxito de las Cruzadas?

Las Cruzadas cambian a Europa

ENFOQUE EN LA LECTURA

¿Cómo pueden haber afectado los estereotipos y los prejuicios a las relaciones entre los cristianos y los musulmanes?

A pesar de fracasar, las Cruzadas cambiaron a Europa para siempre. El comercio entre Europa y Asia aumentó. Los europeos que habían ido a Tierra Santa conocieron productos como los chabacanos, el arroz y los paños de algodón. Además, los cruzados llevaron a Europa las ideas de los pensadores musulmanes.

Las relaciones políticas de Europa también cambiaron. Algunos reyes acumularon más poder porque muchos nobles y caballeros habían muerto en Tierra Santa. Se apropiaron de las tierras que parecían no tener dueños. En las últimas Cruzadas, los reyes acrecentaron su poder a expensas de los papas. Los papas habían querido que la iglesia tomara el mando de todas las Cruzadas. Pero los que tomaron el control fueron los gobernantes y los nobles.

Las Cruzadas también tuvieron efectos duraderos en la relación entre los pueblos. Como algunos cruzados habían atacado a los judíos, muchos judíos perdieron su confianza en los cristianos. Además, aumentó la tensión entre los cristianos bizantinos y los cristianos occidentales, en especial después del ataque de los cruzados a Constantinopla.

Pero los cambios más grandes se produjeron en las relaciones entre cristianos y musulmanes. Cada grupo conoció la religión y la cultura del otro. A veces, este acercamiento generaba respeto mutuo. Pero, en general, los cruzados veían a los musulmanes como infieles que amenazaban a los cristianos inocentes. Y la mayoría de los musulmanes veían a los cruzados como unos invasores despiadados. Algunos historiadores creen que esta desconfianza que nació con las Cruzadas sigue afectando las relaciones entre cristianos y musulmanes hoy en día.

COMPRENSIÓN DE LA LECTURA **Identificar las ideas principales** ¿Cuáles fueron algunos resultados de las Cruzadas?

RESUMEN Y PRESENTACIÓN En esta sección, aprendiste cómo las creencias religiosas desataron una sucesión de guerras. En la siguiente sección, aprenderás sobre el papel de la religión en la vida cotidiana de la mayoría de las personas durante la Edad Media.

Las Cruzadas

DATOS BREVES

Causas	Efectos
■ Los turcos se apoderan de Tierra Santa en 1071.	■ Aumenta el comercio entre Europa y Asia.
■ Los turcos amenazan Constantinopla en la década de 1090.	■ Los reyes adquieren más poder.
■ El emperador bizantino le pide ayuda al papa.	■ Crecen las tensiones entre cristianos y musulmanes y entre cristianos y judíos.

Sección 2 Evaluación

hmhsocialstudies.com
Cuestionario en Internet

Repasar ideas, palabras y personas

1. a. Recordar ¿Qué pidió el **papa Urbano II** que hicieran los cristianos?

b. Profundizar ¿Por qué crees que tantas personas estaban dispuestas a ir a las Cruzadas?

2. a. Identificar ¿En qué Cruzada se enfrentaron **Saladino** y el **rey Ricardo I**?

b. Ordenar ¿Qué Cruzada crees que fue menos exitosa? ¿Por qué?

3. a. Identificar ¿Qué nuevos productos se introdujeron en Europa después de las Cruzadas?

b. Sacar conclusiones ¿Por qué cambió la relación entre los cristianos y otros grupos después de las Cruzadas?

Pensamiento crítico

4. Comparar y contrastar Dibuja un diagrama como el de la derecha. Úsalo junto con tus notas para comparar y contrastar a Europa antes y después de las Cruzadas.

Europa antes		Europa después
1. 2. 3.	Las Cruzadas	1. 2. 3.

ENFOQUE EN LA REDACCIÓN

5. Pensar en las Cruzadas Repasa lo que acabas de leer y haz una lista de las personas que fueron importantes durante las Cruzadas. ¿Por qué fueron importantes?

El cristianismo y la sociedad medieval

Si ESTUVIERAS allí...

Eres tallador en piedra y trabajas como aprendiz junto a un maestro constructor. El obispo ha contratado a tu maestro para diseñar una iglesia gigantesca. Quiere que la iglesia inspire e impresione a los fieles con la gloria de Dios. Tu maestro te ha encargado la decoración exterior de la iglesia. Te entusiasma el desafío.

¿Qué obras de arte harás para decorar la iglesia?

CONOCER EL CONTEXTO En la Edad Media, se construyeron miles de iglesias en toda Europa. Los europeos estaban muy orgullosos de sus iglesias porque la religión era muy importante para ellos. De hecho, el cristianismo fue un factor clave en la formación de la sociedad medieval.

La iglesia influye en la sociedad y la política

En la Edad Media, casi todos los habitantes de Europa eran cristianos. De hecho, el cristianismo era fundamental en todos los aspectos de la vida. Los dirigentes de la iglesia, que formaban el **clero**, y sus enseñanzas ejercían una influencia muy grande en la cultura y la política europeas.

Las torres de las antiguas iglesias cristianas todavía se alzan por encima de muchos pueblos y ciudades de Europa. El cristianismo tuvo una gran influencia sobre la vida de los europeos en la Edad Media.

Lo que aprenderás...

Ideas principales

1. La Iglesia cristiana influyó en la sociedad y la política en la Europa medieval.
2. Las órdenes de monjes y frailes no estaban de acuerdo con el aspecto político de la iglesia.
3. Los líderes de la iglesia ayudaron a construir las primeras universidades de Europa.
4. La iglesia tuvo influencia en la cultura y las artes de la Europa medieval.

La idea clave

La Iglesia cristiana tuvo un papel fundamental en la vida de las personas durante la Edad Media.

Personas y palabras clave

clero, *pág. 533*
orden religiosa, *pág. 536*
Francisco de Asís, *pág. 536*
frailes, *pág. 536*
Tomás de Aquino, *pág. 537*
ley natural, *pág. 538*

hmhsocialstudies.com
TOMAR NOTAS

Usa el organizador gráfico en Internet para tomar notas acerca de los numerosos papeles que desempeñó la Iglesia católica durante la Edad Media.

El monasterio de Cluny

Aquí se muestra el gran monasterio de Cluny, Francia, tal como era en el siglo XII. En conjunto, las construcciones formaban una especie de pequeña ciudad. En un momento, más de 300 monjes vivieron allí.

Los sirvientes vivían en habitaciones ubicadas arriba de los establos, donde los monjes tenían sus caballos.

La comida se servía en el comedor, que se llamaba refectorio.

Los monjes podían leer con la luz que entraba por las ventanas de arriba de las camas en el dormitorio, donde dormían.

Los monjes enfermos o ancianos recibían cuidados en la enfermería.

DESTREZA DE ANÁLISIS **ANALIZAR RECURSOS VISUALES**

¿Cómo se muestra la riqueza de la iglesia en esta ilustración?

La iglesia y la sociedad

En la Edad Media, la vida giraba en torno a la iglesia local. Allí estaban los mercados, se organizaban los festivales y se oficiaban las ceremonias religiosas.

A algunas personas, sin embargo, la iglesia local no les bastaba. Querían conocer sitios religiosos importantes: los lugares donde vivió Jesús, donde murieron hombres y mujeres santos y donde se producían los milagros. La iglesia alentaba a estas personas a hacer peregrinaciones, que eran viajes a lugares sagrados. Algunos de los destinos más habituales eran Jerusalén, Roma y Compostela, que es una ciudad del noroeste de España. En cada una de estas ciudades, había iglesias que los cristianos querían visitar.

Otro destino habitual de muchas peregrinaciones era Canterbury, cerca de Londres, Inglaterra. Cientos de visitantes iban a la catedral de Canterbury todos los años. Uno de estos viajes fue la base de uno de los libros más importantes de la Edad Media: *Los cuentos de Canterbury*, de Geoffrey Chaucer. El libro de Chaucer trata de un grupo de peregrinos que, al igual que muchas personas, se sienten atraídos a Canterbury:

" Cuando en abril las dulces lluvias caen y penetran en la sequedad de marzo, hasta la raíz... Entonces todos desean peregrinar y con sus insignias buscar las extrañas costas de los santos remotos, venerados en distintas tierras y sobre todo, desde los confines de cada condado de Inglaterra, pues a Canterbury van".

—Geoffrey Chaucer, de *Los cuentos de Canterbury*

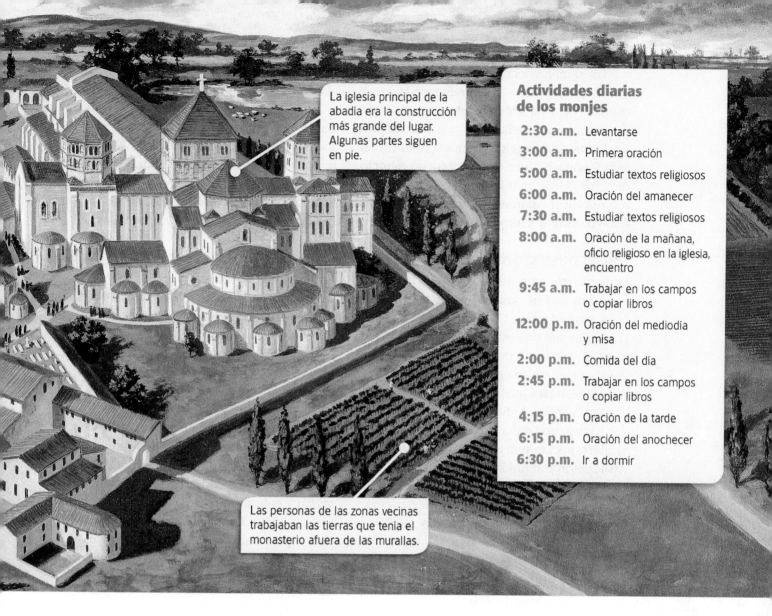

La iglesia principal de la abadía era la construcción más grande del lugar. Algunas partes siguen en pie.

Las personas de las zonas vecinas trabajaban las tierras que tenía el monasterio afuera de las murallas.

Actividades diarias de los monjes

2:30 a.m.	Levantarse
3:00 a.m.	Primera oración
5:00 a.m.	Estudiar textos religiosos
6:00 a.m.	Oración del amanecer
7:30 a.m.	Estudiar textos religiosos
8:00 a.m.	Oración de la mañana, oficio religioso en la iglesia, encuentro
9:45 a.m.	Trabajar en los campos o copiar libros
12:00 p.m.	Oración del mediodía y misa
2:00 p.m.	Comida del día
2:45 p.m.	Trabajar en los campos o copiar libros
4:15 p.m.	Oración de la tarde
6:15 p.m.	Oración del anochecer
6:30 p.m.	Ir a dormir

La iglesia y la política

La iglesia también aumentó su poder político durante la Edad Media. Muchas personas dejaban sus tierras a la iglesia al morir. De hecho, la iglesia estaba entre los terratenientes más importantes de Europa. Con el tiempo, dividió esas tierras en feudos. Así se convirtió en señor feudal.

De todos los miembros del clero, los obispos y los abades eran los que más participaban en la política. Solían dar consejos a los gobernantes locales. Algunos miembros del clero se ocupaban tanto de la política que casi no dedicaban tiempo a los asuntos religiosos.

COMPRENSIÓN DE LA LECTURA **Analizar** ¿De qué maneras eran figuras políticas importantes los miembros del clero?

Monjes y frailes

Algunas personas no estaban de acuerdo con la naturaleza política de la iglesia. Pensaban que el clero sólo debía atender asuntos religiosos y temían que la iglesia estuviera obsesionada con la riqueza y el poder.

Los monjes de Cluny

Entre los que no estaban de acuerdo con la iglesia, había un grupo de monjes franceses. A principios del siglo X, fundaron un monasterio en el pueblo de Cluny. Los monjes de Cluny cumplían un horario estricto de oraciones y oficios religiosos. No prestaban mucha atención al mundo exterior y se concentraban sólo en las cuestiones religiosas.

Los cambios del convento de Cluny hicieron surgir una nueva orden religiosa: la orden cluniacense. Una **orden religiosa** es un grupo de personas que dedican su vida a la religión y respetan una serie de normas comunes. En toda Europa, la orden de Cluny era un ejemplo de cómo debían vivir los monjes. Se construyeron nuevos monasterios y se trató de imitar el estilo de vida de Cluny.

Nacen nuevas órdenes

Sin embargo, en el siglo XII, algunos monjes pensaban que ni siquiera las reglas de Cluny eran tan estrictas. Crearon nuevas órdenes con reglas aun más estrictas. Algunos tomaron votos de silencio y dejaron de hablar con los demás. Otros vivían en habitaciones diminutas y sólo salían para asistir a los oficios religiosos.

Los hombres no fueron los únicos que crearon e integraron órdenes religiosas. Las mujeres también podían unirse a este tipo de órdenes. Aparecieron comunidades de monjas llamadas conventos por toda Europa. Al igual que los monjes, las monjas vivían según reglas estrictas. En cada convento, las monjas rezaban y

trabajaban juntas bajo la atenta vigilancia de la abadesa, que dirigía el convento.

Aunque los monjes y las monjas vivían aislados de las personas, hacían mucho por la sociedad. Por ejemplo, reunían y guardaban textos que contenían las enseñanzas cristianas. Los monjes pasaban horas copiando estos documentos y mandaban las copias a los monasterios de toda Europa.

Los frailes

No todos los que se unían a una orden religiosa querían aislarse de la sociedad. Algunos querían vivir en las ciudades y difundir las enseñanzas del cristianismo. Como resultado, a principios del siglo XIII se fundaron dos nuevas órdenes religiosas.

Eran las órdenes de los dominicos y los franciscanos, que se llamaban así por sus fundadores, Domingo de Guzmán y **Francisco de Asís**. Como los integrantes de estas órdenes no vivían en monasterios, no eran monjes. Eran **frailes**, miembros de una orden religiosa que vivían y trabajaban entre la gente.

Los frailes llevaban una vida simple, vestían ropas sencillas y andaban descalzos. Al igual que los monjes, no tenían ninguna propiedad. Iban por distintos lugares, donde predicaban y mendigaban comida. Por eso, muchos frailes también se llamaban mendicantes, que significa mendigos.

El objetivo principal de los frailes era enseñar a las personas a vivir como buenos cristianos. Les enseñaban a ser generosos y amables. Una oración que supuestamente compuso Francisco ilustra las intenciones de los frailes:

> "Señor, hazme instrumento de tu paz. Donde haya odio, permíteme sembrar el amor; donde haya dolor, el perdón; donde haya duda, la fe; donde haya desaliento, la esperanza; donde haya oscuridad, la luz; y donde haya tristeza, la alegría".
>
> —Francisco de Asís, de *La plegaria de San Francisco*

BIOGRAFÍA

Francisco de Asís
1182–1226

Francisco nació en Asís, Italia, hijo de un comerciante rico. De joven, donó todo su dinero y sus posesiones y abandonó la casa de su padre. Llevó una vida simple, predicando y cuidando a los pobres y los enfermos. Francisco creía que todos los seres eran sus hermanos, incluso los animales. Alentó a las personas a cuidar a los animales de la misma manera en que cuidarían a cualquier persona. A los pocos años, otros empezaron a vivir como él. En 1210, estas personas pasaron a ser los primeros miembros de la orden de los franciscanos.

Hacer generalizaciones ¿Cómo piensas que la generosidad y la compasión de Francisco podrían inspirar a los cristianos a seguir las enseñanzas de la iglesia?

COMPRENSIÓN DE LA LECTURA **Resumir**

¿Por qué se crearon nuevas órdenes religiosas?

Días de escuela

¿Sabías que muchas de las costumbres que tenemos hoy en día en las escuelas y las universidades nacieron en la Edad Media? Por ejemplo, los maestros medievales daban clases grupales en lugar de individuales. Las clases seguían un programa establecido y los estudiantes tenían que presentarse a exámenes. De noche, los estudiantes estudiaban y hacían la tarea en sus habitaciones. Después de clase, muchos estudiantes participaban en actividades deportivas, como carreras o juegos de pelota. Cuando se graduaban, los estudiantes se ponían birretes y togas. Todas estas costumbres siguen siendo comunes hoy en día.

Sin embargo, las universidades medievales no eran exactamente iguales a las universidades de hoy en día. En la Edad Media, los estudiantes entraban en la universidad a los 14 años y sólo los varones podían asistir.

DESTREZA DE ANÁLISIS **ANALIZAR INFORMACIÓN**

¿Por qué crees que algunas de las costumbres que existían en las universidades de la Edad Media siguen existiendo hoy en día?

Se construyen universidades

Mientras algunas personas se aislaban del mundo y se encerraban en monasterios y conventos, otras buscaban cómo aprender más sobre el mundo que las rodeaba. Con el tiempo, esta búsqueda del saber llevó a la construcción de las primeras universidades de Europa.

Algunas de las primeras universidades fueron construidas por la iglesia. El propósito de la iglesia era enseñar religión. Otras universidades fueron creadas por grupos de estudiantes que buscaban maestros que enseñaran cosas sobre el mundo.

Casi todos los profesores de estas universidades eran miembros del clero. Además de religión, allí se enseñaba derecho, medicina, astronomía y otras materias. Todas las clases se impartían en latín. Aunque el latín no era un idioma muy difundido en Europa, era el idioma de los estudiosos y de la iglesia.

A medida que estudiaban otras materias, algunas personas desarrollaron nuevas ideas acerca del mundo. Particularmente, pensaban en qué relación había entre la razón humana y la fe cristiana. En el pasado, las personas habían creído que algunas cosas podían probarse mediante la razón y que otras eran sólo cuestión de fe. Sin embargo, algunos universitarios empezaron a preguntarse si las dos ideas podían coexistir.

Una de esas personas fue el filósofo dominico **Tomás de Aquino**. Tomás era profesor en la Universidad de París. Sostenía que las creencias cristianas podían defenderse mediante el pensamiento racional. Por ejemplo, escribió un razonamiento para probar la existencia de Dios.

Tomás también creía que Dios había creado la **ley natural**: una ley que gobernaba el funcionamiento del mundo. Según Tomás, si las personas estudiaban y conocían más esta ley, podían aprender a vivir tal como quería Dios.

COMPRENSIÓN DE LA LECTURA ▸ Generalizar
¿Cómo ayudaron las universidades a generar nuevas ideas?

La iglesia y las artes

Además de la política y la educación, la iglesia tuvo mucha influencia en las artes y la arquitectura. En toda la Edad Media, el sentimiento religioso inspiró a artistas y arquitectos que crearon bellas obras de arte.

La arquitectura religiosa

Muchas de las iglesias de Europa eran obras de arte increíbles. Las más imponentes de estas iglesias eran las catedrales: iglesias muy grandes donde los obispos llevaban a cabo sus ceremonias religiosas. A partir del siglo XII, los europeos empezaron a construir catedrales con un espectacular nuevo estilo llamado arquitectura gótica.

Las catedrales góticas no eran sólo lugares de oración, sino que eran símbolos de la fe del

Arquitectura gótica

Una de las catedrales góticas más hermosas es la de Chartres, situada cerca de París, Francia. Mide 112 pies de altura, aproximadamente lo mismo que un edificio de 10 pisos.

pueblo. En consecuencia, eran construcciones imponentes de gran majestuosidad y gloria.

¿Qué tenían de peculiar estas iglesias góticas? En primer lugar, eran mucho más altas que las iglesias anteriores. Las paredes solían medir cientos de pies de alto y los techos parecían llegar hasta el cielo. Unos enormes vitrales permitían el paso de la luz del sol, que inundaba el interior con colores brillantes. Muchas de estas asombrosas iglesias siguen existiendo. Las personas siguen visitándolas para rezar y admirar su belleza.

Arte religioso

En las iglesias medievales, además, había muchos objetos hermosos creados en honor a Dios. Las paredes y los techos estaban cubiertos de cuadros y tapices elaborados. Hasta las ropas que vestían los sacerdotes para los oficios religiosos eran atractivas. Las vestiduras solían estar muy decoradas, a veces incluso con hilos de oro.

Muchos de los libros que se usaban en las ceremonias religiosas eran objetos hermosos. Los monjes habían copiado estos libros con

BIOGRAFÍA

Tomás de Aquino
1225–1274

Aunque nació en Italia, Tomás de Aquino pasó la mayor parte de su vida en Francia. Tomás fue estudiante y luego profesor de la Universidad de París, y dedicaba casi todo su tiempo al estudio. Escribió un libro llamado *Summa Theologica*, en el que sostenía que la ciencia y la religión estaban relacionadas.

Aunque algunas personas no aceptaban sus ideas, la mayoría lo consideraban el más grande pensador de la Edad Media. Otros maestros posteriores basaron sus propias lecciones en las ideas de Tomás.

Hacer generalizaciones ¿Cómo pueden las personas pensar que alguien es un gran pensador si no están de acuerdo con sus ideas?

Muchas catedrales góticas tienen unos vitrales enormes llamados rosetones.

Unos pilares llamados arbotantes sostienen los pesados muros.

Los techos altísimos se apoyan sobre unos arcos terminados en punta.

DESTREZA DE ANÁLISIS ANALIZAR RECURSOS VISUALES

¿Cómo habrá sido llegar desde una pequeña granja y encontrarse con esta catedral por primera vez?

cuidado. También los decoraban adornando la primera letra y los bordes de cada página con colores llamativos. Algunos monjes agregaban a las páginas unas laminillas de plata y oro. Como las páginas parecen brillar, decimos que están *iluminadas*.

COMPRENSIÓN DE LA LECTURA Generalizar

¿Qué relación había entre el arte y la religión en la Edad Media?

RESUMEN Y PRESENTACIÓN Además de su papel en la religión, la iglesia desempeñó un papel importante en la política, la educación y las artes. La iglesia cambió con el paso del tiempo. En la siguiente sección, aprenderás acerca de otros cambios que ocurrieron en Europa al mismo tiempo. Estos cambios dieron lugar a nuevos sistemas políticos en todo el continente.

Sección 3 Evaluación

hmhsocialstudies.com
Cuestionario en Internet

Repasar ideas, palabras y personas

1. a. Recordar ¿Cómo se llaman los dirigentes de la iglesia?
b. Explicar ¿Por qué se hacían peregrinaciones?

2. a. Identificar ¿Qué nuevo monasterio fundado en Francia en el siglo X sirvió de ejemplo para los habitantes de toda Europa?
b. Contrastar ¿En qué se diferenciaban los **frailes** de los monjes?

3. Analizar ¿Cómo pensaba **Tomás de Aquino** que la razón y la fe podían coexistir?

4. a. Identificar ¿Qué nuevo estilo de arquitectura religiosa se desarrolló en Europa en el siglo XII?
b. Profundizar ¿Por qué crees que una parte tan grande del arte de la Edad Media era religioso?

Pensamiento crítico

5. Crear categorías Dibuja una tabla como la de la derecha. Consulta tus notas y determina qué papeles políticos, intelectuales y artísticos desempeñó la iglesia. Escribe cada papel en la columna correspondiente de tu cuadro.

La iglesia en la Edad Media		
Política	Área intelectual	Arte

ENFOQUE EN LA REDACCIÓN

6. Tomar notas acerca de los líderes de la iglesia En esta sección, has leído acerca de al menos dos personas que se convirtieron en santos. Agrégalos a tu lista y anota por qué son importantes.

Los cambios políticos y sociales

Lo que aprenderás...

Ideas principales

1. La Carta Magna provocó cambios en el sistema legal y el gobierno de Inglaterra.
2. La Guerra de los Cien Años produjo cambios políticos en Inglaterra y Francia.
3. La Peste Negra, que azotó a Europa en la Edad Media, produjo cambios sociales.

La idea clave

Los sistemas político y social de Europa sufrieron grandes cambios en la segunda mitad de la Edad Media.

Personas y palabras clave

Carta Magna, *pág. 540*
Parlamento, *pág. 541*
Guerra de los Cien Años, *pág. 542*
Juana de Arco, *pág. 542*
Peste Negra, *pág. 543*

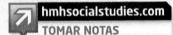

hmhsocialstudies.com
TOMAR NOTAS

Usa el organizador gráfico en Internet para tomar notas acerca de los sucesos más importantes de la segunda mitad de la Edad Media y sobre los cambios políticos y sociales referentes a esos sucesos.

Si ESTUVIERAS allí...

Eres un barón, miembro de la alta nobleza de Inglaterra, y vives en el norte de Gran Bretaña. Se acerca el invierno y parece que pronto va a hacer mucho frío. A fin de prepararte para el invierno, mandas a algunos de tus sirvientes a buscar leña a un bosque de tus territorios. Cuando vuelven, no traen casi nada de leña. El rey ha talado muchos árboles de tu bosque para hacerse un castillo nuevo. Disgustado, mandas a un mensajero a pedirle al rey que te pague un precio justo por la madera, pero el rey se niega.

¿Cómo harías para que el rey respete tus derechos?

CONOCER EL CONTEXTO A partir de Guillermo el Conquistador, los reyes de Inglaterra lucharon por aumentar su poderío. Para el siglo XIII, los reyes sentían que podían hacer lo que se les antojara, con o sin el apoyo de sus nobles. La actitud de los reyes hizo enojar a muchos nobles, en especial cuando los reyes empezaron a crear nuevos impuestos o a quedarse con las propiedades de los nobles. Algunos nobles intentaron buscar las maneras de limitar el poder de los reyes y defender sus propios derechos.

La Carta Magna provoca cambios en Inglaterra

En 1215, un grupo de nobles decidieron obligar al rey a respetar sus derechos. En medio de un campo llamado Runnymede, cerca de Londres, obligaron al rey Juan a aprobar un documento que ellos mismos habían escrito. Este documento que enumeraba los derechos que el rey no podía pasar por alto se llamó **Carta Magna**. Su nombre es una frase que en latín significa "Gran Carta".

Guillermo el Conquistador

DOCUMENTO HISTÓRICO
La Carta Magna

La Carta Magna fue uno de los primeros documentos que se redactaron para proteger los derechos de las personas. Fue tan influyente que los británicos todavía la consideran parte de su constitución. Algunas de sus ideas también están presentes en la constitución de Estados Unidos. En la Carta Magna, figuraban 63 reclamos que los nobles ingleses lograron que el rey Juan aceptara. Estos son algunos de los reclamos.

El reclamo número 31 defendía el derecho a tener cualquier tipo de propiedad, no sólo madera.

La Carta Magna garantizaba el derecho a un juicio justo para todos.

A todos los hombres libres de nuestro reino también hemos otorgado, para nosotros y nuestros herederos para siempre, todas las libertades escritas a continuación, para que ellos y sus propios herederos las tengan y reciban de nosotros y de nuestros herederos.

(16) No se obligará a ningún hombre a realizar más servicios para el "feudo" de un caballero ni para ninguna otra tierra de libre posesión que los que realmente deba prestar.

(31) Ni nosotros ni ningún otro funcionario real tomará madera para nuestro castillo ni para ninguna otra cosa sin el consentimiento [permiso] de su dueño.

(38) En el futuro, ningún funcionario podrá juzgar a ningún hombre basándose sólo en sus propias declaraciones y sin aportar testigos creíbles de sus acusaciones.

—Carta Magna, versión de la Biblioteca Británica

DESTREZA DE ANÁLISIS | **ANALIZAR FUENTES PRIMARIAS**

¿Cómo crees que han influido estas ideas sobre la democracia de hoy en día?

Los efectos de la Carta Magna

De acuerdo con la Carta Magna, el rey debía respetar ciertos derechos. Uno de esos derechos era el de hábeas corpus, que en latín significa "que tengas tu cuerpo". El derecho de hábeas corpus quería decir que no se podía encarcelar a nadie sin motivo. Antes de mandar a alguien a prisión, había que acusarlo de un delito y someterlo a un juicio ante un jurado. En épocas anteriores, los reyes podían arrestar a cualquier persona sin ningún motivo.

Más importante aún, la Carta Magna exigía a todos, incluso al rey, cumplir con la ley. La idea de que todos debían respetar la ley se convirtió en uno de los principios básicos del gobierno inglés.

Cambios posteriores a la Carta Magna

La Carta Magna alentó a los ingleses a buscar nuevas maneras de limitar el poder del rey. Se creó un consejo de nobles para aconsejar al rey. Con el tiempo, el consejo se convirtió en el **Parlamento**, el máximo órgano legislador del Reino Unido hoy en día. Con el paso de los años, los caballeros y los líderes de los pueblos obtuvieron el derecho a integrar el Parlamento. Para fines de la Edad Media, los reyes no podían hacer casi nada sin la aprobación del Parlamento.

Los ingleses siguieron trabajando para asegurar y proteger sus derechos. Para garantizar un trato justo para todos, las personas exigieron que los jueces no estuvieran controlados por el rey. Muchos creían que los jueces que elegía el rey iban a estar siempre de su lado. Finalmente, a fines del siglo XVII, el rey aceptó renunciar al control de las cortes. La creación de un sistema judicial independiente fue un paso clave para establecer la democracia en Inglaterra.

COMPRENSIÓN DE LA LECTURA **Resumir** ¿De qué manera limitaron el poder del rey la Carta Magna y el Parlamento?

Los comienzos de la democracia en Inglaterra

1230-1239 Se reúne el primer Parlamento.

1295 Se invita a los caballeros, los ciudadanos y los sacerdotes a integrar el Parlamento.

1688 Los jueces ingleses se independizan del control del rey.

| 1200 | 1450 | 1700 |

1215 El rey Juan firma la Carta Magna.

1330-1339 El Parlamento se divide en la Cámara de los Lores y la Cámara de los Comunes.

1679 La ley de hábeas corpus refuerza las ideas de la Carta Magna.

DESTREZA DE ANÁLISIS **LEER LÍNEAS CRONOLÓGICAS**

¿Cuánto tiempo después de que se firmó la Carta Magna se creó la ley de hábeas corpus?

La Guerra de los Cien Años

SU IMPORTANCIA HOY

Los franceses honran a Juana de Arco con un feriado nacional, el segundo domingo de mayo.

Aunque la Carta Magna cambió el gobierno de Inglaterra, no produjo ningún efecto fuera de ese país. Los reyes de otros lugares de Europa seguían gobernando igual que siempre. Con el tiempo, sin embargo, estos reyes también debieron enfrentar grandes cambios políticos.

El curso de la guerra

Uno de los países donde se produjeron cambios políticos fue Francia. En 1328, el rey de Francia murió sin dejar ningún hijo varón, y dos hombres reclamaron el trono. Uno era francés. El otro era el rey de Inglaterra. Al final, el francés se convirtió en el rey.

Esto no le cayó bien al rey de Inglaterra y, pocos años después, invadió Francia. Esta invasión fue el inicio de un largo conflicto entre Inglaterra y Francia que pasó a llamarse la **Guerra de los Cien Años**.

Al principio, a los ejércitos ingleses les iba bien: ganaban casi todas las batallas. Sin embargo, tras casi 100 años de lucha, una campesina adolescente, **Juana de Arco**, reunió a las tropas francesas. Los ingleses terminaron capturando y matando a Juana, pero ya era demasiado tarde. Los franceses expulsaron a los ingleses de su país en 1453.

Resultados de la guerra

La Guerra de los Cien Años provocó cambios en los gobiernos de Inglaterra y de Francia. En Inglaterra, el poder del Parlamento aumentó porque el rey necesitaba siempre su aprobación para recaudar el dinero que destinaba a la costosa guerra. A medida que el Parlamento ganaba influencia, el rey perdía poder.

En Francia, en cambio, el rey se hizo más poderoso. Durante la guerra, el rey se había ganado la simpatía de sus nobles. La lucha contra los ingleses los había unido. Como resultado, los nobles siguieron apoyando al rey después de la guerra.

COMPRENSIÓN DE LA LECTURA **Contrastar**

¿En qué cambiaron los gobiernos de Inglaterra y Francia después de la guerra?

La Peste Negra

Mientras Inglaterra y Francia peleaban la Guerra de los Cien Años, se inició una crisis todavía mayor. Se trataba de la **Peste Negra**, una plaga mortal que azotó a Europa entre 1347 y 1351.

La plaga venía originalmente del centro y el este de Asia. Sin saberlo, los comerciantes llevaron ratas portadoras de la enfermedad a los puertos del Mediterráneo en 1347. Desde allí, la enfermedad pronto azotó a gran parte de Europa. Las pulgas que se daban un festín de la sangre de las ratas infectadas transmitían la plaga a las personas.

La Peste Negra no fue causada por una sola enfermedad, sino por varias formas distintas de plaga. Una plaga llamada peste bubónica se podía reconocer por unos bultos llamados bubas que aparecían en el cuerpo de las víctimas. Otra plaga todavía más mortal se propagaba por el aire y mataba a las personas en menos de un día.

La Peste Negra mataba a tantas personas que muchas se enterraban en seguida sin sacerdotes ni ceremonias. En algunas aldeas, casi todos los habitantes morían o huían al ver que sus vecinos se enfermaban. Nada más en Inglaterra, unas 1,000 aldeas quedaron abandonadas.

La plaga mató a millones de personas en Europa y a otros millones en el resto del mundo. Algunos historiadores creen que Europa perdió aproximadamente la tercera parte de su población; tal vez 25 millones de personas. Esta brusca disminución de la población provocó cambios radicales en Europa.

En la mayoría de los lugares, el sistema feudal se desmoronó. Ya no quedaban suficientes personas para trabajar en los campos. Los campesinos y siervos que habían sobrevivido a la plaga se dieron cuenta de que su trabajo tenía mucha demanda. De repente, podían pedir un salario por su trabajo. Cuando juntaban dinero, muchos abandonaban los feudos y se mudaban a las ciudades de Europa, que eran cada vez más grandes.

COMPRENSIÓN DE LA LECTURA **Identificar causa y efecto** ¿Qué efectos tuvo la peste bubónica en Europa?

RESUMEN Y PRESENTACIÓN La Carta Magna, la Guerra de los Cien Años y la Peste Negra cambiaron la sociedad europea. En la siguiente sección, aprenderás acerca de otros cambios en la sociedad, causados por diferencias religiosas.

Sección 4 Evaluación

hmhsocialstudies.com
Cuestionario en Internet

Repasar ideas, palabras y personas

1. a. Identificar ¿Con qué documento esperaban limitar el poder del rey los nobles ingleses?
b. Explicar ¿Por qué la creación del **Parlamento** fue un paso hacia la formación de la democracia en Inglaterra?
2. a. Identificar ¿Quién reunió a las tropas francesas durante la **Guerra de los Cien Años**?
b. Profundizar La Guerra de los Cien años causó muchos más daños en Francia que en Inglaterra. ¿Por qué habrá sido así?
3. a. Describir ¿Qué fue la **Peste Negra**?
b. Explicar ¿Cómo influyó la Peste Negra en la decadencia del sistema de feudos?
c. Profundizar ¿Por qué crees que la Peste Negra pudo propagarse tan rápidamente por toda Europa?

Pensamiento crítico

4. Evaluar Copia el diagrama de la derecha. Úsalo para ordenar los efectos de la Carta Magna, la Guerra de los Cien Años y la Peste Negra según su importancia. Al lado del diagrama, escribe una oración para explicar por qué elegiste ordenarlos así.

Mayor importancia

| 1. |
| 2. |
| 3. |

Menor importancia

ENFOQUE EN LA REDACCIÓN

5. Calificar la importancia Después de leer esta sección, quizá quieras agregar al rey Juan en tu lista. También deberías empezar a pensar qué personas fueron las más importantes. Ordena a las personas de tu lista de la más importante a la menos importante.

La Peste Negra

"Y morían de a cientos", escribió un hombre que vivió ese horror, "de día y de noche". La Peste Negra había llegado. La Peste Negra fue una sucesión de plagas mortales que azotó a Europa entre 1347 y 1351 y mató a millones de personas. Nadie sabía cuál era el origen de la plaga. Nadie sabía, tampoco, que la geografía tenía un papel clave en la propagación de la plaga: las personas viajaban para comerciar y, sin saberlo, llevaban la enfermedad a nuevos lugares.

EUROPA

Kaffa

ASIA CENTRAL

CHINA

ÁFRICA

La peste probablemente comenzó en el centro y el este de Asia. Estas flechas muestran cómo entró en Europa y se propagó por ella.

Este barco acaba de llegar a Europa desde Oriente cargado de mercancías... y de ratas con pulgas.

Las pulgas son portadoras de la plaga y saltan sobre un hombre que está descargando el barco. Pronto, el hombre se enfermará y morirá.

VIDEO
Traders Carry
the Plague

hmhsocialstudies.com

La plaga es tan aterradora que muchos piensan que se acerca el fin del mundo. Huyen de las ciudades al campo y así esparcen la Peste Negra aun más.

Se hacen fosas comunes para enterrar a los muertos. Pero a menudo son tantos los infectados que no queda nadie para enterrarlos.

La basura y la suciedad de las ciudades sirven de alimento y hogar para las ratas, y así permiten que la enfermedad se siga propagando.

Mueren tantas personas en tan poco tiempo que se envían carretillas especiales a levantar los cuerpos de las calles.

DESTREZAS DE GEOGRAFÍA **INTERPRETAR MAPAS**

1. ¿Cómo llegó la Peste Negra desde Asia hasta Europa?
2. ¿Qué cosas ayudaron a propagar la plaga dentro de Europa?

Desafíos a la autoridad de la iglesia

Lo que aprenderás...

Ideas principales

1. Ante los cuestionamientos que surgieron, la iglesia reaccionó castigando a las personas que se oponían a sus enseñanzas.
2. Los cristianos lucharon contra los moros en España y Portugal en un esfuerzo por expulsar a los musulmanes de Europa.
3. Los judíos sufrieron discriminación en toda Europa durante la Edad Media.

La idea clave

En la Edad Media, la Iglesia cristiana fue severa con quienes no respetaban su autoridad.

Personas y palabras clave

herejía, *pág. 546*
Reconquista, *pág. 547*
rey Fernando, *pág. 548*
reina Isabel, *pág. 548*
Inquisición española, *pág. 548*

hmhsocialstudies.com
TOMAR NOTAS

Usa el organizador gráfico en Internet para anotar información sobre los grupos de personas que se opusieron a la autoridad de la Iglesia católica o que fueron considerados enemigos de esta.

Si ESTUVIERAS allí...

Eres un estudiante de la universidad de Córdoba, España. Tienes compañeros cristianos, musulmanes y judíos. Pero los nuevos reyes quieren que todos los musulmanes y los judíos se vayan de España.

¿Cómo afectará a tus amigos esta decisión?

CONOCER EL CONTEXTO Como ya has leído, en la Edad Media la mayoría de los europeos eran católicos. A medida que el cristianismo se expandía por Europa, se obligó a muchos judíos y musulmanes a elegir entre convertirse o abandonar sus hogares. Al mismo tiempo, otros desafiaban abiertamente la autoridad de la iglesia.

La iglesia reacciona a los opositores

Para alrededor de 1100, algunos cristianos ya habían empezado a cuestionar las enseñanzas de la iglesia. Sentían que el clero estaba más interesado en el dinero y las tierras que en Dios. Otros no estaban de acuerdo con las ideas de la iglesia. Entonces empezaron a predicar sus propias ideas acerca de la religión.

Las ideas religiosas que se oponen a la doctrina oficial de la iglesia se llaman **herejía**. Las personas que defienden esas ideas se llaman herejes. Los dirigentes de la iglesia mandaron a sacerdotes y frailes a buscar posibles herejes por toda Europa. La mayoría de estos sacerdotes y frailes trataban de ser justos. Pero algunos torturaban a las personas hasta hacerlas confesar que eran herejes, incluso cuando en realidad eran inocentes. La mayoría de las personas declaradas culpables en estos juicios iban a prisión. Otros eran condenados a muerte.

A principios del siglo XIII, el papa Inocencio III decidió que la herejía era una amenaza demasiado grave y que no se podía pasar por alto. Llamó a una cruzada contra los herejes en el sur de Francia. Alentó al rey de Francia y sus caballeros a acabar con todos los herejes del país. El resultado fue una guerra sangrienta que duró unos 20 años. Se destruyeron pueblos y miles de personas perdieron la vida.

COMPRENSIÓN DE LA LECTURA **Identificar las ideas principales** ¿De qué manera intentaron combatir la herejía los líderes de la iglesia?

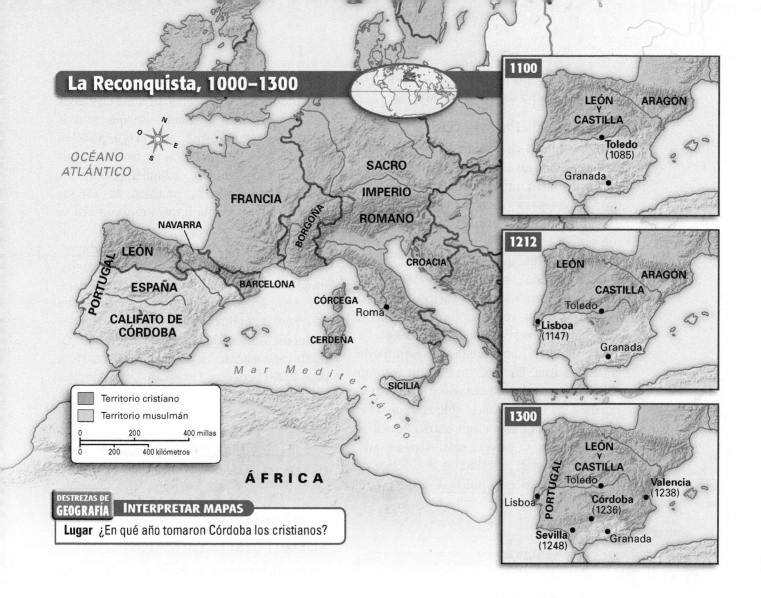

La Reconquista, 1000–1300

OCÉANO ATLÁNTICO

FRANCIA

NAVARRA

PORTUGAL

LEÓN

ESPAÑA

CALIFATO DE CÓRDOBA

BARCELONA

BORGOÑA

SACRO IMPERIO ROMANO

CROACIA

CÓRCEGA

Roma

CERDEÑA

Mar Mediterráneo

SICILIA

ÁFRICA

Territorio cristiano
Territorio musulmán

0   200   400 millas
0   200   400 kilómetros

1100

LEÓN Y CASTILLA   ARAGÓN

Toledo (1085)

Granada

1212

LEÓN   ARAGÓN

CASTILLA

Toledo

Lisboa (1147)

Granada

1300

LEÓN Y CASTILLA

PORTUGAL

Toledo

Lisboa

Valencia (1238)

Córdoba (1236)

Sevilla (1248)

Granada

DESTREZAS DE GEOGRAFÍA — INTERPRETAR MAPAS

Lugar ¿En qué año tomaron Córdoba los cristianos?

Los cristianos luchan contra los moros

No sólo en Francia los cristianos lucharon contra personas que ellos consideraban enemigos de la iglesia. En España y Portugal, los guerreros cristianos armados pelearon para expulsar de sus tierras a los moros musulmanes.

Declive del control musulmán

Para fines del siglo X, el gobierno musulmán de España que había sido poderoso ya había empezado a debilitarse. Sus líderes políticos y religiosos se enfrentaban entre sí por el poder. También había diversos grupos étnicos enfrentados.

En 1002, el gobierno musulmán se desmoronó por completo. Concentrados en pelearse entre ellos, los líderes musulmanes estaban demasiado ocupados para protegerse de los reinos cristianos del norte de España.

La lucha contra los moros

Durante siglos, los reinos del norte de España habían sido pequeños y débiles. Pero cuando el poder de los moros empezó a decaer, estos pequeños reinos cristianos aprovecharon la oportunidad para atacarlos. Poco a poco, fueron quitando territorios a los moros. Este esfuerzo por recuperar los territorios españoles en posesión de los moros se llamó la **Reconquista**.

En 1085, Castilla, el reino más grande de España, consiguió una victoria importante contra los moros. La victoria de Castilla inspiró a otros reinos cristianos a combatir contra los moros. Pronto, los reinos de Aragón y Portugal se unieron a la lucha.

Los ejércitos cristianos obtenían victoria tras victoria. Para la década de 1250, los victoriosos ejércitos cristianos ya habían expulsado de Europa a los moros casi por completo. El único

SU IMPORTANCIA **HOY**

Aunque los moros fueron expulsados, muchos lugares de España y Portugal todavía tienen nombres que provienen del árabe, el idioma que hablaban los moros.

territorio que seguía bajo control musulmán era un reino pequeño llamado Granada.

El ascenso de Portugal y España

Como resultado de sus victorias, tanto España como Portugal se hicieron más poderosos. Portugal, que en una época había sido parte de Castilla, se separó y declaró su independencia. Al mismo tiempo, Castilla y Aragón decidieron unirse.

En 1469, Fernando, el príncipe de Aragón, se casó con Isabel, una princesa castellana. Diez años después, ambos se convirtieron en reyes de sus países. Juntos, gobernaron toda España con los nombres de **rey Fernando** y **reina Isabel.**

Fernando e Isabel finalmente terminaron la Reconquista. En 1492, su ejército conquistó Granada, el último bastión musulmán de España. Ese mismo año, obligaron a todos los judíos españoles a elegir entre convertirse al cristianismo o irse del país. Algunos años después, también prohibieron la práctica del Islam. Mediante esta <u>política</u>, toda España pasó a ser cristiana.

VOCABULARIO ACADÉMICO

política regla, curso de acción

BIOGRAFÍA

La reina Isabel

1451–1504

Aunque Isabel figura entre los monarcas más importantes de la historia española, nunca fue reina de España. Sí fue reina de Castilla y León, pero nunca tuvo poder oficial sobre el reino de su esposo, Aragón. En la práctica, sin embargo, ambos gobernaban juntos los dos reinos.

Además del papel que desempeñó en la Reconquista, Isabel hizo grandes aportes a la sociedad española. Fomentó el cristianismo y la educación y dio apoyo a muchos artistas. También ayudó a pagar los viajes al otro lado del océano Atlántico de Cristóbal Colón, que finalmente desembarcó en América.

Analizar ¿Qué hizo la reina Isabel para promover la cultura en España?

La Inquisición española

Fernando e Isabel sólo querían tener cristianos en su reino. Para asegurarse de que sólo se practicara el cristianismo, crearon la **Inquisición española**, una organización de sacerdotes que buscaba y castigaba a cualquier persona de España sospechada de practicar su antigua religión. Más tarde, la Inquisición también se expandió hasta Portugal.

Las inquisiciones española y portuguesa se lanzaron sin piedad a la caza de herejes, musulmanes y judíos. Las personas declaradas culpables de herejía recibían sentencias en ceremonias públicas. Muchos eran condenados a muerte. A menudo, los quemaban vivos. En total, los españoles sentenciaron a muerte a unas 2,000 personas. Otras casi 1,400 personas encontraron la muerte a manos de la Inquisición portuguesa.

COMPRENSIÓN DE LA LECTURA **Resumir**
¿Cuál era el objetivo de la Inquisición española?

Los judíos sufren discriminación

Los herejes y los musulmanes no fueron los únicos grupos castigados por sus creencias durante la Edad Media. Los judíos europeos también sufrieron. La causa de este sufrimiento eran los cristianos que creían que los judíos habían sido los responsables de la muerte de Jesús. Estos cristianos creían que había que castigar a los judíos.

Ya has leído sobre los judíos asesinados durante las Cruzadas. También has leído que los judíos tuvieron que abandonar sus hogares en España. Algo similar ocurría en toda Europa. Los gobernantes, con el apoyo de la iglesia, obligaban a los judíos a irse de sus países. Por ejemplo, en 1290, el rey de Inglaterra arrestó a todos los judíos ingleses y los obligó a abandonar el país. Lo mismo pasó en Francia en 1306 y también en 1394. Los habitantes del Sacro Imperio romano, asustados, acusaban a los judíos por la llegada de la Peste Negra. Muchos

La Inquisición española

En este cuadro, se muestran personas acusadas de herejía, con bonetes alargados, frente a la Inquisición española. El artista español Francisco de Goya lo pintó a principios del siglo XIX.

¿Cómo mostró el artista lo que sentían los acusados de herejía?

judíos tuvieron que huir de sus casas para escapar de las muchedumbres furiosas. Como los judíos no eran cristianos, muchos europeos no los querían en sus pueblos.

COMPRENSIÓN DE LA LECTURA **Resumir**

¿De qué formas se discriminaba a los judíos en la Edad Media?

RESUMEN Y PRESENTACIÓN En la Edad Media, la religión determinaba qué pensar, qué hacer y dónde vivir. En algunos lugares, la religión llevó a guerras y castigos para los opositores de la Iglesia católica. En el siguiente capítulo, aprenderás sobre el período que siguió a la Edad Media.

Sección 5 Evaluación

hmhsocialstudies.com
Cuestionario en Internet

Repasar ideas, palabras y personas

1. **a. Definir** ¿Qué es la **herejía**?
   b. Explicar ¿Por qué mandó la iglesia a sacerdotes y frailes a buscar herejes?
2. **a. Identificar** ¿A quiénes querían expulsar de sus tierras los cristianos españoles?
   b. Explicar ¿Cuál era el objetivo de la **Inquisición española**?
   c. Hacer predicciones ¿En qué habría cambiado la historia española si los españoles no hubieran vencido a los moros?
3. **Resumir** ¿De qué maneras castigaban a los judíos los reyes y demás gobernantes en la Edad Media?

Pensamiento crítico

4. **Crear categorías** Haz una tabla como la siguiente. Consulta tus notas para completar cada recuadro con una descripción de cómo reaccionaban los cristianos hacia cada grupo.

Herejes	Moros	Judíos

ENFOQUE EN LA REDACCIÓN

5. **Elegir personas importantes** En esta sección, hay otras dos personas para agregar en tu lista. ¿Qué lugar les otorgas en tu lista ordenada por importancia? ¿Cuál crees que es la persona más importante?

Destrezas de estudios sociales

Análisis | Pensamiento crítico | Economía | Estudio

Comprender mapas de rutas de transporte

Definir la destreza

En los mapas de rutas de transporte se muestran las rutas de los viajes y del comercio. Estos mapas te ayudan a comprender el movimiento de las personas, los productos y las ideas entre los distintos lugares del mundo.

Aprender la destreza

Sigue estos pasos para interpretar un mapa de rutas de transporte.

1. Lee el título del mapa para saber qué información general se muestra en él. Estudia la leyenda. Busca los símbolos que se relacionen con las rutas o con los métodos de transporte.

2. Observa las líneas o flechas que aparezcan en el mapa. Por lo general, estas líneas y flechas indican rutas de movimiento. Obsérvalas con atención. Mira dónde empiezan, dónde terminan y por dónde pasan.

3. Estudia el mapa como un todo. Lee todos los rótulos. Los mapas de rutas de transporte pueden decirte muchas cosas sobre la historia de una región. Por ejemplo, pueden mostrarte cómo influyó la geografía en el desarrollo de la región.

Practicar la destreza

Consulta el mapa para responder a las siguientes preguntas.

1. ¿Qué Cruzada pasó por la ciudad de Roma?

2. ¿Qué ciudad atravesaron tres Cruzadas?

3. ¿En qué se diferenciaron las últimas Cruzadas de las primeras en cuanto a los medios de transporte que se usaron?

4. ¿Por qué crees que las cuatro Cruzadas atravesaron territorios del Imperio bizantino?

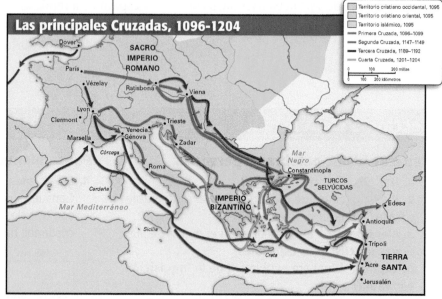

Las principales Cruzadas, 1096-1204

Repaso del capítulo

El impacto de la historia
▶ videos
Consulta el video para responder a la pregunta de enfoque:
¿Qué es una plaga, y cómo se propagó una durante la Europa medieval?

Resumen visual

Usa el siguiente resumen visual para repasar las ideas principales del capítulo.

DATOS BREVES

Gobierno
La iglesia y la monarquía a menudo colaboraban mutuamente, pero a veces eran rivales.

Cruzadas
El papa hizo un llamamiento a los cristianos para recuperar Tierra Santa.

La iglesia
La iglesia tuvo mucha influencia en la segunda mitad de la Edad Media.

Educación y sociedad
La iglesia ayudó a orientar la educación y reaccionó a los desafíos a su autoridad.

Arte y arquitectura
El cristianismo inspiró grandes obras de arte y arquitectura.

Repasar vocabulario, palabras y personas

Une las palabras con las definiciones correspondientes.

1. excomulgar
2. orden religiosa
3. Cruzadas
4. clero
5. herejía
6. Tomás de Aquino
7. Carta Magna
8. Inquisición española

a. dirigentes de la iglesia

b. Castigaba a los no cristianos en España.

c. ideas religiosas que se oponen a la doctrina de la iglesia

d. documento inglés en el que se limitaban los poderes del rey

e. expulsar de la iglesia

f. Pensaba que la razón y la fe podían coexistir.

g. grupo de personas que dedican su vida a la religión, viven juntas y respetan unas normas comunes

h. guerras libradas para recuperar Tierra Santa

Comprensión y pensamiento crítico

SECCIÓN 1 *(Páginas 524–527)*

9. **a. Describir** ¿Cómo era la relación entre Carlomagno y el papa?

b. Contrastar ¿Qué diferencia había entre lo que pensaban del poder los papas como Gregorio VII y los reyes como Enrique IV?

c. Evaluar ¿Te parece que los conflictos con los reyes fortalecieron o debilitaron a los papas en la Edad Media? ¿Por qué?

SECCIÓN 2 *(Páginas 528– 532)*

10. **a. Identificar** ¿Cuál fue el objetivo principal de las Cruzadas?

b. Sacar conclusiones ¿Por qué piensas que las Cruzadas cambiaron las relaciones entre los cristianos y otros grupos?

c. Evaluar ¿Qué Cruzada piensas que fue más exitosa? ¿Y la menos exitosa? ¿Por qué?

SECCIÓN 3 *(Páginas 533–539)*

11. a. Describir ¿Cómo influyó el cristianismo en el arte y la educación durante la Edad Media?

b. Analizar ¿Por qué el cristianismo tuvo tanta influencia en tantas áreas de la vida medieval?

c. Profundizar ¿Qué relación había entre los cambios que experimentó la iglesia durante la Edad Media y el aumento de su poder y su riqueza?

SECCIÓN 4 *(Páginas 540–543)*

12. a. Describir ¿Qué fue la Peste Negra y cómo afectó a Europa?

b. Inferir ¿Por qué para algunas personas la Carta Magna representa el nacimiento de la democracia en Inglaterra?

c. Predecir ¿En qué habría cambiado la historia de Europa si Inglaterra hubiera ganado la Guerra de los Cien Años?

SECCIÓN 5 *(Páginas 546–549)*

13. a. Identificar ¿Cuáles fueron los resultados de la Reconquista?

b. Sacar conclusiones ¿Por qué eran tan temidas las Inquisiciones española y portuguesa?

c. Profundizar ¿Por qué crees que para algunos cristianos la herejía era una amenaza tan grave?

Repasar los temas

14. Religión ¿Cómo demostraron las Cruzadas el poder que tenía la iglesia en Europa?

15. Sociedad y cultura ¿Cómo influía la iglesia en la vida de la gente común?

Usar Internet

16. Actividad: Evaluar fuentes Un reto que tiene que superar toda persona para entender la Edad Media es la evaluación de las fuentes primarias y secundarias. Usa el libro de texto en Internet para clasificar las fuentes de la lista. Explica si la fuente es primaria o secundaria, si te parece creíble y por qué.

hmhsocialstudies.com

Destrezas de lectura

Los estereotipos y los prejuicios en la historia *El siguiente fragmento fue tomado de una colección de relatos titulada* El Decamerón, *del escritor italiano Boccaccio. En el fragmento, Boccaccio describe la llegada de la Peste Negra a Florencia, su ciudad natal. Lee el fragmento y responde a las siguientes preguntas.*

> *"* Digo, entonces, que era el año de la generosa Encarnación del Hijo de Dios, 1348. Entonces llegó la mortal pestilencia a la excelente ciudad de Florencia, que supera a todas las demás ciudades de Italia por su nobleza. Ya sea por la intervención de los seres celestiales o lanzada sobre nosotros los mortales por la justa ira de Dios para corregir nuestros actos malvados, la plaga había comenzado algunos años antes en los países de Oriente. Causó la muerte de innumerables habitantes y continuó moviéndose sin cesar de un lugar a otro. Se propagó de manera lastimosa hacia el oeste *"*.

17. ¿Crees que Boccaccio expresa algún prejuicio sobre la ciudad de Florencia en este fragmento?

18. ¿Hay alguna palabra o frase en el fragmento que muestre estereotipos o prejuicios sobre los habitantes de Florencia?

Destrezas de estudios sociales

19. Comprender mapas de rutas de transporte Observa el mapa de la página 550. Luego, describe la ruta que siguieron los miembros de la Primera Cruzada. Incluye información sobre las direcciones hacia donde viajaron y los medios de transporte que usaron.

ENFOQUE EN LA REDACCIÓN

19. Escribir tu artículo Repasa tus notas. Asegúrate de haber identificado a las tres personas que piensas que son las más importantes y haber comprendido por qué son importantes. Ahora escribe un artículo en el que expliques por qué estas personas eran tan importantes para Europa en la Edad Media. Tu artículo debe ser corto: escribe una o dos oraciones para presentar el tema, una o dos oraciones acerca de cada persona importante y una o dos oraciones como conclusión.

Práctica para el examen estandarizado

INSTRUCCIONES: *Lee las preguntas y escribe la letra de la respuesta correcta.*

1

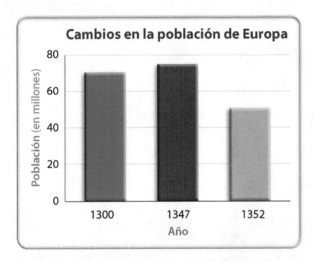

Cambios en la población de Europa

(Gráfica de barras: eje vertical "Población (en millones)" de 0 a 80; eje horizontal "Año" con valores 1300, 1347, 1352. Las barras muestran aproximadamente 70, 74 y 50 millones respectivamente.)

¿A qué suceso histórico se debe la tendencia de la población que se muestra en la gráfica?

A a las Cruzadas

B a la Peste Negra

C a la Guerra de los Cien Años

D a la Inquisición española

2 ¿Cuál de las siguientes opciones tuvo la *mayor* influencia en la vida de la mayoría de los europeos durante la Edad Media?

A las ciudades y el comercio

B el rey

C la religión y la iglesia

D las universidades

3 Uno de los motivos por los que las Cruzadas no lograron conquistar Tierra Santa de manera permanente fue que

A la lucha ocurrió lejos de Europa.

B los ejércitos de los cruzados tenían mejores armas que los ejércitos musulmanes.

C la religión no era importante para la mayoría de los europeos.

D el poder de los papas disminuyó.

4 ¿Cuál de las siguientes oraciones describe *mejor* la relación entre los papas y los reyes en Europa durante la Edad Media?

A Los papas se hicieron más poderosos que los reyes.

B Muchos papas se convirtieron en reyes y muchos reyes se convirtieron en papas.

C Los papas y los reyes a menudo estaban en desacuerdo.

D Los reyes tenían más poder que los papas.

5 Antes de la Reconquista, la mayor parte de la península Ibérica estaba controlada por los

A españoles.

B portugueses.

C cruzados.

D musulmanes.

Conexión con lo aprendido anteriormente

6 La cultura musulmana se extendió hasta España a través de las conquistas y el comercio. ¿Qué cultura se expandió por gran parte del mundo antiguo de la misma manera?

A la japonesa

B la harappa

C la romana

D la sumeria

7 La Carta Magna ayudó a introducir ideas democráticas en Inglaterra. La primera democracia del mundo antiguo se desarrolló en

A Grecia.

B China.

C la India.

D Roma.

THE CRUSADES

CRESCENT & THE CROSS

(LAS CRUZADAS: LA MEDIA LUNA Y LA CRUZ)

Las Cruzadas duraron casi dos siglos y provocaron luchas violentas entre los soldados de dos religiones. En una serie de nueve guerras, los cristianos europeos lucharon contra los musulmanes turcos y árabes por el control de la ciudad de Jerusalén y sus alrededores, que ambas religiones consideraban sagrados. Miles de personas murieron en los combates, soldados y civiles, y se destruyeron ciudades enteras. La brutalidad de las Cruzadas crearon un fuerte resentimiento entre cristianos y musulmanes, que se mantuvo durante siglos después del fin de la guerra.

Explora en Internet las causas, los sucesos y los resultados de las Cruzadas. Encontrarás una gran cantidad de información, videos, fuentes primarias, actividades y mucho más en ⬈ **hmhsocialstudies.com**.

Hacer clic en las
interactividades
hmhsocialstudies.com

🎥 **Siege of Jerusalem (El sitio de Jerusalén)**
Mira el video y entérate de cómo el ejército cristiano le arrebató Jerusalén a los turcos en 1099.

🌎 **Las cuatro primeras Cruzadas**
Explora el mapa para ver las rutas que los cruzados siguieron para ir de Europa a la Tierra Santa.

🎥 **Defeat of the Crusaders (Derrota de los cruzados)**
Mira el video y entérate de cómo los líderes musulmanes se juntaron después de la Segunda Cruzada para expulsar a los cristianos de Tierra Santa.

CAPÍTULO 19 · 1270–1650

El Renacimiento y la Reforma

Pregunta esencial ¿Qué cambios políticos y económicos dieron lugar al Renacimiento?

Lo que aprenderás...

En este capítulo, estudiarás acerca de cómo el Renacimiento cambió la forma de pensar en Europa y llevó a la Reforma. El Renacimiento comenzó en las grandes ciudades comerciales de Italia, como Venecia y Florencia.

ENFOQUE EN LA REDACCIÓN

La solapa de un libro Trabajas en una editorial y te han pedido que diseñes la solapa de un libro sobre el Renacimiento y la Reforma. A medida que leas el capítulo, considera qué ideas principales y qué detalles importantes incluirás en la descripción de la contraportada, qué imagen podrías elegir para la portada y qué título le pondrías al libro.

SUCESOS EN EL CAPÍTULO

1200

SUCESOS EN EL MUNDO

1271 Marco Polo viaja a China.

1201 Comienza la Cuarta Cruzada.

Venecia, que se muestra en
la foto, es una ciudad-isla
atravesada por canales, por eso
sus "calles" en realidad son cursos
de agua.

circa 1450
Gutenberg
crea la
imprenta.

1517
Martín Lutero
anuncia sus noventa
y cinco tesis, en las
que criticaba a la
Iglesia católica.

1648
Termina la
Guerra de los
Treinta Años.

1350

1500

1650

1368
Comienza la dinas-
tía Ming en China.

1453
Los otomanos
conquistan
Constantinopla.

1537
Los conquistadores
españoles se apode-
ran del Imperio inca.

1603
Los shogunes
Tokugawa empiezan
a gobernar Japón.

Lectura en estudios sociales

Economía Geografía Política Religión Sociedad y cultura Ciencia y tecnología

Enfoque en los temas Este capítulo te lleva a la Italia de los siglos XIV a XVII. En ese período, los estudiosos, los artistas y los científicos se basaron en la tradición clásica de los griegos y los romanos para hacer nuevos adelantos en la **sociedad** y la **cultura** y en las artes. Leerás sobre cómo la ubicación **geográfica** de Italia, junto con la invención de la imprenta y la reapertura de las rutas entre China y Europa, hicieron del Renacimiento un suceso de alcance mundial con consecuencias en muchos lugares fuera de Italia.

Las raíces griegas y latinas de las palabras

Enfoque en la lectura Durante el Renacimiento, los científicos y los estudiosos se interesaron por la historia y los idiomas de las antiguas Grecia y Roma. Muchas de las palabras que usamos todos los días tienen origen en palabras que usaban las personas de estas civilizaciones antiguas.

Raíces comunes En las siguientes tablas, se enumeran algunas raíces griegas y latinas que aparecen en muchas palabras del español. A medida que lees las tablas, trata de pensar en palabras que tengan esas raíces. Luego, piensa en la relación que hay entre el significado de esas palabras y la raíz.

Raíces latinas comunes		
Raíz	**Significado**	**Ejemplos**
-aud-	oír	audiencia, audible
liter-	escritura	literatura, literario
re-	otra vez	repetir, rehacer
-script-	escribir	escrito, manuscrito
sub-	debajo	submarino, subdirector
trans-	a través de	transportar, transmitir

Raíces griegas comunes		
Raíz	**Significado**	**Ejemplos**
anti-	contra	anticongelante, antibélico
astr-	estrella	asteroide, astronauta
-chron-	tiempo	crónica, cronología
dia-	a través de, entre	diagonal, diámetro
micr-	pequeño	microfilme, microscopio
-phono-	sonido	teléfono, sinfonía

¡Inténtalo!

Cada una de las siguientes oraciones pertenece al capítulo que vas a leer. Después de leer las oraciones, responde a las preguntas que aparecen al final de la página.

Llegar a la raíz de las palabras

1. Muchos escritores italianos contribuyeron al Renacimiento con grandes obras de <u>literatura</u>. (*pág. 562*)

2. La difusión del protestantismo entre fines del siglo XVI y el siglo XVII, generó la <u>reacción</u> de los líderes católicos. (*pág. 572*)

3. Estudiaban <u>astronomía</u> para aprender sobre el Sol, las estrellas y los planetas. (*pág. 566*)

4. Artistas, escritores y estudiosos iban a Italia para estudiar. Después, <u>transmitían</u> a otros lo que habían aprendido y llevaban a sus países pinturas y esculturas de Italia. (*pág. 565*)

5. Además, las líneas paralelas, como las de las baldosas, aparecen en <u>diagonal</u>. (*pág. 563*)

Responde a las siguientes preguntas sobre las palabras subrayadas. Usa las tablas de raíces comunes de la página anterior para ayudarte.

1. ¿Qué palabra subrayada tiene una raíz que significa "escritura"? ¿Por qué conocer la raíz puede ayudarte a identificar el significado de la palabra?

2. ¿Qué significa la raíz *astr-*? ¿Cómo te ayuda a identificar el significado de *astronomía*?

3. En la segunda oración, ¿qué piensas que significa *reacción*? ¿Qué relación puede tener con la raíz *re-*?

4. ¿Cuál es la raíz de *transmitían*? ¿Qué significa *transmitir*? ¿Qué relación hay entre esa definición y el significado de la raíz?

5. ¿Qué significa la palabra *diagonal*? ¿Qué relación hay entre ese significado y el significado *dia-*?

6. ¿Qué otras palabras puedes encontrar con las raíces de las tablas de la página anterior? Haz una lista y compártela con tus compañeros de clase.

Personas y palabras clave

Vocabulario académico

El progreso escolar está relacionado con el conocimiento del vocabulario académico, es decir, de las palabras que se usan con frecuencia en las tareas y discusiones en clase. En este capítulo, aprenderás las siguientes palabras de vocabulario académico:

clásico (*pág. 562*)
afectar (*pág. 566*)
acuerdo (*pág. 575*)

A medida que lees el Capítulo 19, presta atención a las palabras con raíces griegas y latinas como las que aparecen en la tabla de la página anterior. Usa la tabla para ayudarte a identificar el significado de esas palabras.

El Renacimiento italiano

Si ESTUVIERAS allí...

Eres un historiador y vives en Florencia, Italia, a fines del siglo XIV. En tus escritos, describes las maravillas que tu ciudad tiene hoy. Sin embargo, el lugar era muy diferente hace tan sólo 50 años. En ese momento, la Peste Negra azotaba la ciudad. Es más, tu propio abuelo murió a causa de esa terrible enfermedad. Alrededor de 50,000 habitantes de la ciudad murieron por la plaga. Ahora, sin embargo, Florencia es conocida por su belleza, su arte y su educación.

¿Por qué cambió tan rápidamente tu ciudad?

CONOCER EL CONTEXTO A fines del siglo XIV, los horrores de la Peste Negra ya eran parte del pasado. Los europeos podían preocuparse menos por la muerte y concentrarse más en la vida. Querían disfrutar de algunos de los placeres de la vida: el arte, la literatura y el saber. El aumento del comercio con tierras lejanas ayudó a despertar un nuevo interés por estas actividades.

El comercio con Asia

Parece extraño que la Peste Negra haya tenido resultados positivos, pero así fue. A pesar del enorme número de muertos que produjo, la enfermedad no dañó las tierras de cultivo, las construcciones, los barcos, las máquinas ni el oro. Las personas que sobrevivieron utilizaron todo esto para cultivar más alimentos y fabricar nuevos productos. Los salarios aumentaron porque los trabajadores, que escaseaban, pidieron más dinero a cambio de su trabajo. La economía de Europa comenzó a crecer de nuevo.

Como había más productos disponibles, los precios bajaron. El comercio aumentó, y aparecieron nuevos productos en los mercados. Algunos de estos artículos provenían de lugares que estaban a miles de millas de distancia. Para saber cómo llegaban estos productos hasta Europa, debemos ir hacia atrás en el tiempo.

Se reabre la Ruta de la Seda

Los chinos y los romanos mantuvieron relaciones comerciales entre aproximadamente los años 1 y 200 d.C. Los productos iban del este al

---

Lo que aprenderás...

Ideas principales

1. El aumento del comercio con Asia enriqueció a las ciudades italianas y dio lugar al Renacimiento.
2. Los escritores y artistas italianos produjeron grandes obras durante el Renacimiento.

La idea clave

El crecimiento de las prósperas ciudades comerciales de Italia llevó a un nuevo florecimiento de las artes y el saber llamado Renacimiento.

Personas y palabras clave

Marco Polo, *pág. 559*
Renacimiento, *pág. 561*
humanismo, *pág. 561*
Dante Alighieri, *pág. 562*
Nicolás Maquiavelo, *pág. 562*
Miguel Ángel, *pág. 563*
Leonardo da Vinci, *pág. 563*

hmhsocialstudies.com
TOMAR NOTAS

Usa el organizador gráfico en Internet para anotar información sobre el crecimiento del comercio y las ciudades. Observa cómo este crecimiento influyó en los escritores y los artistas.

oeste por la Ruta de la Seda, una ruta de caravanas que empezaba en China y terminaba en el mar Mediterráneo. Cuando el Imperio romano y la dinastía Han cayeron, los soldados dejaron de proteger a los viajeros. En consecuencia, el tránsito de la Ruta de la Seda disminuyó. Luego, en el siglo XIII, los mongoles tomaron el control de China y volvieron a hacer de las rutas un lugar más seguro para los viajeros y los comerciantes. Entre esos comerciantes, estaban un hombre extraordinario proveniente de Venecia que se llamaba **Marco Polo** y su familia.

Los Polo viajaron de Europa a China, donde vieron muchas cosas sorprendentes, como el papel moneda y el uso del carbón como combustible. En China, también conocieron al emperador mongol Kublai Khan. Él los invitó a quedarse en su corte, y nombró a Marco Polo funcionario de su gobierno. Los Polo estuvieron 20 años en Asia antes de volver a Venecia. Allí, un escritor ayudó a Polo a documentar su viaje. Las descripciones de Polo despertaron la curiosidad de muchos europeos sobre Asia. Las personas comenzaron a pedir productos asiáticos y el comercio entre Asia y Europa aumentó. Los comerciantes italianos organizaron gran parte de este comercio.

Las ciudades comerciales de Italia

Para el siglo XIV, cuatro ciudades del norte de Italia (Florencia, Génova, Milán y Venecia) ya se habían convertido en centros de comercio. Las ciudades bullían de actividad. Allí, se podían comprar bellos artículos provenientes de Asia. En las calles, los residentes podían conocer a extranjeros de tierras remotas y oír muchos idiomas.

Las ciudades italianas desempeñaron dos papeles importantes para el comercio. En primer lugar, eran puertos que daban al mar Mediterráneo. Venecia y Génova eran las principales ciudades portuarias. Los barcos mercantes llevaban especias y otros artículos de lujo desde Asia a los puertos de estas ciudades. Desde allí, los mercaderes llevaban las mercaderías a toda Europa.

Florencia era un centro bancario y comercial. Los líderes ricos de la ciudad usaron su dinero para embellecerla con impresionantes edificios y obras de arte.

Principales ciudades comerciales

Florencia
Génova
Milán
Nápoles
Estados Pontificios
Venecia

0   50   100 millas
0   50   100 kilómetros

Milán
Río Po
Venecia
Génova
Pisa
Florencia
Mar Adriático
Río Tíber
Córcega
Roma
Mar Tirreno
Cerdeña
Nápoles
Mar Mediterráneo
Mar Jónico
Sicilia

DESTREZAS DE GEOGRAFÍA INTERPRETAR MAPAS

1. **Ubicación** ¿En qué región de Italia están ubicadas las cuatro principales ciudades comerciales?
2. **Lugar** Desde el punto de vista de su ubicación geográfica, ¿en qué se diferencian Génova y Venecia de las otras dos principales ciudades comerciales?

La historia en detalle

Florencia

Un mercado bulle de actividad en esta escena donde se muestra cómo pudo haber sido Florencia a fines del siglo XV.

Los mercaderes comerciaban productos de Europa y de Asia en los mercados de la ciudad.

Las telas eran una de las principales mercancías en Florencia.

Los banqueros llevaban registros detallados de sus inversiones.

SU IMPORTANCIA HOY

Durante el Renacimiento, los banqueros de Florencia desarrollaron un sistema contable que se sigue usando hoy en día.

En segundo lugar, eran centros de producción. Cada ciudad se especializaba en determinadas artesanías. En Venecia, se producía vidrio. En Milán, los trabajadores fabricaban armas y seda. Florencia era un centro de tejido de lana y producción de telas. Toda esta actividad económica enriqueció a los comerciantes. Algunas familias de comerciantes italianos llegaron a ser increíblemente ricas. Con el tiempo, esta riqueza convertiría a Italia en el centro de la cultura europea. ¿Cómo ocurrió esto?

Florencia

Una ciudad, Florencia, destaca como ejemplo del gran volumen de comercio y riqueza que llegó a Italia durante el siglo XIV. La riqueza de Florencia comenzó con el comercio de la lana, pero la actividad bancaria aumentó esa riqueza. Los banqueros de Florencia guardaban el dinero de los comerciantes de toda Europa. Los banqueros también ganaban dinero otorgando préstamos y cobrando intereses. El interés es una suma de dinero que los prestamistas les cobran a las personas que les piden un préstamo de dinero. Esta suma suele ser un porcentaje del préstamo.

Los banqueros más importantes de Florencia fueron los Médici. A comienzos del siglo XV, eran la familia más rica de la ciudad. Su fortuna también les dio poder político. En casi todas las grandes ciudades de Italia, el gobierno estaba bajo el control de una única familia rica. El jefe de la familia gobernaba la ciudad. Para 1434, Cosme de Médici ya gobernaba Florencia.

Cosme de Médici quería que Florencia fuera la ciudad más bella del mundo. Contrató artistas para decorar su palacio y también arquitectos para rediseñar muchos edificios de Florencia.

Cosme de Médici también valoraba la educación. Después de todo, necesitaba trabajadores para sus bancos que supieran leer y escribir, y entendieran matemáticas.

Los líderes de las ciudades contrataban arquitectos y artistas para crear bellos edificios como esta famosa iglesia, llamada el Duomo.

Los visitantes de Florencia ayudaron a difundir las ideas del Renacimiento por toda Europa.

DESTREZA DE ANÁLISIS **ANALIZAR RECURSOS VISUALES**

¿Qué elementos de esta ilustración muestran la riqueza de Florencia?

Para mejorar la educación, construyó bibliotecas y reunió libros. Durante el gobierno de los Médici, Florencia se convirtió en el centro del arte, la literatura y la cultura de Italia. En otras ciudades italianas, las familias adineradas trataron de superarse unas a otras cuando se trataba de apoyar a las artes y el saber.

Los comienzos del Renacimiento

Ese amor por el arte y la educación fue una característica clave de una época que llamamos Renacimiento. La palabr **Renacimiento** significa "renacer" y se refiere al período posterior a la Edad Media de Europa.

¿Qué fue lo que "renació"? Se reavivó el interés por el arte y la literatura, especialmente por las obras de los antiguos griegos y romanos. También creció la valoración de las personas como individuos. Estas ideas eran muy diferentes de las ideas de la Edad Media.

COMPRENSIÓN DE LA LECTURA **Resumir** ¿Por qué el comercio dio origen al Renacimiento en Italia?

Los escritores y artistas italianos

Durante el Renacimiento surgieron nuevas formas de pensamiento. Al mismo tiempo, en ese período se produjo un énfasis renovado en el pasado. Estas tendencias inspiraron a los escritores y artistas italianos a producir muchas obras brillantes.

Fuentes de inspiración

Durante la Edad Media, la mayoría de los pensadores de Europa habían dedicado su vida a estudiar religión. Sin embargo, para el siglo XIV, los estudiosos habían comenzado a ampliar sus intereses. Estudiaban poesía, historia, arte y los idiomas latín y griego. El conjunto de estos temas se llama humanidades porque exploran las actividades humanas en lugar del mundo físico o la naturaleza de Dios. El estudio de las humanidades produjo un movimiento llamado **humanismo**, una forma de pensar y aprender que pone énfasis en la importancia de las capacidades y las acciones de los seres humanos.

ENFOQUE EN LA LECTURA

¿Qué otra palabra de este párrafo, además de *Renacimiento*, tiene la raíz latina que significa "otra vez"? ¿Cómo se refleja el significado de la raíz latina en el significado de la palabra?

LIBRO
El Príncipe

En El Príncipe, *Maquiavelo aconseja a los gobernantes sobre cómo mantenerse en el poder. En este famoso fragmento, explica por qué, en su opinión, a los gobernantes les conviene ser temidos en lugar de ser amados.*

❝Ha surgido una controversia sobre esto: si es mejor ser amado que ser temido, o viceversa. Mi opinión es que es deseable ser amado y ser temido; pero es difícil lograr las dos cosas, y si debe faltar alguna de las dos, es mucho más seguro ser temido que ser amado. . . Pues el amor se basa en un lazo de gratitud que, debido a que los hombres se interesan demasiado por sí mismos, se rompe en cuanto se les presenta la oportunidad de beneficiarse. En cambio, el temor se basa en un miedo al castigo que siempre rinde frutos❞.

DESTREZA DE ANÁLISIS — ANALIZAR FUENTES PRIMARIAS

¿Piensas que Maquiavelo dio un buen consejo en este fragmento? ¿Por qué?

Este interés por las humanidades estaba relacionado con el redescubrimiento de escritos antiguos. Durante el siglo XIV, los turcos habían conquistado gran parte del Imperio bizantino. Los estudiosos que intentaban escapar de los turcos huían a Italia. Estos estudiosos llevaban obras de literatura poco frecuentes.

Muchas de las obras que llevaron a Italia eran antiguos escritos <u>clásicos</u> como las obras de pensadores griegos. Los estudiosos, entusiasmados con el regreso de estos escritos, se dedicaron entonces a buscar textos antiguos en latín. Encontraron muchos en los monasterios, donde los monjes habían conservado las obras de los escritores romanos. Cuando los estudiosos redescubrieron la gloria de Grecia y Roma, desearon retomar la cultura clásica.

Los artistas y arquitectos del Renacimiento también se inspiraron en el pasado. Las estatuas clásicas y las ruinas de construcciones romanas seguían en pie en Italia. Estas ruinas y estatuas antiguas inspiraron a los pintores y escultores.

VOCABULARIO ACADÉMICO

clásico
referido a la cultura de las antiguas Grecia o Roma

Los escritores italianos

Muchos escritores italianos contribuyeron al Renacimiento con grandes obras de literatura. El primero de ellos fue el político y poeta **Dante Alighieri.** Antes de Dante, la mayoría de los autores medievales habían escrito en latín, el idioma de la iglesia. Dante escribía en italiano, el idioma que hablaban las personas comunes. De esta manera, Dante demostró que, para él, el idioma popular era tan importante como el latín.

Otro escritor italiano posterior, **Nicolás Maquiavelo,** también era político. En 1513, Maquiavelo escribió una obra breve llamada *El Príncipe*, donde aconsejaba a los dirigentes sobre cómo gobernar.

Maquiavelo no prestaba atención a las teorías ni a como *deberían* hacerse las cosas. Sólo se interesaba por lo que ocurría en la realidad, en la guerra y en la paz. Sostenía que, para tener éxito, los gobernantes tenían que concentrarse en "aquí y ahora", no en las teorías. Maquiavelo pensaba que a veces los gobernantes tenían que ser despiadados para mantener el orden. En este sentido, Maquiavelo representa un buen ejemplo del interés renacentista por la conducta de los seres humanos y la sociedad.

Dos maestros

Miguel Ángel
1475–1564

Miguel Ángel creó algunas de las obras de arte más famosas de la historia universal. Al igual que muchas de sus obras maestras, Miguel Ángel creó su impactante estatua del rey israelita David y su extraordinaria pintura para la Capilla Sixtina (ambas a la derecha) para la Iglesia católica romana.

Los artistas y el arte italianos

Durante el Renacimiento, los artistas italianos crearon algunas de las obras de pintura y escultura más bellas del mundo. Las ideas sobre el valor de la vida humana influyeron en el arte de la época. Los artistas mostraban a las personas de manera más realista que los artistas medievales. Los artistas del Renacimiento estudiaban el cuerpo humano y dibujaban lo que veían. Sin embargo, como a menudo usaban estatuas clásicas como modelos, muchos de los seres humanos que dibujaban tenían la perfección de los dioses griegos.

Los artistas también usaban una nueva técnica llamada perspectiva, una manera de mostrar profundidad y distancia en una superficie plana. La perspectiva se crea de distintas maneras. Por ejemplo, las personas que aparecen en el fondo de un cuadro son más pequeñas que las del frente. Se usan colores más nítidos para los objetos que se ven de cerca, mientras que las imágenes de objetos más distantes son más neblinosos. Además, las líneas paralelas, como las de las baldosas, aparecen en diagonal. Ésta es otra manera de producir la ilusión de distancia entre las personas o los objetos que se muestran.

Dos maestros

Hubo varios grandes artistas del Renacimiento italiano. Pero dos de ellos destacan entre los demás. Cada uno es un ejemplo de lo que se llama una persona renacentista: alguien que puede hacer bien prácticamente cualquier cosa.

Uno de estos grandes maestros italianos fue **Miguel Ángel**. Tenía muchos talentos: diseñó edificios, escribió poesía, realizó esculturas y pintó obras magníficas. Probablemente, su obra más famosa es la pintura del cielo raso de la Capilla Sixtina, en el Vaticano. Las musculosas figuras humanas de esta pintura inmensa recuerdan al observador las estatuas griegas o romanas.

El verdadero genio del Renacimiento fue **Leonardo da Vinci**. Además de ser un pintor experto, Leonardo fue escultor, arquitecto, inventor, ingeniero, urbanista y cartógrafo. Tanto la naturaleza como la tecnología fascinaban a Leonardo. Los cuadernos que dejó están llenos de dibujos detallados de plantas, animales y máquinas.

hmhsocialstudies.com
ANIMATED HISTORY
Renaissance Artists

Leonardo da Vinci
1452–1519

Leonardo demostró tener talento artístico desde joven, pero nadie podía saber que se convertiría en uno de los grandes genios de la historia. Su Mona Lisa (en el extremo derecho) es una de las pinturas más famosas del mundo. Leonardo también dejó cuadernos repletos de ejemplos de sus otros intereses. Su autorretrato (arriba a la derecha) y sus dibujos de anatomía (a la derecha), revelan su atención a los detalles y al estudio del cuerpo humano. Sus ideas para crear una máquina para volar impulsada por el hombre se reflejan en el modelo de arriba.

El arte del Renacimiento

El arte renacentista era muy diferente del arte medieval. Los artistas del Renacimiento usaron técnicas nuevas para que sus pinturas fueran más realistas.

¿En qué se parecen y en qué se diferencian estas dos pinturas?

En esta pintura, las personas tienen mayor tamaño y detalle que las montañas que se ven a lo lejos, y eso crea una sensación de profundidad.

Los artistas de la Edad Media no usaban la perspectiva, y por eso su arte parecía plano.

Para que su arte se viera más real, Leonardo estudió anatomía, la estructura del cuerpo humano. Las pinturas de Leonardo también mostraban emociones humanas. Por ejemplo, en su famoso retrato de la Mona Lisa, muestra a la dama sonriendo.

COMPRENSIÓN DE LA LECTURA Resumir
¿Quiénes fueron algunos de los grandes escritores y artistas del Renacimiento?

RESUMEN Y PRESENTACIÓN Los cambios que se produjeron en Italia llevaron al comienzo de una época llamada Renacimiento. A fines del siglo XIV, hubo en Italia un gran renacer del arte, la literatura y la educación. En la siguiente sección, aprenderás cómo cambiaron las ideas del Renacimiento al difundirse por Europa.

Sección 1 Evaluación

hmhsocialstudies.com
Cuestionario en Internet

Repasar ideas, palabras y personas

1. a. Identificar ¿Quién fue **Marco Polo** y por qué fue influyente?
b. Analizar ¿Por qué las cuatro principales ciudades comerciales de Italia tenían tanta importancia desde el punto de vista de la economía?
c. Profundizar ¿Por qué la ciudad de Florencia llegó a ser tan famosa?
2. a. Describir ¿Cuáles fueron las fuentes de inspiración de los artistas y los estudiosos del Renacimiento?
b. Comparar ¿A qué artista te hubiera gustado más conocer en la vida real: a **Miguel Ángel** o a **Leonardo da Vinci**? ¿Por qué?
c. Evaluar ¿Por qué crees que **Dante Alighieri** decidió escribir en italiano en vez de hacerlo en latín, el idioma que usaban la mayoría de los estudiosos?

Pensamiento crítico

3. Ordenar Dibuja un diagrama como el siguiente. Consulta tus notas para ordenar los sucesos.

| Comienza el Renacimiento. | Los mercaderes ricos apoyan las actividades culturales. | Aumenta el comercio entre Europa y Asia. |

ENFOQUE EN LA REDACCIÓN

4. Identificar los detalles clave La idea principal de esta sección podría expresarse como: "El contacto con Asia y la riqueza que produjo el comercio dieron inicio al Renacimiento en Italia". Escribe esta idea principal en tu cuaderno. ¿Qué detalles clave de esta sección apoyan esta idea? Escríbelos también en tu cuaderno.

El Renacimiento fuera de Italia

Si ESTUVIERAS allí...

Eres un estudiante proveniente de Holanda y estudias derecho en la universidad de Bolonia, Italia. ¡La vida en la Italia del Renacimiento es tan apasionante! Has conocido a artistas y escritores y has aprendido mucho sobre arte y literatura. Mueres de ganas de contarles a las personas de tu país todo lo que has aprendido. Pero un abogado de Bolonia te ha ofrecido la oportunidad de quedarte a trabajar en Italia.

¿Te quedarás en Italia o regresarás a Holanda?

CONOCER EL CONTEXTO Para finales del siglo XV, el espíritu renacentista ya se estaba extendiendo desde Italia hacia otros lugares de Europa. Artistas, escritores y estudiosos iban a Italia para estudiar. Después, les transmitían a otros lo que habían aprendido y llevaban a sus países pinturas y esculturas de Italia. Además de obras de arte, también llevaban nuevas ideas. En poco tiempo, la imprenta y los libros hicieron esas nuevas ideas accesibles a más personas todavía.

Avances científicos y educativos

Muchos de los textos redescubiertos en el siglo XIV estaban relacionados con las ciencias. Una vez más, los europeos podían leer las obras originales de los antiguos científicos, escritas en griego. Después de leer estas obras, los estudiosos renacentistas hicieron sus propios adelantos científicos.

Las matemáticas y las ciencias

Algunos científicos renacentistas creían que las matemáticas podían ayudarlos a comprender el universo. Estudiaban antiguos textos de matemáticas y continuaban las ideas que contenían. Mientras lo hacían, crearon muchos de los símbolos matemáticos que usamos hoy en día. Entre ellos están los símbolos de la raíz cuadrada ($\sqrt{}$) y de los números positivos (+) y negativos (-).

Los adelantos en matemáticas llevaron a adelantos en otros campos de la ciencia. Los ingenieros y los arquitectos, por ejemplo, usaron las nuevas fórmulas matemáticas para diseñar nuevas formas

---

Lo que aprenderás...

Ideas principales

1. Durante el Renacimiento se produjeron avances científicos y educativos.
2. El papel, la imprenta y las nuevas universidades permitieron la difusión de las nuevas ideas del Renacimiento por toda Europa.

La idea clave

El Renacimiento se difundió por muchos lugares fuera de Italia y sufrió cambios al hacerlo.

Personas y palabras clave

Petrarca, *pág. 566*
Juan Gutenberg, *pág. 566*
humanismo cristiano, *pág. 567*
Desiderio Erasmo, *pág. 567*
Alberto Durero, *pág. 568*
Miguel de Cervantes, *pág. 568*
William Shakespeare, *pág. 568*

hmhsocialstudies.com
TOMAR NOTAS

Usa el organizador gráfico en Internet para describir las ideas, el arte y la literatura del Renacimiento fuera de Italia.

de reforzar los edificios. Otros científicos del Renacimiento querían saber más sobre el cielo y lo que había en él. Estudiaban astronomía para aprender sobre el Sol, las estrellas y los planetas. Gracias a sus estudios, descubrieron que la Tierra gira alrededor del Sol.

Cambios en la educación

Durante el Renacimiento, los estudiantes siguieron estudiando temas religiosos, pero también aprendían humanidades. La historia cobró mucha importancia. El estudioso renacentista **Petrarca** advirtió sobre los peligros de ignorar la historia:

> "¡Oh, edad deshonrosa! que desprecia a la antigüedad, su madre, a quien le debe toda arte noble... ¿Qué puede decirse en defensa de los hombres educados que no deberían ignorar la antigüedad [los tiempos antiguos], y sin embargo están sumergidos en... la oscuridad y el error?"
>
> —Francisco Petrarca, de una carta a Boccaccio de 1366

VOCABULARIO ACADÉMICO

afectar
cambiar o influir en

Las ideas de Petrarca iban a **afectar** la educación durante muchos años. La educación y las nuevas formas de difundir la información llevarían al Renacimiento a muchos lugares fuera de Italia.

COMPRENSIÓN DE LA LECTURA **Resumir** ¿En qué campos del conocimiento se produjeron avances durante el Renacimiento?

La difusión de nuevas ideas

Los artistas y los viajeros contribuyeron a difundir las ideas del Renacimiento por toda Europa. Pero el desarrollo de la imprenta desempeñó un papel importantísimo. Permitió que miles de personas leyeran libros por primera vez en la historia.

El papel y la imprenta

La fabricación del papel se difundió desde China a Medio Oriente y luego a Europa. Para el siglo XIV, varias fábricas europeas ya producían papel. Como el papel era más económico y más fácil de fabricar, pronto reemplazó a las pieles animales procesadas que se usaban hasta entonces para escribir.

A mediados del siglo XV, un alemán llamado **Juan Gutenberg** desarrolló una imprenta con tipos móviles. Es decir, cada letra era una pieza de metal separada. Un trabajador acomodaba las letras en un marco, esparcía tinta sobre las letras y luego presionaba una hoja de papel contra ellas. Se imprimía una página entera de una sola vez. Luego, el trabajador reacomodaba las letras en el marco y creaba una nueva página.

En 1456, Gutenberg imprimió la Biblia en latín. Después, se tradujo e imprimió en otros idiomas. A medida que la Biblia se difundía, más

Línea cronológica

La imprenta en Europa

1000 Todavía no se ha desarrollado la imprenta en Europa. Los libros se copian a mano; en general, lo hacen los monjes.

circa 1455 Juan Gutenberg desarrolla la imprenta. Los tipos móviles permiten producir libros en masa y difundir las ideas más rápidamente.

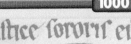
1000   1300

s. XIV En las fábricas de Europa, se empieza a producir papel con técnicas que vienen de Asia.

personas aprendieron a leer. Entonces, desearon recibir más educación.

Nuevas universidades

Estudiantes de toda Europa viajaban a Italia para estudiar. En las universidades italianas, los estudiantes aprendían ideas humanistas que luego llevaban a sus propios países.

Con el tiempo, se abrieron nuevas universidades en Francia, Alemania y los Países Bajos. Como estas instituciones estaban fundadas por humanistas, las ideas del Renacimiento sobre el valor de los individuos se difundieron por toda Europa.

Aunque sólo los hombres podían asistir a las universidades, muchas familias nobles de Italia educaban a sus hijas en su hogar. Algunas de estas mujeres se casaban con nobles de otras partes de Europa y se hacían influyentes. Usaban su posición para alentar la difusión de las ideas del Renacimiento en los territorios que gobernaban sus maridos.

El Renacimiento del norte

A medida que el humanismo se difundía en el norte de Europa, se relacionó más con la religión.

Los estudiosos de esta región se concentraron en la historia del cristianismo y no en Grecia o en Roma. Este **humanismo cristiano** era una combinación de ideas humanistas y religiosas.

Muchos estudiosos del norte empezaron a sentir que la iglesia era corrupta y que no seguía las enseñanzas de Jesús. Un sacerdote holandés llamado **Desiderio Erasmo** fue la voz más importante a favor de la reforma. Erasmo criticaba al clero corrupto y quería eliminar algunos rituales de la iglesia que para él no tenían sentido. En lugar de los rituales, destacaba la devoción a Dios y las enseñanzas de Jesús.

Los europeos del norte también incorporaron cambios importantes al arte del Renacimiento. Por ejemplo, tenían un estilo más realista que los artistas italianos. Las personas de las pinturas del norte no parecen dioses griegos sino que se ven reales, con defectos físicos. Los artistas del norte también trabajaban con una mayor variedad de temas. Muchos pintaban escenas de la vida diaria en vez de las escenas bíblicas y los mitos clásicos que preferían los artistas italianos.

Uno de los artistas más famosos del Renacimiento del norte fue un talentoso alemán.

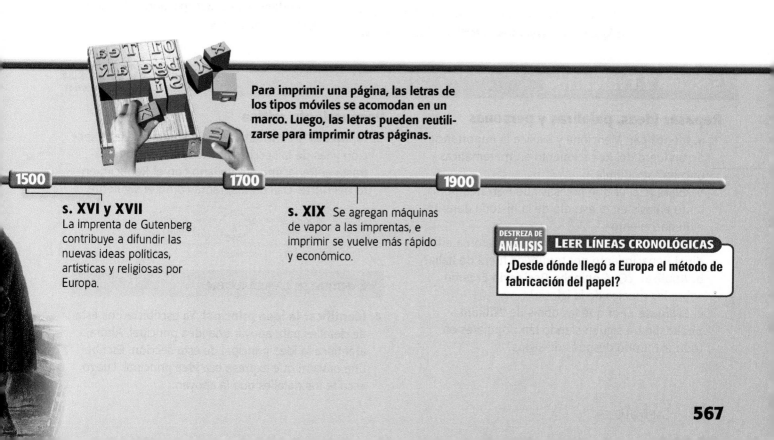

Para imprimir una página, las letras de los tipos móviles se acomodan en un marco. Luego, las letras pueden reutilizarse para imprimir otras páginas.

1500 — 1700 — 1900

s. XVI y XVII
La imprenta de Gutenberg contribuye a difundir las nuevas ideas políticas, artísticas y religiosas por Europa.

s. XIX Se agregan máquinas de vapor a las imprentas, e imprimir se vuelve más rápido y económico.

DESTREZA DE ANÁLISIS | **LEER LÍNEAS CRONOLÓGICAS**
¿Desde dónde llegó a Europa el método de fabricación del papel?

BIOGRAFÍA

William Shakespeare
1564–1616

Muchos consideran a William Shakespeare el autor teatral más importante de todos los tiempos. Sus obras de teatro siguen siendo sumamente populares en todo el mundo. Shakespeare fue un escritor tan importante, que su influencia se hizo sentir hasta en el idioma inglés. Inventó frases comunes como *fair play* (juego limpio) y palabras de uso corriente como *lonely* (solitario). De hecho, es probable que Shakespeare haya inventado más de 2,000 palabras en inglés.

Hacer inferencias ¿Cómo piensas que inventaba Shakespeare palabras y frases?

Su nombre era **Alberto Durero**. Durero estudió anatomía para poder pintar a las perso-nas de manera más realista. Representaba los objetos con gran detalle. Durero es famoso por sus grabados. Un grabado es una obra de arte reproducida de un original.

La literatura fuera de Italia

Los escritores de otros países' fuera de Italia también incluyeron ideas renacentistas en sus obras. Como Dante, escribían en el idioma que se hablaba en sus países de origen. En España, **Miguel de Cervantes** escribió *Don Quijote*.

hmhsocialstudies.com
ANIMATED HISTORY
Renaissance Europe, c. 1500

En este libro, Cervantes se burlaba de los cuentos románticos de la Edad Media. Al igual que muchos escritores de aquellos tiempos, Cervantes pensaba que su época era mucho mejor que la Edad Media.

Muchos lectores consideran a **William Shakespeare** el escritor más importante de la lengua inglesa. Aunque también escribió poesía, Shakespeare es más conocido por sus obras de teatro. Escribió más de 30 comedias, tragedias y dramas históricos. A fines del siglo XVI y principios del siglo XVII, los espectadores londinenses se apiñaban en los teatros para ver sus obras. A partir de entonces, las personas han disfrutado la belleza del lenguaje de Shakespeare y la profundidad con la que llegó a entender a la humanidad.

COMPRENSIÓN DE LA LECTURA **Analizar**

¿Cómo contribuyeron los viajes y los matrimonios a difundir las ideas del Renacimiento?

RESUMEN Y PRESENTACIÓN La fabricación de papel, la imprenta y las nuevas universidades ayudaron a difundir el Renacimiento por territorios fuera de Italia. Los artistas y escritores del norte cambiaron las ideas renacentistas. A continuación, aprenderás sobre las ideas religiosas que se extendieron por Europa aproximadamente en la misma época.

Sección 2 Evaluación

hmhsocialstudies.com
Cuestionario en Internet

Repasar ideas, palabras y personas

1. **a. Identificar** Menciona y explica la importancia de un logro del Renacimiento en matemáticas y uno en astronomía.
   b. Evaluar ¿Por qué piensas que **Petrarca** ponía tanto énfasis en el estudio de la historia durante el Renacimiento?
2. **a. Describir** ¿Qué dos inventos ayudaron a difundir el Renacimiento por territorios fuera de Italia?
   b. Analizar ¿Qué opinaba **Desiderio Erasmo** sobre los rituales de la iglesia?
   c. Evaluate ¿Por qué las obras de **William Shakespeare** siguen siendo tan populares en todo el mundo después de siglos?

Pensamiento crítico

3. **Comparar y contrastar** Con tus notas de esta sección y las de la sección anterior, compara y contrasta el Renacimiento italiano con el Renacimiento del norte. Usa un diagrama como el siguiente.

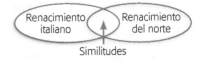

Renacimiento italiano — Similitudes — Renacimiento del norte

ENFOQUE EN LA REDACCIÓN

4. **Identificar la idea principal** Ya escribiste una lista de detalles para apoyar una idea principal. Ahora, identifica la idea principal de esta sección. Escribe una oración que exprese esa idea principal. Luego, escribe los detalles que la apoyan.

La reforma del cristianismo

Si ESTUVIERAS allí...

Vives en un pequeño pueblo de Alemania, en el siglo XVI. La Iglesia católica tiene mucha influencia en tu pueblo. A menudo, los dirigentes de la iglesia se enfrentan con los nobles locales para ver quiénes tienen la última palabra en ciertas cuestiones políticas. Además, la iglesia obliga a los nobles a pagar impuestos altos. Últimamente, sin embargo, un sacerdote local ha estado criticando abiertamente a muchos líderes de la iglesia. Este sacerdote quiere hacer algunos cambios.

¿Cómo crees que le responderán los nobles?

CONOCER EL CONTEXTO A principios del siglo XVI, las ideas del Renacimiento habían llevado a muchos europeos a tener una mirada más crítica sobre el mundo. Pensaban que podían cambiar las cosas para mejor. Uno de los aspectos que para muchos hacía falta mejorar era la religión.

Los reformadores piden cambios

En las últimas etapas del Renacimiento, algunas personas habían empezado a quejarse de los problemas que había en la Iglesia católica. Les pedían a los líderes de la iglesia que acabaran con la corrupción y se concentraran en la religión. Estas quejas dieron lugar a la **Reforma,** un movimiento de reforma contra la Iglesia católica romana.

Las prácticas impopulares de la iglesia

Los que querían reformar la iglesia tenían muchas quejas. Algunos creían que los sacerdotes y los obispos ya no eran religiosos. Otros sentían que el Papa estaba demasiado ocupado en la política y que dejaba de lado sus obligaciones religiosas. Otros pensaban que la iglesia se había enriquecido demasiado. La Iglesia católica romana se había convertido en una de las instituciones más ricas de Europa porque no tenía que pagar impuestos.

Muchas personas objetaban la forma en que la iglesia recolectaba dinero. Uno de los métodos usuales era la venta de indulgencias. Una indulgencia era un documento que otorgaba el papa y que perdonaba las penas por los pecados que hubiera cometido una persona.

Lo que aprenderás...

Ideas principales

1. Los reformadores exigieron cambios en la Iglesia católica, pero algunos se separaron de ella y formaron nuevas iglesias.
2. La Reforma católica fue un intento por reformar la iglesia desde adentro.
3. Las guerras religiosas y los cambios sociales fueron parte del impacto político de la Reforma.

La idea clave

Los esfuerzos por reformar la Iglesia católica romana produjeron cambios en la sociedad y la creación de nuevas iglesias.

Personas y palabras clave

Reforma, *pág. 569*
Martín Lutero, *pág. 570*
protestantes, *pág. 570*
Juan Calvino, *pág. 571*
Reforma católica, *pág. 572*
jesuitas, *pág. 572*
federalismo, *pág. 575*

hmhsocialstudies.com
TOMAR NOTAS

Usa el organizador gráfico en Internet para tomar notas acerca de los esfuerzos por reformar la Iglesia católica, tanto de parte de los protestantes (personas que se separaron de la iglesia) como de los católicos.

Según la iglesia, las indulgencias reducían el tiempo que una persona pasaría en el purgatorio. En la enseñanza católica, el purgatorio era el lugar adonde iban las almas a pagar por sus pecados antes de pasar al cielo. Muchos cristianos creían que al vender indulgencias, la iglesia permitía que las personas se compraran su entrada al cielo.

Martín Lutero

A principios del siglo XVI, los estudiosos del norte de Europa empezaron a pedir que se hicieran reformas en la iglesia. El 31 de octubre de 1517, un sacerdote llamado **Martín Lutero** se sumó al pedido de reforma. En la puerta de una iglesia de Wittenberg, en el estado alemán de Sajonia, clavó una lista de quejas contra la iglesia. La lista de Lutero se llama Las noventa y cinco tesis. Gracias a la imprenta, que acababa de inventarse, las copias impresas de esta lista llegaron a los estados vecinos.

Las quejas de Lutero hicieron enojar a muchos católicos. El papa León X lo acusó de hereje y lo excomulgó. Además, el gobernante de Alemania, que era el emperador del Sacro Imperio romano, le ordenó a Lutero que se presentara ante una dieta, o consejo de nobles y dirigentes de la iglesia, en la ciudad alemana de Worms. El emperador lo declaró culpable y le ordenó que se fuera del Imperio. Pero un noble ayudó a Lutero en secreto para que se ocultara del emperador.

Las ideas de Lutero finalmente provocaron una división en la iglesia. Las personas que protestaban en contra de la Iglesia católica romana pasaron a llamarse **protestantes.** A los protestantes que seguían las enseñanzas de Lutero, se los llamó específicamente luteranos.

Lutero enseñó que cualquier persona podía tener una relación directa con Dios. No hacía falta que los sacerdotes fueran intermediarios para hablar con Dios. Esta idea se conoce como el sacerdocio de todos los creyentes.

El mensaje de Martín Lutero

La Reforma nació cuando Martín Lutero clavó Las noventa y cinco tesis en la puerta de una iglesia de Wittenberg, Alemania. En poco tiempo, otras personas, también disconformes con las prácticas de la iglesia, se sumaron a las críticas en su contra.

BIOGRAFÍA

Martín Lutero
1483–1546

A Martín Lutero se le atribuye el inicio de la Reforma, pero él nunca quiso abandonar la Iglesia católica. Sólo quería corregir lo que él creía que eran errores de la iglesia. Después de que lo excomulgaron, se fue alejando más y más de las enseñanzas de la iglesia. Por ejemplo, aunque los sacerdotes de la Iglesia católica romana no podían casarse, Lutero se casó con una ex monja en 1525. Aun así, en su vejez, Lutero se lamentó de que sus acciones hubieran provocado una división en la iglesia.

Hacer inferencias ¿Por qué crees que Lutero se arrepintió de haber provocado una división en la iglesia?

El sacerdocio de todos los creyentes cuestionaba la estructura tradicional y el poder de la iglesia. Pero Lutero alentaba a las personas a vivir de acuerdo con lo que decía la Biblia y no como ordenaban los sacerdotes o el papa.

Para que todos pudieran entender cómo quería Dios que vivieran, Lutero tradujo el Nuevo Testamento de la Biblia al alemán, su lengua materna. Por primera vez, muchos europeos que no sabían griego ni latín podían leer la Biblia por sí solos. Además de traducir la Biblia, Lutero escribió panfletos, ensayos y canciones acerca de sus ideas, en muchos casos en alemán.

A muchos nobles alemanes les gustaban las ideas de Lutero. Sobre todo, apoyaban la postura de Lutero acerca de que el clero no debía interferir en la política. Como las personas que trabajaban en las tierras de estos nobles estaban autorizadas a hacerse luteranas, la Iglesia luterana pronto se convirtió en la iglesia dominante en gran parte del norte de Alemania.

Otros reformadores

Incluso antes de la muerte de Lutero en 1546, otros reformadores de toda Europa habían empezado a seguir su ejemplo. William Tyndale, un profesor inglés, creía que todos tenían que saber leer e interpretar la Biblia. Esta idea contradecía las enseñanzas de la Iglesia católica, según las cuales sólo los miembros del clero podían interpretarla. Cuando Tyndale tradujo la Biblia al inglés, las autoridades católicas lo ejecutaron.

Un reformador más influyente que Tyndale fue **Juan Calvino**. Una de las enseñanzas más importantes de Calvino fue la idea de la predestinación, según la cual Dios sabía quién se salvaría incluso desde antes de su nacimiento. Nada de lo que hicieran las personas durante su vida podría cambiar el plan de Dios. Sin embargo, Calvino también enseñó que era importante llevar una vida de bien y obedecer las leyes de Dios.

SU IMPORTANCIA HOY

Muchas de las canciones que escribió Lutero se siguen cantando en las iglesias protestantes de todo el mundo.

Fuente primaria

DOCUMENTO HISTÓRICO

Las noventa y cinco tesis de
Lutero

En Wittenberg, clavar documentos en la puerta de las iglesias era una manera común de compartir las ideas con la comunidad. Sin embargo, Las noventa y cinco tesis que publicó Martín Lutero generaron mucha más polémica que ningún otro documento. En los puntos que aparecen aquí, tomados de la lista de Lutero, se dan razones en contra de la venta de indulgencias.

Lutero consideraba que sólo Dios, y no el papa, podía conceder el perdón.

Lutero consideraba que no tenía sentido comprar indulgencias.

(5) El papa no puede ni debe condonar [perdonar] otros castigos que aquellos que él mismo imponga en base a sus propios decretos [órdenes] o a los cánones [leyes] establecidos.

(21) Por lo tanto, están en lo falso [se equivocan] aquellos predicadores de indulgencias al decir que, mediante la indulgencia del papa, las personas podrán liberarse de todos sus castigos y alcanzar la salvación.

(30) Nadie puede estar seguro de la sinceridad de su propia contrición [arrepentimiento]; mucho menos de haber expiado [pagado] todos sus pecados.

(43) Habría que enseñar a los cristianos que vale más dar a los pobres o prestar a los necesitados que comprarse indulgencias.

(52) Esperar la salvación a través de las indulgencias es una idea vana y falsa, aunque el comisario [el vendedor de indulgencias], o hasta el mismo papa, entreguen su propia alma en garantía.

—Martín Lutero, de *Las noventa y cinco tesis*

DESTREZA DE ANÁLISIS **ANALIZAR FUENTES PRIMARIAS**

¿Por qué Martín Lutero estaba en contra de la venta de indulgencias?

Juan Calvino
1509-1564

Calvino fue tal vez la figura más importante de la Reforma, después de Lutero. Con sus escritos y sus prédicas, Calvino difundió ideas básicas de la Reforma, como el derecho de las personas comunes a participar en las políticas de la iglesia. A diferencia de muchos otros líderes religiosos, Calvino no creía que la salvación les sería negada a quienes se dedicaban a los negocios porque buscaban ganar dinero. Esta idea, con el tiempo, ayudaría a abrir el camino del capitalismo.

Inferir ¿Por qué las ideas de Calvino pueden haber tenido popularidad entre los habitantes de Ginebra?

En 1541, los habitantes de Ginebra, Suiza, nombraron a Calvino su líder religioso y político. Él y sus seguidores, llamados calvinistas, aprobaron leyes para que las personas vivieran de acuerdo con las enseñanzas calvinistas. Calvino quería convertir a Ginebra en ejemplo de una buena ciudad cristiana.

En Inglaterra, la figura más importante de la Reforma fue el rey Enrique VIII. Enrique le pidió al papa que oficialmente pusiera fin a su matrimonio, pero el papa se negó. Furioso, Enrique decidió que no iba a obedecer más al papa. En 1534, se proclamó a la cabeza de una nueva iglesia, que se llamó la Iglesia de Inglaterra, o Iglesia anglicana.

Enrique se separó de la Iglesia católica por motivos personales, no por motivos religiosos. En consecuencia, no cambió muchas prácticas de la iglesia. Los rituales y las creencias de la Iglesia anglicana siguieron siendo en gran medida iguales a los de la Iglesia católica. Sin embargo, las acciones de Enrique abrieron paso para se arraigaran en Inglaterra otras creencias protestantes.

SU IMPORTANCIA HOY

La orden de los jesuitas dirige escuelas y universidades católicas en todo el mundo.

COMPRENSIÓN DE LA LECTURA **Resumir**
¿Cuáles eran las principales enseñanzas religiosas de Martín Lutero?

La Reforma católica

La difusión del protestantismo entre fines del siglo XVI y el siglo XVII, generó la reacción de los líderes católicos. La iniciativa para detener el avance del protestantismo y reformar la Iglesia católica desde adentro se llamó **Reforma católica,** o Contrarreforma.

La cultura católica en España

Incluso antes de la Reforma católica, los gobernantes españoles habían luchado para expulsar de sus tierras a todas las personas que no eran católicas. En 1492, el rey y la reina vencieron a las últimas fuerzas musulmanas que quedaban en España. Entonces, obligaron a todos los musulmanes y judíos que quedaban en el país a convertirse al catolicismo.

Los monarcas españoles también le ordenaron a la Inquisición española que buscara y castigara a todos los musulmanes y judíos que se habían convertido al catolicismo pero que mantenían sus viejas creencias en secreto.

La Inquisición cumplió su deber con crueldad. Más adelante, persiguió a los protestantes. Una vez que la Inquisición había castigado a todos los creyentes musulmanes, judíos y protestantes, la Iglesia católica de España se quedó sin oponentes.

Las reformas católicas

En otras partes de Europa, los líderes católicos salieron a responder a las críticas de los protestantes. Los reformadores católicos crearon nuevas órdenes, o comunidades, religiosas en el sur de Europa. Estas órdenes querían que la Iglesia católica recuperara el apoyo de quienes se habían alejado de ella.

Ignacio de Loyola, un noble español, fundó la primera de estas órdenes en 1534. Esta nueva orden fue la Compañía de Jesús, o los jesuitas. Los **jesuitas** eran una orden religiosa creada para servir al papa y a la iglesia. Ignacio había participado en batallas como caballero y los jesuitas recibían entrenamiento para ser tan disciplinados como los soldados en sus obligaciones religiosas. Mediante la enseñanza de las ideas católicas, los jesuitas esperaban poner a las personas en contra del protestantismo.

El Concilio de Trento

Muchos líderes católicos sentían que se necesitaban más cambios. Convocaron al Concilio de Trento, una reunión de líderes eclesiásticos en Trento, Italia. Allí se reunió el clero de toda Europa para comentar, discutir y, finalmente, reformar la doctrina católica.

El concilio reformuló el papel del clero en la interpretación de la Biblia pero creó nuevas reglas para los miembros del clero. Una de las reglas ordenaba que los obispos se quedaran a vivir en las zonas que tenían a su cargo. El Concilio también rechazó oficialmente las ideas de los líderes protestantes.

Algunos líderes de la Reforma católica querían castigar a los protestantes por herejes. Para dirigir esta lucha, el papa creó cortes religiosas para castigar a los protestantes que se encontraran en Italia. Además, hizo una lista de los libros que consideraba peligrosos de leer, donde se incluían varias obras de autores protestantes. Los que leían los libros de la lista podían ser excomulgados de la Iglesia católica.

Los misioneros católicos

Muchos católicos dedicaron sus vidas a ayudar a crecer a la iglesia. Se convirtieron en misioneros y viajaron a otros países para difundir su fe. Al aumentar en gran medida la actividad de los misioneros durante la Reforma católica, las enseñanzas católicas se expandieron por el mundo.

Muchos de los nuevos misioneros eran jesuitas. Los sacerdotes jesuitas fueron a África, Asia y las Américas. El misionero más importante de ese período probablemente haya sido el sacerdote jesuita Francisco Javier. A mediados del siglo XVI, difundió el catolicismo en partes de la India y Japón.

En todo el mundo, los misioneros católicos bautizaron a millones de personas. Por sus esfuerzos, los efectos de la Reforma católica llegaron mucho más allá de Europa.

COMPRENSIÓN DE LA LECTURA **Identificar las ideas principales** ¿Qué objetivos perseguían los líderes de la Reforma católica?

El Concilio de Trento

Resultados del Concilio de Trento **DATOS BREVES**

- Se prohíbe la venta de indulgencias.

- Los obispos deben vivir dentro de las zonas que tienen a su cargo.

- Se rechazan las ideas de Lutero, Calvino y otros líderes de la Reforma.

Entre 1545 y 1563 se reunió el Concilio de Trento para aclarar las enseñanzas de la iglesia cuestionadas por los protestantes. El concilio desempeñó un papel fundamental en la revitalización de la Iglesia católica en Europa.

En este cuadro del siglo XVII se muestra una iglesia protestante de Francia. Los fieles de una congregación como esta elegían a sus líderes y dictaban sus propias reglas. Esta autonomía fue uno de los resultados de la Reforma.

Algunos resultados de la Reforma · DATOS BREVES

- Los conflictos religiosos se expanden por toda Europa.

- Los líderes de la iglesia reforman la Iglesia católica.

- Los misioneros difunden el catolicismo por todo el mundo.

- El norte de Europa pasa a ser mayoritariamente protestante.

- Las iglesias protestantes locales adquieren autonomía.

El impacto político

La Reforma creó una división en Europa. En España, la mayoría de las personas eran católicas. En los países del norte, la mayoría era protestante. El Sacro Imperio romano era una mezcla de reinos pequeños, algunos católicos y otros protestantes. A menudo, esta división provocaba conflictos políticos.

Las guerras religiosas

Aunque la mayoría de los habitantes de Francia eran católicos, algunos se hicieron protestantes. Los protestantes franceses se llamaban hugonotes. Las tensiones entre ambos grupos religiosos aumentaron cuando el rey francés, que era católico, prohibió todas las religiones protestantes. En 1562 estalló la violencia.

La guerra entre los católicos franceses y los hugonotes continuó, con interrupciones, durante décadas. El conflicto finalmente termi-nó en 1598. Ese año, el rey Enrique IV emitió el edicto de Nantes, una ley que garantizaba la libertad religiosa en la mayor parte de Francia. Los protestantes podían practicar su religión en cualquier lugar, excepto en París y algunas otras ciudades.

En el Sacro Imperio romano, las guerras religiosas causaron todavía más destrucción. Allí, el rey de Bohemia provocó un conflicto al obligar a todos los habitantes de su reino a convertirse al catolicismo. En 1618, los protestantes comenzaron una revuelta. La rebelión se expandió por todo el Sacro Imperio romano y dio comienzo a lo que se conoció como la Guerra de los Treinta Años.

El emperador del Sacro Imperio romano pidió ayuda a otros países católicos. Los protestantes también buscaron aliados. El rey católico de Francia aceptó ayudarlos porque no le gustaba el emperador del Sacro Imperio romano.

Después de 30 años de lucha, los gobernantes de Europa llegaron a un acuerdo de paz en 1648. Según este **acuerdo**, el Tratado de Westfalia, los gobernantes podían decidir si sus países serían católicos o protestantes. Además, el acuerdo estableció que los estados de Alemania eran independientes del Sacro Imperio romano.

Los cambios sociales

La Reforma no sólo provocó cambios políticos, sino que también provocó cambios sociales. Antes de la Reforma, casi ningún europeo tenía voz en el gobierno de la Iglesia católica. Simplemente seguían las enseñanzas de sus sacerdotes y obispos. Sin embargo, muchas iglesias protestantes no tenían sacerdotes, obispos ni otro tipo de clero. En cambio, los fieles, o comunidad de creyentes, dictaban sus propias reglas y elegían a sus propios líderes. Las personas empezaron a valorar la importancia de sus propias ideas y no sólo las del clero.

Una vez que las personas empezaron a gobernar sus iglesias, también pretendieron el poder político. En algunos lugares, los fieles empezaron a gobernar sus pueblos y ya no sólo sus iglesias. En las colonias norteamericanas de Nueva Inglaterra, por ejemplo, los fieles se reunían para decidir cómo gobernar sus pueblos o ciudades. Estas reuniones eran una forma primitiva de autogobierno, que es un tipo de gobierno en el que las personas se gobiernan a sí mismas.

Con el tiempo, algunos grupos de fieles se hicieron aun más poderosos. Con sus decisiones, tenían cada vez más influencia en distintos aspectos de la vida de las personas o controlaban lo que ocurría en regiones más extensas. El poder de estos grupos de fieles no reemplazó a los gobiernos nacionales, pero los gobernantes nacionales comenzaron a compartir parte de su poder con los gobiernos locales. El sistema de distribución del poder entre los gobiernos locales y un gobierno central fuerte se llama **federalismo**.

Cuando las personas se dieron cuenta de que sus ideas eran importantes, empezaron a hacerse preguntas. Querían saber más sobre el mundo que las rodeaba. Incluso, muchos

se negaban a aceptar la información que sólo se basara en la autoridad de otra persona. No importaba si esa persona era un escritor antiguo o un líder religioso. El deseo de investigar hizo que las personas se volcaran en la ciencia.

RESUMEN Y PRESENTACIÓN En el siglo XVI, los protestantes desafiaron a la Iglesia católica. Los líderes católicos adoptaron reformas religiosas para mantener la influencia de la iglesia. Los cambios religiosos de la Reforma provocaron conflictos y cambios sociales. En el siguiente capítulo, aprenderás sobre el desarrollo de la ciencia y la revolución científica.

VOCABULARIO ACADÉMICO

acuerdo decisión a la que llegan dos o más personas o grupos

ANIMATED HISTORY Spread of Protestantism, 1500s

Sección 3 Evaluación

hmhsocialstudies.com
Cuestionario en Internet

Repasar ideas, palabras y personas

1. a. Recordar ¿Qué tres quejas tenían las personas contra la Iglesia católica romana a principios del siglo XVI?
b. Contrastar ¿En qué se diferenciaban las ideas de **Martín Lutero** de las ideas de los católicos con respecto a la interpretación de la Biblia?
2. a. Definir ¿Qué fue la **Reforma católica**?
b. Analizar ¿Cuál era el objetivo de la Inquisición española?
3. a. Identificar ¿Dónde empezó la Guerra de los Treinta Años?
b. Ordenar ¿Por qué la **Reforma** dio lugar al desarrollo del **federalismo**?

Pensamiento crítico

4. Analizar Usa tus notas sobre los reformadores y un diagrama como el siguiente para explicar cómo las tensiones entre los protestantes y los católicos provocaron conflictos y violencia en Europa.

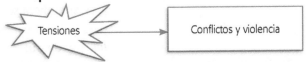

Tensiones → Conflictos y violencia

ENFOQUE EN LA REDACCIÓN

5. Elegir los detalles importantes Escribe en tu cuaderno la idea principal de la sección y los detalles que le sirven de apoyo. Luego, repasa tus notas y elige los detalles que te parezcan más importantes o interesantes para la solapa de tu libro. Haz una marca junto a los detalles que piensas incluir.

de Romeo y Julieta

de William Shakespeare

Sobre la lectura *Las obras de teatro de Shakespeare destacan una enorme variedad de experiencias humanas, entre ellas el amor, las pérdidas y todo lo que hay en medio. Aunque* Romeo y Julieta *termina en una catástrofe, tiene un mensaje de esperanza. Los protagonistas, dos adolescentes que pertenecen a familias enemigas, se conocen en una fiesta y se enamoran al instante. En esta escena, que se desarrolla más tarde esa misma noche, un Romeo preocupado ve a Julieta, que está en su balcón.*

A MEDIDA QUE LEES Observa las palabras que usa Romeo para describir la belleza de Julieta.

Rom. ¿Pero qué suave luz es la que sale por aquella ventana?
Es el oriente, y Julieta es el sol. **❶**
Sal, hermoso sol, y mata a la envidiosa luna
que ya está pálida y enferma de pena
porque tú, su doncella, eres mucho más hermosa...
Dos de las estrellas más hermosas de todo el cielo,
con asuntos que atender, suplican a sus ojos
que brillen en las esferas hasta que vuelvan.
¿Y si sus ojos estuvieran allí, y aquéllas en su cabeza?
La luz de sus mejillas avergonzaría a esas estrellas,
como la luz del día a la de una antorcha; sus ojos, en el cielo,
tal torrente de luz producirían en la espaciosa región,
que las aves cantarían, pensando que no es de noche.
¡Mirad cómo apoya la mejilla en la mano!
¡Oh, si pudiera ser guante de esa mano
para poder tocar esa mejilla!
Jul. ¡Ay de mí!
Rom. ¡Ella habla!
Oh, vuelve a hablar, ángel radiante, pues eres
tan gloriosa para esta noche, allí arriba,
como un alado mensajero de los cielos
para la mirada entornada de asombro
de los mortales que se inclinan hacia atrás para contemplarlo,

LECTURA GUIADA

AYUDA DE VOCABULARIO

envidiosa celosa
suplican ruegan

❶ Romeo compara a Julieta con el sol y afirma que hasta la luna estará celosa de su belleza.

¿Con qué otras cosas la compara en este discurso?

cuando a horcajadas sobre las abultadas nubes perezosas
navega por el seno del aire.

Jul. ¡Oh, Romeo, Romeo! ¿Por qué motivo eres tú Romeo? ❷
Niega a tu padre y renuncia a tu nombre;
o, si no lo deseas, no lo hagas pero declárame tu amor,
y ya no me llamaré Capuleto.

Rom. [Aparte.] ¿Seguiré oyendo, o hablaré?

Jul. No es sino tu nombre mi enemigo;
tú eres tú mismo, no un Montesco.
¿Qué quiere decir Montesco? No es mano ni pie,
ni brazo ni rostro, ni parte alguna
del ser humano. ¡Oh, toma otro nombre!
¿Qué tiene de especial un nombre? La rosa
no perdería su dulce perfume, si tuviera otro nombre.
Del mismo modo, Romeo, si no se llamara Romeo,
conservaría esa preciada perfección que posee
sin ese título. Romeo, desentiéndete de tu nombre,
y a cambio de tu nombre, que no es parte de ti,
toma todo mi ser. ❸

Rom. Te tomo la palabra.
Llámame amor, y me daré por bautizado otra vez;
ya no volveré a ser Romeo.

Jul. ¿Quién eres tú que, escudándote en la noche,
vienes a sorprender mi cavilación?

Rom. Con un nombre,
no sé cómo decirte quién soy.
Mi nombre, santa mía, me es odioso,
porque es un enemigo para ti;
si lo tuviera por escrito, rompería el papel.

Jul. Mis oídos no han sorbido cien palabras
de tu boca, y sin embargo reconozco el sonido.
¿No eres Romeo, y un Montesco?

Rom. Ni una cosa ni la otra, doncella mía,
si cualquiera te disgusta.

**Pintura del siglo
XIX de Romeo
y Julieta**

LECTURA GUIADA

AYUDA DE VOCABULARIO

a horcajadas montado

motivo causa

desentiéndete deshazte

cavilación reflexión profunda
y constante

❷ Julieta no está preguntando realmente por qué causa Romeo tenía ese nombre, sino que se está lamentando de que sea un Montesco, el enemigo de su familia.

❸ Julieta dice que podría estar con Romeo si él fuera de otra familia.

¿Qué pide Julieta que haga Romeo?

CONECTAR LA LITERATURA CON LA HISTORIA

1. Evaluar Los humanistas del Renacimiento exploraban las actividades humanas y se centraban en los actos humanos ¿Por qué crees que las acciones de Romeo y Julieta siguen siendo importantes para el público de hoy?

2. Analizar Los escritos medievales solían centrarse en temas religiosos. Sin embargo, los humanistas del Renacimiento creían que se podía escribir sobre muchos temas que no fueran la religión. Basándote en este fragmento, ¿qué nuevo tema exploraron algunos escritores humanistas?

Destrezas de estudios sociales

Análisis | Pensamiento crítico | Economía | Estudio

Comprender las gráficas

Comprender la destreza

Las gráficas son dibujos en los que se muestra información de manera clara y visual. Hay tres tipos principales de gráficas. En las *gráficas lineales,* se muestran los cambios que sufre algo a través del tiempo. En las *gráficas de barras,* se comparan las cantidades dentro de una misma categoría. Algunas gráficas de barras a veces también incluyen los cambios en el tiempo. En las *gráficas circulares,* también llamadas *gráficas de pastel,* se representan las partes que forman un todo. Cada porción del círculo, o del "pastel", representa una proporción del todo.

Las gráficas te permiten ver las relaciones de forma más rápida y fácil que las tablas o las explicaciones escritas. Saber leer e interpretar gráficas te ayudará a entender y usar mejor la información estadística en historia.

Aprender la destreza

Usa las siguientes pautas para comprender e interpretar los datos que se presentan en una gráfica.

❶ Lee el título de la gráfica para saber de qué se trata. Observa qué tipo de gráfica es. Esto te dará pistas sobre su propósito.

❷ Observa las partes de la gráfica y lee los rótulos. Observa cuáles son los conceptos o las categorías que se representan. Presta atención también a las unidades de medida. Si la gráfica tiene colores, determina qué significa cada uno.

❸ Analiza los datos. Observa los aumentos y las disminuciones de las cantidades. Busca tendencias o cambios en el tiempo. Determina otras relaciones entre los datos representados.

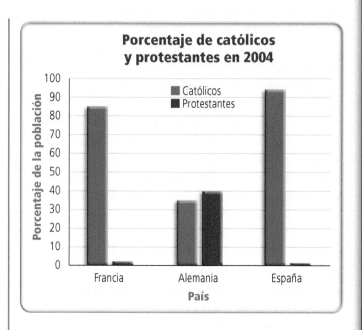

Practicar y aplicar la destreza

La Reforma desató cambios en el cristianismo de Europa. Los efectos de esos cambios aún se pueden observar el día de hoy. Usa la gráfica para responder a las siguientes preguntas.

1. ¿Qué tipo de gráfica es esta?

2. ¿Cuál es el propósito de la gráfica?

3. ¿Qué porcentaje de la población francesa es católica?

4. ¿En qué país hay más protestantes que católicos?

Repaso del capítulo

El impacto de la historia

▶ videos
Consulta el video para responder a la pregunta de enfoque:

¿Dónde comenzó el Renacimiento y qué impacto tuvo en el resto de Europa?

Resumen visual

Usa el siguiente resumen visual para repasar las ideas principales del capítulo.

DATOS BREVES

La riqueza que produjo el comercio en Italia contribuyó a un renacer de las artes y el saber e inspiró grandes obras de los genios del Renacimiento.

La imprenta desempeñó un papel fundamental en la difusión de las ideas del Renacimiento fuera de Italia.

Los reformadores criticaban las prácticas de la Iglesia católica y con el tiempo, se separaron y formaron iglesias protestantes.

Repasar vocabulario, palabras y personas

Copia las siguientes oraciones en una hoja y complétalas seleccionando la opción correcta del par de palabras entre paréntesis.

1. El comerciante de Venecia que viajó a China y conoció a Kublai Khan fue _____ (Cosme de Médici/Marco Polo).

2. La nueva forma de pensar y aprender que destaca la importancia de las capacidades y las acciones de los seres humanos se llama _____ (humanismo/Renacimiento).

3. _____ (Leonardo da Vinci/Miguel Ángel) fue pintor, escultor, inventor, ingeniero y cartógrafo.

4. _____ (Alberto Durero/Juan Gutenberg) desarrolló una imprenta con tipos móviles.

5. El poeta _____ (Miguel de Cervantes/ William Shakespeare) también escribió más de 30 obras de teatro.

6. La _____ (Inquisición española/ Reforma) fue un movimiento para reformar la Iglesia católica en las últimas etapas del Renacimiento.

7. El sacerdote que publicó una lista de 95 quejas sobre la iglesia fue _____ (el papa León X/Martín Lutero).

8. _____ (Juan Calvino/Dante Alighieri) creía en la predestinación y en la importancia de llevar una vida de bien y obedecer las leyes de Dios.

9. El _____ (grupo de fieles/Concilio de Trento) fue una reunión para discutir y reformar las prácticas de la Iglesia católica.

10. La distribución del poder entre los gobiernos locales y un gobierno central fuerte se llama _____ (federalismo/indulgencias).

Comprensión y pensamiento crítico

SECCIÓN 1 *(Páginas 558–564)*

11. a. Identificar ¿Cuáles eran las cuatro principales ciudades comerciales de Italia en el siglo XIV?

b. Analizar ¿En qué sentido el Renacimiento fue un renacer?

SECCIÓN 2 *(Páginas 565–568)*

12. a. Recordar ¿Cómo se difundieron fuera de Italia las nuevas ideas sobre la educación?

b. Contrastar ¿En qué se diferenciaba el arte del norte de Europa del arte de Italia?

c. Profundizar La imprenta provoco un gran cambio en la historia del mundo. Según tu opinión, ¿qué otros inventos han tenido un impacto importante en la historia universal?

SECCIÓN 3 *(Páginas 569–575)*

13. a. Recordar ¿Dónde vivían más protestantes: en el norte o en el sur de Europa?

b. Sacar conclusiones ¿Cómo surgieron las religiones protestantes?

Repasar los temas

14. Geografía ¿Cómo contribuyó la ubicación de las principales ciudades portuarias de Italia al desarrollo de sus redes comerciales?

15. Sociedad y cultura Menciona tres efectos no religiosos del Renacimiento y la Reforma.

Usar Internet

16. Actividad: Defender un punto de vista El Renacimiento fue una época de grandes avances en la literatura, el arte, las ciencias y las matemáticas. Personas como Marco Polo, William Shakespeare, Leonardo da Vinci y Juan Gutenberg contribuyeron a cambiar la visión del mundo. Usa tu libro de texto en Internet para aprender sobre las personas y los sucesos importantes del Renacimiento. Luego, crea una historieta política sobre un suceso o una persona del capítulo. Adopta el punto de vista de un defensor o un crítico y usa tu historieta para explicar qué habrían opinado sobre tu tema.

hmhsocialstudies.com

Destrezas de lectura

Raíces griegas y latinas *Responde a las siguientes preguntas sobre las raíces griegas y latinas de algunas palabras de este capítulo.*

17. Basándote en la definición de *perspectiva*, ¿qué piensas que significa la raíz latina *spec-*? *Pista:* piensa en otras palabras que contienen esta raíz, como *espectador* y *espectáculo*.

a. sentir

b. ver

c. oír

d. entender

18. El prefijo *per-* de perspectiva significa "a través". Basándote en este significado, ¿qué piensas que significa la palabra *permear*?

a. atravesar

b. disolverse

c. desaparecer

d. trepar

Destrezas de estudios sociales

19. Comprender las gráficas ¿Qué tipo de gráfica harías (lineal, de barras, circular) para mostrar cómo aumentó y disminuyó la cantidad de protestantes en los Países Bajos durante el siglo XVII? Explica tu respuesta.

ENFOQUE EN LA REDACCIÓN

20. La solapa de un libro Ahora que tienes todas las ideas principales y los detalles que les sirven de apoyo, es el momento de crear la solapa de tu libro. Recuerda incluir el título en la portada. Ilustra la primera página con una imagen que creas que representa mejor el Renacimiento y la Reforma. En la contraportada, haz una lista de las ideas principales y los detalles de apoyo que ya has identificado. ¿Qué aspecto de tu libro crees que hará que las personas quieran leerlo?

Práctica para el examen estandarizado

INSTRUCCIONES: Lee las preguntas y escribe la letra de la respuesta correcta. Usa la siguiente fuente primaria para responder a la pregunta 1.

> "Me doy cuenta de que las mujeres han logrado muchas cosas buenas, y que aunque muchas mujeres hayan hecho el mal, . . . los beneficios devengados [obtenidos] . . . debido a las mujeres buenas, en especial las sabias y las literatas . . . sobrepasan los males. Por lo tanto, me sorprende la opinión de algunos hombres que sostienen que no quieren que sus hijas, esposas ni parientes mujeres reciban educación con la excusa de que con ello sus convenciones [principios morales] se arruinarían".
>
> —Christine de Pizan, de *El libro de la ciudad de las damas,* 1405

1 El contenido de este fragmento sugiere que la persona que lo escribió era

- **A** un comerciante italiano rico.
- **B** Nicolás Maquiavelo.
- **C** un defensor del humanismo.
- **D** Marco Polo.

2 ¿La contribución de qué persona fue *más* importante en la difusión de las ideas del Renacimiento fuera de Italia?

- **A** de Cosme de Médici
- **B** de Juan Gutenberg
- **C** de Leonardo da Vinci
- **D** de Dante Alighieri

3 En general, los artistas y los arquitectos del Renacimiento recibían apoyo financiero de

- **A** las familias ricas y los dirigentes de la iglesia.
- **B** las grandes universidades europeas.
- **C** las naciones más poderosas de Europa.
- **D** la industria de la imprenta.

4 A los reformadores les parecían mal todas estas prácticas de la Iglesia católica, *excepto*

- **A** que vendiera indulgencias.
- **B** que apoyara el monoteísmo.
- **C** que hubiera corrupción en el clero.
- **D** que la iglesia fuera dueña de una fortuna inmensa.

5 ¿A quién se le atribuye el inicio de la Reforma?

- **A** a Desiderio Erasmo
- **B** a Martín Lutero
- **C** a Juan Calvino
- **D** al rey Enrique VIII

Conexión con lo aprendido anteriormente

6 En la época del Renacimiento, Italia no era un país unificado, sino varios pequeños estados independientes. ¿Cuál de las siguientes culturas tenía una estructura similar?

- **A** la antigua Grecia durante la Edad Dorada
- **B** la Media Luna de las tierras fértiles durante la Edad de Piedra
- **C** el Reino Nuevo del antiguo Egipto
- **D** Roma durante la Pax Romana

7 En muchos lugares de Europa, en el siglo XVI, se perseguía a los protestantes por sus creencias. Otro pueblo que ya has estudiado y que también fue perseguido por sus creencias fueron

- **A** los egipcios bajo el dominio de Alejandro Magno.
- **B** los hindúes en la India.
- **C** los cristianos en los comienzos del Imperio romano.
- **D** los budistas en China.

Narración histórica

Tarea

Una narración es un relato que puede ser cierto o ficticio. Escribe una narración histórica ficticia ambientada en la Europa de la Edad Media.

¿Cómo era la vida en la Europa de la Edad Media? ¿Dónde vivían las personas? ¿Cómo pasaban sus días? Puedes aprender más sobre historia si investigas y escribes una narración ambientada en un tiempo y un lugar distintos del tuyo.

1. Antes de escribir

Planear los personajes y la ambientación

Escribe tu narración desde el punto de vista de alguien que vivió en aquella época.

- **El narrador** La persona que cuenta tu historia ¿es un caballero, un campesino o un sacerdote? ¿Es una dama o una doncella?
- **El suceso** ¿Qué suceso o incidente vivirá el narrador? ¿Una justa? ¿Una invasión vikinga? ¿Una peregrinación religiosa? ¿Una hambruna o un incendio en su pueblo?
- **La ambientación** ¿Cómo influirán en esta persona la época (del año 800 al 1200 d.C.) y el lugar (cualquier lugar de Europa)? ¿Qué esperará él o ella de la vida, a qué le temerá, qué admirará?

CONSEJO **Agregar detalles** Usa detalles sensoriales para ayudar a tus lectores a familiarizarse con el ambiente de tu narración. Mientras piensas cómo era la vida cotidiana en la Edad Media, toma nota de los detalles que sirvan para describir el aspecto, la textura, los sonidos, los olores y los sabores de las cosas en aquella época.

Desarrollar una trama

Elige un suceso o incidente y luego hazte las siguientes preguntas.

- ¿Cómo se habrá producido el suceso? En otras palabras, ¿qué habrá pasado en primer lugar, en segundo lugar, en tercer lugar y así sucesivamente?
- ¿Qué problema podría tener tu narrador en el transcurso del suceso? ¿Cómo podría resolverlo?

2. Escribe

Haz que tu narrador cuente lo que pasa en primera persona, usando las palabras *yo, me, mí, nosotros*, etc. Por ejemplo: *Me levanté temprano. Nos detuvimos junto a un arroyo.* Luego, usa el siguiente esquema, que te ayudará a escribir tu primer borrador.

Esquema del escritor

Introducción	Desarrollo	Conclusión
■ Capta la atención de tus lectores. ■ Presenta información necesaria sobre el contexto: el lugar y las personas que participan en el suceso.	■ Comienza por el principio del incidente o el suceso y presenta las acciones en el orden en que ocurrieron. ■ Sigue escribiendo hasta crear un momento de suspenso, cuando no se sabe qué va a pasar.	■ Muestra cómo resuelve su problema el narrador. ■ Explica cómo cambia el narrador o cómo cambia su vida.

3. Evalúa y revisa

Evaluar

Lee bien el primer borrador de tu narración. Luego, usa las siguientes sugerencias para evaluar su contenido y organización.

Preguntas para evaluar una narración histórica ficticia

- ¿Captas la atención de tus lectores desde el comienzo mismo?
- ¿Incluyes información sobre el contexto en la que expliques cómo eran la época, el lugar y las personas que forman parte del suceso?
- ¿Usas pronombres de primera persona para mostrar que tu narrador es el personaje central del suceso?

- ¿Presentas las acciones en el orden en que ocurren u ocurrieron?
- ¿Muestras cómo resuelve el narrador u otra persona el problema?
- ¿Explicas cómo cambia el narrador como resultado del suceso narrado?

Revisar

Antes de compartir tu narración con los demás, pide a un compañero que la lea y te la cuente con sus palabras. Agrega detalles en los puntos donde el recuento de tu compañero parezca confuso o aburrido. Agrega conectores para mostrar cómo se relacionan los distintos hechos a través del tiempo.

4. Corrige y publica

Corregir

Sin una buena elección de palabras, tu narración pierde vida. Los sustantivos y adjetivos vagos no ayudan a despertar el interés ni la imaginación de los lectores. En cambio, las palabras más específicas le dan vida tu relato. Les cuentan a los lectores exactamente cómo son los personajes y la ambientación.

- **Sustantivos o pronombres vagos** Las palabras como *hombre* y *esto* no les dicen gran cosa a los lectores. Cámbialas por palabras más específicas, como *campesino* o *campo*.
- **Adjetivos vagos** ¿Qué prefieres: una experiencia *linda* o *divertida*, o una experiencia *genial, reconfortante, conmovedora*?

Publicar

Para dar a conocer tu narración histórica, puedes leerla en voz alta en clase o pegarla en el mural de redacciones de la clase. También puedes publicar todas las narraciones de tu clase en una página de Internet o en una revista literaria hecha con fotocopias.

Practica y aplica

Usa los pasos y estrategias de este taller para escribir tu narración histórica.

Los comienzos del mundo moderno

Capítulo 20 Ciencia y exploración

Capítulo 21 La Ilustración y la Revolución

El mundo cambió de manera espectacular con la revolución científica y la era de la exploración. Los nuevos inventos permitieron a los exploradores europeos navegar alrededor del mundo. Los exploradores descubrieron nuevos continentes y empezaron a ver qué forma tenía realmente el mundo. Los contactos con pueblos y territorios lejanos cambiaron las sociedades y las economías en todo el mundo.

Al mismo tiempo, los pensadores europeos desarrollaron nuevas ideas sobre el gobierno durante un período conocido como la Ilustración. Estas ideas motivaron a las personas a tomar las armas, hacer revoluciones y luchar por su libertad.

En los dos capítulos siguientes, aprenderás cómo la exploración europea y la Ilustración contribuyeron a formar el mundo.

Investiga el arte

En esta ilustración, el joven marinero Diego Bermúdez se ocupa de una vela en el primer viaje de Colón a las Américas. ¿Por qué habrá acompañado a Colón en un viaje tan peligroso un muchacho como Diego?

583

Ciencia y exploración

Pregunta esencial Las nuevas ideas, ¿cómo dieron lugar a la exploración y a los cambios culturales y económicos?

Lo que aprenderás...

En este capítulo, estudiarás acerca de los descubrimientos e inventos de la revolución científica y los cambios de la era de la exploración europea.

ENFOQUE EN LA EXPRESIÓN ORAL

Un informe oral Un maestro de una escuela primaria te ha pedido que prepares un informe oral para estudiantes de quinto grado sobre los cambios en Europa, África, Asia y las Américas durante la revolución científica y la era de la exploración. A medida que lees este capítulo, busca las personas y los sucesos importantes que incluirás en tu informe. Después de terminar el capítulo, prepararás un breve discurso y material visual de apoyo sencillo para consultar durante la presentación.

SUCESOS EN EL CAPÍTULO

1416 Enrique el Navegante funda una escuela de navegación.

1492 Colón llega a las Américas.

1400

SUCESOS EN EL MUNDO

1431 Juana de Arco muere quemada en la hoguera.

En esta foto, se muestra un poderoso telescopio que los astrónomos usan para estudiar el cielo.

1519
Magallanes bordea el extremo sur de América del Sur.

1530-1539
Copérnico desarrolla su teoría del Sistema Solar centrado en el Sol.

1609
Galileo estudia los planetas con su telescopio.

1687
Sir Isaac Newton publica *Principios matemáticos.*

1600

circa **1500**
Askia el Grande reina en Songay.

1649
Shah Jahan termina de construir el Taj Mahal.

1690
John Locke afirma que las personas tienen determinados derechos naturales.

1700

Lectura en estudios sociales

Enfoque en los temas En este capítulo, leerás sobre cómo se desarrolló una nueva forma de ver la ciencia y cómo la revolución científica provocó cambios profundos en la **sociedad** y la **cultura**. También aprenderás sobre los exploradores europeos que navegaron hasta las Américas y las rutas que siguieron para llegar allí. También aprenderás cómo sus exploraciones llevaron a la creación de un nuevo sistema **económico** llamado capitalismo.

Pistas de vocabulario

Enfoque en la lectura Cuando lees tu libro de historia, es probable que muchas veces encuentres una palabra que no conoces. Si esa palabra no está en la lista de palabras clave, ¿cómo averiguas su significado?

Usar las pistas del contexto La palabra contexto significa entorno. Con frecuencia, los autores incluyen pistas en el contexto para que se comprenda el significado de las palabras difíciles. Sólo tienes que saber cómo y dónde buscar.

Pista	Cómo funciona	Ejemplo	Explicación
Definición directa	Incluye una definición en la misma oración o en una oración cercana.	Los países europeos practicaban el mercantilismo, un sistema en el que los gobiernos controlan toda la actividad económica de un país y sus colonias para fortalecerse y enriquecerse.	La frase *"en el que los gobiernos controlan toda la actividad económica de un país y sus colonias para fortalecerse y enriquecerse"* define a la palabra *mercantilismo*.
Reformulación	Usa diferentes palabras para decir lo mismo.	La observación del mundo real había refutado, o demostrado la falsedad, las enseñanzas de una autoridad de la antigüedad.	La palabra *refutar* es otra forma de decir demostrar la *falsedad*.
Comparaciones o contrastes	Compara o contrasta una palabra desconocida con una palabra conocida.	Kepler descubrió que los planetas describían órbitas elípticas en lugar de órbitas circulares.	La frase en *lugar de* indica que la palabra *elíptica* no significa lo mismo que la palabra *circular*.

¡Inténtalo!

Las siguientes oraciones pertenecen a este capítulo. En cada una de ellas hay una pista de definición o reformulación para explicar las palabras desconocidas. Intenta usar el contexto para deducir el significado de las palabras que están en cursiva.

Pistas de vocabulario

1. Estos pensadores eran *racionalistas,* personas que entendían el mundo de manera racional, o razonable y lógica. (pág. 589)

2. Su autor fue el astrónomo polaco Nicolás Copérnico. El libro se llamó *Sobre las revoluciones de los cuerpos celestes.* (pág. 590)

3. Aunque Magallanes murió asesinado antes de poder completar el viaje, su tripulación fue la primera en dar toda la vuelta al mundo, o *circunnavegarlo.* (pág. 595)

4. El capitalismo es un sistema económico en el que los individuos y las empresas privadas controlan la mayoría de las industrias. (pág. 601)

Después de leer las oraciones, responde a las siguientes preguntas.

1. En el ejemplo 1, ¿qué significa la palabra *racionalistas?* ¿Qué pistas encontraste en la oración para descubrirlo?

2. En el ejemplo 2, ¿cuál es el significado de *cuerpos celestes?* ¿Qué pista te ayuda a comprender el significado de esta frase?

3. ¿Cuál es la definición de *circunnavegar* en el ejemplo 3? ¿Qué tipos de pistas del contexto encontraste en esa oración?

4. En el ejemplo 4, ¿qué significa *capitalismo?* ¿Cómo lo sabes?

Personas y palabras clave

Capítulo 20

Sección 1
revolución científica *(pág. 588)*
teorías *(pág. 588)*
Ptolomeo *(pág. 589)*
Nicolás Copérnico *(pág. 590)*
Johannes Kepler *(pág. 590)*
Galileo Galilei *(pág. 591)*
Sir Isaac Newton *(pág. 591)*
método científico *(pág. 592)*

Sección 2
Enrique el Navegante *(pág. 595)*
Vasco da Gama *(pág. 595)*
Cristóbal Colón (pág. 595)
Fernando de Magallanes *(pág. 595)*
circunnavegar *(pág. 595)*
Sir Francis Drake *(pág. 596)*
Armada española *(pág. 596)*

Sección 3
plantaciones *(pág. 598)*
mercantilismo *(pág. 599)*
capitalismo *(pág. 601)*
economía de mercado *(pág. 601)*

Vocabulario académico

El progreso escolar está relacionado con el conocimiento del vocabulario académico, es decir, de las palabras que se usan con frecuencia en las tareas y discusiones en clase. En este capítulo, aprenderás las siguientes palabras de vocabulario académico:

lógico *(pág. 589)*
principios *(pág. 592)*

A medida que lees el Capítulo 20, busca frases que aparezcan entre comas o entre paréntesis. Es probable que esas frases sean definiciones o reformulaciones de una palabra o un término desconocido.

La revolución científica

Si ESTUVIERAS allí...

Eres un estudiante de Alemania a principios del siglo XVI. Te encanta observar las fases cambiantes de la Luna y dibujar las figuras que forman las estrellas en las diferentes épocas del año. Les has hecho muchas preguntas a tus profesores: ¿Por qué la Luna cuelga del cielo? ¿Por qué se mueven las estrellas? Pero las respuestas no terminan de convencerte.

¿Cómo puedes encontrar las respuestas a tus preguntas?

CONOCER EL CONTEXTO En el siglo XVI, Europa sufrió cambios radicales. El Renacimiento había comenzado hacía tiempo. Durante el Renacimiento, las personas cultas comenzaron a prestar más atención al mundo en que vivían. Fue una época de grandes adelantos en el arte, la literatura y la educación. Todo estaba listo para una nueva revolución del pensamiento.

El nacimiento de la ciencia moderna

La serie de sucesos que produjeron el nacimiento de la ciencia moderna se llama **revolución científica**. Se produjo en Europa aproximadamente entre 1540 y 1700. Antes de la revolución científica, la mayoría de las personas cultas que se dedicaban a estudiar el mundo se guiaban por las explicaciones de autoridades como los antiguos escritores griegos y los estudiosos de la Iglesia católica. Después de la revolución científica, las personas cultas se sintieron más libres para cuestionar las viejas creencias. Adquirían conocimientos observando el mundo que los rodeaba y usando la lógica para explicar lo que veían.

Comprender la ciencia

La palabra *ciencia* deriva de un término en latín que significa "conocimiento" o "comprensión". Entonces, es lógico que la ciencia implique una manera particular de adquirir conocimientos sobre el mundo. La ciencia empieza con la observación. Los científicos observan, o miran, el mundo. Al observarlo, pueden identificar hechos sobre el mundo. Sin embargo, los científicos hacen mucho más que identificar hechos: usan la lógica para explicar lo que han observado. Las explicaciones que los científicos desarrollan para explicar esos hechos se llaman **teorías**.

Para comprobar si sus teorías son correctas, los científicos diseñan experimentos. Si los experimentos demuestran que la teoría tiene sentido, la teoría se acepta. Si los experimentos no apoyan la teoría, los científicos desarrollan una nueva teoría.

Como puedes ver, el conocimiento científico se basa en observaciones, hechos e ideas **lógicas**, o teorías, sobre ellos. Antes de la revolución científica, este método para adquirir conocimientos sobre el mundo era poco común.

Las raíces de la revolución

Muchas ideas científicas ya habían aparecido en la antigüedad. Pensadores griegos como Aristóteles y **Ptolomeo** escribieron sobre astronomía, geografía y lógica. Estos pensadores eran racionalistas, personas que entendían el mundo de manera racional, o razonable y lógica.

Los estudiosos musulmanes habían traducido al árabe las obras de los pensadores griegos. También les agregaron sus propias ideas sobre cómo funcionaba el mundo. Luego, las versiones en árabe se tradujeron al latín, y permitieron que los europeos estudiaran el pensamiento racional del pasado. A medida que los europeos aprendían de estos escritos, su propia visión del mundo se hizo más racional.

Los avances que se lograron en Europa también contribuyeron a la revolución científica. Uno fue la expansión del humanismo durante el Renacimiento. Los artistas y escritores humanistas alentaban el estudio del mundo natural. Otro avance fue la popularidad de la alquimia, que fue la precursora de la química, e incluía experimentos que intentaban transformar metales comunes en oro.

VOCABULARIO ACADÉMICO
lógico
razonado, bien elaborado

COMPRENSIÓN DE LA LECTURA **Identificar las ideas principales** ¿Qué fue la revolución científica?

Los filósofos como Platón y Aristóteles usaban la razón y la lógica para entender el mundo.

Los pensadores griegos
Los antiguos griegos desarrollaron teorías sobre cómo funcionaba el mundo que influyeron en los pensadores científicos posteriores. En esta famosa pintura de principios del siglo XVI del artista italiano Rafael, se muestran algunos pensadores griegos influyentes.

Pitágoras estudiaba los números y creía que las cosas podían predecirse y medirse.

Euclides descubrió leyes matemáticas básicas que ayudaron a explicar el mundo natural.

Descubrimientos e inventos

Durante el Renacimiento, los estudiosos europeos estudiaban con gran interés las obras de los racionalistas griegos. Entonces, ocurrió un suceso que hizo dudar a los europeos de los griegos. En 1492, Cristóbal Colón navegó hacia el oeste por el océano Atlántico con la esperanza de llegar hasta Asia. Para orientarse, usó el mapa del mundo que había creado Ptolomeo.

Colón jamás llegó a Asia. En cambio, se encontró con América del Norte, una masa continental de la que Ptolomeo no sabía nada. Los europeos quedaron asombradísimos, porque la observación del mundo real había refutado las enseñanzas de una autoridad de la antigüedad. Los estudiosos pronto comenzaron a dudar de la exactitud de otras autoridades. También empezaron a hacer grandes descubrimientos por su propia cuenta.

Los avances en el campo de la astronomía

En 1543, un astrónomo publicó un libro que contradecía a Ptolomeo en otro tema. Muchos historiadores piensan que la publicación de este libro marca el comienzo de la revolución científica. El libro se llamó *Sobre las revoluciones de los cuerpos celestes*. Su autor fue el astrónomo polaco **Nicolás Copérnico.**

Casi 1,400 años antes que Copérnico, Ptolomeo había escrito que el Sol y los planetas orbitaban, o giraban, alrededor de la Tierra. A medida que Copérnico estudiaba el movimiento de los planetas, se dio cuenta de que la teoría de Ptolomeo era poco lógica.

Entonces, Copérnico planteó una explicación diferente para lo que observaba. Su teoría era que los planetas se movían alrededor del Sol en órbitas circulares. Aunque nunca demostró su teoría, Copérnico inspiró una nueva forma de pensamiento sobre la ciencia.

Otro astrónomo destacado, Tycho Brahe, trabajaba en Dinamarca. A fines del siglo XVI, trazó un mapa de las posiciones de más de 750 estrellas. Brahe fue ejemplar porque destacó la importancia de la observación cuidadosa y los registros detallados y exactos. El registro minucioso de la información es fundamental para que otros científicos puedan hacer uso del conocimiento previo.

Brahe contó con la ayuda del astrónomo alemán **Johannes Kepler**. Tiempo después, Kepler trató de trazar los mapas de las órbitas de los planetas. Pero se encontró con un

Grandes científicos

Nicolás Copérnico
1473–1543

Nicolás Copérnico se dio cuenta de que sus ideas sobre el universo eran revolucionarias. Temía que los líderes de la iglesia, que insistían en que la Tierra era el centro del universo, lo persiguieran, o incluso que lo mataran. También le preocupaba que la comunidad científica rechazara sus teorías. Con el tiempo, lo convencieron de publicar sus teorías, y el "sistema copernicano" se convirtió en un descubrimiento clave de la revolución científica.

Galileo Galilei
1564–1642

Galileo Galilei creía que el estudio científico cambiaría la forma de las personas de entender el mundo y de entenderse a sí mismas. Para él, la ciencia mejoraría la calidad de vida y debilitaría las barreras sociales y económicas que separaban a las personas. Pero como sus hallazgos contradecían las creencias tradicionales de la iglesia, los líderes de la iglesia le impidieron escribir sobre sus ideas.

problema: descubrió que los planetas no se movían en órbitas circulares como había pensado Copérnico. En cambio, los planetas describen órbitas elípticas, u ovaladas, alrededor del Sol. Los científicos de hoy en día todavía aceptan las ideas básicas de Kepler sobre el movimiento de los planetas.

El científico italiano **Galileo Galilei** fue el primero en estudiar el cielo con un telescopio. Galileo vio cráteres y montañas en la Luna y descubrió que alrededor de Júpiter orbitan lunas.

Galileo también estaba interesado en el comportamiento de los objetos en caída. Hoy en día, usamos el término *mecánica* para referirnos al estudio de los objetos y del movimiento. El mayor aporte de Galileo a la ciencia fue el método que usó para aprender sobre la mecánica. En vez de limitarse a observar las cosas en su estado natural, realizó experimentos. En realidad, Galileo fue el primer científico en usar experimentos de manera rutinaria para comprobar sus teorías.

Sir Isaac Newton

El momento culminante de la revolución científica llegó con la publicación de *Principios* matemáticos. El autor de este libro, que se publicó en 1687, fue el científico inglés **Sir Isaac**

Newton. Newton fue uno de los científicos más importantes de todos los tiempos. Algunas de sus teorías han quedado demostradas tantas veces que ahora se llaman leyes.

Una de las leyes de Newton se llama ley de la gravedad. Seguramente sabes que la gravedad es la fuerza que atrae los objetos entre sí. Es la fuerza que hace caer al suelo una manzana cuando la arrojas y que mantiene a los planetas en órbita alrededor del Sol.

Las otras tres leyes de Newton se llaman leyes del movimiento. Mediante estas leyes se describe cómo se mueven los objetos en el espacio. Posteriormente, Newton explicó cómo funcionaba gran parte del mundo físico. Las leyes de Newton se convirtieron en la base de casi todos los estudios científicos hasta el siglo XX.

Los nuevos inventos

Durante la revolución científica, se hicieron importantísimos avances en tecnología. Alrededor de 1590, un fabricante de lentes holandés inventó un microscopio simple. Para mediados del siglo XVII, se usó un microscopio para observar plantas y animales diminutos que vivían en gotas de agua de un estanque.

En 1593, Galileo inventó el termómetro para medir la temperatura. En 1609, construyó un telescopio mejorado que usó para hacer importantes observaciones y descubrimientos.

En 1643, un científico italiano inventó el barómetro, un instrumento que mide la presión atmosférica. Como otros inventos de la época, el barómetro, que ayuda a pronosticar el clima, fue una nueva herramienta para que los científicos ampliaran sus conocimientos sobre el mundo.

SU IMPORTANCIA HOY

Los astrónomos todavía estudian las ideas de Kepler, que llaman leyes del movimiento planetario de Kepler.

ENFOQUE EN LA LECTURA

¿Qué oración de este párrafo contiene una definición directa de una palabra que no se usa con frecuencia?

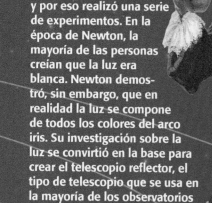

Sir Isaac Newton
1642–1727

Sir Isaac Newton deseaba aprender sobre la naturaleza de la luz y por eso realizó una serie de experimentos. En la época de Newton, la mayoría de las personas creían que la luz era blanca. Newton demostró, sin embargo, que en realidad la luz se compone de todos los colores del arco iris. Su investigación sobre la luz se convirtió en la base para crear el telescopio reflector, el tipo de telescopio que se usa en la mayoría de los observatorios grandes hoy en día.

COMPRENSIÓN DE LA LECTURA

Resumir ¿Cuáles fueron dos logros fundamentales en astronomía durante esta era?

Efectos en la sociedad

La revolución científica cambió nuestra forma de aprender sobre el mundo. Se comenzó a practicar la ciencia de manera sistemática. Dos hombres en particular, Francis Bacon y René Descartes, fomentaron el uso de experimentos ordenados y un razonamiento claro. Sus ideas contribuyeron al desarrollo del **método científico**, un método detallado para realizar experimentos y otras investigaciones científicas. Las bases del método científico (la observación y la experimentación) son los principios más importantes de la ciencia moderna.

VOCABULARIO ACADÉMICO
principios leyes, normas o creencias fundamentales

La revolución científica también afectó otros aspectos de la vida. Los filósofos pensaban que con la observación y la lógica era posible explicar problemas como la pobreza y la guerra. Mediante el uso de la razón, esperaban poder hallar maneras de mejorar la sociedad.

A medida que los científicos descubrían leyes que gobernaban la naturaleza, algunos pensadores empezaron a pensar que también había leyes que gobernaban la conducta humana. Si todos los seres humanos estaban gobernados por las mismas leyes, entonces era lógico pensar que todas las personas eran iguales. Esta idea de la igualdad de todas las personas fue importante en el desarrollo de las ideas democráticas en Europa.

La ciencia también generó conflictos cuando algunos descubrimientos cuestionaron las enseñanzas de la iglesia. Los dirigentes de la iglesia temían que la ciencia planteara dudas sobre principios fundamentales de la fe y que esto debilitara la influencia de la iglesia.

Los líderes católicos intentaron obligar a los científicos a rechazar los descubrimientos que contradijeran las enseñanzas de la iglesia. Por ejemplo, amenazaron a Galileo con torturarlo si no aceptaba la creencia sostenida por la iglesia de que la Tierra no se movía. A pesar de estos conflictos, la ciencia continuó avanzando rápidamente.

COMPRENSIÓN DE LA LECTURA **Analizar** ¿Por qué a la iglesia le preocupaba la revolución científica?

RESUMEN Y PRESENTACIÓN La revolución científica fue el nacimiento de la ciencia moderna. Los científicos desarrollaron nuevos métodos e inventos que permitieron hacer descubrimientos fundamentales. A continuación, aprenderás sobre la era de la exploración europea.

Sección 1 Evaluación

hmhsocialstudies.com
Cuestionario en Internet

Repasar ideas, palabras y personas

1. a. Recordar ¿Cuándo se produjo la **revolución científica**
   b. Analizar ¿Por qué la revolución científica fue importante para la historia universal?
   c. Hacer predicciones ¿Por qué los científicos podrían rechazar una **teoría** popular?
2. a. Recordar ¿Qué suceso hizo que los europeos dudaran de las ideas de las antiguas autoridades griegas?
   b. Analizar ¿Cuál fue el aporte más importante de **Galileo Galilei** a la ciencia moderna?
   c. Evaluar ¿Por qué piensas que **Sir Isaac Newton** es considerado uno de los científicos más importantes de todos los tiempos?
3. a. Describir ¿Qué es el **método científico**?
   b. Contrastar ¿En qué se diferenciaban los puntos de vista de la ciencia y la iglesia?
   c. Profundizar ¿Qué efecto tuvo la revolución científica en algunos filósofos?

Pensamiento crítico

4. Identificar los efectos Basándote en tus notas, haz una lista de cuatro pensadores importantes de la revolución científica y sus principales logros. Luego, escribe una oración que resuma los efectos de esos logros en la sociedad.

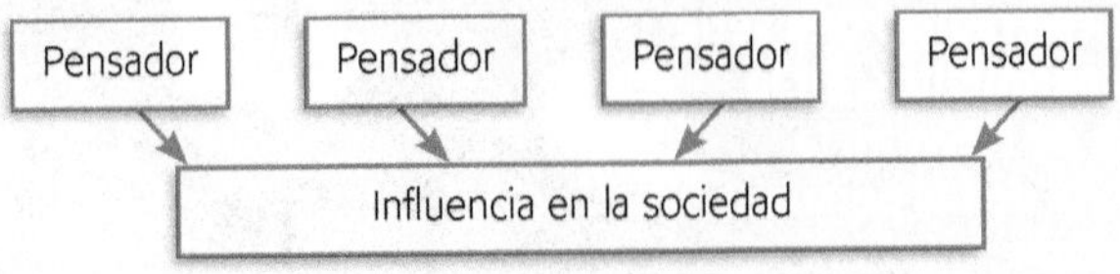

ENFOQUE EN LA EXPRESIÓN ORAL

5. **Organizar la información** Para preparar tu presentación, crea una tabla de dos columnas. Rotula una columna "Revolución científica" y la otra, "Exploración". De tus notas, elige las personas y los sucesos clave que analizarás en tu informe. Anótalos en la primera columna.

Los grandes viajes de descubrimiento

Si ESTUVIERAS allí...

Tu tío es el capitán de un barco portugués que acaba de volver de un largo viaje marítimo. Te muestra un mapa de las nuevas tierras que vio. Te cuenta historias maravillosas sobre plantas y animales extraños. Tú estás estudiando para carpintero, pero te preguntas si no te gustaría ser explorador como tu tío.

¿Cómo decidirías qué carrera seguir?

CONOCER EL CONTEXTO En el siglo XV, un espíritu de aventura se apoderó de toda Europa. En los mapas mejorados, se mostraban nuevas tierras. Los relatos de los viajeros alentaban a las personas a soñar con riquezas y aventuras.

El deseo y la oportunidad de explorar

¿Por qué hubo personas que buscaron explorar el mundo en el siglo XV? Para empezar, querían especias asiáticas. Italia y Egipto controlaban las rutas comerciales a Asia y vendían las especias a precios muy altos. Por eso, muchos países querían encontrar una ruta marítima directa a Asia.

Lo que aprenderás...

Ideas principales

1. Los europeos tuvieron el deseo y la oportunidad de explorar en los siglos XV y XVI.
2. Los exploradores portugueses y españoles descubrieron nuevas rutas comerciales, tierras y pueblos.
3. Los franceses e ingleses reclamaban tierras en América del Norte.

La idea clave

Los exploradores europeos aportaron conocimientos, riqueza e influencia a sus países.

Personas y palabras clave
Enrique el Navegante, *pág.* 595
Vasco da Gama, *pág.* 595
Cristóbal Colón, *pág.* 595
Fernando de Magallanes, *pág.* 595
circunnavegar, *pág.* 595
Sir Francis Drake, *pág.* 596
Armada española, *pág.* 596

hmhsocialstudies.com
TOMAR NOTAS

Usa el organizador gráfico en Internet para tomar notas acerca de los exploradores más importantes de la era de la exploración y sus descubrimientos.

En esta foto, se muestran réplicas de los tres barcos con los que Cristóbal Colón navegó hacia las Américas en 1492.

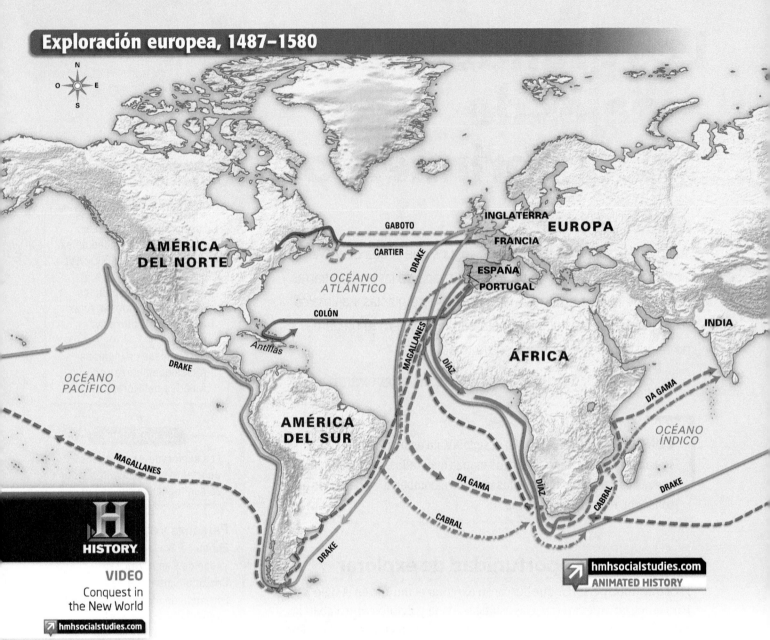

Exploración europea, 1487–1580

GABOTO
CARTIER
DRAKE
COLÓN
Antillas
DRAKE
MAGALLANES
AMÉRICA DEL NORTE
AMÉRICA DEL SUR
OCÉANO ATLÁNTICO
OCÉANO PACÍFICO
MAGALLANES
DRAKE
INGLATERRA
FRANCIA
EUROPA
ESPAÑA
PORTUGAL
ÁFRICA
DÍAZ
DA GAMA
CABRAL
DÍAZ
CABRAL
DRAKE
DA GAMA
INDIA
OCÉANO ÍNDICO

VIDEO
Conquest in the New World
hmhsocialstudies.com

hmhsocialstudies.com
ANIMATED HISTORY

De esta manera, podrían conseguir las especias sin tener que comprarlas a los mercaderes italianos o egipcios.

La religión era otra de las razones que empujaban a los exploradores a hacerse a la mar. Los cristianos europeos querían convertir a más personas a su religión para contrarrestar la difusión del Islam en Europa, África y Asia.

Los avances tecnológicos hicieron posible la exploración. Los marineros usaban el astrolabio y la brújula para encontrar rutas a lugares remotos. Los mapas más precisos permitieron a los navegantes ir de un puerto a otro sin tener que mantenerse cerca de la costa durante todo el trayecto.

Otros adelantos aparecieron en la construcción de barcos. Los portugueses empezaron a construir barcos llamados carabelas. En las carabelas se usaban velas triangulares que, a diferencia de las tradicionales velas cuadradas, permitían navegar contra el viento. Al sustituir los remos laterales del barco por timones en la popa, los portugueses también mejoraron mucho la maniobrabilidad. Las nuevas carabelas ayudaron a Portugal a tomar la delantera en la era de la exploración europea.

COMPRENSIÓN DE LA LECTURA **Identificar las ideas principales** ¿Qué adelantos tecnológicos ayudaron a la exploración?

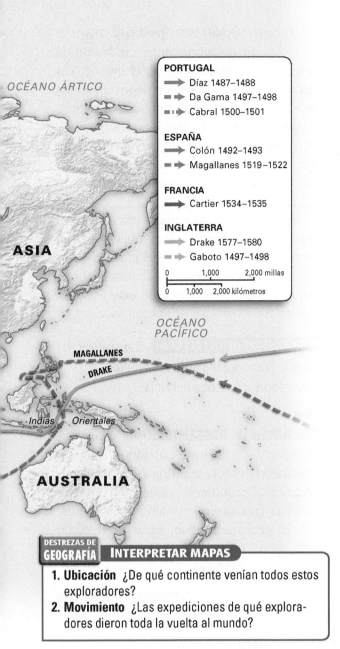

OCÉANO ÁRTICO

PORTUGAL
→ Díaz 1487–1488
→ Da Gama 1497–1498
→ Cabral 1500–1501

ESPAÑA
→ Colón 1492–1493
→ Magallanes 1519–1522

FRANCIA
→ Cartier 1534–1535

INGLATERRA
→ Drake 1577–1580
→ Gaboto 1497–1498

0   1,000   2,000 millas
0   1,000   2,000 kilómetros

ASIA

OCÉANO PACÍFICO

MAGALLANES
DRAKE

Indias   Orientales

AUSTRALIA

DESTREZAS DE GEOGRAFÍA   INTERPRETAR MAPAS

1. **Ubicación** ¿De qué continente venían todos estos exploradores?
2. **Movimiento** ¿Las expediciones de qué exploradores dieron toda la vuelta al mundo?

Los viajes de exploración españoles y portugueses

El príncipe **Enrique el Navegante** fue responsable de gran parte del éxito de Portugal por los mares. Construyó un observatorio y una escuela de navegación para enseñar a los marineros a orientarse en los largos viajes por el océano. Algunos exploradores portugueses navegaron hacia el sur por la costa de África. En 1498, **Vasco da Gama** bordeó África y desembarcó en la costa oeste de la India. Se acababa de encontrar una ruta marítima hasta Asia.

La llegada a las Américas

Un navegante italiano, **Cristóbal Colón,** pensó que ya había encontrado una ruta más corta a Asia: cruzar el Atlántico rumbo al oeste. Les contó su plan a los monarcas españoles Fernando e Isabel y les prometió grandes riquezas, territorios nuevos y conversos católicos si ellos le financiaban el viaje. Isabel aceptó.

En agosto de 1492, Colón zarpó con 88 hombres y tres barcos pequeños. El 12 de octubre, junto con su tripulación, desembarcó en una isla de las Bahamas. Colón creyó que había llegado a Asia. No se dio cuenta de que el continente de América del Norte estaba frente a él.

Más adelante, un explorador portugués descubrió por accidente América del Sur al tratar de navegar rodeando África. Después, en 1519, **Fernando de Magallanes** capitaneó una expedición que bordeó el extremo sur de América del Sur. Siguió adelante y se aventuró en el Pacífico, a pesar de que la comida y el agua escaseaban en sus barcos. Aunque Magallanes murió asesinado antes de poder completar el viaje, su tripulación fue la primera en dar toda la vuelta al mundo, o **circunnavegarlo.**

↗ hmhsocialstudies.com

ANIMATED HISTORY
Magellan's Circumnavigation

La conquista del "nuevo mundo"

Los exploradores españoles llamaron "nuevo mundo" a las Américas. Cuando llegaron a estas tierras a principios del siglo XVI, el Imperio azteca en México y el Imperio inca en Perú estaban en su máximo esplendor. Los españoles vieron a estos imperios como grandes fuentes de oro y plata. También querían convertir a los pueblos nativos al cristianismo.

Como tenían mejores armas, los españoles pronto conquistaron a los aztecas y los incas. Los españoles también trajeron nuevas enfermedades que, con el tiempo, provocaron la muerte de posiblemente tres cuartas partes de la población nativa. En poco tiempo, los españoles ya gobernaban grandes regiones de América del Norte y de América del Sur.

COMPRENSIÓN DE LA LECTURA   Identificar los puntos de vista ¿Por qué crees que los europeos llamaban "Nuevo Mundo" a las Américas?

Los ingleses y los franceses en América del Norte

Inglaterra y Francia también querían encontrar una nueva ruta a Asia. Una vez que España y Portugal tomaron el control de las rutas del sur, los franceses y los ingleses enviaron exploradores para buscar una vía marítima que atravesara América del Norte. Aunque estos exploradores no encontraron un paso como el que buscaban, reclamaron tierras de América del Norte para Inglaterra y Francia.

La competencia por las tierras y la riqueza

Además de buscar una ruta a Asia, Inglaterra esperaba encontrar riquezas en el Nuevo Mundo. Pero España controlaba el oro y la plata de los antiguos imperios azteca e inca. Cuando marineros ingleses, como **Sir Francis Drake**, empezaron a robar los tesoros que transportaban los barcos españoles, España se enfureció.

En 1588, España mandó 130 barcos a atacar a Inglaterra. Esta flota, llamada la **Armada española,** formaba parte de la inmensa marina española. Pero los ingleses tenían barcos más rápidos y mejores cañones. Derrotaron a la Armada y salvaron a Inglaterra de una invasión. Ahora, España tenía un rival en el dominio de los mares.

Una nueva visión europea del mundo

Los viajes de descubrimiento cambiaron la manera de los europeos de ver el mundo. Las exploraciones aportaron nuevos conocimientos sobre la geografía y demostraron que algunas antiguas creencias eran erróneas. Los europeos aprendieron que las Américas eran una masa continental separada de Asia. Los geógrafos hicieron mapas más exactos que reflejaban estos nuevos conocimientos.

A medida que los europeos estudiaban los nuevos mapas y reclamaban nuevas tierras, vieron el potencial para obtener grandes riquezas. Empezaron a establecer colonias y a organizar nuevas redes de comercio. Estas acciones tendrían consecuencias de gran alcance.

COMPRENSIÓN DE LA LECTURA Generalizar
¿Por qué Francia e Inglaterra mandaron exploradores a América del Norte?

RESUMEN Y PRESENTACIÓN Durante los siglos XV y XVI, los exploradores europeos realizaron viajes marítimos de descubrimiento. Encontraron riquezas, conversos para el cristianismo y nuevos continentes. En la siguiente sección, leerás sobre cómo afectaron estos descubrimientos a los pueblos del mundo.

Sección 2 Evaluación

hmhsocialstudies.com
Cuestionario en Internet

Repasar ideas, palabras y personas

1. a. Describir ¿Qué eran las carabelas? ¿Por qué eran mejores que los barcos que reemplazaron?
b. Explicar ¿Qué motivó a los europeos a explorar el mundo en los siglos XV y XVI?
2. a. Identificar ¿Quién lideró el primer viaje que **circunnavegó** el mundo?
b. Analizar ¿Cómo conquistaron los españoles a los imperios azteca e inca?
3. a. Recordar ¿Por dónde buscaron los ingleses y franceses una ruta a Asia?
b. Sacar conclusiones ¿Cómo cambió el poder en Europa tras la derrota de la **Armada española**?
c. Evaluar Al reclamar territorios para sí mismos en el Nuevo Mundo, los europeos ignoraron los derechos de propiedad de los pueblos nativos. ¿Cuál es tu opinión acerca de esto?

Pensamiento crítico

4. Sacar conclusiones Agrega otra columna a la tabla que creaste. En esta última columna, escribe una oración que exprese una conclusión sobre la importancia de cada descubrimiento.

Explorador	Descubrimiento	Importancia

ENFOQUE EN LA EXPRESIÓN ORAL

5. Reunir información Repasa tus notas y esta sección. Elige los tres sucesos que consideres más importantes de la era de la exploración europea. Descríbelos en la segunda columna de tu tabla.

Nuevos sistemas de comercio

Si ESTUVIERAS allí...

Vives en un pueblo costero de España en el siglo XVI. Esta semana, varios barcos regresaron de las Américas con plata para la corte real. Pero esto no es todo. La tripulación también trajo unos alimentos extraños. Un marinero te ofrece una fruta roja y redonda. Te cuenta que los nativos de las Américas lo llaman "tomatl". Te reta a probarlo pero tienes miedo de que sea venenoso.

¿Probarás el tomate? ¿Por qué?

CONOCER EL CONTEXTO En el siglo XVI, las nuevas frutas y verduras como el tomate y la papa les parecían muy extrañas a los europeos. Pero los nuevos alimentos eran sólo una parte de un intercambio mucho mayor de productos e ideas que se produjo como resultado de los viajes de descubrimiento.

Intercambio de plantas, animales e ideas

El intercambio de plantas, animales e ideas entre el Nuevo Mundo (las Américas) y el Viejo Mundo (Europa) se conoce como **intercambio colombino.** Cambió la vida en todo el mundo.

Los productos manufacturados europeos, como este espejo, eran nuevos en las Américas.

Los europeos llevaban nuevas ideas y tecnología cuando se establecían en nuevas tierras. En esta ilustración, se muestra una escena en lo que hoy es Nuevo México.

Las misiones y los asentamientos contribuían a difundir el cristianismo y los idiomas europeos.

Los europeos traían animales como los bueyes para tirar de las carretas.

Lo que aprenderás...

Ideas principales

1. Se intercambiaron plantas, animales e ideas entre Europa, Asia, África y las Américas.
2. En los siglos XVII y XVIII, se desarrollaron nuevos patrones de comercio y el poder cambió en Europa.
3. Las economías de mercado cambiaron la actividad comercial en Europa.

La idea clave

Los intercambios entre el Viejo Mundo y el Nuevo Mundo influyeron en el desarrollo de nuevos sistemas económicos: el mercantilismo y el capitalismo.

Palabras clave

plantaciones, *pág. 598*
mercantilismo, *pág. 599*
capitalismo, *pág. 601*
economía de mercado, *pág. 601*

hmhsocialstudies.com
TOMAR NOTAS

Usa el organizador gráfico en Internet para tomar notas acerca de los cambios que se produjeron en Europa durante los siglos XVI y XVII.

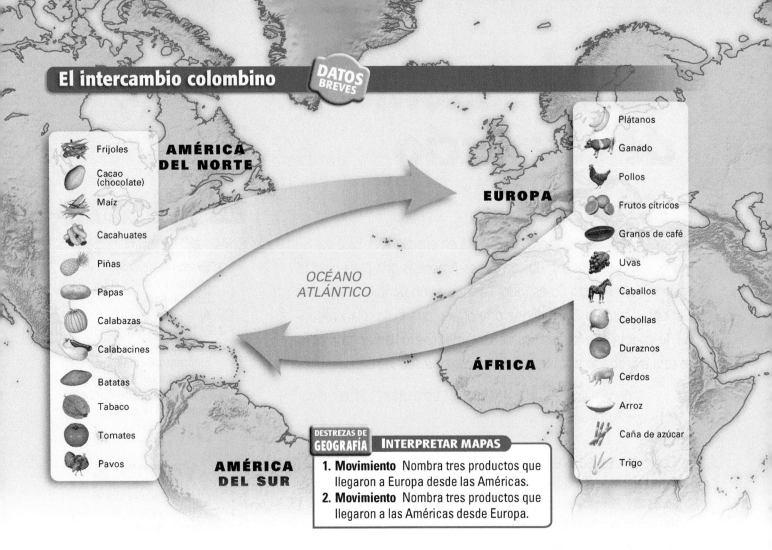

El intercambio colombino   DATOS BREVES

AMÉRICA DEL NORTE

- Frijoles
- Cacao (chocolate)
- Maíz
- Cacahuates
- Piñas
- Papas
- Calabazas
- Calabacines
- Batatas
- Tabaco
- Tomates
- Pavos

AMÉRICA DEL SUR

EUROPA

OCÉANO ATLÁNTICO

ÁFRICA

- Plátanos
- Ganado
- Pollos
- Frutos cítricos
- Granos de café
- Uvas
- Caballos
- Cebollas
- Duraznos
- Cerdos
- Arroz
- Caña de azúcar
- Trigo

DESTREZAS DE GEOGRAFÍA INTERPRETAR MAPAS

1. **Movimiento** Nombra tres productos que llegaron a Europa desde las Américas.
2. **Movimiento** Nombra tres productos que llegaron a las Américas desde Europa.

Los europeos trajeron muchas plantas nuevas a las Américas, como plátanos, caña de azúcar, naranjas, cebollas y lechuga. También trajeron animales desconocidos para el Nuevo Mundo, como vacas, cabras, ovejas, cerdos, caballos y pollos.

En las Américas, los europeos encontraron plantas y animales que nunca habían visto. Llevaron algunos a Europa, y también a África y Asia. Este intercambio de plantas cambió los hábitos alimenticios de las personas de todo el mundo. Algunos de los alimentos nuevos para los europeos eran los tomates, las papas, los frijoles, los calabacines y el chocolate.

Además, los europeos llevaron su cultura a los lugares que exploraban. Los misioneros fueron a Asia, África y las Américas para convertir a aquellos pueblos al cristianismo. Los misioneros también enseñaban los idiomas europeos a los pueblos nativos.

Los europeos también trajeron adelantos tecnológicos al Nuevo Mundo, como las armas y el acero. Con la introducción de las ovejas y la caña de azúcar se crearon nuevas industrias. Los artesanos hicieron nuevos tipos de productos textiles con la lana de las ovejas. Los colonos también empezaron a cultivar caña de azúcar en las **plantaciones**, o grandes haciendas.

Las plantaciones y las minas de las Américas generaban dinero para Portugal y España. Sin embargo, muchos indígenas americanos que eran obligados a trabajar la tierra murieron a causa de los malos tratos y las enfermedades europeas. Entonces, los europeos decidieron emplear a esclavos africanos como trabajadores. Pronto, se empezó a embarcar a miles de africanos con destino a las Américas como mano de obra esclava. En algunas partes de las Américas se siguió empleando mano de obra esclava hasta finales del siglo XIX.

COMPRENSIÓN DE LA LECTURA Identificar causa y efecto ¿Cuál fue la causa del intercambio colombino?

El comercio y el poder económico

El intercambio de productos entre los países europeos y sus colonias cambió las relaciones económicas en todo el mundo. Los países europeos veían a sus colonias como un camino al enriquecimiento.

Esta forma de considerar a las colonias formaba parte de un sistema económico llamado **mercantilismo**, un sistema en el que el gobierno controla toda la actividad económica de un país y sus colonias para fortalecerse y enriquecerse. El mercantilismo fue la política económica principal de Europa entre 1500 y 1800.

Durante el mercantilismo, los gobiernos hacían todo lo posible para conseguir más cantidad de oro y plata, que se consideraban la medida de la fuerza de un país. Los países también trataban de exportar más bienes que los que importaban. De esta manera, podían mantener una balanza comercial (la relación entre los bienes importados y los exportados) favorable.

Los nuevos modelos comerciales

El mercantilismo creó nuevos modelos comerciales en el mundo. Uno de ellos consistía en el intercambio de materias primas desde las colonias en las Américas, productos manufacturados desde Europa y esclavos desde África. Esta red de tres puntas se llamó comercio triangular.

El comercio de esclavos por el Atlántico era una parte fundamental del comercio triangular. Los comerciantes europeos apretujaban a los africanos esclavizados en barcos para el largo viaje hasta las Américas. Encadenados unos a otros sin agua ni comida suficientes, muchos esclavos enfermaban y morían. Entre finales del siglo XVI y principios del XIX, los europeos embarcaron a millones de africanos esclavizados hacia las colonias del Nuevo Mundo.

El poder cambia en Europa

En el siglo XVI, Portugal y España, los líderes de la exploración, también eran las potencias económicas dominantes. Eso cambió a medida que los holandeses y los ingleses se fortalecieron.

CONEXIÓN CON EL PRESENTE

Los efectos del intercambio colombino

Muchos de los alimentos que comes hoy en día no existían en América antes de 1492. Piensa en una hamburguesa con queso, por ejemplo. Sin los alimentos del Viejo Mundo, no habría ni bollos, ni hamburguesas, ni queso ni lechuga. Los exploradores europeos trajeron al Nuevo Mundo el trigo para hacer el pan, el ganado para obtener la carne, y el queso y la lechuga. También trajeron muchas otras verduras, granos y frutas. Ahora, por supuesto, puedes encontrar alimentos de todo el mundo en la tienda de comestibles de tu barrio. Las personas de otros países también pueden conseguir alimentos que originalmente sólo se encontraban en América. El intercambio colombino afecta lo que cenas casi todos los días.

Viejo Mundo
- Pan
- Carne de res
- Queso
- Lechuga

Nuevo Mundo
- Maíz
- Papa
- Tomate

DESTREZA DE ANÁLISIS · ANALIZAR INFORMACIÓN

¿Cómo afecta el intercambio colombino una de tus cenas preferidas?

La oferta y la demanda

DATOS BREVES

Las economías de mercado se basan en la idea de la oferta y la demanda. Según esta idea, las personas producen bienes que otras personas quieren. En Europa, las economías de mercado se desarrollaron a medida que crecía la población y se desarrollaba la economía mundial.

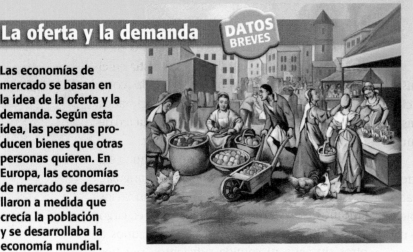

1 La población creció en Europa. Al haber más personas, había más demanda de bienes.

2 Dado que las personas querían más bienes, las compañías trabajaban para fabricar, o proveer, más bienes.

Los Países Bajos se convirtieron en una gran potencia comercial en el siglo XVII al aprovechar sus destrezas en la construcción de barcos, la navegación y los negocios para potenciar su comercio exterior. Los mercaderes holandeses formaron una compañía para comerciar directamente con Asia. En poco tiempo, los holandeses ya ejercían el control de muchas islas en el sureste de Asia y de bases comerciales en la India, Japón y el sur de África.

Inglaterra también se benefició mucho con el crecimiento del comercio. Las nuevas bases comerciales de la India y China, y las colonias de América del Norte dieron a Inglaterra acceso a inmensos mercados y a muchos recursos.

El sistema bancario

El aumento del comercio creó la necesidad de tener bancos. En los Países Bajos y en Inglaterra se notó esa necesidad y entonces se creó un banco en cada uno de estos dos países. Los bancos mejoraron los negocios de muchas maneras. Por ejemplo, con el crecimiento del comercio internacional, los comerciantes manejaban dinero de distintos países. En los bancos, los comerciantes podían intercambiar dinero de un país por dinero de otro país con la seguridad de que recibían el valor adecuado. Los bancos también prestaban dinero a las personas que querían iniciar nuevos negocios. De esta manera, los bancos contribuyeron al crecimiento económico.

La actividad bancaria y las nuevas rutas comerciales, junto con el aumento de la industria manufacturera, aportaron riqueza a Inglaterra y los Países Bajos. El poder económico en Europa cambió.

COMPRENSIÓN DE LA LECTURA **Identificar causa y efecto** ¿Por qué el poder pasó de España y Portugal a Inglaterra y los Países Bajos en el siglo XVII?

Las economías de mercado

El crecimiento económico y las nuevas riquezas cambiaron los negocios en Europa. Como había más personas ricas, empezaron a comprar más productos manufacturados.

El aumento en la demanda de productos manufacturados se debió a varias razones. En primer lugar, la población de Europa estaba creciendo. Como había mayor cantidad de personas, se necesitaban más bienes. En segundo lugar, los agricultores estaban produciendo alimentos a costos más bajos. Como las personas tenían que gastar menos en alimentos, disponían de más dinero para gastar en productos manufacturados. La tercera razón fue que las colonias recién fundadas dependían de Europa para recibir productos manufacturados.

A medida que crecía la demanda, los empresarios se daban cuenta de que podían

3 Finalmente, la oferta de bienes cubría la demanda de bienes.

ganar más dinero si encontraban mejores maneras de fabricar los productos manufacturados. Querían aumentar la oferta de bienes para cubrir la demanda. Esta nueva manera de hacer negocios puede considerarse como el comienzo del capitalismo. El **capitalismo** es un sistema económico en el que los individuos y las empresas privadas controlan la mayoría de las industrias. La competencia entre estos negocios influye en los precios de los bienes.

La competencia entre los distintos negocios tiene mucho éxito en una economía de mercado. En una **economía de mercado,** los individuos deciden qué tipo de bienes y servicios desean comprar y vender. El gobierno no toma estas decisiones por las personas. Una economía de mercado se basa en un equilibrio entre la oferta y la demanda. Si hay mucha demanda de un producto, el vendedor aumentará la oferta para ganar más dinero.

La capacidad de los individuos de controlar cómo ganan y gastan el dinero es un beneficio de la economía de mercado y del capitalismo. En el siglo XIX, el capitalismo se convertiría en la base de la mayoría de los sistemas económicos de Europa occidental y las Américas.

COMPRENSIÓN DE LA LECTURA **Resumir** ¿Qué es una economía de mercado?

RESUMEN Y PRESENTACIÓN Mediante el intercambio colombino, llegaron nuevas plantas, animales y tecnología, así como cambios sociales y culturales, a Europa, África, Asia y las Américas. También se desarrollaron nuevos sistemas económicos: el mercantilismo y, después, el capitalismo. A continuación, aprenderás sobre los cambios políticos que hubo en Europa.

Sección 3 Evaluación

hmhsocialstudies.com
Cuestionario en Internet

Repasar ideas, palabras y personas

1. a. Identificar Nombra algunas plantas y animales que formaron parte del intercambio colombino.
b. Evaluar ¿A quién crees que benefició más el intercambio colombino: a los europeos o a los habitantes de las Américas?
2. a. Describir ¿Qué era el comercio triangular?
b. Analizar ¿Cómo cambió el poder económico en Europa en el siglo XVII?
c. Profundizar ¿Por qué eran importantes las colonias para un país con una política económica regida por el **mercantilismo**?
3. a. Recordar ¿En qué tipo de sistema económico los individuos y los negocios privados controlan la mayoría de las industrias?
b. Explicar ¿Cómo funcionan la oferta y la demanda en una economía de mercado?

Pensamiento crítico

4. Analizar Usa tus notas para explicar cómo la disponibilidad de nuevos productos produjo nuevos modelos comerciales y nuevos sistemas económicos en Europa. Escribe tus explicaciones en las flechas de un diagrama como el siguiente.

| Nuevos productos | → | Nuevos modelos comerciales | → | Nuevos sistemas económicos |

ENFOQUE EN LA EXPRESIÓN ORAL

5. Comprender la economía Basándote en tus notas y en lo que leíste, elige los tres efectos más importantes de la interacción entre el Viejo Mundo y el Nuevo Mundo. Descríbelos en tu tabla.

La joven de la perla

de Tracy Chevalier (1964–   )

AYUDA DE VOCABULARIO

inclinada dispuesta

❶ Un canal principal conectaba a Delft con las ciudades de Rotterdam y La Haya.

¿Cómo sabes que el canal era una parte central de la vida de Griet?

❷ Griet asegura que es realista: que veía las cosas "tal como eran".

¿Qué te indica esto sobre la descripción de la ciudad que se da después?

❸ ***¿Qué detalles de este párrafo y el siguiente sugieren que Delft tenía una economía próspera?***

Sobre la lectura *La novela* La joven de la perla, *de 1999, es una obra de ficción histórica. Está ambientada en la bulliciosa ciudad de Delft, en los Países Bajos, durante la década de 1660. En aquella época, los Países Bajos eran una de las naciones más ricas y poderosas del mundo. Sin embargo, a muchos plebeyos holandeses les costaba mucho pagar los impuestos altos. La protagonista de esta novela es la hija adolescente de un plebeyo. Para ayudar económicamente a la familia, Griet trabaja de criada para la familia de un artista de clase media. El artista, Johannes Vermeer, fue uno de los mejores pintores holandeses de su época.*

A MEDIDA QUE LEES   Hazte una imagen mental de la ciudad de Delft.

Había recorrido aquella calle toda mi vida, pero jamás había sido tan consciente de que, al hacerlo, le daba la espalda a mi hogar. Cuando llegué al final y quedé fuera de la vista de mi familia, sin embargo, me fue un poco más fácil andar con paso seguro y mirar a mi alrededor. La mañana todavía era fresca; el cielo, de un blanco grisáceo y uniforme, cubría a Delft como una sábana; el sol de verano aún no estaba lo bastante alto para deshacerla con su calor abrasador. El canal que yo bordeaba era un espejo de luz blanca matizada de verde. A medida que el sol brillaba más, el canal se oscurecía hasta tomar el color del musgo.

Frans, Agnes y yo solíamos sentarnos al borde de aquel canal **❶** y arrojar cosas en él —guijarros, palos, una vez una baldosa rota— e imaginar qué tocarían en el fondo: no peces, sino criaturas de nuestra imaginación, con muchos ojos, escamas, manos y aletas. Frans inventaba los monstruos más interesantes. Agnes era la que se asustaba más. Yo siempre interrumpía el juego, demasiado inclinada a ver las cosas tal como eran **❷** para ser capaz de inventar cosas que no existían.

❸ Había algunos botes en el canal, yendo hacia la Plaza del Mercado. No era día de mercado, sin embargo, cuando el canal estaba tan lleno que no se veía el agua. Un bote estaba transportando pescado del río para los puestos del Puente Jeronymous. Otro estaba algo hundido en el agua, cargado de ladrillos. El hombre que lo impulsaba con una pértiga me lanzó un saludo. Me limité a contestarle con la cabeza y la agaché para que la punta de mi gorra me ocultara el rostro.

Crucé el canal por un puente, doblé y llegué al espacio abierto de la Plaza del Mercado, incluso entonces lleno de personas que la cruzaban yendo a ocuparse de alguna tarea: comprar carne en la carnicería, pan en la panadería, llevar madera para pesarla en la Casa de Pesas. Los niños hacían mandados para sus padres; los aprendices, para sus maestros; las criadas, para sus casas. Los caballos y las carretas traqueteaban por las piedras. A mi derecha, estaba el ayuntamiento, con su fachada laminada con oro y los rostros de mármol blanco que miraban hacia abajo desde las dovelas de la parte superior de las ventanas. A mi izquierda, estaba la Nueva Iglesia, donde me habían bautizado hacía dieciséis años. Su torre alta y estrecha me hizo pensar en una pajarera de piedra. Mi padre nos había llevado a subirla una vez. Yo nunca olvidaría la vista de Delft, extendida debajo de nosotros, cada estrecha casa de ladrillos, cada tejado rojo y empinado, el canal verde y el portal de la ciudad, grabados para siempre en mi mente, diminutos y al mismo tiempo nítidos. Pregunté entonces a mi padre si todas las ciudades holandesas eran así, pero él no lo sabía. Nunca había visitado ninguna otra ciudad, ni siquiera La Haya, que está a dos horas de distancia a pie.

Caminé hasta el centro de la plaza. Allí las piedras estaban dispuestas de manera tal que formaban una estrella de ocho puntas dentro de un círculo. Cada una apuntaba hacia una parte diferente de Delft. Yo la veía como el mismísimo centro de la ciudad, y como el centro de mi vida. Frans, Agnes y yo habíamos jugado en esa estrella desde que teníamos edad para corretear por el mercado. En nuestro juego favorito, uno de nosotros elegía una punta, uno nombraba algo —una cigüeña, una iglesia, una carretilla, una flor— y corríamos en aquella dirección en busca de la cosa nombrada. Habíamos explorado casi todo Delft así.

Sin embargo, había una punta que nunca habíamos seguido. Yo nunca había ido al Rincón de los Papistas, donde vivían los católicos. La casa donde trabajaría estaba sólo a diez minutos de la mía, el tiempo que tardaba una olla de agua en hervir, pero jamás había pasado junto a ella.

❹ No conocía a ningún católico. No había muchos en Delft y ninguno en nuestra calle ni en las tiendas que frecuentábamos. No es que los evitáramos, sino que se mantenían aislados.

La joven de la perla (1665), de Johannes Vermeer

LECTURA GUIADA

AYUDA DE VOCABULARIO

aprendices personas que trabajan y aprenden un oficio con un maestro artesano

laminada recubierta con láminas

dovelas piedras del centro superior en un arco

❹ La mayoría de los habitantes de los Países Bajos eran protestantes.

¿Cómo refleja la descripción de Delft que hace Griet lo que aprendiste sobre la Reforma?

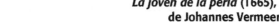

CONECTAR LA LITERATURA CON LA HISTORIA

1. **Analizar** Las nuevas rutas comerciales y la actividad bancaria, junto con el aumento de la industria manufacturera, enriquecieron a los Países Bajos. ¿Qué detalles de este fragmento señalan la prosperidad económica de los holandeses?

2. **Hacer inferencias** Los Países Bajos se convirtieron en una gran potencia comercial. ¿Qué característica geográfica de Delft (y, de forma más general, de los Países Bajos) ayudó a sus mercaderes a prosperar en el comercio?

Destrezas de estudios sociales

Analizar tablas

Comprender la destreza

Al igual que en las gráficas, en las tablas se presentan datos numéricos. Las cifras suelen enumerarse uno junto al otro para facilitar la búsqueda y la comparación. En especial, una tabla es útil para organizar diferentes categorías de datos. Como las cifras de cada fila o columna están relacionadas, puedes comparar los números y encontrar relaciones con facilidad.

Aprender la destreza

Sigue las siguientes sugerencias para leer y analizar una tabla.

❶ Lee el título de la tabla para determinar de qué trata. Todos los datos que aparecen en la tabla están relacionados de alguna manera con este tema.

❷ Identifica los datos. Observa los títulos y los rótulos de las columnas y filas de la tabla para saber cómo están organizadas las cifras. En una tabla, también puede haber notas entre paréntesis, que explican en qué unidades deben leerse los datos.

❸ Estudia la información. Observa los números de cada fila y de cada columna. Lee las filas en sentido horizontal y las columnas en sentido vertical.

❹ Usa destrezas de pensamiento crítico para comparar y contrastar números, identificar relaciones de causa y efecto, distinguir patrones de información y sacar conclusiones.

Practicar y aplicar la destreza

En la siguiente tabla, se brinda información sobre los planetas del Sistema Solar. Interpreta la tabla para responder a las siguientes preguntas.

1. ¿Qué planetas eran desconocidos para Kepler, Galileo y otros científicos de los siglos XVI y XVII?

2. ¿Qué relación se muestra en la tabla entre la duración del año de un planeta y su distancia del Sol?

3. ¿Qué planeta tiene un tamaño similar al de la Tierra?

Planetas del Sistema Solar					
Planeta	Cuándo se descubrió	Diámetro (en millas)	Distancia mínima de la Tierra (en millones de millas)	Distancia del Sol (en millones de millas)	Duración del año (en años terrestres)
Mercurio	la antigüedad	3,024	57	36	0.24
Venus	la antigüedad	7,504	26	67	0.62
Tierra	——————	7,909	——————	93	1.00
Marte	la antigüedad	4,212	49	141	1.88
Júpiter	la antigüedad	88,534	390	482	11.86
Saturno	tiempos prehistóricos	74,400	792	885	29.46
Urano	1781	32,488	1,687	1,780	84.01
Neptuno	1846	31,279	2,695	2,788	164.80

Repaso del capítulo

El impacto de la historia
▶ **videos**
Consulta el video para responder a la pregunta de enfoque:
¿Cuáles fueron algunos de los efectos del intercambio colombino?

Resumen visual

Usa el siguiente resumen visual para repasar las ideas principales del capítulo.

DATOS BREVES

Durante la revolución científica, los científicos aumentaron mucho su conocimiento del mundo mediante la observación, la experimentación y los nuevos inventos. Este conocimiento también se expandió con la exploración europea de tierras distantes, que fue posible gracias a los adelantos técnicos en la construcción de barcos.

Repasar vocabulario, palabras y personas

Para cada una de las siguientes afirmaciones, escribe V si es verdadera y F si es falsa. Si es falsa, escribe la palabra correcta que la convertiría en una afirmación verdadera.

1. **Galileo Galilei** fue la primera persona que usó un telescopio para estudiar el cielo.

2. La explicación que un científico desarrolla para explicar los datos que observa se llama **método científico.**

3. **Sir Isaac Newton** formuló la teoría de que los planetas giran alrededor del Sol.

4. **Cristóbal Colón** capitaneó el primer viaje que **circunnavegó** el mundo.

5. En 1588, se envió una armada inglesa para destruir una flota de barcos llamada la **Armada española**.

6. **Enrique el Navegante** fue responsable de gran parte del éxito de Portugal en los mares.

7. Los españoles crearon grandes haciendas llamadas **plantaciones** en las Américas.

Comprensión y pensamiento crítico

SECCIÓN 1 *(Páginas 588–592)*

8. **a. Recordar** ¿Cuándo ocurrió la revolución científica?

b. Comparar y contrastar ¿En qué se parecían las teorías de Copérnico y Kepler sobre el movimiento de los planetas? ¿En qué se diferenciaban?

c. Profundizar Elige un invento del período de la revolución científica y explica cómo afecta tu vida.

SECCIÓN 2 *(Páginas 593–596)*

9. **a. Recordar** ¿Qué lograron estas personas: Vasco da Gama, Cristóbal Colón y Fernando de Magallanes?

b. Sacar conclusiones ¿Qué efecto tuvieron sobre los viajes por mar los nuevos instrumentos de navegación, las carabelas y la mejora de los mapas?

c. Predecir ¿En qué habría cambiado la historia si la Armada española hubiera derrotado a las fuerzas inglesas?

10. a. Identificar Nombra tres plantas y tres animales que los europeos trajeron a las Américas.

b. Comparar y contrastar ¿Cuáles fueron algunos resultados positivos y negativos del intercambio colombino?

c. Evaluar ¿Cómo afectó la fundación de colonias a la industria manufacturera?

Destrezas de estudios sociales

Analizar tablas *Un invento de la revolución científica, el barómetro, se usa para medir la presión del aire durante un huracán. Los científicos miden la fuerza de un huracán en una escala de 1 a 5, donde 5 es el máximo de fuerza. Observa los datos sobre el huracán Frances del año 2004 en la siguiente tabla. Usa la tabla para responder a las siguientes preguntas.*

Fecha y hora	Velocidad del (viento (mph)	Presión del aire (mb)	Categoría
9/1 12:00 mediodía	120	937	4
9/2 12:00 mediodía	125	939	4
9/3 12:00 mediodía	110	957	3
9/4 12:00 mediodía	90	960	2
9/5 11:00 am	80	963	1

11. ¿Qué ocurrió con la presión del aire a medida que el huracán se debilitaba?

12. ¿En qué días fue igual o superior a 950 mb la presión del aire del huracán?

Usar Internet

13. Actividad: Investigar sobre los científicos y sus descubrimientos Durante la revolución científica se hicieron descubrimientos asombrosos. Usa tu libro de texto en Internet para llevar a cabo una investigación acerca de algunos científicos importantes de esa época. Luego, haz una tabla de sus descubrimientos o inventos más importantes, la influencia de esos descubrimientos en la sociedad y la manera en que la información sobre los descubrimientos ha evolucionado con el tiempo.

⇗ hmhsocialstudies.com

Destrezas de lectura

Pistas de vocabulario *Lee la oración. Luego, responde a las preguntas.*

> Los líderes católicos intentaron obligar a los científicos a rechazar los descubrimientos que contradijeran las enseñanzas de la iglesia.

14. ¿Cuál es el significado de la palabra *obligar*? ¿Qué pistas te permiten deducir su significado?

15. ¿Qué significa la palabra *contradecir*? ¿Cómo puedes deducirlo por el contexto de la oración? ¿Cómo podrías reformular el significado con palabras que tú sepas?

Repasar los temas

16. Sociedad y cultura ¿De qué manera el nacimiento de la ciencia llevó al desarrollo de las ideas democráticas?

17. Economía ¿Cómo se pasó del mercantilismo al capitalismo?

18. Economía Para tomar decisiones de compra acertadas en una economía de mercado, los individuos deben saber analizar los avisos publicitarios, determinar si pueden pagar un artículo determinado y juzgar si podrían gastar mejor su dinero de otra manera. Piensa en un artículo que te gustaría comprar. Describe los pasos que seguirías para decidir si comprarás el artículo.

ENFOQUE EN LA EXPRESIÓN ORAL

19. Presentar tu informe Revisa las notas de tu tabla. Decide una manera organizada de presentar la información. Luego, escribe tu discurso. Recuerda que tu público es joven, así que haz que el contenido sea simple. Usa detalles interesantes para apoyar los puntos clave de tu informe y muchas palabras expresivas para mantener el interés de tu público. Crea material visual colorido y fácil de comprender para consultar mientras hablas.

Práctica para el examen estandarizado

INSTRUCCIONES: *Lee las preguntas y escribe la letra de la respuesta correcta.*

1 Usa el diagrama para responder a la siguiente pregunta.

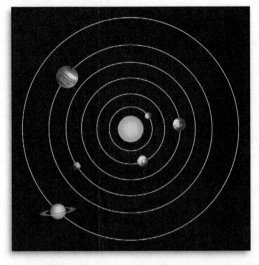

¿La obra pionera de qué científico antiguo incluía esta idea del Sistema Solar?

A Francis Bacon

B Nicolás Copérnico

C Ptolomeo

D Isaac Newton

2 Los principios fundamentales del método científico moderno son

A la lógica y las teorías matemáticas.

B las creencias comunes de la ciencia y la religión.

C los registros muy detallados.

D la observación y la experimentación.

3 ¿Quién fue el primero en capitanear un viaje que dio la vuelta al mundo?

A Pedro Cabral

B Fernando de Magallanes

C Vasco da Gama

D Francis Drake

4 El intercambio colombino provocó todas las siguientes opciones excepto

A la propagación de enfermedades de Europa a América.

B la introducción del caballo en Europa.

C la difusión de cultivos americanos en África y Asia.

D la introducción de las armas de fuego en América.

5 Según la política del mercantilismo, ¿cuál era el principal propósito de las colonias?

A ser una fuente de esclavos que trabajen en el país dominante

B ofrecer un lugar adonde el país dominante pueda mandar a las personas indeseables

C ayudar al país dominante a tener una balanza comercial favorable

D servir de bases desde las cuales el país dominante pueda lanzar ataques al enemigo

Conexión con lo aprendido anteriormente

6 El suceso sobre el que aprendiste anteriormente en este curso y que tuvo la *mayor* responsabilidad en el surgimiento de la revolución científica fue

A el Renacimiento.

B la caída de Roma.

C el desarrollo del feudalismo.

D la invención de la imprenta.

7 Un resultado del intercambio colombino fue la difusión del cristianismo. ¿Sobre qué otro suceso motivado por la difusión del cristianismo has aprendido durante este año?

A las Cruzadas

B la Inquisición española

C la Reforma

D la Reforma católica

Ponce de Leon
(Ponce de León)

El conquistador español Juan Ponce de León fue el primer europeo en pisar tierra de lo que luego sería territorio de Estados Unidos. Ponce de León partió inicialmente hacia el continente americano con Cristóbal Colón en su segundo viaje en 1493. Estando en la región del Caribe, ayudó a conquistar lo que hoy es Puerto Rico y fue nombrado gobernador de esa isla. En Puerto Rico, Ponce de León oyó acerca de una isla cercana en la que supuestamente se hallaba la legendaria Fuente de la Juventud. Se decía que las aguas de esta fuente rejuvenecían a la gente mayor. En 1513, Ponce de León marchó en busca de esa isla, pero llegó más bien a lo que hoy es Florida. Le dio nombre al nuevo territorio y lo reclamó a nombre de España.

Explora en Internet los sucesos importantes de la vida de Ponce de León. Encontrarás una gran cantidad de información, videos, fuentes primarias, actividades y mucho más en **hmhsocialstudies.com**.

Hacer clic en las
interactividades
hmhsocialstudies.com

📹 **Caribbean Island Encounters
(Encuentros en las islas del Caribe)**

Mira el video y entérate de cómo fueron los primeros encuentros entre los exploradores españoles y la gente del Caribe.

📹 **Claiming Florida for Spain
(Reclamación de la Florida
para España)**

Mira el video y entérate de cómo fue el primer desembarco de Ponce de León en la costa de lo que hoy es Florida.

🌎 **Ruta de Ponce de León en 1513**

Estudia el mapa y entérate de cómo era la región de las Américas que Ponce de León exploró en 1513.

La Ilustración y la Revolución

Pregunta esencial ¿Cuál fue el impacto de la Ilustración en Europa y las Américas?

Lo que aprenderás...

En este capítulo, estudiarás cómo las ideas de la Ilustración causaron revoluciones en todo el mundo.

ENFOQUE EN LA REDACCIÓN

Un artículo persuasivo Imagina que eres un filósofo y que escribes un artículo a favor de las ideas de la Ilustración. ¿Cómo convencerías a las personas que no están de acuerdo con las nuevas ideas? ¿Cómo harás que cambien de opinión? Escribirás un artículo persuasivo a favor de las ideas de la Ilustración que se publicará en un panfleto.

SUCESOS EN EL CAPÍTULO

1642 Comienza la guerra civil en Inglaterra.

1650

SUCESOS EN EL MUNDO

1647 Se termina de construir el Taj Mahal.

En esta foto, se muestra una recreación de una de estas revoluciones: la Guerra de Independencia.

1690
John Locke afirma que los poderes del gobierno se deben limitar.

1707
El Imperio mogol llega a su fin en la India.

1759
Nace Mary Wollstonecraft en Londres.

1769
Los misioneros españoles comienzan a establecer misiones en California.

1776 Las colonias de América del Norte declaran su independencia.

1789
Comienza la Revolución francesa.

1780
Tupac Amaru dirige una revuelta de campesinos contra los gobernantes coloniales de Perú.

1700

1750

1800

Lectura en estudios sociales

Economía   Geografía   Política   Religión   Sociedad y cultura   Ciencia y tecnología

Enfoque en los temas En este capítulo, aprenderás sobre la Ilustración, una época de grandes pensadores **políticos,** escritores y activistas. Aprenderás sobre algunos de estos personajes históricos, que se encuentran entre las personas más influyentes de toda la historia mundial. En sus ideas, descubrirás las raíces de nuestro gobierno actual, un gobierno creado por grandes estadistas que inspiraron una revolución. También verás cómo otras revoluciones similares cambiaron la **sociedad** y la **cultura** de otros países del mundo.

Comprender puntos de vista

Enfoque en la lectura La historia está hecha de asuntos, cuestiones sobre lo que se debe hacer en determinadas situaciones. A lo largo de la historia, las personas han considerado los asuntos desde distintas perspectivas. La visión de cada persona sobre el asunto dio forma a lo que cada una pensaba que debía hacerse.

Identificar los puntos de vista La visión de una persona sobre un asunto se llama **punto de vista**, o perspectiva. Los puntos de vista pueden ser determinados por muchos factores, como la educación de una persona o sus ideas políticas. Cuando lees un documento histórico, descubrir el punto de vista del autor puede ayudarte a comprender sus opiniones sobre un asunto.

Thomas Jefferson, de la Declaración de Independencia

La historia del actual Rey de Gran Bretaña es una historia de repetidos agravios y usurpaciones, encaminados todos directamente hacia el establecimiento de una tiranía absoluta sobre estos estados. Para probar esto, sometemos los hechos al juicio de un mundo imparcial.

Él se ha negado a aprobar las leyes más sanas y necesarias para el bien común.

Él ha prohibido a sus gobernadores aprobar leyes de necesidad y urgencia, o las ha postergado en su funcionamiento hasta que obtuvieran su aprobación; y cuando eran postergadas, les hacía caso omiso con total negligencia.

Considera el contexto del autor: Jefferson era un líder de las colonias.

Busca lenguaje emotivo: palabras como agravios o usurpaciones dejan en claro cuál es la opinión de Jefferson.

Observa las pruebas: Jefferson usa ejemplos sólo de las faltas del rey.

Reúne toda la información para establecer el punto de vista del autor: Jefferson se oponía a las políticas del rey de Inglaterra y deseaba un cambio en el gobierno.

¡Inténtalo!

Lee el siguiente fragmento de este capítulo. Luego, responde a las siguientes preguntas.

Rousseau

El pensador francés Jean-Jacques Rousseau criticó la idea del derecho divino. Creía en la soberanía popular: la idea de que los gobiernos deben expresar la voluntad del pueblo. En *El contrato social*, publicado en 1762, Rousseau afirmaba que "El hombre nace libre, pero vive encadenado". Según Rousseau, los ciudadanos se someten a la autoridad del gobierno para proteger sus propios intereses mediante un "contrato social". Este contrato le da al gobierno el poder de crear y hacer cumplir las leyes siempre que sea para el bien de las personas. El gobierno debe renunciar a ese poder si no está al servicio del pueblo.

Del Capítulo 21, pág. 618

Piensa sobre el fragmento que acabas de leer y luego responde a las siguientes preguntas.

1. ¿Cuál crees que era el punto de vista de Rousseau sobre el gobierno de Francia?

2. ¿Qué palabras o frases del fragmento te ayudaron a identificar su punto de vista?

3. ¿Qué efecto tuvieron las ideas y creencias de Rousseau en su punto de vista?

4. ¿Crees que el punto de vista de Rousseau se parecía al del rey de Francia o que era distinto?

5. ¿Quién crees que compartiría más probablemente el punto de vista de Rousseau: un rico noble francés o un colono que planea una rebelión? ¿Por qué?

Personas y palabras clave

Vocabulario académico

El progreso escolar está relacionado con el conocimiento del vocabulario académico, es decir, de las palabras que se usan con frecuencia en las tareas y discusiones en clase. En este capítulo, aprenderás las siguientes palabras de vocabulario académico:

contrato (*pág. 617*)
ideales (*pág. 624*)

A medida que lees el Capítulo 21, intenta determinar el punto de vista de los distintos personajes históricos que estudiarás.

Las ideas de la Ilustración

Si ESTUVIERAS allí...

Eres un estudiante a principios del siglo XVIII. Aparentemente, tu maestro puede aprobar o reprobar a quien él desee. Tú piensas que tu maestro debería decidir las calificaciones de sus alumnos basándose en lo que cada alumno ha aprendido. De pronto, se te ocurre una idea nueva: si se toman exámenes a los alumnos, podrán demostrar lo que saben. Piensas que con esta idea mejorarás tus calificaciones como también las relaciones dentro de tu escuela.

¿Desafiarás la autoridad de tu maestro?

CONOCER EL CONTEXTO En los siglos XVII y XVIII, personas como el estudiante del párrafo anterior comenzaron a cuestionar a las fuentes de autoridad de la sociedad, en especial a las autoridades religiosas y del gobierno. Pensaban que la lógica y la razón lograrían mejorar la sociedad. Sus ideas se difundieron con rapidez por toda Europa.

La Edad de la Razón

Los descubrimientos que se hicieron durante la revolución científica y los viajes de descubrimiento provocaron cambios en Europa. Varios estudiosos comenzaron a cuestionar las creencias que se tenían desde hacía mucho tiempo sobre la ciencia, la religión y el gobierno.

Estos nuevos estudiosos se apoyaban en la razón, o el pensamiento lógico, en lugar de las enseñanzas religiosas, para explicar cómo funcionaba el mundo. Creían que el poder de la razón humana podía utilizarse para alcanzar tres grandes metas (el conocimiento, la libertad y la felicidad) y que alcanzando esas metas se mejoraría la sociedad. El uso de la razón como una guía para el pensamiento de las personas sobre la filosofía, la sociedad y la política definió un período llamado la **Ilustración**. Debido al énfasis que ponía en el uso de la razón, la Ilustración también se conoce como la Edad de la Razón.

COMPRENSIÓN DE LA LECTURA Identificar las ideas principales
¿Cómo explicaban el mundo los pensadores de la Ilustración?

Las raíces de la Ilustración

Las principales ideas de la Ilustración tenían sus raíces en otras épocas. Los pensadores de la Ilustración recurrían a las ideas de los griegos y de los romanos, y a la historia del cristianismo. El Renacimiento, la Reforma y la revolución científica también aportaban ideas.

Los filósofos griegos y romanos

Los pensadores de la Ilustración utilizaron ideas de los antiguos griegos y romanos. Los filósofos griegos habían observado que existía un orden y una regularidad natural en el mundo. Aristóteles, por ejemplo, enseñaba que los hombres podían usar la lógica para descubrir verdades nuevas. Basándose en las ideas griegas, los pensadores romanos desarrollaron el concepto de ley natural: la idea de que una ley gobernaba el funcionamiento del mundo.

Tomando como guía las creencias griegas y romanas, los pensadores de la Ilustración comenzaron a estudiar el mundo de una nueva manera. Aplicaron estas creencias no sólo al mundo natural, sino también al mundo humano de la sociedad y el gobierno.

El cristianismo

La historia del cristianismo en Europa aporta pistas sobre las ideas que surgieron durante la Ilustración. Un teólogo, Tomás de Aquino, había enseñado en la Edad Media que la fe sumada a la razón podía explicar el mundo. A pesar de haber tomado la idea de Tomás de Aquino sobre el uso de la razón, la Ilustración fue principalmente un movimiento **secular**, o no religioso. Los pensadores de la Ilustración estaban en desacuerdo con la autoridad que reclamaba la iglesia y su intolerancia hacia las creencias no cristianas.

El Renacimiento y la Reforma

Otras reacciones contra la Iglesia cristiana en Europa influyeron también sobre las ideas de la Ilustración. Por ejemplo, algunos pensadores del Renacimiento usaron ideas de los griegos y los romanos para cuestionar algunas creencias religiosas establecidas. A estos pensadores del Renacimiento se los llamó humanistas.

Aunque la mayoría de los humanistas eran religiosos, se concentraban en los valores y los logros de los seres humanos más que en la gloria de Dios. Los humanistas del Renacimiento

hmhsocialstudies.com

ANIMATED HISTORY
Cultural Centers, 1700s

El uso de la razón introdujo adelantos en la ciencia y la tecnología, y ellas a su vez influyeron en la Ilustración. En la figura, el científico italiano Alejandro Volta explica un nuevo invento: la batería.

La Ilustración también se llama Edad de la Razón porque la razón, o el pensamiento lógico, es una parte básica de todas las ideas de la Ilustración.

Ideas de la Ilustración

- La capacidad de razonar es lo que hace del hombre un ser único.

- La razón puede usarse para resolver problemas y mejorar la vida de las personas.

- La razón puede liberar a las personas de la ignorancia, la superstición y el gobierno injusto.

- El mundo natural está gobernado por leyes que pueden descubrirse mediante la razón.

- Como el mundo natural, la conducta humana está gobernada por leyes naturales.

- Los gobiernos deberían ser el reflejo de las leyes naturales y promover la educación y el debate.

pensaban que las personas podían mejorar su mundo estudiándolo y cambiándolo. Estas ideas contribuyeron con la idea de progreso de la Ilustración: la idea de que los seres humanos eran capaces de mejorar su mundo.

Algunas ideas de la Reforma también reaparecieron durante la Ilustración. Al igual que Martín Lutero y otros reformistas, los estudiosos de la Ilustración cuestionaron la autoridad de la iglesia. Descubrieron que las creencias religiosas no siempre se ajustaban a lo que ellos aprendían mediante su estudio lógico del mundo.

La revolución científica

La revolución científica también influyó en los pensadores de la Ilustración. Por medio de experimentos, los científicos como Newton y Galileo habían descubierto que el mundo no funcionaba como la iglesia lo explicaba. Usando métodos científicos de estudio, los científicos descubrieron leyes que gobernaban el mundo natural. Los pensadores de la Ilustración extendieron el alcance de la idea de las leyes naturales: creían que esas leyes debían gobernar también a la sociedad y al gobierno de los seres humanos.

COMPRENSIÓN DE LA LECTURA **Identificar las ideas principales** ¿Cuáles fueron algunos de los movimientos que influyeron en la Ilustración?

Las nuevas ideas

Los pensadores de la Ilustración tomaron prestadas ideas de la historia para desarrollar una nueva visión del mundo. Creían que el uso de la razón podía mejorar la sociedad. Para lograr este progreso, debían compartir estas ideas con otras personas.

Los filósofos franceses

Los filósofos franceses popularizaron muchas ideas de la Ilustración. Un filósofo, **Voltaire**, se burló del gobierno y de la religión en sus escritos. En lugar de confiar en que Dios aumentaría la felicidad de los humanos, Voltaire pensaba que los humanos podían mejorar su propia existencia.

Tras meterse en problemas por algunos de sus escritos, Voltaire también denunció la censura, que es la eliminación de información que se considera perjudicial. Dijo: "[Quizá] estoy en desacuerdo con lo que dicen, pero defenderé a muerte su derecho a decirlo". Su declaración destacaba la meta de la Ilustración de tener libertad de pensamiento.

Los pensadores de la Ilustración se esforzaron por compartir sus pensamientos con el pueblo. El filósofo Denis Diderot editó un libro llamado la *Enciclopedia*. Este libro incluía artículos de más de 100 expertos en ciencia, tecnología e historia. Tanto el rey de Francia como el papa prohibieron la *Enciclopedia*.

A pesar de la censura, las ideas de la Ilustración se difundieron. Un lugar importante donde se intercambiaban ideas eran las **tertulias**, reuniones sociales para debatir ideas. A menudo, las mujeres organizaban las tertulias. La mayoría de los pensadores de la Ilustración no veían a las mujeres como sus iguales. Sin embargo, al organizar las tertulias, las mujeres podían influir en las opiniones.

Los escritores ingleses

Tanto las mujeres como los hombres comenzaron a publicar sus ideas en libros, panfletos y artículos periodísticos. La escritora inglesa **Mary Wollstonecraft**, por ejemplo, decía que las mujeres debían tener los mismos derechos que los hombres.

Los pensadores de la Ilustración incluso aplicaron sus ideas sobre la libertad y el progreso a la economía. El escritor inglés Adam Smith creía que la economía estaba gobernada por las leyes naturales. Afirmaba que los gobiernos no debían intentar controlar la economía y que el crecimiento económico se producía cuando los individuos tenían la libertad de tomar sus propias decisiones. Al igual que muchos pensadores de la Ilustración, sus ideas tendrían un efecto duradero.

COMPRENSIÓN DE LA LECTURA Resumir
¿Cómo difundieron sus ideas los pensadores de la Ilustración?

BIOGRAFÍA

Voltaire
1694–1778

Voltaire es el seudónimo del filósofo y escritor francés François-Marie Arouet. Voltaire usó su ingenio, inteligencia y sentido de la justicia para burlarse de la intolerancia religiosa. Su talento y sus audaces ideas lo convirtieron en un escritor popular. En sus escritos, Voltaire afirmaba que el propósito de la vida es la búsqueda de la felicidad de las personas mediante el progreso en las ciencias y las artes.

Hacer inferencias ¿Por qué Voltaire se burlaba de la intolerancia religiosa?

RESUMEN Y PRESENTACIÓN Los estudiosos de la Ilustración tomaron ideas de épocas anteriores. Propusieron ideas sobre la importancia de la razón y el progreso. En la siguiente sección, aprenderás cómo la Ilustración cambió las ideas sobre el gobierno.

Sección 1 Evaluación

hmhsocialstudies.com
Cuestionario en Internet

Repasar ideas, palabras y personas

1. **a. Definir** ¿Qué fue la **Ilustración**?
   b. Explicar ¿Cuál era la principal meta de la mayoría de los pensadores de la Ilustración?
2. **a. Definir** ¿Qué significa decir que la Ilustración fue un movimiento **secular**?
   b. Explicar ¿Qué relación había entre los descubrimientos de la revolución científica y la Ilustración?
   c. Profundizar ¿Cómo contribuyó a la Ilustración la idea de la ley natural?
3. **a. Describir** ¿Qué opinaba **Voltaire** sobre la censura?
   b. Explicar ¿Cuál fue el aporte de Adam Smith a las ideas de la Ilustración?

Pensamiento crítico

4. **Resumir** Haz un cuadro como el de la derecha. Consulta tus notas y haz un resumen sobre la contribución de cada fuente a las ideas de la Ilustración.

Filósofos griegos y romanos	→
Cristianismo	→
Renacimiento y Reforma	→
Revolución científica	→

ENFOQUE EN LA REDACCIÓN

5. **Defender las ideas de la Ilustración**
   Repasa la sección y busca nuevas ideas sobre ciencia, religión, derechos de la mujer y economía. ¿Cómo podrían ayudar a las personas estas ideas? Escribe lo que podrías decir a favor de las ideas de la Ilustración sobre estos temas.

Las nuevas ideas de gobierno

Lo que aprenderás...

Ideas principales

1. La Ilustración influenció algunas monarquías.
2. Los pensadores de la Ilustración contribuyeron al desarrollo de las ideas democráticas.
3. En América del Norte, la Ilustración inspiró la lucha por la independencia.

La idea clave

Las ideas de la Ilustración influenciaron el crecimiento de los gobiernos democráticos en Europa y América del Norte.

Personas y palabras clave

John Locke, *pág. 617*
derechos naturales, *pág. 618*
Charles-Louis Montesquieu, *pág. 618*
Jean-Jacques Rousseau, *pág. 618*
soberanía popular, *pág. 618*
Benjamín Franklin, *pág. 619*
Thomas Jefferson, *pág. 619*

hmhsocialstudies.com
TOMAR NOTAS

Usa el organizador gráfico en Internet para tomar notas acerca de cómo influyó la Ilustración sobre las ideas democráticas en Europa y América del Norte.

Si ESTUVIERAS allí...

Estás en un café, debatiendo con amigos sobre muchos temas, desde política hasta religión. Es el año 1770. De pronto, alguien que está junto a ti cuestiona el derecho del rey para gobernar. Otros empiezan a apoyar la opinión de esta persona. A medida que escuchas su razonamiento, piensas en qué otras formas de gobernar existirán.

¿Apoyarías un gobierno sin rey ni reina? ¿Por qué?

CONOCER EL CONTEXTO Durante siglos, los monarcas europeos habían luchado por el poder contra los nobles y los dirigentes de la iglesia. En Inglaterra, el Parlamento limitaba el poder del monarca. Sin embargo, en algunos otros países, los reyes gobernaban sin límites. La Ilustración provocaría cambios en los gobiernos de Europa y América del Norte.

La Ilustración influye en las monarquías

En los siglos XVII y XVIII, reyes, reinas y emperadores gobernaban Europa. (Ver mapa.) Muchos de estos monarcas pensaban que tenían un derecho divino para gobernar. Es decir, creían que Dios les había dado el derecho a gobernar como quisieran. Además, creían que no debían estar limitados por organismos como el parlamento inglés. El rey Luis XIV de Francia se veía a sí mismo como el único gobierno. Afirmó: *"L'etat, c'est moi!"*, que significa: "¡El estado soy yo!".

Aunque los monarcas como Luis XIV tenían la mayor parte del poder, otros grupos de la sociedad también tenían privilegios. En Francia, por ejemplo, los nobles pagaban pocos impuestos y ocupaban los cargos más altos en el ejército. El clero francés directamente no pagaba impuestos. Sin embargo, la mayor parte del pueblo francés, los plebeyos, eran pobres, pagaban impuestos altos y no tenían ninguna función en el gobierno.

Fuera de Francia, algunos monarcas comenzaron a cambiar sus ideas sobre cómo debían gobernar. Aplicaron las ideas de la Ilustración al gobierno. Estos gobernantes fueron conocidos como déspotas ilustrados. Un déspota es un gobernante con poder absoluto.

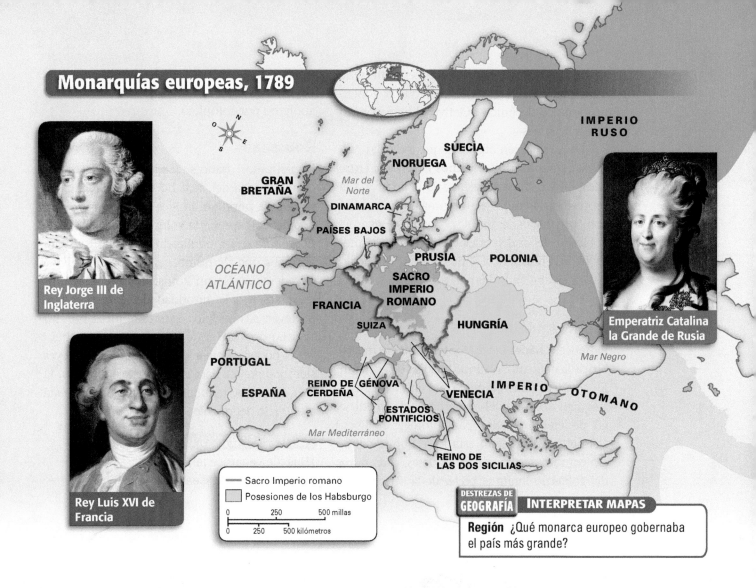

Monarquías europeas, 1789

SUECIA
NORUEGA
IMPERIO RUSO
GRAN BRETAÑA
Mar del Norte
DINAMARCA
PAÍSES BAJOS
PRUSIA
POLONIA
SACRO IMPERIO ROMANO
OCÉANO ATLÁNTICO
FRANCIA
SUIZA
HUNGRÍA
PORTUGAL
REINO DE CERDEÑA
GÉNOVA
VENECIA
IMPERIO OTOMANO
Mar Negro
ESPAÑA
ESTADOS PONTIFICIOS
Mar Mediterráneo
REINO DE LAS DOS SICILIAS

Rey Jorge III de Inglaterra

Emperatriz Catalina la Grande de Rusia

Rey Luis XVI de Francia

— Sacro Imperio romano
☐ Posesiones de los Habsburgo

0   250   500 millas
0   250   500 kilómetros

DESTREZAS DE GEOGRAFÍA **INTERPRETAR MAPAS**

Región ¿Qué monarca europeo gobernaba el país más grande?

Los déspotas ilustrados intentaron mejorar la vida de los plebeyos. También pensaban que podrían fortalecer sus países si los plebeyos estaban más contentos. Federico II de Prusia fue uno de estos gobernantes. Aprobó reformas de las leyes y la educación. La emperatriz Catalina la Grande de Rusia fue otra de los déspotas ilustrados. Sus reformas le dieron a la nobleza rusa más derechos y poderes.

Aunque los déspotas ilustrados introdujeron algunas mejoras en sus países, muchos pensadores de la Ilustración querían cambios más importantes. Entonces comenzaron a considerar la necesidad de una democracia.

COMPRENSIÓN DE LA LECTURA **Contrastar**
¿Qué diferencia había entre el gobierno por derecho divino y el gobierno de los déspotas ilustrados?

Las ideas democráticas

Algunos pensadores de la Ilustración sólo cuestionaron la idea del gobierno por el derecho divino. Otros no se quedaron allí: desarrollaron ideas completamente nuevas sobre cómo debía funcionar el gobierno. Tres de estos pensadores (Locke, Montesquieu y Rousseau) intentaron identificar la mejor forma de gobierno posible. Las ideas de estos pensadores de la Ilustración contribuyeron a la creación de la democracia moderna.

Locke

El filósofo inglés **John Locke** tuvo gran influencia sobre el pensamiento político de la Ilustración. En 1690, publicó *Dos tratados sobre el gobierno*. En esta obra, Locke afirmaba que el gobierno era un __contrato__ entre el gobernante y el pueblo. Como un contrato comprometía

VOCABULARIO ACADÉMICO

contrato acuerdo legal de cumplimiento obligatorio

a ambas partes, el poder del gobernante sería limitado. De hecho, Locke creía que el gobierno tenía como único objetivo el bien común de las personas.

Locke también afirmaba que todas las personas tenían ciertos **derechos naturales**, entre ellos, el derecho a la vida, a la libertad y a la propiedad. Pensaba que ninguna persona nacía con privilegios especiales. Según Locke, el gobierno debía defender los derechos naturales de los ciudadanos. Si no lo hacía, el pueblo tenía derecho a cambiar de gobernantes.

Montesquieu

El francés **Charles-Louis Montesquieu** era miembro de la nobleza. Continuó las ideas de Locke en *El espíritu de las leyes,* publicado en 1748. Montesquieu decía que el gobierno debía dividirse en poderes separados para proteger la libertad del pueblo. Según esta idea, que se conoció como la separación de poderes, cada rama del gobierno limita el poder de la otra. Como resultado, las distintas ramas deben compartir el poder. Ninguna de ellas puede controlar el gobierno por completo.

Rousseau

El pensador francés **Jean-Jacques Rousseau** criticó la idea del derecho divino. Creía en la **soberanía popular:** la idea de que los gobiernos deben expresar la voluntad del pueblo. En *El contrato social,* publicado en 1762, Rousseau afirmaba que "El hombre nace libre, pero vive encadenado". Según Rousseau, los ciudadanos se someten a la autoridad del gobierno para proteger sus propios intereses mediante un "contrato social". Este contrato le da al gobierno el poder de crear y hacer cumplir las leyes siempre que sea para el bien de las personas. El gobierno debe renunciar a ese poder si no está al servicio del pueblo.

COMPRENSIÓN DE LA LECTURA **Analizar**
¿Qué idea aparece tanto en la obra de Locke como en la de Rousseau?

Los pensadores de la Ilustración

Las ideas de Locke, Montesquieu y Rousseau contribuyeron a la creación de la democracia moderna.

¿Quién creía en la separación de los poderes del gobierno?

THE GRANGER COLLECTION, NEW YORK

John Locke
1632–1704
- El poder del gobierno es limitado.
- Las personas tienen derechos naturales, como el derecho a la vida, a la libertad y a la propiedad.

Charles-Louis Montesquieu
1689–1755
- Los poderes del gobierno deberían estar divididos en ramas separadas.

La Ilustración en América del Norte

Las ideas de estos tres filósofos se difundieron por toda Europa. Desde Europa, se expandieron hasta los colonos británicos que vivían en América del Norte. Las ideas de la Ilustración tendrían un gran efecto en la historia de Estados Unidos.

Los colonos británicos ya conocían algunas ideas básicas sobre la participación en el gobierno. Como eran ciudadanos británicos, sabían sobre el Parlamento y el control que ejercía sobre los poderes del monarca. Cuando el gobierno británico comenzó a limitar lo que los colonos consideraban sus derechos, los colonos se defendieron.

La política británica en América del Norte

Para comprender mejor esta lucha, debemos remontarnos a la fundación de las colonias. Otros países además de Gran Bretaña se asentaban y controlaban tierras en América del Norte. Uno de esos países era Francia.

Jean-Jacques Rousseau
1712–1778

- **Los gobiernos deben expresar la voluntad del pueblo.**
- **El pueblo establece un contrato social con su gobierno, por el cual le brinda el derecho a crear y hacer cumplir las leyes.**

En América del Norte, los franceses y los ingleses tenían muchas disputas. Estos conflictos provocaron una guerra. Aunque finalmente los británicos derrotaron a los franceses, los años de lucha les costaron mucho dinero a los británicos.

Para recaudar dinero, el gobierno británico creó nuevos impuestos para las colonias. Uno de los impuestos fue sobre el costo de la melaza. Otro impuesto nuevo, llamado la Ley del Timbre, obligaba a los colonos a pagar más por los periódicos, algunos documentos legales y otros materiales impresos. Los habitantes de Inglaterra no tenían que pagar estos impuestos. En consecuencia, los colonos pensaban que estos impuestos eran injustos. Los colonos querían tener el mismo trato que los ciudadanos británicos. Querían tener los mismos derechos que los europeos.

Las opiniones de los colonos

Muchos líderes coloniales conocían las ideas de la Ilustración. Dos de ellos en especial, **Benjamín Franklin** y **Thomas Jefferson**, aplicarían esas ideas a las quejas de los colonos.

En 1766, el científico y filósofo Benjamín Franklin viajó a Londres. Allí, habló ante la Cámara de los Comunes del Parlamento. Franklin sostenía que el gobierno británico no tenía derecho a cobrar impuestos a los colonos porque ellos no tenían representantes en el Parlamento. Sus argumentos en contra de "los impuestos sin representación" provocaron disturbios contra los impuestos en las colonias. Los disturbios convencieron al gobierno británico de eliminar la Ley del Timbre.

Thomas Jefferson era agricultor, científico y estudioso. Había recibido la influencia de la revolución científica. John Locke era otra fuente de inspiración. Siguiendo las ideas de Locke, Jefferson creía que Gran Bretaña no tenía derecho a gobernar ni a obligar a las colonias a pagar impuestos. Apoyaba la idea de la independencia de las colonias. Jefferson también apoyaba la separación entre el poder político y el religioso. En este sentido, reflejaba las actitudes seculares de la Ilustración.

ENFOQUE EN LA LECTURA

¿Por qué la opinión de los colonos sobre los impuestos era diferente de la opinión del gobierno británico?

La Ilustración llega a América del Norte

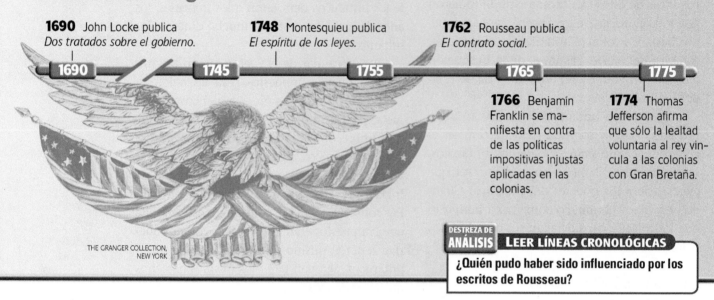

1690 John Locke publica *Dos tratados sobre el gobierno.*

1748 Montesquieu publica *El espíritu de las leyes.*

1762 Rousseau publica *El contrato social.*

| 1690 | 1745 | 1755 | 1765 | 1775 |

1766 Benjamín Franklin se manifiesta en contra de las políticas impositivas injustas aplicadas en las colonias.

1774 Thomas Jefferson afirma que sólo la lealtad voluntaria al rey vincula a las colonias con Gran Bretaña.

THE GRANGER COLLECTION, NEW YORK

DESTREZA DE ANÁLISIS **LEER LÍNEAS CRONOLÓGICAS**
¿Quién pudo haber sido influenciado por los escritos de Rousseau?

Más tarde, Jefferson se convertiría en presidente de Estados Unidos. Su filosofía y sus logros, basados en las ideas de la Ilustración, ayudaron a establecer el gobierno democrático y los derechos que gozamos hoy en día en Estados Unidos.

COMPRENSIÓN DE LA LECTURA **Identificar las ideas principales** ¿Por qué algunos colonos querían independizarse de Gran Bretaña?

RESUMEN Y PRESENTACIÓN En los siglos XVII y XVIII, algunos monarcas europeos creían que tenían un derecho divino a gobernar. A medida que los pensadores de la Ilustración proponían nuevas maneras de pensar, las personas empezaron a cuestionar los derechos de los monarcas. Las ideas democráticas se difundieron. En la siguiente sección, aprenderás cómo esas ideas cambiaron los gobiernos de Inglaterra, Francia y América del Norte.

Sección 2 Evaluación

hmhsocialstudies.com
Cuestionario en Internet

Repasar ideas, palabras y personas

1. a. Definir ¿Qué significa derecho divino?
b. Explicar ¿Qué intentaron hacer los déspotas ilustrados?

2. a. Definir ¿Qué son los **derechos naturales**?
b. Explicar ¿Cuál creía Locke que era el propósito del gobierno?
c. Profundizar ¿Por qué la separación de poderes protegería las libertades de las personas?

3. a. Describir ¿Qué papel desempeñó **Benjamín Franklin** en la disputa entre los colonos de América del Norte y el gobierno de Gran Bretaña?
b. Profundizar ¿Por qué crees que muchos estadounidenses creen que **Thomas Jefferson** es un héroe?

Pensamiento crítico

4. Resumir Dibuja una tabla como la de la derecha. Consulta tus notas y haz una lista de 5 personajes importantes. Explica cómo influyeron las ideas de cada uno sobre la democracia en Europa y América del Norte.

Personaje	Ideas

ENFOQUE EN LA REDACCIÓN

5. Organizar ideas sobre el gobierno
Identifica formas en que las ideas de la Ilustración podrían haber mejorado el gobierno haciéndolo más efectivo o justo. ¿Cómo presentarías tus ideas a una persona que está a favor de la monarquía o del derecho divino?

John Locke

¿Te arriesgarías a ser arrestado por tus ideas sobre los derechos del pueblo?

¿Cuándo vivió? 1632–1704

¿Dónde vivió? en Inglaterra y en los Países Bajos

¿Qué hizo? Locke trabajó como profesor, médico y funcionario del gobierno. Escribió sobre la mente humana, la ciencia, el gobierno y la religión, entre otros temas.

¿Por qué es importante? Locke creía que las personas comunes tenían derecho a pensar, a practicar su religión libremente y a la propiedad. Además, confiaba mucho en la ciencia y en la bondad básica de las personas. Pero no todo el mundo apoyaba sus ideas. En cierto momento, Locke debió huir a Holanda para no ser arrestado por sus enemigos políticos. Las ideas de Locke han inspirado las reformas políticas de Occidente durante unos 300 años.

Hacer inferencias ¿Por qué piensas que a algunas personas les disgustaban las ideas de Locke?

IDEAS CLAVE

" Siendo todos los hombres, tal como se ha dicho, por naturaleza libres, iguales e independientes, nadie puede ser… sometido al poder político de otro, sin su propio consentimiento. La única forma por la cual una persona se despoja de su libertad natural… es poniéndose de acuerdo con otros hombres para unirse y formar una comunidad ".

–de Segundo tratado sobre el gobierno civil, John Locke

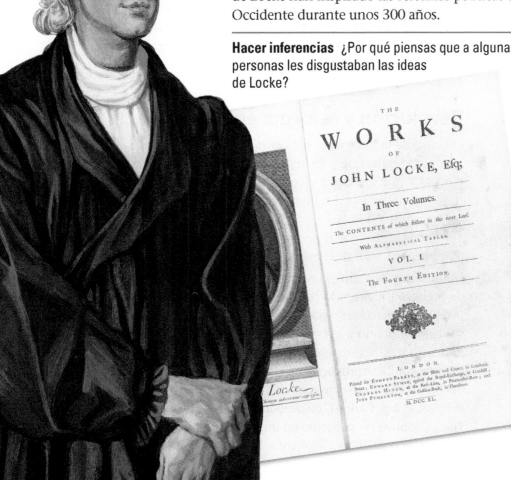

THE
WORKS
OF
JOHN LOCKE, Esq;

In Three Volumes.

The CONTENTS of which follow in the next Leaf.

With ALPHABETICAL TABLES.

VOL. I.

The FOURTH EDITION.

LONDON.
Printed for EDMUND PARKER, at the Bible and Crown, in Lombard-Street; EDWARD SYMON, against the Royal-Exchange, in Cornhill; CHARLES HITCH, at the Red-Lion, in Pater-noster-Row; and JOHN PEMBERTON, at the Golden-Buck, in Fleetstreet.

M. DCC. XL.

Este libro, impreso en 1740, es una recopilación de los escritos de John Locke.

La era de la revolución

Si ESTUVIERAS allí...

Vives cerca de Boston, Massachusetts. Los soldados británicos se han mudado a tu casa y tomaron posesión de ella. Dicen que la ley les permite tomar todo lo que necesiten. Pero tu padre no quiere que los soldados vivan en tu casa y se coman tu comida. ¿Qué puede hacer para luchar contra las leyes del rey?

¿Debería tu padre desobedecer al rey? ¿Por qué?

> **CONOCER EL CONTEXTO** La presencia de los soldados británicos en las colonias era tan sólo una señal de que se estaban gestando problemas. Las ideas sobre los derechos del pueblo se oponían a las ideas sobre los derechos de la monarquía. En Inglaterra, en las colonias de América del Norte y en Francia, este conflicto provocó violentas revoluciones.

Revolución y reforma en Inglaterra

Las ideas de la Ilustración habían inspirado a los plebeyos a oponerse a las monarquías que gobernaban sin preocuparse por las necesidades del pueblo. Sin embargo, los monarcas no estaban dispuestos a renunciar a sus privilegios. En Inglaterra, el Parlamento obligó a la monarquía a cambiar.

Problemas con el Parlamento

Durante muchos años, la relación entre el Parlamento y la monarquía de Inglaterra había sido conflictiva. El Parlamento exigía que se respetaran sus derechos y poderes. Sin embargo, la monarquía defendía su derecho divino a gobernar. La relación entre el Parlamento y los monarcas ingleses empeoró.

Este conflicto provocó una guerra civil en 1642. Los representantes del Parlamento bajo el mando de Oliver Cromwell asumieron el poder del país. El rey, Carlos I, fue acusado de varios delitos y decapitado en 1649. Cromwell se convirtió en un dictador. Los años que estuvo en el poder fueron agitados y violentos.

George Washington llevó al ejército colonial a la victoria contra los británicos en la Guerra de Independencia. En esta copia de 1851 de una pintura famosa, se muestra a Washington mientras dirige a sus tropas a través del río Delaware para atacar a las fuerzas británicas.

Para 1660, muchos ingleses ya estaban cansados de tanta agitación y deseaban restaurar la monarquía. Invitaron al hijo del rey muerto a regresar para gobernar Inglaterra con el nombre de Carlos II. Le hicieron prometer que permitiría al Parlamento mantener los poderes que había obtenido durante la guerra civil. Entre estos poderes, estaba el derecho a aprobar nuevos impuestos. El Parlamento pudo trabajar con Carlos II durante casi todo su reinado. Sin embargo, cuando Carlos murió y su hermano Jacobo se convirtió en rey, los problemas volvieron a empezar.

Jacobo II era un católico poco popular que intentó promover sus creencias religiosas en Inglaterra, un país protestante. Como resultado, el Parlamento le pidió a Guillermo de Orange, protestante y yerno de Jacobo, que invadiera Inglaterra. Cuando Guillermo y su esposa, Mary, llegaron a Inglaterra en 1688, Jacobo y su familia huyeron a Francia.

Nuevos derechos del pueblo inglés

El Parlamento ofreció el trono a Guillermo y Mary con una condición: debían aceptar la **Declaración de Derechos inglesa**, un documento que establecía los derechos del Parlamento y del pueblo inglés. Este documento, que fue aprobado en 1689, se basaba en los principios de la Carta Magna, que limitaba los poderes de los gobernantes y reconocía algunos derechos del pueblo.

La Carta Magna existía desde hacía cientos de años, pero los monarcas no la habían respetado. Guillermo y Mary se comprometieron a respetarla. También acordaron que el Parlamento podría aprobar leyes y recaudar impuestos. De esta forma, los monarcas gobernaban de acuerdo con las leyes que aprobaba el Parlamento. Era el fin del gobierno por derecho divino en Inglaterra.

COMPRENSIÓN DE LA LECTURA **Ordenar** ¿Qué sucesos llevaron a la creación de la Declaración de Derechos inglesa?

La democracia en América del Norte

Aunque en Inglaterra el poder de los reyes estaba limitado, en América del Norte algunas personas no estaban satisfechas. Allí, los colonos estaban cada vez más descontentos con el rey y con el Parlamento.

Un nuevo país

Algunos colonos estaban descontentos con las leyes y los impuestos que el gobierno británico había aplicado a la fuerza. Además, los colonos estaban acostumbrados a gobernarse a sí mismos mediante sus propias asambleas, o congresos. También creían que un rey y un parlamento que estaban tan lejos no podían comprender cómo era la vida en América del Norte.

Muchos colonos protestaron contra las leyes británicas que consideraban injustas. Como el conflicto continuaba, los líderes coloniales se reunieron para resolver la crisis. En esta reunión, llamada Primer Congreso Continental, los delegados decidieron defenderse de los británicos. No todos los colonos querían la independencia, pero sí querían leyes justas y seguridad. Formaron milicias, o grupos de personas armadas, para protegerse de las tropas británicas que estaban en las colonias.

Las luchas comenzaron en abril de 1775, cuando comenzó el fuego entre una milicia y las tropas británicas. En 1776, los líderes coloniales se reunieron nuevamente. En esa reunión, Thomas Jefferson redactó la **Declaración de Independencia**, un documento en el que se declaraba la independencia de las colonias del dominio británico. Al igual que la Carta Magna, la Declaración establecía los derechos de las personas a ciertas libertades. La Declaración comienza con una frase que también expresa los <u>ideales</u> de la Ilustración:

> "Consideramos evidentes estas verdades: que todos los hombres son creados iguales; que son dotados por su Creador de ciertos derechos inalienables; que entre éstos están la vida, la libertad y la búsqueda de la felicidad".
>
> –de la *Declaración de Independencia*

En este fragmento, la palabra *inalienable* significa "que no se puede eliminar". Este vocabulario demuestra la influencia de las ideas de John Locke sobre los derechos naturales.

VOCABULARIO ACADÉMICO

ideales ideas o metas según las cuales las personas tratan de vivir

Documentos de la democracia
DATOS BREVES

El crecimiento de la democracia moderna recibió mucha influencia de varios documentos clave, que se muestran aquí.

¿Qué dos documentos contienen algunas de las ideas de John Locke?

Carta Magna (1215)
- Limitaba el poder de la monarquía.
- Identificaba los derechos de las personas a la propiedad.
- Establecía el derecho de las personas a un juicio ante un jurado.

La Declaración de Derechos inglesa (1689)
- Prohibía los castigos crueles o inusuales.
- Garantizaba la libertad de expresión de los miembros del Parlamento.

Además, la Declaración de Independencia establecía que los pueblos que estaban disconformes con su gobierno tenían derecho a cambiarlo. Esta afirmación se basa en las ideas de Rousseau y de Locke.

La Declaración de Independencia fue firmada por representantes de todas las colonias. Una nueva nación, Estados Unidos de América, había nacido.

Un nuevo gobierno

El gobierno británico finalmente accedió a terminar con las luchas y a reconocer a Estados Unidos. Entonces, los líderes estadounidenses se reunieron para formar un nuevo gobierno. Redactaron un conjunto de reglas que se llamaron Artículos de la Confederación. En los Artículos, el gobierno central era débil. Los estadounidenses temían que un gobierno central fuerte se pareciera demasiado a una monarquía. Sin embargo, un gobierno débil no cubría las necesidades del pueblo. Se necesitaba un nuevo plan de gobierno.

Un agricultor de Virginia, llamado James Madison, fue el autor principal del nuevo plan: la Constitución. Este documento reflejaba las ideas de Montesquieu, que había propuesto la separación de poderes en 1748. Siguiendo las ideas de Montesquieu, la Constitución dividía el poder entre tres ramas de gobierno:

- El poder legislativo, llamado Congreso, sería el encargado de hacer las leyes.
- El poder ejecutivo, a cargo del presidente, haría cumplir las leyes.
- El poder judicial, o sistema de tribunales, interpretaría las leyes.

La Constitución no tenía en cuenta los derechos de las mujeres ni de los esclavos, y los hombres que no poseían tierras no podían votar. Sin embargo, la Constitución sí garantizaba los derechos de la mayoría de los ciudadanos.

VIDEO
America Gets a Constitution
hmhsocialstudies.com

COMPRENSIÓN DE LA LECTURA **Identificar las ideas principales** ¿Cómo se reflejaban las ideas de los pensadores de la Ilustración en la Guerra de Independencia y en el nuevo gobierno estadounidense?

La Declaración de Independencia de Estados Unidos (1776)
- Declaraba que las personas tienen derechos naturales que los gobiernos deben proteger.
- Establecía que el pueblo tiene derecho a cambiar su gobierno.

La Declaración francesa de los Derechos del Hombre y del Ciudadano (1789)
- Declaraba que el gobierno francés recibía su poder del pueblo.
- Fortalecía los derechos individuales y la igualdad.

La marcha de las mujeres en Versalles
Durante la Revolución francesa, unas 6,000 mujeres marcharon al palacio de Versalles para exigir al rey que les entregara pan.

La Revolución francesa

Mientras los estadounidenses luchaban para formar una nueva nación, el pueblo francés seguía de cerca los sucesos. Se inspiraron en los estadounidenses para luchar por sus propios derechos.

Una sociedad injusta

El rey de Francia gobernaba a una sociedad dividida en tres grupos llamados estados. El clero formaba el Primer Estado y gozaba de muchos privilegios. El Segundo Estado estaba compuesto por los nobles. Ellos ocupaban cargos importantes en el ejército, el gobierno y los tribunales.

La mayoría de los franceses pertenecían al Tercer Estado, que incluía a los campesinos, los artesanos y los dueños de tiendas. El Tercer Estado pagaba los impuestos más altos, pero tenía pocos derechos. Muchos de sus miembros eran pobres y pasaban hambre. Sentían que el rey no comprendía sus problemas: mientras los plebeyos morían de hambre, el rey Luis XVI hacía fiestas elegantes. Su reina, María Antonieta, gastaba enormes sumas de dinero en vestidos.

Mientras tanto, el gobierno tenía grandes deudas. Luis XVI quería recaudar dinero cobrando impuestos a los ricos. Para hacerlo, en 1789 reunió a miembros de los tres estados.

La reunión no fue amistosa. Algunos miembros del Tercer Estado conocían las ideas de la Ilustración y exigieron que se tuvieran verdaderamente en cuenta sus opiniones a la hora de tomar las decisiones de la reunión. Finalmente, los miembros del Tercer Estado formaron un grupo aparte llamado Asamblea Nacional. Este grupo exigió al rey aceptar una constitución que limitara sus poderes.

Luis XVI se negó a acceder a semejantes pedidos y enfureció a los plebeyos de París. La violencia se desató el 14 de julio de 1789. Ese día, una muchedumbre atacó una cárcel de París, la Bastilla. Tras obligar a los guardias a rendirse, la muchedumbre tomó las armas que había en el lugar y liberó a los prisioneros. La Revolución francesa había comenzado.

SU IMPORTANCIA HOY
El 14 de julio, el día de la toma de la Bastilla, se festeja el día de la independencia de Francia.

Revolución y cambio

Tras la caída de la Bastilla, la revolución se expandió por las zonas rurales. Los campesinos que vivían allí temían que el rey y los nobles pusieran fin a la revolución. En los sucesos llamados el Gran Miedo, los campesinos se vengaron de sus terratenientes por los años de maltrato. Enfurecidos y aterrorizados, los campesinos incendiaron casas de campo y monasterios.

Otros líderes de la revolución tomaban medidas pacíficas. La Asamblea Nacional redactó una constitución que incluía algunas de las ideas que figuraban en los escritos de los filósofos de la Ilustración, en la Declaración de Derechos inglesa y en la Declaración de Independencia. Este escrito, que se llamó **Declaración de los Derechos del Hombre y del Ciudadano**, garantizaba algunas libertades de los ciudadanos y distribuía el pago de impuestos de manera más equitativa. Entre los derechos que se defendían en la Declaración, se encontraban la libertad de expresión, de prensa y de religión. Además, se garantizaba que los hombres podían participar en el gobierno.

Luis XVI fue obligado a aceptar las nuevas leyes, pero estas leyes no dejaron satisfechos a los líderes de la revolución. En 1792, pusieron fin a la monarquía y crearon una república. Al año siguiente, los líderes juzgaron al rey Luis XVI y lo ejecutaron.

Ante la agitación, en 1793, el nuevo gobierno de Francia comenzó a enjuiciar a cualquiera que cuestionara su gobierno. En el período siguiente, llamado el Reino del Terror, miles de personas fueron ejecutadas con la guillotina. Esta máquina decapitaba a las víctimas rápidamente con una pesada cuchilla. El Reino del Terror llegó a su fin cuando uno de sus líderes, Maximilien Robespierre, fue ejecutado en julio de 1794.

Aunque el Reino del Terror fue un capítulo nefasto en la historia de la Revolución francesa, la revolución no fracasó. Con el tiempo, Francia estableció un sistema democrático de gobierno. Las ideas de la Ilustración sobre la libertad eran poderosas. Una vez instaladas, ya no se borrarían. Muchos europeos y estadounidenses gozan de ciertas libertades hoy en día gracias a las ideas de la Ilustración.

 **COMPRENSIÓN DE LA LECTURA** **Resumir** ¿Qué es la Declaración de los Derechos del Hombre y del Ciudadano?

RESUMEN Y PRESENTACIÓN Las cuestiones relacionadas con el derecho divino provocaron luchas entre la monarquía y el Parlamento de Inglaterra. Las ideas de la Ilustración inspiraron la Guerra de Independencia y llevaron al establecimiento de la democracia en Estados Unidos. Los franceses también formaron una república. En el siguiente capítulo, aprenderás sobre las revoluciones y la independencia de otros países del mundo.

Sección 3 Evaluación

hmhsocialstudies.com
Cuestionario en Internet

Repasar ideas, palabras y personas

1. **a.** Describir ¿Cuál fue la causa del conflicto entre la monarquía y el Parlamento de Inglaterra?
   b. Comparar ¿Qué relación hay entre la Carta Magna y la **Declaración de Derechos inglesa**?
2. **a.** Identificar ¿Qué derechos básicos estaban incluidos en la **Declaración de Independencia**?
   b. Explicar ¿Cómo se reflejaban las ideas de Montesquieu en la Constitución de Estados Unidos?
3. **a.** Describir ¿Cómo estaba organizada la sociedad francesa antes de la Revolución?
   b. Comparar ¿Qué tuvieron en común el Gran Miedo y el Reino del Terror?

Pensamiento crítico

4. **Ordenar** Usa una línea cronológica como la siguiente para mostrar la secuencia y la fecha de los sucesos revolucionarios en Inglaterra, Francia y América del Norte.

1660   1794

ENFOQUE EN LA REDACCIÓN

5. **Explorar los cambios en el gobierno** Piensa cómo las ideas de la Ilustración mejoraron los gobiernos de Inglaterra, de Estados Unidos y de Francia. ¿Qué le responderías a alguien que dice que la Ilustración sólo causó problemas?

Comprender la continuidad y el cambio

Comprender la destreza

Un conocido refrán dice que "mientras más cambian las cosas, más siguen igual". A nada se aplica mejor esta observación que al estudio de la historia. Cualquier vistazo al pasado mostrará muchos cambios: naciones que se expanden y se achican, imperios que nacen y caen, cambios de liderazgo y personas que se desplazan son sólo algunos ejemplos.

Sin embargo, las razones de los cambios no han cambiado. Las mismas fuerzas generales han orientado las acciones de las personas y las naciones a través del tiempo. Estas fuerzas son los "hilos" que unen la historia y le dan continuidad, o la conectan. Son la "uniformidad" de un mundo en continuo cambio.

Aprender la destreza

Puedes encontrar las causas de todos los sucesos del pasado en una o más de estas fuerzas o temas principales que conectan a toda la historia.

❶ **Cooperación y conflicto:** A través del tiempo, las personas y los grupos han cooperado para alcanzar metas. También se han opuesto a los que se ponían en su camino.

❷ **Creatividad e interacción cultural:** Los valores y las ideas expresadas en el arte, la literatura, las costumbres y la religión de los pueblos han enriquecido el mundo. Sin embargo, la expansión de las culturas y su contacto con otras culturas también ha generado conflictos.

❸ **Geografía y medioambiente:** El ambiente físico y los recursos naturales han determinado el modo de vida de las personas. Los esfuerzos para obtener, proteger o mejorar el uso de la tierra y de los recursos han sido causas importantes de cooperación y conflicto a lo largo de la historia.

❹ **Ciencia y tecnología:** La tecnología, o el desarrollo y uso de herramientas, ha ayudado a los seres humanos a aprovechar mejor su medioambiente. La ciencia ha cambiado su conocimiento del mundo y también ha cambiado sus vidas.

❺ **Oportunidad y desarrollo económico:** Desde la caza y la recolección hasta el arreado de ganado, el cultivo, la industria y el comercio, las personas han intentado sacarle el mayor provecho a sus recursos. El deseo de llevar una vida mejor también ha sido una razón importante por la cual las personas se han desplazado de un lugar a otro.

❻ **La importancia de los individuos:** Los líderes políticos, religiosos, militares, empresariales y de otros ámbitos han tenido una gran influencia en la historia. Las acciones de muchas personas comunes también han dado forma a la historia.

❼ **Nacionalismo e imperialismo:** El nacionalismo es el deseo de un pueblo de tener su propio país. El imperialismo es el deseo de controlar a otros pueblos. Ambos han existido a lo largo de la historia.

❽ **Sistemas políticos y sociales:** Las personas siempre han formado parte de grupos: familias, aldeas, naciones o grupos religiosos, por ejemplo. Los grupos a los que las personas pertenecen afectan su manera de relacionarse con las personas que los rodean.

Practicar y aplicar la destreza

Responde a estas preguntas para comprobar que entiendes la continuidad y el cambio en la historia.

1. ¿Cómo expresa la creatividad y la interacción cultural que existe en la historia la Ilustración?

2. ¿Qué otros factores de la historia intervinieron durante la Ilustración? Explica tu respuesta.

Repaso del capítulo

El impacto de la historia

▶ videos
Consulta el video para responder a la pregunta de enfoque:
La Declaración de Independencia, ¿cómo ha influido en la sociedad estadounidense?

Resumen visual

Usa el siguiente resumen visual para repasar las ideas principales del capítulo.

DATOS BREVES

Las ideas de la Ilustración ayudaron a inspirar las revoluciones de América del Norte y Europa.

La Ilustración

Los pensadores de la Ilustración desarrollaron nuevas ideas sobre el gobierno y la sociedad.

Los nuevos gobiernos se basaron en las ideas de la Ilustración y crearon documentos influyentes que garantizaban los derechos y libertades de las personas.

Repasar vocabulario, palabras y personas

Une las palabras o nombres con la definición o descripción correspondiente.

a. Ilustración

b. Declaración de Derechos inglesa

c. Voltaire

d. John Locke

e. derechos naturales

f. soberanía popular

g. secular

h. Charles-Louis Montesquieu

i. Benjamín Franklin

1. no religioso

2. defendió los derechos de los colonos ante el Parlamento

3. un período también conocido como la Edad de la Razón

4. propuso la separación de poderes

5. documento que Guillermo y Mary debieron firmar para poder gobernar

6. denunció la censura

7. la idea de que los gobiernos deberían expresar la voluntad del pueblo

8. según John Locke, incluía la vida, la libertad y la propiedad

9. cuestionó el derecho divino en sus *Dos tratados sobre el gobierno*

Comprensión y pensamiento crítico

SECCIÓN 1 *(Páginas 612–615)*

10. a. Identificar ¿Qué tres metas creían los pensadores de la Ilustración que podían alcanzarse mediante el uso de la razón?

b. Comparar ¿En qué se parecían la influencia de las ideas griegas y romanas y la influencia de la revolución científica en la Ilustración?

c. Profundizar Voltaire y otros han denunciado la censura. La censura, ¿es aceptable en alguna circunstancia? Explica tu respuesta.

SECCIÓN 2 *(Páginas 616–620)*

11. a. Identificar ¿Quiénes fueron dos líderes importantes en las colonias de América del Norte?

b. Comparar y contrastar ¿Qué ideas tenían en común Locke y Rousseau? ¿En qué se diferenciaban estas ideas de las ideas que tenían la mayoría de los monarcas sobre el gobierno?

c. Profundizar ¿Crees que lo que pasó en las colonias habría ocurrido como ocurrió o de otra manera si los líderes coloniales no hubieran conocido las ideas de la Ilustración? Explica tu respuesta.

SECCIÓN 3 *(Páginas 622–627)*

12. a. Identificar ¿Qué suceso dio origen a la Revolución francesa?

b. Analizar ¿Qué ideas básicas figuran tanto en la Carta Magna como en la Declaración de Derechos inglesa?

c. Profundizar La manera en que las personas interpretan la Constitución ha cambiado con los años. ¿Cuál crees que es una de las causas de este cambio?

Destrezas de estudios sociales

13. Comprender la continuidad y el cambio en la historia La Ilustración fue un período de grandes cambios en Europa y en América del Norte. Sin embargo, fue producto de algunas de las mismas fuerzas que han orientado a las acciones de las personas y las naciones a través del tiempo. Elige uno de los siguientes factores que ayudaron a promover cambios durante la Ilustración. Escribe una oración en la que expliques cómo influyó este factor en ese período. Luego, elige un factor que demuestre la continuidad histórica durante la Ilustración. Escribe una oración en la que expliques la influencia que tuvo ese factor en la Ilustración.

Cooperación y conflicto	Oportunidad y desarrollo económico
Creatividad e interacción cultural	La importancia de los individuos
Geografía y medio ambiente	Nacionalismo e imperialismo
Ciencia y tecnología	Sistemas políticos y sociales

Repasar los temas

14. Política ¿Cómo lograron cambiar el poder de los reyes la Declaración de Derechos inglesa y la Declaración de los Derechos del Hombre y del Ciudadano?

15. Sociedad y cultura ¿Cómo habría cambiado la vida diaria de un campesino tras la Revolución francesa?

Usar Internet

16. Actividad: Hacer un collage La era de la Ilustración fue una época de grandes cambios religiosos, políticos y económicos. Los pensadores de la Ilustración como John Locke, Benjamín Franklin y Charles-Louis Montesquieu provocaron olas de cambio en el pensamiento y las instituciones democráticas. Usa el libro de texto en Internet para seguir aprendiendo acerca de estos y otros personajes de la Ilustración. Elige tu personaje preferido y haz un collage sobre su vida e ideas.

> 🡕 **hmhsocialstudies.com**

Destrezas de lectura

Comprender puntos de vista *Lee el siguiente fragmento y luego responde a las preguntas.*

> " Por donde consideremos nuestro principio, llegamos a la misma conclusión, que el compacto social establece entre los ciudadanos una igualdad tal, que todos ellos se comprometen a cumplir con las mismas condiciones y por lo tanto deberían gozar de los mismos derechos ".
> —de *El contrato social*, Jean-Jacques Rousseau

17. ¿Cuál es el punto de vista de Rousseau en relación a los derechos?

18. ¿Quién podría estar en desacuerdo con Rousseau?

ENFOQUE EN LA REDACCIÓN

19. Escribir tu artículo Usa el trabajo que ya has realizado para escribir tu artículo persuasivo. En 3 ó 4 oraciones, realiza una introducción sobre las ideas de la Ilustración. En el párrafo siguiente, comenta los beneficios de estas ideas para la sociedad y el gobierno. A modo de conclusión, escribe un resumen de tus puntos principales e incluye un llamado a la acción: lo que deseas que los lectores de tu artículo hagan o piensen.

Práctica para el examen estandarizado

INSTRUCCIONES: Lee las preguntas y escribe la letra de la respuesta correcta.

1

> Consideramos evidentes estas verdades: que todos los hombres son creados iguales; que son dotados por su Creador de ciertos derechos inalienables; que entre éstos están la vida, la libertad y la búsqueda de la felicidad. Que para garantizar estos derechos se instituyen [organizan] entre los hombres los gobiernos, que derivan [obtienen] sus poderes legítimos del consentimiento de los gobernados, que en el momento en que una forma de gobierno se haga destructora de estos principios, el pueblo tiene el derecho a reformarla o abolirla e instituir un nuevo gobierno…
>
> —de *La Declaración de Independencia*, 1776

¿En las ideas de qué pensador de la Ilustración se basa *principalmente* este fragmento?

A de Voltaire

B de John Locke

C de Adam Smith

D de Charles-Louis Montesquieu

2 **¿En qué documento anterior de la historia de Inglaterra está incluida la idea de que el poder de un monarca es limitado?**

A en la Carta Magna

B en Las noventa y cinco tesis

C en la Proclamación de 1763

D en la Declaración de Independencia

3 **El período histórico conocido como la Ilustración fue producto de todo lo siguiente, *excepto***

A del Renacimiento.

B de las ideas de los antiguos griegos.

C de la revolución científica.

D de los escritos de Confucio.

4 **La Constitución de Estados Unidos divide el poder del gobierno entre el presidente, el Congreso y los tribunales. ¿En las ideas de qué pensador de la Ilustración se basa este enfoque del gobierno?**

A de John Locke

B de Denis Diderot

C de Charles-Louis Montesquieu

D de Mary Wollstonecraft

5 **¿Qué visión compartían los pensadores políticos de la Ilustración con los científicos de la revolución científica?**

A la fe en la razón

B la fe en los derechos del hombre

C la fe en el derecho divino

D la fe en la democracia

Conexión con lo aprendido anteriormente

6 **Anteriormente, aprendiste sobre el filósofo griego Platón, que enseñaba que la sociedad debía basarse en la justicia y la equidad para todos. ¿Qué europeo expresó *mejor* las ideas de Platón más adelante?**

A Oliver Cromwell

B Sir Isaac Newton

C Adam Smith

D Jean-Jacques Rousseau

7 **Has aprendido sobre diversas formas de gobierno. En la historia antigua, la idea de la Ilustración de que los gobiernos deben expresar la voluntad del pueblo estaba expresada en**

A los Diez Mandamientos.

B la República romana.

C las ciudades-estado de Mesopotamia.

D las enseñanzas de Buda.

THE *American* REVOLUTION

(LA GUERRA DE INDEPENDENCIA)

La Guerra de Independencia llevó a la formación de Estados Unidos de América en 1776. A partir de la década de 1760, aumentaron las tensiones entre los colonos y sus gobernantes británicos cuando Gran Bretaña comenzó a formular una serie de nuevas leyes e impuestos para las colonias. Sin representación en el gobierno británico, sin embargo, los colonos no tenían poder de decisión con respecto a estas leyes, lo que condujo a un creciente descontento. Después de estallar la lucha en 1775, los líderes coloniales se reunieron para decidir qué hacer. Se aprobó la Declaración de Independencia, anunciando que las colonias estaban libres de la dominación británica. En realidad, sin embargo, la libertad no vendría hasta después de años de lucha.

Explora en Internet acerca de algunas de las personas y los acontecimientos de la Guerra de Independencia. Encontrarás una gran cantidad de información, videos, fuentes primarias, actividades y mucho más en hmhsocialstudies.com.

"No sé qué rumbos eligirán otros, pero para mí, ¡dadme libertad o dadme muerte!"

— Patrick Henry

"Dadme libertad o dadme muerte"
Lee un extracto del famoso discurso de Patrick Henry, que instó a los colonos a la lucha contra los británicos.

Seeds of Revolution (Orígenes de la revolución)
Mira el video y entérate del descontento de los colonos en los años anteriores a la Guerra de Independencia.

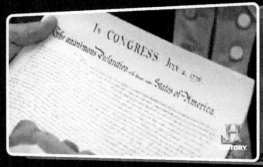

Independence! (¡Independencia!)
Mira el video y entérate de los orígenes de la Declaración de Independencia.

Victory! (¡Victoria!)
Mira el video y entérate de cómo los colonos ganaron la Guerra de Independencia.

Causa y efecto en la historia

Tarea

Escribe un ensayo en el que expliques alguno de los siguientes temas:
(1) Los efectos del intercambio colombino
(2) Las causas de la Revolución francesa

"¿Por qué sucedió?" "¿Cuál fue el resultado?" Los historiadores formulan preguntas como éstas para estudiar las causas y los efectos de los sucesos históricos. De esta forma, aprenden más sobre los sucesos históricos y sobre los eslabones que forman la cadena que los une.

1. Antes de escribir

Identificar causas y efectos

Una **causa** es una acción o suceso que hace que otro suceso o situación ocurra. Un **efecto** es lo que sucede como resultado de un suceso o una situación. Para comprender los sucesos históricos, a veces analizamos las causas, a veces los efectos y a veces analizamos ambos. Por ejemplo, podríamos analizar las causas que provocaron el descubrimiento de América por parte de Colón, pero también podríamos limitarnos a comentar los efectos.

Reunir y organizar la información

Después de elegir el tema sobre el cual deseas escribir, recolecta información del capítulo de este libro de texto, de una enciclopedia o de alguna otra fuente que encuentres en la biblioteca. Puedes usar organizadores gráficos como los siguientes para organizar tu información:

CONSEJO Agregar hechos y detalles

Para cada causa o efecto que identificas, debes tener datos y ejemplos de apoyo.

Ejemplo

Efecto: Nuevas plantas y animales se introdujeron en las Américas

- Semillas europeas
- Plátanos, caña de azúcar, cebollas
- Animales domesticados
- Vacas, cabras, ovejas

2. Escribe

Puedes usar este esquema para escribir tu primer borrador.

Esquema del escritor

Introducción	Desarrollo	Conclusión
■ Identifica brevemente el hecho que comentarás. [El intercambio colombino o la Revolución francesa] ■ Identifica al menos tres causas o efectos que comentarás.	■ Explica las causas o los efectos de a uno por vez y presenta hechos y ejemplos de apoyo para cada uno. ■ Presenta las causas o los efectos en orden de importancia y deja el punto más importante para el final.	■ Resume tus ideas sobre las causas o efectos del suceso.

3. Evalúa y revisa

Evaluar

Usa las siguientes preguntas para descubrir las maneras de mejorar tu borrador.

Preguntas para evaluar una explicación de causas o efectos

- ¿En la introducción identificas el hecho que vas a explicar?
- ¿En la introducción identificas las causas y los efectos que comentarás?
- ¿Explicas las causas o los efectos de a uno por vez, con datos y ejemplos para apoyarlos?

- ¿Presentas las causas o los efectos en orden de importancia? ¿Comentas la causa o el efecto más importante al final?
- ¿En la conclusión resumes las causas o los efectos y su importancia?

Revisar

Estate atento a posibles falsas relaciones de causa y efecto. El hecho de que un suceso ocurra después de otro no significa que el primero haya sido la causa del segundo.

Sucesos históricos: Colón navegó hacia América en 1492. Juan Gaboto navegó hacia Canadá en 1497.

Falsa relación de causa y efecto: Debido a que Colón navegó hacia América en 1492, Juan Gaboto viajó a Canadá en 1497. [Aunque el viaje de Colón fue anterior al descubrimiento de Gaboto, no fue su causa.]

4. Corrige y publica

Corregir

A medida que corriges tu ensayo, fíjate si usaste referencias pronominales confusas. Éstas aparecen cuando tienes dos sustantivos o frases a las cuales puede referirse el pronombre.

Confusa Una vez que los exploradores conquistaron a los pueblos nativos, muchos de *ellos* murieron. [¿*ellos* se refiere a los exploradores o a los pueblos nativos?]

Clara Una vez que los exploradores conquistaron a los pueblos nativos, muchos de los pueblos nativos murieron.

Publicar

Crea un cuadernillo de ensayos con compañeros que hayan escrito sobre el mismo tema para exhibir en la clase o en la biblioteca escolar.

● Practica y aplica

Usa los pasos y las estrategias de este taller para escribir una explicación sobre causas y efectos.

CONSEJO **Dejar lo mejor para el final** ¿Por qué dejarías la causa o el efecto más importante para el final de tu ensayo y no para el principio? Piensa en tu propia experiencia: cuando lees algo, ¿qué parte recuerdas mejor: la primera o la última? Cuando escuchas un discurso o tu maestro presenta una lección, ¿qué es lo que se te graba en la mente?

La mayoría de las veces, recordamos lo que escuchamos o leímos a lo último. Es por eso que a menudo es una buena idea "dejar lo mejor para el final".

CONSEJO **Dar señales de causas y efectos** Da señales de que vas a comentar una causa o un efecto con frases o palabras como las siguientes:

- **Palabras y frases que señalan causas:** *porque, debido a, dado que, ya que*

- **Palabras o frases que señalan efectos:** *por lo tanto, por ende, en consecuencia, entonces, como resultado, por esa razón*

El mundo moderno

Lo que aprenderás…

Durante los últimos dos siglos se han producido enormes cambios en todas las regiones del mundo. Los reyes y los imperios han sido reemplazados por gobiernos democráticos y estados independientes. Los productos que antes se fabricaban a mano en los hogares ahora se producen en masa en las fábricas. Estos cambios no se dieron fácilmente ni de un día para el otro. Durante el siglo diecinueve, muchos países atravesaron revoluciones políticas, económicas y tecnológicas. En el siglo veinte se produjeron dos guerras mundiales. Hoy en día, los avances tecnológicos y científicos siguen cambiando nuestro mundo de maneras nunca antes imaginadas.

Investiga el arte

En esta escena de Kitty Hawk, Carolina del Norte, los hermanos Wright realizan el primer vuelo a propulsión humana que resultó exitoso. Este logro fue un paso importante para achicar las distancias en el mundo. ¿Cómo crees que habrá sido presenciar este importante suceso?

Revoluciones y naciones

Pregunta esencial ¿De qué manera la revolución industrial y el imperialismo transformaron el mundo?

 ## Lo que aprenderás...

En este capítulo, estudiarás acerca de una época de grandes cambios en Europa que afectaron a gran parte del mundo. Los cambios se originaron en los movimientos revolucionarios, la revolución industrial y las nuevas filosofías políticas.

ENFOQUE EN LA REDACCIÓN

Escribir un diario A lo largo de la historia, muchas personas han escrito diarios para registrar sus experiencias personales. A medida que leas este capítulo, crearás una página (o páginas) de un diario basándote en los sucesos y los personajes de la época de las revoluciones francesa e industrial. Escribirás tu diario como si fueras un ciudadano europeo de esta época tan interesante.

SUCESOS EN EL CAPÍTULO

1750

1778 Comienza la Revolución francesa.

En esta foto se muestra el Arco de Triunfo
de París, que se construyó por orden de
Napoleón Bonaparte.

1804
Napoleón
es coronado
emperador
de Francia.

1853
El comodoro Matthew
Perry insta a los japone-
ses a que abran sus
puertos al comercio con
Estados Unidos.

1856
Henry Bessemer
desarrolla un método
para convertir hierro
en acero.

1879
Se inventa
el foco eléctrico.

1800

1850

1900

1815 Napoleón cae
derrotado en la batalla
de Waterloo y se lo
obliga a abandonar
Europa.

1848 Estallan revoluciones en Italia, Francia,
Alemania y el Imperio
austríaco.

1871
Se proclama el Imperio alemán.

635

Lectura en estudios sociales

Economía   Geografía   Política   Religión   Sociedad y cultura   Ciencia y tecnología

Enfoque en los temas En este capítulo aprenderás sobre un período de muchos cambios en Europa y sobre la influencia de estos cambios en el estilo de vida en otros lugares del mundo. Leerás de qué manera los cambios **políticos,** como los movimientos revolucionarios, se extendieron desde Europa hasta América del Sur y sobre cómo la política colonial influyó en muchas regiones del mundo. También aprenderás sobre los cambios **económicos,** entre ellos la revolución industrial, que dieron comienzo a una transformación de la economía mundial. A medida que leas sobre estos cambios, podrás comparar las acciones de los distintos líderes.

Comparar textos históricos

Enfoque en la lectura Una buena manera de saber lo que pensaban las personas en el pasado es leer lo que escribían. Sin embargo, la mayoría de los documentos sólo te contarán una versión de la historia. Al comparar obras de distintas personas, puedes aprender mucho sobre las diferentes visiones acerca de un tema o debate histórico.

Comparar textos Cuando comparas textos históricos, debes tener en cuenta dos cosas: quién escribió los documentos y cuál era el objetivo de esos documentos. Para lograrlo, tienes que identificar la idea o las ideas principales del autor.

> El nacionalismo... va en contra de la democracia..., ataca al socialismo y debilita el pacifismo, el humanitarismo y el internacionalismo... Declara el fin del programa liberal.
>
> –Alfredo Rocco, *What Is Nationalism and What Do the Nationalists Want?*, 1914 (citado en Eric Hobsbawm, *The Age of Empire 1875–1914.* Nueva York: Pantheon, 1987, pág. 142)

Documento 1	Documento 2
Rocco	von Treitschke
El nacionalismo se opone al liberalismo, a la cooperación internacional, a la paz y a la democracia.	El nacionalismo alienta el desarrollo moral y el sentido del deber, y en la guerra hace surgir lo mejor de las personas y separa a los fuertes de los débiles.
Ambas posiciones sobre el tema	
Para algunos, el nacionalismo era malo porque creaba una competencia poco saludable y conducía a la guerra. Otros creían que era bueno porque creaba un Estado más fuerte y mejores ciudadanos.	

¡Inténtalo!

Lee los siguientes fragmentos, que expresan una opinión de la época sobre Napoleón. A medida que lees, busca la idea principal de cada escritor.

> Si Bonaparte fue un conquistador, logró conquistar la gran conspiración de los reyes contra el derecho abstracto de la raza humana a la libertad… Si fue ambicioso, su grandeza no se fundó en la… renuncia a los derechos propios de la naturaleza humana.
>
> —William Hazlitt, *Political Essays, with Sketches of Public Characters*, 1819

> Hay solamente dos alternativas: aceptar las cadenas de la esclavitud o luchar por la libertad. Bonaparte tiraniza nuestra independencia por los medios más violentos: fuego y muerte… ¿Permitiremos que las águilas de Napoleón vengan y se apoderen de nuestros hogares, ultrajen a nuestras familias y despojen a nuestro DIOS de sus sagradas naves, tal como lo han hecho en Portugal?
>
> —Proclama de La Coruña, 1808

Después de leer los fragmentos, responde a las siguientes preguntas:

1. ¿Cuál es la idea principal del fragmento de Hazlitt?

2. ¿Cuál es la idea principal del segundo párrafo?

3. ¿Cómo puede ayudarte la comparación de estos dos fragmentos a comprender las cuestiones que influyeron en las diferentes actitudes de las personas hacia el emperador francés?

> **A medida que lees el Capítulo 22,** piensa en los tipos de documentos históricos que tuvo que comparar el autor para escribir el capítulo.

Vocabulario académico

El progreso escolar está relacionado con el conocimiento del vocabulario académico, es decir, de las palabras que se usan con frecuencia en las tareas y discusiones en clase. En este capítulo, aprenderás las siguientes palabras de vocabulario académico:

La difusión de los ideales revolucionarios

Lo que aprenderás...

Ideas principales

1. Durante la Era napoleónica, Napoleón conquistó grandes territorios en Europa y estableció reformas en todo el continente.
2. Durante el Congreso de Viena, los gobernantes europeos trataron de restablecer las antiguas monarquías y asegurar la paz.
3. Las colonias latinoamericanas, inspiradas por los ideales revolucionarios de Europa, comenzaron a lograr su independencia.

La idea clave

Las ambiciones de Napoleón de gobernar Europa finalmente se vieron frustradas, pero antes de que esto sucediera, los ideales de la Revolución francesa se difundieron por todo el continente y América Latina.

Personas y palabras clave

Napoleón Bonaparte, *pág. 638*
golpe de estado, *pág. 638*
Klemens von Metternich, *pág. 640*
conservadurismo, *pág. 641*
liberalismo, *pág. 641*
Simón Bolívar, *pág. 642*

hmhsocialstudies.com
TOMAR NOTAS

Usa el organizador gráfico en Internet para tomar notas acerca de los líderes que lucharon a favor o en contra de la difusión de los ideales revolucionarios.

Si **ESTUVIERAS** allí...

Vives en París en 1799. Durante años te has quejado de los funcionarios débiles y corruptos que gobiernan tu país. Sin embargo, hace sólo unos días un popular general lideró el derrocamiento del gobierno. Sus seguidores dicen que es fuerte y patriótico.

¿Apoyarás a este nuevo líder?

CONOCER EL CONTEXTO El general que tomó el control del gobierno de Francia era verdaderamente fuerte. Su gobierno provocó grandes cambios no sólo en Francia, sino también en toda Europa.

La Era napoleónica

Después de la Revolución francesa, un joven general llamado **Napoleón Bonaparte** se convirtió en héroe en Francia. Derrotó a los rebeldes locales y a los ejércitos extranjeros que amenazaban a la nueva república. En poco tiempo, Napoleón se apropió del poder político y convirtió a Francia en un gran imperio que dominó a Europa.

El surgimiento de un emperador

Para fines de la década de 1790, los franceses estaban cansados de la violencia. Querían orden y líderes fuertes, no los políticos débiles que gobernaban el país. En 1799, Napoleón participó en un **golpe de estado**, el derrocamiento de un gobierno por la fuerza. Napoleón ocupó el cargo más alto en el nuevo gobierno de Francia. Después, en 1804, en medio de un fervoroso aumento de su popularidad, se coronó a sí mismo emperador.

Napoleón era un líder militar notable. Bajo su liderazgo, el ejército francés obtuvo una impresionante serie de victorias sobre Austria, Prusia y Rusia. Las tropas francesas conquistaron muchos países y obligaron a otros a convertirse en aliados de Francia. Para 1810, Napoleón

Primeras victorias

Entre 1805 y 1808, los ejércitos de Napoleón derrotaron a los de Austria, Prusia y Rusia. Como resultado, estos países fueron obligados a convertirse en aliados de Francia. En esta pintura se muestra a Napoleón durante su victoria sobre el ejército ruso en la batalla de Friedland, en 1807.

BIOGRAFÍA

Napoleón Bonaparte
1769–1821

Napoleón medía apenas cinco pies y dos pulgadas de altura, pero en cuestiones militares era un genio gigantesco. Aprendió la importancia de la artillería cuando era un joven oficial: agrupaba sus cañones en el campo de batalla para maximizar su efecto. Napoleón también enfatizaba la movilidad. Ganó muchas batallas movilizando con rapidez a sus tropas para rodear al enemigo. Pero la vitalidad de Napoleón y su capacidad para tomar decisiones decayeron en sus últimos años. Para 1814, el brillo de Napoleón se había desvanecido. Su ejército no pudo hacer frente a las fuerzas que se habían unido en su contra.

Analizar ¿Qué dos técnicas militares usó Napoleón para ganar muchas de sus batallas?

dominaba Europa. Su imperio se extendía por casi todo el continente.

Napoleón quería un gobierno eficiente, y lo creó. Puso en vigencia un sistema de educación pública. Hizo que los impuestos fueran más justos. También creó el Banco de Francia como entidad financiera central. Tal vez lo más significativo fue el establecimiento de una serie de leyes para el imperio, conocidas como el Código Napoleónico. El código reflejaba muchos de los ideales de la Revolución francesa. Todos los hombres eran iguales ante la ley. Todos tenían los mismos derechos civiles, incluido el juicio por jurado. Todos podían practicar su religión libremente.

Con estas reformas, Napoleón otorgó libertades nuevas a los habitantes del Imperio francés, aunque su código negaba derechos a las mujeres. Además, Napoleón no permitía elecciones justas. Restringió la libertad de prensa; tampoco

toleró ningún tipo de **oposición** a su gobierno y castigó duramente a sus adversarios.

La derrota de Napoleón

Gran Bretaña fue el único enemigo al cual Napoleón no pudo derrotar. En 1805, la armada británica destruyó a la flota francesa en la batalla de Trafalgar, frente a la costa de España. Como respuesta, Napoleón ordenó que todas las naciones de Europa dejaran de comerciar con Gran Bretaña.

Cuando Rusia ignoró esta orden, Napoleón la invadió con una fuerza de 600,000 hombres. Esta decisión fue desastrosa para los franceses.

VOCABULARIO ACADÉMICO

oposición acto de oponerse o resistirse

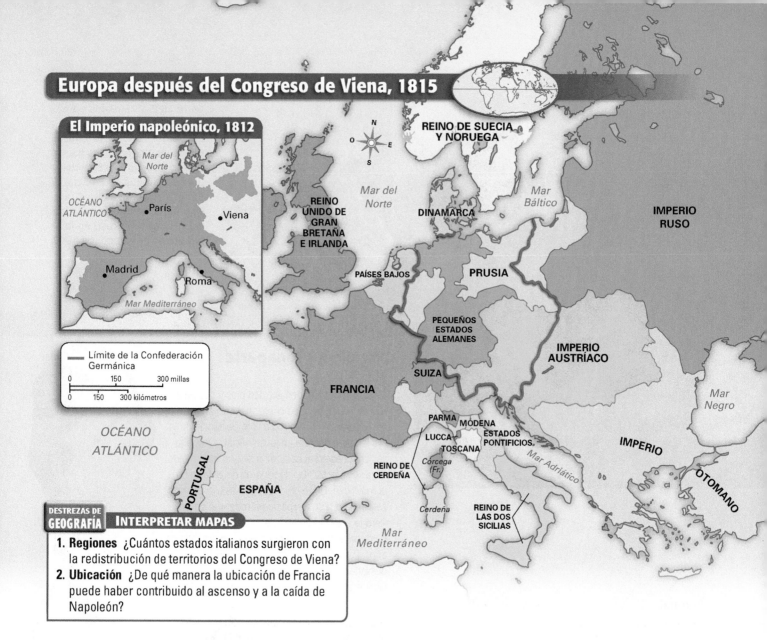

Europa después del Congreso de Viena, 1815

El Imperio napoleónico, 1812

Mar del Norte

OCÉANO ATLÁNTICO

París

Viena

Madrid

Roma

Mar Mediterráneo

Límite de la Confederación Germánica

0   150   300 millas

0   150   300 kilómetros

OCÉANO ATLÁNTICO

PORTUGAL

ESPAÑA

FRANCIA

SUIZA

PARMA

LUCCA

TOSCANA

REINO DE CERDEÑA

Córcega (Fr.)

Cerdeña

Mar Mediterráneo

REINO DE SUECIA Y NORUEGA

Mar del Norte

DINAMARCA

REINO UNIDO DE GRAN BRETAÑA E IRLANDA

PAÍSES BAJOS

PRUSIA

PEQUEÑOS ESTADOS ALEMANES

MODENA

ESTADOS PONTIFICIOS

REINO DE LAS DOS SICILIAS

Mar Báltico

IMPERIO RUSO

IMPERIO AUSTRÍACO

Mar Negro

Mar Adriático

IMPERIO OTOMANO

DESTREZAS DE GEOGRAFÍA **INTERPRETAR MAPAS**

1. **Regiones** ¿Cuántos estados italianos surgieron con la redistribución de territorios del Congreso de Viena?
2. **Ubicación** ¿De qué manera la ubicación de Francia puede haber contribuido al ascenso y a la caída de Napoleón?

Las hábiles tácticas rusas y el crudo clima invernal obligaron a los franceses a emprender una sangrienta retirada.

hmhsocialstudies.com

ANIMATED HISTORY

Napoleon

Al debilitarse el ejército de Napoleón, Austria, Gran Bretaña, Prusia y Rusia unieron sus fuerzas para derrotar a los franceses. Estos aliados tomaron París en marzo de 1814. En abril, obligaron a Napoleón a renunciar al gobierno y abandonar Francia. Un año después, Napoleón regresó y organizó un nuevo ejército. Los británicos y los prusianos, sin embargo, le asestaron la derrota final en la batalla de Waterloo, en Bélgica, en junio de 1815. Los aliados entonces enviaron a Napoleón a una pequeña isla del Atlántico, donde murió seis años después.

COMPRENSIÓN DE LA LECTURA **Resumir** ¿Qué cambios provocó Napoleón en Europa?

El Congreso de Viena

Tras la derrota de Napoleón en 1814, los líderes europeos se reunieron en Viena para redactar un acuerdo de paz. Querían restablecer la estabilidad en el continente, que había sido desgarrado por dos décadas de guerra.

Redefinir el mapa

Los países de Europa enviaron representantes al Congreso de Viena. Pero las decisiones importantes quedaron en manos de los líderes de las poderosas Austria, Gran Bretaña, Prusia y Rusia. El príncipe austríaco **Klemens von Metternich** presidió las reuniones.

Al principio, el congreso ofreció generosas condiciones de paz a Francia. Sin embargo, cuando Napoleón regresó en 1815, los diplomáticos no fueron tan benévolos. Después de la batalla de Waterloo, enviaron un ejército para tomar el control de Francia, que se vio obligada a devolver los territorios conquistados. Los franceses también tuvieron que pagar 700 millones de francos para reconstruir Europa. Además, los diplomáticos sumaron y restaron territorios para redistribuir los distintos reinos que rodeaban a Francia. Estos cambios se hicieron para equilibrar el poder de los países en Europa. Después de Napoleón, los diplomáticos querían asegurarse de que ninguna potencia europea pudiera volver a amenazar al resto del continente.

Contener la Revolución francesa

Metternich y los demás líderes del Congreso de Viena se oponían a los ideales de la Revolución francesa. En cambio, propiciaban el **conservadurismo**, un movimiento para preservar los antiguos gobiernos y el orden social. Los diplomáticos de Viena querían que Europa volviera a ser como era antes de la Revolución francesa.

El Congreso de Viena restableció las viejas monarquías europeas. Las familias reales regresaron al poder en España, Portugal y en los estados italianos. En Francia, Luis XVIII ocupó el trono, con lo cual la familia Borbón regresó al poder. Sin embargo, el nuevo rey tuvo que aceptar una constitución que mantenía algunas reformas de la Revolución francesa.

A pesar de los esfuerzos de Metternich, los ideales de una revolución democrática no murieron. El **liberalismo**, un movimiento a favor de los derechos y las libertades individuales, ganó apoyo en las décadas siguientes. En la década de 1820 estallaron levantamientos liberales en España, Portugal y en algunos estados italianos. Pero las fuerzas conservadoras se reorganizaron para conservar el viejo orden: los sueños de los liberales deberían esperar.

COMPRENSIÓN DE LA LECTURA **Identificar predisposiciones** ¿Cuál era el temor de los diplomáticos del Congreso de Viena?

La independencia latinoamericana

Los ideales de la Revolución francesa también inspiraron levantamientos al otro lado del Atlántico. Las potencias europeas habían gobernado América Latina durante 300 años. Los habitantes de estas colonias ahora querían controlar sus propios asuntos. En el siglo XIX emprendieron una serie de revueltas para derrocar a los gobiernos europeos.

Haití, una isla del Caribe bajo dominio francés, fue la primera colonia de América Latina en conseguir la independencia. En la década de 1790, Toussaint L'Ouverture, un esclavo liberto, lideró una rebelión de esclavos africanos de la isla. Aunque Napoleón envió un ejército para recuperar el control de la isla, los combatientes haitianos derrotaron a las tropas francesas. En 1804, Haití declaró su independencia.

El movimiento de libertad se extendió rápidamente al continente de América del Sur. Los

La independencia latinoamericana

ESTADOS UNIDOS

MÉXICO (1821)

Golfo de México

OCÉANO ATLÁNTICO

HAITÍ (1804)

PROVINCIAS UNIDAS DE AMÉRICA CENTRAL (1823)

GRAN COLOMBIA (1819)

OCÉANO PACÍFICO

PERÚ (1824)

IMPERIO DE BRASIL (1822)

BOLIVIA (1825)

PARAGUAY (1811)

(1824) Año de independencia

0   500   1,000 millas

0   500 1,000 kilómetros

CHILE (1818)

URUGUAY (1828)

ARGENTINA (1816)

DESTREZAS DE GEOGRAFÍA **INTERPRETAR MAPAS**

Lugar ¿Cuáles fueron los tres primeros países de América Latina que obtuvieron su independencia?

ENFOQUE EN LA LECTURA

En esta misma época, ¿quién podría haber escrito un relato con una opinión diferente sobre el gobierno español en América del Sur?

líderes revolucionarios **Simón Bolívar** y José de San Martín encabezaron los movimientos independentistas en todo el continente. Bolívar condenó a los gobernantes españoles en una vehemente declaración:

" Han cometido todos los crímenes, reduciendo la República de Venezuela a la más espantosa desolación [estado de ruina]. Así pues, la justicia exige la vindicta [venganza], y la necesidad nos obliga a tomarla. Que desaparezcan para siempre del suelo colombiano los monstruos que lo infestan y lo han cubierto de sangre ".

Simón Bolívar, de *Proclama de Guerra a Muerte, 1813*

El éxito de Bolívar inspiró a otros revolucionarios a luchar por la liberación y estallaron movimientos por la independencia en toda América Latina. Una a una, las colonias derrocaron a los gobiernos europeos. Ni España ni Portugal lograron retener sus imperios en el Nuevo Mundo. Para 1831, una docena de naciones latinoamericanas habían obtenido su libertad.

Sin embargo, la independencia implicó nuevos desafíos para América Latina. Bolívar quería establecer gobiernos constitucionales pacíficos, pero las nuevas naciones comenzaron a pelear por sus fronteras. En los nuevos países también surgieron **conflictos** entre los conservadores y los liberales. Los conservadores, en su mayoría pertenecientes a las clases altas, querían que las personas adineradas controlaran el gobierno a cualquier precio. Los liberales, provenientes en su mayoría de las clases más bajas, estaban a favor de la creación de democracias. Los nuevos líderes, inexpertos en las artes de gobierno, encontraron graves dificultades para trabajar en estas condiciones. En toda la región surgían y caían gobiernos inestables.

COMPRENSIÓN DE LA LECTURA **Identificar las ideas principales** Nombra tres líderes clave del movimiento por la independencia de América Latina.

RESUMEN Y PRESENTACIÓN Después de tomar el poder en Francia, Napoleón conquistó gran parte de Europa. Tras su derrota, los líderes europeos se reunieron en Viena para tratar de restablecer la estabilidad en el continente. En América Latina, los ideales revolucionarios produjeron movimientos independentistas. En la Sección 2, aprenderás acerca de los cambios derivados de otra clase de revolución: la revolución industrial.

Sección 1 Evaluación

hmhsocialstudies.com
Cuestionario en Internet

Repasar ideas, palabras y personas

1. a. Describir ¿Qué es un **golpe de estado**?
b. Explicar ¿Qué sucesos llevaron a que **Napoleón Bonaparte** fuera obligado a abandonar Francia en 1814?
c. Evaluar ¿De qué manera reflejó el Código Napoleónico los ideales de la Revolución francesa?

2. a. Recordar ¿Cuáles fueron los cuatro países que tuvieron más influencia en el Congreso de Viena?
b. Contrastar ¿Cuál es la diferencia entre el **conservadurismo** y el **liberalismo**?
c. Evaluar ¿Por qué crees que las viejas monarquías europeas se oponían a los ideales de la Revolución francesa?

3. a. Recordar ¿Cuál fue la primera colonia de América Latina que obtuvo su independencia?
b. Sacar conclusiones ¿Cómo afectó la independencia a los nuevos países latinoamericanos?

Pensamiento crítico

4. Crear categorías Usa tus notas sobre la difusión de las ideas revolucionarias para identificar dos logros y un fracaso de cada líder. Usa una tabla como la siguiente.

Líder	Logros	Fracaso
Napoleón Bonaparte		
Klemens von Metternich		
Simón Bolívar		

ENFOQUE EN LA REDACCIÓN

5. Conocer el contexto Haz una lista de los sucesos clave que ocurrieron en este período e imagina cómo habrán afectado a las personas de la época. Luego, haz una lista con las diferentes clases de personas a las que podrían haber afectado.

Simón Bolívar

¿Cuándo vivió? 1783–1830

¿Dónde vivió? Simón Bolívar nació en Caracas, Venezuela. En su adolescencia viajó a España para completar su educación. Bolívar pasó la mayor parte de su vida adulta en América del Sur, principalmente en Venezuela y Colombia.

¿Qué hizo? Simón Bolívar encabezó los movimientos de independencia de Bolivia, Colombia, Ecuador y Venezuela. Más adelante, trabajó para promover la unidad entre los nuevos países latinoamericanos.

¿Por qué es importante? En la época en que nació Simón Bolívar, potencias europeas gobernaban América Latina. Bolívar ayudó a inspirar la resistencia a los gobiernos coloniales. Lideró varias campañas militares para expulsar a los españoles de Colombia y Venezuela. Después, Bolívar ayudó a liberar el Alto Perú. En su honor, el pueblo del Alto Perú llamó Bolivia a la nueva nación. Bolívar intentó que las nuevas naciones se establecieran como repúblicas constitucionales. Sin embargo, las rebeliones y los disturbios hicieron fracasar estos esfuerzos.

Hacer inferencias ¿Cómo crees que las acciones de Simón Bolívar promovieron la independencia de otras partes de América Latina además de Bolivia, Colombia, Ecuador y Venezuela?

Gracias a las victorias de Simón Bolívar sobre las fuerzas españolas, muchos países de América del Sur obtuvieron su independencia.

SUCESOS CLAVE

1811
Venezuela declara su independencia el 5 de julio.

1813
Bolívar derrota a los españoles en la batalla de Lastaguanes en Venezuela.

1819
Bolívar toma Bogotá, en Colombia, después de derrotar a los españoles en la batalla de Boyacá.

1825
Bolivia declara su independencia.

1826
Bolívar convoca un congreso en Panamá para promover la unidad latinoamericana.

La revolución industrial

Ideas principales

1. Durante la revolución industrial, las máquinas y los métodos nuevos cambiaron drásticamente la manera en que se producían los artículos.
2. La industrialización y el sistema de fábricas crearon un nuevo estilo de vida en Europa y América del Norte.

La idea clave

La revolución industrial creó una economía basada en los bienes producidos en fábricas que provocó cambios radicales en Europa y América del Norte.

Personas y palabras clave

sistema de fábricas, *pág. 645*
laissez-faire, *pág. 646*
socialismo, *pág. 646*
Karl Marx, *pág. 646*

hmhsocialstudies.com
TOMAR NOTAS

Usa el organizador gráfico en Internet para tomar notas acerca de los nuevos inventos, el sistema de fábricas y los estilos de vida que se crearon durante la revolución industrial.

Si ESTUVIERAS allí...

Hace años que tu padre se gana la vida tejiendo telas. Pero ahora las nuevas máquinas tejen mucho más rápido que las personas, y tu padre ha perdido el empleo. Muchas personas que conoces se están mudando a la ciudad para trabajar en las fábricas. Sin embargo, todo el mundo ha oído que el trabajo en las fábricas es agotador, peligroso y se paga poco.

¿Qué crees que debería hacer tu padre?

CONOCER EL CONTEXTO La revolución industrial comenzó en Gran Bretaña a fines del siglo XVIII y se extendió a Europa occidental y Estados Unidos durante el siglo XIX. A medida que el trabajo se trasladaba de los hogares a las fábricas, el estilo de vida de los trabajadores cambió para siempre.

Inventos clave, 1733–1856

1733
La lanzadera automática
El invento de John Kay aceleró el proceso de tejido de tal manera que los tejedores se quedaban sin hilo para tejer.

1764
La rueca "Jenny"
El invento de James Hargreaves producía el hilo a una velocidad suficiente para abastecer a la lanzadera automática.

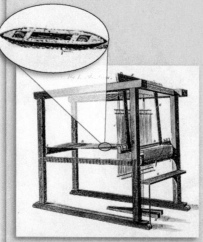

Máquinas y métodos nuevos

Los nuevos inventos de los siglos XVIII y XIX cambiaron por completo la manera de trabajar de las personas. Al mismo tiempo, los descubrimientos científicos produjeron avances esenciales en el campo de la salud.

Nuevos inventos

Una serie de nuevos inventos que empezaron a hacer su aparición a principios del siglo XVIII cambiaron por completo los métodos de fabricación de productos. Durante esta época, llamada la revolución industrial, las máquinas de las fábricas comenzaron a hacer el trabajo que hasta entonces se había hecho a mano en el hogar o en pequeños talleres. Este período de industrialización comenzó en Gran Bretaña, pero se difundió a otros lugares en poco tiempo.

La industria textil, o de producción de telas, fue la primera en cambiar. La combinación de inventos como la lanzadera automática, la rueca "Jenny" y la desmotadora de algodón aumentó significativamente la producción de algodón y agilizó el proceso textil: la industria textil de Gran Bretaña creció rápidamente.

En 1769, James Watt desarrolló un eficiente motor a vapor capaz de proveer la energía necesaria para hacer funcionar las nuevas máquinas de las fábricas. Como se usaba hierro para fabricar las máquinas a vapor, la demanda de hierro aumentó. En 1856, Henry Bessemer desarrolló un método para convertir hierro en acero a bajo costo. Como el acero era más resistente que el hierro, la industria del acero también creció.

Los nuevos inventos también mejoraron el transporte y las comunicaciones. Los barcos a vapor agilizaron la navegación por los ríos. Los trenes a vapor reemplazaron a los lentos carros tirados por animales. Además, un nuevo artefacto llamado telégrafo hizo posible enviar mensajes con rapidez a lugares distantes.

El sistema de fábricas

Antes de la industrialización, los artículos se fabricaban individualmente a mano. Puedes imaginar lo lento que era este proceso. Con la industrialización, la producción se desplazó al sistema de fábricas. En el **sistema de fábricas** se producen grandes cantidades de artículos con gran rapidez mediante el uso de máquinas.

Los avances en el transporte mejoraron la eficiencia del sistema de fábricas. Los trenes y los barcos a vapor llevaban materias primas hasta las fábricas y retiraban de ellas los artículos terminados. Luego, los productos podían enviarse rápidamente a mercados lejanos.

SU IMPORTANCIA
HOY

Hoy en día, la comunicación a lugares distantes es más fácil y rápida que nunca gracias a los teléfonos celulares y el correo electrónico.

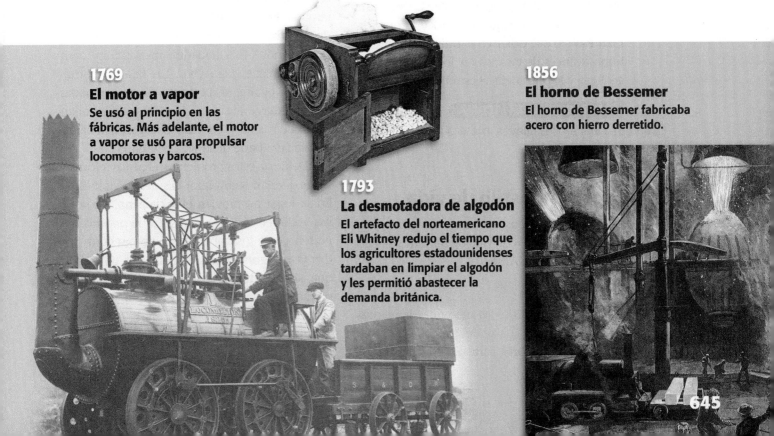

1769
El motor a vapor
Se usó al principio en las fábricas. Más adelante, el motor a vapor se usó para propulsar locomotoras y barcos.

1793
La desmotadora de algodón
El artefacto del norteamericano Eli Whitney redujo el tiempo que los agricultores estadounidenses tardaban en limpiar el algodón y les permitió abastecer la demanda británica.

1856
El horno de Bessemer
El horno de Bessemer fabricaba acero con hierro derretido.

Las nuevas industrias que surgieron durante este período necesitaban dinero para funcionar. Los banqueros, los comerciantes y los terratenientes adinerados aportaron el capital, o dinero que se invierte en actividades que generan más dinero. Como ellos, y no el gobierno, financiaban la industrialización, los capitalistas querían que el gobierno se mantuviera al margen de la actividad comercial: estaban a favor del *laissez-faire*, una actitud de los gobiernos de "dejar hacer" a las industrias. Los gobiernos aceptaron y establecieron muy pocas regulaciones a la actividad comercial.

La industrialización se extendió a Estados Unidos a principios del siglo XIX. Para finales de ese siglo, la industrialización se había extendido a varios países de Europa occidental.

Avances científicos

La era industrial también fue una época de mayor investigación científica. En medicina, Edward Jenner desarrolló un tratamiento para prevenir la viruela, una de las enfermedades más mortales de la época. Luis Pasteur descubrió que los gérmenes causan enfermedades y desarrolló métodos para eliminarlos. Estos descubrimientos mejoraron la salud de millones de personas y salvaron muchas vidas.

En química y física, los científicos hicieron descubrimientos importantes sobre la estructura de los átomos, las pequeñas partículas que forman todo lo que existe en el universo. También hubo avances destacados en los campos de la geología y la psicología, el estudio de la mente.

COMPRENSIÓN DE LA LECTURA **Resumir** ¿De qué manera los nuevos inventos promovieron la industrialización?

Un nuevo estilo de vida

La revolución industrial cambió la forma de trabajar y los estilos de vida de millones de personas en Europa y América.

Los trabajadores

Durante el siglo XIX, las máquinas comenzaron a realizar gran parte del trabajo que antes hacían los tejedores, artesanos y agriculto-

Romanticismo y realismo

Durante el siglo XIX surgieron dos importantes movimientos artísticos: el romanticismo y el realismo. Los artistas románticos se oponían a los cambios producidos por la revolución industrial. Se concentraban en la belleza y la naturaleza e intentaban mostrar la vida como creían que debía ser. En cambio, los realistas se esforzaban por mostrar la vida tal como era. Sus temas frecuentemente estaban relacionados con los efectos sociales y económicos de la revolución industrial.

Describe el tema de las imágenes de la derecha. Identifica cuál de las obras es un ejemplo de romanticismo y cuál es un ejemplo de realismo.

res. En consecuencia, muchas personas ya no tenían manera de ganarse la vida. Los desempleados se mudaban del campo a las ciudades y trabajaban en las nuevas fábricas. Esto produjo un rápido crecimiento de las ciudades.

Los trabajadores de las fábricas enfrentaban condiciones difíciles. El trabajo de muchas horas en las máquinas era agotador y peligroso. Los salarios eran bajos. Las mujeres y los niños también tenían que trabajar, pero recibían salarios más bajos que los hombres.

Además, las ciudades industriales eran lugares difíciles para vivir. Las fábricas contaminaban el aire, las personas vivían hacinadas en viviendas mal construidas, las calles estaban llenas de basura y, en muchos lugares, la delincuencia era parte de la vida cotidiana.

Debido a estos problemas, algunos reformadores querían reemplazar el sistema capitalista. En su lugar promovían el **socialismo**, un sistema social en el que los medios de producción pertenecen a los trabajadores o están controlados por el gobierno. Los socialistas esperaban que, si las industrias dejaban de ser propiedad privada, los trabajadores recibirían un mejor trato. El filósofo alemán **Karl Marx** animó a los trabajadores a unirse en una revolución para derrocar al capitalismo.

Una clase media que prospera

Los cambios del siglo XIX beneficiaron más a algunas personas que a otras. La clase media creció con la incorporación de encargados de fábricas, comerciantes, empleados administrativos, ingenieros, médicos y otros profesionales. Las personas de clase media tenían buenos ingresos y podían llevar una vida confortable.

Las personas de clase media y alta también tenían tiempo para leer, visitar museos y asistir a obras de teatro y conciertos. Dos tendencias importantes del arte competían por captar su atención. El romanticismo enfatizaba la belleza, la naturaleza, las emociones y las épocas en que la vida era más simple. El realismo intentaba mostrar la vida cotidiana tal como era.

COMPRENSIÓN DE LA LECTURA **Identificar las ideas principales** ¿Qué cambios produjo la industrialización?

RESUMEN Y PRESENTACIÓN Los nuevos inventos trasladaron la producción de bienes a las fábricas. En consecuencia, cambió la forma de trabajar, las ciudades crecieron y se expandió la clase media. A continuación, aprenderás acerca del nacionalismo y el imperialismo, y sus efectos en el mundo.

Sección 2 Evaluación

hmhsocialstudies.com
Cuestionario en Internet

Repasar ideas, palabras y personas

1. a. Describir ¿Cuáles fueron algunos avances en el transporte y las comunicaciones que se dieron durante la revolución industrial?

b. Contrastar ¿En qué se diferenciaba el trabajo en el **sistema de fábricas** del trabajo en los hogares o en pequeños talleres?

2. a. Recordar ¿Qué llevó al rápido crecimiento de las ciudades?

b. Contrastar ¿Cuál es la principal diferencia entre el capitalismo y el **socialismo**?

Pensamiento crítico

3. Identificar causa y efecto Usa tus notas para completar un diagrama como el siguiente. En los recuadros, explica cómo cada cambio en la sociedad provocó el cambio siguiente.

Nuevos inventos → Sistema de fábricas → Nuevos estilos de vida

---

ENFOQUE EN LA REDACCIÓN

4. Desarrollar un personaje Elige de tu lista una persona que resultaría un personaje interesante de tu diario. A medida que agregas sucesos de esta sección, incluye uno o dos detalles que ayuden a dar vida a tu personaje.

El nacionalismo y los imperios coloniales

Lo que aprenderás…

Ideas principales

1. El nacionalismo desencadenó movimientos independentistas en Europa y la unificación de Italia y Alemania.
2. Los imperios coloniales se expandieron a fines del siglo XIX a medida que el industrialismo creó una nueva ola de imperialismo.

La idea clave

El nacionalismo llevó a la creación de poderosas naciones-estado que compitieron entre sí para construir grandes imperios en todo el mundo.

Palabras y personas clave

nacionalismo, *pág. 648*
naciones-estado, *pág. 648*
Giuseppe Garibaldi, *pág. 649*
Otto von Bismarck, *pág. 650*
imperialismo, *pág. 651*
Matthew Perry, *pág. 651*

hmhsocialstudies.com
TOMAR NOTAS

Usa el organizador gráfico en Internet para tomar notas acerca del nacionalismo y el colonialismo. Presta atención a cómo cada uno de estos factores cambió el estilo de vida en diferentes partes del mundo.

Si **ESTUVIERAS** allí…

Tú y todas las personas que conoces son italianos. Todos están orgullosos del idioma, la cultura y la historia que comparten. Pero viven en una región de Italia gobernada por Austria. Te has enterado hace poco de que existe un movimiento para unir a todos los italianos en un solo reino gobernado por italianos.

¿Apoyarás ese esfuerzo?

CONOCER EL CONTEXTO La industrialización no fue el único cambio importante que ocurrió en Europa en el siglo XIX. Muchos grupos estaban cansados de vivir en imperios gobernados por líderes de lugares lejanos que no hablaban su idioma, no compartían su cultura ni tenían en cuenta sus intereses. Estos grupos tomaron medidas para formar sus propios países y gobernarse a sí mismos.

El nacionalismo

El **nacionalismo** es la devoción y lealtad hacia el propio país. Generalmente se desarrolla entre pueblos que comparten el mismo idioma y la misma religión y que consideran que tienen una historia o cultura común. En el siglo XIX, el nacionalismo fue una fuerza poderosa que impulsó movimientos independentistas en América Latina. También llevó a varios grupos de Europa a crear sus propias naciones. A medida que surgían esas nuevas naciones, el mapa de Europa cambió de nuevo.

Los levantamientos nacionalistas

A principios del siglo XIX, muchos pueblos conquistados por Napoleón no querían estar bajo dominio francés. Querían gobernarse a sí mismos y no responder a una potencia extranjera. También querían unirse a otros que compartieran su idioma, sus creencias y sus costumbres. Los nacionalistas apoyaban la idea de **naciones-estado** independientes, países autónomos cuyos habitantes comparten una cultura.

Después de la derrota de Napoleón, los crecientes sentimientos de nacionalismo hicieron que varios grupos en Europa se rebelaran contra

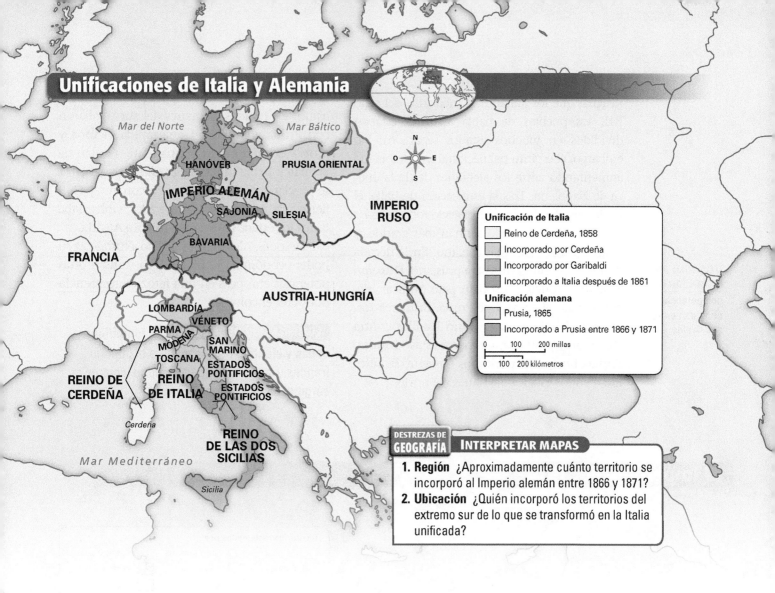

Unificaciones de Italia y Alemania

Mar del Norte

Mar Báltico

HANÓVER

PRUSIA ORIENTAL

IMPERIO ALEMÁN

SAJONIA

SILESIA

BAVARIA

FRANCIA

IMPERIO RUSO

AUSTRIA-HUNGRÍA

LOMBARDÍA

VÉNETO

PARMA

MODENA

SAN MARINO

TOSCANA

ESTADOS PONTIFICIOS

REINO DE CERDEÑA

REINO DE ITALIA

ESTADOS PONTIFICIOS

Cerdeña

Mar Mediterráneo

REINO DE LAS DOS SICILIAS

Sicilia

Unificación de Italia

☐ Reino de Cerdeña, 1858
☐ Incorporado por Cerdeña
☐ Incorporado por Garibaldi
☐ Incorporado a Italia después de 1861

Unificación alemana

☐ Prusia, 1865
☐ Incorporado a Prusia entre 1866 y 1871

0   100   200 millas

0   100   200 kilómetros

DESTREZAS DE GEOGRAFÍA — **INTERPRETAR MAPAS**

1. **Región** ¿Aproximadamente cuánto territorio se incorporó al Imperio alemán entre 1866 y 1871?
2. **Ubicación** ¿Quién incorporó los territorios del extremo sur de lo que se transformó en la Italia unificada?

el control extranjero. Algunos lo lograron, otros no. Grecia, por ejemplo, logró su independencia del Imperio otomano en 1829. Pero en 1848 hubo una serie de revoluciones que fracasaron. Los nacionalistas húngaros y checos del Imperio austríaco fueron derrotados. Los italianos y los alemanes también fracasaron en sus esfuerzos por formar sus propios países, aunque lo lograrían en años posteriores.

La unificación de Italia

A principios del siglo XIX, lo que hoy en día es Italia estaba dividida en estados separados. En el norte, Cerdeña estaba gobernada por un rey italiano, pero Austria gobernaba otros estados del norte. La familia Borbón gobernaba Sicilia en el sur, y el papa controlaba la región que rodeaba a Roma.

A medida que el nacionalismo se extendía, cada vez más italianos abrigaban la idea de unirse como un solo país. Sin embargo, los esfuerzos nacionalistas fracasaron varias veces hasta que Camillo di Cavour asumió como primer ministro de Cerdeña. Cavour modernizó el ejército de Cerdeña, formó hábiles alianzas y luchó contra los austríacos hasta expulsarlos del norte. En 1860, los demás estados italianos de la región se unieron a Cerdeña.

Ese mismo año, **Giuseppe Garibaldi** reunió a más de 1,000 seguidores vehementes y derrocó al gobierno de Sicilia. Unos meses después, Garibaldi y Cavour unieron sus territorios. En 1861, Italia se convirtió en un reino unificado, y diez años más tarde Roma se convirtió en su capital.

La unificación alemana

Al igual que los italianos, a mediados del siglo XIX los pueblos de habla alemana estaban divididos en muchos estados separados. Sin embargo, el espíritu del nacionalismo había ido aumentando entre los alemanes desde la época de Napoleón. Tras la unificación de Italia, el nacionalismo alemán se fortaleció todavía más.

Prusia era el estado alemán más grande, y Austria era su rival más cercano. En la década de 1860, el primer ministro prusiano, **Otto von Bismarck**, concibió un plan para unificar Alemania bajo el control de Prusia. Bismarck formó un ejército fuerte y ganó batallas contra Dinamarca y Austria. Gracias a estas victorias, Prusia obtuvo más territorios y aseguró su autoridad en los estados alemanes del norte.

VOCABULARIO ACADÉMICO

competencia
concurso entre dos rivales

El siguiente paso de Bismarck fue declararle la guerra a Francia. Impulsados por el nacionalismo, los estados alemanes del sur se aliaron con Prusia. Obtuvieron una rápida victoria y acordaron una unión permanente. El plan de Bismarck había funcionado: en enero de 1871 se proclamó el Imperio alemán con el rey Guillermo de Prusia como emperador. Gobernaba todos los estados alemanes excepto Austria.

Después, Alemania se dedicó a fortalecer su poder económico y militar, y se sumó a otras potencias europeas en una feroz <u>competencia</u> por obtener colonias.

COMPRENSIÓN DE LA LECTURA **Identificar causa y efecto** ¿De qué manera el Imperio francés y las políticas de Napoleón hicieron surgir el nacionalismo en Europa?

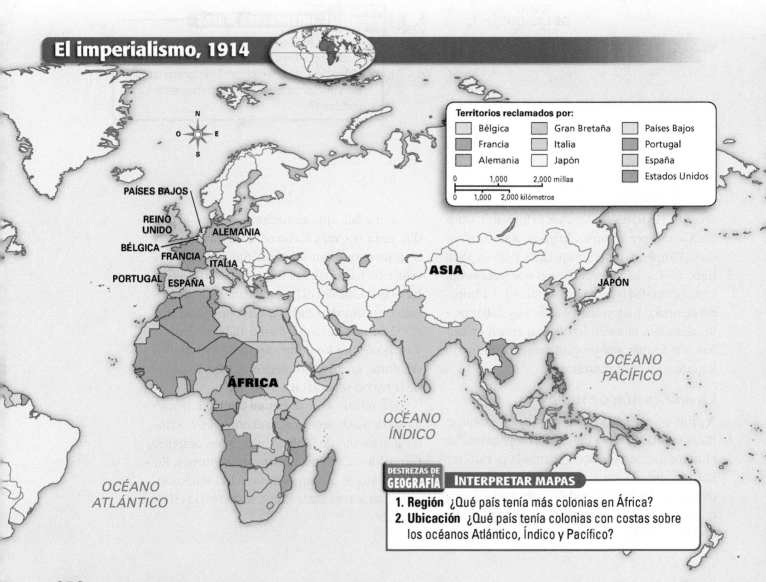

El imperialismo, 1914

Territorios reclamados por:

- Bélgica
- Francia
- Alemania
- Gran Bretaña
- Italia
- Japón
- Países Bajos
- Portugal
- España
- Estados Unidos

0   1,000   2,000 millas
0   1,000   2,000 kilómetros

PAÍSES BAJOS
REINO UNIDO
ALEMANIA
BÉLGICA
FRANCIA
ITALIA
PORTUGAL
ESPAÑA
ÁFRICA
ASIA
JAPÓN
OCÉANO PACÍFICO
OCÉANO ÍNDICO
OCÉANO ATLÁNTICO

DESTREZAS DE GEOGRAFÍA **INTERPRETAR MAPAS**

1. **Región** ¿Qué país tenía más colonias en África?
2. **Ubicación** ¿Qué país tenía colonias con costas sobre los océanos Atlántico, Índico y Pacífico?

El comodoro estadounidense Matthew Perry llegó a Japón en 1853 para negociar la apertura de los puertos japoneses.

Imperios coloniales

Las naciones europeas habían empezado a construir imperios en todo el mundo desde el siglo XV. Sin embargo, a fines del siglo XIX la carrera por obtener colonias se hizo más encarnizada. Las naciones nuevas y fortalecidas como Italia y Alemania disputaban territorios a Gran Bretaña y Francia. Japón modernizó su economía y formó colonias en el este de Asia. En la misma época, Estados Unidos aumentó su influencia en el Caribe y el Pacífico.

Causas del imperialismo

El **imperialismo** es el control de una región o un país por parte de otro país. Una de las causas principales del aumento del imperialismo en el siglo XIX fue la industrialización. Las naciones industriales necesitaban materias primas para sus fábricas. Pero había muchas materias primas que sólo abundaban en otros continentes. En consecuencia, muchos europeos quisieron controlar esos lugares lejanos. Los propietarios de industrias también argumentaban que las colonias serían mercados donde las naciones industriales podrían vender sus productos terminados.

El nacionalismo también influyó. Los ciudadanos creían que un gran imperio aumentaría la solidez de su nación. Además, muchas personas estaban a favor del imperialismo por motivos sociales. Los misioneros, por ejemplo, viajaban a las colonias para difundir su religión.

Otros imperialistas creían que tenían el deber de exportar su cultura "superior" a los pueblos que ellos consideraban menos avanzados.

La construcción de imperios en África y Asia

África llegó a ser uno de los objetivos principales de las potencias imperialistas. Antes de 1880, los europeos gobernaban sólo algunas colonias en África. Sin embargo, 25 años después ya se habían apoderado de casi todo el continente. Los británicos, los franceses y otros imperialistas se beneficiaron con la actividad minera y la producción de aceite de palma y otros cultivos. Pero para muchos africanos, el gobierno colonial significaba trabajo forzado y una intromisión en su cultura.

El imperialismo europeo también se extendió hasta Asia. Gran Bretaña gobernaba la India y Birmania (lo que hoy es Myanmar). Rusia se expandió hacia Asia Central. Francia estableció la extensa colonia de Indochina en el sureste de Asia. Gran Bretaña y Francia obligaron a China a abrirse al comercio en condiciones muy favorables para los europeos. Las potencias occidentales también intervinieron en Japón, pero con resultados diferentes.

El imperialismo japonés

En 1853, Estados Unidos envió una poderosa flota naval a Japón. Al frente de esta flota estaba el comodoro **Matthew Perry**. La misión de Perry era negociar un tratado para abrir los puertos de Japón al comercio estadounidense. Al año siguiente, los japoneses aceptaron las condiciones de Perry, aunque estaban decididos a evitar el dominio extranjero. Japón industrializó rápidamente su economía y formó un ejército fuerte. Tras convertirse en una potencia imperialista, Japón tomó Corea y Taiwán, que pertenecían a China, en 1895. Diez años después, Japón derrotó a Rusia en una guerra que extendió aun más los territorios japoneses.

La expansión estadounidense

Estados Unidos también expandió su territorio durante el siglo XIX. En 1823, el presidente James Monroe proclamó la Doctrina Monroe. Esta política establecía que Estados Unidos se opondría a cualquier intento europeo de volver a colonizar a las repúblicas latinoamericanas recién independizadas o interferir en sus asuntos. Esta doctrina le permitió a Estados Unidos convertirse en la potencia dominante de la región.

En la década de 1840, Estados Unidos conquistó casi la mitad del territorio de México. La zona abarcaba desde Texas hasta California. En 1898, Estados Unidos obtuvo el control de las Filipinas y Puerto Rico como resultado de una guerra contra España. En ese mismo año, Hawai se convirtió en territorio estadounidense.

En 1903, Estados Unidos tomó el control de una parte de Panamá para construir un canal que uniera los océanos Atlántico y Pacífico. El canal acortó en alrededor de 8,000 millas la ruta marítima entre Nueva York y San Francisco. De esta manera, el transporte de mercaderías de costa a costa se abarató y se hizo más veloz. Por proteger esta nueva ruta tan importante, Estados Unidos se involucraría en los asuntos latinoamericanos durante muchos años.

COMPRENSIÓN DE LA LECTURA ▶ **Analizar**
¿Cómo afectó la revolución industrial al imperialismo?

RESUMEN Y PRESENTACIÓN El crecimiento del nacionalismo provocó movimientos independentistas y la unificación de Italia y Alemania. El industrialismo ayudó a fomentar el imperialismo. Las potencias industriales adquirieron colonias y construyeron grandes imperios en todo el mundo. A continuación, aprenderás acerca de los cambios que ocurrieron durante el siglo XX.

Sección 3 Evaluación

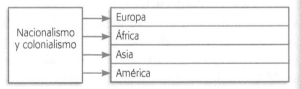
hmhsocialstudies.com
Cuestionario en Internet

Repasar ideas, palabras y personas

1. a. Describir ¿Qué rasgos y características suelen compartir las personas para que surjan sentimientos de **nacionalismo**?
b. Explicar Durante la unificación de Italia, ¿quién lideró a sus seguidores para derrocar al gobierno de Sicilia? ¿A qué territorios incorporó después Sicilia?
c. Analizar ¿Por qué Prusia creía que tenía que derrotar a Austria?
2. a. Recordar ¿Qué nación se convirtió en una potencia imperialista en el este de Asia?
b. Explicar ¿Qué relación hay entre la industrialización y el **imperialismo**?
c. Analizar ¿Por qué crees que el presidente de Estados Unidos James Monroe proclamó la Doctrina Monroe?

Pensamiento crítico

3. Crear categorías Usa tus notas para completar la siguiente tabla. Anota los efectos que tuvieron el nacionalismo y el colonialismo en cada lugar.

Nacionalismo y colonialismo	Europa
	África
	Asia
	América

ENFOQUE EN LA REDACCIÓN

4. Agregar detalles a tu personaje
Repasa esta sección y tus notas sobre otros sucesos específicos en los que podría haber participado tu personaje o que podrían haberlo afectado. Incluye detalles de esta sección para lograr una descripción más completa de tu personaje.

AYUDA DE VOCABULARIO

parientes familiares

propio recinto conjunto de hogares familiares

parentesco relación entre familiares

abominable digno de ser odiado

❶ Uchendu, Unachukwu y Emefo son otros familiares ancianos de Okwonko.

❷ Las familias se dividían porque algunos miembros aceptaban la fe cristiana de los colonizadores, mientras que otros mantenían las creencias religiosas tradicionales de la tribu.

de Todo se desmorona

por Chinua Achebe (1930–   )

Sobre la lectura *En* Todo se desmorona, *el escritor nigeriano Chinua Achebe escribe sobre una aldea africana y sobre cómo la llegada de los colonizadores europeos la cambia para siempre. Los europeos traen una nueva religión y un nuevo gobierno que amenazan las creencias y el estilo de vida tradicionales de los aldeanos. En el siguiente fragmento, el personaje principal, Okwonko, ofrece una fiesta a sus familiares. Un anciano de la familia pronuncia un discurso de agradecimiento a Okwonko por organizar la reunión. También expresa su preocupación por la llegada de los europeos.*

A MEDIDA QUE LEES Identifica lo que el orador cree que es más importante que los jóvenes comprendan.

"Un hombre no invita a sus parientes a un banquete para evitar que pasen hambre. Todos ellos tienen comida en casa. Cuando nos reunimos en el campo de la aldea a la luz de la luna no lo hacemos por la luna. Todos pueden verla en su propio recinto. Nos reunimos porque es bueno que los parientes se reúnan. Quizá os preguntéis por qué digo todo esto. Lo digo porque tengo miedo por la nueva generación, por vosotros. —Señaló con un gesto hacia donde se sentaban casi todos los varones jóvenes—. A mí me queda ya poco tiempo de vida, lo mismo que a Uchendu, a Unachukwu y a Emefo. ❶ Pero temo por vosotros los jóvenes, porque no comprendéis lo fuerte que es el vínculo de parentesco. No sabéis lo que es hablar con una voz. ¿Y cuál es el resultado? Se ha asentado entre nosotros una religión abominable. Ahora un hombre puede dejar a su padre y a sus hermanos. ❷ Puede maldecir a los dioses de sus padres y de sus antepasados, como el perro del cazador que se pone rabioso de pronto y ataca a su amo. Temo por vosotros; temo por el clan".

CONECTAR LA LITERATURA CON LA HISTORIA

1. **Analizar** Las relaciones familiares eran un componente muy importante de la sociedad africana antes y después de la llegada de los colonizadores europeos. ¿Por qué el orador creía que la nueva religión que habían llevado los europeos era una amenaza para las familias?

2. **Comparar** El orador dice: "Nos reunimos porque es bueno que los parientes se reúnan". ¿Te parece que muchas personas piensan así hoy en día? ¿Cuándo te reúnes con tus familiares? ¿Por qué ese tipo de reuniones fortalece el "vínculo de parentesco"?

Destrezas de estudios sociales

Análisis | Pensamiento crítico | Economía | Estudio

Comprender la oferta y la demanda

Comprender la destreza

El valor de un bien o un servicio depende en gran parte del concepto económico de la *oferta* y la *demanda*. La disponibilidad de un bien o un servicio que está a la venta es la *oferta*. La disposición y la capacidad de las personas para comprar ese bien o servicio es la *demanda*.

Lo que determina el precio de un bien en una economía de mercado es el equilibrio entre la oferta y la demanda. En general, cuando la oferta es mayor que la demanda, los precios caen. Cuando la demanda es mayor que la oferta, los precios suben.

Aprender la destreza

Para comprender la oferta y la demanda, es importante comprender las decisiones que toman los productores y los compradores, y las consecuencias que tienen esas decisiones:

1. Si la oferta de un producto es baja y hay muchos compradores, la demanda es alta.

2. Si la demanda es alta, los productores aumentan los precios o aumentan la oferta.

3. Si los precios suben, la demanda disminuye, porque son menos las personas que quieren o pueden pagar precios altos.

4. Si la oferta aumenta demasiado, no hay suficientes personas que compren el producto y los productores pierden dinero. Los productores tienen que bajar el precio o la oferta para lograr que la demanda vuelva a subir.

Practicar y aplicar la destreza

Repasa la información de la sección sobre la revolución industrial. Usa la información del capítulo y lo que sabes sobre la oferta y la demanda para responder a las siguientes preguntas sobre cómo se aplicaba el concepto de la oferta y la demanda en la revolución industrial.

1. La creación de la máquina a vapor aumentó la demanda de hierro. Basándote en el concepto de la oferta y la demanda, ¿qué crees que pasó con el precio del hierro?

2. ¿Qué efecto crees que tuvo el sistema de fábricas en el precio de bienes que solían hacerse a mano?

3. A medida que las máquinas empezaron a hacer gran parte del trabajo que solían hacer los tejedores, los artesanos y los granjeros, ¿qué pasó con la demanda de esos trabajadores? ¿Qué crees que pasó entonces con el precio, o salario, de esos trabajadores?

Repaso del capítulo

El impacto de la historia

▶ **videos**
Consulta el video para responder a la pregunta de enfoque:

¿Qué es la Doctrina Monroe y de qué manera ha afectado la relación entre Estados Unidos y América Latina?

Resumen visual

Usa el siguiente resumen visual para repasar las ideas principales del capítulo.

DATOS BREVES

Nuevas naciones
El descontento por la dominación francesa durante el gobierno de Napoleón despertó el nacionalismo en la mayor parte de Europa.

Industrialización
A medida que la producción se trasladó de los hogares a las fábricas, la manera de trabajar cambió, las ciudades crecieron y la clase media se expandió.

Imperios
La industrialización, el nacionalismo y otros factores fomentaron el imperialismo en el siglo XIX.

Repasar vocabulario, palabras y personas

Con cada par de palabras, escribe una oración que muestre la relación entre ambas.

1. Napoleón Bonaparte
   golpe de estado

2. Klemens von Metternich
   conservadurismo

3. Karl Marx
   socialismo

4. nacionalismo
   nación-estado

5. Otto von Bismarck
   imperialismo

6. Simón Bolívar
   liberalismo

7. sistema de fábricas
   laissez-faire

Comprensión y pensamiento crítico

SECCIÓN 1 *(páginas 638–643)*

8. **a. Identificar** Enumera los cuatro países que controlaron todas las decisiones importantes en el Congreso de Viena.

   b. Analizar ¿Cómo se debilitaron y fueron derrotadas las fuerzas de Napoleón?

   c. Profundizar Describe los problemas que enfrentaron las naciones de América del Sur después de derrocar a los gobiernos coloniales.

SECCIÓN 2 *(páginas 644–647)*

9. **a. Recordar** ¿Cómo cambiaron los métodos de producción durante la revolución industrial?

   b. Sacar conclusiones ¿Por qué los capitalistas preferían las políticas del *laissez-faire* para la industria?

   c. Evaluar ¿Cómo era la vida en una ciudad industrial a mediados del siglo XIX?

SECCIÓN 3 (*páginas 648–652*)

10. a. Describir ¿Qué serie de sucesos hizo que varios estados alemanes separados se unieran para formar una potencia imperialista?

b. Contrastar ¿Qué argumentos se dieron a favor del imperialismo? ¿Qué argumentos podrían darse en su contra?

c. Profundizar ¿Cuál fue el resultado del viaje del comodoro Matthew Perry a Japón?

Destrezas de lectura

11. Comparar textos históricos *Lee los siguientes fragmentos y luego responde a las preguntas. El primer fragmento fue escrito por una reformadora inglesa llamada Annie Besant, en defensa de trabajadores de una fábrica de fósforos que estaban en huelga. La segunda selección es la respuesta de una trabajadora de la fábrica.*

> Nacen en barrios pobres, trabajan desde niños, crecen poco debido a la mala alimentación, se los oprime por ser indefensos, se los arroja a un lado cuando están exhaustos, ¿a quién le importa si mueren o van a parar a la calle…? Las muchachas están acostumbradas a llevar cajas sobre la cabeza hasta que pierden el cabello y quedan calvas ya a los quince años de edad. Clérigos de provincia con acciones en Bryant & May's: sienten en sus rodillas a su hija de quince años, acarícienle suavemente los sedosos rizos, regocíjense con la primorosa belleza de esa espesa y brillante cabellera. —*The Link* (23 de junio de 1888)

> Estimada Señora ellos han intentado hacer decir a las pobres niñas que es todo mentira eso que salió publicado, y quieren que todas firmemos papeles donde dice que son todas mentiras; estimada Señora nadie sabe todo lo que hemos soportado y no firmaremos. Le agradecemos mucho lo amable que ha sido con nosotras. Mi estimada Señora esperamos que no se meta en problemas por nosotras porque lo que usted ha dicho es todo verdad. — 4 de julio de 1888

12. ¿Por qué crees que Annie Besant dirige su comentario a los "clérigos de provincia con acciones en Bryant & May's"?

13. ¿Quiénes son "ellos" en la carta de la trabajadora de la fábrica de fósforos? ¿Qué quieren "ellos" que hagan las niñas?

Repasar los temas

14. Política ¿Qué objetivos políticos intentó lograr el Congreso de Viena?

15. Economía ¿Qué tres cambios provocó el sistema de fábricas?

Usar Internet

16. Actividad: Analizar el arte Si el arte es el espejo de la sociedad, ¿qué refleja este entonces cuando surgen nuevas fuerzas sociales en todo el mundo? Ya has visto de qué maneras la difusión de las ideas revolucionarias, la revolución industrial, el nacionalismo y el imperialismo alteraron y reemplazaron las costumbres sociales y las relaciones de poder que habían existido hasta entonces. Los artesanos se convirtieron en obreros de fábricas, el poder pasó de los reyes a las clases altas y medias, el nacionalismo creó las naciones-estado y territorios alejados de Europa se convirtieron en colonias europeas. Usa tu libro de texto en Internet para investigar la forma en que estas fuerzas se han expresado en el arte. Después de ver la serie de diapositivas, completa la hoja de ejercicios interactiva.

> 🔼 **hmhsocialstudies.com**

Destrezas de estudios sociales

17. Comprender la oferta y la demanda Explica en dos o tres oraciones cómo se aplica el concepto de oferta y demanda a algún aspecto de la revolución industrial.

ENFOQUE EN LA REDACCIÓN

18. Escribir tu entrada de un diario Repasa tus notas y decide en qué te concentrarás para escribir tu entrada de un diario. Primero, busca una fecha apropiada y escríbela en la parte superior de la página. Luego, usa tus notas de cada sección para escribir una introducción de una o dos oraciones que dé a tus lectores una idea de quién eres y qué ocurre en tu vida en este momento. Completa tu entrada de diario contando lo que ocurrió, qué participación tuviste y qué otras personas compartieron tu experiencia. Recuerda que al escribir un diario se combinan los datos con los sentimientos.

Práctica para el examen estandarizado

INSTRUCCIONES: Lee las preguntas y escribe la letra de la respuesta correcta.

1

> Somos prusianos, y prusianos seguiremos siendo… No queremos ver al reino de Prusia desaparecer en el putrefacto [podrido] caldo del cómodo sentimentalismo [tonterías sentimentales] del sur de Alemania.

¿Cuál de los siguientes líderes probablemente hizo las declaraciones anteriores?

A Napoleón Bonaparte

B Simón Bolívar

C Camillo di Cavour

D Otto von Bismarck

2 Bajo el gobierno de Napoleón Bonaparte, el ejército francés obtuvo victorias frente a todos los siguientes países, *excepto*

A Austria.

B Prusia.

C Gran Bretaña.

D Rusia.

3 Después de obtener la independencia, se produjeron conflictos internos en muchas de las nuevas naciones latinoamericanas. ¿Entre qué dos grupos surgieron conflictos?

A republicanos y demócratas

B liberales y conservadores

C socialistas y capitalistas

D nacionalistas e imperialistas

4 ¿Cuál de las siguientes opciones NO contribuyó a que Estados Unidos permaneciera involucrado en los asuntos latinoamericanos?

A la Doctrina Monroe

B la conquista de gran parte del territorio de México

C la construcción del Canal de Panamá

D la visita de Matthew Perry a Japón

5 La revolución industrial comenzó en

A Gran Bretaña.

B Alemania.

C Francia.

D el Imperio austríaco.

Conexión con lo aprendido anteriormente

6 El Canal de Panamá facilitó el comercio entre América Latina y Estados Unidos. ¿Cuál de las siguientes opciones sobre las que aprendiste anteriormente tuvo un papel clave en el comercio entre Egipto y Kush?

A el río Nilo

B la Ruta de la Seda

C la moneda en oro

D los ríos Tigris y Éufrates

7 En este capítulo leíste acerca del desarrollo de la ciencia y la tecnología durante la era industrial. Antes del siglo XIX, se lograron muchos avances en ciencia e ingeniería en todos los siguientes períodos históricos *excepto* durante

A la revolución científica.

B el Reino Antiguo.

C la Edad Media.

D el Renacimiento.

Desafíos mundiales

En esta fotografía, se captan los estilos de vida antiguo y moderno de Singapur, un país que ha prosperado en la economía global.

Pregunta esencial ¿A qué desafíos se enfrentó el mundo a finales del siglo XX y a principios del XXI?

Lo que aprenderás...

En este capítulo, estudiarás acerca de las dos guerras mundiales que se produjeron en el siglo XX. También estudiarás acerca de la difusión de la democracia y los desafíos que enfrenta el mundo.

ENFOQUE EN LA REDACCIÓN

Una nota de tapa Piensa en las diferentes revistas de noticias que hayas visto en librerías, puestos de periódicos o en la biblioteca. ¿Qué se representa en la cubierta? A medida que leas este capítulo, busca personas o sucesos que podrían ser el tema de una nota de tapa para una revista de la misma época que estás estudiando. Cuando hayas terminado de leer el capítulo, elige un suceso o una persona y escribe un artículo breve sobre el tema para tu nota de tapa.

SUCESOS EN EL CAPÍTULO

1900

1919
Al finalizar la Primera Guerra Mundial se establecen las condiciones de paz en el Tratado de Versalles.

1933
Adolf Hitler llega al poder en Alemania.

1949
Mao Tse-Tung toma el poder en China.

1961
Los soviéticos construyen el Muro de Berlín.

1998
El euro se convierte en la moneda oficial de la Unión Europea.

1940

1960

1980

2000

1945 Termina la Segunda Guerra Mundial tras lanzar bombas atómicas sobre Japón.

1969 Astro-nautas estadou-nidenses llegan a la Luna.

1989 Cae el Muro de Berlín y termina la Guerra Fría.

2004 Se cele-bran los Juegos Olímpicos en Atenas, Grecia.

Lectura en estudios sociales

Economía

Geografía

Política

Religión

Sociedad y cultura

Ciencia y tecnología

Enfoque en los temas En este capítulo, aprenderás sobre las dos guerras mundiales que se produjeron durante la primera mitad del siglo veinte. También aprenderás sobre la difusión de la democracia y los numerosos desafíos que enfrenta el mundo hoy en día. Verás cómo la **geografía** y la **política** estuvieron estrechamente ligadas en todo el mundo e influyeron en el estilo de vida en el siglo veinte y en el presente.

Los documentos públicos en la historia

Enfoque en la lectura Los historiadores usan muchos tipos de documentos para aprender sobre el pasado. Generalmente, estos documentos se clasifican en dos tipos: privados y públicos. Los documentos privados son los que se escriben para uso propio, como las cartas, los diarios personales o los cuadernos de notas. Los documentos públicos, por el contrario, están disponibles para que cualquier persona los lea y los examine. Entre ellos, se incluyen las leyes, los códigos de impuestos y los tratados.

Estudiar documentos públicos Si estudiamos los documentos públicos del pasado, podemos obtener mucha información sobre la política y la sociedad de una época determinada. Sin embargo, los documentos públicos suelen ser confusos o difíciles de comprender. Cuando leas un documento de este tipo, puedes usar una lista de preguntas como la siguiente para asegurarte de que comprendes lo que estás leyendo.

Lista de preguntas para leer documentos públicos

1. ¿Cuál es el tema del documento?

2. ¿Comprendo lo que estoy leyendo?

3. ¿El documento tiene vocabulario que no comprendo?

4. ¿Qué partes del documento debería releer?

5. ¿Cuáles son las ideas principales y los detalles del documento?

6. ¿Qué he aprendido de este documento?

A menudo, puedes determinar el tema de un documento público a partir del título y la introducción.

En los documentos públicos, se suelen usar palabras desconocidas o palabras conocidas de manera desconocida. Por ejemplo, en el documento de la página siguiente se usa la palabra *racionamiento*. ¿Sabes el significado de la palabra en ese contexto? Si no lo sabes, deberías buscarlo.

Muchos documentos públicos tratan sobre varios temas y, por lo tanto, tienen varias ideas principales.

¡Inténtalo!

El siguiente fragmento pertenece a un anuncio de racionamiento de alimentos distribuido en Estados Unidos durante la Segunda Guerra Mundial. Lee el fragmento y luego responde a las preguntas.

RACIONAMIENTO POR PUNTOS

El objetivo del racionamiento por puntos es garantizar que todos reciban una justa cuota de mercaderías escasas pero esenciales y ofrecer, al mismo tiempo, una variedad de artículos para elegir. Hay tres diferencias principales entre el racionamiento por puntos y el racionamiento por cupones que está en vigencia para el azúcar y el café.

La primera diferencia importante es que con el racionamiento estricto por cupones, cada cupón permite al consumidor comprar una cantidad determinada de un único artículo: por ejemplo, un cupón de azúcar permite comprar una cantidad específica de azúcar. En cambio, en el racionamiento por puntos, un conjunto de cupones abarca todo un conjunto de artículos. Por ejemplo, sus cupones de racionamiento semanal de carne le permitirían elegir libremente entre una ración de carne de res, de ternera, de cerdo, de cordero o de oveja …

La Cartilla de Raciones de Guerra Número Dos tendrá cuatro páginas de estampillas azules y cuatro páginas de estampillas rojas. Las estampillas azules se usarán para el primer grupo de mercaderías que serán racionadas por puntos. Las estampillas rojas se usarán para el segundo grupo de artículos racionados por puntos. El número de cada estampilla indica cuántos puntos vale la estampilla. La letra de cada estampilla indica su período de validez.

Responde a las siguientes preguntas sobre el documento que acabas de leer.

1. ¿De qué trata este documento?

2. ¿Cuál es la idea o las ideas principales de este documento? ¿Qué detalles complementarios se incluyen?

3. ¿Hay alguna otra palabra de este fragmento que no conozcas? ¿Cómo podría dificultar tu comprensión del fragmento el hecho de no conocer estas palabras?

Personas y palabras clave

Capítulo 23

Sección 1
comunismo *(pág. 665)*
Vladimir Lenin *(pág. 665)*

Sección 2
fascismo *(pág. 667)*
Aliados *(pág. 667)*
Potencias del Eje *(pág. 667)*
Franklin Roosevelt *(pág. 667)*
Holocausto *(pág. 668)*
genocidio *(pág. 668)*
Guerra Fría *(pág. 669)*
Mao Tse-Tung *(pág. 669)*

Sección 3
Mahatma Gandhi *(pág. 673)*
ideologías *(pág. 674)*
Guerra de Corea *(pág. 674)*
Guerra de Vietnam *(pág. 675)*
Ronald Reagan *(pág. 675)*
Mikhail Gorbachev *(pág. 675)*
terrorismo *(pág. 676)*

Vocabulario académico

El progreso escolar está relacionado con el conocimiento del vocabulario académico, es decir, de las palabras que se usan con frecuencia en las tareas y discusiones en clase. En este capítulo, aprenderás las siguientes palabras de vocabulario académico:

defender *(pág. 663)*

A medida que lees el Capítulo 23, piensa en los documentos públicos que pudieron haber consultado los autores para escribir el texto.

La Primera Guerra Mundial

Lo que aprenderás…

Ideas principales

1. La Primera Guerra Mundial tuvo su origen en el nacionalismo, el imperialismo y el aumento de las fuerzas militares en Europa.
2. Los Aliados vencieron a las Potencias Centrales poco después de que Estados Unidos entrara en la guerra.
3. El Tratado de Versalles cambió el mapa de Europa y provocó resentimiento.
4. La Revolución rusa llevó a la creación del primer estado comunista del mundo.

La idea clave

La Primera Guerra Mundial, que tuvo lugar entre 1914 y 1918, causó daños muy graves y cambió a Europa para siempre.

Personas y palabras clave

comunismo, *pág. 665*
Vladimir Lenin, *pág. 665*

hmhsocialstudies.com
TOMAR NOTAS

Usa el organizador gráfico en Internet para hacer una lista de los países que pertenecían a cada una de las dos grandes alianzas que lucharon en la guerra.

Si **ESTUVIERAS** allí…

Un día de verano de 1914 te encuentras de visita en la capital de tu provincia. De repente, oyes voces enojadas y gritos en la calle. Corres hacia el lugar de donde proviene el ruido y te dicen que un nacionalista serbio acaba de asesinar al heredero del trono austro-húngaro. Estás disgustado y te preocupan las consecuencias que esto puede tener en el futuro.

¿Cómo crees que reaccionará el Imperio austrohúngaro?

CONOCER EL CONTEXTO A principios del siglo XX, las tensiones en Europa estaban llegando al límite. Los asuntos locales y de ultramar hicieron enfrentar a las potencias europeas entre sí. A medida que la tensión de los gobernantes aumentaba, formaron ejércitos y nuevas alianzas para responder al peligro creciente.

El comienzo de la guerra

En el verano de 1914, la guerra estalló en Europa. Pronto, muchas naciones del mundo se unieron a la contienda. Varios factores provocaron este conflicto mundial, que se conoció como la Primera Guerra Mundial.

Causas subyacentes

Para el siglo XX, el nacionalismo había provocado rivalidades entre los países de Europa. Los pueblos estaban dispuestos a entrar en guerra para demostrar la superioridad de su nación. Al mismo tiempo, algunos grupos que querían formar sus propias naciones-estado seguían gobernados por otros países. Por ejemplo, los pueblos de la península Balcánica, en el sureste de Europa, querían independizarse del Imperio austrohúngaro. Iniciaron movimientos nacionalistas que crearon tensiones en los Balcanes.

El imperialismo sumó más problemas a Europa. Como leíste en el Capítulo 22, las naciones industriales competían ferozmente por conseguir colonias. Muchas personas creían que si su país tenía un imperio, era una gran potencia. La carrera por apoderarse de territorios de ultramar produjo varias crisis que casi terminaron en guerra.

A principios del siglo XX, las naciones europeas también comenzaron a formar grandes ejércitos. Varias de ellas gastaron mucho dinero

Alianzas europeas, 1914

NORUEGA
SUECIA
Mar del Norte
DINAMARCA
Mar Báltico
GRAN BRETAÑA
PAÍSES BAJOS
OCÉANO ATLÁNTICO
Canal de la Mancha
BÉLGICA
IMPERIO ALEMÁN
RUSIA
LUXEMBURGO
FRANCIA
Golfo de Vizcaya
SUIZA
IMPERIO AUSTROHÚNGARO
RUMANIA
Mar Negro
SERBIA
PORTUGAL
ESPAÑA
Córcega
MONTENEGRO
ALBANIA
ITALIA
BULGARIA
GRECIA
IMPERIO OTOMANO
Islas Baleares
Cerdeña
Mar Mediterráneo
Sicilia

Triple Alianza
Triple Entente
Países neutrales

0 200 400 millas
0 200 400 kilómetros

El asesinato del archiduque Francisco Fernando y su esposa hizo estallar la Primera Guerra Mundial.

DESTREZAS DE GEOGRAFÍA · INTERPRETAR MAPAS

1. Lugar ¿Cuál de los bandos tenía mayor extensión territorial: la Triple Entente o la Triple Alianza?
2. Ubicación ¿Qué miembro de la Triple Alianza limitaba con dos países de la Triple Entente?

---

en armamento moderno. Con sus ejércitos, los países demostraban su poder y amenazaban a sus enemigos.

El creciente nacionalismo, las tensas rivalidades y los ejércitos cada vez más grandes generaron temor entre las mismas naciones europeas. Entonces, empezaron a formar nuevas alianzas para protegerse. Los miembros de una misma alianza prometían **defender** a sus aliados en caso de ataque.

La chispa de la guerra

En 1914, Europa estaba al borde de la guerra. Las tensiones entre el Imperio austrohúngaro y Serbia empeoraban debido a una parte del Imperio austrohúngaro que Serbia reclamaba. Entonces, el 28 de junio, un nacionalista serbio asesinó al archiduque Francisco Fernando, el heredero del trono austrohúngaro, y a su esposa. En represalia, el Imperio austrohúngaro declaró la guerra a Serbia.

El sistema de alianzas dividió a Europa en dos bandos en guerra. Las Potencias Centrales estaban encabezadas por el Imperio austrohúngaro y Alemania. Frente a ellos estaban los

Aliados: Gran Bretaña, Francia y Rusia. Con el tiempo, países de todo el mundo participaron en la lucha.

COMPRENSIÓN DE LA LECTURA · **Resumir**

¿Cuáles fueron las principales causas de la Primera Guerra Mundial?

La victoria de los Aliados

Alemania atacó primero. Envió un gran ejército a Bélgica y Francia, pero las tropas francesas y británicas detuvieron a los alemanes cerca de París. Entonces, ambos bandos cavaron millas de trincheras, zanjas profundas desde donde los soldados defendían sus posiciones. Los generales ordenaban una y otra vez a sus hombres que atacaran las líneas enemigas. Pero las ametralladoras, armas nuevas y poderosas, derribaban a los soldados que intentaban avanzar. Esta guerra de trincheras costó millones de vidas. Ninguno de los bandos lograba avanzar, por lo que se vivió una sangrienta situación de punto muerto que duró más de tres años.

VOCABULARIO ACADÉMICO

defender
mantener a salvo

Mientras tanto, los líderes alemanes decidieron usar otra arma nueva, el submarino, en la guerra en el mar. Para evitar que los ingleses recibieran alimentos y equipamientos de guerra, los submarinos alemanes empezaron a hundir los barcos que se dirigían a Gran Bretaña. Estados Unidos advirtió a Alemania que no atacara barcos que no fueran de combate. Como Alemania ignoró estas advertencias, Estados Unidos se unió a los Aliados en abril de 1917.

La ayuda de las fuerzas estadounidenses consolidó la ventaja de los Aliados. Sin embargo, al poco tiempo los rusos, agotados, abandonaron la guerra. Alemania volvió a atacar a Francia, pero Estados Unidos y las tropas aliadas detuvieron a los alemanes y los expulsaron de Francia. En 1918, los aliados de Alemania también sufrieron serias derrotas. Para noviembre, las Potencias Centrales se habían derrumbado.

VIDEO
Battle Gear:
WWI Packs

hmhsocialstudies.com

COMPRENSIÓN DE LA LECTURA Sacar conclusiones ¿Qué efecto tuvo la participación de Estados Unidos en el resultado de la guerra?

El Tratado de Versalles

Después de la guerra, los líderes de los Aliados se reunieron en Versalles, cerca de París, para hablar de las condiciones de la paz. Woodrow Wilson, presidente de Estados Unidos, propuso un plan para promover la democracia y evitar futuras guerras. Una de sus propuestas fue crear la Liga de las Naciones, una organización donde los países tratarían de resolver sus problemas de manera pacífica.

Wilson también creía que cada nacionalidad debía gobernarse a sí misma. De acuerdo a esto, los Aliados trazaron un nuevo mapa de Europa. Le quitaron territorios a Rusia y Alemania y dividieron a los imperios austrohúngaro y otomano. En esos territorios se crearon siete países nuevos.

Los Aliados también obligaron a Alemania a aceptar su culpabilidad por el inicio de la guerra. Alemania tuvo que reducir su ejército, ceder sus colonias y pagar por los daños causados por la guerra.

La historia en detalle

La guerra de trincheras

Las trincheras se cavaban en zigzag para que el enemigo no pudiera disparar a lo largo de toda la trinchera desde un extremo.

Las trincheras alemanas y las de los Aliados estaban separadas por hileras de alambres de púas. Algunas trincheras estaban recubiertas con concreto para resistir los ataques de artillería.

En la parte trasera, había una serie de trincheras que se usaban para entregar alimentos, municiones y correspondencia a los soldados del frente.

Algunas trincheras servían como puestos de primeros auxilios, donde se atendía a los soldados hasta que pudieran ser evacuados.

ANÁLISIS ANALIZAR RECURSOS VISUALES

Identifica tres maneras en que los soldados trataban de defenderse en las trincheras.

Muchas personas no estaban de acuerdo con el Tratado de Versalles. Los alemanes pensaban que el tratado era demasiado severo. No todas las nacionalidades pudieron formar su propia nación. Algunos países estaban descontentos por la pérdida de territorios. Por eso, en vez de lograr una paz duradera, el tratado preparó el terreno para otros conflictos.

COMPRENSIÓN DE LA LECTURA **Analizar** ¿Por qué muchas personas estaban en desacuerdo con el Tratado de Versalles?

La Revolución rusa

Otro resultado de la Primera Guerra Mundial fue la revolución en Rusia. Durante décadas, se habían ido acumulando los problemas y el descontento. Los campesinos y los trabajadores vivían en la pobreza. El pueblo comenzó a oponerse al gobierno debido a la escasez de alimentos y la enorme pérdida de vidas durante la guerra. En marzo de 1917, el zar Nicolás II, gobernante de Rusia, fue obligado a abandonar el poder.

Como el fuego de las ametralladoras y los rifles no provocaba daño a los tanques de combate, el uso de estos vehículos marcó el comienzo del fin de la guerra de trincheras.

Los soldados arrojaban granadas de mano a las trincheras enemigas y a los soldados que se acercaban para evitar su avance.

Un nuevo gobierno asumió el poder, pero no pudo mantener el orden. Se propagaron levantamientos en toda Rusia. Los bolcheviques, que estaban a favor del comunismo, ganaron fuerza. El **comunismo** es un sistema económico y político en el que el gobierno es propietario de todos los medios de producción y controla la economía. **Vladimir Lenin**, el líder bolchevique, consiguió el apoyo de los trabajadores y los soldados. En noviembre de 1917, los bolcheviques derrocaron al nuevo gobierno y Lenin creó el primer estado comunista del mundo: la Unión de Repúblicas Socialistas Soviéticas, o la Unión Soviética.

COMPRENSIÓN DE LA LECTURA **Resumir** ¿Cómo llegaron los bolcheviques al poder en Rusia?

RESUMEN Y PRESENTACIÓN Los Aliados ganaron la Primera Guerra Mundial, pero la paz no duró mucho. A continuación, aprenderás acerca de la Segunda Guerra Mundial.

Sección 1 Evaluación

hmhsocialstudies.com
Cuestionario en Internet

Repasar ideas, palabras y personas

1. **a. Recordar** ¿Por qué el Imperio austrohúngaro declaró la guerra a Serbia?
   b. Analizar ¿Qué condiciones crearon el marco ideal para la guerra en Europa en 1914?
2. **a. Describir** ¿Qué efectos tuvo la guerra de trincheras?
   b. Explicar ¿Por qué Estados Unidos se unió a los Aliados?
3. **a. Describir** ¿Qué castigo recibió Alemania por su papel en la Primera Guerra Mundial?
   b. Evaluar ¿Tuvo éxito el Tratado de Versalles?
4. **a. Identificar** ¿Quién encabezó la Revolución rusa?
   b. Contrastar ¿Qué diferencias había entre la Unión Soviética y Rusia bajo el gobierno del zar Nicolás II?

Pensamiento crítico

5. **Resumir** Consulta tus notas para elegir un país miembro de cada alianza y explicar qué le ocurrió después de la guerra.

Miembro de los Aliados	Miembro de las Potencias Centrales

ENFOQUE EN LA REDACCIÓN

6. **Tomar notas sobre personas importantes** Repasa esta sección y toma notas sobre algunas de las personas importantes que tuvieron papeles clave durante la Primera Guerra Mundial. Asegúrate de incluir detalles que apoyen sus logros.

La Segunda Guerra Mundial

Si ESTUVIERAS allí...

Es diciembre de 1941 y estás pasando un domingo tranquilo mientras escuchas la radio. De repente, la voz de un locutor interrumpe la transmisión de radio. Lo que oyes te deja perplejo: Japón acaba de lanzar un ataque aéreo masivo sobre la flota naval estadounidense ubicada en Pearl Harbor, Hawái. Estás entristecido y enojado por el ataque.

¿Cómo crees que debería responder Estados Unidos?

CONOCER EL CONTEXTO Como consecuencia de la Primera Guerra Mundial, muchos países tuvieron serios problemas económicos y políticos. En varios países surgieron dictadores que asumían el poder pero no traían soluciones. En cambio, atacaban a sus vecinos y empujaban al mundo a una nueva guerra.

Otro conflicto mundial

En la década de 1920, Europa enfrentaba serias dificultades para recuperarse de la Primera Guerra Mundial. La situación empeoró en 1929 y a comienzos de la década de 1930, cuando la Gran Depresión, una aguda crisis económica, azotó al mundo entero. Para la década de 1940, el mundo estaría en guerra una vez más.

hmhsocialstudies.com
TOMAR NOTAS

Usa el organizador gráfico en Internet para hacer una lista de los sucesos que causaron la Segunda Guerra Mundial y los que fueron consecuencia de esa guerra.

Líderes de la guerra DATOS BREVES

Aliados

Winston Churchill
Primer ministro de Gran Bretaña

Franklin Roosevelt
Presidente de Estados Unidos

Joseph Stalin
Jefe de estado de la Unión Soviética

El surgimiento de los dictadores

A medida que los problemas empeoraban, la gente esperaba la llegada de líderes fuertes que le sirvieran de guía. En Japón, los militares tomaron el control del gobierno. En la Unión Soviética, Joseph Stalin asumió el poder tras la muerte de Lenin. Stalin, un gobernante despiadado, asesinaba o enviaba a campos de trabajo forzado a todas las personas que consideraba desleales.

En Italia y Alemania también surgieron dictadores crueles, que atraían a sus partidarios proclamando el **fascismo**, una filosofía política basada en el nacionalismo y en un gobierno fuerte. En 1922, Benito Mussolini convirtió a Italia en el primer estado fascista. Adolf Hitler encabezó el movimiento nazi fascista y tomó el gobierno de Alemania en 1933.

Las Potencias del Eje y la agresión

Resentido por las consecuencias del Tratado de Versalles, Hitler quiso vengarse por las pérdidas de Alemania en la Primera Guerra Mundial expandiendo el territorio alemán. Después de invadir otros países cercanos, en 1939 atacó Polonia. En respuesta, Gran Bretaña y Francia, conocidos como los **Aliados**, declararon la guerra a Alemania. Al año siguiente, Hitler respondió formando su propia alianza. Alemania, Italia y Japón unieron fuerzas y formaron las **Potencias del Eje**.

La Segunda Guerra Mundial fue un nuevo tipo de guerra. Gracias a los tanques y los camiones, los ejércitos podían avanzar rápidamente. Los bombarderos volaban largas distancias para atacar objetivos enemigos. Con estas tácticas, Alemania derrotó rápidamente a Polonia en lo que los alemanes llamaron blitzkrieg, o "guerra relámpago". Las fuerzas de Hitler pronto invadieron otros países europeos.

Tras la derrota de Francia en 1940, el primer ministro británico Winston Churchill logró el apoyo de su pueblo y la fuerza aérea británica rechazó a los alemanes. Entonces, las tropas de Hitler invadieron la Unión Soviética. Ambos bandos sufrieron grandes pérdidas hasta que los soviéticos finalmente lograron hacer retroceder a los alemanes.

La victoria de los Aliados

El 7 de diciembre de 1941, Japón atacó la flota naval de Estados Unidos en Pearl Harbor, Hawái. Bajo la presidencia de **Franklin Roosevelt**, Estados Unidos se unió a los Aliados. Durante los dos años y medio siguientes hubo batallas en Europa, África del Norte, Medio Oriente, Asia y las islas del Océano Pacífico Sur. Luego, en junio de 1944, tropas estadounidenses y británicas desembarcaron en Francia y avanzaron hacia Alemania, mientras las tropas soviéticas avanzaban desde el este. Alemania se rindió en mayo de 1945.

VIDEO
Battle Gear: WWII Body Armor

hmhsocialstudies.com

ENFOQUE EN LA LECTURA

¿Qué tipo de documentos públicos servirían para aprender más sobre la decisión de Estados Unidos de entrar en la Segunda Guerra Mundial?

Potencias del Eje

Adolf Hitler
Canciller de Alemania

Benito Mussolini
Primer ministro de Italia

Hideki Tojo
Primer ministro de Japón

UN RELATO PERSONAL
El diario de Ana Frank

Ana Frank era una adolescente judía que vivía en Alemania cuando Hitler llegó al poder. Cuando el trato de los nazis a los judíos alemanes se volvió intolerable, Ana y su familia huyeron a Ámsterdam. Sin embargo, al poco tiempo los nazis comenzaron a perseguir a los judíos que vivían allí, y la familia Frank se vio obligada a esconderse en la casa de un amigo. Ana escribió un diario durante ese período. En la entrada de ese diario que se muestra arriba, Ana escribe sobre los sucesos que ocurrieron poco después de que su familia se ocultara.

¿Qué crees que quiso decir Ana cuando afirmó que sus ideales eran absurdos?

A nuestros numerosos amigos y conocidos judíos se los llevan de a montones [en grandes cantidades]. La Gestapo [policía secreta alemana] los trata brutalmente y los transporta en carretones para ganado [vagones de tren para transportar animales] a Westerbork, el gran campamento de Drenthe adonde están mandando a todos los judíos. . . Creemos que a la mayoría de ellos los asesinan. —9 de octubre de 1942

Ana tenía razón. Los nazis enviaban a millones de judíos a campos de concentración, campos especiales donde los judíos y otros grupos eran obligados a trabajar hasta que morían o eran asesinados. Aun así, como leerás en la siguiente entrada, menos de un mes antes de que los nazis la encontraran y la llevaran a un campo de concentración donde luego murió, Ana se niega a perder las esperanzas.

Es increíble que no haya abandonado mis ideales, que parecen tan absurdos e impracticables. Aun así, me aferro a ellos porque, a pesar de todo, todavía creo que las personas en el fondo de su corazón son buenas. —15 de julio de 1944

DESTREZA DE ANÁLISIS **ANALIZAR FUENTES PRIMARIAS**

A pesar de su terrible situación, ¿por qué piensas que Ana creía que "las personas en el fondo de su corazón son buenas"?

Los líderes de Estados Unidos creyeron que la bomba atómica, un arma nueva y poderosa, podría poner fin a la guerra con Japón. En agosto de 1945, Estados Unidos arrojó bombas atómicas sobre las ciudades de Hiroshima y Nagasaki. Días después, Japón se rindió. La guerra había terminado.

COMPRENSIÓN DE LA LECTURA **Evaluar** ¿Qué permitió que los Aliados ganaran la Segunda Guerra Mundial?

Resultados de la guerra

Naciones Unidas todavía sigue siendo una organización importante que trata de promover la paz en el mundo.

La Segunda Guerra Mundial fue el conflicto más sangriento de la historia de la humanidad. Más de 34 millones de soldados resultaron heridos y otros 22 millones murieron. También perdieron la vida más de 30 millones de civiles. Muchos fueron víctimas del **Holocausto,** la campaña de los nazis para eliminar al pueblo judío. Los nazis acorralaban a los judíos en toda Europa y los enviaban a campos especiales donde los asesinaban. Seis millones de judíos murieron como consecuencia de este **genocidio,** la eliminación intencionada de un pueblo. Millones de personas más, incluidos eslavos, gitanos y discapacitados, también fueron asesinados.

En Japón murieron miles de civiles a causa de las bombas atómicas. Estas armas nucleares tuvieron consecuencias aterradoras. Las personas temían que la humanidad desaparecería si se desataba otra guerra. Hacia el final de la guerra, los líderes de los Aliados crearon en conjunto Naciones Unidas para ayudar a solucionar los conflictos mundiales de manera pacífica.

Sin embargo, el mundo había sufrido enormes cambios. La guerra había debilitado las economías y los gobiernos de muchas naciones. Estados Unidos y la Unión Soviética quedaron como las dos potencias más poderosas del mundo. Aunque habían sido aliadas durante la guerra, ahora estas dos naciones desconfiaban una de otra. Esta desconfianza llevó a la **Guerra Fría**, un período de tensa rivalidad entre las superpotencias pero sin enfrentamientos directos.

Los soviéticos establecieron estados comunistas en Europa oriental. Estados Unidos dio asistencia económica a los gobiernos democráticos de Europa occidental. Alemania quedó dividida entre ambos: Alemania Occidental se convirtió en una democracia y Alemania Oriental, en una nación comunista.

La Guerra Fría también se extendió a Asia. En 1945, Corea, al igual que Alemania, se dividió en dos partes. Las fuerzas soviéticas ocuparon la mitad norte, donde tomó el poder un gobierno comunista. Las tropas estadounidenses tomaron el control de la mitad sur, donde se estableció un gobierno anticomunista. En 1949, **Mao Tse-Tung** formó un gobierno comunista en China.

COMPRENSIÓN DE LA LECTURA Analizar

¿Cuáles eran los dos países más poderosos después de la Segunda Guerra Mundial?

Causas y efectos de la Segunda Guerra Mundial

DATOS BREVES

Causas
- Alemania invade los países vecinos en un intento de formar un nuevo Imperio alemán bajo un régimen nazi.
- Japón invade varios países de Asia para obtener acceso a materias primas.

Efectos
- Mueren más de 50 millones de personas.
- La población judía de Europa queda casi exterminada por el Holocausto.
- Estados Unidos y la Unión Soviética emergen como las naciones más poderosas del mundo.

RESUMEN Y PRESENTACIÓN Entre 1939 y 1945, las principales potencias mundiales se enfrentaron en el conflicto más sangriento y destructivo que el mundo haya conocido. A continuación, leerás acerca de la Guerra Fría y de sucesos posteriores del período de posguerra.

Sección 2 Evaluación

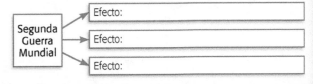

hmhsocialstudies.com
Cuestionario en Internet

Repasar ideas, palabras y personas

1. **a. Recordar** ¿Qué es el **fascismo**? ¿Por qué se hizo popular esta filosofía en Europa en los años posteriores a la Primera Guerra Mundial?
   b. Explicar ¿Qué papel tuvo la fuerza aérea británica en la Segunda Guerra Mundial?
   c. Analizar ¿Cómo influyó la entrada de Estados Unidos en la guerra en el resultado final?
2. **a. Describir** ¿Qué le ocurrió a la población judía de Europa durante la Segunda Guerra Mundial?
   b. Explicar ¿Cuál es el objetivo de Naciones Unidas y cuándo se creó?
   c. Sacar conclusiones ¿Por qué crees que Alemania fue dividida en dos partes después de la Segunda Guerra Mundial?

Pensamiento crítico

3. **Analizar** Usa tus notas para identificar los efectos más importantes de la Segunda Guerra Mundial. Para cada efecto que anotes, escribe una oración en la que expliques por qué fue una consecuencia de la guerra. Usa un diagrama como el siguiente.

Segunda Guerra Mundial	Efecto:
	Efecto:
	Efecto:

ENFOQUE EN LA REDACCIÓN

4. **Tomar notas sobre sucesos importantes** Haz una lista de los sucesos clave de la Segunda Guerra Mundial. Para cada suceso, escribe una oración sobre sus protagonistas clave.

Tierra, aire y mar

La Segunda Guerra Mundial fue un conflicto verdaderamente generalizado en el que participaron países de casi todo el mundo. Durante la guerra, que duró desde septiembre de 1939 hasta septiembre de 1945, hubo batallas en Europa, la Unión Soviética, Oriente Medio, África, Asia y las islas del Pacífico. Un factor clave del enfrentamiento fue el uso de tanques, aviones y barcos que habían sido desarrollados poco tiempo antes. Con esta avanzada maquinaria de guerra se podía abarcar mucho más territorio que en épocas anteriores; por eso, su uso tuvo un papel decisivo en las sangrientas batallas que sucedieron en tierra, aire y mar.

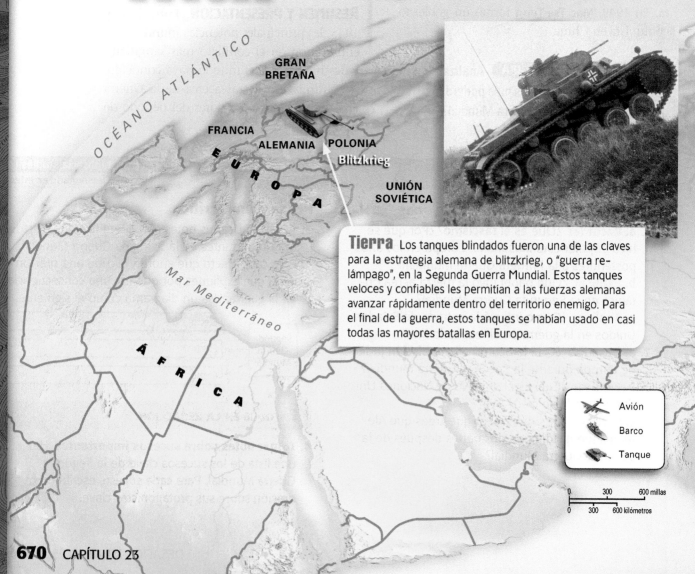

OCÉANO ATLÁNTICO

GRAN BRETAÑA

FRANCIA

EUROPA

ALEMANIA   POLONIA
Blitzkrieg

UNIÓN SOVIÉTICA

Mar Mediterráneo

ÁFRICA

Tierra Los tanques blindados fueron una de las claves para la estrategia alemana de blitzkrieg, o "guerra relámpago", en la Segunda Guerra Mundial. Estos tanques veloces y confiables les permitían a las fuerzas alemanas avanzar rápidamente dentro del territorio enemigo. Para el final de la guerra, estos tanques se habían usado en casi todas las mayores batallas en Europa.

Avión
Barco
Tanque

0   300   600 millas
0   300   600 kilómetros

Aire El bombardero B29 podía volar casi 6,000 millas sin recargar combustible. Por eso, podía atacar objetivos lejos de su base de partida. Esta es una de las razones por las cuales se usó el B29 para arrojar las bombas atómicas sobre las ciudades japonesas de Hiroshima y Nagasaki.

Mar En junio de 1942, varios de los barcos japoneses que se muestran a la izquierda participaron en la batalla de Midway. En esta batalla, la flota naval estadounidense derrotó a los agresores japoneses y destruyó varios de sus barcos más importantes, con lo cual se transformó en la potencia naval más poderosa del Pacífico.

Bombas atómicas

JAPÓN

ASIA

Batalla de Midway

OCÉANO PACÍFICO

DESTREZAS DE GEOGRAFÍA **INTERPRETAR MAPAS**

1. Lugar Basándote en la geografía de Japón, ¿por qué crees que durante la guerra fue especialmente importante para este país tener una flota naval y una fuerza aérea fuertes?

2. Movimiento ¿Por qué fue importante que el bombardero B29 pudiera volar grandes distancias sin recargar combustible?

Hacia el presente

Si ESTUVIERAS allí...

Eres un estudiante del presente y estás estudiando historia mundial. Has aprendido mucho de lo que pasó desde los tiempos antiguos hasta la era moderna. Has observado que a lo largo de la historia, las personas han tenido que reaccionar a cambios importantes y a desafíos difíciles.

¿Qué cambios o desafíos importantes ves en el mundo de hoy?

CONOCER EL CONTEXTO La Segunda Guerra Mundial provocó cambios fundamentales en todo el mundo. Y todavía siguen produciéndose cambios: en la política, en la economía y en nuestro estilo de vida.

El fin del colonialismo

Como ya has leído, después de la Segunda Guerra Mundial las naciones de Europa quedaron debilitadas tanto política como económicamente. En consecuencia, ya no podían sostener sus imperios de ultramar.

Independencia en Asia y Medio Oriente

Gran Bretaña consideraba a la India como el "diamante de la corona" de su imperio: era su colonia más extensa y la que le generaba más

---

Lo que aprenderás...

Ideas principales

1. La Segunda Guerra Mundial puso fin al colonialismo, ya que los países de Asia, Oriente Medio y África obtuvieron su independencia.
2. La Guerra Fría llegó a su fin con el ascenso de la democracia y la retirada del comunismo.
3. El terrorismo mundial se ha transformado en una gran amenaza para la paz.
4. Hoy en día, la interdependencia mundial crea nuevas oportunidades y desafíos para todos.

La idea clave

Desde la Segunda Guerra Mundial, el mundo ha atravesado profundos cambios políticos, económicos y tecnológicos.

Personas y palabras clave

Mahatma Gandhi, *pág. 673*
ideologías, *pág. 674*
Guerra de Corea, *pág. 674*
Guerra de Vietnam, *pág. 675*
Ronald Reagan, *pág. 675*
Mikhail Gorbachev, *pág. 675*
terrorismo, *pág. 676*

hmhsocialstudies.com
TOMAR NOTAS

Usa el organizador gráfico en Internet para hacer una lista de los sucesos importantes que ocurrieron en diferentes partes del mundo.

Línea cronológica

La difusión de la independencia, 1947 hasta el presente

1957
Ghana se independiza de Gran Bretaña.

1940

1960

1947
La India se independiza de Gran Bretaña.

1948
Israel se declara estado.

1963
Gran Bretaña otorga la independencia a Kenia.

riqueza. Sin embargo, en las décadas de 1920 y 1930, **Mahatma Gandhi** encabezó un movimiento de protesta cada vez más enérgico en la India. Ghandi alentó a miles de personas a unirse en protestas no violentas contra el dominio británico. Después de la Segunda Guerra Mundial, Gran Bretaña accedió a entregar el control. Sin embargo, en la India había dos grandes grupos religiosos: hindúes y musulmanes. Ninguno quería ser gobernado por el otro. En 1947, Gran Bretaña dividió la colonia en dos y les concedió la independencia. En la parte más extensa, la India, la mayoría era hindú. La parte más pequeña, Pakistán, se convirtió en una nación musulmana.

Mientras tanto, en el sureste de Asia, los franceses y los holandeses se esforzaban por conservar sus colonias. Indonesia se libró del dominio holandés en 1949, pero los vietnamitas tuvieron que luchar una guerra cruel hasta que lograron liberarse de Francia en 1954.

Varios estados árabes de Medio Oriente también obtuvieron la independencia después de la Segunda Guerra Mundial. En 1947, Naciones Unidas votó a favor de dividir el Mandato de Palestina, que antes estaba bajo control británico, en un estado judío y en otro árabe. Los árabes rechazaron esta decisión, pero los judíos la aceptaron. En 1948 se creó el estado de Israel. Entonces, los ejércitos árabes atacaron Israel, pero este los derrotó.

Las nuevas naciones de África

Las naciones de Europa también perdieron sus colonias en África a medida que el nacionalismo se expandió por el continente. Ghana se independizó de los británicos en 1957. El resto del imperio de Gran Bretaña en África se disolvió rápidamente en la década de 1960.

Los movimientos contra el dominio francés en África también crecieron. Francia concedió la independencia a Marruecos y Túnez en 1956. Argelia tuvo que pelear una sangrienta guerra de ocho años para ganar su libertad. Para evitar más guerras, Francia otorgó pacíficamente la independencia a sus otras colonias en África.

Otros países europeos, entre ellos Italia, Bélgica y Portugal, también perdieron sus colonias en África. Para 1981, el dominio europeo en África había terminado, pero no así el interés de los países extranjeros en el continente.

Alianzas en África

Mientras Estados Unidos y la Unión Soviética se enfrentaban en la Guerra Fría, competían por ganar aliados. Ambos estaban interesados en las naciones de África recientemente independizadas. Por eso, ambos países enviaron asistencia económica y militar a las ex colonias con la intención de ganar su apoyo.

Algunas naciones africanas tomaron partido por Estados Unidos; otras, por la Unión Soviética. Sin embargo, muchas de las nuevas naciones decidieron no tomar partido por ninguno de los dos países y permanecieron **neutrales** durante la Guerra Fría.

VOCABULARIO ACADÉMICO

neutral
que no está comprometido con ningún bando

COMPRENSIÓN DE LA LECTURA Analizar
¿Por qué los países europeos perdieron sus colonias después de la Segunda Guerra Mundial?

1971
Bangladesh se separa de Pakistán.

2002
Timor Oriental es reconocido como estado independiente.

1980

2000

1980
Zimbabwe (ex Rhodesia) obtiene su independencia.

DESTREZA DE ANÁLISIS **LEER LÍNEAS CRONOLÓGICAS**

¿Cuántos años transcurrieron desde que el primero hasta el último país de los que se muestran en esta línea cronológica obtuvo su independencia?

La Guerra Fría

La Guerra Fría dividió al mundo en un bando comunista y un bando no comunista. Ambos bandos se enfrentaron durante más de 40 años. Sin embargo, para 1992 la mayoría de los gobiernos comunistas, incluso la Unión Soviética, se desintegrarían.

Lucha en la Guerra Fría

En las décadas de 1950 y 1960 se desarrolló una carrera armamentista entre la Unión Soviética y Estados Unidos. Las dos superpotencias fabricaron enormes cantidades de misiles, bombarderos y armas nucleares. Sin embargo, los estadounidenses y los soviéticos se daban cuenta de que si se llegaban a usar alguna vez las armas nucleares, millones de personas iban a morir y se destruiría gran parte del mundo. Aunque eran rivales, los dos países sabían que no podían permitirse un conflicto armado.

Por esta razón, la Guerra Fría fue una batalla entre **ideologías,** o sistemas de creencias. Cada uno de los bandos creía que su sistema político y económico era el mejor. Estados Unidos creía en el capitalismo y la democracia. Los soviéticos creían en el comunismo. Consideraban que las naciones capitalistas eran mezquinas y corruptas. Los estadounidenses, en cambio, se consideraban los defensores de la libertad y la democracia en el mundo.

Berlín, la capital de Alemania, se convirtió en un motivo de tensiones en la Europa de la Guerra Fría. Después de la Segunda Guerra Mundial, la ciudad, al igual que la propia Alemania, fue dividida en dos. Los soviéticos controlaban la mitad oriental y los Aliados occidentales (Estados Unidos, Gran Bretaña y Francia) controlaban la mitad occidental. Mientras que las condiciones en Alemania Occidental mejoraban, no ocurría lo mismo en Alemania Oriental. Miles de alemanes del este empezaron a escapar a Berlín Occidental. Para detenerlos, los soviéticos construyeron un muro a lo largo de la frontera en el año 1961. Con alambrados de púas en la parte superior y patrullas armadas que lo custodiaban, el Muro de Berlín se convirtió en un símbolo de la Guerra Fría.

En Asia, la Guerra Fría fue violenta. En 1950, Corea del Norte, comunista, invadió Corea del Sur, no comunista, con lo cual comenzó la **Guerra de Corea**. Naciones Unidas envió tropas de Estados Unidos y sus aliados para defender a Corea del Sur. El ejército de China colaboró con Corea del Norte. Después de tres años de

La caída del comunismo

El Muro de Berlín separó durante 28 años a Alemania Oriental, que era comunista, de Alemania Occidental, donde había democracia. Cuando Alemania Oriental abrió sus fronteras en noviembre de 1989, los alemanes de ambos lados lo festejaron derribando el muro. Este suceso se transformó en un símbolo del fin del comunismo en Europa oriental.

enfrentamientos, la guerra terminó sin ningún vencedor. Corea siguió dividida en dos.

También Vietnam se dividió en dos: el norte comunista y el sur no comunista. En 1957, los comunistas dieron inicio a la **Guerra de Vietnam** para derrocar al gobierno del sur. Estados Unidos envió miles de soldados y asistencia masiva para apoyar al sur, pero se impusieron los comunistas. En 1976, Vietnam se reunificó en un único país comunista.

Mientras tanto, las tropas soviéticas aplastaron los movimientos democráticos que surgieron en Hungría y Checoslovaquia. Luego, en 1979, la Unión Soviética invadió Afganistán para fortalecer su gobierno comunista. Los rebeldes afganos, con ayuda de Estados Unidos, opusieron una resistencia feroz contra los invasores. En 1989 los soviéticos se retiraron derrotados.

El triunfo de la democracia

Para la década de 1980, la economía soviética tenía dificultades. Al mismo tiempo, el presidente **Ronald Reagan** expandía las fuerzas militares y el armamento de Estados Unidos. El intento de los soviéticos de mantenerse a la par de los estadounidenses causó más problemas a su economía. Los países comunistas de Europa oriental también enfrentaban dificultades económicas: estaban muy endeudados y sus habitantes vivían en la pobreza.

El líder soviético **Mikhail Gorbachev** comprendió los serios problemas de su país y de Europa oriental. Entonces, propuso una serie de reformas para cambiar la economía soviética. Con el objetivo de obtener el apoyo necesario para estas reformas, Gorbachev promovió una apertura. El gobierno redujo el control sobre el pueblo. Los ciudadanos soviéticos pudieron discutir acerca de cómo cambiar el sistema; incluso se les permitía criticar al gobierno.

Las nuevas políticas de Gorbachev inspiraron movimientos reformistas en toda Europa oriental. En un solo año, 1989, se derrumbaron los regímenes comunistas de Bulgaria, Checoslovaquia, Alemania Oriental, Hungría, Polonia y Rumania. Los alemanes derribaron con alegría el Muro de Berlín, y en 1990 Alemania Occidental y Oriental se reunificaron bajo un sistema democrático. Al año siguiente, los estados de la Unión Soviética reclamaron su independencia. En diciembre de 1991 la Unión Soviética se separó en 15 países independientes.

China se resistió a los cambios. En 1989 se enviaron tropas para reprimir una protesta estudiantil que exigía reformas democráticas. Sin embargo, China quería obtener tecnología occidental. Empezó a cambiar su política económica y adoptó algunas prácticas capitalistas para poder comerciar con naciones capitalistas. China sigue siendo comunista, pero está abriendo sus mercados a Occidente.

Japón, en cambio, adoptó la democracia y el capitalismo después de la Segunda Guerra Mundial. Con la ayuda de Estados Unidos, se convirtió en un país próspero y pacífico. Hoy en día, es una democracia estable y una gran potencia económica.

DESTREZA DE ANÁLISIS **ANALIZAR RECURSOS VISUALES**

¿Por qué crees que los alemanes estaban tan felices por la caída del Muro de Berlín?

COMPRENSIÓN DE LA LECTURA **Identificar los puntos de vista** ¿Por qué Estados Unidos y la Unión Soviética evitaron un enfrentamiento directo durante la Guerra Fría?

1998

Terroristas de Al Qaeda arrojaron bombas contra embajadas estadounidenses en dos países africanos, Kenia y Tanzania. En las explosiones murieron más de 250 personas.

2000

En una incursión terrorista, Al Qaeda bombardeó el navío *Cole* de la armada estadounidense en Adén, Yemen. La bomba mató a 17 tripulantes y dejó un enorme boquete en un costado del barco.

2001

El 11 de septiembre de 2001, terroristas de Al Qaeda atacaron el World Trade Center de la ciudad de Nueva York y el Pentágono en Washington, D.C. Como resultado, murieron más de 3,000 personas.

El terrorismo mundial

En las dos últimas décadas se ha producido un aumento del terrorismo mundial. El **terrorismo** es una actividad criminal que implica el uso de la violencia contra civiles para crear miedo y exigir cambios políticos. Los actos terroristas pueden ser tiroteos, bombardeos y secuestros de personas y aviones.

El terrorismo moderno

Aunque el terrorismo se practica desde hace miles de años, los ataques se hicieron más frecuentes y sangrientos en el siglo XX. Uno de los primeros ejemplos fue Irlanda del Norte. En 1922, los británicos concedieron la autonomía de gobierno a una parte de Irlanda pero mantuvieron el control sobre Irlanda del Norte. Un grupo llamado Ejército Republicano Irlandés (IRA, por sus siglas en inglés) quería la independencia de toda Irlanda. El IRA empezó a lanzar ataques terroristas para tratar de lograr su objetivo. Los tiroteos y bombardeos causaron la muerte de cientos de soldados británicos y de otras personas. Entonces, en 1998, los británicos aceptaron otorgar la autonomía de gobierno a Irlanda del Norte. El IRA se desarmó oficialmente en 2005.

Desde entonces, muchos otros grupos han adoptado tácticas terroristas. Los nacionalistas que luchaban por la independencia de Argelia arrojaron bombas contra civiles franceses. En España, los terroristas luchan por la independencia del País Vasco, una región de España con su propia cultura e idioma. También actúan otros grupos terroristas en América del Sur, África y Asia.

El terrorismo ha sido una táctica importante en el conflicto entre Palestina e Israel. Cuando Israel derrotó a varios países árabes vecinos en la Guerra de los Seis Días en 1967, una gran cantidad de palestinos quedó bajo el control del gobierno israelí. La Organización para la Liberación de Palestina (OLP) lanzó una campaña terrorista contra Israel. El objetivo declarado de esta organización era destruir Israel. En 1968, la OLP atrajo la atención mundial al secuestrar un avión de pasajeros israelí. En 1972, unos terroristas palestinos asesinaron a unos atletas israelíes en los Juegos Olímpicos. Desde entonces, los ataques palestinos han causado la muerte de cientos de judíos, e Israel ha contraatacado.

Los israelíes y los palestinos han intentado varias veces encontrar una solución pacífica a sus diferencias. Pero no lo han logrado. La resolución pacífica del conflicto sigue siendo un difícil desafío para ambas partes.

2002

2004

2004

Más de 200 personas murieron como consecuencia de un bombardeo terrorista contra dos discotecas en Bali, Indonesia, en octubre de 2002. Estos atentados fueron los ataques terroristas más sangrientos de la historia de Indonesia.

En la mañana del 11 de marzo de 2004 un tren urbano de Madrid, España, fue bombardeado por terroristas mientras se detenía en una parada. En el bombardeo murieron 190 personas y otras 1,800 resultaron heridas.

Un grupo de terroristas provocó una conmoción mundial al tomar una escuela en Beslan, Rusia, y mantener a los niños como rehenes. En este ataque murieron más de 300 personas.

Una nueva clase de guerra

Los ataques terroristas contra objetivos estadounidenses aumentaron en la década de 1990. Muchos fueron ordenados por Osama bin Laden, un extremista musulmán con base en Afganistán. Bin Laden usó a Al Qaeda, un grupo terrorista, para atacar a Estados Unidos. En 1993, un grupo de terroristas hizo detonar una bomba debajo del World Trade Center de la ciudad de Nueva York. En la explosión murieron 6 personas y 1,000 resultaron heridas. Cinco años después, las embajadas estadounidenses de Kenia y Tanzania sufrieron ataques con bombas y murieron más de 250 personas. Al año siguiente, los terroristas bombardearon el navío de guerra estadounidense *Cole* en un puerto de Yemen. Murieron 17 tripulantes estadounidenses y hubo docenas de heridos.

Los ataques más mortíferos de la historia ocurrieron el 11 de septiembre de 2001. Ese día, terroristas de Al Qaeda secuestraron cuatro aviones estadounidenses. Hicieron estrellar dos aviones contra las torres del World Trade Center de Nueva York y uno contra el Pentágono, en Washington, D.C. Tras una lucha de los pasajeros del cuarto avión con los terroristas, el avión se estrelló en un campo de Pensilvania. En los ataques murieron más de 3,000 personas.

En respuesta, el presidente de Estados Unidos, George W. Bush, le declaró la guerra al terrorismo. Envió fuerzas a Afganistán, donde mataron o capturaron a muchos miembros de Al Qaeda y ayudaron a establecer nuevo gobierno. Los afganos eligieron un nuevo presidente en 2004 y un nuevo parlamento en 2005.

El presidente Bush creía que el líder iraquí Saddam Hussein era otra amenaza para los estadounidenses. En 2003, tropas estadounidenses invadieron Irak y derrocaron a Saddam. Después de años de guerra, Irak se reconstruye lentamente. En enero de 2005, millones de iraquíes votaron en las primeras elecciones libres del país en 50 años. Al poco tiempo, los iraquíes aprobaron una constitución para su país. En diciembre de 2005, resistieron las amenazas de violencia en unas nuevas elecciones para elegir el primer gobierno por un período de mandato completo.

En ataques terroristas recientes también han perdido la vida cientos de personas en Indonesia, España, Rusia, Israel e Irak. Pero los líderes mundiales han comenzado a trabajar en conjunto para combatir este problema. Esperan que la cooperación internacional ayude a poner fin a esta amenaza a la paz mundial.

HISTORY

VIDEO
The History
of Terrorism

hmhsocialstudies.com

COMPRENSIÓN DE LA LECTURA Generalizar
¿Cómo ha cambiado el terrorismo desde 1990?

La interdependencia mundial

Probablemente hayas oído el dicho: "Qué pequeño es el mundo". Y nunca ha sido más cierto que hoy en día. Las nuevas formas de comunicación han logrado acercar a las personas. Intercambiamos bienes y servicios por todo el mundo. También dependemos unos de otros para el bienestar del planeta.

La economía global

En la economía global, las naciones del mundo están unidas por una única red económica. Los recursos naturales, el capital, las piezas para fabricar productos, los productos terminados y los trabajadores se trasladan de un país a otro en un proceso internacional de producción de bienes y servicios. Los trenes, aviones y barcos más veloces facilitan estos intercambios. Los nuevos acuerdos de comercio entre los países también contribuyen a la expansión de la red mundial de comercio.

Otras tecnologías han impulsado el desarrollo de la economía global. Los empresarios se comunican con teléfonos móviles y mediante el correo electrónico y las videoconferencias. Las redes de televisión por cable transmiten las últimas noticias de todo el mundo. Los consumidores de muchos países ahora encuentran una impresionante variedad de artículos en las tiendas locales y en Internet. Se pueden hacer compras casi en cualquier lugar del mundo con sólo hacer clic con el ratón.

El mundo del futuro

Además de la economía global, otros sucesos han creado nuevos desafíos. La explosión demográfica es sólo un ejemplo. En 1930, la población del planeta era de 2,000 millones de personas. En 1988, era de 5,000 millones. Para el año 2000, la población del mundo llegó a 6,000 millones. Muchos científicos temen que nuestra población pronto agote los recursos de la Tierra.

Otro desafío es la protección del medioambiente. La contaminación ha destruido muchos bosques, ríos y lagos. La tala de árboles ha reducido las selvas tropicales de América Latina y África. Con el pastoreo excesivo se ha provocado la expansión de los

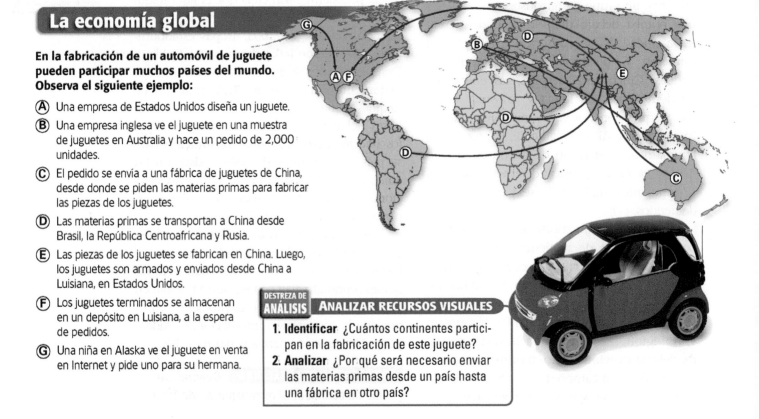

La economía global

En la fabricación de un automóvil de juguete pueden participar muchos países del mundo. Observa el siguiente ejemplo:

(A) Una empresa de Estados Unidos diseña un juguete.

(B) Una empresa inglesa ve el juguete en una muestra de juguetes en Australia y hace un pedido de 2,000 unidades.

(C) El pedido se envía a una fábrica de juguetes de China, desde donde se piden las materias primas para fabricar las piezas de los juguetes.

(D) Las materias primas se transportan a China desde Brasil, la República Centroafricana y Rusia.

(E) Las piezas de los juguetes se fabrican en China. Luego, los juguetes son armados y enviados desde China a Luisiana, en Estados Unidos.

(F) Los juguetes terminados se almacenan en un depósito en Luisiana, a la espera de pedidos.

(G) Una niña en Alaska ve el juguete en venta en Internet y pide uno para su hermana.

DESTREZA DE ANÁLISIS — ANALIZAR RECURSOS VISUALES

1. **Identificar** ¿Cuántos continentes participan en la fabricación de este juguete?
2. **Analizar** ¿Por qué será necesario enviar las materias primas desde un país hasta una fábrica en otro país?

desiertos. Además, la emisión de gases ha dañado partes de la atmósfera terrestre. Algunos temen que eso provoque un peligroso ascenso de las temperaturas en todo el mundo.

Los individuos y las organizaciones trabajan para resolver estos problemas del medioambiente. Por ejemplo, en 2004, Wangari Maathai, de Kenia, recibió el Premio Nobel de la Paz por haber plantado más de 30 millones de árboles en todo el continente africano.

A pesar de los desafíos que enfrentamos, los logros en las siguientes áreas durante los últimos 100 años nos dan muchos motivos para ser optimistas:

- **El espacio** La Unión Soviética lanzó el primer satélite espacial del mundo, y dos astronautas estadounidenses llegaron a la Luna. Desde entonces, 16 naciones han comenzado a trabajar en conjunto para construir una estación espacial.
- **Tecnología** La miniaturización nos permitió fabricar reproductores de música MP3 y teléfonos celulares. También hizo posible aumentar la potencia y la velocidad de las computadoras, al tiempo que se redujo su tamaño.
- **Medicina** El descubrimiento de los antibióticos y de la estructura del ADN nos permite controlar muchas enfermedades y encontrar la cura para otras. La tecnología láser nos permite reparar tejidos enfermos.

Este tipo de logros nos dan motivos para creer que seguiremos enfrentando los desafíos con fortaleza y creatividad.

COMPRENSIÓN DE LA LECTURA **Identificar causa y efecto** ¿Qué factores han causado el crecimiento de la economía global?

RESUMEN Y PRESENTACIÓN Después de la Segunda Guerra Mundial, la mayoría de las colonias europeas se independizaron. La Guerra Fría terminó cuando se derrumbó el comunismo en Europa. El terrorismo ha surgido como una amenaza a la paz mundial, pero los países trabajan en conjunto para construir un mundo más seguro y un futuro mejor para los ciudadanos del mundo.

BIOGRAFÍA

Wangari Maathai
1940–

En 2004, Wangari Maathai se convirtió en la primera mujer africana en ganar el premio Nobel de la Paz. Maathai recibió el premio por su trabajo con el Movimiento Green Belt. Este grupo, fundado por Maathai, nació con el objetivo de colaborar en la reforestación de África. Pero también ha luchado contra la pobreza, el hambre y la corrupción política. El jurado del Premio Nobel dijo acerca de su elección: "Creemos que Maathai es una voz fuerte que se alza en nombre de lo mejor de África para promover la paz y las condiciones de vida dignas en ese continente".

Sacar conclusiones ¿Por qué crees que el jurado del Premio Nobel galardonó al Movimiento Green Belt?

Sección 3 Evaluación

hmhsocialstudies.com
Cuestionario en Internet

Repasar ideas, palabras y personas

1. **a. Identificar** ¿Quién fue el líder del movimiento por la independencia en la India?
   b. Analizar ¿Por qué la colonia de la India fue dividida en dos países?
   c. Inferir ¿Por qué crees que durante la Guerra Fría algunos países africanos decidieron no tomar partido ni por Estados Unidos ni por la Unión Soviética?
2. **a Recordar** ¿Por qué se construyó el Muro de Berlín?
   b. Profundizar ¿Cuál fue el resultado del intento de **Mikhail Gorbachev** de mejorar la economía soviética?
3. **a. Identificar** ¿Qué es Al Qaeda?
   b. Hacer predicciones ¿Crees que alguna vez el mundo estará a salvo del **terrorismo**? ¿Por qué?
4. **a. Describir** En una economía global, ¿qué tipos de productos se transportan de un país a otro?
   b. Sacar conclusiones ¿Por qué es necesaria la cooperación internacional para solucionar los problemas del medioambiente?

Pensamiento crítico

5. **Ordenar** Usa tus notas para crear una línea cronológica en la que muestres los sucesos principales desde la Segunda Guerra Mundial en el orden en que ocurrieron.

| 1950 | 1960 | 1970 | 1980 | 1990 | 2000 |

ENFOQUE EN LA REDACCIÓN

6. **Elegir un tema** Acabas de leer acerca de otros sucesos y personas importantes del período más reciente de la historia. ¿Crees que alguno de estos sucesos o personas sería una buena nota de tapa para tu revista? Haz una lista de los temas sobre los que podrías escribir.

Destrezas de estudios sociales

Comprender las interpretaciones históricas

Comprender la destreza

Las interpretaciones históricas son modos de explicar el pasado. Están basadas en lo que se conoce acerca de las personas, las ideas y los sucesos que forman la historia.

Dos historiadores pueden ver los mismos datos sobre un tema histórico y tener visiones diferentes. Cada historiador decide cuáles son los datos más importantes para explicar lo que ocurrió y por qué. Una persona puede creer que ciertos datos son importantes, mientras que otra puede creer que otros datos son más importantes. Según la atención que les presten a los diferentes datos, los historiadores pueden encontrar diferentes explicaciones para los sucesos del pasado y sus causas.

Al concentrarse en datos diferentes, las interpretaciones de la historia también serán diferentes. Además, si se descubren nuevos datos sobre un tema, es probable que los historiadores necesiten reconsiderar sus ideas y generen aun más interpretaciones históricas. La capacidad de reconocer y evaluar las diferentes interpretaciones históricas es una destreza valiosa en el estudio de la historia.

Aprender la destreza

Usa las siguientes sugerencias para comprender y evaluar mejor las diferentes interpretaciones históricas sobre personas y sucesos.

1 Identifica la idea principal en la manera en que el tema está explicado. ¿A qué conclusiones se llega? Es posible que las conclusiones no estén expresadas de manera directa, sino solamente insinuadas en la información dada.

2 Identifica los datos en que se basó el escritor. ¿Te parece que estos datos apoyan su explicación y sus conclusiones?

3 Determina si el escritor u orador ha ignorado información importante sobre el tema. Si es así, la interpretación puede ser inexacta o deliberadamente tendenciosa, con el propósito de probar un punto de vista en particular.

El hecho de que las interpretaciones sean diferentes no significa que una sea necesariamente la correcta y las demás estén equivocadas. Siempre y cuando una persona tenga en cuenta todas las pruebas y saque conclusiones en base a una evaluación justa de esas pruebas, es probable que su interpretación sea aceptable.

Sin embargo, recuerda que los historiadores de carrera dejan que los datos los *guíen* hacia las conclusiones. Las personas que *comienzan* con una conclusión, seleccionan sólo los datos que la apoyan y no tienen en cuenta las pruebas que la contradicen, pueden producir interpretaciones de poco valor para comprender la historia.

Practicar y aplicar la destreza

Vuelve a leer el texto bajo el título "El triunfo de la democracia" de la Sección 3. Imagina que el historiador A cree que una de las principales causas del fin de la Guerra Fría fue la decisión de Ronald Reagan de expandir las fuerzas militares estadounidenses, y que el historiador B cree que el fin de la Guerra Fría se debió principalmente a las reformas de Mikhail Gorbachev en la Unión Soviética. Responde a las siguientes preguntas para evaluar sus explicaciones.

1. ¿Qué clase de pruebas podrían apoyar la interpretación del historiador A?

2. ¿Qué clase de pruebas podrían apoyar la interpretación del historiador B?

3. Imagina que ambos historiadores te piden que escribas un trabajo que apoye su posición. ¿A qué historiador apoyarías? Explica por qué.

Repaso del capítulo

El impacto de la historia

▶ **videos**
Consulta el video para responder a la pregunta de enfoque:

¿De qué manera el gobierno estadounidense retribuyó a los veteranos al fin de la Segunda Guerra Mundial?

Resumen visual

Usa el siguiente resumen visual para repasar las ideas principales del capítulo.

DATOS BREVES

Los países de todo el mundo se enfrentan a un nuevo enemigo: el terrorismo.

Hoy en día, el mundo está unido por la economía y la tecnología.

La protección del medioambiente es una cuestión importante de interés mundial.

En el siglo XX, hubo dos grandes guerras en las que participaron muchos países del mundo.

Repasar vocabulario, palabras y personas

Une cada una de las oraciones que empiezan con "Yo" con la persona o cosa que podría haberla dicho. Algunas opciones no se usarán.

1. Yo soy el sistema en el que el gobierno es propietario de todos los medios de producción y controla la economía.

2. Yo encabecé el movimiento por la independencia de la India.

3. Yo fui el líder de los bolcheviques en Rusia.

4. Yo creé el primer estado fascista del mundo.

5. Yo dirigí el movimiento nazi en Alemania.

6. Yo fui primer ministro de Gran Bretaña durante la Segunda Guerra Mundial.

7. Yo era el presidente de Estados Unidos cuando ocurrió el ataque contra Pearl Harbor.

8. Yo era el presidente de Estados Unidos cuando cayó el Muro de Berlín.

9. Yo fui el líder soviético que con sus reformas provocó la caída del comunismo en Europa oriental y la Unión Soviética.

10. Yo soy una actividad criminal que implica el uso de la violencia para crear miedo y exigir cambios políticos.

a. Vladimir Lenin

b. Franklin Roosevelt

c. Mahatma Gandhi

d. Mikhail Gorbachev

e. Adolf Hitler

f. terrorismo

g. Benito Mussolini

h. comunismo

i. Joseph Stalin

j. Winston Churchill

k. Ronald Reagan

l. fascismo

Comprensión y pensamiento crítico

SECCIÓN 1 (páginas 662–665)

11. a. Describir ¿Por qué el Imperio austrohúngaro tenía conflictos con los pueblos que vivían en los Balcanes?

b. Analizar ¿Cómo influyeron las ideas del presidente Woodrow Wilson en el Tratado de Versalles?

c. Evaluar ¿Por qué el pueblo ruso destituyó al zar Nicolás II?

SECCIÓN 2 (páginas 666–669)

12. a. Recordar ¿Por qué Estados Unidos decidió arrojar bombas atómicas sobre Hiroshima y Nagasaki?

b. Profundizar ¿Cómo hizo Gran Bretaña para resistir el avance alemán en la Segunda Guerra Mundial?

SECCIÓN 3 (páginas 672–679)

13. a. Identificar ¿Después de qué suceso Francia decidió conceder pacíficamente la independencia a las colonias que le quedaban en África?

b. Inferir ¿Por qué crees que Estados Unidos y la Unión Soviética nunca entraron en guerra directa entre ellos?

Repasar los temas

14. Geografía ¿Cómo contribuyó el imperialismo a las tensiones en Europa antes del estallido de la Primera Guerra Mundial?

15. Política ¿Por qué las alianzas que se formaron después de la Segunda Guerra Mundial provocaron conflictos internacionales durante más de 40 años?

Usar Internet

16. Actividad: Conflictos en el mundo moderno Desde el final de la Guerra Fría, los países han atravesado muchos cambios. Algunos cambios han producido tensiones, lo cual ha dado origen a organizaciones terroristas y a una concentración de armamento. Usa tu libro de texto en Internet para investigar sobre grupos terroristas, armas de destrucción masiva y su ubicación. Haz un planisferio para mostrar dónde se ubican las armas de destrucción masiva y los grupos terroristas. Incluye una leyenda para explicar el mapa.

hmhsocialstudies.com

Destrezas de lectura

17. Los documentos públicos en la historia *Lee la siguiente lista de documentos y clasifica cada uno de ellos como documento público o privado.*

a. las cartas de Winston Churchill

b. el Tratado de Versalles

c. el diario de Vladimir Lenin

d. la declaración de guerra de Estados Unidos a Japón

e. los artículos de periódicos sobre los ataques del 11 de septiembre de 2001

Destrezas de estudios sociales

Comprender las interpretaciones históricas *Vuelve a leer la situación de "Si estuvieras allí" de la Sección 1. Imagina que el historiador A cree que la causa de las rivalidades entre los países europeos era que cada pueblo quería demostrar la superioridad de su nación. Imagina que el historiador B cree que algunos grupos querían crear sus propias naciones-estado y librarse del dominio de otros. Responde a las siguientes preguntas para evaluar las posibles explicaciones de los historiadores sobre el asesinato del heredero del trono austrohúngaro.*

18. El hecho de que la persona asesinada fuera el heredero del trono, ¿es relevante para el argumento de alguno de los dos historiadores? ¿Por qué?

19. El hecho de que el asesinato fuera cometido por un nacionalista serbio, ¿es una prueba suficiente para apoyar la interpretación del historiador A o la del historiador B? Explica por qué.

ENFOQUE EN LA REDACCIÓN

20. Escribir tu nota de tapa Repasa tus notas y decide si escribirás sobre una persona o sobre un suceso. ¿Cuál de los dos crees que sería una nota de tapa más interesante para tu revista? ¿Qué datos importantes sobre el tema deberás incluir? ¿Cómo ayudarás al lector a comprender por qué el tema que elegiste fue lo suficientemente importante como para aparecer en la tapa de una revista? Cuando hayas decidido el tema, escribe un artículo breve sobre la persona o el suceso que elegiste.

Práctica para el examen estandarizado

INSTRUCCIONES: *Lee las preguntas y escribe la letra de la respuesta correcta.*

1

> *"La Primera Guerra Mundial ha demostrado que los países deberían tratar de resolver sus problemas pacíficamente".*
>
> *"Tengo un plan para evitar futuras guerras y promover la democracia".*
>
> *"Las nacionalidades deben gobernarse a sí mismas".*

¿Qué persona es *más* probable que haya dicho estas cosas?

A Adolf Hitler

B Winston Churchill

C Wangari Maathai

D Woodrow Wilson

2 La filosofía política basada en el nacionalismo y un gobierno fuerte se llama

A nazismo.

B fascismo.

C blitzkrieg.

D bolchevismo.

3 ¿Cuál de las siguientes opciones *no* fue una causa de la Primera Guerra Mundial?

A el nacionalismo

B el imperialismo

C el asesinato del heredero del trono austrohúngaro

D los ataques del Ejército Republicano Irlandés

4 ¿Cuál de los siguientes líderes mundiales estuvo *más* relacionado con el final de la Guerra Fría?

A Joseph Stalin

B Franklin Roosevelt

C Mikhail Gorbachev

D Mao Tse-Tung

5 ¿Cuál de los siguientes países *no* se convirtió al comunismo después de la Segunda Guerra Mundial?

A China

B Corea del Norte

C Alemania Oriental

D Japón

Conexión con lo aprendido anteriormente

6 En un capítulo anterior aprendiste acerca del Tratado de Westfalia, que otorgó la independencia a los estados alemanes. ¿Con cuál de los siguientes tratados se volvió a trazar el mapa de Europa después de la Primera Guerra Mundial?

A el Tratado austrohúngaro

B el Tratado de Versalles

C el Tratado del Pacífico

D la Doctrina Roosevelt

7 En este capítulo has leído acerca de muchos líderes mundiales. ¿Cuál de las siguientes personas sobre las que has estudiado *no* fue un líder político?

A Petrarca

B Cosme de Médici

C Napoleón Bonaparte

D Justiniano

Dear home:

LETTERS FROM WWI

(QUERIDA FAMILIA: CARTAS DE LA PRIMERA GUERRA MUNDIAL)

Cuando las tropas de EE.UU. llegaron a Europa en 1917 para luchar en la Primera Guerra Mundial, llegaban a una guerra que se había venido alargando desde hacía casi tres años. Los soldados estadounidenses se encontraron de repente en medio del caos. Todos los días, se enfrentaban a las amenazas de fuego de ametralladoras, gases venenosos y ataques aéreos. Sin embargo, la llegada de refuerzos estadounidenses había provocado un nuevo impulso entre los Aliados, que creían que las nuevas fuerzas podrían al fin cambiar el viento a su favor. Los cartas que los soldados escribían a sus familias en su país de origen revelan las emociones que sentían en el campo de batalla: confusión acerca del entorno, temor por la seguridad propia, preocupación por los amigos y seres queridos, y esperanza de que la guerra terminara pronto.

Explora en Internet la Primera Guerra Mundial a través de los ojos de los soldados que lucharon en ella. Encontrarás una gran cantidad de información, videos, fuentes primarias, actividades y mucho más en ⤢ **hmhsocialstudies.com**.

"He estado en todos los frentes de Francia. No puedes imaginarte lo destruido que está este país. En todas partes hay alambradas y trincheras y refugios subterráneos. Incluso fuera de la zona de guerra hay alambradas y refugios subterráneos para proteger a los civiles de los ataques aéreos."

—Cabo Albert Smith, soldado estadounidense

 Over There (Mas allá)
Mira el video y entérate de las experiencias de los soldados estadounidenses camino a Europa y después de su llegada.

War on the Western Front (Guerra en el frente occidental)
Mira el video para escuchar el vívido relato de un soldado acerca de esta batalla y sus consecuencias.

Carta de Francia
Lee el documento para enterarte de las observaciones que hizo un soldado acerca de cómo se vive en tiempos de guerra.

Surrender (¡Se rindieron!)
Mira el video y vive las reacciones de los soldados al enterarse de que la guerra al fin había terminado.

Una narración biográfica

Tarea

Escribe una narración biográfica sobre un suceso significativo en la vida de un personaje histórico que hayas estudiado en la Unidad 10, como Simón Bolívar, Winston Churchill, Ana Frank o Ronald Reagan.

L as personas han hecho que el mundo sea como es. ¿Cómo hace una persona, ya sea sola o con la ayuda de otros, para cambiar el curso de la historia? ¿Cuáles fueron los sucesos fundamentales de su vida? ¿Cómo influyó sobre esos sucesos el hecho de vivir en una época y un lugar determinados? Éstas son preguntas que nos hacemos para tratar de entender nuestro mundo.

CONSEJO **Organizar la información**
Piensa en las fuerzas históricas que determinaron las experiencias y las acciones de la persona que elegiste. Luego, elige un suceso importante de su vida para mostrar cómo contribuyó esa persona a la historia. Ordena los detalles del suceso desde el menos importante al más importante.

1. Antes de escribir

- **Elige** una persona que de alguna manera haya ejercido influencias en la historia mundial a partir de 1750.
- **Elige** un suceso o incidente específico de la vida de esa persona. Por ejemplo, puedes narrar el papel que cumplió Simón Bolívar en la expulsión de los españoles de Bolivia.

Reunir y organizar la información

- **Busca** información sobre tu tema en la biblioteca o en Internet. Los libros dedicados a la biografía de la persona que elegiste son una buena fuente.
- **Identifica** las partes del suceso. Organízalas en orden cronológico, o temporal. Toma notas de los detalles específicos acerca de las personas, las acciones y los lugares importantes del suceso.

2. Escribe

A medida que escribes tu narración biográfica, puedes usar este esquema como ayuda para no salirte del plan.

Esquema del escritor

Introducción
- Haz la presentación de la persona y el suceso.
- Identifica la importancia del suceso.

Desarrollo
- Escribe al menos un párrafo para cada parte principal del suceso. Incluye detalles específicos.
- Organiza las partes del suceso en orden cronológico, o temporal.

Conclusión
- Repite la importancia del suceso con otras palabras.
- Resume las contribuciones de la persona en el último párrafo.

3. Evalúa y revisa

Ahora tienes que evaluar tu narración biográfica para asegurarte de que sea completa y precisa. Las siguientes preguntas pueden ayudarte a decidir qué cambiar.

Preguntas para evaluar una narración biográfica

- ¿En la introducción identificas la persona y el suceso y describes la importancia de cada uno?
- ¿Tienes un párrafo para cada parte principal del suceso?
- ¿Incluyes detalles específicos sobre las personas, las acciones y los lugares?

- ¿Organizas las partes del suceso en orden cronológico o temporal?
- ¿En la conclusión resumes la importancia de la persona y del suceso?

4. Corrige y publica

Corregir

Ten en cuenta las siguientes pautas al corregir tu ensayo.

- Asegúrate de que las palabras que usas para indicar una transición, como *entonces, luego, después* o *finalmente,* ayudan a aclarar el orden en que ocurrieron las acciones.
- Asegúrate de que todos los nombres propios estén escritos con mayúscula.

Publicar

Forma un equipo con compañeros que hayan escrito narraciones biográficas sobre otros personajes. Repasen los trabajos de los demás. Asegúrense de que cada narración biográfica describa claramente las contribuciones de un personaje histórico y un suceso de la vida de esa persona.

Pueden compartir sus narraciones creando un diccionario biográfico. Reúnan todas las narraciones biográficas y creen un diccionario biográfico de toda la clase para la Unidad 10. Si es posible, hagan copias para que todos puedan usar el diccionario como herramienta de estudio.

Practica y aplica

Usa los pasos y las estrategias de este taller para escribir una narración biográfica de una persona de la Unidad 10.

Sección de referencia

Disponible @

↗ **hmhsocialstudies.com**

- Leer como un historiador
- Manual de destrezas de geografía
  e interpretación de mapas
- Manual de economía
- Datos sobre el mundo

Planisferio: Mapa político

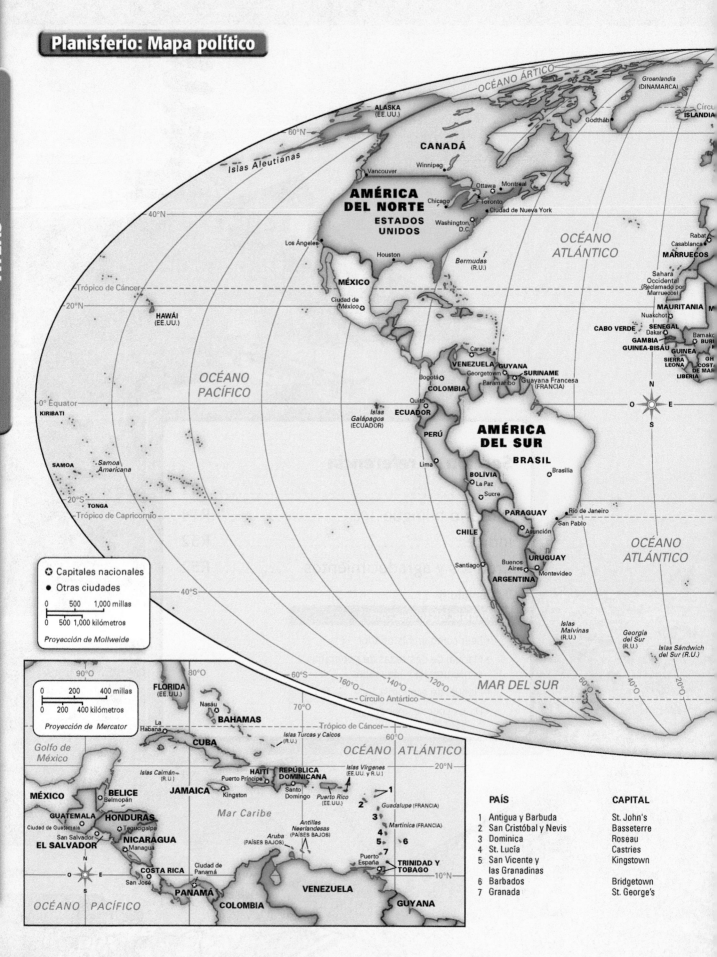

OCÉANO ÁRTICO

Groenlandia (DINAMARCA)

Círcu
ISLANDIA

Godtháb

ALASKA (EE.UU.)

60°N

CANADÁ

Islas Aleutianas

Vancouver   Winnipeg

Ottawa   Montreal

AMÉRICA DEL NORTE

Chicago   Toronto

40°N

ESTADOS UNIDOS

Washington, D.C.   Ciudad de Nueva York

OCÉANO ATLÁNTICO

Rabat
Casablanca

MARRUECOS

Los Ángeles

Houston

Bermudas (R.U.)

Sahara Occidental (Reclamado por Marruecos)

Trópico de Cáncer

MÉXICO

20°N

HAWÁI (EE.UU.)

Ciudad de México

MAURITANIA   M

Nuakchot

CABO VERDE   SENEGAL
Dakar

Bamako   BURI

GAMBIA
GUINEA-BISÁU   GUINEA

GH
COST
DE MAR

Caracas

VENEZUELA   GUYANA
Georgetown   SURINAME
Paramaribo   Guayana Francesa (FRANCIA)

SIERRA LEONA

LIBERIA

OCÉANO PACÍFICO

Bogotá

COLOMBIA

0° Équator

KIRIBATI

Quito

ECUADOR

Islas Galápagos (ECUADOR)

PERÚ

N

O   E

S

AMÉRICA DEL SUR

BRASIL

Lima

Brasilia

SAMOA   Samoa Americana

BOLIVIA
La Paz

Sucre

20°S

TONGA

Trópico de Capricornio

PARAGUAY   Río de Janeiro

San Pablo

Asunción

CHILE

OCÉANO ATLÁNTICO

Santiago

Buenos Aires

URUGUAY
Montevideo

ARGENTINA

40°S

Islas Malvinas (R.U.)

Georgia del Sur (R.U.)

Islas Sándwich del Sur (R.U.)

⊕ Capitales nacionales

● Otras ciudades

0   500   1,000 millas

0   500   1,000 kilómetros

Proyección de Mollweide

60°S

160°O   140°O   120°O

MAR DEL SUR

60°

40°O   20°O

Círculo Antártico

90°O   80°O

FLORIDA (EE.UU.)

0   200   400 millas

0   200   400 kilómetros

Proyección de Mercator

Nasáu

70°O

BAHAMAS

Trópico de Cáncer

Golfo de México

La Habana

CUBA

Islas Turcas y Caicos (R.U.)

60°O

OCÉANO ATLÁNTICO

20°N

Islas Caimán (R.U.)

HAITÍ   REPÚBLICA DOMINICANA

Islas Vírgenes (EE.UU. y R.U.)

MÉXICO   BELICE
Belmopán

JAMAICA   Puerto Príncipe

Santo Domingo

Puerto Rico (EE.UU.)

1

Kingston

2

Guadalupe (FRANCIA)

GUATEMALA   HONDURAS
Ciudad de Guatemala   Tegucigalpa

3

Martínica (FRANCIA)

San Salvador

Mar Caribe

Antillas Neerlandesas (PAÍSES BAJOS)

4

EL SALVADOR   NICARAGUA
Managua

Aruba (PAÍSES BAJOS)

5   6

N

O   E

S

COSTA RICA

Ciudad de Panamá

7

Puerto España

TRINIDAD Y TOBAGO

San José

10°N

OCÉANO PACÍFICO

PANAMÁ

COLOMBIA

VENEZUELA

GUYANA

PAÍS	CAPITAL
1 Antigua y Barbuda	St. John's
2 San Cristóbal y Nevis	Basseterre
3 Dominica	Roseau
4 St. Lucía	Castries
5 San Vicente y las Granadinas	Kingstown
6 Barbados	Bridgetown
7 Granada	St. George's

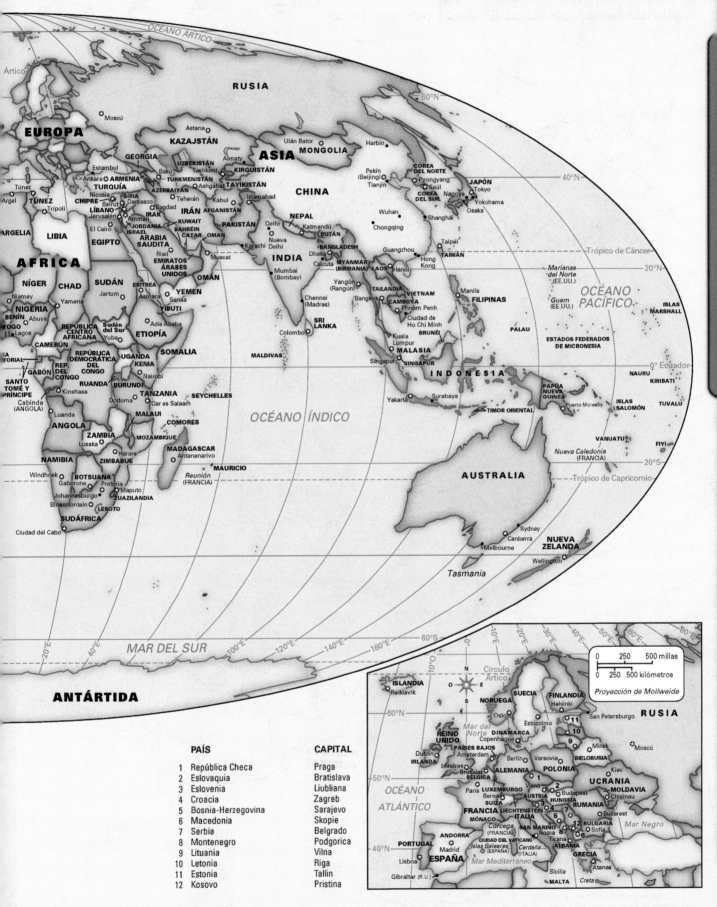

OCÉANO ÁRTICO

Ártico

EUROPA

RUSIA

60°N

Moscú

Astana

KAZAJSTÁN

Ulán Bator

ASIA

MONGOLIA

Harbin

Almaty

GEORGIA

KIRGUISTÁN

Pekín
(Beijing)

COREA
DEL NORTE

40°N

Estambul

Bakú

UZBEKISTÁN

Tashként

Pyongyang

JAPÓN

Ankara

ARMENIA

TURKMENISTÁN

TAYIKISTÁN

Tianjin

Seúl

Nagoya

Tokyo

Túnez

Nicosia

SIRIA

AZERBAIYÁN

Ashgabat

CHINA

COREA
DEL SUR

Yokohama

TÚNEZ

CHIPRE

Beirut

Damasco

Teherán

Kabul

Islamabad

Wuhan

Osaka

Argel

LÍBANO

Bagdad

IRÁN

AFGANISTÁN

Delhi

NEPAL

Chongqing

Shanghái

ARGELIA

Jerusalén

IRAK

Amman

JORDANIA

KUWAIT

PAKISTÁN

Katmandú

Guangzhou

Trópico de Cáncer

El Cairo

ISRAEL

BAHRÉIN

CATAR

OMÁN

Nueva
Delhi

BUTÁN

Hong
Kong

TAIWÁN

LIBIA

ARABIA
SAUDITA

Riad

EMIRATOS
ÁRABES
UNIDOS

Karachi

INDIA

BANGLADESH

Taipéi

EGIPTO

Muscat

Dhaka

20°N

AFRICA

OMÁN

Mumbai
(Bombay)

Calcuta

MYANMAR
(BIRMANIA)

LAOS

Hanoi

Marianas
del Norte
(EE.UU.)

OCÉANO
PACÍFICO

NÍGER

CHAD

SUDÁN

ERITREA

YEMEN

Yangón
(Rangún)

VIETNAM

Manila

ISLAS
MARSHALL

Niamey

Jartum

Asmara

Sanaa

YIBUTI

Chennai
(Madras)

TAILANDIA

Bangkok

CAMBOYA

Phnom Penh

FILIPINAS

Guam
(EE.UU.)

Yamena

NIGERIA

REPÚBLICA
CENTRO
AFRICANA

Sudán
del Sur

Adis Abeba

ETIOPÍA

SRI
LANKA

Ciudad de
Ho Chi Minh

PALAU

ESTADOS FEDERADOS
DE MICRONESIA

BENÍN

Abuya

Colombo

BRUNÉI

Lagos

Yuba

Kuala
Lumpur

NAURU

CAMERÚN

GABÓN

REP.
DEL
CONGO

UGANDA

KENIA

SOMALIA

MALDIVAS

MALASIA

SINGAPUR

KIRIBATI

SANTO
TOMÉ Y
PRÍNCIPE

Kinshasa

REPÚBLICA
DEMOCRÁTICA
DEL
CONGO

Nairobi

Singapur

SINGAPUR

INDONESIA

PAPÚA
NUEVA
GUINEA

0° Ecuador

TUVALU

Cabinda
(ANGOLA)

RUANDA

BURUNDI

TANZANIA

SEYCHELLES

Yakarta

Surabaya

ISLAS
SALOMÓN

Luanda

Dodoma

Dar es Salaam

OCÉANO ÍNDICO

Puerto Moresby

ANGOLA

MALAUI

COMORES

TIMOR ORIENTAL

VANUATU

ZAMBIA

MOZAMBIQUE

FIYI

Lusaka

MADAGASCAR

Nueva Caledonia
(FRANCIA)

NAMIBIA

ZIMBABUE

Harare

Antananarivo

MAURICIO

20°S

Windhoek

BOTSUANA

Reunión
(FRANCIA)

Trópico de Capricornio

Gaborone

Pretoria

Johannesburgo

Maputo

AUSTRALIA

Bloemfontein

ZUAZILANDIA

LESOTO

SUDÁFRICA

Ciudad del Cabo

Sydney

Canberra

NUEVA
ZELANDA

Melbourne

Wellington

MAR DEL SUR

20°E

40°E

100°E

120°E

140°E

160°E

60°S

Tasmania

ANTÁRTIDA

	PAÍS	CAPITAL
1	República Checa	Praga
2	Eslovaquia	Bratislava
3	Eslovenia	Liubliana
4	Croacia	Zagreb
5	Bosnia-Herzegovina	Sarajevo
6	Macedonia	Skopie
7	Serbia	Belgrado
8	Montenegro	Podgorica
9	Lituania	Vilna
10	Letonia	Riga
11	Estonia	Tallin
12	Kosovo	Pristina

10°E 20°E 30°E 40°E 50°E 60°E 80°E

Círculo Ártico

ISLANDIA

Reikiavik

0 250 500 millas

0 250 500 kilómetros

Proyección de Mollweide

RUSIA

SUECIA

FINLANDIA

60°N

NORUEGA

Helsinki

Oslo

Estocolmo

11

San Petersburgo

Mar del
Norte

REINO
UNIDO

DINAMARCA

Copenhague

10

9

Minsk

Moscú

Dublín

PAÍSES BAJOS

Amsterdam

Berlín

Varsovia

BIELORUSIA

IRLANDA

Londres

BÉLGICA

ALEMANIA

POLONIA

Kiev

50°N

Bruselas

1

Praga

UCRANIA

París

LUXEMBURGO

Viena

2

Budapest

MOLDAVIA

OCÉANO
ATLÁNTICO

Berna

SUIZA

AUSTRIA

HUNGRÍA

Chisinau

FRANCIA

LIECHTENSTEIN

4

3

7

RUMANIA

MÓNACO

ITALIA

5

Bucarest

Córcega
(FRANCIA)

SAN MARINO

12

BULGARIA

ANDORRA

CIUDAD DEL VATICANO

Roma

8

Sofía

Mar Negro

Madrid

Islas Baleares
(ESPAÑA)

Cerdeña
(ITALIA)

Tirana

6

GRECIA

PORTUGAL

40°N

ESPAÑA

ALBANIA

Lisboa

Mar Mediterráneo

Atenas

Gibraltar (R.U.)

Sicilia

MALTA

Creta

América del Norte: Mapa físico

OCÉANO ÁRTICO

ASIA

EUROPA

+Polo Norte

BANQUISA

Isla San Lorenzo

Mar de Bering

Isla Nunivak

Estrecho de Bering

MONTES BROOKS

Río Yukón

CORDILLERA DE ALASKA

Monte McKinley 20,320 pies 16,194 m)

MESETA DE YUKON

Golfo de Alaska

Isla Kodiak

Archipiélago Alexander

Islas Reina Charlotte

Isla Vancouver

Mar de Beaufort

Isla Banks

Isla Victoria

Gran Lago del Oso

Río Mackenzie

Gran Lago del Esclavo

Peace

Río Athabasca

Lago Athabasca

Islas Queen Elizabeth

Isla Ellesmere

Groenlandia

Bahía de Baffin

Isla Baffin

Estrecho de Hudson

Isla Southampton

Isla Coats

Isla Mansel

Bahía de Hudson

ESCUDO CANADIENSE

Círculo Ártico

Estrecho de Dinamarca

Cabo Farewell

Estrecho de Davis

Mar de Labrador

MONTAÑAS ROCALLOSAS

Río Fraser

Monte Rainier 14,410 pies 16,4392 m)

CASCADAS

Columbia

Río Snake

Río

GRAN CUENCA

VALLE DE LA MUERTE

Monte Whitney 14,494 pies (4,419 m)

SIERRA NEVADA

VALLE CENTRAL

Río Colorado

MESETA DE COLORADO

BAJA CALIFORNIA

Isla Guadalupe

SIERRA MADRE OCCIDENTAL

SIERRA MADRE ORIENTAL

Popocatépetl 17,887 pies (5,452 m)

SIERRA MADRE DEL SUR

Río Saskatchewan

Lago Winnipeg

Río Nelson

GRANDES LLANURAS

COLINAS NEGRAS

Río Missouri

Río Platte

LLANURAS INTERIORES

MESETA DE LOS OZARKS

Río Arkansas

Río Red

Río Grande

Río Brazos

LLANURA COSTERA DEL GOLFO

Golfo de México

Superior

Lago Michigan

Lago Huron

Lago Erie

Lago Ontario

Río Mississippi

Río Ohio

R. Cumberland

Tennessee

MONTES APALACHES

PIEDMONT

LLANURA COSTERA DEL ATLÁNTICO

PENÍNSULA DE FLORIDA

Cabo Cañaveral

Cayos de Florida

Estrecho de Florida

Isla Anticosti

Río San Lorenzo

Isla del Príncipe Eduardo

Golfo de San Lorenzo

Isla Cabo Bretón

Terranova

Cabo Cod

Long Island

Cabo Hatteras

Bermuda

OCÉANO ATLÁNTICO

Trópico de Cáncer

Las Bahamas

Cuba

Antillas Mayores

Jamaica

La Española

Puerto Rico

Antillas Menores

Trinidad

Mar del Caribe

PENÍNSULA DE YUCATÁN

AMÉRICA CENTRAL

Lago Nicaragua

ISTMO DE PANAMÁ

AMÉRICA DEL SUR

OCÉANO PACÍFICO

Cabo Mendocino

0° Ecuador

ELEVACIÓN

Pies	Metros
13,120	4,000
6,560	2,000
1,640	500
656	200
(Nivel del mar) 0	0 (Nivel del mar)
Debajo del nivel del mar	Debajo del nivel del mar

Casquete glacial

0   300   600 millas

0   300   600 kilómetros

Proyección acimutal de área equivalente

América del Norte: Mapa político

OCÉANO ÁRTICO

ASIA

EUROPA

Polo Norte

ISLANDIA

Isla
San
Lorenzo

Estrecho de Bering

Isla
Banks

Islas
Reina
Isabel

Isla Ellesmere

Groenlandia
(DINAMARCA)

Mar de
Bering

Isla
Nunivak

Punta
Barrow

Mar de
Beaufort

Bahía de
Baffin

Estrecho de Dinamarca

ALASKA
(EE.UU.)

Gran Lago
del
Oso

Isla
Victoria

Isla Baffin

Estrecho de Davis

Cabo
Farewell

Anchorage

Golfo de
Alaska

Gran Lago
del
Esclavo

Isla
Southampton

Estrecho de Hudson

Mar de
Labrador

Isla
Kodiak

Juneau

Isla
Coats

Isla
Mansel

Archipiélago
Alexander

Islas
Reina
Charlotte

Bahía de
Hudson

Isla
Anticosti

Terranova

Isla
Vancouver

Edmonton

CANADÁ

Isla del
Príncipe
Eduardo

Golfo de
San Lorenzo

San Pedro y
Miquelón (FRANCIA)

OCÉANO
PACÍFICO

Vancouver

Calgary

Lago
Winnipeg

Isla
Cabo
Bretón

Seattle

Winnipeg

Lago
Superior

Quebec

Portland

Lago
Huron

Montreal

San Francisco

Minneapolis

Lago
Michigan

Ottawa
Toronto

Boston

Cabo Cod

Ciudad de Nueva York

Milwaukee

Detroit

Lago Erie

Lago
Ontario

Philadelphia

San
José

Gran
Lago
Salado

Ciudad de
Salado

Lago

Chicago

Cleveland

Columbus

Baltimore

Washington, D.C.

Denver

Indianapolis

St. Louis

Norfolk

Los Ángeles

Kansas City

ESTADOS UNIDOS

Bermuda
(R.U.)

San Diego

Memphis

Tijuana

Phoenix

Atlanta

Birmingham

Dallas

Jacksonville

Trópico de cáncer

Austin

San
Antonio

Houston

Nueva
Orleans

Miami

BAHAMAS

Islas Turcas
y Caicos (R.U.)

SAN CRISTÓBAL Y NEVIS

Monterrey

Golfo de
México

Cayos de
Florida

Nasáu

Puerto Rico (EE.UU.)

ANTIGUA Y
BARBUDA

REPÚBLICA
DOMINICANA

Guadalupe
(FRANCIA)

MÉXICO

La Habana

CUBA

San
Juan

DOMINICA

Estrecho de
Florida

Guadalajara

Ciudad
de
México

Puebla

Mérida

Islas Caimán
(R.U.)

Kingston

HAITÍ

Santo
Domingo

Islas Vírgenes
(EE.UU., R.U.)

Martinica (FRANCIA)

SANTA LUCÍA

BARBADOS

Puerto
Príncipe

JAMAICA

SAN VICENTE Y
LAS GRANADINAS

GRANADA

Belmopan

BELICE

Mar Caribe

Antillas
Neerlandesas
(PAÍSES BAJOS)

TRINIDAD Y TOBAGO

GUATEMALA

HONDURAS

Ciudad de Guatemala

Tegucigalpa

Aruba (PAÍSES BAJOS)

San Salvador

NICARAGUA

Managua

Canal de
Panamá

EL SALVADOR

San José

Ciudad de
Panamá

COSTA
RICA

PANAMÁ

AMÉRICA
DEL SUR

Ecuador

Leyenda

⊕ Capitales nacionales

● Otras ciudades

0	300	600 millas
0	300	600 kilómetros

Proyección acimutal de área
equivalente

América del Sur: Mapa físico

ATLAS

AMÉRICA CENTRAL

Mar Caribe

Canal de Panamá

Golfo de Panamá

Río Cauca

Lago Maracaibo

LLANOS

Río Orinoco

Río Meta

Isla Margarita

Tobago

Trinidad

Delta del Río Orinoco

Salto del Ángel

MACIZO DE

LAS GUAYANAS

Isla del Diablo

Cabo Orange

OCÉANO ATLÁNTICO

N
O   E
S

Monte Tolima
18,425 pies
(5,616 m)

Isla Malpelo

Río Magdalena

Río Orinoco

Río Caquetá

Delta del Río Amazonas

0° Ecuador

Río Negro

Río Japurá

CUENCA DEL

AMAZONAS

Río Amazonas

0° Ecuador

Monte Chimborazo
20,561 pies
(6,267 m)

Islas Galápagos

Golfo de Guayaquil

Río Marañón

Río Ucayali

Río Amazonas

Río Juruá

Río Purús

Río Madeira

Río Tapajós

Río Xingu

Río Tocantins

Río Paranaíba

ANDES

Monte Huascarán
22,205 pies
(6,768 m)

Río Beni

Río

MESETA DEL MATO

GROSSO

Río Araguaia

MESETA

Río San Francisco

BRASILEÑA

10°S

OCÉANO PACÍFICO

Lago Titicaca

Pico Ancohuma
20,958 pies
(6,388 m)

Lago Poopó

Río Mamoré

Río Pilcomayo

CHACO

Río Paraguay

Río Paraná

MESETA BRASILEÑA MERIDIONAL

20°S

DESIERTO DE ATACAMA

Isla San Félix

Isla San Ambrosio

Trópico de Capricornio

ANDES

Río Salado

Río

Río Uruguay

Trópico de Capricornio

Islas Juan Fernández

Monte Aconcagua
22,834 pies
(6,960 m)

Río Salado

PAMPAS

Río de la Plata

OCÉANO ATLÁNTICO

30°S

Río Colorado

ELEVACIÓN

Pies		Metros
13,120		4,000
6,560		2,000
1,640		500
656		200
(Nivel del mar) 0		0 (Nivel del mar)
Debajo del nivel del mar		Debajo del nivel del mar

Golfo de San Matías

Isla de Chiloé

PATAGONIA

0   250   500 millas

0   250   500 kilómetros

Proyección acimutal equivalente

Archipiélago Chonos

Golfo de San Jorge

Cabo Tres Puntas

Bahía Grande

Estrecho de Magallanes

Tierra del Fuego

Islas Malvinas

Islas Georgias del Sur

Cabo de Hornos

América del Sur: Mapa político

AMÉRICA CENTRAL

Mar Caribe

OCÉANO ATLÁNTICO

Barranquilla
Cartagena
Caracas
Lago Maracaibo
VENEZUELA
Georgetown
Paramaribo
GUYANA
Cayena
SURINAM
Guyana Francesa (FRANCIA)
Medellín
Bogotá
COLOMBIA
Cali
Quito
ECUADOR
Guayaquil
Isla Malpelo (COLOMBIA)
Islas Galápagos (ECUADOR)
0° Ecuador
Belén
PERÚ
Trujillo
BRASIL
Recife
Callao
Lima
Brasilia
Arequipa
Lago Titicaca
La Paz
Lago Poopó
BOLIVIA
Sucre
Bello Horizonte
Salvador
OCÉANO PACÍFICO
PARAGUAY
Campinas
San Pablo
Rio de Janeiro
Asunción
Curitiba
Isla San Félix (CHILE)
Isla San Ambrosio (CHILE)
Trópico de Capricornio
CHILE
Puerto Alegre
Córdoba
Islas Juan Fernández (CHILE)
Valparaíso
Santiago
Rosario
URUGUAY
Buenos Aires
Montevideo
OCÉANO ATLÁNTICO
ARGENTINA

Capítales nacionales
Otras ciudades
0   250   500 millas
0   250   500 kilómetros
Proyección acimutal de área equivalente

Estrecho de Magallanes
Tierra del Fuego
Islas Malvinas (R.U.)
Islas Georgias del Sur (R.U.)

Europa: Mapa físico

ASIA

MONTES URALES

MONTES CÁUCASO

Monte Elbrus (5,642 m)
18,510 pies

Mar Caspio

Río Ural

Río Pechora

Río Karma

Río Volga

Río Don

Mar de Azov

Río Dniéper

Mar Negro

PENÍNSULA DE CRIMEA

EUROPA

LLANURA DEL NORTE DE EUROPA

PENÍNSULA KOLA

Mar Blanco

Lago Onega

Lago Ladoga

Reservorio de Rybinsk

Río Duina

Río Norte

Golfo de Finlandia

LLANURAS BÁLTICAS

Río Dvina

Río Vístula

Río Oder

Río Dniéster

Río Nistor

MONTES CÁRPATOS

ALPES TRANSILVÁNICOS

Río Danubio

PENÍNSULA BALCÁNICA

Mar de Mármara

Mar Egeo

Creta

Rodas

OCÉANO ÁRTICO

Cabo Norte

Mar de Barents

MONTAÑAS KJOLEN

Mar de Noruega

Golfo de Botnia

Mar Báltico

Kattegat

Skagerrak

Lago Vänern

Lago Vättern

Lago Saimaa

Islas Orcadas

Islas Shetland

Mar del Norte

PENINOS

Islas Feroe

Islas Hébridas

Islandia

Círculo Ártico

Islas Británicas

Mar de Irlanda

Canal de la Mancha

Río Támesis

Río Elba

Río Rin

Río Danubio

ALPES DINÁRICOS

Mar Adriático

APENINOS

Mar Tirreno

Río Tíber

Sicilia

Malta

Mar Mediterráneo

Córcega

Cerdeña

Islas Baleares

ALPES

Mont Blanc (4,810 m)
15,781 pies

Lago Ginebra

Río Ródano

Río Po

Río Sena

Río Loira

Río Garona

PIRINEOS

Golfo de Vizcaya

Río Ebro

PENÍNSULA IBÉRICA

Río Duero

Río Tajo

Río Guadiana

Río Guadalquivir

Cabo Finisterre

Estrecho de Gibraltar

OCÉANO ATLÁNTICO

ÁFRICA

SUROESTE DE ASIA

ELEVACIÓN

Pies	Metros
13,120	4,000
6,560	2,000
1,640	500
656	200
(Nivel del mar) 0	0 (Nivel del mar)

Debajo del nivel del mar — Debajo del nivel del mar

Casquete glacial

0   150   300 millas
0   150   300 kilómetros

Proyección acimutal de área equivalente

Europa: Mapa político

ASIA

MONTES URALES

RUSIA

Nizhny Novgorod

Moscú

SUROESTE
DE ASIA

Mar Caspio

Mar Negro

OCÉANO ÁRTICO

Cabo Norte

Mar de Barents

Mar Blanco

San Petersburgo

FINLANDIA

Helsinki

Golfo de Finlandia

ESTONIA
Tallin

LATVIA
Riga

LITUANIA
Vilna

Minsk

BIELORUSIA

Kiev

UCRANIA

MOLDAVIA
Chisinau

Mar Báltico

RUSIA

SUECIA

Estocolmo

Gotemburgo

Golfo de Botnia

Varsovia

POLONIA

Cracovia

RUMANIA

Bucarest

Sofía
BULGARIA

Belgrado
SERBIA

KOSOVO
Pristina
Skopie
MACEDONIA

Mar Egeo

Atenas

GRECIA

Rodas

Creta

NORUEGA

Oslo

Bergen

Mar del Norte

Copenhague
DINAMARCA

Hamburgo

Berlín

Dresden

ALEMANIA

Colonia
Bonn

Praga
REPÚBLICA
CHECA

ESLOVAQUIA
Bratislava

Viena
AUSTRIA

Budapest

HUNGRÍA

Zagreb

CROACIA

BOSNIA
HERZEGOVINA
Sarajevo

MONTENEGRO
Podgorica

ALBANIA
Tirana

Mar Adriático

PAÍSES
BAJOS
Amsterdam

Bruselas
BÉLGICA

LUXEMBURGO
Luxemburgo

París

FRANCIA

Lyon

Marsella

SUIZA
Berna

LIECHTENSTEIN
Vaduz

Milán

ESLOVENIA
Liubliana

SAN
MARINO
San
Marino

ITALIA

Roma
CIUDAD
DEL
VATICANO

Nápoles

MÓNACO
Mónaco

A L P E S

Lago de
Ginebra

Mar
Tirreno

ISLANDIA

Reikiavik

Islas Feroe
(DINAMARCA)

Islas
Shetland

Edimburgo

ESCOCIA

REINO UNIDO
Belfast

IRLANDA DEL
NORTE

Dublín

IRLANDA

Islas
Británicas

GALES

Liverpool

INGLATERRA

Londres

Islas del Canal
(R.U.)

Canal de la Mancha

PIRINEOS

ANDORRA
Andorra
la Vella

Barcelona

Córcega
(FRANCIA)

Cerdeña
(ITALIA)

Islas Baleares
(ESPAÑA)

Mar Mediterráneo

Sicilia

MALTA
La Valeta

Golfo de
Vizcaya

ESPAÑA

Madrid

Valencia

Sevilla

Gibraltar
(R.U.)

Estrecho de
Gibraltar

PORTUGAL

Lisboa

OCÉANO
ATLÁNTICO

ÁFRICA

Círculo Ártico

N
NE
E
SE
S
SO
O
NO

70°N

60°N

50°N

40°N

70°E

50°E

40°E

30°E

20°E

10°E

0°

10°E

20°E

30°E

30°N

20°N

10°N

0°

10°O

20°O

Asia: Mapa físico

ELEVACIÓN

Pies	Metros
13,120	4,000
6,560	2,000
1,640	500
656	200
(Nivel del mar) 0	0 (Nivel del mar)
Debajo del nivel del mar	Debajo del nivel del mar

Casqueta glacial

250 500 750 millas
250 500 750 kilómetros

Proyección equidistante de dos puntos

AUSTRALIA

OCÉANO PACÍFICO

MONTES MAOKE

Nueva Guinea

Mar de Arafura

Molucas

Mar de Banda

Célebes

Mar de Célebes

Mindanao

Filipinas

Luzón

Estrecho de Luzón

Mar de China Meridional

Hainán

Borneo

Mar de Java

Java

Bangka

Sumatra

PENÍNSULA MALAYA

INDOCHINA

PENÍNSULA DE

Golfo de Tailandia

Río Mekong

Río Chao Phraya

Río Irawadi

Islas Mentawai

Islas Nicobar

Islas Andamán

Mar de Andamán

Bahía de Bengala

Sri Lanka

Islas Lakshadweep

Maldivas

OCÉANO ÍNDICO

Mar Arábigo

Isla Socotra

Golfo de Adén

Mar Rojo

ÁFRICA

PENÍNSULA DE SINAÍ

Mar Mediterráneo

Chipre

DESIERTO SIRIO

AN-NAFUD

RUB AL-JALI

DESIERTO DE SAL

GRAN DESIERTO DE SAL

Golfo de Omán

Golfo Pérsico

Estrecho de Ormuz

MONTES ZAGROS

Río Tigris

Río Éufrates

Monte Ararat 16,945 pies (5,165 m)

MESETA DE ANATOLIA

Mar Negro

Bósforo

MONTES CÁUCaso

EUROPA

Mar Caspio

MESETA DE USTYURT

KARA KUM

TERRAS BAJAS DE TURÁN

KYZYL KUM

Amu Daria

Sir Daria

Mar de Aral

Río Ural

MONTES URALES

Mar de Barents

Novaya Zemlya

Tierra de Francisco José

Mar de Kara

Isla Wrangel

Islas de Nueva Siberia

Polo Norte

Tierra del Norte

PENÍNSULA DE TAIMIR

MESETA DE SIBERIA CENTRAL

Río Yeniséi

Río Tunguska Inferior

Río Angará

Lago Baikal

MONTES DE KOLIMA

CORDILLERA CHERSKIY

CORDILLERA VERKHOYANSKY

MONTAÑAS STANOVOY

CORDILLERA YABLONOV

Río Lena

Río Aldán

Río Amur

Río Shilka

PENÍNSULA DE KAMCHATKA

Mar de Ojotsk

Isla Sajalín

Islas Kuriles

Hokkaido

Mar de Bering

Islas Aleutianas

CORDILLERA CENTRAL

S I B E R I A

LLANURA DE SIBERIA OCCIDENTAL

Río Obi

Río Irtysh

Río Ishim

MESETA KAZAJA

Lago Baljash

TIAN SHAN

MONTAÑAS ALTAI

MONTAÑAS SAYAN

MESETA DE MONGOLIA

G O B I

DESIERTO DE

CUENCA DEL TARIM

DESIERTO DE TAKLAMAKAN

MONTAÑAS KUNLUN

CORDILLERA MAYOR DE KHINGAN

LLANURA DEL NORTE DE CHINA

Huang He (Río Amarillo)

QIN LING

Chang Jiang (Río Yangzi)

Río Xi

Río Hong

Golfo de Tonkín

COLINAS DE

Mar de China Oriental

Okinawa

Islas Ryukyu

Mar Amarillo

Península de Corea

Estrecho de Corea

Honshu

Kyushu

Shikoku

Mar de Japón (Mar Oriental)

Taiwán

MESETA DEL TÍBET

Monte Everest 29,035 pies (8,850 m)

H I M A L A Y A

Río Nu

Río Brahmaputra

Río Ganges

Río Indo

Río Sutlej

HINDU KUSH

DESIERTO DE THAR

LLANURA INDOGANGÉTICA

MESETA DEL DECÁN

Río Godavari

GHATS OCCIDENTALES

GHATS ORIENTALES

N O E S

Asia: Mapa político

Capitales nacionales
Otras ciudades

250   500   750 millas
0
0   250   500   750 kilómetros

Proyección equidistante de dos puntos

OCÉANO
PACÍFICO

AUSTRALIA

Nueva Guinea

Mar de Arafura

TIMOR
ORIENTAL

Dili

INDONESIA

Mar de Célebes

Ujung Pandang

Surabaya

Bandung

Yakarta

Mar de Java

Medan

FILIPINAS

Manila

Mar de
China
Meridional

Estrecho de Luzón

Islas
Ryukyu
(JAPÓN)

Trópico de Cáncer

JAPÓN

Tokio
Yokohama

Sapporo

Islas Kuriles
(RUSIA)

Isla Sajalín

Mar de
Ojotsk

Mar de Bering

Islas Aleutianas

Vladivostok

COREA DEL NORTE
Pyongyang

COREA DEL SUR
Seúl

Pusan

Kioto
Hiroshima
Nagasaki

Mar
Amarillo

Qingdao

Dalian

Fushun

Harbin

Beijing
(Pekín)

Shanghái

Nanjing

Wuhan

Chongqing

Chengdu

CHINA

Guangzhou

Hong Kong

Macao

Hainán
(CHINA)

TAIWÁN
Taipéi

VIETNAM
Hanói
Ciudad de Ho Chi
Minh

BRUNÉI
Bandar Seri
Begawan

MALASIA
Kuala Lumpur
SINGAPUR
Singapur

Golfo de
Tailandia

CAMBOYA
Phnom
Penh

TAILANDIA
Bangkok

LAOS
Vientián

MYANMAR
(BIRMANIA)
Yangón
(Rangún)

Mandalay

Mar de
Andamán

Islas
Andamán
(INDIA)

Islas Nicobar
(INDIA)

Bahía de
Bengal

SRI LANKA
Colombo

Chennai
(Madras)

Bangalore

Mumbai
(Bombay)

Islas
Lakshadweep
(INDIA)

MALDIVAS
Malé

OCÉANO ÍNDICO

INDIA

Ahmadabad

Nueva Delhi
Delhi
Jaipur

Lahore

Islamabad

PAKISTÁN
Karachi

Kolkata
(Calcuta)

Dhaka
BANGLADESH

BUTÁN
Thimphu

NEPAL
Katmandú

MONGOLIA

Ulaanbaatar

Irkutsk

Lago
Baikal

Yakutsk

RUSIA

Novosibirsk

Omsk

Lago
Baljash

KAZAJISTÁN
Astana

Almaty

Bishkek
KYRGUISTÁN

Tashkent
TAYIKISTÁN
Dusambé

UZBEKISTÁN

Mar de
Aral

Chelyabinsk

Yekaterinburg

MONTES URALES

Moscú

Círculo Ártico

Mar de
Barents

Mar de
Kara

Polo Norte

EUROPA

RUSIA

Mar Negro

Estambul

Izmir

TURQUÍA
Ankara

CHIPRE
Nicosia

LÍBANO
Beirut

ISRAEL
Tel Aviv
Jerusalén

Mar Mediterráneo

SYRIA
Damasco

JORDANIA
Amán

Ciudad de Kuwait

IRAK
Bagdad

Basra

Mosul

GEORGIA
Tbilisi

ARMENIA
Ereván

AZERBAIYÁN
Bakú

Mar Caspio

Terán

IRÁN
Shiraz

TURKMENISTÁN
Ashgabat

AFGANISTÁN
Kabul

KUWAIT

BAHRÉIN
Manama

CATAR
Doha

EMIRATOS
ÁRABES
UNIDOS
Abu Dhabi

OMÁN
Mascate

Golfo Pérsico

Mar
Arábigo

Socotra
(YEMEN)

Golfo de Adén

YEMEN
Sanaá

ARABIA
SAUDITA
Riad

La Meca

Yeda

Mar
Rojo

ÁFRICA

AFRICA

África: Mapa físico

EUROPA

SUROESTE
DE ASIA

Azores

Islas
Madeira

Estrecho de
Gibraltar

Mar Mediterráneo

CORDILLERA DEL ATLAS

Golfo de
Sidra

DESIERTO LIBIO

DEPRESIÓN
DE QUATAR

Canal de Suez

Golfo Pérsico

Islas
Canarias

Trópico de Cáncer

S A H A R A

MONTES
AHAGGAR

Lago
Nasser

DESIERTO
NUBIO

Río Nilo

Mar Rojo

Cabo
Blanco

EL DJOUF

MONTES AIR

MONTES
TIBESTI

Islas de
Cabo Verde

Río Senegal

S U D Á N

Río Níger

Cabo
Verde

S A H E L

CUENCA
DE CHAD

Lago
Chad

Golfo de Adén

Lago
Tana

Nilo Azul

CUERNO DE ÁFRICA

FOUTA
DJALLON

Río Volta Blanco

Río Volta

Río Negro

MACIZO DE
ETIOPÍA

PENÍNSULA
DE SOMALIA

Río Bénue

Lago
Volta

CUENCA DEL
SUDÁN

Nilo Blanco

Cabo
Palmas

Golfo de
Guinea

MONTES
ADAMAUA

Río
Ubangi

Río Congo

Lago
Alberto

Lago
Turkana

Monte Kenia
17,058 pies
(5,199 m)

RIFT

ORIENTAL

Cabo
López

CUENGA
DEL CONGO

Lago
Eduardo

Lago
Victoria

Monte Kilimanjaro
19,340 pies
(5,895 m)

OCÉANO
ÍNDICO

0° Equator

0° Ecuador

Río Kasai

Lago
Kivu

LLANURA DE
SERENGUETI

ESTEPA
MASAI

Zanzíbar

Ascensión

Seychelles

OCÉANO
ATLÁNTICO

Río
Cuanza

MONTES
MUTUMBA

VALLE DEL RIFT OCCIDENTAL

Lago
Tanganica

VALLE DEL RIFT

Lago Rukua

Lago
Moero

Lago Malau
(Niasa)

Cabo Delgado

Islas
Comores

Lago
Kariba

Río Zambezi

Canal de Mozambique

Madagascar

Delta de
Okavango

Cataratas
Victoria

Mauricio

DESIERTO DE NAMIBIA

CUENCA DE KALAHARI

Río Límpopo

Reunión

Trópico de Capricornio

DESIERTO DE
KALAHARI

ELEVACIÓN

Pies	Metros
13,120	4,000
6,560	2,000
1,640	500
656	200
(Nivel del mar) 0	0 (Nivel del mar)
Debajo del nivel del mar	Debajo del nivel del mar

0   250   500 millas

0   250   500 kilómetros

Proyección acimutal de área equivalente

Río Vaal

Río
Orange

MONTES
DRAKENSBERG

GRAN
KAROO

Cabo de Buena
Esperanza

África: Mapa político

EUROPA

SUROESTE
DE ASIA

Azores
(PORTUGAL)

Madeira
(PORTUGAL)

Estrecho de
Gibraltar

Argel · Túnez

Mar Mediterráneo

Casablanca · Rabat

TÚNEZ · Trípoli

Alejandría

Islas Canarias
(ESPAÑA)

MARRUECOS

ARGELIA

LIBIA

EGIPTO

Giza · El Cairo

El Aaiún

SAHARA
OCCIDENTAL
(Reclamado por
Marruecos)

Trópico de Cáncer

MAURITANIA

MALÍ

NÍGER

CHAD

SUDÁN

Jartum

ERITREA

Asmara

CABO
VERDE

Nuakchot

Golfo de Adén

Praia

SENEGAL

Dakar

GAMBIA

Banyul

Bissáu

Bamako

Niamey

BURKINA
FASO

Uagadugú

Lago
Chad

Yamena

YIBUTI

Yibuti

GUINEA-
BISÁU

Conakry

GUINEA

BENÍN
TOGO

NIGERIA

Abuya

SUDÁN
DEL SÚR

ETIOPÍA

Adis Abeba

Freetown

COSTA DE
MARFIL

GHANA

Yamusukro

Lomé

Lagos

Monrovia

Abiyán

Acra

Porto-
Novo

CAMERÚN

Bangui

Yaounde

REPÚBLICA
CENTROAFRICANA

Yuba

SOMALIA

SIERRA LEONA

LIBERIA

Golfo de
Guinea

Malabo

GUINEA ECUATORIAL

SANTO TOMÉ Y PRÍNCIPE

Santo Tomé

REPÚBLICA
DEL
CONGO

GABÓN

Libreville

Kisangani

UGANDA

Kampala

KENIA

Nairobi

Mogadiscio

Victoria

SEYCHELLES

REPÚBLICA
DEMOCRÁTICA
DEL CONGO

RUANDA

Kigali

BURUNDI

Buyumbura

Lago
Victoria

Mombasa

OCÉANO
ÍNDICO

Brazzaville

TANZANIA

Dodoma

Pemba

Zanzíbar

Kinshasa

CABINDA
(ANGOLA)

Lago
Tanganica

Dar es Salaam

Luanda

Lago Malaui
(Niasa)

COMORES

Moroni

Sta. Helena
(R.U.)

ANGOLA

Lubumbashi

MALAUI

Lilongüe

ZAMBIA

Lusaka

MOZAMBIQUE

Harare

ZIMBABUE

Bulauayo

Antananarivo

MAURICIO

Port Louis

MADAGASCAR

Reunión
(FRANCIA)

NAMIBIA

BOTSUANA

Windhoek

Gaborone

Pretoria

Maputo

Mbabane

Johannesburgo

SUAZILANDIA

Bloemfontein

Maseru

LESOTO

SURÁFRICA

Ciudad del
Cabo

OCÉANO
ATLÁNTICO

Trópico de Capricornio

N
O   E
S

0° Ecuador

Mar Rojo

0° Ecuador

○ Capitales nacionales
● Otras ciudades

0   250   500 millas
0   250   500 kilómetros

Proyección acimutal de área
equivalente

Glosario bilingüe

A

accidentes geográficos características naturales de la superficie terrestre (pág. 12)
landforms the natural features of the land's surface (p. 12)

acrópolis colina elevada sobre la que se construía una fortaleza griega (pág. 232)
acropolis (uh-KRAH-puh-luhs) a high hill upon which a Greek fortress was built (p. 232)

acueducto canal elevado hecho por el ser humano que transporta agua desde lugares alejados (pág. 327)
aqueduct (A-kwuh-duhkt) a human-made raised channel that carries water from distant places (p. 327)

acupuntura práctica china que consiste en insertar pequeñas agujas en la piel en puntos específicos para curar enfermedades o aliviar el dolor (pág. 183)
acupuncture (AK-yoo-punk-cher) the Chinese practice of inserting fine needles through the skin at specific points to cure disease or relieve pain (p. 183)

administración pública servicio como empleado del gobierno (pág. 422)
civil service service as a government official (p. 422)

África subsahariana parte de África que queda al sur del Sahara (pág. 380)
sub-Saharan Africa Africa south of the Sahara (p. 380)

agricultura cultivo de la tierra (pág. 42)
agriculture farming (p. 42)

aislacionismo política de evitar el contacto con otros países (pág. 430)
isolationism a policy of avoiding contact with other countries (p. 430)

aleación mezcla de dos o más metales (pág. 150)
alloy a mixture of two or more metals (p. 150)

alfabeto conjunto de letras que pueden combinarse para formar palabras (pág. 77)
alphabet a set of letters that can be combined to form words (p. 77)

Aliados Unión de Gran Bretaña, Francia, la Unión Soviética y Estados Unidos contra Alemania, Italia y Japón durante la Segunda Guerra Mundial (pág. 667)
Allies Great Britain, France, the Soviet Union and the United States joined together in World War II against Germany, Italy and Japan (p. 667)

alianza acuerdo de colaboración (pág. 270)
alliance an agreement to work together (p. 270)

animismo creencia de que las masas de agua, los animales, los árboles y otros elementos de la naturaleza tienen espíritu (pág. 383)
animism the belief that bodies of water, animals, trees, and other natural objects have spirits (p. 383)

antepasado pariente que vivió hace muchos años (pág. 28)
ancestor a relative who lived in the past (p. 28)

apóstoles los 12 discípulos elegidos por Jesús que difundieron sus enseñanzas (pág. 337)
Apostles (uh-PAHS-uhls) the 12 chosen disciples of Jesus who spread his teachings (p. 337)

aristócrata noble o propietario de tierras rico (pág. 237)
aristocrat (uh-RIS-tuh-krat) a rich landowner or noble (p. 237)

Armada española gran flota de barcos españoles que fue derrotada por Inglaterra en 1588 (pág. 596)
Spanish Armada a large fleet of Spanish ships that was defeated by England in 1588 (p. 596)

arqueología estudio del pasado a través de los objetos que dejaron las personas tras desaparecer (pág. 7)
archaeology (ar-kee-AH-luh-jee) the study of the past based on what people left behind (p. 7)

arquitectura ciencia de la construcción (pág. 68)
architecture the science of building (p. 68)

artefacto objeto creado y usado por los humanos (pág. 10)
artifact an object created and used by humans (p. 10)

astronomía estudio de las estrellas y los planetas (pág. 151)
astronomy the study of stars and planets (p. 151)

ayuno acto de dejar de comer durante un período de tiempo (pág. 137)
fasting going without food for a period of time (p. 137)

B

brújula instrumento que utiliza el campo magnético de la Tierra para indicar la dirección (pág. 418)
compass an instrument that uses the earth's magnetic field to indicate direction (p. 418)

budismo religión basada en las enseñanzas de Buda, originada en la India en el siglo VI a.C. (pág. 138)
Buddhism a religion based on the teachings of the Buddha that developed in India in the 500s BC (p. 138)

burocracia cuerpo de empleados no electos del gobierno (pág. 422)
bureaucracy a body of unelected government officials (p. 422)

Bushido código de honor por el que se regían los samuráis en Japón (pág. 456)
Bushido (BOOH-shi-doh) the code of honor followed by the samurai in Japan (p. 456)

C

caballería código de comportamiento y honor de los caballeros medievales (pág. 513)
chivalry (SHIV-uhl-ree) the code of honorable behavior for medieval knights (p. 513)

caballería grupo de soldados a caballo (pág. 262)
cavalry a group of soldiers who ride on horses (p. 262)

caballero guerrero de la Europa medieval que luchaba a caballo (pág. 506)
knight a warrior in medieval Europe who fought on horseback (p. 506)

califa título que dan los musulmanes al líder supremo del Islam (pág. 362)
caliph (KAY-luhf) a title that Muslims use for the highest leader of Islam (p. 362)

caligrafía escritura decorativa (pág. 371)
calligraphy decorative writing (p. 371)

campesino agricultor dueño de una pequeña granja (pág. 167)
peasant a farmer with a small farm (p. 167)

canal vía de agua hecha por el ser humano (pág. 56)
canal a human-made waterway (p. 56)

capitalismo sistema económico en el que los individuos y las empresas privadas controlan la mayoría de las industrias (pág. 601)
capitalism an economic system in which individuals and private businesses run most industries (p. 601)

caravana grupo de comerciantes que viajan juntos (pág. 355)
caravan a group of traders that travel together (p. 355)

carretera elevada carretera construida sobre agua o terreno pantanoso (pág. 474)
causeway a raised road across water or wet ground (p. 474)

carro de guerra carro de batalla con ruedas tirado por caballos (pág. 74)
chariot a wheeled, horse-drawn cart used in battle (p. 74)

Carta Magna documento firmado por el rey Juan de Inglaterra en 1215 que exigía que el rey respetara ciertos derechos (pág. 540)
Magna Carta a document signed in 1215 by King John of England that required the king to honor certain rights (p. 540)

cazadores y recolectores personas que cazan animales y recolectan plantas, semillas, frutas y nueces para sobrevivir (pág. 33)
hunter-gatherers people who hunt animals and gather wild plants, seeds, fruits, and nuts to survive (p. 33)

chiita miembro de la segunda rama más importante del Islam (pág. 365)
Shia (SHEE-ah) a member of the second-largest branch of Islam (p. 365)

ciencia manera específica de adquirir conocimientos sobre el mundo (pág. 588)
science a particular way of gaining knowledge about the world (p. 588)

cieno mezcla de suelo fértil y piedras pequeñas que pueden crear un terreno ideal para el cultivo (pág. 55)
silt a mixture of fertile soil and tiny rocks that can make land ideal for farming (p. 55)

circunnavegar rodear por completo (pág. 595)
circumnavigate to go all the way around (p. 595)

ciudadano persona que tiene el derecho de participar en el gobierno (pág. 237)
citizen a person who has the right to participate in government (p. 237)

ciudad estado unidad política formada por una ciudad y los campos que la rodean (pág. 60)
city-state a political unit consisting of a city and its surrounding countryside (p. 60)

clan familia extensa (pág. 442)
clan an extended family (p. 442)

clásica época marcada por grandes logros (pág. 232)
classical an age marked by great achievements (p. 232)

clero dirigentes de la iglesia (pág. 533)
clergy church officials (p. 533)

clima condiciones del tiempo medias de una zona específica durante un largo período de tiempo (pág. 12)
climate the average weather conditions in a certain area over a long period of time (p. 12)

Código de Hammurabi conjunto de 282 leyes que regían la vida cotidiana en Babilonia; la primera colección de leyes escritas conocida (pág. 73)
Hammurabi's Code a set of 282 laws governing daily life in Babylon; the earliest known collection of written laws (p. 73)

comunismo sistema económico y político en el que el gobierno es propietario de todos los medios de producción y controla la economía (pág. 665)
communism an economic and political system in which the government owns all businesses and controls the economy (p. 665)

confucianismo filosofía basada en las ideas de Confucio que se basa en la moralidad, el orden familiar, la armonía social y el gobierno (pág. 169)
Confucianism a philosophy based on the ideas of Confucius that focuses on morality, family order, social harmony, and government (p. 169)

conquistadores soldados españoles (pág. 478)
conquistadors (kahn-kees-tuh-DOHRS) Spanish soldiers (p. 478)

conservadurismo movimiento surgido con el fin de preservar los antiguos gobiernos y el orden social en un esfuerzo por que Europa volviese a la situación en que se encontraba antes de la Revolución francesa (pág. 641)
conservatism a movement that arose to preserve the old social order and governments in an effort to return Europe to the way it was before the French Revolution (p. 641)

cónsules los dos dirigentes más poderosos en Roma (pág. 303)

consuls (KAHN-suhlz) the two most powerful officials in Rome (p. 303)

Corán libro sagrado del Islam (pág. 356)

Qur'an (kuh-RAN) the holy book of Islam (p. 356)

corrupción decadencia de los valores de las personas (pág. 342)

corruption the decay of people's values (p. 342)

corte grupo de nobles que viven cerca de un gobernante y lo sirven o aconsejan (pág. 446)

court a group of nobles who live near and serve or advise a ruler (p. 446)

cristianismo religión basada en las enseñanzas de Jesús de Nazaret que se desarrolló en Judea a comienzos del siglo I d.C. (pág. 334)

Christianity a religion based on the teachings of Jesus of Nazareth that developed in Judea at the beginning of the first century AD (p. 334)

crucifixión tipo de ejecución en la que se clavaba a una persona en una cruz (pág. 336)

crucifixion (kroo-suh-FIK-shuhn) a type of execution in which a person was nailed to a cross (p. 336)

Cruzadas larga sucesión de guerras entre cristianos y musulmanes en el suroeste de Asia para conseguir el control de Tierra Santa; tuvieron lugar entre el año 1096 y el año 1291 (pág. 528)

Crusades a long series of wars between Christians and Muslims in Southwest Asia fought for control of the Holy Land from 1096 to 1291 (p. 528)

cultura el conocimiento, las creencias, las costumbres y los valores de un grupo de personas (pág. 7)

culture the knowledge, beliefs, customs, and values of a group of people (p. 7)

cuneiforme primer sistema de escritura del mundo; desarrollado en Sumeria (pág. 65)

cuneiform (kyoo-NEE-uh-fohrm) the world's first system of writing; developed in Sumer (p. 65)

D

daimyos grandes propietarios de tierras del Japón feudal (pág. 454)

daimyo (DY-mee-oh) large landowners of feudal Japan (p. 454)

Declaración de Derechos inglesa documento aprobado en 1689 que enumeraba los derechos del Parlamento y del pueblo inglés, inspirada en los principios de la Carta Magna (pág. 623)

English Bill of Rights a document approved in 1689 that listed rights for Parliament and the English people and drew on the principles of Magna Carta (p. 623)

Declaración de Independencia documento redactado en 1776 que declaró la independencia de las colonias de Norteamérica del dominio británico (pág. 624)

Declaration of Independence a document written in 1776 that declared the American colonies' independence from British rule (p. 624)

Declaración de los Derechos del Hombre y del Ciudadano documento redactado en Francia en 1789 que garantizaba libertades específicas para los ciudadanos franceses (pág. 627)

Declaration of the Rights of Man and of the Citizen a document written in France in 1789 that guaranteed specific freedoms for French citizens (p. 627)

delta zona de tierra de forma triangular creada a partir de los sedimentos que deposita un río (pág. 87)

delta a triangle-shaped area of land made from soil deposited by a river (p. 87)

democracia tipo de gobierno en el que el pueblo se gobierna a sí mismo (pág. 236)
democracy a type of government in which people rule themselves (p. 236)

derecho civil sistema jurídico basado en un código de leyes escritas (pág. 328)
civil law a legal system based on a written code of laws (p. 328)

derechos naturales creencia que se desarrolló durante la Ilustración de que las personas tenían ciertos derechos, como el derecho a la vida, a la libertad y a la propiedad (pág. 618)
natural rights the belief that developed during the Enlightenment that people had certain rights, such as the right to life, liberty, and property (p. 618)

diáspora la dispersión de los judíos fuera de Judá tras el cautiverio en Babilonia (pág. 206)
Diaspora (dy-AS-pruh) the dispersal of the Jews outside of Judah after the Babylonian Captivity (p. 206)

dictador gobernante que tiene poder casi absoluto (pág. 298)
dictator a ruler who has almost absolute power (p. 298)

Diez Mandamientos en la Biblia, código de leyes morales que Dios le entregó a Moisés (pág. 204)
Ten Commandments in the Bible, a code of moral laws given to Moses by God (p. 204)

difusión traspaso de ideas de una cultura a otra (pág. 189)
diffusion the spread of ideas from one culture to another (p. 189)

dinastía serie de gobernantes pertenecientes a la misma familia (pág. 89)
dynasty a series of rulers from the same family (p. 89)

división del trabajo organización mediante la cual cada trabajador se especializa en un trabajo o una tarea en particular (pág. 56)
division of labor an arrangement in which each worker specializes in a particular task or job (p. 56)

domesticación proceso en el que se modifican los animales o las plantas para que sean más útiles para los humanos (pág. 41)
domestication the process of changing plants or animals to make them more useful to humans (p. 41)

E

economía de mercado sistema económico en el que los individuos deciden qué tipo de bienes y servicios desean comprar (pág. 601)
market economy an economic system in which individuals decide what goods and services they will buy (p. 601)

Edad Media período que abarca aproximadamente desde el año 500 hasta el 1500 en Europa (pág. 500)
Middle Ages a period that lasted from about 500 to 1500 in Europe (p. 500)

élite personas ricas y poderosas (pág. 93)
elite (AY-leet) people of wealth and power (p. 93)

equilibrio de poderes sistema creado para equilibrar la distribución del poder en un gobierno (pág. 305)
checks and balances a system that balances the distribution of power in a government (p. 305)

eras glaciales largos períodos de clima helado (pág. 36)
ice ages long periods of freezing weather (p. 36)

escriba escritor (pág. 66)
scribe a writer (p. 66)

esfinge criatura imaginaria con cabeza humana y cuerpo de león que aparecía representada a menudo en las estatuas egipcias (pág. 104)
sphinx (sfinks) an imaginary creature with a human head and the body of a lion that was often shown on Egyptian statues (p. 104)

ética valores morales (pág. 169)
    ethics moral values (p. 169)

excedente cantidad que supera lo que se necesita (pág. 56)
    surplus more of something than is needed (p. 56)

excomulgar expulsar de la iglesia (pág. 525)
    excommunicate to cast out from the church (p. 525)

Éxodo viaje de los israelitas, guiados por Moisés, desde Egipto hasta Canaán después de su liberación de la esclavitud (pág. 203)
    Exodus the journey of the Israelites, led by Moses, from Egypt to Canaan after they were freed from slavery (p. 203)

exportaciones productos enviados a otras regiones para el intercambio comercial (pág. 111)
    exports items sent to other regions for trade (p. 111)

F

fábula relato breve que presenta una enseñanza u ofrece algún consejo sobre la vida (pág. 247)
    fable a short story that teaches a lesson about life or gives advice on how to live (p. 247)

falange grupo de guerreros griegos que se mantenían unidos en formación compacta y cuadrada (pág. 273)
    phalanx (FAY-langks) a group of Greek warriors who stood close together in a square formation (p. 273)

familia extensa grupo familiar que incluye al padre, la madre, los hijos y los parientes cercanos (pág. 382)
    extended family a family group that includes the father, mother, children, and close relatives (p. 382)

faraón título que usaban los gobernantes de Egipto (pág. 89)
    pharaoh (FEHR-oh) the title used by the rulers of Egypt (p. 89)

fascismo sistema político basado en el nacionalismo y en un gobierno fuerte; los primeros líderes fascistas fueron Adolph Hitler en Alemania y Benito Mussolini en Italia (pág. 667)
    fascism (FASH-iz-uhm) a political system based on nationalism and strong government; Adolph Hitler in Germany and Benito Mussolini were the first fascist leaders (p. 667)

federalismo sistema de distribución del poder entre los gobiernos locales y un gobierno central fuerte (pág. 575)
    federalism the sharing of power between local governments and a strong central government (p. 575)

feudalismo sistema de obligaciones que gobernaba las relaciones entre los señores feudales y los vasallos en la Europa medieval (pág. 507)
    feudalism (FYOO-duh-lih-zuhm) the system of obligations that governed the relationships between lords and vassals in medieval Europe (p. 507)

feudo gran finca perteneciente a un caballero o a un señor feudal (pág. 509)
    manor a large estate owned by a knight or lord (p. 509)

fisura valle largo y profundo formado por el movimiento de la corteza terrestre (pág. 380)
    rift a long, deep valley formed by the movement of the earth's crust (p. 380)

foro lugar público de reuniones en Roma (pág. 305)
    Forum a Roman public meeting place (p. 305)

fósil parte o huella de un ser vivo ya desaparecido (pág. 10)
    fossil a part or imprint of something that was once alive (p. 10)

fraile miembro de una orden religiosa que vivía y trabajaba entre la gente (pág. 536)
    friar a member of a religious order who lived and worked among the public (p. 536)

fuente primaria relato de un hecho por parte de alguien que participó o presenció el hecho (pág. 10)
primary source an account of an event by someone who took part in or witnessed the event (p. 10)

fuente secundaria información recopilada por alguien que no participó ni presenció un hecho (pág. 10)
secondary source information gathered by someone who did not take part in or witness an event (p. 10)

funcionario erudito miembro culto del gobierno (pág. 422)
scholar-official an educated member of the government (p. 422)

genocidio la eliminación intencionada de un pueblo (pág. 668)
genocide the deliberate destruction of a people (p. 668)

geografía estudio de las características físicas y culturales de la Tierra (pág. 12)
geography the study of Earth's physical and cultural features (p. 12)

gobernante decorativo persona que aparentemente gobierna aunque el poder real lo ostenta otra persona (pág. 455)
figurehead a person who appears to rule even though real power rests with someone else (p. 455)

golpe de estado derrocamiento de un gobierno por la fuerza (pág. 638)
coup d'état (KOO DAY-tah) the forceful overthrow of a government (p. 638)

Gran Canal canal que conecta el norte con el sur de China (pág. 411)
Grand Canal a canal linking northern and southern China (p. 411)

Gran Muralla barrera formada por muros situada a lo largo de la frontera norte de China (pág. 175)

Great Wall a barrier made of walls across China's northern frontier (p. 175)

griot narrador de relatos de África Occidental (pág. 396)
griot a West African storyteller (p. 396)

Guerra de Corea guerra iniciada en 1950 cuando Corea del Norte, de régimen comunista, invadió Corea del Sur, de régimen no comunista; tras tres años de enfrentamientos, Corea siguió dividida (pág. 674)
Korean War Communist North Korea invaded non-Communist South Korea in 1950; after three years of fighting, Korea remained divided (p. 674)

Guerra de los Cien Años largo conflicto entre Inglaterra y Francia que tuvo lugar entre 1337 y 1453 (pág. 542)
Hundred Years' War a long conflict between England and France that lasted from 1337 to 1453 (p. 542)

Guerra de Vietnam guerra iniciada en 1957 por el régimen comunista de Vietnam del Norte para derrocar al gobierno del sur; los comunistas se impusieron y Vietnam se reunificó en 1976 como un país comunista (pág. 675)
Vietnam War started in 1957 by the Communists in North Vietnam to overthrow the South; Communists prevailed and in 1976 Vietnam was reunited as a communist country (p. 675)

Guerra del Peloponeso guerra entre Atenas y Esparta en el siglo V a.C. (pág. 271)
Peloponnesian War a war between Athens and Sparta in the 400s BC (p. 271)

Guerra Fría período de desconfianza entre Estados Unidos y la Unión Soviética que siguió a la Segunda Guerra Mundial; existía una rivalidad tensa entre las dos superpotencias, pero sin enfrentamientos directos (pág. 669)
Cold War a period of distrust between the United States and the Soviet Union after World War II, when there was a tense rivalry between the two superpowers but no direct fighting (p. 669)

Guerras Persas serie de guerras entre Persia y Grecia en el siglo V a.C. (pág. 263)
Persian Wars a series of wars between Persia and Greece in the 400s BC (p. 263)

Guerras Púnicas sucesión de guerras entre Roma y Cartago en los siglos III y II a.C. (pág. 309)
Punic Wars a series of wars between Rome and Carthage in the 200s and 100s BC (p. 309)

haiku tipo de poema japonés de tres líneas y 17 sílabas en el que se describen escenas de la naturaleza (pág. 514)
haiku a type of Japanese poem with three lines and 17 syllables that describes nature scenes (p. 514)

helenístico al estilo griego; muy influido por las ideas de la Grecia clásica (pág. 275)
Hellenistic Greek-like; heavily influenced by Greek ideas (p. 275)

herejía ideas religiosas que se oponen a la doctrina oficial de la iglesia (pág. 546)
heresy (HER-uh-see) religious ideas that oppose accepted church teachings (p. 546)

herramienta todo objeto que se ha modificado para ayudar a una persona a realizar una tarea (pág. 30)
tool an object that has been modified to help a person accomplish a task (p. 30)

hinduismo religión principal de la India; sus enseñanzas dicen que todo forma parte de un espíritu universal llamado Brahmán (pág. 133)
Hinduism the main religion of India; it teaches that everything is part of a universal spirit called Brahman (p. 133)

historia el estudio del pasado (pág. 6)
history the study of the past (p. 6)

historia oral registro hablado de hechos ocurridos en el pasado (pág. 396)
oral history a spoken record of past events (p. 396)

Holocausto intento de los nazis de eliminar al pueblo judío; hecho que sucedió durante la Segunda Guerra Mundial en el que se asesinó a 6 millones de judíos en toda Europa (pág. 668)
Holocaust the Nazi's effort to wipe out the Jewish people in World War II, when 6 million Jews throughout Europe were killed (p. 668)

homínido antiguo antepasado de los humanos (pág. 28)
hominid an early ancestor of humans (p. 28)

humanismo estudio de la historia, la literatura, la oratoria y el arte que produjo una nueva forma de pensar en Europa a finales del siglo XIV (pág. 561)
humanism the study of history, literature, public speaking, and art that led to a new way of thinking in Europe in the late 1300s (p. 561)

humanismo cristiano combinación de ideas humanistas y religiosas (pág. 567)
Christian humanism the combination of humanist and religious ideas (p. 567)

ideologías sistemas de creencias (pág. 674)
ideologies (i-dee-AU-luh-jeez) systems of beliefs (p.674)

Ilustración período durante los siglos XVII y XVIII en el que la razón guiaba la opinión de las personas acerca de la sociedad, la política y la filosofía (pág. 612)
Enlightenment a period during the 1600s and 1700s when reason was used to guide people's thoughts about society, politics, and philosophy (p. 612)

imperialismo el control de una región o un país por parte de otro país (pág. 651)
imperialism the control of a region or country by another country (p.651)

imperio zona que reúne varios territorios y pueblos bajo un mismo gobierno (pág. 61)
empire land with different territories and peoples under a single rule (p. 61)

Imperio bizantino sociedad que surgió en el Imperio romano de oriente tras la caída del Imperio romano de occidente (pág. 343)
Byzantine Empire the society that developed in the eastern Roman Empire after the fall of the western Roman Empire (p. 343)

importaciones bienes que se introducen en un país procedentes de otras regiones (pág. 111)
imports goods brought in from other regions (p. 111)

ingeniería aplicación del conocimiento científico para fines prácticos (pág. 94)
engineering the application of scientific knowledge for practical purposes (p. 94)

inoculación acto de inyectar una pequeña dosis de un virus a una persona para ayudarla a crear defensas contra una enfermedad (pág. 150)
inoculation (i-nah-kyuh-LAY-shuhn) injecting a person with a small dose of a virus to help build up defenses to a disease (p. 150)

Inquisición española organización de sacerdotes en España que buscaba y castigaba a cualquier persona sospechosa de practicar en secreto su antigua religión (pág. 548)
Spanish Inquisition an organization of priests in Spain that looked for and punished anyone suspected of secretly practicing their old religion (p. 548)

irrigación método para suministrar agua a un terreno (pág. 56)
irrigation a way of supplying water to an area of land (p. 56)

Islam religión basada en los mensajes que se cree que Mahoma recibió de Dios (pág. 356)
Islam a religion based on the messages Muhammad is believed to have received from God (p. 356)

jade piedra preciosa de gran dureza que se suele utilizar en joyería (pág. 163)
jade a hard gemstone often used in jewelry (p. 163)

jainismo religión de la India basada en las enseñanzas de Mahavira, que proclama que toda forma de vida es sagrada (pág. 134)
Jainism an Indian religion based on the teachings of Mahavira that teaches all life is sacred (p. 134)

jenízaro soldado esclavo otomano (pág. 364)
Janissary an Ottoman slave soldier (p. 364)

jerarquía social división de la sociedad en clases o niveles (pág. 63)
social hierarchy the division of society by rank or class (p. 63)

jeroglíficos sistema de escritura del antiguo Egipto, en el cual se usaban símbolos ilustrados (pág. 102)
hieroglyphics (hy-ruh-GLIH-fi ks) the ancient Egyptian writing system that used picture symbols (p. 102)

jesuitas miembros de una orden religiosa católica creada para servir al papa y a la iglesia (pág. 572)
Jesuits members of a Catholic religious order created to serve the pope and the church (p. 572)

judaísmo religión de los hebreos (practicada por los judíos hoy en día); es la religión monoteísta más antigua del mundo (pág. 202)
Judaism (JOO-dee-i-zuhm) the religion of the Hebrews (practiced by Jews today); it is the world's oldest monotheistic religion (p. 202)

GLOSARIO BILINGÜE

K

karma en el budismo y el hinduismo, los efectos que las buenas o malas acciones producen en el alma de una persona (pág. 133)
karma in Buddhism and Hinduism, the effects that good or bad actions have on a person's soul (p. 133)
kente tela muy colorida, tejida a mano, característica de África Occidental (pág. 399)
kente a hand-woven, brightly colored West African fabric (p. 399)

L

la otra vida vida después de la muerte; una gran parte de la religión egipcia giraba en torno a la otra vida (pág. 92)
afterlife life after death, much of Egyptian religion focused on the afterlife (p. 92)
laissez-faire actitud de los gobiernos de "dejar hacer" a las industrias (pág. 646)
laissez-faire (leh-say-FAYR) a "let things be" attitude on the part of the government toward industry (p.646)
latín idioma de los romanos (pág. 304)
Latin the language of the Romans (p. 304)
legalismo creencia china de que las personas eran malas por naturaleza y debían ser controladas (pág. 170)
Legalism the Chinese belief that people were bad by nature and needed to be controlled (p. 170)
legión grupo que podía incluir hasta 6,000 soldados romanos (pág. 309)
legion (LEE-juhn) a group of up to 6,000 Roman soldiers (p. 309)
lenguas romances lenguas que surgieron del latín, como el italiano, el francés, el español, el portugués y el rumano (pág. 328)

Romance languages languages that developed from Latin, such as Italian, French, Spanish, Portuguese, and Romanian (p. 328)
ley natural ley que las personas pensaban que Dios había creado para controlar el funcionamiento del mundo (pág. 538)
natural law a law that people believed God had created to govern how the world operated (p. 538)
liberalismo movimiento a favor de los derechos y las libertades individuales (pág. 641)
liberalism a movement for individual rights and liberties (p. 641)
los cinco pilares del Islam cinco prácticas religiosas que los musulmanes tienen que observar (pág. 360)
Five Pillars of Islam five acts of worship required of all Muslims (p. 360)

M

magistrado dirigente electo en Roma (pág. 303)
magistrate (MA-juh-strayt) an elected official in Rome (p. 303)
maíz cereal conocido también como elote o choclo (pág. 468)
maize (MAYS) corn (p. 468)
mampostería obra de piedra (pág. 481)
masonry stonework (p. 481)
manuscritos del mar Muerto escritos sobre las creencias judías, redactados hace unos 2,000 años (pág. 212)
Dead Sea Scrolls writings about Jewish beliefs created about 2,000 years ago (p. 212)
mecenas patrocinador (pág. 371)
patron a sponsor (p. 371)

GLOSARIO BILINGÜE

Media Luna de las tierras fértiles zona de ricas tierras de cultivo situada en el suroeste de Asia, en la que comenzaron las primeras civilizaciones (pág. 55)

Fertile Crescent an area of rich farmland in Southwest Asia where the first civilizations began (p. 55)

medieval relativo a la Edad Media (pág. 500)

medieval (mee-DEE-vuhl) referring to the Middle Ages (p. 500)

medioambiente todos los seres vivos y los elementos inertes que afectan la vida de un área (pág. 13)

environment all the living and nonliving things that affect life in an area (p. 13)

meditación reflexión profunda y continua, durante la cual la persona se concentra en ideas espirituales (pág. 137)

meditation deep, continued thought that focuses the mind on spiritual ideas (p. 137)

megalito enorme monumento de piedra (pág. 42)

megalith a huge stone monument (p. 42)

mercader comerciante (pág. 111)

merchant a trader (p. 111)

mercantilismo sistema en el que el gobierno controla toda la actividad económica de un país y sus colonias para fortalecerse y enriquecerse (pág. 599)

mercantilism a system in which a government controls all economic activity in a country and its colonies to make the government stronger and richer (p. 599)

Mesías en el judaísmo, nuevo líder que aparecería entre los judíos y restablecería la grandeza del antiguo Israel (pág. 334)

Messiah (muh-SY-uh) in Judaism, a new leader that would appear among the Jews and restore the greatness of ancient Israel (p. 334)

Mesolítico período central de la Edad de Piedra, caracterizado por la creación de herramientas más pequeñas y complejas (pág. 38)

Mesolithic Era the middle part of the Stone Age; marked by the creation of smaller and more complex tools (p. 38)

metalurgia ciencia de trabajar los metales (pág. 150)

metallurgy (MET-uhl-uhr-jee) the science of working with metals (p. 150)

método científico método detallado para realizar experimentos y otros tipos de investigaciones científicas (pág. 592)

scientific method a step-by-step method for performing experiments and other scientific research (p. 592)

mezquita edificio musulmán para la oración (pág. 357)

mosque (MAHSK) a building for Muslim prayer (p. 357)

migrar desplazarse a otro lugar (pág. 36)

migrate to move to a new place (p. 36)

minarete torre estrecha desde la que se llama a la oración a los musulmanes (pág. 371)

minaret a narrow tower from which Muslims are called to prayer (p. 371)

misionero alguien que trabaja para difundir sus creencias religiosas (pág. 140)

missionary someone who works to spread religious beliefs (p. 140)

mitología relatos sobre dioses y héroes que tratan de explicar cómo funciona el mundo (pág. 243)

mythology stories about gods and heroes that try to explain how the world works (p. 243)

momia cadáver especialmente tratado y envuelto en tela para su conservación (pág. 93)

mummy a specially treated body wrapped in cloth for preservation (p. 93)

monarca gobernante de un reino o imperio (pág. 72)

monarch (MAH-nark) a ruler of a kingdom or empire (p. 72)

monasterio comunidad de monjes (pág. 502)

monastery a community of monks (p. 502)

moneda dinero (pág. 326)
   currency money (p. 326)
monje religioso que vivía apartado de la sociedad en una comunidad aislada (pág. 502)
   monk a religious man who lived apart from society in an isolated community (p. 502)
monoteísmo creencia en un solo Dios (pág. 208)
   monotheism the belief in only one God (p. 208)
monzón viento estacional cíclico que causa estaciones húmedas y secas (pág. 125)
   monsoon a seasonal wind pattern that causes wet and dry seasons (p. 125)
musulmán seguidor del Islam (pág. 356)
   Muslim a follower of Islam (p. 356)

N

nacionalismo sentimiento de devoción y lealtad hacia el propio país; se desarrolla entre personas con un idioma, una religión o una historia en común (pág. 648)
   nationalism a devotion and loyalty to one's country; develops among people with a common language, religion or history (p. 648)
naciones-estado países autónomos cuyos habitantes comparten una cultura (pág. 648)
   nation-states self-governing countries made up of people with a common cultural background (p. 648)
Neolítico Nueva Edad de Piedra; el ser humano aprendió a producir fuego y a fabricar herramientas como sierras y taladros manuales (pág. 41)
   Neolithic Era the New Stone Age; when people learned to make fire and tools such as saws and drills (p. 41)
nirvana en el budismo, estado de paz perfecta (pág. 138)

nirvana (nir-vah-nuh) in Buddhism, a state of perfect peace (p. 138)
no violencia rechazo de las acciones violentas (pág. 135)
   nonviolence the avoidance of violent actions (p. 135)
noble persona rica y poderosa (pág. 91)
   noble a rich and powerful person (p. 91)
números indoarábigos sistema numérico que usamos hoy en día; fue creado por estudiosos de la India durante la dinastía Gupta (pág. 150)
   Hindu-Arabic numerals the number system we use today; it was created by Indian scholars during the Gupta dynasty (p. 150)

O

oasis zona húmeda y fértil en un desierto (pág. 354)
   oasis a wet, fertile area within a desert (p. 354)
obelisco pilar alto, de cuatro caras y acabado en punta, propio del antiguo Egipto (pág. 104)
   obelisk (AH-buh-lisk) a tall, pointed, four-sided pillar in ancient Egypt (p. 104)
observatorios edificios que sirven para estudiar la astronomía; los sacerdotes mayas observaban las estrellas desde estos edificios (pág. 472)
   observatories buildings used to study astronomy; Mayan priests watched the stars from these buildings (p. 472)
oligarquía gobierno en el que sólo unas pocas personas tienen el poder (pág. 237)
   oligarchy (AH-luh-gar-kee) a government in which only a few people have power (p. 237)
oráculo predicción de un sabio o de alguien que hace profecías (pág. 164)
   oracle a prediction by a wise person, or a person who makes a prediction (p. 164)

GLOSARIO BILINGÜE

GLOSARIO BILINGÜE

orden religiosa grupo de personas que dedican su vida a la religión y respetan una serie de normas comunes (pág. 536)
religious order a group of people who dedicate their lives to religion and follow common rules (p. 536)

P

Paleolítico primera parte de la Edad de Piedra; cuando el ser humano usó herramientas de piedra por primera vez (pág. 31)
Paleolithic Era (pay-lee-uh-LI-thik) the first part of the Stone Age; when people first used stone tools (p. 31)

papiro material duradero hecho de juncos, similar al papel, que los antiguos egipcios utilizaban para escribir (pág. 102)
papyrus (puh-PY-ruhs) a long-lasting, paperlike material made from reeds that the ancient Egyptians used to write on (p. 102)

Parlamento órgano legislador que gobierna Inglaterra (pág. 541)
Parliament (PAHR-luh-muhnt) the lawmaking body that governs England (p. 541)

Pascua judía festividad en la que los judíos recuerdan el Éxodo (pág. 219)
Passover a holiday in which Jews remember the Exodus (p. 219)

patricios nobles de la sociedad romana (pág. 299)
patricians (puh-TRI-shunz) the nobility in Roman society (p. 299)

Pax Romana paz romana; período de paz y prosperidad generales en el Imperio romano que duró del año 27 a.C. al 180 d.C. (pág. 326)
Pax Romana Roman Peace; a period of general peace and prosperity in the Roman Empire that lasted from 27 BC to AD 180 (p. 326)

peregrinación viaje a un lugar sagrado (pág. 356)
pilgrimage a journey to a sacred place (p. 356)

Período de Desunión época de desorden en la historia de China tras la caída de la dinastía Han (pág. 410)
Period of Disunion the time of disorder that followed the collapse of the Han Dynasty in China (p. 410)

Peste Negra plaga mortal que azotó a Europa entre 1347 y 1351 (pág. 543)
Black Death a deadly plague that swept through Europe between 1347 and 1351 (p. 543)

pictograma símbolo ilustrado (pág. 66)
pictograph a picture symbol (p. 66)

piedra Roseta gran losa de piedra en la que aparecen inscripciones en jeroglíficos, en griego y en una forma tardía del idioma egipcio que permitió a los historiadores descifrar la escritura egipcia (pág. 103)
Rosetta Stone a huge stone slab inscribed with hieroglyphics, Greek, and a later form of Egyptian that allowed historians to understand Egyptian writing (p. 103)

pirámide tumba triangular y gigantesca construida por los egipcios y otros pueblos (pág. 94)
pyramid a huge triangular tomb built by the Egyptians and other peoples (p. 94)

plantación hacienda de grandes dimensiones (pág. 598)
plantation a large farm (p. 598)

plebeyos gente común de la antigua Roma (pág. 299)
plebeians (pli-BEE-uhnz) the common people of ancient Rome (p. 299)

poemas épicos poemas largos que narran hazañas de héroes (pág. 66)
epics long poems that tell the stories of heroes (p. 66)

polis palabra griega para designar una ciudad estado (pág. 232)
polis (PAH-luhs) the Greek word for a city-state (p. 232)

politeísmo culto a muchos dioses (pág. 62)
polytheism the worship of many gods (p. 62)

pólvora mezcla de polvos utilizada en armas de fuego y explosivos (pág. 418)

gunpowder a mixture of powders used in guns and explosives (p. 418)

porcelana cerámica bella y delicada creada en China (pág. 417)

porcelain a thin, beautiful pottery invented in China (p. 417)

Potencias del Eje alianza que formaron Alemania, Italia y Japón durante la Segunda Guerra Mundial (pág. 667)

Axis Powers The name for the alliance formed by Germany, Italy, and Japan during World War II (p. 667)

prehistoria período anterior a la existencia de la escritura (pág. 28)

prehistory the time before there was writing (p. 28)

profeta alguien del que se cree que recibe mensajes de Dios para transmitírselos a los demás (pág. 211)

prophet someone who is said to receive messages from God to be taught to others (p. 211)

protestante cristiano que protestaba en contra de la Iglesia católica (pág. 570)

Protestant a Christian who protested against the Catholic church (p. 570)

proverbio refrán breve que expresa sabiduría o una verdad (pág. 397)

proverb a short saying of wisdom or truth (p. 397)

puente de tierra franja de tierra que conecta dos continentes (pág. 36)

land bridge a strip of land connecting two continents (p. 36)

Q

quechua idioma de los incas (pág. 480)
Quechua (KE-chuh-wuh) the language of the Inca (p. 480)

R

rabino líder y maestro religioso judío (pág. 216)
rabbi (RAB-eye) a Jewish religious leader and teacher (p. 216)

rápidos fuertes corrientes a lo largo de un río, como las del Nilo en Egipto (pág. 87)

cataracts rapids along a river, such as those along the Nile in Egypt (p. 87)

razón pensamiento claro y ordenado (pág. 281)

reason clear and ordered thinking (p. 281)

Reconquista esfuerzo de los reinos cristianos del norte de España por recuperar los territorios en posesión de los moros durante la Edad Media (pág. 547)

Reconquista (re-kahn-KEES-tuh) the effort of Christian kingdoms in northern Spain to retake land from the Moors during the Middle Ages (p. 547)

recursos materiales de la Tierra que las personas necesitan y valoran (pág. 16)

resources the materials found on Earth that people need and value (p. 16)

red comercial sistema de personas ubicadas en diferentes lugares que comercian productos entre sí (pág. 111)

trade network a system of people in different lands who trade goods back and forth (p. 111)

reencarnación creencia hindú y budista de que las almas nacen y renacen muchas veces, siempre en un cuerpo nuevo (pág. 133)

reincarnation a Hindu and Buddhist belief that souls are born and reborn many times, each time into a new body (p. 133)

Reforma movimiento de reforma contra la Iglesia católica romana que comenzó en 1517; dio origen a la creación de las iglesias protestantes (pág. 569)

Reformation (re-fuhr-MAY-shuhn) a reform movement against the Roman Catholic Church that began in 1517; it resulted in the creation of Protestant churches (p. 569)

Reforma católica iniciativa para reformar la Iglesia católica desde adentro que tuvo lugar a finales del siglo XVI y en el XVII; también conocida como Contrarreforma (pág. 572)

Catholic Reformation the effort of the late 1500s and 1600s to reform the Catholic Church from within; also called the Counter-Reformation (p. 572)

regente persona que gobierna un país en lugar de alguien que no puede hacerlo por su cuenta (pág. 444)

regent a person who rules a country for someone who is unable to rule alone (p. 444)

región zona con una o varias características que la diferencian de las zonas que la rodean (pág. 15)

region an area with one or more features that make it different from surrounding areas (p. 15)

Reino Antiguo período de la historia egipcia que abarca aproximadamente del año 2700 hasta el 2200 a.C.; comenzó poco después de la unificación de Egipto (pág. 90)

Old Kingdom the period from about 2700 to 2200 BC in Egyptian history that began shortly after Egypt was unified (p. 90)

Reino Medio período de la historia de Egipto que abarca aproximadamente de 2050 a 1750 a.C. y que se caracterizó por el orden y la estabilidad (pág. 96)

Middle Kingdom the period of Egyptian history from about 2050 to 1750 BC and marked by order and stability (p. 96)

Reino Nuevo período de la historia egipcia que abarca aproximadamente desde el año 1550 hasta 1050 a.C., en el que Egipto alcanzó la cima de su poder y gloria (pág. 97)

New Kingdom the period from about 1550 to 1050 BC in Egyptian history when Egypt reached the height of its power and glory (p. 97)

reloj de sol dispositivo que utiliza la posición de las sombras que proyecta el sol para indicar las horas del día (pág. 182)

sundial a device that uses the position of shadows cast by the sun to tell the time of day (p. 182)

Renacimiento período de "renacer" y creatividad posterior a la Edad Media en Europa (pág. 561)

Renaissance (re-nuh-SAHNS) the period of "rebirth" and creativity that followed Europe's Middle Ages (p. 561)

república sistema político en el que el pueblo elige a los líderes que lo gobernarán (pág. 298)

republic a political system in which people elect leaders to govern them (p. 298)

Resurrección en el cristianismo, la vuelta a la vida de Jesús de entre los muertos (pág. 336)

Resurrection in Christianity, Jesus' rise from the dead (p. 336)

revolución científica serie de sucesos que produjeron el nacimiento de la ciencia moderna; se extendió desde alrededor de 1540 hasta 1700 (pág. 588)

Scientific Revolution a series of events that led to the birth of modern science; it lasted from about 1540 to 1700 (p. 588)

rural zona del campo (pág. 60)

rural a countryside area (p. 60)

ruta comercial itinerario que seguían los comerciantes (pág. 97)

trade route a path followed by traders (p. 97)

Ruta de la Seda red de rutas comerciales que se extendían a lo largo de Asia desde China hasta el mar Mediterráneo (pág. 187)

Silk Road a network of trade routes that stretched across Asia from China to the Mediterranean Sea (p. 187)

S

sabana pradera abierta con árboles dispersos (pág. 382)

savannah an open grassland with scattered trees (p. 382)

sacerdote persona que lleva a cabo ceremonias religiosas (pág. 63)

priest a person who performs religious ceremonies (p. 63)

Sahel región semiárida de África, situada al sur del Sahara, que separa el desierto de otras zonas más húmedas (pág. 382)

Sahel (sah-HEL) a semiarid region in Africa just south of the Sahara that separates the desert from wetter areas (p. 382)

samurái guerrero profesional del Japón feudal (pág. 454)

samurai (SA-muh-ry) a trained professional warrior in feudal Japan (p. 454)

sánscrito el idioma más importante de la antigua India (pág. 129)

Sanskrit the most important language of ancient India (p. 129)

secular no religioso, laico (pág. 613)

secular non-religious (p. 613)

seda tejido suave, ligero y muy apreciado que se originó en China (pág. 187)

silk a soft, light, and highly valued fabric developed in China (p. 187)

selva tropical zona húmeda y con muchos árboles que contiene muchas variedades de plantas y animales (pág. 382)

rain forest a moist, densely wooded area that contains many different plants and animals (p. 382)

Senado romano consejo de ciudadanos ricos y poderosos que aconsejaba a los líderes de Roma (pág. 303)

Roman Senate a council of wealthy and powerful citizens who advised Rome's leaders (p. 303)

señor feudal persona de alto nivel social que poseía tierras y debía lealtad al rey (pág. 167)

lord a person of high rank who owned land but owed loyalty to his king (p. 167)

shogun general que gobernaba Japón en nombre del emperador (pág. 455)

shogun a general who ruled Japan in the emperor's name (p. 455)

siervo trabajador de la Europa medieval que estaba atado al territorio en el que vivía (pág. 509)

serf a worker in medieval Europe who was tied to the land on which he or she lived (p. 509)

sijismo religión monoteísta que se desarrolló en la India en el siglo XV (pág. 135)

Sikhism a monotheistic religion that developed in India in the 1400s (p. 135)

sinagoga lugar de culto judío (pág. 210)

synagogue (SI-nuh-gawg) a Jewish house of worship (p. 210)

sintoísmo religión tradicional de Japón (pág. 442)

Shinto the traditional religion of Japan (p. 442)

sismógrafo aparato que mide la fuerza de un terremoto (pág. 182)

seismograph a device that measures the strength of an earthquake (p. 182)

sistema de castas división de la sociedad india en grupos basados en el origen, el nivel económico o la profesión (pág. 131)

caste system the division of Indian society into groups based on rank, wealth, or occupation (p. 131)

sistema de fábricas un sistema en el que se fabrican grandes cantidades de artículos con gran rapidez mediante el uso de máquinas (pág. 645)

factory system a system in which machines rapidly manufacture large quantities of items (p. 645)

soberanía popular idea de la Ilustración que consiste en que los gobiernos deben expresar la voluntad del pueblo (pág. 618)

popular sovereignty the Enlightenment idea that governments should express the will of the people (p. 618)

socialismo sistema político y económico en el que los medios de producción pertenecen al gobierno (pág. 646)

socialism a political and economic system in which the government owns the means of production (p. 646)

GLOSARIO BILINGÜE

sociedad comunidad de personas que comparten la misma cultura (pág. 33)
society a community of people who share a common culture (p. 33)

subcontinente gran masa de tierra menor que un continente, como la India (pág. 124)
subcontinent a large landmass that is smaller than a continent, such as India (p. 124)

sufismo movimiento perteneciente al Islam que enseñaba a las personas que pueden hallar el amor de Dios si establecen una relación personal con Él (pág. 369)
Sufism (SOO-fi-zuhm) a movement in Islam that taught people they can find God's love by having a personal relationship with God (p. 369)

sunita miembro de la rama más importante del Islam (pág. 365)
Sunni a member of the largest branch of Islam (p. 365)

Sunna conjunto de escritos sobre la vida de Mahoma que proporciona un modelo de comportamiento para los musulmanes (pág. 359)
Sunnah (SOOH-nuh) a collection of writings about the way Muhammad lived that provides a model for Muslims to follow (p. 359)

Supremos Días Santos los dos días más sagrados de la práctica religiosa judía, Rosh Hashanah y Yom Kippur (pág. 219)
High Holy Days the two most sacred days of Jewish religious observance—Rosh Hashanah and Yom Kippur (p. 219)

T

Talmud conjunto de comentarios y lecciones para la vida diaria en el judaísmo (pág. 212)
Talmud (TAHL-moohd) a set of commentaries and lessons for everyday life in Judaism (p. 212)

taoísmo filosofía que se desarrolló en China y que enfatizaba la creencia de que se debe vivir en armonía con el Tao, la fuerza que guía toda la realidad (pág. 170)
Daoism (DOW-ih-zum) a philosophy that developed in China and stressed the belief that one should live in harmony with the Dao, the guiding force of all reality (p. 170)

teoría explicación que desarrolla un científico basándose en hechos (pág. 588)
theory an explanation a scientist develops based on facts (p. 588)

terrorismo actividad criminal que implica el uso de la violencia contra civiles para crear miedo y exigir cambios políticos (pág. 676)
terrorism criminal activity involving the use of violence against civilians to create fear and push for political change (p. 676)

tertulia reunión social para debatir ideas durante la Ilustración (pág. 615)
salon a social gathering held to discuss ideas during the Enlightenment (p. 615)

Tierra Santa región de la costa este del mar Mediterráneo donde comenzó la religión judía y en la que Jesús vivió, predicó y murió (pág. 528)
Holy Land the region on the eastern shore of the Mediterranean Sea where the Jewish religion began and where Jesus lived, preached, and died (p. 528)

tirano gobernante de la antigua Grecia que mantenía el poder mediante el uso de la fuerza (pág. 237)
tyrant an ancient Greek leader who held power through the use of force (p. 237)

tolerancia aceptación (pág. 366)
tolerance acceptance (p. 366)

topografía forma y elevación del terreno en una región (pág. 496)
topography the shape and elevation of land in a region (p. 496)

Torá los primeros cinco libros de la biblia hebrea y el texto más sagrado (pág. 210)
Torah the first five books of the Hebrew Bible and the most sacred text of Judaism (p. 210)

trueque silencioso proceso mediante el que las personas intercambian bienes sin entrar en contacto directo (pág. 386)
silent barter a process in which people exchange goods without contacting each other directly (p. 386)

urbano zona de ciudad (pág. 60)
urban a city area (p. 60)

V

vasallo caballero de la Europa medieval que prometía apoyar a un señor feudal a cambio de tierras (pág. 507)
vassal a knight who promised to support a lord in exchange for land in medieval Europe (p. 507)

vetar rechazar o prohibir acciones y leyes de otros funcionarios del gobierno (pág. 304)
veto (VEE-toh) to reject or prohibit actions and laws of other government officials (p. 304)

W, X, Y, Z

xilografía forma de impresión en la que una página completa se talla en una plancha de madera, se cubre de tinta y se presiona sobre un papel para crear la página impresa (pág. 418)
woodblock printing a form of printing in which an entire page is carved into a block of wood, covered with ink, and pressed to a piece of paper to create a printed page (p. 418)

yihad esforzarse o luchar; se ha interpretado también con el significado de guerra santa (pág. 359)
jihad (ji-HAHD) to make an effort or to struggle; has also been interpreted to mean holy war (p. 359)

zelotes judíos radicales que apoyaron la rebelión contra los romanos (pág. 214)
Zealots (ZE-luhts) radical Jews who supported rebellion against the Romans (p. 214)

zen forma del budismo que se basa en la meditación (pág. 450)
Zen a form of Buddhism that emphasizes meditation (p. 450)

zigurat templo sumerio en forma de pirámide (pág. 68)
ziggurat a pyramid-shaped temple in Sumer (p. 68)

Índice

B

G

M

ÍNDICE

Créditos y agradecimientos

Grateful acknowledgment is made to the following sources for permission to reproduce copyrighted material:

American Bible Society: Exodus 20:2-17 and Psalms 23:1-3 from *Santa Biblia*. Copyright © 1960 by Sociedades Bíblicas en América Latina; copyright © 1964 by Sociedades Bíblicas Unidas. Reproduced by permission of the publisher.

Cesar E. Chavez Foundation: Quote from "Core Values of Cesar E. Chavez" from *Cesar E. Chavez Foundation* Web site; accessed September 24, 2004, at http://www.cesar-chavezfoundation.org. Copyright © by Cesar E. Chavez Foundation.

Columbia University Press: From *Records of the Grand Historian of China, Vol. II: The Age of Emperor Wu* by Burton Watson. Copyright © 1961 by Columbia University Press. From "Heinrich Von Treitschke" from *Introduction to Contemporary Civilization in the West* by the staff of Columbia College. Copyright © 1946, 1954, 1960 by Columbia University Press.

Doubleday, a division of Random House, Inc., www.randomhouse.com: From "A Personal Account: The Diary of Anne Frank" from *The Diary of a Young Girl: The Definitive Edition* by Anne Frank, edited by Otto H. Frank & Mirjam Pressler, translated by Susan Massotty. Copyright © 1995 by Doubleday, a division of Random House, Inc.

Benedict Fitzgerald for the Estate of Robert Fitzgerald: From *The Iliad* by Homer, translated by Robert Fitzgerald. Copyright © 1974 by Robert Fitzgerald. From *The Odyssey* by Homer, translated by Robert Fitzgerald. Copyright © 1961, 1963, by Robert Fitzgerald; copyright renewed © 1989 by Benedict R. C. Fitzgerald, on behalf of the Fitzgerald Children.

Penelope Fitzgerald for the Estate of Robert Fitzgerald: From *The Aeneid* by Virgil, translated by Robert Fitzgerald. Translation copyright © 1980, 1982, 1983 by Robert Fitzgerald.

Grove Press, Inc.: From "Poetry from the Six Collections" by Ki no Tomonori from *Anthology of Japanese Literature: From the earliest era to the mid-nineteenth century,* compiled and edited by Donald Keene. Copyright © 1955 by Grove Press.

Harcourt Education: From *Things Fall Apart* by Chinua Achebe. Copyright © 1959 by Chinua Achebe.

Kendall/Hunt Publishing Company: From *Kings, Saints, and Parliaments: A Sourcebook for Western Civilization, 1050–1700,* edited by Sears McGee, et al. Copyright © 1994 by Kendall/Hunt Publishing Company.

Alfred A. Knopf, a division of Random House, Inc., www.randomhouse.com: From *The Tale of Genji* by Lady Murasaki Shikibu, translated by Edward G. Seidensticker. Copyright © 1976 by Edward G. Seidensticker.

Caroline Miley: From "Proclamation at La Coruña 1808 before the Napoleonic Invasion of Spain," translated by Caroline Miley, from the *Napoleon Series* Web site, accessed February 2, 2005, at http://www.napoleon-series.org/research/miscellaneous/c_lacoruna.html. Originally printed in Spanish on the Spanish language Web site, *The Royal Green Jackets.* Copyright © by Caroline Miley.

Miraguano Ediciones: "Nada" by Matsuo Bashō from *Haiku de las cuatro estaciones.* Translated by Francisco F. Villalba. Text copyright © by Miraguano Ediciones. Reprinted by permission of Miraguano Ediciones.

Penguin Books Ltd.: "Quiet Night Thoughts" by Li Po from *Li Po and Tu Fu: Poems,* translated by Arthur Cooper. Copyright © 1973 by Arthur Cooper. From *The Epic of Gilgamesh: an English version with an Introduction by N. K. Sandars.* Copyright © 1960, 1964, 1972 by N. K. Sandars.

Plume, an imprint of Penguin Group (USA) Inc., electronic format by permission of Tracy Chevalier with arrangements by Gelfman Schneider Literary Agents, Inc.: From *Girl with a Pearl Earring* by Tracy Chevalier. Copyright © 1999, 2005 by Tracy Chevalier. Originally published by Dutton. All rights reserved.

John Porter: From *Polybius 6.11–18: The Constitution of the Roman Republic,* translated by John Porter. Copyright © 1995 by John Porter, University of Saskatchewan.

Royal Green Jackets: From "Proclamation at La Coruña 1808 before the Napoleonic Invasion of Spain," translated by Caroline Miley. Originally printed in Spanish on the Spanish language Web site, *The Royal Green Jackets.* Copyright © by Royal Green Jackets.

Simon & Schuster Adult Publishing Group: From *Popol Vuh: The Definitive Edition of the Mayan Book of the Dawn of Life and the Glories of Gods and Kings* by Dennis Tedlock. Copyright © 1985, 1996 by Dennis Tedlock.

The Arthur Waley Estate: From *The Pillow Book of Sei Shonagon,* translated by Arthur Waley. Copyright 1928, 1929, 1949, 1957 by The Arthur Waley Estate.

Weidenfeld & Nicolson, Ltd.: Excerpt (Retitled "A Knight Speaks") by Rutebeuf from *The Medieval World: Europe 1100–1350* by Friedrich Heer, translated from the German by Janet Sondheimer. Copyright © 1961 by George Weidenfeld and Nicolson Ltd. English translation copyright © 1962 by George Weidenfeld and Nicolson Ltd.

Sources Cited:

From "Richard the Lionheart Massacres the Saracens, 1191" from the *Eyewitness to History* Web site, accessed November 1, 2004, at www.eyewitnesstohistory.com.

From Libro 1, Cuento IX from *Panchatantra ó Cinco Series de Cuentos,* translated from Sanskrit by D. José Alemany Bolufer. Published by Librería de Perlado, Páez y Compañía (Sucesores de Hernando), 1923.

From "Saladin and the Third Crusade" from *Arab Historians of the Crusades—Selected and Translated from the Arabic Sources* by Francesco Gabrieli, translated and edited by E. J. Costello. Published by University of California Press, 1969.

Illustrations and Photo Credits

Cover: Roy Ooms/Masterfile

Front Matter: ii (t), Seth Joel/Getty Images/HMH Photo; ii (b), Clay McClachlan/Getty Images/HMH Photo.

Table of Contents: v, Réunion des Musées Nationaux/Art Resource, NY; vi, Ronald Sheridan @ Ancient Art & Architecture Collection Ltd.; vii, DEA/G. Dagli Orti/Getty Images; viii, ©Hemis/Alamy; ix, ©Anders Blomqvist/Lonely Planet Images; x, Richard T. Nowitz/National Geographic Image Collection; xi, Private Collection/Photo ©Heini Schneebeli/The Bridgeman Art Library; xii, Snark/Art Resource, NY; xiii, ©Angelo Cavalli/SuperStock; xiv, ©World History Cathedral Treasury, Aachen, Germany/E.T. Archive, London/SuperStock; xv, ©Ray Manley/SuperStock; xvi, ©SuperStock.

Chapter 1: 2-3 (t), O. Louis Mazzatenta/National Geographic Image Collection; 6-7, Rohan/Stone/Getty Images; 8 (b), Garry Gay/Alamy Images; 10-11 (t), ©STR/Reuters/Corbis; 11 (tc), Instituto Nacional de Antropología y Historia, Mexico (Detail)/All Rights Reserved, Image Archives, Denver Museum of Nature & Science; 11 (tr), ©Bojan Brecelj/Corbis; 11 (tl), Instituto Nacional de Antropología y Historia, Mexico (Detail)/All Rights Reserved, Image Archives, Denver Museum of Nature & Science; 13 (tl), Anne Rippy/Image Bank/Getty Images; 13 (tr), ©Royalty-Free/CORBIS; 16-17 (t), Gavin Hellier/Robert Harding World Imagery/Getty Images; 19 (tr), ©Kevin Schafer/CORBIS; 23, ©Egyptian National Museum, Cairo, Egypt/ET Archive, London/SuperStock.

Chapter 2: 24-25 (t), ©Pierre Vauthey/Sygma/CORBIS; 24 (b), ©Michael Holford Photographs; 24 (bc), Kenneth Garrett/National Geographic Image Collection; 25 (bl), Pascal Goetgheluck/Photo Researchers, Inc.; 25 (c), Réunion des Musées Nationaux/Art Resource, NY; 25 (br), Photodisc/Getty Images; 29 (b), Robert I.M. Campbell/National Geographic Image Collection; 29 (t), ©Ferorelli 2005; 30 (l), Pascal Goetgheluck/Photo Researchers, Inc.; 30 (tr), Pascal Goetgheluck/Photo Researchers, Inc.; 30 (br), ©Michael Holford Photographs; 31 (tr), Pascal Goetgheluck/Photo Researchers, Inc.; 31 (tl), Pascal Goetgheluck/Photo Researchers, Inc.; 31 (br), Erich Lessing/Art Resource, NY; 31 (bl), John Reader/Photo Researchers, Inc.; 33 (r), Taxi/Getty Images; 33 (l), ©David R. Frazier Photolibrary, Inc./Alamy; 34, Robert Harding Picture Library Ltd/Alamy Images; 35 (tr), South Tyrol Museum of Archaeology, Bolzano, Italy/Wolfgang Neeb/The Bridgeman Art Library; 35 (br), ©Vienna Report Agency/Sygma/Corbis; 38 (r), ©Photo courtesy of Dr. James Dixon/Photograph by Eric Parrish; 38 (l), Sisse Brimberg/National Geographic Image Collection.

Staff Credits

The people who contributed to *Holt McDougal Middle School World History* are listed below. They represent editorial, design, intellectual property resources, production, emedia, and permissions.

Lissa B. Anderson, Melanie Baccus, Charles Becker, Jessica Bega, Ed Blake, Gillian Brody, Shirley Cantrell, Erin Cornett, Rose Degollado, Chase Edmond, Mescal Evler, Rhonda Fariss, Marsh Flournoy, Leanna Ford, Bob Fullilove, Matthew Gierhart, Janet Harrington, Rhonda Haynes, Rob Hrechko, Wilonda Ieans, Cathy Jenevein, Kadonna Knape, Cathy Kuhles, Debbie Lofland, Bob McClellan, Joe Melomo, Richard Metzger, Andrew Miles, Cynthia Munoz, Karl Pallmeyer, Chanda Pearmon, Jarred Prejean, Shelly Ramos, Désirée Reid, Curtis Riker, Marleis Roberts, Diana Rodriguez, Gene Rumann, Annette Saunders, Jenny Schaeffer, Kay Selke, Ken Shepardson, Michele Shukers, Chris Smith, Christine Stanford, Elaine Tate, Jeannie Taylor, Joni Wackwitz, Ken Whiteside, Carrie Jones, Jennifer Campbell, Bill Gillis, Ann Gorbett, Treacy Lambert, Carole Rollins, Terri Taylor, Debra O'Shields, Genick Blaise, Tracy King, Christine Devall, Julie Beckman-Key, Michelle Rimsa, Angela Beckmann, Nadyne Wood, Jennifer Rockwood, Stephanie Friedman, Sarah Lee, Paul Provence